Ihr Vorteil als Käufer dieses Buches

Auf der Bonus-Webseite zu diesem Buch finden Sie zusätzliche Informationen und Services. Dazu gehört auch ein kostenloser **Testzugang** zur Online-Fassung Ihres Buches. Und der besondere Vorteil: Wenn Sie Ihr **Online-Buch** auch weiterhin nutzen wollen, erhalten Sie den vollen Zugang zum **Vorzugspreis**.

So nutzen Sie Ihren Vorteil

Halten Sie den unten abgedruckten Zugangscode bereit und gehen Sie auf www.galileodesign.de. Dort finden Sie den Kasten **Die Bonus-Seite für Buchkäufer**. Klicken Sie auf **Zur Bonus-Seite / Buch registrieren**, und geben Sie Ihren **Zugangscode** ein. Schon stehen Ihnen die Bonus-Angebote zur Verfügung.

Ihr persönlicher **Zugangscode**:

Jürgen Wolf

Adobe Photoshop Elements 12
Das umfassende Handbuch

Liebe Leserin, lieber Leser,

haben Sie ein Lieblingsfoto? Meines ist erst letztens im Urlaub entstanden. Es zeigt ein Wallaby, das mir zufällig über den Weg gehoppelt ist, aus dessen Beutel verschmitzt ein Jungtier lugt. Ein bisschen zu dunkel ist das Foto geworden und auch die Farben sind etwas zu flau. Aber zum Glück macht die Bildbearbeitung heute ja so einiges möglich. Mit wenigen Handgriffen habe ich mit Photoshop Elements aus meinem Zufallsschnappschuss eine tolle Momentaufnahme gemacht, die nun im Wohnzimmer hängt.

Sie haben bestimmt auch einige Bilder, die Sie gerne mal überarbeiten wollen, Sie wissen aber vielleicht noch nicht ganz genau wie? Mit diesem Buch halten Sie die beste Grundlage für dieses Unterfangen in den Händen! Jürgen Wolf zeigt in zwölf ausführlichen Teilen, wie Sie mit Photoshop Elements Farbstiche entfernen, die Belichtung und den Kontrast optimieren, Porträts (oder auch Kängurus) verschönern und mit den vielfältigen Kreativwerkzeugen einfache Schnappschüsse in echte Hingucker verwandeln. Machen Sie einfach die vielen Schritt-für-Schritt-Anleitungen des Autors mit und probieren Sie die umfangreichen Funktionen der Software selbst aus! Von einer einfachen Rote-Augen-Korrektur per Mausklick über phantastische und originelle Fotomontagen bis hin zur komplexen Retuschearbeit mit Schnittmasken und Einstellungsebenen wird hier alles ganz genau erklärt. Natürlich werden auch alle Neuerungen von Photoshop Elements 12 ausgiebig vorgestellt.

Neben der Bildbearbeitung sind selbstverständlich auch die umfangreichen Möglichkeiten zur Bildverwaltung und -organisation in diesem Buch ein Thema. Denn im Zeitalter von Digitalkamera, Smartphone & Co. steigt die Zahl der Bilder ja schnell in die Hunderte oder sogar Tausende. Und vielleicht haben Sie auch noch auf Ihrem Speicher einen Schuhkarton voller Fotos stehen, die Sie eigentlich schon längst digitalisiert und sortiert haben wollten?

Ein richtiges Highlight ist auch die DVD des Buchs. Hier finden Sie Video-Lektionen, Plug-ins, nützliche Zusatzinfos, alle Beispieldateien aus den Workshops und vieles mehr.

Ich wünsche Ihnen viel Spaß beim Entdecken von Photoshop Elements 12 und der Bearbeitung Ihrer Bilder. Sollten Sie Anregungen, Fragen oder Kritik zum Buch haben, freue ich mich über Ihre Nachricht.

Ihre Ariane Börder
Lektorat Galileo Design
ariane.boerder@galileo-press.de

www.galileodesign.de
Galileo Press • Rheinwerkallee 4 • 53227 Bonn

Auf einen Blick

Teil I	Der Fotoeditor	39
Teil II	Der Organizer	161
Teil III	Bildkorrektur	301
Teil IV	Farbe, Farbveränderungen und Schwarzweiß	361
Teil V	Schärfen und Weichzeichnen	449
Teil VI	Freistellen und Ausrichten	477
Teil VII	Auswahlen	541
Teil VIII	Ebenen	579
Teil IX	RAW und (H)DRI	685
Teil X	Reparieren und Retuschieren	735
Teil XI	Mit Text und Formen arbeiten	793
Teil XII	Präsentieren und Teilen	859
Anhang		933

Impressum

Wir hoffen sehr, dass Ihnen dieses Buch gefallen hat. Bitte teilen Sie uns doch Ihre Meinung mit. Eine E-Mail mit Ihrem Lob oder Tadel senden Sie direkt an die Lektorin des Buches: *ariane.boerder@galileo-press.de*. Im Falle einer Reklamation steht Ihnen gerne unser Leserservice zur Verfügung: *service@galileo-press.de*. Informationen über Rezensions- und Schulungsexemplare erhalten sie von: *ralf.kaulisch@galileo-press.de*.

Informationen zum Verlag und weitere Kontaktmöglichkeiten finden Sie auf unserer Verlagswebsite *www.galileo-press.de*. Dort können Sie sich auch umfassend und aus erster Hand über unser aktuelles Verlagsprogramm informieren und alle unsere Bücher versandkostenfrei bestellen.

An diesem Buch haben viele mitgewirkt, insbesondere:

Lektorat Ariane Börder
Korrektorat Annette Lennartz, Bonn
Herstellung Norbert Englert
Layout Vera Brauner, Maxi Beithe
Einbandgestaltung Eva Schmücker
Coverbilder Masterfile: 600-06732608b © Martin Ruegner;
iStockphoto: 17953593 © andrearoad; Shutterstock: 1651423 © Jiri Vaclavek, 62620777 © Brisbane, 80375911 © wong yu liang, 95523970 © Blazej Lyjak
Satz Dirk Hemke und Markus Miller
Druck Himmer AG, Augsburg

Dieses Buch wurde gesetzt aus der Linotype Syntax (9,25 pt/13 pt) in Adobe InDesign CS6. Gedruckt wurde es auf mattgestrichenem Bilderdruckpapier (135 g/m^2).

Der Name Galileo Press geht auf den italienischen Mathematiker und Philosophen Galileo Galilei (1564–1642) zurück. Er gilt als Gründungsfigur der neuzeitlichen Wissenschaft und wurde berühmt als Verfechter des modernen, heliozentrischen Weltbilds. Legendär ist sein Ausspruch *Eppur si muove* (Und sie bewegt sich doch). Das Emblem von Galileo Press ist der Jupiter, umkreist von den vier Galileischen Monden. Galilei entdeckte die nach ihm benannten Monde 1610.

Bibliografische Information der Deutschen Nationalbibliothek:
Die Deutsche Nationalbibliothek verzeichnet diese Publikation in der Deutschen Nationalbibliografie; detaillierte bibliografische Daten sind im Internet über *http://dnb.d-nb.de* abrufbar.

ISBN 978-3-8362-2700-1
© Galileo Press, Bonn 2014
1. Auflage 2014

Das vorliegende Werk ist in all seinen Teilen urheberrechtlich geschützt. Alle Rechte vorbehalten, insbesondere das Recht der Übersetzung, des Vortrags, der Reproduktion, der Vervielfältigung auf fotomechanischem oder anderen Wegen und der Speicherung in elektronischen Medien.

Ungeachtet der Sorgfalt, die auf die Erstellung von Text, Abbildungen und Programmen verwendet wurde, können weder Verlag noch Autor, Herausgeber oder Übersetzer für mögliche Fehler und deren Folgen eine juristische Verantwortung oder irgendeine Haftung übernehmen.

Die in diesem Werk wiedergegebenen Gebrauchsnamen, Handelsnamen, Warenbezeichnungen usw. können auch ohne besondere Kennzeichnung Marken sein und als solche den gesetzlichen Bestimmungen unterliegen.

Inhalt

Vorwort 31

TEIL I Der Fotoeditor

1 Bilder öffnen und speichern

1.1	Der Startbildschirm	41
1.2	Bilddateien im Fotoeditor öffnen	42
1.3	Bildschirmfoto erstellen	45
1.4	Neues Bild anlegen	46
1.5	Dateien speichern	47
	1.5.1 Der Speichern-Dialog	47
	1.5.2 Wichtige Hinweise zum Speichern	49
	1.5.3 Stapelverarbeitung	50

2 Schnelle Bildkorrekturen im Fotoeditor

2.1	Die Arbeitsoberfläche im Schnell-Modus	53
	2.1.1 Werkzeuge im Schnell-Modus	55
	2.1.2 Ansichten im Schnell-Modus	57
	2.1.3 Der Bedienfeldbereich »Korrekturen« im Schnell-Modus	60
2.2	Die Schnellkorrekturen	61
	2.2.1 Belichtung korrigieren	61
	2.2.2 Tonwertkorrektur	62
	2.2.3 Farbe und Farbbalance korrigieren	64
	2.2.4 Unschärfe korrigieren	67
	2.2.5 Alles zusammen – die intelligente Korrektur	67
	2.2.6 Rote Augen korrigieren	68
	2.2.7 Bilder drehen und freistellen	70
	2.2.8 Bildbereiche korrigieren	73

5

Inhalt

2.3		Effekte, Strukturen und Rahmen verwenden	75
	2.3.1	Die Effekte	75
	2.3.2	Die Strukturen	75
	2.3.3	Die Rahmen	76

3 Der Assistent

3.1		Die Arbeitsoberfläche im Assistent-Modus	77
3.2		Fotoeffekte und Fotospiel	78
	3.2.1	Fotoeffekte	79
	3.2.2	Fotospiel	84

4 Der Fotoeditor im Experte-Modus

4.1		Die Oberfläche im Schnellüberblick	89
4.2		Die Menüleiste	90
4.3		Die Werkzeugpalette im Überblick	94
4.4		Die einzelnen Werkzeuge und ihre Funktion	97
	4.4.1	Anzeigen	97
	4.4.2	Auswählen	97
	4.4.3	Verbessern	98
	4.4.4	Zeichnen	98
	4.4.5	Ändern	99
	4.4.6	Vordergrund- und Hintergrundfarbe	100
4.5		Werkzeugoptionen	102
4.6		Der Fotobereich	103
4.7		Die Bedienfelder	104
	4.7.1	Grundlegender Arbeitsbereich	104
	4.7.2	Benutzerdefinierter Arbeitsbereich	106
	4.7.3	Allgemeine Funktionen von Bedienfeldern	109
	4.7.4	Übersicht zu den einzelnen Bedienfeldern	111
4.8		Werte eingeben	114

Inhalt

5 Exaktes Arbeiten auf der Arbeitsoberfläche

- 5.1 Abbildungsgröße und Bildausschnitt ... 117
- 5.2 Zoom – die Bildansicht verändern ... 118
  - 5.2.1 Das Zoom-Werkzeug ... 118
- 5.3 Das Hand-Werkzeug ... 121
- 5.4 Das Navigator-Bedienfeld ... 123
- 5.5 Das Dokumentfenster ... 124
  - 5.5.1 Informationen zum Bild – Titelleiste ... 124
  - 5.5.2 Die Statusleiste ... 125
  - 5.5.3 Mehrere Bilder im Fotoeditor ... 126
  - 5.5.4 Schwebende Fenster im Fotoeditor verwenden ... 127
  - 5.5.5 Geöffnete Dokumentfenster anordnen ... 131
  - 5.5.6 Die Farbe der Arbeitsoberfläche ändern ... 132
- 5.6 Bilder vergleichen ... 133
- 5.7 Informationen zum Bild – das Informationen-Bedienfeld ... 134
- 5.8 Hilfsmittel zum Ausrichten und Messen ... 136
  - 5.8.1 Lineal ... 136
  - 5.8.2 Winkel und Strecken ermitteln ... 137
  - 5.8.3 Raster verwenden und einstellen ... 138
  - 5.8.4 Exaktes Ausrichten mit Hilfslinien ... 139

6 Grundlagen der Bildbearbeitung

- 6.1 Pixel- und Vektorgrafiken ... 143
  - 6.1.1 Pixelgrafik – Punkt für Punkt ... 143
  - 6.1.2 Vektorgrafik – die mathematische Grafik ... 144
- 6.2 Bildgröße und Auflösung ... 145
  - 6.2.1 Absolute Auflösung ... 145
  - 6.2.2 Relative Auflösung ... 145
- 6.3 Farben – Farbtiefe und Bildmodus ... 151
  - 6.3.1 Farbmodelle ... 151
  - 6.3.2 Farbtiefe ... 153
  - 6.3.3 Bildmodus in Photoshop Elements ... 153

6.4	Datenkompression	157
6.5	Wichtige Dateiformate für Bilder	159

TEIL II Der Organizer

7 Fotos in den Organizer importieren

7.1	Den Organizer starten	163
7.2	Fotos aus einer Vorgängerversion importieren	164
7.3	Dateien und Ordner importieren	165
7.4	Import von Kamera oder Kartenleser	169
7.5	Import vom Scanner	173
7.6	Datenträger durchsuchen	175
7.7	Import aus iPhoto	176

8 Die Arbeitsoberfläche des Organizers

8.1	Die Oberfläche des Organizers im Schnellüberblick		177
	8.1.1	Die Menüleiste	178
	8.1.2	Bilderansicht im Medienbrowser anpassen	180
	8.1.3	Die Bedienfelder	181
	8.1.4	Die verschiedenen Medienverwaltungsmodi	183
	8.1.5	»Erstellen« und »Teilen«	183
8.2	Die Vollbildansicht – Diashow und Vergleichsansicht		185
	8.2.1	Steuerung der Vollbildansicht	186
	8.2.2	Vollbildansicht-Optionen	188
	8.2.3	Die Vergleichsansicht	189
	8.2.4	Aktionsmenü	190
	8.2.5	Tastenkürzel für die Vollbildansicht	190
8.3	Fotokorrekturoptionen im Organizer		191
	8.3.1	Fotos drehen	192
8.4	Vom Organizer zum Fotoeditor		192

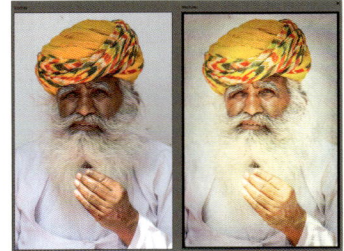

9 Fotos organisieren und verwalten

9.1	Der Katalog		195
9.2	Lokale Alben erstellen und verwalten		199
9.3	Mobile Alben erstellen und verwalten		208
	9.3.1	Mit Adobe Revel verbinden	209
	9.3.2	Mobile Alben erstellen	210
	9.3.3	Upload aller Medien verwalten	213
	9.3.4	Die Original-Medien von Revel herunterladen	215
	9.3.5	Adobe-Revel-Bibliothek(en) verwalten	216
	9.3.6	Zugriff auf Revel jenseits des Organizers	217
	9.3.7	Bilder mit anderen teilen bzw. weitergeben	218
9.4	Ordneransicht		222
	9.4.1	Flache Ordneransicht – schnelle Übersicht	222
	9.4.2	Volle Ordneransicht – wie auf dem Betriebssystem	223
	9.4.3	Ordner überwachen (nur Windows)	224
	9.4.4	Befehle für die Ordneransicht	225
9.5	Stichwort-Tags und Smart-Tags		225
	9.5.1	Nach Stichwort-Tags suchen	231
	9.5.2	Stichwort-Tags importieren und exportieren	233
	9.5.3	Stichwort-Tags löschen	233
	9.5.4	Smart-Tags	234
9.6	Alben, Kategorien und Stichwort-Tags sortieren		236
9.7	Bilder bewerten		238
9.8	Personenfotos verwalten		240
	9.8.1	Personen über Medienbrowser benennen	241
	9.8.2	Mehrere Personen auf einmal hinzufügen	244
	9.8.3	Der Personen-Modus	247
	9.8.4	Personen-Tags	252
9.9	Orte erstellen und verwalten		253
	9.9.1	Der Orte-Modus	254

Inhalt

	9.9.2	Steuerung der Landkarte	255
	9.9.3	Neue Orte hinzufügen	257
	9.9.4	Orte nachträglich bearbeiten	261
	9.9.5	Ortsinformationen entfernen	263
	9.9.6	Bilder schnell finden über den Orte-Modus	264
	9.9.7	Orte-Tags	266
9.10	Ereignisse erstellen und verwalten		268
	9.10.1	Ereignisse bearbeiten	270
	9.10.2	Smart-Ereignisse	272
	9.10.3	Ereignis-Tags	274
9.11	Versionssätze und Fotostapel		275
	9.11.1	Stapel erzeugen	277
	9.11.2	Versionssatz erzeugen	278
	9.11.3	Stapel und Versionssatz sortieren, aufheben und entfernen	279
	9.11.4	Fotostapel und Versionssatz kombinieren	279
9.12	Bildinformationen		280
9.13	Nach Bildern suchen		282
	9.13.1	Erweiterte Suche	282
	9.13.2	Details (Metadaten)	285
	9.13.3	Medientyp	286
	9.13.4	Bearbeitungsverlauf	286
	9.13.5	Dateiname	286
	9.13.6	Alle fehlenden Dateien	286
	9.13.7	Versionssätze oder Fotostapel	287
	9.13.8	Suche nach visueller Ähnlichkeit	287
	9.13.9	Weitere Suchfunktionen	290
9.14	Bilder sichern und exportieren		291
	9.14.1	Katalog sichern und wiederherstellen	291
	9.14.2	Medien auf Wechseldatenträger verschieben/kopieren	294
	9.14.3	Ausgewählte Medien verschieben	297
	9.14.4	Medien als neue Datei(en) exportieren	298
9.15	Workflow für die Medienverwaltung		298

TEIL III Bildkorrektur

10 Grundlegendes zur Bildkorrektur

- 10.1 Vorgehensweise für eine gute Korrektur 303
  - 10.1.1 Kann man alles reparieren, was kaputt ist? 304
  - 10.1.2 Die Korrektur planen 304
  - 10.1.3 Der richtige Bildmodus 304
  - 10.1.4 Flexibel arbeiten mit Einstellungsebenen 304
- 10.2 Arbeitsschritte rückgängig machen 309
  - 10.2.1 Rückgängig per Tastatur und Menü 309
  - 10.2.2 Das Rückgängig-Protokoll verwenden 311

11 Tiefen und Lichter korrigieren

- 11.1 Das Histogramm – die Tonwertverteilung im Bild 313
- 11.2 Histogramme richtig analysieren 315
  - 11.2.1 Histogramm dunkler Bilder 316
  - 11.2.2 Histogramm heller Bilder 316
  - 11.2.3 Histogramm kontrastarmer Bilder 317
  - 11.2.4 Ein ausbalanciertes Histogramm 318
  - 11.2.5 Das ideale Histogramm 318
- 11.3 Die Tonwertkorrektur 319
- 11.4 Die Tonwertkorrektur in der Praxis 321
  - 11.4.1 Flaue Bilder korrigieren 321
  - 11.4.2 Zu dunkle und zu helle Bilder 323
  - 11.4.3 Farbstich entfernen 325
  - 11.4.4 Bilder ohne Schwarz oder Weiß 329
  - 11.4.5 Tonwertkorrektur bei Graustufenbildern 329
  - 11.4.6 Tonwertumfang reduzieren 330
  - 11.4.7 Unter- oder überbelichtete Bilder retten 330
- 11.5 Auto-Tonwertkorrektur 334
- 11.6 Automatische intelligente Farbtonbearbeitung 335
- 11.7 Farbkurven anpassen 336

| 11.8 | Detailarbeit: Werkzeuge zum Nachbelichten und Abwedeln .... 338 |
| 11.9 | Tiefen und Lichter mit dem Assistent .... 341 |

12 Farbkorrektur

12.1	Farbstich ermitteln 343
12.2	Farbstich mit einem Mausklick entfernen 346
12.3	Farbton und Sättigung anpassen 347
12.4	Farbton, Farbsättigung und Farbbalance mit dem Schnell-Modus 350
12.5	Hauttöne anpassen 350
12.6	Automatische Farbkorrektur 354
12.7	Farbkorrektur mit dem Assistenten 354

13 Helligkeit und Kontrast korrigieren

13.1	Der Dialog »Helligkeit/Kontrast« 355
	13.1.1 Nachteile 356
	13.1.2 Auto-Kontrast 357
13.2	Helligkeit und Kontrast mit der Tonwertkorrektur 357
13.3	Farbvariationen und Farbkurven 358
13.4	Der Dialog »Tiefen/Lichter« 358

TEIL IV Farbe, Farbveränderungen und Schwarzweiß

14 Mit Farben malen

14.1	Farben einstellen 363
	14.1.1 Farbwahlbereich: Vorder- und Hintergrundfarbe 363
	14.1.2 Der Farbwähler 364
	14.1.3 Das Farbfelder-Bedienfeld 366
	14.1.4 Farbe mit dem Farbwähler-Werkzeug auswählen 370

14.2	Die Malwerkzeuge	371
14.2.1	Das Pinsel-Werkzeug	372
14.2.2	Der Impressionisten-Pinsel	375
14.2.3	Das Farbe-ersetzen-Werkzeug	376
14.2.4	Der Buntstift	377
14.2.5	Der Radiergummi	378
14.2.6	Der Hintergrund-Radiergummi	379
14.2.7	Der Magische Radiergummi	381
14.2.8	Das Smartpinsel-Werkzeug	383
14.2.9	Das Detail-Smartpinsel-Werkzeug	396
14.3	Pinsel- und Werkzeugspitzen	397
14.3.1	Werkzeugspitzen auswählen und einstellen über die Werkzeugoptionen	397
14.3.2	Darstellung der Werkzeugspitzen am Bildschirm	398
14.3.3	Pinselspitzen verwalten	399
14.3.4	Eigene Pinselspitze aus Bildbereichen erstellen	401
14.4	Flächen füllen	406
14.4.1	Das Füllwerkzeug	406
14.4.2	Ebene füllen	407
14.4.3	Auswahl füllen	408
14.4.4	Kontur füllen	408
14.4.5	Muster erstellen und verwalten	409
14.4.6	Das Verlaufswerkzeug	410

15 Schwarzweißbilder

15.1	Was bedeutet eigentlich »Schwarzweiß«?	417
15.2	Schwarzweißbilder erstellen	418
15.2.1	Farben teilweise entfernen – Color Key	419
15.2.2	In Schwarzweiß konvertieren	422
15.2.3	Camera Raw	425
15.2.4	Schwarzweißbilder einfärben	425
15.2.5	Schwarzweiße Bitmaps erzeugen	427
15.2.6	Schwellenwert	429
15.2.7	Schwarzweiß mit dem Assistenten	430

16 Farbverfremdung

16.1	Bilder tonen	431
	16.1.1 Bilder färben mit »Farbton/Sättigung«	431
	16.1.2 Fotofilter einsetzen	432
	16.1.3 Tonen über die Tonwertkorrektur	434
16.2	Bilder mit Verlaufsfarben tonen	434
16.3	Tontrennung	435
16.4	Umkehren	436
16.5	Farbton verschieben	437
16.6	Farben ersetzen	440
16.7	Photomerge-Stil-Übereinstimmung	443

TEIL V Schärfen und Weichzeichnen

17 Bilder schärfen

17.1	Allgemeines zum Thema Schärfen	451
	17.1.1 Was ist Schärfe, und wie entsteht sie?	451
	17.1.2 … und wie macht Photoshop Elements das?	452
17.2	Fehler beim Schärfen	452
17.3	Unscharf maskieren	453
	17.3.1 Detaillierte Bilder mit guter Schärfe	454
	17.3.2 Bilder mit geringer Schärfe	455
	17.3.3 Bilder mit schwachem Kontrast	455
17.4	Schärfe einstellen	456
17.5	Schärfe-Tricks für Profis	458
	17.5.1 Schärfen mit Hochpass	458
	17.5.2 Partielle Schärfung	460
	17.5.3 Tonwertkorrektur	463
17.6	Der Scharfzeichner	465

18 Bilder weichzeichnen

18.1	Automatische Weichzeichner	467
18.2	Gaußscher Weichzeichner	467
18.3	Selektiver Weichzeichner	471

18.4	Bewegungsunschärfe	472
18.5	Radialer Weichzeichner	472
18.6	Matter machen	474
18.7	Der Weichzeichner und der Wischfinger	475

TEIL VI Freistellen und Ausrichten

19 Freistellen

19.1	Hintergrund-Radiergummi – oder Express-Freistellung		479
19.2	Bilder zuschneiden		483
	19.2.1	Das Freistellungswerkzeug	484
	19.2.2	Bildausschnitt mit Zahlenwerten definieren	484
	19.2.3	Bildausschnitte mit der Maus definieren	484
	19.2.4	Raster anzeigen	485
	19.2.5	Bilder zuschneiden mit dem Assistent-Modus	490
19.3	Das Ausstecher-Werkzeug		491
19.4	Hintergründe strecken – das Neu-zusammen-setzen-Werkzeug		495

20 Bildgröße und Auflösung ändern

20.1	Der Bildgröße-Dialog		501
	20.1.1	Pixelmaße ändern	501
	20.1.2	Dokumentgröße ändern	502
20.2	Bildfläche erweitern		505
20.3	Skalieren von Elementen		508

21 Bilder ausrichten

21.1	Bilder gerade ausrichten		513
	21.1.1	Automatisch gerade ausrichten	517
	21.1.2	Weitere Möglichkeiten zum geraden Ausrichten	517

Inhalt

21.2	Perspektive korrigieren		518
	21.2.1	Kameraverzerrung korrigieren	518
	21.2.2	Bild durch Verzerren korrigieren	524
21.3	Photomerge – Panoramen & Co.		526
	21.3.1	Panoramabilder erstellen	526
	21.3.2	Photomerge-Gesichter	531
	21.3.3	Photomerge-Gruppenbild	535
	21.3.4	Photomerge-Szenenbereinigung	538

TEIL VII Auswahlen

22 Einfache Auswahlen erstellen

22.1	Auswahlwerkzeuge im Überblick		543
22.2	Auswahlrechteck und -ellipse		544
	22.2.1	Werkzeugoptionen	545
	22.2.2	Die Werkzeuge im Einsatz	546
22.3	Auswahlbefehle im Menü		547
22.4	Auswahlen kombinieren		548
22.5	Auswahlen nachbearbeiten		550
	22.5.1	Weiche Kante	550
	22.5.2	Glätten	552
	22.5.3	Kante verbessern	552
	22.5.4	Auswahl verändern	555
	22.5.5	»Auswahl vergrößern« und »Ähnliches auswählen«	556
	22.5.6	Auswahl transformieren	556
22.6	Auswahlen verwalten		557
	22.6.1	Auswahl speichern	557
	22.6.2	Auswahl laden	557
	22.6.3	Auswahl löschen	558
22.7	Wichtige Arbeitstechniken		558
	22.7.1	Auswahllinie verschieben	558
	22.7.2	Auswahlinhalt verschieben	559
	22.7.3	Auswahlinhalt löschen	560
	22.7.4	Auswahl duplizieren	560
	22.7.5	Auf neuer Ebene weiterarbeiten	561

23 Komplexe Auswahlen erstellen

23.1	Die Lasso-Werkzeuge	563
	23.1.1 Das einfache Lasso	563
	23.1.2 Das Magnetische Lasso	564
	23.1.3 Das Polygon-Lasso	568
23.2	Der Zauberstab	569
23.3	Das Schnellauswahl-Werkzeug	573
23.4	Der Auswahlpinsel	575

TEIL VIII Ebenen

24 Ebenen in Photoshop Elements

24.1	Das Ebenen-Prinzip	581
24.2	Transparenz und Deckkraft	582
	24.2.1 Ebenentransparenz	582
	24.2.2 Ebenendeckkraft	583
24.3	Typen von Ebenen	584
	24.3.1 Hintergrundebenen	584
	24.3.2 Bildebenen	586
	24.3.3 Einstellungsebenen	586
	24.3.4 Textebenen	586
	24.3.5 Formebenen	587

25 Das Ebenen-Bedienfeld

25.1	Überblick über das Ebenen-Bedienfeld	589
25.2	Ebenen auswählen	590
	25.2.1 Aktuell bearbeitete Ebene	591
	25.2.2 Ebene auswählen	591
	25.2.3 Auswahlen aus Ebenenpixeln erstellen	592
	25.2.4 Mehrere Ebenen auswählen	593
	25.2.5 Sichtbarkeit der Ebenen	594
25.3	Ebenen anlegen und löschen	595
	25.3.1 Neue Ebene durch Duplizieren	595
	25.3.2 Neue Ebene durch Einkopieren	596
	25.3.3 Ebenen löschen	597
	25.3.4 Ebenen schützen	598

Inhalt

25.4	Ebenen verwalten	598
	25.4.1 Ebenen benennen	599
	25.4.2 Ebenen verknüpfen	599
	25.4.3 Ebenen anordnen	600
	25.4.4 Miniaturansicht ändern	601
	25.4.5 Ebenen reduzieren	602
	25.4.6 Bilder mit Ebenen speichern	603

26 Mit Ebenen arbeiten

26.1	Ebenen verschieben und transformieren	605
	26.1.1 Ebeneninhalte verschieben	605
	26.1.2 Frei transformieren	606
	26.1.3 Ebenen verzerren	610
26.2	Ebenen ausrichten und verteilen	611
	26.2.1 Mehrere Ebenen untereinander ausrichten	611
	26.2.2 Ebenen verteilen	612
26.3	Schnittmasken	616
	26.3.1 Schnittmasken erzeugen	616
	26.3.2 Anwendungsgebiet	617
26.4	Einfache Fotomontagen mit Ebenen	618

27 Füllmethoden von Ebenen

27.1	Füllmethoden im Überblick	631
27.2	Füllmethoden für Mal- und Retusche-Werkzeuge	638
27.3	Füllmethoden in der Praxis	639
	27.3.1 Bilder über Füllmethode aufhellen oder abdunkeln	639
	27.3.2 Weiße oder schwarze Hintergründe ohne Freistellen beseitigen	641

28 Ebenenmasken

28.1	Anwendungsgebiete von Ebenenmasken	643
28.2	Funktionsprinzip von Ebenenmasken	645
	28.2.1 Graustufenmaske und Alphakanal	646

28.2.2 Maskieren und demaskieren 647
28.2.3 Ebenenmaske bearbeiten 647
28.3 **Befehle und Funktionen** 648
28.3.1 Eine neue Ebenenmaske anlegen 649
28.3.2 Ebenenmaske anwenden 651
28.3.3 Ebenenmaske löschen 651
28.3.4 Darstellungsmodi von Ebenenmasken 651
28.3.5 Verbindung von Ebene und Ebenenmaske 654
28.3.6 Auswahlen und Ebenenmasken 654

29 Fotocollagen und -montagen

29.1 **Bildelemente verschiedener Bilder kombinieren** 659
29.1.1 Bilder kombinieren – Szenen bereinigen 659
29.1.2 Digitalen Doppelgänger erzeugen 662
29.2 **Kreative Effekte mit Formen und Texten** 663
29.2.1 Formen ausstanzen 663
29.2.2 Grafikvorlagen einbinden 668
29.2.3 Text-Bild-Kombinationen 670
29.3 **Schwarzweiß und Farbe in Kombination** 673
29.4 **Bilder kombinieren – mit sanften Übergängen** 675
29.5 **Einfache Fotocollagen ohne Ebenenmasken** 678

TEIL IX RAW und (H)DRI

30 RAW – das digitale Negativ

30.1 **Das RAW-Format** 687
30.1.1 Vorteile von RAW gegenüber JPEG 688
30.1.2 Weitere Vorteile des RAW-Formats 689
30.1.3 Nachteile des RAW-Formats 689
30.1.4 Verschiedene RAW-Formate 690
30.2 **RAW-Dateien importieren** 691
30.3 **Das Camera-Raw-Plug-in** 691
30.3.1 Bilder in Camera Raw öffnen 692

	30.3.2	Werkzeuge für die Ansicht	694
	30.3.3	Das Histogramm	695
	30.3.4	Dateiausgabe-Option (Farbtiefe)	696
	30.3.5	Verwenden von bisherigen Bildeinstellungen	696
	30.3.6	Camera-Raw-Voreinstellungen	697
	30.3.7	Grundeinstellungen – Bildkorrekturen	698
	30.3.8	Schärfen und Rauschreduzierung	703
	30.3.9	Kamerakalibrierung	705
	30.3.10	Werkzeuge zur Retusche und Reparatur	705
	30.3.11	Bild speichern oder im Fotoeditor öffnen	706
	30.3.12	Bildbearbeitung mit Camera Raw	709
	30.3.13	Stapelverarbeitung von RAW-Bildern	714
	30.3.14	JPEG-Bilder mit Camera Raw bearbeiten	720

31 DRI-Technik

31.1	Was ist DRI?	721
31.2	Tonemapping – HDR-Bilder simulieren	722
31.3	Aufnahmetipps für DRI-Bilder	724
31.4	DRI in der Praxis	726
31.5	Automatische DRI-Funktion – Photomerge-Belichtung	731

TEIL X Reparieren und Retuschieren

32 Bildstörungen

32.1	Hinweise zur Retusche		737
32.2	Bildrauschen entfernen		738
	32.2.1	Rauschen entfernen – die Automatik	738
	32.2.2	Staub und Kratzer	738
	32.2.3	Rauschen reduzieren	739
	32.2.4	Helligkeit interpolieren	741
	32.2.5	Matter machen	741
32.3	Bildrauschen hinzufügen		741

33 Retuschewerkzeuge

33.1	Der Kopierstempel – Objekte klonen und entfernen	743
33.2	Musterstempel	752
33.3	Reparatur-Pinsel und Bereichsreparatur-Pinsel	752
	33.3.1 Der Reparatur-Pinsel	752
	33.3.2 Der Bereichsreparatur-Pinsel	758
	33.3.3 Inhaltsbasierte Retusche	759
33.4	Porträtretusche	762
33.5	Inhaltssensitives Verschieben-Werkzeug	774
33.6	Verflüssigen-Filter	782

34 Eingescannte Bilder nachbearbeiten

34.1	Bilder einscannen	785
34.2	Bildqualität des Scans verbessern	787
34.3	Scans aufteilen	791

TEIL XI Mit Text und Formen arbeiten

35 Grundlagen zur Texterstellung

35.1	Text eingeben	795
	35.1.1 Einzeiliger Text (Punkttext)	795
	35.1.2 Mehrzeiliger Text (Absatztext)	797
35.2	Text editieren	800
	35.2.1 Text gestalten	800
	35.2.2 Vertikales Textwerkzeug	806
	35.2.3 Teile eines Textes bearbeiten	806
	35.2.4 Textebene in eine Ebene umwandeln	807

36 Ebenenstile und -effekte

36.1	Wie werden Ebenenstile angewendet?	809
36.2	Vordefinierte Ebenenstile	810
36.3	Eigene Effekte – Ebenenstile anpassen	812

Workshops

Schnelle Bildkorrekturen im Fotoeditor
- Beleuchtung im Schnell-Modus korrigieren 63
- Farben im Schnell-Modus korrigieren 66
- Rote Augen entfernen 68
- Freistellen im Schnell-Modus – den Bildausschnitt verändern 70
- Einzelne Bildteile einfärben 73

Der Assistent
- Eine Miniaturwelt erschaffen mit dem Tilt-Shift-Effekt 81
- Bild aus dem Rahmen fallen lassen 84

Fotos in den Organizer importieren
- Fotos von der Kamera oder vom Kartenleser laden 170

Fotos organisieren und verwalten
- Ein neues lokales Album erstellen 199
- Album nach Metadaten erzeugen 204
- Schritt-für-Schritt: Webfreigabe eines Albums 218
- Schritt-für-Schritt: Bibliothek mit anderen teilen 220
- Stichwort-Tags und neue Unterkategorien verwenden . 226
- Neue Stichwort-Kategorie erstellen 229
- Mehrere Personen auf einmal hinzufügen 244
- Einem Bild Ortsinformationen hinzufügen 257
- Ortsinformationen nachträglich bearbeiten 261
- Ein Ereignis erstellen 268
- Nach visuell ähnlichen Bildern suchen 288

Grundlegendes zur Bildkorrektur
- Einstellungsebenen zur Bildkorrektur verwenden 305

Tiefen und Lichter korrigieren
- Kontrast verbessern 321
- Bild aufhellen 323
- Farbstich entfernen 325

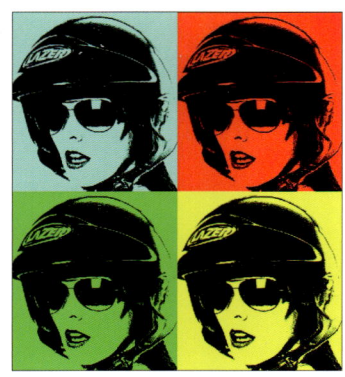

Workshops

- ▶ Überbelichtung ausgleichen 331
- ▶ Unterbelichtung aufhellen 333
- ▶ Einzelne Bildpartien aufhellen 339

Farbkorrektur
- ▶ Farbmischung bestimmen 344
- ▶ Wärmere Hautfarbe erstellen 351

Helligkeit und Kontrast korrigieren
- ▶ Beleuchtung korrigieren 358

Mit Farben malen
- ▶ Hintergrund-Radiergummi verwenden 380
- ▶ Bildkorrektur mit dem Smartpinsel-Werkzeug 384
- ▶ Eine Pinselspitze aus einem Bildbereich erstellen 401
- ▶ Bildschutz mit Wasserzeichen 403
- ▶ Eigene Verläufe erstellen 413

Schwarzweißbilder
- ▶ Ausgewählte Farben erhalten 419
- ▶ Bilder in Schwarzweiß konvertieren 422
- ▶ Ein Schwarzweißbild nachkolorieren 425
- ▶ Perfekte Bitmaps erzeugen 427

Farbverfremdung
- ▶ Farben im Farbumfang verschieben – einen Himmel umfärben 437
- ▶ Farbe auswechseln 440
- ▶ Photomerge-Stil-Übereinstimmung verwenden 443

Bilder schärfen
- ▶ Schärfen mit Hochpass 458
- ▶ Einzelne Bildbereiche schärfen 460

Bilder weichzeichnen
- ▶ Schärfentiefe reduzieren 468

Freistellen
- ▶ Freistellen mit dem Hintergrund-Radiergummi 479
- ▶ Bild optimal zuschneiden 488
- ▶ Kreative Bildumrandung erstellen 493
- ▶ Bild neu zusammensetzen 497

Workshops

Bildgröße und Auflösung ändern
- Bilder strecken 503
- Eine Auswahl skalieren 508

Bilder ausrichten
- Perspektive korrigieren 520
- Vignettierung beseitigen 523
- Perspektive durch Verzerren anpassen 524
- Ein Panorama erstellen 527
- Photomerge-Gesichter – ein neuer Mund 531
- Gruppenbilder optimieren 535

Komplexe Auswahlen erstellen
- Den Zauberstab verwenden 570

Mit Ebenen arbeiten
- Ebenen ausrichten und verteilen 612
- Objekt in ein anderes Bild einmontieren 618
- Himmel austauschen 625

Füllmethoden von Ebenen
- Dunkle Bilder per Füllmethode aufhellen 639

Fotocollagen und -montagen
- Szene bereinigen 659
- Ebenenmaske und Ebeneninhalt getrennt voneinander bewegen 663
- Individuelle Bildhintergründe mit Ebenenmasken 668
- Text aus Bild erstellen 670
- Bild halb in Farbe und halb in Schwarzweiß 673
- Bildkomposition mit dem Verlaufswerkzeug 675
- Eine einfache Fotocollage 678

RAW – das digitale Negativ
- Bildbearbeitung mit Camera Raw durchführen 709
- Mehrere RAW-Bilder auf einmal konvertieren (Stapelverarbeitung) 715
- Mehrere RAW-Dateien auf einmal mit Camera Raw bearbeiten 717

DRI-Technik
- HDR bzw. Tonemapping simulieren 722

Workshops

- ▶ Manuelle DRI-Montage 726
- ▶ Automatische DRI-Montage 731

Retuschewerkzeuge
- ▶ Bildmotiv klonen 746
- ▶ Unerwünschte Bildteile mit dem Kopierstempel entfernen 748
- ▶ Unerwünschte Objekte mit dem Reparatur-Pinsel aus dem Bild entfernen 754
- ▶ Hautunreinheiten auf Porträts korrigieren 757
- ▶ Falten entfernen und Person verjüngen 762
- ▶ Retusche rund um die Augen 765
- ▶ Digitales Make-up auftragen 769
- ▶ Bildmotiv verschieben 775
- ▶ Bildmotiv erweitern 778

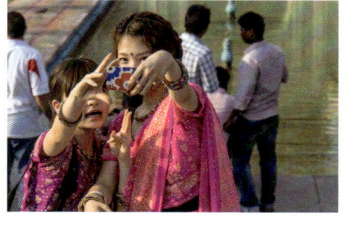

Eingescannte Bilder nachbearbeiten
- ▶ Bild einscannen und ausrichten 786
- ▶ Scanner-Schwächen ausgleichen 788

Ebenenstile und -effekte
- ▶ Ebeneneffekt verändern 813

Kreative Textgestaltung
- ▶ Schrift mit einem Bild füllen 819
- ▶ Text in ein Foto montieren 821
- ▶ Text auf eine Auswahl schreiben 827
- ▶ Text auf eine vorhandene Auswahl schreiben 831
- ▶ Text auf eine Form schreiben 833
- ▶ Text auf eine vorhandene Form schreiben 836
- ▶ Text auf Pfad schreiben 839

Formen zeichnen mit den Formwerkzeugen
- ▶ Bilder sprechen lassen – Sprechblasen & Co. 852
- ▶ Pfadpunkte von Formen verändern 857

Bilder für das Internet
- ▶ Bilder für das Web speichern 865
- ▶ Eine GIF-Animation erstellen 869
- ▶ Eine eigene private Webgalerie erstellen 874
- ▶ Fotos per E-Mail versenden 878

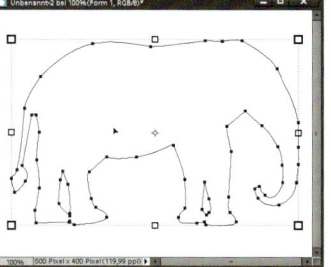

Fotoabzüge drucken
- Bild auf Fotopapier 10×15 cm drucken 893
- Visitenkarten erstellen 900
- Visitenkarten drucken (Windows) 903
- CD-/DVD-Etiketten erstellen 905
- Einen Bildband erstellen 910
- Diashow erstellen 923

Zusatzmodule, Aktionen und Plug-ins
- Modul »Gradationskurve« ohne Installationsroutine installieren 964
- Aktionen nachinstallieren 967

Video-Lektionen auf Buch-DVD

Auf der Buch-DVD finden Sie folgende Video-Lektionen, die dem Video-Training »Photoshop Elements 12. Die verständliche Video-Anleitung« von Thomas Kuhn (ISBN 978-3-8362-2747-6) entnommen wurden und auf die Inhalte des Buches abgestimmt sind.

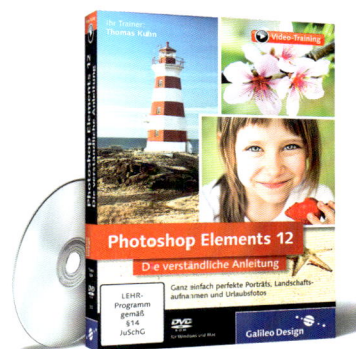

Kapitel 1: Photoshop Elements 12 kennenlernen
1.1 Das alles kann Photoshop Elements 12! (11:18 Min.)
1.2 Fotos von anderen Datenträgern (z. B. USB-Stick) importieren (11:34 Min.)
1.3 Fotos im Organizer betrachten und drehen (09:21 Min.)

Kapitel 2: Perfekte Bildoptimierung und Porträtretusche
2.1 Intensiv leuchtende Farben mit Photoshop Elements 12 (11:38 Min.)
2.2 Alte Fotos restaurieren (15:50 Min.)
2.3 Tipps für tolle Porträtfotos (15:40 Min.)

Kapitel 3: Kreative Fotoeffekte und -montagen
3.1 Eine Grußkarte selbst gestalten (07:11 Min.)
3.2 Mit Fotoeffekten wahre Kunstwerke erschaffen (13:04 Min.)
3.3 Kreativ mit dem Ausstecher-Werkzeug arbeiten (10:50 Min.)

Vorwort

Bevor Sie mit der Lektüre des Buches beginnen, geben Sie mir noch ein paar Zeilen für einige Hinweise zum Buch und ein paar persönliche Worte.

Ziel des Buches

Wie Sie aus dem Titel »**Adobe Photoshop Elements 12. Das umfassende Handbuch**« schon herauslesen können, möchte dieses Buch Ihr unverzichtbarer Begleiter bei der Arbeit mit Photoshop Elements werden. Gewöhnlich gibt es für diesen Zweck zwei Sorten von Büchern. Entweder finden Sie Werke, die nur Workshops enthalten und absolute Einsteiger deshalb meistens außen vor lassen. Die andere Sorte liefert häufig lediglich eine Einführung zur Software, wobei allerdings die Praxis und fortgeschrittene Themen oftmals zu kurz kommen.

Dieses Buch versucht einen Spagat zwischen beiden Buchsorten: Zum einen werden alle Werkzeuge und Funktionen der Software ausführlich beschrieben, zum anderen wird die praktische Anwendung dieser Funktionen in Schritt-für-Schritt-Anleitungen genau erläutert. Selbstverständlich blicke ich hierbei auch über den Tellerrand und behandle viele unverzichtbare Themen rund um die Bildbearbeitung. Anfänger finden so einen einfachen Einstieg in alle Bereiche der Software, und fortgeschrittene Leser können in diesem Buch immer wieder Themen nachschlagen und sicher auch das das eine oder andere dazulernen.

Vorwort

Kompatibel mit den Vorgängerversionen?

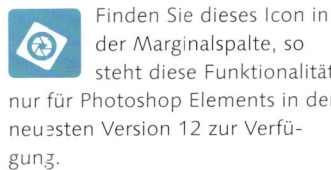 Finden Sie dieses Icon in der Marginalspalte, so steht diese Funktionalität nur für Photoshop Elements in der neuesten Version 12 zur Verfügung.

Einige Worte noch zur Vorgängerversion der Software: Wenn Sie dieses Buch mit Photoshop Elements 11 verwenden wollen, kann ich es zu 90% weiterempfehlen. Abstriche müssen Sie natürlich an den Punkten machen, die neu mit der Version 12 hinzugekommen sind. Erheblich schwieriger sieht es dann schon mit der Version 10 aus, weil hier die komplette Benutzeroberfläche neu gestaltet wurde. Daher kann ich für die Version 10 das Buch hier nicht mehr weiterempfehlen.

Neu in Photoshop Elements Version 12

In dieser Version sind wieder viele kleinere und größere Neuerungen hinzugekommen. Die interessantesten Neuerungen sollen hier kurz erwähnt werden und die restlichen Neuerungen finden Sie im Buch an gegebener Stelle wieder.

64-Bit-Support
Unter Mac OS X steht jetzt Photoshop Elements 12 die volle 64-Bit-Breite zur Verfügung und damit können endlich mehr als nur maximal 3 GB RAM für die Bildbearbeitung verwendet werden. Bei Windows bleibt es aber in dieser Version noch bei 32-Bit.

Endlich ist es mit der Version 12 auch ein mobiler Zugriff auf die Bilder (und Videos) möglich. Anders als bei schnöden Cloud-Diensten können Sie die Medien auch noch mit anderen teilen und gemeinsam bearbeiten oder in einer Webgalerie präsentieren. Dazu baut Adobe auf den hauseigenen Dienst Revel auf, der neben dem PC, Mac oder via Web auch für Android und iOS zur Verfügung steht.

Auch ein neues Werkzeug ist mit dem Inhaltssensitiven Verschieben-Werkzeug dazu gekommen, mit welchem Sie ein ausgewähltes Objekt in einem Bild verschieben (oder erweitern) können, wobei der frei gewordene Platz automatisch gefüllt (rekonstruiert) wird. Auch beim Freistellungswerkzeug werden nun fehlende Ecken auf Wunsch automatisch rekonstruiert. Das Rote-Augen-entfernen-Werkzeug hat jetzt auch eine Option für (verblitzte) Tieraugen erhalten.

Ebenso neu hinzugekommen ist die AUTOMATISCHE INTELLIGENTE FARBTONBEARBEITUNG, die sich die gemachten Bearbeitungseinstellungen des Benutzers merkt, und dadurch für weitere Bearbeitung dazulernt.

Daneben wurde auch der Schnell-Modus um neue Fotofilter und Rahmen erweitert und der Assistent-Modus hat auch wieder neue Schritt-für-Schritt-Funktionen erhalten.

Nicht mehr vorhanden in der Version 12 | Einige Features wurden mit Photoshop Elements 12 entfernt, da diese entweder inkompatibel zu 64-Bit-Systemen oder einfach »Altbacken« waren. Hier zu nennen wären die Magische Extrahierung, die Farbvariationen, der Interaktive Layout-Modus in Photomerge Panorama, Standbild aus Video und Photoshop Showcase.

Historie

Falls Sie Umsteiger von einer noch früheren Version von Adobe Photoshop Elements sind, finden Sie hier eine kleine Historie, was von Version zu Version alles neu hinzugekommen ist:

Photoshop Elements Version 11 | Neben der kompletten überarbeiteten Benutzerschnittstelle und weiteren kleineren Detailverbesserungen ist es mit dieser Version endlich möglich, im Organizer die Orte anhand der GPS-Daten (welche viele digitale Kameras im Bild mitspeichern) zu lokalisieren oder hinzuzufügen. Der Assistent enthält jetzt mit STRICHZEICHNUNG (für einen Bleistiftskizzeneffekt), VIGNETTENEFFEKT (für helle oder dunkle Ränder), HIGH KEY und LOW KEY neue coole Fotoeffekte, die sich einfach verwenden lassen. Mit COMIC und COMIC ROMAN sind auch zwei neue und sehr beliebte Filter hinzugekommen.

Photoshop Elements Version 10 | Neu in der Version 10 hinzugekommen sind die Textwerkzeuge Text-auf-Auswahl-Werkzeug, Text-auf-Form-Werkzeug und Text-auf-eigenem-Pfad-Werkzeug. Der Assistent wurde um die FELDTIEFE und den ORTON-EFFEKT bereichert. Das Smartpinsel-Werkzeug hat ein paar neue Effekte und Strukturen erhalten. Endlich hat auch das Freistellungswerkzeug eine Überlagerung erhalten, womit Sie beim Zuschneiden beliebte Hilfen wie den »Goldenen Schnitt« oder die »Drittel-Regel« verwenden können. Der Organizer hat eine neue visuelle Suche nach ähnlichen Fotos bzw. Objekten in Fotos erhalten. Auch eine Suche nach doppelten Bildern wurde mit Version 10 eingeführt.

Photoshop Elements Version 9 | Neu hinzugekommen ab der Version 9 ist die Option INHALTSSENSITIV (die ab Version 11 INHALTSBASIERT heißt) beim Bereichsreparatur-Pinsel, die durchaus als neues Werkzeug durchgehen könnte. Ebenfalls neu hinzugekommen ist eine Photomerge-Funktion mit PHOTOMERGE-STIL-ÜBEREINSTIMMUNG. Als beste Neuerung der neunten Version dürfte man wohl die Ebenenmasken sehen.

Photoshop Elements Version 8 | In Version 8 kamen das Neuzusammensetzen-Werkzeug sowie die Photomerge-Funktion BELICHTUNG hinzu. Auch die Hilfslinien wurden mit der achten Version eingeführt. Ansonsten gab es auch hier verschiedene kleinere Verbesserungen bei der Bedienung der Software.

Photoshop Elements für Mac OS X

Sehen Sie dieses Symbol neben dem Text in der Marginalie, wird beschrieben, wodurch sich die Mac-Version von der Windows-Version unterscheidet.

Natürlich wurde im Buch auch die Mac-Version berücksichtigt. Daher wurden die Tastenkürzel für beide Plattformen abgedruckt. Wir haben uns für die Version entschieden, wo vor einem Schrägstrich die Windows-Taste und hinter dem Schrägstrich die Mac-Taste genannt wird. Steht im Buch beispielsweise die Tastenkombination [Strg]/[cmd]+[N], müssen Sie für Windows die Tasten [Strg]+[N] und für Mac [cmd]+[N] gleichzeitig drücken.

Durcharbeiten des Buches

Sie müssen das Buch nicht streng Kapitel für Kapitel durcharbeiten. Es wurde vielmehr so konzipiert, dass Sie sich jederzeit »quer« in ein Kapitel einlesen können. Ich habe mich dabei nach Möglichkeit bemüht, nicht auf spätere Kapitel oder Teile vorzugreifen. Immer ließ sich das aber nicht einhalten. Ein Schlüssel-Teil, auf den an mehreren Stellen vorgegriffen wird, ist beispielsweise Teil VIII des Buches zum Thema »Ebenen«.

Gliederung

Im ersten Teil des Buches erfahren Sie alles, was Sie im Umgang mit dem **Fotoeditor** von Photoshop Elements wissen müssen. Sie lesen, wie Sie mit Dateien umgehen, und lernen die Steuerelemente der Arbeitsoberfläche kennen. Vor allem wenn Sie zum ersten Mal mit einem Bildbearbeitungsprogramm oder mit Photoshop Elements arbeiten, sollten Sie sich mit diesem Kapitel einen ersten Überblick über die Software verschaffen.

Im zweiten Teil wird der **Organizer** beschrieben. Der Organizer ist ein eigenständiger Teil von Photoshop Elements. Mit ihm können Sie Ihre Fotos organisieren, suchen oder weitergeben oder, einfach gesagt, verwalten. Gerade wenn Sie sehr viele Fotos auf der Festplatte haben, hilft Ihnen der Organizer enorm dabei, den Überblick zu bewahren.

Der dritte Teil ist dem wichtigen Thema der **Bildkorrektur** gewidmet. Hier lernen Sie die klassischen Vorgehensweisen und Werkzeuge für Bildkorrekturen kennen.

Der vierte Teil behandelt alles, was irgendwie mit **Farbe** oder, genauer, mit der Veränderung oder Manipulation von Pixeln zu tun hat. Neben der Verwendung der klassischen Malwerkzeuge gehören hierzu auch das Füll- und das Verlaufswerkzeug. Auch die Smartpinsel-Werkzeuge werden hier vorgestellt. Abgeschlossen wird dieser Teil mit den Themen **Schwarzweiß** und **Farbverfremdung**.

Wie Sie Ihre Bilder nachträglich **schärfen** oder **weichzeichnen**, wie Sie diese Funktionen sinnvoll einsetzen und was Sie hierbei beachten müssen, erfahren Sie im fünften Teil.

Teil VI zeigt Ihnen, wie Sie ein nicht ganz im optimalen Blickwinkel fotografiertes Foto ins richtige Licht rücken. Behandelt werden Themen wie das **Zuschneiden** und **Ausrichten** von Bildern sowie das **Seitenverhältnis**. Auch das **Skalieren** und die **Veränderung der Perspektive** gehören dazu. Darüber hinaus lernen Sie einige Möglichkeiten kennen, ein Objekt aus seinen umgebenden Pixeln herauszulösen (**Freistellen**). Auch die Photomerge-Funktion zum automatischen Erstellen eines **Panoramabildes** aus mehreren Einzelfotos behandele ich in diesem Teil.

Das wichtige Thema der **Auswahlen** steht im Mittelpunkt des siebten Teils. Photoshop Elements stellt Ihnen allein für die Auswahlen acht verschiedene Werkzeuge sowie ein eigenes Menü zur Verfügung.

Das zentrale Thema im Buch dürften die **Ebenen** im achten Teil sein, ohne die viele Bildkorrekturen, -optimierungen und Montagen gar nicht machbar wären. Auch die **Ebenenmasken** werden hier behandelt.

Besonders für Freunde der digitalen Fotografie dürfte der neunte Teil sehr interessant werden. Hier lernen Sie das Plug-in **Camera-Raw** von Adobe kennen, mit dem Sie Ihre RAW-Fotos »entwickeln« können. Einsteiger erfahren natürlich auch alles zum RAW-Format und zu seiner Verwendung. Da Photoshop Elements das HDR-Format nicht unterstützt, stelle ich in diesem Teil mit der **DRI-Technik** die mögliche Alternative vor.

Teil X geht auf die **Reparatur von Bildstörungen** (Kratzer, Rauschen, Staub etc.) ein sowie auf das (Weg-)**Retuschieren** von unerwünschten Bildteilen. Da solche Bildstörungen häufig Nebenerscheinungen eines Scan-Vorgangs sind, wird auch beschrieben, wie Sie **Scanner-Schwächen** ausgleichen können.

Teil XI ist der Typografie und der Arbeit mit **Formen** gewidmet. Hier werden das **Textwerkzeug** und natürlich auch die **Texteffekte** ausführlich behandelt.

Wie Sie Ihre **Bilder für das Web** vorbereiten und auch sonst bestens **ausdrucken** oder **weitergeben**, erfahren Sie im zwölften Teil. Photoshop Elements eröffnet hier dem Anwender wirklich

Filter und Fotoeffekte

Informationen über die verschiedenen mitgelieferten Filter- und Fotoeffekte von Photoshop Elements finden Sie in zwei PDF-Dateien auf der Buch-DVD. Dieser Teil wurde mit Rücksicht auf den Buchumfang auf die DVD ausgelagert.

Vorwort

eine gewaltige Fülle an Möglichkeiten – Sie werden bei ihrem Ausprobieren viel Spaß haben (versprochen!).

Im Anhang des Buchs finden Sie eine praktische Übersicht der wichtigsten **Tastenkürzel** in Fotoeditor und Organizer, alle **Voreinstellungen** der Software im Überblick und weiterführende Informationen zu **Farbmanagement** und **Zusatzmodulen**.

Schritt für Schritt

Viele Themen, Werkzeuge oder Dialoge werden im Buch in Schritt-für-Schritt-Anleitungen beschrieben, die jeweils besonders gekennzeichnet sind. Diese Anleitungen dokumentieren praktisch jeden Mausklick und Tastendruck und sind vielfach mit passenden Bildern und Screenshots illustriert. Im Buch erkennen Sie diese Anleitungen an einer roten Überschrift, die immer mit dem Titel »Schritt für Schritt« beginnt. Die Bilder aus diesen Anleitungen finden Sie auch auf der Buch-DVD.

> Neben diesem Icon in der Marginalspalte werden der Name und der Ort der Eilddatei angegeben, die Sie auf der Buch-DVD vorfinden.

Beachten Sie allerdings, dass sich diese Schritt-für-Schritt-Anleitungen im Buch immer nur auf den Anwendungsfall des Beispielbildes beziehen. Um die Anleitung auf Ihre eigenen Bilder anzuwenden, werden Sie in der Regel andere Werte verwenden müssen, da jedes Bild anders ist. Ich rate Ihnen aber auf jeden Fall dazu, diese Beispiele selbst zu testen, um sich so mehr Praxiserfahrung anzueignen. Mithilfe dieser Kenntnisse werden Sie bald immer eigenständiger mit Photoshop Elements 12 arbeiten und eigene Lösungen für neue Anwendungsfälle entwickeln.

> **Fragen zum Buch**
> Sollten Sie Fragen, Anregungen oder Hinweise zum Buch haben, so können Sie mich gerne über den Verlag kontaktieren. Ich bin stets bemüht, Ihnen bei Problemen mit dem Buch zu helfen.

Danke

Niemand schreibt ein Buch ohne die Hilfe anderer Menschen. Daher möchte ich hier alle erwähnen, die maßgeblich zum Gelingen des Buches beigetragen haben.

Zunächst muss ich natürlich meiner Familie danken, die mir in den letzten Monaten den Rücken freigehalten hat, so dass ich mich zu 100 % auf das Buch konzentrieren konnte.

Ebenso möchte ich mich beim Verlag bedanken, der mir dieses Buch überhaupt ermöglicht hat. Ganz besonders danke ich meiner Lektorin Ariane Börder, deren vorübergehenden Vertretung Ruth Lahres und Katharina Sutter, die Lektorin der Vorgängerauflagen, die mir alle immer ein angenehmes Arbeiten ermöglicht haben und stets mit Rat und Tat zur Seite standen.

Ein besonderer Dank geht auch an die vielen Fotografen und Bilderdatenbanken, die mir ihre Fotos großzügig zur Verfügung gestellt haben. Zwar werden die Quellen auch jeweils bei den einzelnen Bildern angegeben, dennoch möchte ich sie auch an dieser Stelle gerne noch einmal namentlich erwähnen:

- Pixelio.de – die kostenlose Bilderdatenbank für lizenzfreie Fotos
- Martin Conrad (*www.ipernity.com/home/nochjemand*)
- Ingo Jung (*www.digital-express-labor.de*)
- Alexandra Hopp (*www.pixelio.de*)
- BirgitH (*www.pixelio.de*)
- Clarissa Schwarz (*www.clarissa-schwarz.ch* und *www.sockstar-monster.com*)
- Stefan und Traudel Lubahn (*www.litteldog.de*)
- Hanspeter Bolliger, Brigitte Bolliger und Janine Grab-Bolliger (*www.pixelio.de*)
- Berny J. Sackl (*www.ipernity.com/home/45114*)
- Marcus Kamp (*www.marcuskamp.com*) und seine Models Anja, Bela und Sooraya
- Marco Barnebeck (*www.pixelio.de*)
- dieblen.de (Mannheim, *www.dieblen.de*)
- Wolfgang Pfriemer (Bangkok, *www.ipernity.com/home/wolfgang-pfriemer*)

Nun bleibt mir nur noch, Ihnen recht viel Spaß mit diesem Buch und mit Adobe Photoshop Elements zu wünschen!

Jürgen Wolf

TEIL I
Der Fotoeditor

Kapitel 1
Bilder öffnen und speichern

Für die Bearbeitung der Bilder wird in Photoshop Elements der Fotoeditor verwendet. Damit Sie gleich loslegen können, erfahren Sie in diesem Kapitel, wie Sie Ihre Bilder im Fotoeditor öffnen und auf der Festplatte speichern.

1.1 Der Startbildschirm

Nach dem Start von Adobe Photoshop Elements 12 müssen Sie sich im Startbildschirm zunächst entscheiden, was Sie tun möchten. Wollen Sie Ihre Fotos organisieren und verwalten, so klicken Sie auf den Button ORGANIZER ❶. Um den Fotoeditor zur Bildbearbeitung zu starten, drücken Sie den Button FOTOEDITOR ❷. Da in diesem Teil der Fotoeditor beschrieben wird, betätigen Sie bitte den Button FOTOEDITOR. Das Organisieren der Fotos mit dem Organizer behandele ich in Teil II (ab Kapitel 7) des Buches.

Schnell-Modus
Standardeinstellung seit der Version 11 von Photoshop Elements ist, dass die Oberfläche des Fotoeditors zunächst im SCHNELL-Modus zur schnellen Bildkorrektur gestartet wird. Damit wird der absolute Einsteiger zunächst einmal nicht mit der Fülle an Funktionen erschlagen, die Adobe Photoshop Elements zu bieten hat.

◄ Abbildung 1.1
Der Startbildschirm

Den Start können Sie übrigens auch beeinflussen, indem Sie auf dem Startbildschirm das kleine Zahnrad ❸ rechts oben ne-

Zwischen Anwendungen wechseln

Haben Sie sich eingangs für den Fotoeditor entschieden, so müssen Sie nicht zum Startbildschirm zurückkehren, um etwa in den Organizer zu wechseln. Alle Arbeitsbereiche können Sie jederzeit auch aus anderen Arbeitsbereichen heraus öffnen.

Abbildung 1.2 ▶
Startverhalten ändern

Kapitel_01:
singer_in_pushkar.jpg

Mehrere Dateien öffnen

Wollen Sie mehrere Dateien aus demselben Verzeichnis öffnen, so halten Sie einfach [Strg]/[cmd] gedrückt, während Sie die gewünschten Bilder mit der linken Maustaste auswählen.

Natürlich sieht der Dialog zum Öffnen von Bildern bei der Mac-Version eben Mac-üblich anders aus. Aber das Prinzip und die Anwendung bleiben auch hier dieselben.

ben dem Schließen-Button anklicken. Hier können Sie neben der Standardeinstellung, in der nur der Startbildschirm angezeigt wird, auch auswählen, dass hinter dem Startbildschirm gleich der Organizer oder der Fotoeditor gestartet werden soll.

Egal, was Sie jetzt als Nächstes vorhaben, der erste Schritt dürfte immer der sein, Bilder zu öffnen oder neue Dateien anzulegen. Ebenfalls sehr wichtig ist es dann, die Arbeiten dazwischen oder am Ende zu sichern.

1.2 Bilddateien im Fotoeditor öffnen

Ich gehe davon aus, dass sich bereits ein paar Fotos auf Ihrem Rechner befinden. Falls Sie noch keine Bilder auf Ihrem Rechner haben oder nicht wissen, wie Sie Bilder von der Kamera auf den Rechner bekommen, sollten Sie sich zuerst Teil II, »Der Organizer«, ansehen. Dort bespreche ich die Verwaltung und Archivierung von Bildern im Detail. Alternativ können Sie aber auch ein Bild von der Buch-DVD öffnen, zum Beispiel die Datei »singer_in_pushkar.jpg«.

Um ein Bild zu öffnen, klicken Sie entweder auf die entsprechende Schaltfläche ❶ unterhalb der Menüleiste, oder Sie wählen im Menü Datei • Öffnen aus, oder aber Sie nutzen die Tastenkombination [Strg]/[cmd]+[O]. Es öffnet sich ein neues Fenster mit dem Titel Öffnen. Alternativ führen Sie auf der leeren Arbeitsoberfläche einen Doppelklick aus, um den Dialog anzuzeigen.

Im Grunde handelt es sich hier um eine normale Dialogbox zum Öffnen von Dateien, wie Sie sie aus anderen Programmen kennen. Mit dieser Dialogbox können Sie auf Laufwerken und in Verzeichnissen Ihres Rechners nach Bildern suchen.

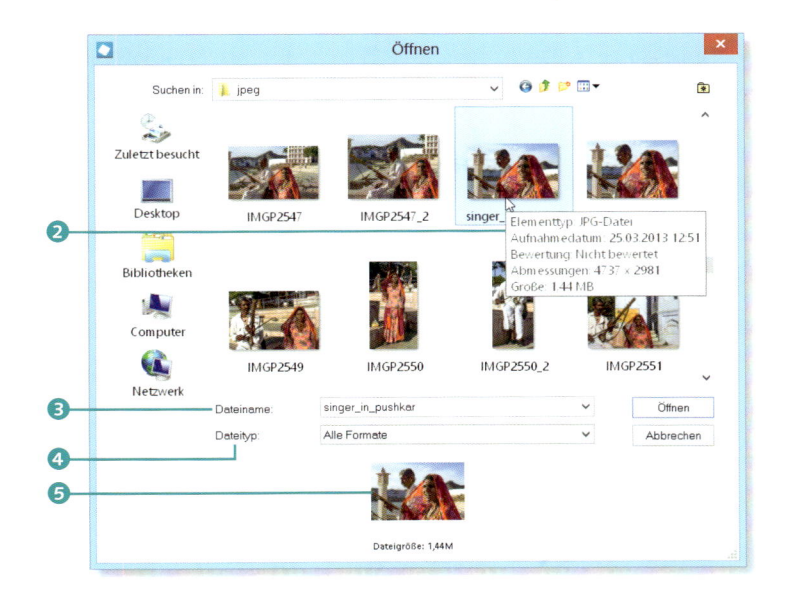

1.2 Bilddateien im Fotoeditor öffnen

▲ Abbildung 1.3
Ein Bild lässt sich sehr komfortabel über die Schaltfläche ÖFFNEN in den Fotoeditor laden.

◄ Abbildung 1.4
Die Dialogbox zum Öffnen von Bildern

Wenn Sie mit dem Mauszeiger über einem Bild stehen, werden weitere Informationen ❷ und (nach einem Klick) unten ein Vorschaubild ❺ angezeigt. Sie öffnen ein Bild einfach per Doppelklick oder durch Anklicken der Schaltfläche ÖFFNEN. Befinden sich in einem Verzeichnis extrem viele Dateien verschiedener Formate, so können Sie sie über die Dropdown-Liste DATEITYP ❹ filtern.

Im Übrigen handelt es sich um einen typischen Datei-öffnen-Dialog, der nicht weiter erläutert werden muss.

Nach dem Öffnen des Bildes wird dieses jetzt im Dokumentfenster angezeigt. Das geöffnete Bild bzw. die Bilder finden Sie jetzt auch im FOTOBEREICH ganz unten wieder.

Bilder aus dem Web öffnen

Wenn Sie Bilder aus dem Web öffnen wollen und die Webadresse dazu haben, können Sie diese in DATEINAME ❸ eingeben oder einfügen, und das Bild wird im Fotoeditor geöffnet. Eine Adresse zum Bild ermitteln Sie zum Beispiel im Webbrowser über einen Rechtsklick und einen Klick auf EIGENSCHAFTEN im Kontextmenü.

Geöffnete Bilder anordnen

Wie Sie mehrere gleichzeitig geöffnete Bilder und die Darstellung der Fenster steuern, erfahren Sie in Abschnitt 5.5, »Das Dokumentfenster«.

◄ Abbildung 1.5
Die geöffnete Bilddatei im Fotoeditor

Kapitel 1   Bilder öffnen und speichern

Bilder über Drag & Drop öffnen | Es gibt eine weitere Möglichkeit, ein Bild mit Photoshop Elements zu öffnen: Ziehen Sie einfach ein Bild oder eine Grafik aus einem anderen Programm (Webbrowser, Explorer, anderes Bildbearbeitungsprogramm etc.) mit gedrückter linker Maustaste in Photoshop Elements, oder lassen Sie es, sofern minimiert, über der Taskleiste fallen (klassisches Drag & Drop).

»Öffnen als« entfernt

Die ohnehin recht fragwürdige Funktion Öffnen als wurde mit Photoshop Elements 12 jetzt komplett gestrichen und gegen die wesentlich sinnvollere Funktion In Camera Raw öffnen ersetzt.

»In Camera Raw öffnen« | Mit Datei • In Camera Raw öffnen (oder mit der Tastenkombination [Strg]/[cmd]+[Alt]+[O]) öffnen Sie ein Bild mit dem Camera-Raw-Plug-in von Photoshop Elements 12. Neben üblichen RAW-Formaten können Sie hiermit auch Bilder im JPEG-, TIFF- und PSD-Format in das Plug-in laden. Das Camera-Raw-Plug-in wird noch gesondert in Kapitel 30 des Buches behandelt, wo Sie dann auch diesen Befehl in der Praxis kennenlernen.

Zuletzt bearbeitete Datei | Über Datei • Zuletzt bearbeitete Datei öffnen wird ein Untermenü geöffnet, in dem Sie aus einer Liste der letzten zehn geöffneten Bilder auswählen können. Das zuletzt bearbeitete Bild befindet sich ganz oben. Die Anzahl der angezeigten Dateien können Sie über Bearbeiten • Voreinstellungen • Dateien speichern (am Mac: Photoshop Elements Editor • Voreinstellungen • Dateien speichern) ändern.

Ähnliches finden Sie auch über das Dropdown-Menü ❶ neben der Schaltfläche Öffnen, wo Sie auf die fünf zuletzt geöffneten Dateien zurückgreifen können.

1 colorful.jpg
2 Cliffs.jpg
3 Bulle.jpg
4 Brueckenkonstruktion.jpg
5 Ballon.jpg
6 Baby.jpg
7 Augen_Effekt.jpg
8 Alamo_Square.jpg
9 DC10_1[1].jpg
10 singer_in_pushkar.jpg

▲ **Abbildung 1.6**
Die zehn zuletzt geöffneten Dateien sind bereit zum erneuten Öffnen.

Abbildung 1.7 ▶
Auch über das Dropdown-Menü neben der Schaltfläche Öffnen können Sie schnell auf die fünf zuletzt geöffneten Dateien zugreifen.

1.3 Bildschirmfoto erstellen

Leider enthält Photoshop Elements keine direkte Funktion, um ein Bildschirmfoto bzw. einen Screenshot zu erstellen. Aber die beiden Betriebssysteme stellen diese Funktion zum Glück schon bereit.

Bildschirmfoto unter Windows | Unter Windows steht hierfür die Tastenkombination [Strg]+[Druck] für den kompletten Bildschirm und [Alt]+[Druck] für das aktive Fenster zur Verfügung. Bei einigen Laptops müssen Sie hierbei zusätzlich die [Fn]-Taste betätigen.

Wenn Sie diese Tastenkombination ausführen, wird der aktuelle Bildschirmzustand in der Zwischenablage gespeichert. Ein so erstelltes Bildschirmfoto (Screenshot) können Sie jetzt mit jedem Grafikprogramm verwenden. Bei Photoshop Elements können Sie dieses Bild aus der Zwischenablage über das Menü Datei • Neu • Bild Aus Zwischenablage oder auch über das Dropdown-Menü neben der Schaltfläche Öffnen öffnen, indem Sie es als neue Datei anlegen.

Bilder in der Zwischenablage
Sie können jedes Bild anzeigen lassen, das sich in der Zwischenablage befindet. Wenn Sie zum Beispiel im Webbrowser einen Rechtsklick über einer Grafik machen und Kopieren wählen, so können Sie das Bild ebenfalls mit Datei • Neu • Bild aus Zwischenablage aus der Zwischenablage in Photoshop Elements öffnen.

▲ **Abbildung 1.8**
Ist eine Bilddatei in der Zwischenablage vorhanden, können Sie diese mit entsprechendem Befehl in den Fotoeditor laden.

Bildschirmfoto am Mac | Unter einem Mac-System fotografieren Sie den gesamten Bildschirm mit [cmd]+[⇧]+[3] und einen benutzerdefinierten Bereich mit [cmd]+[⇧]+[4]. Betätigen Sie außerdem nach der Tastenkombination [cmd]+[⇧]+[4] die Leertaste, erscheint ein Fotoapparat auf dem Bildschirm, mit dem Sie bestimmte Elemente fotografieren können, über denen der Mauszeiger steht. Diese Elemente werden eingefärbt. Standardmäßig werden die so erstellten Bildschirmfotos auf dem Schreibtisch abgespeichert, von wo Sie sie per Drag & Drop auf Photoshop Elements fallen lassen und dort bearbeiten können.

1.4 Neues Bild anlegen

Selbstverständlich können Sie mit Photoshop Elements auch eine neue leere Datei anlegen. Möglich wird dies über das Menü DATEI • NEU • LEERE DATEI oder mit der Tastenkombination Strg/cmd+N. Auch über die Dropdown-Liste neben der Schaltfläche ÖFFNEN finden Sie hierfür einen entsprechenden Befehl, um eine NEUE LEERE DATEI anzulegen. Anschließend öffnet sich eine Dialogbox.

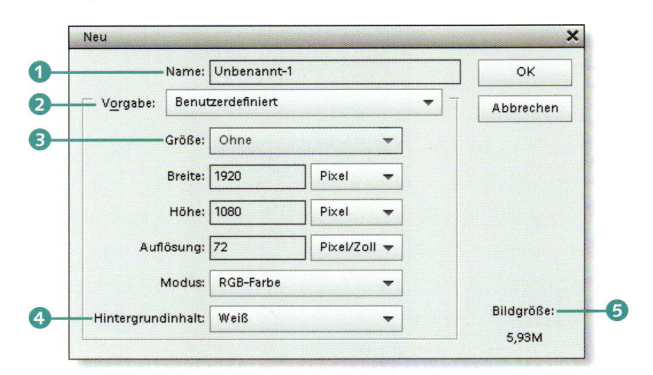

▲ **Abbildung 1.9**
Einfach mal schnell einen neue leere Datei über den entsprechenden Befehl anlegen

Abbildung 1.10 ▶
Die Dialogbox zum Anlegen einer neuen Bilddatei

Vorlagen definieren?
Leider ist es in Photoshop Elements nicht möglich, eigene Vorlagen zu definieren. Sie können lediglich vorhandene Vorlagen modifizieren. Aber auch die Modifikation ist nur temporär und kann nicht gespeichert werden.

In der Dialogbox können Sie jetzt die Eigenschaften für die neu anzulegende Bilddatei angeben. Die Datei benennen Sie im Textfeld NAME ❶. Beachten Sie allerdings, dass die Datei trotz der Vergabe eines Namens nicht automatisch gespeichert wird. Unter VORGABE ❷ haben Sie mehrere Möglichkeiten, die Bildgröße anzugeben. Hier können Sie zwischen verschiedenen Vorgaben wie DIN-Formaten, US-Formaten etc. wählen, die Sie dann genauer über GRÖSSE ❸ (zum Beispiel DIN A4, DIN A5 usw.) auswählen können. Das ist recht praktisch, weil man ja nicht alle DIN- und andere Standardmaße im Kopf hat.

Natürlich können Sie die Werte auch manuell über BREITE und HÖHE eingeben. Achten Sie darauf, dass Sie dahinter die richtige Maßeinheit gesetzt haben. Auch die AUFLÖSUNG können Sie von Hand eingeben. Bei MODUS stellen Sie den Farbmodus ein, den Sie verwenden wollen. Worum es sich bei der Auflösung oder beim Modus handelt und welche Maßeinheiten Sie wofür einstellen sollten, erfahren Sie in Kapitel 6, »Grundlagen der Bildbearbeitung«.

Am Ende legen Sie noch den HINTERGRUNDINHALT ❹ fest, mit dem die Ebene gefüllt werden soll. Sie können hierbei wählen zwischen WEISS, TRANSPARENZ und HINTERGRUNDFARBE. Die Hintergrundfarbe bezieht sich auf die Einstellungen in der Werkzeugleiste.

Auf der rechten unteren Seite wird unter BILDGRÖSSE ❺ außerdem auch gleich berechnet, wie viel Platz der Datenumfang des neu zu erstellenden Bildes benötigt.

1.5 Dateien speichern

Wenn Sie ein Bild fertig bearbeitet haben, wollen Sie es sicher auch speichern. Hier gilt: Speichern Sie lieber einmal zu oft als einmal zu wenig. Photoshop Elements bietet Ihnen zum Speichern zwei Kommandos an: den Befehl DATEI • SPEICHERN (oder [Strg]/[cmd]+[S]) und den Befehl DATEI • SPEICHERN UNTER (oder [Strg]/[cmd]+[⇧]+[S]):

- Mit dem Befehl SPEICHERN (oder [Strg]/[cmd]+[S]) werden Änderungen der aktuellen Bilddatei gesichert. Beachten Sie hierbei, dass die alte Bildversion ohne Rückfrage einfach überschrieben wird.
- Mit SPEICHERN UNTER (oder [Strg]/[cmd]+[⇧]+[S]) hingegen wird ein umfangreicher Speichern-Dialog aufgerufen, in dem Sie verschiedene Optionen festlegen können und vor allem die Möglichkeit haben, das Bild unter einem neuen Namen abzuspeichern.

1.5.1 Der Speichern-Dialog

Wenn Sie den Befehl DATEI • SPEICHERN UNTER (oder [Strg]/[cmd]+[⇧]+[S]) auswählen oder eine Datei zum ersten Mal speichern, erscheint der Speichern-Dialog aus Abbildung 1.11. Dort stehen Ihnen viele Speicheroptionen zur Verfügung, die ich im Folgenden erläutern möchte.

Bei DATEINAME ❶ geben Sie den Namen der zu speichernden Datei an. Die Endung wird automatisch anhand des gewählten Formats ❷ bestimmt.

Im Bereich ORGANISIEREN ❸ können Sie zwei Häkchen setzen. Zum einen können Sie IN ELEMENTS ORGANIZER AUFNEHMEN aktivieren, wodurch die neu gespeicherte Datei automatisch in den Katalog des Organizers aufgenommen wird. Wenn noch kein Katalog im Organizer vorhanden ist und Sie den Organizer zur Verwaltung ihrer Bilder verwenden wollen, erscheint ein Hinweis, dass Sie zuerst den Organizer starten und einen neuen Katalog anlegen sollten. Wollen Sie den Organizer nicht zur Verwaltung Ihrer Bilder verwenden, können Sie selbstverständlich trotzdem die Dateien wie gehabt abspeichern. Nur die Optionen in ORGANISIEREN sind dann ausgegraut und können nicht ausgewählt werden.

Für Web speichern
Einen weiteren Befehl finden Sie mit DATEI • FÜR WEB SPEICHERN. Auf diesen Befehl werde ich noch gesondert in Abschnitt 39.4 unter »Für Web speichern – die All-in-one-Lösung« eingehen.

Der Speichern-Dialog der Mac-Version sieht optisch natürlich etwas anders aus, aber ist – bis auf das Fehlen der beiden Optionen MINIATUR und KLEINBUCHSTABEN-ERWEITERUNG – funktionell völlig identisch mit der Windows-Version.

Mehr zum Organizer
Dem Verwalten und Archivieren von Bildern mit dem Organizer widmet sich Teil II dieses Buches.

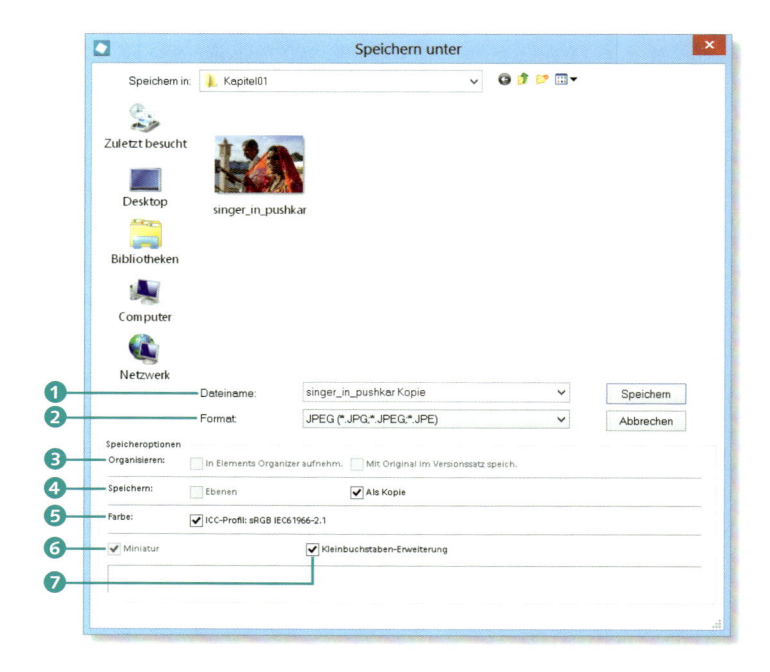

Abbildung 1.11 ▶
Die Dialogbox zum Speichern von Bildern

Mehr zu den Ebenen
Alles Wichtige zu den Ebenen finden Sie ab Teil VIII in diesem Buch.

Duplizieren
Alternativ können Sie eine Kopie auch über Datei • Duplizieren erstellen. Dabei wird der aktuelle Stand der Datei dupliziert. Allerdings müssen Sie diese Kopie anschließend trotzdem noch über den Menüpfad Datei • Speichern unter unter einem anderen Namen abspeichern.

Mit der Option Mit Original im Versionssatz speichern hingegen speichern Sie bei einer mehrfach bearbeiteten Datei jeweils eine Version. Mehrere Versionen werden so zu einem Versionssatz zusammengefasst, der zum Beispiel im Organizer als Bilderstapel angezeigt wird. Ist diese Option ausgegraut, so wird das Bild zum ersten Mal bearbeitet und gespeichert.

Im nächsten Bereich, Speichern ❹, finden Sie ebenfalls wieder zwei Optionen, die Sie aktivieren oder deaktivieren können. Die Option Ebenen sollten Sie verwenden, wenn Sie ein Bild speichern, in dem Sie Ebenen angelegt haben. Ist diese Option ausgegraut, hat das Bild keine Ebenen oder unterstützt das Dateiformat keine Ebenen. Das Speichern von Ebenen ist nur mit den Dateiformaten TIFF und PSD möglich. Ist diese Option bei mehreren Ebenen gesetzt und erlaubt das Datenformat Ebenen, so werden die Ebenen gespeichert. Entfernen Sie das Häkchen, so werden beim Speichern alle Ebenen zu einer vereint. In den meisten Fällen werden Sie das Häkchen sicher stehen lassen.

Sehr nützlich ist auch die Option Als Kopie. Sie lässt sich hervorragend einsetzen, wenn Sie am aktuellen Bild weiterarbeiten wollen und nur schnell eine (Sicherungs-)Kopie des aktuellen Zustands des Bildes abspeichern wollen. Gewöhnlich wird zwischen dem Dateinamen und der Dateiendung (Format) der Text »Kopie« gesetzt. Sie können somit ungehindert am Original weiterarbeiten und haben immer noch eine Kopie des Originals auf der Festplatte, die Sie jederzeit in den Fotoeditor laden können.

Im Bereich FARBE ❺ finden Sie ein einziges Kontrollkästchen, mit dem Sie das ICC-Farbprofil, das mit dem Bild verbunden ist, mitspeichern können. Mehr zu diesem Thema lesen Sie in Anhang B des Buches.

Windows-Optionen | Am Ende finden Sie noch zwei unsortierte Optionen, die nur unter Windows zur Verfügung stehen: Mit MINIATUR ❻ werden Miniaturvorschauen von Bildern eingebettet. Ob die Option überhaupt vorhanden ist, hängt auch vom gewählten Format ab. Im Grunde lässt sich die Option ohnehin nicht verändern. Die letzte Option ist KLEINBUCHSTABEN-ERWEITERUNG ❼. Mit dieser Option werden bei der Dateinamenerweiterung des Dateiformats Kleinbuchstaben (zum Beispiel ».jpg« anstatt ».JPG«) verwendet.

Speichern bestimmter Datenformate | Wenn Sie im Speichern-Dialog das Format gewählt haben, in dem die Datei gespeichert werden soll, erscheint (abhängig vom Format) meistens noch ein weiteres Dialogfenster, in dem Sie zusätzliche Optionen für das Speichern des Formats einstellen können. Zumeist handelt es sich dabei um Werte, mit denen Sie die Qualität und/oder Dateigröße beeinflussen.

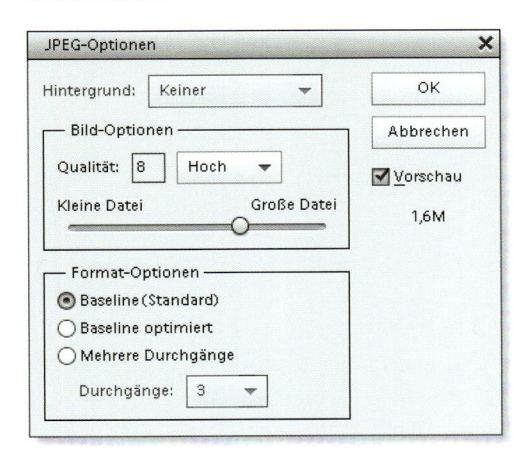

Dateiformate im Überblick
Die wichtigsten Dateiformate stelle ich Ihnen in Abschnitt 6.5 noch einmal etwas genauer vor.

◄ **Abbildung 1.12**
Weitere Einstellungen für Bilddateien im JPEG-Format

1.5.2 Wichtige Hinweise zum Speichern

Wenn Sie ein Bild speichern wollen, sollten Sie folgende Punkte beherzigen, um keine bösen Überraschungen zu erleben:

- **Nie mit dem Original arbeiten**: Wenn Sie ein Bild öffnen, sollten Sie von Anfang an mit einer Kopie und nicht mit dem Original arbeiten. Zwar können Sie mit DATEI • SPEICHERN UNTER vermeiden, dass Sie das Original überschreiben, aber schnell drückt man gedankenlos auf DATEI • SPEICHERN oder verwen-

Kapitel 1 Bilder öffnen und speichern

det die Tastenkombination ⌜Strg⌝/⌜cmd⌝+⌜S⌝. Solange Sie das Bild nicht geschlossen haben, können Sie notfalls die zuletzt gemachten Schritte noch mit ⌜Strg⌝/⌜cmd⌝+⌜Z⌝ rückgängig machen und das Bild gegebenenfalls wiederherstellen. Sicherer ist es aber, das Bild gleich zu Beginn unter einem neuen Namen abzuspeichern.

▶ **Bild duplizieren und schließen**: Damit Sie nicht mit dem Original arbeiten müssen, sollten Sie über DATEI • DUPLIZIEREN oder über einen Rechtsklick auf der Miniaturvorschau im FOTOBEREICH das Original duplizieren. Anschließend arbeiten Sie nur noch mit der Kopie und können das Original schließen. Der Vorteil dieser Vorgehensweise ist auch, dass mit DATEI • SPEICHERN derselbe Dialog erscheint wie mit DATEI • SPEICHERN UNTER, wenn Sie eine Datei zum ersten Mal in einem neuen Format speichern.

▲ **Abbildung 1.13**
Über einen rechten Mausklick in der Miniaturvorschau vom FOTOBEREICH lässt sich schnell eine Kopie vom Original erstellen.

Tabelle 1.1 gibt Ihnen noch einmal einen Überblick über die wichtigsten Tastenkürzel für das Öffnen und Speichern von Dateien.

Vorhaben	Windows	Mac
Datei öffnen	Strg+O	cmd+O
in Camera Raw öffnen	Strg+Alt+O	cmd+Alt+O
Datei anlegen	Strg+N	cmd+N
Datei schließen	Strg+W	cmd+W
alle Dateien schließen	Strg+Alt+W	cmd+Alt+W
Datei speichern	Strg+S	cmd+S
Datei speichern unter	Strg+⇧+S	cmd+⇧+S
für Web speichern	Strg+⇧+Alt+S	cmd+⇧+Alt+S

▲ **Tabelle 1.1**
Tastaturbefehle für die Arbeit mit Dateien

1.5.3 Stapelverarbeitung

Wollen Sie einen ganzen Stapel von Fotos verarbeiten und zum Beispiel in einem bestimmten Format speichern, finden Sie über DATEI • MEHRERE DATEIEN VERARBEITEN eine Möglichkeit dazu. Diese Funktion eignet sich beispielsweise prima, wenn Sie eine ganze Serie von Fotos umbenennen, kleiner skalieren oder in ein anderes Datenformat konvertieren wollen. Zwar gibt es hierbei

Nur im Modus »Experte«
Die Stapelverarbeitung steht Ihnen nur im EXPERTE-Modus zur Verfügung. Im SCHNELL- bzw. ASSISTENT-Modus ist der Befehl MEHRERE DATEIEN VERARBEITEN ausgegraut.

▲ **Abbildung 1.14**
Für die Stapelverarbeitung müssen Sie den Modus auf EXPERTE umschalten.

1.5 Dateien speichern

auch Optionen zur Schnellkorrektur, aber das sollten Sie dann doch schon selbst in die Hand nehmen.

Über die Schaltfläche DURCHSUCHEN ❶ bei QUELLE wählen Sie einen Ordner aus, in dem sich die Bilder befinden, die Sie verarbeiten wollen. Sind dabei auch Unterordner enthalten und sollen diese Dateien auch bearbeitet werden, müssen Sie das entsprechende Häkchen ❷ aktivieren. Über die zweite Schaltfläche DURCHSUCHEN ❸ bei ZIEL geben Sie das Verzeichnis an, in dem die zu verarbeitenden Dateien gespeichert werden sollen. Wollen Sie die Quelldateien überschreiben, brauchen Sie lediglich ein Häkchen vor WIE QUELLE ❹ zu setzen (was Sie allerdings in der Regel nie machen sollten).

▼ **Abbildung 1.15**
Die Stapelverarbeitung im Fotoeditor steht nur im EXPERTE-Modus zur Verfügung.

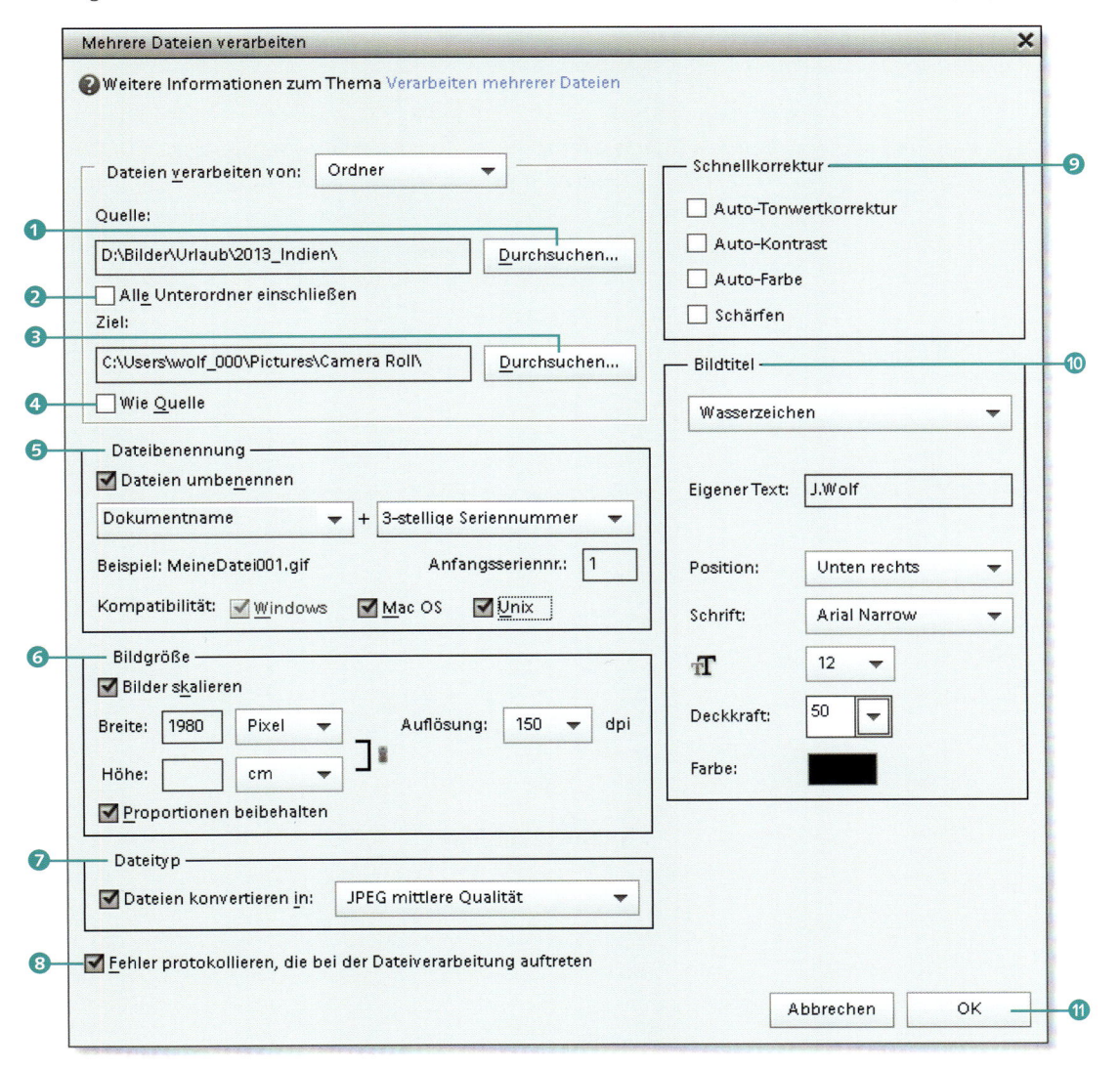

Unter DATEIBENENNUNG ❺ legen Sie die Namen für die zu verarbeitenden Dateien fest. Bei BILDGRÖSSE ❻ können Sie die BREITE, HÖHE und AUFLÖSUNG ändern. Unter DATEITYP ❼ wählen Sie das gewünschte Dateiformat aus, in dem die zu verarbeitenden Dateien gespeichert werden sollen – natürlich nur dann, wenn die Dateien tatsächlich konvertiert und nicht im ursprünglichen Format belassen werden sollen.

Bei SCHNELLKORREKTUR ❾ finden Sie einige Korrekturen, die Sie bei der Konvertierung automatisch durchführen lassen können. Im Grunde sollten Sie die Nachbearbeitung natürlich nicht Automatiken überlassen, aber wenn Sie ein Bild verkleinern, *könnten* Sie das Bild etwas nachschärfen. Mit BILDTITEL ❿ können Sie automatisch in jedes Bild ein WASSERZEICHEN oder den BILDTITEL einfügen.

Mit OK ⓫ starten Sie die Verarbeitung, und mit ABBRECHEN können Sie sie beenden. Für den Fall von Problemen können Sie ein Häkchen vor FEHLER PROTOKOLLIEREN, DIE BEI DER DATEIVERARBEITUNG AUFTRETEN ❽ setzen, womit in einer Log-Datei festgehalten wird, was bei der Verarbeitung schiefgegangen ist.

Wie Sie die Stapelverarbeitung in der Praxis anwenden können, zeigt die Schritt-für-Schritt-Anleitung »Mehrere RAW-Bilder auf einmal konvertieren« auf Seite 715.

Kapitel 2
Schnelle Bildkorrekturen im Fotoeditor

Der Modus »Schnell« ist der Standardmodus, den Sie zu Gesicht bekommen, sobald Sie den Fotoeditor starten. Dieser Modus ist auch ganz interessant, wenn es einfach mal schneller gehen soll und Sie nicht viel Zeit in Korrekturen investieren wollen. Viele gängige Korrekturen lassen sich in diesem Modus mit ein paar Mausklicks durchführen.

2.1 Die Arbeitsoberfläche im Schnell-Modus

Dieser Abschnitt macht Sie mit der Arbeitsoberfläche des Fotoeditors im SCHNELL-Modus vertraut und erläutert den grundlegenden Umgang mit den einzelnen Bedienelementen. Diese schnellen Korrekturen werden allerdings nur in diesem Kapitel des Buches behandelt. Im nächsten Kapitel stelle ich Ihnen den Modus ASSISTENT vor, und im weiteren Verlauf des Buches werden Sie dann nur noch den EXPERTE-Modus verwenden, womit Ihnen dann die volle Funktionsvielfalt des Fotoeditors zur Verfügung steht.

Öffnen können Sie die Arbeitsoberfläche für die Schnellkorrektur, indem Sie (falls ein anderer Modus verwendet wird) die Schaltfläche SCHNELL ❸ auswählen. In der Werkzeugpalette ❶ stehen Ihnen in diesem Modus neun Werkzeuge zur Verfügung:

- das Zoom-Werkzeug
- das Hand-Werkzeug
- das Schnellauswahl-Werkzeug
- das Rote-Augen-entfernen-Werkzeug
- ein Werkzeug zum Zähnebleichen
- die Textwerkzeuge
- der Bereichsreparatur-Pinsel
- das Freistellungswerkzeug
- das Verschieben-Werkzeug

▲ **Abbildung 2.1**
Über diese Schaltflächen unterhalb der Menüleiste können Sie den Bearbeitungsmodus des Fotoeditors einstellen.

Kapitel_02: paintress.jpg

»Schnell« versus »Experte«
Mit wachsender Erfahrung werden Sie immer seltener den SCHNELL-Modus verwenden. Im EXPERTE-Modus erzielen Sie aufgrund einer höherwertigen Korrektur ebenso gute und meistens auch bessere Ergebnisse.

Kapitel 2 Schnelle Bildkorrekturen im Fotoeditor

Abbildung 2.2 ▼
Der Schnellkorrektur-Modus des Fotoeditors wird gegebenenfalls durch einen Klick auf die Schaltfläche SCHNELL aktiviert.

Im Menü ❹ sind viele Funktionen ausgegraut; sie stehen im Schnellkorrektur-Modus nicht zur Verfügung. Bei ANSICHT ❷ können Sie die Bildansicht der Schnellkorrektur einstellen und über den Schieberegler ZOOM ❺ jederzeit in die Ansicht ein- bzw. aus ihr herauszoomen.

Foto: Jürgen Wolf

Die Schaltflächen rechts unten ❿ wurden neu mit Photoshop Elements 12 eingeführt. In der Vorgängerversion war hier nur eine Schaltfläche vorhanden, um den Bedienfeldbereich ❾ aus- bzw. einzublenden. Außerdem wurden die Funktionen EFFEKTE, STRUKTUREN und RAHMEN neu hinzugefügt. Vorher gab es hier nur die Korrekturen-Funktion. Mehr zu den neuen Funktionen erfahren Sie in Abschnitt 2.3, »Effekte, Strukturen und Rahmen verwenden«.

Im Bedienfeldbereich ❾ finden Sie, wenn in ❿ die KORREKTUREN ausgewählt sind, einige Schieberegler, mit deren Hilfe Sie Farb- und Beleuchtungskorrekturen am Bild vornehmen können. Mit dem (Not-)Schalter BILD ZURÜCKSETZEN ❽ rechts oben können Sie außerdem den Ursprungszustand des Bildes nach vielen gemachten Änderungen im SCHNELL-Modus sofort wiederherstellen. Rechts unten ❿ finden Sie vier Schaltflächen, wo Sie neben den KORREKTUREN zwischen weiteren Funktionen wie EFFEKTE, STRUKTUREN und RAHMEN wechseln können. Entsprechend der ausgewählten Schaltfläche können Sie dann die Funktionen im Bedienfeldbereich ❾ verwenden.

2.1 Die Arbeitsoberfläche im Schnell-Modus

Fotobereich oder Werkzeugoptionen | Unterhalb des Bildes finden Sie entweder einen FOTOBEREICH ⑭, wo Sie alle geöffneten Dateien des Fotoeditors oder die im Organizer markierten Dateien anzeigen und auswählen können. Ob die Bilder vom Fotoeditor oder vom Organizer angezeigt werden, hängt von der Auswahl im Dropdown-Menü darüber ⑮ ab.

Oder Sie können statt des Fotobereichs hier aber auch die Werkzeugoptionen des aktiven Werkzeugs der Werkzeugpalette einblenden lassen (siehe Abbildung 2.3). Ob hier der Fotobereich oder die Werkzeugoptionen angezeigt werden, wählen Sie mit den beiden Schaltflächen FOTOBEREICH ⑬ und WZ-OPTIONEN ⑫ links unten im Fenster des Fotoeditors aus. Wenn Sie ein Werkzeug in der Werkzeugpalette auswählen (oder ein entsprechendes Tastenkürzel verwenden), werden immer die Werkzeugoptionen angezeigt, auch wenn zuvor der Fotobereich aktiv war.

Fotobereich/Werkzeugoptionen ausblenden

Natürlich können Sie auch den FOTOBEREICH oder die Werkzeugoptionen komplett ausblenden, indem Sie einfach auf die entsprechende **aktive** (niedergedrückte) Schaltfläche ⑫ oder ⑬ klicken. Erneutes anklicken einer der beiden Schaltflächen blendet den entsprechenden Bereich wieder ein.

Zum Weiterlesen

Die Dropdown-Listen ERSTELLEN ⑥ und TEILEN ⑦ finden Sie auch im Organizer mit denselben Funktionalitäten wieder. Im Abschnitt »›Erstellen‹ und ›Teilen‹« auf Seite 183 finden Sie daher nochmals eine kurze Beschreibung hierzu. Richtig verwenden werden Sie das Erstellen oder Teilen (oder besser: das Präsentieren) von Fotos in Teil XII.

▲ **Abbildung 2.3**
Hier werden unterhalb des Bildes die Werkzeugoptionen angezeigt.

Mehr Details dazu …

Das Zoom- und das Hand-Werkzeug werden jeweils in den Abschnitten 5.2 und 5.3 ausführlich beschrieben.

Im unteren Bereich sind weitere vier Schaltflächen ⑪, über die Sie einzelne Arbeitsschritte mit einem Klick rückgängig machen oder wiederholen können. Auch die Schaltfläche, mit der Sie mal eben das Bild im oder gegen den Uhrzeigersinn um 90° drehen können, finden Sie hier vor. Und über die Schaltfläche ORGANIZER können Sie jederzeit den Organizer starten.

2.1.1 Werkzeuge im Schnell-Modus

In der Schnellkorrektur stehen Ihnen, wie gesagt, nicht sämtliche Werkzeuge des Fotoeditors wie im EXPERTE-Modus zur Verfügung.

Zoom und Hand | Mit dem Zoom-Werkzeug 🔍 (Tastenkürzel Z) können Sie komfortabel in ein Bild ein- bzw. auszoomen. Gerade bei der Verwendung des Zoom-Werkzeugs liegt beim einzoomen nicht immer der gewünschte Bildausschnitt vor. Für solche Zwecke können Sie das Hand-Werkzeug ✋ (Tastenkürzel H) verwenden.

▲ **Abbildung 2.4**
Die Werkzeugpalette der Schnellkorrektur

Kapitel 2   Schnelle Bildkorrekturen im Fotoeditor

Mehr Details dazu …
Das Schnellauswahl-Werkzeug und den Auswahlpinsel behandle ich noch ausführlicher in den Abschnitten 23.3 und 23.4.

Auswahlen erstellen | Zur reduzierten Auswahl gehören das Schnellauswahl-Werkzeug und der (zunächst ausgeblendete) Auswahlpinsel (Tastenkürzel für beide A). Das jeweils ausgeblendete Werkzeug erreichen Sie stets über die dann eingeblendeten Werkzeugoptionen im unteren Teil des Fotoeditors, wenn Sie das nicht ausgeblendete Werkzeug auswählen.

Wenn Sie mit dem Schnellauswahl-Werkzeug einen bestimmten Bereich einzeichnen, so sucht Photoshop Elements nach angrenzenden Kanten, die dann als Auswahl verwendet werden. Der Auswahlpinsel hingegen wird für die schnelle Auswahl und Freistellung von Bildbereichen benutzt.

Augen und Zähne bearbeiten | Dem Entfernen des unerwünschten Rote-Augen-Effekts dient das Rote-Augen-entfernen-Werkzeug (Tastenkürzel Y).

Das Werkzeug zum Bleichen von Zähnen (Tastenkürzel F) ist im Grunde eine spezielle Version des Smartpinsel-Werkzeugs aus dem Experte-Modus des Fotoeditors. Die Anwendung des Werkzeugs ist relativ simpel: Malen Sie einfach die Bereiche, die Sie bearbeiten wollen, mit gedrückter linker Maustaste aus (ziehen Sie also mit gedrückter Maustaste darüber). Ähnlich wie beim Schnellauswahl-Werkzeug finden Sie hierzu bei den Werkzeugoptionen entsprechende Schaltflächen, um der Auswahl Bildbereiche hinzuzufügen oder Bereiche aus ihr zu entfernen. Für weitere Informationen empfehle ich Ihnen den Abschnitt »Die Smartpinsel-Werkzeuge« auf Seite 383. Dieses Werkzeug ist empfehlenswerter als die Schnellkorrektur-Version.

Texte schreiben | Mit dem Textwerkzeug (Tastenkürzel T) können Sie einen Text zum Bild hinzufügen. Genau genommen stehen Ihnen hier alle sieben Textwerkzeuge mitsamt ihren Werkzeugoptionen zur Verfügung, welche Sie auch im Experte-Modus verwenden können. Die Texterstellung ist kein Thema, welches man mal schnell und kurz behandeln kann, weshalb wir uns hiermit in einem extra Kapitel im Buch beschäftigen (Kapitel 35, »Grundlagen zur Texterstellung«).

Mehr Retusche
Das Thema »Retusche« wird natürlich auch gesondert in diesem Buch ab Teil X behandelt. Speziell die beiden Werkzeuge Bereichsreparatur-Pinsel und Reparatur-Pinsel werden in Abschnitt 33.3 behandelt.

Korrekturen durchführen | Ebenfalls an Bord bei den Schnellkorrekturen sind der Bereichsreparatur-Pinsel und der Reparatur-Pinsel (Tastenkombination für beide J). Auch hier erreichen Sie das jeweils ausgeblendete Werkzeug über die dann eingeblendeten Werkzeugoptionen im unteren Teil des Fotoeditors, wenn Sie das nicht ausgeblendete Werkzeug auswählen. Hiermit können Sie unerwünschte Bereiche im Bild quasi »wegmalen«.

Bilder beschneiden | Auch das Freistellungswerkzeug (Tastenkürzel C) steht Ihnen bei der Schnellkorrektur zur Verfügung. Mit diesem Werkzeug ziehen Sie per Drag & Drop einen Rahmen im Bild auf und schneiden mit ⏎ oder mit dem grünen Häkchen unter dem Rahmen diese Auswahl aus. Den praktischen Umgang mit diesem Werkzeug können Sie im Abschnitt »Bilder drehen und freistellen« auf Seite 70 in einem Workshop ausprobieren.

Mehr Details dazu …
Dem Thema »Freistellen und Ausrichten« widmet sich Teil VI in aller Ausführlichkeit.

Verschieben | Der Verschieben-Werkzeug macht erst richtig Sinn in Verbindung mit Auswahlen und Ebenen. Bezogen auf dem SCHNELL-Modus des Fotoeditors können Sie dieses Werkzeug verwenden, indem Sie eine Auswahl mit dem Schnellauswahl-Werkzeug oder dem Auswahlpinsel erstellen, das Verschieben-Werkzeug auswählen und dann mit gedrückt gehaltener Maustaste die Auswahl verschieben. Halten Sie dabei die Alt-Taste gedrückt, wird nur eine Kopie der Auswahl verschoben.

Mehr Details dazu …
Auswahlen und Ebenen sind doch schon ein spezielles Thema und werden in Teil VII, »Auswahlen«, und Teil VIII, »Ebenen«, behandelt. Dort werden Sie auch das Verschieben-Werkzeug näher kennenlernen.

2.1.2 Ansichten im Schnell-Modus

Oberhalb des Bildfensters finden Sie das Dropdown-Menü ANSICHT, wo Sie den Ansichtsmodus für das Bild aus einer von vier vorhandenen Ansichten wählen.

Mit der Standardeinstellung NUR NACHHER sehen Sie die Auswirkungen der Schnellkorrektur sofort. Dabei verändert sich das Bild im Dokumentfenster, sobald Sie einen Wert der Schnellkorrektur ändern.

Kapitel_02: flower.jpg und flower-nach-korrektur.jpg

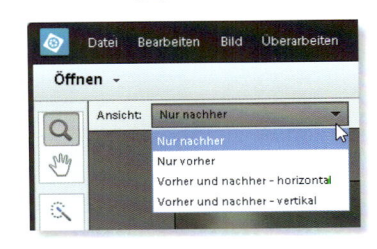

▲ **Abbildung 2.5**
Auswählen der Ansicht im Schnellkorrektur-Modus

◀ **Abbildung 2.6**
Mit der Einstellung NUR NACHHER werden die Veränderungen unmittelbar im Bild angezeigt.

Eine zweite Möglichkeit zur Ansicht ist die Einstellung NUR VORHER. Hierbei werden die in der Schnellkorrektur vorgenommenen

Kapitel 2   Schnelle Bildkorrekturen im Fotoeditor

Vorher oder nachher?
Wenn Sie nicht sicher sind, ob Sie die Ansicht Nur vorher oder Nur nachher vor sich haben, verschafft Ihnen der eingeblendete Text links über dem Bild Klarheit.

Änderungen nicht am Bildschirm angezeigt. Sinnvoll ist diese Einstellung also nur im Wechsel mit der Einstellung Nur nachher.

Abbildung 2.7 ▶
Bei der Ansicht Nur vorher werden keinerlei Änderungen angezeigt.

Mit der Einstellung Vorher und nachher – horizontal vergleichen Sie beide Bilder nebeneinander. Auf der linken Seite ist das Originalbild zu sehen und auf der rechten Seite das Bild mit den Änderungen der Schnellkorrektur. Diese Ansicht ist besonders für Bilder im Hochformat geeignet.

Abbildung 2.8 ▶
Die Vorher-Nachher-Bilder direkt nebeneinander

Schließlich gibt es als vierte Möglichkeit die Ansicht Vorher und nachher – vertikal. Diese Einstellung ist ideal für den Vergleich breitformatiger Bilder. Das Originalbild wird dabei oben angezeigt und das Bild mit den Korrekturen darunter.

◄ **Abbildung 2.9**
Bei VORHER UND NACHHER – VERTIKAL werden die Bilder zum Vergleich übereinander platziert.

Darstellungsgröße und Bildausschnitt verändern | Die Darstellungsgröße können Sie auch hier mit dem Zoom- oder dem Hand-Werkzeug ändern. Eine Veränderung der Darstellungsgröße mit dem Zoom-Werkzeug oder ein Verschieben des Bildbereichs mit dem Hand-Werkzeug bezieht sich sowohl auf die VORHER- als auch auf die NACHHER-Ansicht. Es wird also sowohl im VORHER- als auch im NACHHER-Bild praktischerweise immer derselbe Bildausschnitt angezeigt.

Schnelles zoomen
Alternativ finden Sie in derselben Reihe, in der sich das Drop-down-Menü ANSICHT befindet, einen Schieberegler ❶, um in das VORHER- und/oder NACHHER-Bild hinein- oder aus ihm herauszuzoomen.

◄ **Abbildung 2.10**
Eine Änderung der Darstellungsgröße oder ein Verschieben des Bildbereichs bezieht sich gleichermaßen auf die VORHER- wie auf die NACHHER-Ansicht.

2.1.3 Der Bedienfeldbereich »Korrekturen« im Schnell-Modus

Die eigentliche Schnellkorrektur im Bild führen Sie rechts im Bedienfeld aus. Voraussetzung dafür ist, dass Sie unten bei den Schaltflächen Korrekturen ❻ ausgewählt haben. Veränderungen an den Schiebereglern oder das Anklicken der Vorschaufunktion wirken sich unmittelbar auf das Bild aus. Um ein Gefühl für den Umgang mit den Reglern oder den Vorschaufunktionen zu bekommen, empfiehlt es sich, ein Bild zu laden und ein wenig damit zu experimentieren. Dabei werden Sie schnell feststellen, dass drastische Änderungen der Werte das Bild in aller Regel verschlechtern.

Die einzelnen Schnellkorrekturen können Sie durch Anklicken der entsprechenden Schnellkorrektur ausklappen. Es kann jeweils nur eine Schnellkorrektur zur gleichen Zeit ausgeklappt sein. Ist eine Schnellkorrektur erst einmal ausgeklappt, sind die Optionen recht einfach zu bedienen. Einige Schnellkorrekturen enthalten gegebenenfalls weitere Register ❶ mit zur Kategorie passenden Korrekturen, welche Sie durch Anklicken aktivieren können. Die Schnellkorrektur der entsprechenden Funktion kann jetzt auf folgende Weise durchgeführt werden:

▶ Sie bewegen den Schieberegler ❷ in die entsprechende Richtung.
▶ Sie klicken rechts neben dem Schieberegler auf den Wert ❸ und geben hier manuell einen Wert ein.
▶ Sie klicken auf eine der neun Miniaturvorschauen ❹.
▶ Sie klicken, falls vorhanden, auf die Schaltfläche Auto ❺ und überlassen dem Fotoeditor die Arbeit (meistens die schlechteste Wahl).

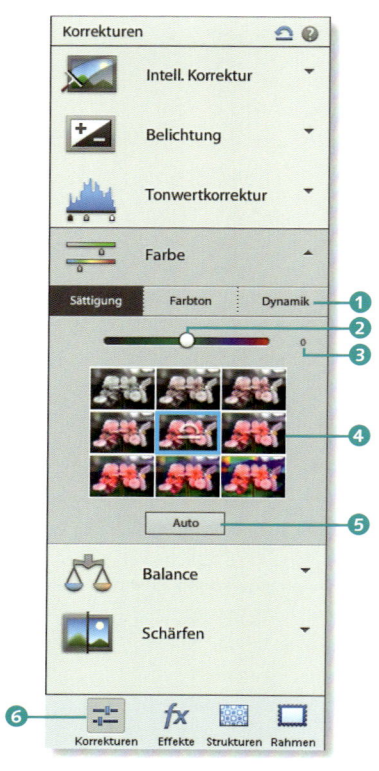

▲ **Abbildung 2.11**
Die Schnellkorrekturen im Bedienfeldbereich

Die Aktionen werden sofort ausgeführt. Solange allerdings die entsprechende Schnellkorrektur aufgeklappt ist, können Sie die Werte jederzeit nochmals verändern. Erst wenn Sie eine andere Funktion oder ein anderes Werkzeug aufrufen, gilt die Schnellkorrektur mit dem zuletzt verwendeten Wert als bestätigt.

Bild wiederherstellen
Sobald Sie die erste Änderung bestätigt haben, steht Ihnen auch die Schaltfläche Bild zurücksetzen ❾ rechts oben im Schnell-Bedienfeldbereich zur Verfügung. Über diese Schaltfläche können Sie das Bild in den Zustand vor der Schnellkorrektur zurückversetzen.

Korrektur rückgängig machen | Glücklicherweise stehen Ihnen auch hierbei die Rückgängig-Funktionen für einzelne Arbeitsschritte zur Verfügung – entweder mit der Tastenkombination `Strg`/`cmd`+`Z` oder über das Menü Bearbeiten • Rückgängig. Umgekehrt können Sie den zuletzt rückgängig gemachten Schritt mit `Strg`/`cmd`+`Y` oder Bearbeiten • Wiederholen wiederherstellen.

Miniaturvorschau in den Schnellkorrekturen | Auf die Verwendung der neun Miniaturvorschauen der Schnellkorrekturen soll hier nochmals kurz etwas genauer eingegangen werden. Wenn Sie jetzt zum Beispiel mit dem Mauszeiger über einem der Vorschaubilder ⑪ stehen bleiben und in der ANSICHT ⑧ eine der NACHHER-Darstellungen aktiviert haben, können Sie sehen, wie das Bild mit dieser Vorschau aussähe. Am Schieberegler ⑩ darüber erkennen Sie, bei welcher Position dieses Ergebnis erzeugt würde. Wollen Sie Ernst machen und eine Einstellung eines Vorschaubildes verwenden, brauchen Sie dieses nur anzuklicken.

▲ **Abbildung 2.12**
Auch im unteren Bildfenster finden Sie die beiden Funktionen ⑦, um einen Arbeitsschritt wieder rückgängig zu machen oder zu wiederholen.

Wollen Sie das Ganze noch etwas feiner einstellen, können Sie die Korrektur über den Schieberegler darüber feinjustieren.

▲ **Abbildung 2.13**
Vor der Auswahl einer der Vorgaben können Sie das mögliche Ergebnis in der NACHHER-Ansicht betrachten.

2.2 Die Schnellkorrekturen

Nach so viel Theorie haben Sie sicher Appetit auf die Praxis bekommen. Dieser Abschnitt bietet daher einige Workshops, die Ihnen die Arbeit mit Schnellkorrekturen veranschaulichen.

2.2.1 Belichtung korrigieren

Mit der Schnellkorrektur BELICHTUNG können Sie unter- oder überbelichtete Bilder ausgleichen. Dieser Regler ist ein wenig an die digitalen Kameras angelehnt, bei denen Sie ebenfalls die Belichtungszeit regeln können. Ziehen Sie den Regler nach links, wird das Bild dunkler. Ziehen den Regler hingegen nach rechts, wird das Gesamtbild heller. Die besten Ergebnisse mit dieser

Kapitel_02: Cocktail.jpg

Schnellkorrektur erzielen Sie, wenn Sie diese zusammen mit der Schnellkorrektur TONWERTKORREKTUR verwenden.

▲ **Abbildung 2.14**
Über- oder (wie hier) unterbelichtete Bilder lassen sich mit der Schnellkorrektur BELICHTUNG anpassen.

▲ **Abbildung 2.15**
TIEFEN, LICHTER und MITTELTÖNE sind die Spezialität der Schnellkorrektur TONWERTKORREKTUR.

2.2.2 Tonwertkorrektur

Stellen, die im Bild zu hell, zu dunkel oder zu flau geraten sind, korrigieren Sie mit der Funktion TONWERTKORREKTUR. Sie können hierbei entweder den Automatikmodus mit den Schaltflächen AUTO-TONW. oder AUTO-KONTRAST nutzen oder eine manuelle (und bessere) Korrektur mit den Schiebereglern oder Miniaturvorschauen vornehmen.

Mit AUTO-TONW. (für »Tonwertkorrektur«) und AUTO-KONTRAST passen Sie den Gesamtkontrast des Bildes an. Als Kontrast bezeichnet man die Differenz zwischen hellen und dunklen Bereichen im Bild. Im Idealfall liegen die hellsten Pixel in Weiß und die dunkelsten Pixel in Schwarz vor. Bei der Korrektur versucht Photoshop Elements daher stets, die hellsten Pixel zu Weiß und die dunkelsten Pixel zu Schwarz zu verarbeiten. Hierbei kann es allerdings auch zu Farbveränderungen kommen.

Bessere Ergebnisse als mit den AUTO-Schaltflächen erreichen Sie von Hand mit den entsprechenden Schiebereglern unter den Registern TIEFEN, MITTELTÖNE und LICHTER.

Mithilfe des Schiebereglers unter dem Register TIEFEN hellen Sie die dunkelsten Töne im Bild (ausgenommen Schwarz) auf, indem Sie den Regler mit gedrückter Maustaste nach rechts ziehen. Analog bewirkt der Schieberegler unter dem Register LICHTER eine Abdunkelung der hellsten Töne (ausgenommen Weiß) im Bild.

Um die Farbtöne in der Mitte zwischen Schwarz und Weiß zu korrigieren, steht im Register MITTELTÖNE ebenfalls ein Schieberegler zur Verfügung. Hierbei bleiben die Farbtöne Schwarz und Weiß unangetastet.

Schritt für Schritt: Beleuchtung im Schnell-Modus korrigieren

Das folgende Bild »Cliffs.jpg« ist ein wenig zu dunkel geraten, weil ich keine Zeit hatte, die Belichtungszeit einzustellen, und im Automatikmodus fotografiert habe. Der eingebaute Blitz hätte hier auch nicht viel geholfen. Daher ist gerade in den dunklen Bereichen recht wenig zu sehen, und das Bild wirkt insgesamt flau. Dennoch enthält das Bild die nötigen Informationen, um die Beleuchtung in diesen Bereichen zu korrigieren. Die richtigen Bildwerte wollen wir mit der Schnellkorrektur offenbaren.

Kapitel_02: Cliffs.jpg

1 Tiefen aufhellen
Ziehen Sie im Bereich TONWERTKORREKTUR den Regler 2 von TIEFEN 1 bis zum Wert 25. Nun erscheint das Bild schon wesentlich heller und detailreicher.

▼ **Abbildung 2.16**
Die dunklen Töne wurden aufgehellt und verbessert.

2 Lichter verbessern
Der Himmel wirkt hier noch etwas langweilig, und daher wollen wir diesen etwas dramatischer machen. Hierfür erhöhen Sie jetzt den Regler bei LICHTER auf den Wert 15. Es empfiehlt sich außerdem, etwas tiefer in das Bild hineinzuzoomen, um beim Verbessern gegebenenfalls unerwünschtes Bildrauschen zu erkennen und zu vermeiden. Sind Ihnen manche Bereiche im Bild zu dunkel, können Sie hier auch noch die MITTELTÖNE etwas aufhellen. In diesem Beispiel wurde darauf verzichtet.

Kapitel 2 Schnelle Bildkorrekturen im Fotoeditor

▲ **Abbildung 2.17**
Der Kontrast wurde erhöht.

3 Belichtung anpassen
Da das Gesamtbild noch etwas unterbelichtet wirkt, wollen wir hier mit der BELICHTUNG ❸ entgegenwirken, indem wir hier den Schieberegler auf 0,6 erhöhen.

▲ **Abbildung 2.18**
Zu guter Letzt passen wir auch noch die Belichtung des Bildes für ein schönes Gesamtergebnis an.

Graustufenbild
Wenn Sie einem Bild über die SÄTTIGUNG die Farbe entziehen, bleibt es dennoch ein RGB-Bild, dem Sie Farbe (etwa einen farbigen Text) wieder hinzufügen könnten. Ein echtes Graustufenbild erzeugen Sie dagegen über BILD • MODUS • GRAUSTUFEN.

2.2.3 Farbe und Farbbalance korrigieren
Wenn Ihr Bild zu viel oder zu wenig Farbe aufweist, zu kühl wirkt oder einen Farbstich hat, dann nutzen Sie die Regler bzw. Miniaturvorschauen unterhalb von FARBE und BALANCE im Bedienfeldbereich.

Farbe | Wenn Sie für das Bild mehr oder weniger Leuchtkraft benötigen, nutzen Sie bei der Schnellkorrektur FARBE den Regler ❹ unterhalb vom Register SÄTTIGUNG. Bei einer Verschiebung nach links entziehen Sie dem Bild immer mehr Farben, bis das Bild nur noch in Graustufen wiedergegeben wird. Mehr Farbsättigung erzielen Sie, wenn Sie den Regler nach rechts schieben.

2.2 Die Schnellkorrekturen

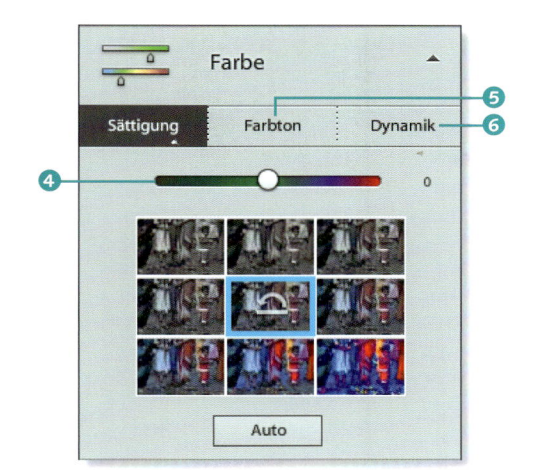

◀ **Abbildung 2.19**
Die Schnellkorrekturen FARBE

Mit dem Schieberegler unterhalb vom Register FARBTON ❺ im Bedienfeld FARBE können Sie Farben ganz verändern; dieser Regler »verschiebt« gleichsam die Farbkanäle.

Am Ende vom Bedienfeld FARBE finden Sie auch noch einen Register DYNAMIK ❻, womit Sie recht ähnlich wie mit dem Regler SÄTTIGUNG die Sättigung von Farben im Bild anpassen können. Nur hat der Regler von DYNAMIK den Vorteil, dass sich dieser, wenn Sie ihn nach rechts ziehen, nur auf weniger gesättigte Farben auswirkt. Bereits gut gesättigte Farben werden also nicht weiter (unnötig) gesättigt. Gleiches gilt, wenn Sie diesen nach links ziehen. Im Gegensatz zum Regler SÄTTIGUNG können Sie mit dem Regler DYNAMIK kein monochromes Bild erstellen, selbst wenn Sie diesen ganz nach links ziehen.

Farbveränderungen
Die Korrektur oder Manipulation von Farben bedarf gesteigerter Sensibilität und Umsicht. Häufig werden nämlich bei der Änderung von Farben auch einzelne Farbwerte verändert, die Sie eigentlich gar nicht verändern wollten. Denken Sie daher daran: Nichts verdirbt ein Bild schneller als eine unbedachte Farbkorrektur.

Balance | Bei der Schnellkorrektur BALANCE finden Sie einen Schieberegler unter dem Register TEMPERATUR ❼, mit dem Sie die Farbtemperatur ändern können. Bewegen Sie den Regler nach rechts, so erhöhen Sie den Rotwert, wodurch die Farbgebung des Bildes insgesamt wärmer erscheint. Eine kühlere Farbtemperatur erzielen Sie, indem Sie den Regler nach links in den Blauanteil verschieben.

Ein Feintuning der Temperatur bewirkt der Schieberegler unterhalb vom Register FARBTONUNG ❽ im Bedienfeld BALANCE im Grün- und Magenta-Anteil. Um etwa die kälteren Farben noch kühler zu machen, fügen Sie dem Bild mehr Grün hinzu (Regler nach links). Magenta (Regler nach rechts) bewirkt eine noch wärmere Farbgebung. Alternativ können Sie die beiden Schieberegler für kühlere bzw. wärmere Farben auch verwenden, um einen Farbstich auszugleichen.

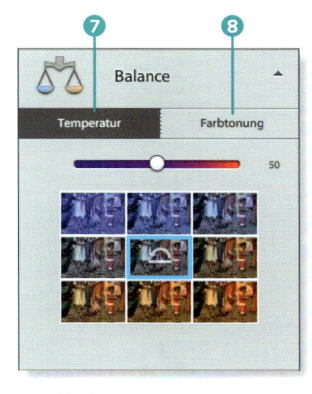

▲ **Abbildung 2.20**
Die Schnellkorrektur BALANCE

Schritt für Schritt: Farben im Schnell-Modus korrigieren

Im Bild »hindi_ritual.jpg« sind die Farben ein wenig flau geraten, und auch die Farbtemperatur wirkt etwas kühl. Wir wollen das Bild mithilfe der Schnellkorrektur von Farbe und Balance verbessern.

Kapitel_02:
hindi_ritual.jpg

1 Sättigung erhöhen
Um dem Bild etwas mehr Leuchtkraft zu geben, schieben Sie den Regler im Register Sättigung ❷ im Bereich Farbe ❶ ein klein wenig nach rechts, bis Sie mit der Leuchtkraft zufrieden sind. Übertreiben Sie es allerdings nicht damit. Im Beispiel habe ich den Wert auf 30 erhöht.

Abbildung 2.21 ▼
Eine erhöhte Sättigung sorgt für mehr Leuchtkraft.

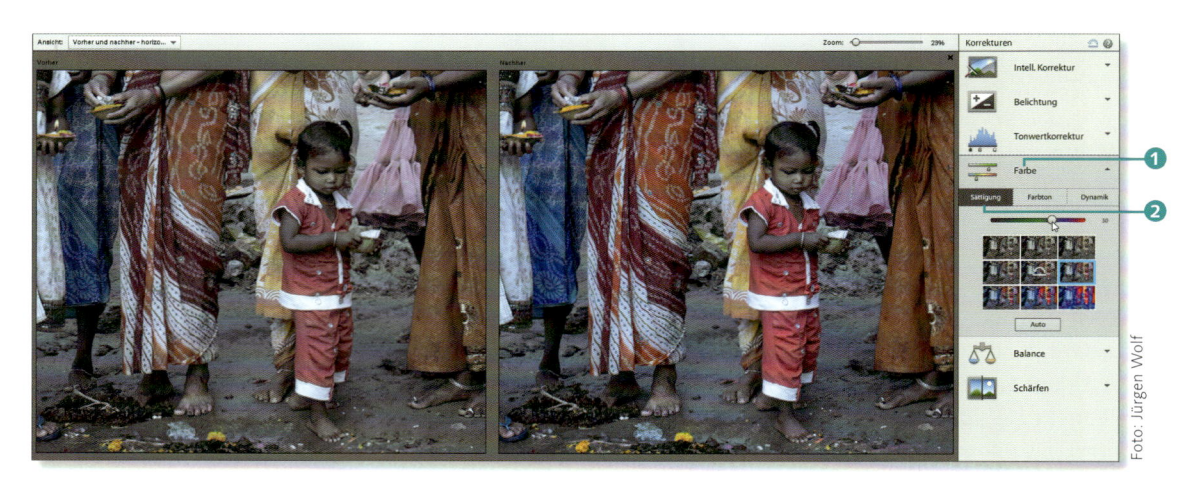

2 Dynamik erhöhen
Einige Farben könnten jetzt noch etwas mehr Brillanz vertragen. Damit wir jetzt aber die Farben mit dem Regler Sättigung an einigen Stellen nicht übersättigen, verwenden wir jetzt den Regler unter Dynamik ❸ und erhöhen hier den Wert über den Schieberegler auf den Wert 40.

Abbildung 2.22 ▶
Farben, die schon recht gesättigt sind, werden mit dem Regler Dynamik eher in Ruhe gelassen.

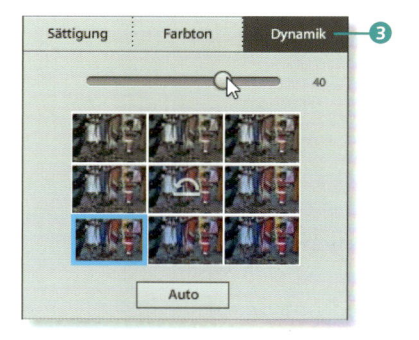

3 Farbtemperatur erhöhen

Die Farben auf dem Bild wirken immer noch etwas kühl. Schieben Sie daher für eine etwas wärmere Farbe den Regler bei Balance 5 für Temperatur 6 und eventuell Farbtonung leicht nach rechts. Im Beispiel habe ich nur den Wert von Temperatur auf 56 erhöht. Zusätzlich wurde hier noch die Belichtung 4 auf um den Wert 0,5 erhöht.

▼ **Abbildung 2.23**
Eine wärmere Farbtemperatur für das Bild

2.2.4 Unschärfe korrigieren

Wirkt ein Bild etwas zu weich, etwa weil der Autofokus der Kamera versagt hat, können Sie solche Bereiche unter Schärfen entweder mit der Schalfläche Auto automatisch oder manuell mit dem Schieberegler bzw. den Miniaturvorschauen verbessern. Je mehr Sie den Schieberegler nach rechts schieben, desto stärker wird das Bild nachgeschärft.

Kapitel_02:
Gluecksbringer.jpg

▼ **Abbildung 2.24**
Unschärfe schnell korrigiert

2.2.5 Alles zusammen – die intelligente Korrektur

Im Bereich Intell. Korrektur der Schnellkorrektur finden Sie eine Korrekturform, die alle soeben beschriebenen Korrekturen

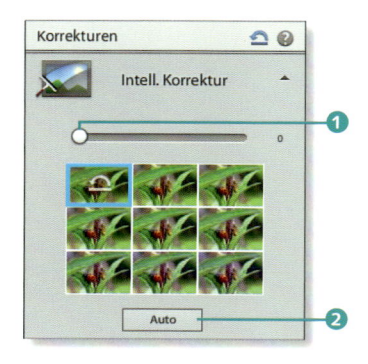

▲ Abbildung 2.25
Allgemeine Korrekturen

Zum Weiterlesen
Das Thema Schärfen ist ebenfalls ein Schlüsselthema in der digitalen Bildbearbeitung. Ich werde daher in Kapitel 17, »Bilder schärfen«, noch ausführlicher darauf eingehen.

Kapitel_02:
Rote_Augen.jpg

Volle Automatik
Die intelligente Schnellkorrektur eignet sich nur bedingt für Korrekturarbeiten. Hierbei übernimmt Photoshop Elements für Sie sämtliche Berechnungen. Das mag auf den ersten Blick praktisch erscheinen, dennoch ist eine gute Korrektur hier eher eine Frage des Zufalls. Bei Bildern, die nur sehr wenig Korrektur benötigen, können Sie ja einmal einen Versuch wagen.

wie Belichtung, Beleuchtung, Farbe und Schärfe automatisch vornimmt. Mit einem Klick auf die Schaltfläche Auto ❷ korrigiert Photoshop Elements das Bild selbsttätig. Die Stärke der automatischen Korrektur können Sie dabei mit dem Schieberegler ❶ oder eben wieder über die Miniaturvorschauen einstellen.

2.2.6 Rote Augen korrigieren

Auf vielen Fotos findet sich der unerwünschte Rote-Augen-Effekt, der sich bei Aufnahmen mit Blitzlicht einstellen kann. Den Rote-Augen-Effekt können Sie auch mit der Schnellkorrektur von Photoshop Elements entfernen. Der folgende Workshop zeigt, wie Sie rote Augen in Ihren Bildern korrigieren.

Schritt für Schritt: Rote Augen entfernen

Am Beispiel des Bildes »Rote_Augen.jpg« lernen Sie zwei Möglichkeiten kennen, rote Augen zu korrigieren.

1 Rote Augen automatisch entfernen lassen
Am einfachsten korrigieren Sie den Rote-Augen-Effekt mit der Automatik über das Menü ÜBERARBEITEN • ROTE AUGEN AUTOMATISCH KORRIGIEREN oder mit der Tastenkombination [Strg]/[cmd]+[R]. Photoshop Elements sucht jetzt im Bild nach den roten Augen und versucht, sie automatisch zu korrigieren. Manchmal funktioniert diese Methode ganz gut, aber in unserem Bild hat dies kaum einen Effekt. Machen Sie die automatische Korrektur daher mit [Strg]/[cmd]+[Z] wieder rückgängig.

2 Werkzeug verwenden
Alternativ (und dies ist meistens die bessere Lösung) nutzen Sie das Rote-Augen-entfernen-Werkzeug. Aktivieren Sie das Werkzeug in der Werkzeugpalette oder über die Taste [Y]. Die Standardeinstellungen der Werkzeugoptionen (PUPILLENRADIUS und ABDUNKELN) können Sie jeweils bei 50 % belassen.

Ziehen Sie nun mit gedrückter linker Maustaste in der NACHHER-Ansicht einen Rahmen ❸ um ein Auge. Beachten Sie hierbei, dass Sie auf der VORHER-Ansicht keinerlei Änderungen machen können. Sobald Sie nach dem Ziehen des Rahmens die Maustaste loslassen, sollte das rote Auge korrigiert sein. Falls die roten Augen nicht beim ersten Mal korrigiert sind, wiederholen Sie den Vorgang noch ein paarmal.

2.2 Die Schnellkorrekturen

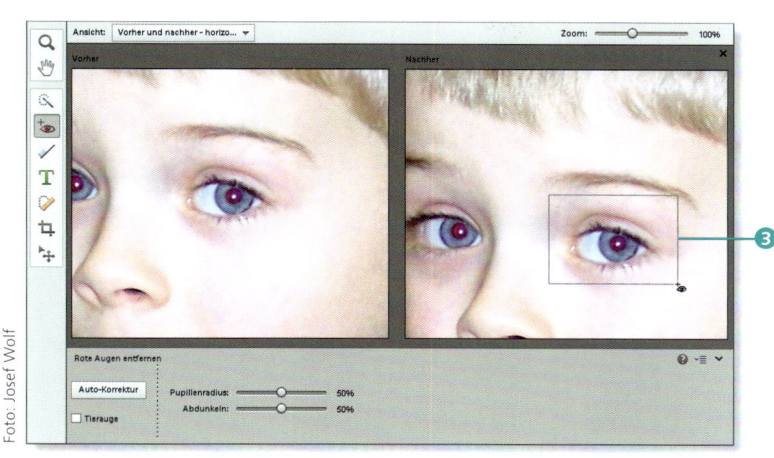

◀ **Abbildung 2.26**
Ziehen Sie mit dem Rote-Augen-entfernen-Werkzeug einen Rahmen um das Auge.

Foto: Josef Wolf

3 Ein-Klick-Lösung

Das Rote-Augen-entfernen-Werkzeug bietet eine zweite Möglichkeit, rote Augen zu entfernen. Klicken Sie hierzu einfach in den roten Bereich des Auges.

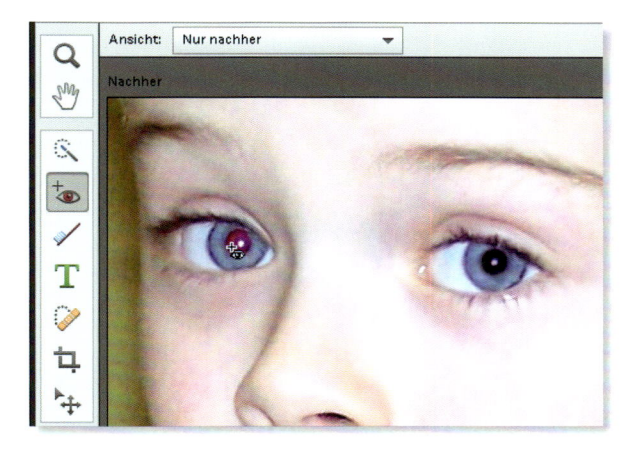

◀ **Abbildung 2.27**
Häufig reicht ein Klick auf das rote Auge zur Korrektur aus.

Augen bei Tieren korrigieren | Bei Tierfotografien mit Blitzlicht sind die Ergebnisse der Rote-Augen-Automatik meist unbefriedigend. Die Augenfarbe der Tiere wird hierbei häufig gelblich, grünlich oder leicht bläulich wiedergegeben. Aber auch für solche Zwecke ist Photoshop Elements gerüstet. Um solche mit Blitzlicht entstandenen Tieraugen zu reparieren, können Sie ebenfalls das Rote-Augen-entfernen-Werkzeug verwenden. Hierzu müssen Sie lediglich die Option TIERAUGE ❶ (siehe Abbildung 2.28) aktivieren. Ansonsten können Sie genauso vorgehen wie eben schon beim Workshop »Rote Augen entfernen« gezeigt wurde. Je nach Stärkegrad des Blitzeffekts werden Sie hier vielleicht auch die Werte von PUPILLENRADIUS und ABDUNKELN anpassen müssen.

Kapitel_02:
Augen_Effekt.jpg

Die Option TIERAUGE ❶ (siehe Abbildung 2.28) wurde neu mit Photoshop Elements 12 hinzugefügt.

69

Abbildung 2.28 ▶
Die Tieraugen wurden mit der Option TIERAUGE ❶ repariert. Damit es hier klappt wie in der VORHER-NACHHER-Ansicht zu sehen ist, wurde mehrmals ein Rahmen um die Augen gezogen und wurden die Werte für PUPILLENRADIUS und ABDUNKELN erhöht.

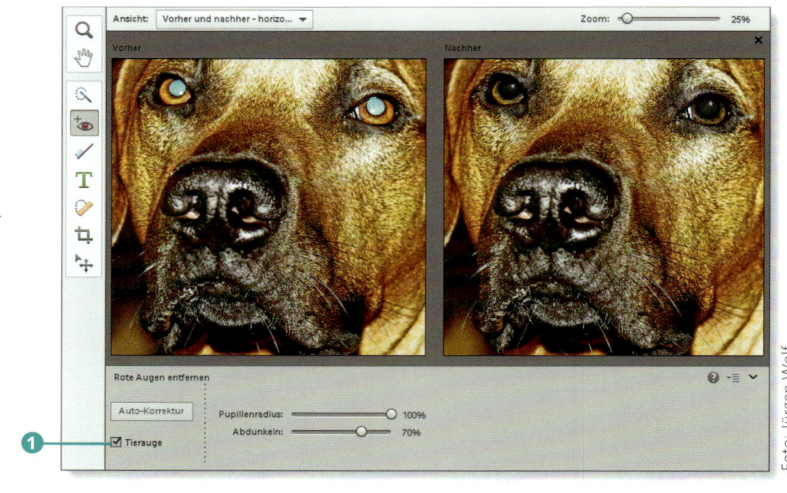

Kamera und Querformat
Viele Kameras bieten Bilder, die im Hochformat aufgenommen wurden, nur querformatig an. Daher finden Sie bei der Schnellkorrektur auch eine Option zum Drehen der Bilder.

Abbildung 2.29 ▶
Bilder um 90° nach links oder nach rechts drehen

Kapitel_02: The_Temple_Bar.jpg, The_Temple_Bar_nachher.jpg

2.2.7 Bilder drehen und freistellen

Zur (Schnell-)Korrektur gehört natürlich auch das Drehen der Bilder um 90°. Hierzu finden Sie in allen Modi (SCHNELL, ASSISTENT, EXPERTE) ganz unten im Bildfenster eine Schaltfläche, mit der Sie das Bild um 90° nach links ❷ drehen können. Soll das Bild um 90° nach rechts gedreht werden, müssen Sie auf den kleinen Pfeil ❸ klicken, um an die entsprechende Option zu gelangen. Beachten Sie, dass Sie mit dieser Funktion das Bild selbst um 90° drehen und nicht nur dessen Ansicht.

Gerade bei Sportaufnahmen, Aufnahmen von Objekten in Bewegung oder auch Aufnahmen, die man eben mal schnell geschossen hat, haben Sie selten auf Anhieb den richtigen Bildausschnitt. Dies ist aber noch lange kein Grund, ein Bild zu verwerfen. Sie können sich in einem solchen Fall mit dem Freistellungswerkzeug behelfen. Der folgende Workshop zeigt Ihnen Schritt für Schritt, wie Sie dabei vorgehen.

Schritt für Schritt: Freistellen im Schnell-Modus – den Bildausschnitt verändern

Das folgende Bild »The_Temple_Bar.jpg« musste schnell fotografiert werden, weil es an dieser Stelle üblicherweise nur so von

Touristen wimmelt. Natürlich war aus der Hand heraus kaum Zeit, die Kamera gerade zu halten, weil rechts und links schon die nächste Schwemme an Touristen kam. Auch der Bildausschnitt lässt zu wünschen übrig. Aber es lässt sich noch einiges aus dem Bild herausholen.

1 Freistellungsrahmen auswählen

Verwenden Sie unter ANSICHT ❹ zunächst NUR NACHHER. Wählen Sie im Schnellkorrektur-Modus das Freistellungswerkzeug in der Werkzeugpalette aus, oder drücken Sie die Taste [C]. Verwenden Sie unter den Werkzeugoptionen für das Seitenverhältnis KEINE BESCHRÄNK. ❼. Wählen Sie nun im Bild der NACHHER-Ansicht die linke obere Ecke ❺ des neuen Bildausschnitts aus, und halten Sie die linke Maustaste gedrückt. Ziehen Sie mit der gedrückten Maustaste den Rahmen nach rechts unten ❻, bis Sie den gewünschten Bildausschnitt ausgewählt haben. Wählen Sie als Überlagerung bei FREISTELLEN das RASTER ❽.

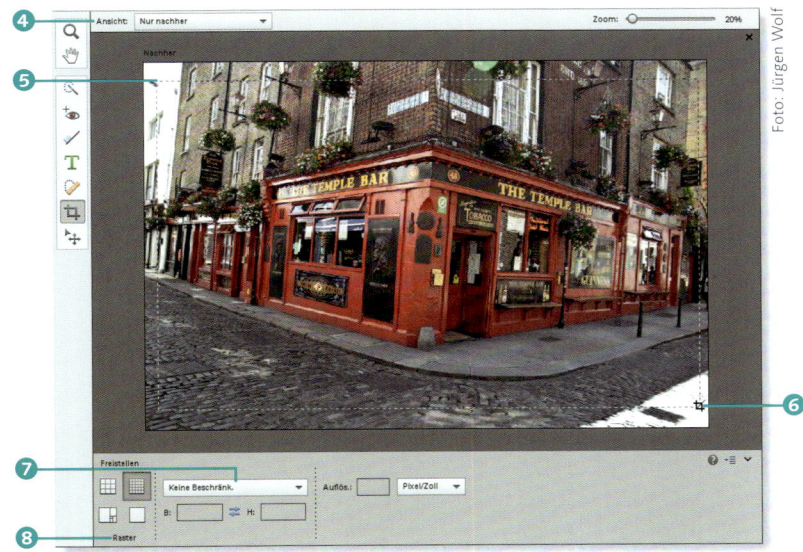

◀ **Abbildung 2.30**
Auswahl eines Bildausschnitts, der freigestellt werden soll

2 Rahmen anpassen und bestätigen

Haben Sie die Maustaste losgelassen, so erscheint ein Rahmen mit einem grünen Häkchen ❿ und einem Stoppsymbol ⓫. Wenn Ihnen der ausgewählte Bildausschnitt noch nicht gefällt, vergrößern oder verkleinern Sie ihn mit gedrückter linker Maustaste über die Ränder hinaus. Mit gedrückter Maustaste innerhalb der Auswahl verschieben Sie diese.

Da im Beispiel das Bild zusätzlich noch total in Schieflage geraten ist, haben wir dieses auch noch etwas gerade ausgerichtet.

Als Richtlinie wurde hier das Raster verwendet. Zum Drehen mit dem Freistellungswerkzeug brauchen Sie nur auf einen verdunkelten Bereich zu gehen, wodurch der Mauscursor zu einem gekrümmten Pfeil ❾ wird. Mit gedrückt gehaltener Maustaste können Sie den Zuschnittrahmen jetzt drehen. Sind Sie mit dem Bildausschnitt zufrieden, klicken Sie das Häkchen an oder bestätigen mit ⏎ . Um den Vorgang abzubrechen, klicken Sie auf das Stoppsymbol, oder drücken Sie Esc .

Abbildung 2.31 ▶
Rahmen anpassen und bestätigen

▼ **Abbildung 2.32**
Das Ergebnis kann sich sehen lassen: Unnötiges wurde abgeschnitten, und auch das Bild wurde möglichst gerade gerückt.

3 Neuen Bildausschnitt abspeichern
Wenn Sie mit dem Ergebnis zufrieden sind, können Sie die Datei abspeichern – am besten unter einem anderen Namen als das Original, um dieses nicht durch versehentliches Überschreiben zu verlieren.

2.2.8 Bildbereiche korrigieren

Zum Schluss möchte ich Ihnen noch zeigen, wie Sie mit dem Schnellauswahl-Werkzeug ![] einen bestimmten Bildbereich auswählen, und diesen dann isoliert korrigieren bzw. manipulieren können.

Schritt für Schritt: Einzelne Bildteile einfärben

In diesem Workshop werden wir beim Bild »Trance.jpg« das Makeup der Augenlider umfärben, ohne dass die Änderung als Manipulation zu erkennen ist.

Kapitel_02: Trance.jpg

1 Konturen finden

Aktivieren Sie das Schnellauswahl-Werkzeug ❶, und malen Sie mit gedrückter linker Maustaste auf die Augenlider der Nachher-Ansicht. Photoshop Elements versucht nun selbstständig, die zusammengehörenden Konturen zu finden. Anhand der Auswahlkante ❹ können Sie feststellen, welche Konturen gefunden wurden. Sie können die Maustaste jederzeit loslassen und das Werkzeug neu ansetzen. Solange bei den Werkzeugoptionen die Hinzufügen-Option ❷ aktiviert ist, werden neu angesetzte Auswahlen der aktuellen Auswahl hinzugefügt. Je feiner die Bereiche werden, desto näher können Sie in das Bild hineinzoomen und bei Bedarf Klick für Klick weitere Auswahlen hinzufügen. Gegebenenfalls sollten Sie die Option Automatisch verbessern ❸ aktivieren.

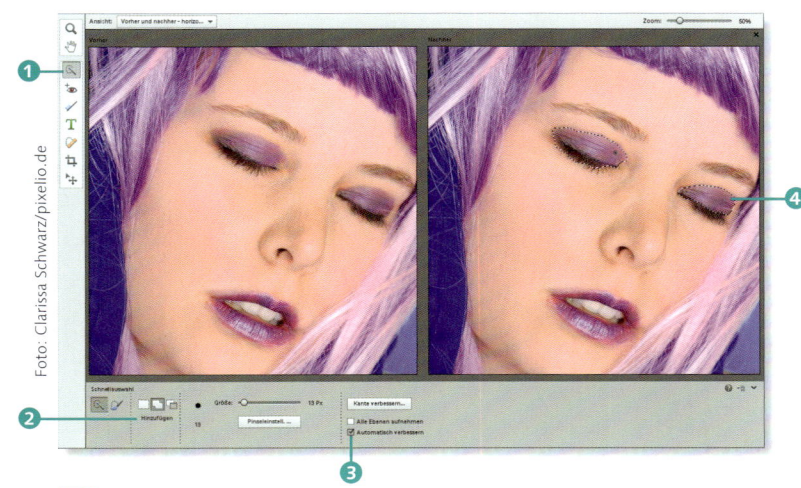

◀ **Abbildung 2.33**
Konturen des Lidschattens mit dem Schnellauswahl-Werkzeug finden

2 Auswahl korrigieren

Sollten Sie mehr als nötig mit dem Schnellauswahl-Werkzeug markiert haben, so wählen Sie einfach bei den Werkzeugoptionen

Subtrahieren ❻ aus und übermalen den Bereich, der von der aktuellen Auswahl entfernt werden soll ❺. Umgekehrt können Sie natürlich jederzeit wieder zu viel entfernte Bereiche mit der Werkzeugoption Hinzufügen der Auswahl hinzufügen.

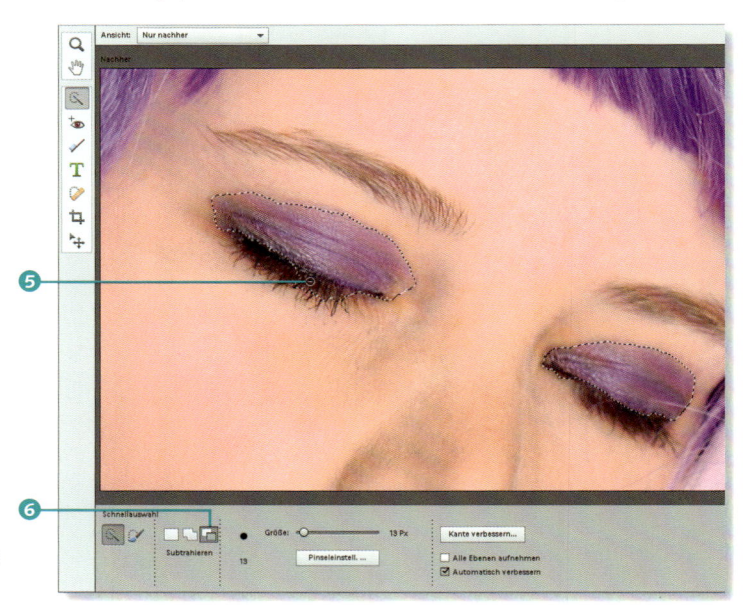

Abbildung 2.34 ▶
Hier werden die Wimpern von der Auswahl entfernt. Zuvor wurde die Größe der Pinselspitze verkleinert.

3 Ausgewählten Bereich bearbeiten

Den ausgewählten Bereich können Sie nun nach Belieben bearbeiten. Im Beispiel habe ich im Bereich Farbe den Schieberegler für Farbton leicht nach links (–90) gezogen und die Sättigung ein wenig reduziert (genauer auf den Wert –10). Heben Sie die Auswahl mit [Strg]/[cmd]+[D] auf, und speichern Sie das Bild, am besten wieder unter einem anderen Namen.

Abbildung 2.35 ▼
Den ausgewählten Bildbereich bearbeiten – in diesem Fall manipulieren

2.3 Effekte, Strukturen und Rahmen verwenden

Rechts unten im SCHNELL-Modus finden Sie neben der Schaltfläche für die KORREKTUREN noch weitere drei Schaltflächen für EFFEKTE ❶, STRUKTUREN ❷ und RAHMEN ❸ vor. Wenn Sie eine der entsprechenden Schaltflächen anklicken, finden Sie im Bedienfeld darüber die zugehörigen Funktionen.

2.3.1 Die Effekte

Wenn Sie die Schaltfläche EFFEKTE ❶ anklicken, werden im Bedienfeld darüber Live-Miniaturvorschauen von zehn verschiedenen Effekten aufgelistet. Hierbei finden Sie viele populäre Effekte, die Sie ganz einfach durch Anklicken einer der Miniaturen ❻ im Bedienfeld auf das angezeigte Bild anwenden können. Zurücksetzen können Sie das Bild auch hier wieder über das kleine Icon ❺ BILD ZURÜCKSETZEN über den Effekten. Der Effekt wird als neue Ebene hinzugefügt und kann im EXPERTE-Modus ❹ nachträglich weiterbearbeitet werden.

Mit Photoshop Elements 12 wurde der SCHNELL-Modus um die Funktionen EFFEKTE, STRUKTUREN und RAHMEN erweitert. In der Vorgängerversion war an dieser Stelle nur die Schnellkorrektur vorhanden.

Kapitel_02: Turban.jpg

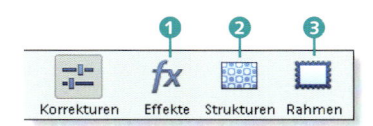

▲ **Abbildung 2.36**
Neben den Korrekturen finden Sie im SCHNELL-Modus noch die Schaltflächen für EFFEKTE ❶, STRUKTUREN ❷ und RAHMEN ❸.

Mehr Details dazu …
Ebenen sind ein spezielles Thema und werden in Teil VIII behandelt. Der EXPERTE-Modus des Fotoeditors hingegen wird in Kapitel 4, »Der Fotoeditor im Experte-Modus«, umfassend beschrieben.

▲ **Abbildung 2.37**
Hinter der Schaltfläche EFFEKTE ❶ finden Sie zehn neue Effekte, die Sie auf ihr Bild anwenden können.

2.3.2 Die Strukturen

Über die Schaltfläche STRUKTUREN ❷ finden Sie zehn neue Strukturen, die Sie ebenfalls durch Anklicken dem aktuellen Bild hinzufügen können. Ansonsten gilt hierzu auch alles, was schon bei den Effekten eben beschrieben wurde.

Hinweis
Die neuen EFFEKTE, STRUKTUREN und RAHMEN sind eine schöne Bereicherung für den SCHNELL-Modus des Fotoeditors und werden von Adobe in Zukunft hoffentlich noch um viele weitere schöne Effekte erweitert. Solche Funktionen sind recht nützlich, um aus einem mittelmäßigen Bild ein wesentlich attraktiveres zu machen.

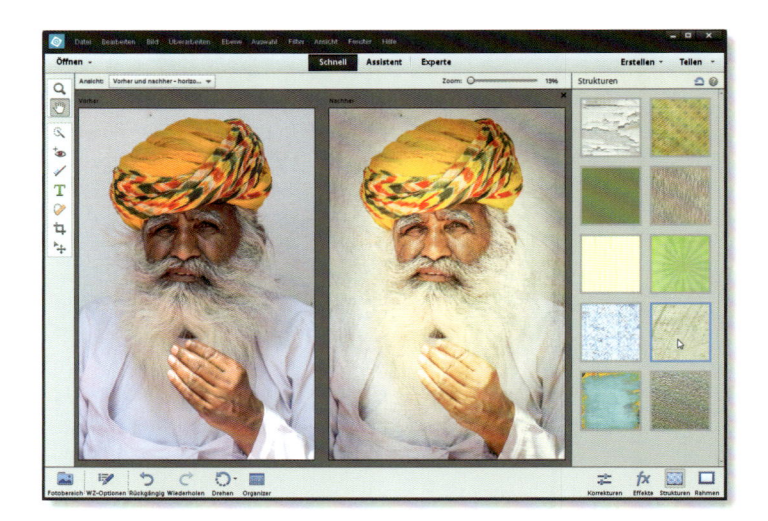

Abbildung 2.38 ▶
Hinter der Schaltfläche Strukturen ❷ finden Sie zehn neue Strukturen, die Sie dem aktuellen Bild hinzufügen können.

Mehr Details dazu ...
Auf das Thema »Bilderrahmen erstellen« wird nochmals gesondert in Abschnitt 40.7 eingegangen. Dort wird auch die Transformation des Rahmens behandelt.

2.3.3 Die Rahmen

Hinter der letzten Schaltfläche Rahmen ❸ verbergen sich zehn Rahmen, mit denen Sie das aktuelle Bild durch Anklicken der Miniatur einrahmen können. Photoshop Elements versucht, den Rahmen immer möglichst optimal dem Bild anzupassen. Wenn Ihnen das Ergebnis nicht gefällt, können Sie nachträglich das Bild und den Rahmen transformieren bzw. verschieben, indem Sie den Rahmen doppelt anklicken oder das Verschieben-Werkzeug verwenden. Im Experte-Modus können Sie zusätzlich noch die Hintergrundfarbe des Rahmens anpassen.

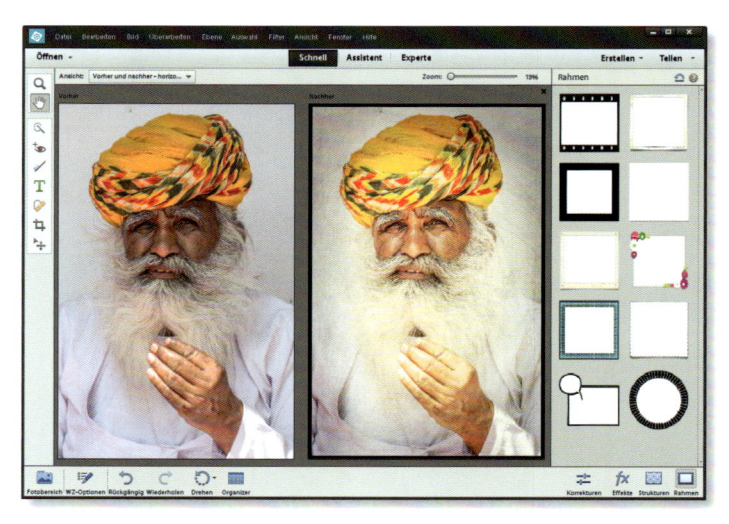

Abbildung 2.39 ▶
Hinter der Schaltfläche Rahmen ❸ finden Sie einige Rahmen, mit deren Hilfe Sie das Bild mit einem Klick einrahmen können.

Kapitel 3
Der Assistent

Noch einfacher wird Ihnen die Korrektur mit dem Modus »Assistent« gemacht. Er ist noch eine Spur einfacher gehalten als der Modus »Schnell« und tritt bei der Bearbeitung direkt in einen Dialog mit dem Anwender. Dies hat den Vorteil, dass Sie eine genaue Erklärung erhalten, was der »Assistent« mit der jeweils ausgewählten Aktion bewirkt.

3.1 Die Arbeitsoberfläche im Assistent-Modus

Ist der Fotoeditor in einem anderen Modus geöffnet, können Sie dies ändern, indem Sie auf die Schaltfläche ASSISTENT ❷ klicken. In der Werkzeugpalette ❶ stehen Ihnen hier jetzt nur noch das Zoom-Werkzeug und das Hand-Werkzeug zur Verfügung.

Kapitel_03: Kitties.jpg

Hinweis

Im vorliegenden Buch werde ich den ASSISTENT-Modus und die einzelnen Funktionen, speziell unterhalb der Sektion RETUSCHEN, nicht viel näher behandeln. Er ist eigens so konzipiert, dass sich seine Anwendung selbst erklärt. Im Grunde sind die Funktionen des ASSISTENT-Modus ohnehin eine Vereinfachung der manuellen Bildbearbeitung. Die besseren Ergebnisse erzielen Sie meistens mit der manuellen Bildbearbeitung – ihre Möglichkeiten werden Sie im Laufe dieses Buches im Detail kennenlernen.

◀ **Abbildung 3.1**
Die Arbeitsoberfläche vom ASSISTENT-Modus

Foto: Alexandra Hopp/pixelio.de

Kapitel 3   Der Assistent

▲ Abbildung 3.2
Der ASSISTENT enthält neben selbsterklärenden Retuschen auch einige interessante Fotoeffekte und Fotospiele.

Kapitel_03: Ahnen.jpg

Abbildung 3.3 ▼
Der ASSISTENT im Einsatz. Hier wurde der Assistent ALTES FOTO WIEDERHERSTELLEN aus den RETUSCHEN verwendet, um ein altes Foto meiner Ur-Ur-Ahnen zu verbessern. Sie müssen lediglich die einzelnen Schritte anwenden, wie dies vom Assistenten auf der rechten Seite ❶ vorgeschlagen wird.

Sofort sticht hier natürlich das Bedienfeld ins Auge, welches nicht ausgeblendet werden kann und im ASSISTENT-Modus auch der Kernpunkt ist. Aufgeteilt wird dieses Bedienfeld in die Kategorien:

▶ RETUSCHEN ❸: Hier finden Sie die verschiedensten Schnellkorrekturen und einige Retuschen vor, die sich im Grunde selbst erklären, wenn Sie diese auswählen. Bei ihnen wird der Anwender quasi an die Hand genommen.

▶ FOTOEFFEKTE ❺: Hier finden Sie wirklich interessante und beliebte Effekte vor, welche auf jeden Fall Wert sind, sie von Zeit zu Zeit mal zu verwenden und dafür in den ASSISTENT-Modus zu wechseln.

▶ FOTOSPIEL ❹: Der Name der Rubrik spricht schon für sich. Hier finden Sie wirklich tolle und kreative »Spielereien«, die Sie auf Ihre Fotos anwenden können.

Alles andere auf der Arbeitsoberfläche im ASSISTENT-Modus entspricht im Grunde der Arbeitsoberfläche des SCHNELL-Modus, welche ausführlich in Abschnitt 2.1 beschrieben wurde.

3.2   Fotoeffekte und Fotospiel

Der ASSISTENT bietet interessante spezielle Funktionen, die sich nicht mit ein paar Mausklicks im EXPERTE-Modus des Fotoeditors erstellen lassen. Daher soll hier kurz auf einige von ihnen eingegangen werden. Hier finden Sie vielleicht die eine oder andere Überraschung wieder.

3.2.1 Fotoeffekte

Mit ALTMODISCHES FOTO können Sie ein Bild künstlich altern lassen. Hierbei ist es möglich, neben den Schwarzweißvorgaben die Farbe zu tonen und auch noch Bildrauschen hinzuzufügen. Auch vielversprechend dürfte GESÄTTIGTER DIAFILM sein, womit Sie ein Bild künstlich so verändern, dass es aussieht, als wäre es mit einem gesättigten Diafilm aufgenommen worden.

Feldtiefe | Die Funktion FELDTIEFE ist durchaus als sehr interessant zu bezeichnen, und es macht Spaß, mit ihr zu experimentieren. Der Begriff »Feldtiefe« ist allerdings ein bisschen unglücklich übersetzt und sollte wohl eher »Schärfentiefe« oder »Tiefenschärfe« lauten (englisch »depth of field«). Mit einer solchen Schärfentiefe können Sie bei einem rundum scharfen Bild eine zentrale Figur oder ein Objekt scharfzeichnen, während alles andere darum herum unscharf wirkt.

In der Fotografie wird eine solche Schärfentiefe mit einer kleinen Blendenöffnung oder mit einem Objektiv mit einer kurzen Brennweite erzielt.

Neu hinzugekommen sind mit der Version 12 bei RETUSCHEN die Funktion ALTES FOTO WIEDERHERSTELLEN, bei FOTOEFFEKTE die Funktion ZOOM-BURST-EFFEKT und bei FOTOSPIEL der PUZZLE-EFFEKT.

Kapitel_03:
red_callbox.jpg

▼ **Abbildung 3.4**
Mit der Funktion FELDTIEFE lässt sich schnell der bekannte fotografische Effekt der Schärfentiefe hinzufügen.

Im Beispiel in Abbildung 3.4 wurden die rote Telefonzelle und der Vordergrund zunächst mit dem Schnellauswahl-Werkzeug ❷ markiert und dann ein Weichzeichner hinzugefügt ❸, welcher nachträglich reguliert ❹ werden kann. Hier wurde außerdem BENUTZERDEFINIERT (und nicht EINFACH) bei der Erstellung

Kapitel_03: Gothic.jpg

Abbildung 3.5 ▼
Nach dem HIGH-KEY erscheint das Bild wesentlich heller und weicher, und der Kontrast ist nicht mehr so hart.

der Feldtiefe ausgewählt und verwendet. Zwischen EINFACH und BENUTZERDEFINIERT müssen Sie zunächst wählen, wenn Sie die Funktion FELDTIEFE aufrufen. Wo Sie mit der Option EINFACH noch mit einfachen Schritten an die Hand genommen werden, können Sie mit BENUTZERDEFINIERT manuell die Tiefe hinzufügen, indem Sie das Objekt im Fokus selbst mit dem Schnellauswahl-Werkzeug definieren.

High-Key und Low-Key | High-Key ist eine Technik der modernen Fotografie, bei der viel mit hellen Farbtönen, weichem Licht und niedrigen Kontrasten gearbeitet wird. Das Gegenstück dazu ist natürlich Low-Key.

▲ **Abbildung 3.6**
Beim Low-Key-Verfahren passiert das Gegenteil. Hier wirkt das Bild wesentlich dunkler und düsterer, und die Kontraste werden verstärkt. Hier wurde das Bild zusätzlich in Schwarzweiß umgesetzt.

Lomo-Effekt | Mit dem LOMO-EFFEKT erstellen Sie einen Fotostil wie mit einer alten russischen Schnappschusskamera, der Kompaktkamera *Leningradskoye Optiko Mechanicheschkoye Obyedinenie* (kurz LOMO). Bei einem solchen Effekt werden die Bilder meistens unscharf, kontrastreich und die Ränder dunkel (Vignettierung). Mittlerweile hat sich die Lomografie als Kunstform entwickelt.

Orton-Effekt | Der ORTON-EFFEKT wird erstellt aus einer Überlagerung eines scharfen überbelichteten und eines unscharfen unterbelichteten Bildes vom gleichen Motiv. Mit diesem Effekt erhält das Bild ein glühendes und verträumtes Aussehen und wirkt unter Umständen interessanter.

Kapitel_03: hidden_beauty.jpg

▼ **Abbildung 3.7**
Links das Bild ohne und rechts mit dem ORTON-EFFEKT.

Foto: Ingo Jung/www.digital-express-labor.de

Strichzeichnung | Mit dem Fotoeffekt STRICHZEICHNUNG verändern Sie das Bild, dass es anschließend aussieht, als wäre es mit einem Bleistift gezeichnet.

Tilt-Shift-Effekt | Mit der Funktion TILT-SHIFT lassen sich tolle Effekte erzielen. Gerne erstellt werden hiermit Bilder, die den Betrachter an eine Miniaturwelt erinnern oder den Fokus auf einzelne Teile im Bild lenken.

Comic-Effekte

Falls Sie auf der Suche nach Comic-Effekten sind, kann ich Ihnen die neuen Filter dazu empfehlen, welche Sie unter FILTER • ZEICHENFILTER • COMIC und FILTER • ZEICHENFILTER • COMIC-ROMAN finden.

Schritt für Schritt: Eine Miniaturwelt erschaffen mit dem Tilt-Shift-Effekt

In diesem Beispiel wollen wir eine unecht wirkende Miniaturwelt erschaffen.

Kapitel_03: Jodpur.jpg, Alamo_Square.jpg, Bahai_Haifa.jpg

Kapitel 3 Der Assistent

Abbildung 3.8 ▶
Dieses Bild von Jodpur (auch Blue City) in Indien wollen wir aufpeppen, indem wir eine wie eine Miniatur wirkende Welt daraus machen.

Foto: Jürgen Wolf

1 »Tilt-Shift« aufrufen
Laden Sie zunächst das Bild »Jodpur.jpg« mit DATEI • ÖFFNEN in den Fotoeditor, und wählen Sie unter der Rubrik FOTOEFFEKTE die Option TILT-SHIFT aus.

2 »Tilt-Shift hinzufügen«
Klicken Sie zunächst auf die Schaltfläche TILT-SHIFT HINZUFÜGEN ❸, um den Effekt dem Bild hinzuzufügen. Der Fokusbereich dürfte wohl eher in den selteneren Fällen auf Anhieb passen.

3 Fokusbereich ändern
Ändern Sie jetzt den Fokusbereich, der im Bild »scharf« dargestellt werden soll. Der Tilt-Shift ist hier ein linearer Balken. Schade, dass dieser in der Vorschau nicht angezeigt wird. Für einen runden Fokusbereich müssen Sie wieder auf den Fotoeffekt FELDTIEFE zurückgreifen. In diesem Beispiel sollen die Häuser im unteren Drittel den TILT-SHIFT-Effekt bekommen.

▲ **Abbildung 3.9**
TILT-SHIFT im ASSISTENT-Modus aufrufen

Abbildung 3.10 ▶
Fokusbereich festlegen

Ziehen Sie daher mit gedrückt gehaltener linker Maustaste ❷ eine Linie nach oben oder nach unten ❶, bis Sie mit dem gewünschten Bereich zufrieden sind, und lassen Sie die Maustaste los. Sind Sie mit dem Fokusbereich nicht zufrieden, können Sie diesen Vorgang beliebig oft wiederholen.

4 Effekte verfeinern

Damit das Ganze am Ende auch etwas unrealistisch aussieht, eben wie in einer Miniaturwelt, sollten wir auch die Farben etwas verfälschen. Auch hierzu bietet Ihnen TILT-SHIFT unter EFFEKT VERFEINERN ❹ eine Möglichkeit an, über den Regler SÄTTIGUNG ❺ die Farben übertrieben farbenfroh darzustellen. Zusätzlich kann hier außerdem noch die WEICHZEICHNUNG verstärkt und der KONTRAST angehoben werden. Klicken Sie auf die Schaltfläche FERTIG, wenn Sie mit dem Ergebnis zufrieden sind.

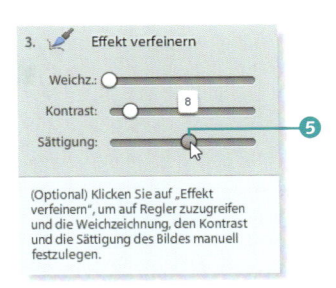

▲ **Abbildung 3.11**
(Optional) Klicken Sie auf „Effekt verfeinern", um auf Regler zuzugreifen und die Weichzeichnung, den Kontrast und die Sättigung des Bildes manuell festzulegen.

◀ **Abbildung 3.12**
Bonbon-Farben verstärken den Eindruck einer Spielzeugwelt.

Wechseln Sie gegebenenfalls noch schnell in den EXPERTE-Modus, und fügen Sie alle Ebenen über EBENE • AUF HINTERGRUNDEBENE REDUZIEREN zusammen. Schließlich speichern Sie das Bild unter einem neuen Namen.

▼ **Abbildung 3.13**
Jetzt sehen die Häuser schon eher wie in einer surrealen Spielzeugwelt aus.

In der linken Abbildung sehen Sie ein Beispiel des Alamo Square in San Francisco. Für komplexere oder runde Tilt-Shift-Effekte wie hier mit dem Tempel von Bahai aus Haifa (Israel) können Sie auch den Fotoeffekt FELDTIEFE verwenden.

Fotos: Jürgen Wolf

Aktionen

Ähnlich komfortabel wie die Effekte im Bereich Fotospiel lassen sich die Aktionen von Photoshop Elements anwenden. Wie das geht, erfahren Sie in Anhang C.2, »Aktionen anwenden und nachinstallieren«.

Kapitel_03:
Sonnenblumen.jpg

Tipp: Stapel nachträglich ändern

Da jedes »einzelne« Bild (genauer der Rahmen) in einer Ebene mit dem passenden Rahmen verknüpft ist, können Sie im EXPERTE-Modus des Fotoeditors jederzeit nachträglich über das Ebenen-Bedienfeld und mit dem Verschieben-Werkzeug die Position, die Größe und den Winkel des entsprechenden Rahmens ändern. Hier sollten Sie allerdings schon über Grundkenntnisse zu den Ebenen (siehe Buchteil VIII) verfügen.

Vignetteneffekt | Der Vignetteneffekt spricht eigentlich für sich, wenn man ihn kennt. Damit können Sie eine schwarze oder weiße Vignette um das Bild legen und so das Hauptmotiv deutlicher hervorheben.

3.2.2 Fotospiel

Auch in dieser Kategorie können Sie einige interessante Effekte entdecken, die meist etwas aufwendiger sind als die unter FOTO-EFFEKTE versammelten Funktionen.

Bilderstapel | Ebenfalls einen netten Effekt erzielen Sie mit der Funktion BILDERSTAPEL. Damit »zerlegen« Sie ein Bild in vier, acht oder zwölf Einzelbilder mit einem weißen Rahmen. Der Hintergrund lässt sich dabei auch anpassen. Im EXPERTE-Modus lassen sich die einzelnen Bildteile (genauer Ebenen) mit dem Verschieben-Werkzeug nachträglich anpassen.

▲ **Abbildung 3.14**
Hier wurde ein Bild in zwölf einzelne Bilder zerlegt.

Out-of-Bounds | Einen besonders tollen Effekt können Sie mit OUT-OF-BOUNDS erzielen. Damit fällt quasi ein Bildobjekt aus dem Bilderrahmen heraus.

Schritt für Schritt: Bild aus dem Rahmen fallen lassen

Der OUT-OF-BOUNDS-Effekt ist sehr beliebt und lässt sich natürlich auch im EXPERTE-Modus erreichen, allerdings mit viel mehr Aufwand als mit den Funktionen von OUT-OF-BOUNDS im Modus ASSISTENT.

Kapitel_03:
Bahai_Delhi.jpg

3.2 Fotoeffekte und Fotospiel

1 »Out-of-Bounds« aufrufen
Laden Sie zunächst das gewünschte Bild (»Bahai_Delhi.jpg«) mit DATEI • ÖFFNEN in den Fotoeditor. Sofern noch nicht geschehen, rufen Sie den Modus ASSISTENT auf, und wählen Sie in der Rubrik FOTOSPIEL die Option OUT-OF-BOUNDS aus.

2 Rahmen hinzufügen
Klicken Sie auf die Schaltfläche RAHMEN HINZUFÜGEN ❶, und bewegen Sie den Rahmen ❷ an die gewünschte Position. Über die vier Eckpunkte und den Mittelpunkt passen Sie die Größe des Rahmens an. Achten Sie dabei darauf, dass Teile des Hauptobjekts etwas außerhalb des Rahmens liegen. Mit [Strg]/[cmd]+[⇧]+[Alt] können Sie die Perspektive des Rahmens an den Eck- und Mittelpunkten verzerren; mit gehaltener [Strg]/[cmd]-Taste verzerren Sie jeweils nur einzelne Eckpunkte. Klicken Sie auf das grüne Häkchen ❸, wenn Sie mit dem Rahmen zufrieden sind.

◄ **Abbildung 3.15**
OUT-OF-BOUNDS im ASSISTENT-Modus aufrufen

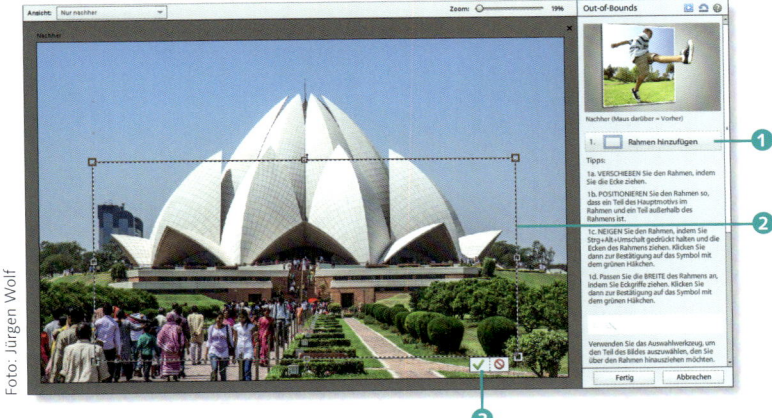

◄ **Abbildung 3.16**
Rahmen hinzufügen und gegebenenfalls die Perspektive anpassen

3 Rahmendicke anpassen
Im nächsten Schritt können Sie – erneut über die vier Eck- und Mittelpunkte – die Rahmenstärke anpassen, indem Sie diese Punkte nach außen hin verschieben. Sind Sie auch mit dieser Einstellung zufrieden, klicken Sie wieder auf das grüne Häkchen ❹.

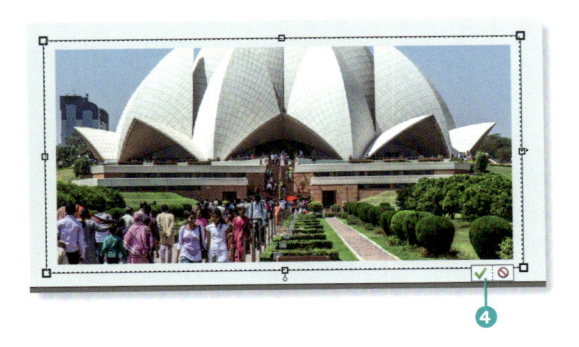

◄ **Abbildung 3.17**
Rahmenstärke einstellen

4 Objekt auswählen

Verwenden Sie jetzt das Auswahlwerkzeug ❺, und wählen Sie damit den Bereich aus, der Teil des Bildes außerhalb des Rahmens sein soll. Für eine bessere Auswahl sollten Sie tiefer in das Bild hineinzoomen. Zu viel Ausgewähltes können Sie bei den Werkzeugoptionen über das Symbol SUBTRAHIEREN ❽ wieder entfernen, zu wenig Ausgewähltes mit dem Symbol HINZUFÜGEN ❼ hinzufügen. Die Pinselstärke können Sie jederzeit bei GRÖSSE ❾ einstellen. Sind Sie mit der Auswahl zufrieden, klicken Sie die Schaltfläche OUT-OF-BOUNDS-EFFEKT ❻ an.

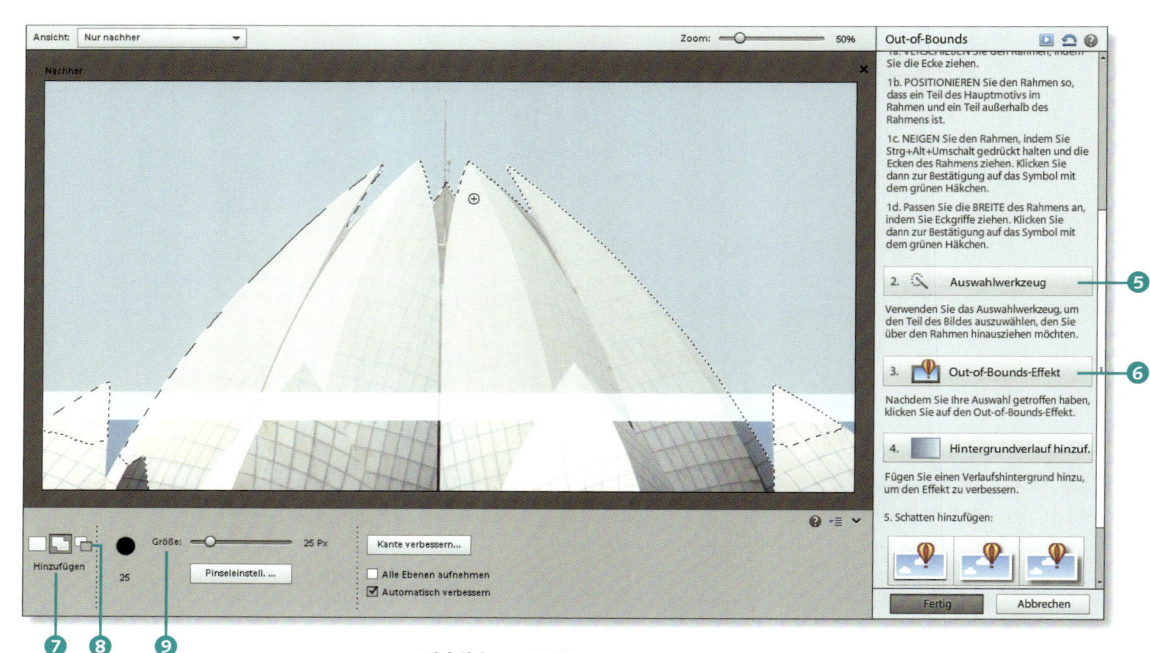

▲ **Abbildung 3.18**
Mit der Auswahl bestimmen Sie, was über den Bilderrahmen herausragen soll.

5 Stil anpassen

Am Ende können Sie über HINTERGRUNDVERLAUF HINZUF. ❿ den Hintergrund mit einem Farbverlauf versehen und mit den drei Schaltflächen ⓫ dahinter einen unterschiedlich starken Schatten um den Rahmen und das herausragende Bildobjekt legen.

Über die Schaltfläche FERTIG ⓬ gelangen Sie zurück zum ASSISTENT-Modus. Das Bild wird übrigens in mehreren Ebenen gespeichert. Dies werden Sie spätestens feststellen, wenn Sie zum EXPERTE-Modus zurückkehren. Mit EBENE • AUF HINTERGRUNDEBENE REDUZIEREN können Sie alle Ebenen auf eine reduzieren.

3.2 Fotoeffekte und Fotospiel

Mehr zu den Ebenen erfahren Sie ohnehin in Teil VIII des Buches, in dem ich die Ebenen behandele.

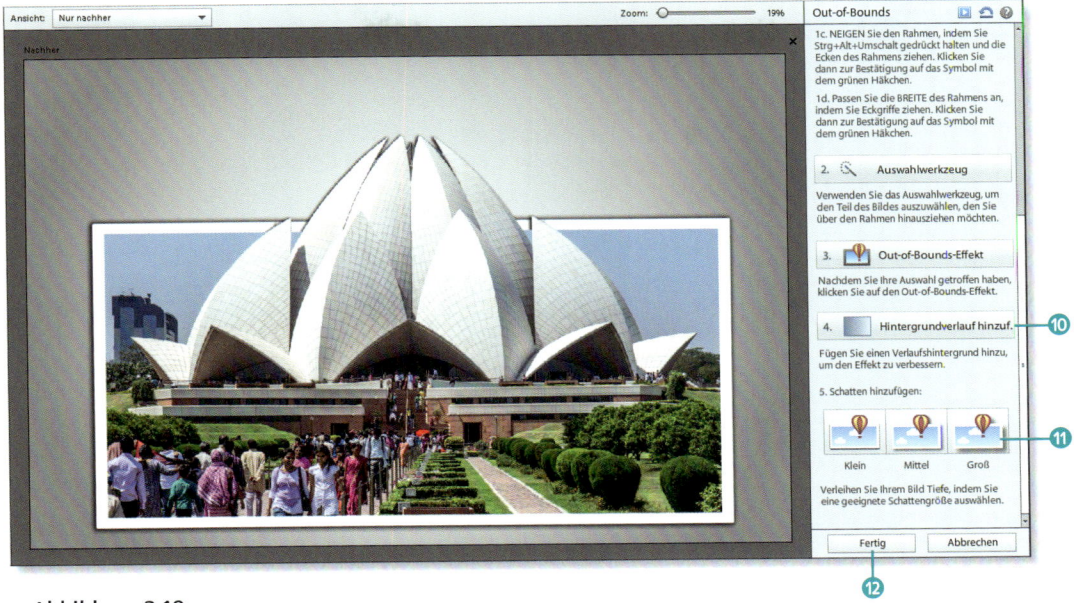

▲ **Abbildung 3.19**
Fertig ist der Out-of-Bounds-Effekt in wenigen Schritten.

Pop-Art und Spiegelung | Mit Pop-Art erstellen Sie eine Art Warhol-Effekt mit einem Bild, und mit Spiegelung erzielen Sie eine Art Boden- oder Wasserspiegelung von einem Bild.

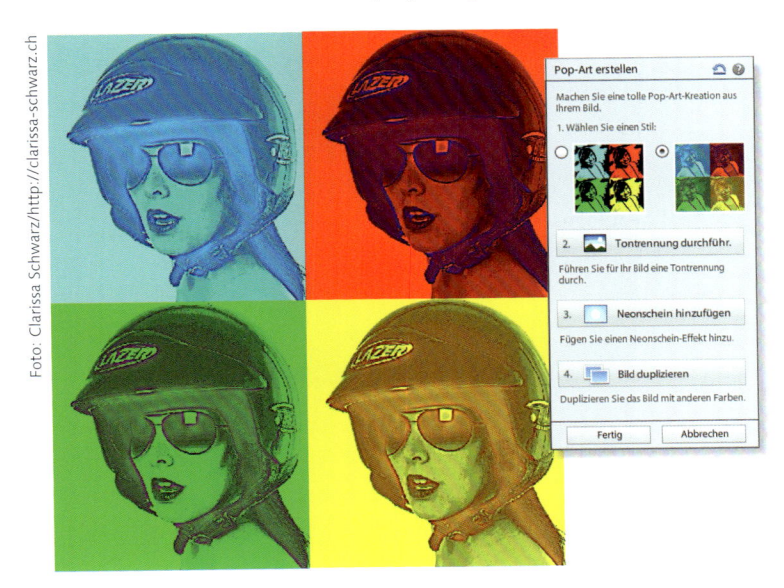

Kapitel_03: police.jpg, overloaded.jpg, Rose.jpg

Foto: Clarissa Schwarz/http://clarissa-schwarz.ch

◄ **Abbildung 3.20**
Schnell erstellt in vier Schritten – der Pop-Art-Effekt

87

◀▲ Abbildung 3.21
Neu hinzugekommen ist der PUZZLESPIEL-EFFEKT, mit dem Sie ein Bild in Puzzleteile zerlegen und die einzelnen Teile auch verschieben können.

Abbildung 3.22 ▶
Für kreative Zwecke ebenfalls sehr nützlich – eine SPIEGELUNG eines Bildes

Kapitel 4
Der Fotoeditor im Experte-Modus

Die Modi »Schnell« und »Assistent« können recht praktisch für schnelle Korrekturen und kreative Arbeiten sein. Würden Sie allerdings nur mit diesen Modi arbeiten, so würden Sie das enorme Potenzial verschenken, welches Adobe Photoshop Elements für Sie bereithält. Erst der Modus »Experte« eröffnet Ihnen die wahre Vielfalt an Funktionen des Fotoeditors.

4.1 Die Oberfläche im Schnellüberblick

Öffnen können Sie die Arbeitsoberfläche für den Experte-Modus, indem Sie (falls ein anderer Modus verwendet wird) die Schaltfläche Experte ❷ auswählen.

Die Oberfläche des Fotoeditors gliedert sich in folgende grundlegende Gruppen von Bedienelementen:

- die **Menüleiste** ⓭ oberhalb des Fensters, die ausklappbare Menüs enthält (beim Mac finden Sie die Menüleiste natürlich Mac-typisch als weiße Leiste, die oben quer über den Bildschirm verläuft)
- die **Werkzeugoptionen** ❾ oder der **Fotobereich** (abhängig davon, was Sie unterhalb bei den entsprechenden Schaltflächen ❼ ausgewählt haben) unterhalb des Bildbereichs, die sich jeweils über die gesamte Breite des Fensters erstrecken
- die **Werkzeugpalette** ⓫ auf der linken Seite unterhalb der Optionsleiste
- die **Bedienfelder** ❺ auf der rechten Seite des Programmfensters

Ganz unten im Programmfenster finden Sie eine Leiste mit weiteren Schaltflächen ❽ mit einem schnellen Zugriff auf diverse Einstellungen. Die Schaltflächen ❻ auf der rechten Seite beziehen sich nur auf die Bedienfelder darüber ❺. Unterhalb der Menüleiste finden Sie außerdem noch eine weitere Schnellzugriffsleiste

> **Schnell – Assistent – Experte**
> Standardmäßig wird Photoshop Elements im Schnell-Modus für eine schnelle Bildkorrektur gestartet. Mehr zu diesem Schnell-, aber auch dem Assistent-Modus haben Sie bereits in den Kapiteln 2 und 3 erfahren. Für die Beschreibung der Oberfläche des Fotoeditors verwenden wir in den meisten folgenden Kapiteln des Buches den Modus Experte ❷.

Kapitel 4 Der Fotoeditor im Experte-Modus

❷, wo Sie Bilder schneller öffnen, den Modus des Fotoeditors ändern oder diverse Dinge ERSTELLEN können.

▲ **Abbildung 4.1**
Die Standardansicht des Fotoeditors im Modus EXPERTE mit den wichtigsten Elementen

Zum Weiterlesen
Die Dropdown-Liste ERSTELLEN ❸ und TEILEN ❹ finden Sie auch im Organizer mit denselben Funktionalitäten wieder. Im Abschnitt »›Erstellen‹ und ›Teilen‹« auf Seite 183 finden Sie daher nochmals eine kurze Beschreibung hierzu. Richtig verwenden werden Sie das Erstellen oder das Teilen (oder besser: das Präsentieren) von Fotos in Teil XII des Buches.

Funktionen aktivieren
Um ausgegraute Funktionen dennoch auszuprobieren, öffnen Sie einfach ein Bild. Verwenden Sie hierbei am besten ein Bild von der Buch-DVD – so können Sie auch nichts »kaputtmachen«.

Anzeigen am Bild | Neben diesen Standardbedienelementen finden Sie bei einem oder mehreren geöffneten Bildern zusätzlich eine Titelleiste ❶ und eine Statusleiste ❿ vor.

4.2 Die Menüleiste

Die Menüs in Photoshop Elements sind den Menüs vieler bekannter Programme ähnlich, die Bedienung wird Ihnen daher kaum Schwierigkeiten bereiten. Anwendbare Funktionen sind in weißer Schrift dargestellt; Elemente in grauer Schrift sind nicht anwählbar. Bei vielen Menüeinträgen finden Sie zudem Tastenkürzel, mit denen Sie die Funktion über die Tastatur aufrufen. Anstatt sich zum Öffnen einer Datei also durch das DATEI-Menü zu hangeln, können Sie auch schnell die Tastenkombination [Strg]/[cmd]+[O] nutzen.

4.2 Die Menüleiste

▲ Abbildung 4.2
Die Menüleiste von Photoshop Elements

Gerade Umsteiger von MS Windows zu Mac OS X suchen bei den aktiven Programmen zunächst etwas verwundert nach der Menüleiste. Bei Mac OS X ist die Menüleiste nicht im Programmfenster selbst zu finden, sondern wird ganz oben auf dem Bildschirm in einer weißen Leiste ⓯ mit den Menübefehlen zum aktuell aktiven Programm angezeigt. Den Namen des aktuell aktiven Programms finden Sie hierbei neben dem Apfel-Logo ⓮.

▼ Abbildung 4.3
Die Menüleiste von Photoshop Elements unter Mac OS X

Das Menü »Datei« | Auch im Menü DATEI wird Ihnen vieles von anderen Programmen her bekannt vorkommen, zum Beispiel das ÖFFNEN, SPEICHERN und DRUCKEN von Dateien. In diesem Menü finden Sie alle Befehle für die Verwaltung und Steuerung von Dateien. Auch den Import und Export von Dateien rufen Sie über das Menü DATEI auf.

Das Menü »Bearbeiten« | Im Menü BEARBEITEN finden Sie neben den üblichen Standardfunktionen wie dem Rückgängigmachen und WIEDERHOLEN von Arbeitsschritten, dem AUSSCHNEIDEN, KOPIEREN, EINFÜGEN und LÖSCHEN von Auswahlen oder Ebenen auch verschiedene Arbeitshilfen. Hierzu gehören etwa das Füllen einer Auswahl oder Kontur, das Leeren des Rückgängig-Protokolls oder der Zwischenablage sowie das Hinzufügen von Seiten. Außerdem enthält dieses Menü Befehle zu Werkzeugkomponenten, zur Definition eigener Pinsel und Muster sowie verschiedene Grundeinstellungen zum Programm.

Weitere Befehle

Im Menü DATEI finden Sie auch Automatisierungsbefehle und Befehle für den Wechsel zu anderen Programmelementen, zum Beispiel zum Organizer, mit dem Sie Fotos verwalten können.

Sammelmenü »Bearbeiten«

Das Menü BEARBEITEN war neben den üblichen Standardfunktionen schon immer so etwas wie ein buntes Sammelsurium für Funktionen, die in kein anderes Menü so recht passen wollen. Dies gilt nicht nur für Photoshop Elements, sondern auch für viele andere Programme.

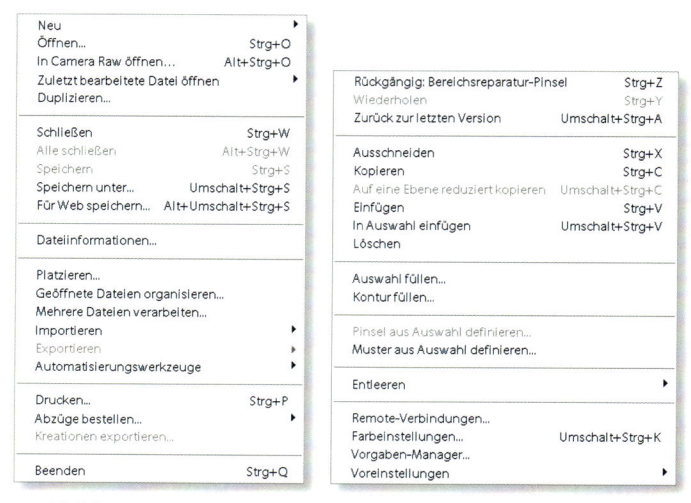

Kapitel 4   Der Fotoeditor im Experte-Modus

▲ **Abbildung 4.4**
Das Menü DATEI

▲ **Abbildung 4.5**
Das Menü BEARBEITEN

Das Menü »Bild« | Das Menü BILD enthält Funktionen, um ein Bild nach festen oder beliebigen Werten zu drehen, zu spiegeln, seine Form oder Größe zu ändern. Neben dem Werkzeug FREI-STELLEN finden Sie hier eine Funktion zur Aufteilung eingescannter Bilder. Darüber hinaus können Sie über dieses Menü den Bildmodus und die Farbprofilkonvertierung ändern.

Das Menü »Überarbeiten« | Die Funktionen im Menü ÜBER-ARBEITEN setzen Sie in der digitalen Bildbearbeitung häufig zum Korrigieren eines Bildes ein. Neben den vielen automatischen Korrekturfunktionen finden Sie hier Funktionen zum manuellen Anpassen von Beleuchtung und Farbe. Auch das Nachschärfen und die Schwarzweißkonvertierung rufen Sie über dieses Menü auf.

▲ **Abbildung 4.6**
Das Menü BILD

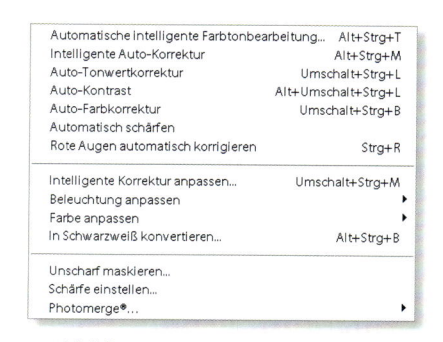

▲ **Abbildung 4.7**
Das Menü ÜBERARBEITEN

4.2 Die Menüleiste

Das Menü »Ebene« | Ein sehr wichtiges Arbeitsmittel für die Gestaltung von Fotomontagen mit Photoshop Elements sind die Ebenen. Entsprechend umfangreich ist auch das Menü EBENE mit Funktionen ausgestattet. Auch die Funktionen zur EBENENMASKE sind in diesem Menü enthalten.

Das Menü »Auswahl« | Die Funktionen im Menü AUSWAHL sind ebenso wichtig wie die im Menü EBENE. Im AUSWAHL-Menü finden Sie viele Ergänzungen zu den Auswahlwerkzeugen der Werkzeugpalette. Darüber hinaus können Sie Auswahlen ändern und speichern.

Automatische Korrektur
Beachten Sie, dass die automatischen Funktionen sofort und ohne Rückfrage über eine Dialogbox ausgeführt werden.

Zum Weiterlesen
Auf die Ebenen geht ausführlich Teil VIII des Buches ein.

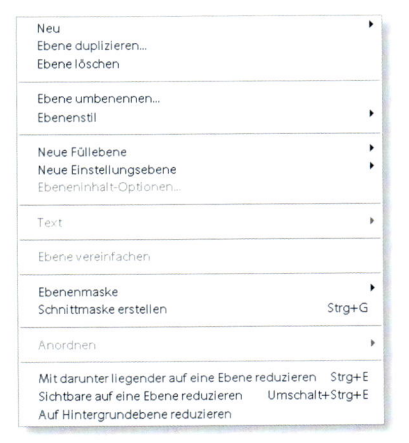

Ebenenkonzept
Im Menü AUSWAHL finden Sie auch einige Auswahlbefehle für Ebenen. Die beiden Menüs EBENE und AUSWAHL werden Sie daher oft in Kombination anwenden.

▲ **Abbildung 4.8**
Das Menü EBENE

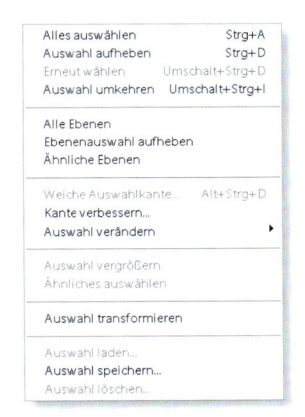

▲ **Abbildung 4.9**
Das Menü AUSWAHL

Das Menü »Filter« | Das Menü FILTER enthält zahlreiche Filter zur Durchführung von Korrekturen; auch Filter für Stileffekte und kreative Zwecke finden Sie hier. In der Regel erreichen Sie hier auch die Plug-ins, mit denen Sie Photoshop Elements 12 jederzeit erweitern können.

Das Menü »Ansicht« | Im Menü ANSICHT finden Sie vorwiegend Funktionen, die sich auf die Darstellung des aktuellen Bildes beziehen. Auch verschiedene Helfer wie LINEALE, HILFSLINIEN oder RASTER sind hier versammelt.

Das Menü »Fenster« | Das Menü FENSTER bietet Befehle, mit denen Sie das Aussehen des Fotoeditors festlegen können (etwa welche Bedienfelder eingeblendet werden sollen).

▲ **Abbildung 4.10**
Das Menü FILTER

▲ **Abbildung 4.11**
Das Menü ANSICHT

▲ **Abbildung 4.12**
Das Menü FENSTER

Das Menü »Hilfe« | Sollten Sie einmal nicht mehr weiterwissen, so können Sie im letzten Menüpunkt die Photoshop-Elements-Hilfe aufrufen. Schneller geht dies mit der Taste [F1] (Windows) bzw. mit [cmd]+[?] (Mac). Auch Updates und Support erreichen Sie über dieses Menü.

◄ **Abbildung 4.13**
Das Menü HILFE

4.3 Die Werkzeugpalette im Überblick

In der Werkzeugpalette des Fotoeditors (häufig auch »Toolbox« oder »Werkzeugleiste« genannt) stehen Ihnen verschiedene Werkzeuge zur Bearbeitung Ihrer Bilder zur Verfügung. Angezeigt wird die Werkzeugpalette auf der linken Seite des Programmfensters.

Die Werkzeugpalette ausblenden | Wollen Sie die Werkzeugpalette ausblenden, um mehr Platz auf dem Bildschirm zu haben, so können Sie dies jederzeit über das Menü FENSTER • WERKZEUGE tun. Selbige können Sie jederzeit mit demselben Menübefehl auch wieder einblenden lassen.

▲ **Abbildung 4.14**
Die Werkzeugpalette

4.3 Die Werkzeugpalette im Überblick

QuickInfo | Um sich Informationen zu einem beliebigen Werkzeug in der Werkzeugpalette anzeigen zu lassen, verweilen Sie einfach mit dem Cursor über der Schaltfläche des Werkzeugs. Es erscheint dann ein kurzer Werkzeugtipp (*QuickInfo*).

Mindestvoraussetzung: 720 Pixel

Damit Sie auch alle Werkzeuge in der Werkzeugpalette problemlos sehen können, sollten Sie die Auflösung der Bildschirmhöhe auf mindestens 720 Pixel setzen.

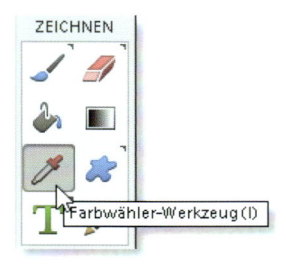

◄ **Abbildung 4.15**
Wenn der Cursor über einem Werkzeug steht, werden Name und Tastenkürzel des Werkzeugs angezeigt.

Statusleiste | Die Statusleiste an der unteren Bildschirmkante können Sie ähnlich wie die QuickInfo verwenden, um Informationen zu einem Werkzeug zu erhalten. Klicken Sie hierzu den schwarzen Pfeil ❶ an, und aktivieren Sie die Einstellung Aktuelles Werkzeug.

Zum Weiterlesen

Mehr zur Statusleiste finden Sie im Abschnitt »Die Statusleiste« auf Seite 125.

◄ **Abbildung 4.16**
Auch die Statusleiste gibt Auskunft über das aktuell verwendete Werkzeug, wenn die Option Aktuelles Werkzeug aktiv ist.

Werkzeug verwenden | Um ein Werkzeug zu verwenden, müssen Sie es in der Werkzeugpalette mit einem Klick auf die entsprechende Schaltfläche auswählen. Das ausgewählte Werkzeug ist dann in der Werkzeugpalette markiert. Übrigens ist immer irgendein Werkzeug aktiv! Es gibt also nicht die Möglichkeit, das Werkzeug einmal »beiseitezulegen«.

Ausgeblendetes Werkzeug verwenden | Einige Werkzeuge in der Werkzeugpalette haben untergeordnete Werkzeuge, die nicht unmittelbar angezeigt werden. Wenn Sie mit dem Mauscursor über

▲ **Abbildung 4.17**
Das kleine Dreieck rechts oben zeigt an, dass dem Werkzeug noch weitere Werkzeuge untergeordnet sind.

ein Werkzeug fahren, zeigt ein kleines Dreieck ❶ rechts oben an der Schaltfläche des Werkzeugs an, dass dieses Werkzeug über mindestens ein weiteres Werkzeug verfügt.

Sobald Sie ein entsprechendes Werkzeug, welches über weitere untergeordnete Werkzeuge verfügt, anklicken, finden Sie unten links bei den Werkzeugoptionen die restlichen Werkzeuge zur Auswahl vor.

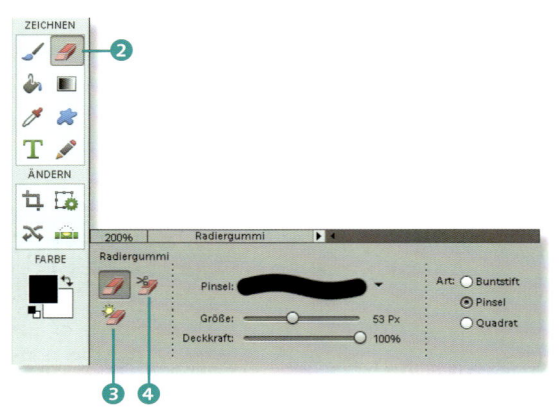

▲ **Abbildung 4.18**
Hinter dem Radiergummi ❷ verbergen sich in den Werkzeugoptionen noch Hintergrund-Radiergummi ❹ und Magischer Radiergummi ❺.

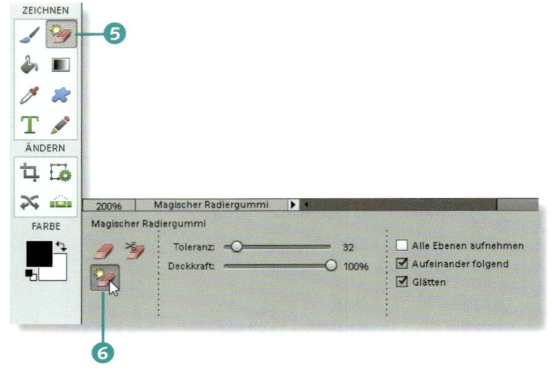

▲ **Abbildung 4.19**
Natürlich ändert sich in der Werkzeugpalette auch das Icon ❺ entsprechend, wenn Sie ein anderes untergeordnetes Werkzeug ausgewählt ❻ haben.

Tastenkürzel

Eine Übersicht zu den einzelnen Tastenkürzeln und deren zugehörigem Werkzeug finden Sie in Tabelle 4.1 auf Seite 100.

Werkzeuge per Tastenkürzel verwenden | Die Werkzeuge in der Werkzeugleiste lassen sich auch per Tastenkürzel verwenden. Welches Tastenkürzel für welches Werkzeug steht, erfahren Sie über die QuickInfo. Drücken Sie zum Beispiel die Taste [Z], dann wird das Zoom-Werkzeug 🔍 zur Verwendung ausgewählt.

Werkzeuge, die wiederum ausgeblendete Werkzeuge enthalten, wählen Sie durch erneutes Drücken des Tastenkürzels aus. Drücken Sie zum Beispiel einmal die Taste [E], so haben Sie den Radiergummi 🩹 ausgewählt. Drücken Sie die Taste [E] zweimal, so ist der Hintergrund-Radiergummi 🩹 aktiviert, bei dreimaligen Drücken der Magische Radiergummi 🩹. Beim vierten Mal Drücken geht es hier logischerweise dann wieder von vorne mit dem Radiergummi 🩹 los.

▶ 1x [E] drücken: 🩹
▶ 2x [E] drücken: 🩹
▶ 3x [E] drücken: 🩹
▶ 4x [E] drücken: wieder 🩹

4.4 Die einzelnen Werkzeuge und ihre Funktion

Die einzelnen Werkzeuge in der Werkzeugleiste werden in fünf Gruppen aufgeteilt. Diese Gruppen stelle ich im Folgenden kurz vor.

4.4.1 Anzeigen

Die erste Gruppe mit zwei Werkzeugen bietet nützliche Helfer für genaues Arbeiten auf der Arbeitsoberfläche. Es handelt sich um Werkzeuge zur Änderung der Bildansicht.

1 **Zoom-Werkzeug:** Mithilfe dieses Werkzeugs vergrößern oder verkleinern Sie die Ansicht des Bildes. Dabei wird die Ansicht auf den angeklickten Punkt zentriert. Dieses Werkzeug wirkt sich nur auf die Ansicht des Bildes aus.

2 **Hand-Werkzeug:** Mit der Hand verschieben Sie die Bildansicht im Dokumentfenster. Auf diese Weise behalten Sie auch bei sehr großen Bildern die Übersicht. Wie beim Zoom-Werkzeug wirkt sich das Verschieben mit dem Hand-Werkzeug nur auf die Ansicht des Bildes aus, nicht auf das Bild selbst.

▲ **Abbildung 4.20**
Unverzichtbare Helfer im Alltag

Hand funktioniert nicht?
Die Hand funktioniert erst, wenn Sie zuvor mindestens einmal mit der Lupe in das Bild geklickt haben und ein vergrößerter Ausschnitt des Bildes angezeigt wird.

4.4.2 Auswählen

Die Auswahl von Bildbereichen ist bei der Bearbeitung von zentraler Bedeutung, daher gibt es für diesen Zweck einen eigenen Menüpunkt. Zur Gruppe der Auswahlwerkzeuge gehören das Auswahlrechteck und die Auswahlellipse sowie das Lasso, der Zauberstab und verschiedene Schnellauswahl-Werkzeuge. Mit diesen Werkzeugen können Sie Bildbereiche auswählen und diese Bereiche anschließend unabhängig vom übrigen Bild bearbeiten. Als Hilfsmittel für Auswahlen finden Sie hier auch noch das Verschieben-Werkzeug.

3 **Verschieben-Werkzeug:** Mit diesem Werkzeug verschieben Sie eine Auswahl im Bild oder eine ganze Ebene.

4 **Auswahlrechteck** und **Auswahlellipse**: Das Auswahlrechteck dient der Auswahl rechteckiger Bildbereiche. Analog dazu erstellt die Auswahlellipse Auswahlen elliptischer Bildbereiche. Wählen Sie die beiden Werkzeuge entweder über die Werkzeugoptionen aus oder per Tastatur, indem Sie [M] so oft drücken, bis das gewünschte Werkzeug aktiviert ist.

5 **Lasso-Werkzeuge**: In dieser Untergruppe stehen Ihnen drei Varianten zur Verfügung: das einfache Lasso, das Magnetische Lasso und das Polygon-Lasso.

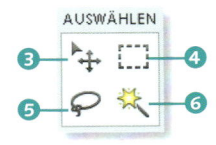

▲ **Abbildung 4.21**
Die Auswahlwerkzeuge zählen zu den wichtigsten Arbeitswerkzeugen.

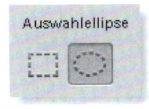

▲ Abbildung 4.22
Viele Werkzeuge zum Reparieren und Retuschieren von Bildern finden Sie unter VERBESSERN.

▲ Abbildung 4.23
Verschiedene Werkzeuge zum Zeichnen bzw. Entfernen von Pixeln

❻ **Schnellauswahl-Werkzeug**, **Auswahlpinsel** und **Zauberstab**: Das Schnellauswahl-Werkzeug erleichtert Ihnen das gezielte Auswählen einzelner Bildbereiche. Auch der Auswahlpinsel ermöglicht ein schnelles Auswählen und Freistellen von Bildbereichen. Mit dem Zauberstab wählen Sie einen Farbbereich im Bild aus.

4.4.3 Verbessern

Unter VERBESSERN finden Sie viele Retuschierwerkzeuge vor, die sowohl zum Reparieren als auch zum Retuschieren von Bildern bzw. Bildbereichen verwendet werden können.

❼ **Rote-Augen-entfernen-Werkzeug**: Dieses Werkzeug ist eher ein automatisches Retuschewerkzeug und dient der Entfernung des Rote-Augen-Effekts. Neu hinzugekommen ist hier auch die Option TIERAUGE, womit auch verblitzte Tieraugen verbessert werden können.

❽ **Bereichsreparatur-Pinsel** und **Reparatur-Pinsel**: Ebenso wie das Rote-Augen-entfernen-Werkzeug sind auch diese beiden Werkzeuge eher automatisch-intelligente Retuschewerkzeuge. Mit ihrer Hilfe können Sie – wie auch mit den Stempeln – die unterschiedlichsten Schönheitsfehler (zum Beispiel Verfärbungen oder Verschmutzungen) reparieren.

❾ **Smartpinsel-Werkzeug** und **Detail-Smartpinsel-Werkzeug**: Mit den Smartpinseln können Sie Tonwerteffekte und Farbkorrekturen auf bestimmte Bildbereiche in einem Foto anwenden.

❿ **Kopierstempel** und **Musterstempel**: Der Kopierstempel wird häufig für Bildreparaturen oder Verfremdungseffekte eingesetzt. Der Musterstempel hingegen kommt in der Retuschepraxis eher selten zum Einsatz.

⓫ **Weichzeichnen**, **Scharfzeichnen**, **Wischfinger**: Mit diesen Werkzeugen verändern Sie gezielt den Schärfegrad ausgewählter Bildbereiche.

⓬ **Schwamm**, **Abwedler**, **Nachbelichter**: Diese Werkzeuge werden hauptsächlich verwendet, um die Helligkeit und Sättigung von Bildbereichen anzupassen. Aber auch bei der Retusche und bei Fotomontagen kommen sie häufig zum Einsatz.

4.4.4 Zeichnen

Mit Ausnahme vom Farbwähler-Werkzeug haben alle Werkzeuge in dieser Gruppe gemeinsam, dass Sie quasi den alten Inhalt des Bildes mit neuen Pixeln übermalen oder entfernen können.

⓭ Mit dem **Pinsel** zeichnen Sie auf der Arbeitsfläche bzw. auf dem Bild. Er lässt sich auch zum Zeichnen mit einem Grafiktablett verwenden. Die anderen beiden Malwerkzeuge, der **Impressionisten-Pinsel** und das **Farbe-ersetzen-Werkzeug**, werden eher zur Retusche oder für kreative Zwecke eingesetzt.

⓮ **Radiergummi**: Wie mit einem echten Radiergummi löschen Sie mit dem Radiergummi-Werkzeug Bildbereiche. Als Varianten stehen Ihnen der **Hintergrund-Radiergummi** zur Verfügung sowie der **Magische Radiergummi** zum Entfernen von Pixeln aus einem Bild.

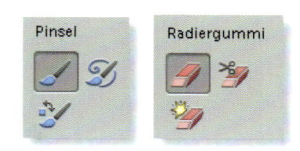

Pixel und Vektoren
Die Unterschiede zwischen Pixel- und Vektorobjekten erläutert Abschnitt 6.1, »Pixel- und Vektorgrafiken«.

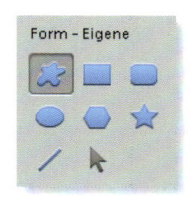

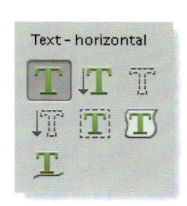

⓯ **Füllwerkzeug**: Um große Flächen einzufärben, verwenden Sie am besten das Füllwerkzeug (für einfarbige Flächen).

⓰ **Verlaufswerkzeug**: Mit diesem Werkzeug lassen sich ebenfalls Flächen füllen, hier allerdings mit einem Farbverlauf.

⓱ **Farbwähler-Werkzeug** (Pipette): Mit diesem Werkzeug ermitteln Sie einen oder mehrere Farbtöne aus dem Bild und legen ihn als Vordergrund- oder Hintergrundfarbe fest, der ideale Helfer für die Malwerkzeuge eben.

⓲ **Formwerkzeuge**: Es stehen sieben Formwerkzeuge zur Verfügung, mit denen Sie vordefinierte oder eigene Vektorformen erstellen und anwenden. Der Vorteil dieser Vektorformen ist, dass sie ein Vergrößern oder Verkleinern der Bilder ohne Qualitätsverlust ermöglichen. Möglich ist dies, weil Vektorformen nicht über Pixel definiert werden.

⓳ **Textwerkzeuge**: Das Textwerkzeug mit den ausgeblendeten Unterwerkzeugen bietet vielfältige Möglichkeiten sowohl zur horizontalen als auch zur vertikalen Eingabe von Text ins Bild. Zusätzlich finden Sie hier Textwerkzeuge, mit denen Sie einen Text auf eine Auswahl, Form oder einen Pfad schreiben.

⓴ **Buntstift**: Der Buntstift ist im Grunde wie der Pinsel, nur dass Sie hiermit keine weichen Kanten zeichnen können.

Mit Photoshop Elements 12 wird der Ausstecher jetzt unter dem Freistellungswerkzeug gruppiert und steht nicht mehr alleine gruppiert da. Auch das Tastenkürzel wurde passend dazu von Q nach C (für »Crop«) geändert. Komplett neu hinzugekommen hingegen ist das Werkzeug Inhaltssensitives Verschieben.

4.4.5 Ändern

Diese Gruppe umfasst vier Werkzeuge. Neben dem klassischen Freistellungswerkzeug (unter dem sich auch der Ausstecher befindet) gibt es das Neu-zusammensetzen-Werkzeug, ein Werkzeug für inhaltssensitives Verschieben sowie ein Werkzeug zum Gerade-Ausrichten.

㉑ **Freistellungswerkzeug** und **Ausstecher**: Mit dem Freistellungswerkzeug schneiden Sie die Ränder eines ausgewählten rechteckigen Bildbereichs ab. Auch mit dem Ausstecher schneiden Sie ausgewählte Bildbereiche weg. Anstelle eines rechteckigen Bereichs wird hierbei eine vordefinierte Form (wie Herz, Schmetterling etc.) ausgeschnitten.

▲ **Abbildung 4.24**
Die Gruppe der Freistellungswerkzeuge finden Sie unter ÄNDERN zusammengefasst.

▲ **Abbildung 4.25**
Mit dem **Neu-zusammensetzen-Werkzeug** können Sie die Größe eines Bildes ändern, ohne das oder die eigentlichen Motive zu verlieren.

㉒ Mit dem **Neu-zusammensetzen-Werkzeug** können Sie die Größe eines Bildes ändern, ohne das oder die eigentlichen Motive zu verlieren.

㉓ **Inhaltssensitives Verschieben-Werkzeug**: Mit diesem Werkzeug können Sie eine Auswahl in einen anderen Bereich des Bildes verschieben oder erweitern. Die Software versucht, die so verschobene oder erweiterte Auswahl möglichst nahtlos in das Bild zu integrieren, indem der Bereich darum herum analysiert und entsprechend repariert wird.

㉔ **Gerade-ausrichten-Werkzeug**: Mit diesem Werkzeug richten Sie ein Bild gerade aus, wenn die Perspektive nicht stimmt.

4.4.6 Vordergrund- und Hintergrundfarbe

Ebenfalls in der Werkzeugleiste finden Sie die Farbauswahlfelder, mit denen Sie die aktuellen Arbeitsfarben sowie die Vordergrund- und Hintergrundfarbe einstellen. Beispielsweise verwenden die Pinsel-Werkzeuge oder das Füllwerkzeug stets die aktuelle Vordergrundfarbe zum Malen. Das Verlaufswerkzeug hingegen benutzt sowohl die Vordergrund- ㉕ als auch die Hintergrundfarbe ㉖. Tauschen können Sie Vordergrund- und Hintergrundfarbe über das kleine Pfeilsymbol ㉗. Wollen Sie die Standardfarben Schwarz und Weiß wiederherstellen, so klicken Sie einfach auf das kleine Schwarzweißsymbol ㉘ links unten.

Schneller gelingt das Wiederherstellen und das Tauschen übrigens über die Tastenkürzel [D] und [X]: Mit [D] stellen Sie die Standardfarben Schwarz und Weiß ein, [X] tauscht Vorder- und Hintergrundfarbe aus. Welche Tastenkürzel Photoshop Elements Ihnen außerdem für die Werkzeuge zur Verfügung stellt, können Sie Tabelle 4.1 entnehmen.

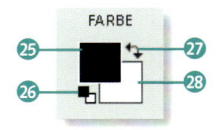

▲ **Abbildung 4.26**
Vorder- und Hintergrundfarbe einstellen

Hinweis
Zur Erinnerung: Auf die Werkzeuge mit untergeordneten Zusatzwerkzeugen greifen Sie durch mehrfaches Drücken des entsprechenden Buchstabens zu oder wählen sie bei den Werkzeugoptionen aus.

Werkzeug	Symbol	Tastenkürzel
Zoom-Werkzeug	🔍	[Z]
Hand-Werkzeug	✋	[H]
Verschieben-Werkzeug	✥	[V]
Auswahlrechteck	▫	[M]
Auswahlellipse	○	[M]
Lasso	⊂	[L]
Magnetisches Lasso	⊂	[L]
Polygon-Lasso	⊻	[L]

◀ **Tabelle 4.1**
Werkzeuge und ihre Tastenkürzel

4.4 Die einzelnen Werkzeuge und ihre Funktion

◄ **Tabelle 4.1**
Werkzeuge und ihre Tastenkürzel (Forts.)

Werkzeug	Symbol	Tastenkürzel
Zauberstab		A
Schnellauswahl-Werkzeug		A
Auswahlpinsel		A
Rote-Augen-entfernen-Werkzeug		Y
Bereichsreparatur-Pinsel		J
Reparatur-Pinsel		J
Smartpinsel-Werkzeug		F
Detail-Smartpinsel-Werkzeug		F
Kopierstempel		S
Musterstempel		S
Weichzeichnen		R
Scharfzeichnen		R
Wischfinger		R
Schwamm		O
Abwedler		O
Nachbelichter		O
Pinsel		B
Impressionisten-Pinsel		B
Farbe-ersetzen-Werkzeug		B
Radiergummi		E
Hintergrund-Radiergummi		E
Magischer Radiergummi		E
Füllwerkzeug		K
Verlaufswerkzeug		G
Farbwähler		I
Form-Eigene-Werkzeug		U
Form-Rechteck-Werkzeug		U

Weitere Befehle

Mit einem rechten Mausklick auf eines der Bilder im Fotobereich öffnen Sie ein weiteres Kontextmenü, in dem Sie für das aktive oder ausgewählte Bild beispielsweise Dateiinformationen aufrufen, ein Bild duplizieren oder drehen, den Dateinamen einblenden oder ein oder mehrere Bild(er) schließen oder minimieren können.

ell geöffneten Bilder des Fotoeditors oder ausgewählte Bilder vom Organizer angezeigt werden sollen.

Bilder, bei denen rechts oben ein kleiner Miniaturpinsel ❷ zu sehen ist, enthalten Änderungen, die noch nicht gespeichert wurden.

Ganz rechts über das Bedienfeldmenü ❺ erreichen Sie diverse Aktionen, wie das Drucken mehrerer Dateien oder Speichern markierter Dateien in einem Album (des Organizers). Um mehrere Bilder mit einer Aktion zu verwenden, halten Sie beim Auswählen im FOTOBEREICH einfach die [Strg]/[cmd]- oder die [⇧]-Taste gedrückt. Die ausgewählten Bilder werden dann mit einem weißen Rahmen ❹ angezeigt.

Und wie auch schon bei den Werkzeugoptionen können Sie den Fotobereich, über das kleine Pfeil-nach-unten-Symbol ❻ ganz rechts, minimieren und über die Schaltfläche FOTOBEREICH ❼ jederzeit wieder einblenden.

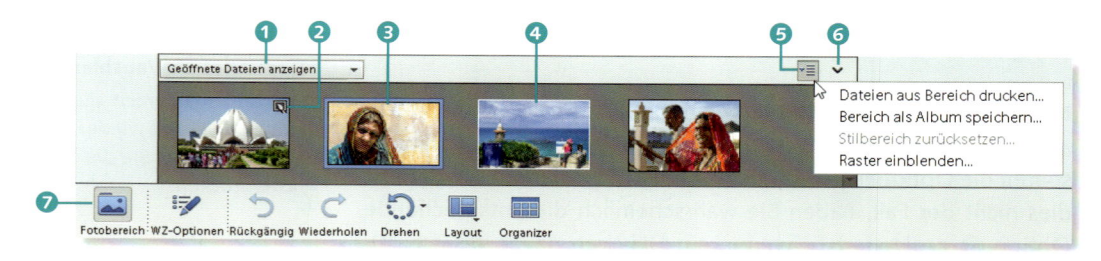

Abbildung 4.30 ▼
Der FOTOBEREICH

4.7 Die Bedienfelder

Toggle Buttons

Alle Schaltflächen sind sogenannte Toggle Buttons. Wenn Sie die niederdrücken, bleiben sie gedrückt, und das entsprechende Bedienfeld wird angezeigt. Klicken Sie erneut auf diese Schaltfläche, wird sie wieder deaktiviert und das Bedienfeld ausgeblendet. Sie können das aktuelle Bedienfeld auch deaktivieren, indem Sie eine andere Schaltfläche niederdrücken und so das zur Schaltfläche gehörende Bedienfeld aktivieren, da immer nur ein Toggle Button (Bedienfeld) aktiv sein kann (abgesehen von der Schaltfläche MEHR).

Die Bedienfelder in Photoshop Elements sind ein sehr nützliches Kontroll- und Steuerelement. Anstatt unzählige Funktionen in vielen kleinen Unterfenstern anzuzeigen, wurden viele Funktionen in einem Bedienfeldbereich geordnet.

4.7.1 Grundlegender Arbeitsbereich

Standardmäßig werden die Bedienfelder im grundlegenden Arbeitsbereich angezeigt. Dieser Arbeitsbereich zeichnet sich dadurch aus, dass die Bedienfelder EBENEN, EFFEKTE, GRAFIKEN und FAVORITEN einen festen Platz im **Bedienfeldbereich** ❽ auf der rechten Seite des Fensters haben und dass in diesem Bereich immer nur *eines* dieser Bedienfelder angezeigt werden kann. Welches Bedienfeld das ist, bestimmen Sie mit den folgenden vier Schaltflächen ❾ (von links nach rechts):

▶ EBENEN: Wenn Sie diese Schaltfläche niederdrücken, wird das Ebenen-Bedienfeld im Bedienfeldbereich angezeigt. Klicken

4.7 Die Bedienfelder

Sie diese Schaltfläche erneut an, wird das Bedienfeld wieder geschlossen.

▶ EFFEKTE: Hierbei öffnet sich das Bedienfeld EFFEKTE, in dem Sie mehrere Effekte und Filter vorfinden und auf das aktive Bild anwenden können.

▶ GRAFIKEN: Hinter diesem Bedienfeld verstecken sich eine Menge herunterladbarer Grafiken, wie etwa Hintergründe, Rahmen, Formen oder besondere Texte, welche Sie für kreative Zwecke verwenden können.

▶ FAVORITEN: Beim Klick auf den Button FAVORITEN können Sie bevorzugte und häufig verwendete Effekte oder Grafiken hinzufügen, um schneller darauf zugreifen zu können. Favoriten können Sie beispielsweise aus den Bedienfeldern EFFEKTE oder GRAFIKEN mit der rechten Maustaste anklicken und mit entsprechendem Befehl hinzufügen.

Mit der letzten Schaltfläche MEHR ❿ blenden Sie eine ganze Gruppe von Bedienfeldern ein, die allerdings in einem extra Fenster geöffnet werden und daher auch gleichzeitig mit einem der vier Bedienfelder davor verwendet werden kann. Mit einem Klick auf das kleine Dreieck ⓫ neben der Schaltfläche MEHR können Sie über das sich öffnende Dropdown-Menü gezielt ein bestimmtes Bedienfeld öffnen.

▲ **Abbildung 4.31**
Der hier dargestellte Effekt soll den Favoriten hinzugefügt werden.

Bedienfelder anordnen

Die Bedienfelder, die Sie über die Schaltfläche MEHR ❿ öffnen können, können Sie jederzeit mit gedrückt gehaltener Maustaste aus der Registerkartengruppe herausziehen und als alleiniges Fenster auf dem Bildschirm fallen lassen. Mit diesen frei schwebenden Bedienfeldern lässt sich all das machen, wass Sie auch im gleich folgenden BENUTZERDEFINIERTEN ARBEITSBEREICH sehen werden, nur können Sie hier eben nicht den rechten Arbeitsbereich zum An- bzw. Abdocken verwenden.

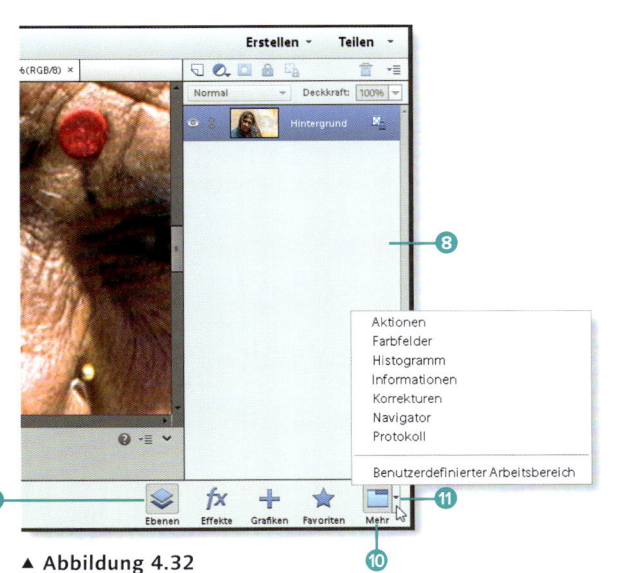

▲ **Abbildung 4.32**
GRUNDLEGENDER ARBEITSBEREICH mit den Bedienfeldern, hier mit eingeblendetem Ebenen-Bedienfeld.

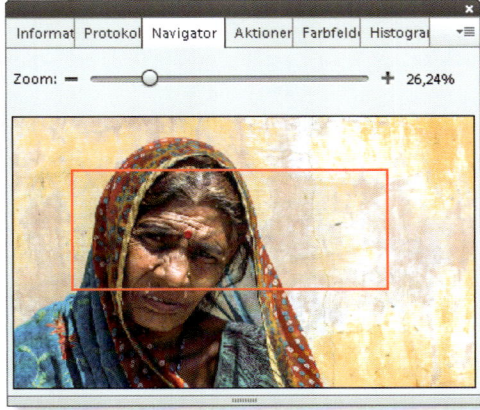

▲ **Abbildung 4.33**
Die Gruppe von Bedienfeldern lässt sich über die Schaltfläche MEHR ❿ öffnen.

4.7.2 Benutzerdefinierter Arbeitsbereich

Wollen Sie den Arbeitsbereich Ihren eigenen Bedürfnissen anpassen, können Sie dies machen, indem Sie unten rechts auf das kleine Dreieck klicken ❶ und dort den Befehl BENUTZERDEFINIERTER ARBEITSBEREICH auswählen.

Was als Erstes auffällt, wenn Sie BENUTZERDEFINIERTER ARBEITSBEREICH aktiviert haben, ist, dass die vier Schaltflächen EBENEN, EFFEKTE, GRAFIKEN und FAVORITEN unten rechts verschwunden und stattdessen jetzt oben im Bedienfeld als Register ❷ sichtbar sind. Nach wie vor enthalten ist hingegen wie gehabt die Schaltfläche MEHR rechts unten mit denselben Funktionen.

▲ **Abbildung 4.34**
Wollen Sie einen persönlichen Arbeitsbereich, so brauchen Sie nur den entsprechenden Befehl zu aktivieren.

▲ **Abbildung 4.35**
BENUTZERDEFINIERTER ARBEITSBEREICH

Bedienfeldbereich ausblenden

Um gelöste Bedienfelder, den Bedienfeldbereich, den Fotobereich, die Werkzeugpalette und die Werkzeugoptionen auszublenden, drücken Sie einfach die ⇥-Taste. Erneutes Drücken der ⇥-Taste blendet alles wieder ein.

Bedienfeld aus der Gruppe lösen | Dass die ehemaligen Schaltflächen jetzt auch als Register dargestellt werden, hat den Grund, dass Sie diese Bedienfelder jetzt aus der Gruppe lösen können.

Um ein Bedienfeld aus dem Bedienfeldbereich zu lösen und in ein eigenständiges Fenster umzuwandeln, müssen Sie lediglich das Register ❸ mit gedrückter Maustaste ziehen und an einer freien Arbeitsfläche des Fotoeditors fallen lassen.

Abbildung 4.36 ▶
Hier wird das Bedienfeld EBENEN aus dem Bedienfeldbereich mit gedrückter linker Maustaste auf die Arbeitsfläche des Fotoeditors gezogen und fallen gelassen.

4.7 Die Bedienfelder

Losgelöste Bedienfelder oder auch ganze Gruppen können über das kleine x ❹ in der rechten oberen Ecke des Bedienfeldfensters geschlossen werden. Allerdings sind sie dann komplett von der Arbeitsoberfläche verschwunden und lassen sich nur über das kleine Dropdown-Menü rechts unten neben der Schaltfläche Mehr oder über das Menü Fenster wieder einblenden.

Bedienfeld zurück in den Bedienfeldbereich | Ähnlich einfach wie das Loslösen funktioniert auch das Wiederandocken eines Bedienfeldes innerhalb eines anderen Bedienfeldes oder einer Gruppe. Fassen Sie hierzu das Bedienfeld am Register, und lassen Sie es im Bedienfeldbereich fallen. Wo und ob das Bedienfeld im Bedienfeldbereich eingefügt wird, wenn Sie die linke Maustaste wieder loslassen, erkennen Sie anhand einer blauen Linie oder eines blauen Rahmens ❺. Das neue Bedienfeld wird innerhalb einer Gruppe dann immer als Register am Ende hinzugefügt.

▲ **Abbildung 4.37**
Das losgelöste Bedienfeld wird mittels Drag & Drop zurück in den Bedienfeldbereich gezogen und wieder in der Gruppe von Registern eingefügt.

Sie können auch die einzelnen Bedienfelder innerhalb der Registergruppe anordnen, indem Sie ein Register mit gedrückt gehaltener Maustaste verschieben und hinter oder vor dem Register an der gewünschten Stelle fallen lassen.

Bedienfelder flexibel anordnen | Im benutzerdefinierten Arbeitsbereich lassen sich aber jetzt die Bedienfelder nicht nur innerhalb von Register und Registerkarten gruppieren. Sie können diese auch sehr flexibel rechts, links, ober- oder unterhalb anderer Bedienfelder anordnen. Dies gilt sowohl für frei schwebende Bedienfelder als auch für den etwas fixeren Bedienfeldbereich auf der rechten Seite.

▲ **Abbildung 4.38**
Auch innerhalb der Registergruppe können Sie die einzelnen Register per Drag & Drop anordnen.

▲ **Abbildung 4.39**
Hier wird das Ebenen-Bedienfeld direkt über die Registerkartengruppe gezogen, so dass Sie jetzt anhand der blauen Linie ❶ erkennen können, wo das Bedienfeld angedockt wird.

▲ **Abbildung 4.40**
Dieses Bild ergibt sich, wenn Sie die Maustaste losgelassen haben.

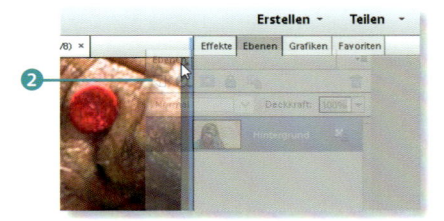

▲ **Abbildung 4.41**
Wie schon nach oben und unten können Sie dasselbe natürlich auch nach rechts oder, wie hier an der blauen Linie zu sehen, links ❷ machen …

▲ **Abbildung 4.42**
… und somit die Bedienfelder nebeneinander anordnen.

Abbildung 4.43 ▶
Alles funktioniert natürlich auch bestens mit frei schwebenden Bedienfeldern.

Bedienfelder minimieren | Vielleicht legen Sie gerne möglichst viele Bedienfelder in den Bedienfeldbereich, um alles gleich griffbereit zu haben. Allerdings entsteht so nach kurzer Zeit ein ziemlicher Platzmangel. Für diesen Fall bietet jedes Bedienfeld im Bedienfeldbereich eine Funktion zum Minimieren an. Doppelklicken Sie hierzu einfach mit der Maus auf den Schriftzug des Registers ❸ mit der Bezeichnung des Bedienfeldes. Dadurch wird das Bedienfeld minimiert bzw. nach erneutem Anklicken wieder maximiert.

Bedienfelder zurücksetzen | Sie sehen schon, die Möglichkeiten sind sehr vielfältig, wie Sie die Bedienfelder im benutzerdefinierten Arbeitsbereich verschieben und anordnen können. Sollten Sie aber irgendwann wieder alles auf den Ursprungszustand zurücksetzen wollen, so können Sie dies mithilfe von FENSTER • BEDIENFELDER ZURÜCKSETZEN machen.

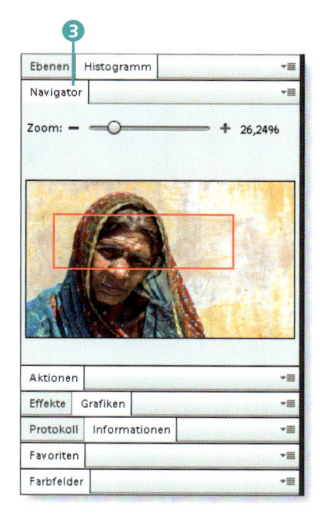

▲ **Abbildung 4.44**
Minimierte und maximierte Bedienfelder im Bedienfeldbereich

Zurück zum grundlegenden Arbeitsbereich | Wie schon beim Wechsel zum BENUTZERDEFINIERTEN ARBEITSBEREICH können Sie über das kleine Dropdown-Menü neben der Schaltfläche MEHR über den Befehl GRUNDLEGENDER ARBEITSBEREICH ❹ zum entsprechenden Arbeitsbereich wechseln.

4.7.3 Allgemeine Funktionen von Bedienfeldern

Nachdem Sie nun die Besonderheiten vom BENUTZERDEFINIERTEN ARBEITSBEREICH und vom GRUNDLEGENDEN ARBEITSBEREICH kennen, können Sie sich noch mit den allgemeinen Dingen der Bedienfelder vertraut machen, die für beide Arbeitsbereiche gelten.

Bedienfelder skalieren | Wollen Sie den Bedienfeldbereich verbreitern oder schmaler machen, so ziehen Sie einfach links am schmalen Steg ❺, wo Sie den Bereich mit gedrückter linker Maustaste verschieben können. Hierbei verändert sich der Mauscursor in einen vertikalen Doppelpfeil.

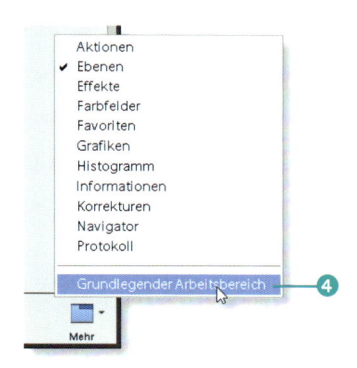

▲ **Abbildung 4.45**
Zurück zum grundlegenden Arbeitsbereich wechseln.

◄◄ **Abbildung 4.46**
Der Bedienfeldbereich lässt sich bis zu einem gewissen Grad verbreitern.

◄ **Abbildung 4.47**
Frei schwebende Bedienfelder lassen sich in alle Richtungen skalieren.

Kapitel 4 Der Fotoeditor im Experte-Modus

Einige Bedienfelder lassen sich sowohl horizontal als auch vertikal skalieren. Hierfür brauchen sie nur mit dem Mauscursor über den unteren Steg ❻ für eine horizontale Änderung, über die rechte oder linke Seite ❽ für eine vertikale Änderung oder rechts bzw. links unten ❼ für eine gleichzeitige horizontale und vertikale Änderung zu gehen, und schon ändert sich dieser in das entsprechende Doppelpfeilsymbol.

Und natürlich lassen sich im Benutzerdefinierten Arbeitsbereich auch horizontal angeordnete Bedienfelder zwischen den horizontalen Bereichen über einen ganz schmalen dunklen Bereich ❾ mit gedrückt gehaltener linker Maustaste verschieben. Auch hierbei verändert sich der Mauszeiger zu einem Doppelpfeil.

▲ **Abbildung 4.48**
Im Benutzerdefinierten Bereich lassen sich die Bedienfelder auch vertikal verschieben.

Bedienfeldbereich ein-/ausblenden | Benötigen Sie etwas mehr Platz auf dem Bildschirm, können Sie den Bedienfeldbereich mit allen Bedienfeldern über das Menü Fenster • Bedienfeldbereich jederzeit aus- und wieder einblenden.

Erweitertes Menü für Bedienfelder | Jedes Bedienfeld besitzt ein erweitertes Menü, das Sie über das kleine Symbol rechts oben im Registerbereich ❿ aufrufen. Der Inhalt und Umfang des erweiterten Menüs unterscheidet sich von den einzelnen Bedienfeldern ein wenig.

Abbildung 4.49 ▶
Jedes Bedienfeld besitzt ein erweitertes Menü; hier sehen Sie das des Ebenen-Bedienfeldes.

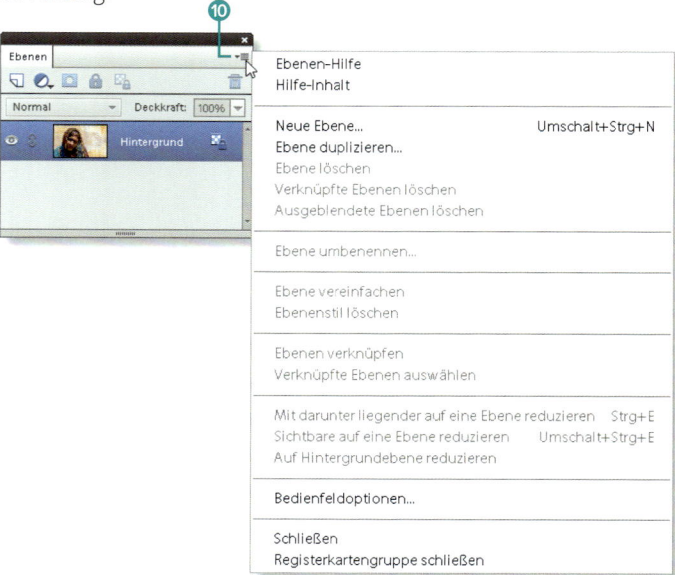

Bedienfeld über das Menü »Fenster« aufrufen | Über das Menü Fenster können Sie alle verfügbaren Bedienfelder ein- und wie-

4.7 Die Bedienfelder

der ausblenden. Einträge, die dort mit einem Häkchen versehen sind, stehen Ihnen aktuell als Bedienfeld oder im Bedienfeldbereich zur Verfügung.

Der zweite Eintrag im Menü FENSTER lautet WERKZEUGE. Mit diesem Menüpunkt blenden Sie die Werkzeugpalette ein oder aus. Es folgen die eigentlichen Bedienfelder für den Bedienfeldbereich, die Sie ebenfalls ein- und ausblenden können

Beim Beenden merkt sich Photoshop Elements die Position der einzelnen Bedienfelder automatisch, so dass beim erneuten Starten des Fotoeditors alles wieder so vorliegt wie beim letzten Beenden der Software.

4.7.4 Übersicht zu den einzelnen Bedienfeldern

Nachdem Sie jetzt so gut wie alles über den Bedienfeldbereich wissen und darüber, wie Sie diesen steuern können, will ich Ihnen hier noch einen kurzen Überblick zu den einzelnen Bedienfeldern und deren Bedeutung liefern, welche Sie über das Menü FENSTER oder über die Schaltfläche MEHR bzw. das kleine Dropdown-Menü daneben aufrufen können. Die genauere Bedeutung und Verwendung der einzelnen Bedienfelder erfahren Sie selbstverständlich im weiteren Verlauf des Buches in den dazu passenden Kapiteln.

▲ **Abbildung 4.50**
Ganz unten im Menü FENSTER sehen Sie auch die Namen der geöffneten Bilddokumente (hier »Bahai_Delhi.jpg«, »paintress.jpg«, »singer_in_pushkar.jpg« und »old_woman.jpg« [aktiv]).

Fenster • Bilder
Was es mit dem ersten Menüeintrag FENSTER • BILDER auf sich hat, erfahren Sie in Abschnitt 5.5, »Das Dokumentfenster«.

Zum Weiterlesen
Eine Aktion ist ein vordefinierter Arbeitsablauf, den Sie auf eine Datei anwenden können. Mehr dazu erfahren Sie im Anhang C ab Seite 963.

▲ **Abbildung 4.51**
Im Bedienfeld AKTIONEN können Sie eine Aktion aus verschiedenen vordefinierten Arbeitsabläufen auswählen und auf eine Datei anwenden.

▲ **Abbildung 4.52**
Mit dem Bedienfeld EBENEN verwalten Sie die Ebenen in einem Bild. Das Bedienfeld können Sie auch jederzeit mit [F11] ein- bzw. ausblenden.

Kapitel 4 Der Fotoeditor im Experte-Modus

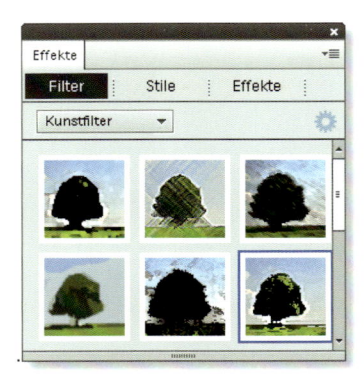

▲ **Abbildung 4.53**
Über das Bedienfeld EFFEKTE können Sie mehrere Effekte und Filter anwenden. Dieses Bedienfeld lässt sich auch mit F6 ein- und wieder ausblenden.

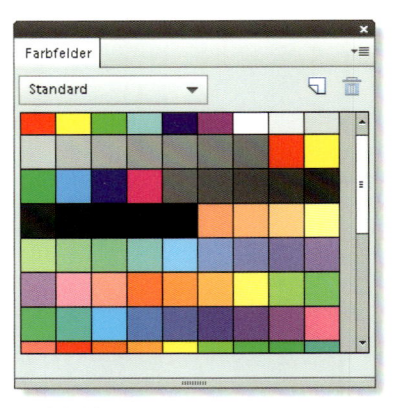

▲ **Abbildung 4.54**
Das Bedienfeld FARBFELDER bietet eine schnelle Farbauswahl von mehreren vordefinierten Farbtafeln. Die so ausgewählte Farbe wird dann als Vordergrundfarbe gesetzt.

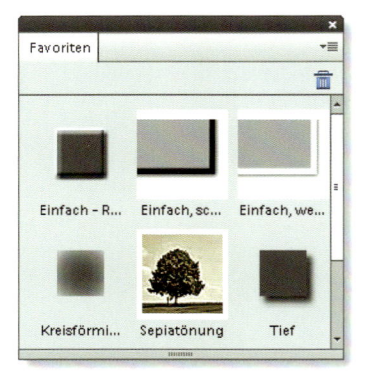

▲ **Abbildung 4.55**
Im Bedienfeld FAVORITEN können Sie Ihre bevorzugten Effekte und Inhalte hinzufügen. Verwenden Sie etwa einen bestimmten Effekt (aus dem Bedienfeld EFFEKTE) besonders häufig, so können Sie ihn per Drag & Drop in das Bedienfeld FAVORITEN ziehen.

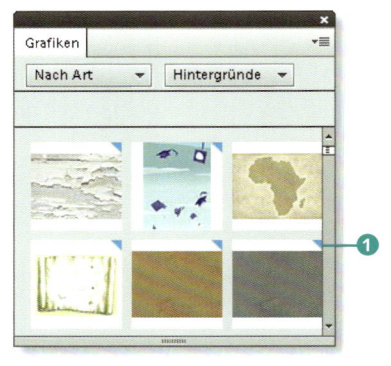

▲ **Abbildung 4.56**
Im Bedienfeld GRAFIKEN finden Sie verschiedene Hintergründe, Rahmen, Grafiken, Formen, besondere Texte und Themen, die Sie zur kreativen Gestaltung Ihrer Bilder verwenden können. Das Bedienfeld können Sie jederzeit mit F7 (de-)aktivieren. Seit Version 11 von Photoshop Elements müssen Sie die Grafiken bei deren erster Verwendung zunächst (einmalig) aus dem Internet herunterladen. Herunterladbare Grafiken können Sie an der blauen Ecke ❶ erkennen.

4.7 Die Bedienfelder

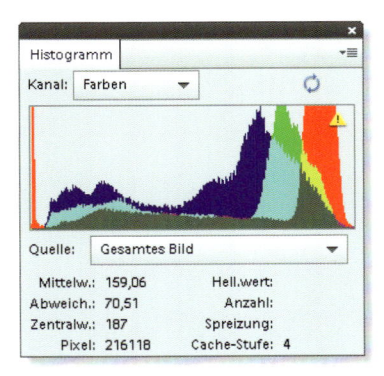

▲ **Abbildung 4.57**
Das Bedienfeld HISTOGRAMM zeigt wichtige Informationen zur Helligkeitsverteilung (Tonwertkurve) der Farbwerte eines Bildes an. Das Histogramm können Sie auch mal schnell mit [F9] ein- bzw. ausblenden.

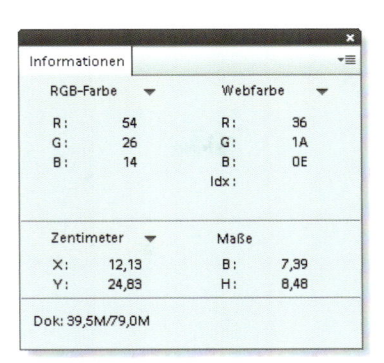

▲ **Abbildung 4.58**
Das Bedienfeld INFORMATIONEN enthält die aktuelle X/Y-Position des Mauszeigers und die RGB-Werte der entsprechenden Position – einmal als dezimaler und einmal als hexadezimaler Wert. Haben Sie eine Auswahl getroffen, so werden Breite (B) und Höhe (H) dieser Auswahl angezeigt. Mit [F8] kann man dieses Bedienfeld auch mal schneller ein- bzw. ausblenden.

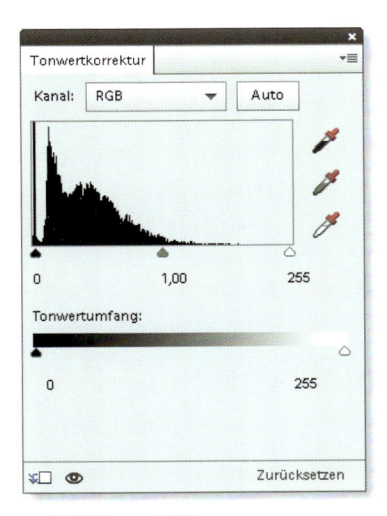

▲ **Abbildung 4.59**
Über das Bedienfeld KORREKTUREN können Sie die vorhandenen Einstellungsebenen komfortabel verändern oder neue Korrekturen (in Form von Einstellungsebenen) dem Bild hinzufügen. Was es mit den Einstellungsebenen auf sich hat, erfahren Sie im Abschnitt »Flexibel arbeiten mit Einstellungsebenen« auf Seite 304. Dass hier TONWERTKORREKTUR und nicht KORREKTUREN steht, liegt daran, dass hier die TONWERTKORREKTUR als Einstellungsebene verwendet wird. Verwenden Sie FARBTON/SÄTTIGUNG als Korrektur würde an dieser Stelle FARBTON/SÄTTIGUNG stehen. Erreichbar ist dieses Bedienfeld ebenfalls immer über FENSTER • KORREKTUREN.

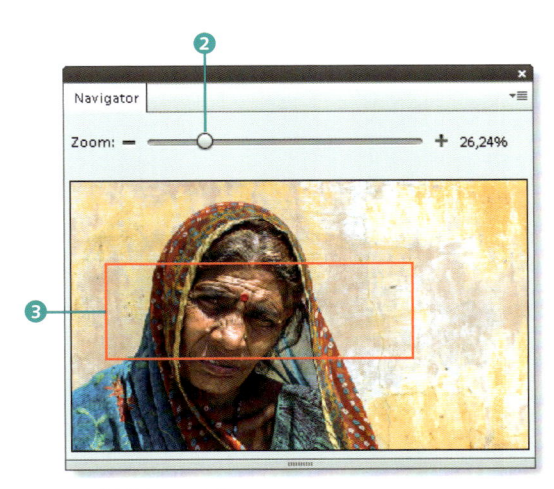

▲ **Abbildung 4.60**
Der NAVIGATOR zeigt das aktuell geöffnete Bild an und markiert mit einem roten Rahmen den aktuell angezeigten Bildausschnitt. Die Anwendung des Navigator-Bedienfeldes für das Zoomen ist weitaus komfortabler als das Standard-Zoom-Werkzeug selbst. Ziehen Sie einfach den roten Rahmen ❸ an die gewünschte Position, und zoomen Sie mit dem Schieberegler ❷ hinein oder heraus. Ein-/ausblenden lässt sich dieses Bedienfeld auch mit [F12].

Abbildung 4.61 ▶
In dem Bedienfeld PROTOKOLL werden in einer Liste die Arbeitsschritte protokolliert. Anhand der Liste können Sie jeden Ihrer Arbeitsschritte durch Anklicken wieder rückgängig machen. Das Bedienfeld ist auch durch [F10] ein- und ausblendbar.

Abbildung 4.62
Solche einfachen Buttons treffen Sie fast überall in Photoshop Elements an.

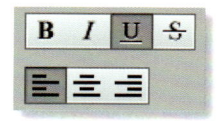

Abbildung 4.63
Toggle Buttons funktionieren wie Checkboxen – in diesem Beispiel beim Textwerkzeug.

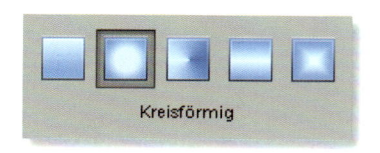

Abbildung 4.64
Weitere Toggle Buttons mit kleinen Icons. In einem Text darunter oder darüber werden Sie informiert, welche Funktion damit aktiviert wurde.

4.8 Werte eingeben

Wenn Sie sich ein wenig mit dem Fotoeditor vertraut gemacht haben, werden Ihnen sicherlich die vielen Steuerelemente von Photoshop Elements aufgefallen sein, mit denen Sie die Werte auf verschiedene Weise einstellen und verändern können. Die Funktion und Bedienung der meisten Steuerelemente erklären sich zwar von selbst, dennoch möchte ich Ihnen im Folgenden einen kurzen Überblick über die vorhandenen Steuerelemente verschaffen und ihre grundlegende Bedienung beschreiben.

Buttons (Schaltflächen) | Die einfachsten Steuerelemente von Photoshop Elements sind die Buttons (Schaltflächen) zum Anklicken. Sie sind fast überall in Photoshop Elements anzutreffen.

Beim Anklicken der meisten Buttons sehen Sie sofort eine Reaktion: Ein Dialogfenster öffnet sich, die Anzeige wird geändert etc. Es gibt aber auch eine andere Sorte von Buttons, die Sie anklicken und die dann niedergedrückt bleiben, bis Sie sie erneut anklicken. Solche Buttons werden auch als *Toggle Buttons* bezeichnet.

Das bekannteste Beispiel für solche Buttons sind sicher die Schaltflächen in Word oder anderen Texteditoren, mit denen Sie festlegen, ob ein Text fett, kursiv oder unterstrichen gesetzt wird. Solche Buttons treffen Sie auch in Photoshop Elements beim Textwerkzeug [T] an.

Radiobutton | Ein Radiobutton (oder auch Radio-Schaltfläche) ist eine Gruppe von mehreren (mindestens zwei) Schaltflächen, von denen gewöhnlich nur eine aktiviert werden kann.

4.8 Werte eingeben

Abbildung 4.65
Bei Radiobuttons können Sie immer nur eine Option einer Gruppe auswählen.

Dropdown-Listen | Dropdown-Listen gibt es in verschiedenen Formen: kurz, lang oder mit kleinen Icons als Vorschaubildern. Um ein Element aus der Liste auszuwählen, wählen Sie in der Regel die Liste aus und klicken den entsprechenden Listeneintrag darin an.

Schieberegler | Wie Schieberegler funktionieren, erklärt sich sicher von selbst: Sie können sie mit gedrückter linker Maustaste verschieben. In der Regel wird direkt neben einem solchen Schieberegler der aktuelle Wert des jeweils veränderten Parameters angezeigt. Per Klick in dieses Textfeld erscheint der Eingabe-Cursor für die manuelle Eingabe.

Doppelpfeil | Eine Alternative zum Schieberegler ist der Doppelpfeil mit Zeigefinger. Diesen verwenden Sie, indem Sie mit dem Cursor über den Titel eines Schiebereglers fahren und die Maustaste gedrückt halten. Um den Wert zu verändern, bewegen Sie den Mauszeiger nun nach links oder rechts.

Checkboxen | Häufig sind auch Checkboxen vorhanden, die Sie mit einem einfachen Mausklick aktivieren oder deaktivieren.

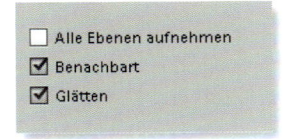

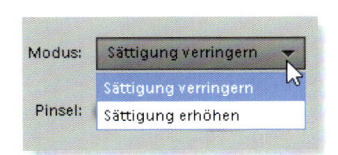

Abbildung 4.66
Eine einfache Dropdown-Liste

Abbildung 4.67
Ein weiteres gängiges Steuerelement in Photoshop Elements: der Schieberegler

Abbildung 4.68
Der Doppelpfeil mit Zeigerfinger steht bei vielen Schiebereglern alternativ zur Verfügung.

Abbildung 4.69
Checkboxen, mit denen Sie verschiedene Optionen aktivieren oder deaktivieren

Werte per Tastatur ändern

Wenn die Zahlen markiert sind, können Sie den Wert auch alternativ mit den Tasten ↑ erhöhen oder mit ↓ verringern. Dies ist besonders hilfreich, wenn ein geänderter Parameter sich live in einer Vorschau auswirkt und Sie den Blick auf das Bild gerichtet halten wollen, um den Effekt genau zu beobachten.

Kapitel 5
Exaktes Arbeiten auf der Arbeitsoberfläche

In diesem Kapitel zeige ich Ihnen, wie Ihnen viele kleine, aber unverzichtbare Helfer die Bildbearbeitung erleichtern.

5.1 Abbildungsgröße und Bildausschnitt

In welcher Abbildungsgröße (Zoomstufe) das Bild angezeigt wird, können Sie der Titel- bzw. Statusleiste entnehmen. Eine Zoomstufe von 16,5 % bedeutet hierbei nicht, dass das Bild verkleinert wurde, sondern bezieht sich lediglich auf die Darstellung des Bildes auf dem Bildschirm. Diese Angabe ist unabhängig von der Pixelgröße, in der das Bild tatsächlich vorliegt.

Pixelgrundlagen
Mehr rund um das Thema Pixel und Monitordarstellung finden Sie in Kapitel 6, »Grundlagen der Bildbearbeitung«.

▲ **Abbildung 5.1**
Die Zoomstufe wurde auf 16,5 % gesetzt, damit das komplette Bild auf dem Bildschirm angezeigt werden kann.

▲ **Abbildung 5.2**
1:1-Ansicht (100 %)

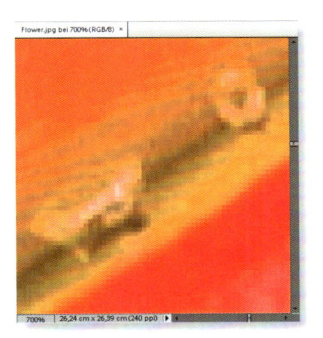

▲ **Abbildung 5.3**
Ansicht auf 700 % vergrößert. Im Bild werden schon die einzelnen Pixel eines Tropfens sichtbar.

Kapitel 5 Exaktes Arbeiten auf der Arbeitsoberfläche

▲ **Abbildung 5.5**
Die meisten der Funktionen aus der Optionsleiste lassen sich auch über ein Kontextmenü per rechtem Mausklick im Bild anwählen.

▲ **Abbildung 5.6**
Sobald Sie die Maustaste loslassen, wird der Bereich innerhalb der gestrichelten Linie vergrößert.

▲ **Abbildung 5.7**
Das Menü Ansicht ist weniger für das Zoomen im alltäglichen Gebrauch geeignet, aber sehr hilfreich zum Nachschlagen der Tastenkürzel.

- Ziehen Sie bei aktivem Zoom-Werkzeug mit gedrückter linker Maustaste einen Rahmen genau um den Bereich auf, den Sie vergrößern wollen. Anschließend erscheint dieser Bereich in gewünschter Zoomgröße auf dem Bildschirm.
- Klicken Sie bei aktivem Zoom-Werkzeug mit der rechten Maustaste ins Bild, und die meisten Optionen aus der Optionsleiste erscheinen als Kontextmenü.
- Mein persönlicher Favorit ist das Hinein- und Herauszoomen mit dem Mausrad aus jedem Werkzeug heraus. Vorausgesetzt, Ihre Maus hat ein solches Rad, können Sie diese Option über das Menü Bearbeiten/Photoshop Elements Editor • Voreinstellungen • Allgemein aktivieren, wenn Sie ein Häkchen vor Mit Bildlaufrad zoomen setzen.

Tastenkürzel | Sie können die Bildansicht mit der Maus recht komfortabel ändern, dennoch verwende ich persönlich lieber die Tastenkürzel [Strg]/[cmd]+[+] zum stufenweisen Vergrößern und [Strg]/[cmd]+[-] zum stufenweisen Verkleinern. Der Vorteil dieser Methode ist, dass Sie nicht eigens das Zoom-Werkzeug aktivieren müssen und die Tastenkürzel jederzeit verwenden können.

Auch mit dem Tastenkürzel [Strg]/[cmd]+ Leertaste können Sie jederzeit die Vergrößerungslupe und mit [Strg]/[cmd]+[Alt]+ Leertaste die Verkleinerungslupe aufrufen. Im Gegensatz zu den zuvor beschriebenen Tastenkürzeln [Strg]/[cmd]+[+] und [Strg]/[cmd]+[-] müssen Sie hierbei allerdings zusätzlich in das Bild klicken, um das Hinein- bzw. Herauszoomen auszulösen.

Mit [Strg]/[cmd]+[0] stellen Sie dagegen eine Bildschirmgröße ein, mit der Sie das gesamte Bild überblicken, ohne dass das Bild unnötig verkleinert wird.

In Tabelle 5.1 liste ich abschließend noch einmal alle wichtigen Tastenkürzel für das Zoomen auf.

Beschreibung	Windows	Mac
Zoom-Werkzeug aufrufen	[Z]	[Z]
wenn das Zoom-Werkzeug aktiv ist, die gegenteilige Zoomaktion verwenden	[Alt]	[Alt]
Bildansicht vergrößern	[Strg]+[+]	[cmd]+[+]
Bildansicht verkleinern	[Strg]+[-]	[cmd]+[-]

▲ **Tabelle 5.1**
Tastenkürzel für Zoom-Befehle

Beschreibung	Windows	Mac	Schnell auf 100 %
maximale auf dem Monitor darstellbare Bildgröße	`Strg`+`0`	`cmd`+`0`	Auch die Originalbildgröße mit der Ansicht 100 % (1:1) können Sie schnell mit `Strg`/`cmd`+`1` oder `Strg`/`cmd`+`Alt`+`0` einstellen.
Bildansicht auf 100 %	`Strg`+`Alt`+`0` oder `Strg`+`1`	`cmd`+`Alt`+`0` oder `cmd`+`1`	
Zoom-Werkzeug zum Vergrößern kurzfristig aus anderen Werkzeugen aufrufen	`Strg`+ Leertaste	`cmd`+ Leertaste	
Zoom-Werkzeug zum Verkleinern kurzfristig aus anderen Werkzeugen aufrufen	`Strg`+`Alt`+ Leertaste	`cmd`+`Alt`+ Leertaste	

▲ **Tabelle 5.1**
Tastenkürzel für Zoom-Befehle (Forts.)

5.3 Das Hand-Werkzeug

Wenn Sie das Zoom-Werkzeug verwenden, werden Sie meistens auch auf das Hand-Werkzeug (Tastenkürzel H) als Hilfsmittel zurückgreifen, denn beim Festlegen der Größe eines Bildausschnitts haben Sie nicht immer den gewünschten Bildausschnitt exakt vor sich.

Das Hand-Werkzeug kommt immer dann zum Einsatz, wenn das Bild größer als das Dokumentfenster ist. Alternativ können Sie natürlich auch die Bildlaufleisten verwenden, was aber weniger komfortabel ist.

Ohne Werkzeugwechsel

Das Hand-Werkzeug können Sie auch ohne einen Werkzeugwechsel verwenden. Halten Sie zum Aufrufen einfach die Leertaste gedrückt. Dies funktioniert jederzeit und bei jedem aktiven Werkzeug, außer wenn Sie gerade einen Text tippen.

◄ **Abbildung 5.8**
Das Hand-Werkzeug ist leicht zu bedienen: Halten Sie einfach im Bild die Maustaste gedrückt, und drücken und ziehen Sie den Bildausschnitt ❶ in die gewünschte Richtung.

Tipp: Doppelklick auf Werkzeugsymbol

Mit einem Doppelklick auf das Hand-Werkzeug in der Werkzeugpalette zoomen Sie die Bildansicht auf EINPASSEN, um das komplette Bild anzuzeigen.

Optionen des Hand-Werkzeugs | Die Optionen des Hand-Werkzeugs entsprechen im Wesentlichen denen des Zoom-Werkzeugs;

hinzu kommt die Option BILDLAUF IN ALLEN FENSTERN DURCHFÜHREN ❷. Wenn Sie diese Checkbox aktivieren, wird bei mehreren geöffneten Bildern der Bildlauf vom aktuellen Bild auch bei allen anderen Bildern durchgeführt. Dies ist beispielsweise nützlich, wenn Sie zwei sehr ähnliche Bilder geöffnet haben und zwei Stellen in diesen Bildern vergleichen wollen.

Die Buttons ❶ haben dieselbe Funktion wie beim Zoom-Werkzeug. Bitte schlagen Sie auf Seite 119 nach, welche Funktionen sich dahinter verbergen.

Abbildung 5.9 ▶
Die Optionen des Hand-Werkzeugs

Viele Bilder geöffnet
Wenn Sie mehrere Bilder gleichzeitig geöffnet haben und hierbei die Zoomstufe und Bildposition gleichzeitig anpassen wollen, finden Sie zu diesem Zweck unter FENSTER • BILDER verschiedene Befehle. Diese Befehle können Sie in Abschnitt 5.5, »Das Dokumentfenster«, nachschlagen.

Tastenkürzel | Außerdem gibt es eine Reihe von Tastenkürzeln, mit denen Sie die Bildansicht nach Belieben verschieben können. Die Bedeutung aller Tastenkürzel zum Bildlauf erläutert Tabelle 5.2.

Bedeutung	Windows	Mac
Hand-Werkzeug aufrufen	H	H
Hand-Werkzeug kurzfristig aus anderen Werkzeugen aufrufen	Leertaste	Leertaste
Bildausschnitt hochschieben	Bild ↑	↑
Bildausschnitt nach unten schieben	Bild ↓	↓
Bildausschnitt langsam nach oben schieben	⇧ + Bild ↑	⇧ + ↑
Bildausschnitt schnell nach unten schieben	⇧ + Bild ↓	⇧ + ↓
Bildausschnitt nach links verschieben	Strg + Bild ↑	cmd + ↑
Bildausschnitt nach rechts verschieben	Strg + Bild ↓	cmd + ↓
Bildausschnitt langsam nach links verschieben	Strg + ⇧ + Bild ↑	cmd + ⇧ + ↑
Bildausschnitt langsam nach rechts verschieben	Strg + ⇧ + Bild ↓	cmd + ⇧ + ↓

▲ **Tabelle 5.2**
Tastenkürzel zum Bildlauf und ihre Bedeutung

Auf Tastaturen ohne erweiterten Nummernblock müssen Sie diese Tasten mit der ⌜fn⌝-Taste und der ⌜↑⌝- bzw. ⌜↓⌝-Taste simulieren. Lautet der Befehl beispielsweise ⌜⇧⌝+⌜↑⌝, müssen Sie bei einer solchen Tastatur ⌜fn⌝+⌜⇧⌝+⌜↑⌝ betätigen.

5.4 Das Navigator-Bedienfeld

Das Navigator-Bedienfeld finden Sie im Menü FENSTER • NAVIGATOR. Es bietet eine hervorragende Alternative oder Ergänzung zum Zoom- und zum Hand-Werkzeug. Welches Werkzeug Sie lieber verwenden, ist letztlich natürlich Geschmackssache.

Im Navigator-Bedienfeld erkennen Sie gleich an dem markierten Bereich im roten Balken, welcher Bildausschnitt aktuell im Dokumentfenster angezeigt wird. Dies ist besonders bei stark hineingezoomten Bildausschnitten hilfreich.

Navigator-Bedienfeld
Wie Sie das Navigator-Bedienfeld zum Bedienfeldbereich hinzufügen, haben Sie im Abschnitt »Bedienfeld zurück in den Bedienfeldbereich« auf Seite 107 erfahren.

▲ **Abbildung 5.10**
Das Navigator-Bedienfeld zeigt, welchen Bildausschnitt Sie im Dokumentfenster sehen.

Anwendung des Navigator-Bedienfeldes | Das Navigator-Bedienfeld eignet sich also sehr gut, um die Zoomstufe und den Bildausschnitt festzulegen. Den Bildmaßstab können Sie über den Schieberegler ❸ mit gedrückter linker Maustaste stufenlos verstellen. Alternativ klicken Sie auf das Plus- oder das Minussymbol, um den Bildausschnitt stufenweise zu vergrößern bzw. zu verkleinern. Klicken Sie in das Navigationsfenster und halten Sie dabei gleichzeitig ⌜Strg⌝/⌜cmd⌝ gedrückt, so wird der angeklickte Bereich auf die maximale Zoomstufe (3.200 %) vergrößert.

Roter Rahmen

Die Farbe des Rahmens können Sie im erweiterten Bedienfeldmenü ❶ über den Befehl BEDIENFELDOPTIONEN ❷ ändern.

Alternativ tippen Sie den Wert der Zoomstufe im Editierfeld rechts oben ❹ ein oder verändern ihn mit ⬆ oder ⬇. Zuletzt müssen Sie den Vorgang noch mit ⏎ bestätigen.

Den roten Navigationsrahmen ❺ verschieben Sie, indem Sie die Maustaste innerhalb dieses Bereichs gedrückt halten. Gleichzeitig verschieben Sie damit natürlich auch den Bildausschnitt im Dokumentfenster. Wenn Sie beim Verschieben ⇧ gedrückt halten, so können Sie den Bildausschnitt genau senkrecht oder waagerecht verschieben. Klicken Sie auf eine beliebige Stelle im Navigationsfenster, so wird der Rahmen mit dem Bildausschnitt dorthin versetzt.

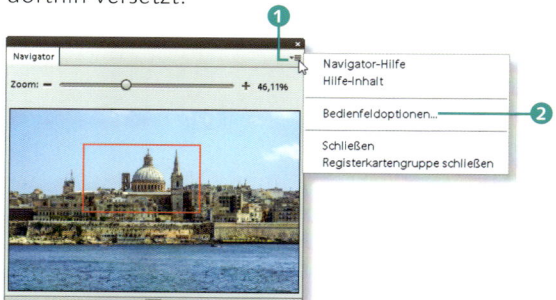

Abbildung 5.11 ▶
Sie haben viele Möglichkeiten, den Bildausschnitt im Dokumentfenster schnell und komfortabel zu verändern.

5.5 Das Dokumentfenster

Wenn Sie ein Bild in Photoshop Elements 12 laden, ist das Dokumentfenster standardmäßig fest in einer Registerkarte (auch als »Tabulator« bekannt) angebracht. In dieser Registerkarte, der sogenannten Titelleiste, sind auf engstem Raum viele Informationen untergebracht.

5.5.1 Informationen zum Bild – Titelleiste

Die Titelleiste wird angezeigt, wenn Sie ein Bild im Fotoeditor geöffnet haben. Zunächst finden Sie hier den Dateinamen ❸ (hier »Elefanten«). Hinter dem Dateinamen sehen Sie, in welchem Dateiformat ❹ das Bild vorliegt (hier JPEG). Der nächste Eintrag ist die Zoomstufe ❺ (hier 30 %). Links unten im Bild sehen Sie diese Information noch einmal.

Sofern das Bild mehr als nur eine Ebene hat, sehen Sie als ersten Wert in der Klammer den Namen der Bildebene ❻. Dieser Name ist bei mehreren vorhandenen Ebenen sehr wichtig, damit Sie nicht versehentlich die falsche Ebene bearbeiten. Ebenfalls zwischen den Klammern steht der Modus ❼ (hier RGB), der den Farbraum von Bilddateien beschreibt. Ganz am Ende sehen Sie noch, wie viele Bit pro Farbkanal ❽ verwendet werden (hier 8),

Speicherort

Um den Speicherort der Datei zu ermitteln, fahren Sie einfach mit dem Mauszeiger über die Titelleiste. Neben dem Speicherort werden hierbei auch sämtliche anderen Informationen einer Titelleiste angezeigt. Nützlich ist dies zum Beispiel bei kleinen Bildern, bei denen nicht alle Informationen der Titelleiste angezeigt werden, weil das Fenster zu klein ist.

um die Bildinformationen zu speichern. Mit einem 8-Bit-RGB können über 16 Millionen Farben gespeichert werden. Befindet sich am Ende dieser Angaben ein Sternchen ❾, so bedeutet dies, dass es bei diesem Bild noch ungespeicherte Änderungen gibt.

◀ **Abbildung 5.12**
Die Titelleiste zeigt viele wichtige Daten auf einen Blick.

5.5.2 Die Statusleiste

Auch in der Statusleiste am unteren Fensterrand des Bildschirms erhalten Sie viele nützliche Informationen. Was in der Statusleiste angezeigt werden soll, können Sie durch das Anklicken des kleinen schwarzen Dreiecks ❿ und durch Auswählen der in der Liste enthaltenen Informationen einstellen.

◀ **Abbildung 5.13**
Durch Anklicken des kleinen schwarzen Dreiecks entscheiden Sie, was in der Statusleiste angezeigt werden soll.

In Tabelle 5.3 finden Sie die möglichen Informationen, die Sie zur Anzeige in der Statusleiste auswählen können, und deren Bedeutung.

Tabelle 5.3 ▶
Informationen, die in der Statusleiste angezeigt werden können

Information	Bedeutung
DOKUMENTGRÖSSEN	Die Dokumentgröße zeigt an, wie groß (in KB bzw. MB) die Datenmenge des Bildes ist. Der Wert links vom Schrägstrich steht für die Bildgröße der aktuellen Ebene, und der Wert rechts enthält die Bildgröße mit allen vorhandenen Ebenen.
DOKUMENTPROFIL	Zeigt an, welches Farbprofil in das Bild eingebettet ist.
DOKUMENTMASSE	Zeigt die Bildgröße (Höhe und Breite) und die Bildauflösung (ppi) an.
MOMENTAN AUSGEWÄHLTE EBENE	Zeigt den Namen der gerade aktiven Ebene an.
ARBEITSDATEIGRÖSSEN	Dieser Wert zeigt, wie stark Photoshop Elements den Arbeitsspeicher (RAM) Ihres Rechners auslastet. Auf der linken Seite des Schrägstrichs wird angezeigt, wie viel Arbeitsspeicher alle geöffneten Bilder verwenden. Auf der rechten Seite wird der gesamte Arbeitsspeicher angezeigt, der für das Arbeiten mit Bildern zur Verfügung steht.
EFFIZIENZ	Dieser Wert sollte in der Regel auf 100 % stehen. Er bezieht sich auf die tatsächliche Rechenleistung, die Photoshop Elements für das Ausführen eines Vorgangs verwendet. Wenn der Wert bei Ihnen dauerhaft unter 100 % ist, kann es sein, dass Sie zu wenig Arbeitsspeicher zur Verfügung haben. Dies wirkt sich auf die Performance aus: Photoshop Elements wird merklich langsamer.
TIMING	Zeigt an, wie lange Photoshop Elements zum Ausführen des letzten Befehls gebraucht hat.
AKTUELLES WERKZEUG	Zeigt immer das aktive Werkzeug aus der Werkzeugleiste an.

5.5.3 Mehrere Bilder im Fotoeditor

Haben Sie mehrere Bilder gleichzeitig geöffnet, werden alle Dateien als Registerkarten gruppiert. Um bei mehreren geöffneten Dateien ein gewünschtes Bild zu aktivieren, brauchen Sie nur das entsprechende Register ❶ anzuklicken. Das aktive Bild erkennen Sie an der helleren Hinterlegung in der entsprechenden Registerkarte. Über das kleine x ❷ im Register schließen Sie die Datei. Befinden sich noch nicht gespeicherte Informationen im Bild, erscheint eine Nachfrage, ob Sie diese Änderungen vor dem Schließen noch speichern wollen (siehe Abbildung 5.14).

5.5 Das Dokumentfenster

◀ **Abbildung 5.14**
Standardmäßig gruppiert Photoshop Elements die einzelnen Bilder in Registerkarten.

5.5.4 Schwebende Fenster im Fotoeditor verwenden

Wenn Sie mit der Art der Fensterverwaltung von Photoshop Elements zufrieden sind, wo die Dokumente über Registerkarten verwaltet werden, können Sie diesen Abschnitt überspringen. Für den Fall, dass Sie lieber ein schwebendes Dokumentfenster (auch »fliegendes« Fenster genannt) im Fotoeditor verwenden, beschreibe ich hier, wie Sie dies realisieren und wie Sie die Fenster hierbei verwalten.

Zwar sind über die Registerkarten die Dokumentfenster immer ordentlich aufgeräumt, so dass Sie nie den Überblick bei vielen geöffneten Bildern verlieren. Allerdings hat die Methode mit den schwebenden Fenstern durchaus auch ihre Vorteile. So ist es beispielsweise nur mit einem schwebenden Dokumentfenster möglich, ein Bild über den kompletten Bildschirm zu verwenden. Auch das Drag & Drop von Auswahlen oder Ebenen von einem Dokument zum anderen lässt sich mit frei schwebenden Fenstern erheblich komfortabler durchführen.

Um überhaupt schwebende Dokumentfenster verwenden zu können, müssen Sie diese Option über BEARBEITEN/PHOTOSHOP ELEMENTS EDITOR • VOREINSTELLUNGEN • ALLGEMEIN (oder Strg/cmd+K) aktivieren, indem Sie ein Häkchen vor FLOATING-DOKUMENTE IM EXPERTENMODUS ZULASSEN ❸ setzen und den Dialog mit OK bestätigen.

◀ **Abbildung 5.15**
Per Standard sind schwebende Dokumentfenster zunächst deaktiviert und müssen über die VOREINSTELLUNGEN erst aktiviert werden.

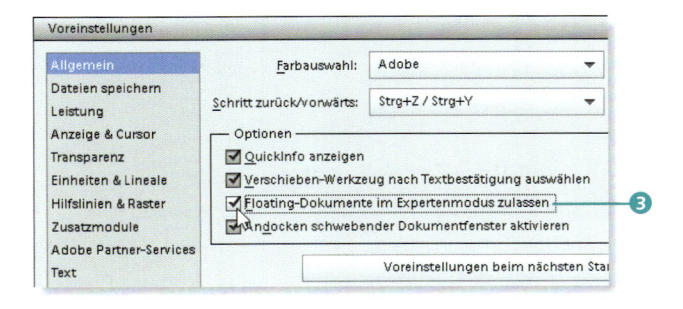

Aus Registerkarten ein »fliegendes« Fenster machen | Um aus Registerkarten nun ein »fliegendes« Fenster zu machen, stehen Ihnen mehrere Möglichkeiten zur Verfügung. Der manuelle Weg funktioniert ähnlich wie schon beim Abdocken von Bedienfeldern: Sie ziehen einfach das Register, das Sie aus der Gruppe entfernen wollen, mit gedrückt gehaltener linker Maustaste auf

> **Registerkarte herauslösen**
>
> Das aktive Fenster in der Registerkartengruppe können Sie auch schnell über das Menü FENSTER • BILDER • SCHWEBENDES FENSTER herauslösen.

der Registertitelleiste heraus und lassen es irgendwo außerhalb der Registerkarten fallen, und schon haben Sie ein schwebendes Dokumentfenster.

Abbildung 5.16 ▶
Registerkarte aus der Gruppe herauslösen

Wollen Sie hingegen alle Bilder einer Registerkartengruppe herauslösen und als schwebendes Dokumentfenster anzeigen lassen, verwenden Sie den Menüeintrag FENSTER • BILDER • NUR SCHWEBENDE FENSTER.

Das schwebende Dokumentfenster mit dem Bild entspricht einem typischen Fenster, wie Sie es von anderen Programmen her bereits kennen dürften.

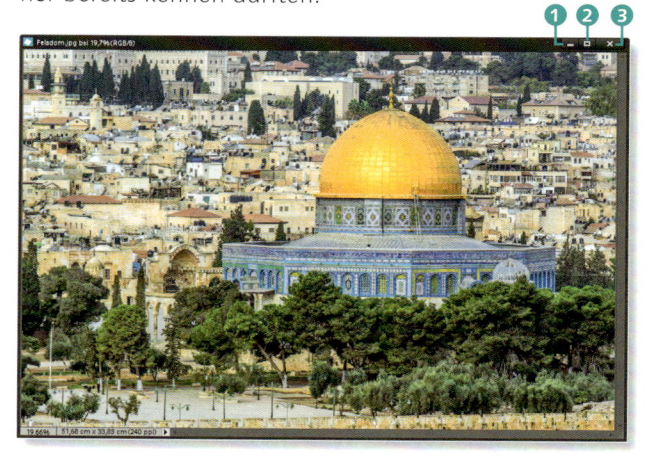

> Bei der Mac-Version hat das Dokumentfenster selbstverständlich die Mac-üblichen Buttons zum Minimieren, Maximieren und Schließen auf der linken oberen Seite.

Abbildung 5.17 ▶
Das schwebende Dokumentfenster nach dem Abdocken aus den Registern

Rechts oben im Dokumentfenster finden Sie die üblichen Schaltflächen zum Minimieren, Maximieren und Schließen des Fensters.

Dokumentfenster minimieren | Wenn Sie beim Dokumentfenster auf die Schaltfläche MINIMIEREN ❶ klicken, so verschwindet das Fenster unten in den Fotobereich. Doppelklicken Sie ein minimiertes Bild im Fotobereich, wird das Bild wieder im Zustand vor dem Minimieren angezeigt.

5.5 Das Dokumentfenster

Bei der Mac-Version hingegen verschwindet das Dokumentfenster rechts vom Trennstrich des Docks, wo es allerdings gleich in einer Miniaturvorschau ins Auge sticht. Klicken Sie auf das Icon im Dock, wird das Dokumentfenster wieder im Fotoeditor angezeigt. Aber auch hier funktioniert das Wiederherstellen des Bildes über einen Doppelklick auf das minimierte Bild im Fotobereich.

◀ **Abbildung 5.18**
Beim Mac stellen Sie das minimierte Bild über den Fotobereich oder über das Dock wieder her.

Dokumentfenster maximieren | Eine Alternative zum normalen oder minimierten Bildmodus ist der maximierte Bildmodus, den Sie über den kleinen Button rechts oben ❷ im Dokumentfenster einstellen. Das maximierte Bild ist hierbei in der Tat maximiert und füllt den kompletten Bildschirm aus. Das Dokumentfenster legt sich damit quasi auch über die Anwendung. Hierbei steht Ihnen somit die komplette Größe des Bildschirms für die Bearbeitung zur Verfügung.

Wiederherstellen können Sie das Dokumentfenster wieder, wenn Sie erneut auf die Schalfläche klicken. Alternativ maximieren Sie das Dokumentfenster oder stellen es wieder her, indem Sie auf seiner Titelleiste doppelklicken. Wollen Sie die Größe des Dokumentfensters hingegen manuell verändern, verwenden Sie die Seitenränder oder das kleine Dreieck rechts unten horizontal oder vertikal. Der Cursor wird hierbei zu einem Doppelpfeil in der entsprechenden Richtung.

▲ **Abbildung 5.19**
Minimierte Bilder werden im Fotobereich abgelegt, wo sie auch wiederhergestellt werden können. Gegebenenfalls müssen Sie den Fotobereich über die gleichnamige Schaltfläche ❹ einblenden.

Dokumentfenster schließen | Um ein Fenster zu schließen, klicken Sie einfach auf das kleine x rechts oben ❸. Im Falle nicht gespeicherter Änderungen erhalten Sie einen Hinweis mit der Frage, ob Sie die Datei nicht vor dem Schließen noch speichern wollen: Wählen Sie Ja, um Änderungen zu speichern, und Nein, wenn Sie die Änderungen nicht behalten wollen. Wählen Sie Abbrechen, um die Datei weder zu schließen noch zu speichern, sondern zur Bearbeitung in Photoshop Elements zurückzukehren.

▲ **Abbildung 5.20**
Größe des Dokumentfensters manuell ändern

◀ **Abbildung 5.21**
Beim Schließen der Bilddatei wurden nicht gespeicherte Änderungen gefunden.

Kapitel 5 Exaktes Arbeiten auf der Arbeitsoberfläche

Dokumentfenster in Registerkarten zusammenlegen | Selbst wenn Sie die Einstellung mit dem schwebenden Dokumentfenster aktiviert haben, können Sie jederzeit die einzelnen Fenster wieder in Registerkarten gruppieren. Das Gruppieren und Wiederandocken von schwebenden Fenstern funktioniert im Grunde wie schon bei den Bedienfeldern.

Manuell gehen Sie hierbei wie folgt vor: Ziehen Sie das Dokumentfenster mit gedrückt gehaltener linker Maustaste auf der Titelleiste ❶ an den oberen Rand unterhalb der Optionsleiste, und lassen Sie das Fenster fallen. Anhand eines blauen Rahmens ❷ erkennen Sie den Bereich, an dem das Dokumentfenster als Registerkarte gruppiert wird.

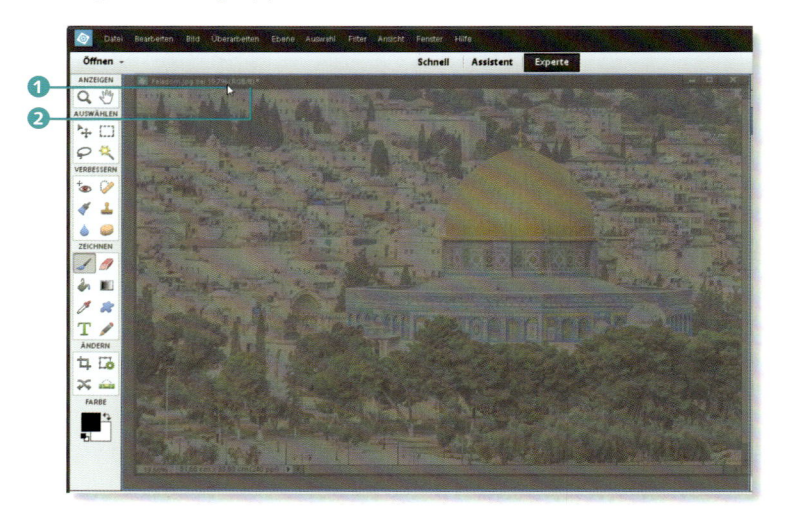

Abbildung 5.22 ▸
Das Dokumentfenster wird zu einer Registerkarte.

Weitere Fenster können Sie jetzt ebenfalls zur Registerkarte hinzufügen, indem Sie das entsprechende Dokumentfenster mit gedrückt gehaltener linker Maustaste an der Titelleiste auf der Registerkartenleiste ❸ fallen lassen.

Abbildung 5.23 ▸
Mehrere Dokumentfenster wurden hier zu einer Registerkartengruppe zusammengelegt.

5.5 Das Dokumentfenster

Wesentlich schneller als das manuelle Gruppieren von Registerkarten aus Dokumentfenstern geht es mit der Funktion im Menü Fenster • Bilder • Alle in Registerkarten zusammenlegen.

Zusammenlegen in Registerkarten unterbinden | Sollte sich das Dokumentfenster nicht mehr in die Registerkarten einfügen lassen, dürfte dies wohl daran liegen, dass die Einstellung Andocken schwebender Dokumentfenster aktivieren ❹ in Bearbeiten/Photoshop Elements Editor • Voreinstellungen • Allgemein (oder [Strg]/[cmd]+[K]) deaktiviert wurde. Hier müssen Sie einfach wieder ein Häkchen davor setzen, und dann klappt es auch wieder mit dem Zusammenlegen frei schwebender Fenster.

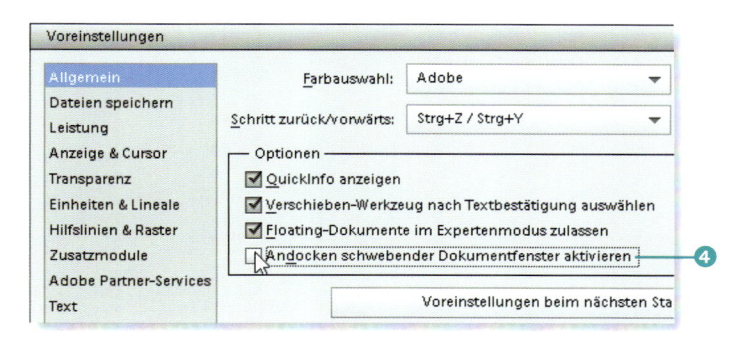

◄ **Abbildung 5.24**
Mit der Option Andocken schwebender Dokumentfenster aktivieren können Sie das Andocken von Dokumentfenstern (de-)aktivieren.

5.5.5 Geöffnete Dokumentfenster anordnen

Wenn Sie mehrere Bilder gleichzeitig geöffnet haben und die Darstellung der Bilder im Fenster steuern wollen, finden Sie im Menü Fenster • Bilder einige Kommandos, deren Bedeutung in Tabelle 5.4 erläutert wird.

Bezeichnung	Bedeutung
Nebeneinander	Sind mehrere Bilder geöffnet, so werden sie neben- und untereinander angezeigt.
Überlappend	Wenn mehrere Bilder geöffnet sind, werden sie versetzt übereinandergestapelt angezeigt. Diese Funktion steht nicht zur Verfügung, wenn die Fenster in Registerkarten zusammengelegt sind.
Schwebendes Fenster	Ist das aktive Fenster in einer Gruppe von Registerkarten, wird es daraus herausgelöst (abgedockt) und steht als gewöhnliches frei schwebendes Fenster zur Verfügung.

◄ **Tabelle 5.4**
Funktionen unter Fenster • Bilder und ihre Bedeutung

Kapitel 5 Exaktes Arbeiten auf der Arbeitsoberfläche

Bezeichnung	Bedeutung
NUR SCHWEBENDE FENSTER	Alle Fenster, die in einer Registerkartengruppe versammelt wurden, werden aufgelöst und stehen als gewöhnliche frei schwebende Fenster zur Verfügung.
ALLE IN REGISTERKARTEN ZUSAMMENLEGEN	Alle frei schwebenden Dokumentfenster (auch minimierte) werden in eine Gruppe von Registerkarten gruppiert.
NEUES FENSTER	Damit öffnen Sie dasselbe Bild nochmals in einem neuen Fenster. Beachten Sie, dass es sich dabei nicht um eine Kopie handelt. Jede Arbeit in einem der Fenster wirkt sich auch auf das andere aus. Sinnvoll ist diese Funktion, um die Arbeiten an einem Bild auf unterschiedlichen Zoomstufen zu überwachen.
GLEICHE ZOOMSTUFE	Alle geöffneten Bilder werden auf die gleiche Ansichtsgröße (Zoomstufe) gebracht.
GLEICHE POSITION	Alle Bilder mit gleicher Ansichtsgröße (nach Pixeln) werden mittig zentriert dargestellt.

▲ **Tabelle 5.4**
Funktionen unter FENSTER • BILDER und ihre Bedeutung (Forts.)

▲ **Abbildung 5.25**
Funktionen unter FENSTER • BILDER

▲ **Abbildung 5.26**
Vorgefertigte Layouts

Ganz unten im Bildfenster sehen Sie außerdem noch die Schaltfläche LAYOUT ❶, worüber Sie nochmals einige interessante vorgefertigte Layouts für die Anordnung geöffneter Dokumentfenster finden.

5.5.6 Die Farbe der Arbeitsoberfläche ändern

Wenn Sie mit maximiertem Dokumentfenster arbeiten oder das Dokumentfenster größer als die eingestellte Ansicht des Bildes ist, ist die Arbeitsflächenfarbe standardmäßig Grau. Nicht immer aber eignet sich diese Hintergrundfarbe, um die Bilder beurteilen zu können. Bewährte Farben sind neben Grau auch Schwarz und Weiß. Bunte Farben eignen sich, wenn ein Bild mit einer bestimmten Hintergrundfarbe getestet werden soll. Über einen rechten Mausklick auf der Farbe der Arbeitsfläche öffnet sich ein Kontextmenü, in dem Sie die Arbeitsflächenfarbe festlegen können. Neben GRAU und SCHWARZ können Sie auch BENUTZERDEFINIERT auswählen. BENUTZERDEFINIERT ist hierbei immer die Farbe, die Sie zuletzt mit EIGENE FARBE AUSWÄHLEN über einen Farbwähler festgelegt haben.

5.6 Bilder vergleichen

Zum Weiterlesen
Mehr zum Farbwähler, der auch zum Festlegen von Vordergrund- und Hintergrundfarbe verwendet wird, erfahren Sie auf Seite 364.

◄ **Abbildung 5.27**
Über das Kontextmenü der Arbeitsfläche legen Sie die Arbeitsflächenfarbe fest.

Das Gleiche funktioniert übrigens auch mit dem Füllwerkzeug und dem Farbfeld VORDERGRUNDFARBE EINSTELLEN ❸ in der Werkzeugpalette. Klicken Sie hierbei mit dem Füllwerkzeug und gehaltener ⌥-Taste irgendwo auf die Arbeitsfläche ❷, und die Arbeitsfläche hat dieselbe Farbe wie die eingestellte Vordergrundfarbe.

◄ **Abbildung 5.28**
Die Arbeitsflächenfarbe wurde mithilfe des Füllwerkzeugs eingefärbt.

5.6 Bilder vergleichen

Beim Bearbeiten von Bildern benötigt man häufig zwei verschiedene Ansichten eines Bildes. Möglich ist dies über das Menü ANSICHT • NEUES FENSTER FÜR [DOKUMENTNAME]. Dieselbe Funktion erreichen Sie auch über das Menü FENSTER • BILDER • NEUES FENSTER. Beachten Sie aber, dass es sich hierbei nicht um zwei verschiedene Bilder handelt, sondern nur um zwei Ansichten des-

Kapitel_05:
Little_Castle.jpg

Abbildung 5.29 ▼
Dasselbe Bild in zwei verschiedenen Dokumentfenstern für einen besseren Überblick

selben Bildes. Änderungen, die Sie in einem Fenster durchführen, werden somit auch im anderen Fenster angezeigt und durchgeführt.

Ideale Ansicht
Um dasselbe Fenster in zwei verschiedenen Dokumentfenstern zu betrachten, wählen Sie im Menü FENSTER • BILDER den Befehl NEBENEINANDER aus. Gleiches erreichen Sie auch über LAYOUT mit GANZE SPALTE ❶.

Möchten Sie statt mit einem zweiten Dokumentfenster desselben Bildes lieber mit einer unabhängigen Kopie arbeiten, so können Sie ein Bild über das Menü DATEI • DUPLIZIEREN kopieren. Photoshop Elements fragt Sie dann zunächst nach einem Namen für das Duplikat und erzeugt anschließend ein neues Dokumentfenster mit einer exakten Kopie des aktuellen Zustands.

5.7 Informationen zum Bild – das Informationen-Bedienfeld

Das Informationen-Bedienfeld können Sie über das Menü FENSTER • INFORMATIONEN oder mit der Taste [F8] ein- und ausblenden. Wie der Name schon vermuten lässt, zeigt das Bedienfeld eine Menge interessanter Informationen zur aktuellen Bilddatei an. Neben Koordinaten, Farbwerten und der Größe von Auswahlen lassen sich weitere Statusinformationen einblenden.

5.7 Informationen zum Bild – das Informationen-Bedienfeld

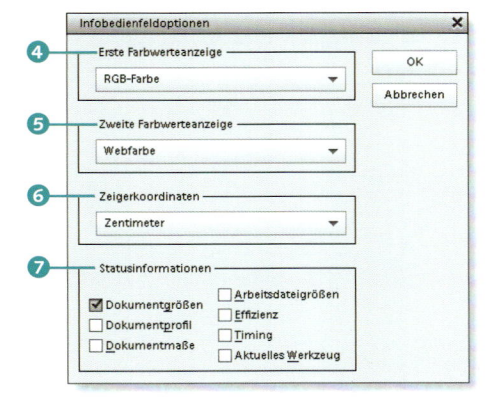

◄ **Abbildung 5.30**
Was auf dem Informationen-Bedienfeld angezeigt wird, hängt ab vom jeweils aktiven Werkzeug, von der Position des Mauszeigers und von den anderen eingestellten Bedienfeldoptionen.

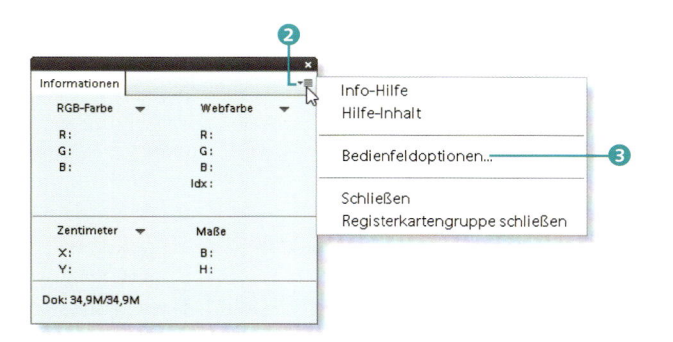

Über das erweiterte Menü ❷ erreichen Sie die Bedienfeldoptionen ❸ des Informationen-Bedienfeldes. Hier können Sie die verschiedenen Farbmodelle und Maßeinheiten festlegen, die angezeigt werden sollen.

Bedienfeld anpassen | Für die Farbwertanzeige des aktuellen Farbsystems bietet das Informationen-Bedienfeld die beiden Anzeigen ERSTE FARBWERTEANZEIGE ❹ und ZWEITE FARBWERTEANZEIGE ❺. Hierbei werden jeweils das Farbsystem bzw. die Bildmodi GRAUSTUFEN, RGB-FARBE, WEBFARBE und HSB-FARBE angeboten. Das Farbsystem CMYK gibt es bei Photoshop Elements nicht; dieses Farbsystem bleibt dem großen Photoshop vorbehalten.

Des Weiteren können Sie bei den Bedienfeldoptionen unter ZEIGERKOORDINATEN ❻ die Maßeinheit angeben, in der die Werte für eine Auswahl oder für den Koordinatenpunkt angezeigt werden sollen. Zur Verfügung stehen: PIXEL, ZOLL, ZENTIMETER, MILLIMETER, PUNKT, PICA und PROZENT.

Was darüber hinaus im unteren Teil des Informationen-Bedienfeldes angezeigt werden soll, bestimmen Sie bei den STATUSINFORMATIONEN ❼. Es können dieselben Statusinformationen angezeigt werden wie in der Statusleiste von Bildern (siehe Abschnitt 5.5.2).

Farbsystem
Mehr zum Farbsystem sowie zu den Bildmodi und ihrer jeweiligen Bedeutung in der Bildbearbeitung erfahren Sie in Kapitel 6, »Grundlagen der Bildbearbeitung«.

◄ **Abbildung 5.31**
Die Bedienfeldoptionen des Informationen-Bedienfeldes

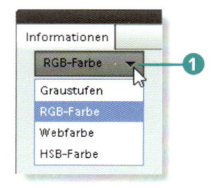

Abbildung 5.32
Mit einem Klick auf das kleine Dreiecksymbol lassen sich die Optionen ebenfalls ändern.

Abbildung 5.33 ▶
Die Farbverläufe können Sie mit dem Informationen-Bedienfeld winkelgenau durchführen.

Einen schnelleren Zugriff auf einige Optionen des Informationen-Bedienfeldes erhalten Sie auf direktem Weg über die kleinen Dreieck-Schaltflächen ❶ auf dem Bedienfeld.

Wenn Sie mit dem Verlaufswerkzeug arbeiten, können Sie über das Informationen-Bedienfeld unter anderem den Winkel ❷ des Verlaufs kontrollieren.

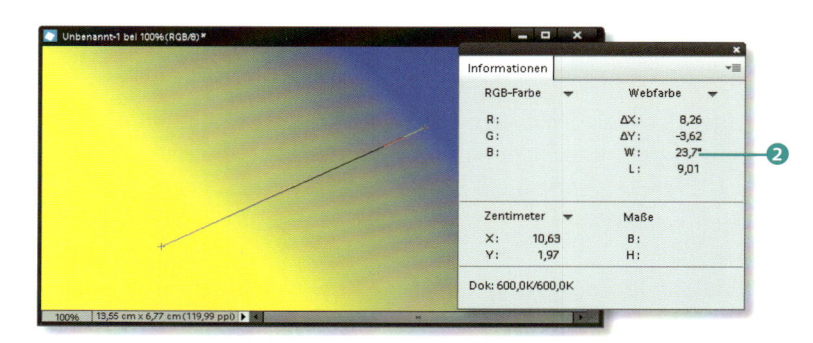

5.8 Hilfsmittel zum Ausrichten und Messen

Gerade beim Ausrichten von Bildern, Ebenen und Text können Sie sich nicht allein auf Ihr Gefühl und Augenmaß verlassen. Für genaueres Ausrichten und Messen stehen Ihnen einige Hilfsmittel zur Verfügung, die ich im Folgenden kurz vorstellen möchte.

5.8.1 Lineal

Das Lineal eignet sich hervorragend, um beim Platzieren von Elementen (wie beispielsweise Ebenen) auf dem Bild und bei den verschiedenen Zoomstufen den Überblick zu behalten. Um das Lineal am linken und oberen Bildrand anzuzeigen, nutzen Sie das Tastenkürzel [Strg]/[cmd]+[⇧]+[R] oder den Menüpunkt Ansicht • Lineale.

Wenn Sie nun mit dem Cursor über das Bild fahren, zeigen Ihnen die kleinen Linien ❸ und ❹ in den Linealen die aktuelle Position des Mauszeigers an.

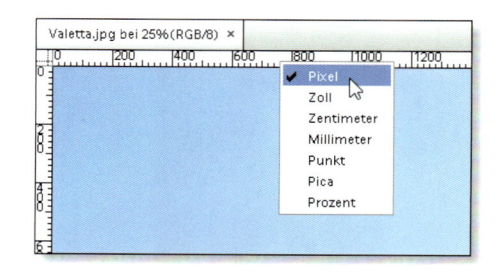

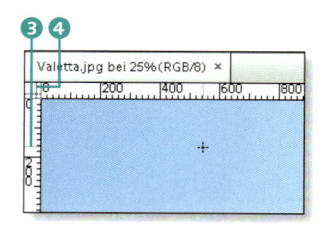

Abbildung 5.34
Die Mausposition wird angezeigt.

Abbildung 5.35 ▶
Horizontales und vertikales Lineal

5.8 Hilfsmittel zum Ausrichten und Messen

Die Maßeinheit des Lineals können Sie jederzeit schnell und einfach über einen rechten Mausklick im Lineal ändern. Alternativ passen Sie die Maßeinheiten durch einen Doppelklick auf dem Lineal oder über das Menü BEARBEITEN/PHOTOSHOP ELEMENTS EDITOR • VOREINSTELLUNGEN • EINHEITEN & LINEALE an.

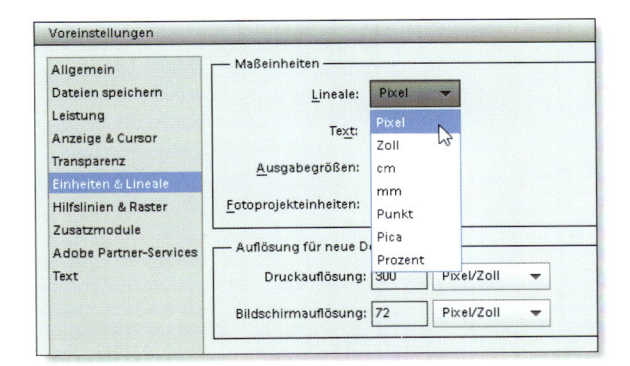

◄ **Abbildung 5.36**
Einstellen der Maßeinheiten mit dem Lineal

Ursprungspunkt des Lineals ändern | Der Ursprungspunkt (auch Nullpunkt genannt) des Lineals befindet sich oben links. Sie verändern diesen Punkt, indem Sie ihn aus der linken oberen Ecke mit gedrückter linker Maustaste aus dem Schnittpunkt ❺ der Lineale herausziehen ❻.

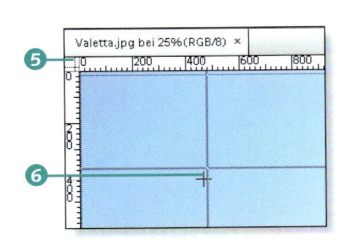

Welche Maßeinheiten wofür?
Gewöhnlich verwendet man zur Bearbeitung von Bildern am Monitor (für Internet, Präsentationen, DVD-ROMs etc.) die Maßeinheit Pixel. Zentimeter und Millimeter werden eher für die Druckvorstufe benutzt. Punkt und Pica sind die bevorzugten Maßeinheiten für Schriftgrößen in der Typografie.

▲ **Abbildung 5.37**
Der Ursprungspunkt (Nullpunkt) wird verändert.

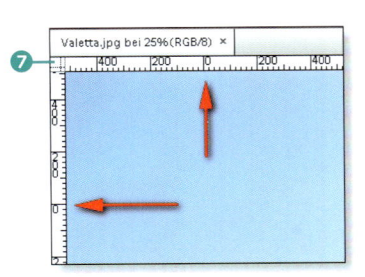

▲ **Abbildung 5.38**
Die neuen Ursprungspunkte (Nullpunkte) wurden gesetzt.

Wozu Ursprungspunkt ändern?
Den Ursprungspunkt des Lineals zu verändern, ist sinnvoll, wenn Sie ein Bild möglichst exakt freistellen wollen.

Um den Ursprungspunkt (Nullpunkt) wieder zurückzusetzen, genügt ein Doppelklick auf den linken oberen Lineal-Schnittpunkt ❼.

5.8.2 Winkel und Strecken ermitteln
Leider gibt es in Photoshop Elements keine Linealwerkzeuge wie beim großen Bruder Photoshop. Müssen Sie dennoch Winkel oder Strecken messen, so können Sie ein wenig tricksen, indem Sie das Informationen-Bedienfeld ([F8]) oder FENSTER • INFORMATIONEN) nutzen.

Kapitel_05: Brueckenkonstruktion.jpg

▲ Abbildung 5.39
DECKKRAFT einstellen

Gerade-ausrichten-Werkzeug
Alternativ messen Sie Winkel und Strecken mit dem Gerade-ausrichten-Werkzeug aus und machen anschließend den Vorgang mit Strg/cmd+Z wieder rückgängig.

Verwenden Sie zum Messen von Winkeln und Strecken zum Beispiel das Verlaufswerkzeug G, und stellen Sie bei den Werkzeugoptionen die DECKKRAFT auf den niedrigsten Wert (1%).

Wählen Sie eine Anfangsposition ❸ im Bild, und halten Sie die linke Maustaste gedrückt. Ziehen Sie nun mit gedrückter Maustaste den Cursor an den Punkt, von dem aus Sie den Winkel und/oder die Strecke ausmessen wollen (die Endposition ❹). Im Informationen-Bedienfeld werden sodann der aktuelle Winkel ❶ und die zurückgelegte Strecke ❷ angezeigt.

Anschließend müssen Sie den Vorgang des Verlaufswerkzeugs mit Strg/cmd+Z wieder rückgängig machen. Auch wenn Sie nichts erkennen können (da die DECKKRAFT auf nur 1% stand), wurde das Werkzeug ausgeführt.

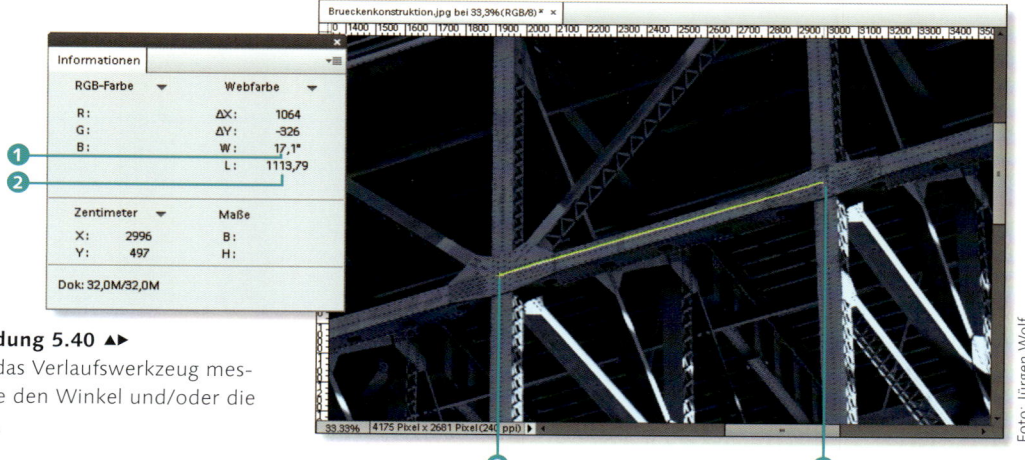

Abbildung 5.40 ▲▶
Über das Verlaufswerkzeug messen Sie den Winkel und/oder die Länge.

Informationen-Bedienfeld
Das Informationen-Bedienfeld habe ich bereits in Abschnitt 5.7, »Informationen zum Bild – das Informationen-Bedienfeld«, beschrieben.

Kapitel_05:
Dublin_Post_Office.jpg

Der beschriebene Weg mag ein wenig umständlich erscheinen, ist aber die einzige Möglichkeit zum Messen von Winkeln und Strecken in Photoshop Elements. Vielleicht erbarmt sich ja Adobe eines Tages und spendiert auch dem kleinen Bruder vom großen Photoshop das Linealwerkzeug.

5.8.3 Raster verwenden und einstellen

Das Rastergitter aktivieren und deaktivieren Sie über ANSICHT • RASTER oder mit der Tastenkombination Strg/cmd+3. Das Raster brauchen Sie in der Regel nur dann, wenn Sie bei der Bildbearbeitung eine Waagerechte und/oder Senkrechte im Bild benötigen und keine Hilfslinien erstellen wollen. Bei der Speicherung oder Ausgabe auf einem Drucker sind diese Raster selbstverständlich nicht zu sehen.

5.8 Hilfsmittel zum Ausrichten und Messen

◄ **Abbildung 5.41**
Das eingeblendete Raster hilft Ihnen bei Bildern, bei deren Bearbeitung Sie eine Senkrechte oder Waagerechte benötigen.

Maschenweite, Linienart und Farbe des Rastergitters passen Sie über BEARBEITEN/PHOTOSHOP ELEMENTS EDITOR • VOREINSTELLUNGEN • HILFSLINIEN & RASTER an.

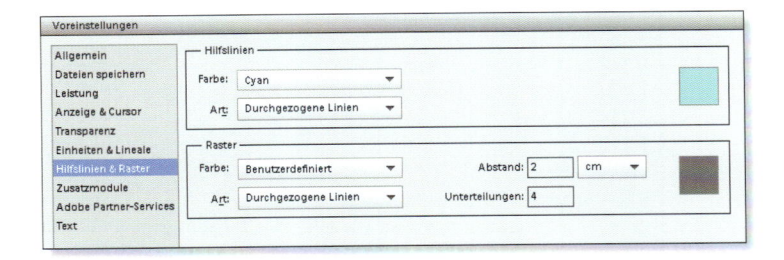

◄ **Abbildung 5.42**
Hier stellen Sie FARBE und ART der Linien sowie den ABSTAND des Rastergitters ein.

Ausrichten an Raster (de)aktivieren | Wenn im Menü ANSICHT • AUSRICHTEN AN ein Häkchen vor RASTER steht, sind die Rasterlinien leicht magnetisch. Das bedeutet, dass Bild- oder Textelemente, Auswahlen und Ebenenkanten am Rastergitter »kleben bleiben«. Sie (de)aktivieren dies eben über das Menü ANSICHT • AUSRICHTEN AN • RASTER. Alternativ halten Sie bei aktivem Ausrichten am Raster die [Strg]/[cmd]-Taste vorübergehend gedrückt, während Sie ein Bild- oder Textelement verschieben; dann ist der »magnetische« Effekt ebenfalls vorübergehend abgeschaltet.

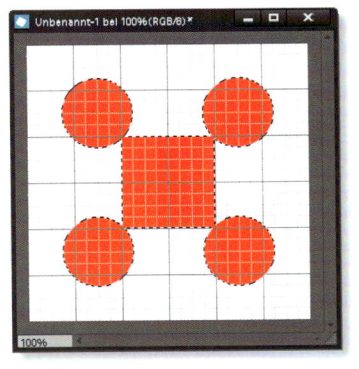

▲ **Abbildung 5.43**
Dank »magnetischen« Rasters ist es ein Kinderspiel, solch exakte Auswahlen oder Muster zu erstellen.

Kapitel_05: Hilfslinien.psd

5.8.4 Exaktes Ausrichten mit Hilfslinien

Hilfslinien können Sie selbst beliebig im Bild positionieren. Sie eignen sich hervorragend als Ausrichtungshilfe für Bild- und Textelemente. Bei der Ausgabe des Bildes, wie beispielsweise beim Drucken oder Abspeichern, bleiben diese Linien unsichtbar.

Abbildung 5.44 ▶
Der Text – oder hier die Textebene – wurde mithilfe von magnetischen Hilfslinien im Bild positioniert.

Farbe der Hilfslinien ändern
Standardmäßig ist Cyan als Farbe für die Hilfslinien eingestellt. Ändern können Sie diese Farbe über BEARBEITEN/PHOTOSHOP ELEMENTS EDITOR • VOREINSTELLUNGEN • HILFSLINIEN & RASTER (siehe Abbildung 5.42). Dasselbe erreichen Sie auch, wenn Sie eine Hilfslinie doppelt anklicken.

Hilfslinien exakt einrasten
Standardmäßig bleiben Hilfslinien exakt an der Position stehen, wo Sie sie »fallen gelassen« haben. Beim Ausrichten von Elementen ist dies nicht immer optimal. Alternativ können Sie daher die Hilfslinien an den Linealaufteilungen einrasten lassen, indem Sie während des Ziehens der Hilfslinien die ⇧-Taste gedrückt halten.

Hilfslinien manuell erstellen | Am einfachsten und schnellsten erstellen Sie eine Hilfslinie über das Lineal. Voraussetzung ist also, dass Sie die Lineale über ANSICHT • LINEALE oder [Strg]/[cmd]+[⇧]+[R] eingeschaltet haben. Jetzt ziehen Sie mit gedrückt gehaltener linker Maustaste direkt auf dem horizontalen oder vertikalen Lineal eine Hilfslinie auf das Bild und lassen diese an der gewünschten Position fallen.

Sie können auch aus dem horizontalen Lineal eine vertikale und aus dem vertikalen Lineal eine horizontale Hilfslinie herausziehen, indem Sie [Alt] gedrückt halten, während Sie eine Hilfslinie aus dem Lineal herausziehen.

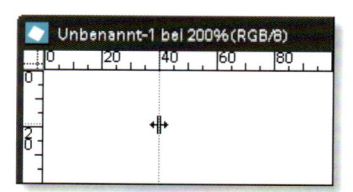

▲ **Abbildung 5.45**
Hier wird gerade eine vertikale Hilfslinie erstellt.

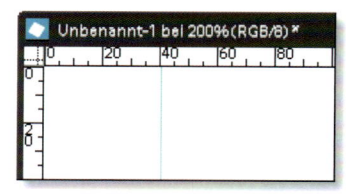

▲ **Abbildung 5.46**
Die fertige vertikale Hilfslinie

Hilfslinien exakt positionieren | Um eine Hilfslinie exakt pixelgenau zu positionieren, können Sie das Informationen-Bedienfeld über FENSTER • INFORMATIONEN verwenden, solange Sie die Maustaste gedrückt halten. Die vertikale und horizontale Position der Hilfslinie lesen Sie an den Werten X bzw. Y ❶ des Informationen-Bedienfeldes ab.

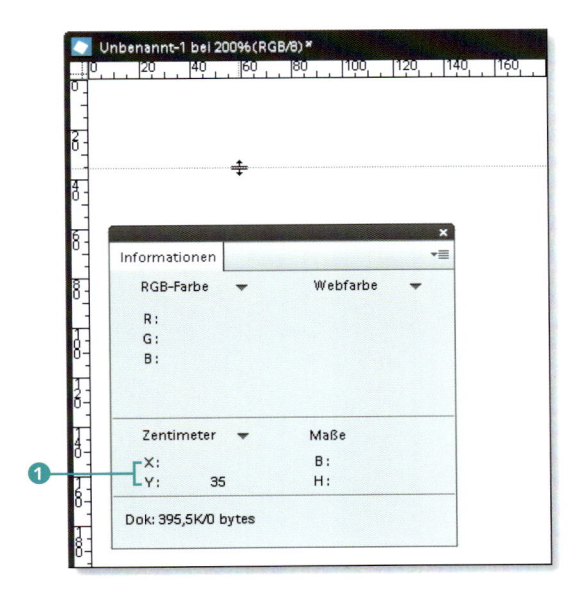

5.8 Hilfsmittel zum Ausrichten und Messen

◀ **Abbildung 5.47**
Die exakte Position der Hilfslinier können Sie über das Informationen-Bedienfeld einstellen und ablesen.

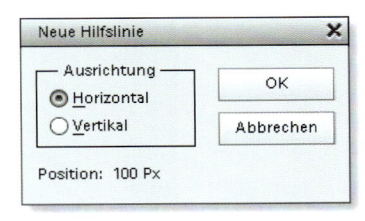

▲ **Abbildung 5.48**
Ebenfalls sehr gut für eine exakte Ausrichtung der Hilfslinien geeignet: der Dialog NEUE HILFSLINIE

Eine weitere Möglichkeit, Hilfslinien exakt zu positionieren, ist der Dialog NEUE HILFSLINIE, den Sie über ANSICHT • NEUE HILFSLINIE aufrufen und in dem Sie die AUSRICHTUNG und POSITION pixelgenau eingeben können.

Hilfslinien ein- und ausblenden | Ein- und ausblenden können Sie die Hilfslinien jederzeit über das Menü ANSICHT • HILFSLINIEN oder mit der Tastenkombination [Strg]/[cmd]+[2].

Hilfslinien verschieben | Einmal erstellte Hilfslinien können Sie jederzeit nachträglich verschieben. Fassen Sie mit dem Verschieben-Werkzeug (Tastenkürzel [V]) eine Hilfslinie an, und bewegen Sie sie mit gedrückt gehaltener linker Maustaste.

Ist das Verschieben-Werkzeug hingegen nicht aktiv, müssen Sie nicht extra zu diesem Werkzeug wechseln. Es reicht völlig aus, wenn Sie die [Strg]/[cmd]-Taste gedrückt halten. Dadurch wird das Verschieben-Werkzeug kurzzeitig aktiv, und Sie können die Hilfslinien wie gewohnt mit gedrückt gehaltener Maustaste verschieben.

Hilfslinien fixieren | Um ein unbeabsichtigtes Verschieben von Hilfslinien zu vermeiden, können Sie diese über das Menü ANSICHT • HILFSLINIEN FIXIEREN (oder die Tastenkombination [Strg]/[cmd]+[Alt]+[.]) fixieren und wieder freigeben.

Hilfslinien löschen | Einzelne Hilfslinien löschen Sie, indem Sie sie einfach aus dem Dokumentfenster herausziehen. Alle Hilfsli-

Ausrichtung umkehren

Wollen Sie die Ausrichtung einer bereits vorhandenen Hilfslinie ändern, müssen Sie nur während des Verschiebens die [Alt]-Taste drücken und die Maustaste loslassen. Aus einer vertikalen wird auf diese Weise eine horizontale Hilfslinie und umgekehrt.

Hilfslinien im Bild speichern

Zwar können Sie die Hilfslinien selbst nie im Bild abspeichern, aber wenn Sie die Position der Hilfslinien sichern wollen, um beispielsweise zu einem anderen Zeitpunkt an dem Bild weiterzuarbeiten, sollten Sie das Bild im Adobe-eigenen PSD-Format speichern.

nien in einem Dokumentfenster hingegen entfernen Sie über das Menü ANSICHT • HILFSLINIEN LÖSCHEN.

> **Tipp: Voreinstellungen schnell öffnen**
>
> Wollen Sie die VOREINSTELLUNGEN für HILFSLINIEN & RASTER schnell öffnen, um beispielsweise die Farbe der Hilfslinie zu verändern, klicken Sie einfach mit dem Verschieben-Werkzeug doppelt auf eine vorhandene Hilfslinie.

Ausrichten an Hilfslinien (de)aktivieren | Wie Raster können auch Hilfslinien magnetisch sein, wodurch beispielsweise Bild- oder Textelemente, Auswahlen und Ebenenkanten an den Hilfslinien kleben bleiben. Sie (de)aktivieren das Ausrichten über das Menü ANSICHT • AUSRICHTEN AN • HILFSLINIEN. Alternativ halten Sie bei aktivem Ausrichten an den Hilfslinien die [Strg]/[cmd]-Taste vorübergehend gedrückt, während Sie ein Bild- oder Textelement verschieben; dann ist der »magnetische« Effekt ebenfalls vorübergehend abgeschaltet.

Kapitel 6
Grundlagen der Bildbearbeitung

Die Grundlagen der Bildbearbeitung sind nicht nur für Einsteiger, sondern auch für die etwas fortgeschrittenen Leser von Interesse. Sie bilden die Voraussetzung für eine professionelle und erfolgreiche Arbeit mit Photoshop Elements. Zur Belohnung für diesen eher theoretischen Buchteil dürfen Sie im nächsten Kapitel mit der Schnellkorrektur Ihrer Bilder anfangen.

6.1 Pixel- und Vektorgrafiken

Bei der Darstellung von Bildinformationen unterscheidet man grundsätzlich zwischen zwei Konzepten: den Pixelgrafiken und den Vektorgrafiken.

6.1.1 Pixelgrafik – Punkt für Punkt

Die Pixelgrafik ist zugleich das Konzept, das Sie zur digitalen Bildbearbeitung mit Photoshop Elements verwenden. Die Pixelgrafik wird häufig auch als »Rastergrafik«, »Bitmap« oder »Pixmap« bezeichnet. Bei der Pixelgrafik werden die Bildinformationen in einzelne quadratische Bildpunkte mit einer Farbfläche aufgeteilt. Je näher Sie in ein Pixelbild hineinzoomen, desto besser können Sie die einzelnen Pixel erkennen.

Hinweis
Sie können dieses Kapitel auch immer wieder zum Nachschlagen nutzen, wenn Ihnen Begriffe unklar sind oder Sie das Gefühl haben, dass Ihnen wichtige Hintergründe fehlen. Hier werden Sie auf jeden Fall fündig.

Scanner und Kamera
Alle Bilder, die mit einer Digitalkamera aufgenommen oder mit einem Scanner eingescannt wurden, sind automatisch Pixelbilder.

◄ **Abbildung 6.1**
Der Bildausschnitt rechts oben zeigt eine starke Vergrößerung des kleinen Rahmens. Dabei werden die einzelnen Pixel des Bildes sichtbar.

Foto: Jürgen Wolf

6.1.2 Vektorgrafik – die mathematische Grafik

Vektorgrafiken verwenden im Gegensatz zu Pixelgrafiken keine Pixelraster, sondern das Bild wird mit mathematischen Funktionen beschrieben. Um einen Kreis zu zeichnen, benötigen Sie beispielsweise einen Mittelpunkt, einen Radius, die Linienstärke und gegebenenfalls eine Farbe. Der Vorteil hierbei ist, dass sich eine solche Grafik ohne erkennbaren Qualitätsverlust fast beliebig skalieren lässt. Außerdem sind Vektorgrafiken sehr sparsam im Speicherverbrauch.

Allerdings sind Vektorgrafiken eher für die Darstellung von geometrischen Primitiven geeignet (Diagramme, Logos etc.). Auf fotorealistische Darstellungen und feine Farbabstufungen müssen Sie bei Vektorgrafiken verzichten.

Vektor

Pixel

Auch mit Photoshop Elements können Sie Vektorgrafiken (zum Beispiel mit der Endung »*.eps«) öffnen, bearbeiten und wieder abspeichern. Allerdings funktioniert dies nur mit Einschränkungen. Die Vektorgrafiken, die Sie mit Photoshop Elements öffnen, werden zuvor **gerastert**. Das bedeutet: Aus der Vektorgrafik wird eine Bitmap. Das Gleiche gilt auch für das Abspeichern von Bild-

---

Vektorgrafik-Programme
Es gibt eine Menge Programme, die auf Vektorgrafiken spezialisiert sind. Zu diesen zählen InDesign, PageMaker, FreeHand, Quark, Illustrator, CorelDraw und die freie und kostenlose Alternative Inkscape.

Abbildung 6.2 ▶
Eine durch Kurven definierte Vektorgrafik

Photoshop Elements und Vektorgrafik
Photoshop Elements ist zwar kein Meister in Sachen Vektorgrafik, aber es bietet auch mit dem Eigene-Form-Werkzeug , Rechteck-Werkzeug , Abgerundetes-Rechteck-Werkzeug , Ellipse-Werkzeug , Polygon-Werkzeug , Stern-Werkzeug und Linienzeichner einige vektorbasierte Werkzeuge. Mehr dazu können Sie in Kapitel 38, »Formen zeichnen mit den Formwerkzeugen«, nachlesen.

Abbildung 6.3 ▶
Beide Texte wurden größer skaliert. Beim Text »Vektor« handelt es sich um eine Vektorgrafik, beim Text »Pixel« um eine Pixelgrafik.

dateien als Vektorgrafik. Zwar lässt sich die Datei als Vektorgrafik abspeichern, wenn Sie diese Grafik dann aber in einem Vektorprogramm öffnen, lässt sich die Vektorgrafik nicht mehr beliebig skalieren, ohne dass sie »verpixelt« wird.

6.2 Bildgröße und Auflösung

Digitale Bilder aus der Kamera oder dem Scanner bestehen aus vielen farbigen Quadraten (bzw. Bildpunkten), den sogenannten Pixeln. Die Menge dieser Pixel bestimmt auch die Auflösung Ihrer Bilder. Dabei müssen Sie zwischen absoluter und relativer Auflösung unterscheiden.

6.2.1 Absolute Auflösung

Die absolute Auflösung kann entweder mit der Gesamtzahl der Pixel oder der Anzahl von Pixeln pro Spalte (vertikal) und Zeile (horizontal) angegeben werden. In der Werbung heben die Hersteller von Digitalkameras meistens die **Gesamtzahl** der Pixel hervor. Die Angabe der absoluten Auflösung über die **Anzahl der vertikalen und horizontalen Pixel** ist eher bei Grafikkarten oder Bildschirmen gängig.

Wenn eine Digitalkamera Bilder mit 12 Megapixeln aufnehmen kann, lässt sich aber immer noch nicht sagen, wie viele vertikale und horizontale Pixel das Bild enthält. Der Wert hängt vom Auflösungsformat des Kameraherstellers ab. So macht die eine Kamera Aufnahmen im 3:2-Format und eine andere Kamera im 4:3-Format. In diesem Beispiel (bei zwölf Megapixeln) ergibt sich bei einem 3:2-Seitenverhältnis eine absolute Auflösung von 4.256 × 2.848 Pixeln und bei einem 4:3-Seitenverhältnis eine absolute Auflösung von 4.048 × 3.040 Pixeln.

6.2.2 Relative Auflösung

Die relative Auflösung beschreibt die tatsächliche Dichte der Pixel eines Bildes. Damit ist die Anzahl der Pixel für eine bestimmte Längeneinheit (hier Inch/Zoll) gemeint. Bezeichnet wird diese Auflösung mit ppi (pixel per inch) oder dpi (dots per inch).

Die Angabe ppi wird gewöhnlich als Auflösung von Bilddateien verwendet. Die Einheit dpi bezeichnet die Auflösung von Ein- und Ausgabegeräten wie Scannern, Monitoren, digitalen Kameras oder Druckern. Allerdings werden heutzutage die beiden Abkürzungen (ppi und dpi) nicht mehr so sorgfältig unterschieden; die Bezeichnung dpi wird in der Regel für beides verwendet.

Wie viel Pixel verwenden?

Viele Digitalkameras bieten die Möglichkeit, festzulegen, mit welcher Auflösung die Bilder aufgenommen werden sollen. Wenn Sie die Bilder nachträglich bearbeiten wollen, sollten Sie immer die höchstmögliche Auflösung verwenden.

Inch oder Zoll?

»Inch« ist der englische Begriff für die internationale Einheit Zoll. Ein Zoll misst exakt 25,4 mm (= 2,54 cm).

---

lpi bzw. lpcm

Manchmal finden Sie noch den Begriff lpi (lines per inch) oder lpcm (lines per centimeter). Diese Maßeinheit findet vorwiegend Anwendung beim professionellen Druck.

Auflösung in Photoshop Elements | Wenn Sie ein Bild öffnen, können Sie die relative Auflösung über das Menü BILD • SKALIEREN • BILDGRÖSSE oder `Strg`/`cmd`+`Alt`+`I` in dem sich öffnenden Dialog anzeigen lassen und gegebenenfalls auch ändern.

Die Angaben für die absolute Auflösung werden im Rahmen PIXELMASSE ❶ angezeigt. Die Werte für die relative Auflösung finden Sie im Bereich DOKUMENTGRÖSSE ❷. Von Interesse ist hier der Wert AUFLÖSUNG ❸.

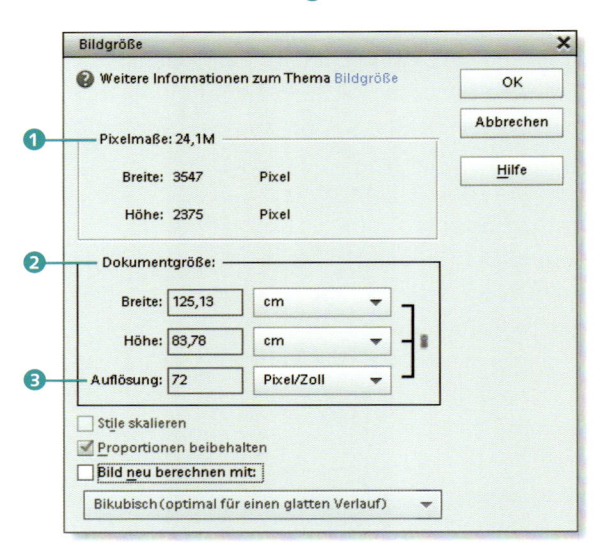

Abbildung 6.4 ▶
Die (relative) Auflösung hängt unmittelbar mit den Bildmaßen (Breite und Höhe) zusammen.

Das in Abbildung 6.4 untersuchte Bild hat also eine (relative) Auflösung von 72 ppi (Pixel pro Zoll). Das heißt, auf einer Strecke von 2,54 cm sind 72 Pixel untergebracht. Diese Auflösung ist typisch für Bilder, die nur auf dem Monitor betrachtet werden müssen. Für den Druck wäre diese Auflösung zu gering.

Auflösung für den Druck | Beim Druck ist die Auflösung besonders wichtig. Je mehr Pixel pro Inch/Zoll vorhanden sind, desto feiner und höher aufgelöst sind die einzelnen Bildpunkte beim Druck und desto größer können Sie Ihre Bilder in hoher Qualität ausdrucken.

Wichtig sind hierbei auch die Werte für die Pixelmaße (Höhe und Breite). Um ein Bild mit einer hohen Auflösung zu drucken, muss auch die Pixelanzahl des Bildes groß genug sein. Zwar können Sie auch ein Bild mit 300 × 200 Pixeln in sehr hoher Auflösung drucken, dann aber nur in Briefmarkengröße. Ein Bild muss also für den Druck nicht nur über eine hohe Auflösung verfügen, sondern auch über eine entsprechend hohe Anzahl von Pixeln in Höhe und Breite.

6.2 Bildgröße und Auflösung

Bei den drei folgenden Fotos wurde dasselbe Bild mit den Pixelmaßen 2.000 × 1.333 verwendet, lediglich die Auflösung des Bildes wurde jeweils verändert. Damit Sie das im Buch auch besser erkennen können, habe ich die Größe des Dokumentfensters immer gleich gelassen.

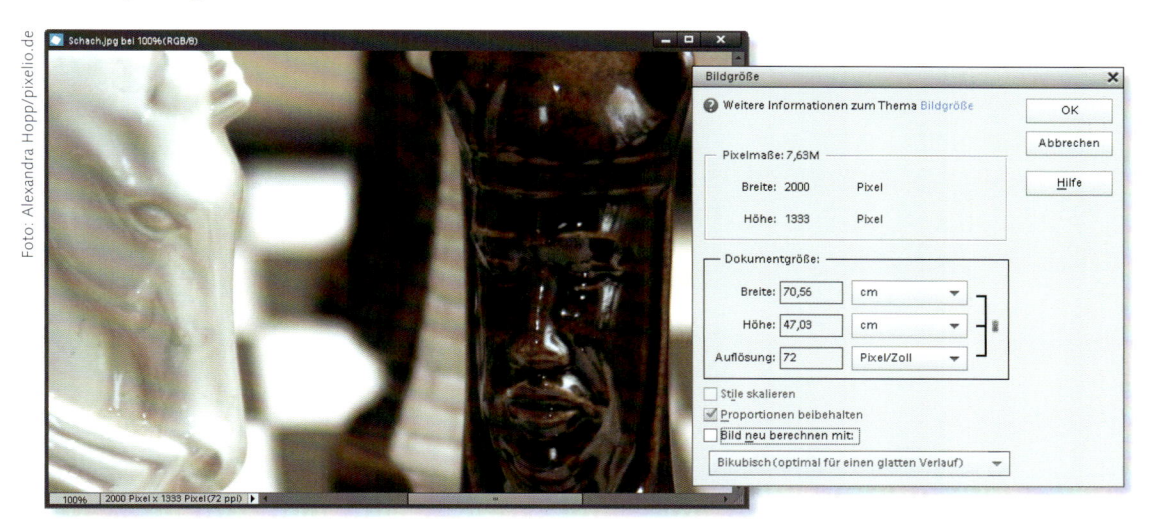

▲ **Abbildung 6.5**
In dieser Abbildung hat das Bild eine Auflösung von 72 ppi. Das Bild ist in der Ansicht der Druckerauflösung so groß, dass nur ein Ausschnitt dargestellt werden kann.

▲ **Abbildung 6.6**
Hier sehen Sie dasselbe Bild, diesmal mit den Dokumentmaßen 33,87 × 22,57 cm. Die Auflösung wurde auf 150 ppi erhöht.

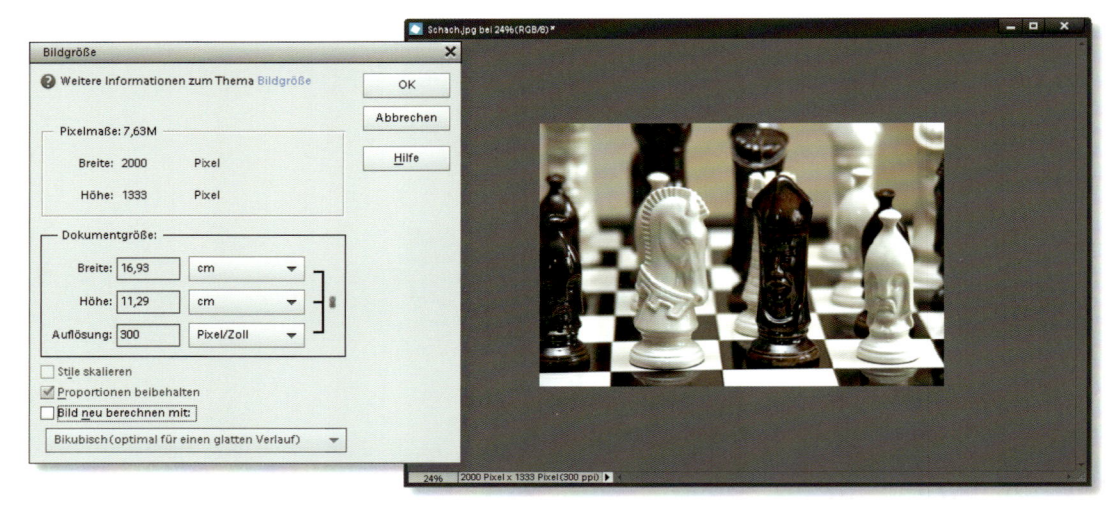

▲ Abbildung 6.7
Dieses Bild wurde an die für den Druck typische Auflösung von 300 ppi angepasst. Das Pixelmaß liegt allerdings nach wie vor bei 2.000 × 1.333 Pixel.

Vierfarbdruck
Mehr zum Thema Vierfarbdruck (CMYK) erfahren Sie im Abschnitt »Farbmodelle« auf Seite 151.

Wollen Sie ein Bild für den Druck vorbereiten, so sollten Sie die **Auflösung auf 300 ppi** (Pixel pro Inch/Zoll) einstellen. Dies mag Ihnen zunächst etwas unlogisch vorkommen. Warum sollten Sie, wenn Sie mit 72 ppi ein Bild riesig ausdrucken können, ein Bild verkleinern, indem Sie es auf 300 ppi setzen?

Der Grund für dieses Vorgehen liegt im Druckverfahren des Vierfarbdrucks, das im professionellen Druck eingesetzt wird. Hierbei können nur die Farben Cyan, Magenta, Gelb und Schwarz verwendet werden. Mit diesen vier Farben muss das gesamte Farbspektrum abgebildet werden. Während zum Beispiel ein Monitor jede Farbe in diesem sichtbaren Farbspektrum annehmen kann, müssen beim Vierfarbdruck Farb- und Helligkeitsabstufungen simuliert werden. Für diese Simulation werden Fotos in Rasterpunkte zerlegt. Da es bei der Erstellung der Rasterpunkte zu Informationsverlusten kommt, erfordert dieses Druckverfahren mehr Informationen, die in Form einer Erhöhung der Auflösung auf 300 ppi erreicht werden.

Auflösung für den Tintenstrahldrucker | Beim Drucken mit einem Tintenstrahldrucker sind die Punkte jeweils gleich groß, und es gibt kein feststehendes Rastergitter wie bei Druckermaschinen. Bei dieser Technik können mit einem Drucker die Bilder mit einer niedrigeren Auflösung sehr detailliert ausgedruckt werden, so dass für Tintenstrahldrucker eine **Auflösung von 150 ppi** ausreichen sollte.

6.2 Bildgröße und Auflösung

Auflösung für den Fotodruck | Auch für den Fotodruck bei vielen Bilderdiensten wird häufig eine **Auflösung von 300 ppi** empfohlen. Tabelle 6.1 und Tabelle 6.2 geben Ihnen einen Überblick über die Pixelmaße (Höhe und Breite) für die verschiedenen Formate (3:4, 2:3), die Sie mindestens benötigen, um beim Fotodruck eine sehr gute Qualität zu erzielen.

Größe des Abzugs beim 3:4-Format (cm)	Erforderliches Pixelmaß (Pixel)	Kameraauflösung (Megapixel)
10 × 13	1.181 × 1.535	1,81
13 × 17	1.535 × 2.008	3,01
20 × 27	2.362 × 3.189	7,53
30 × 40	3.543 × 4.724	16,7

▲ **Tabelle 6.1**
Größe des Abzugs, erforderliche Dateigröße und Kameraauflösung für 3:4-Formate

Größe des Abzugs beim 2:3-Format (cm)	Erforderliches Pixelmaß (Pixel)	Kameraauflösung (Megapixel)
9 × 13	1.063 × 1.535	1,63
10 × 15	1.181 × 1.772	2,1
13 × 18	1.535 × 2.126	3,26
20 × 30	2.362 × 3.543	8,37
30 × 45	3.543 × 5315	18,8
40 × 60	4.724 × 7.087	33,4

▲ **Tabelle 6.2**
Größe des Abzugs, erforderliche Dateigröße und Kameraauflösung für 2:3-Formate

Eine Ausbelichtung von 300 dpi stellt natürlich bei den Anbietern häufig das Maximum dar. Mittlerweile bieten auch viele Anbieter eine Ausbelichtung von 250, 200 und/oder 150 dpi an. Das variiert von Anbieter zu Anbieter. Bei einer niedrigeren Ausbelichtung sind natürlich die Pixelzahlen auch geringer. Um wirklich sicherzugehen, sollten Sie sich ohnehin vorher beim Anbieter informieren.

Kapitel 6 Grundlagen der Bildbearbeitung

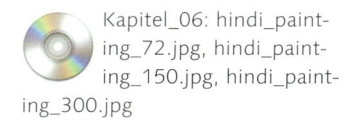

Kapitel_06: hindi_painting_72.jpg, hindi_painting_150.jpg, hindi_painting_300.jpg

Auflösung für den Bildschirm und für das Web | Die Angaben der relativen Auflösung für die Druckerei, für den Drucker oder den Fotodruck gelten nicht für den Bildschirm- oder Webeinsatz.

In Abbildung 6.8 sehen Sie dreimal dasselbe Bild mit den Pixelmaßen 639 × 750, jeweils in den Auflösungen (von links nach rechts) 72 ppi, 150 ppi und 300 ppi. Um diese Bilder in Photoshop Elements zu öffnen und in der Ausgabegröße für den Drucker anzusehen, wählen Sie den Befehl ANSICHT • AUSGABEGRÖSSE für das jeweilige Bild aus.

Abbildung 6.8 ▲
Die Ansicht für das Druckformat der Bilder erreichen Sie über den Befehl ANSICHT • AUSGABEGRÖSSE.

Öffnen Sie die drei Bilder nun testweise nacheinander im Webbrowser: Alle drei Bilder werden gleich groß dargestellt, weshalb ich an dieser Stelle auch auf Bildschirmfotos verzichte. Bilder auf dem Computerbildschirm werden, im Gegensatz zum Druck, immer in der Relation zu anderen auf dem Bildschirm angezeigten Elementen dargestellt. Da hierbei die üblichen Systemvorgaben den Pixelangaben unterworfen sind, reichen für Bilder auf dem Bildschirm und für das Web die Pixelangaben aus.

Der 72-ppi-Mythos
Einen sehr interessanten Artikel dazu finden Sie auf der Webseite *http://praegnanz.de/essays/72dpi.*

Folglich gibt es keine verbindlichen Standards für die Auflösung von Bildern, die auf einem Bildschirm oder im Web dargestellt werden. Ein Großteil der Bilder im Web hat allerdings eine Auflösung von 72 ppi, weil diese Bilder weniger Speicherplatz benötigen als Bilder mit einer Auflösung von 300 ppi. Da Ladezeiten im Internet nach wie vor eine wichtige Rolle spielen, empfiehlt sich eine **Auflösung von 72 ppi bis 96 ppi**.

6.3 Farben – Farbtiefe und Bildmodus

Farben sind, physikalisch gesehen, keine Eigenschaften von Objekten, sondern subjektive Sinnesempfindungen. Dass Sie Gras als »grün« sehen, liegt nur an dem Abbild (Farbreiz), das Ihr Gehirn Ihrem Bewusstsein signalisiert. Wissenschaftlich ist noch nicht umfassend geklärt, wie unser Gehirn die Wahrnehmung von Farben verarbeitet. Zweifellos aber zählen Farben zu den wichtigsten Ausdrucksmitteln in der Fotografie.

6.3.1 Farbmodelle

Um Farben spezifizieren und beschreiben zu können, teilt man sie in Farbmodelle ein. Jedes dieser Farbmodelle beschreibt dabei einen Bereich von Farbwerten, der von einem Ein- oder Ausgabegerät unter bestimmten Voraussetzungen erkannt oder dargestellt werden kann. Solche Geräte sind digitale Kameras, Scanner, Bildschirme oder Drucker – aber auch der menschliche Sehsinn kann als ein »Eingabegerät« aufgefasst werden.

Insgesamt gibt es mehr als vierzig solcher Farbmodelle. Nicht jedes Modell ist für jedes Anwendungsgebiet geeignet. Im Folgenden stelle ich Ihnen die beiden wichtigsten Farbmodelle im Kontext der Grafik- und Bildbearbeitung vor: das **RGB-Farbmodell** und das **CMYK-Farbmodell**.

RGB versus CMYK
Der Farbraum des RGB-Farbmodells umfasst wesentlich mehr Farben als das CMYK-Farbmodell.

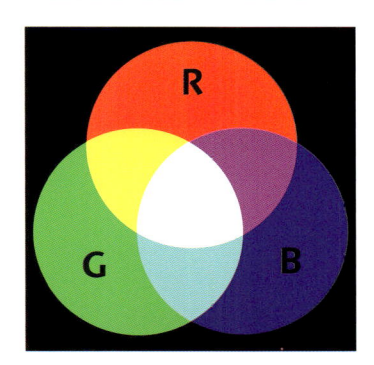

RGB-Farbmodell | Das RGB-Farbmodell ist wohl das bekannteste und am häufigsten eingesetzte Farbmodell. Es wird vor allem bei Digitalkameras, Monitoren, TV und Scannern verwendet – also überall dort, wo Geräte mit Licht arbeiten. Das RGB-Modell beschreibt Farben als Bestandteil des Lichtes innerhalb eines Spektrums. Dieses Spektrum wird gebildet aus den Primärfarben **R**ot, **G**rün und **B**lau. Die maximale Summe aller drei Farben ergibt Weiß. Schwarz resultiert immer dann, wenn gar keine Farbe ausgegeben wird.

Jedes Pixel in einem RGB-Farbmodell besteht somit aus den drei Kanälen Rot, Grün und Blau. Jeder dieser Kanäle kann den Wert 0 bis 255 haben. Haben alle drei Kanäle den Wert 0 (Rot = 0; Grün = 0; Blau = 0), so ergibt dies die Farbe Schwarz. Haben hingegen alle drei Kanäle den Wert 255, so entspricht dies der Farbe Weiß. Ein neutrales Grau entsteht, wenn alle drei Farben den Wert 128 haben.

Das System stellt Ihnen folglich 16,7 Millionen Farben (256 × 256 × 256) zur Verfügung. Tabelle 6.3 listet einige typische Farbmischungen des RGB-Farbmodells auf.

▲ **Abbildung 6.9**
Das RGB-Farbmodell

Kapitel 6   Grundlagen der Bildbearbeitung

Farbe	Rot-Wert	Grün-Wert	Blau-Wert
Rot	255	0	0
Grün	0	255	0
Blau	0	0	255
Cyan	0	255	255
Magenta	255	0	255
Gelb	255	255	0
Schwarz	0	0	0
Weiß	255	255	255
Grau	128	128	128

▲ **Tabelle 6.3**
Verschiedene Werte im RGB-Farbmodell und die entsprechenden Farben

CMYK und Photoshop Elements

Das CMYK-Farbmodell wird von Photoshop Elements nicht direkt unterstützt und ist dem großen Photoshop CS vorbehalten. Da dieses Modell aber in der professionellen Bildbearbeitung sehr wichtig ist, soll es dennoch hier erwähnt werden.

CMYK-Farbmodell | Die Abkürzung CMYK steht für **C**yan (Türkis), **M**agenta (Fuchsinrot), **Y**ellow (Gelb) und **K**ey (Schlüsselfarbe Schwarz). Dieses Farbmodell kommt primär bei Druckverfahren zum Einsatz (genauer beim Vierfarbendruck). Key wird in der Druckindustrie auch als »Tiefe« bezeichnet. Das Modell ist für die subtraktive Farbmischung optimiert, wie sie auch in Druckern verwendet wird.

Auch bei vielen Farbdruckern finden Sie die drei Farben Cyan, Magenta und Yellow vor. Darüber hinaus nutzt ein Drucker schwarze Tinte, da ein Anteil von jeweils 255 der Farben Cyan, Magenta und Yellow auf dem Papier nicht tatsächlich Schwarz ergibt, sondern ein dunkles Braun. Die zusätzliche Verwendung schwarzer Tinte ist auch ökonomischer, da sonst aus den teuren Farben ein Schwarz in schlechter Qualität erzeugt werden müsste.

Gewöhnlich muss ein Bild vor dem Druck vom RGB-Modus in den CMYK-Modus konvertiert werden. Bei dieser Konvertierung gehen Bildinformationen verloren, und das Bild wirkt häufig auch nicht mehr so hell und klar wie zuvor. Daher sollten Sie das Bild immer erst vollständig im RGB-Modus bearbeiten, ehe Sie es dann in den CMYK-Modus konvertieren.

In der Praxis sind die Druckertreiber für Tintenstrahldrucker dafür optimiert, RGB-Bilder zu verarbeiten und in CMYK umzuwandeln. Dies erscheint zunächst widersprüchlich, ist aber aus Kostengründen sinnvoll, weil die schwarze Farbe nicht aus den teureren Farben gemischt werden muss.

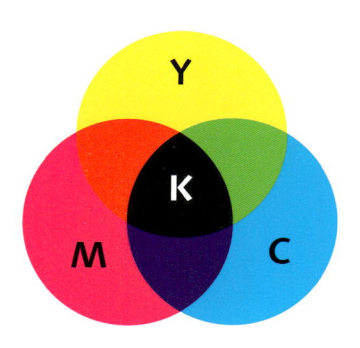

▲ **Abbildung 6.10**
Das CMYK-Farbmodell

6.3.2 Farbtiefe

Sie haben bereits erfahren, dass ein Bild aus vielen einzelnen Pixeln (Bildpunkten) besteht. Bei einem 300×200 Pixel großen Bild ergeben sich insgesamt 60.000 einzelne Pixel. Jedem dieser Pixel kann eine eigene Farbe zugewiesen werden.

In diesem Zusammenhang kommt der Begriff **Farbtiefe** ins Spiel. Als Farbtiefe beschreibt man die Datenmenge eines Bildes; gemessen wird die Farbtiefe somit in der Einheit Bit. Bei einem reinen Schwarzweißbild (nicht Graustufenbild), in dem nur noch reines Schwarz und reines Weiß vorhanden sind, würde demnach ein einziges Bit für die Farbtiefe ausreichen. Für die Farben Schwarz und Weiß sind zwei Zustände nötig, die mit einem Bit (0 oder 1) dargestellt werden können.

In der Praxis werden die Bilder allerdings meistens mit einer höheren Informationsdichte gespeichert. Standardmäßig verwendet man 8 Bit für jeden Kanal. Bei einem Graustufenbild bedeutete dies insgesamt 256 verschiedene Graustufen (2^8 = 256). Bei einem Bildmodus mit mehreren Kanälen wie dem RGB-Bildmodus, wo drei Kanäle (3 Kanäle × 8 Bit = 24 Bit) zur Verfügung stehen, sind dies schon 16,7 Millionen Farben (2^{24} = 16.777.216).

16 Bit Farbtiefe

Leider unterstützt Photoshop Elements nur eine Farbtiefe bis zu 8 Bit je Kanal. Die einzige Ausnahme bildet hier die RAW-Bearbeitung. Photoshop hingegen unterstützt Bilder mit bis zu 16 Bit pro Farbkanal.

▲ **Abbildung 6.11**
Die Stifte wurden mit 1 Bit Farbtiefe gespeichert.

▲ **Abbildung 6.12**
Stifte als 8-Bit-Graustufenbild

▲ **Abbildung 6.13**
Die Stifte mit allen drei RGB-Kanälen in voller 24 Bit Farbtiefe

6.3.3 Bildmodus in Photoshop Elements

Nicht nur in Photoshop Elements werden Farben, die von einer Datei dargestellt werden, durch einen Bildmodus festgelegt. Bilder können jederzeit von einem Modus in einen anderen konvertiert werden.

Kapitel 6   Grundlagen der Bildbearbeitung

Abbildung 6.14 ▶
Über BILD • MODUS finden Sie alle in Photoshop Elements verfügbaren Modi.

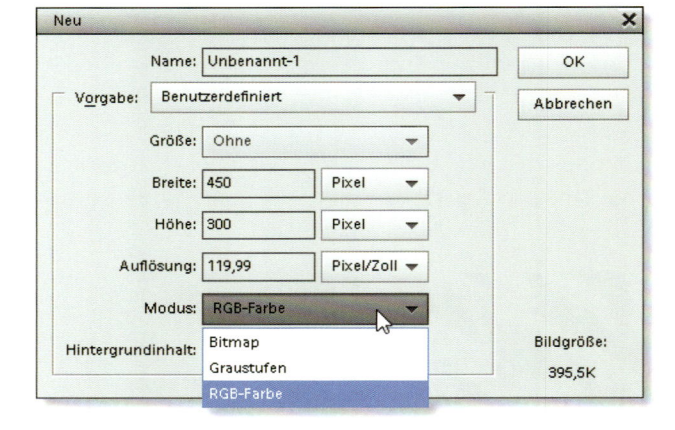

Abbildung 6.15 ▶
Beim Erzeugen einer neuen Datei können Sie auch festlegen, in welchem MODUS die neue Datei erstellt werden soll.

Ausgegraute Funktionen
Sind im Menü viele Funktionen ausgegraut und stehen für die Bildbearbeitung nicht zur Verfügung, so sollten Sie den Bildmodus über BILD • MODUS überprüfen – nur für den RGB-Modus stehen alle Bildbearbeitungsfunktionen bereit.

Bildmodus RGB – der Bildbearbeitungsstandard | Photoshop Elements arbeitet standardmäßig mit dem RGB-Farbmodell. Mit dem RGB-Modus werden Sie am wenigsten Probleme bei der Bildbearbeitung haben. Beim Import von Bildern über einen Scanner oder eine Kamera und in anderer Bildbearbeitungssoftware wird ebenfalls der RGB-Modus verwendet. Wenn Sie den RGB-Modus nutzen, ersparen Sie sich eine Modusänderung, unter der auch die Qualität der Bilder leiden kann. Dasselbe gilt für Bilder im Web. Viele Browser können gar keinen anderen Bildmodus als RGB wiedergeben.

Wenn Sie ein wenig Gefühl für das »Mischen« von RGB-Farben bekommen wollen, rufen Sie einfach per Klick auf das Icon VORDERGRUNDFARBE EINSTELLEN in der Werkzeugpalette den Dialog aus Abbildung 6.16 auf. Dort können Sie mit den Werten R, G und B ❶ herumexperimentieren und Werte von 0 bis 255 eintragen.

6.3 Farben – Farbtiefe und Bildmodus

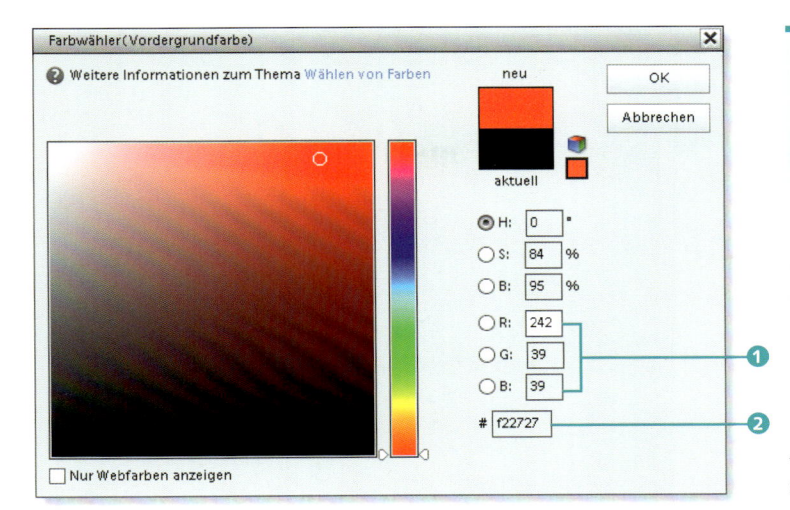

Hexadezimal

Für Webseiten benötigen Sie häufig die hexadezimale Schreibweise (mit der Basis 16). Auch hierbei finden Sie beim Farbwähler die Eingabe einer HTML-Notation ❷, bzw. hier wird die entsprechende Notation zu einer Farbe angezeigt.

◀ **Abbildung 6.16**
Eine neue Farbe festlegen

◀ **Abbildung 6.17**
Murmeln, im RGB-Modus gespeichert

Bildmodus Indizierte Farbe | Beim Bildmodus INDIZIERTE FARBE erhält jedes Pixel anstelle eines Wertes der RGB-Farbkanäle lediglich einen Index auf einen Wert einer Farbpalette. Diese Farbpalette wird dann im Anschluss mit im Bild gespeichert. Somit handelt es sich bei diesem Modus nicht um einen Bildmodus im eigentlichen Sinne.

Bei diesem Modus erhält jedes Pixel eine Nummer. Zu dieser Nummer wird dann in einer Tabelle die zugehörige Farbe hinterlegt. Es steht ein Kanal mit 256 Farben (also 8 Bit Farbtiefe) zur Verfügung. Hierbei lässt sich natürlich viel Speicherplatz sparen. Eingesetzt werden indizierte Farben im Webbereich bei Grafikformaten wie GIF oder PNG. Für die Bildbearbeitung ist diese radikale Farbreduzierung eher ungeeignet.

Wenn Sie ein Bild in den Modus INDIZIERTE FARBE umwandeln (BILD • MODUS • INDIZIERTE FARBE), erscheint ein Dialog mit den verschiedenen Einstellmöglichkeiten. Je nach Einstellung fallen die Ergebnisse recht unterschiedlich aus.

Kapitel 6   Grundlagen der Bildbearbeitung

▲ **Abbildung 6.18**
Die Murmeln im Einsatz mit indizierten Farben. Der Speicherplatz wurde hiermit um das Fünffache reduziert.

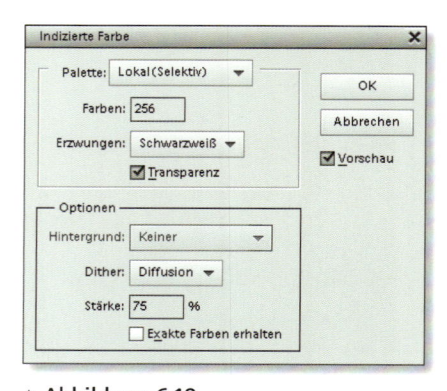

▲ **Abbildung 6.19**
Einstellmöglichkeiten, um aus einem Bild ein Bild mit indizierten Farben zu machen

Schwarzweißbilder auf die Schnelle

Wenn Sie nun glauben, mit diesem Modus ließen sich tolle Schwarzweißbilder erstellen, so liegen Sie nicht ganz falsch. Dennoch ist der Moduswechsel die schlechteste Wahl, um Schwarzweißbilder zu generieren. Wie Sie bessere Ergebnisse erzielen, erfahren Sie in Kapitel 15, »Schwarzweißbilder«.

Bildmodus Graustufen | Ähnlich wie bei INDIZIERTE FARBE wird auch beim GRAUSTUFEN-Bildmodus das Bild in einem Kanal mit 8 Bit Farbtiefe gespeichert. Es ergeben sich maximal 256 Graustufen, vom hellsten Weiß (0) bis zum tiefsten Schwarz (255). In der Regel reichen diese 256 Graustufen vollkommen aus, um eine gute Darstellung zu erzielen.

Genau genommen wird beim GRAUSTUFEN-Bildmodus die Helligkeit der Graustufen von 0 % (für Weiß) bis 100 % (für Schwarz) beschrieben. Allerdings findet man bis heute noch wie bei den RGB-Farben die Angaben 0 (für Weiß) bis 255 (für Schwarz).

Abbildung 6.20 ▶
Die Murmeln in einem Graustufenbild mit 256 Tonwerten

Bildmodus Bitmap | Im Bildmodus BITMAP steht Ihnen nur noch ein einziges Bit an Farbtiefe pro Pixel zur Verfügung. Somit kann ein Pixel nur noch Schwarz oder Weiß enthalten. Dass das Bild anschließend trotzdem wie ein grobes Bild in Graustufen aussieht, liegt an dem Rastermuster, das durch die Umwandlung entsteht. Wenn Sie ganz nah an ein Bild im BITMAP-Modus heranzoomen, werden Sie das reine Schwarzweißraster erkennen.

▲ **Abbildung 6.21**
Die Murmeln wurden in den BITMAP-Modus konvertiert. Durch das Rastermuster entsteht der Eindruck eines Graustufenbildes.

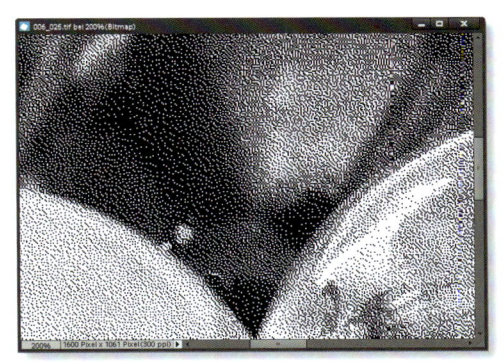

▲ **Abbildung 6.22**
Wenn Sie das Bild ganz nah heranzoomen, erkennen Sie das Raster.

Den Bildmodus ändern | Den Bildmodus können Sie jederzeit über die Menübefehle BILD • MODUS ändern. Beachten Sie allerdings, dass Sie bei einer Modusänderung auch die Farbwerte unwiderruflich ändern und diese bei einer Rückkonvertierung nicht wiederherstellen können.

Arbeiten Sie aus diesem Grund zunächst niemals mit dem Originalbild. Die Kopie des Bildes sollten Sie wiederum zuerst im Originalmodus bearbeiten. Im Idealfall (und in der Regel) liegt das Bild im RGB-Modus vor. Nur in diesem Modus haben Sie Zugriff auf alle Bildbearbeitungsfunktionen von Photoshop Elements.

CMYK – der Modus für den professionellen Druck | Neben den von Photoshop Elements unterstützten Farbmodellen gibt es eine Reihe weiterer Modelle, darunter den für den Druck wichtigen CMYK-Modus.

Wenn Sie Bilder für den professionellen Druck benötigen, werden Sie also um Photoshop nicht herumkommen. Dort wird der CMYK-Modus im vollen Umfang unterstützt.

6.4 Datenkompression

Im Zusammenhang mit bestimmten Bildformaten ist häufig von der Datenkompression die Rede. Diese Datenkompression ist nicht mit dem Dateiformat zu verwechseln. Vielmehr handelt es sich um ein Verfahren zur Reduzierung des Speicherbedarfs von Daten. Drei mögliche Arten der Speicherung werden bei der Datenkompression unterschieden:

Datenmenge reduzieren
Die Reduzierung der Datenmenge wird erreicht, indem eine günstigere Repräsentation ermittelt wird, die die gleichen Informationen in kürzerer Form darstellt. Diese Arbeit übernimmt ein Codierer. Der komplette Vorgang wird als Kompression oder Codierung bezeichnet.

Kapitel 6 Grundlagen der Bildbearbeitung

Kompression in der Theorie

Die Kompression lässt sich anhand der Zeichenfolge *aaabbb* erklären. Im RLE-Verfahren wird aus dieser Zeichenfolge *a3b3*. Das erste Zeichen steht für den Buchstaben, gefolgt von der Anzahl seiner Wiederholungen. Ähnlich funktionieren einige Algorithmen, die nach sich wiederholenden Bildinhalten suchen und diese Ähnlichkeiten im Bild speichern.

- **Unkomprimierte Speicherung**: Bei der unkomprimierten Speicherung werden Bilder Pixel für Pixel auf die Festplatte geschrieben. Im RGB-Modus bei 300 ppi ergibt dies bis zu 3 Bytes pro Pixel. Hochgerechnet auf ein Bild mit 3.543 × 3.150 Pixeln haben Sie so schnell einen Speicherumfang von 33 Megabytes.

- **Verlustfreie Kompression**: Wenn die codierten Daten nach der Codierung exakt denen des Originals entsprechen, spricht man von einer verlustfreien Kompression. Dieses Verfahren eignet sich besonders für flächige Bilder mit geringen Farbabstufungen. Fotos hingegen können kaum oder nicht so stark reduziert werden, da sie aus einer Vielzahl von Farben bestehen. Häufige Verfahren zur verlustfreien Kompression sind **RLE**, **ZIP** und **LZW**. Bei diesen Kompressionsverfahren handelt es sich um mathematische Verfahren, sogenannte Algorithmen. So verwenden die Formate GIF und TIFF eine LZW-Kompression von Bilddaten, obwohl es sich hierbei um unterschiedliche Formate handelt. Bei TIFF haben Sie neben den ZIP- und JPEG-Kompressionsverfahren zusätzlich die Möglichkeit, ohne Bildkomprimierung zu speichern.

Abbildung 6.23 ▶
Das Bild auf der linken Seite wurde ohne Komprimierung im TIFF-Format gespeichert und benötigt satte 19 MB Speicherplatz. Das rechte Bild hingegen wurde ebenfalls im TIFF-Format gespeichert, allerdings mit der verlustfreien LZW-Komprimierung. Es verbraucht bei konstanter Qualität nur noch 6 MB Speicherplatz.

Foto: Martin Conrad

- **Verlustbehaftete Kompression**: Von einer verlustbehafteten Kompression spricht man, wenn Daten nicht mehr fehlerfrei rekonstruiert werden können. Das beste Beispiel hierfür ist das **JPEG-Verfahren**. Bei diesem Verfahren werden Bilder in 8 × 8 Pixel große Farbblöcke zerlegt. Die Farben der Pixel werden dabei so verändert, dass möglichst viele gleiche 8-mal-8-Pixelblöcke im Bild entstehen. Hierbei können Sie auch die Kompressionsrate erhöhen, um die Datei zu verkleinern – dabei verschlechtert sich allerdings zugleich die Bildqualität. Das JPEG-Verfahren ist eher für Fotos geeignet und weniger für Grafiken mit scharfen Kanten oder für flächige Grafiken mit wenig Farbe. Die Kompression von Fotos wird allerdings mit einigen Nachteilen erkauft: Je stärker die Kompression, desto eher kommt es zu Kompressionsartefakten im Bild. Kompressionsartefakte sind Signalstörungen wie unscharfe Kanten, Unschärfe, Kästchenmusterbilder (Verblockung) oder Farbverfälschung.

6.5 Wichtige Dateiformate für Bilder

Photoshop Elements bietet Ihnen eine Vielzahl an Dateiformaten zum Speichern Ihrer Bilder an. In der Praxis benötigen Sie allerdings höchstens eine Handvoll dieser Formate. Die gängigen Formate und ihre Einsatzgebiete möchte ich Ihnen auf den folgenden Seiten kurz vorstellen.

▲ Abbildung 6.24
Besonders bei Bildern mit weichen Farbübergängen fallen die Artefakte bei übertriebener Kompression stark auf, wie sie hier, zur Demonstration absichtlich, in den Sonnenstrahlen verursacht wurden.

PSD – das hauseigene Format | Das hauseigene Format PSD (für **P**hoto**s**hop **D**okument) ist ein reines Arbeitsformat und eher ungeeignet für die Weitergabe von Dateien. Um eine PSD-Datei an andere Programme weiterzugeben oder ins Web zu stellen, können Sie sie jederzeit in einem anderen Format abspeichern. Der Austausch mit anderen Adobe-Produkten, wie zum Beispiel Photoshop, funktioniert dagegen problemlos.

Neben den Bildinformationen werden beim PSD-Format auch sämtliche Photoshop-Elements-Funktionen wie Ebenen, Auswahlen etc. mitgespeichert. Zur Speicherung all dieser Bildinformationen wird bei diesem Format keinerlei Kompression durchgeführt. Daher benötigen PSD-Dateien auch sehr viel Speicherplatz.

Probleme mit Photoshop-Elements-TIFF-Dateien

Manche Anwendungen haben Probleme, Photoshop-Elements-TIFF-Dateien mit ZIP- oder JPEG-Kompressionen zu lesen. Sofern Sie also die Daten weitergeben wollen, sollten Sie entweder das LZW-Verfahren verwenden oder auf Kompression verzichten.

TIFF – das Profiformat | Das Format TIFF (**T**agged **I**mage **F**ile **F**ormat, manchmal auch TIF) kann mit fast allen Bildbearbeitungsprogrammen und Programmen verwendet werden, die den Import von Grafiken unterstützen. Auch für die Druckvorstufe ist TIFF das ideale Format. Die Bilder und Bildschirmfotos in diesem Buch wurden alle im TIFF-Format gespeichert. Sehr praktisch ist es, dass TIFF auch Ebenen mit abspeichert. Außerdem werden alle Transparenzen eines Bildes bei einer Farbtiefe von 24 Bit bewahrt.

Beim Abspeichern können Sie TIFF wahlweise komprimiert oder unkomprimiert sichern. Beim Komprimieren haben Sie die Wahl zwischen den verlustfreien Kompressionsverfahren LZW und ZIP sowie der verlustbehafteten JPEG-Komprimierung.

JPEG als Arbeitsformat

Wenn Sie JPEG als Arbeitsformat verwenden, verschlechtert sich die Qualität des Bildes mit jedem Speichern, da JPEG immer eine verlustbehaftete Datenkompression verwendet. Daher empfiehlt es sich, ein JPEG-Bild zuerst im PSD-Format zu sichern und es erst nach dem Abschluss der Bearbeitung wieder als JPEG abzuspeichern.

JPEG – der Profi für Bilder im Web | Das Format JPEG (**J**oint **P**hotographic **E**xperts **G**roup, manchmal auch JPG) ist ideal, um Bilder ins Web zu stellen, da es von allen Webbrowsern wiedergegeben werden kann. Bilder mit gleichmäßigen, großen Farbflächen und scharfen Kanten werden wegen des Kompressionsverfahrens jedoch eher unsauber dargestellt. Mit 16,7 Millionen Farben deckt JPEG dafür aber die gesamte Farbpalette des menschlichen Auges ab.

Beachten Sie, dass JPEG eigentlich den Algorithmus bezeichnet, mit dem die Grafik verlustbehaftet komprimiert wird. Die entsprechenden Dateiendungen lauten meistens ».jpeg«, ».jpg« oder auch ».jpe«. Beim Speichern von Bildern im JPEG-Format gehen alle anderen Funktionen (zum Beispiel Ebenen) verloren. Die Kompression können Sie bei diesem Format unterschiedlich einstellen. Je stärker die Kompression, desto geringer ist der Speicherverbrauch, aber desto schlechter ist auch die Bildqualität. Bei zu starker Kompression entstehen Kompressionsartefakte.

Animationen

GIF wird häufig für sehr kleine Animationen im Web verwendet. Dabei werden mehrere Einzelbilder in einem GIF gespeichert. Der Webbrowser oder ein Bildbearbeitungsprogramm zeigt diese Einzelbilder dann zeitverzögert nacheinander an. Auf diese Weise werden, ähnlich wie bei einem Daumenkino, kleine »Filme« abgespielt. Sie können eine Animation entweder einmal abspielen oder in einer Endlosschleife wiederholen.

GIF – der Profi fürs Web | Das Format GIF (**G**raphics **I**nterchange **F**ormat) ist der Klassiker für Werbebanner, Buttons, Logos, animierte Grafiken und Grafiktexte im Web. GIF hat den Vorteil, dass die Dateien sehr klein sind, was die Übertragungszeiten im Web kurz hält. GIF-Bilder verwenden maximal 256 Farben, die in einer Farbtabelle (wie bei INDIZIERTE FARBE) abgelegt sind. Allerdings müssen nicht alle 256 Farben verwendet werden. Beim Speichern haben Sie die Möglichkeit, die Anzahl der Farben zu reduzieren. Eine Farbe kann bei GIF auch transparent gespeichert werden.

Aufgrund der geringen Farbtiefe von 256 Farben ist GIF für Fotos ungeeignet. Als Kompressionsverfahren verwendet GIF immer den LZW-Algorithmus.

Animiertes PNG?

Mit PNG selbst sind derzeit noch keine Animationen wie mit GIF möglich. Ein animiertes PNG ermöglichen aber die MNG- und APNG-Formate. Diese Grafikformate fanden bisher aber wenig Beachtung.

PNG – die bessere Alternative für das Web | PNG (**P**ortable **N**etwork **G**raphics) ist ein alternatives verlustfreies Grafikformat für GIF und JPEG. In diesem Format versuchte man, die positiven Eigenschaften von GIF und JPEG zu vereinen. PNG wurde ursprünglich entwickelt, weil bis 2004 das GIF-Format noch mit Patentforderungen belastet war. Neben unterschiedlichen Farbtiefen (256 oder 16,78 Millionen Farben) unterstützt PNG auch Transparenz per Alphakanal. Außerdem ist PNG weniger komplex als TIFF. Auch beim Speichern können Sie hier die Kompression einstellen. PNG ist somit ein ideales Grafikformat für das Web.

TEIL II
Der Organizer

Kapitel 7
Fotos in den Organizer importieren

Urlaube, Geburtstage, Hochzeiten, Feste, Naturaufnahmen, Porträts – wer leidenschaftlich gerne fotografiert, hat schnell einige tausend Bilder zusammen. Um hier die Übersicht zu bewahren, müssen Sie Ihre Bilder entweder sehr sorgfältig und mühsam von Hand sortieren, oder aber Sie verwenden den Organizer. Mit ihm können Sie Ihre Fotos (und andere Mediendateien) organisieren, suchen und weitergeben.

7.1 Den Organizer starten

Wenn Sie den Organizer zum ersten Mal aufgerufen haben, dürfte der erste Schritt wohl zunächst sein, Ihre geliebten Fotos zu importieren. Daher liegt es auf der Hand, dass wir uns auch gleich im ersten Kapitel damit befassen, wie Sie Ihre Bilder von der Festplatte, einer Kamera, einem Kartenleser oder dem Scanner in den Organizer importieren können. Die eigentliche Arbeitsoberfläche behandele ich daher zweckmäßig erst im nächsten Kapitel, wenn Sie selber bereits Bilder im Organizer importiert haben.

Wenn Sie Photoshop Elements starten, erscheint der Startbildschirm. Um von hier aus den Organizer zu starten, wählen Sie die gleichnamige Schaltfläche ORGANIZER ❶ aus.

Vorhandene Bilder im Medienbrowser
Wenn Sie den Organizer gestartet haben, finden Sie vielleicht bereits ein paar Bilder im Medienbrowser. Es dürfte sich hierbei um Bilder handeln, die Sie in Teil I bearbeitet und auf dem Rechner gespeichert haben. Vielleicht haben Sie auch zwischenzeitlich Fotos von der Kamera mit dem Foto-Downloader auf den PC kopiert.

◄ **Abbildung 7.1**
Über ORGANIZER starten Sie den Organizer.

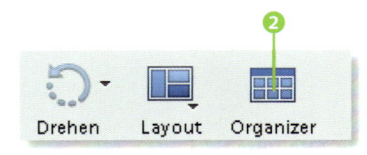

Kapitel 7   Fotos in den Organizer importieren

▲ **Abbildung 7.2**
Den Organizer über den Fotoeditor aufrufen

Bilder nicht löschen!

Sie werden jetzt erfahren, wie Sie Bilder in den Organizer importieren können. Da der Organizer diese importierten Bilder in einem Katalog verwaltet, was letztendlich nichts anders als eine einfache Datenbank ist, bedeutet dies auch, dass Sie die Bilder nach dem Import in den Organizer nicht von der Festplatte löschen dürfen. Es ist wichtig, zu verstehen, dass der Organizer Ihre Bilder, die auf Ihrer Festplatte liegen, nur verwaltet und sie **nicht** von der Festplatte in den Organizer kopiert!

Kataloge manuell importieren

Auch dieses Importieren können Sie nachträglich über DATEI • KATALOG oder `Strg`/`cmd`+`⇧`+`C` konvertieren. Dies kann hilfreich sein, wenn Sie weitere vorhanden Kataloge aus einer Vorgängerversion importieren wollen.

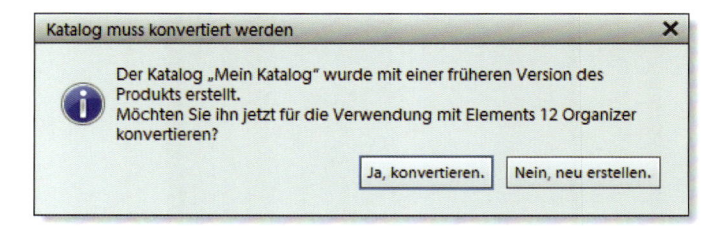

Abbildung 7.3 ▶
Der Dialog, um den Katalog einer früheren Version zu konvertieren

---

Katalogmanager

Sie können jederzeit nachträglich weitere Kataloge manuell über den Katalogmanager konvertieren. Mehr hierzu können Sie in Abschnitt 9.1 nachlesen.

Alternativ rufen Sie den Organizer aus dem Fotoeditor über die gleichnamige Schaltfläche ORGANIZER ❷ ganz unten auf. Hierbei öffnet sich der Organizer als neues Fenster, und Sie können den Fotoeditor und den Organizer als eigenständige Anwendungen abwechselnd benutzen.

Was Sie unbedingt vorher noch wissen müssen | Organisiert und verwaltet werden die Bilder vom Organizer über einen sogenannten **Katalog**. Sobald Sie den Organizer starten, wird ein Katalog angezeigt. Standardmäßig ist dies der Katalog »Mein Katalog« (oder »My Catalog«). Welcher Katalog im Augenblick bei Ihnen geöffnet ist, erkennen Sie in der Statusleiste rechts unten (siehe Seite 125, »Die Statusleiste«). Importierte und geladene Bilder werden somit immer dem aktuell geöffneten Katalog zugewiesen. Sie können selbstverständlich mehrere Kataloge anlegen, wenn zum Beispiel mehrere Anwender an dem Rechner arbeiten. Auf das Thema Kataloge gehe ich allerdings noch explizit im Abschnitt »Kataloge verwalten« auf Seite 196 ein.

7.2   Fotos aus einer Vorgängerversion importieren

Sollten Sie eine **Vorgängerversion** von Photoshop Elements auf dem Rechner installiert haben, bietet Ihnen der Organizer beim ersten Start auch an, den bestehenden Katalog in die neue Version zu importieren. Getestet wurde diese Konvertierung von mir mit den Vorgängerversionen 11, 10, 9 und 8 von Photoshop Elements. Mit der Version 7 sollte es auch noch klappen.

Je nach Umfang kann diese Konvertierung etwas Zeit beanspruchen. Ein Fortschrittsbalken informiert Sie darüber, wie weit die Konvertierung bereits fortgeschritten ist.

Der Organizer ist sehr vorsichtig bei der Konvertierung und benennt den ursprünglichen Katalog der Vorgängerversion um. Damit können Sie theoretisch diesen umbenannten Katalog in der Vorgängerversion weiterhin verwenden, ohne dass es mit dem Katalog zu Konflikten in der neuen Version von Photoshop Elements kommt.

◀ **Abbildung 7.4**
Ein Katalog einer Vorgängerversion wird konvertiert.

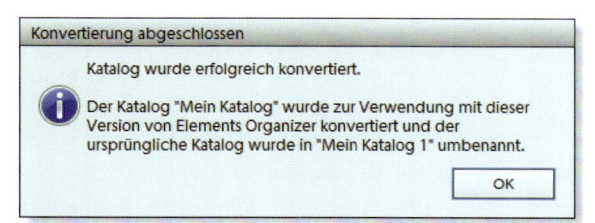

◀ **Abbildung 7.5**
Der alte Katalog der Vorgängerversion wird sicherheitshalber umbenannt und kann somit weiterhin in der Vorgängerversion verwendet werden.

Keine eigenen Bilder?
Sollten sich noch keine Bilder auf Ihrem Computer befinden, so können Sie die Bilder von der Buch-DVD auf den Rechner kopieren. Theoretisch könnten Sie auf das Kopieren auch verzichten und die Fotos direkt von der DVD in den Organizer aufnehmen. Der Nachteil wäre allerdings, dass Sie immer die DVD ins Laufwerk einlegen müssten, um mit den Fotos zu arbeiten.

▼ **Abbildung 7.6**
Dateien und Ordner laden, die sich auf dem Rechner befinden

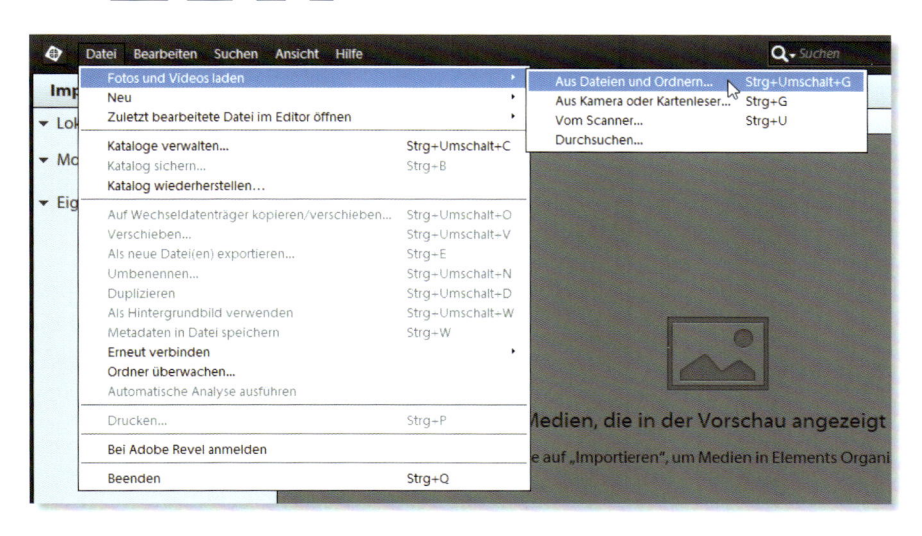

7.3 Dateien und Ordner importieren

Sicherlich tummeln sich Hunderte oder gar Tausende von Bildern auf Ihrer Festplatte. Um diese Dateien mit dem Organizer zu erfassen und dem Katalog hinzuzufügen, wählen Sie DATEI • FOTOS UND VIDEOS LADEN • AUS DATEIEN UND ORDNERN.

Komfortabel und schnell ist auch die Möglichkeit, über das Dropdown-Menü IMPORTIEREN links oben im Organizer auf den gleichnamigen Befehl AUS DATEIEN UND ORDNERN zuzugreifen. Noch schneller lässt sich der Import-Dialog mit der Tastenkombination [Strg]/[cmd]+[⇧]+[G] aufrufen.

Kapitel 7 Fotos in den Organizer importieren

Abbildung 7.7 ▶
Das Dropdown-Menü IMPORTIEREN liefert ebenfalls alle Import-Funktionen.

Tipp: Alles markieren
Mit der Tastenkombination `Strg`/`cmd`+`A` markieren Sie schnell alle Dateien oder Verzeichnisse auf einmal.

Offline-Dateien importieren
Um sogenannte Offline-Dateien (zum Beispiel Dateien von einer CD oder DVD) zu importieren, ohne die Dateien auf die Festplatte zu kopieren, markieren Sie die gewünschten Bilder, deaktivieren Sie die Checkbox DATEIEN BEIM IMPORT KOPIEREN ❹, und aktivieren Sie VORSCHAUBILDER ERSTELLEN ❺. Bei der Bearbeitung dieser Bilder muss der externe Datenträger im Laufwerk verbleiben.

In dem sich nun öffnenden Dateidialog wählen Sie den oder die Ordner mit den Fotos aus, die Sie in die Bilderdatenbank des Organizers importieren wollen. Natürlich können Sie auch nur ein einzelnes Bild importieren. Markieren Sie das Bild im entsprechenden Verzeichnis, und importieren Sie es per Doppelklick oder mit der Schaltfläche MEDIEN LADEN ❼.

Mehrere Bilder im selben Verzeichnis markieren Sie mit gehaltener `Strg`/`cmd`-Taste. Liegen die Bilder alle nebeneinander, so markieren Sie das erste, halten `⇧` gedrückt und wählen anschließend das letzte Bild aus. Klicken Sie dann auf MEDIEN LADEN. Der Import von ganzen Ordnern funktioniert analog.

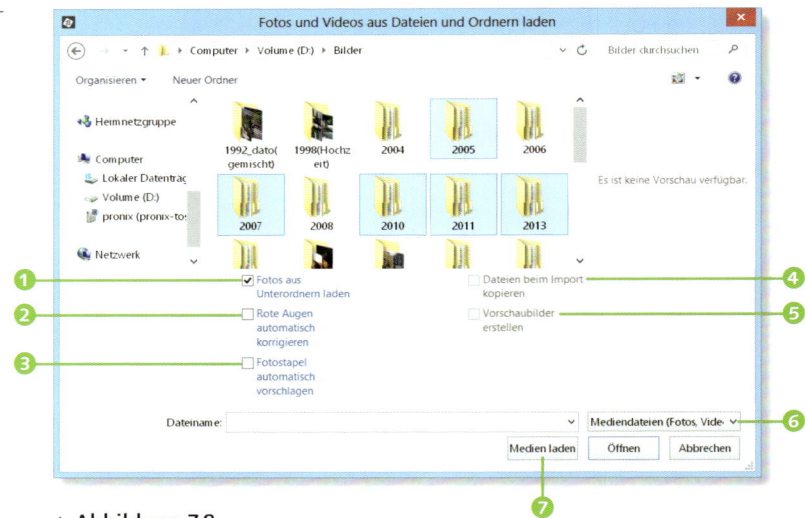

▲ Abbildung 7.8
Der Dateidialog zum Importieren von Dateien und Ordnern

▲ Abbildung 7.9
Diese Option ❽ steht nur beim Import von externen Medien wie CD/DVD/Blu-ray und manchmal auch SD-Karten zur Verfügung.

Die Checkbox DATEIEN BEIM IMPORT KOPIEREN ❹, und VORSCHAUBILDER ERSTELLEN ❺ sind ausgegraut, wenn es sich bei dem ausgewählten Speichermedium um eine interne bzw. externe Festplatte handelt.

7.3 Dateien und Ordner importieren

Bei externen Medien wie CD/DVD/Blu-ray oder einer SD-Speicherkarte hingegen haben Sie die Option, die Dateien beim Import auf die Festplatte zu kopieren. Setzen Sie dafür ein Häkchen vor der entsprechenden Option ❽. Das macht bei solchen Medien durchaus Sinn, weil man so nicht das Medium eingelegt oder eingesteckt haben muss, um mit den Fotos zu arbeiten. Die Checkbox Vorschaubilder erstellen ❾ steht hingegen nur dann zur Verfügung, wenn Sie die Dateien beim Import nicht kopieren wollen, um so zumindest Kopien mit niedriger Auflösung als Vorschaubilder für den Organizer zu erstellen. Zusätzlich finden Sie ein kleines Eingabefeld ❿, wo der Laufwerksname geändert werden kann.

Häufig enthalten Ordner noch Unterordner mit weiteren Bildern. Um auch Bilder in Unterordnern mitzuladen, lassen Sie die Checkbox Fotos aus Unterordnern laden ❶ aktiviert. Auch eine automatische Rote-Augen-Korrektur beim Import von Bildern finden Sie als Checkbox ❷ vor. Ob Sie diese Automatik anwenden wollen, müssen Sie selbst entscheiden. Über das kleine Dropdown-Menü ❻ rechts unten über den Schaltflächen Öffnen und Abbrechen können Sie die Mediendateien einschränken, die Sie importieren wollen. Gewöhnlich werden die gängigen Foto-, Video- und Audioformate importiert.

Nachdem Sie auf die Schaltfläche Medien laden geklickt haben, sehen Sie während des Importvorgangs einen Fortschrittsbalken, den Sie mit der Stopp-Schaltfläche ⓫ anhalten können. Die Dauer des Imports hängt natürlich von der Anzahl der vorhandenen Elemente ab.

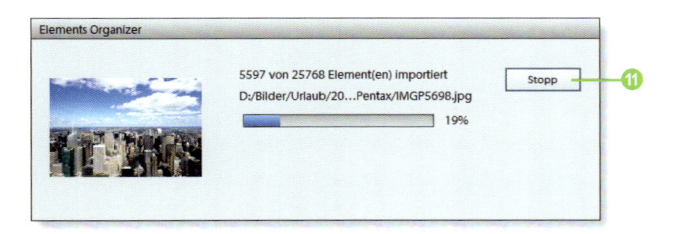

▲ **Abbildung 7.10**
Deaktivieren Sie die Option Dateien beim Import kopieren ❽, können Sie die Option Vorschaubilder erstellen (optional) ❾ aktivieren, um zumindest gute Vorschaubilder im Organizer zu haben, wenn Sie schon nicht die Dateien vom externen Medium kopieren wollen.

Fotostapel

Wenn Sie Fotostapel automatisch vorschlagen ❸ aktivieren (nur unter Windows), sucht Photoshop Elements selbstständig nach Gemeinsamkeiten von Bildern und schlägt die Verwendung einer Stapelung vor. Mehr dazu erfahren Sie in Abschnitt 9.11, »Versionssätze und Fotostapel«.

◀ **Abbildung 7.11**
Der Fortschrittsbalken während des Importierens von Medien in den Katalog des Organizers

Wenn Fotos über angehängte Stichwort-Tags verfügen (darauf gehe ich noch im Abschnitt »Stichwort-Tags verwenden und Unterkategorien erstellen« auf Seite 226 ein) erscheint ein Dialog, über den Sie diese Stichwörter auch gleich mit importieren können. Hierbei können Sie die Stichwort-Tags einzeln über die Checkboxen ❶ (siehe Abbildung 7.12) selektieren oder über die Schaltfläche Alle ❷ komplett übernehmen. Mit Keine ❸ übernehmen Sie keine der vorhandenen Stichwort-Tags.

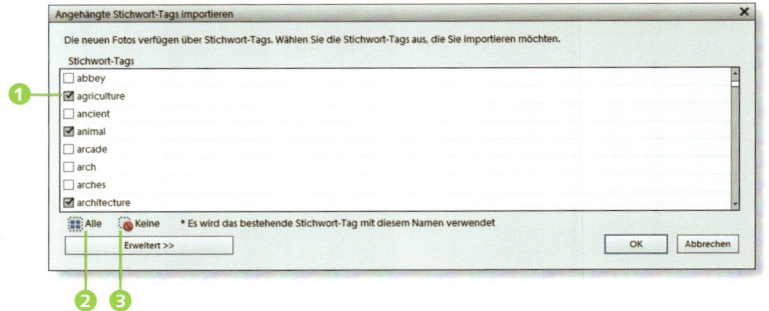

Abbildung 7.12 ▶
Eventuell in den Medien enthaltene Stichwort-Tags können ebenfalls importiert werden.

Sollten beim Import Probleme mit den geladenen Medien aufgetreten sein, so wird dies in einer weiteren Dialogbox angezeigt. In der Regel handelt es sich um die Meldung, dass sich eine Datei bereits im Katalog befindet.

Wieso Medien und nicht Fotos?

Oftmals ist hier die Rede von Medien und doch wird der Organizer vorwiegend zur Bildverwaltung verwendet. Allerdings können mit dem Organizer neben Bildmedien auch noch verschiedene andere Medien wie gängige Videoformate, PDF-Dateien oder diverse Audiodateien (beispielsweise MP3, WAV etc.) verwaltet werden.

▲ **Abbildung 7.13**
Der Organizer zeigt an, warum einzelne Medien nicht in die Datenbank importiert werden konnten.

Beim ersten Import

Beim ersten Import werden alle Bilder sofort angezeigt.

Rechner ausgelastet

Wenn Sie einen sehr umfangreichen Bildbestand importiert haben, kann es anfangs sein, dass der Rechner eine Zeit lang etwas mehr beansprucht wird mit der Erstellung der Miniaturen bzw. Analyse der Medien. Dieser Zustand ist aber nicht dauerhaft.

Wenn der Import von Medien abgeschlossen wurde, werden zunächst immer *nur die neu hinzugekommenen Bilder* im Medienbrowser angezeigt. Um *alle* Bilder im Organizer zu sehen, klicken Sie im Medienbrowser auf die Schaltfläche Zurück ❹.

Sobald die Medien importiert wurden, erstellt der Organizer gewöhnlich Miniaturvorschauen dafür, sofern das Dateiformat unterstützt wird. Wenn Sie also bei der Miniaturvorschau zunächst nur ein Bild in Form einer Sanduhr ❺ sehen, bedeutet dies, dass der Organizer noch im Hintergrund arbeitet. Sie können dies an dem kleinen drehenden Symbol ❻ in der Statusleiste erkennen. Wenn Sie mit dem Mauszeiger darüberfahren, zeigt eine kurze QuickInfo an, was da gerade im Hintergrund abgearbeitet wird.

7.4 Import von Kamera oder Kartenleser

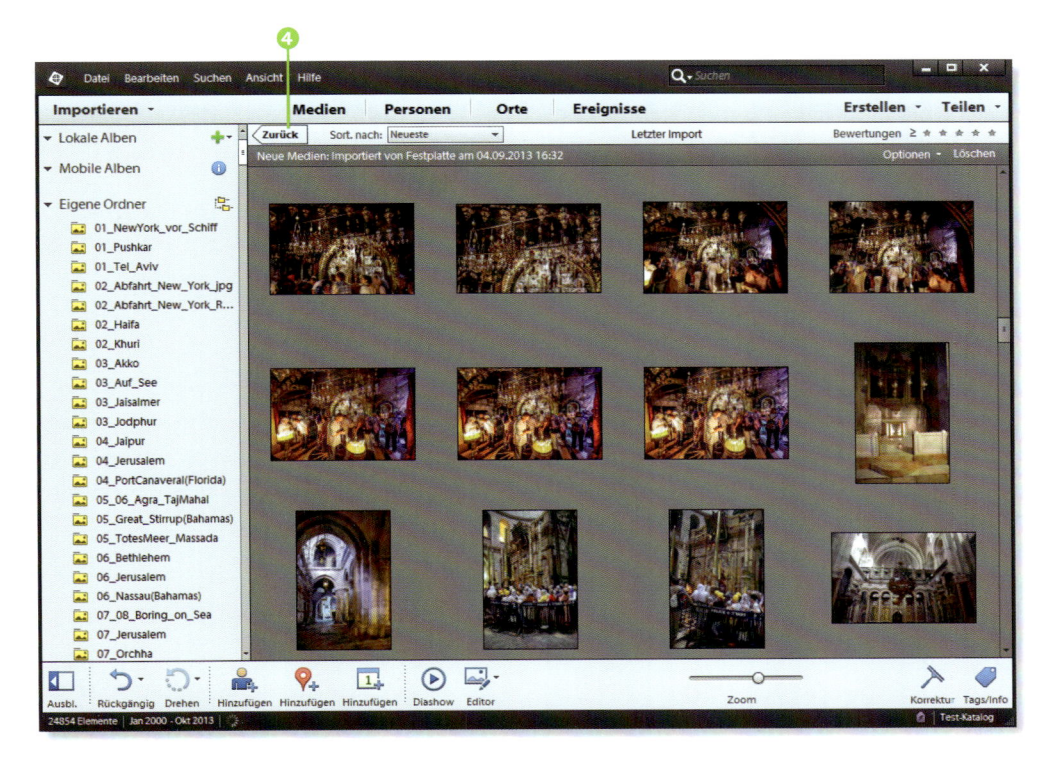

▲ Abbildung 7.14
Nach dem Import werden alle importierten Medien im Medienbrowser angezeigt.

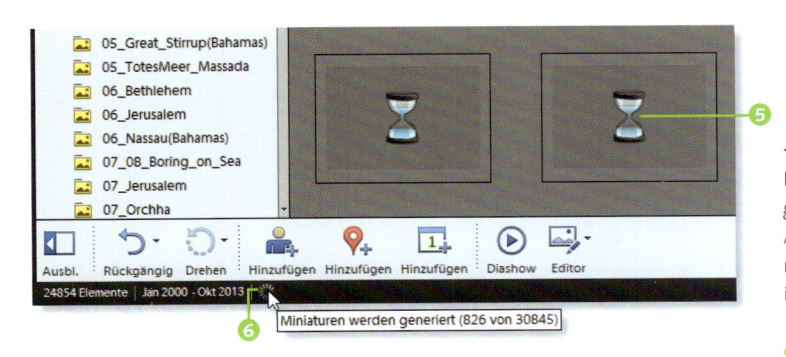

◄ Abbildung 7.15
Hier werden im Hintergrund gerade die Miniaturen erstellt. Abhängig von der Anzahl der Elemente kann dies schon einige Zeit in Anspruch nehmen.

7.4 Import von Kamera oder Kartenleser

Um die Bilder von der Digitalkamera, einem Smartphone oder einem Kartenleser auf den Rechner in den Katalog des Organizers zu importieren, müssen Sie lediglich den Rechner mit der Kamera, Smartphone oder dem Kartenleser verbinden. Die Digitalkamera muss dem PC bzw. Mac allerdings auch bekannt sein.

Foto-Downloader einstellen

Wie der Foto-Downloader gestartet werden soll, stellen Sie mit BEARBEITEN/ELEMENTS ORGANIZER • VOREINSTELLUNGEN • KAMERA ODER KARTENLESER ein. Hier können Sie auch einstellen, dass die Medien automatisch geladen werden, wenn Sie ein Gerät angeschlossen haben.

Kapitel 7 Fotos in den Organizer importieren

Gewöhnlich installiert sich der Treiber selbstständig, nachdem Sie die Kamera zum ersten Mal am USB-Port des Rechners angeschlossen haben.

Schritt für Schritt: Fotos von der Kamera oder vom Kartenleser laden

Standarddialog abbrechen
Abhängig von der Konfiguration des Rechners öffnet sich möglicherweise auch der Standarddialog von Windows oder Mac OS X zum Übertragen von Dateien. Diesen Dialog können Sie mit ABBRECHEN beenden.

1 Foto-Downloader starten
Starten Sie den Foto-Downloader, indem Sie entweder über das Dropdown-Menü IMPORTIEREN ❶ den Befehl AUS KAMERA ODER KARTENLESER auswählen oder eben das Menü DATEI • FOTOS UND VIDEOS LADEN • AUS KAMERA UND KARTENLESER oder die Tastenkombination ⌈Strg⌉/⌈cmd⌉+⌈G⌉ verwenden.

2 Ansicht anpassen
Wenn Sie die Kamera oder den Kartenleser angeschlossen haben, wird das Standard-Dialogfeld des Foto-Downloaders angezeigt. Hierbei müssen Sie zunächst entscheiden, ob Ihnen diese Ansicht ausreicht oder ob Sie weitere Optionen benötigen. Für zusätzliche Optionen klicken Sie auf die Schaltfläche ERWEITERTES DIALOGFELD ❸. Dauerhafte Einstellungen nehmen Sie über den Menüeintrag BEARBEITEN/ELEMENTS ORGANIZER • VOREINSTELLUNGEN • KAMERA ODER KARTENLESER vor. Falls das entsprechende Gerät nicht gefunden wurde, wählen Sie es über die Dropdown-Liste FOTOS LADEN AUS ❷ aus.

▲ **Abbildung 7.16**
Den Import aus Kamera oder Kartenleser starten

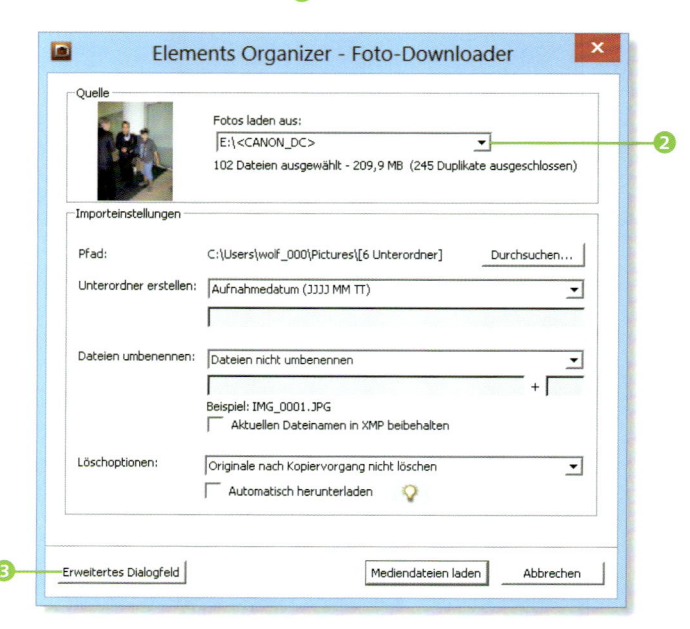

Abbildung 7.17 ▶
Standardansicht des Foto-Downloaders

7.4 Import von Kamera oder Kartenleser

3 Bilder auswählen

Standardmäßig werden alle Bilder von der Speicherkarte importiert. Um nur einzelne Bilder zu importieren, klicken Sie im Fenster auf die Schaltfläche Alle deaktivieren ⓭ und kreuzen dann die Checkboxen ⓮ unter den Bildern an, die Sie importieren wollen. Alternativ können Sie natürlich auch Alle Aktivieren ⓬ (Standardeinstellung) belassen und dann die Bilder, die Sie nicht importieren wollen, durch Deaktivieren der entsprechenden Checkboxen abwählen. Über Anzeigen ❹ können Sie, falls sich auf der Quelle neben Fotos auch noch Video- und Audiodateien befinden, diese bei der Anzeige herausfiltern.

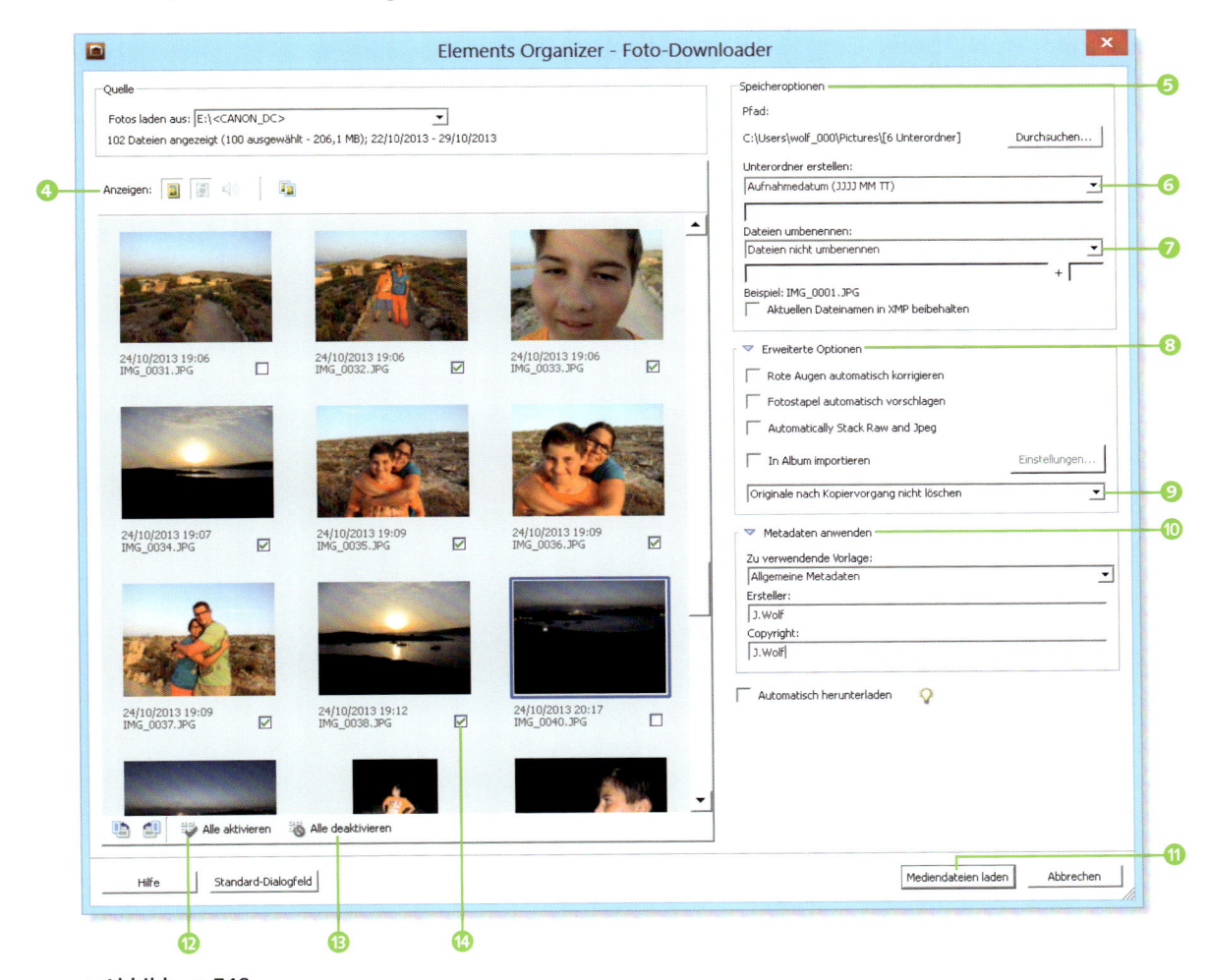

▲ **Abbildung 7.18**
Die vielfältigen Importoptionen des Foto-Downloaders

Kapitel 7 Fotos in den Organizer importieren

Sinnvolle Ordnernamen
An dieser Stelle sollten Sie sich jetzt schon bezüglich des Ordnernamens Gedanken machen. Da der Organizer seit der Version 11 auch Ordner in der Medienverwaltung unterstützt, können Sie sich mit einem aussagekräftigen Ordnernamen von Anfang an viel Übersicht verschaffen und Zeit ersparen, die Sie später benötigen, um Bilder für Alben, Personen, Orte usw. zu suchen.

Weitere Optionen für Fortgeschrittene
Neben der Option, einen Fotostapel vorschlagen zu lassen (siehe Abschnitt 9.11, »Versionssätze und Fotostapel«), können Sie hier auch gleich Stichwort-Tags setzen, wenn Sie bei UNTERORDNER ERSTELLEN ❻ die Option EIGENE GRUPPEN (ERWEITERT) verwenden und die Gruppennamen entsprechend vergeben. Ebenso können Sie die markierten Bilder auch gleich über IN ALBUM IMPORTIEREN direkt in einem Album (siehe Abschnitt 9.2, »Lokale Alben erstellen und verwalten« verwalten. Über die Schaltfläche EINSTELLUNGEN wählen Sie das Album aus oder erstellen ein Neues.

Metadaten
Was es mit den Metadaten auf sich hat, erfahren Sie in Abschnitt 9.12, »Bildinformationen«.

4 Speicheroptionen festlegen
Legen Sie als Nächstes unter den SPEICHEROPTIONEN ❺ Speicherort und Namen der Dateien fest. Bestimmen Sie zunächst, in welchem Verzeichnis Sie die Bilder speichern wollen. Vergeben Sie dann den Namen des Unterordners ❻, in den die Dateien kopiert werden. Hierbei können Sie auch einen eigenen Namen verwenden oder gar kein Unterverzeichnis anlegen. Mit einer Einstellung, wie beispielsweise AUFNAHMEDATUM (JJJJ MM TT) = Jahr + Monat + Tag, können Sie Ihr Ordnerverzeichnis leicht chronologisch sortieren. Passen Sie gegebenenfalls noch die Namen der einzelnen Dateien an ❼.

5 Erweiterte Optionen festlegen
Unter ERWEITERTE OPTIONEN ❽ können Sie den Rote-Augen-Effekt beim Import automatisch korrigieren lassen. Wichtiger aber ist die Dropdown-Liste ❾, über die Sie entscheiden, was mit den Dateien auf der Speicherkarte nach dem Import geschehen soll: Sie können die Daten entweder auf der Speicherkarte belassen oder dort nach dem Import löschen.

6 Metadaten anwenden
Mit METADATEN ANWENDEN ❿ stellen Sie ein, ob Sie beim Import die allgemeinen Metadaten verwenden wollen oder nicht. Optional fügen Sie noch den Autor und die COPYRIGHT-Informationen hinzu.

7 Fotos laden
Haben Sie alle Einstellungen für den Import vorgenommen, klicken Sie zuletzt auf die Schaltfläche MEDIENDATEIEN LADEN ⓫. Nach dem Import werden auch hier die eben importierten Medien im Medienbrowser des Organizers angezeigt.

▲ **Abbildung 7.19**
Die Bilder werden importiert.

7.5 Import vom Scanner

Um im Organizer ein Bild vom Scanner zu importieren, können Sie auch hier über die Schaltfläche IMPORTIEREN den entsprechenden Befehl VOM SCANNER verwenden.

Alternativ wählen Sie DATEI • FOTOS UND VIDEOS LADEN • VOM SCANNER aus, oder betätigen Sie die Tastenkombination [Strg]/[cmd]+[U]. Es erscheint ein Dialog, in dem Sie den SCANNER ❶, den Speicherort ❷, das Dateiformat ❸ (zur Auswahl stehen JPEG, TIFF oder PNG) und die QUALITÄT ❹ einstellen. Die Qualitätseinstellung steht allerdings nur im JPEG-Format zur Verfügung.

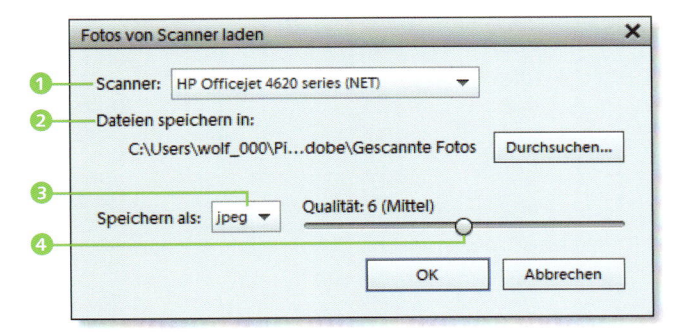

Qualität und Auflösung
Die Qualität hat hier nichts mit der Auflösung (dpi) zu tun, die Sie für den Scan wählen können. Die Qualität bezieht sich nur auf die Komprimierung des Dateiformats, in dem die JPEG-Datei gespeichert werden soll.

▲ **Abbildung 7.21**
Eine Verbindung zum Scanner herstellen

▲ **Abbildung 7.20**
Befehl zum Einscannen von Bildern über einen Scanner

Erst wenn Sie den Dialog mit OK bestätigt haben, erscheint das eigentliche Scan-Programm. Hier können Sie unter anderem die Auflösung einstellen. Nach dem Scannen wird das Bild dem Katalog hinzugefügt und im Medienbrowser angezeigt.

Scannen im Fotoeditor
Alternativ können Sie ein Bild auch aus dem Fotoeditor über DATEI • IMPORTIEREN • [SCANNERNAME] importieren. Hierbei wird allerdings sofort das Scan-Programm aufgerufen.

Zum Weiterlesen
Vielleicht möchten Sie gerne Ihre Kisten mit analogen Fotos digital archivieren? Leider ist die Qualität eingescannter Bilder häufig nicht optimal. In Kapitel 34, »Eingescannte Bilder nachbearbeiten«, finden Sie hierzu eine umfassende Beschreibung und lernen in einem Workshop, wie Sie Ihre eingescannten Bilder auf Vordermann bringen.

◄ **Abbildung 7.22**
Fenster des Scan-Programms

WIA, TWAIN & Co. | Wenn Hardware ins Spiel kommt, ist der Vorgang beim Einscannen von Rechner zu Rechner unterschiedlich. Die Standard-Scan-Oberfläche von Windows ist WIA (*Windows Imaging Architecture*), die gewöhnlich von Windows gestartet wird. Haben Sie hingegen einen Scanner, der TWAIN (*Technology Without an Interesting Name*) unterstützt, wird die Benutzeroberfläche des Herstellers geladen. Die TWAIN-Schnittstelle gibt es natürlich auch für den Mac. Falls TWAIN bei Ihnen nicht installiert ist, finden Sie auf der Adobe-Hilfeseite einen Artikel dazu, wie Sie TWAIN als Plug-in nachinstallieren können: *http://helpx.adobe.com/photoshop-elements/kb/twain-installed-photoshop-elements-11.html*

Intel- und PowerPC-Inkompatibilitäten | Auch bei vielen Intel-basierten Mac-Systemen kommt es vor, dass kein Scanner bei Elements vorhanden ist. Der häufigste Grund hierfür ist, dass der Scanner-Treiber für PowerPC-Prozessoren geschrieben wurde. Da aber Photoshop Elements eine Software ist, die nativ auf einem Mac mit Intel-Prozessor und PowerPC-Prozessor läuft, kann Elements nicht mit Software oder Treibern kommunizieren, die für PowerPC-Prozessoren erstellt wurden. Um das Problem zu beheben, können Sie eine der folgenden Lösungen verwenden:

▶ Laden Sie den neuesten universellen Treiber für Ihren Scanner von der Webseite des Herstellers herunter, und installieren Sie den Treiber für den Scanner. Elements sollte natürlich während der Installation nicht ausgeführt werden.

▶ Verwenden Sie eine andere Software, um Ihre Bilder einzuscannen. Eine sehr gute (aber kommerzielle) Software wäre das Programm *VueScan* (*www.hamrick.com*).

Interpoliert

Wenn Sie zum Scannen die interpolierte höchste Auflösung verwenden, erhalten Sie kein Bild in besserer Qualität – das Bild hat lediglich mehr Speicherumfang und mehr Pixel. Da aber diese Pixel nur interpoliert sind, sind sie lediglich neu errechnet. Die neu hinzugekommenen Pixel erhalten dabei den durchschnittlichen Farbwert der umliegenden Pixel.

Die richtige Auflösung | In welcher Auflösung Sie die Bilder einscannen, hängt zunächst von den technischen Möglichkeiten Ihres Scanners und vom Verwendungszweck ab. Die technischen Möglichkeiten werden als maximale optische Auflösung angegeben. Viele Gerätehersteller werben mit dem Wert der interpolierten Auflösung – diese entspricht aber nicht der tatsächlichen optischen Auflösung. Finden Sie zum Beispiel Angaben wie »600 × 300 dpi«, so bezieht sich der niedrigere Wert (hier also 300 dpi) auf die Scan-Auflösung.

Wenn Sie sich diesbezüglich noch nicht entschieden haben, wofür Sie die Bilder verwenden möchten, sollten Sie stets die maximale optische Auflösung Ihres Scanners verwenden. Als **Standardwert** für den Druck hat sich eine Auflösung von 300 dpi herausgebildet.

Wenn Sie allerdings vorhaben, das Bild zu vergrößern, benötigen Sie eine weitaus höhere Auflösung. Für eine Ausgabe in doppelter Größe müssen Sie auch die Scan-Auflösung verdoppeln – insofern stößt man bei Vergrößerungen schnell an die Grenzen des Machbaren.

Der richtige Modus | Farbbilder sollten Sie grundsätzlich im RGB-Modus einscannen. Bei Bildern ohne Farbe können Sie für das Bild den Graustufenmodus verwenden, bei Strichzeichnungen oder reinem Text den Schwarzweißmodus. In der Praxis liest man allerdings auch reine Schwarzweißzeichnungen oder Text im Graustufenmodus ein, da die Qualität in diesem Modus besser ist (die Dateigröße aber zugleich auch umfangreicher).

Bett oder Brett?
Ein häufiger (Rechtschreib-)Fehler ist der »Flach**brett**scanner«, der eigentlich »Flach**bett**scanner« heißen müsste.

RGB-Modus
Nur im RGB-Modus stehen Ihnen alle Funktionen von Photoshop Elements zur Verfügung.

7.6 Datenträger durchsuchen

Sollten Sie einmal nicht mehr genau wissen, wo Sie Ihre Bilder abgelegt haben, so finden Sie unter der Dropdown-Schaltfläche IMPORTIEREN den Befehl DURCHSUCHEN bzw. über das Menü DATEI • FOTOS UND VIDEOS LADEN • DURCHSUCHEN eine manuelle Suche mit einigen Suchoptionen. Hierbei können Sie das gesamte System durchsuchen. Die Optionen im Dialog sind weitgehend selbsterklärend.

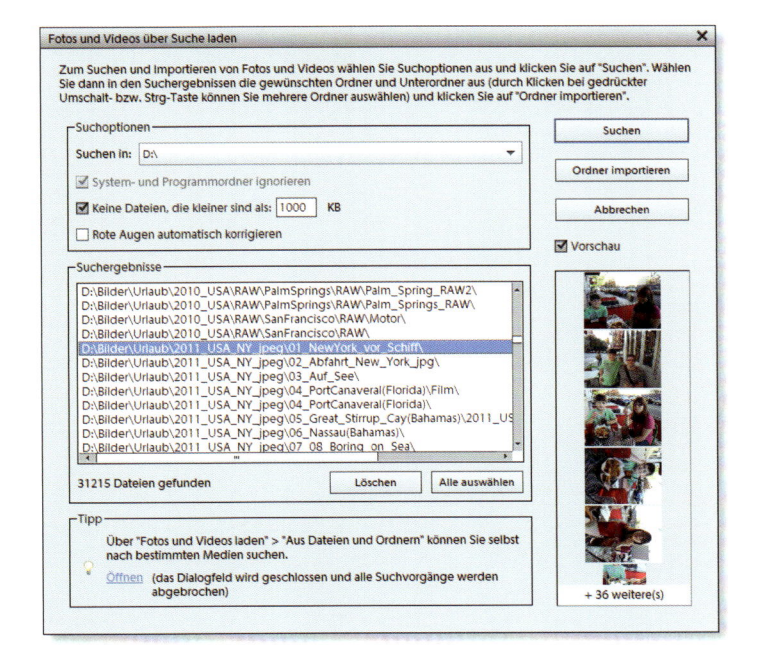

◄ **Abbildung 7.23**
Manuell nach Fotos und Ordnern suchen

7.7 Import aus iPhoto

Gerade für die Mac-Anhänger dürfte es eine erfreuliche Nachricht sein, dass Sie mit dem Organizer auch gleich die liebgewonnenen iPhoto-Alben (allerdings nur bis iPhoto'09) über Datei • Fotos und Videos laden • Aus iPhoto oder über das Dropdown-Menü Importieren • Aus iPhoto importieren können.

iPhoto und/oder Organizer

Die aus iPhoto importierten Alben (bzw. Medien) sind natürlich nach dem Import nicht mehr mit iPhoto verknüpft. Einfach ausgedrückt: Beide wissen nichts voneinander. Änderungen im Organizer haben keine Auswirkung auf das Album in iPhoto. Umgekehrt gilt dasselbe. Wenn Sie also nicht alles doppelt machen wollen, sollten Sie sich für eines der beiden Programme zur Verwaltung Ihrer Bilder entscheiden.

▲ **Abbildung 7.24**
Befehl zum Importieren aus iPhoto (Mac)

iPhoto'09 versus iPhoto'11

Der Import von Alben und Ereignissen aus iPhoto'09 funktioniert ohne Probleme. Wer allerdings iPhoto ab der Version 11 verwendet, muss auf den Import spezieller Features verzichten, weil sich die Datenbank von iPhoto'11 grundlegend verändert hat. Von iPhoto'11 lassen sich somit im Augenblick nur die reinen Medien (ohne Alben und Ereignisse) importieren.

Die importierten Alben werden im Organizer ebenfalls als Alben implementiert (nur iPhoto'09). Aus diesem Grund sollten Sie sich zuvor, bevor Sie wirklich in Erwägung ziehen, Ihre iPhoto-Alben zu importieren, mit Abschnitt 9.2, »Lokale Alben erstellen und verwalten«, befassen. Neben den Alben lassen sich auch die Ereignisse (allerdings auch nur von iPhoto'09) von iPhoto als Alben importieren.

Kapitel 8
Die Arbeitsoberfläche des Organizers

Nachdem Sie eigene Bilder in den Organizer importiert haben, macht es mehr Sinn, Ihnen dessen Arbeitsoberfläche etwas genauer zu beschreiben. Die Oberfläche des Organizers ist ähnlich aufgebaut wie die des Fotoeditors. Das ist recht praktisch, denn es verkürzt die Einarbeitungszeit erheblich. Die eigentliche Verwaltung der Bilder lernen Sie dann im nächsten Kapitel kennen.

8.1 Die Oberfläche des Organizers im Schnellüberblick

Oberhalb des Fensters finden Sie eine typische Menüleiste ❹ mit ausklappbaren Menüs und den darin enthaltenen Funktionen. Rechts neben der Menüleiste finden Sie eine Suchen-Funktion ❷ nach Bildern.

Darunter befindet sich eine wichtige Leiste mit verschiedenen Funktionen. Das darin enthaltene Dropdown-Menü IMPORTIEREN ❺ und deren Funktionen haben Sie ja bereits in Kapitel 7, »Fotos in den Organizer importieren«, kennengelernt. Mit den nächsten vier Schaltflächen ❶ (MEDIEN, PERSONEN, ORTE und EREIGNISSE) können Sie den Organizer in verschiedene Verwaltungsmodi umschalten. Auf der rechten Seite der Leiste finden zwei weitere Dropdown-Menüs ❸, ERSTELLEN und TEILEN, mit vielen interessanten Funktionen.

Links finden Sie eine Bedienfeldleiste ❻, wo Sie Alben, MOBILE ALBEN und Ordner verwalten können. Daneben sehen Sie die Bilder im Medienbrowser ❼ in der Miniaturvorschau. Auf der rechten Seite ist ein weiteres Bedienfeld ❽ mit Funktionen für eine schnelle Fotokorrektur oder Stichwort-Tags/Bildinformationen.

Zum Weiterlesen

Auf alle einzelnen Funktionen zur Verwaltung Ihrer Fotos wird selbstverständlich ausführlich in Kapitel 9, »Fotos organisieren und verwalten«, eingegangen.

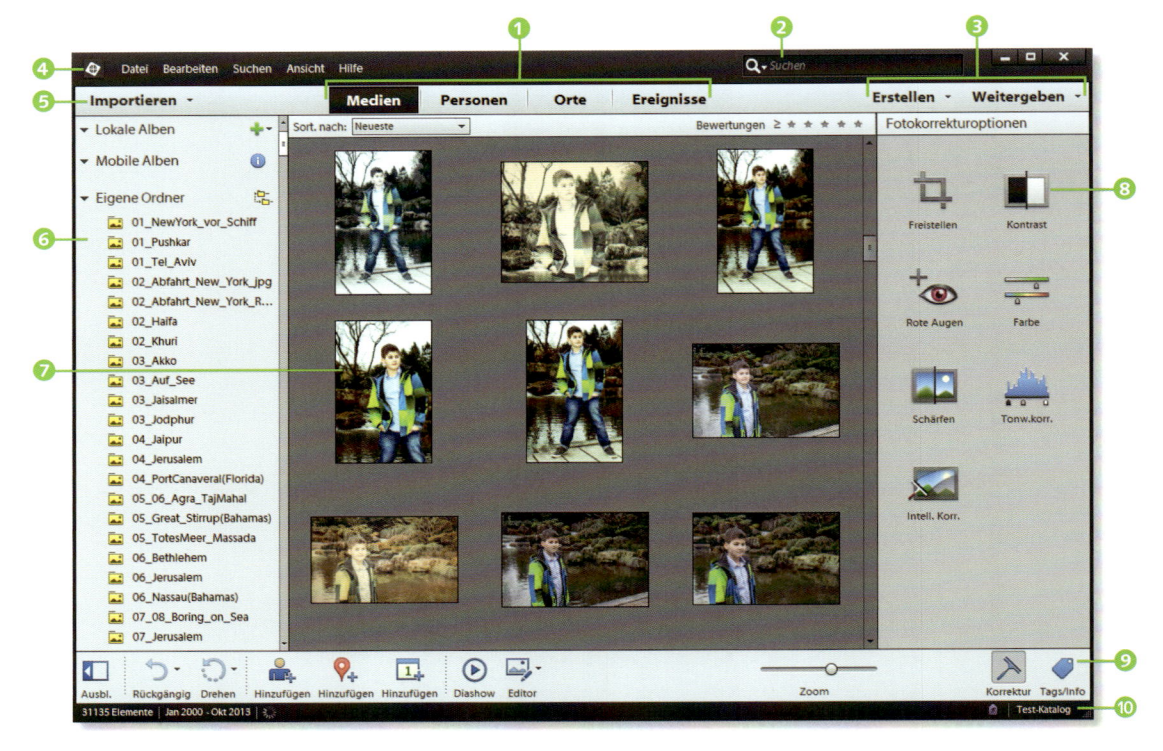

Kapitel 8   Die Arbeitsoberfläche des Organizers

Abbildung 8.1 ▲
Die Organizer-Oberfläche für die Verwaltung von Fotos

Unterhalb des Organizers finden Sie eine weitere Leiste ❾ mit vielen Schaltflächen, welche nützliche Funktionen zur Steuerung der Oberfläche, aber auch für die Verwaltung von Bildern enthalten. Ganz unten im Bildfenster finden Sie außerdem noch die Statusleiste ❿.

8.1.1   Die Menüleiste

Die Bedienung der Menüs wird Ihnen vom Fotoeditor (und auch von vielen anderen Programmen) her bekannt sein. Menüfunktionen, die Sie verwenden können, erscheinen in weißer Schrift; deaktivierte Funktionen sind ausgegraut und lassen sich nicht anwählen. Viele Funktionen können Sie auch über Tastenkürzel ausführen. So laden Sie mit der Tastenkombination [Strg]/[cmd]+[G] schnell Fotos von der Kamera, anstatt sich durch das Menü DATEI • FOTOS UND VIDEOS LADEN • AUS KAMERA ODER KARTENLESER zu hangeln.

Funktionen aktivieren
Viele ausgegraute Funktionen werden erst aktiviert, wenn Sie ein Foto im Medienbrowser markiert haben. Dies gilt besonders für viele der Funktionen im Menü BEARBEITEN.

Abbildung 8.2 ▶
Die Menüleiste des Organizers

Menü »Datei« | Im Menü DATEI finden Sie alle Befehle zur Verwaltung und Steuerung von Dateien. Hierbei handelt es sich um Befehle zum Importieren und Laden von Fotos. Auch der Kata-

8.1 Die Oberfläche des Organizers im Schnellüberblick

logmanager lässt sich hier aufrufen sowie ein Katalog sichern und wiederherstellen. Neben dem Laden und Importieren von Dateien führen Sie über dieses Menü auch Speicherfunktionen wie das Schreiben von Dateien auf eine CD/DVD oder einen Wechseldatenträger aus. Auch die üblichen Dateiverwaltungsfunktionen wie Duplizieren, Umbenennen, Exportieren oder Verschieben finden Sie hier wieder. Den Druck von Bildern können Sie ebenfalls über dieses Menü starten.

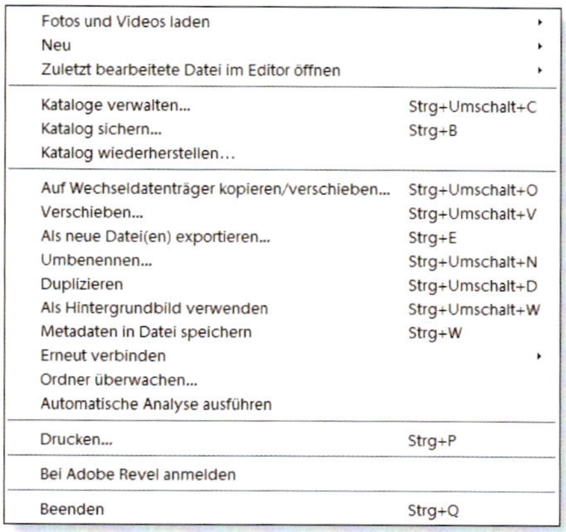

◀ **Abbildung 8.3**
Das Menü DATEI

Menü »Bearbeiten« | Auch im Organizer bietet das Menü BEARBEITEN ein umfangreiches und vielfältiges Repertoire an Funktionen. Neben Standardfunktionen finden Sie hier einfache Korrekturfunktionen und Funktionen für die Verwaltung und Kennzeichnung einzelner Bilder. Verschiedene Grundeinstellungen zum Programm lassen sich über dieses Menü ebenfalls aufrufen und ändern.

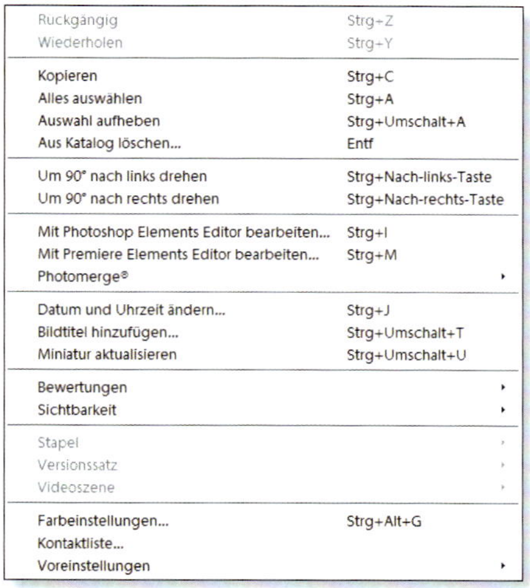

Kontaktliste

Vielleicht wundern Sie sich ein wenig über den Menüeintrag KONTAKTLISTE im Menü BEARBEITEN. Hier können Sie Adressen verwalten, um Bilder schnell und bequem aus dem Organizer heraus per E-Mail zu versenden.

◀ **Abbildung 8.4**
Das Menü BEARBEITEN

Menü »Suchen« | Sehr nützlich und mächtig sind die Funktionen im Menü Suchen. Die vielen möglichen Suchkriterien sind bei der Verwaltung von Bildern äußerst hilfreich. Auch ein Bearbeitungsverlauf ist in diesem Menü enthalten. Anhand dieses Verlaufs können Sie beispielsweise ermitteln, wann Sie welche Bilder von welchem Medium importiert haben.

Menü »Ansicht« | Im Menü Ansicht legen Sie fest, welche Bilder und Medientypen wie im Medienbrowser angezeigt werden.

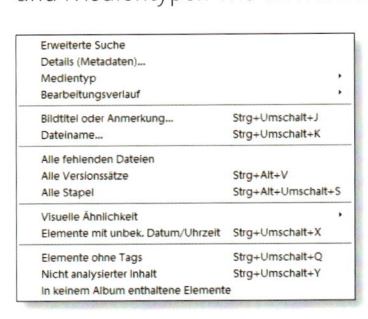

Abbildung 8.5 ▶
Das Menü Suchen

Abbildung 8.6 ▶▶
Das Menü Ansicht

> **Dateinamen anzeigen**
> Wollen Sie den Dateinamen im Medienbrowser anzeigen, so aktivieren Sie im Menü Ansicht • Dateinamen. Hierfür muss allerdings auch noch Ansicht • Details aktiviert sein. Um die Bilder außerdem mit einem Raster (wie in einer Tabelle) sauber voneinander zu trennen, wählen Sie im Menü Ansicht • Rasterlinien.

Menü »Hilfe« | Wenn Sie einmal nicht mehr weiterwissen, können Sie im letzten Menüpunkt die Hilfe aufrufen. Schneller geht dies mit der Taste [F1]. Die Hilfe wird dann im Standardwebbrowser angezeigt. Auch Aktualisierungen und Supports erreichen Sie über dieses Menü.

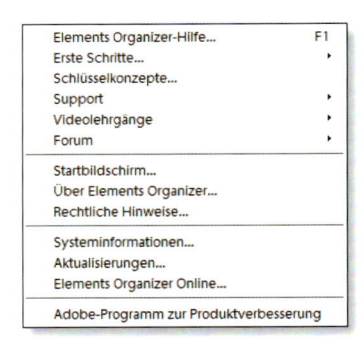

Abbildung 8.7 ▶
Das Menü Hilfe

8.1.2 Bilderansicht im Medienbrowser anpassen

In der Leiste ganz unten mit den vielen Schaltflächen finden Sie einen Schieberegler Zoom, mit dem Sie die Miniaturgröße der Bilder im Medienbrowser anpassen können. Wenn Sie den Regler ganz nach links schieben, so werden die Bilder in minimaler Größe dargestellt. Je weiter Sie den Schieberegler nach rechts bewegen, desto größer wird das Bild im Medienbrowser angezeigt. Steht der Schieberegler ganz rechts, wird ein einziges Bild in voller Größe im Medienbrowser angezeigt.

> **Schneller maximieren**
> Anstatt den Schieberegler oder die Schaltflächen rechts und links zum Minimieren und Maximieren zu verwenden, können Sie auch einen Doppelklick auf dem entsprechenden Bild im Medienbrowser ausführen.

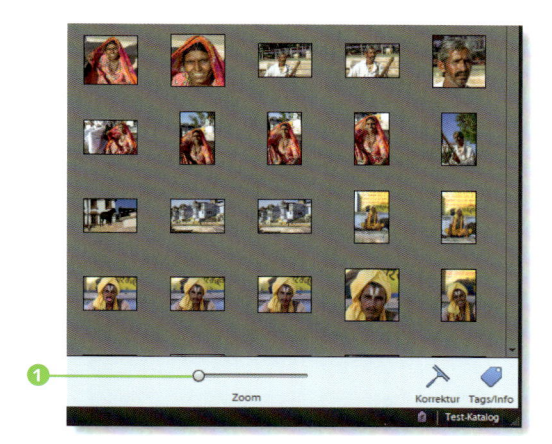

8.1 Die Oberfläche des Organizers im Schnellüberblick

▲ **Abbildung 8.8**
Die minimale Miniaturansicht im Medienbrowser: Der Schieberegler ❶ wurde ganz nach links gezogen.

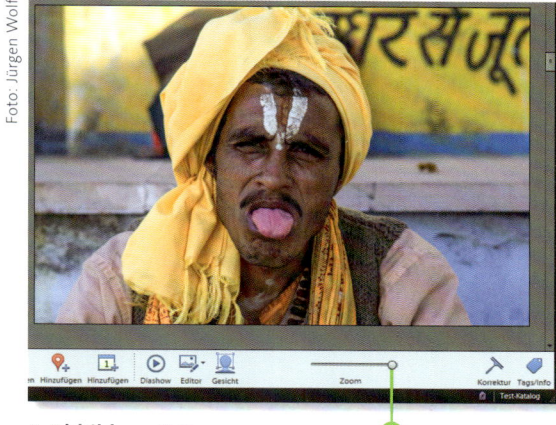

▲ **Abbildung 8.9**
Die maximale Miniaturansicht im Medienbrowser: Der Schieberegler ❷ wurde ganz nach rechts gezogen.

Ob die Bilder im Medienbrowser nach Datum aufsteigend (ÄLTESTE) oder absteigend (NEUESTE) sortiert angezeigt werden sollen, stellen Sie im Dropdown-Feld SORT. NACH ❸ über dem Medienbrowser ein. Hier können Sie auch noch nach IMPORTSTAPEL sortieren. Das ist quasi das Datum, an dem die Medien importiert wurden. Diese Befehle erreichen Sie auch über das Menü ANSICHT • SORTIEREN NACH.

Neu in Photoshop Elements 12 ist die Möglichkeit, in SORT. NACH ❸ die Bilder über die Option NAME nach dem Alphabet sortiert im Medienbrowser anzeigen zu lassen.

Alle Medien anzeigen | Wenn Sie neue Bilder importiert haben, wissen Sie ja bereits, dass im Medienbrowser, immer nur die zuletzt importierten Bilder angezeigt werden. Genauso ist dies, wenn Sie beispielsweise ein Album oder einen Ordner in der Ordneransicht auswählen, nach Stichwort-Tags filtern oder diverse Suchvorgänge durchführen. Dass nicht alle Medien im Medienbrowser angezeigt werden, können Sie immer daran erkennen, dass links über dem Medienbrowser die Schaltfläche ALLE MEDIEN ❹ zu sehen ist. Klicken Sie auf die Schaltfläche, werden wieder alle Medien im Medienbrowser angezeigt.

▲ **Abbildung 8.10**
Bilder nach bestimmten Kriterien sortiert im Medienbrowser auflisten

8.1.3 Die Bedienfelder
Der Organizer hat zwei Bedienfelder, jeweils ein Bedienfeld auf der rechten Seite des Medienbrowsers und eines auf der linken Seite.

▲ **Abbildung 8.11**
Wenn Sie diese Schaltfläche ❹ sehen, werden nicht alle Medien im Medienbrowser angezeigt.

Linkes Bedienfeld | Am dünnen Steg ❺ zwischen dem Bedienfeld und dem Medienbrowser können Sie das Bedienfeld (wenn auch beschränkt) horizontal skalieren. Über die Schaltfläche AUSBL.

Kapitel 8 Die Arbeitsoberfläche des Organizers

Zum Weiterlesen

Auf die Verwaltung von Alben wird in Abschnitt 9.2, »Lokale Alben erstellen und verwalten«, eingegangen. Mobile Alben werden in Abschnitt 9.3, »Mobile Alben erstellen und verwalten«, behandelt. Die Verwaltung der Bilder über die Ordnerhierarchie wird in Abschnitt 9.4, »Ordneransicht«, beschrieben.

Die Verwaltung von Bildern in LOKALE ALBEN ❶, MOBILE ALBEN ❷ und bereits importierten Ordnern (Ordnerliste) ❸ finden Sie im linken Bedienfeld. Über das kleine Icon ❺ neben EIGENE ORDNER können Sie außerdem die Ordnerhierarchie im linken Bedienfeld anzeigen lassen (siehe Abbildung 8.13). Die Aufteilung in LOKALE ALBEN ❶ und MOBILE ALBEN ❷ ist neu in Photoshop Elements 12. In der Vorgängerversion waren ALBEN immer nur lokal. Somit sind MOBILE ALBEN die eigentliche Neuerung in dieser Version.

(AUSBLENDEN) ❹ links unten lässt sich das Bedienfeld komplett ausblenden. Der Titel der Schaltfläche lautet dann sinnesgemäß ANZEIGEN ❼, womit Sie durch erneutes Anklicken das Bedienfeld wieder einblenden können.

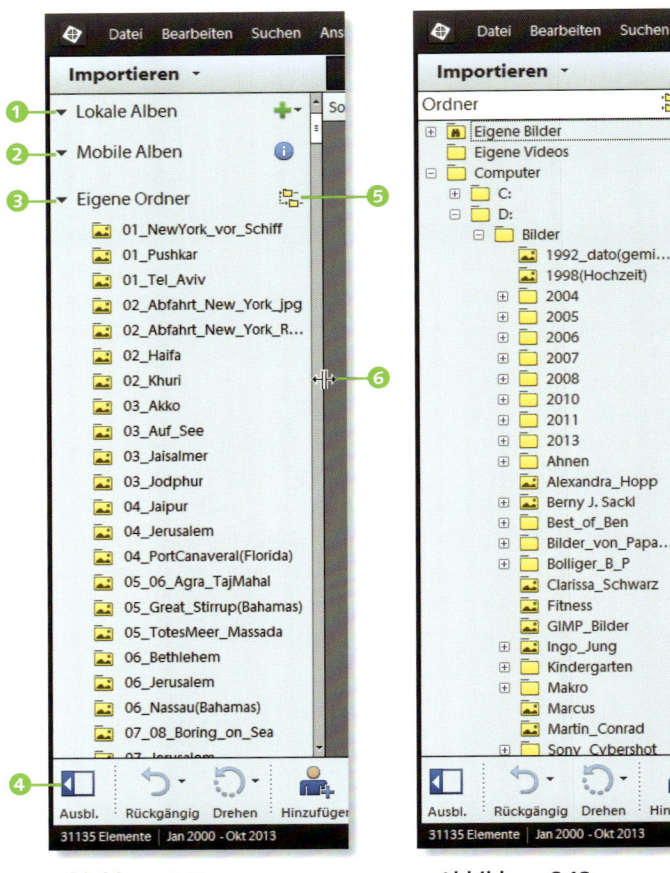

▲ **Abbildung 8.12**
Im linken Bedienfeld finden Sie Alben und Ordnerlisten. Mit einem Klick auf das kleine Icon ❺ wird im Bedienfeld …

▲ **Abbildung 8.13**
… eine Ordnerhierarchie angezeigt.

▲ **Abbildung 8.14**
Haben Sie das linke Bedienfeld ausgeblendet, können Sie dieses über die Schaltfläche ANZEIGEN ❼ wieder einblenden.

Rechtes Bedienfeld | Im Bedienfeld rechts neben dem Medienbrowser finden Sie entweder schnelle FOTOKORREKTUROPTIONEN, wenn Sie die Schaltfläche KORREKTUR ❽ aktiviert haben. Alternativ können Sie hier auch die Stichwort-Tags und Bildinformationen anzeigen lassen, indem Sie die Schaltfläche TAGS/INFO ❾ aktiviert haben. Komplett ausblenden können Sie das rechte Bedienfeld, indem Sie die jeweils **aktive** Schaltfläche rechts unten anklicken und somit deaktivieren.

8.1 Die Oberfläche des Organizers im Schnellüberblick

Zum Weiterlesen

Die Fotokorrekturoptionen werden anschließend in Abschnitt 8.3, »Fotokorrekturoptionen im Organizer«, kurz beschrieben. Die Stichwort-Tags werden in Abschnitt 9.5, »Stichwort-Tags und Smart-Tags«, und die Bildinformationen in Abschnitt 9.12, »Bildinformationen« beschrieben.

◂◂ **Abbildung 8.15**
Im rechten Bedienfeld können Sie entweder schnelle Fotokorrekturoptionen einblenden …

◂ **Abbildung 8.16**
… oder Tags und Informationen.

8.1.4 Die verschiedenen Medienverwaltungsmodi

Unterhalb des Menüs finden Sie verschiedene Medienverwaltungsmodi, über die Sie Ihre Bilder auch ganz speziell verwalten können. Die Standardeinstellung Medien wird für die allgemeine Anzeige von Bildern im Organizer bei verschiedenen Zwecken verwendet. Etwas spezieller sind dann schon die Modi Personen, Orte und Ereignisse. Mit Personen (siehe Abschnitt 9.8) können Sie Bilder nach Personen, mit Orte (siehe Abschnitt 9.9) nach Orten und mit Ereignisse (siehe Abschnitt 9.10) nach Ereignissen verwalten.

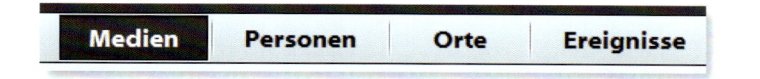

◂ **Abbildung 8.17**
Verschiedene Medienverwaltungsmodi

8.1.5 »Erstellen« und »Teilen«

Wie schon im Fotoeditor, finden Sie auch im Organizer das Dropdown-Menü Erstellen. Zusätzlich finden Sie hier noch mit Teilen ein weiteres Dropdown-Menü.

Erstellen | Im Dropdown-Menü Erstellen wählen Sie beispielsweise aus, ob Sie einen Bildband, eine Fotocollage oder eine Diashow erstellen möchten. Viele der Schaltflächen dieser

Zum Weiterlesen

Auf das Erstellen und Teilen von Fotos (besser das Präsentieren) werde ich in Teil XII dieses Buches eingehen. Dort behandele ich auch die Funktionen von Erstellen und Teilen.

Gruppe finden Sie im Fotoeditor unter demselben Aufgabenbedienfeld wieder.

Teilen | Ähnlich wie ERSTELLEN bietet die zweite Dropdown-Liste TEILEN weitere Funktionen zur Weitergabe von Bildern. Zu diesen Funktionen zählen zum Beispiel eine PRIVATE WEBGALLERIE, E-MAIL-ANHÄNGE, FACEBOOK, TWITTER, YOUTUBE, FLICKR oder FOTO-MAIL.

Abbildung 8.18 ▶
Die Funktionen unter dem Dropdown-Menü ERSTELLEN

Abbildung 8.19 ▶▶
Die Funktionen unter dem Dropdown-Menü TEILEN Die Statusleiste

Die Statusleiste zeigt lediglich die Anzahl der ausgewählten und der vorhandenen Elemente im Medienbrowser auf der linken Seite ❶ an. Daneben wird ein Zeitbereich ❷ der Medien mit dem Datumsbereich der Erstellung des ersten und letzten Bildes im Medienbrowser angezeigt.

Das kleine Etikettensymbol auf der rechten Seite ❸ informiert Sie darüber, ob die automatische Analyse aktiviert oder deaktiviert (in der Abbildung der Fall) ist. Mehr dazu erfahren Sie im Abschnitt »Smart-Tags« auf Seite 234. Ganz rechts finden Sie den Namen des Katalogs ❹.

Abbildung 8.20 ▼
Die Statusleiste

Die Zeitleiste | Ein weiteres feines Feature zum Auflisten der Bilder im Medienbrowser ist die Zeitleiste, welche Sie über ANSICHT • ZEITLEISTE oder [Strg]/[cmd]+[L] ein- und wieder ausblenden können. Die Zeitleiste wird über der Miniaturvorschau des

Medienbrowsers angezeigt. Sie können damit quasi direkt zum Erstellungsdatum einzelner Bilder springen, indem Sie entweder auf die entsprechende Zeit klicken oder den kleinen Rahmen ❼ an die gewünschte Zeit ziehen. Je höher hier der Monatsbalken ❽ ist, desto mehr Bilder befinden sich an dieser Zeitposition. Klicken Sie eine bestimmte Zeit an, zeigt der Medienbrowser das erste Bild dieser Zeit, kurz auch mit einem grünen Rahmen ⓫, an.

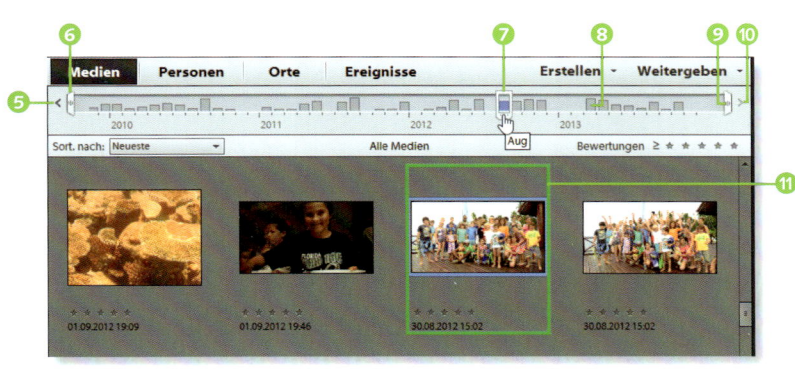

◀ **Abbildung 8.21**
Bilder aus einer bestimmten Zeit auswählen

An den beiden kleinen Pfeilen ganz links ❺ oder rechts ❿ können Sie die Zeitachse verschieben. Mit den kleinen Balken links ❻ und rechts ❾ hingegen können Sie den Zeitbereich der im Medienbrowser angezeigt werden soll, einschränken. Wie viele Elemente das betrifft und von wann bis wann jetzt Bilder angezeigt werden, können Sie dann auch in der Statusleiste entnehmen.

▲ **Abbildung 8.22**
Entsprechend wird diese Information in der Statusleiste ausgegeben.

◀ **Abbildung 8.23**
Auch der Zeitbereich kann eingeschränkt werden.

8.2 Die Vollbildansicht – Diashow und Vergleichsansicht

Häufig reicht eine Betrachtung der Bilder in der Miniaturvorschau nicht aus, um die Qualität des Bildes zu beurteilen. Daher bietet der Organizer eine Vollbildansicht an. Um zur Vollbildansicht zu wechseln, klicken Sie im Menü ANSICHT und wählen VOLLBILDSCHIRM aus (alternativ drücken Sie `F11` oder beim Mac `cmd`+`F11`).

Diashow abspielen | Aus der Vollbildansicht können Sie ganz bequem in eine Diashow wechseln, indem Sie den Mauszeiger an den unteren Rand des Bildschirms bewegen und auf die Play-Schaltfläche klicken.

▲ **Abbildung 8.24**
In die Vollbildansicht wechseln

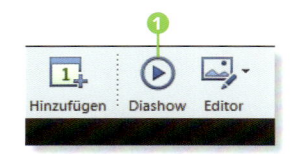

Abbildung 8.25
In der Vollbildansicht gleich mit der Diashow über die entsprechende Schaltfläche ❶ starten

Diashow über Medienbrowser aktivieren
Auch über den Medienbrowser können Sie die Vollbildansicht aktivieren, indem Sie ein Bild mit der rechten Maustaste anklicken und im Kontextmenü FOTOS UND VIDEOS IN DIASHOW ANZEIGEN auswählen.

Abbildung 8.26 ▼
Die Oberfläche der Vollbildansicht mit der Steuerelementleiste, dem Bereich ORGANISIEREN und dem Bereich BEARBEITEN

Wollen Sie die Diashow dagegen direkt starten, also ohne den Umweg über den Vollbildmodus, genügt ein Klick auf die gleichnamige Schaltfläche ❶ unter dem Medienbrowser. Abgespielt werden immer die im Medienbrowser eingeblendeten Bilder ab der Position des ersten markierten Bildes oder, falls Sie mehrere Bilder selektiert haben, nur die selektierten Bilder.

8.2.1 Steuerung der Vollbildansicht

Sobald Sie in der Vollbildansicht den Mauszeiger bewegen, erscheint unterhalb der Ansicht eine Steuerleiste, so dass Sie die Vollbildansicht komfortabel mit der Maus steuern können. Für fast alle dieser Steuerelemente existieren Tastenkürzel. Die wichtigsten finden Sie in Tabelle 8.1 auf Seite 191.

Bearbeiten | Links oben befindet sich ein Bereich mit dem Namen BEARBEITEN ❷, der horizontal ausfährt, wenn Sie mit dem Mauszeiger darüberfahren. Hier sehen Sie alle Fotokorrekturoptionen, die auch im Bedienfeld (siehe Abschnitt 8.3) des Organizers vorhanden sind. Auch die Bewertungen der Bilder mit den Sternen (mehr dazu siehe Abschnitt 9.7) können Sie hier vornehmen.

Organisieren | Links unten finden Sie den Bereich ORGANISIEREN ❸, der ebenfalls horizontal ausfährt, wenn Sie mit der Maus darüberfahren. Hiermit könnten Sie gleich die Bilder beim Betrachten in Alben (siehe Abschnitt 9.2) und Stichwort-Tags (siehe Abschnitt 9.5) organisieren.

8.2 Die Vollbildansicht – Diashow und Vergleichsansicht

Die Bedienung der Steuerleiste ist auch schnell erklärt. Mit den ersten drei Schaltflächen ❺ können Sie das vorherige Medium (was meistens Fotos sein dürften) betrachten, eine Diashow abspielen oder das nächste Medium ansehen. Mit der nächsten Schaltfläche THEMA ❻ können Sie die Übergänge für die Diashow einstellen. Mit der Schaltfläche FILMSTREIFEN ❼ blenden Sie einen Filmstreifen ❹ unter dem Bild ein und wieder aus. Daneben finden Sie zwei Schaltflächen ❽ für die Vergleichsansicht, welche wir in Abschnitt 8.2.3 näher betrachten werden.

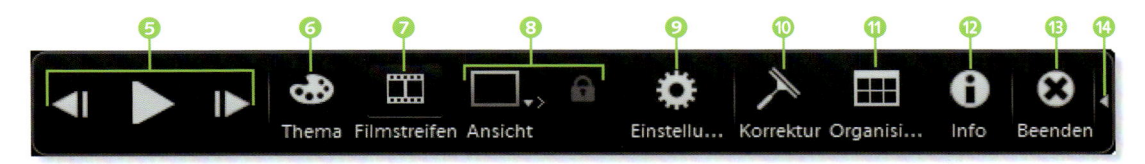

Abbildung 8.27
Die Steuerelemente der Vollbildansicht

Die Einstellungen für die Vollbildansicht und Diashow erreichen Sie über die folgende Schaltfläche EINSTELLUNGEN ❾ (siehe Abschnitt 8.2.2, »Vollbildansicht-Optionen«). Die nächsten beiden Schaltflächen, KORREKTUR ❿ und ORGANISIEREN ⓫, blenden beide Bedienfeldleisten ❷ und ❸ auf der linken Seite komplett aus und wieder ein. Die INFORMATIONEN für das Bild zeigen Sie mit der vorletzten Schaltfläche INFO ⓬ in einem transparenten Fenster an. Über die letzte Schaltfläche ⓭ beenden Sie die Vollbildansicht wieder und wechseln zurück zum Organizer. Alternativ können Sie die Vollbildansicht auch mit `Esc` beenden. Mit dem kleinen Dreieck ⓮ am Ende können Sie die Schaltflächen KORREKTUR, ORGANISIEREN und INFO aus- bzw. einblenden.

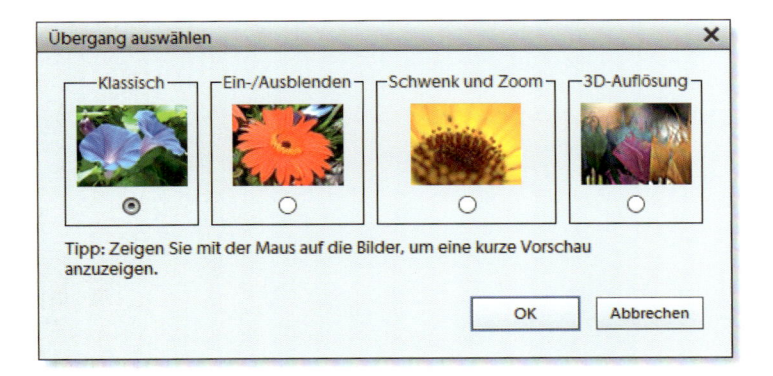

Abbildung 8.28
Klicken Sie auf die Schaltfläche THEMA ❻, können Sie aus vier Übergängen für Ihre Diashow auswählen.

Zoomen in der Vollbildansicht | Selbstverständlich ist auch das Zoomen in das Bild in der Vollbildansicht möglich. Mit einem einfachen linken Mausklick auf das Bild zoomen Sie auf 100 %, und durch erneutes Klicken zoomen Sie wieder auf Bildschirmgröße zurück, damit das Bild komplett angezeigt wird. Genauer herein-

und herauszoomen können Sie, indem Sie das Mausrad scrollen (von 6 % bis 1.600 %).

Um bei einer übergroßen Ansicht den Bildausschnitt anzupassen, brauchen Sie nur die linke Maustaste gedrückt zu halten, und der Mauszeiger wird zu einem Handsymbol. Jetzt können Sie die Ansicht mit gedrückt gehaltener Maustaste verschieben.

8.2.2 Vollbildansicht-Optionen

In der Vollbildansicht zeigen Sie über die Schaltfläche EINSTELLUNGEN den Dialog VOLLBILDANSICHT-OPTIONEN an. Hier können Sie verschiedene Einstellungen für die Darstellung in der Vollbildansicht vornehmen.

Abbildung 8.29 ▶
Hier legen Sie die Optionen für die Vollbildansicht fest.

Audiokommentare
Audiokommentare können Sie über die allgemeinen Eigenschaften eines Bildes aufnehmen (siehe Abschnitt 9.12, »Bildinformationen«).

Bildtitel
Auch den Bildtitel können Sie über die allgemeinen Eigenschaften eines Bildes (siehe Abschnitt 9.12, »Bildinformationen«) eingeben.

Allgemeine Einstellungen | Über HINTERGRUNDMUSIK können Sie eine Audiodatei während einer Diashow laufen lassen. Entweder wählen Sie eines der vordefinierten Musikstücke in der Dropdown-Liste aus, oder Sie suchen mit DURCHSUCHEN nach anderer Musik. Falls Sie für Bilder Audiokommentare hinterlegt haben, können Sie diese durch Aktivieren der Checkbox AUDIOKOMMENTARE WIEDERGEBEN abspielen lassen.

Wie lange (in Sekunden) ein Bild bei der Diashow angezeigt werden soll, geben Sie mit SEITENDAUER an. Haben Sie ein Bild mit einem Bildtitel versehen, können Sie diese Titel mit der Option MIT BILDTITELN anzeigen lassen. Bei kleinen, niedrigaufgelösten Bildern (Bildern, die kleiner als die Anzeigegröße des Bildschirms sind) sollten Sie die Option FOTOS DÜRFEN SKALIERT WERDEN deaktivieren, damit diese Bilder nicht durch das Hochskalieren als tetrisartige Klötzchen dargestellt werden. Dasselbe können Sie für Videos mit der Option VIDEOS DÜRFEN SKALIERT WERDEN einstellen. Wenn Sie unter dem Bild die Bilder nacheinander wie bei einem Filmstreifen sehen wollen, aktivieren Sie die Option FILMSTREIFEN ANZEIGEN.

Einstellungen für die Diashow | Die letzte Option bezieht sich nur auf die Diashow. Wenn Sie die Option DIASHOW WIEDERHOLEN aktivieren, beginnt die Diashow nach dem Abspielen aller Bilder wieder von vorn. Aktivieren Sie diese Option nicht, endet die Diashow, wenn alle Bilder angezeigt wurden.

8.2.3 Die Vergleichsansicht

Die Vergleichsansicht öffnen Sie entweder in der Vollbildansicht über die Schaltfläche ANSICHT ❶ in der Steuerelementleiste oder mit [F12] (beim Mac [cmd]+[F12]) aus der Vollbildansicht oder direkt aus dem Organizer.

Um zwei Bilder miteinander zu vergleichen, sollten Sie sie im Medienbrowser markieren und dann [F12] bzw. [cmd]+[F12] drücken. Drücken Sie einfach nur das Tastenkürzel, so wird das gerade aktive Bild (oder das erste Bild im Album, falls kein Bild aktiv ist) mit dem nächsten Bild verglichen.

▲ **Abbildung 8.30**
Vergleichsansicht zweier Bilder in vertikaler Position

Die Vergleichsansicht entspricht in Anzeige und Funktionalität weitgehend der Vollbildansicht – mit dem Unterschied, dass hier zwei Bilder nebeneinander oder untereinander (je nach Einstellung) gezeigt werden. Das aktive Bild ist immer durch einen blauen Rahmen gekennzeichnet. Dieses Bild können Sie über die verschiedenen Steuerbedienelemente bearbeiten, die Sie in der Vollbildansicht kennengelernt haben.

Um mehrere Bilder aus einem Album oder dem Medienbrowser miteinander zu vergleichen, markieren Sie im Medienbrowser nur ein einziges Bild, und rufen Sie dann die Vergleichsansicht auf. Sie öffnet sich dann zunächst mit dem markierten Bild sowie dem folgenden Bild. Jetzt können Sie sich gegebenenfalls mittels [Strg]/[cmd]+[F] den Filmstreifen anzeigen lassen und die Bilder, die Sie miteinander vergleichen wollen, per Mausklick aus dem Filmstreifen auswählen. Ein blauer Rahmen markiert dabei sowohl in der Vergleichsansicht als auch im Filmstreifen, welches Bild Sie austauschen können.

Abbildung 8.31 ▼
Vergleichsansicht zweier Bilder in horizontaler Position

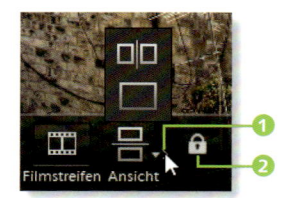

▲ Abbildung 8.33
Vollbildansicht einstellen

Über das kleine Dreieck ❶ können Sie die Ansicht zwischen Vergleichsansicht nebeneinander, Vergleichsansicht übereinander oder Vollbildansicht eines einzelnen Bildes wechseln. Mit dem kleinen Schlosssymbol ❷ daneben wird das Zoomen und Ändern der Bildansicht bei der Vergleichsansicht synchronisiert. Zoomen Sie in das eine Bild der Vergleichsansicht, wird automatisch auch in das andere Bild gezoomt.

8.2.4 Aktionsmenü

Im Aktionsmenü können Sie diverse Aktionen durchführen. Rufen Sie das Menü per Rechtsklick in der Vollbildansicht auf. Sie könnten nun beispielsweise das gerade angezeigte Bild mit Stichwort-Tags versehen oder es in ein bestimmtes Album aufnehmen.

8.2.5 Tastenkürzel für die Vollbildansicht

Zum Schluss noch eine Auflistung der Tastenkürzel für die Vollbildansicht in Tabelle 8.1.

8.3 Fotokorrekturoptionen im Organizer

◀ **Tabelle 8.1**
Steuerung der Vollbildansicht

Vorhaben	Windows	Mac
vorheriges Foto	←	←
Diashow abspielen	Leertaste	Leertaste
nächstes Foto	→	→
Vollbildansicht beenden	Esc	Esc
um 90° nach links drehen	Strg + ←	cmd + ←
um 90° nach rechts drehen	Strg + →	cmd + →
löschen	Entf	←
Aktionsmenü aufrufen	rechte Maustaste	rechte Maustaste
Vollbildansicht	F11	cmd + F11
Vergleichsansicht (auswählbar sind nebeneinander oder untereinander)	F12	cmd + F12
Fenstergröße	Strg + 0	cmd + 0
tatsächliche Pixel	Strg + Alt + 0	cmd + Alt + 0
auszoomen	Strg + -	cmd + -
einzoomen	Strg + +	cmd + +
Bewertung für das Bild vergeben	1, 2, 3, 4 oder 5	1, 2, 3, 4 oder 5
Filmstreifen anzeigen	Strg + F	cmd + F
vorheriges Bild im Filmstreifen	↑	↑
nächstes Bild im Filmstreifen	↓	↓

▲ **Abbildung 8.32**
Das Aktionsmenü für die Vollbildansicht

8.3 Fotokorrekturoptionen im Organizer

Bevor Sie sich an die Verwaltung Ihrer Bilder machen können, sollen noch ein paar Worte über die FOTOKORREKTUROPTIONEN verloren werden, welche Sie im Organizer über das Bedienfeld verwenden können, wenn Sie die Schaltfläche KORREKTUR ❸ links unten aktivieren.

Ausgenommen von der Funktion FREISTELLEN, sind alle Korrekturen reine Automatikfunktionen ohne irgendwelche Einstellungen und somit für ernsthaften Gebrauch wohl eher bedingt geeignet. Natürlich kann man hier mal ausprobieren, und übli-

▲ **Abbildung 8.34**
Für eine ernsthafte Fotokorrektur sind die FOTOKORREKTUROPTIONEN nur bedingt zu empfehlen.

▲ **Abbildung 8.35**
Bilder drehen

Organizer im Hintergrund
Wenn Sie vom Organizer zum Fotoeditor wechseln, so wird der Organizer nicht beendet. Sollte also der Fotoeditor bei der Arbeit sehr langsam reagieren, beanspruchen möglicherweise Organizer und Fotoeditor zu viel Hauptspeicher.

Weitere Möglichkeiten ...
Auch mit einem rechten Mausklick auf ein Foto im Medienbrowser finden Sie im Kontextmenü mit MIT PHOTOSHOP ELEMENTS EDITOR BEARBEITEN einen Befehl vor, Bilder im Fotoeditor zu behandeln.

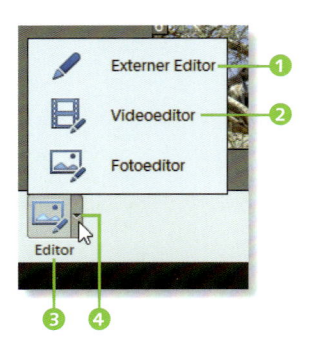

▲ **Abbildung 8.36**
Vom Organizer zum gewünschten Editor

cherweise legt der Organizer auch gleich einen Versionssatz (siehe Abschnitt 9.11) an und lässt das Original somit unberührt.

8.3.1 Fotos drehen

Wollen Sie Bilder nach links oder rechts drehen, so können Sie die entsprechende Schaltfläche in der Leiste unter dem Medienbrowser verwenden. Entsprechend dem Symbol werden hierbei markierte Bilder um 90° nach links oder nach rechts gedreht. Alternativ führen Sie diese Drehung mit der Tastenkombination [Strg]/[cmd]+[←] oder [Strg]/[cmd]+[→] aus.

Qualitätsverlust beachten | Beim Drehen von JPEG-Dateien sollten Sie allerdings beachten, dass die Dateien neu komprimiert werden müssen, was einen Qualitätsverlust bedeutet. Photoshop Elements weist Sie auf diesen Verlust hin und bietet an, eine Kopie zu erstellen und nur diese Kopie zu drehen, so dass das Original unangetastet bleibt. Bei Bildern im TIFF-, PSD- oder RAW-Format werden diese Drehungen ohne Qualitätsverluste durchgeführt.

8.4 Vom Organizer zum Fotoeditor

Ihr zentraler Arbeitsablauf sollte künftig so aussehen, dass Sie Ihre Bilder im Organizer verwalten und betrachten und sie bei Bedarf von dort zur Korrektur in den Fotoeditor laden. Am schnellsten laden Sie ein Bild in den Fotoeditor, indem Sie es markieren und die Tastenkombination [Strg]/[cmd]+[I] betätigen. Alternativ finden Sie hierzu auch unterhalb des Medienbrowsers die Schaltfläche EDITOR ❸, um den Fotoeditor zu starten. Natürlich können Sie auch mehrere Bilder markieren und diese gleichzeitig in den Fotoeditor laden.

Über das kleine Dreieck ❹ können Sie außerdem auch noch markierte Medien im VIDEOEDITOR ❷ laden (hierfür wird Adobe Premiere Elements 12 benötigt) oder das Bild in einem anderen Editor (EXTERNER EDITOR ❶) zur Bearbeitung laden.

Den externen Editor können Sie über den Dialog BEARBEITEN/ ELEMENTS ORGANIZER • VOREINSTELLUNGEN • BEARBEITEN unter ZUSÄTZLICHE BEARBEITUNGSANWENDUNG VERWENDEN ❺ via DURCHSUCHEN auswählen. Der Dialog wird gewöhnlich auch angezeigt, wenn Sie die Schaltfläche EXTERNER EDITOR angeklickt haben.

8.4 Vom Organizer zum Fotoeditor

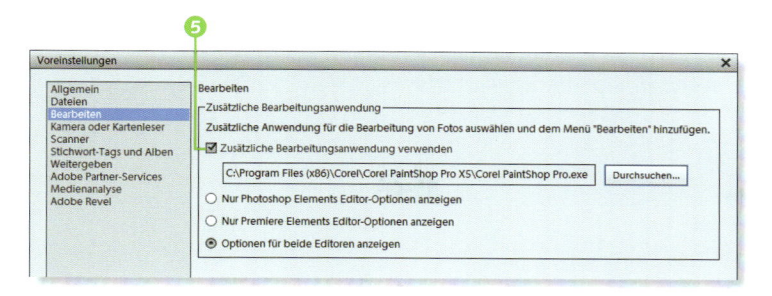

▲ **Abbildung 8.37**
Bilder können auch in einem externen Programm zur Bearbeitung geöffnet werden.

Wenn Sie ein Bild vom Organizer in den Fotoeditor zur Bearbeitung geladen haben, steht das Bild im Organizer nicht zur Verfügung. Angezeigt wird dies im Organizer durch ein entsprechendes Schlosssymbol und durch den Hinweis In Bearbeitung 6.

▲ **Abbildung 8.38**
Das Bild wird gerade im Fotoeditor bearbeitet.

Kapitel 9
Fotos organisieren und verwalten

Haben Sie einige Bilder in den Organizer importiert, stehen Sie jetzt vor der Qual der Wahl, womit Sie anfangen, Ihre Bilder zu verwalten. Sie können damit beginnen, einzelne Alben anzulegen, oder erst einmal die Personen, Orte oder Ereignisse in Angriff nehmen. Der eine oder andere wird vielleicht auch zunächst seine Bilder im RAW-Format von den Bildern in JPEG-Format trennen wollen – die Möglichkeiten sind also enorm vielfältig.

9.1 Der Katalog

Der Organizer verwendet einen Katalog, um Bilder und andere Medien zu verwalten. Den Namen des aktuell verwendeten Katalogs sehen Sie links unten in der Statusleiste. Genau genommen handelt es sich bei diesem Katalog im Organizer um eine echte Datenbank.

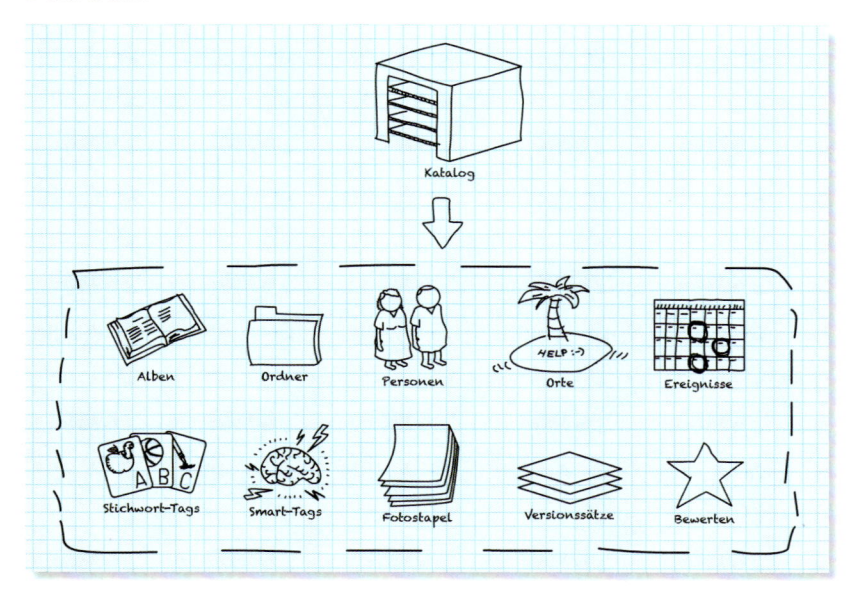

◀ **Abbildung 9.1**
Ein erster Überblick der vielen Möglichkeiten, die Ihnen mit dem Organizer zur Verfügung stehen, um Ihre Fotos zu verwalten

Abbildung 9.2
Den Katalogmanager durch Anklicken des Katalognamens aufrufen

Katalog manuell suchen
Wird Ihr Katalog nicht in der Liste aufgeführt, suchen Sie gegebenenfalls manuell danach, indem Sie die Radioschaltfläche Benutzerdefinierter Pfad ❶ auswählen und den Pfad mit der Schaltfläche Durchsuchen ❷ vorgeben. Die Dateiendung für die Katalogdateien der Version 12 von Photoshop Elements lautet übrigens »*.pse12db«. Bei der Vorgängerversion lautete diese Endung logischerweise »*.pse11db« (und bei Elements 10 »*.pse10db«). Natürlich können Sie hierfür auch die Suche Ihres Betriebssystems verwenden.

Katalogmanager aufrufen | Es ist durchaus möglich, mehrere Kataloge anzulegen. Dies ist besonders sinnvoll, wenn mehrere Benutzer denselben Rechner verwenden. Hier ist es ratsam, dass jeder Benutzer einen eigenen Katalog hat. Die komplette Verwaltung können Sie mit dem Katalogmanager über das Menü Datei • Kataloge verwalten oder mit der Tastenkombination [Strg]/[cmd]+[⇧]+[C] erledigen. Alternativ können Sie den Katalogmanager auch aufrufen, indem Sie auf den Namen des Katalogs in der Statusleiste klicken.

Mehrere Kataloge? | Sollten Sie allerdings als einzelner Benutzer mehrere Kataloge verwenden wollen, müssen Sie sich dies sehr gut überlegen. Spätestens wenn Sie irgendwann mehrere Kataloge zu einem zusammenführen wollen, kann das sehr knifflig werden. Der Adobe Organizer selbst liefert keine direkte Möglichkeit, zwei Kataloge zusammenzuführen. Über den Umfang des Katalogs brauchen Sie sich eigentlich keine Gedanken zu machen: Auf meinen (normal ausgestatteten) Testrechnern hat der Organizer 35.000 Bilder ohne große Mühen verwaltet. Sicherlich ist es auch Geschmackssache, aber ich persönlich habe immer gerne alles »unter einem Dach«.

Kataloge verwalten | Einen neuen Katalog richten Sie über die Schaltfläche Neu ❺ ein. Im anschließenden Dialog können Sie den Namen dafür vergeben. Haben Sie eine Vorgängerversion von Photoshop Elements und auch hier schon einen Katalog erstellt, können Sie diesen mit der Schaltfläche Konvertieren ❻ in der neuen Version verwenden.

Einen anderen Namen für den Katalog vergeben Sie über die Schaltfläche Umbenennen ❼. Mit Verschieben ❽ ändern Sie den Speicherort für den Katalog. Hier wählen Sie entweder einen Pfad, der für alle Benutzer zugänglich ist (Standardeinstellung), einen Pfad, der nur für den aktuellen Benutzer erreichbar ist, oder eben einen benutzerdefinierten Pfad.

Da es sich beim Katalog des Organizers um eine echte Datenbank handelt, können hier auch datenbanktypische Inkonsistenzen auftreten, wenn beispielsweise Dateien umbenannt, gelöscht oder verschoben wurden. Hierbei können immer Reste der alten Daten in der Datenbank erhalten bleiben. Solche »toten« Verknüpfungen können über längere Zeit den Betrieb des Organizers erheblich verlangsamen. Für solche Zwecke steht die Schaltfläche Reparieren ⓫ zur Verfügung, mit der Sie solche Probleme überprüfen und bei Bedarf reparieren können. Ähnliches bewirkt die Schaltfläche Optimieren ❿, mit der Sie den Katalog und den

9.1 Der Katalog

Miniatur-Cache neu sortieren und somit optimieren. Dies können Sie sich ähnlich wie beim Defragmentieren der Festplatte vorstellen.

Der aktuell aktive Katalog wird in der Liste der Kataloge mit dem Text [Aktuell] ❹ versehen. Wollen Sie den Katalog wechseln, brauchen Sie nur den entsprechenden Katalog in der Liste ❸ auszuwählen und auf die Schaltfläche Öffnen ⓬ zu klicken.

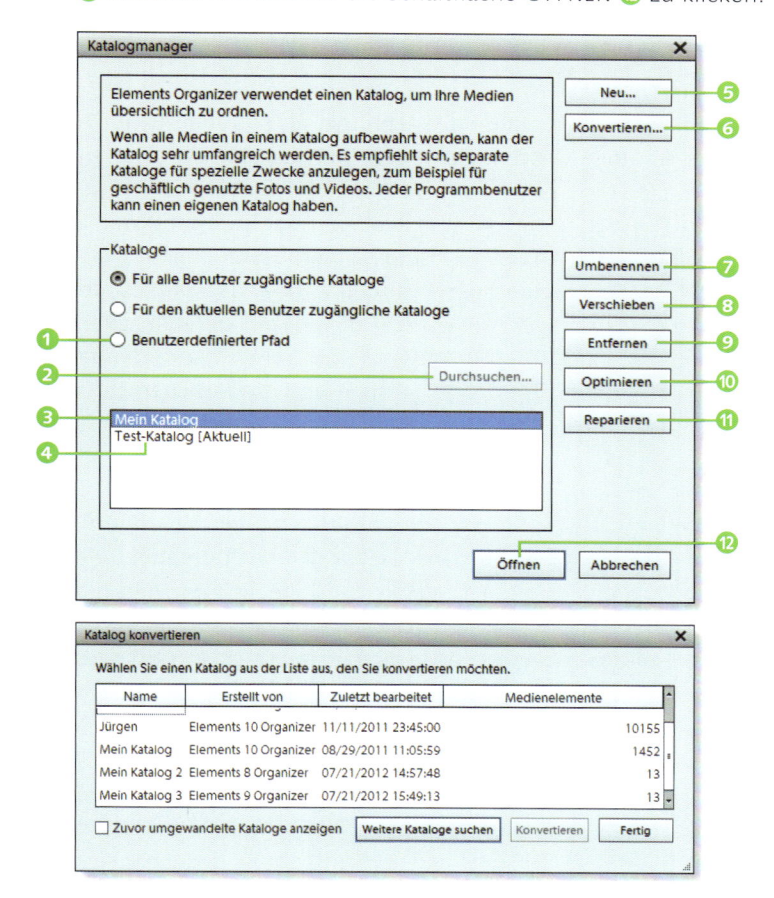

◀ **Abbildung 9.3**
Der Katalogmanager zum Verwalten von Katalogen

◀ **Abbildung 9.4**
Der Dialog wird geöffnet, wenn Sie die Schaltfläche Konvertieren ❻ im Katalogmanager ausgewählt haben.

Katalog löschen | Einen Katalog können Sie jederzeit über Datei • Kataloge verwalten entfernen, indem Sie ihn im Katalogmanager (siehe Abbildung 9.3) auswählen und auf die Schaltfläche Entfernen ❾ klicken. Und keine Sorge, hierbei werden keine Bilder von der Festplatte gelöscht, sondern nur die Verweise auf die Bilder mitsamt den Alben, Stichwort-Tags, Bewertungen usw. Die einzige Bedingung beim Löschen eines Katalogs ist, dass dieser **nicht** geöffnet sein darf (zu erkennen an dem Schriftzug [Aktuell], welcher beim Löschen **nicht** dort stehen sollte).

Versehentlich gelöscht?

Haben Sie Elemente versehentlich von der Festplatte gelöscht, keine Panik! Sie können den Vorgang jederzeit mit `Strg`/`cmd`+`Z` oder BEARBEITEN • RÜCKGÄNGIG: LÖSCHEN wieder rückgängig machen. Auch wenn Sie den Organizer bereits beendet haben, finden Sie die gelöschten Elemente nach wie vor im Papierkorb Ihres Systems wieder, wo Sie sie ebenfalls wiederherstellen können.

Mehrere Elemente markieren

Mehrere zusammenliegende Elemente können Sie mit gehaltener `⇧`-Taste markieren; nicht zusammenliegende Elemente markieren Sie mit `Strg`/`cmd`.

▲ **Abbildung 9.6**
Zum Bild gibt es keine passende Verknüpfung mehr.

Manuell suchen

Falls Sie wissen, wo sich die fehlende Datei befindet, können Sie beim Dialog zur Suche auf die Schaltfläche DURCHSUCHEN ❸ klicken und den Pfad der verschobenen Datei manuell angeben. Selbiges erreichen Sie übrigens auch über den Katalogmanager (DATEI • KATALOGE VERWALTEN) mit der Schaltfläche REPARIEREN für den gesamten Katalog.

Abbildung 9.7 ▶
Suche nach einer fehlenden Datei

Bilder löschen | Bilder, die Sie aus dem Katalog löschen wollen, brauchen Sie im Grunde nur zu markieren und dann über BEARBEITEN • AUS KATALOG LÖSCHEN bzw. `Entf`/`cmd`+`←` zu entfernen. Selbigen Befehl finden Sie auch im Kontextmenü, wenn Sie das oder die Bild(er) markiert haben und die rechte Maustaste betätigen.

Für gewöhnlich werden ausgewählte Elemente nur aus dem Katalog und nicht von der Festplatte gelöscht. Wollen sie das ausgewählte Element komplett von der Festplatte löschen, müssen Sie die OPTION AUSGEWÄHLTE ELEMENTE AUCH VON DER FESTPLATTE LÖSCHEN ❶ im sich öffnenden Dialog aktivieren.

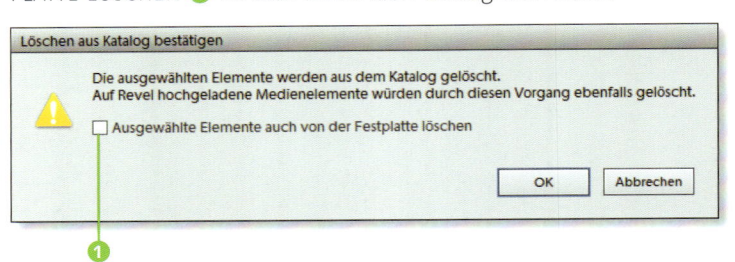

▲ **Abbildung 9.5**
Ausgewählte Elemente aus dem Katalog (oder auch von der Festplatte) löschen. Wurden diese Elemente auf Adobe Revel hochgeladen (MOBILE ALBEN, siehe Abschnitt 9.3), werden diese auch dort entfernt.

Fehlende Dateien | Im Laufe der Zeit wird Ihre Fotosammlung immer umfangreicher werden – da kann es vorkommen, dass Sie ein Bild in den Ordnern Ihres Betriebssystems unabhängig vom Organizer verschieben oder löschen. Solche verschobenen oder gelöschten Bilder werden dann im Medienbrowser mit einem Fragezeichen ❷ angezeigt.

In diesem Fall können Sie versuchen, durch einen Doppelklick auf das Bild die fehlende Datei von Photoshop Elements suchen zu lassen. Die Suche wird automatisch gestartet und beginnt zunächst in den Verzeichnissen, in denen Bilder üblicherweise abgelegt sind. Danach erst wird die Suche auf die gesamte Festplatte ausgeweitet.

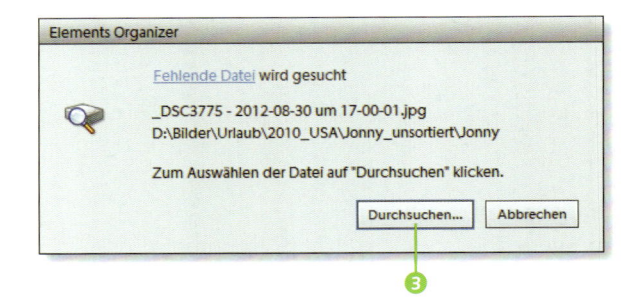

Sollte die automatische Suche fehlschlagen, werden Sie aufgefordert, die Datei manuell zu suchen. Falls Sie die Datei nicht mehr finden, können Sie den Eintrag hier ❹ komplett aus dem Katalog löschen. Wenn Sie auf der rechten Seite ❺ den Ordner mit der fehlenden Datei gefunden haben und unten beide Miniaturen identisch sind, können Sie auf die Schaltfläche ERNEUT VERBINDEN ❻ klicken. Neu in Elements 12 ist auch die Möglichkeit, mit der Schaltfläche ONLINE PRÜFEN ❼ zu prüfen, ob die fehlende Datei online verfügbar ist – was natürlich nur der Fall ist, wenn Sie den Service von Adobe Revel (siehe Abschnitt 9.3) verwenden.

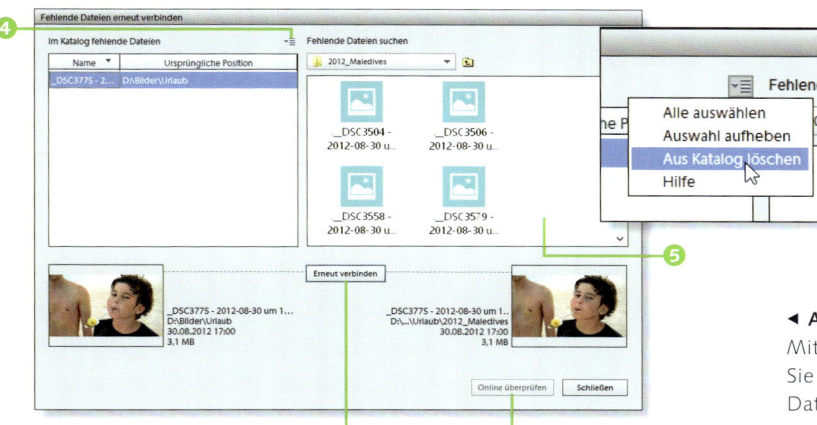

◀ **Abbildung 9.8**
Mit der manuellen Suche können Sie gezielt zum Speicherort der Datei navigieren.

Falls Sie gezielt nach allen fehlenden Dateien im Medienbrowser suchen wollen, finden Sie im Menü SUCHEN • ALLE FEHLENDEN DATEIEN eine passende Funktion dazu, welche alle fehlenden Dateien im Medienbrowser auflistet.

Alben auf der Festplatte?

Bitte beachten Sie, dass das Einsortieren der Bilder in Alben nichts mit dem Ablageort in Verzeichnissen zu tun hat. Die Albumstruktur, die Sie im Organizer erstellen, ist also völlig unabhängig von der Ordnerstruktur auf Ihrer Festplatte. Sind Sie eher an der Verzeichnisstruktur Ihres Systems interessiert, sollten Sie sich Abschnitt 9.4, »Ordneransicht«, dazu ansehen.

9.2 Lokale Alben erstellen und verwalten

Mit Alben ordnen Sie die Bilder thematisch und strukturieren so Ihren Medienbrowser klarer. Sie können zum Beispiel eigene Kategorien für Landschaftsaufnahmen, Porträts oder Sportfotos usw. erstellen.

Schritt für Schritt: Ein neues lokales Album erstellen

1 **Albumkategorie erstellen**
Klicken Sie im Bereich LOKALE ALBEN auf das grüne Plussymbol ❶, und wählen Sie hierbei zunächst NEUE ALBUMKATEGORIE ❷.

Albumkategorie optional

Das Erstellen einer Albumkategorie ist nicht unbedingt nötig, wenn Sie ein Album erstellen wollen. Sie können auch Alben ohne eine Kategorie erstellen.

Abbildung 9.9 ▶
Eine NEUE ALBUMKATEGORIE anlegen

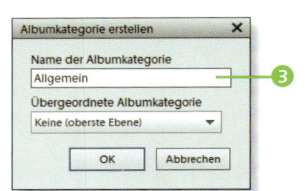

Abbildung 9.10 ▶▶
Vergeben Sie einen aussagekräftigen Namen.

aus. Geben Sie im folgenden Dialog für die Albumkategorie einen beliebigen Namen ❸ ein (hier »Allgemein«), und bestätigen Sie die Eingabe mit OK. Eine ÜBERGEORDNETE ALBUMKATEGORIE wurde noch nicht angelegt.

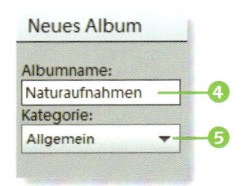

▲ **Abbildung 9.11**
In der Albumkategorie legen Sie nun ein neues Album an.

2 Neues Album erstellen
Klicken Sie nun wieder im Bereich LOKALE ALBEN auf das grüne Plussymbol, und wählen Sie aus der Liste den Eintrag NEUES ALBUM aus. Auf der rechten Seite des Organizers wird jetzt ein entsprechendes Bedienfeld angezeigt. Das Album wird jetzt als Untergruppe (bzw. als Unterordner) für die soeben erstellte Albumkategorie (im Beispiel ALLGEMEIN) verwendet. Wählen Sie daher im Dialog in der Liste KATEGORIE ❺ die entsprechende übergeordnete Kategorie aus (hier ALLGEMEIN). Vergeben Sie jetzt noch einen Namen ❹ für das Album (hier zum Beispiel »Naturaufnahmen«).

3 Bilder zuordnen
Integrieren Sie nun alle passenden Bilder in das neue lokale Album (NATURAUFNAHMEN). Markieren Sie zu diesem Zweck im Medienbrowser die Bilder (beispielsweise mit gehaltener [Strg]/[cmd]-Taste), die Sie dem Album hinzufügen wollen, so dass sie mit einem blauen Rahmen hinterlegt sind. Über die Schaltfläche ALLE ❻ können Sie alle gerade sichtbaren Medien im Medienbrowser markieren. ALLE ausgewählten Bilder abwählen können Sie hingegen mit der Schaltfläche KEINE ❼. Haben Sie die Bilder ausgewählt, ziehen Sie diese entweder mit gedrückter linker Maustaste in das Feld INHALT ❿ (per Drag & Drop), oder Sie klicken auf die Schaltfläche DEM MEDIENBEREICH HINZUFÜGEN ❽.

Bilder, die Sie versehentlich dorthin gezogen haben, können Sie markieren und mit dem Mülleimersymbol ⓫ wieder aus dem Feld INHALT entfernen.

Diesen Vorgang können Sie immer wiederholen, wenn Sie weitere zum Album passende Bilder finden. Klicken Sie auf die Schaltfläche OK ❾, wenn Sie dem Album alle Bilder hinzugefügt haben.

Versionssätze und Fotostapel
Wenn Sie Versionssätze und/oder Fotostapel einem Album hinzufügen, wird dem Album automatisch der komplette Stapel hinzugefügt, egal, ob Sie nur ein Bild hinzufügen wollten oder nicht.

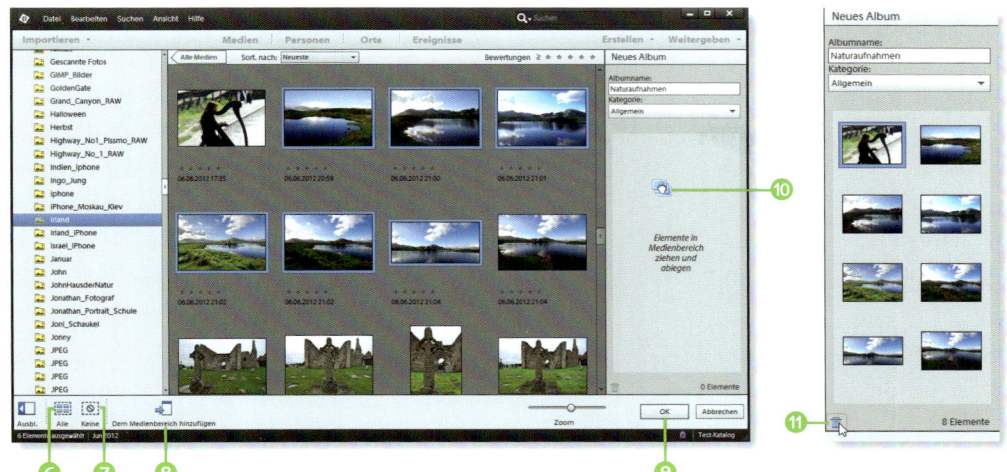

9.2 Lokale Alben erstellen und verwalten

▲ **Abbildung 9.12**
Ziehen Sie passende Bilder per Drag & Drop vom Medienbrowser ins Album.

4 Auf das Album zugreifen

Künftig zeigt nun ein kleines Symbol rechts unten beim Bild an, dass sich dieses Bild in einem Album befindet. Fahren Sie mit dem Mauszeiger über das Symbol ⓭, so wird auch angezeigt, in welchem Album das Bild liegt.

Unter LOKALE ALBEN finden Sie jetzt auch das neu erstellte Album NATURAUFNAHMEN ⓬. Mit einem Klick auf dieses Album werden alle darin enthaltenen Bilder im Medienbrowser angezeigt.

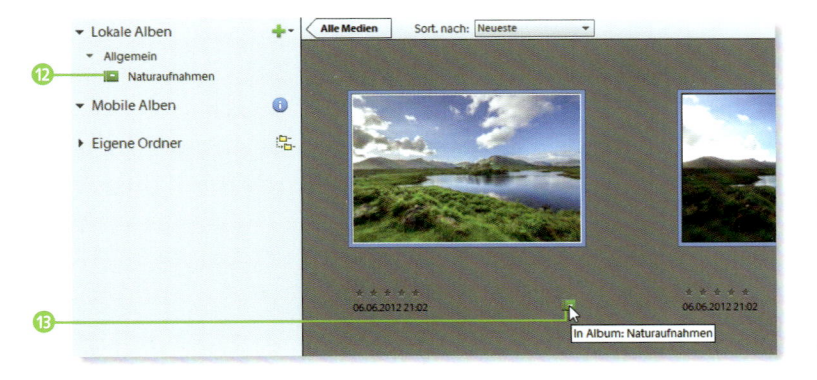

◀ **Abbildung 9.13**
Das Symbol ⓭ zeigt an, dass sich das Bild in einem Album befindet und wie das Album heißt. Wird das Icon nicht angezeigt, ist eventuell die Zoomgröße zu klein. Vergrößern Sie dann die Miniaturvorschau mit dem Regler ZOOM.

Durch Albumkategorien navigieren | Um ein Album innerhalb einer Albumkategorie auszuwählen, müssen Sie zunächst die Albumkategorie expandieren, damit die einzelnen Alben darin angezeigt werden. Ein Klick auf das kleine Dreieck ⓮ links genügt hierzu. Mit einem erneuten Klick klappen Sie das Album wieder in der Gruppe zusammen – genau wie bei der Ordnerhierarchie im Dateisystem. Das gerade aktive Album wird mit blauem Hintergrund ⓯ hervorgehoben.

Tipp: Bilderreihenfolge ändern

Die Reihenfolge der Bilder in einem Album (und **nur** dort) können Sie jederzeit per Drag & Drop verändern. Ziehen Sie dazu einfach das Bild an die Stelle im Medienbrowser, an der Sie es platzieren wollen, und lassen Sie dann die Maustaste los.

Abbildung 9.14 ▶
So sortieren Sie Ihre Bilder übersichtlich.

Abbildung 9.15
Anzahl der Elemente im Album – hier 7

Alternativ können Sie auch durch einen Mausklick auf die grüne Plus-Schaltfläche ⓰ über die Befehle ALLE ALBEN EINBLENDEN und ALLE ALBEN AUSBLENDEN sämtliche Albumkategorien mit einem Klick öffnen und schließen. Mit der Schaltfläche ALLE MEDIEN ⓱ werden wieder alle Bilder im Medienbrowser angezeigt.

Die Anzahl der Elemente, die sich im Album befinden, welches gerade ausgewählt wurde, wird in der Statusleiste angezeigt.

Dem Album weitere Bilder hinzufügen | Es ist ohne großen Aufwand möglich, einem Album weitere Medien hinzuzufügen. Hierzu brauchen Sie nur die gewünschten Bilder (mehrere beispielsweise mit gehaltener ⌃Strg/⌘cmd-Taste) im Medienbrowser zu markieren, so dass diese mit einem blauen Rahmen ❷ hinterlegt sind. Jetzt müssen Sie nur noch diese ausgewählten Bilder mit gedrückt gehaltener linker Maustaste auf das Album ziehen ❶ und dort fallen lassen. Andersherum funktioniert dies übrigens genauso, indem Sie ein Album auf die Medien ziehen und dort fallen lassen.

Abbildung 9.16 ▶
Weitere Bilder lassen sich ganz bequem per Drag & Drop einem Album hinzufügen.

Alternativ können Sie auch das Album (bzw. den Albumnamen) mit der rechten Maustaste anklicken und im Kontextmenü BEARBEITEN auswählen. Hierbei wird im rechten Bedienfeld dann die bereits bekannte Albumverwaltung angezeigt, wo Sie weitere Bilder hinzufügen oder entfernen können.

Ein Bild in mehreren Alben
Ein Bild kann durchaus in mehreren Alben vorkommen. So möchte man manchmal ein Album in verschiedene Themen gliedern, um die Bilder noch schneller zu finden.

Bilder aus Alben entfernen | Leicht passiert es, dass man bei einer umfangreichen Markierungsaktion ein Bild versehentlich in das falsche Album schiebt. Da sich Fotos aber in zwei oder mehr Alben gleichzeitig befinden dürfen, ist dies kein Problem. Markieren Sie das Bild einfach noch einmal, und ziehen Sie es mit gedrückter linker Maustaste in das gewünschte Album.

Das Bild ist nun in beiden Alben vorhanden. Um es aus dem falschen Album wieder zu entfernen, klicken Sie mit rechts auf das kleine Albumsymbol ❸ in der Miniaturvorschau des Bildes im Medienbrowser. Im Kontextmenü werden dann alle Alben angezeigt, in die das Foto einsortiert ist. Hier können Sie das Bild aus dem falschen Album löschen.

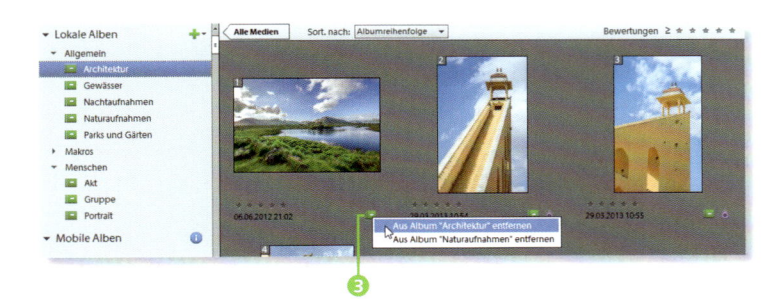

◀ **Abbildung 9.17**
Eine NATURAUFNAHME passt einfach nicht in das Album ARCHITEKTUR.

Alben und Albumkategorien löschen, umbenennen oder bearbeiten | Genauso einfach, wie Sie Albumkategorien und Alben erstellen, können Sie diese auch wieder entfernen. Hierzu klicken Sie das Album oder die Albumkategorie mit der rechten Maustaste an und wählen im Kontextmenü den Befehl LÖSCHEN ❺ aus.

Wie das Löschen funktioniert auch das nachträgliche Bearbeiten von Alben oder Albumkategorien: Führen Sie einen Rechtsklick auf dem gewünschten Album (oder der Albumkategorie) aus, und wählen Sie im Kontextmenü BEARBEITEN ❹ aus.

Alben und Albumkategorien umbenennen

Auch das Umbenennen von Alben bzw. Albumkategorien erreichen Sie über einen rechten Mausklick auf das Album oder die Albumkategorie und den Befehl UMBENENNEN im Kontextmenü.

◀ **Abbildung 9.18**
Alben und Albumkategorien lassen sich ganz einfach über einen rechten Mausklick mit den Befehlen des Kontextmenüs nachträglich bearbeiten, löschen oder umbenennen.

Albumkategorien importieren und exportieren | Vielleicht besitzen Sie eine Vorgängerversion von Photoshop Elements und möchten bereits angelegte Albumkategorien in einer neuen Version oder auf einem anderen Rechner verwenden? In diesem Fall können Sie ganze Albumkategorien in eine XML-Datei exportieren. Klicken Sie einfach auf die grüne Plus-Schaltfläche, und wählen Sie ALBEN IN DATEI SPEICHERN ❷ (siehe Abbildung 9.19) aus.

Kapitel 9   Fotos organisieren und verwalten

Umgekehrt können Sie auch bereits exportierte Albumkategorien wieder importieren. Klicken Sie hierzu auf die grüne Plus-Schaltfläche, wählen Sie Alben aus Datei importieren ❶ aus, und selektieren Sie dann die exportierte XML-Datei mit den Daten zu den Albumkategorien.

Wohlgemerkt, die Betonung liegt hier auf den Alben und den Albumkategorien. Damit Sie das nicht falsch verstehen: Hiermit werden nicht die Inhalte (wie Bilder) dieser Alben importiert bzw. exportiert! Hierzu nutzen Sie die Funktion Datei • Katalog sichern (siehe Abschnitt 9.14.1).

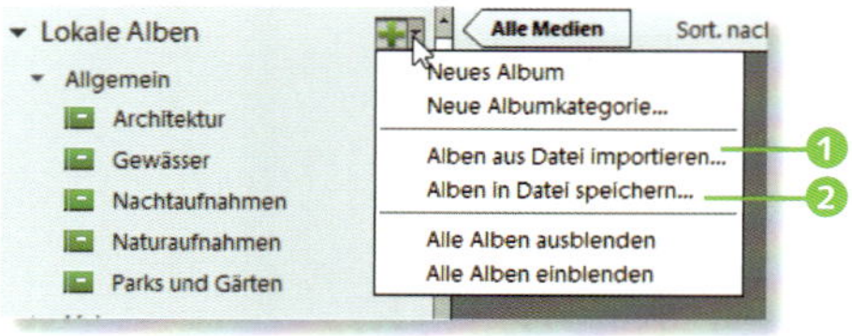

Abbildung 9.19 ▶
Auch das Importieren und Exportieren von Albumkategorien als XML-Datei ist möglich.

XML

XML ist die Abkürzung für E**x**tensible **M**arkup **L**anguage (englisch für »erweiterbare Auszeichnungssprache«). Es handelt sich dabei um eine Auszeichnungssprache zur Darstellung hierarchisch strukturierter Daten in Form von Textdateien. XML wird zum Beispiel für den Austausch von Daten zwischen verschiedenen Computersystemen und -programmen eingesetzt, speziell auch über das Internet. Ein solches XML-Dokument besteht in der Regel aus reinen ASCII-Textzeichen. Es enthält keine Binärdaten und ist somit für jedermann mit einem Texteditor les- und editierbar.

Alben anhand bestimmter Metadaten erstellen | Mit dem Organizer ist es selbstverständlich auch möglich, Alben mit allen Arten von Metadaten (Dateityp, Kameramarke, ISO-Empfindlichkeit, Megapixel, Bildgröße, Verschlussgeschwindigkeit usw.) zu erstellen, welche in den Bildern enthalten sind. Da sich die Optionen noch mit UND oder ODER verknüpfen lassen, sind die Möglichkeiten schier unendlich.

Schritt für Schritt: Album nach Metadaten erzeugen

Persönlich verwende ich die Erstellung der Alben, um meine Bilder, die ich im RAW- und JPEG-Format erstellt habe, gesondert in einem Album zu speichern. Dieser Workshop zeigt Ihnen, wie Sie solche Alben erstellen können.

1   Suchen-Dialog öffnen

Um ein neues Album nach Metadaten zu erzeugen, müssen Sie den entsprechenden Dialog über Suchen • Details (Metadaten) aufrufen.

2   Suchkriterien festlegen (1)

Im nächsten Schritt legen Sie Ihre Suchkriterien fest. Über die Radiobuttons entscheiden Sie zunächst, ob Sie eine UND-Suche oder eine ODER-Suche durchführen wollen. Mit der Option Beliebiges der folgenden Suchkriterien [ODER] ❹ geben Sie an, dass nur eines der folgenden Suchkriterien zutreffen muss. Bei der anderen Option, Alle der folgenden Suchkriterien [UND]

9.2 Lokale Alben erstellen und verwalten

❺, müssen sämtliche aufgeführten Kriterien zutreffen. Wenn Sie nur ein einziges Suchkriterium anlegen, sollten Sie die erste Option auswählen.

3 Suchkriterien festlegen (2)

In der ersten Dropdown-Liste ❸ bestimmen Sie, wonach Sie genau suchen wollen. Wie Sie sehen, bietet die Liste eine Vielzahl von Suchkriterien. Ich habe hier zunächst DATEIFORMAT ausgewählt, da ich nach RAW-Dateien suchen will. Die Dropdown-Liste in der Mitte verschwindet jetzt. In der rechten Dropdown-Liste ❼ wählen Sie das Dateiformat aus, das dem neuen Smart-Album hinzugefügt werden soll. Im Beispiel habe ich hierfür CAMERA RAW verwendet. Natürlich könnten Sie hier auch nur JPEG oder andere Formate wählen, falls Sie keine RAW-Formate auf dem Rechner haben.

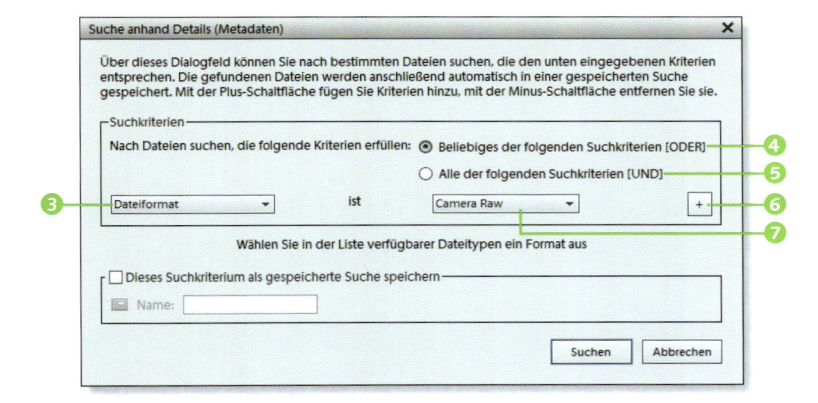

▲ **Abbildung 9.20**
Das erste Suchkriterium steht fest.

4 Weitere Suchkriterien festlegen

Über die kleine Plus-Schaltfläche ❻ hinter dem zuletzt festgelegten Suchkriterium könnten Sie ein weiteres Suchkriterium hinzufügen. Im Beispiel habe ich zusätzlich die KAMERAMARKE gewählt, die den Namen PENTAX enthalten muss (daher die Option ENTHÄLT).

Stellen Sie diese Suche nun als UND-Suche ❽ ein, damit nach allen Dateien gesucht wird, deren Dateiformat »Camera Raw« ist **und** die mit einer Pentax-Kamera erstellt wurden. Bei einer ODER-Suche würden alle Dateien im RAW-Format gefunden sowie alle Bilder, die mit einer Pentax-Kamera gemacht wurden – also auch JPEG-Dateien, wenn sie mit einer Pentax erstellt wurden. Gehen Sie daher umsichtig bei der Definition der Suchkriterien vor.

Fehlerquelle
Eine typische Fehlerquelle ist das Ignorieren oder die Verwechslung der Kriterien UND/ODER. Sobald Sie mehr als ein Suchkriterium verwenden, macht es einen gewichtigen Unterschied, ob Sie »die Bilder UND die Bilder« oder »die Bilder ODER die Bilder« anzeigen lassen. Sollten also unerwartet viele oder wenige Bilder im Medienbrowser aufgelistet werden, stellen Sie sicher, dass Ihnen hier kein Fehler unterlaufen ist.

Sie können über die Plus-Schaltfläche weitere Suchkriterien hinzufügen oder Kriterien über die Minus-Schaltfläche ❾ wieder entfernen. Wenn Sie fertig sind, bestätigen Sie mit SUCHEN ❿.

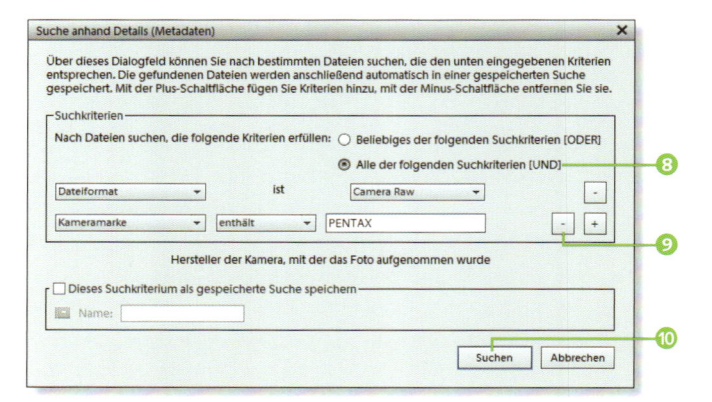

Abbildung 9.21 ▶
Das zweite Suchkriterium schränkt die Suche weiter ein.

5 Ergebnis überprüfen

Jetzt sollten alle gewünschten Medien gemäß dem Suchkriterium im Medienbrowser aufgelistet werden. Fahren Sie einfach mit dem Mauscursor über eine Miniaturvorschau ⓫, um mehr zu erfahren. Hier wird jetzt der Dateiname (DNG = RAW-Format) und der Kamerahersteller aufgelistet. In der Statusleiste ⓬ werden außerdem die Anzahl der gefundenen Elemente zu dem Suchkriterium aufgelistet.

Abbildung 9.22 ▶
Alle Dateien im RAW-Format und entsprechende Kamerahersteller werden im Medienbrowser angezeigt.

6 Neues Album anlegen

Markieren Sie jetzt alle Bilder, und legen Sie, wie in der Schritt-für-Schritt-Anleitung »Ein neues lokales Album erstellen« auf

9.2 Lokale Alben erstellen und verwalten

Seite 199 beschrieben, ein neues Album für die Dateien im Rohformat (RAW) an.

◀ **Abbildung 9.23**
Endlich herrscht auch Ordnung bezüglich der verschiedenen Medien im Medienbrowser – schneller Zugriff auf die JPEGs, RAWs und Videos. Letztere hätten Sie aber auch über SUCHEN • MEDIENTYP • VIDEOS auflisten lassen können.

Vielseitig kombinierbar | Bilder in einzelnen Alben zu verwalten, ist auf jeden Fall sinnvoll, weil man hierbei schnell das findet, was man sucht. Ein besonders interessanter Aspekt ist auch, dass Sie Alben jederzeit mit den anderen Verwaltungsmodi PERSONEN, ORTE und EREIGNISSE kombinieren und so gegebenenfalls auch weitere detailliertere Alben erstellen können.

▼ **Abbildung 9.24**
Eine erste Demonstration der enormen Vielfältigkeit des Organizers

In Abbildung 9.24 können Sie sehen, wie einfach es sein kann, ganz gezielt mal schnell ein paar Bilder von meinem letzten Urlaub auf Malta (in der Abbildung auf der Schwesterinsel Gozo)

207

GPS-Daten

Natürlich muss ich hierbei erwähnen, dass ich eine Kamera habe, die GPS-Daten speichert. Das macht die ganze Sache natürlich erheblich einfacher. Es ist aber auch möglich, manuell die Orte hinzuzufügen. Wie das geht, erfahren Sie noch in Abschnitt 9.9, »Orte erstellen und verwalten«.

Mobile Alben wurden neu mit Photoshop Elements 12 eingeführt. Genau genommen handelt es sich hierbei um eine Erweiterung von Adobe Revel aus der Vorgängerversion.

Kosten für Adobe Revel

In den ersten 30 Tagen können Sie Adobe Revel kostenlos im vollen Umfang verwenden. Danach können Sie Revel weiterhin kostenlos verwenden, sind aber auf 50 Fotos im Monat beschränkt, die Sie hochladen können. Wem dies nicht ausreicht, der kann Revel über Bearbeiten/Elements Organizer • Voreinstellungen • Adobe Revel oder die Webseite *https://www.adoberevel.com/* auf Premium upgraden. Revel Premium kostete zur Drucklegung dieses Buches 5,99 US$ im Monat und kann dann ohne Limits verwendet werden.

anzuzeigen. Ich habe lediglich ein Album namens Malta ❶ angelegt und dort entsprechende Bilder hineingezogen. Über den Verwaltungsmodus Orte ❷ öffnet sich eine Landkarte, wo mir direkt angezeigt wird, an welchem Ort die Bilder aufgenommen wurden und wie viele das sind ❸. Mit einem Klick auf diese Schildchen werden diese Bilder dann im Medienbrowser ❹ angezeigt.

9.3 Mobile Alben erstellen und verwalten

Neben optischen (CD, DVD, Blu-Ray), magnetischen (Festplatten) oder elektronischen Speichermedien (USB-Stick, Speicherkarten) werden Online-Speicher (oft auch Cloud oder Datenwolke genannt) immer beliebter für Backups oder den Austausch von Daten. Zeitgemäß finden Sie ein solches Feature auch im Adobe Photoshop Organizer mit Adobe Revel vor.

Adobe Revel verbirgt sich im Organizer hinter dem Begriff Mobile Alben und bietet durchaus mehr als nur einen schnöden Online-Speicher für Backups. Einige der Möglichkeiten, die Ihnen zur Verfügung stehen:

- Einfach lokale Alben in die mobilen Alben ziehen und fallen lassen. Über diesen Weg erzeugte mobile Alben werden künftig automatisch mit den lokalen Alben synchronisiert.
- Teilen Sie Ihre Alben mit Freunden und Bekannten, indem Sie ein Album freigeben und die Webadresse weitergeben.
- Teilen Sie eine komplette Revel-Bibliothek mit Freunden, die ebenfalls Adobe Photoshop Elements mit Adobe Revel verwenden. Diese Freunde haben dann auch Zugriff auf Ihr Album und können es mit Ihnen zusammen bearbeiten, ideal wenn man gemeinsam irgendwo war und Bilder gemacht hat.
- Installieren Sie einen Adobe-Revel-Client auf mobilen Geräten wie dem iPad, iPhone oder einem Mac, wo Sie ebenfalls vollen Zugriff auf die Revel-Bibliothek haben und sie ändern bzw. erweitern können. Ebenso können Sie über einen gewöhnlichen Webbrowser Ihre Revel-Bibliothek über die Webseite *https://www.adoberevel.com/* verwenden. Sie haben damit quasi Zugriff von überall auf Ihre Revel-Bibliothek.
- Wenn Sie neue Medien auf Ihren Revel-Account hochladen, finden Sie diese auch im Organizer wieder. Wird ein Bild beispielsweise über Revel geändert, ist dies überall anders ebenfalls so sichtbar.

Wenn Sie an diesen Features interessiert sind, so ist nicht viel nötig. Sie benötigen lediglich Ihre Adobe-ID, mit der Sie Photoshop Elements aktiviert haben, und das entsprechende Passwort dazu.

9.3.1 Mit Adobe Revel verbinden

Um mobile Alben verwenden zu können, müssen Sie sich mit Ihrer Adobe-ID und dem Passwort anmelden. Dies können Sie entweder über das Menü Datei • Bei Adobe Revel anmelden oder über das kleine Icon ❶ neben Mobile Alben machen.

Im sich öffnenden Dialog müssen Sie nur die Adobe-ID ❷ und das entsprechende Passwort ❸ eingeben. Haben Sie noch keine Adobe-ID, können Sie hier über Eine Adobe-ID erstellen ❹ eine erstellen. Mit einem Klick auf Anmelden ❺ wird eine Verbindung zu Adobe Revel hergestellt.

▲ **Abbildung 9.25**
Über das kleine Icon ❶ können Sie sich zu Adobe Revel anmelden.

◄ **Abbildung 9.26**
Mit Adobe Revel verbinden

Am Schluss werden Sie noch gefragt, was Sie alles auf Ihrem Smartphone oder Tablet angezeigt haben wollen (falls Sie Revel auch dort verwenden wollen). Hier können Sie entweder alle Fotos und Videos oder nur von Ihnen ausgewählte vorgeben.

Wenn Sie erfolgreich verbunden wurden (und Adobe Revel zuvor noch nicht verwendet haben) finden Sie eine leere Bibliothek ❶ (hier Jürgen's Carousel, siehe Abbildung 9.28) unterhalb von Mobile Alben vor.

Katalog verbunden mit Revel-Konto | Jeder Katalog kann nur mit einem Adobe-Revel-Konto gleichzeitig verbunden sein. Wenn Sie den Katalog-Manager über Datei • Kataloge verwalten aufrufen, können Sie in der Liste sehen, welches Revel-Konto mit welchem Katalog verwendet wird.

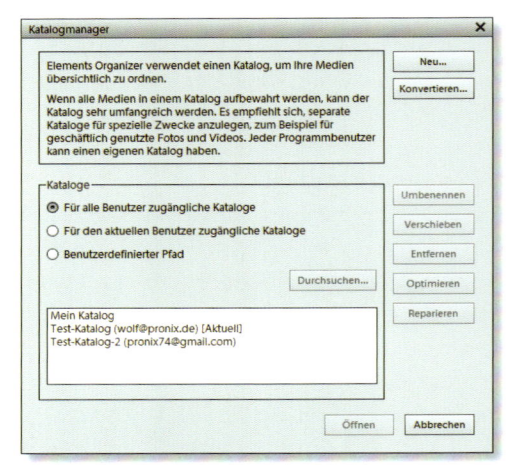

Abbildung 9.27 ▶
Zwischen den runden Klammern wird angezeigt, mit welchem Revel-Konto ein Katalog verbunden ist.

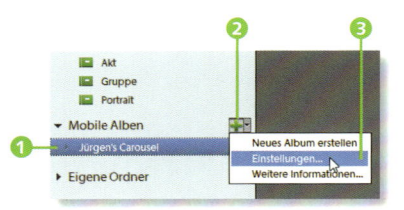

▲ **Abbildung 9.28**
Die Verbindung zu Revel zu trennen, ist ein etwas umständlicher Weg, …

Abbildung 9.29 ▶
… dafür hat man dann aber alles im Überblick.

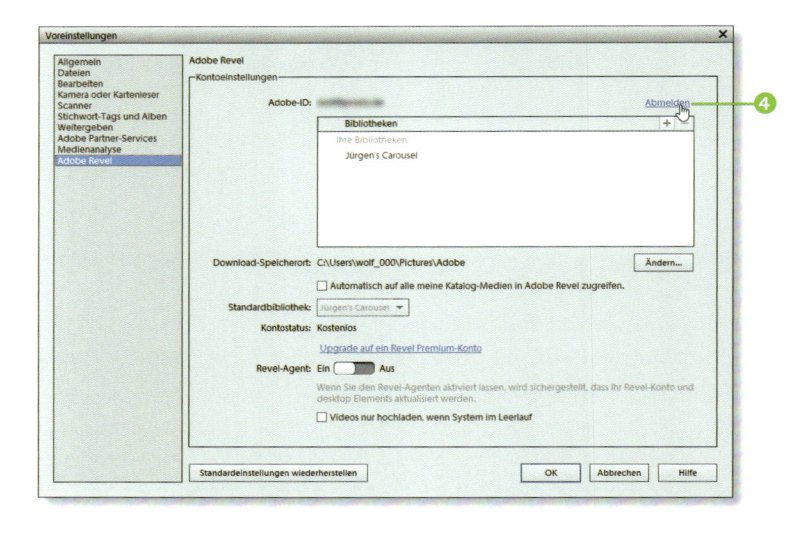

Verbindung trennen | Die Verbindung zu Adobe Revel trennen können Sie über das grüne Plussymbol ❷ neben Mobile Alben, wenn Sie dort Einstellungen ❸ auswählen. Alternativ erreichen Sie dies auch über Bearbeiten/Elements Organizer • Voreinstellungen • Adobe Revel.

Im sich öffnenden Dialog müssen Sie lediglich noch auf Abmelden ❹ klicken.

▲ **Abbildung 9.30**
Das orange Ausrufezeichen ❺ symbolisiert, dass keine Verbindung zu Adobe Revel besteht.

Wenn keine Verbindung mit dem Adobe-Revel-Konto besteht, können Sie dies am orangen Ausrufezeichen ❺ bei Mobile Alben erkennen.

9.3.2 Mobile Alben erstellen

Da beim Anmelden in Adobe Revel immer mindestens eine Bibliothek vorhanden ist, welche meistens in der Form von »Vorname's

9.3 Mobile Alben erstellen und verwalten

Library« oder »Vorname's Carousel« vorliegt, können Sie schon loslegen, MOBILE ALBEN zu erstellen. Hierzu stehen Ihnen zwei Möglichkeiten zur Verfügung:

- Sie verwenden ein bereits vorhandenes lokales Album, ziehen es in die (eine) Bibliothek der mobilen Alben und lassen es dort fallen.
- Sie erstellen ein komplett neues Album, ähnlich wie Sie dies schon von dem Workshop »Ein neues lokales Album erstellen« aus Abschnitt 9.2 her kennen.

Mehrere Bibliotheken
Sie können natürlich auch mehrere Bibliotheken anlegen und verwenden. Mehr dazu erfahren Sie in Abschnitt 9.3.5, »Adobe-Revel Bibliothek(en) verwalten«.

Vorhandenes lokales Album zu einem mobilen Album machen | Am schnellsten geht es, ein mobiles Album zu erstellen, indem Sie mit gedrückt gehaltener Maustaste ein lokales Album ❻ in eine Bibliothek ziehen ❼ und dort fallen lassen. Schon haben Sie aus dem lokalen Album ein mobiles gemacht.

Synchronisation im Gange
Am kleinen drehenden Rädchen ❽ neben MOBILE ALBEN können Sie erkennen, dass hier gerade eine Synchronisation zwischen Adobe Revel und Ihren lokalen Daten stattfindet. Diese Synchronisation wird auch ausgeführt, wenn Sie Änderungen (Medien hinzufügen/entfernen) am mobilen Album durchführen.

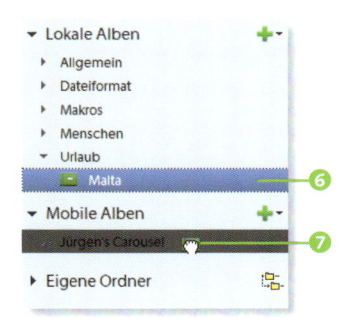

▲ **Abbildung 9.31**
Ein bereits vorhandenes lokales Album ❻ (hier MALTA) wird per Drag & Drop auf die Bibliothek ❼ (hier JÜRGEN'S CAROUSEL) gezogen und fallen gelassen, …

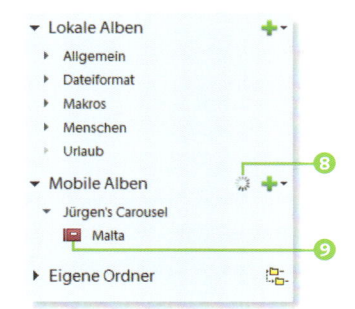

▲ **Abbildung 9.32**
… wodurch ein mobiles Album erstellt wurde.

Mobiles Album ist gleich lokales Album | Wenn Sie ein lokales Album mit Drag & Drop zu einem mobilen Album ziehen und machen, ist das lokale (grüne) Album dort verschwunden und wird unter MOBILE ALBEN als rotes Album ❾ angezeigt. Auch im Medienbrowser können Sie ein mobiles Album am roten Albumsymbol ❶ (siehe Abbildung 9.33) erkennen. Zusätzlich wird noch über ein kleines Revel-Symbol ❷ angezeigt, in welcher Revel-Bibliothek sich das Bild befindet.

Sie brauchen sich allerdings keine Sorgen um Ihre Bilder zu machen. Das Album bleibt wie gehabt trotzdem auch lokal auf dem Rechner. Der einzige Unterschied ist nur, dass das Album zusätzlich noch mit Adobe Revel synchronisiert wird. Also selbst wenn Sie gerade keine Verbindung zum Internet (bzw. Adobe

Mobiles Album offline erstellen
Ein mobiles Album können Sie natürlich auch offline erstellen, ohne dass Sie mit Adobe Revel bzw. dem Internet verbunden sind. Die Synchronisation mit Adobe Revel findet eben erst dann statt, wenn Sie sich wieder damit verbinden.

Revel) haben, können Sie auf das Album und die darin enthaltenen Medien lokal zugreifen. Ein mobiles Album ist also gleichzeitig auch immer ein lokales Album.

Abbildung 9.33 ▶
Ein mobiles Album erkennen Sie am roten Albumsymbol ❶, und in welcher Bibliothek es enthalten ist, erfahren Sie, wenn Sie mit dem Mauscursor über dem Revel-Icon ❷ stehen bleiben.

Neues mobiles Album erstellen | Eine umfangreiche Beschreibung, wie Sie ein neues mobiles Album erstellen können, kann ich Ihnen hier ersparen, weil fast alles, was in Abschnitt 9.2, »Lokale Alben erstellen und verwalten«, dargestellt wird, recht ähnlich verwendet werden kann. Auch hier können Sie über das grüne Plussymbol ❸ neben MOBILE ALBEN aus der Liste den Befehl NEUES ALBUM ERSTELLEN ❹ auswählen.

Abbildung 9.34 ▶
Neues mobiles Album anlegen

Im Unterschied zu den lokalen Alben müssen Sie statt der KATEGORIE die BIBLIOTHEK ❺ auswählen, in der das neue Album angelegt werden soll.

Das Einzige, was Sie nicht aus Abschnitt 9.2 für die mobilen Alben übernehmen können, sind der Import und Export von Albumkategorien, weil es bei den mobilen Alben gar keine Kategorien gibt.

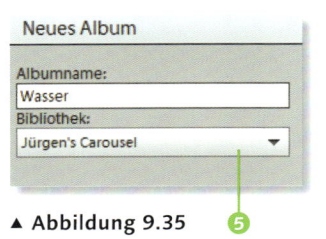

▲ **Abbildung 9.35**
Bei mobilen Alben müssen Sie die BIBLIOTHEK ❺ statt der KATEGORIE auswählen, in der das Album angelegt werden soll.

Mobiles Album in ein lokales Album umwandeln | Wollen Sie ein mobiles Album wieder zu einem reinen lokalen Album umwandeln, brauchen Sie das Album nur mit der rechten Maustaste anzuklicken und den Befehl IN ›LOKALE ALBEN‹ VERSCHIEBEN ❻ auszuwählen.

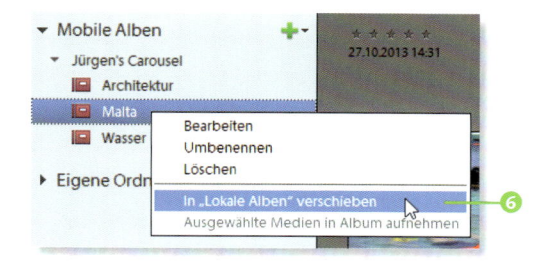

◀ **Abbildung 9.36**
Ein mobiles Album zu einem lokalen machen

Welches Dateiformat kann für mobile Alben verwendet werden? | Das Dateiformat für Bilder bei Adobe Revel ist ganz klar JPEG. Das macht auch Sinn, wenn Sie Bilder mit anderen Clients betrachten oder mit jemandem teilen wollen. JPEG kann immer und überall angezeigt werden. Natürlich können Sie das mobile Album auch mit anderen Bildformaten füllen, aber diese Formate stehen Ihnen dann nur lokal mit dem Organizer zur Verfügung.

Einzige Ausnahme ist das kamerainterne RAW-Format und das hauseigene PSD-Format von Adobe. Fügen Sie Bilder in diesem Format zu einem mobilen Album hinzu, erstellt der Organizer eine JPEG daraus. Lokal finden Sie dann dieses JPEG ❼ in einem Fotostapel mit der Original RAW/PSD-Datei ❽ vor. In der Bibliothek auf Adobe Revel finden Sie nur das JPEG wieder.

Videos und Revel

Sehr schön ist es auch, dass Adobe Revel gängige Videoformate unterstützt. Videos wie AVI oder MOV, die zum mobilen Album hinzugefügt wurden, können problemlos mit einem Webbrowser auf einem anderen Rechner betrachtet und somit geteilt werden.

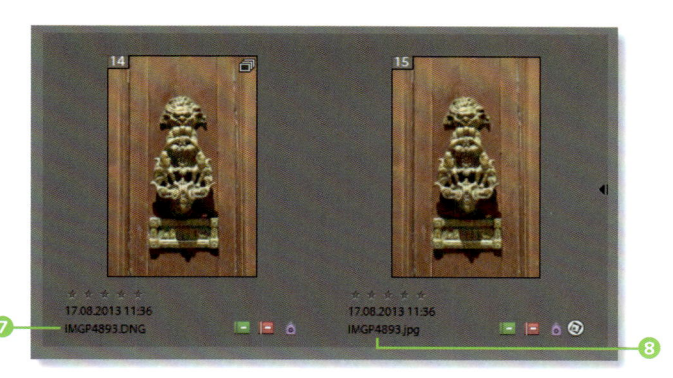

◀ **Abbildung 9.37**
Exportieren Sie ein RAW- oder PSD-Bild ❼ nach Revel, wird dieses als ein JPEG-Bild ❽ exportiert. Im Organizer wird dazu noch ein Fotostapel mit dem RAW/PSD-Bild und dem JPEG erstellt.

Wenn Sie das RAW- oder PSD-Bild mit Camera Raw oder im Fotoeditor ändern, wird auch das JPEG-Bild geändert, und die so modifizierte Datei wird zum Fotostapel hinzugefügt – es wird also eine weitere JPEG-Datei erzeugt und mit Revel synchronisiert. Ebenso ist es möglich das PNG-Format zu verwenden. Auf Apple-Geräten wird dieses Format gerne für das Erstellen von Bildschirmfotos verwendet.

9.3.3 Upload aller Medien verwalten

Wollen Sie, dass künftig alle lokalen Medien des Katalogs automatisch auf Ihr Revel-Konto hochgeladen werden, so können Sie

Kapitel 9 Fotos organisieren und verwalten

Abbildung 9.38 ▼
Alle (!) Medien automatisch hochladen

dies veranlassen, indem Sie über BEARBEITEN/ELEMENTS ORGANIZER • VOREINSTELLUNGEN • ADOBE REVEL gehen und das Häkchen vor AUTOMATISCH AUF ALLE MEINE KATALOG-MEDIEN IN ADOBE REVEL ZUGREIFEN ❶ setzen. Die Bibliothek, in die die Medien dann hochgeladen werden, wählen Sie über die Option STANDARDBIBLIOTHEK ❷ aus.

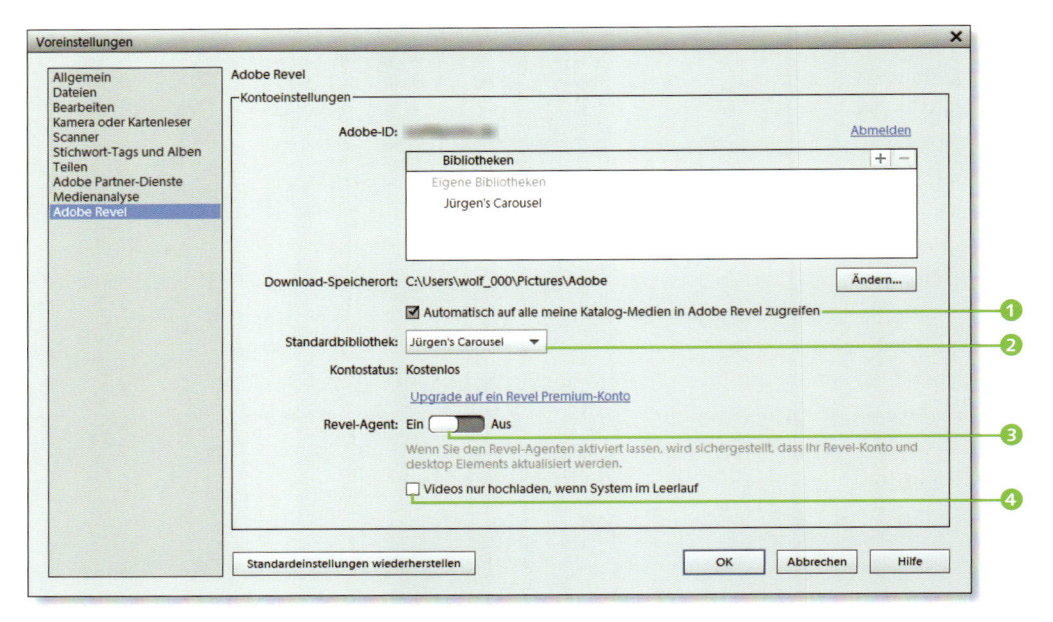

Dauer des Uploads

Beachten Sie, dass der Upload aller Medien eines Katalogs abhängig vom Umfang der Medien und natürlich von der Geschwindigkeit Ihres Internetproviders ist. Bedenken Sie auch, dass Videos ebenfalls hochgeladen werden, wenn sich welche im Katalog befinden. Bei einem Umfang von mehreren zehntausend Bildern und einer mittelmäßigen Geschwindigkeit dauert die Übertragung extrem lange. Überlegen Sie sich daher vorher, was und wie viel Sie auf einmal hochladen wollen, bevor Sie alles automatisch hochladen.

Abbildung 9.39 ▶
Alternativ kann der Revel-Agent auch über die Taskleiste des Systems erreicht und gesteuert werden.

Wollen Sie nicht, dass Adobe Revel im Hintergrund die Medien synchronisiert, weil Sie die komplette Rechenleistung bzw. Internetverbindung für etwas anderes benötigen, können Sie dies über den Schalter REVEL-AGENT ❸ (de-)aktivieren. Gleiches gilt für die selbsterklärende Option VIDEOS NUR HOCHLADEN, WENN SYSTEM IM LEERLAUF ❹. Alternativ können Sie den Revel-Agenten auch über die Taskleiste des Systems erreichen. Mit einem rechten Mausklick auf das Symbol öffnet sich ein erweitertes Menü, um den Status zu ermitteln oder den Agenten anzuhalten.

9.3.4 Die Original-Medien von Revel herunterladen

Die Überschrift mag Sie vielleicht etwas verwirren. Wenn Sie mobile Alben verwenden, stehen Ihnen die Bilder nach wie vor auf dem Rechner zur Verfügung, auf dem Sie das mobile Album angelegt haben. Der Vorgang hier bezieht sich jetzt auf den Fall, dass sich bestimmte Medien (noch) nicht in Ihrem Katalog befinden, etwa wenn Sie oder eine andere Person neue Bilder über eine andere Anwendung – von iPhone, iPad oder auch einem anderen Rechner aus – mit dem Organizer Ihrem Revel-Konto hinzugefügt haben.

Standardmäßig werden die Bilder, die sich (noch) nicht auf dem lokalen Rechner befinden, in einer niedrigeren Auflösung als Vorschau in den Katalog des Organizers synchronisiert. Leider ist es nicht gleich ersichtlich, welche Medien bereits lokal vorhanden sind und welche erst noch heruntergeladen werden müssen.

Es gibt drei verschiedene Fälle, in denen eine Vorschau von Adobe Revel in voller Auflösung heruntergeladen werden muss oder nicht:

1. **Download nötig**: Sobald Sie das Bild im Fotoeditor bearbeiten wollen, wird die volle Auflösung benötigt. Ein Download-Dialog wird geöffnet, welcher das Herunterladen der Datei anzeigt, bis der Download komplett ist.

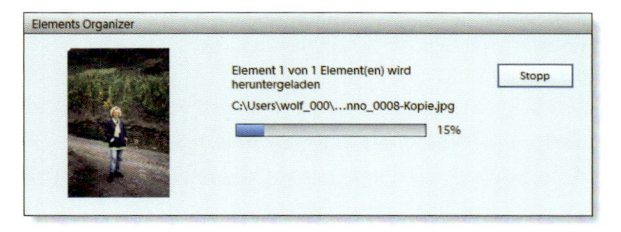

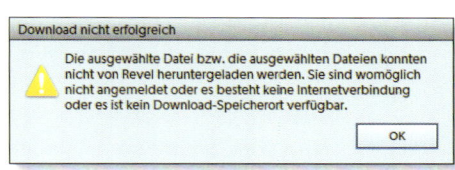

▼ **Abbildung 9.40**
Wenn Sie Bilder mit dem Fotoeditor editieren wollen, wird ein Download nötig. Ein Dialog zeigt Ihnen den Fortschritt des Downloads an. Wenn kein Download möglich war, erfolgt ebenfalls eine Dialogbox.

2. **Download optional**: Bei Aktionen wie unter anderem dem Drucken oder einer Foto-E-Mail können Sie in einem Dialog selbst entscheiden, ob Sie das Bild in der vollen Auflösung herunterladen wollen oder ob Sie das Bild in der vorhandenen (niedrigeren) Auflösung verwenden wollen.

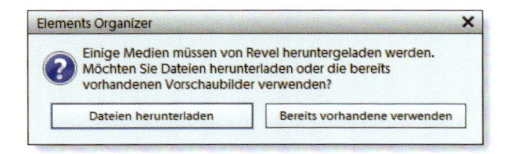

◄ **Abbildung 9.41**
Bei manchen Funktionen wie dem Drucken oder einer Foto-E-Mail ist es nicht zwangsläufig nötig, das Bild in voller Auflösung herunterzuladen. Hierfür kann auch das Bild in der vorhandenen Auflösung verwendet werden. Die Entscheidung liegt hier bei Ihnen.

3. **Kein Download nötig**: Für manche Operationen, wie beispielsweise das Hinzufügen von Tags, Bewertungen usw., wird kein Download nötig. Diese Operationen werden auf der vor-

handenen Vorschau der lokalen Festplatte ausgeführt und später mit Revel synchronisiert (sobald eine Online-Verbindung besteht).

9.3.5 Adobe-Revel-Bibliothek(en) verwalten

Wenn Sie Adobe Revel das erste Mal verwenden, finden Sie unter Mobile Alben den Namen Ihrer Revel-Bibliothek. Der Name wird gewöhnlich in Form von »Vorname's Library« oder »Vorname's Carousel« angegeben. Bezogen auf Ihre Kenntnisse zu den lokalen Alben, können Sie die Bibliotheken auch als eine Art »Albumkategorie« betrachten.

Adobe Revel Bibliothek umbenennen | Ein Bibliotheksname kann jederzeit mit einem rechten Mausklick mit dem Befehl Umbenennen ❶ im sich öffnenden Dialog im Textfeld ❷ umbenannt werden.

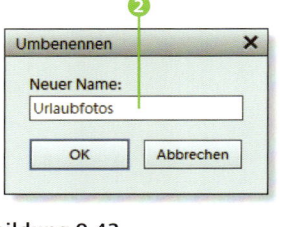

▲ **Abbildung 9.42**
Das Umbenennen eines Bibliotheksnamens von Adobe Revel ist ohne großen Aufwand möglich.

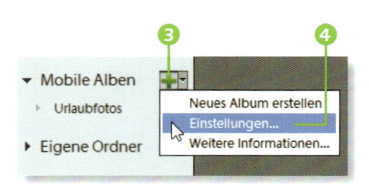

▲ **Abbildung 9.43**
Hier geht es zur Verwaltung der Bibliotheken.

▲ **Abbildung 9.44**
Nach dem Hinzufügen neuer Bibliotheken

Neue Adobe-Revel-Bibliothek anlegen und löschen | Natürlich können Sie auch weitere Bibliotheken anlegen. Hierzu brauchen Sie nur auf das kleine Dropdown-Menü neben den grünen Plussymbol ❸ zu klicken und Einstellungen ❹ auszuwählen. Alternativ erreichen Sie diesen Dialog auch über Bearbeiten/Elements Organizer • Voreinstellungen • Adobe Revel.

Im Dialog Voreinstellungen sollte jetzt Adobe Revel ❺ aktiviert sein. Bei den Kontoeinstellungen sehen Sie einen Überblick zu Ihren Bibliotheken ❻. Mit dem Plussymbol ❼ können Sie eine neue Bibliothek anlegen und auch gleich den Namen dafür angeben.

Markieren Sie hingegen eine vorhandene Bibliothek ❾ und klicken dann das Minussymbol ❽ an, wird die Bibliothek mitsamt aller darin enthaltenen Medien (und natürlich der Alben) gelöscht. Auch hier gilt, dass die Bilder nicht auf dem lokalen Rechner gelöscht werden.

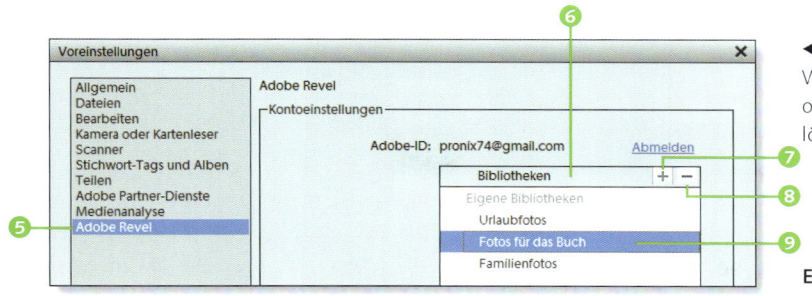

◀ **Abbildung 9.45**
Weitere Bibliotheken hinzufügen oder vorhandene Bibliotheken löschen

9.3.6 Zugriff auf Revel jenseits des Organizers

Das Tolle an Adobe Revel ist, dass es nicht nur auf den Organizer beschränkt ist. So gibt es spezielle Client-Anwendungen für den Mac, das iPhone, iPad und für Windows 8-Geräte. Viele dieser Client-Anwendungen bieten teilweise noch komfortablere Funktionen an, um Alben anzulegen und neue Bilder hinzuzufügen. Allerdings wird und kann an dieser Stelle nicht auf jede einzelne Anwendung eingegangen werden. Das würde den Rahmen des Kapitels sprengen und geht über die Software (und das Thema des Buches) hinaus. Mehr dazu erfahren Sie auf der entsprechenden Webseite zu Adobe Revel: *http://www.adoberevel.com/apps/revel*.

Es geht auch ohne App
Wenn Sie keine weitere Anwendung verwenden können oder wollen, so können Sie Adobe Revel auch von jedem beliebigen Webbrowser in der Welt aus verwenden. Hierzu müssen Sie sich lediglich über die Webseite *https://www.adoberevel.com/signin* mit Ihrem Revel-Konto anmelden.

▼ **Abbildung 9.46**
Ein mit dem Organizer erstelltes mobiles Album (hier MALTA) kann mit vielen weiteren Anwendungen weiterverwendet bzw. editiert werden.

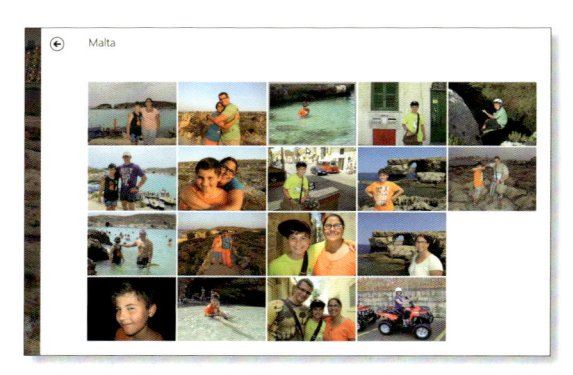

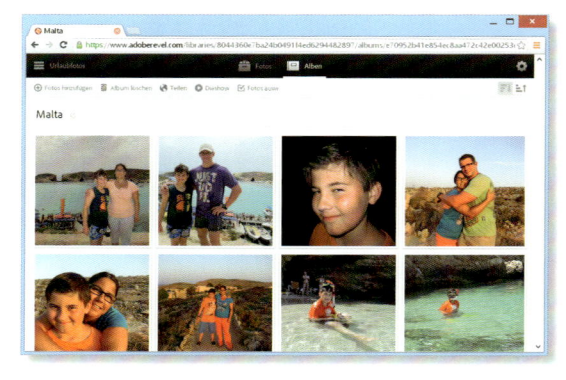

Abbildung 9.47
Links oben sehen Sie die Anwendung für Windows 8-Geräte. Rechts oben wird die Revel-App für Mac OS verwendet. Links unten sehen Sie die Adobe-Revel-App für das iPhone im Einsatz. Es geht aber auch gänzlich ohne eine spezielle Anwendung mit dem Webbrowser, wie Sie hier rechts unten mit Google Chrome sehen.

9.3.7 Bilder mit anderen teilen bzw. weitergeben

Wer gerne seine Bilder weitergibt oder präsentieren will, der kann dies jetzt auch mit dem Revel-Konto machen. Es ist sogar möglich, eine komplette Bibliothek mit anderen zu teilen und gemeinsam daran zu arbeiten.

Album als Webadresse weitergeben | Die beliebteste Aktion dürfte wohl die Weitergabe des Albums als Internetadresse sein, um Bekannten und Freunden die neuesten Fotos zu präsentieren.

Schritt-für-Schritt: Webfreigabe eines Albums

1 Teilen starten

Im Beispiel soll das mobile Album MALTA weitergegeben werden. Klicken Sie neben dem Albumsymbol auf das Weitergabe-Symbol ❶. Ist das Icon blau, wenn Sie mit der Maus darüber stehen, bedeutet dies, dass Sie es bereits weitergegeben haben. Daraufhin erfolgt eine Dialogbox mit einem Hinweis auf die Weitergabe des Albums, in dem Sie auf die Schaltfläche TEILEN STARTEN ❷ klicken.

9.3 Mobile Alben erstellen und verwalten

▲ **Abbildung 9.48**
Icon zur Webfreigabe anklicken

▲ **Abbildung 9.49**
Webfreigabe starten

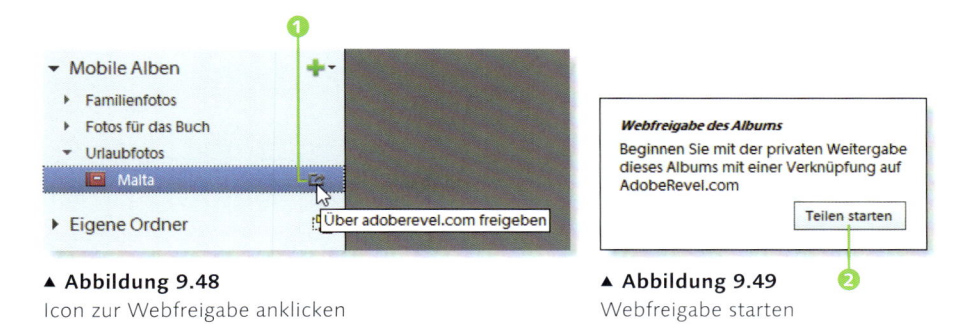

2 Weblink kopieren

Im nächsten Dialog können Sie den Weblink über die Schaltfläche Diesen Link kopieren ❸ in die Zwischenablage kopieren. Mit der Checkbox Download zulassen ❹ legen Sie außerdem fest, ob einzelne Medien des Albums heruntergeladen werden dürfen.

Weblink nicht mehr teilen

Wenn Sie den Weblink nicht mehr teilen wollen, brauchen Sie nur den ersten Arbeitsschritt erneut auszuführen und das Weitergabe-Symbol ❶ anzuklicken. Daraufhin folgt dann gleich der Dialog, wie er im zweiten Arbeitsschritt zu sehen ist, in dem Sie auf die Schaltfläche Nicht mehr teilen ❺ klicken und im folgenden Dialog dann bestätigen, dass Sie die Album-Freigabe aufheben wollen.

▲ **Abbildung 9.50**
Weblink über die Schaltfläche ❸ in die Zwischenablage kopieren

3 Weblink weitergeben

Öffnen Sie jetzt das E-Mail-Programm, welches Sie immer verwenden, fügen Sie dort den Weblink mit beispielsweise `Strg`/`cmd`+`V` ein, und versenden Sie den Link an Bekannte und Freunde. Natürlich können Sie den Weblink auch über andere soziale Netzwerke weitergeben. Der Empfänger kann den Weblink anklicken und das so freigegebene Album im Webbrowser betrachten.

◄ **Abbildung 9.51**
Weblink weitergeben – hier per E-Mail

219

Kapitel 9   Fotos organisieren und verwalten

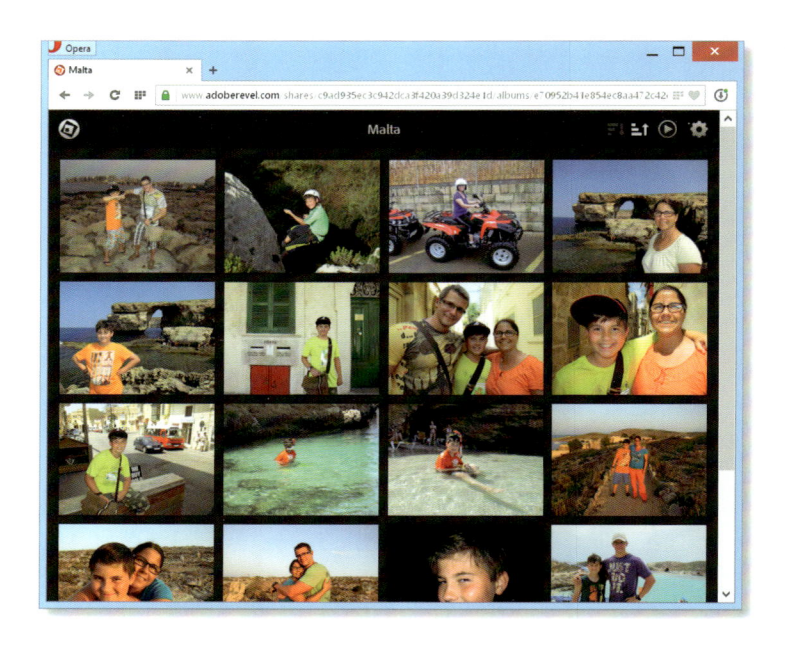

Abbildung 9.52 ▶
Freigegebenes Album im Webbrowser (hier Opera)

▲ **Abbildung 9.53**
Das blaue Weitergabe-Symbol ❶ bedeutet, dass das Album bereits als Weblink weitergegeben wurde. Ist das Symbol hingegen grau ❷, so wurde es noch nicht weitergegeben.

Bibliothek mit anderen teilen | Sie können auch eine Bibliothek mit Freunden und Bekannten teilen. Hierbei ist allerdings nicht nur die Weitergabe gemeint, sondern dass die Person, mit der Sie eine Bibliothek teilen, ebenfalls Bilder hinzufügen oder diese editieren kann. Sie arbeiten dann gemeinsam an einer Bibliothek.

Schritt-für-Schritt: Bibliothek mit anderen teilen

Im folgenden Workshop soll gezeigt werden, wie ein solches Teilen einer Bibliothek ablaufen kann. Zur besseren Unterscheidung habe ich hier einen Windows- und einen Mac-Rechner verwendet, damit Sie besser erkennen, welche Seite der »Kommunikation« gerade im Einsatz ist.

1 Benutzer einladen

Die ersten beiden Schritte sind austauschbar, da sie davon abhängen, ob Sie eine Einladung versenden oder selbst eingeladen werden. Sie starten eine Einladung über das graue kleine Personensymbol ❸ neben dem Album. Ist das Symbol blau, bedeutet dies, dass Sie diese Bibliothek bereits mit jemandem teilen. Als Nächstes öffnet sich ein Dialog, in dem Sie im Textfeld ❹ eine Person hinzufügen können. Als Adresse müssen Sie die E-Mail-ID von Adobe Revel der Person verwenden/kennen. Wenn Sie auf die Schaltfläche Hinzufügen geklickt haben, können Sie künftig alle Anwender in einer Liste ❺ sehen, welche Sie hinzugefügt haben, sobald Sie das Personensymbol ❸ anklicken.

9.3 Mobile Alben erstellen und verwalten

◀ **Abbildung 9.54**
Eine Person zur Zusammenarbeit einladen

◀ **Abbildung 9.55**
Eingeladene Personen oder noch ausstehende Einladungen werden aufgelistet.

2 Einladung akzeptieren

Wenn Sie eine Einladung von einem anderen Benutzer erhalten, der seine Bibliothek mit Ihnen teilen will, können Sie dies am kleinen Briefsymbol 6 bei MOBILE ALBEN erkennen. Klicken Sie dieses Symbol an, wird in einer Dialogbox angezeigt, wer mit Ihnen welche Bibliothek teilen will. Klicken Sie auf EINLADUNG ANNEHMEN 7, um gemeinsam an einer Bibliothek zu arbeiten, oder EINLADUNG ABLEHNEN 8, wenn Sie dies nicht tun wollen. Wenn Sie die Einladung angenommen haben, steht Ihnen die gemeinsame Bibliothek 9 (mit dauerhaft eingeblendetem Personensymbol) zur Verfügung.

▲ **Abbildung 9.56**
Eine Einladung ist eingegangen, wie das Briefsymbol 6 zeigen soll.

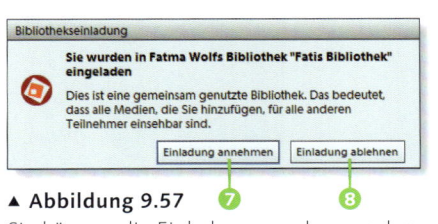

▲ **Abbildung 9.57**
Sie können die Einladung annehmen oder ablehnen.

▲ **Abbildung 9.58**
Die gemeinsame Bibliothek für ein gemeinsames Arbeiten ist bereit.

3 An der gemeinsamen Bibliothek arbeiten

Jetzt können Sie gemeinsam an der neuen Bibliothek arbeiten. Hierbei ist alles möglich. Alle Beteiligten können der Bibliothek weitere Medien hinzufügen, neue Alben erstellen, die Bilder editieren usw. Der Revel-Agent sorgt dafür, dass die Änderungen immer jeweils auf der anderen Seite synchronisiert werden.

Abbildung 9.59 ▶
Gemeinsames Arbeiten an einer Bibliothek: Hier wird dem mobilen Album ein neues Bild hinzugefügt.

9.4 Ordneransicht

Viele Leser pflegen eine hierarchische Verwaltung Ihrer Fotos in einzelnen Ordnern auf dem System (Explorer, Finder) und bevorzugen Ordner statt Alben. Für solche und weitere Zwecke bietet der Organizer die Ordneransicht – genauer zwei verschiedene – an.

9.4.1 Flache Ordneransicht – schnelle Übersicht

Der Ordner der Medien, die Sie in den Organizer importiert haben (siehe Kapitel 7), wird sofort in der Liste EIGENE ORDNER ❶ angezeigt. Dieser Ordnername entspricht exakt dem Namen, unter dem sich Ihre Bilder auf dem System befinden. Klicken Sie einen Ordner an, wird der Inhalt im Medienbrowser angezeigt ❷.

Abbildung 9.60 ▶
Flache Ansicht importierter Ordner

Bleiben Sie mit dem Mauscursor über dem Ordnernamen stehen, wird der Pfad ❸ zu diesem Ordner auf Ihrem System eingeblendet. Auf- und zuklappen können Sie diese sogenannte flache Ordneransicht, indem Sie auf das Label EIGENE ORDNER klicken. Um wieder alle Medien im Medienbrowser anzuzeigen, müssen Sie lediglich wieder auf ALLE MEDIEN ❹ klicken.

9.4.2 Volle Ordneransicht – wie auf dem Betriebssystem

Wollen Sie in die volle Ordneransicht wechseln, um sich wie auf Ihrem System gewohnt von Ordner zu Ordner zu hangeln, brauchen Sie nur das kleine Icon ❺ neben dem Label EIGENE ORDNER anzuklicken.

In der vollen Ordneransicht finden Sie auf der linken Seite einen hierarchischen Ordnerbrowser, über den Sie sich durch die Verzeichnisse (und Laufwerke) des Betriebssystems hangeln können. Werden nicht alle Ordner angezeigt, brauchen Sie nur einen der Ordner mit der rechten Maustaste anzuklicken und im Kontextmenü den Befehl ALLE UNTERORDNER ANZEIGEN ❿ auszuwählen.

Einzelne Ordner importieren | Wollen Sie hierbei einen bestimmten Ordner in den Organizer importieren, klicken Sie ihn einfach mit der rechten Maustaste an und wählen im Kontextmenü MEDIEN IMPORTIEREN ❽ aus. Wurden in einem Ordner bereits Bilder in den Katalog importiert, so erkennen Sie dies daran, dass sich beim Ordnersymbol ein kleines Bildchen ❼ befindet. Ordner, aus denen noch kein Bild importiert wurde, werden einfach als leere Ordner ❾ angezeigt.

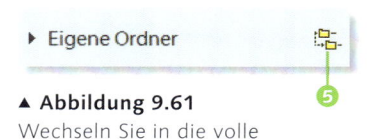

▲ **Abbildung 9.61**
Wechseln Sie in die volle Ordneransicht.

Leider ohne Bildervorschau

Was ich bei der Pfadansicht vermisse, ist eine Vorschau der Bilder, die sich in einem nicht importierten Ordner befinden. Zwar kann man über das Kontextmenü den Ordner im Explorer bzw. Finder des Betriebssystems öffnen, aber irgendwie wünscht man sich da etwas mehr. Das wäre bei mir auf der Wunschliste für die nächste Version von Photoshop Elements ganz oben. Zu dieser Bildervorschau wäre dann eine Möglichkeit, einzelne Bilder auszuwählen, auch ein tolles Feature.

Zurück zur flachen Ordneransicht

Zurückschalten zur flachen Ordneransicht können Sie, indem Sie wieder auf das kleine Symbol ❻ rechts neben dem Textlabel ORDNER klicken.

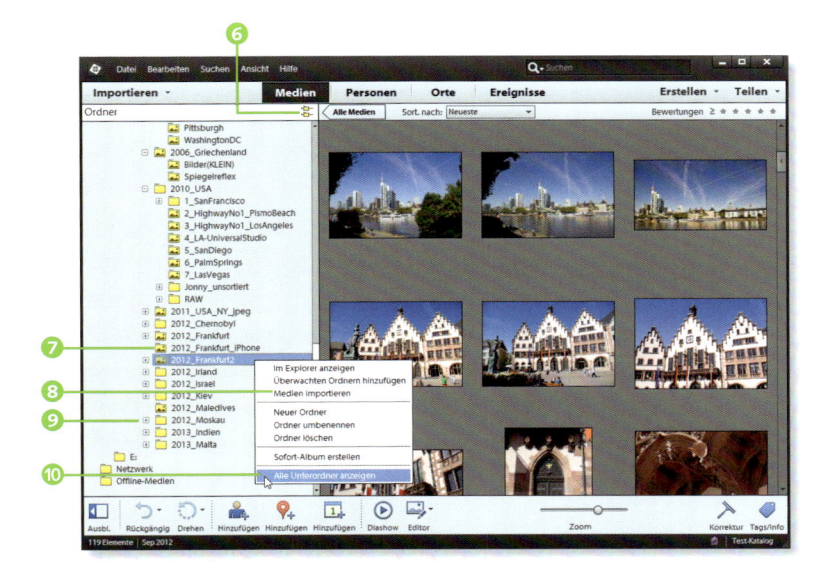

◀ **Abbildung 9.62**
In der vollen Ordneransicht lassen sich auch einzelne Ordner importieren.

Kapitel 9 Fotos organisieren und verwalten

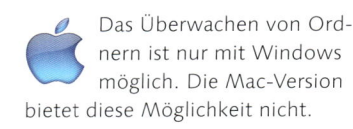

Das Überwachen von Ordnern ist nur mit Windows möglich. Die Mac-Version bietet diese Möglichkeit nicht.

Eigene Bilder
Auch wenn die Checkbox ORDNER UND DEREN UNTERORDNER AUF NEUE DATEIEN ÜBERWACHEN ❶ aktiviert ist, kann der Organizer bei sehr vielen Unterordnern und Bildern einige Probleme mit der alleinigen Überwachung des Standardbilderordners bekommen. Daher ist es manchmal sinnvoll, auch die Unterordner der Liste der überwachten Ordner hinzuzufügen.

Abbildung 9.63 ▶
Dialog zum Überwachen von Ordnern

▲ **Abbildung 9.64**
Auch über die Ordneransicht können Sie Ordner dem Überwachen hinzufügen.

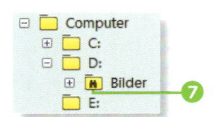

▲ **Abbildung 9.65**
Ein überwachter Ordner in der vollen Ordneransicht

9.4.3 Ordner überwachen (nur Windows)

Um künftig nicht bei jedem neuen Bild einen Import zu starten, können Sie einzelne Ordner überwachen und so den Bildbestand im Organizer ständig aktuell halten. Standardmäßig wird hierbei der Bilderordner des Betriebssystems überwacht. Diese Einstellung können Sie über das Menü DATEI • ORDNER ÜBERWACHEN modifizieren.

Sobald Sie ein Bild in einen der überwachten und aufgelisteten Ordner ❷ kopieren, teilt der Organizer mit, dass neue Dateien gefunden wurden, und fragt Sie, ob Sie diese Datei(en) dem Medienbrowser hinzufügen wollen. Möchten Sie nicht bei jedem Foto benachrichtigt werden, wählen Sie statt der Radioschaltfläche BENACHRICHTIGEN ❸ die Radioschaltfläche DATEIEN AUTOMATISCH ZU ELEMENTS ORGANIZER HINZUFÜGEN ❹ aus.

Über HINZUFÜGEN ❺ können Sie weitere Ordner bestimmen, die Sie vom Organizer überwachen lassen wollen. Um einen Ordner aus der Liste zu löschen, markieren Sie ihn; die zuvor ausgegraute Schaltfläche ENTFERNEN ❻ lässt sich sodann anklicken.

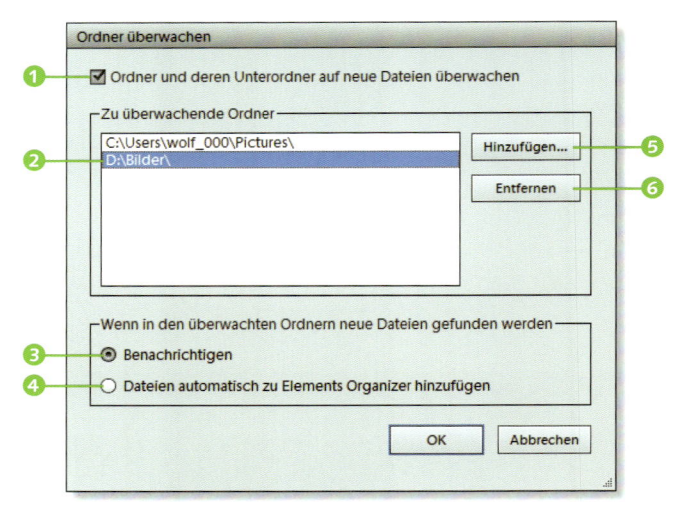

Alternativ können Sie einen Ordner auch über die Ordneransicht der Überwachung hinzufügen. Hierzu müssen Sie lediglich den Ordner mit der rechten Maustaste anklicken und im Kontextmenü den Befehl ÜBERWACHTEN ORDNERN HINZUFÜGEN auswählen. Ebenso können Sie natürlich einen bereits überwachten Ordner wieder entfernen. Nur dass dann der Befehl bei einem rechten Mausklick AUS ÜBERWACHTEN ORDNERN ENTFERNEN lautet.

In der vollen Ordneransicht erkennen Sie einen überwachten Ordner an einem zusätzlichen kleinen Fernglas ❼ in der Miniatur des Ordners.

9.4.4 Befehle für die Ordneransicht

Jetzt noch zu den einzelnen Befehlen, welche Sie in der Ordneransicht verwenden können, wenn Sie mit der rechten Maustaste auf einen Ordner klicken. Die möglichen Befehle sind in beiden Ansichten fast identisch:

- Mit Im Explorer anzeigen (bzw. Im Finder anzeigen) können Sie sich den Inhalt des Ordners im Explorer bzw. Finder anzeigen lassen.
- Die Option Überwachten Ordnern hinzufügen wird eingeblendet, wenn der Ordner nicht überwacht wird. Bei überwachten Ordnern steht hier stattdessen Aus überwachten Ordnern entfernen. Beide Optionen sind nur unter Windows vorhanden.
- Die Option zum Importieren der Medien und Erstellen von neuen Ordnern steht nur in der Ordneransicht mit Pfaden zur Verfügung.
- Ordner umbenennen und Ordner löschen sprechen für sich. Hierbei wird dann tatsächlich der Name des Ordners geändert oder mitsamt dem Inhalt vom System gelöscht. Die beiden Befehle sind recht praktisch, wenn Sie weniger aussagekräftigere Ordnernamen verwendet haben und endlich mal Ordnung auf Ihrem System schaffen wollen.
- Mit Sofort-Album erstellen wird mit einem Klick ein Album mit dem Ordnernamen und den enthaltenen Medien erstellt.
- Die Option Alle Unterordner anzeigen steht natürlich nur wieder in der Ordneransicht mit Pfaden zur Verfügung.

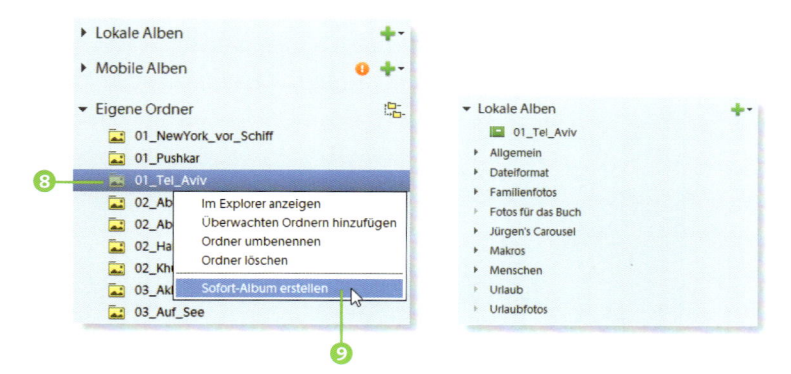

▲ **Abbildung 9.66**
Kontextmenü in der Ordneransicht mit Pfaden

▲ **Abbildung 9.67**
Kontextmenü in der flachen Ordneransicht

◂◂ **Abbildung 9.68**
Sind die importierten Ordner ❽ aussagekräftig und auch inhaltlich ordentlich sortiert, kann man auch gleich ein passendes Album ❾ dazu erstellen.

◂ **Abbildung 9.69**
Ein aus einem Ordnernamen erstelltes Album mitsamt den darin enthaltenen Medien

In Photoshop Elements 12 wurden neben den Stichwort-Tags jetzt auch Personen-Tags, Ort-Tags und Ereignis-Tags hinzugefügt. Die Verwendung dieser Tags wird in den folgenden drei Abschnitten nach den Stichwort-Tags passend zu Thema und Abschnitt beschrieben.

9.5 Stichwort-Tags und Smart-Tags

Wie Sie Bilder in Alben einteilen, wissen Sie bereits. Der Organizer bietet Ihnen aber eine weitere Möglichkeit zum Sortieren Ihrer Bilder: die sogenannten Stichwort-Tags, die Ihnen im Bedienfeld auf der rechten Seite zur Verfügung stehen, wenn Sie die

Abbildung 9.70
Der Organizer bietet bereits vordefinierte Tags an.

Mehrere Tags auf einmal zuweisen

Sie können den Bildern auch mehrere Stichwort-Tags auf einmal zuweisen. Sie brauchen nur mit gehaltener `Strg`/`cmd`-Taste mehrere Stichwort-Tags zu markieren, auf die Bilder zu ziehen und fallen zu lassen.

Abbildung 9.71
Per Drag & Drop wird den markierten Bildern das Tag Natur zugewiesen.

Schaltfläche Tags/Info ❷ aktivieren und dort das Register Tags ❶ auswählen.

Stichwort-Tags verwenden und Unterkategorien erstellen | Ein *Tag* ist einfach ein kleines virtuelles Schildchen mit Schlagwörtern bzw. Stichwörtern, das Sie an jedem Bild anbringen können. Sinn und Zweck, die Bilder zu »taggen«, ist es natürlich, in umfangreichen Sammlungen von Bildern das passende Bild über solche Schlag- bzw. Stichwörter zu finden. Sie können (besser sollten) einem Bild auch mehrere solcher Tags (aber bitte sinnvolle) zuordnen.

Schritt für Schritt: Stichwort-Tags und neue Unterkategorien verwenden

Wählen Sie zunächst das Album, den Ordner oder gar den ganzen Katalog mit den Bildern aus, denen Sie Stichwort-Tags hinzufügen wollen.

1 Bilder aussuchen und "taggen"

Markieren Sie dann im Medienbrowser die Bilder, denen Sie zum Beispiel das Tag Natur anhängen wollen.

Gehen Sie auf das Schildchen des Tags Natur, und halten Sie die linke Maustaste gedrückt. Ziehen Sie nun das Schildchen auf eines der markierten Bilder, und lassen Sie die Maustaste los. Wenn Sie einzelne Bilder mit einem Tag versehen wollen, können Sie auf das vorherige Markieren verzichten. Sie finden nun im Medienbrowser unter dem Bild ein Schildchen ❸, das das Stichwort-Tag zum Bild anzeigt, wenn Sie mit dem Mauszeiger darauf verweilen.

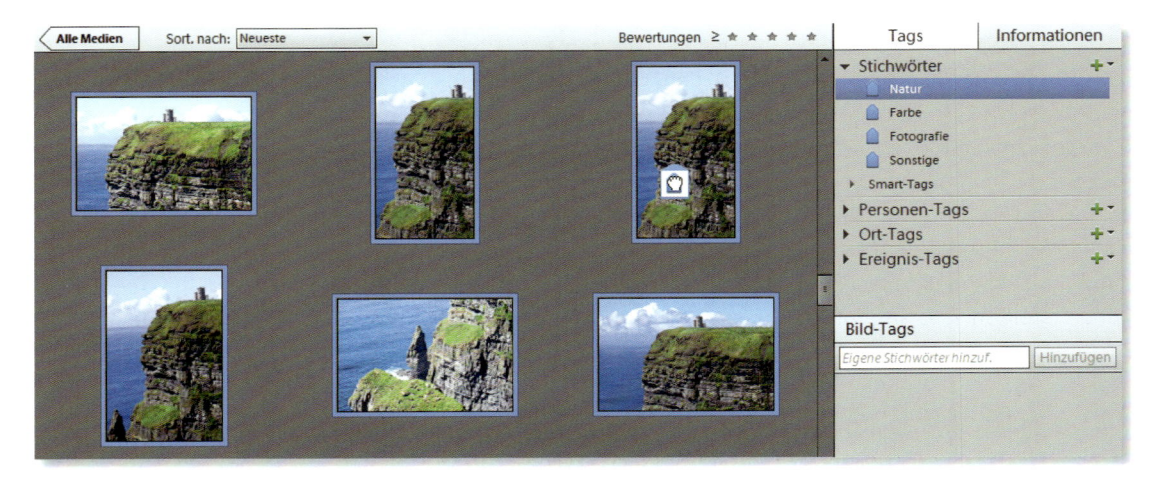

9.5 Stichwort-Tags und Smart-Tags

▲ **Abbildung 9.72**
Das Schildchen ❸ weist darauf hin, dass dem Bild das Tag NATUR zugewiesen wurde.

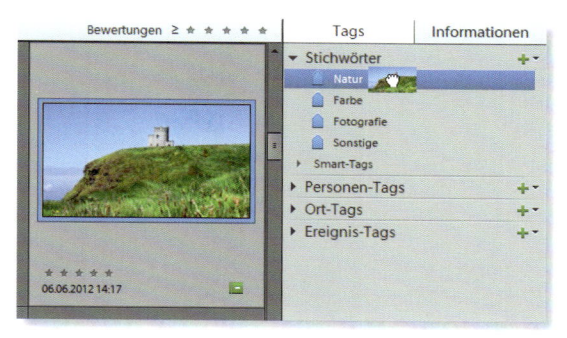

▲ **Abbildung 9.73**
Es funktioniert natürlich auch umgekehrt, indem Sie markierte Fotos vom Medienbrowser auf das entsprechende Stichwort-Tag ziehen und dort fallen lassen.

2   Neue Unterkategorie erstellen

Das Stichwort-Tag NATUR ist bei einem großen Fundus an Bildern vielleicht etwas spärlich und schränkt die Suche nicht genug ein. Wir legen daher eine neue Unterkategorie zu NATUR an. Klicken Sie hierzu in den Stichwort-Tags mit der rechten Maustaste auf NATUR, und wählen Sie im Kontextmenü NEUE UNTERKATEGORIE ERSTELLEN aus. Das Gleiche erreichen Sie auch hier mithilfe des grünen Plussymbols über NEUE UNTERKATEGORIE.

Geben Sie im folgenden Dialog den Namen ❹ der Unterkategorie (hier zum Beispiel »Strand«) ein, und stellen Sie sicher, dass als ÜBERGEORDNETE KATEGORIE in der Dropdown-Liste die Kategorie NATUR ❺ ausgewählt ist. Bestätigen Sie mit OK.

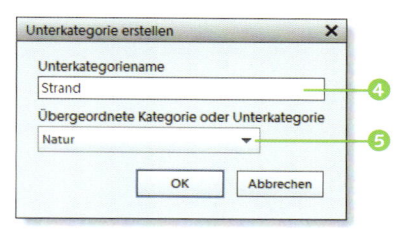

▲ **Abbildung 9.74**
Die Unterkategorie wird erstellt.

3   Unterkategorie zuweisen

Wiederholen Sie nun Arbeitsschritt 1, wobei Sie diesmal die neu erstellte Unterkategorie STRAND auf die entsprechenden und passenden Bilder im Medienbrowser ziehen.

Wem die Stichwort-Tags NATUR und STRAND immer noch nicht ausreichen, der kann gerne, wie in Arbeitsschritt 2 beschrieben, eine weitere Unterkategorie unter STRAND erstellen. Im Beispiel wurden zur Demonstration noch die nachgeordneten Unterkategorien SANDSTRAND und FELSSTRAND unterhalb von STRAND angelegt und analog zu Arbeitsschritt 1 den Bildern hinzugefügt. Wenn Sie nun mit dem Mauszeiger im Medienbrowser unter dem Bild auf dem Schildchen verweilen, werden sämtliche zu diesem Bild erstellten Tags angezeigt.

Kapitel 9 Fotos organisieren und verwalten

Abbildung 9.75 ▶
Die neuen Stichwort-Tags wurden hier gerade verwendet.

Abbildung 9.76 ▶
Alle Stichwort-Tags (und andere Dinge wie Orte, Personen, Ereignisse) eines markierten Bildes werden rechts unter BILD-TAGS ❶ aufgelistet.

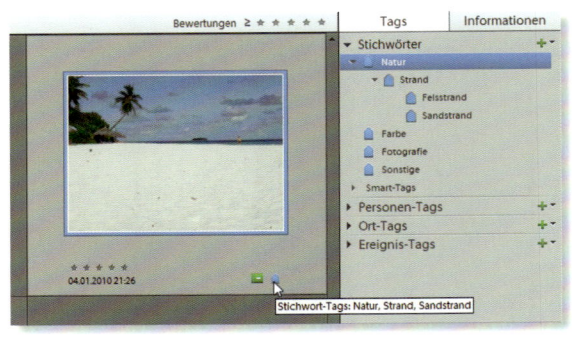

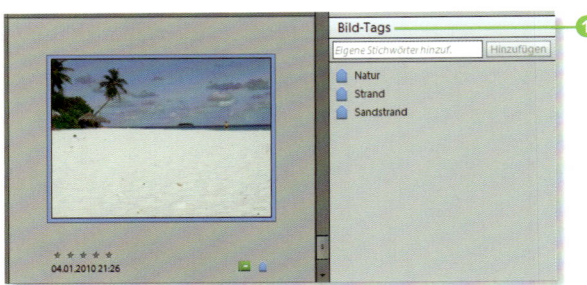

Selbstverständlich können Sie einem Bild jederzeit weitere Stichwort-Tags hinzufügen.

Mehr als ein Symbol vorhanden | Sobald ein Bild mit Stichwort-Tags und in einem Album verwaltet wird, kann es passieren, dass bei einer verkleinerten Miniaturvorschau der einzelnen Bilder der Platz nicht mehr ausreicht, um alle Symbole anzuzeigen. In diesem Fall wird aus dem Schildchen oder Albumsymbol ❷ ein allgemeines Schildchen ❸. Wollen Sie wissen, was sich alles hinter diesem Schildchen verbirgt, brauchen Sie nur mit dem Mauszeiger darüber zu verweilen oder das Bild in einer vergrößerten Miniaturvorschau zu betrachten.

▲ **Abbildung 9.77**
Das Bild ist mit nur einem Symbol (hier Album) versehen, …

▲ **Abbildung 9.78**
… jetzt wurde noch ein Stichwort-Tag hinzugefügt, aber der Platz reicht nicht mehr aus, um beide Symbole (Album und Stichwort-Tag) im Medienbrowser darzustellen.

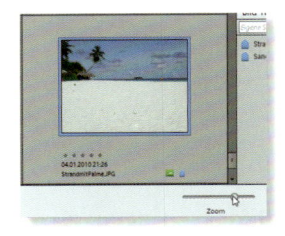

▲ **Abbildung 9.79**
Hier wurde die Miniaturvorschau über den Regler ZOOM vergrößert, wodurch die Schildchen wieder zum Vorschein kommen.

Stichwort-Kategorien erstellen | Reichen Ihnen die vorhandenen Kategorien nicht aus, so können Sie selbstverständlich auch neue Kategorien anlegen.

Schritt für Schritt: Neue Stichwort-Kategorie erstellen

Adobe liefert bereits einige sinnvolle Stichwort-Kategorien mit. In der Regel werden die aber nicht reichen. Lesen Sie daher in diesem Workshop, wie Sie eigene Kategorien erstellen.

1 Neue Kategorie erstellen

Um eine neue Kategorie zu erstellen, klicken Sie auf das grüne Plussymbol ❹, und wählen Sie Neue Kategorie ❺ aus. Geben Sie im folgenden Dialog den gewünschten Kategorienamen ins Textfeld ein ❼ (hier »Tageszeit und Jahreszeit«). Darunter können Sie ein Symbol ❽ für die Kategorie aussuchen. Optional weisen Sie dem Schildchen auch eine Farbe ❻ zu. Bestätigen Sie den Dialog mit OK.

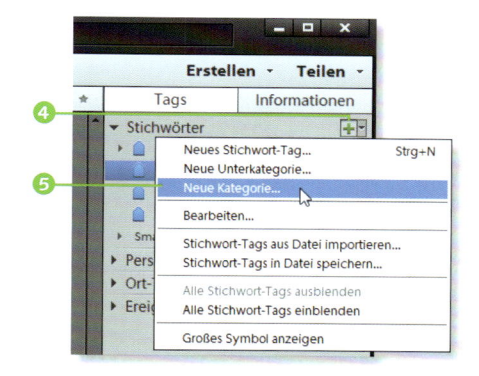

◂◂ **Abbildung 9.80**
Eine neue Stichwort-Kategorie anlegen

◂ **Abbildung 9.81**
Hier legen Sie Name, Symbol und Farbe der neuen Stichwort-Kategorie fest. Optional: Weitere Unterkategorien erstellen

Nun legen Sie gegebenenfalls, wie bereits bei der Schritt-für-Schritt-Anleitung »Stichwort-Tags und neue Unterkategorien verwenden« auf Seite 226 beschrieben, neue Unterkategorien an. Im Beispiel wurden zusätzlich die Unterkategorien Abend, Abendrot, Frühling, Herbst, Morgens usw. eingefügt.

2 Bilder mit neuer Kategorie etikettieren

Das Etikettieren der Fotos können Sie nun analog zur Schritt-für-Schritt-Anleitung »Stichwort-Tags und neue Unterkategorien verwenden« vornehmen: Markieren Sie einfach Bilder, und weisen Sie diesen Bildern per Drag & Drop die Tags zu – oder auch umgekehrt, ziehen Sie einfach die Bilder auf das Stichwort-Tag, mit dem Sie diese versehen wollen.

▴ **Abbildung 9.82**
Die neue Kategorie Tageszeit und Jahreszeit mit weiteren neuen Unterkategorien

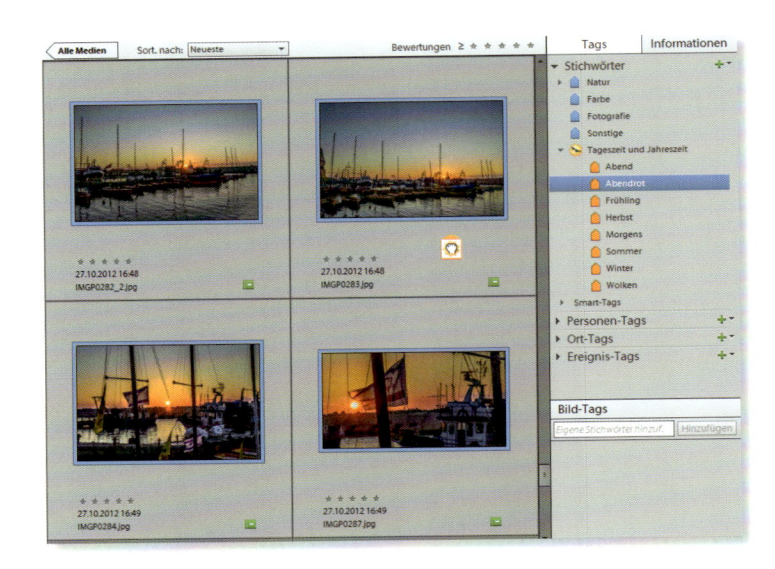

Abbildung 9.83 ▶
Das neue Stichwort-Tag ABENDROT wird hier für die markierten Fotos vergeben.

Neues Stichwort-Tag
Schneller erstellen Sie ein neues Stichwort-Tag mit der Tastenkombination [Strg]/[cmd]+[N].

Große Symbole
Damit die Miniaturvorschau allerdings angezeigt wird, müssen Sie sicherstellen, dass über das grüne Plussymbol vor dem Befehl GROSSES SYMBOL ANZEIGEN ❸ ein Häkchen gesetzt ist.

Abbildung 9.84 ▶
Wer möchte, unterscheidet innerhalb der (Unter-)Kategorien noch feiner und legt eigene Stichwort-Tags an.

Stichwort-Tags erstellen | Wenn Sie das grüne Plussymbol unter TAGS • STICHWÖRTER anklicken, ist der Eintrag NEUES STICHWORT-TAG vielleicht ein wenig verwirrend. Schließlich haben Sie bereits mit den neuen Kategorien und Unterkategorien zahlreiche Stichwort-Tags angelegt. Fassen Sie diesen Befehl aber einfach als eine weitere Art von Unterkategorie auf.

Im Gegensatz zur »normalen« Unterkategorie können Sie hier sogar noch eine eigene Miniaturvorschau über die Schaltfläche SYMBOL BEARBEITEN ❶ hinzufügen. Als Miniaturvorschau dient eines der Fotos, denen das Stichwort-Tag zugewiesen wurde. Wer möchte, kann hier sogar noch eine ANMERKUNG ❷ ergänzen.

Unterkategorie und Stichwort-Tags umwandeln | Vorhandene Unterkategorien können Sie jederzeit in Stichwort-Tags (mit Miniaturvorschau) umwandeln und umgekehrt. Klicken Sie hierzu einfach die Unterkategorie oder das Stichwort-Tag mit der rechten Maustaste an, und wählen Sie in dem sich öffnenden Kontextmenü den Menüpunkt In ein Stichwort-Tag ändern bzw. In eine Unterkategorie ändern aus.

Schnell eigene Stichwörter hinzufügen | Wollen Sie mal schnell ein Stichwort-Tag einem oder mehreren Bild(ern) hinzufügen oder ein neues Stichwort-Tag erstellen, können Sie auch das kleine Textfeld 6 unterhalb Bild-Tags verwenden. Sie finden dieses Textfeld unterhalb von Tags, wenn Sie die Schaltfläche Tags/Infos aktiviert haben. Haben Sie ein Bild markiert und geben hier ein Wort ein, brauchen Sie nur noch ⏎ oder die Schaltfläche Hinzufügen 5 zu betätigen, und das Stichwort-Tag wird dem Bild hinzugefügt.

Bereits »getaggte« Stichwörter für das Bild werden in der Liste darunter 7 aufgelistet. Neu eingegebene Stichwörter, die noch nicht verwendet wurden, werden den Tags unter Sonstige 4 hinzugefügt (siehe hier mit Kirchen).

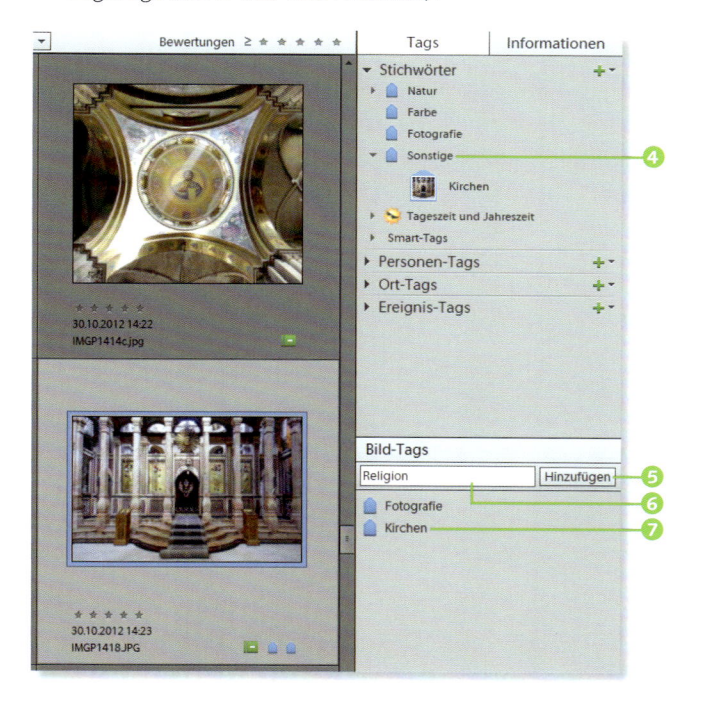

◄ **Abbildung 9.85**
Stichwörter lassen sich über Bild-Tags besonders schnell dem Bild hinzufügen.

9.5.1 Nach Stichwort-Tags suchen

Die Möglichkeiten zur Vergabe von Stichwort-Tags sind beinahe unbegrenzt. Ihre Bildsuche wird umso erfolgreicher sein, je überlegter Sie bei der Vergabe von Tags vorgehen.

Um nach Bildern mit einem bestimmten Tag zu suchen, klicken Sie einfach auf das kleine Dreieck am Ende eines Tags 2 (siehe Abbildung 9.86), welches sichtbar wird, wenn Sie mit dem

Erweiterte Suche

Die Erweiterte Suche ist ein wirklich mächtiges Instrument zur Bildersuche, welches sich auch über das Menü Suchen aufrufen lässt. Neben Stichwörter können Sie diese Suche auch noch mit Personen, Orte und Ereignisse kombinieren, wenn hier entsprechende Einträge vorhanden sind. Sie werden der erweiterten Suche daher noch des Öfteren in diesem Kapitel begegnen.

Kapitel 9   Fotos organisieren und verwalten

Mauscursor über diesem Stichwort-Tag stehen. Dadurch wird in einer erweiterten Suche automatisch nach Medien mit diesem Stichwort-Tag ❶ gesucht.

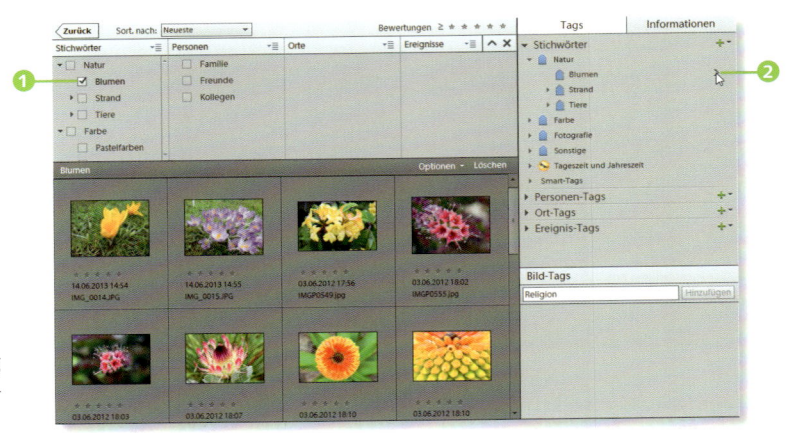

Abbildung 9.86 ▶
Alle Bilder mit dem Stichwort-Tag Blumen werden im Medienbrowser angezeigt.

Auflistung der Suche
Bei einer umfangreicheren und erweiterten Suche können da schon enorm viele Stichwort-Tags (Personen, Orte, Ereignisse) zusammenkommen. Damit Sie hier nicht den Überblick verlieren, wird zwischen dem Medienbrowser und der erweiterten Suche eine Übersicht ❸ aufgelistet.

Wollen Sie die Suche noch weiter einschränken und haben Sie Ihre Stichwort-Tags intelligent vergeben, können Sie die Suche nach Bildern mit bestimmten Stichwort-Tags noch weiter verfeinern. Im Beispiel in Abbildung 9.87 will ich jetzt noch alle Blumen mit dem Tag Warme Farben sehen, die im Querformat aufgenommen wurden.

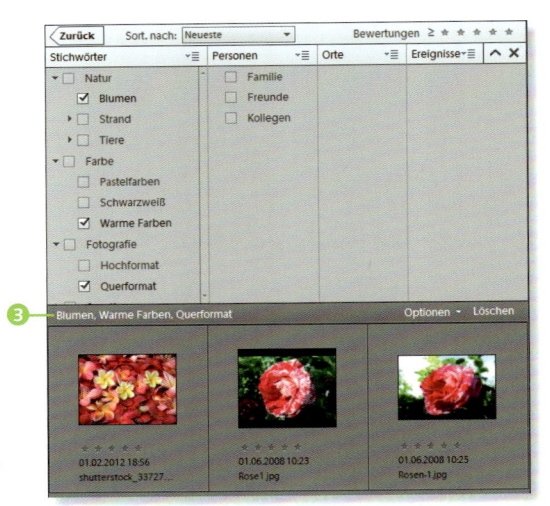

Abbildung 9.87 ▶
Wir wollen noch detaillierter nach bestimmten Bildern suchen.

Aber Achtung: Wenn Sie ein Stichwort-Tag markieren, das Unter-Tags enthält, werden automatisch alle Unter-Tags markiert. Würde ich zum Beispiel Natur ❼ markieren, so würde die Suche auf Blumen, Strand (mit Felsstrand und Sandstrand) und Tiere (und dessen Unter-Tags Hunde und Pferde) ausgeweitet.

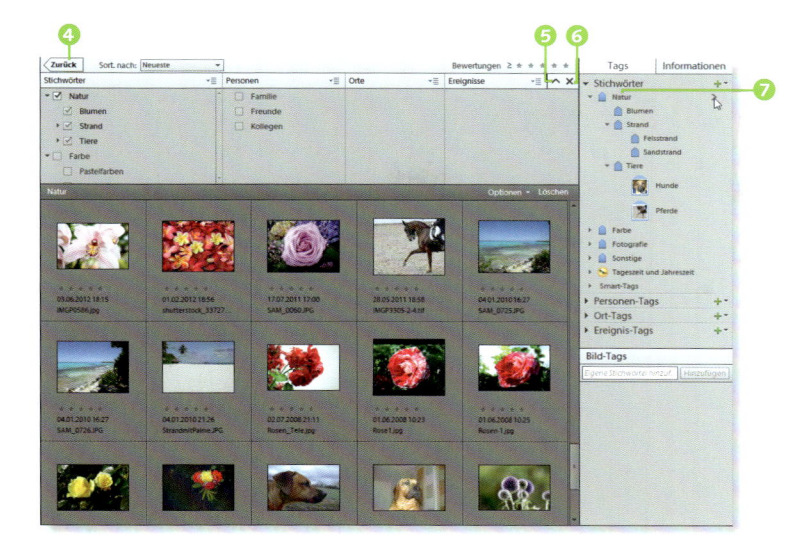

9.5 Stichwort-Tags und Smart-Tags

◄ **Abbildung 9.88**
Wählen Sie ein Stichwort-Tag aus, welches weitere Unter-Tags enthält, werden automatisch alle anderen Unter-Tags mit ausgewählt.

Erweiterte Suche schließen | Schließen können Sie die erweiterte Suche über das kleine X ❻ oder über die Schaltfläche ZURÜCK ❹. Mit dem kleinen offenen Dreieck ❺, welches nach oben zeigt, können Sie die erweiterte Suche minimieren.

9.5.2 Stichwort-Tags importieren und exportieren

Wie schon bei den Albumkategorien können Sie auch die Stichwort-Tags importieren und exportieren. So habe ich beispielsweise Stichwort-Tags, die ich in Photoshop Elements 11 exportiert habe, erfolgreich mit Photoshop Elements 12 auf einem anderen Rechner importiert. Auch hierbei werden Import und Export von einer XML-Datei übernommen.

Um Stichwort-Tags zu importieren oder zu exportieren, klicken Sie auf die grüne Plus-Schaltfläche unter TAGS • STICHWÖRTER, und wählen Sie im Kontextmenü den Punkt STICHWORT-TAGS AUS DATEI IMPORTIEREN für den Import oder STICHWORT-TAGS IN DATEI SPEICHERN für den Export der Tags.

Sie können allerdings auch einzelne Stichwort-Tags oder eine Gruppe von Stichwort-Tags exportieren, um diese in einem anderen Katalog wieder zu importieren. Dies macht beispielsweise dann Sinn, wenn Sie Stichwort-Tags exportieren und in einem Katalog importieren wollen, wo bereits teilweise dieselben Tags existieren – anderenfalls wären diese Tags doppelt vorhanden.

9.5.3 Stichwort-Tags löschen

Ein Stichwort-Tag können Sie jederzeit wieder löschen, indem Sie mit der rechten Maustaste im Bedienfeld auf das entsprechende Stichwort-Tag klicken und im sich öffnenden Kontextmenü den Befehl LÖSCHEN auswählen. Beachten Sie allerdings: Wenn ein

▲ **Abbildung 9.89**
Auch Tags können Sie importieren und exportieren.

Import rückgängig machen
Das Importieren können Sie gegebenenfalls mit [Strg]/[cmd]+[Z] bzw. BEARBEITEN • RÜCKGÄNGIG: STICHWORT-TAGS AUS DATEI IMPORTIEREN widerrufen.

▲ **Abbildung 9.90**
Stichwort-Tags löschen

233

Stichwort-Tag weitere Unterkategorien enthält, werden auch diese mitgelöscht!

Stichwort-Tag vom Bild entfernen | Wollen Sie ein Stichwort-Tag von einem Bild entfernen, brauchen Sie nur das kleine Tag-Schildchen ❶ mit der rechten Maustaste anzuklicken und das entsprechende Stichwort-Tag zu entfernen. Gleiches können Sie auch über BILD-TAGS ❷ machen, wenn Sie ein Bild ausgewählt haben. Auch damit können Sie über einen rechten Mausklick ein Stichwort-Tag entfernen.

▲ **Abbildung 9.91**
Stichwort-Tag mit einem rechten Mausklick über dem Schildchen ❶ entfernen oder…

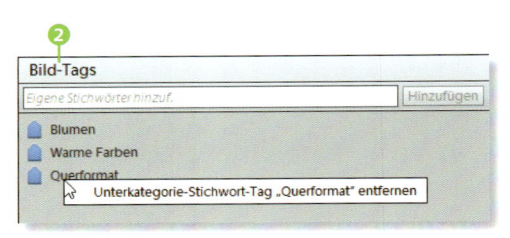

▲ **Abbildung 9.92**
…über die BILD-TAGS, welche eingeblendet sind, wenn die Schaltfläche TAGS/INFO aktiviert wurde.

9.5.4 Smart-Tags

Smart-Tags sind den Stichwort-Tags recht ähnlich und geben Ihnen die Möglichkeit, Ihr Bildmaterial nach der Qualität zu filtern und so das am besten geeignete Bildmaterial zu bestimmen und ungeeignetes Material (beispielsweise zu helle, zu dunkle oder verwackelte Bilder) auszusortieren. Diese intelligente Inhaltsanalyse können Sie in verschiedenen Bereichen des Organizers durchführen. Sie finden die Smart-Tags im rechten Bedienfeld unter TAGS.

Um diese Funktion zu nutzen, müssen Sie lediglich das entsprechende Bildmaterial auswählen und im Menü DATEI • AUTOMATISCHE ANALYSE AUSFÜHREN aufrufen. Dasselbe erreichen Sie auch über das Kontextmenü, wenn Sie das oder die Bilder markiert haben. Wenn Sie den Vorgang gestartet haben, müssen Sie sich, abhängig von der Anzahl der Bilder, ein wenig gedulden, bis die Bilder analysiert wurden.

Keine eigenen Smart-Tags

Im Gegensatz zu den Stichwort-Tags ist es nicht möglich, eigene Smart-Tags anzulegen, und die Schildchen können auch nicht aus dem rechten Bedienfeld gelöscht oder sonst irgendwie verändert werden.

Abbildung 9.93 ▶
Dieser Dialog informiert Sie über den Fortschritt der automatischen Analyse bei der Ausführung.

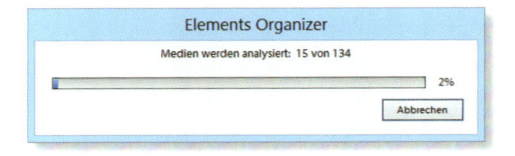

9.5 Stichwort-Tags und Smart-Tags

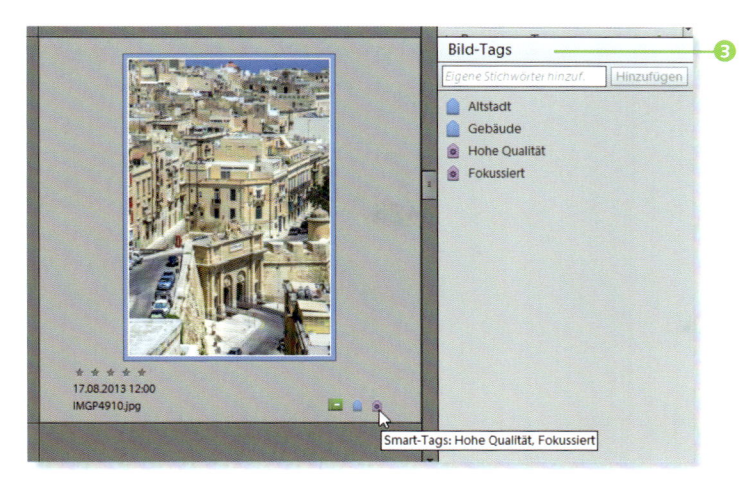

▲ Abbildung 9.94
Die zugewiesenen Smart-Tags werden, wie auch die Stichwörter, rechts im Bedienfeld BILD-TAGS ❸ angezeigt, wenn Sie das Bild ausgewählt haben.

Um falsch zugewiesene Smart-Tags wieder zu entfernen, klicken Sie wie gehabt mit der rechten Maustaste auf das Etikett ❹ und löschen das entsprechende Tag.

▲ Abbildung 9.95
Die Smart-Tags werden bei den TAGS angezeigt.

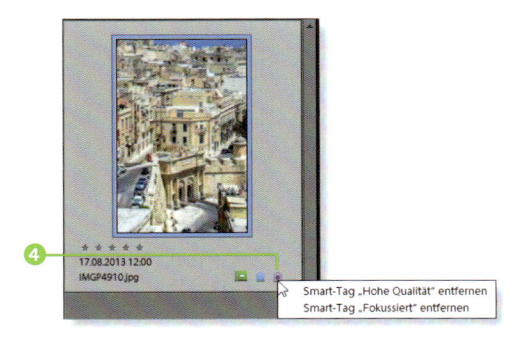

▲ Abbildung 9.96
Nicht passende Smart-Tags können jederzeit wieder entfernt werden, wenn Sie mit der rechten Maustaste auf das Schildchen ❹ klicken und im Kontextmenü den entsprechenden Befehl auswählen.

Smart-Tags manuell vergeben | Auch wenn sie nicht immer zuverlässig arbeiten, sind die Smart-Tags an sich keine schlechte Sache. Sie können sie genauso manuell verwenden wie die Stichwort-Tags. Allerdings müssen Sie die Qualitäts- und Inhaltskategorie des Bildes selbst bestimmen, indem Sie entsprechende Smart-Tags per Drag & Drop auf das Bild ziehen und fallen lassen. Bei einigen Kategorien, wie beispielsweise GESICHTER, können Sie zudem aus weiteren Unterkategorien wählen.

Smart-Tags suchen

Die Suche nach den Smart-Tags funktioniert genauso wie schon im Abschnitt 9.5.1, »Nach Stichwort-Tags suchen«, auf Seite 231 beschrieben wurde.

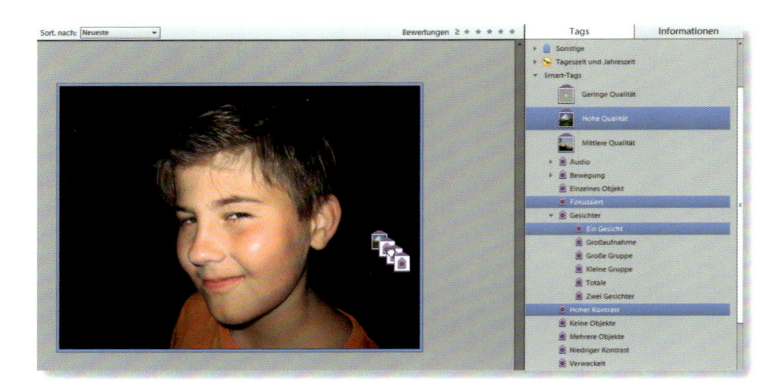

Abbildung 9.97 ▶
Hier wurden vier Smart-Tags markiert, per Drag & Drop auf ein Bild gezogen und so dem Bild zugewiesen. Andersherum können Sie natürlich auch das Bild auf das gewünschte Smart-Tag ziehen.

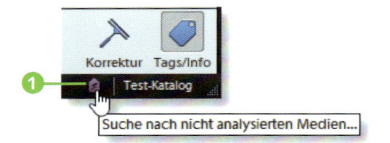

▲ **Abbildung 9.98**
Status der automatischen Analyse

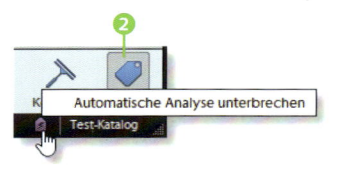

▲ **Abbildung 9.99**
Automatische Analyse unterbrechen bzw. fortsetzen

Status der automatischen Analyse für Smart-Tags | Die automatische Analyse für die Smart-Tags wird im Hintergrund ausgeführt. Den Zustand können Sie abfragen, indem Sie mit dem Mauszeiger über dem kleinen Smart-Tag-Etikett ❶ unten in der Statusleiste verweilen. Klicken Sie hingegen das Etikett ❷ an, können Sie die die automatische Analyse unterbrechen bzw. wieder starten.

9.6 Alben, Kategorien und Stichwort-Tags sortieren

Sie können die Reihenfolge, in der Ihre Alben, Kategorien und Stichwort-Tags angezeigt werden, beeinflussen. Die entsprechenden Optionen dazu finden Sie über das Menü BEARBEITEN/ ELEMENTS ORGANIZER • VOREINSTELLUNGEN • STICHWORT-TAGS UND ALBEN.

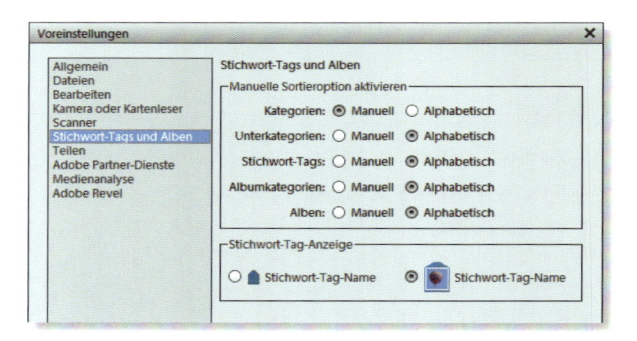

Abbildung 9.100 ▶
Hier legen Sie fest, wie sich Alben, Kategorien oder Stichwort-Tags sortieren lassen.

Standardmäßig werden alle Elemente ALPHABETISCH sortiert. Wenn Sie hier auf MANUELL umstellen, können Sie in die Sortierung eingreifen.

Alben manuell sortieren | Das manuelle Sortieren von Alben funktioniert im Grunde recht einfach. Alben innerhalb einer Kate-

9.6 Alben, Kategorien und Stichwort-Tags sortieren

gorie können Sie einfach per Drag & Drop sortieren. In Abbildung 9.101 wurde beispielsweise das Album NATURAUFNAHMEN hinter das Album ARCHITEKTUR gezogen. Wo das Album einsortiert wird, wenn Sie es fallen lassen, erkennen Sie anhand der Linie ❸ hinter einem Album.

◀ **Abbildung 9.101**
Manuelles Einsortieren von Alben innerhalb einer Kategorie

Wollen Sie hingegen ein Album einer bestimmten Kategorie in eine andere Kategorie einsortieren, müssen Sie das Album zuerst auf die entsprechende Kategorie ziehen und fallen lassen, ehe Sie es wiederum innerhalb der Albumkategorie sortieren können. In Abbildung 9.102 wurde beispielsweise das Album PORTRAIT aus der Albumkategorie MENSCHEN in die Albumkategorie ALLGEMEIN gezogen. Die Kategorie wird dabei grau ❹ hervorgehoben. Erst anschließend könnten Sie das Album PORTRAIT innerhalb der Kategorie ALLGEMEIN sortieren.

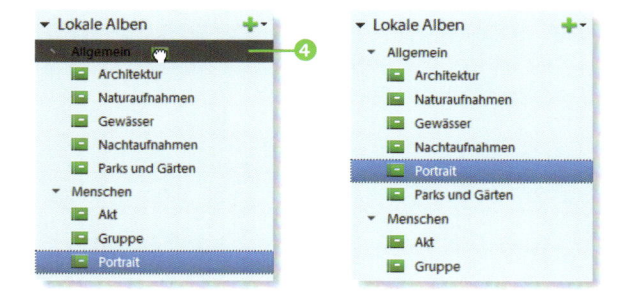

◀ **Abbildung 9.102**
Manuelles Sortieren von Alben außerhalb einer Kategorie

Stichwort-Tags manuell sortieren | Das manuelle Sortieren von Stichwort-Tags funktioniert zwar recht ähnlich, aber gerade wenn Sie ein Tag innerhalb einer Kategorie sortieren, erzeugen Sie schnell aus Versehen eine weitere ungewollte Unterkategorie.

In Abbildung 9.103 wurde das Stichwort-Tag MORGENROT innerhalb der Kategorie TAGESZEIT UND JAHRESZEIT unterhalb des Stichwort-Tags ABENDROT eingefügt. An der Linie erkennen Sie auch hier wieder, hinter welchem Stichwort-Tag das manuell sortierte Tag eingefügt wird, wenn es fallen gelassen wird.

Ziehen Sie hingegen ein Stichwort-Tag auf ein anderes Stichwort-Tag, so dass dieses grau markiert ist, dann erstellen Sie aus dem Tag, das Sie verschieben wollen, ein Unter-Stichwort-Tag des grau markierten Tags. Im Beispiel wurde das Stichwort-Tag

▲ **Abbildung 9.103**
Auch Stichwort-Tags lassen sich ganz einfach manuell sortieren.

Kapitel 9 Fotos organisieren und verwalten

Bewertung löschen | Die Bewertung können Sie jederzeit löschen, indem Sie den Stern mit der Wertung einfach erneut anklicken ❶. Wenn Sie einem Bild eine 5-Sterne-Wertung gegeben haben, müssen Sie auf den fünften Stern klicken. Würden Sie auf einen anderen Stern klicken, würden Sie die Wertung nur zu diesem Stern ändern.

▲ **Abbildung 9.108**
Bildwertung wieder löschen

9.8 Personenfotos verwalten

Wenn Sie Bilder in maximaler Zoomstufe im Medienbrowser betrachtet haben, ist Ihnen sicherlich bei einigen Bildern der weiße Rahmen WER IST DAS? aufgefallen, wenn Sie mit dem Mauscursor über das vorhandene Gesicht in der Vorschau gehen.

Abbildung 9.109 ▶
Die automatische Gesichtserkennung funktioniert erstaunlich gut.

Voraussetzung, damit diese automatische Personenerkennung auch funktioniert, ist, dass Sie die Option AUTOMATISCH NACH PERSONEN IN FOTOS SUCHEN ❷ aktiviert haben. Diese Einstellung erreichen Sie über das Menü BEARBEITEN/ ELEMENTS ORGANIZER • VOREINSTELLUNGEN • MEDIENANALYSE.

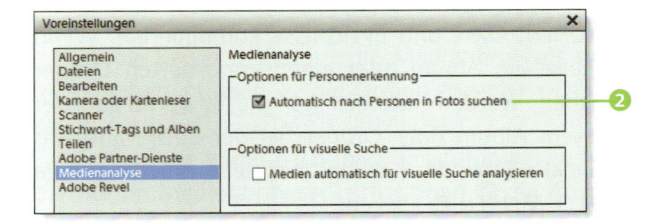

Abbildung 9.110 ▶
Für die automatische Personenerkennung muss die entsprechende Option auch aktiviert sein.

9.8 Personenfotos verwalten

9.8.1 Personen über Medienbrowser benennen

Wenn Sie ein einzelnes Bild im Medienbrowser in der maximalen Zoomstufe betrachten und die automatische Personenanalyse einzelne Personen auf dem Bild erkannt hat, können Sie ganz bequem diese Person durch das Anklicken von WER IST DAS? ❹ benennen. Sie können den Namen der Person einfach eintippen und mit einem Druck auf ↵ bestätigen.

Über das kleine x ❸ rechts oben im weißen Rahmen können Sie unbekannte (oder keine) Personen ignorieren. Bilder, in denen Personen enthalten sind und benannt wurden, erhalten ein kleines blaues Personensymbol ❻. Wenn außerdem das Bild ausgewählt wurde, werden alle benannten Personen im Bild im Bedienfeld BILD-TAGS ❺ aufgelistet. Zusätzlich wird unter den TAGS auch gleich ein Personen-Tag für die Personen angelegt.

Die PERSONEN-TAGS wurden in Photoshop Elements 12 neu mit den ORT-TAGS und EREIGNIS-TAGS eingeführt. Hierbei handelt es sich im Grunde um echte Stichwort-Tags, welche Sie jederzeit in den Metadaten der Datei speichern und somit überall hin ex- und importieren können. Das hiermit automatisch auch gleich Tags gemacht werden, ist ziemlich komfortabel, da man das »Taggen« von Personen zuvor noch manuell machen musste.

◄ **Abbildung 9.111**
Personen im Medienbrowser benennen

Der Organizer ist sehr lernfähig und kann sich Gesichter auch nach und nach besser merken. Sie brauchen sich also nicht zu wundern, wenn Sie bei weiteren Bildern mit IST DAS …? gefragt werden, ob es sich um eine bereits benannte Person handelt. Dies können Sie entweder mit dem grünen Häkchen ❼ bestätigen oder mit dem roten Stoppschild ❽ ignorieren.

▲ **Abbildung 9.112**
Hier wurden Personen benannt.

◄ **Abbildung 9.113**
Bereits bekannte Personen werden gewöhnlich wiedererkannt.

Die so benannten Personen finden Sie jetzt, wenn Sie den Modus von MEDIEN auf PERSONEN ❶ umschalten, in einer Miniaturvorschau als Personenstapel wieder. Auf den PERSONEN-Modus gehe ich noch umfassender ein (siehe Abschnitt 9.8.3).

Abbildung 9.114 ▶
Benannte Personen werden auf einem Stapel angezeigt, wenn Sie den Modus PERSONEN ❶ aktivieren.

Personen manuell hinzufügen | Natürlich ist es nicht immer garantiert, dass in einem Bild eine Person oder genauer ein Gesicht erkannt wird. Gerade bei Aufnahmen, bei denen Personen von der Seite oder einer ungünstigen Position aus aufgenommen wurden, müssen Sie eventuell selbst Hand anlegen. In solch einem Fall finden Sie in der maximalen Zoomstufe des Bildes eine weitere Schaltfläche GESICHT ❷. Wenn Sie diese Schaltfläche anklicken, erscheint der quadratische weiße Rahmen WER IST DAS?, welchen Sie dann per Drag & Drop an die entsprechende Position verschieben und auch in der Größe skalieren (und das wichtigste, der Person einen Namen zuweisen) können

Abbildung 9.115 ▶
Findet die Automatik keine Person im Bild, können Sie über die Schaltfläche GESICHT selbstständig eine Person hinzufügen.

9.8 Personenfotos verwalten

Ebenfalls manuell können Sie eine Person hinzufügen (allerdings ohne den weißen Rahmen), indem Sie auf einer Datei im Medienbrowser mit der rechten Maustaste klicken und im Kontextmenü EINE PERSON HINZUFÜGEN auswählen. In der sich öffnenden Dialogbox können Sie jetzt einen Namen eintragen und mit HINZUFÜGEN dem Bild zuordnen.

▲ **Abbildung 9.116**
Daraufhin erhalten Sie den bekannten Rahmen WER IST DAS?, welchen Sie verschieben und skalieren können.

▲ **Abbildung 9.117**
Eine Person manuell hinzufügen über einen rechten Mausklick auf der Datei

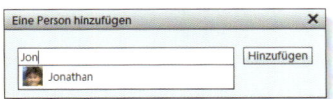

▲ **Abbildung 9.118**
In der sich öffnenden Dialogbox können Sie jetzt so lange Personen über die Schaltfläche HINZUFÜGEN oder ⏎ der Datei hinzufügen, bis Sie diese Dialogbox über das kleine X oder Esc wieder schließen.

Personen in Videos | Diese Dialogbox können Sie übrigens auch bei Videodateien per rechten Mausklick aufrufen und verwenden. Alternativ finden Sie aber auch eine Schaltfläche dafür, wenn Sie ein Video aus dem Medienbrowser abspielen. Hierzu müssen Sie gegebenenfalls zunächst das Etikettensymbol ❸ aktivieren. Dann finden Sie neben den Stichwort-Tags, die Sie zuweisen können, rechts unten ebenfalls eine Schaltfläche EINE PERSON HINZUFÜGEN ❹.

▼ **Abbildung 9.119**
Auch bei Videodateien lassen sich Personen hinzufügen.

243

Kapitel 9 Fotos organisieren und verwalten

Komplexere Filterung
Es geht natürlich auch noch viel komplexer, einzelne Personen hinzuzufügen, indem Sie auch noch die Stichwörter, Orte und Ereignisse über SUCHEN • ERWEITERTE SUCHE ausfiltern. Aber hier geht es uns jetzt nur um den Aspekt, einzelne Personen zu benennen.

▼ **Abbildung 9.120**
Wählen Sie ein Album oder einen Ordner aus, dem Sie Personen hinzufügen und in dem Sie Personen benennen wollen. Im Beispiel wurde hier ein Ordner ❶ in der flachen Ansicht ausgewählt.

9.8.2 Mehrere Personen auf einmal hinzufügen

Einzelne Personen Bild für Bild hinzuzufügen und zu benennen, kann auf Dauer sehr mühsam werden. Hierfür bietet der Organizer eine wesentlich komfortablere Lösung an, die ich Ihnen im folgenden Workshop zeigen will.

Schritt für Schritt: Mehrere Personen auf einmal hinzufügen

Ich empfehle Ihnen, für diesen Workshop ein Album oder einen Ordner auszuwählen, mit Bildern von Personen, welche Sie hinzufügen und benennen wollen. Natürlich können Sie auch den kompletten Katalog (ALLE MEDIEN) verwenden, aber je nach Umfang könnte dies dann doch zu aufwendig werden. Sie können hierfür nach wie vor den MEDIEN-Modus verwenden.

1 **Personenerkennung starten**
Klicken Sie jetzt unten auf die Schaltfläche HINZUFÜGEN ❷ mit dem Personensymbol.

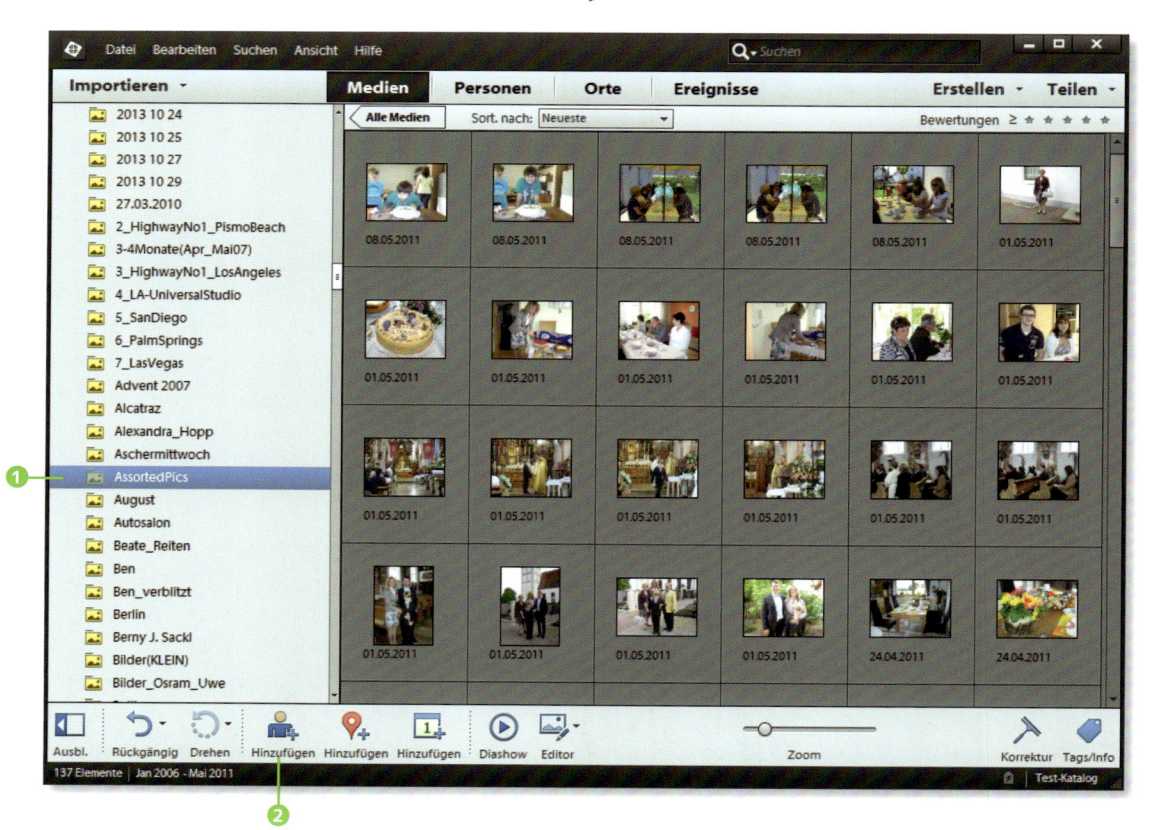

9.8 Personenfotos verwalten

2 Personen beschriften

Jetzt sollte sich ein Dialog mit verschiedenen Gesichtern öffnen, welche der Organizer noch nicht kennt und welche es zu beschriften gilt. Hierzu brauchen Sie nur das entsprechende Gesicht anzuklicken und den gewünschten Namen einzugeben. Wollen Sie eine Person ignorieren, müssen Sie nur das kleine x ❸ anklicken, welches sichtbar wird, wenn Sie mit dem Mauscursor über die Person gehen.

Klicken Sie eine Person mit der rechten Maustaste an, finden Sie dort weitere Befehle (siehe Abbildung 9.121). Hier können Sie auswählen, ob es sich um eine Person handelt, ob Sie diese ignorieren wollen oder ob es sich hierbei eben nicht um eine Person handelt. Mit IN VOLLBILDANSICHT ANZEIGEN können Sie das Bild, auf der sich die Person befindet, nochmals komplett betrachten. Klicken Sie auf SPEICHERN ❻, wenn Sie alle Personen benannt haben, oder auf ABBRECHEN ❺, wenn Sie den kompletten Vorgang beenden wollen.

Arbeitsschritt 3 kommt vor 2

Es kann durchaus vorkommen, dass bei Ihnen zuvor der Arbeitsschritt 3 vor dem Arbeitsschritt 2 ausgeführt wird, wenn sich bereits bekannte Personen in den Medien befinden.

Facebook-Freunde

Haben Sie einen Facebook-Account, können Sie über die Schaltfläche ❹ eine Liste mit Ihren Freunden herunterladen und aktualisieren, um diese hiermit zu benennen.

▲ **Abbildung 9.121**
Das Kontextmenü wird angezeigt, wenn Sie mit der rechten Maustaste auf eine Person klicken.

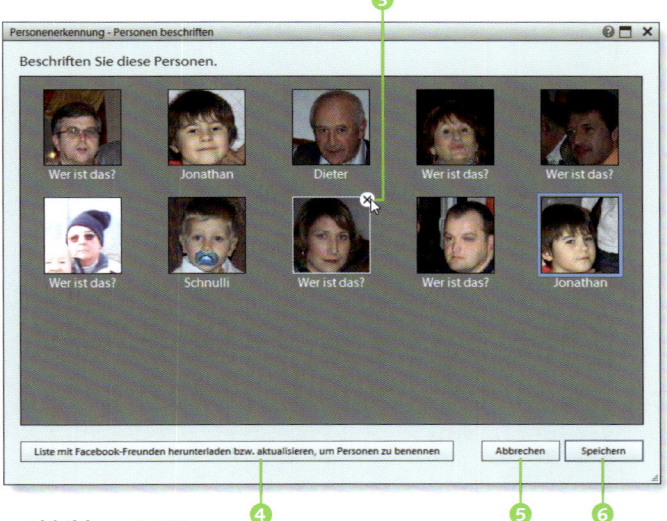

▲ **Abbildung 9.122**
Personen benennen

3 Personen bestätigen

Jetzt werden Gruppen von Personen angezeigt, welche der Organizer durch Ihre Personenbenennung im Schritt zuvor erkannt hat. Ihre Aufgabe ist es nun, diese Personen zu bestätigen. Wenn bei den vorgeschlagenen Bildern ein Gesicht dabei ist, welches nicht dorthin gehört, brauchen Sie diese Person nur wieder mit der rechten Maustaste anzuklicken und im sich öffnenden Kontextmenü IST NICHT [NAME] auszuwählen. Bestätigen Sie dann diesen Dialog ebenso wieder mit SPEICHERN.

Erster Arbeitsschritt

Wenn in Sie ein Album oder einen Ordner ausgewählt haben, in dem sich bereits bekannte Personen befinden, wird der Dialog PERSONEN BESTÄTIGEN noch vor dem Dialog PERSONEN BENENNEN angezeigt.

▲ **Abbildung 9.123**
Bei der Eingabe eines Namens hilft die Autovervollständigung.

▲ **Abbildung 9.124**
Konnte die Person nicht eindeutig zugeordnet werden, finden Sie einige Vorschläge, die Sie direkt anklicken können.

▲ **Abbildung 9.125**
Ignorierte »Personen« können Sie am Stoppsymbol ❶ erkennen.

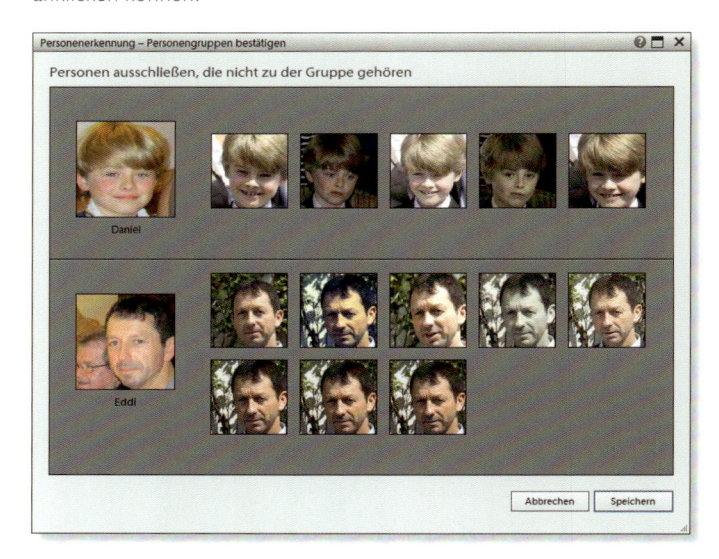

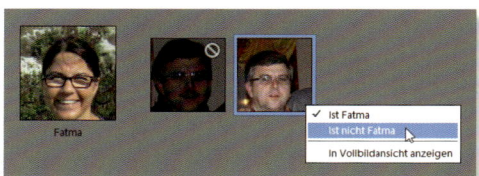

Abbildung 9.126 ▶
Personen bestätigen

Weiterer Dialog
Ist sich die Personenerkennung nicht sicher, ob es sich in Bildern um Personen handelt, erhalten Sie manchmal auch noch einen Dialog, in dem alle Miniaturen mit einem Stoppsymbol ❶ versehen sind und der abfragt, ob Sie hier eine Person beschriften wollen. Hier brauchen Sie nur die entsprechende Person anzuklicken, wenn Sie diese beschriften wollen.

▲ **Abbildung 9.127**
Ausgeschlossene Personen werden hier auch durch das Stoppsymbol angezeigt.

▲ **Abbildung 9.128**
Alle ausgewählten Personen wurden beschriftet.

4 **Arbeitsschritte 2 und 3 werden wiederholt**
Jetzt kann es je nach Bildumfang sein, dass Sie die Arbeitsschritte 2 und 3 mehrfach wiederholen müssen. Wenn alle Personen beschriftet wurden, erhalten Sie einen Bestätigungsdialog.

Um die neu benannten Personen betrachten zu können, wechseln Sie jetzt in den PERSONEN-Modus ❸. Hier werden die

Personen im PERSONEN-Browser aufgestapelt und angezeigt. Alle benannten Personen Ihres Katalogs können Sie über die Schaltfläche ALLE PERSONEN ❷ aufstapeln lassen.

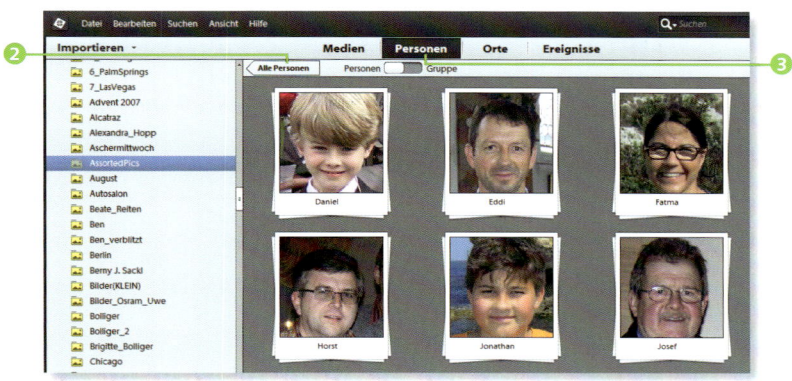

◀ **Abbildung 9.129**
Aufstapelung der zuletzt benannten Personen

9.8.3 Der Personen-Modus

Da Sie nun schon einige Personen benannt haben, können wir uns den PERSONEN-Modus ❸ genauer ansehen, in dem Sie die benannten Personen organisieren, verwalten und natürlich gegebenenfalls weitere Personen hinzufügen können.

Die Arbeitsoberfläche des Personen-Modus | Wenn Sie die Schaltfläche PERSONEN ❸ anklicken und kein Album oder keinen Ordner ausgewählt haben, werden alle benannten Personen im PERSONEN-Browser aufgestapelt. Die Anzahl der benannten Personen wird links unten in der Statusleiste ❺ angezeigt. Im Modus PERSONEN steht Ihnen nur das linke (ausblendbare) Bedienfeld ❹ mit Alben und Ordnern zur Verfügung.

Personen hinzufügen

Wollen Sie nach weiteren Bildern von Personen suchen, brauchen Sie nur die Schaltfläche HINZUFÜGEN ❻ anzuklicken, und die Personenerkennung nimmt Ihre Arbeit wieder auf. Sie müssen lediglich in den sich öffnenden Dialogen zustimmen oder ablehnen, ob es sich um die jeweils abgefragte Person handelt, oder neue Personen entsprechend benennen. Ist ein Album oder Ordner ausgewählt, wird dort nach neuen Personen gesucht. Ansonsten wird im gesamten Katalog nach Personen gesucht (was sehr aufwendig werden kann, wenn viele Bilder enthalten sind).

◀ **Abbildung 9.130**
Benannte Personen im gesamten Katalog liegen als quadratische Stapel vor.

Haben Sie hingegen im linken Bedienfeld ein Album oder einen Ordner ausgewählt, werden im Modus PERSONEN nur die im Album oder Ordner enthaltenen (und natürlich benannten) Personen aufgestapelt und angezeigt. Wollen Sie wieder alle Personen im Katalog anzeigen, brauchen Sie nur auf die Schaltfläche ALLE PERSONEN ❶ zu klicken.

Abbildung 9.131 ▶
Jetzt werden nur noch Personen des ausgewählten Ordners als Stapel angezeigt.

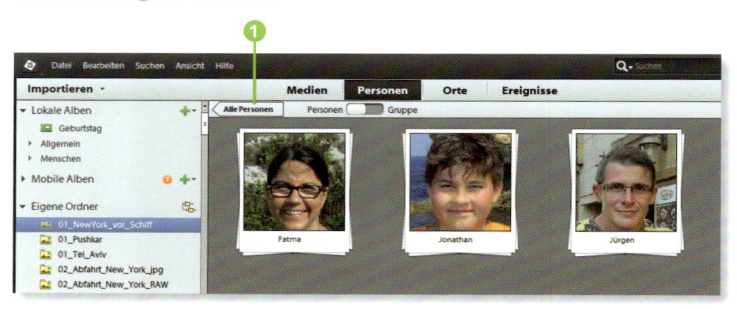

Diashow starten
Mit der Schaltfläche DIASHOW ❷ wird eine Diashow mit dem ausgewählten Personenstapel oder den aufgelisteten Fotos gestartet.

Bilder einer bestimmten Person betrachten | Um die Bilder einer bestimmten Person anzuzeigen, brauchen Sie lediglich einen Doppelklick auf dem Personenstapel auszuführen. Wie viele Bilder dann von dieser Person angezeigt werden, hängt auch davon ab, ob aktuell alle Bilder der Person des Katalogs aufgelistet werden oder ob Sie einen Ordner oder ein Album ausgewählt haben. Die Navigation in der Miniaturvorschau der einzelnen Person entspricht dann im Grunde derselben, wie Sie diese schon vom MEDIEN-Modus her kennen.

Mehr Bilder einer Person suchen
Wollen Sie nach weiteren Bildern der ausgewählten Person im gesamten Katalog suchen, brauchen Sie nur die Schaltfläche NACH MEHR SUCHEN ❸ anzuklicken, und die Personenerkennung nimmt Ihre Arbeit wieder auf. Sie müssen lediglich in den sich öffnenden Dialogen zustimmen oder ablehnen, ob es sich um die entsprechende Person handelt.

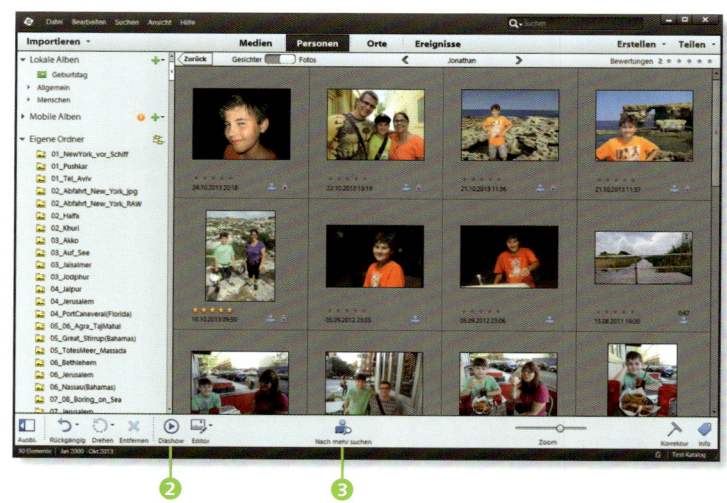

▲ **Abbildung 9.132**
Alle Fotos dieser Person werden angezeigt, in diesem Fall über den gesamten Katalog hinweg.

Sollten Sie Bilder vermissen, prüfen Sie Ihre Auswahl. Ist die Schaltfläche ALLE PERSONEN ❹ über dem PERSONEN-Browser zu sehen, sehen Sie nur eine Auswahl. Ein Klick auf ALLE PERSONEN erweitert dann die Suche.

▲ **Abbildung 9.133**
Ein Doppelklick auf einen Personenstapel zeigt die Bilder mit dieser Person an.

▲ **Abbildung 9.134**
Doppelklicken Sie auf den Personenstapel, werden nur die Bilder angezeigt, welche von der Person im ausgewählten Ordner ❺ enthalten sind.

Wenn Sie eine Person zur Anzeige ausgewählt haben, finden Sie oberhalb des PERSONEN-Browsers noch einen Schalter ❻, mit dem Sie die Miniaturansicht zwischen GESICHTER und FOTOS hin- und herschalten können. Mit der Einstellung GESICHTER wird nur das Gesicht in der Miniaturvorschau angezeigt. Die kompletten Bilder können Sie wieder sehen, wenn Sie auf FOTO umschalten.

Rechts daneben finden Sie an den beiden Enden des Namens jeweils einen Pfeil nach rechts bzw. links ❼, mit dessen Hilfe Sie zur vorherigen oder nächsten Person wechseln können.

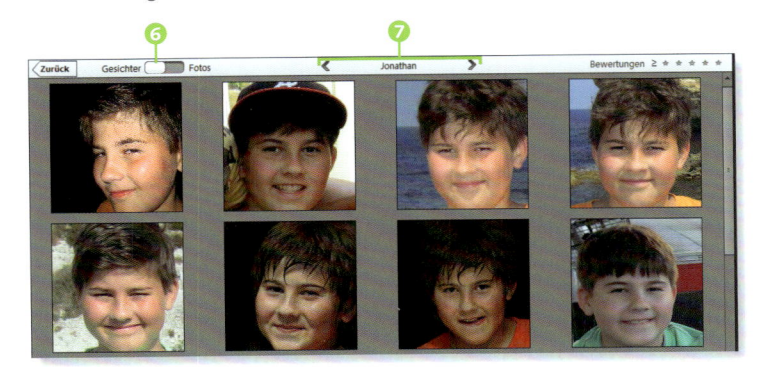

◀ **Abbildung 9.135**
Hier wurde die Miniaturvorschau auf GESICHTER gestellt.

Personen umbenennen oder entfernen | Wollen Sie eine Person umbenennen oder entfernen, brauchen Sie diese nur auszuwählen (zu erkennen an einem blauen Rahmen um den Stapel). Jetzt finden Sie unterhalb der PERSONEN-Vorschau eine Schaltfläche ❶ (siehe Abbildung 9.136), um diese Person umzubenennen. Daneben finden Sie auch gleich eine Schaltfläche ❷, um diese Person

Abbildung 9.136 ▶
Eine Person umbenennen oder entfernen

Einer Person ein Profilbild zuweisen

Wollen Sie einer Person ein neues Profilbild auf dem Stapel zuweisen, fahren Sie mit dem Mauscursor über den Stapel der Person. Sie werden feststellen, dass sich das Profilbild bei Bewegung des Mauscursors ändert. Haben Sie ein Bild gefunden, welches jetzt als neues Profilbild ganz oben auf dem Stapel gelegt werden soll, halten Sie den Mauscursor ruhig, und drücken Sie die rechte Maustaste. Im sich öffnenden Kontextmenü wählen Sie jetzt ALS PROFILBILD ZUWEISEN ❸ aus.

komplett zu entfernen. Dieselben Befehle erreichen Sie auch mit einem rechten Mausklick auf der Person über ein Kontextmenü.

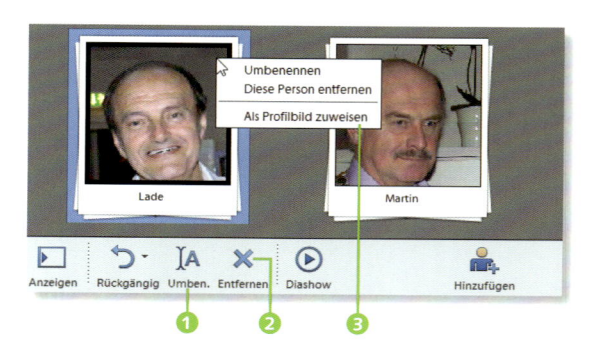

Personen in Gruppen aufteilen | Mit der Zeit kommen immer mehr Personenstapel dazu, und auch hier kann es dann schnell unübersichtlich werden. Um hier die Übersicht zu behalten, können Sie die Personen in Gruppen zusammenfassen. Für die Gruppenansicht müssen Sie den Schalter ❹ im PERSONEN-Browser von PERSONEN auf GRUPPE stellen. Das Bedienfeld GRUPPEN kann jetzt über die gleichnamige Schaltfläche ganz rechts unten ❼ jederzeit aus- und eingeblendet werden.

Standardmäßig wird hier zwischen FAMILIE, FREUNDE und KOLLEGEN unterschieden ❻. Es lassen sich aber über das grüne Plussymbol ❺ noch weitere Gruppen hinzufügen.

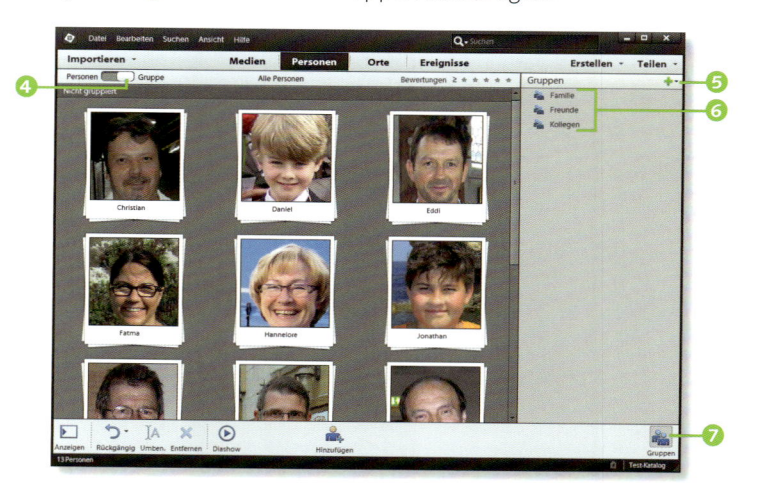

▲ **Abbildung 9.137**
Zur besseren Übersicht lassen sich auch die einzelnen Personenstapel in Gruppen aufteilen.

Die Verwaltung von Gruppen entspricht im Grunde schon der Verwaltung von Alben. Um einzelne Personenstapel einer bestimmten Gruppe hinzuzufügen, brauchen Sie diesen Stapel nur zu markieren (Personenstapel wird mit blauem Rahmen markiert) und mit gedrückt gehaltener linker Maustaste auf die gewünschte Gruppe zu ziehen und dort fallen zu lassen.

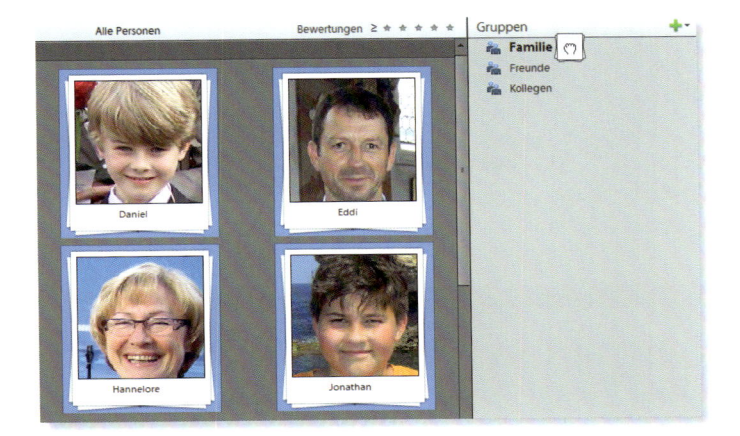

◀ **Abbildung 9.138**
Hier wurden vier Personenstapel markiert und per Drag & Drop auf die Gruppe FAMILIE gezogen.

Natürlich funktioniert dies auch umgekehrt, indem Sie das Textlabel FAMILIE, FREUNDE oder KOLLEGEN mit gedrückt gehaltener linker Maustaste auf eine Person ziehen und dort fallen lassen.

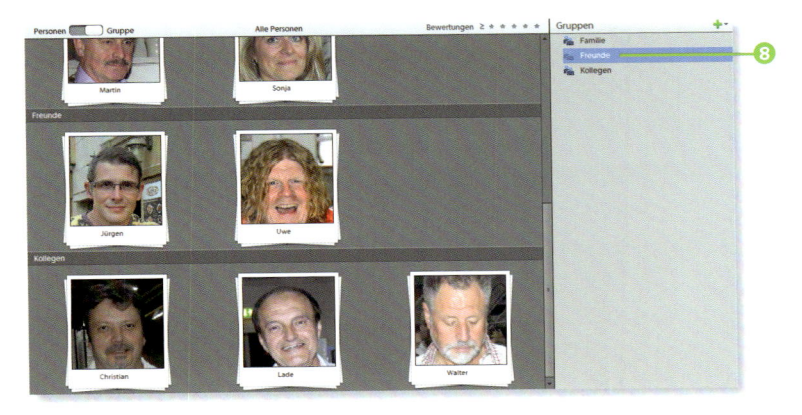

▲ **Abbildung 9.139**
Sind die Personenstapel gruppiert, wirkt das Ganze schon wieder etwas übersichtlicher. Die einzelnen Gruppen können jetzt auch durch Anklicken der Gruppe ❽ direkt angesprungen werden.

Neue Personen-Gruppe erstellen | Über das grüne Plussymbol rechts oben können Sie jederzeit neue Gruppen oder Untergruppen hinzufügen oder vorhandene Gruppen umbenennen oder löschen. Im Beispiel habe ich der Gruppe FAMILIE die Untergruppen GESCHWISTER und ONKEL UND TANTE hinzugefügt, um diese von den noch auf der Erde lebenden Familienmitgliedern zu trennen.

▲ **Abbildung 9.140**
Über das grüne Plussymbol können Sie neue Gruppen erstellen oder vorhandene Gruppen umbenennen oder löschen.

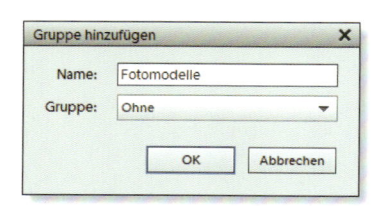

▲ **Abbildung 9.141**
Der Dialog, um eine neue (Unter-)Gruppe zu erstellen. Der NAME ist der Name der Gruppe und, falls es eine Untergruppe sein soll, wählen Sie eine vorhandene unter GRUPPE aus.

▲ **Abbildung 9.142**
Um einen Personenstapel aus der Gruppe zu entfernen, brauchen Sie lediglich mit der rechten Maustaste zu klicken und im Kontextmenü den Befehl ZU UNGRUPPIERTEN VERSCHIEBEN 1 auszuwählen.

Abbildung 9.143 ▶
Die FRAUEN wurden als Untergruppe von FOTOMODELLE erstellt.

◀ **Abbildung 9.144**
PERSONEN-TAGS sind im Grunde wie Stichwort-Tags und werden automatisch hinzugefügt, wenn einzelne oder mehrere Personen im Medienbrowser oder im PERSONEN-Modus benannt wurden.

9.8.4 Personen-Tags

Die Gesichter benennen und über den Modus PERSONEN auf einzelnen Personen zugreifen, konnte man ja bereits mit der der Vorgängerversion. Neu mit der Version 12 von Photoshop Elements sind jetzt die Personen-Tags hinzugekommen. Im Grunde sind solche Personen-Tags nichts anderes als Stichwort-Tags und können somit ebenfalls im Bild gespeichert und ex- bzw. wieder importiert werden. Das Importieren funktioniert allerdings bei Personen dann nur als »normales« Stichwort-Tag.

Das Tolle an den Personen-Tags ist auch, dass diese automatisch hinzugefügt werden, wenn Sie Personen wie in Abschnitt 9.8.1, »Personen über Medienbrowser benennen«, oder 9.8.2, »Mehrere Personen auf einmal hinzufügen«, hinzugefügt haben.

Personen-Tags verwenden | Für die Personen-Tags muss die Schaltfläche TAGS/INFO 4 aktiviert sein. Unter TAGS 2 können

Sie dann die Leiste PERSONEN-TAGS ❸ durch Anklicken aus- und wieder einklappen.

Personen-Tags können Sie wie Stichwort-Tags verwenden. Dabei können Sie jederzeit ein Personen-Tag auf ein Bild (oder mehrere Bilder, wenn markiert) ziehen, wenn die entsprechende Person dort zu sehen ist. Oder aber Sie können auch ein oder mehrere Bilder auf ein bestimmtes Personen-Tag ziehen. Auch die Suche funktioniert ähnlich komfortabel wie in Abschnitt 9.5.1, »Nach Stichwort-Tags suchen«, beschrieben wurde, im Grunde ähnlich, wie Sie es schon in Abschnitt 9.5, »Stichwort-Tags und Smart-Tags«, gelesen haben. Daher können wir uns eine Wiederholung hier sparen.

Personen-Tags bzw. Gruppen nachträglich bearbeiten | Über PERSONEN-TAGS im Reiter TAGS können Sie auch jederzeit eine neue Person oder Gruppe anlegen, indem Sie auf das kleine Dropdown-Menü ❺ neben dem grünen Plussymbol klicken. Die Befehle BEARBEITEN und LÖSCHEN beziehen sich dann auf die Person bzw. Gruppe, die blau markiert ist. Klicken Sie direkt auf das grüne Plussymbol, wird ein Dialog geöffnet, mit dem Sie eine neue Person anlegen können.

Sie können aber auch direkt auf eine Person oder Gruppe mit der rechten Maustaste klicken ❻, wodurch Sie im Kontextmenü die Person bzw. Gruppe in einem sich öffnenden Dialog bearbeiten (oder ohne Dialog löschen) können.

9.9 Orte erstellen und verwalten

Wie es sich für eine moderne Bildverwaltung gehört, kann der Organizer jetzt auch Orte anhand von GPS-Daten verwalten. Wenn Ihre Kamera mit einem GPS-Modul ausgestattet ist, werden diese GPS-Daten in den Metadaten des Bildes gespeichert, und der Organizer zeigt Ihnen dann auf der Landkarte an, wo Sie das Bild aufgenommen haben. Aber auch wenn Ihre Kamera kein GPS hat, so ist dies auch nicht weiter schlimm, denn Sie können Ihren Medien ohne großen Aufwand neue Ortsinformationen hinzufügen.

Online-Verbindung nötig | An dieser Stelle muss noch angemerkt werden, dass Sie für die Verwaltung der Orte gerade für die Kartenansicht eine Internetverbindung benötigen, weil die Software hierfür auf Google-Maps (*https://maps.google.de*) zurückgreifen muss.

Personen-Tag = Gesichtserkennung
Wenn Sie einer Person ein Tag manuell zuweisen, indem Sie ein Personen-Tag per Drag & Drop auf das Bild fallen lassen, haben Sie das Bild nur mit der Person gekennzeichnet. Für die Suche (was ja auch der Hauptsinn von Tags ist) reicht das aus. Es wird aber nicht die Gesichtserkennung (mit dem weißen Rahmen) hinzugefügt. Wenn Sie diese benötigen, dann können Sie dies nachträglich machen, wie in den Abschnitten 9.8.1 oder 9.8.2 beschrieben.

▲ **Abbildung 9.145**
Neue Personen bzw. Gruppen anlegen, bearbeiten oder löschen

▲ **Abbildung 9.146**
Einzelne Personen oder Gruppen bearbeiten bzw. löschen

GPS
GPS (kurz für *Global Position System*) ist ein globales Navigationssystem zur Standortbestimmung und Zeitmessung, was ursprünglich zu Militärzwecken gedacht war. Neuere Kameras im höheren Preissegment haben häufig schon eine GPS-Funktion integriert. Aber auch bei älteren Kameras lässt sich hierfür ein Foto-GPS nachrüsten (wird meistens auf den Blitzschuh gesetzt).

Abbildung 9.147 ▶
Eine Online-Verbindung wird benötigt.

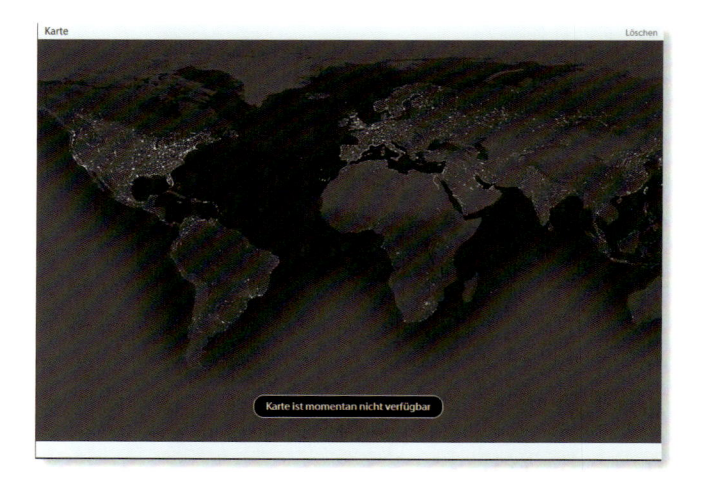

Smartphone mit GPS
Vielleicht sind Sie überrascht, dass Sie Medien mit GPS-Daten dort finden, obwohl Sie eigentlich gar keine Kamera mit GPS-Modul haben. Vermutlich handelt es sich dabei um Bilder, die Sie von Ihrem Smartphone importiert haben. Viele Smartphones (beispielsweise iPhone) bieten nämlich eine Option an, aufgenommene Bilder mit GPS-Daten zu sichern.

Abbildung 9.148 ▼
Bilder mit vorhandenen GPS-Daten beim ersten Start im Modus ORTE

9.9.1 Der Orte-Modus

Wenn Sie jetzt zum ersten Mal zum Modus ORTE ❶ wechseln, hängt das, was Sie sehen, davon ab, ob Sie eine Kamera mit GPS-Funktionen haben und diese GPS-Daten mit Ihren Bildern gesichert wurden. Sind bereits Bilder mit GPS-Daten vorhanden, werden entsprechende Bilder (mit GPS-Daten) in der Vorschau ❸ angezeigt, und auf der Karte finden Sie dort rote Schildchen ❷ (von Adobe auch »Pins« genannt), wo diese Bilder aufgenommen wurden. Die Nummer auf einem solchen roten Schildchen gibt an, um wie viele Bilder von diesem Ort es sich hierbei handelt. Die Anzahl der Elemente mit GPS-Daten und der Datumsbereich der Aufnahmen wird hier links unten in der Statusleiste ❹ angezeigt. Damit die Weltkarte angezeigt wird, muss auch die Schaltfläche KARTE ❺ aktiviert sein.

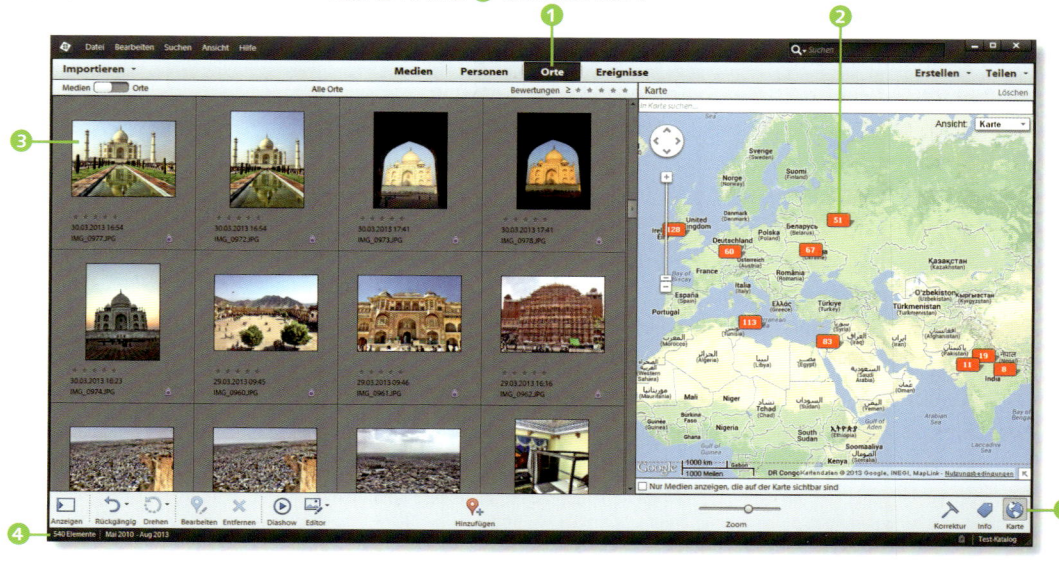

Sind hingegen noch keine Medien auf der Karte platziert, ist die Vorschau leer, und auf der Landkarte sind auch keine Pins zu sehen.

Medien-Ansicht und Fotostapel mit Orten | Über den Schalter links oben 6 kann neben der Medien-Ansicht, über die alle Bilder mit GPS-Informationen in der Vorschau des Medienbrowsers angezeigt werden, die Ansicht zu nach Orten sortierten Fotostapeln gewechselt werden. Dann liegen die Bilder in einem Stapel 7 entsprechend der Anzahl und der Orte (wie bei den Pins) vor.

Der Orte-Stapel ist neu mit Photshop Elements 12 hinzugekommen.

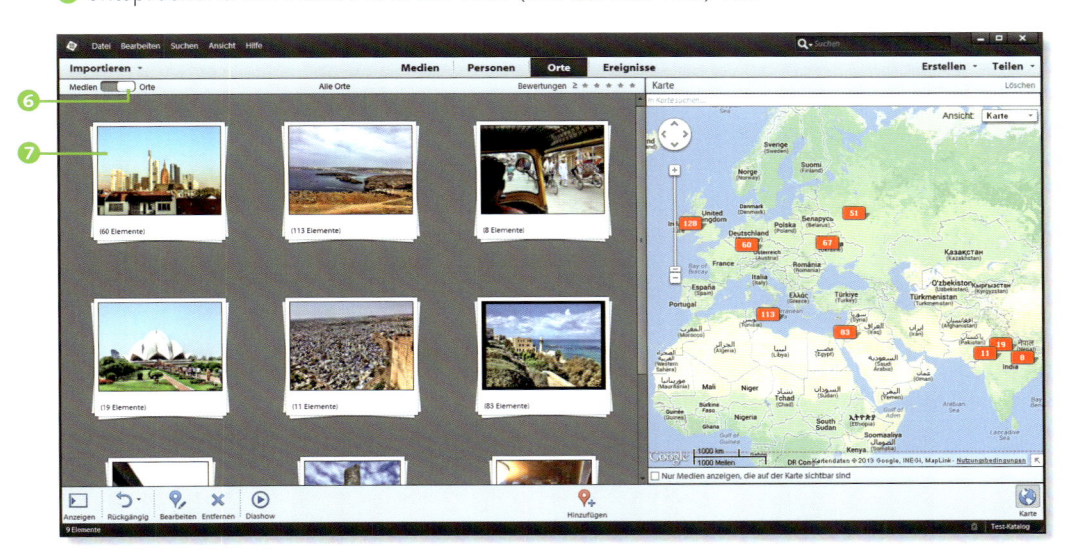

▲ Abbildung 9.149
Über den Schalter links oben 6 kann zwischen der Medien-Ansicht und den Fotostapeln für Orte hin- und hergeschaltet werden.

9.9.2 Steuerung der Landkarte

Bevor Sie erfahren, wie Sie Ihre Bilder mit dem Modus Orte verwalten können, möchte ich Ihnen kurz erklären, wie Sie die Landkarte in der Ansicht Karte 1 (siehe Abbildung 9.150) verwenden können. Wer im Umgang mit Google Maps bereits vertraut ist, der kann diesen Abschnitt überspringen.

Die Position der Landkarte können Sie verschieben, indem Sie auf der Landkarte die Maustaste gedrückt halten und per Ziehen die Landkarte verschieben. Alternativ können Sie auch die Navigationspfeile links oben 3 verwenden. Die Pfeiltasten der Tastatur funktionieren hier leider nicht. Näher hineinzoomen in die Landkarte können Sie entweder mit einem Doppelklick an der entsprechenden Position auf der Landkarte, oder Sie verwenden auch hier den Zoomregler auf der linken oberen Seite. Klicken Sie auf das Minussymbol 6, wird eine Einheit heraus und mit dem Plussymbol 4 eine Einheit in das Bild hineingezoomt. Sie können aber auch den Regler 5 zwischen dem Plus- und Minussymbol

Kapitel 9   Fotos organisieren und verwalten

mit gedrückt gehaltener linker Maustaste zum Ein- und Auszoomen verwenden.

Abbildung 9.150 ▶
Navigieren auf der Landkarte von Google Maps

▲ Abbildung 9.151
Genauer geht es mit Adresseingabe, …

Natürlich können Sie auch eine Adresse genauer auswählen. Geben Sie hierzu im Textfeld ❷ die gewünschte Adresse ein, und Sie erhalten einen oder mehrere Vorschläge unterbreitet, aus denen Sie auswählen können. Wählen Sie die Adresse aus, wird relativ nahe dort gezoomt.

▲ Abbildung 9.152
… welche dann auch unmittelbar auf der Landkarte angezeigt wird.

Abbildung 9.153 ▶
Die Hybrid-Ansicht in der 45°-Perspektive

256

9.9 Orte erstellen und verwalten

Rechts oben über die Dropdown-Liste ❼ können Sie die Ansicht der KARTE ändern. Neben der üblichen Karte finden Sie hier noch HYBRID, womit Satellitenaufnahmen mit den Kartenaufnahmen (also Dinge wie Straßennamen usw.) vermischt werden. Ab einer gewissen Zoomstufe ist in bestimmten Regionen auch eine 45°-Perspektive ❽ möglich. Daneben finden Sie noch die Optionen HELL und DUNKEL in der Ansicht.

▲ **Abbildung 9.154**
Der Winkel der 45°-Perspektive lässt sich hier abermals in 45° Grad-Schritten drehen.

9.9.3 Neue Orte hinzufügen

Auch wenn Sie eine neuere Kamera haben, welche bereits GPS-Daten in den Bildern speichert, haben Sie sicherlich auch noch unzählige Bilder auf Ihrer Festplatte, die noch ohne GPS-Daten verweilen.

Schritt für Schritt: Einem Bild Ortsinformationen hinzufügen

In dieser Schritt-für-Schritt-Anleitung will ich Ihnen zeigen, wie Sie Ihren Bildern selbst Ortsinformationen hinzufügen können.

1 Medien auswählen

Zunächst sollten Sie die Medien auswählen, welche Sie mit Ortsinformationen ausstatten wollen. Zwar können Sie auch den kompletten Katalog hernehmen, aber je nach Umfang kann das sehr aufwendig und umständlich werden. Wer hier seine Bilder in Alben oder sogar ortspezifischen Ordnern verwaltet hat, der ist jetzt ganz klar im Vorteil.

Tipp
Statt eines kompletten Albums, Ordners oder gar aller Medien können Sie auch nur einzelne Bilder im Medienbrowser mit gehaltener [Strg]/[cmd]-Taste auswählen, die Sie mit Ortsinformationen versehen wollen. Anschließend klicken Sie auch hier auf HINZUFÜGEN ⓫.

◀ **Abbildung 9.155**
Die Medien auswählen, die mit Ortsinformationen versehen werden sollen

Kapitel 9 Fotos organisieren und verwalten

Genauer Standort

Natürlich kann es sein, dass Sie sich nicht immer an die genaue Adresse oder den Namen der Sehenswürdigkeit erinnern. Im Beispiel hätte ich mich auch mit »Agra, Uttar Pradesh, Indien« zufriedengeben können. Wie genau Sie den Ort hier angeben wollen, bestimmen Sie ganz alleine. Der eine mag mit der Ortschaft schon zufrieden sein, der andere hingegen hätte es da schon gerne auf die Hausnummer genau.

In diesem Beispiel habe ich vorher ein Album erstellt (INDIEN) und ausgewählt ❾. Es ist hierbei nicht unbedingt nötig, in den ORTE-Modus zu wechseln. Klicken Sie jetzt unten auf die Schaltfläche HINZUFÜGEN (mit dem Stecknadelsymbol) ⓫, und bestätigen Sie den sich öffnenden Dialog mit JA ❿.

2 Orte hinzufügen

Jetzt öffnet sich ein neuer Dialog ORTE HINZUFÜGEN, in dem Sie alle ausgewählten Bilder im oberen Teil des Bildfensters vorfinden. Standardmäßig sind alle Bilder markiert (zu erkennen am blauen Rahmen). Dies ist dann sinnvoll, wenn alle Bilder einem Ort hinzugefügt werden sollen. In diesem Fall ist dies nicht gegeben. Hier wurden oben vier Bilder (mit gehaltener ⌜Strg⌝/⌜cmd⌝-Taste) markiert ❶, und in der Suche ❷ wurde nach »Indien, Taj Mahal« gesucht, wo die Aufnahmen gemacht wurden. Sie wurden auch gleich im aufgelisteten Vorschlag ❸ korrekt angezeigt.

Abbildung 9.156 ▶
Nach der Adresse für die markierten Fotos suchen

▲ **Abbildung 9.157**
Ort gegebenenfalls bestätigen

Wenn Sie die vorgeschlagene Adresse anklicken, erhalten Sie eine Abfrage ❹, ob alle markierten Medien hier platziert werden sollen, was Sie mit dem grünen Häkchen bestätigen oder mit dem roten Stoppschild ablehnen können.

Abbildung 9.158 ▶
Drei Medien wurden hier hinzugefügt, …

▼ **Abbildung 9.159**
… und auch die Miniaturvorschau im Dialog enthält jetzt ein Schildchen ❻ als Zeichen, dass für das Bild schon ein Ort vergeben wurde.

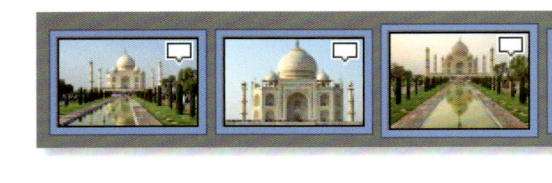

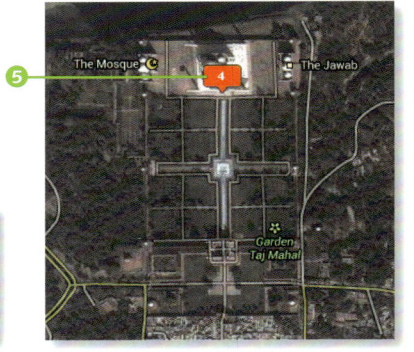

9.9 Orte erstellen und verwalten

Die so dem Ort hinzugefügten Medien werden jetzt mit einem Schildchen ❺ und der Anzahl der Bilder angezeigt. In der Miniaturvorschau des Dialogs ORTE HINZUFÜGEN erkennen Sie so hinzugefügte Medien künftig an einem kleinen Schildchensymbol ❻ rechts oben in der Miniaturvorschau.

3 Arbeitsschritt 2 wiederholen

Markieren Sie jetzt gegebenenfalls weitere Bilder in der Miniaturvorschau des Dialogs ORTE HINZUFÜGEN, und weisen Sie diesen ebenfalls die passenden Orte zu, wie dies im Arbeitsschritt 2 geschehen ist.

4 Ort per Drag & Drop zuweisen

Sie können Orte auch per Drag & Drop zuweisen. Hierzu müssen Sie die Medien markieren und mit gedrückt gehaltener linker Maustaste auf den gewünschten Ort ziehen ❼ und dort fallen lassen – natürlich unter der idealen Voraussetzung, dass Sie den Ort zuvor gesucht und gefunden haben und dass dieser auch in der Landkarte angezeigt wird.

Zum Weiterlesen

Die Arbeit im Modus ORTE wird noch etwas ausführlicher im Abschnitt »Bilder schnell finden über den Orte-Modus« auf Seite 264 beschrieben.

▲ Abbildung 9.160
Ausgewählte Medien, die per Drag & Drop auf einen Ort gezogen und dort fallen gelassen werden, ...

▲ Abbildung 9.161
... müssen natürlich auch hier noch vorher bestätigt werden. Die Bilder wurden auf der anderen Seite vom Taj Mahal aufgenommen, und hierbei wusste ich wirklich nicht, was ich da angeben sollte.

5 Orte betrachten

Klicken Sie auf die Schaltfläche FERTIG, wenn Sie alle Medien mit Orten versehen haben. Um die hinzugefügten Orte und deren Medien zu betrachten, schalten Sie gegebenenfalls in den Modus ORTE um, und wählen Sie dort das Album oder den Ordner aus, in dem Sie eben die Medien mit GPS-Informationen versehen haben.

Auf der rechten Seite finden Sie jetzt die Stecknadeln mit den Orten und daneben die passenden Medien in der Miniaturvorschau dazu.

Abbildung 9.162 ▶
Die neu hinzugefügten Orte und deren Medien

Bilder bereits vorhandenen Orten hinzufügen | Haben Sie noch weitere Medien für einen bereits vorhandenen Ort gefunden, brauchen sie lediglich das Album oder den Ordner auszuwählen und erneut auf die Schaltfläche HINZUFÜGEN (mit der roten Stecknadel) zu klicken. Markieren Sie jetzt die gewünschten Bilder in der Miniaturvorschau.

Damit Sie bereits vorhandene Orte sehen können, müssen Sie die Option VORHANDENE PINS AUF KARTE ANZEIGEN ❸ aktivieren. Navigieren Sie jetzt zum gewünschten vorhandenen Ort, ziehen Sie mit gedrückt gehaltener linker Maustaste die Bilder aus der Miniaturvorschau auf das bereits vorhandene Schildchen ❷, und lassen Sie die Bilder dort fallen, wodurch die neuen Bilder dem vorhandenen Ort hinzugefügt werden.

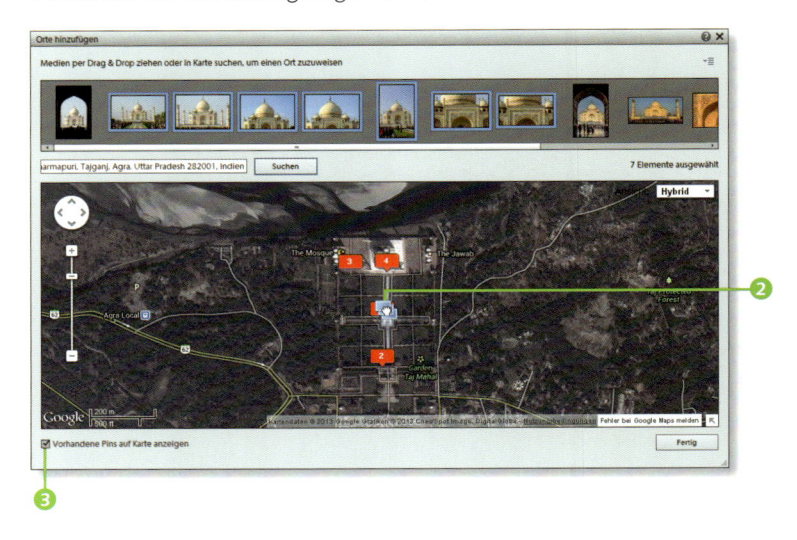

Alle Bilder markieren

Wollen Sie alle Bilder in der Miniaturvorschau markieren, können Sie das Kürzel Strg/cmd+A nutzen oder über das kleine Dropdown-Menü rechts oben ❶ ALLE AUSWÄHLEN wählen.

▲ **Abbildung 9.163**
Schnell alle Bilder auswählen

Abbildung 9.164 ▶
Bilder können durch Setzen des entsprechenden Häkchens ❸ einem bereits vorhandenen Ort mit Stecknadel per Drag & Drop hinzugefügt werden.

9.9.4 Orte nachträglich bearbeiten

Nicht immer stimmt die GPS-Information, welche die Kamera im Bild speichert, 100 %ig, oder nicht immer hat man die Zeit, Hunderten von Bildern einen genauen Ort zuzuweisen. Viele werden wohl unzählige Bilder auf dem Rechner haben und vielleicht die Bilder vom Urlaub in Rom einfach komplett nur auf Rom in der Landkarte gelegt haben. Das ist auch meine persönliche Vorgehensweise bei vielen älteren Bildern, bei denen ich zunächst einfach keine Lust habe, für jedes Bild den korrekten Standort anzugeben. In dem folgenden Workshop soll Ihnen gezeigt werden, wie einfach es ist, nachträglich die Ortsinformationen der Bilder zu bearbeiten.

Schritt für Schritt: Ortsinformationen nachträglich bearbeiten

In diesem Beispiel wurden mal schnell 77 Bilder von einem Urlaub in Los Angeles mit den Ortsdaten dieser Stadt versehen. Gehe ich mit dem Mauszeiger auf die blaue Stecknadel unter der Miniatur, dann erhalte ich die genauen Ortsinformationen, welche das Bild enthält. Nun, L.A. ist groß, und in diesem Bild handelte es sich um einen Familienausflug zu den Universal Studios in L.A.

1 Bilder auswählen

Markieren Sie jetzt entweder die Bilder in der Miniaturvorschau ❼ (beispielsweise mit gehaltener [Strg]/[cmd]-Taste) oder, falls Sie alle Bilder nachträglich bearbeiten wollen, klicken Sie die Stecknadel ❺ auf der Landkarte an. In diesem Beispiel habe ich fünf Bilder ausgewählt (erkenntlich am blauen Rahmen). Haben Sie die Bilder ausgewählt, klicken Sie auf die Schaltfläche BEARBEITEN ❻ unterhalb der Bildervorschau.

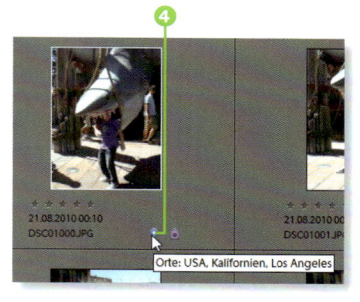

▲ **Abbildung 9.165**
Die blaue Stecknadel ❹ unter dem Bild zeigt Ihnen die Ortsinformationen an, wenn Sie mit dem Mauszeiger darübergehen.

◄ **Abbildung 9.166**
Ausgewählte Bilder für die nachträgliche Änderung der Ortsinformationen

Kapitel 9 Fotos organisieren und verwalten

Unterschiedliche Orte zuweisen
Natürlich können Sie, wenn Sie mehrere Bilder unterschiedlicher Orte ausgewählt haben, diesen Schritt mehrfach mit immer wieder anders selektierten Bildern ❶ durchführen.

2 Neuen Ort auswählen und zuweisen

Den folgenden Vorgang kennen Sie im Grunde schon aus Arbeitsschritt 2, der Schritt-für-Schritt-Anleitung »Einem Bild Ortsinformationen hinzufügen« von Seite 257. Hier vergeben Sie jetzt für die ausgewählten Bilder eine neue Adresse, welche Sie in die Suche ❶ eingeben und aus den vorgeschlagenen Adressen auswählen können. Natürlich müssen Sie auch hier zuvor noch die Adresse bestätigen. Mit FERTIG ❷ beenden Sie den Dialog.

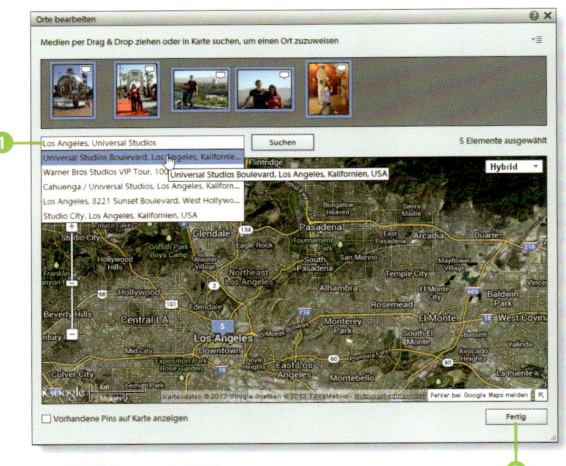

▲ **Abbildung 9.167**
Neue Adresse für die ausgewählten Bilder zuweisen

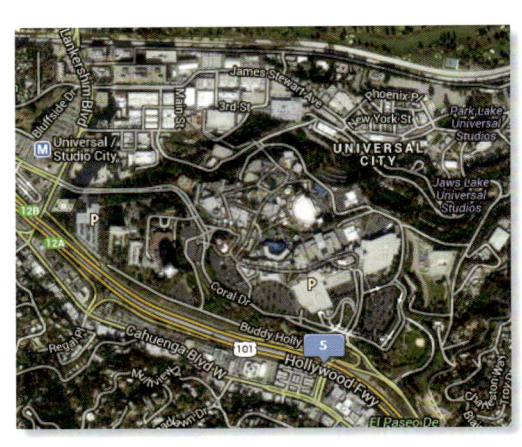

▲ **Abbildung 9.168**
Fertig ist die neue Zuweisung von Ortinformationen für die Bilder.

3 Ergebnis überprüfen

Gehen Sie jetzt erneut mit dem Mauscursor über die blaue Stecknadel ❸ der Miniaturvorschau, sollte der Ort für diese Bilder jetzt schon etwas genauer sein. Auch auf der Landkarte sollten Sie nun eine neue Stecknadel ❹ mit der Anzahl der Bilder vorfinden, denen Sie eben einen neuen Ort zugewiesen haben.

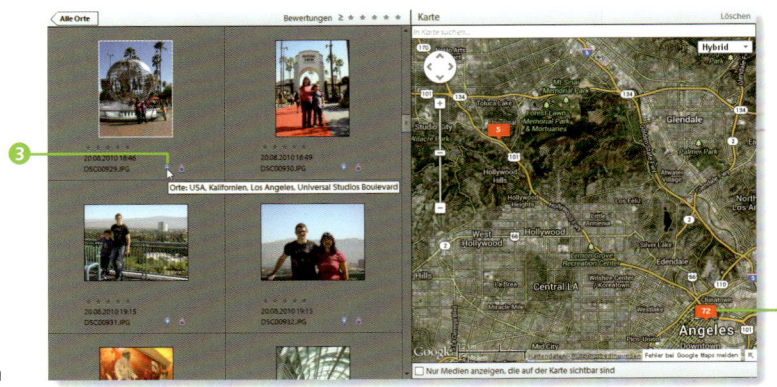

Abbildung 9.169 ▶
Nochmals schnell alles überprüfen

9.9.5 Ortsinformationen entfernen

Wollen Sie Ortsinformationen entfernen, können Sie dies entweder im Orte-Modus ❺ machen, indem Sie das Bild (oder die Medien) auswählen und unten die Schaltfläche Entfernen ❻ betätigen.

◀ **Abbildung 9.170**
Ortsinformationen verwerfen

Alternativ lassen sich die einzelnen Ortsinformationen auch jederzeit löschen, wenn Sie mit der rechten Maustaste auf das Stecknadelsymbol ❼ klicken und entsprechende Information(en) entfernen. Selbiges funktioniert auch über Bild-Tags ❽, wenn Sie eine Stecknadel mit rechter Maustaste anklicken.

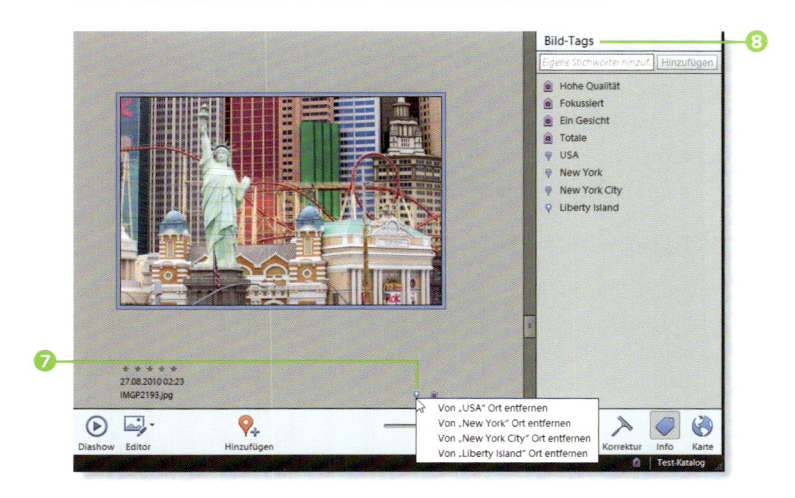

◀ **Abbildung 9.171**
Löschen einzelner Ortsinformationen

Alternativ können Sie einen Ort auch schnell entfernen, wenn Sie die Ansicht des Orte-Medienbrowsers von einzelnen Medien auf Orte über den Schalter links oben ❶ (siehe Abbildung 9.172) gestellt haben. Mit einem rechten Mausklick auf dem Stapel können Sie über das Kontextmenü ❷ den Ort mit entsprechendem Befehl entfernen. Ganz unten finden Sie auch noch eine Schaltfläche ❸ zum Entfernen des markierten Fotostapels mit dem Ort.

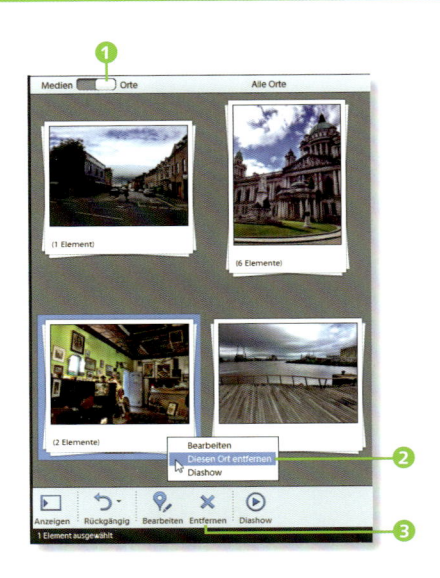

Kapitel 9   Fotos organisieren und verwalten

Abbildung 9.172 ▶
Verwenden Sie eine Fotostapel mit den Orten, können Sie den Ort ebenfalls sehr komfortabel über das Kontextmenü ❷ oder die Schaltfläche ❸ entfernen.

9.9.6   Bilder schnell finden über den Orte-Modus

Wenn Sie erst einmal fleißig die einzelnen Ortsangaben verteilt haben (oder Ihre Kamera bereits alle GPS-Daten hinterlegt hat), können Sie sich auf die Reise machen und die Orte visuell besuchen.

Sofern kein Album oder keine Ordner ausgewählt wurden, und Sie zum ORTE-Modus wechseln, sollten Sie in der Miniaturvorschau einen Überblick über alle Bilder mit Ortsinformationen vorfinden. Auf der rechten Seite finden Sie die Landkarte mit den entsprechenden Stecknadeln der einzelnen Orte und der Anzahl der Bilder wieder. Wollen Sie nicht alle einzelnen Medien in der Vorschau sehen, sondern nur einen Fotostapel zu den jeweiligen Orten, können Sie den Schalter links oben ❶ auf ORTE wechseln.

Alle vorhandenen Orte
Dass alle Orte eingeblendet werden, können Sie daran erkennen, dass über der Miniaturvorschau ALLE ORTE ❺ steht.

Detailliertere Landkarte
Viele Orte werden häufig erst angezeigt, wenn Sie tiefer in die Landkarte hineinzoomen.

Abbildung 9.173 ▶
Alle Medien mit Ortsinformationen sind eingeblendet.

Haben Sie hingegen ein Album oder einen Ordner ausgewählt, so wird der Name des Albums oder Ordners links oben ❹ eingeblendet oder, falls Sie die linke Bedienfeldleiste eingeblendet haben, ist das ausgewählte Album oder der ausgewählte Ordner dort markiert. Entsprechend werden dann natürlich in der Miniaturvorschau nur die Bilder angezeigt, welche im Album oder Ordner enthalten sind. Ebenso sieht es mit der Landkarte aus, wo nur der Bereich mit Stecknadeln angezeigt wird, auf den sich die Ortsinformationen des ausgewählten Albums oder Ordners beziehen.

Zurück zu »Alle Orte«

Wollen Sie wieder zu den Medien mit allen Ortsinformationen zurückwechseln, brauchen Sie nur auf die Schaltfläche ALLE ORTE ❺ zu klicken. Zu ALLE ORTE wechseln müssen Sie auch, wenn Sie auf die Ansicht der Fotostapel der Orte umstellen wollen. Der Schalter ❶ ist nur dann zu sehen, wenn alle Orte zu sehen sind.

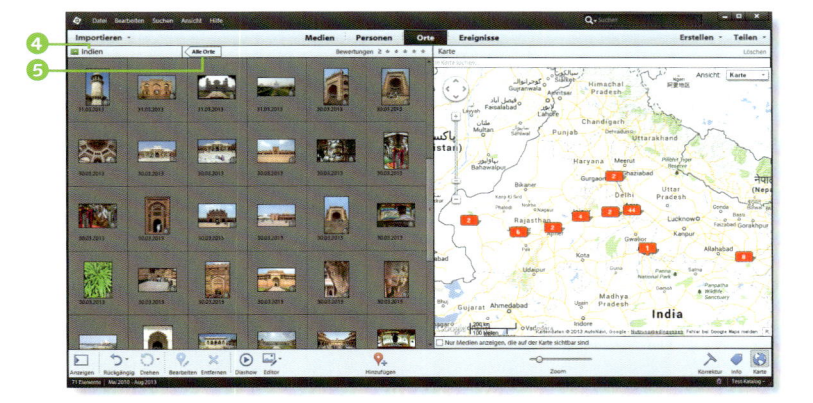

◀ **Abbildung 9.174**
Nur Bilder aus dem ausgewählten Album INDIEN werden jetzt als Miniatur angezeigt. Selbiges gilt natürlich auch für die Landkarte.

Orte auf der Landkarte auswählen | Wollen Sie einzelne Bilder von bestimmten Orten auswählen, brauchen Sie lediglich die entsprechende Stecknadel anzuklicken, und die Bilder sind in der Miniaturvorschau mit einem blauen Rahmen ausgewählt. Die Stecknadel hat dann ebenfalls eine blaue Farbe ❻. Wollen Sie außerdem, dass immer nur die Bilder in der Vorschau angezeigt werden, von denen auch die Stecknadeln auf der Landkarte sichtbar sind, brauchen Sie nur ein Häkchen vor NUR MEDIEN ANZEIGEN, DIE AUF DER KARTE SICHTBAR SIND ❼ zu setzen.

▲ **Abbildung 9.175**
Das Album INDIEN ist ausgewählt.

◀ **Abbildung 9.176**
Bilder einer Ortschaft, ausgewählt über die Landkarte

Ebenfalls sehr übersichtlich ist die Ansicht, wenn Sie über den Schalter links oben ❶ von MEDIEN auf ORTE stellen und die Option Nur Medien anzeigen, die auf der Karte sichtbar sind ❹ auswählen. Damit finden Sie die Bilder von den roten Pins ❸ auch mit derselben Anzahl als Stapel ❷ daneben wieder.

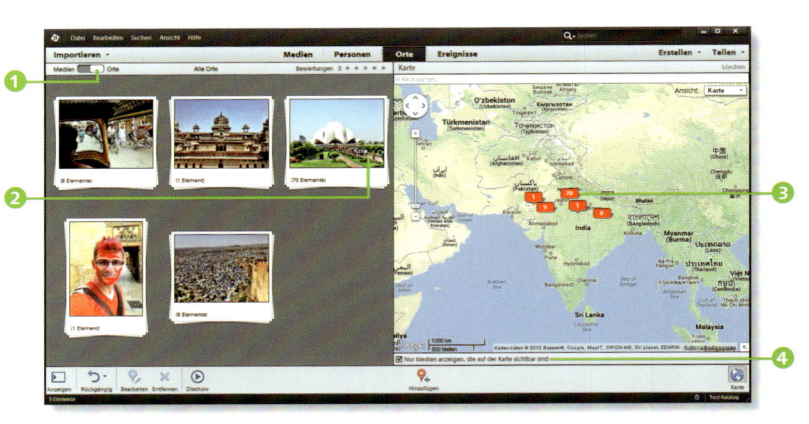

Abbildung 9.177 ▶
Auch die Fotostapel der Orte mit der Option Nur Medien anzeigen, die auf der Karte sichtbar sind ❹ ist sehr übersichtlich.

▲ **Abbildung 9.178**
Nur die Medien einer Ortschaft in der Vorschau anzeigen

Ort-Tags = GPS
Wenn Sie die Metadaten über den Befehl Datei • Metadaten in Datei speichern sichern, werden die Ort-Tags als gewöhnliche Stichwort-Tags in der Datei gespeichert. Keine Sorge, Ihr aktuell verwendeter Katalog bleibt nach wie vor im vorhandenen Zustand. Nur im Fall eines Imports der Medien würden somit die Ortsnamen als Stichwort-Tags importiert. Allerdings, wenn die Ortsinformationen korrekt waren, werden gegebenenfalls auch die zugewiesenen GPS-Daten gesichert und können zumindest vom Organizer bei einem Import in einen anderen Katalog für das Auffinden auf der Landkarte wiederverwendet werden.

Wollen Sie außerdem, dass nur die Medien als Miniatur angezeigt werden, deren Stecknadel Sie angeklickt haben, so brauchen Sie lediglich einen Doppelklick auf dieser Stecknadel auszuführen, oder aber Sie wählen die Schaltfläche Medien anzeigen ❺, welche angezeigt wird, wenn Sie eine Stecknadel ausgewählt haben (und diese somit blau ist). Selbiges erreichen Sie auch, wenn Sie einen Doppelklick auf den Fotostapel ❷ mit den Orten machen, wenn Sie diese Ansicht statt die der einzelnen Medien verwenden.

▲ **Abbildung 9.179**
Je tiefer Sie in die Landkarte hineinzoomen, ...

▲ **Abbildung 9.180**
... desto detaillierter werden die Ortsangaben.

9.9.7 Orte-Tags

Wenn Sie Ihre Bilder fleißig mit Ortsinformationen versehen haben, finden Sie all diese Informationen bei den Tags unter Ort-Tags ❼ wieder vor, meistens in einer typischen Form wie Land, Bundesstaat, Stadt, Straße/Gebäude. Bei diesen Ort-Tags handelt es sich im Grunde auch um Stichwort-Tags, welche Sie jederzeit in

Die Orte wurde in der Version 12 von Photoshop Elements neu als Tags integriert.

9.9 Orte erstellen und verwalten

die Metadaten über Datei • Alle Metadaten in Datei speichern sichern können. Solche Metadaten können von anderen Bildverwaltungsprogrammen beim Importieren der Medien wieder gelesen und verwendet werden.

Ort-Tags verwenden | Für die Ort-Tags muss die Schaltfläche Tags/Info ❽ aktiviert sein. Unter Tags ❻ können Sie dann die Leiste Ort-Tags ❼ durch Anklicken aus- und wieder einklappen.

Ort-Tags können Sie wie Stichwort-Tags verwenden. Dabei können Sie jederzeit ein Ort-Tag auf ein Bild (oder mehrere Bilder, wenn markiert) ziehen. Oder aber Sie können auch ein oder mehrere Bilder auf ein bestimmtes Ort-Tag ziehen. Auch die Suche funktioniert ähnlich komfortabel wie in Abschnitt 9.5.1, »Nach Stichwort-Tags suchen«, beschrieben wurde, im Grunde ähnlich, wie Sie es schon in Abschnitt 9.5, »Stichwort-Tags und Smart-Tags«, gelesen haben.

Ort-Tags nachträglich bearbeiten | Über Ort-Tags im Reiter Tags können Sie auch jederzeit einen neuen Ort anlegen, indem Sie auf das kleine Dropdown-Menü ❾ neben dem grünen Plussymbol klicken. Die Befehle Umbenennen und Löschen beziehen sich dann auf den Ort, der blau markiert ist (hier Agra). Klicken Sie direkt auf das grüne Plussymbol, wird ein Dialog mit Landkarte geöffnet, mit dem Sie einen neuen Ort anlegen können.

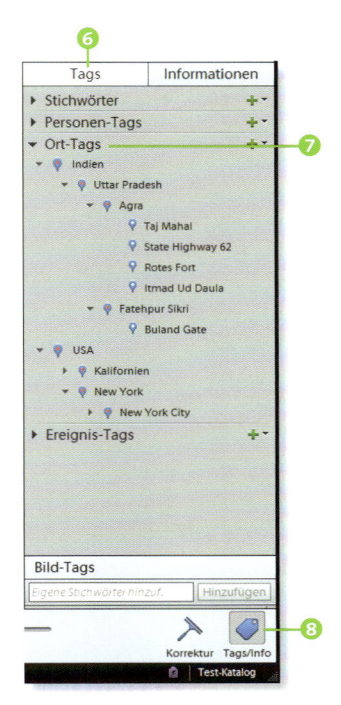

▲ **Abbildung 9.181**
Zuvor erstellte Orte finden Sie automatisch bei den Ort-Tags ❼ wieder.

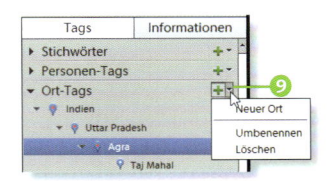

▲ **Abbildung 9.182**
Neuen Ort hinzufügen

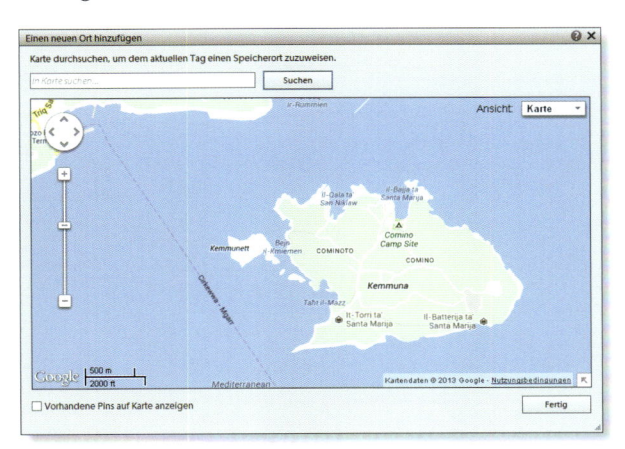

▲ **Abbildung 9.183**
Der Dialog hilft Ihnen beim Hinzufügen neuer Orte.

Sie können aber auch direkt auf einen Ort mit der rechten Maustaste klicken ❿, wodurch Sie im Kontextmenü den Ort nachträglich bearbeiten, umbenennen oder löschen können.

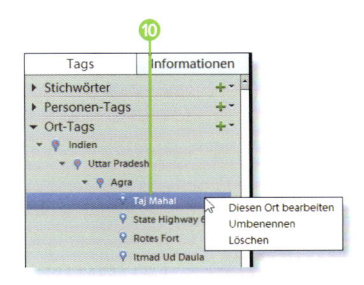

▲ **Abbildung 9.184**
Orte nachträglich bearbeiten, umbenennen oder löschen

267

Kapitel 9   Fotos organisieren und verwalten

9.10 Ereignisse erstellen und verwalten

Neben der Verwaltung nach Personen und Orten fehlt natürlich noch die Möglichkeit, die Bilder nach bestimmten Ereignissen wie Geburtstagen, Hochzeiten, Feiern, Sportereignissen usw. zu ordnen. Dank des Modus EREIGNISSE ist dies nun auch problemlos möglich.

Schritt für Schritt: Ein Ereignis erstellen

Zu einem gut sortierten Fotobestand zählt auch die Kategorisierung Ihrer Bilder nach Ereignissen. Dieser Workshop zeigt Ihnen, wie Sie mit dem EREIGNISSE-Modus des Organizers umgehen und Ereignisse anlegen.

1   Medien auswählen

Zunächst müssen Sie entscheiden, welche Medien alle dem Ereignis hinzugefügt werden sollen. Hier können Sie beispielsweise Medien eines bestimmten Albums oder Ordners verwenden, oder aber Sie picken sich die Bilder aus allen Medien heraus. Dazu müssen Sie nicht in den EREIGNISSE-Modus wechseln, sondern können nach wie vor im MEDIEN-Modus bleiben. Im Beispiel habe ich hier die Auswahl auf einen Ordner ❶ beschränkt. Klicken Sie jetzt auf die Schaltfläche HINZUFÜGEN ❷ mit dem Kalendersymbol.

Abbildung 9.185 ▼
Bilder für ein Ereignis auswählen

9.10 Ereignisse erstellen und verwalten

2   Ereignisbeschreibung

Auf der rechten Seite öffnet sich jetzt das Bedienfeld NEUES EREIGNIS HINZUFÜGEN, wo Sie jetzt NAME und VON- und BIS-Datum für das Ereignis eingeben können. Das Datum können Sie entsprechend anpassen, wenn Sie jeweils auf das kleine Kalendersymbol ❸ klicken. Am Ende können Sie dem Ereignis noch eine kurze BESCHREIBUNG hinzufügen.

3   Medien hinzufügen

Wählen Sie jetzt einzelne (oder alle mit [Strg]/[cmd]+[A] bzw. der Schaltfläche ALLE ❹) Medien aus der Bildervorschau aus, und ziehen Sie diese mit gedrückt gehaltener linker Maustaste in den grauen Bereich ❻, wo Sie diese fallen lassen. Alternativ können Sie auch einzelne Medien (mit gehaltener [Strg]/[cmd]-Taste) auswählen und mit der Schaltfläche DEM MEDIENBEREICH HINZUFÜGEN ❺ entsprechende Bilder hinzufügen.

Zuviel hinzugefügte Elemente können Sie markieren und über das Mülleimersymbol ❼ wieder löschen. Weitere Bilder können Sie jederzeit ebenfalls noch nachträglich hinzufügen, wenn Sie ein entsprechendes Album oder einen Ordner auswählen. Wenn Sie auf die Schaltfläche FERTIG ❽ klicken, wird ein neues Ereignis erzeugt.

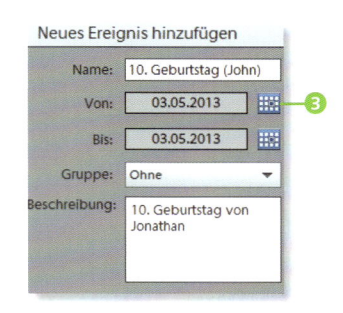

▲ Abbildung 9.186
Ereignis beschreiben

▲ Abbildung 9.188
Dem Ereignis Bilder hinzufügen

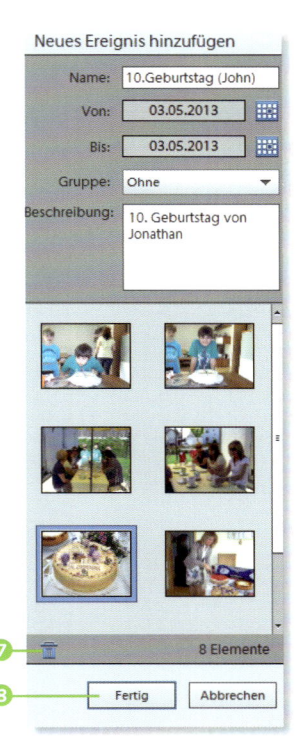

▲ Abbildung 9.187
Das Ereignis füllt sich.

4   Ergebnis betrachten

Wenn Sie das Ereignis erstellt haben, können Sie es künftig betrachten, sobald Sie den Modus auf EREIGNISSE umschalten. Dort finden Sie dann den oder die sogenannten Ereignisstapel.

Kapitel 9 Fotos organisieren und verwalten

Abbildung 9.189 ▶
Das hinzugefügte Ereignis im EREIGNISSE-Modus als Ereignisstapel

9.10.1 Ereignisse bearbeiten

Wenn Sie in den Modus EREIGNISSE ❶ wechseln, sollten Sie eine Vorschau mit allen Ereignissen bekommen, die Sie bisher erstellt haben.

Nachträglich bearbeiten können Sie einzelne Ereignisse, indem Sie diese markieren und entweder im Kontextmenü den Befehl BEARBEITEN ❸ auswählen oder die Schaltfläche BEARBEITEN ❺ anklicken.

Bearbeiten können Sie nachträglich den Namen, das Von- und Bis-Datum und die Beschreibung des Ereignisses. Die Beschreibung des Ereignisses wird in der Vorschau mit einem kleinen i-Symbol ❹ angezeigt und kann durch Anklicken des Symbols ausgewählt werden.

Ereignisse hinzufügen

Wollen Sie weitere Ereignisse hinzufügen, brauchen Sie nur die Schaltfläche HINZUFÜGEN ❽ anzuklicken. Was für Medien hinzugefügt werden können, hängt natürlich davon ab, ob im Augenblick ein Album, ein Ordner oder der komplette Katalog aktiv ist.

Ereignis entfernen | Entfernen können Sie ein Ereignis ebenfalls, indem Sie es mit der rechten Maustaste anklicken und per rechten Mausklick im Kontextmenü den entsprechenden Befehl auswählen oder die Schaltfläche ENTFERNEN ❻ verwenden.

Abbildung 9.190 ▶
Der EREIGNISSE-Modus mit den Ereignisstapeln

9.10 Ereignisse erstellen und verwalten

Den Befehl ALS DECKBLATT VERWENDEN im Kontextmenü können Sie verwenden, um ein Bild als Titelbild für das Ereignis zu verwenden. Hierbei müssen Sie lediglich den Mauscursor auf dem Ereignisstapel bewegen, um unterschiedliche Bilder auswählen zu können. Am Ende des Kontextmenüs und über die gleichnamige Schaltfläche ❼ im Bildfenster haben Sie wieder die Möglichkeit, das ausgewählte Ereignis als DIASHOW zu betrachten. Mit der Schaltfläche KALENDER ❾ rechts unten können Sie den Kalender ❷ in der Bedienleiste ein- und ausblenden.

Ereignisse betrachten | Um den Inhalt eines Ereignisses zu betrachten, reicht ein Doppelklick auf dem Ereignisstapel aus. Den Titel ⓫ des Ereignisses finden Sie immer über der Bildervorschau. Mit den beiden Pfeilen ❿ und ⓬ können Sie zu den Bildern vom vorherigen bzw. nächsten Ereignis wechseln. Mit MEDIEN HINZUFÜGEN ⓰ können Sie dem Ereignis weitere Medien über einen sich öffnenden Dialog hinzufügen. Mit der Schaltfläche ZURÜCK ⓲ werden wieder alle Ereignisse angezeigt.

Bild aus Ereignis entfernen
In der Detailansicht eines Ereignisses werden die Bilder mit einem kleinen Kalendersymbol ⓱ versehen. Wenn Sie mit dem Mauscursor darübergehen, können Sie erfahren, welchem Ereignis das Bild zugewiesen wurde. Diese Info erhalten Sie auch über die Schaltfläche INFO ⓯ im eingeblendeten Bereich BILD-TAGS ⓭. Mit einem rechten Mausklick auf ⓱ oder ⓮ können Sie das Bild aus diesem Ereignis entfernen.

Keine Ereignisse zu sehen
Finden Sie hier keine Vorschau, obwohl Sie alle Ereignisse hinzugefügt haben, dann haben Sie wohl einen Ordner oder ein Album ausgewählt, welcher oder welches kein Ereignis enthält. Gewöhnlich finden Sie dann die Schaltfläche ALLE EREIGNISSE über der Miniaturvorschau. Sobald Sie diese anklicken, sollten wieder alle vorhandenen Ereignisse angezeigt werden.

▲ **Abbildung 9.191**
Sind Ordner oder Alben ausgewählt, können Sie über diese Schaltfläche zu allen Ereignissen wechseln.

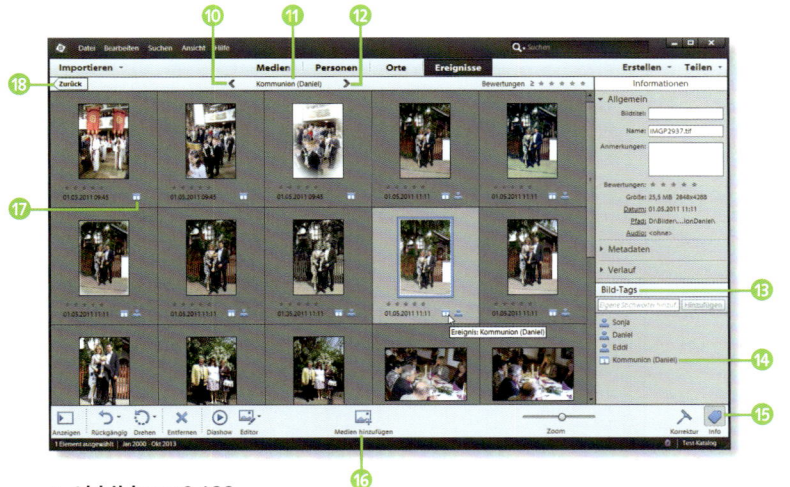

▲ **Abbildung 9.192**
Hier wird gerade der Inhalt des Ereignisses »Kommunion (Daniel)« betrachtet.

Ereignisse nach Kalender auswählen | Vorhandene Ereignisse können Sie auch mit dem Kalender im Bedienfeldmenü auf der rechten Seite auswählen. Hierzu brauchen Sie lediglich das Jahr ⓳ auszuwählen. Dann wird der Monatskalender angezeigt, wo die blau (und in Fettschrift) hinterlegten Monate ⓴ Ereignisse enthalten. Die einzelnen Tage mit Ereignissen haben dann einen blauen Rahmen ❷ (siehe Abbildung 9.194). Klicken Sie einen Tag an, dann werden alle Bilder von diesem Tag in der Miniaturvor-

▲ **Abbildung 9.193**
Ereignisse lassen sich auch nach Jahren, …

271

Abbildung 9.194
… Monaten und Tagen auswählen.

Abbildung 9.195
Zwischen EREIGNISSE und SMART-EREIGNISSE umschalten

Abbildung 9.196 ▶
Für jeden Tag, für den Bilder vorhanden sind, wird ein Smart-Ereignisstapel mit entsprechendem Datum und der Anzahl der Medien angezeigt.

schau angezeigt. Mit der Schaltfläche LÖSCHEN ❶ setzen Sie den Kalender wieder zurück (!). Sie löschen hiermit keine Ereignisse.

9.10.2 Smart-Ereignisse

Im Modus EREIGNISSE finden Sie links oben einen Schalter ❸ zwischen EREIGNISSE und SMART-EREIGNISSE. Eben haben Sie ja die normalen Ereignisse kennengelernt. Die Smart-Ereignisse sind eine recht vielseitige Funktion und sehr hilfreich, wenn Sie Ereignisse nach Datum oder Uhrzeit betrachten wollen. Selbstverständlich lassen sich daraus auch wieder Ereignisse erstellen.

Einzelne Tage aufstapeln | Wenn Sie kein spezielles Album oder keinen speziellen Ordner ausgewählt haben und den Schalter auf SMART-EREIGNISSE ❸ umlegen, bekommen Sie in der Vorschau für jeden Tag (für den Bilder vorhanden sind, natürlich) einen Smart-Ereignisstapel ❹ in der Vorschau zu sehen. Die Bilder des entsprechenden Tages können Sie hier natürlich auch wieder durch Doppelklicken des Stapels betrachten.

Wenn viele Bilder im Katalog vorhanden sind, ist der Kalender ❺ zum Navigieren der einzelnen Tage natürlich randvoll und optimal, um zu einem bestimmten Datum zu springen.

Einzelne Tage eines bestimmten Ordners oder Albums | Wollen Sie hingegen wissen, wann die Bilder eines bestimmten Ordners oder Albums aufgenommen wurden, brauchen Sie lediglich den entsprechenden Ordner oder das Album im linken Bedienfeld anzuklicken, und es werden entsprechende Smart-Ereignisstapel in der Vorschau angezeigt.

9.10 Ereignisse erstellen und verwalten

◄ **Abbildung 9.197**
Smart-Ereignisstapel einzelner Ordner oder Alben anzeigen lassen

Nach Uhrzeit stapeln | So ausgewählte Ereignisse lassen sich dann über die Radioschaltfläche Uhrzeit ❼ auch noch in bestimmte Zeitbereiche einteilen. Über den Schieberegler ❽ daneben können Sie den Zeitbereich etwas eingrenzen. Je weiter Sie den Regler nach rechts schieben, desto kleiner wird der Zeitbereich. Ziehen Sie den Regler ganz nach rechts, werden die einzelnen Smart-Ereignisstapel in einzelne Minuten aufgeteilt. Wollen Sie wieder nach Datum gruppieren, müssen Sie nur die entsprechende Radioschaltfläche aktivieren ❻.

Uhrzeit nicht mit Datum verknüpft

Wenn Sie die Smart-Ereignisstapel nach Uhrzeit aufteilen und dabei den kompletten Katalog ausgewählt haben, beziehen sich die Stapel trotzdem nur auf die Uhrzeit und werden nach Zeit gestapelt. Das Datum wird hierbei nicht beachtet! Daher macht dieses Stapeln eher Sinn für einzelne Ordner oder Alben.

◄ **Abbildung 9.198**
Ist der Tag nicht ausreichend, lassen sich die Stapel auch noch nach Uhrzeit aufteilen, notfalls bis auf die Minute genau.

Aus Smart-Event-Ereignis ein Ereignis machen | Und natürlich lässt sich aus einem angezeigten Smart-Ereignisstapel ein gewöhnliches Ereignis erstellen, welches Sie dann auch unter den Ereignissen als Ereignisstapel wiederfinden. Hierzu brauchen Sie nur ein Smart-Ereignis zu markieren und entweder über einen rechten Mausklick darüber im Kontextmenü den Befehl Name für Ereignis(se) eingeben ❾ oder die gleichnamige Schaltfläche ❿ auszuwählen.

Im sich öffnenden Dialog können Sie jetzt Name, Von-Datum, Bis-Datum und die Beschreibung für das Ereignis eingeben. Mit einem Klick auf OK wird das Ereignis erstellt, welches Sie gleich

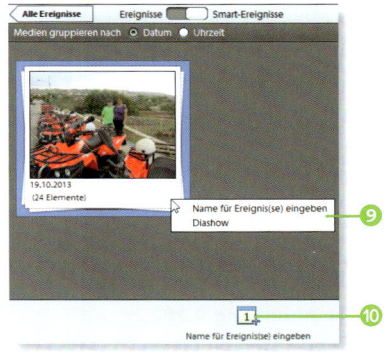

▲ **Abbildung 9.199**
Aus einem Smart-Ereignisstapel einen Ereignisstapel erstellen

Finger weg vom Original
Auch hier gilt: Das Original sollten Sie beim Überarbeiten stets unangetastet lassen. Nur so ergibt der Versionssatz auch Sinn. Sie behalten immer ein Ursprungsbild, aus dem Sie neue Versionen generieren können.

Versionsstände zu handhaben und übersichtlich im Organizer anzuzeigen, bietet Photoshop Elements zwei Möglichkeiten an: Versionen eines Bildes können in einem **Versionssatz** gespeichert werden, oder Sie setzen die verschiedenen Versionen manuell zu einem **Fotostapel** zusammen.

Versionssätze | Versionssätze können nur bei der Speicherung von Bildern über den Fotoeditor und die entsprechende Option oder über die Schnellkorrektur im Organizer angelegt werden. Wie der Name schon beschreibt, erstellen Sie hier mehrere unterschiedliche Versionen von ein und demselben Bild.

Fotostapel | Fotostapel hingegen werden dafür verwendet, mehrere (auch unterschiedliche) Fotos zu sortieren und zusammenzufassen. So könnten Sie beispielsweise ähnliche Bilder oder eine ganze Aufnahmeserie des gleichen Motivs zu einem Stapel zusammenfassen. Im Gegensatz zu Versionssätzen können Sie Fotostapel im Organizer jederzeit manuell über den Medienbrowser erstellen.

Zwischen einem Versionssatz und einem Stapel besteht übrigens im Medienbrowser kaum ein Unterschied. Beide unterscheiden sich im Prinzip nur in der Art ihrer Erzeugung.

Stellen Sie sich den Stapel und den Versionssatz wie ein Kartenspiel vor, in dem eine Karte über der anderen liegt – nur dass hier bei einem Versionssatz mehrere zu einem Originalbild gehörende Versionen geschichtet werden und bei einem Fotostapel eben beliebige Bilder übereinandergelegt werden. Der Vorteil dieser Sortierung liegt auf der Hand: Bei einer umfangreichen Bildersammlung bleibt zusammen, was zusammengehört, und Sie können im Organizer besser Ordnung halten.

Fotostapel im Medienbrowser | Sie erkennen einen solchen Stapel im Medienbrowser an dem Stapelsymbol ❶ auf der rechten oberen Seite. Um die einzelnen Bilder des Stapels anzuzeigen, finden Sie auf der rechten Seite eine kleine Schaltfläche ❷, mit der Sie den Stapel öffnen und wieder schließen können. Alternativ klicken Sie einen Stapel mit der rechten Maustaste an und wählen im Kontextmenü Stapel • Fotos im Stapel anzeigen bzw. Stapel • Fotos im Stapel minimieren aus (denselben Pfad finden Sie auch im Menü Bearbeiten). Noch schneller öffnen Sie einen Stapel mit der Tastenkombination [Strg]/[cmd]+[Alt]+[R] und schließen ihn mit [Strg]/[cmd]+[Alt]+[⇧]+[R] wieder (zuvor müssen Sie den gewünschten Stapel markieren).

9.11 Versionssätze und Fotostapel

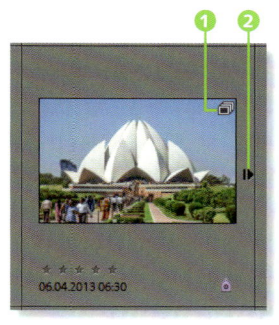

▲ **Abbildung 9.206**
Ein geschlossener Stapel mit einer Serie von zusammenhängenden Bildern

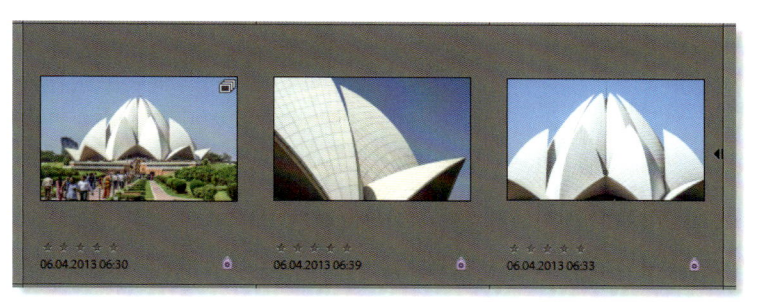

▲ **Abbildung 9.207**
Ein geöffneter Stapel mit mehreren zusammengehörenden Bildern

Versionssatz im Medienbrowser | Ähnlich ist dies mit einem Versionssatz im Medienbrowser, nur dass hier das Stapelsymbol ❸ etwas anders aussieht und einen kleinen Pinsel enthält. Ansonsten finden Sie auch hier auf der rechten Seite eine kleine Schaltfläche ❹, um den Stapel des Versionssatzes zu öffnen und wieder zu schließen. Alternativ können Sie auch hier den Versionssatz mit einem rechten Mausklick über das Kontextmenü mit Versionssatz • Elemente im Versionssatz anzeigen und Versionssatz • Elemente im Versionssatz schliessen öffnen und wieder schließen. Dasselbe erreichen Sie auch über das Menü Bearbeiten oder mit den Tastenkombinationen [Strg]/[cmd]+[Alt]+[E] zum Öffnen und [Strg]/[cmd]+[⇧]+[Alt]+[E] zum Schließen eines Versionssatzes.

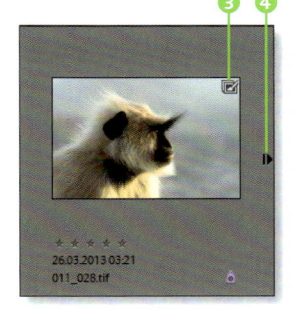

▲ **Abbildung 9.208**
Ein geschlossener Versionssatz mit mehreren Versionen eines Bildes

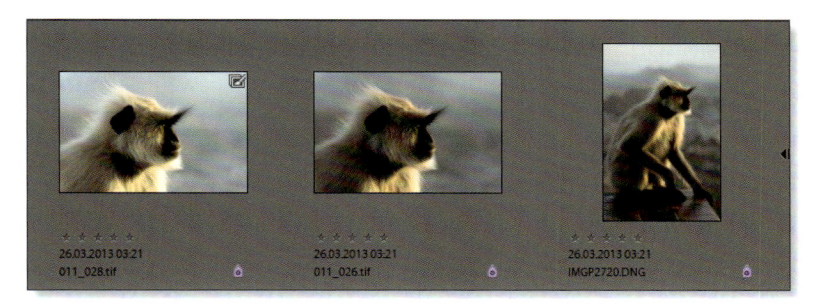

▲ **Abbildung 9.209**
Ein geöffneter Versionssatz mit allen Versionen des Bildes im Überblick

9.11.1 Stapel erzeugen

Um mehrere Bilder zu einem Stapel zusammenzufassen, markieren Sie sie einfach im Medienbrowser. Wählen Sie hierbei das erste und das letzte Bild mit gehaltener [⇧]-Taste, wenn die Bilder

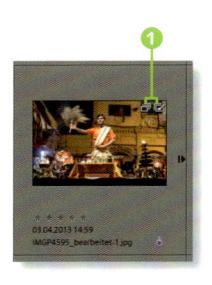

▲ **Abbildung 9.211**
Ein geschlossener Fotostapel, der mindestens einen Versionssatz enthält

▲ **Abbildung 9.212**
Ein geöffneter Fotostapel, der zwei Versionssätze enthält

9.12 Bildinformationen

Um mehr Informationen zu einem Bild zu erhalten, markieren Sie einfach das gewünschte Bild im Medienbrowser, und aktivieren Sie das entsprechende Bedienfeld auf der rechten Seite über die Schaltfläche Tags/Info ❼. Alternativ nutzen Sie die Tastenkombination [Alt]+[↵]. Wählen Sie hier das Register Informationen ❸ aus. Hier finden Sie jetzt mit Allgemein ❹, Metadaten ❺ und Verlauf ❻ drei Bereiche von Informationen.

Allgemein | Am Anfang finden Sie einen Bildtitel, den Sie für die Datei vergeben können. Sinnvoll kann ein solcher Titel für die interne Suche nach Bildern im Organizer oder beim Betrachten einer Diashow sein.

Im nächsten Textfeld finden Sie den Namen der Datei, den Sie hier auch gleich ändern können. In Bewertungen sehen Sie die aktuelle Sterne-Bewertung des Bildes. Wenn Sie das Bild noch nicht bewertet haben, können Sie dies hier nachholen. Nach der Bewertung gibt Photoshop Elements neben Grösse die Dateigröße in Kilobyte (KB) oder Megabyte (MB) sowie die Abmessung des Bildes in Pixeln (Höhe × Breite) an.

Wollen Sie das Datum und die Uhrzeit ändern, klicken Sie auf Datum. Dieser Schritt ist sinnvoll, wenn Sie Bilder eingescannt haben, Sie sich aber noch an das genaue Aufnahmedatum der gescannten Bilder erinnern können (oder wenn bei der Kamera ein falsches Datum eingestellt war). Darunter wird der Dateipfad des Bildes angezeigt. Um das Verzeichnis gleich zu öffnen, klicken Sie auf Pfad. Schließlich können Sie über Audio noch einen Audiokommentar zum Bild einsprechen und abspeichern (sofern Sie ein Mikrofon besitzen).

Metadaten | Für eine Ansicht der vielen Metadaten (und allgemeinen Dateieigenschaften) zu einem Bild klicken Sie einfach auf

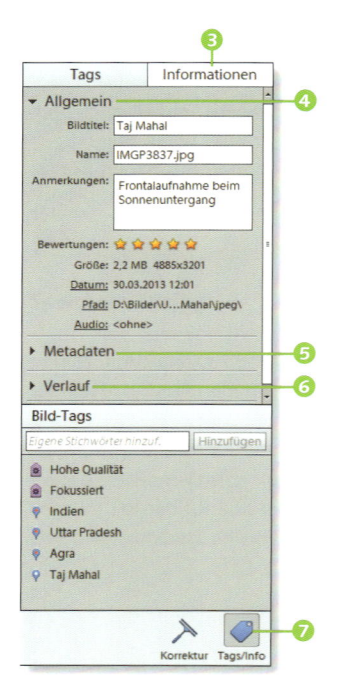

▲ **Abbildung 9.213**
Bildinformationen

Dateiendung

Beim Umbenennen der Bilddatei brauchen Sie nicht auf die Dateiendung zu achten. Diese wird am Schluss automatisch vom Organizer wieder angefügt.

9.12 Bildinformationen

METADATEN ❺. Wie viele und welche Daten sich hier befinden, hängt zunächst vom Modell der Kamera ab.

Um sich nur die Exif-Kameradaten anzeigen zu lassen, klicken Sie auf die Schaltfläche ZUSAMMENFASSUNG ❽ rechts neben dem Textlabel METADATEN. Über die Schaltfläche VOLLSTÄNDIG ❾ daneben werden hingegen alle Daten wie IPTC, EXIF, GPS oder Camera Raw aufgelistet.

Verlauf | Und mit dem letzten Bereich VERLAUF ❿, erhalten Sie Informationen zur Historie des Bildes, etwa über den Zeitpunkt des Imports oder die letzte Änderung.

Metadaten
Metadaten sind allgemeine Daten, die Informationen über andere Daten enthalten. Metadaten zu Fotos geben etwa Informationen über den Ort der Aufnahme (GPS), die Kameradaten und -einstellungen während der Aufnahme (Exif), Informationen zu den Rohdateien (Camera Raw) und gegebenenfalls auch zum Bearbeitungsverlauf.

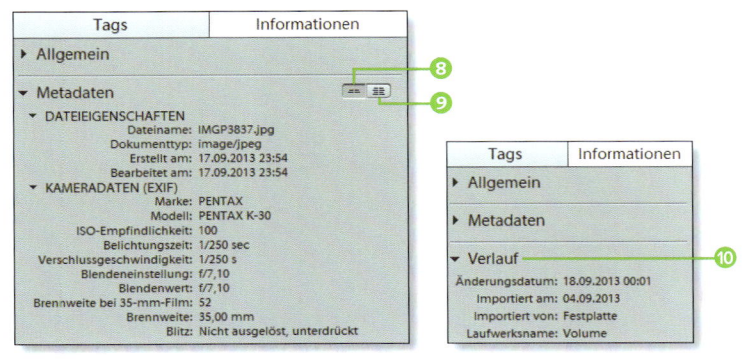

▲ **Abbildung 9.214**
Die Metadaten liefern vielfältige Informationen zu einem Foto.

▲ **Abbildung 9.215**
Informationen zur Historie des Bildes

Bild-Tags | Mit welchen Stichwörtern ein markiertes Bild versehen wurde, wird unten in der rechten Bedienfeldleiste unterhalb von Bild-Tags angezeigt. Aufgelistet werden dort, falls vorhanden, Stichwort-Tags, Smart-Tags, Personen, Orte und Ereignisse. Hierbei könnten Sie gegebenenfalls einzelne Tags mit einem rechten Mausklick auswählen und entfernen.

Alle Metadaten in Datei speichern | Wenn Sie Ihre Medien mit Stichwort-Tags, Personen-Tags, Ort-Tags und Ereignis-Tags versehen haben, können Sie diese Daten über DATEI • ALLE METADATEN IN DATEI SPEICHERN in den Medien sichern. Dies ist mit den Dateiformaten JPEG, TIFF, PSD und Camera Raw möglich. Viele Bildverwaltungsprogramme können diese Metadaten lesen und wiederverwenden. Auch wenn Sie Bilder in den Organizer Ihres Katalogs importieren, werden diese Tags berücksichtigt, und Sie werden in einem Dialog abgefragt, ob und welche Tags Sie importieren wollen.

▲ **Abbildung 9.216**
Übersicht der Stichwörter für ein Bild

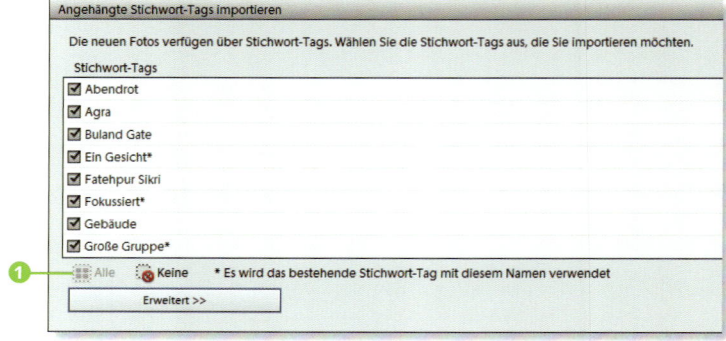

Abbildung 9.217 ▶
Es wurden neue Medien importiert, die bereits Stichwort-Tags enthalten haben. Hier können Sie auswählen, welche Tags Sie mit importieren wollen. Klicken Sie auf Alle ❶, und es werden alle Stichwort-Tags in den Katalog übernommen. Bereits bestehende Stichwort-Tags werden einfach übernommen.

◂ **Abbildung 9.218**
Neben Stichwort-Tags werden auch Personen-Tags, Ort-Tags oder Ereignis-Tags importiert, wenn diese in den Metadaten der Bilder gespeichert wurden. Allerdings werden diese Tags dann zu gewöhnlichen Stichwort-Tags und werden bei den Stichwörtern aufgelistet.

Alle so importierten Tags stehen dann bei Stichwörter unter Importierte Stichwort-Tags ❷ zur Verfügung. Das umfasst auch die zuvor erstellten Personen-, Ort- und Ereignis-Tags. Diese werden bei einem Import zu »normalen« Stichwort-Tags, weil es in Metadaten von Bildern nun mal keine solchen Informationen gibt. Allerdings können in Metadaten auch die GPS-Daten gesichert werden, so dass Sie im Orte-Modus den Ort der Aufnahme wiederfinden sollten.

9.13 Nach Bildern suchen

Je größer Ihr Fotoarchiv wird, desto mehr werden Sie die vielen verschiedenen Suchfunktionen im Organizer schätzen lernen. Für die Suche nach Fotos bietet der Organizer über das Menü Suchen sehr viele Möglichkeiten.

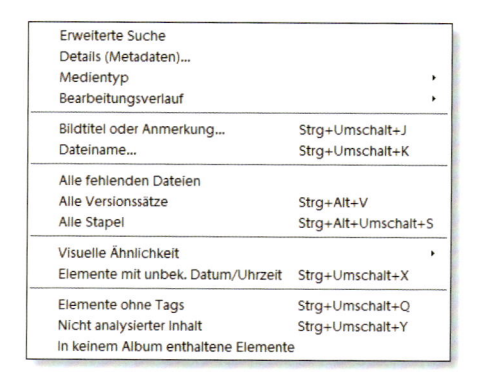

Abbildung 9.219 ▶
Das Menü Suchen bietet vielfältige Suchmöglichkeiten.

9.13.1 Erweiterte Suche

Wer fleißig seine Medien mit Stichwort-Tags, Personen, Orten und Ereignissen verwaltet hat, der darf sich über die erweiterte Suche freuen, welche über das Menü Suchen • Erweiterte Suche aufgerufen werden kann.

9.13 Nach Bildern suchen

Wenn Sie diese Suche aufrufen, öffnet sich die erweiterte Suche über der Miniaturvorschau, und Sie finden mit STICHWÖRTER ❸ (gemeint sind hier die Stichwort-Tags), PERSONEN ❹, ORTE ❺ und EREIGNISSE ❻ vier Bereiche vor, in denen Sie einzelne oder kombiniert suchen können. Rechts über das kleine X-Symbol ❼ können Sie diese Suche wieder schließen. Mit dem offenen Dreieck nach oben daneben ❽ können Sie die erweiterte Suche minimieren bzw. maximieren (wenn minimiert).

▼ **Abbildung 9.220**
Die erweiterte Suche

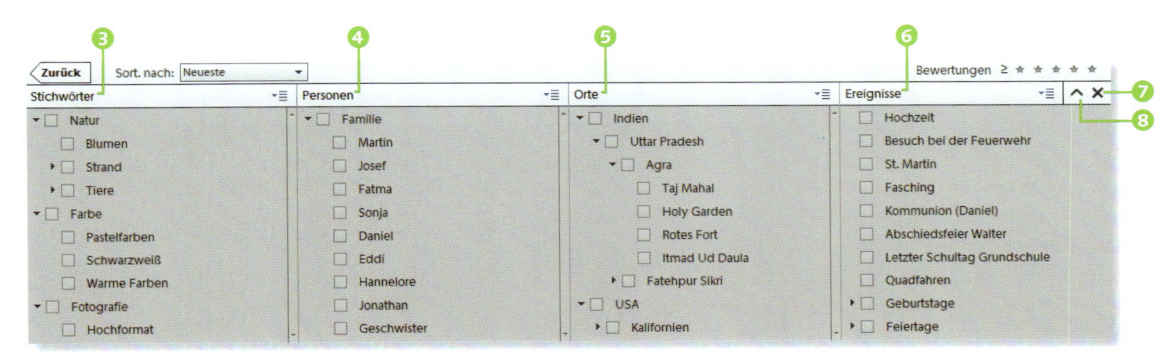

Im kleinen Dropdown-Menü ❾ bei allen vier Bereichen können Sie mal schnell umfangreiche Auswahlen aufheben (Häkchen entfernen) oder alle vorhandenen Unterkategorien ein- bzw. ausblenden.

Die Suche funktioniert ziemlich einfach und ist trotzdem sehr effektiv. Sie müssen hierfür lediglich ein Häkchen vor dem gewünschten Stichwort, den Personen, Orten oder Ereignissen setzen, und passend zu dieser Suche werden im Medienbrowser darunter die gefundenen Bilder angezeigt.

In Abbildung 9.222 wurde beispielsweise AGRA markiert. Beachten Sie, wenn eine Kategorie weitere Unterkategorien enthält, werden diese alle ebenfalls ausgewählt. Wollen Sie einzelne Unterkategorien auswählen, müssen Sie die Hauptkategorie deaktivieren.

Im zweiten Beispiel in Abbildung 9.223 wurde das Häkchen von AGRA entfernt, womit automatisch alle Häkchen entfernt werden. Dann wurde nur ein Häkchen vor ROTES FORT gesetzt, wodurch nur noch diese Medien angezeigt werden. Doch Achtung, setzen Sie jetzt ein Häkchen vor einen weiteren Ort, wie in Abbildung 9.224 mit TAJ MAHAL zu sehen, dann werden nur Medien angezeigt, welche auch beide Orte enthalten, was in diesem Fall einfach nicht möglich ist.

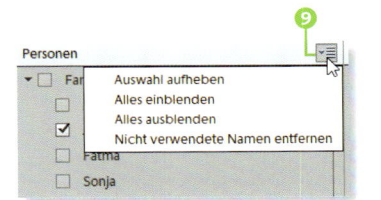

▲ **Abbildung 9.221**
Das kleine Dropdown-Menü hilft beim Auswählen und bei der Ansicht.

Kategorien auf-/zuklappen

Kategorien, welche weitere Unterkategorien enthalten, können Sie am kleinen Dreieck erkennen. Zeigt das Dreieck nach rechts, sind die Unterkategorien nicht zu sehen. Zeigt das Dreieck nach unten sind die Unterkategorien aufgeklappt. Auf- und zuklappen können Sie diese Kategorien durch das Anklicken dieser Dreiecke.

▲ **Abbildung 9.222**
Alle Medien aus AGRA (mitsamt Unterkategorien) auflisten

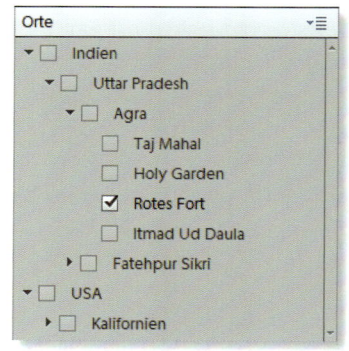

▲ **Abbildung 9.223**
Nur eine Unterkategorie auflisten

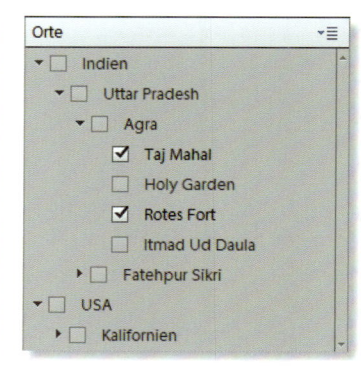

▲ **Abbildung 9.224**
Mehrere (Unter-)Kategorien auswählen

(Voll-/Teil-/Null-)Treffer
Ein VOLLTREFFER entspricht exakt dem Suchkriterium, ein TEILTREFFER entspricht mindestens einem der Kriterien, und ein NULLTREFFER enthält keines der Suchkriterien.

Teiltreffer | Wollen Sie sogenannte Teiltreffer anzeigen, welche entweder den Ort TAJ MAHAL oder den Ort ROTES FORT enthalten, müssen Sie über OPTIONEN ❶ den Eintrag TEILTREFFER EINBLENDEN ❹ auswählen.

Das Suchkriterium können Sie auch speichern ❸, um später bei Bedarf erneut darauf zurückzugreifen.

Suchkriterium löschen
Über die Schaltfläche LÖSCHEN ❷ heben Sie die vorhandenen Suchkriterien (die gesetzten Häkchen) wieder auf.

▲ **Abbildung 9.225**
Über OPTIONEN können Sie zwischen Teil- und Volltreffer umschalten.

Praxisbeispiel | Und wie bereits erwähnt, eignet sich die Suche bestens, um nach mehreren Suchkriterien gleichzeitig zu suchen. In Abbildung 9.227 wurde nach Medien gesucht, welche die Stichwörter QUERFORMAT und KUCHEN *und* die Personen DANIEL und JONATHAN enthalten *und* im Ort MERING stattfanden *und* bei dem Ereignis am 10. GEBURTSTAG (JOHN) erstellt wurden.

Die gefundenen Bilder, auf die alle diese Suchkriterien zutreffen, werden jetzt in der Miniaturvorschau des Medienbrowsers angezeigt. Einen Überblick über die Suche erhalten Sie auch noch in der Leiste ❺ zwischen dem Suchfenster und der Miniaturvorschau. Die Anzahl der gefundenen Elemente wird in der Statusleiste ❻ eingeblendet.

▲ **Abbildung 9.226**
Teiltreffer erkennen Sie an einem Häkchen links oben im Bild.

◀ **Abbildung 9.227**
Mit der erweiterten Suche kann sehr detailliert gesucht werden, wenn Sie Ihre Bilder mit über STICHWÖRTER, PERSONEN, ORTE und EREIGNISSE verwaltet haben.

9.13.2 Details (Metadaten)

Neben der eben beschriebenen erweiterten Suche dürfte die Suche nach Details wohl die zweite eierlegende Wollmilchsau unter den Suchfunktionen sein. Wo die erweiterte Suche noch nach Kriterien sucht, die Sie im Organizer selbst den Medien zugewiesen haben, suchen Sie mit SUCHEN • DETAILS (METADATEN) in den eingebetteten Metadaten der Medien *und* den von Ihnen vergebenen Stichwort-Tags, Alben, Personen, Ereignissen usw.

Setzen Sie ein Häkchen vor DIESES SUCHKRITERIUM ALS GESPEICHERTE SUCHE SPEICHERN ❼ und vergeben Sie einen NAMEN ❽ dafür, können Sie diese Suche unter einem Namen speichern, um später bei Bedarf erneut darauf zurückzugreifen.

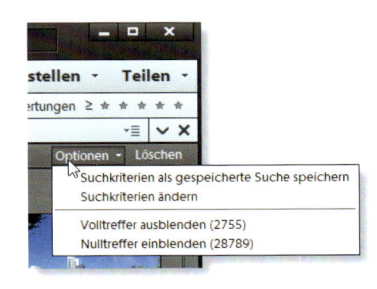

Zum Nachlesen
Eine Schritt-für-Schritt-Anleitung unter Verwendung dieser Suche finden Sie im Abschnitt »Album nach Metadaten erzeugen« auf Seite 204. Dort wird auch diese Suche umfassend beschrieben.

Die Suche nach Ordnernamen ist neu mit der Version 12 von Photoshop Elements hinzugekommen.

▲ **Abbildung 9.228**
Das Suchergebnis können Sie auch hier noch nach Volltreffer und Nulltreffer sortieren.

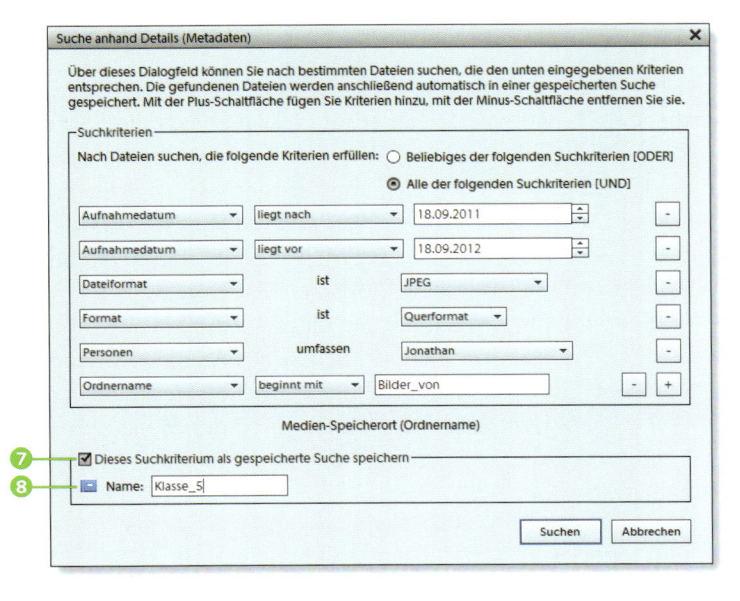

◀ **Abbildung 9.229**
Die Suche nach Details (Metadaten) dürfte wohl die umfassendste Suchfunktion des Organizers sein. Hier kann beinahe jeder Aspekt in der Suche berücksichtigt werden, den der Organizer unterstützt.

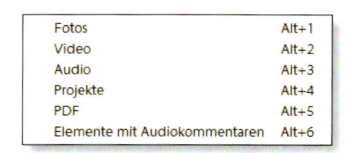

Abbildung 9.230
Suche nach einem bestimmten Medientyp

Abbildung 9.231
Suche nach einem bestimmten Bearbeitungsverlauf

Abbildung 9.232 ►
Suche nach Bildtiteln und/oder Anmerkungen

Abbildung 9.233
Die einfache Suche nach Dateinamen

9.13.3 Medientyp

Mit SUCHEN • MEDIENTYP (oder [Alt]+[1] bis [Alt]+[6]) begeben Sie sich gezielt auf die Suche nach verschiedenen Medientypen (Fotos, Videos, Audiodateien, Projekten, PDF-Dateien und Elementen mit Audiokommentaren).

9.13.4 Bearbeitungsverlauf

Interessant ist auch die Suche mit SUCHEN • BEARBEITUNGSVERLAUF. Dabei handelt es sich um eine Suche in einem gespeicherten Verlauf. Mehrere solcher Verläufe stehen Ihnen zur Verfügung. Sie könnten zum Beispiel nach Bildern suchen, die an einem bestimmten Tag importiert, exportiert oder per E-Mail versendet wurden.

Bildtitel oder Anmerkung | Wenn Sie für Ihre Bilder Bildtitel oder Anmerkungen vergeben haben, können Sie mit SUCHEN • BILDTITEL ODER ANMERKUNG (oder [Strg]/[cmd]+[⇧]+[J]) nach diesen Bildern suchen. Dabei entscheiden Sie im Dialog über die Radiobuttons, ob nur am Anfang von Bildtiteln und Anmerkungen nach einem entsprechenden Wort gesucht werden oder ob sich die Suche auf den kompletten Bildtitel und den Text der Anmerkungen beziehen soll.

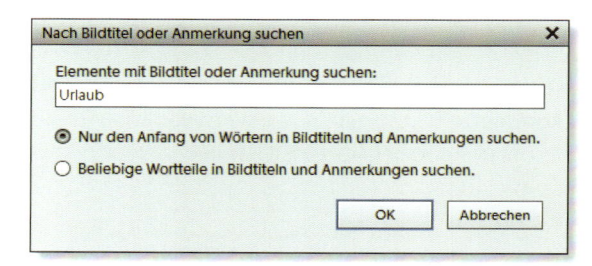

9.13.5 Dateiname

Wollen Sie hingegen nur eine einfache Suche nach einem Dateinamen durchführen, rufen Sie SUCHEN • DATEINAME (oder [Strg]/[cmd]+[⇧]+[K]) auf. Für die Suche können Sie natürlich auch Teile eines Wortes, wie zum Beispiel »aus«, verwenden – es würden dann Dateinamen wie »Maus«, »Haus«, »Brause« usw. gefunden.

9.13.6 Alle fehlenden Dateien

Mit SUCHEN • ALLE FEHLENDEN DATEIEN können Sie alle Medien auflisten, für die zwar im Organizer eine Miniaturvorschau existiert, aber deren Verknüpfung zum Originalbild auf der Festplatte nicht mehr hergestellt werden kann, weil diese Datei entweder verschoben wurde oder sich gar nicht mehr auf der Festplatte befindet. Fehlende Dateien erkennen Sie in der Medienvorschau am kleinen Fragezeichen ❶ links oben in der Miniaturvorschau.

Fehlende Dateien wiederfinden
Wie Sie die Verknüpfung von fehlenden Dateien wiederherstellen können, wurde bereits ab Seite 198 unter »Fehlende Dateien« umfassender beschrieben.

◄ **Abbildung 9.234**
Suche nach fehlenden Dateien

9.13.7 Versionssätze oder Fotostapel

Die nächsten beiden Suchmöglichkeiten, SUCHEN • ALLE VERSIONSSÄTZE (oder [Strg]/[cmd]+[Alt]+[V]) und SUCHEN • ALLE STAPEL (oder [Strg]/[cmd]+[Alt]+[⇧]+[S]), werden ohne einen weiteren Dialog gestartet und zeigen alle vorhandenen Versionssätze bzw. Stapel im Medienbrowser an.

Versionssätze und Stapel
Mehr zu den Versionssätzen und Stapeln finden Sie in Abschnitt 9.11.

9.13.8 Suche nach visueller Ähnlichkeit

Die beiden Funktionen VISUELL ÄHNLICHE FOTOS UND VIDEOS und OBJEKTE, DIE IN FOTOS ERSCHEINEN aus dem Untermenü SUCHEN • VISUELLE ÄHNLICHKEIT sind sich recht ähnlich. Der Unterschied liegt eigentlich nur darin, dass Sie mit VISUELL ÄHNLICHE FOTOS UND VIDEOS das komplette Bild für die Suche verwenden. Mit der Funktion OBJEKTE, DIE IN FOTOS ERSCHEINEN hingegen können Sie in einem Bild ein Objekt auswählen, nach dem Sie in allen anderen Bildern suchen wollen.

Farbe oder Form | Beide Funktionen sind so implementiert, dass Sie hiermit verstärkt nach visuellen Ähnlichkeiten entweder in puncto Farbe oder Form suchen können. Hierzu wird Ihnen ein Schieberegler (siehe Abbildung 9.236) angeboten. Schieben Sie diesen Regler in Richtung FARBE, wird bei der visuellen Suche mehr die Farbe berücksichtigt. Schieben Sie den Regler in Richtung FORM, werden eher ähnliche Formen berücksichtigt. So ist es zum Beispiel eher sinnvoll, den Schieberegler in Richtung FORM zu ziehen, wenn Sie nach visuellen Ähnlichkeiten in Bildern mit viel Architektur wie Gebäuden suchen. Auf der Suche nach visuell ähnlichen Landschaftsaufnahmen sollten Sie den Regler eher in Richtung FARBE ziehen, um ein besseres Ergebnis zu erhalten. Hier empfehle ich Ihnen einfach, ein wenig zu experimentieren, um ein Gefühl dafür zu bekommen.

▲ **Abbildung 9.235**
Visuelle Suchfunktionen aus dem Menü SUCHEN • VISUELLE ÄHNLICHKEIT

▲ **Abbildung 9.236**
Mithilfe des Schiebereglers konzentrieren Sie die Suche nach visuell ähnlichen Bildern auf FORM und/oder FARBE.

Schritt für Schritt: Nach visuell ähnlichen Bildern suchen

Wählen Sie zunächst das Bild im Medienbrowser aus, das als Grundlage für die Suche nach visueller Ähnlichkeit dienen soll.

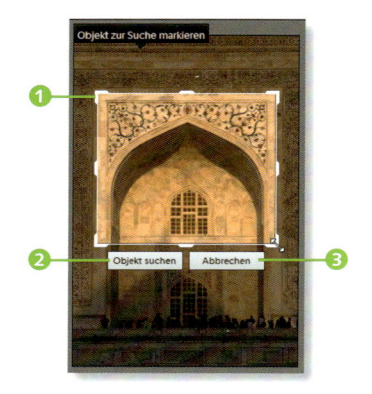

1 Suche nach Objekten einrichten

Rufen Sie Suchen • Visuelle Ähnlichkeit • Objekte, die in Fotos erscheinen auf. Im Bild sehen Sie einen weißen Rahmen ❶, den Sie jetzt auf dem Objekt platzieren, das Sie suchen wollen. Über die je vier Eck- und Seitenpunkte können Sie den Rahmen um das (Such-)Objekt passend skalieren. Mit einem Klick auf die Schaltfläche Objekt suchen ❷ starten Sie die visuelle Suche. Mit Abbrechen ❸ können Sie den Vorgang vorzeitig beenden.

Wenn die Bilder noch nicht indiziert wurden, bietet Ihnen der Organizer über einen Dialog die Möglichkeit an, die Mediendateien für ein besseres Suchergebnis zu indizieren.

▲ **Abbildung 9.237**
Grenzen Sie das Objekt ein, nach dem Sie suchen wollen.

Abbildung 9.238 ▶
Für eine bessere Suche sollten Sie die Mediendateien vorher noch indizieren.

2 Suchoption anpassen

Jetzt listet Ihnen der Organizer die Bilder mit einem Prozentwert auf, der die visuelle Übereinstimmung der gefundenen Bilder mit dem markierten Bild angibt. Über den Schieberegler ❺ können Sie das Suchergebnis nach Farbe oder Form verfeinern. Probieren Sie es ruhig aus. Gegebenenfalls fügen Sie über das Plussymbol ❹ der Suche weitere Bilder per Drag & Drop hinzu.

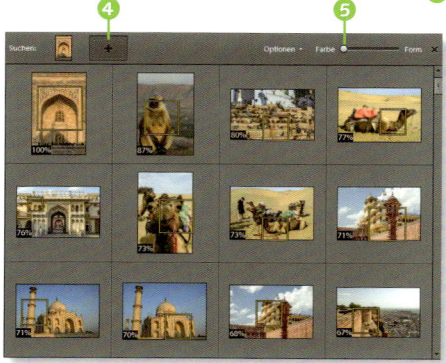

▲ **Abbildung 9.239**
Hier wurde der Regler komplett in Richtung Farbe geschoben, weshalb hier natürlich viele Bilder mit ähnlicher Farbe wie die des ausgewählten Objekts aufgelistet werden.

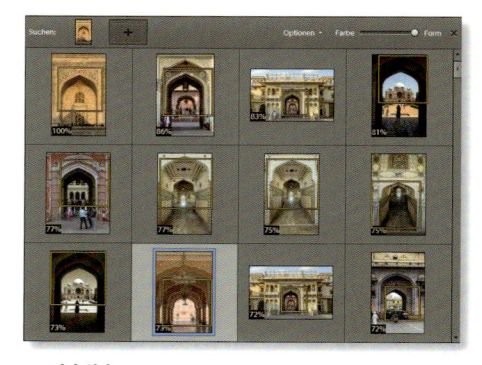

▲ **Abbildung 9.240**
Bei dieser Suche hingegen wurde der Regler komplett in die Richtung Form geschoben, wodurch die Ergebnisse dem Original des Objekts (hier eine typisch indischer Torbogen) schon viel näherkommen.

Die Funktion NACH VISUELL ÄHNLICHEN FOTOS UND VIDEOS SUCHEN funktioniert im Grunde recht ähnlich, nur dass Sie in Arbeitsschritt 1 keinen Rahmen für einen bestimmten Bereich im Bild vorgeben können. Bei dieser Funktion wird das komplette ausgewählte Bild für die Suche nach visuellen Ähnlichkeiten verwendet.

Nach doppelten Fotos suchen | Die Funktion SUCHEN • VISUELLE ÄHNLICHKEIT • DOPPELTE FOTOS ist sehr hilfreich, wenn Sie mehrere Bilder stapeln (zu einem Fotostapel, siehe Abschnitt 9.11, »Versionssätze und Fotostapel«) oder doppelte bzw. visuell ähnliche Bilder löschen wollen.

Die Verwendung ist denkbar einfach: Wählen Sie ein Album aus, in dem Sie nach doppelten Fotos suchen möchten, und rufen Sie diese Funktion auf. Natürlich können Sie auch den kompletten Katalog verwenden. Die Suche kann jetzt abhängig vom Umfang der Bilder etwas dauern. Ein Fortschrittsbalken informiert Sie über den Fortschritt.

Anschließend erscheint ein Dialogfenster, wo Sie über die Schaltfläche STAPELN ❼ einen neuen Fotostapel aus den Bildern erstellen können (über STAPEL AUFHEBEN ❽ können Sie diesen Fotostapel auch wieder auflösen).

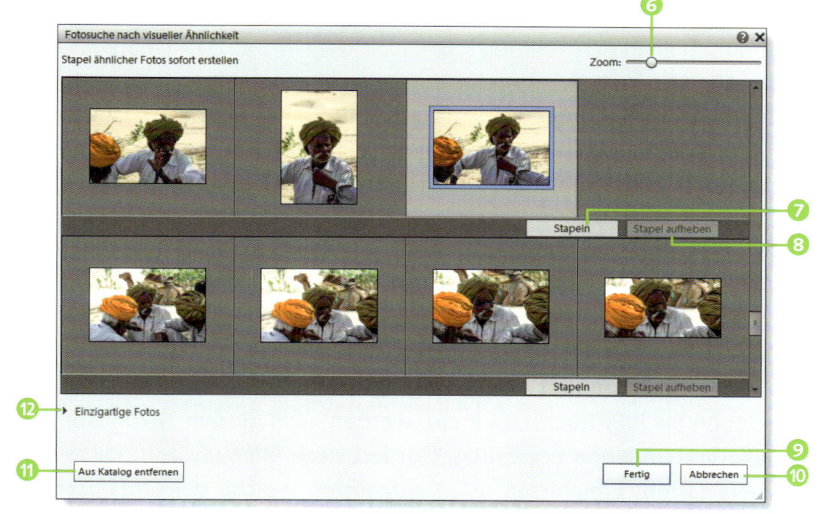

Einzigartige Fotos

Unter EINZIGARTIGE FOTOS ❿ werden die Fotos aufgelistet, zu denen keine visuell ähnlichen oder doppelten Gegenstücke gefunden wurden. Trotzdem können Sie diese einzelnen Bilder jederzeit per Drag & Drop nach oben zu den visuell ähnlichen Fotos ziehen und fallen lassen, um sie dann einem Fotostapel hinzuzufügen.

◀ **Abbildung 9.241**
Mit DOPPELTE FOTOS können Sie ganz bequem Fotos stapeln oder doppelte Bilder löschen.

Alternativ können Sie doppelte oder ähnliche Bilder hier löschen. Dazu brauchen Sie sie lediglich zu markieren und über die Schaltfläche AUS KATALOG ENTFERNEN ⓫ zu löschen. Standardmäßig werden diese Bilder nur aus dem Katalog und nicht von der Festplatte entfernt. Wollen Sie dieses Bild komplett vom Rechner entfernen, müssen Sie im sich öffnenden Dialog ein Häkchen vor

Windows- und Mac-kompatibel

Das Wiederherstellen mithilfe der ».tly«-Datei funktioniert auch über die Systemgrenzen von Mac und Windows hinweg. So können Sie ohne Probleme Ihren unter Windows gesicherten Katalog mit allen Bildern, Alben, Tags usw. auf einem Mac-Rechner wiederherstellen (in diesem Fall ja eher erstellen). Andersherum funktioniert dies genauso.

Gesicherten Katalog wiederherstellen | Einen gesicherten Katalog können Sie über DATEI • KATALOG WIEDERHERSTELLEN wieder laden. Zunächst müssen Sie im Bereich WIEDERHERSTELLEN VON ❶ auswählen, ob Sie den Katalog von einer CD/DVD oder FESTPLATTE wiederherstellen wollen. Bei Letzterem müssen Sie noch den Pfad zur ».tly«-Datei angeben. Mithilfe dieser Datei findet der Organizer die anderen Dateien von selbst.

Im zweiten Bereich, DATEIEN UND KATALOG WIEDERHERSTELLEN IN ❷, stellen Sie ein, wie Sie die Dateien und den Katalog wiederherstellen wollen. Hierbei können Sie entweder das ursprüngliche Verzeichnis oder ein neues Verzeichnis angeben. Bei Letzterem müssen Sie natürlich wieder den Pfad zum Verzeichnis angeben.

Mit einem Klick auf WIEDERHERSTELLEN ❸ wird der Katalog mit allen Alben, Stichwort-Tags und natürlich Bewertungen wiederhergestellt.

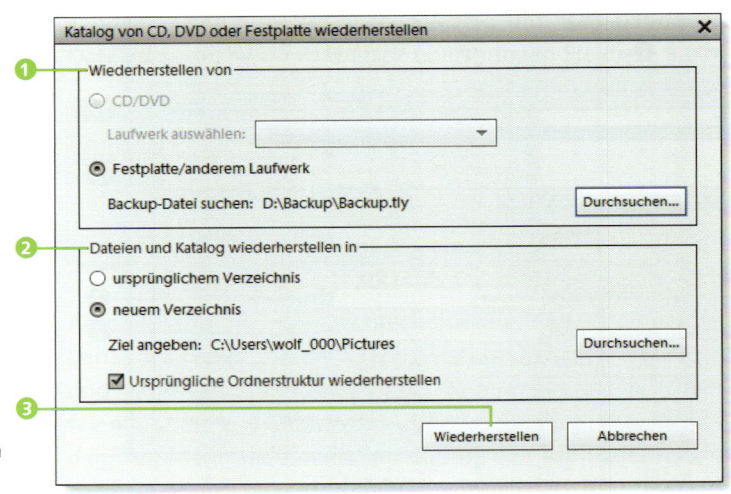

Abbildung 9.253 ▶
Der Dialog, um einen gesicherten Katalog wiederherzustellen

Was wird kopiert/verschoben?

Kopiert oder verschoben werden hierbei immer die Medien, die im Medienbrowser **aktuell** angezeigt werden oder ausgewählt wurden. Das gilt natürlich auch für Personen- und Ereignisstapel oder ausgewählt Orte (in den Modi PERSONEN, ORTE und EREIGNISSE). Aber Vorsicht, wenn Sie bei Personen- oder Ereignisstapeln nichts ausgewählt (mit blauem Rahmen versehen) haben, werden alle Fotostapel verschoben/kopiert.

9.14.2 Medien auf Wechseldatenträger verschieben/kopieren

Perfekt für die Weitergabe bestimmter Medien sollte der Befehl DATEI • AUF WECHSELDATENTRÄGER KOPIEREN/VERSCHIEBEN bzw. [Strg]/[cmd]+[⇧]+[O] sein, mit dem Sie die Medien entweder komplett verschieben oder kopieren können.

Wählen Sie ein Album aus, wird eben das Album kopiert/verschoben. Dieses Feature macht diese Funktion zum perfekten Befehl, wenn Sie mal schnell Bilder für jemanden auf einen Wechseldatenträger kopieren wollen, weil Sie hierbei auch die mächtigen Suchfunktionen vom Organizer verwenden können.

In Abbildung 9.254 wollte ich zum Beispiel jemandem alle Bilder vom 10. GEBURTSTAG (JOHN) ❻ in MERING ❺ weitergeben,

9.14 Bilder sichern und exportieren

auf denen nur die Personen aus der FAMILIE ❹ abgebildet waren. Für diesen Zweck habe ich einfach auf SUCHEN • ERWEITERTE SUCHE zurückgegriffen.

▲ **Abbildung 9.254**
Nur die Bilder, die im Medienbrowser ❼ angezeigt werden, werden verschoben/kopiert.

Standardmäßig wird mit dem sich öffnenden Dialog zunächst mal nur kopiert. Wollen Sie hingegen die Dateien verschieben, müssen Sie die Checkbox ❶ (siehe Abbildung 9.255) aktivieren. Allerdings sollten Sie sich dann bewusst sein, dass die Medien verschoben und am ursprünglichen Ort **gelöscht** werden. Keine Sorge, am Ende, bevor die Bilder tatsächlich gelöscht werden, erfolgt noch eine Sicherheitsabfrage, ob Sie das wirklich tun wollen. Das kann natürlich nützlich sein, wenn der Datenträger voll wird oder Sie einfach die Medien auf eine andere Partition oder einem externen Datenträger verwalten wollen.

Sind bei den Medien auch Fotostapel und Versionssätze enthalten, finden Sie darunter weitere Checkboxen ❷, wo Sie entscheiden können, ob hier auch alle Dateien kopiert/verschoben werden sollen.

Verschieben auf externes Medium

Wenn Sie die Dateien verschieben, bleiben die Voreinstellungen (Alben, Stichwörter, Personen usw.) erhalten. Sollten Sie allerdings die Medien auf ein externes Medium verschieben, und wollen Sie später auf diese Medien zurückgreifen, müssen Sie logischerweise das externe Medium wieder an Ihren Rechner anschließen. Ansonsten finden Sie diese Medien unter FEHLENDE DATEIEN mit einem kleinen Fragezeichen links oben in der Miniaturvorschau vor!

Kapitel 9 Fotos organisieren und verwalten

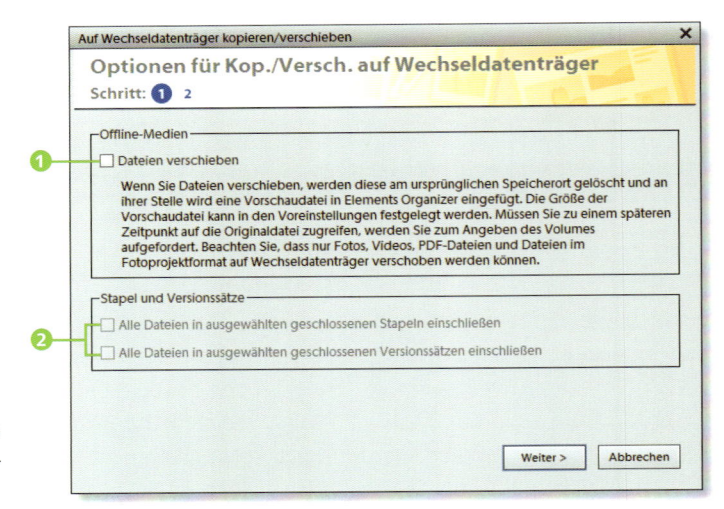

Abbildung 9.255 ▶
Hier entscheiden Sie, ob Sie die Medien kopieren oder verschieben wollen.

Auf CD/DVD brennen
Natürlich können Sie die Medien auch auf CD/DVD brennen, indem Sie Entsprechendes im Ziellaufwerk auswählen. Hierbei können Sie dann auch die SCHREIBGESCHWINDIGKEIT ❹ angeben.

Anschließend wird die Gesamtgröße der Medien berechnet, ehe Sie im nächsten Dialog das Ziellaufwerk ❸ wählen, in das Sie die Medien verschieben/kopieren wollen. Beachten Sie hierbei aber Folgendes: Wenn Sie nur das Ziellaufwerk beim ZIELPFAD ❺ angeben (zum Beispiel bei einer externen Festplatte), werden alle Bilder in das Wurzelverzeichnis des Speichermediums gesichert. Deshalb empfiehlt es sich, ein Verzeichnis über die Schaltfläche DURCHSUCHEN ❻ auszuwählen oder neu anzulegen. Klicken Sie auf OK, und die Medien werden kopiert/verschoben.

Abbildung 9.256 ▶
Gewünschtes Laufwerk und Zielpfad zum Kopieren/Verschieben der Medien auswählen

Haben Sie die Option zum Verschieben anfangs ausgewählt, werden Sie nochmals gefragt, ob Sie sich sicher sind, dass die Dateien an der ursprünglichen Position gelöscht werden sollen.

9.14 Bilder sichern und exportieren

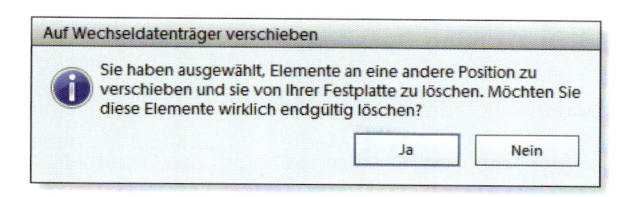

9.14.3 Ausgewählte Medien verschieben

Mit dem Befehl DATEI • VERSCHIEBEN bzw. Strg/cmd+⇧+V können Sie ausgewählte Bilder in ein anderes Verzeichnis verschieben. Im Gegensatz zur Funktion AUF WECHSELDATENTRÄGER KOPIEREN/VERSCHIEBEN, welche im Abschnitt zuvor beschrieben wurde, werden die Elemente in ein anderes Verzeichnis **kopiert** aber die ursprünglichen Medien werden im ursprünglichen Verzeichnis hierbei **nicht gelöscht**. Es wird lediglich der Pfad zu den Elementen »verschoben«.

Um die Funktion zu verwenden, brauchen Sie lediglich Bilder zu markieren und den Befehl aufzurufen. Im sich öffnenden Dialog können Sie jetzt über das Plussymbol ❿ weitere Elemente hinzufügen und über das Minussymbol ⓫ markierte Elemente entfernen. Den neuen Pfad geben Sie unter Ordner ⓭ an, wo Sie mit der Schaltfläche DURCHSUCHEN einen entsprechenden Ordner auswählen (oder einen neuen anlegen). Mit OK ⓬ starten Sie den Vorgang.

◀ **Abbildung 9.257**
Klicken Sie hier auf NEIN, dann haben Sie im Endeffekt nur die Medien kopiert, und auch die alten Pfadverknüpfungen bleiben erhalten.

Neue Pfadangaben

Im Katalog des Organizers werden die so verschobenen Medien dann unter der neuen Pfadangabe verwaltet. Die Bilder im alten Pfad existieren zwar noch, aber der Organizer »weiß« jetzt nichts mehr davon. Beim Kopieren in das neue Verzeichnis hängt der Organizer jedes Mal ein »-1« am Ende des Dateinamens an.

▲ **Abbildung 9.258**
Es ist wichtig, zu wissen, dass bei dieser Funktion alle Bilder vom ursprünglichen Pfad ❼ in den neuen Pfad ❽ kopiert werden. Der Organizer kennt dann nur noch den neuen Pfad und weiß nichts mehr vom ursprünglichen Pfad, an dem die Bilder nach wie vor enthalten sind. Zusätzlich finden Sie natürlich den neuen Ordner mit Namen ❾ unter EIGENE ORDNER aufgelistet.

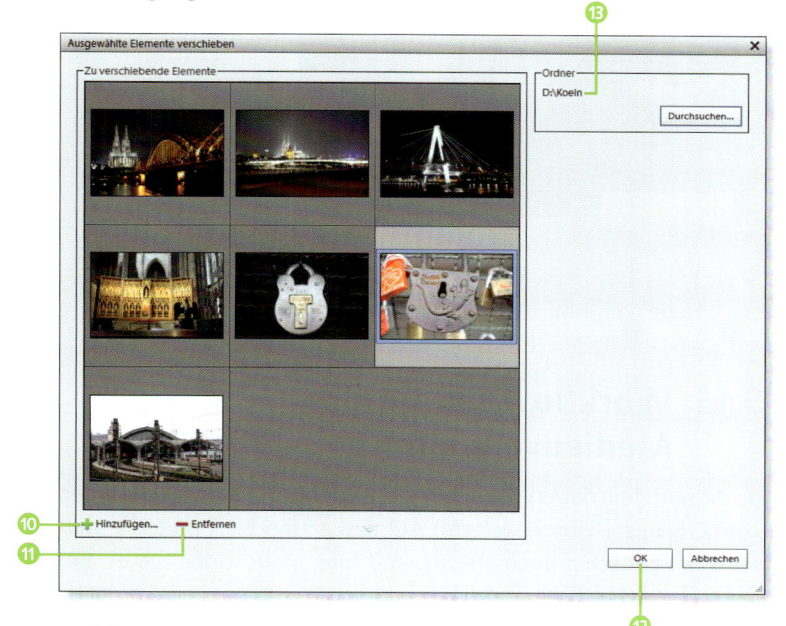

▲ **Abbildung 9.259**
Mehrere Elemente in ein anderes Verzeichnis verschieben

Kapitel 9 Fotos organisieren und verwalten

Symbol	Bedeutung
	Album
	mobiles Album
	Revel-Bibliothek
	Stichwort-Tag
	Smart-Tag
	Personen
	Orte
	Ereignisse
	mehrere Schildchen auf einmal

▲ **Tabelle 9.1**
Mögliche vorhandene Symbole in der Miniaturvorschau

6. Es gibt zwar keinen geeigneten Zeitpunkt, eine Sicherungskopie des Katalogs zu machen, aber an dieser Stelle will ich Sie nochmals daran erinnern, dass Sie immer mal wieder eine Sicherung durchführen sollten, wie dies in Abschnitt »Katalog sichern und wiederherstellen« auf Seite 291 beschrieben wurde.

7. Nachdem die Bilder jetzt gut organisiert sind, sind Sie gerüstet für alle Fälle, in denen Sie Medien weitergeben, wie dies in Abschnitt »Medien auf Wechseldatenträger verschieben/kopieren« auf Seite 294 (nur kopieren) oder in Abschnitt »Medien als neue Datei(en) exportieren« auf Seite 298 beschrieben« wurde. Natürlich können Sie jetzt auch eine Diashow, ein Online-Album usw. daraus erstellen. Darauf wird allerdings etwas später im Buch eingegangen (Teil XII, »Präsentieren und Teilen«).

Zum Schluss möchte ich Ihnen in Tabelle 9.1 noch schnell einen Überblick liefern zu den vielen verschiedenen Symbolen unterhalb der Medien in der Medienvorschau.

TEIL III
Bildkorrektur

Kapitel 10
Grundlegendes zur Bildkorrektur

Bis zu einem gewissen Grad ist die Korrektur eines Bildes sicherlich Erfahrungssache, dennoch lässt sich eine gute Bildkorrektur nicht einfach nach Gefühl durchführen. Man muss schon einige Regeln einhalten. Um Ihnen einen kleinen Leitfaden an die Hand zu geben, stelle ich Ihnen in diesem Kapitel einige Grundlagen der Bildkorrektur vor.

10.1 Vorgehensweise für eine gute Korrektur

Sicher haben auch Sie schon Ihre Erfahrungen mit verschiedenen Korrekturexperimenten gemacht – mit teilweise eher schlechten als rechten Ergebnissen. Manchmal ist ein gutes Ergebnis auch ein Produkt des Zufalls. Gerade Einsteiger sind schnell frustriert, wenn sich die hohen Erwartungen an die Bildkorrektur nicht erfüllen. Die manuelle Bildkorrektur erfordert einiges Hintergrundwissen – aber deshalb haben Sie sich ja für dieses Buch entschieden.

Es gibt zwar keinen Königsweg für eine gute Korrektur, weil dies in der Regel vom vorliegenden Bildmaterial abhängt. Allerdings fahren Sie immer gut, wenn Sie Farbkorrekturen noch vor dem Anpassen von Helligkeit und/oder Kontrast vornehmen: Bei farblich ausbalancierten Bildern ist es einfacher, Helligkeit und Kontrast zu regeln. An dieser Stelle werden Sie sich sicherlich auch noch fragen, wie das dann mit dem Nachschärfen ist. Zwar wird das Thema erst in einem späteren Teil (Kapitel 17, »Bilder schärfen«) des Buches behandelt, aber hier kann generell empfohlen werden, diesen Schritt immer als letzten durchzuführen, weil man meist erst am Schluss sicher beurteilen kann, ob ein Bild noch eine gewisse Schärfe verträgt oder nicht.

> **Korrekturmodus**
> Wenngleich Photoshop Elements über verschiedene Korrekturmodi verfügt, widmet sich dieses Kapitel ausschließlich der manuellen Korrektur im Experte-Modus des Fotoeditors. Er ist für Bildkorrekturen stets die beste Lösung und liefert optimale Ergebnisse. Die Schnellkorrekturlösungen wurden bereits in Kapitel 2, »Schnelle Bildkorrekturen im Fotoeditor«, behandelt.

Kapitel 10 Grundlegendes zur Bildkorrektur

Tipp: das RAW-Format
Wenn Sie Bilder mit einer digitalen Kamera im RAW-Format aufnehmen, können Sie fast jedes Bild noch nachträglich korrigieren. Mehr dazu finden Sie in Kapitel 2, »Schnelle Bildkorrekturen im Fotoeditor«.

Keine Experimente
Vermeiden Sie auf jeden Fall wildes Herumprobieren. Bedenken Sie, dass sich jeder Vorgang auf die einzelnen Pixel im Bild auswirkt. Machen Sie daher vor allem nicht den Fehler, nach einer missratenen Korrektur eine weitere Korrektur durchzuführen, um die vorherige zu verbessern.

10.1.1 Kann man alles reparieren, was kaputt ist?

Die Überschrift soll darauf aufmerksam machen, dass auch die Möglichkeiten der digitalen Bildbearbeitung nicht grenzenlos sind. Ist ein Foto wirklich ganz misslungen, sollten Sie eine Korrektur überdenken. Details wie Helligkeit, Farbstiche oder schwache Kontraste lassen sich gewöhnlich jederzeit korrigieren. Sind aber bestimmte Informationen nicht mehr im Bild enthalten, so kann man diese nicht einfach wieder »hineinzaubern«. Dies gilt häufig auch für nachträglich digitalisierte, zum Beispiel eingescannte Bilder.

10.1.2 Die Korrektur planen

Versuchen Sie, bereits beim Betrachten des Bildes ein wenig zu planen, wie Sie das Bild verbessern könnten. Ist die Aufnahme zu dunkel? Fehlt es an Kontrast? Ist der Bildausschnitt nicht optimal? Mangelt es an Farbe? Meistens sind es nur ein oder zwei, höchstens aber drei Dinge, die korrigiert werden müssen. Wohlgemerkt: Die Rede ist von einer normalen Retusche und nicht von einer Bildmanipulation. Doch selbst für eine Bildmanipulation müssen Sie das Bild zuerst korrigieren.

Gerade Einsteiger sind häufig der Meinung, dass jedes Bild korrigiert werden muss. Dem ist aber nicht so. Es gibt durchaus Aufnahmen, die keiner Korrektur bedürfen und die Sie mit einer Korrektur nur verschlechtern würden. Fragen Sie sich bei jedem Bild also immer zuerst, ob Sie es unbedingt einer Korrektur unterziehen müssen.

10.1.3 Der richtige Bildmodus

Die Bildkorrekturen sollten Sie standardmäßig im RGB-Bildmodus durchführen. Zum einen kommen die Bilder von der Digitalkamera und auch vom Scanner meist im RGB-Modus, und zum anderen stehen Ihnen nur in diesem Modus alle Funktionen von Photoshop Elements zur Verfügung. Außerdem ersparen Sie sich in diesem Modus eine lästige und mit potenziellen Qualitätseinbußen verbundene Umwandlung.

10.1.4 Flexibel arbeiten mit Einstellungsebenen

Einstellungsebene versus Ebene
Beachten Sie, dass Einstellungsebenen nicht wie normale Ebenen funktionieren. Einstellungsebenen enthalten nur Werkzeugeinstellungen und keine Pixel.

Zwar werden die Ebenen erst in Teil VIII des Buches beschrieben, dennoch gehören die Einstellungsebenen in das vorliegende Kapitel der Bildkorrektur. Mit den Einstellungsebenen können Sie Korrekturen an einem Bild durchführen, ohne die Pixel des eigentlichen Bildes zu verändern.

Der wesentliche Vorteil von Einstellungsebenen liegt darin, dass das Originalbild nicht verändert wird. Sie können jederzeit

10.1 Vorgehensweise für eine gute Korrektur

eine Einstellungsebene ausblenden, löschen oder erneut aufrufen und verändern, wenn die Korrektur nicht den gewünschten Effekt erbringt.

Schritt für Schritt: Einstellungsebenen zur Bildkorrektur verwenden

Am Beispiel des Bildes »rider.jpg« möchte ich Ihnen den Umgang mit den Einstellungsebenen genauer erläutern. Laden Sie daher das Bild von der Buch-DVD in den Fotoeditor. Die Korrektur ist hier zunächst noch Nebensache.

Kapitel_10:
rider.jpg, rider.psd

◀ **Abbildung 10.1**
Das Ausgangsbild für die Korrektur

Foto: Jürgen Wolf

1 Ebenen-Bedienfeld aufrufen
Für die Einstellungsebenen benötigen Sie das Bedienfeld EBENEN. Sollte dieses Bedienfeld nicht angezeigt werden, so rufen Sie es über das Menü FENSTER • EBENEN auf. Die Einstellungsebenen finden Sie im Ebenen-Bedienfeld über das zweite Icon ❶ von links. Wenn Sie dieses Icon anklicken, öffnet sich ein Untermenü.

2 Einstellungsebene für die Korrektur auswählen
Wählen Sie in diesem Untermenü die benötigte Korrektur in Form einer Einstellungsebene aus. In diesem Beispiel habe ich TONWERTKORREKTUR ❷ ausgewählt.

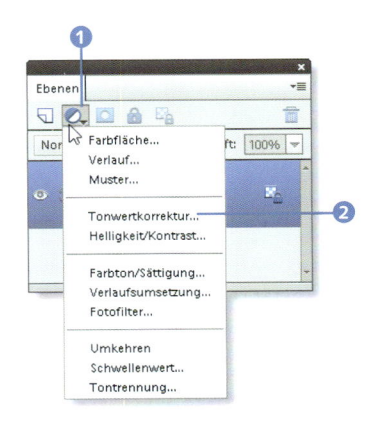

Abbildung 10.2 ▲
Verschiedene Einstellungsebenen

305

Kapitel 10 Grundlegendes zur Bildkorrektur

Ebenenmaske

Was es mit der Maske in der Ebene auf sich hat und was Sie damit machen können, erfahren Sie in Kapitel 28, »Ebenenmasken«.

3 Einstellungsebene anlegen

Wenn Sie die Einstellungsebene TONWERTKORREKTUR ausgewählt haben, finden Sie im Ebenen-Bedienfeld eine neue Einstellungsebene (hier mit dem Namen »Tonwertkorrektur 1«) vor. Standardmäßig wird bei dem Ebenentitel der Name des entsprechenden Korrekturwerkzeugs angezeigt. Zusätzlich wird ein Korrekturen-Bedienfeld geöffnet, das die entsprechenden Einstellungsmöglichkeiten präsentiert und jeweils den Namen der jeweilhge Korrektur, hier also TONWERTKORREKTUR, trägt.

In der neuen Einstellungsebene finden Sie zwei Miniaturen vor: ein Symbol ❸ für das jeweils ausgewählte Korrekturwerkzeug und eine leere Maske ❹, die Einstellungsebenen übrigens standardmäßig immer besitzen.

Symbole im Ebenen-Bedienfeld

Sollten die Ebenennamen bei Ihnen abgeschnitten werden, brauchen Sie nur den Dialog oder das Bedienfeld etwas größer zu skalieren, oder Sie können die Größe der Miniaturvorschau der Icons über die Bedienfeldoptionen ändern (siehe Abschnitt 25.4.4, »Miniaturansicht ändern«).

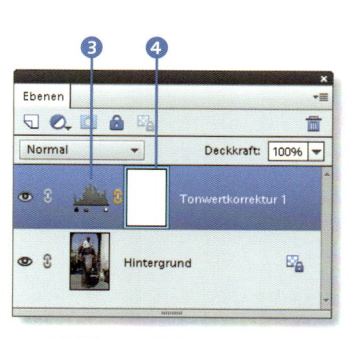

▲ **Abbildung 10.3**
Photoshop Elements legt eine Einstellungsebene »Tonwertkorrektur 1« an …

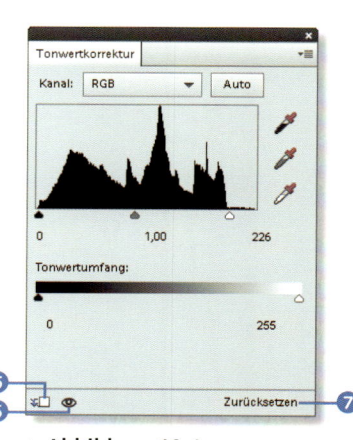

▲ **Abbildung 10.4**
… und öffnet zugleich das entsprechende Dialogfenster für die Korrekturen im gleichnamigen Bedienfeld.

4 Korrektur durchführen

Über das zur Einstellungsebene gehörende Bedienfeld KORREKTUREN können Sie nun die Bildkorrektur – in diesem Fall eine Tonwertkorrektur – durchführen.

Im Bedienfeld TONWERTKORREKTUR finden Sie zu jeder Einstellungsebene kleine Schaltflächen. Aktivieren Sie die erste Schaltfläche ❺, wirkt sich die Korrektur der Einstellungsebene nur auf die unmittelbar darunterliegende Ebene im Stapel aus. Standardmäßig wirkt sich die Einstellungsebene im deaktivierten Zustand auf alle darunterliegenden Ebenen aus. Mit dem Augensymbol ❻ daneben blenden Sie die im Bild sichtbaren Korrekturen ein und aus. Mit der Schaltfläche ZURÜCKSETZEN ❼ daneben setzen Sie die Korrekturen wieder auf den Standardwert zurück.

▲ **Abbildung 10.5**
Hier sehen Sie ein alternatives Symbol für die Einstellungsebene ❽.

5 Der Vorher-nachher-Vergleich

Einen direkten Vorher-nachher-Vergleich können Sie jederzeit über das Augensymbol im Korrekturen-Bedienfeld 6 ein- und wieder ausblenden. Die gleiche Wirkung erzielen Sie auch im Ebenen-Bedienfeld, indem Sie auch hier auf das Augensymbol 9 in der entsprechenden Einstellungsebene klicken. Ist das Augensymbol durchgestrichen 10, so wurde die Einstellungsebene ausgeblendet und lässt sich mit einem Klick auf dieser Position wieder einblenden.

Bei der Verwendung mehrerer Einstellungsebenen können Sie durch abwechselndes Ein- und Ausblenden die Korrekturen miteinander vergleichen. Sie können hierbei mehrere gleiche Einstellungsebenen mit denselben oder verschiedenen Werkzeugen testen.

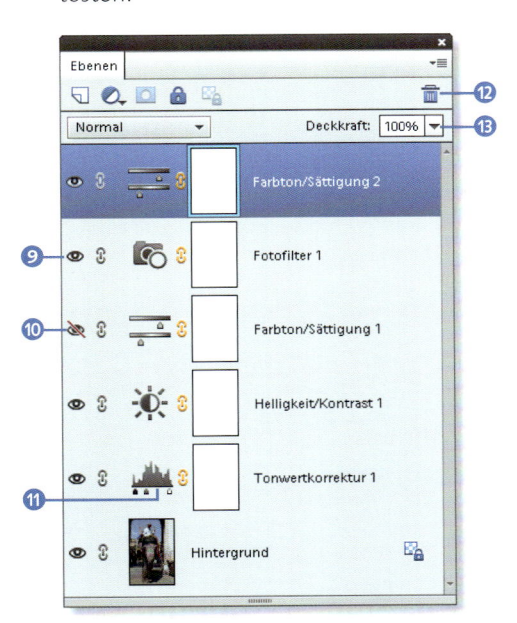

Deckkraft

Über die DECKKRAFT 13 ändern Sie die Ebenen-Deckkraft des Werkzeugs. Standardmäßig wird mit 100 % immer die maximale Deckkraft verwendet. Sie können aber über den entsprechenden Schieberegler dieses Werkzeug auch ein wenig abschwächen. Vorwiegend wird die Deckkraft bei den verschiedenen Füllmethoden benutzt. Mehr zu den verschiedenen Füllmethoden und zur Deckkraft erfahren Sie in Abschnitt 24.2 und in Kapitel 27.

◄ **Abbildung 10.6**
Mehrere Einstellungsebenen im Einsatz. Sehr schön ist es auch, dass jede Einstellungsebene eine für die verwendete Korrektur passende Ebenenminiatur besitzt.

6 Einstellungsebene nachkorrigieren

Das Besondere an den Einstellungsebenen ist, dass Sie die Werte jederzeit nachjustieren können. Hierzu müssen Sie nur auf das entsprechende Werkzeugkorrektur-Symbol 11 im Ebenen-Bedienfeld doppelklicken, und die entsprechenden Einstellungsmöglichkeiten werden im dazugehörigen Korrekturen-Bedienfeld mit den bisher getroffenen Einstellungen erneut angezeigt.

Wird das Korrekturen-Bedienfeld bereits angezeigt, so reicht es aus, wenn Sie nur die entsprechende Einstellungsebene auswählen. Das Korrekturen-Bedienfeld lässt sich auch über FENSTER • KORREKTUREN aufrufen.

Speichern von Ebenen

Um bei der Arbeit mit mehreren Ebenen die einzelnen Teilbilder beim Speichern zu erhalten, müssen Sie ein Dateiformat verwenden, das Ebenen unterstützt. Bei Photoshop Elements sind dies die Formate PSD und TIFF. Speichern Sie ein Dokument mit mehreren Ebenen zum Beispiel im JPEG-Format, so werden die Ebenen automatisch auf eine (Hintergrund-) Ebene reduziert.

7 Einstellungsebene löschen

Wollen Sie eine Einstellungsebene löschen, so klicken Sie diese Ebene, noch besser das Miniatursymbol der Ebene (nicht die Maske), mit der rechten Maustaste an und wählen im Kontextmenü EBENE LÖSCHEN aus. Alternativ entfernen Sie eine im Ebenen-Bedienfeld ausgewählte Einstellungsebene, indem Sie diese mit gedrückt gehaltener linker Maustaste auf das Mülleimersymbol **12** (siehe Abbildung 10.6) ziehen und dort fallen lassen.

8 Namen der Einstellungsebenen ändern

Häufig testet man mehrere Einstellungsebenen mit demselben Werkzeug, aber mit unterschiedlichen Werten. Um hier nicht den Überblick zu verlieren, sollten Sie die Namen der Einstellungsebenen per Doppelklick ändern (oder mit einem rechten Mausklick im Kontextmenü über EBENE UMBENENNEN).

9 Bild speichern

Am Ende können Sie das Bild mitsamt den Einstellungsebenen speichern. Abhängig vom Format werden die einzelnen Ebenen im Bild mit gespeichert oder nicht.

Wollen Sie stattdessen das Bild mit den Einstellungsebenen auf eine Ebene reduzieren (natürlich zusammen mit den gemachten Änderungen), klicken Sie mit der rechten Maustaste auf eine der Ebenen und wählen im Kontextmenü SICHTBARE AUF EINE EBENE REDUZIEREN (oder über die Tastenkombination [Strg]/[cmd]+[⇧]+[E]) oder gleich AUF HINTERGRUNDEBENE REDUZIEREN. Den gleichen Punkt finden Sie auch im Menü EBENE.

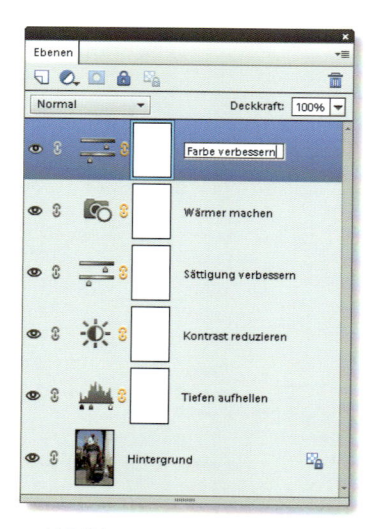

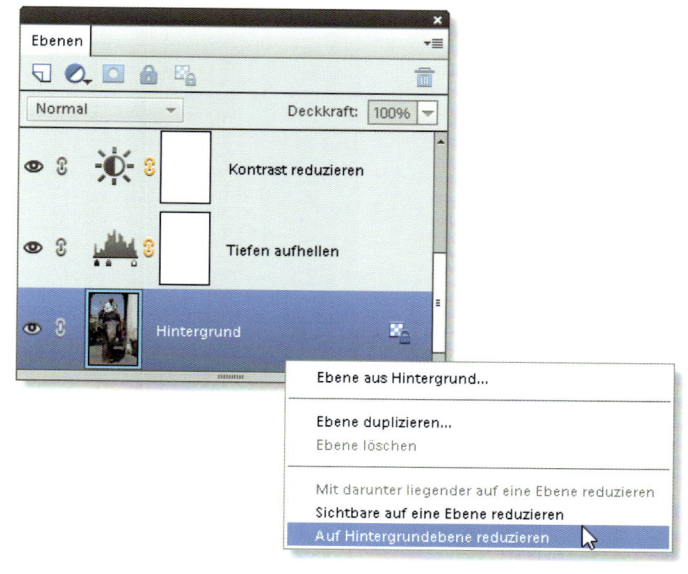

▲ **Abbildung 10.7**
Einstellungsebenen mit aussagekräftigen Namen versehen

Abbildung 10.8 ▶
Reduzieren Sie für das fertige Bild alle Ebenen auf eine.

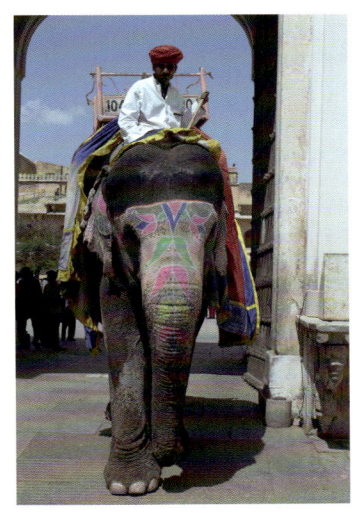

◄ **Abbildung 10.9**
Das Bild hat nach der Korrektur mehr Kontrast, ist heller und hat auch kräftigere Farben, ohne übersättigt zu wirken. Der eigentliche Korrekturvorgang wurde Ihnen bei diesem Beispiel noch vorenthalten – er soll auf den nächsten Seiten dargestellt werden.

10.2 Arbeitsschritte rückgängig machen

Sie glauben, Fotografen und Photoshop-Profis (oder ich) öffnen »schnell mal« ein Bild in Photoshop Elements, korrigieren und bearbeiten es und sind dann gleich fertig? Eher nicht. In der digitalen Bildbearbeitung gibt es keine Patentrezepte zur perfekten Nachbearbeitung eines Bildes; folglich wird sehr viel experimentiert und ausprobiert. Nicht immer sehen die Ergebnisse auf Anhieb gut aus, weshalb das Rückgängigmachen von Arbeitsschritten wohl das am häufigsten eingesetzte Kommando ist.

10.2.1 Rückgängig per Tastatur und Menü

In den meisten Fällen werden Sie zum schnellen Rückgängigmachen von Arbeitsschritten mit den Tastatur- und Menübefehlen auskommen. Um den zuletzt durchgeführten Arbeitsschritt zu annullieren, nutzen Sie entweder die Tastenkombination [Strg]/[cmd]+[Z] oder den Menüpunkt BEARBEITEN • RÜCKGÄNGIG.

▲ **Abbildung 10.10**
Wenn Sie einen Schritt rückgängig gemacht oder wiederholt haben, wird für eine kurze Zeit dieser Arbeitsschritt als Information im Bildfenster eingeblendet.

Beachten Sie allerdings, dass nach dem Schließen eines Bildes keine Möglichkeit mehr besteht, zuvor vorgenommene Arbeitsschritte rückgängig zu machen. Anders verhält es sich, wenn Sie

Was ist ein »Arbeitsschritt«?
Wenn Sie ein Kommando ausführen oder ein Werkzeug verwenden, so gilt jeder dieser Vorgänge als Arbeitsschritt. Malen Sie zum Beispiel mit dem Pinsel eine Linie auf das Bild, so ist dies ein Arbeitsschritt. Beachten Sie, dass ein Absetzen während des Zeichnens den Arbeitsschritt beendet. Wenn Sie nach dem Absetzen erneut den Pinsel zum Zeichnen verwenden, so ist dies schon ein zweiter Arbeitsschritt. Um also beide Pinselstriche wieder zu entfernen, müssen Sie den Arbeitsschritt zweimal rückgängig machen. Wollen Sie mehr als einen Arbeitsschritt widerrufen, sollten Sie das Rückgängig-Protokoll benutzen (siehe den Abschnitt »Das Rückgängig-Protokoll verwenden« auf Seite 311).

Kapitel 10   Grundlegendes zur Bildkorrektur

eine Bilddatei gespeichert haben, ohne sie zu schließen. Hier steht das Rückgängigmachen nach wie vor zur Verfügung.

Schritte wiederherstellen | Möchten Sie den zuletzt rückgängig gemachten Schritt wiederherstellen oder wiederholen, so verwenden Sie die Tastenkombination [Strg]/[cmd]+[Y] oder das Menü BEARBEITEN • WIEDERHOLEN.

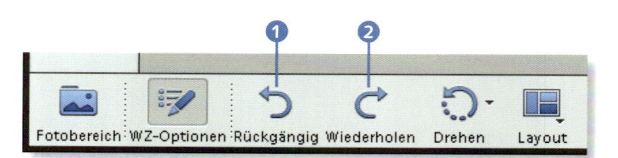

Abbildung 10.11 ▶
Die Befehle zum Rückgängigmachen und Wiederholen von Arbeitsschritten finden Sie auch am unteren Rand des Fotoeditorfensters als Schaltflächen RÜCKGÄNGIG ❶ und WIEDERHOLEN ❷ zum Anklicken vor.

Zuletzt gespeicherte Version | Um zur zuletzt gespeicherten Version eines Bildes zurückzukehren, wählen Sie den Menüpunkt BEARBEITEN • ZURÜCK ZUR LETZTEN VERSION oder benutzen die Tastenkombination [Strg]/[cmd]+[⇧]+[A]. Dieser Arbeitsschritt wird ebenfalls dem Rückgängig-Protokoll hinzugefügt, so dass Sie auch diesen Befehl jederzeit wieder rückgängig machen können.

Maximale Anzahl | Die Anzahl der Arbeitsschritte, die Sie bei Photoshop Elements rückgängig machen können, passen Sie über das Menü BEARBEITEN/PHOTOSHOP ELEMENTS EDITOR • VOREINSTELLUNGEN • LEISTUNG über die PROTOKOLLOBJEKTE ❸ an. Standardmäßig sind hier fünfzig Schritte vorgegeben; Arbeitsschritte, die weiter zurückliegen, werden aus dem Speicher gelöscht und können nicht mehr rückgängig gemacht werden. Dieser Wert lässt sich aber auch auf bis zu 1.000 Schritte erhöhen. Änderungen des Wertes sind allerdings erst nach einem Neustart von Photoshop Elements gültig. Beachten Sie jedoch, dass ein sehr hoher Wert zu Lasten des Arbeitsspeichers geht.

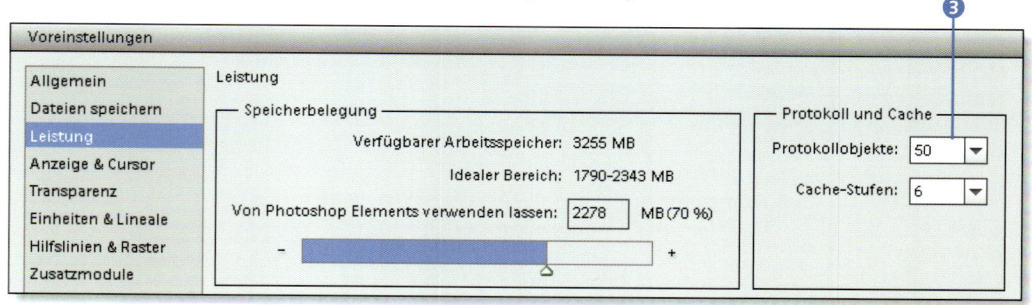

▲ Abbildung 10.12
Mit PROTOKOLLOBJEKTE ❸ stellen Sie ein, wie viele Schritte Sie rückgängig machen können.

10.2.2 Das Rückgängig-Protokoll verwenden

Eine etwas übersichtlichere Aufzeichnung der durchgeführten Arbeitsschritte finden Sie mit dem Bedienfeld RÜCKGÄNGIG-PROTOKOLL. Sie rufen es mit dem Befehl FENSTER • RÜCKGÄNGIG-PROTOKOLL auf. Der Vorteil gegenüber den Menü- und Tastaturbefehlen liegt ganz klar im besseren Bedienkomfort. Sie können hiermit nämlich zu einem gewünschten Arbeitsschritt zurückgehen und dabei andere Arbeitsschritte einfach überspringen.

▲ **Abbildung 10.13**
Das RÜCKGÄNGIG-PROTOKOLL listet die an einem Bild vorgenommenen Arbeitsschritte auf.

Ganz oben im Rückgängig-Protokoll-Bedienfeld sehen Sie das Bild und den Namen der Datei ❹ (hier »Tel_Aviv_Jaffa.jpg«), auf die sich das Protokoll bezieht. Der zuletzt ausgeführte Arbeitsschritt steht immer ganz unten ❼ und der früheste Arbeitsschritt an erster Stelle ❺.

Kapitel_10:
Tel_Aviv_Jaffa.jpg

Zu einem früheren Bildzustand zurückkehren | Um zu einem früheren Bildstatus zurückzukehren, klicken Sie einfach auf dessen Namen. Alternativ schieben Sie den kleinen Regler ❻ auf der linken Seite am Bedienfeld nach oben oder unten.

Kapitel 10   Grundlegendes zur Bildkorrektur

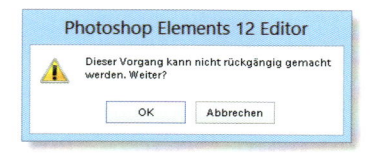

▲ **Abbildung 10.14**
Das Löschen des Rückgängig-Protokolls können Sie nicht mehr rückgängig machen.

Rückgängig in Dialogboxen
Auch bei den Einstellungen in Dialogboxen, die Sie in diesem Buch noch häufig verwenden werden, können Sie meistens mit `Strg`/`cmd`+`Z` den letzten Schritt zurücknehmen. Allerdings gilt dies nur, solange die Dialogbox noch geöffnet ist, und betrifft auch nur die letzte Änderung.

Das Rückgängig-Protokoll leeren | Wenn der Arbeitsspeicher knapp wird und die Befehle immer länger für die Ausführung benötigen, können Sie das Rückgängig-Protokoll auch leeren. Hierzu steht Ihnen der Befehl BEARBEITEN • ENTLEEREN • PROTOKOLL LÖSCHEN zur Verfügung.

Dasselbe erreichen Sie über das erweiterte Menü im Rückgängig-Protokoll mit dem Befehl PROTOKOLL DER RÜCKGÄNGIG GEMACHTEN AKTIONEN LÖSCHEN oder mit einem Rechtsklick auf einen Arbeitsschritt.

Wollen Sie hingegen nur alle Arbeitsschritte ab einem bestimmten Schritt entfernen, so wählen Sie zuerst den entsprechenden Arbeitsschritt und führen dann über das Bedienfeldmenü oder einen Rechtsklick auf den Schritt im Protokoll den Befehl LÖSCHEN aus. Der aktuelle Arbeitsschritt und alle folgenden werden dann gelöscht.

Dialogboxen zurücksetzen | Wenn Sie hingegen in einem Dialog die `Alt`-Taste drücken, so wird die Schaltfläche ABBRECHEN ❶ zur Beendigung des Dialogs in eine ZURÜCK-Schaltfläche verwandelt. Klicken Sie nun bei gedrückter `Alt`-Taste auf die Schaltfläche ZURÜCK ❷, so werden alle Einstellungen des Dialogs wieder in den Urzustand versetzt. Dadurch ersparen Sie sich ein Neustarten des Dialogs.

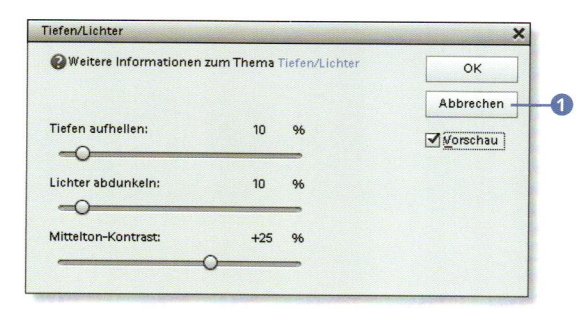

▲ **Abbildung 10.15**
Einen Dialog verlassen Sie in der Regel mit dem Button ABBRECHEN.

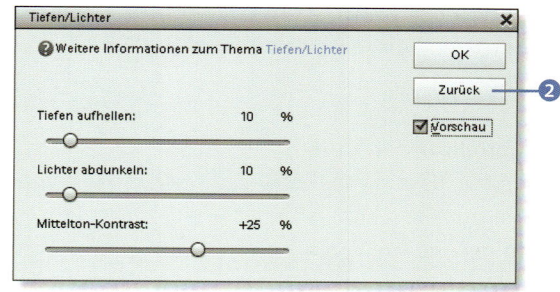

▲ **Abbildung 10.16**
Durch Drücken der `Alt`-Taste wird aus der Schaltfläche ABBRECHEN ein ZURÜCK(setzen)-Button.

Kapitel 11
Tiefen und Lichter korrigieren

Die erste Korrekturarbeit an einem Pixelbild sollte sich immer den Lichtern und Tiefen widmen. Das Hauptaugenmerk richtet sich dabei auf die hellsten und dunkelsten Bereiche oder Pixel im Bild.

11.1 Das Histogramm – die Tonwertverteilung im Bild

Die **Lichter** sind die hellsten Bereiche oder Pixel im Bild, als **Tiefen** bezeichnet man die dunkelsten. **Mitteltöne** heißen die Pixel im mittleren Tonwertbereich des Bildes, also zwischen den Lichtern und Tiefen.

Korrektur der Tonwerte | Angestrebt wird bei der Tonwertkorrektur, dass die hellsten Bereiche im Bild tatsächlich weiß und die dunkelsten Bereich auch schwarz sind. Ist dies nicht der Fall, sollten Sie Weißpunkt und Schwarzpunkt im Bild durch eine Korrektur festlegen.

Bitte beachten Sie, dass bei der Anpassung der Tonwerte eines Bildes an die hellsten Lichter und dunkelsten Tiefen auch die Mitteltöne verändert werden. Teilweise verbessert eine Tonwertkorrektur auch die Kontraste oder behebt einen Farbstich. Häufig erweist sich die Tonwertkorrektur daher als die einzige durchzuführende Korrektur.

Tonwertverteilung überprüfen | Um die Tonwertverteilung eines Bildes zu prüfen, wird ein sogenanntes Histogramm verwendet. Ein Histogramm lassen Sie bei Photoshop Elements entweder über das Bedienfeld FENSTER • HISTOGRAMM oder als Teil des

---

Perfektes Foto!?

Sofern Sie nicht in einem Studio fotografieren, werden Sie wohl relativ selten ein perfekt belichtetes Foto machen. Meistens ist immer ein Objekt im Vordergrund zu dunkel oder der Hintergrund zu hell.

Tonwert spreizen

Bei einer Tonwertkorrektur werden keine neuen Tonwerte hinzugefügt, sondern die bestehenden Tonwerte nur verschoben oder gestreckt. Man spricht hier auch von der *Tonwertspreizung*.

Kapitel 11 Tiefen und Lichter korrigieren

Abbildung 11.4 ▶
Diese Grafik …

Abbildung 11.5 ▶▶
… hat nur drei Tonwerte.

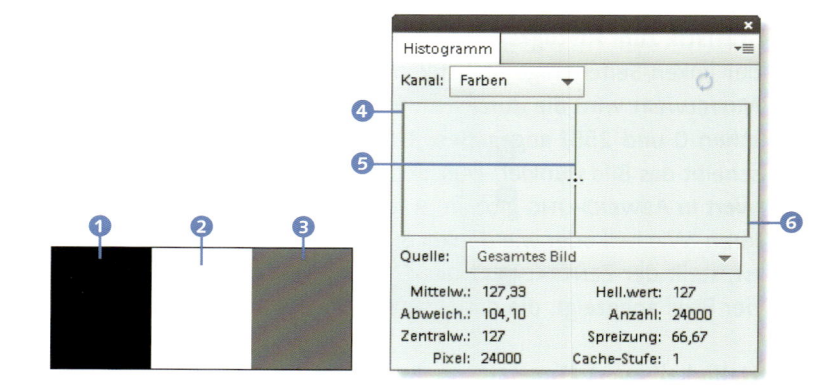

Zugegeben, die obige Grafik hat wenig mit der digitalen Fotografie zu tun. Sie verdeutlicht aber recht anschaulich, wie sich die Werte im Histogramm zusammensetzen.

11.2.1 Histogramm dunkler Bilder

Kapitel_11: fire-eater.jpg

Die Balken zu der Abbildung »fire-eater.jpg« türmen sich sehr stark am linken Rand der dunklen Tonwerte (und darüber hinaus). Der hohe Berg auf der linken Seite kommt von dem vielen Schwarz und den dunklen Farben im Bild. Durch die starken Verluste in den Tiefen lässt sich daher kaum noch etwas aus dem Schwarz herausholen. Wir könnten zwar versuchen, die Tiefen ein wenig aufzuhellen, riskierten dabei aber, das Bild stark zu verrauschen.

Abbildung 11.6 ▶
Die hohen Zeichnungsverluste in den Tiefen des Bildes lassen sich kaum mehr beheben. In diesem Beispiel ist dies allerdings auch gar nicht unbedingt erwünscht.

Kapitel_11: Saint_Basil_Cathedral.jpg

11.2.2 Histogramm heller Bilder

Ein Beispiel für das andere Extrem eines Bildes mit zu hellen Tonwerten zeigt die Abbildung »Saint_Basil_Cathedral.jpg«. Hier türmen sich die hellen Tonwerte im Histogramm weit über den rechten Rand hinaus. Die hohen Balken im rechten Bereich ergeben sich aus dem weißen und stark überstrahlten Himmel und Vordergrund. Daher müssen Sie hier mit **Zeichnungsverlusten** im Lichterbereich rechnen. Auch hier ist eine Reparatur der zu hellen Bereiche kaum noch möglich, da die nötigen Bildinformationen (genauer die Tonwertabstufungen) fehlen.

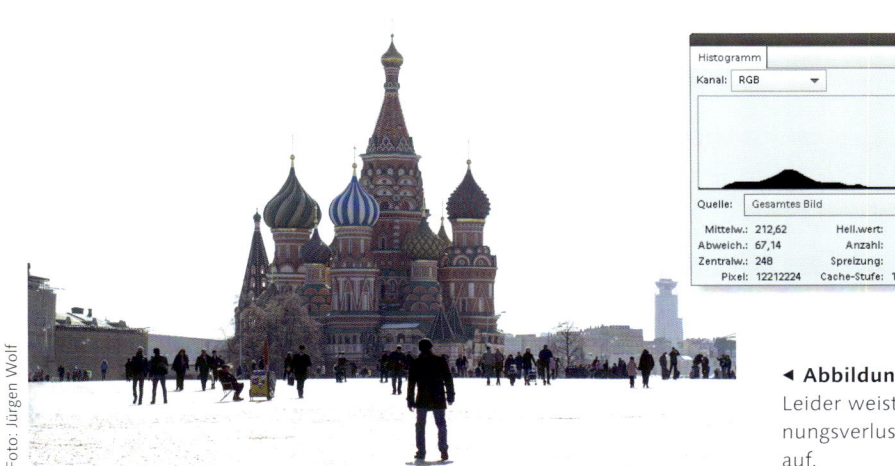

◄ Abbildung 11.7
Leider weist das Bild starke Zeichnungsverluste im hellen Bereich auf.

Kapitel_11: Pushkar.jpg

11.2.3 Histogramm kontrastarmer Bilder

Ist das Histogramm eher zu schmal bzw. befinden sich die hellsten Lichter und dunkelsten Tiefen vorwiegend in der Mitte des Histogramms, so hat das Bild häufig nur wenige Kontraste. Meistens entsteht hierbei der Eindruck eines Grauschleiers, der über dem Bild liegt.

◄ Abbildung 11.8
Befinden sich die Balken vorwiegend in der Mitte des Histogramms, wirkt das Bild häufig flau und kontrastarm, wie hinter einem Nebelschleier.

Kontrastarme Bilder, wie das aus Abbildung 11.8, lassen sich häufig mit ein oder zwei Arbeitsschritten korrigieren. Wie Sie das anstellen, erfahren Sie im Abschnitt »Flaue Bilder korrigieren« auf Seite 321.

Kapitel_11: holi.jpg

11.2.4 Ein ausbalanciertes Histogramm

Das Histogramm der Abbildung »holi.jpg« weist eine gleichmäßige Helligkeitsverteilung und keine auffälligen Spitzen in den Tiefen oder Lichtern auf. Vielmehr sind viele Helligkeiten mit ähnlichem Anteil vorhanden. Histogramme von Bildern mit gleichmäßiger Helligkeitsverteilung haben in der Regel keine auffälligen Berge.

Abbildung 11.9 ▶
Das Bild ist weder zu hell noch zu dunkel, sondern ausbalanciert und stimmig.

Kapitel_11: faith.jpg

11.2.5 Das ideale Histogramm

Bei einem idealen Histogramm mit mittlerer Helligkeit und durchschnittlichem Kontrastumfang verteilen sich die Balken möglichst glockenförmig von der Mitte aus und an den Rändern auslaufend. Wenn die Histogramm-Balken nicht die gesamte Breite des Diagramms einnehmen, wirkt das Bild meistens flau und kontrastarm.

Abbildung 11.10 ▶
Ein nahezu perfekt »glockenförmiges« Histogramm mit fast perfekten Tiefen und Lichtern im Bild

Zusammenfassend könnte man das Histogramm eines idealen Fotos wie folgt charakterisieren:
- Die Hügel des Histogramms laufen sanft an den Rändern aus.
- Die gesamte Breite des Histogramms wird verwendet.
- Die »Hügelkette« des Histogramms weist keine zu starken Lücken auf.

Belichtungstipp zum Fotografieren | Zunächst sollten Sie beim Fotografieren, falls technisch möglich, darauf achten, dass Sie die Bilder eher unterbelichtet aufnehmen. Bei überbelichteten Fotos haben Sie den Nachteil, dass an den überbelichteten Stellen keinerlei Informationen (alles ist weiß) mehr vorhanden sind. Ohne die relevanten Bildinformationen ist leider auch keine Korrektur möglich. Etwas zu dunkel geratene Stellen im Bild können Sie hingegen ohne großen Aufwand nachbessern (besonders wenn Sie im Rohformat fotografieren; siehe Kapitel 30, »RAW – das digitale Negativ«).

11.3 Die Tonwertkorrektur

Mit Photoshop Elements können Sie Tonwerte selbstverständlich nicht nur überprüfen, sondern auch selbst anpassen. Hierzu rufen Sie das entsprechende Werkzeug über ÜBERARBEITEN • BELEUCHTUNG ANPASSEN • TONWERTKORREKTUR oder mit der Tastenkombination [Strg]/[cmd]+[L] auf. Im Idealfall leistet eine Tonwertkorrektur drei Dinge:
- Sie entfernt Farbstiche.
- Sie macht die Farben kräftiger.
- Sie verbessert den Kontrast.

Im Mittelpunkt des Dialogs zur Tonwertkorrektur steht ebenfalls das Histogramm. Rund um das Histogramm finden Sie die verschiedenen Bedienelemente zur Korrektur der Tonwerte.

Kanal auswählen | Mit der Dropdown-Liste KANAL ❶ (siehe Abbildung 11.12) geben Sie an, ob Sie die Tonwertkorrektur für alle drei (RGB-)Kanäle oder für jeden Kanal einzeln durchführen wollen. Am einfachsten ist es zwar, mit RGB (oder mit [Alt]+[2]) alle Tonwerte im gesamten Bild auf einmal zu korrigieren, aber exakter geht dies mit den einzelnen Kanälen ROT (oder [Alt]+[3]), GRÜN (oder [Alt]+[4]) oder BLAU (oder [Alt]+[5]). Gerade wenn das Bild einen Farbstich hat, kommen Sie nicht darum herum, den Tonwert eines einzelnen Farbkanals zu korrigieren.

Einstellungsebene

Besser ist es, Sie verwenden für die Tonwertkorrektur eine Einstellungsebene, wie im Abschnitt »Flexibel arbeiten mit Einstellungsebenen« auf Seite 304 beschrieben. Zwar wird die Tonwertkorrektur bei den Einstellungsebenen im Korrekturen-Bedienfeld ausgeführt, das sich von dem Dialog TONWERTKORREKTUR optisch leicht unterscheidet, aber das Prinzip und die Anwendung bleiben gleich.

▲ **Abbildung 11.11**
Wählen Sie den Farbkanal aus, der korrigiert werden soll.

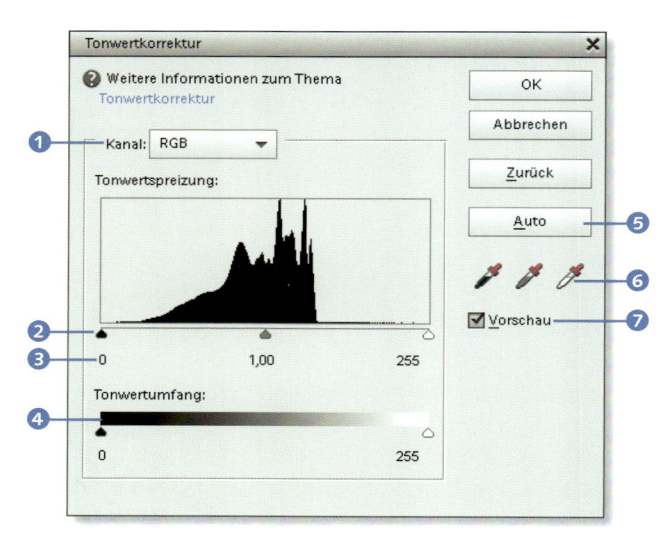

Kapitel 11 Tiefen und Lichter korrigieren

▲ **Abbildung 11.12**
Eines der am häufigsten verwendeten Werkzeuge ist die TONWERTKORREKTUR, hier als Dialog …

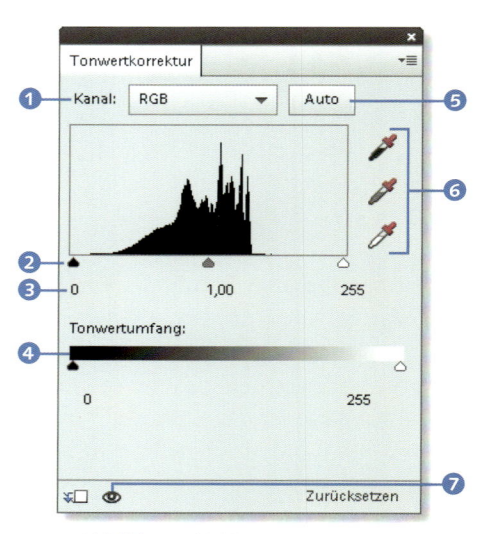

▲ **Abbildung 11.13**
… und hier als Einstellungsebene im Korrekturen-Bedienfeld TONWERTKORREKTUR.

Vorschau

Damit Sie die gemachten Veränderungen auch immer gleich im Bild sehen, sollten Sie die Checkbox VORSCHAU ❼ (oder das Augensymbol ❼ bei der Einstellungsebene) immer aktiviert lassen.

Änderungen an den Tonwerten im Dialogfenster wirken sich erst auf das Bild aus, wenn Sie den Dialog mit OK bestätigen. Die Regler zurücksetzen können Sie mit der Schaltfläche ZURÜCK und den Dialog ohne irgendwelche Auswirkungen auf das Bild beenden mit der Schaltfläche ABBRECHEN.

Mehr dazu habe ich bereits im Abschnitt »Flexibel arbeiten mit Einstellungsebenen« auf Seite 304, beschrieben.

Tonwertspreizung | Unterhalb des Histogramms finden Sie drei kleine Pfeile ❷, mit deren Hilfe Sie hauptsächlich die Tonwertkorrektur vornehmen. Jeder dieser Regler lässt sich mit gedrückter linker Maustaste verschieben. Der schwarze Regler auf der linken Seite verändert die Tiefen (den Schwarzpunkt) und der weiße Regler rechts die Lichter (den Weißpunkt). Mit dem grauen Regler in der Mitte passen Sie die Helligkeit des Bildes an. Unterhalb der Tonwertspreizungsregler in den Zahlenfeldern ❸ wird dann der entsprechende Tonwert angezeigt, den Sie mit dem Regler eingestellt haben. Alternativ geben Sie die Werte per Tastatur in die Zahlenfelder ein.

Tonwertumfang | Mit den Reglern bei TONWERTUMFANG ❹ reduzieren Sie – der Name sagt es – den Umfang der Tonwerte.

Auto(-Tonwertkorrektur) | Die Schaltfläche AUTO ❺ entspricht dem Menübefehl ÜBERARBEITEN • AUTO-TONWERTKORREKTUR (oder der Tastenkombination ⇧+Strg/cmd+L). Mit diesem Kommando lassen Sie die Tonwertkorrektur automatisch von Photoshop Elements durchführen.

Pipetten | Mit den Pipetten ❻ im Dialog können Sie den Schwarz-, Grau- und Weißpunkt selbst bestimmen, indem Sie ihn im Bild direkt anklicken. Es ist allerdings relativ schwierig, diese Punkte bei Bildern mit vielen Megapixeln zu finden.

11.4 Die Tonwertkorrektur in der Praxis

Nach so viel Theorie möchte ich Ihnen den sinnvollen Einsatz der Tonwertkorrektur an einigen typischen Beispielen vorführen.

11.4.1 Flaue Bilder korrigieren

Erscheint ein Bild flau und kontrastarm, so hat es entweder nur wenige verschiedene Tonwerte, oder reines Schwarz und Weiß fehlen. Im Histogramm erkennen Sie diesen Mangel meistens an einem Hügel, dessen Ausläufer links und rechts nur dünn oder gar nicht belegt sind.

Schritt für Schritt: Kontrast verbessern

Sie können den Kontrast bei solchen Bildern verstärken, indem Sie den linken Schwarzpunktregler nach rechts und den rechten Weißpunktregler nach links jeweils bis zum Anfang eines Histogramm-Hügels ziehen.

Kapitel_11: NY_pier.jpg

◀ **Abbildung 11.14**
Ein flaues und kontrastarmes Bild

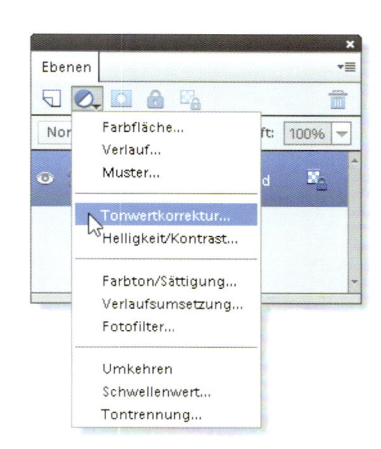

▲ **Abbildung 11.15**
Erstellen Sie eine Einstellungsebene Tonwertkorrektur.

1 **Einstellungsebene anlegen oder Werkzeug aufrufen**
Laden Sie das Beispielbild »NY_pier.jpg« von der DVD in den Fotoeditor. Legen Sie zunächst wieder eine Einstellungsebene an (siehe den Abschnitt »Flexibel arbeiten mit Einstellungsebenen« auf Seite 304). Alternativ können Sie auch direkt das Werkzeug zur Tonwertkorrektur verwenden (über [Strg]/[cmd]+[L]), allerdings müssen Sie dann auf den Komfort der Einstellungsebenen verzichten.

2 **Schwarzpunkt und Weißpunkt setzen**
Wie im Histogramm deutlich zu erkennen, fehlen im Bild sowohl schwarze als auch weiße Tonwerte, denn es befinden sich links und rechts keine Balken. Dieser Mangel lässt das Bild flau erscheinen. Dies ändern Sie, indem Sie schwarze und weiße Tonwerte

Kapitel 11   Tiefen und Lichter korrigieren

Tipp: Feintuning
Wenn Sie den Kontrast noch ein wenig mehr verbessern wollen, können Sie auch noch den Mitteltonregler ❸ etwas nach rechts schieben.

hinzufügen. Ziehen Sie hierzu den Schwarzpunktregler ❶ nach rechts bis zum Anfang des steilen Berges. Im Beispiel ist dies ungefähr beim Wert 16.

Ziehen Sie als Nächstes den Weißpunktregler ❷ nach links bis zum Anfang des steilen Berges (entspricht im Beispiel dem Wert 173). Alle Tonwerte von 173 bis 254 werden nun weiß.

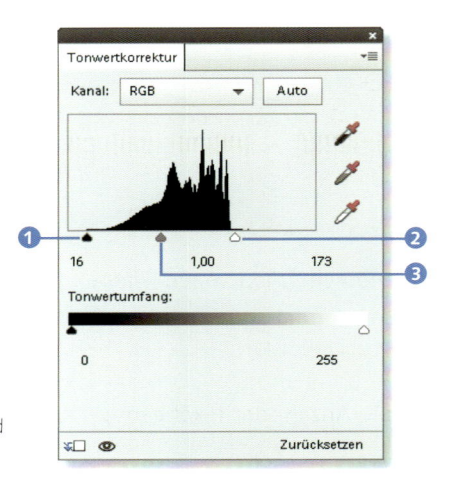

Abbildung 11.16 ▶
Mit den beiden Reglern bestimmen Sie den neuen Schwarz- und den neuen Weißpunkt im Bild.

3   Bild auf Hintergrundebene reduzieren

Zum Schluss brauchen Sie nur noch die Einstellungsebene im Ebenen-Bedienfeld mit der rechten Maustaste anzuklicken und im Kontextmenü Auf Hintergrundebene reduzieren auszuwählen. Jetzt können Sie das verbesserte Bild abspeichern. Fertig.

Abbildung 11.17 ▶
Einstellungsebene und Hintergrundebene auf eine Ebene reduzieren

4 Nach der Korrektur
Das korrigierte Bild hat nun deutlich mehr Kontraste und ist nicht mehr so flau.

▼ **Abbildung 11.18**
Nach der Korrektur sieht das Bild erheblich kontrastreicher und nicht mehr so flau aus.

Durchlöchertes Histogramm | Sicherlich fallen Ihnen während der Überarbeitung mit der Tonwertkorrektur im Histogramm-Bedienfeld die Lücken auf. Die Ursache hierfür ist, dass Sie durch die Korrektur die Tonwerte auseinandergezogen haben. Solange die Lücken nicht sehr groß sind oder die Anzahl der Pixel gering ist, ist das kein Problem.

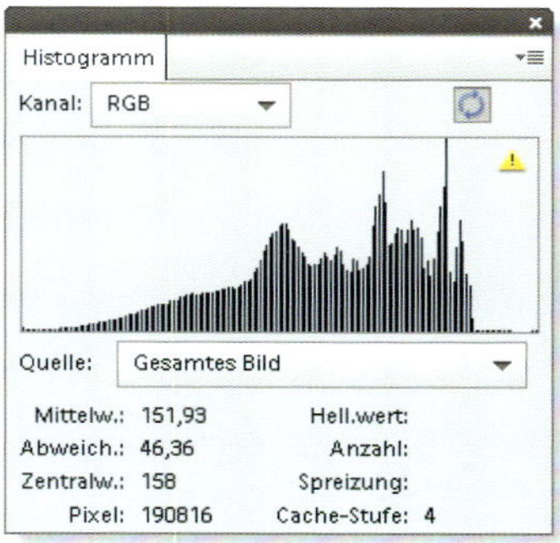

11.4.2 Zu dunkle und zu helle Bilder

Auch zum Aufhellen oder Abdunkeln von Bildern ist die Tonwertkorrektur hervorragend geeignet. Hierfür verwenden Sie bei der Tonwertkorrektur den sogenannten **Gammaregler**, den mittleren, grauen Regler. Wenn Sie diesen Regler nach links ziehen, wird das Bild aufgehellt, ziehen Sie ihn nach rechts, so wird das Bild abgedunkelt.

▲ **Abbildung 11.19**
Das Histogramm zeigt nach der Tonwertkorrektur eine sogenannte Tonwertspreizung.

Schritt für Schritt: Bild aufhellen

Das folgende Beispiel »Monkey.jpg« soll die Arbeit mit dem Gammaregler anhand eines etwas zu dunkel geratenen Affen im Vordergrund demonstrieren. Laden Sie daher das Bild von der Buch-DVD in den Fotoeditor.

Kapitel_11: Monkey.jpg

◀ **Abbildung 11.20**
Durch den Sonnenaufgang im Hintergrund hat der Affe zu starke Schatten bekommen und das Gesicht ist fast schwarz. Verblitzen wollte ich das arme Äffchen aber auch nicht.

Kapitel 11 Tiefen und Lichter korrigieren

Zum Weiterlesen

Es ist auch möglich, zu hell oder zu dunkel geratene Bilder mit den Füllmethoden der Ebenen aufzuhellen oder abzudunkeln. Wie dies funktioniert, erfahren Sie bei den Ebenen im Abschnitt »Bilder über Füllmethode aufhellen oder abdunkeln« auf Seite 639.

1 Einstellungsebene anlegen oder Werkzeug aufrufen

Legen Sie zunächst wieder eine Einstellungsebene an, oder verwenden Sie das Werkzeug zur Tonwertkorrektur (mit `Strg`/`cmd`+`L`).

2 Bild aufhellen

Um das Bild aufzuhellen, ziehen Sie den mittleren Schieberegler ❶ mit gedrückter linker Maustaste nach links, bis der Wert etwa bei 1,55 liegt. Bestätigen Sie den Dialog mit OK.

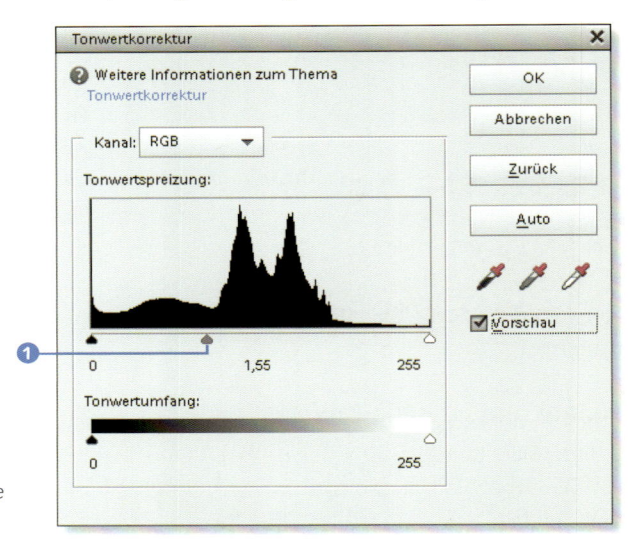

Abbildung 11.21 ▶
Der mittlere Regler verschiebt die Mitteltöne des Bildes.

3 Nach der Korrektur

Das Aufhellen und Abdunkeln erledigen Sie im Grunde mit einem Handgriff. Berücksichtigen Sie aber, dass für beide Korrekturen genügend Informationen, das heißt Pixel, im Bild zur Verfügung stehen müssen, sonst bewirkt Ihre Korrektur höchstens ein verstärktes Bildrauschen.

Abbildung 11.22 ▼
Mehr als ein Handgriff war für das Aufhellen nicht nötig, um unser Äffchen ins richtige Licht zu rücken.

11.4.3 Farbstich entfernen

Mit der Tonwertkorrektur haben Sie auch ein hervorragendes Mittel zur Hand, um Farbstiche zu korrigieren.

Schritt für Schritt: Farbstich entfernen

Das Bild aus Abbildung 11.23 enthält einen deutlich erkennbaren Blaustich, der durch einen falschen Weißabgleich der Digitalkamera entstanden ist.

Kapitel_11: Blaustich.jpg

◄ **Abbildung 11.23**
Eine Aufnahme mit einem Blaustich

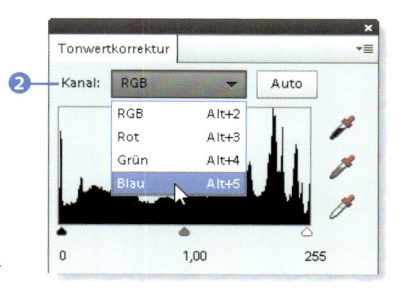

▲ **Abbildung 11.24**
Bearbeiten Sie den blauen Tonwertkanal.

1 Einstellungsebene anlegen oder Werkzeug aufrufen
Laden Sie das Bild »Blaustich.jpg« von der Buch-DVD in den Fotoeditor. Legen Sie zunächst wieder eine Einstellungsebene an, oder verwenden Sie das Werkzeug zur Tonwertkorrektur (Tastenkürzel [Strg]/[cmd]+[L]).

2 Kanal zur Korrektur aufrufen
Wählen Sie nun den Bildkanal im Dialog aus. Das Beispielbild weist einen Blaustich auf; rufen Sie also zunächst den Kanal BLAU ❷ auf (alternativ mit [Alt]+[5]).

3 Farbstich per Messung ermitteln
Nicht immer ist es so eindeutig wie hier festzustellen, was für einen Farbstich das Bild hat. Um also herauszufinden, wie es um die Farbverteilung in Ihrem Bild bestellt ist, können Sie das Farbwähler-Werkzeug [I] sowie das Informationen-Bedienfeld (FENSTER • INFORMATIONEN) nutzen. Suchen Sie im Bild eine Stelle, die eigentlich grau sein müsste, und führen Sie die Pipette (ohne zu klicken) über diese Stelle. Im Informationen-Bedienfeld lesen Sie nun in den RGB-Farbinformationen die Farbverteilung ab. Im Beispiel ist an diesen Stellen stets der blaue Farbkanal ❹ dominierend und der rote Kanal ❸ meistens zu schwach. Ein neutrales Grau würde sich dagegen aus R = 127, G = 127 und B = 127

Farbwerte messen

Es bedarf schon einer gewissen Erfahrung, gepaart mit Fingerspitzengefühl, um den Farbwert zu messen und zu verstehen. Genau genommen messen Sie mit dieser Methode die Graubalance im Bild. Detailliertere Ausführungen hierzu finden Sie im Abschnitt »Farbwerte messen« auf Seite 343. Ich empfehle Ihnen auf jeden Fall, sich intensiver damit zu befassen. Es gibt übrigens auch Möglichkeiten, den Farbstich mit einem Klick zu entfernen (siehe Abschnitt 12.2), aber genauer wird es immer, wenn Sie es manuell machen.

zusammensetzen. Die Schwierigkeit ist eigentlich nur, den idealen Graupunkt zu finden. In der Praxis werden Sie hierbei selten ein exaktes Grau vorfinden, bei dem alle drei Kanäle (Rot, Grün und Blau) den Wert 127 besitzen. In der Regel sind allerdings solch genauen Werte selten nötig.

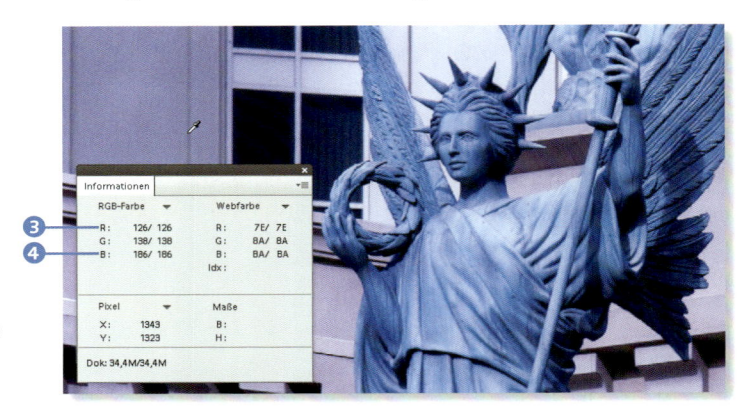

Abbildung 11.25 ▶
Die RGB-Farbwerte im Informationen-Bedienfeld geben genaue Auskunft über den Farbstich im Bild.

4   Blauen Farbstich entfernen

Ziehen Sie den mittleren, grauen Regler ❼ nach rechts auf den Wert 0,55, um die Intensität des Blaukanals zu reduzieren.

Mit dem Pipette-Werkzeug und dem Informationen-Bedienfeld können Sie nun einen Vorher-nachher-Vergleich ❻ der RGB-Farbkanäle betrachten. Der Wert vor dem Strich entspricht dabei dem Wert vor der Tonwertkorrektur, der Wert hinter dem Schrägstrich zeigt das Ergebnis wie es aussähe, sollten Sie die Tonwertkorrektur mit der Schaltfläche OK abschließen. Die Intensität des Blaus wurde erheblich reduziert. Allerdings fällt im Informationen-Bedienfeld auch auf, dass der Rotkanal ❺ immer noch zu schwach ausgeprägt ist.

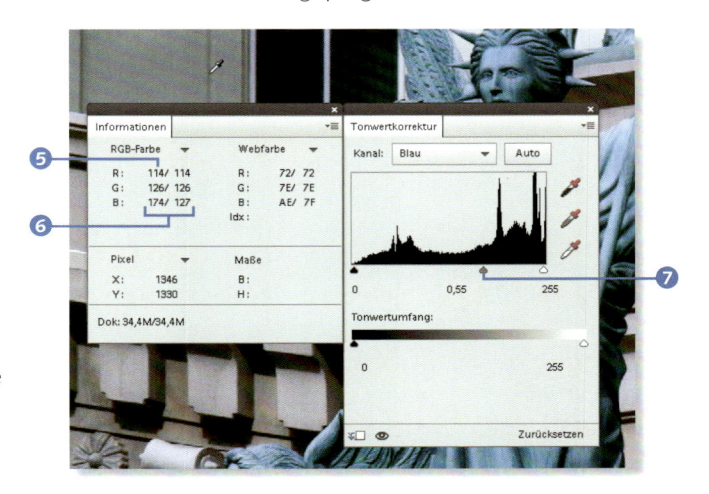

Abbildung 11.26 ▶
Die blauen Farbwerte im Bild wurden reduziert, wie der blaue Farbwert (B) im Informationen-Bedienfeld im Vorher-nachher-Vergleich anzeigt.

11.4 Die Tonwertkorrektur in der Praxis

5 **Intensität vom Rotkanal verstärken**

Wählen Sie den Kanal ROT ❽ in der Dropdown-Liste (oder betätigen Sie `Alt`+`3`), und ziehen Sie hierbei den mittleren, grauen Regler ❾ nach links auf den Wert 1,15. Reduzieren Sie jetzt die Einstellungsebene auf eine Hintergrundebene, oder, wenn Sie den Dialog TONWERTKORREKTUR verwendet haben, bestätigen Sie diesen mit der Schaltfläche OK.

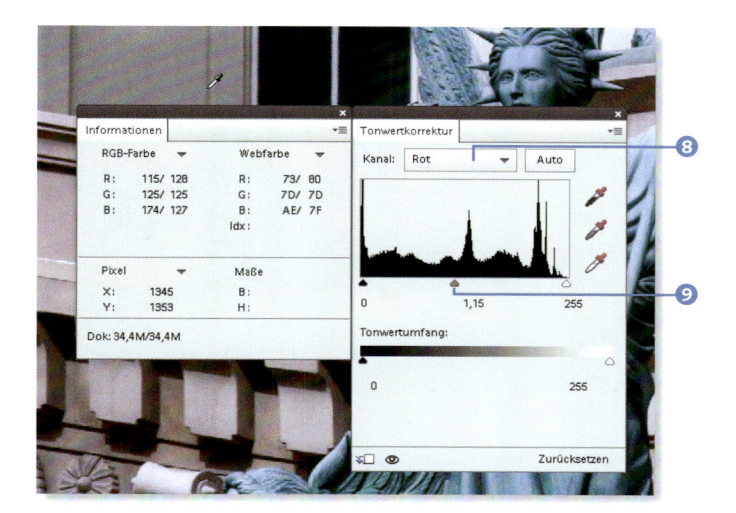

◂ **Abbildung 11.27**
Erst die Erhöhung der Rottöne im Bild entfernt den Farbstich vollständig.

6 **Bild auf Hintergrundebene reduzieren**

Wenn Sie eine Einstellungsebene für die Korrektur verwendet haben, brauchen Sie zum Schluss nur noch die Einstellungsebene(n) im Ebenen-Bedienfeld mit der rechten Maustaste anzuklicken und im Kontextmenü AUF HINTERGRUNDEBENE REDUZIEREN auszuwählen. Jetzt können Sie das verbesserte Bild abspeichern.

7 **Vergleich nach der Korrektur**

Der Farbstich wurde mit der Korrektur erfolgreich behoben, und der blaue Schleier ist vom Bild verschwunden.

▾ **Abbildung 11.28**
Das Bild im Vorher-nachher-Vergleich

327

Kapitel 11 Tiefen und Lichter korrigieren

Kapitel_11: Spiegelbild.jpg

Farbstich kanalweise entfernen | Bei manchen Bildern ist es allerdings nicht immer so einfach, einen Farbstich zu entfernen. Aber auch hier können Sie häufig Abhilfe schaffen, wenn Sie mal die einzelnen Kanäle bei der Tonwertkorrektur unter die Lupe nehmen.

Abbildung 11.29 ▶
Das Bild hat hier einen leichten Gelbstich, der sich allerdings nicht so recht messen lassen will.

Hier kann es zum Beispiel hilfreich sein, nachzusehen, ob die einzelnen Kanäle Rot, Grün und Blau den vollen Umfang im Histogramm verwenden, was in diesem Beispiel eben nicht der Fall ist. Wo sich der rote Kanal ❶ noch im vollen Umfang des Histogramms erstreckt, weisen der grüne ❷ und der blaue ❹ Kanal deutliche Defizite im hellen Bereich des Histogramms auf. Ziehen Sie daher den weißen Regler vom grünen ❸ und denselben Regler vom blauen ❺ Kanal an den Anfang des Histogramm-Hügels. Jetzt sollte der Gelbstich verschwunden sein.

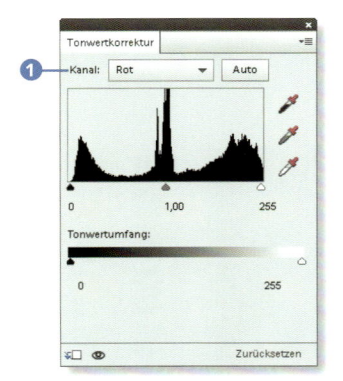

▲ **Abbildung 11.30**
Der rote Kanal wird im vollen Umfang verwendet.

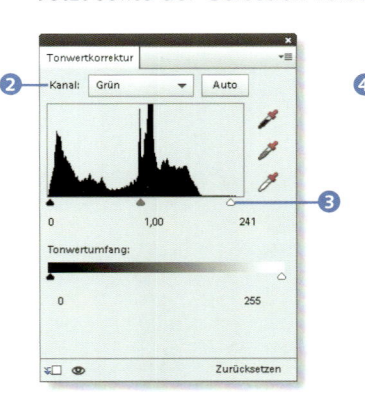

▲ **Abbildung 11.31**
Der grüne Kanal lässt Informationen in den hellen Bereichen vermissen.

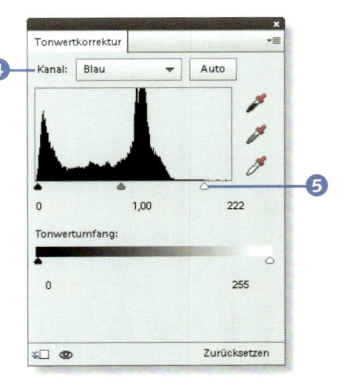

▲ **Abbildung 11.32**
Dasselbe Problem haben wir auch beim blauen Kanal.

◀ **Abbildung 11.33**
Nach der Korrektur der einzelnen Kanäle ist der Gelbstich im Bild verschwunden.

11.4.4 Bilder ohne Schwarz oder Weiß

Zwar ist das Histogramm eine sehr wichtige Hilfe bei der Bildkorrektur, aber hierbei gibt es auch immer wieder Ausnahmen. Nicht immer führt das Ziehen eines Reglers an den Anfang des Histogramm-Hügels zum Erfolg. Ein typisches Beispiel sind Aufnahmen wie Sonnenuntergänge, die meist kein richtiges Weiß enthalten. Schneeaufnahmen fehlt umgekehrt oft das Schwarz. Bei solchen Motiven sollten Sie sich mit extremeren Tonwertkorrekturen zurückhalten. Meistens genügt es schon, wenn Sie mit dem mittleren Schieberegler (Gammaregler) das Bild insgesamt ein wenig aufhellen oder abdunkeln.

11.4.5 Tonwertkorrektur bei Graustufenbildern

Die Tonwertkorrektur bei Graustufenbildern funktioniert im Prinzip ebenso wie auf den letzten Seiten beschrieben – mit einer entscheidenden Ausnahme: Während Sie bei einem RGB-Bild auf jeden der drei Kanäle einzeln zugreifen können, ist dies beim Graustufenbild nicht mehr möglich; hier steht Ihnen nur noch ein Kanal, der Graustufenkanal, zur Verfügung. Graustufenbilder reagieren deshalb auch sehr viel schneller und empfindlicher als RGB-Bilder auf eine Anpassung des Tonwertes.

Kapitel_11:
Humayun-Tomb.jpg

▼ **Abbildung 11.34**
Graustufenbilder haben zwar nur einen Kanal, davon abgesehen aber werden sie wie RGB-Bilder bearbeitet.

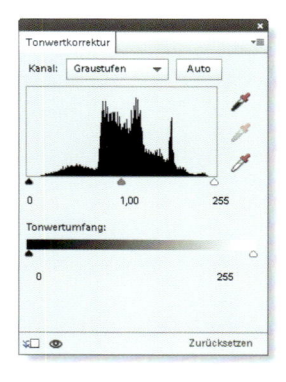

11.4.6 Tonwertumfang reduzieren

Vielleicht fragen Sie sich, wozu Sie den TONWERTUMFANG ❶ bei der Tonwertkorrektur benötigen. Schließlich können Sie doch mit der Tonwertkorrektur einen guten Kontrastumfang und eine feine Verteilung der hellen und dunklen Bildbereiche erzielen.

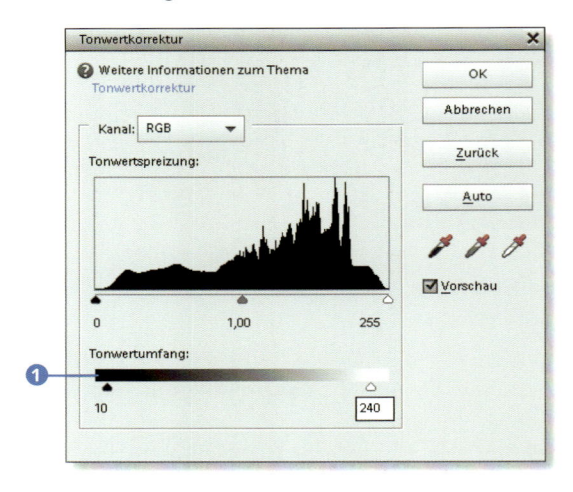

▲ **Abbildung 11.35**
Die Begrenzung des Tonwertumfangs wird hauptsächlich im Druck benötigt und lässt sich mit den Schiebereglern oder mit der Zahleneingabe durchführen.

Prozentwerte
Beachten Sie, dass im Druck mit Prozentwerten zwischen 0 % (Weiß) und 100 % (Schwarz) gerechnet wird, weshalb Sie hier ein wenig rechnen müssen. Die Formel lautet: 2,55 × (100 – Wert %). Sollen zum Beispiel die Tiefen auf 95 % Flächendeckung eingestellt werden, so lautet die Rechnung: 2,55 × (100 – 95) = 12,75. Somit schieben Sie den schwarzen TONWERTUMFANG-Regler auf den Wert 12 oder 13.

Das stimmt zwar im Prinzip, allerdings spiegeln sich diese Verbesserungen nicht immer im **Druck** wider. Hier kann es aus technischen Gründen passieren, dass die hellsten oder dunkelsten Pixel nicht auf dem Papier wiedergegeben werden. Wo zum Beispiel auf dem Bildschirm noch eine feine helle Struktur zu erkennen war, wird auf dem Papier plötzlich nur noch eine weiße, leere Fläche ausgegeben.

Wie stark der Tonwertumfang hierbei begrenzt werden muss, hängt zum einen vom Druckverfahren und zum anderen vom verwendeten Papier ab. Je schlechter also Druckverfahren und Papier sind, desto stärker muss der Tonwertumfang nachbearbeitet werden. Leider hat dieses Einschränken des Tonwertumfangs auch die Nebenwirkung, dass das Bild an Kontrast verliert und weniger brillant erscheint.

11.4.7 Unter- oder überbelichtete Bilder retten

Zwei Problemfälle, die in keinem Bildbearbeitungsbuch fehlen dürfen, sind unterbelichtete und überbelichtete Fotos. Diese kommen leider häufiger vor, als einem lieb ist. Im Folgenden zeige ich Ihnen für beide Fälle einen Lösungsweg auf.

11.4 Die Tonwertkorrektur in der Praxis

Schritt für Schritt: Überbelichtung ausgleichen

Die Belichtungsautomatik einer Kamera strebt immer dieselbe Zielhelligkeit bei Bildern an. Dies ist grundsätzlich sinnvoll, aber nicht bei jedem Bild erwünscht. Das folgende Bild »Jerusalem_sunset.jpg« wurde eigentlich während des Sonnenuntergangs vom Ölberg aus aufgenommen. Durch die untergehende Sonne erscheint das Bild allerdings fast wie am Tag fotografiert und ist viel zu hell geraten. Die Sonnenuntergangstimmung ist hier ein wenig dahin. Laden Sie das Bild von der Buch-DVD in den Fotoeditor.

Kapitel_11:
Jerusalem_sunset.jpg

◄ **Abbildung 11.36**
Falsche Lichtstimmung durch Belichtungsautomatik – dieses Bild wurde ein wenig überbelichtet.

Foto: Jürgen Wolf

1 Tonwertkorrektur aufrufen
Legen Sie zunächst wieder eine Einstellungsebene für eine Tonwertkorrektur an. Wie immer können Sie auch hier direkt das Werkzeug zur Tonwertkorrektur (Tastenkürzel Strg/cmd+L) verwenden.

2 Mitteltöne abdunkeln und Lichter begrenzen
Ziehen Sie den schwarzen Schieberegler ❷ etwa auf den Wert 10 des Histogramms, damit die dunklen Werte im Bild auch wirklich schwarz werden. Schieben Sie anschließend den grauen Regler ❸ nach rechts, bis auch die mittleren Tonwerte zur Dämmerung passen. Im Beispiel habe ich den Regler auf den Wert 0,80 gezogen.
Wenn die hellen Bereiche vom Himmel immer noch zu stark leuchten, reduzieren Sie auch den Tonwertumfang im Lichterbereich über den weißen Anfasser ❹ auf den Wert 240. Bestätigen Sie den Dialog mit OK.

Strukturen erhalten
Wenn Sie in einem Bild die dunklen Töne (in diesem Fall Schwarz) hervorheben wollen, achten Sie darauf, dass die Strukturen des Bildes an den dunklen Stellen nicht »absaufen«, also nicht ganz im Dunklen verschwinden.

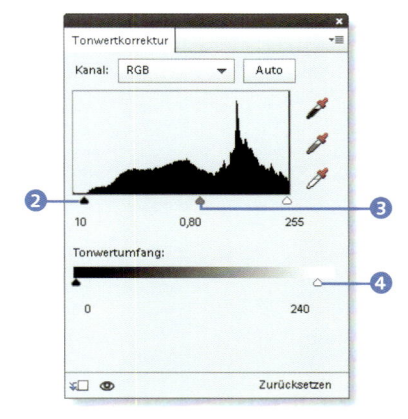

▲ **Abbildung 11.37**
Tonwertumfang reduzieren (hier als Einstellungsebene mit eigenem Bedienfeld)

3 Sättigung erhöhen
Damit die Stimmung auf dem Bild nicht so farblos und düster wirkt, sollten Sie die Farbsättigung ein wenig erhöhen. Verwenden Sie hierzu eine weitere Einstellungsebene Farbton/Sät-

331

TIGUNG oder den entsprechenden Dialog über ÜBERARBEITEN • FARBE ANPASSEN • FARBTON/SÄTTIGUNG ANPASSEN (erreichbar über Strg/cmd+U). Stellen Sie den Schieberegler zur SÄTTIGUNG ❶ auf den Wert »+10«.

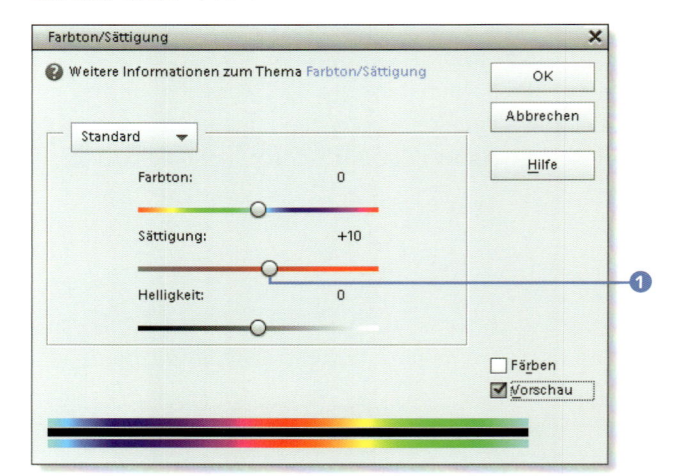

Abbildung 11.38 ▸
Über den Regler SÄTTIGUNG intensivieren Sie die Farben im Bild (hier habe ich wieder die Einstellungsebene statt des Dialogs verwendet).

4 Bild auf Hintergrundebene reduzieren
Falls Sie Einstellungsebenen für die Korrektur verwendet haben, brauchen Sie zum Schluss nur noch die Einstellungsebene(n) im Ebenen-Bedienfeld mit der rechten Maustaste anzuklicken und im Kontextmenü AUF HINTERGRUNDEBENE REDUZIEREN auszuwählen. Jetzt können Sie das verbesserte Bild abspeichern.

5 Nach der Korrektur
Nach der Korrektur vermittelt das Bild die richtige Stimmung bzw. Tageszeit. Auch die Kontraste wurden durch die Bearbeitung wesentlich verbessert. Das Bild wirkt nicht mehr so trist und flau.

▲ **Abbildung 11.39**
Nach dem Ausgleichen der leichten Überbelichtung wirkt das Bild lebhaft und wie in der entsprechenden Zeit aufgenommen.

11.4 Die Tonwertkorrektur in der Praxis

Schritt für Schritt: Unterbelichtung aufhellen

Auch die Unterbelichtung ist ein häufiges Problem beim Fotografieren. Fotografieren Sie zum Beispiel gegen die Sonne, kann Ihnen die Belichtungsautomatik auch hier einen Strich durch die Rechnung machen und das Bild zu dunkel aufnehmen, weil die Sonne so hell war. Laden Sie unser Beispielbild »Palmen.jpg« von der Buch-DVD in den Fotoeditor.

Kapitel_11: Palmen.jpg

1 Tonwertkorrektur aufrufen
Legen Sie zunächst wieder eine Einstellungsebene für eine TONWERTKORREKTUR an, oder nutzen Sie das Werkzeug zur Tonwertkorrektur (zum Beispiel mit [Strg]/[cmd]+[L]).

2 Mitteltöne aufhellen
Ziehen Sie den mittleren, grauen Schieberegler ❷ so weit nach links, bis Ihnen die Gesamthelligkeit des Bildes gefällt. Im Beispiel habe ich den Wert auf 2,50 gesetzt – aber seien Sie vorsichtig: Bei zu starkem Aufhellen besteht die Gefahr von Bildrauschen.

▲ **Abbildung 11.40**
Die Sonne hat die Belichtungsautomatik der Kamera irritiert.

3 Sättigung erhöhen
Damit das Bild farbiger wirkt und die tolle Stimmung auch vermittelt, sollten Sie die Farbsättigung leicht erhöhen. Verwenden Sie hierzu eine weitere Einstellungsebene FARBTON/SÄTTIGUNG, oder wählen Sie den entsprechenden Dialog über ÜBERARBEITEN • FARBE ANPASSEN • FARBTON/SÄTTIGUNG ANPASSEN ([Strg]/[cmd]+[U]). Stellen Sie den Schieberegler der SÄTTIGUNG ❸ auf den Wert +25.

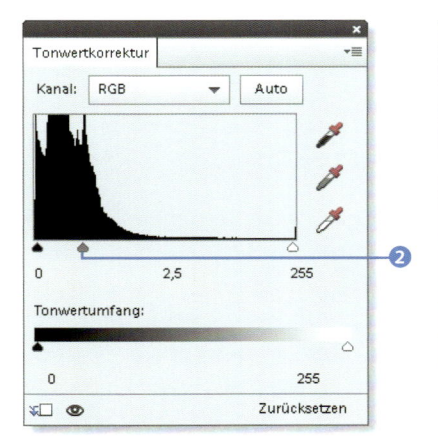

▲ **Abbildung 11.41**
Über den mittleren, grauen Regler erhöhen Sie die Gesamthelligkeit des Bildes.

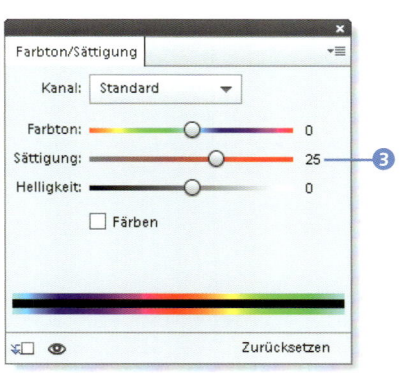

▲ **Abbildung 11.42**
Auch in diesem Bild müssen Sie nach der Tonwertkorrektur die Sättigung erhöhen.

333

Achtung vor Bildrauschen

Beim Aufhellen der Unterbelichtung sollten Sie unbedingt auch die dunklen Stellen mit einer 1:1-Ansicht im Auge behalten, weil ein zu starkes Aufhellen auch unerwünschtes Bildrauschen hervorrufen kann.

4 Bild auf Hintergrundebene reduzieren

Falls Sie Einstellungsebenen für die Korrektur verwendet haben, brauchen Sie zum Schluss nur noch die Einstellungsebene(n) im Ebenen-Bedienfeld mit der rechten Maustaste anzuklicken und im Kontextmenü AUF HINTERGRUNDEBENE REDUZIEREN auszuwählen. Jetzt können Sie das verbesserte Bild abspeichern.

5 Nach der Korrektur

Nach der Korrektur hat das Bild mehr Farbe und wirkt deutlich stimmiger. Durch die Aufhellung sind auch noch einige Details besser sichtbar geworden.

Abbildung 11.43 ▲
Die Belichtung wurde korrigiert und die Farbsättigung erhöht.

Automatik versus manuell

Das Resultat der automatischen Tonwertkorrektur ist relativ unvorhersehbar und selten befriedigend. Verwenden Sie die Auto-Tonwertkorrektur daher – wie alle Automatikfunktionen – nur ausnahmsweise.

11.5 Auto-Tonwertkorrektur

Die AUTO-TONWERTKORREKTUR lässt sich ausführen über ÜBERARBEITEN • AUTO-TONWERTKORREKTUR (oder mit der Tastenkombination [Strg]/[cmd]+[⇧]+[L]). Die Ausführung der Automatik funktioniert im Prinzip wie bei einer Tonwertkorrektur von Hand, wo die Schieberegler, Kanal für Kanal, an den Anfang der Histogramm-Hügel gezogen werden. Der Nachteil dieser Automatik ist, dass sie gnadenlos auch spezifische Bildeigenschaften neutralisiert und korrigiert, die man vielleicht lieber erhalten würde. Unter Umständen können Sie diese Automatik aber verwenden, wenn das Bild bereits über einen gleichmäßigen Tonwertumfang verfügt.

11.6 Automatische intelligente Farbtonbearbeitung

Eine etwas bessere Alternative zur AUTO-TONWERTKORREKTUR finden Sie in der AUTOMATISCHEN INTELLIGENTEN FARBTONBEARBEITUNG über das Menü ÜBERARBEITEN (oder mit der Tastenkombination [Strg]/[cmd]+[Alt]+[T]). Diese Funktion nutzt einen intelligenten Algorithmus auf die Tonwerte des geöffneten Bildes.

Die Verwendung der Funktion ist sehr einfach. In der Mitte finden Sie einen Regler ❶ (eine Art Joystick), welchen Sie zur Feinabstimmung der Farbtonverarbeitung mit gedrückt gehaltener Maustaste in eine der vier Ecken ziehen sollten. Anhand der Miniaturen ❷ an den Ecken können Sie nachverfolgen, welchen Effekt Sie erwarten können, je weiter Sie den Regler in die entsprechende Richtung der Ecke ziehen. Standardmäßig wird die Korrektur live angezeigt. Mit dem entsprechenden Schalter ❸ können Sie zwischen der VORHER- und NACHHER-Ansicht umschalten. Die Einstellung wird erst auf das Bild ausgeführt, wenn Sie die Schaltfläche OK ❹ bestätigt haben.

Die intelligente Automatikfunktion wurde neu in Adobe Photoshop Elements 12 eingeführt.

Kapitel_11: Yafo.jpg

▼ **Abbildung 11.44**
Über den Dialog AUTOMATISCHE INTELLIGENTE FARBTONVERARBEITUNG können Sie eine visuelle Farbtonverarbeitung mit einem Regler ❶ durchführen.

Aus der Korrektur lernen | Wenn Sie diese Funktion verwenden, können Sie im Menü des Dialogs die Option Aus dieser Korrektur lernen ❶ aktivieren (ist standardmäßig aktiviert). Mithilfe dieser Option lernt die Software von ihren Aktionen und verwendet diese Einstellung als Ausgangseinstellung für das nächste Bild ebenfalls wieder. Je mehr Bilder Sie mit dieser Funktion korrigieren, desto intelligenter wird sie. Diese Einstellung kann sehr hilfreich sein, wenn Sie viele ähnliche Bilder mit ähnlichen Korrekturen bearbeiten müssen. Ebenfalls über das Menü können Sie die Miniaturecken ❷ (de-)aktivieren.

Das Lernen der Funktion können Sie jederzeit wieder über Bearbeiten/Photoshop Elements Editor • Voreinstellungen • Allgemein über die Schaltfläche Lernen der automatischen intelligenten Farbtonverarbeitung zurücksetzen ❸ zurücksetzen.

▲ **Abbildung 11.45**
Die Funktion lernt mit.

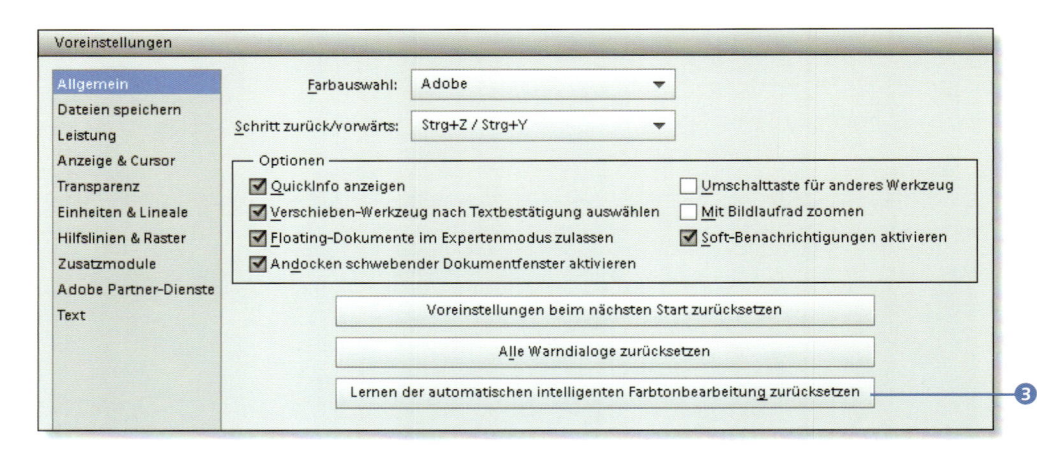

▲ **Abbildung 11.46**
Intelligente Lernfunktion wieder zurücksetzen

11.7 Farbkurven anpassen

Im Menü unter Überarbeiten • Farbe anpassen • Farbkurven anpassen finden Sie einen weiteren Dialog, der sich für die schnelle Korrektur von Tiefen, Mitteltönen und Lichtern eignet. Rätselhaft bleibt, warum dieser Dialog bei den Farben abgelegt wurde, da sich hiermit eigentlich keinerlei Farbveränderungen durchführen lassen.

Wenn Sie ein Bild mit dem Dialog anpassen wollen, klicken Sie zunächst auf Stil auswählen ❹. Ist das Bild zum Beispiel zu dunkel, wählen Sie einfach Tiefen aufhellen aus. Häufig sind

11.7 Farbkurven anpassen

hierbei allerdings die Ergebnisse eher unbefriedigend und nur als Vorauswahl zu gebrauchen, die Sie mit den Schiebereglern ❺ noch von Hand nachjustieren müssen. Schieben Sie zum Beispiel den Regler TIEFEN ANPASSEN nach rechts, so werden die Tiefen im Bild weiter aufgehellt und dunkle Bildbereiche aufgehellt. Diese Änderung wirkt sich auch auf das Diagramm ❻ daneben aus. Der Tiefenpunkt wandert hier nach oben.

Im Beispiel in Abbildung 11.47 wurde durch diese Maßnahmen die Gesamthelligkeit des Bildes verbessert, indem die Tiefen aufgehellt und zusätzlich noch ein paar Regler betätigt wurden.

Gradationskurve

Auch wenn der Dialog mit dem Diagramm ❻ eine Art Gradationskurve zeigt, so ist diese Anzeige nur visueller Natur. Eine echte Gradationskurve bietet Photoshop Elements (noch) nicht an. Allerdings lässt sich eine solche als Zusatzmodul nachinstallieren, wie ich in Anhang C, »Zusatzmodule«, beschreibe.

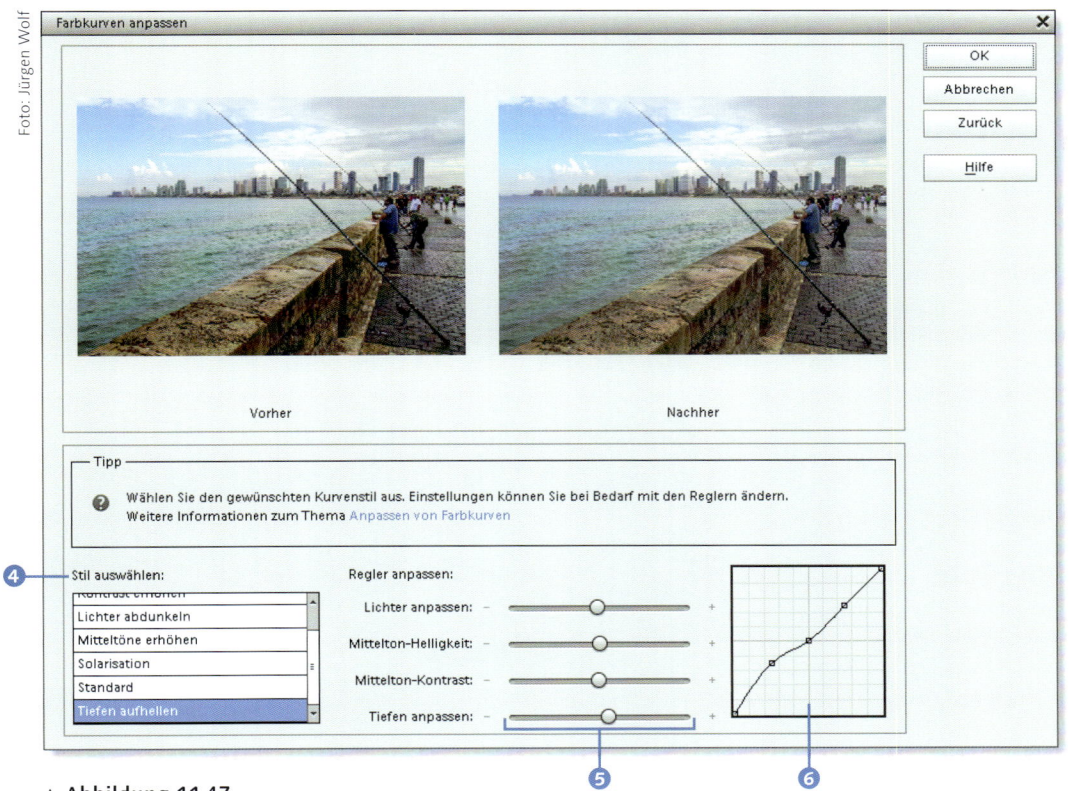

▲ Abbildung 11.47
Auch über den Dialog FARBKURVEN ANPASSEN können Sie die Belichtung im Bild korrigieren.

Kapitel_11: fishing.jpg

Praktisch ist hierbei auch die VORHER-NACHHER-Ansicht im Dialog. Leider lässt sich diese Ansicht nicht näher heranzoomen – was in der Praxis fast immer erforderlich ist. So ist kaum zu erkennen, ob das Bild zu stark aufgehellt oder abgedunkelt wurde. Dies offenbart sich erst, nachdem Sie die Änderung schon mit OK bestätigt haben. Oft werden dann unerwünschte Details im Bild sichtbar,

Alternative: Tonwertkorrektur

Anstatt die Tiefen, Mitteltöne und Lichter mit dem Farbkurven-Dialog zu verbessern, sollten Sie auch zu diesem Zweck auf die klassische Tonwertkorrektur zurückgreifen. Hierbei sehen Sie sofort, wie sich eine Korrektur auswirkt, und können anhand des Histogramms wesentlich genauer arbeiten. Selbst mit der Schnellkorrektur unter BELEUCHTUNG haben Sie mehr Kontrolle über die Korrektur als mit dem Farbkurven-Dialog.

Achtung, Retusche!

Diese Werkzeuge müssen Sie mit Bedacht einsetzen, weil sie, wie ein Pinsel, direkt auf der Bildebene eingreifen – es werden also die Pixel des Bildes geändert. Einmal auf diese Weise geänderte Pixel lassen sich kaum wiederherstellen. Verwenden Sie diese Werkzeuge daher nur für kleine Detailanpassungen oder -retuschen.

Abbildung 11.48 ▶
Die Werkzeugoptionen für den Abwedler und den Nachbelichter sind identisch.

etwa das Bildrauschen in unserem Beispiel. **Tipp:** Da sich die einzelnen Funktionen visuell sofort auf das Bild auswirken, können Sie das Dokumentfenster als 1:1-Vorschaufenster verwenden. Allerdings setzt dies auch voraus, dass der Dialog FARBKURVEN ANPASSEN das Dokumentfenster nicht überdeckt.

11.8 Detailarbeit: Werkzeuge zum Nachbelichten und Abwedeln

Um einzelne Bildteile aufzuhellen oder abzudunkeln, finden Sie in den Werkzeugoptionen den Abwedler 🔍 und den Nachbelichter 🔍 sowie das Schwamm-Werkzeug 🧽, mit dem Sie die Farbsättigung einzelner Bildpartien ändern können. Alle Werkzeuge erreichen Sie auch mit dem Tastenkürzel [O].

Abwedler und Nachbelichter werden gerne in ihrer Funktion verwechselt: Der **Nachbelichter** hellt nämlich das Bild nicht auf, wie man annehmen könnte, sondern er **verdunkelt** es. Zur Aufhellung von Bildbereichen verwenden Sie den Abwedler. Es gilt also:

▶ Nachbelichter 🔍 – Bildbereiche abdunkeln
▶ Abwedler 🔍 – Bildbereiche aufhellen
▶ Schwamm-Werkzeug 🧽 – Sättigung von Bildbereichen verändern

Optionen für Nachbelichter und Abwedler | Die Werkzeugoptionen für den Nachbelichter und für den Abwedler sind identisch und schnell erklärt.

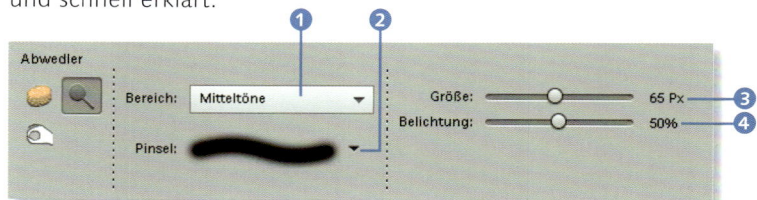

Auf der linken Seite in der Dropdown-Liste ❷ stellen Sie die Form der Werkzeugspitze ein. Über den Schieberegler GRÖSSE ❸ regulieren Sie die Größe der Werkzeugspitze. Die Wirkung des Werkzeugs bestimmen Sie über die Dropdown-Liste BEREICH ❶. Hierbei legen Sie fest, ob Sie die hellsten (LICHTER), die dunkelsten (TIEFEN) oder die mittleren (MITTELTÖNE) Helligkeitswerte des Bildes verändern wollen. Mit dem Schieberegler BELICHTUNG ❹ hingegen stellen Sie ein, wie stark das Werkzeug wirken soll. Häufig wirken hierbei schon Werte von 10 bis 20 % recht gut. Bei höheren Werten wirken die Übergänge schnell zu hart.

11.8 Detailarbeit: Werkzeuge zum Nachbelichten und Abwedeln

Schritt für Schritt: Einzelne Bildpartien aufhellen

Im folgenden Bild sind die Personen durch das Gegenlicht zu dunkel geraten. Eine allgemeine Aufhellung des Bildes, beispielsweise mit einer Tonwertkorrektur, entfällt hier, weil sonst der Himmel zu hell würde und teilweise komplett ins Weiß verschwände. In diesem Fall ist eine partielle Korrektur besser geeignet.

Kapitel_11: Aussicht.jpg und Aussicht-Nachher.jpg

◀ **Abbildung 11.49**
Die Personen sind hier zu dunkel geraten.

1 Abwedler einstellen
Laden Sie das Bild »Aussicht.jpg« von der Buch-DVD in den Fotoeditor. Wählen Sie den Abwedler aus. Belassen Sie die Form der Pinselspitze wie in der Voreinstellung, und stellen Sie eine GRÖSSE von 120 Px ein. Wählen Sie für den BEREICH die MITTELTÖNE aus. Die BELICHTUNG können Sie in diesem Beispiel auf dem relativ hohen Wert von 50 % belassen. Verwenden Sie auf jeden Fall auch einen weichen Pinsel.

◀ **Abbildung 11.50**
Abwedler-Optionen einstellen

2 Bereiche aufhellen
Zoomen Sie (zum Beispiel mit [Strg]/[cmd]+[+]) nun etwas weiter in das Bild hinein, um vorwiegend die dunklen Bereiche der Personen zu erfassen. Umfahren Sie mit gedrückter linker Maustaste die Bereiche ❶ (siehe Abbildung 11.51) mit dem Werkzeug. Nun sollten die Details deutlich sichtbarer werden.

Wollen Sie den Bereich noch eine Spur mehr aufhellen, sollten Sie die Pinselgröße etwas reduzieren und vor allem die BELICHTUNG auf circa 10 % verringern, damit der Übergang nicht zu hart

339

Tipp: Vor Übermalen schützen
Wenn Sie genauer arbeiten wollen, können Sie diese Personen auch mit dem Schnellauswahl-Werkzeug auswählen und so den Himmel vor versehentlichem Aufhellen schützen. Das Schnellauswahl-Werkzeug wird in Abschnitt 23.3, »Das Schnellauswahl-Werkzeug«, beschrieben.

wird. Je öfter Sie aufhellen, desto feiner und genauer müssen Sie arbeiten.

Abbildung 11.51 ►
Malen Sie zum Aufhellen über die dunklen Personen. Wollen Sie ein zweites Mal aufhellen, reduzieren Sie zunächst die Belichtungsstärke.

3 Nach der Korrektur

Die Korrektur mit dem Abwedler bringt noch einige Details mehr zum Vorschein. Allerdings sollten Sie hierbei wirklich sehr behutsam vorgehen, um die dunklen Bildbereiche nicht zu stark zu verrauschen und unerwünschte Artefakte zu vermeiden.

Was hier für den Abwedler zum Aufhellen von zu hellen Bildbereichen gilt, lässt sich analog auch mit dem Nachbelichter bei zu hellen Bildbereichen durchführen. Natürlich dürfen Sie von den Werkzeugen keine Wunder erwarten – wo es keine Details mehr gibt, lässt sich auch nichts mehr hervorzaubern.

▲ **Abbildung 11.52**
Die Details der Personen sind jetzt besser zu sehen. Es wirkt jetzt eher so, als ob ein Blitz verwendet worden wäre.

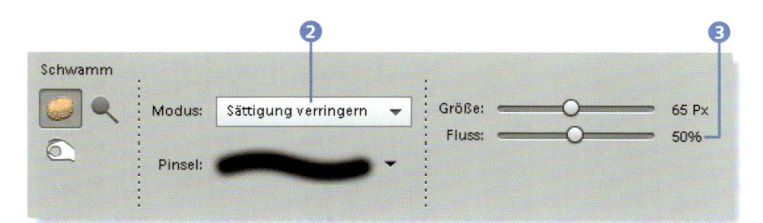

Optionen für das Schwamm-Werkzeug | Das Schwamm-Werkzeug bietet etwas andere Optionen als der Nachbelichter und der Abwedler. Neben den bekannten Einstellungen wie Form und Größe des Pinsels finden Sie hier auch die Einstellung Modus ❷. Damit legen Sie fest, ob Sie bei Teilen im Bild die Farbsättigung erhöhen oder reduzieren wollen. Mit der Option Fluss ❸ geben Sie an, wie schnell die Pixel aufgetragen werden sollen. Je kleiner dieser Wert ist, desto schwächer ist die Wirkung.

Mehrmaliges Anwenden

Denken Sie daran: Wenn Sie mit gedrückter linker Maustaste mehrmals über dieselbe Stelle im Bild fahren, so bearbeiten Sie die Pixel an dieser Stelle gleich mehrfach mit dem Schwamm-Werkzeug. Für den Nachbelichter und den Abwedler gilt dasselbe.

◄ **Abbildung 11.53**
Die Werkzeugoptionen des Schwamm-Werkzeugs

11.9 Tiefen und Lichter mit dem Assistent

Im Assistent-Modus finden Sie in der Kategorie Retusche auf dem Bedienfeld einige Funktionen (hier speziell Aufhellen und abdunkeln und Tonwertkorrektur), die den Funktionen im Menü Überarbeiten • Beleuchtung anpassen entsprechen. Nur dass hierbei der Anwender mit Beschreibungen an die Hand genommen wird – praktisch für absolute Einsteiger in die digitale Bildbearbeitung.

Kapitel 12
Farbkorrektur

Neben der Korrektur der Beleuchtung gehört die Farbkorrektur zu den grundlegenden Schritten der Bildbearbeitung. Unerwünschte Farbstiche sind dabei die häufigste Fehlerquelle bei den Farben. Ein solcher Farbstich kann zum Beispiel bei Aufnahmen unter Kunstlicht entstehen. Aber auch Digitalkameras oder Scanner produzieren manchmal Bilder mit einer Farbabweichung.

12.1 Farbstich ermitteln

Im letzten Kapitel haben Sie bereits gelernt, wie Sie mit der Tonwertkorrektur einen solchen Farbstich beheben (siehe Seite 325). Meistens reicht dieses Vorgehen auch aus. Für die schwierigeren Fälle zeige ich Ihnen im Folgenden einige weitere Möglichkeiten, Probleme mit ungenauen Farbmischungen zu beheben.

Einen Farbstich in einem vielfarbigen Bild zu erkennen, fällt selbst geübten Betrachtern oft schwer. Ein zusätzliches Problem ist, dass ein Bild auf jedem Monitor und auf jedem Rechner anders aussieht.

Farbkorrektur
Der Begriff »Farbkorrektur« bezeichnet normalerweise die Behebung von Farbstichen und nicht, wie oft irrtümlich angenommen, die Änderung der Farbsättigung eines Bildes.

Farbwerte messen | Ein guter Indikator für die richtige Farbmischung eines Bildes sind die Grautöne. Gerade im RGB-Modus eines Bildes entsteht ein neutrales Grau, wenn die drei Farbkanäle Rot, Grün und Blau ungefähr gleich sind. Wenn in einem Bild die **Graubalance** stimmt, dann sollten auch die anderen Farben keinen Farbstich aufweisen.

Vielleicht fragen Sie sich nun, ob Sie diese Graubalance nicht auch auf andere Farben anwenden können. Betrachten Sie in diesem Fall einmal die Abbildung mit den grünen Farben, und versuchen Sie zu entscheiden, welcher Grünton zu viel Blau und welcher zu viel Rot enthält. Die Beurteilung wird noch schwieri-

Bild- und Pixelmanipulationen
Photoshop Elements stellt Ihnen für die Farbkorrektur zahlreiche Werkzeuge zur Verfügung. Viele dieser Werkzeuge, die ich in diesem Abschnitt behandele, haben allerdings weniger mit der Farbkorrektur zu tun als mit der Kategorie der Bild- und Pixelmanipulationen bzw. -verfremdungen.

Kapitel 12   Farbkorrektur

ger, wenn weitere Farben hinzukommen, und ist zuletzt nur noch Geschmacksache.

Abbildung 12.1 ▶
Bei Grautönen lässt sich schnell erkennen, welchen Farbstich ein Bild hat. Der erste Grauton hat einen rötlichen Stich, der zweite ist neutral und damit perfekt, und der letzte Grauton hat einen Grünstich – die RGB-Werte sprechen für sich.

Abbildung 12.2 ▶
Während man bei den Grautönen schnell sieht, wo zu viel Blau oder Rot vorhanden ist, ist dies bei Farben, wie hier bei den grünen Flächen, nicht mehr so einfach zu erkennen.

Schritt für Schritt: Farbmischung bestimmen

Vor der Korrektur eines Farbstichs müssen Sie zunächst herausfinden, welche Farbe überhaupt für die verfälschte Farbwiedergabe verantwortlich ist.

1 Pipette einstellen

Laden Sie das Bild »Belfast_Taxi.jpg« von der Buch-DVD in den Fotoeditor. Verwenden Sie das Farbwähler-Werkzeug 🖉 aus der Werkzeugpalette. Schneller geht es mit dem Tastenkürzel [I]. In den Werkzeugoptionen können Sie bestimmen, wie groß der Bereich sein soll, aus dem Sie die Farbe auswählen wollen. Die Standardeinstellung, hier 1 Pixel (wird als leeres Quadrat angezeigt) ❶, ist für unsere Zwecke nicht geeignet, da es zwischen den einzelnen Pixeln immer noch zu Farbabweichungen kommen kann. Wählen Sie daher einen höheren Aufnahmebereich (3 × 3 oder 5 × 5) aus. Da Photoshop Elements leider nur drei verschiedene Aufnahmebereiche bietet, entscheiden Sie sich für den größten Bereich, Durchschnitt (5 × 5) ❷.

Kapitel_12:
Belfast_Taxi.jpg

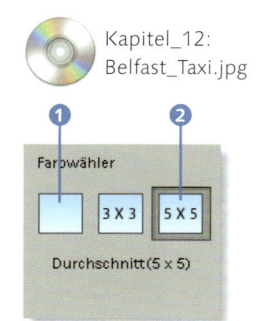

▲ **Abbildung 12.3**
Die Werkzeugoptionen der Pipette

344

2 Informationen-Bedienfeld aufrufen
Um den durchschnittlichen Wert, der mit der Pipette aufgenommen wird, ordentlich ablesen zu können, rufen Sie nun das Informationen-Bedienfeld über FENSTER • INFORMATIONEN (oder F8) auf.

3 Grauton messen
Das Bild in Abbildung 12.4 hat einen eindeutigen Farbstich. Da Sie hier mit Sicherheit sagen können, dass die Straße grau ist, haben Sie einen neutralen Grauton für die Messung der Graubalance gefunden.

Bewegen Sie den Mauszeiger mit dem Farbwähler (in Form einer Pipette) auf einen bestimmten Bereich im Bild, dessen Grauton Sie messen wollen. Im Informationen-Bedienfeld werden jeweils die Werte für das Pixel angezeigt, auf das der Cursor weist.

Der gemessene Grauwert im Informationen-Bedienfeld zeigt eindeutig, dass der Grauwert nicht ausgeglichen ist. Immer ist hier der Rotwert ❸ der höchste. Das Bild hat eindeutig einen Rotstich, daher müssen Sie dem Bild Rot entziehen. Das geht zum Beispiel über die RGB-Kanäle mit der Tonwertkorrektur, wie ich es im Abschnitt »Farbstich entfernen« auf Seite 325 beschreibe. Auf den folgenden Seiten zeige ich Ihnen aber auch noch andere Wege auf.

◀ **Abbildung 12.4**
Das Bild hat einen Farbstich – welchen, wollen wir zunächst ermitteln.

◀ **Abbildung 12.5**
Grautonwerte im Informationen-Bedienfeld auslesen

Graubalance bei Bildern ohne neutralen Punkt | Leider ist es nicht immer ganz einfach, in einem Bild einen neutralen Grauton für die Graubalance zu finden. Wenn es keinen neutralen Grauton gibt, ist viel Fingerspitzengefühl und auch Erfahrung gefordert, um den richtigen Messpunkt im Bild zu finden. Häufig können Sie aber schon mit dem bloßen Auge den Farbstich erkennen. Oft gelingt dies nicht auf Anhieb. Auf jeden Fall aber sollten Sie die Graubalance in einem Bild nach Möglichkeit überprüfen.

12.2 Farbstich mit einem Mausklick entfernen

Photoshop Elements wäre nicht so erfolgreich und für seine Einfachheit bekannt, wenn es nicht auch eine Ein-Klick-Lösung zum Entfernen eines Farbstichs gäbe. Rufen Sie hierzu einfach den entsprechenden Dialog über Überarbeiten • Farbe anpassen • Farbstich entfernen auf.

Alternative zur Tonwertkorrektur?
Natürlich ist auch diese Methode zur Behebung eines Farbfehlers nicht so präzise wie die Arbeit mit der Tonwertkorrektur.

Abbildung 12.6 ▶
Farbstich mit einem Mausklick korrigieren

Kapitel_12: Erdbeermund.jpg

Das Prinzip ist relativ einfach: Nachdem Sie den Dialog aufgerufen haben, klicken Sie mit der Pipette einen Teil im Bild an, der grau, weiß oder schwarz sein sollte. Bei vielen Bildern ist dies nicht so einfach zu ermitteln, weshalb Sie vielleicht mehrere Versuche benötigen. Die Korrektur des Farbstichs können Sie jederzeit mit der Schaltfläche Zurück wieder aufheben.

Foto: Alexandra Hopp/pixelio.de

▲ **Abbildung 12.7**
Das Bild links hat einen leichten Gelbstich. Im mittleren Bild wurde dieser mit der Ein-Klick-Lösung auf eine weiße Fläche behoben. Zum Vergleich finden Sie im rechten Bild die Lösung, in der der Farbstich mit der Tonwertkorrektur behoben wurde.

Die manuelle Lösung liefert in Abbildung 12.7 das bessere Ergebnis, weil es in diesem Bild recht schwer war, eine weiße, graue oder schwarze Fläche zu finden.

12.3 Farbton und Sättigung anpassen

Der Dialog FARBTON/SÄTTIGUNG, den Sie über ÜBERARBEITEN • FARBE ANPASSEN • FARBTON/SÄTTIGUNG ANPASSEN oder mit der Tastenkombination [Strg]/[cmd]+[U] aufrufen, ermöglicht Ihnen ein Verschieben der Farbtöne innerhalb eines Farbspektrums sowie Anpassungen der Sättigung und der Helligkeit.

Einstellungsebene »Farbton/Sättigung«

FARBTON/SÄTTIGUNG steht auch als Einstellungsebene zur Verfügung (siehe den Abschnitt »Flexibel arbeiten mit Einstellungsebenen« auf Seite 304).

Das Korrekturen-Bedienfeld FARBTON/SÄTTIGUNG unterscheidet sich dann zwar optisch leicht vom gleichnamigen Dialog, aber das Prinzip und die Anwendung bleiben gleich.

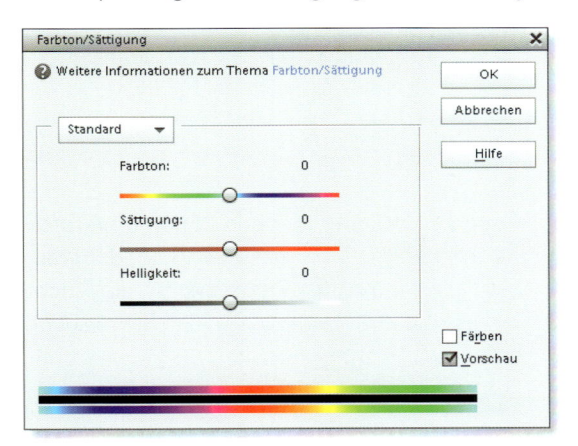

▲ **Abbildung 12.8**
Der Dialog FARBTON/SÄTTIGUNG ist ein interessantes Werkzeug, um die Farben im Bild zu verändern oder zu verfremden.

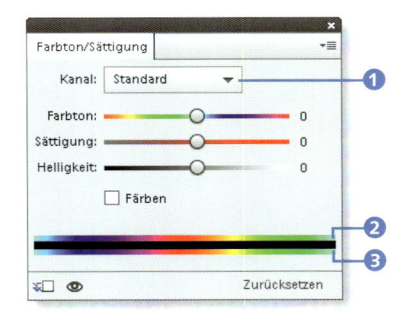

▲ **Abbildung 12.9**
Das Gleiche gibt es natürlich auch als Einstellungsebene mit eigenem Bedienfeld.

Das Verschieben der Farbtöne über den Schieberegler FARBTON basiert auf den drei Grundlagen Farbton (**H**ue), Sättigung (**S**aturation) und Helligkeit (**B**rightness), kurz dem **HSB**-Farbkreis. Das Verschieben der Farben im Spektrum wird dabei unten im Dialog angezeigt. Der obere Farbumfang ❷ ist hierbei der Standardspektralbereich. Der untere Farbumfang ❸ wird verschoben, sobald Sie den Schieberegler FARBTON nach links oder rechts bewegen.

Mit dem Schieberegler SÄTTIGUNG verstärken oder reduzieren Sie die Farbkraft. Mit dem Regler HELLIGKEIT fügen Sie einem Bild mehr Weiß oder mehr Schwarz hinzu.

Über die Dropdown-Liste ❶ können Sie neben dem gesamten Bild (STANDARD) auch einzelne Bild- oder Farbbereiche verändern. Wählen Sie zum Beispiel in der Liste GELBTÖNE aus, so wirken sich anschließend alle Veränderungen mit dem Dialog nur auf diesen Farbbereich aus. Natürlich lässt es sich hierbei nicht

Ausgegrenzte Pixel

Schwarze und weiße Pixel bleiben von einer Farbverschiebung mit dem Regler FARBTON unberührt.

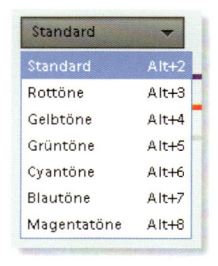

Abbildung 12.10
Einschränken der Bearbeitung auf bestimmte Farbtöne

Zum Weiterlesen

In diesem Abschnitt wird nur die Korrektur bzw. Verbesserung von Farben in einem Bild erklärt. Es ist aber auch möglich, mithilfe dieser Dialoge unter anderem eine Farbverfremdung durchzuführen. Darauf wird in Abschnitt 16.5, »Farbton verschieben«, eingegangen. Auch tonen lassen sich die Bilder wie Sie in Abschnitt 16.1.1, »Bilder färben mit Farbton/Sättigung«, nachlesen können.

Zum Weiterlesen

Mit dem Regler FARBTON verschieben Sie das Farbspektrum und verfremden damit die einzelnen Pixel. Über KANAL können Sie dies auch mit einzelnen Farbtönen machen. Der Regler wird daher eher selten zur Bildkorrektur verwendet und wird in Abschnitt 15.2.1, »Farben teilweise entfernen – Color Key«, und Abschnitt 16.5, »Farbton verschieben«, umfassender beschrieben.

ganz vermeiden, dass auch andere Farbbereiche mit verändert werden. Grüntöne haben zum Beispiel auch einen Anteil Gelb und werden somit ebenfalls geändert.

Was sind Farbton und Sättigung? | Der Farbton ist schlicht und einfach die Farbe im Bild. Die Farbsättigung zeichnet die Reinheit und Intensität einer Farbe aus. Bei der Korrektur oder Änderung von Farbe (mit dem Regler FARBTON) bzw. der Farbsättigung (mit dem Regler SÄTTIGUNG) müssen Sie vorsichtig sein. Nichts kann ein Bild mehr zerstören als eine übertriebene Farbsättigung. Versuchen Sie daher immer eine möglichst ausgeglichene Farbbalance zu erzielen.

Im Gegensatz zu einer Tonwertkorrektur gibt es bei der Farbkorrektur kein zuverlässiges Hilfsmittel wie ein Histogramm, um die Qualität der Farbe zu messen. Der richtige Farbton und die richtige Sättigung sind somit eher eine Sache vom persönlichen Geschmack.

Farbsättigung anpassen | In der Abbildung »Ganges.jpg« wurde die Farbsättigung über den Regler SÄTTIGUNG ❶ stufenweise um jeweils +20 erhöht. Abhängig vom subjektiven Geschmacksempfinden des Betrachters ist eine Erhöhung ab +40 meistens schon zu viel des Guten.

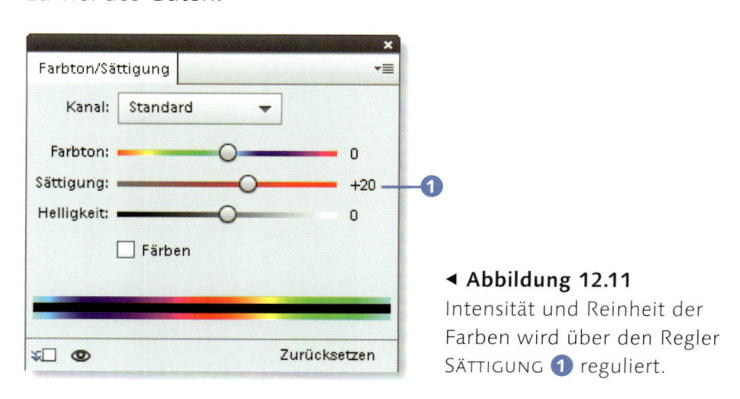

Abbildung 12.11
Intensität und Reinheit der Farben wird über den Regler SÄTTIGUNG ❶ reguliert.

Alternativ können Sie die Sättigung der Farben natürlich auch reduzieren, wenn diese zu intensiv sind oder Sie zu kreativen Zwecken das Bild etwas entsättigen wollen.

Wollen Sie die Sättigung einzelner Farbkanäle anpassen, so brauchen Sie lediglich einen KANAL ❷ auszuwählen und die Sättigung nur für diesen Kanal anzupassen. Ein beliebtes Beispiel ist es, die Sättigung für einen blauen Himmel über die CYANTÖNE und BLAUTÖNE zu verbessern oder die Sättigung von zu knalligen Farbkanälen im Bild zu reduzieren.

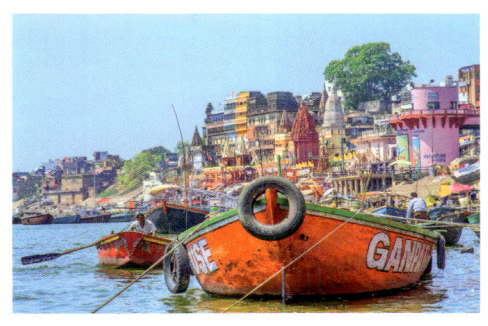

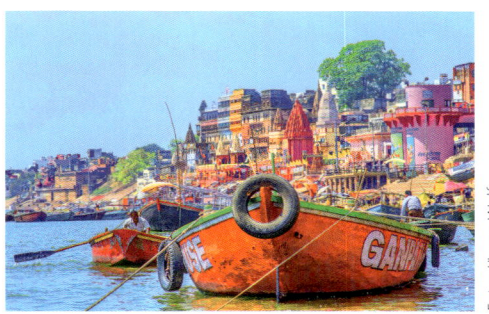

12.3 Farbton und Sättigung anpassen

▲ Abbildung 12.12
Hier können Sie sehr schön unterschiedliche Farbsättigungen sehen. Das Bild links oben wurde nicht behandelt. Im Bild rechts oben wurde die SÄTTIGUNG um +20 erhöht. Im Bild links unten wurde die SÄTTIGUNG auf +40 und rechts unten gar auf +60 erhöht, wodurch die Farbbalance schon sehr unnatürlich wirkt.

Kapitel_11: Ganges.jpg

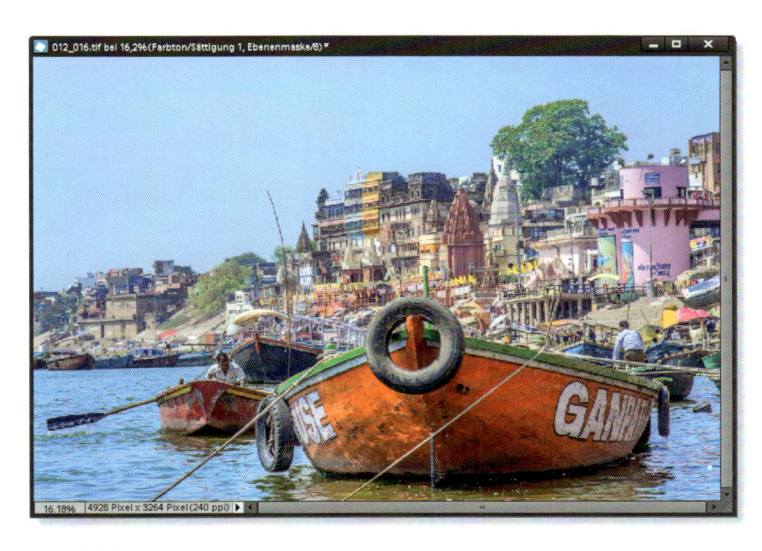

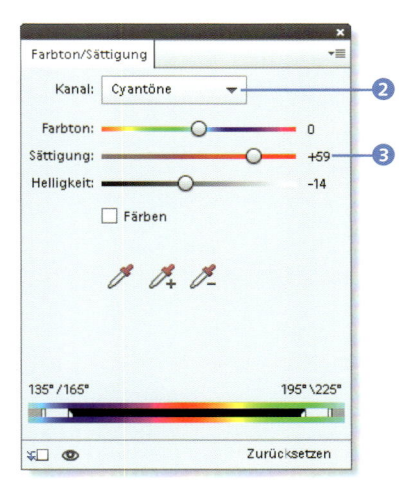

Foto: Jürgen Wolf

▲ Abbildung 12.13
Einzelnen Farbtöne können Sie über KANAL ❷ auswählen und anpassen. Im Beispiel wurde die SÄTTIGUNG ❸ von Cyantönen und Blautönen erhöht, um so den flauen Himmel etwas strahlender zu machen.

349

12.4 Farbton, Farbsättigung und Farbbalance mit dem Schnell-Modus

Zum Nachlesen
Der Schnell-Modus wird in Kapitel 2, »Schnelle Bildkorrekturen im Fotoeditor«, behandelt.

An dieser Stelle muss ich noch die Farbfunktionen bei den Korrekturen im SCHNELL-Modus hervorheben, da dieser einige Features bietet, die der EXPERTE-Modus nicht hat.

Da wäre zum Beispiel der Regler DYNAMIK ❶ innerhalb der Korrektur FARBE. Diese Option ist ähnlich wie die Sättigung, nur wirkt sie nicht auf alle Farben im Bild gleich, sondern nur auf Farben mit einer geringeren Sättigung. Damit wird das Bild nicht so schnell übersättigt wie dies mit dem Regler von SÄTTIGUNG passieren kann.

Weißabgleich
Wenn man es genau nimmt, stellen Sie mit den Reglern TEMPERATUR ❷ und FARBTONUNG ❸ den Weißabgleich für das Bild ein. Mehr zum Thema »Weißabgleich« können Sie in Abschnitt »Weißabgleich« ab Seite 699 finden.

Unter der Korrektur BALANCE hingegen finden Sie mit TEMPERATUR ❷ und FARBTONUNG ❸ zwei weitere Regler. Mit TEMPERATUR geben Sie an, welche Lichtart im Bild neutral dargestellt werden soll. Das Bild wird wärmer bzw. rötlicher, je weiter Sie den Regler erhöhen, und kühler bzw. bläulicher, je weiter Sie diesen reduzieren. Mit dem Regler FARBTONUNG können Sie diese Einstellungen noch etwas nachjustieren, um einen grünen oder magentafarbenen Farbstich auszugleichen.

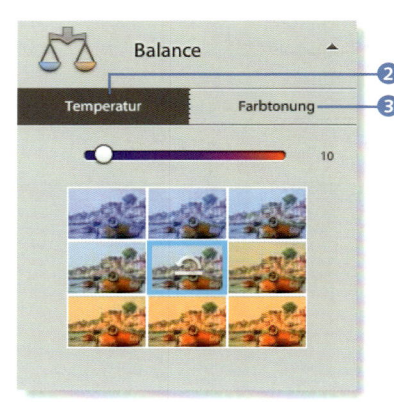

▲ **Abbildung 12.14**
Im SCHNELL-Modus verstecken sich noch Farbfunktionen, die man im EXPERTE-Modus vergeblich sucht.

12.5 Hauttöne anpassen

Hautbräunung ohne Solarium
Das Werkzeug zum Anpassen der Hauttöne wird auch gerne verwendet, um einen blassen Teint auf dem Foto ein wenig »nachzubräunen«.

Hauttöne werden auf Fotografien häufig nicht ganz natürlich wiedergegeben. Zwar werden die Kameras diesbezüglich immer »schlauer« und korrigieren solche Fehler zunehmend schon beim Ablichten, trotzdem kommt es bei Aufnahmen bei Kunstlicht oder mit Blitzlicht noch häufig vor, dass die Hautfarbe nicht richtig dar-

12.5 Hauttöne anpassen

gestellt wird. Auch hierzu bietet Ihnen Photoshop Elements die passende Funktion an, die Sie über ÜBERARBEITEN • FARBE ANPASSEN • FARBE FÜR HAUTTON ANPASSEN aufrufen.

Schritt für Schritt: Wärmere Hautfarbe erstellen

Die folgende Schritt-für-Schritt-Anleitung führt vor, wie Sie einen blassen Teint bei der Bildbearbeitung ein wenig bräunen.

Kapitel_12: HelleHaut.jpg

▲ **Abbildung 12.15**
Der Hautfarbe soll mehr Teint verliehen werden.

1 Hautbereich auswählen

Laden Sie das Bild »HelleHaut.jpg« von der Buch-DVD in den Fotoeditor. Rufen Sie nun zunächst den Dialog über das Menü ÜBERARBEITEN • FARBE ANPASSEN • FARBE FÜR HAUTTON ANPASSEN auf. Klicken Sie im Bild mit der zum Dialog gehörenden Pipette ❸ (siehe Abbildung 12.16) auf den Hautbereich, den Sie verändern wollen. Hierbei sollte sich der Teint bereits ein wenig verändern. Außerdem erscheinen bei den Farbbalken im Dialog die Schieberegler für BRÄUNUNG, RÖTUNG und TEMPERATUR ❶.

Kapitel 12 Farbkorrektur

Neuen Hautbereich auswählen

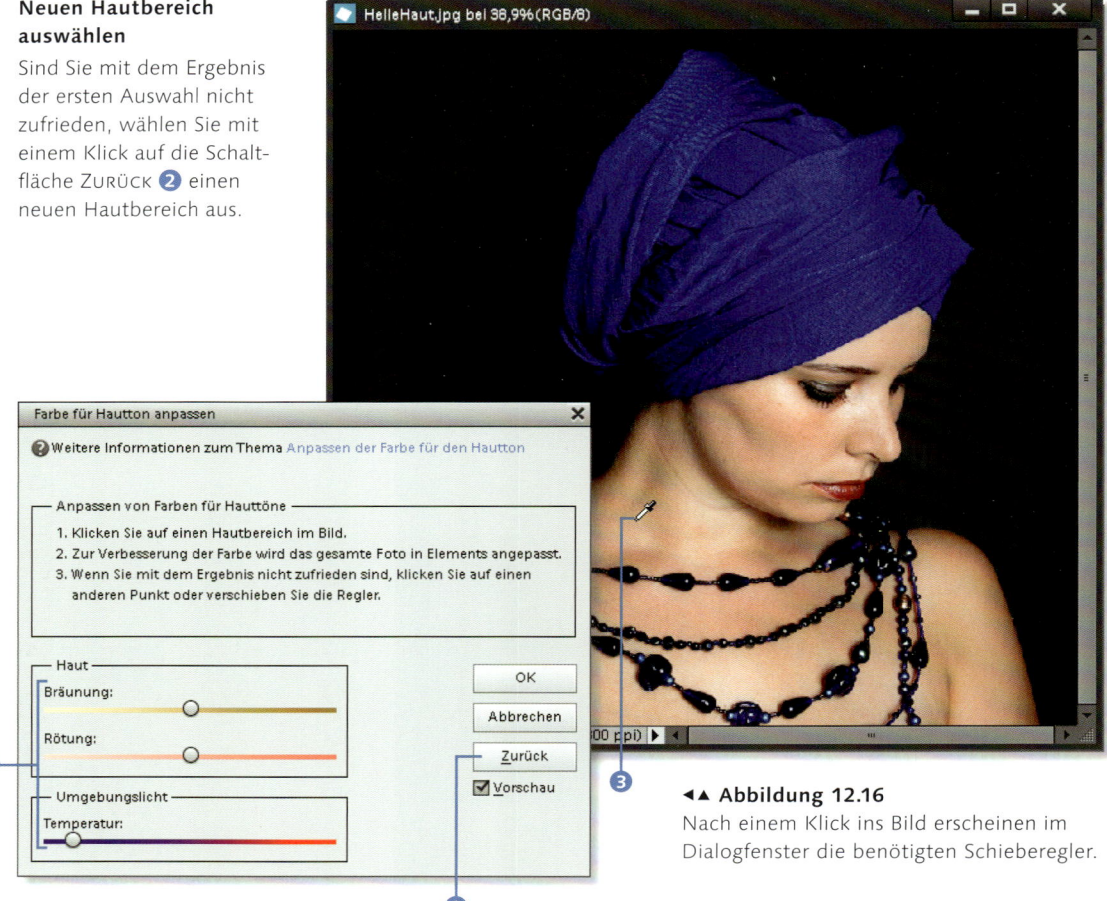

Sind Sie mit dem Ergebnis der ersten Auswahl nicht zufrieden, wählen Sie mit einem Klick auf die Schaltfläche ZURÜCK ❷ einen neuen Hautbereich aus.

◂▴ **Abbildung 12.16**
Nach einem Klick ins Bild erscheinen im Dialogfenster die benötigten Schieberegler.

Umgebungslicht ändern

Mit dem Schieberegler TEMPERATUR im Rahmen UMGEBUNGSLICHT sorgen Sie im Bild insgesamt für wärmere (Rot) oder kältere (Blau) Farben. Da dieser Regler am empfindlichsten (vor allem auch auf dem Hintergrund) reagiert, sollten Sie ihn möglichst sparsam und vorsichtig verwenden.

2 Hautfarbe anpassen

In diesem Fall hat sich durch das Anklicken der Haut im Bild der Teint schon ein wenig verbessert. Mit den neu hinzugekommenen Schiebereglern können Sie das Ganze aber noch etwas feiner nachjustieren. So hat sich zwar der Teint insgesamt verbessert, aber die Hautfarbe wirkt noch etwas unwirklich. Schieben Sie daher den Regler für RÖTUNG ❺ ganz nach rechts.

Bei Bildern, wo die Person rötliche Haut hat, schieben Sie diesen Regler logischerweise nach links, um Hautrötungen zu entfernen. Schließlich wollen wir die Haut noch ein wenig nachbräunen. Ziehen Sie hierzu den Regler BRÄUNUNG ❹ nach rechts, bis Sie mit dem Ergebnis zufrieden sind. Bestätigen Sie den Dialog dann mit OK.

12.5 Hauttöne anpassen

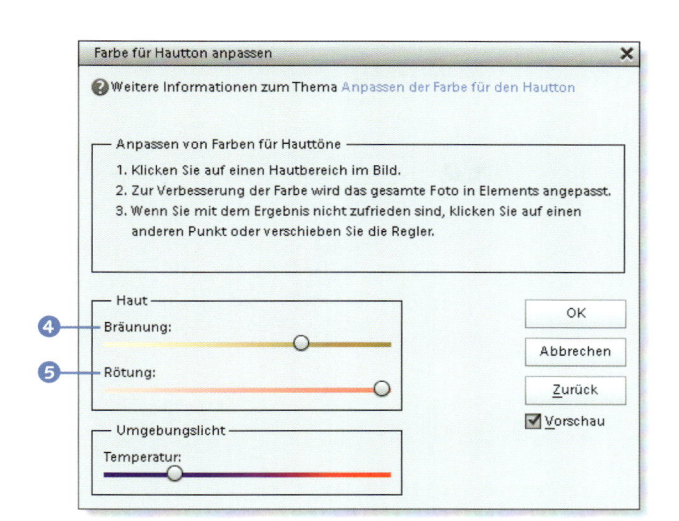

◄ **Abbildung 12.17**
Gehen Sie beim Justieren der Schieberegler behutsam vor.

Hauttöne mit Ebenen verbessern

Wie Sie der Haut einen besseren Teint verleihen, ohne zugleich andere Bildbereiche zu verändern, erfahren Sie im Abschnitt 33.4 unter »Porträtretusche«.

3 Nach der Korrektur
Der Teint erscheint nun wesentlich wärmer als zuvor. Allerdings wird auch der eingangs erwähnte Nachteil des Werkzeugs erkennbar: Außer dem Teint hat sich leider auch die gesamte Farbtönung des Bildes leicht geändert, was nicht immer erwünscht ist.

Auch diese Funktion ist also eher gröberer Natur, da sie nicht punktuell die Hautfarbe, sondern das gesamte Bild verändert, einschließlich des Hintergrunds. Auch bei fast weißer Haut richten Sie mit dieser Funktion kaum etwas aus – etwa, wenn Sie bei einer Aufnahme den Blitz direkt auf die Person gerichtet haben. Für eine detailliertere Anpassung speziell der Hauttöne müssen Sie daher auf Ebenen zurückgreifen.

▲ **Abbildung 12.18**
Das Bild im Vorher-nachher-Vergleich

12.6 Automatische Farbkorrektur

Die automatische Farbkorrektur korrigiert Kontrast und Farbe. Aufgerufen wird sie über den Menüpunkt ÜBERARBEITEN • AUTO-FARBKORREKTUR (oder mit `Strg`/`cmd`+`⇧`+`B`). Auch hier sind die Resultate sehr heterogen und reichen von perfekt bis unbrauchbar. Einen Versuch mit dieser Automatik können Sie allemal starten, bevor Sie eine Tonwertkorrektur manuell durchführen.

12.7 Farbkorrektur mit dem Assistenten

Im ASSISTENT-Modus im Bedienfeld unter RETUSCHEN finden Sie weitere Funktionen, die den Funktionen im Menü ÜBERARBEITEN • FARBE ANPASSEN entsprechen (genauer FARBEN VERBESSERN, FARBSTICH ENTFERNEN und HAUTTÖNE KORRIGIEREN). Natürlich besteht auch hier wieder der Unterschied, dass der Anwender mit einfachen Beschreibungen an die Hand genommen wird.

Kapitel 13
Helligkeit und Kontrast korrigieren

Veränderungen von Helligkeit und Kontrast nimmt man in der Bildbearbeitung in aller Regel nach den Farbkorrekturen vor, da sich bei farblich ausgeglichenen Bildern Helligkeit und Kontrast leichter einstellen lassen.

13.1 Der Dialog »Helligkeit/Kontrast«

Am schnellsten und einfachsten korrigieren Sie Helligkeit und Kontrast mit dem gleichnamigen Dialog, den Sie über den Menüeintrag ÜBERARBEITEN • BELEUCHTUNG ANPASSEN • HELLIGKEIT/KONTRAST aufrufen.

▲ **Abbildung 13.1**
Die einfachste Möglichkeit, Helligkeit und Kontraste eines Bildes zu korrigieren, hier mit dem Dialogfenster ...

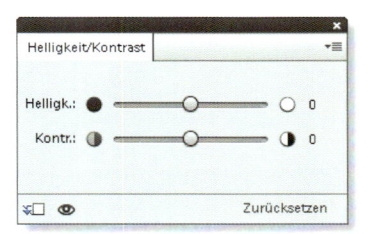

▲ **Abbildung 13.2**
... oder hier als Einstellungsebene mit eigenem Bedienfeld

Helligkeit | Mit dem Regler HELLIGKEIT beeinflussen Sie die Helligkeit des Bildes. Diese wird erhöht, wenn Sie den Regler nach rechts schieben, und reduziert, wenn Sie ihn nach links schieben. Im Detail, also im Histogramm, werden beim Verschieben des Reglers nach rechts die hellen Bereiche im Bild zusammengeschoben ❷ (siehe Abbildung 13.3) und die restlichen Tonwerte gespreizt ❶. Umgekehrt werden beim Abdunkeln des Bildes die tiefen Bereiche zusammengeschoben ❸ und die hellen Bereiche gespreizt ❹.

Einstellungsebene

Alternativ zu diesem Dialog können Sie für diese Korrektur auch eine Einstellungsebene verwenden (siehe den Abschnitt »Flexibel arbeiten mit Einstellungsebenen« auf Seite 304).

Die Regler im Korrekturen-Bedienfeld HELLIGKEIT/KONTRAST unterscheiden sich zwar optisch etwas vom Dialog, aber das Prinzip und die Anwendung bleiben gleich.

▲ **Abbildung 13.3**
Auswirkung der Aufhellung im Histogramm

▲ **Abbildung 13.4**
Auswirkung der Abdunkelung im Histogramm

Kontrast | Schieben Sie den Regler KONTRAST nach rechts, so erhöhen Sie den Kontrast. Im Histogramm findet hier eine Tonwertspreizung, ausgehend von den Mitteltönen ❻, statt. Die Tiefen ❺ und Lichter ❼ werden hierbei zusammengeschoben.

Schieben Sie hingegen den Regler nach links, so wird der Kontrast reduziert, und die Tonwertspreizung spielt sich vorwiegend in den Tiefen ❽ und Lichtern ❿ des Histogramms ab. Hierbei werden die Mitteltöne zusammengeschoben ❾.

Hilfsmittel

Um zu vermeiden, dass durch das Ändern von HELLIGKEIT/KONTRAST einige Details im Bild verloren gehen, sollten Sie den kritischen Bildbereich regelmäßig mit der Pipette [I] und dem Informationen-Bedienfeld messen, ehe Sie den Dialog mit OK bestätigen (siehe hierzu auch Abschnitt 12.1, »Farbstich ermitteln«). Zusätzlich empfiehlt es sich, das Histogramm im Auge zu behalten, um Zeichnungsverluste zu vermeiden.

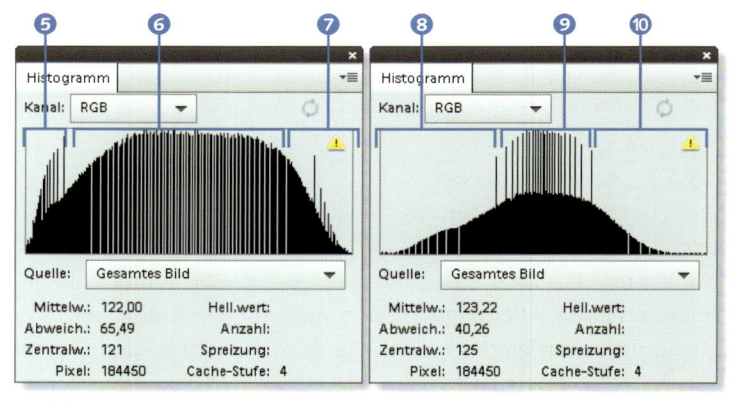

▲ **Abbildung 13.5**
Auswirkung der Kontrasterhöhung im Histogramm

▲ **Abbildung 13.6**
Auswirkung der Kontrastverringerung im Histogramm

13.1.1 Nachteile

Der Nachteil dieser schnellen Anpassung von Helligkeit und Kontrast liegt darin, dass Pixel für Pixel eines Bildes bearbeitet werden und keine Rücksicht auf den Tonwertverlauf des Bildes genommen wird. Erhöhen Sie zum Beispiel bei einem Bild die HELLIGKEIT um den Wert +30, werden alle RGB-Farbwerte um diesen Wert erhöht. Besonders problematisch ist dies bei sehr hellen Grauwerten wie 225 (R = 225, G = 225, B = 225). Hierbei würden alle Grauwerte auf den Wert 255 erhöht und somit in reines Weiß verändert. Gegensteuern können Sie hier meistens durch ein gleichzeitiges Erhöhen der Kontraste.

In der Praxis sollten Sie daher nur auf den Dialog HELLIGKEIT/KONTRAST zurückgreifen, wenn Sie die Tonwertkorrektur des Bildes bereits durchgeführt haben oder der Tonwert optimal ist und Sie das Bild lediglich noch aufhellen oder die Kontraste verbessern wollen.

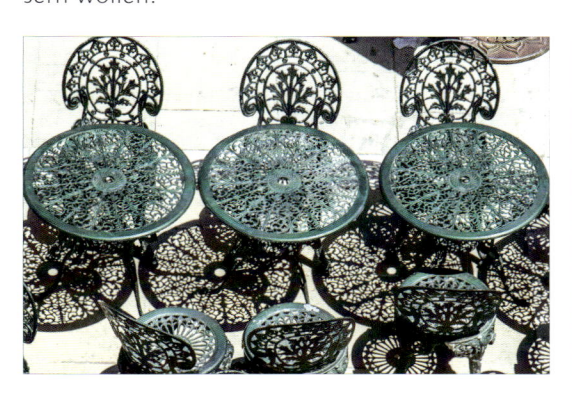

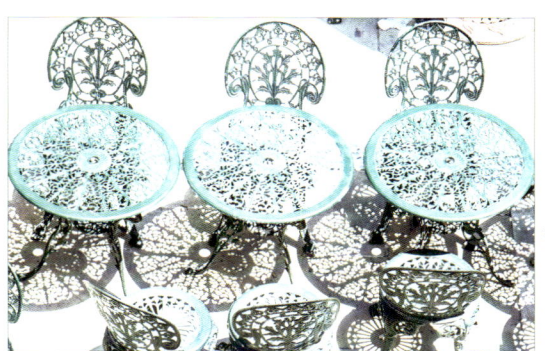

Kapitel_13: Schatten.jpg

▲ Abbildung 13.7
Ein extremes Negativbeispiel dafür, was passiert, wenn man bei einem Bild mit vielen Grauwerten die Helligkeit unüberlegt erhöht. Das Grau im rechten, bearbeiteten Bild wurde zu Weiß verändert, so dass teilweise auch Bildteile regelrecht überstrahlt bzw. »aufgefressen« werden.

13.1.2 Auto-Kontrast

Die Funktion AUTO-KONTRAST versucht, den Kontrast des Bildes wie bei einer Tonwertkorrektur im RGB-Kanal automatisch zu optimieren. Dadurch bleibt auf jeden Fall die Farbstimmung des Bildes erhalten. Allerdings hat dies auch den Nachteil, dass Farbstiche nicht korrigiert werden. Die Automatik erreichen Sie unter ÜBERARBEITEN • AUTO-KONTRAST (oder mit dem Tastenkürzel [Alt]+[⇧]+[Strg]/[cmd]+[L]).

Automatik versus manuell
Wie alle Automatik-Funktionen sollten Sie auch den AUTO-KONTRAST nur in Ausnahmefällen verwenden, weil sich hiermit die Korrektur nur eingeschränkt kontrollieren lässt.

13.2 Helligkeit und Kontrast mit der Tonwertkorrektur

Die beste Möglichkeit zur Korrektur von Helligkeit und Kontrast bietet in Photoshop Elements nach wie vor die Tonwertkorrektur (ÜBERARBEITUNGEN • BELEUCHTUNG ANPASSEN • TONWERTKORREKTUR, [Strg]/[cmd]+[L] oder als Einstellungsebene). Noch eine

Zum Weiterlesen
Die Tonwertkorrektur wurde ausführlich in Abschnitt 11.3 behandelt. Dort wurde auch erläutert, wie Sie mit der Tonwertkorrektur Helligkeit und Kontrast im Bild anpassen.

Spur feiner ließe sich die Tonwertkorrektur mit einer Gradationskurve einstellen – leider ist eine solche in Photoshop Elements nicht von Haus aus integriert. In Anhang C, »Zusatzmodule«, erfahren Sie allerdings, wie Sie eine Gradationskurve für Photoshop Elements installieren können.

13.3 Farbvariationen und Farbkurven

Auch über die Farbkurven (ÜBERARBEITEN • FARBE ANPASSEN • FARBKURVEN ANPASSEN) können Sie Korrekturen an der Helligkeit und/oder am Kontrast durchführen. Der Dialog wurde im Abschnitt 11.7, »Farbkurven behandeln« näher beschrieben.

13.4 Der Dialog »Tiefen/Lichter«

Kapitel_13: Guards.jpg

Ein äußerst effektiver Korrekturdialog in Photoshop Elements ist TIEFEN/LICHTER. Mit seiner Hilfe korrigieren Sie in kürzester Zeit Bilder mit über- oder unterbelichteten Partien. Auch zu dunkle Bildpartien lassen sich mit diesem Dialog sehr gut reparieren.

Schritt für Schritt: Beleuchtung korrigieren

Als einfaches Beispiel dient das folgende Bild, das vor Dunkelheit und Helligkeit nur so strotzt. Bei diesem Bild sind die Tiefen um die beiden Personen relativ dunkel, und die Kleidung wiederum ziemlich hell.

1 Dunkle Bildbereiche aufhellen
Nachdem Sie das Bild »Guards.jpg« von der DVD in den Fotoeditor geladen haben, öffnen Sie zuerst den Dialog über das Menü ÜBERARBEITEN • BELEUCHTUNG ANPASSEN • TIEFEN/LICHTER. Standardmäßig befindet sich gleich nach dem Aufrufen des Dialogs der Wert des Schiebereglers TIEFEN AUFHELLEN ❶ auf 35 %, weshalb Sie auch sofort eine Veränderung des Vorschaubildes sehen. In vielen Fällen (und so auch in diesem) ist dieser Wert bereits zu hoch, weshalb Sie ihn reduzieren müssen.

Im Beispiel habe ich diesen Wert auf 25 % gesetzt. Um stets einen Vergleich zwischen Vorher- und Nachher-Bild zu haben, können Sie das Häkchen vor VORSCHAU ❹ deaktivieren und anschließend wieder aktivieren.

▲ **Abbildung 13.8**
Die Tiefen sind im Bild zu dunkel und die hellsten Bereiche relativ hell geraten. Trotzdem sind im Bild noch genügend notwendige Informationen vorhanden.

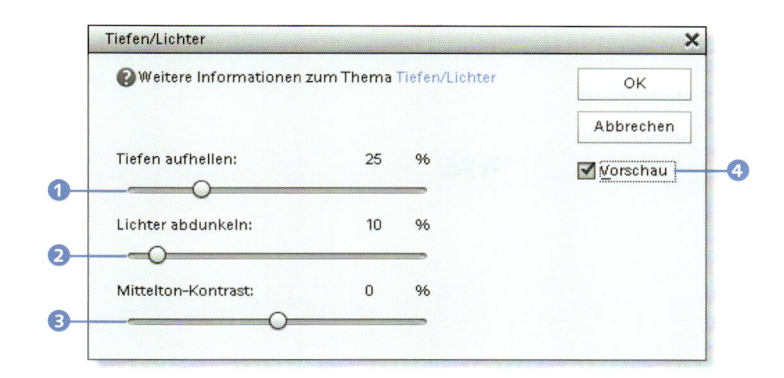

13.4 Der Dialog »Tiefen/Lichter«

Mittelton-Kontrast

Mit dem Schieberegler MITTELTON-KONTRAST ❸ verändern Sie einzelne Pixel, die nicht richtig dunkel oder hell sind. Den Regler sollten Sie allerdings nur dann einsetzen, wenn das Bild durch die TIEFEN/LICHTER-Veränderung zu flau geworden ist.

◄ Abbildung 13.9
Tiefen aufhellen

2 Helle Bildbereiche abdunkeln
Sofern im Bild auch helle Bereiche vorhanden sind, sollten Sie auch diese ein wenig abdunkeln. Im Beispiel ist die Kleidung relativ hell. Ziel ist es, diese Leuchtkraft etwas abzuschwächen. Ziehen Sie hierzu den Schieberegler von LICHTER ABDUNKELN ❷ auf den Wert 10 %.

3 Nach der Korrektur
Nach der Korrektur wirkt das Bild wieder viel stimmiger und ausgeglichener. Die sehr hellen Höhen und dunklen Tiefen wurden erheblich reduziert.

▼ Abbildung 13.10
Vor der Korrektur (links) und nach der Korrektur (rechts) mit dem TIEFEN/LICHTER-Dialog

TEIL IV
Farbe, Farbveränderungen und Schwarzweiß

Kapitel 14
Mit Farben malen

Dieses Kapitel behandelt die Einstellung, Bearbeitung und Manipulation von Farben bei der Bildbearbeitung, kurz alle Funktionen, mit denen Sie die Farbe der einzelnen Pixel ändern oder löschen. Hierzu zählen die Standardmalwerkzeuge (das Pinsel-Werkzeug, der Buntstift, der Radiergummi und ihre jeweiligen Optionen) ebenso wie das Füllwerkzeug und das Verlaufswerkzeug.

14.1 Farben einstellen

Um die benötigten Farben einzustellen, bietet Ihnen Photoshop Elements mehrere Möglichkeiten, die Sie auf den folgenden Seiten näher kennenlernen werden.

14.1.1 Farbwahlbereich: Vorder- und Hintergrundfarbe

Die einfachste und schnellste Möglichkeit, die Farbe für ein Werkzeug festzulegen, bietet der Farbwahlbereich in der Werkzeugpalette.

Standardmäßig ist für die Vordergrundfarbe ❶ Schwarz und für die Hintergrundfarbe ❹ Weiß eingestellt. Sollten Sie diese Farben verändert haben, so können Sie sie jederzeit mit der kleinen Schaltfläche ❷ wiederherstellen. Alternativ nutzen Sie dafür das Tastenkürzel [D] (Abkürzung für »**D**efault Colors«, auf Deutsch »Standardfarben«). Mit der anderen kleinen Schaltfläche ❸ tauschen Sie Vorder- und Hintergrundfarbe. Schneller geht dies mit dem Tastenkürzel [X] (für »e**x**change Colors«, deutsch »Farben austauschen«).

Wirkungsbereich von Vorder- und Hintergrundfarbe | Die Vordergrundfarbe ist meistens die Malfarbe, die mit dem Pinsel-Werkzeug, dem Buntstift und dem Füllwerkzeug verwendet wird. Vorder- und Hintergrundfarbe hingegen werden

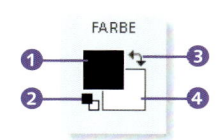

▲ **Abbildung 14.1**
Diesen Farbwahlbereich finden Sie ganz unten in der Werkzeugpalette.

Kapitel 14   Mit Farben malen

vom Verlaufswerkzeug berücksichtigt. Beim Radiergummi spielt die Hintergrundfarbe die Hauptrolle. Außerdem benutzen einige Filter und Effekte die eingestellte Vorder- und/oder Hintergrundfarbe.

Vorhaben	Taste
Standardfarben Weiß und Schwarz für Vorder- und Hintergrund einstellen	D
Aktuelle Vorder- und Hintergrundfarbe tauschen	X

▲ **Tabelle 14.1**
Tastenkürzel für den Farbwahlbereich in der Werkzeugpalette

14.1.2   Der Farbwähler

Um die Vorder- oder Hintergrundfarbe einzustellen, klicken Sie auf den gewünschten Farbwahlbereich in der Werkzeugpalette. Es öffnet sich ein Farbwähler, den Sie auch aus einigen anderen Werkzeugen oder Filtern aufrufen können.

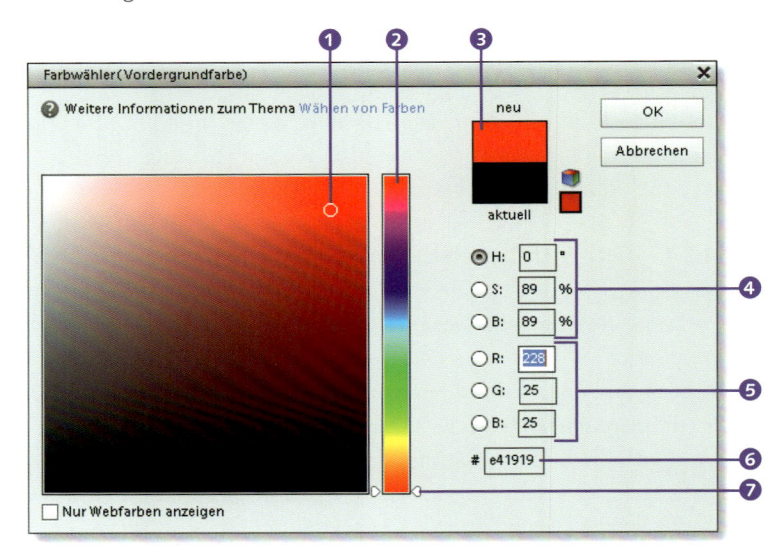

Falscher Farbwähler

Sollten Sie einen anderen Farbwähler als den abgebildeten sehen, so haben Sie den Windows-Farbwähler eingestellt. Es empfiehlt sich, den Farbwähler von Adobe zu verwenden. Führen Sie hierzu die Tastenkombination Strg/cmd+K aus, und wählen Sie im folgenden Dialogfenster in der Dropdown-Liste Farbauswahl statt Windows (bzw. Apple beim Mac) die Einstellung Adobe aus.

Abbildung 14.2 ▶
Der Farbwähler von Photoshop Elements

Sättigung

Bei der Sättigung wird der Grauanteil einer Farbe erhöht oder reduziert. Erhöhen Sie die Sättigung, so sinkt der Grauanteil der Farbe, bei reduzierter Sättigung steigt er.

Farbe mit dem Farbwähler auswählen | Der Farbwähler von Photoshop Elements bietet Ihnen mit HSB ❹, RGB ❺ und der BinHex-Farbaufzeichnung ❻ drei verschiedene Möglichkeiten zur Einstellung der Farbe.

Äußerst praktisch ist die Auswahl mit dem **HSB**-System. Die Abkürzung steht für **H**ue (Farbton), **S**aturation (Sättigung) und **B**rightness (Helligkeit). Je nachdem, welche der drei Optionen H, S oder B Sie hier auswählen, ändert sich das Aussehen des schma-

14.1 Farben einstellen

len Farbbalkens ❷ daneben. Durch das Verstellen des Schiebereglers ❼ im Farbbalken ändern Sie die Farbe. Im Falle des HSB-Farbsystems wird hierbei die Helligkeit, die Sättigung oder der Farbton (je nach zuvor ausgewählter Option) geändert. Im Farbfeld ❶ werden nun die Farben der ausgewählten Option angezeigt und können durch einen Klick geändert werden. Die Anzeige des Farbfeldes variiert ein wenig, je nach gewählter Option:

- Haben Sie die Option H (Farbton) ausgewählt, so können Sie über den Farbbalken den Farbton bestimmen und anschließend über das große Farbfeld links Helligkeit und Sättigung des Tons anpassen.
- Haben Sie die Option S (Sättigung) gewählt, so können Sie über den Farbbalken die Sättigung einstellen und im Farbfeld aus verschiedenen Varianten Farbton und Helligkeit einstellen.

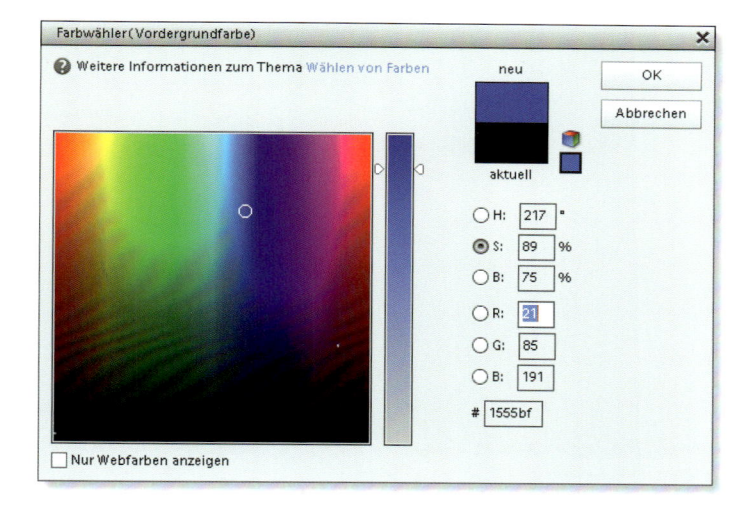

Werte von Hand eingeben
Wenngleich im Buch meist die Rede von Schiebereglern und Mausklicks ist, so können Sie die Werte immer auch über die Tastatur in die Zahlenfelder eingeben.

◄ **Abbildung 14.3**
Bei der ausgewählten Option S finden Sie im Farbfeld eine Variation aus Farbton und Helligkeit.

- Haben Sie hingegen die Option B (Helligkeit) gewählt, so können Sie im Farbbalken die Farbe heller oder dunkler einstellen und im Farbfeld eine Sättigung sowie einen Farbton festlegen.

In dem kleinen Farbmusterfeld ❸ werden der ursprüngliche Farbton (unten) und die neu gewählte Farbe (oben) übereinander angezeigt. Wenn Sie das untere (ursprüngliche) Farbmuster anklicken, wird die Farbe auf die letzte Einstellung zurückgesetzt. Sind Sie mit der Auswahl Ihrer Farbe fertig, so bestätigen Sie mit OK, und die ausgewählte Farbe wird im Farbwahlbereich der Werkzeugpalette als neue Vorder- bzw. Hintergrundfarbe angezeigt.

Alternative RGB | Alternativ zum HSB-Farbsystem können Sie hierbei auch das klassische RGB-Farbsystem mit den Radioschalt-

Kapitel 14 Mit Farben malen

flächen R, G und B verwenden. Oder Sie geben die Farbkennzeichnung – wie im Webdesign üblich – in der hexadezimalen Schreibweise ein oder wählen sie über das Farbfeld aus.

Websichere Farben | Sicherlich ist Ihnen im Dialog des Farbwählers auch die Checkbox NUR WEBFARBEN ANZEIGEN ❶ aufgefallen. Wenn Sie diese Checkbox anklicken, wird die Farbauswahl im Farbfeld stark eingeschränkt, da nur noch Farben eingeblendet werden, die als »websicher« gelten. Allerdings gilt diese Farbpalette mittlerweile als überholt und veraltet. Als »websicher« galten nämlich früher Farben, die auch auf Systemen mit nur 8 Bit Farbtiefe (insgesamt, wohlgemerkt) dargestellt werden konnten. Da heute jeder Billigrechner größere Farbtiefen darstellen kann, ist diese Option nur noch bedingt von Interesse.

BinHex-Werte
Für das Web sind die BinHex-Farbwerte wichtiger, die Sie im Farbwähler unter RGB mit dem Zeichen »#« davor ❷ finden.

▶ **Abbildung 14.4** ▶
Mit NUR WEBFARBEN ANZEIGEN schränken Sie die Farbwahl stark ein.

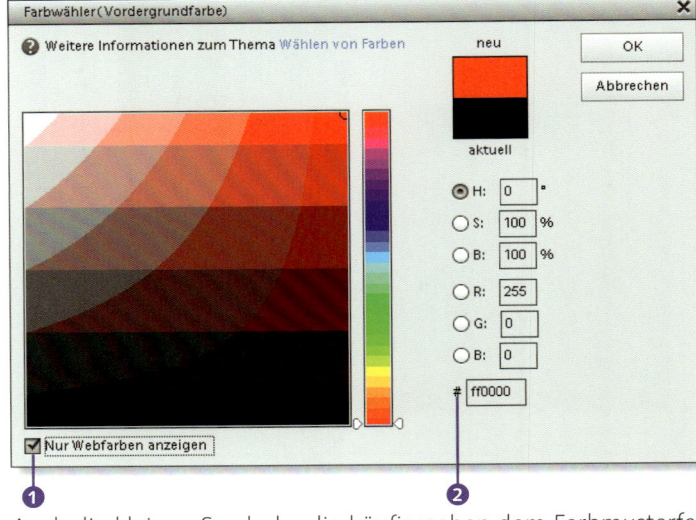

▲ **Abbildung 14.5**
Unterstützung bei der Wahl websicherer Farben

Auch die kleinen Symbole, die häufig neben dem Farbmusterfeld eingeblendet werden, beziehen sich auf die »Websicherheit« von Farben. Wird zum Beispiel ein kleiner Würfel ❸ daneben angezeigt, so ist dies eine Warnung, dass die aktuell gewählte Farbe nicht websicher ist. Mit dem kleinen farbigen Quadrat ❹ darunter wählen Sie durch Anklicken automatisch eine websichere Farbe aus, die der aktuell gewählten Farbe recht ähnlich ist.

14.1.3 Das Farbfelder-Bedienfeld
Das Farbfelder-Bedienfeld unter FENSTER • FARBFELDER bietet eine weitere Möglichkeit für den Zugriff auf Farben. Zwar können Sie hier keine Farben einstellen wie mit dem Farbwähler, dafür aber **Farben abspeichern**, die Sie bereits eingestellt haben. Die gespeicherten Farben können Sie dann als Vorder- und Hinter-

grundfarbe laden. Praktisch ist dieses Bedienfeld auf jeden Fall, da Sie mit ihm eine einmal erstellte Farbe bequem abspeichern und wieder laden können, ohne jedes Mal umständlich mit dem Farbwähler hantieren zu müssen.

Farbe für Vorder- und Hintergrund auswählen | Wollen Sie eine neue Farbe als Vordergrundfarbe mit dem Bedienfeld FARBFELDER auswählen, so klicken Sie einfach das gewünschte Farbfeld an. Wenn Sie mit dem Cursor kurz auf dem Feld verweilen, wird auch die Farbbezeichnung eingeblendet.

Um die ausgewählte Farbe als Hintergrundfarbe einzustellen, gehen Sie wie bei der Vordergrundfarbe vor, halten jedoch beim Anklicken der gewählten Farbe zusätzlich die Taste [Strg]/[cmd] gedrückt.

Neue Farben hinzufügen | Sie können dem aktuellen Farbfeld jederzeit neue Farben hinzufügen. Hierzu müssen Sie nur die Vordergrundfarbe im Farbwahlbereich der Werkzeugpalette einstellen. Fahren Sie anschließend mit dem Cursor über eine freie Fläche auf dem Bedienfeld FARBFELDER, wobei sich der Mauszeiger in ein Fülleimersymbol ❻ verwandelt, und drücken Sie nun die linke Maustaste. Alternativ können Sie auch über das Bedienfeldmenü mit dem Befehl NEUES FARBFELD dem Farbfelder-Bedienfeld die aktuelle Vordergrundfarbe hinzufügen.

Anschließend werden Sie im folgenden Dialog noch aufgefordert, einen Namen für die neue Farbe einzugeben.

Weitere Farbfelder

Über die Dropdown-Liste ❺ können Sie neben den Standardfarbfeldern auch aus einer Menge anderer vordefinierter Farbfelder wählen.

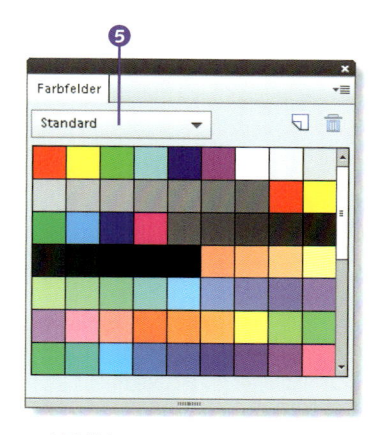

▲ Abbildung 14.6
Das Bedienfeld FARBFELDER in der Standardansicht

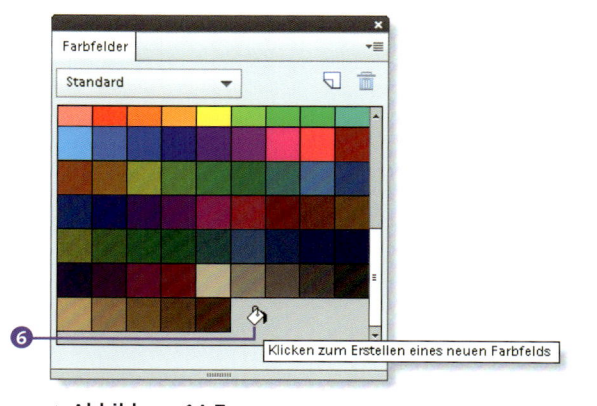

▲ Abbildung 14.7
Neue Farbe hinzufügen …

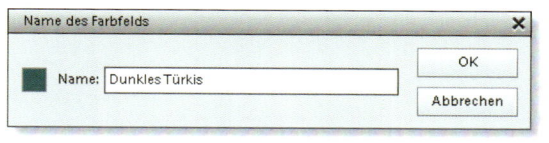

▲ Abbildung 14.8
… und einen passenden Namen vergeben

Farben löschen | Zum Löschen einer Farbe aus dem Farbfeld müssen Sie sich mit dem Cursor auf dem entsprechenden Farbfeld befinden und die Taste [Alt] gedrückt halten, wodurch aus

Kapitel 14 Mit Farben malen

Farbfelder sortieren
Über den Vorgaben-Manager können Sie Farbfelder auch unkompliziert per Drag & Drop neu sortieren. Ziehen Sie einfach die gewählte Farbe mit gedrückter linker Maustaste an die gewünschte Position.

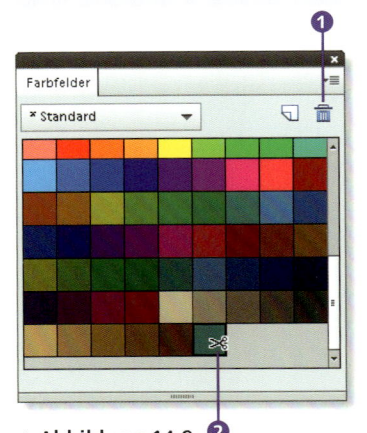

▲ **Abbildung 14.9**
Eine Farbe aus dem Farbfeld löschen

Abbildung 14.10 ▶
Mit dem VORGABEN-MANAGER lassen sich die Farbfelder einfach verwalten.

▲ **Abbildung 14.11**
Das Bedienfeldmenü der FARBFELDER

dem Cursor ein Scherensymbol ❷ wird. Nun brauchen Sie nur noch die Maustaste zu drücken, und die Farbe wird gelöscht. Alternativ ziehen Sie eine ausgewählte Farbe per Drag & Drop auf das Mülleimersymbol ❶.

Farbfelder verwalten mit dem Vorgaben-Manager | Um mehrere Farben auf einmal zu löschen, öffnen Sie den Vorgaben-Manager. Gehen Sie hierzu über das Bedienfeldmenü auf VORGABEN-MANAGER, oder rufen Sie BEARBEITEN • VORGABEN-MANAGER auf, und wählen Sie in der Dropdown-Liste VORGABE ❸ FARBFELDER aus. Alternativ betätigen Sie die Tastenkombination [Strg]/[cmd]+[2]. Jetzt können Sie zum Beispiel mehrere zusammenliegende Farben mit [⇧] oder auseinanderliegende Farben mit [Strg]/[cmd] markieren und über die Schaltfläche LÖSCHEN ❹ entfernen.

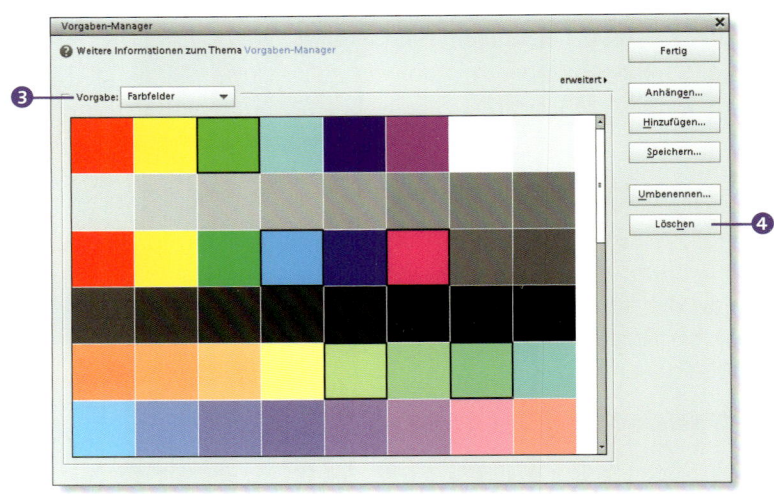

Auch andere Verwaltungsaufgaben wie das Laden, Speichern und Umbenennen von Farbfeldern sind über den Vorgaben-Manager möglich.

Bedienfeldmenü des Farbfelder-Bedienfeldes | Die Farbfelder können Sie auch über das Bedienfeldmenü verwalten. Auch hier können Sie neue Farbfelder anlegen ❺, die Ansichtsoptionen festlegen ❻ und den Vorgaben-Manager aufrufen ❼. Weitere Befehle ❽ stehen mit den darunter befindlichen Einträgen zur Verfügung. Über FARBFELDER LADEN fügen Sie weitere Farbfelder zu den bereits angezeigten hinzu; FARBFELDER SPEICHERN sichert aktuelle Farbfelder. Mit FARBFELDER FÜR AUSTAUSCH SPEICHERN legen Sie Farbfelder im ASE-Format ab. Dies ist recht nützlich, wenn Sie die Farbfelder beispielsweise mit Adobe InDesign oder

Adobe Illustrator verwenden wollen. Um aktuelle Farbfelder durch andere zu ersetzen, wählen Sie den Punkt FARBFELDER ERSETZEN aus.

Speichern und Laden von Farbfeldern | Leider ist das Speichern der Farbfelder ein wenig verwirrend und umständlich gestaltet. Verändern Sie zunächst das Standardfarbfeld, indem Sie zum Beispiel eine Farbe hinzufügen oder löschen. Nun finden Sie in der Dropdown-Liste ein Sternchen (*) neben STANDARD. Damit wird angezeigt, dass es in dem Farbfeld Änderungen gibt, die noch nicht gespeichert wurden. Um das Farbfeld bzw. das veränderte Farbbedienfeld zu speichern, gehen Sie auf das Bedienfeldmenü zum Befehl FARBFELDER SPEICHERN. In der folgenden Dialogbox sichern Sie das neue Farbfeld mit der Endung ».aco« in Ihrem Benutzerverzeichnis unter dem gewünschten Namen.

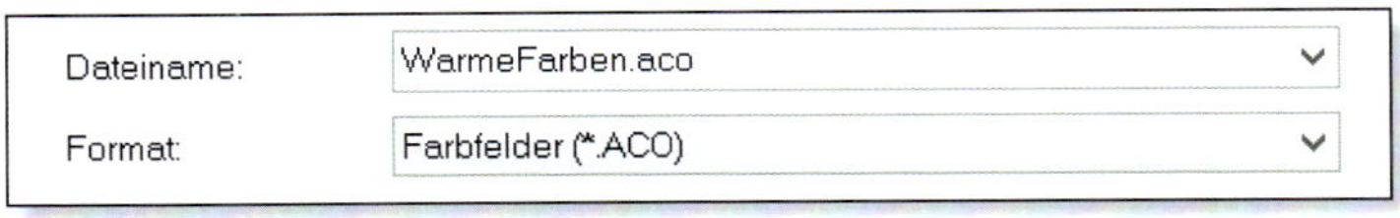

▲ **Abbildung 14.12**
Speichern eines Farbfeldes

Wollen Sie nun dieses Farbfeld zu einem beliebigen Zeitpunkt wieder in das Farbfelder-Bedienfeld laden, können Sie dies zwar über das Bedienfeldmenü mit dem Befehl FARBFELDER LADEN erledigen, dadurch werden allerdings die geladenen Farbfelder dem aktuellen Farbfeld hinzugefügt. Um nur die von Ihnen erzeugten und abgespeicherten Farben zu laden und anzuzeigen, wählen Sie im Bedienfeldmenü den Punkt FARBFELDER ERSETZEN aus.

Vorhaben	Windows	Mac
neues Farbfeld aus der Vordergrundfarbe erstellen und am Ende des Bedienfeldes hinzufügen	an das Ende (leerer Bereich) des Bedienfeldes klicken	an das Ende (leerer Bereich) des Bedienfeldes klicken
Farbe als Vordergrundfarbe einstellen	Farbfeld anklicken	Farbfeld anklicken
Farbe als Hintergrundfarbe einstellen	`Strg` + Farbfeld anklicken	`cmd` + Farbfeld anklicken
Farbe aus dem Farbfeld löschen	`Alt` + Farbfeld anklicken	`Alt` + Farbfeld anklicken

Speicherorte

Während die mitgelieferten Farbfelder im Programm-Verzeichnis unter [LAUFWERK]:\PROGRAMME (X86)\ADOBE\PHOTOSHOP ELEMENTS 12\PRESETS\COLOR SWATCHES (bzw. beim Mac PROGRAMME/PHOTOSHOP ELEMENTS 12/SUPPORT FILES/PRESETS/COLOR SWATCHES) liegen, finden Sie Ihre persönlichen Vorgaben in Ihrem Benutzerverzeichnis (zum Beispiel unter Windows [LAUFWERK]:\BENUTZER\<IHR BENUTZERVERZEICHNIS>\APPDATA\ROAMING\ADOBE\PHOTOSHOP ELEMENTS\12.0\PRESETS\COLOR SWATCHES). Grundsätzlich sollten Sie die Original-Farbfelder nicht überschreiben und neue Farbfelder immer im Benutzerverzeichnis speichern. Beim Mac ist dies /USERS/<IHR BENUTZERVERZEICHNIS>/LIBRARY/APPLICATION SUPPORT/ADOBE/ADOBE PHOTOSHOP ELEMENTS 12/PRESETS/COLOR SWATCHES.

Farbfelder von InDesign und Illustrator

Haben Sie ein Farbfeld vor sich, das zum Beispiel mit InDesign oder Illustrator mit der Endung ».ase« erstellt wurde, so können Sie auch dieses Farbfeld in Photoshop Elements laden und verwenden.

◄ **Tabelle 14.2**
Tastenbefehle für die Arbeit mit dem Farbfelder-Bedienfeld

Für eine umfangreichere Verwaltung der Farben würde ich Ihnen auch hier wieder empfehlen, den Vorgaben-Manager zu verwenden. Beachten Sie, dass Sie auch im Vorgaben-Manager zuvor über ERWEITERT • FARBFELDER ERSETZEN aufrufen müssen, um exklusiv die von Ihnen erstellten Farbfelder im Vorgaben-Manager anzuzeigen und zu bearbeiten.

14.1.4 Farbe mit dem Farbwähler-Werkzeug auswählen

Das Farbwähler-Werkzeug [I] 🖋 wird bevorzugt zur Auswahl von im Bild vorhandenen Farben eingesetzt. Gerade bei Retuschen ist dieses Werkzeug unverzichtbar, um zum Beispiel einen gleichmäßigen Farbton für die Haut zu finden.

Bedienung des Farbwähler-Werkzeugs | Die Anwendung des Farbwähler-Werkzeugs ist denkbar einfach: Sie klicken lediglich eine Stelle im Bild an, und die Farbe an dieser Stelle wird als Vordergrundfarbe im Farbwahlbereich der Werkzeugpalette verwendet.

Wollen Sie die ausgewählte Farbe als Hintergrundfarbe festlegen, so halten Sie beim Anklicken der Farbe zusätzlich die Taste [Alt] gedrückt.

Werkzeugoptionen | Das Farbwähler-Werkzeug hat zwei Werkzeugoptionen. Da wäre zunächst der Aufnahmebereich ❶ für den Farbwähler. Standardmäßig ist dieser Wert auf 1 PIXEL eingestellt. Um eine durchschnittliche Farbmessung durchzuführen, können Sie einen höheren Wert verwenden. Wählen Sie zum Beispiel 5 × 5 PIXEL DURCHSCHNITT aus, so wird ein durchschnittlicher Farbwert zurückgegeben, der aus einem 5×5 Pixel großen Bereich der angeklickten Stelle im Bild berechnet wird. Natürlich wird auch der Durchschnittswert bei einem größeren Aufnahmebereich als Vordergrundfarbe bzw. mit gehaltener [Alt]-Taste als Hintergrundfarbe verwendet. Nützlich ist ein größerer Aufnahmebereich beim Messen von Farbwerten, um zum Beispiel die richtige Farbmischung oder die Graubalance zu überprüfen (siehe den Abschnitt »Farbwerte messen« auf Seite 343).

Die zweite Option ist der Aufnahmemodus ❷, bei dem Sie auswählen können, ob die Pixel aus allen vorhandenen Ebenen oder nur aus der aktuellen Ebene ausgewertet werden. Alle Ebenen zu berücksichtigen, macht natürlich nur Sinn, wenn mehrere Ebenen in einem anderen Modus als NORMAL übereinanderliegen und/oder die Deckkraft unter 100 % liegt.

Zoomen für genauere Messungen

Um die Messung des Farbwähler-Werkzeugs möglichst genau durchzuführen, werden Sie häufig etwas weiter in das Bild hineinzoomen müssen.

Zum Weiterlesen

Die Ebenen erhalten natürlich ein extra Kapitel im Buch. Mehr darüber erfahren Sie in Kapitel 24, »Ebenen in Photoshop Elements«.

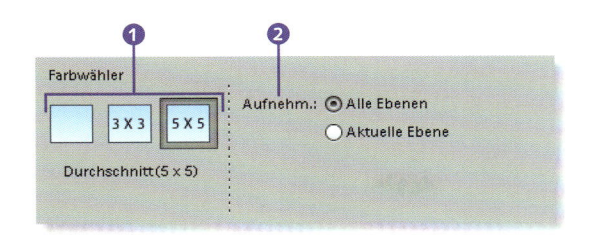

◄ **Abbildung 14.13**
Die Werkzeugoptionen des Farbwähler-Werkzeugs

Fehlerquelle Aufnahmebereich | Die Option des Aufnahmebereichs der Pipette birgt eine versteckte Fehlerquelle: Beachten Sie hier, dass es mehrere Dialoge gibt, die das Farbwähler-Werkzeug zum Abgleich in ihren Dialogfeldern integriert haben (zum Beispiel FARBTON/SÄTTIGUNG, TONWERTKORREKTUR). Alle Dialoge und sonstigen Werkzeuge, die einen Farbwähler verwenden, benutzen den eingestellten Aufnahmebereich vom Farbwähler-Werkzeug. Aufnahmebereiche von 1 PIXEL oder 5 × 5 PIXEL DURCHSCHNITT liefern hierbei in der Regel unterschiedliche Werte derselben Position, was vielleicht nicht immer beabsichtigt ist.

Um dieser Falle zu entgehen, sollten Sie nach jeder Verwendung des Farbwähler-Werkzeugs den AUFNAHMEBEREICH auf 1 PIXEL zurücksetzen – allerdings vergisst man dies gerne. Klicken Sie daher besser bei aktivem Farbwähler mit der rechten Maustaste ins Bild. In dem sich öffnenden Kontextmenü können Sie so aus fast allen Dialogen heraus die Pipette kontrollieren oder ändern.

▲ **Abbildung 14.14**
Klicken Sie mit der rechten Maustaste bei einer aktiven Pipette ins Bild, um den Aufnahmebereich zu verändern oder zu überprüfen.

Vorhaben	Taste
Farbwähler-Werkzeug aufrufen	⌈I⌉
Farbe als Vordergrundfarbe setzen	ins Bild klicken
Farbe als Hintergrundfarbe setzen	⌈Alt⌉ + ins Bild klicken
schnell vom Malwerkzeug zum Farbwähler-Werkzeug wechseln und die aufgenommene Farbe als Vordergrundfarbe setzen	beliebiges Malwerkzeug + ⌈Alt⌉ + ins Bild klicken

▲ **Tabelle 14.3**
Tastenbefehle für das Farbwähler-Werkzeug

14.2 Die Malwerkzeuge

Das Pinsel-Werkzeug und der sind die Standardmalwerkzeuge schlechthin. Viele andere Werkzeuge, die Sie noch kennenlernen werden, arbeiten nach einem ähnlichen Prinzip und verfügen über ähnliche Einstellmöglichkeiten und Werkzeugspitzen wie diese beiden Werkzeuge.

Grafiktablett

Wenn sich das Malen mit der Maus etwas holprig anfühlt und Sie gerne detaillierte Illustrationen erstellen wollen, dann sollten Sie vielleicht über die Anschaffung eines Grafiktabletts nachdenken. Nach kurzer Eingewöhnungszeit lassen sich mit dem Tablett wesentlich präzisere und schnellere Ergebnisse erzielen.

▲ **Abbildung 14.15**
Eine einfache Freihandzeichnung mit einem Grafiktablett

▲ **Abbildung 14.16**
Das Zeichnen von geraden Linien mit einer Verbindung wird mit ⇧ realisiert.

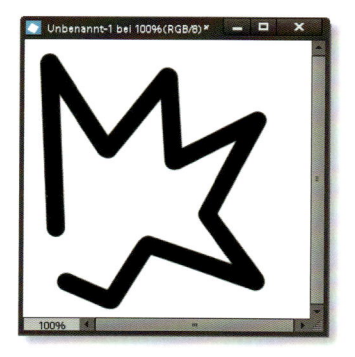

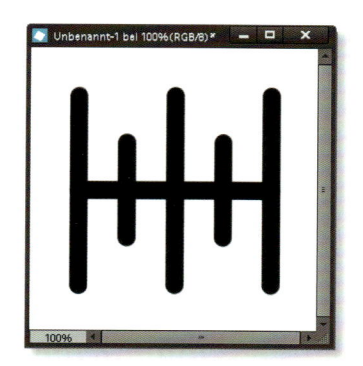

▲ **Abbildung 14.17**
Drücken Sie gleichzeitig die Maustaste und ⇧, zeichnen Sie horizontale und vertikale Linien.

Zwar behandelt dieser Abschnitt »nur« Malwerkzeuge, aber gerade weil sich viele andere Werkzeuge recht ähnlich verwenden und bedienen lassen, möchte ich Ihnen unbedingt empfehlen, sich diesen Abschnitt und insbesondere die **Verwendung des Pinsel-Werkzeugs** etwas genauer durchzulesen und auch auszuprobieren. Speziell bei der Retusche von Bildern werden Sie es noch sehr häufig mit diesem Werkzeug zu tun bekommen.

Das Gegenstück zu Pinsel-Werkzeug und Buntstift ist der Radiergummi, mit dem Sie nicht nur die mit Pinsel-Werkzeug und Buntstift aufgetragene Farbe löschen können, sondern auch Bildpixel im Allgemeinen.

14.2.1 Das Pinsel-Werkzeug

Mit dem Pinsel-Werkzeug [B] zeichnen Sie Striche auf ein Bild oder in ein leeres Dokument. Diese Striche haben wahlweise weiche oder harte Kanten. Als Farbe wird automatisch die im Farbwahlbereich der Werkzeugpalette eingestellte Vordergrundfarbe verwendet.

Verwendung des Pinsel-Werkzeugs | Der Umgang mit dem Pinsel-Werkzeug ist leicht. Für eine einfache **Freihandzeichnung** müssen Sie nur mit der Pinselspitze (dem Cursor) über das Bild oder Dokument fahren und die Stelle anklicken, auf der Sie mit dem Zeichnen beginnen wollen. Bewegen Sie nun zum Zeichnen den Cursor mit gedrückter linker Maustaste über das Bild. Sobald Sie die Maustaste loslassen, wird der Zeichenvorgang (oder auch ein Arbeitsschritt) beendet.

Zum Zeichnen von **geraden Linien** benötigen Sie die ⇧-Taste. Klicken Sie zunächst auf den gewünschten Anfangspunkt der Linie. Sobald Sie die Maustaste loslassen, sehen Sie den Startpunkt der Linie. Wählen Sie nun die Position des Endpunktes aus, und klicken Sie dort, während Sie gleichzeitig ⇧ gedrückt halten. Jetzt haben Sie eine gerade Linie gezeichnet. Analog dazu erstellen Sie eine **Verbindung** von dem zuletzt gezeichneten Punkt zu einem weiteren Punkt, indem Sie eine dritte Position anklicken und dabei die ⇧-Taste gedrückt halten.

Um eine **vertikale** oder **horizontale Linie** zu zeichnen, wählen Sie wiederum zunächst einen Startpunkt im Bild aus. Halten Sie nun die ⇧-Taste und die linke Maustaste gedrückt. Wenn Sie den Pinsel nach oben oder nach unten bewegen, wird eine vertikale Linie gezeichnet (auch wenn Sie mit dem Pinsel etwas »aus der Spur« geraten). Eine horizontale Linie zeichnen Sie, wenn Sie die Maus nach links oder rechts bewegen. Erscheint die horizontale bzw. vertikale Linie wie gewünscht, sollten Sie zuerst die

14.2 Die Malwerkzeuge

Maustaste loslassen und dann erst die ⇧-Taste, um ein »Vermalen« aus der Spur zu vermeiden. Probieren Sie es einfach aus, dann wissen Sie, was ich meine.

Werkzeugoptionen | Mit den ersten beiden Schaltflächen ❷ können Sie zwischen dem PINSELMODUS (Standardeinstellung) und dem AIRBRUSH-MODUS auswählen. Der PINSELMODUS bedarf eigentlich keinerlei Erklärung. Anders hingegen der AIRBRUSH-MODUS. Mit dieser Option erzeugen Sie weiche Farbübergänge. Während im PINSELMODUS nur dann Farbe aus der Werkzeugspitze kommt, wenn Sie den Cursor bei gedrückter Maustaste bewegen, versprüht das Airbrush-Werkzeug seine Farbe auch beim Stillhalten der Maus. Bei längerem Verweilen auf einem Punkt mit gedrückter linker Maustaste bildet sich so ein immer dickerer »Fleck« – wie aus einer Spraydose.

Die voreingestellte Spitze des Pinsel-Werkzeugs ändern Sie über das Dropdown-Menü ❺ der Werkzeugoptionen. Hier können Sie sich auch die verschiedenen PINSEL ❶ nach Kategorien auflisten lassen. Weiche Werkzeugspitzen sorgen im Unterschied zu harten Spitzen für verblassende Konturen. Über den Regler GRÖSSE ❹ stellen Sie die Stärke der Werkzeugspitze ein.

Mit der Deckkraft (hier DECKKR.) ❸ regulieren Sie die Deckkraft bzw. Transparenz der aufgetragenen Pixel. Mit MODUS ❻ bestimmen Sie, wie die aufgetragenen Pixel mit den darunterliegenden Pixeln verrechnet werden sollen. Die Modi und ihre Bezeichnungen entsprechen denen der Ebenen-Füllmethoden. Eine Beschreibung der Modi finden Sie in Kapitel 27, »Füllmethoden von Ebenen«.

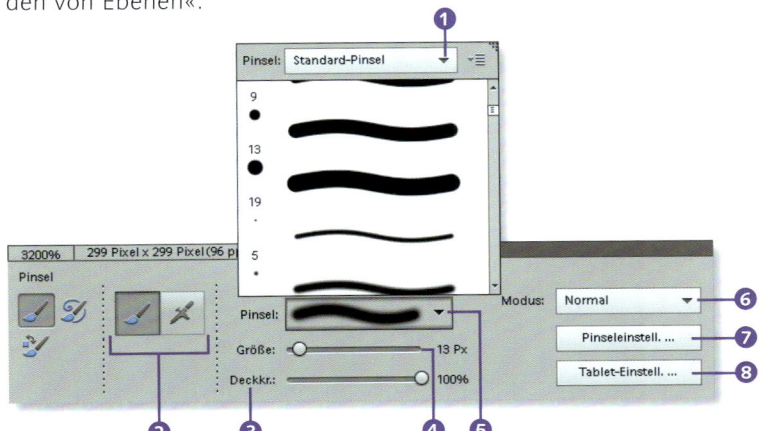

> **Werkzeugspitze schneller auswählen**
>
> Die Flyout-Menüs der Werkzeugoptionen zum Auswählen einer Werkzeugspitze können Sie sich auch schneller über einen Rechtsklick im Bild bzw. Dokument anzeigen lassen.

◀ **Abbildung 14.18**
Die Werkzeugoptionen für das Pinsel-Werkzeug

Mit der Schaltfläche PINSELEINSTELLUNGEN (hier PINSELEINSTELL.) ❼ öffnen Sie ein Untermenü mit vielen weiteren Pinseloptionen.

Kapitel 14 Mit Farben malen

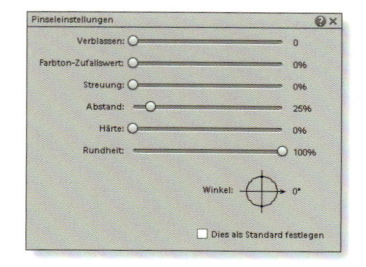

▲ Abbildung 14.19
In den PINSELEINSTELLUNGEN verbirgt sich ein wahres El Dorado an Pinseloptionen.

Klicken Sie auf die Schaltfläche TABLET-EINSTELLUNGEN ❽ (Abbildung 14.18), so öffnet sich ein weiteres Untermenü, mit dem Sie weitere Grafiktablett-Optionen einstellen können, zum Beispiel ob der Druck des Zeichenstifts auf das Grafiktablett Auswirkung auf die Größe, Deckkraft, Streuung oder Rundheit des Pinselstrichs haben soll.

Pinseleinstellungen | Für das Beispiel in Abbildung 14.20 wurden alle Pinselstriche mit einem Durchmesser von 30 Pixeln mit unterschiedlichen Optionen gezeichnet.

❶ Die erste Linie wurde mit einem harten Pinsel erstellt.
❷ Die zweite Linie wurde mit einem weichen Pinsel erstellt.
❸ Die nächste Linie wurde wieder mit einem harten Pinsel, aber bei reduzierter DECKKRAFT (50 %) gemalt.
❹ Bei der vierten Linie wurde die Pinseloption VERBLASSEN verwendet, mit der Sie festlegen können, nach wie vielen Arbeitsschritten der Malstrich vollständig verblasst.
❺ Daneben wurde die Pinseloption FARBTON-ZUFALLSWERT verwendet, mit der Sie einstellen, mit welcher Häufigkeit der gemalte Strich zwischen der eingestellten Vorder- und Hintergrundfarbe wechselt.
❻ Beim Pinselstrich daneben wurde die Pinseloption STREUUNG verwendet, mit der Sie definieren, wie beim Zeichnen die einzelnen Punkte in einem Strich verteilt werden.
❼ Der nächste Pinselstrich wurde mit der Option ABSTAND gezeichnet, mit der Sie festlegen, in welchem Malabstand die einzelnen Punkte gezeichnet werden.
❽ Beim nächsten Pinselstrich wurde die Option HÄRTE geändert, mit der Sie die Kantenschärfe des Strichs bestimmen.
❾ Bei dem folgenden Strich wurde die RUNDHEIT geändert, wodurch Sie das Verhältnis zwischen der kurzen und langen Achse des Pinsels bestimmen.
❿ Bei den Smileys wurde lediglich der WINKEL nach jedem erneuten Ansetzen geändert, wodurch die Pinselspitze gedreht wurde.

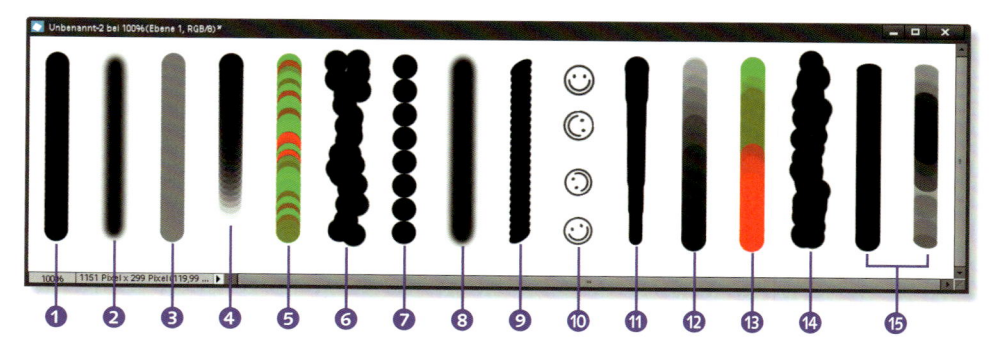

Darstellung der Werkzeugspitze ändern

Die Darstellung der Werkzeugspitzen von Malwerkzeugen können Sie jederzeit über BEARBEITEN/ PHOTOSHOP ELEMENTS EDITOR • VOREINSTELLUNGEN • ANZEIGE & CURSOR im Bereich MALWERKZEUGE verändern.

Abbildung 14.20 ▼
Unterschiedliche Pinseleinstellungen

Tablet-Einstellungen | Die nächsten Striche wurden mit den TABLET-EINSTELLUNGEN und einem Grafiktablett gezeichnet. Im Grunde wirken sich die einzelnen Optionen auf das Grafiktablett aus, je nachdem, wie leicht oder fest Sie mit dem Stift aufdrücken.

- ⓫ Die erste Linie wurde bei aktivierter GRÖSSE-Option aufgezeichnet.
- ⓬ Bei der zweiten Linie wurde die Option DECKKRAFT aktiviert, mit der, je kräftiger Sie mit dem Stift auf das Tablett drücken, desto stärker die Deckkraft der Linie ist.
- ⓭ Selbiges gilt auch für die dritte Linie, welche mit der Option FARBTON-ZUFALLSWERT realisiert wurde und von der eingestellten Vorder- und Hintergrundfarbe abhängt.
- ⓮ Bei der nächsten Linie wurde die STREUUNG aktiviert.
- ⓯ Die letzten beiden Linien wurden jeweils mit aktiver RUNDHEIT gezeichnet, wobei bei der letzten Linie noch zusätzlich die Option DECKKRAFT aktiviert wurde.

▲ **Abbildung 14.21**
Über die Schaltfläche TABLET-EINSTELLUNGEN lassen sich diverse Optionen für ein Grafiktablett einstellen.

14.2.2 Der Impressionisten-Pinsel

Der Impressionisten-Pinsel ⓑ 🖌 ist eher ein Kreativwerkzeug und befindet sich im selben Fach wie das Pinsel-Werkzeug.

Dieses Werkzeug arbeitet allerdings etwas anders als das normale Pinsel-Werkzeug, denn es verändert die Farben und Details eines geöffneten Bildes. Fahren Sie mit diesem Werkzeug über das Bild, sieht dieses anschließend aus, als wäre es mit Pinselstrichen oder Pinseltupfern gemalt worden – eben in impressionistischer Manier.

Kapitel_14: balance.jpg

Experimentieren Sie!
Interessante Effekte lassen sich durch Experimentieren mit den verschiedenen Stil-, Größen- und Toleranzoptionen erzielen. Hier können Sie verschiedene Kunststile simulieren.

Foto: Jürgen Wolf

▲ **Abbildung 14.22**
Die Aufnahme wurde mit dem Impressionisten-Pinsel bearbeitet, wodurch das Endergebnis in der Mitte entstand. Interessant sieht es dann auch als Schwarz-Weiß-Aufnahme aus.

Kapitel_14: Shiva.jpg

14.2.3 Das Farbe-ersetzen-Werkzeug

Auch das Farbe-ersetzen-Werkzeug Ⓑ finden Sie im Fach der Pinsel-Werkzeuge. Dieses Werkzeug ist eine Mischung aus Retusche- und Kreativwerkzeug. Es ersetzt gezielt Farbe aus einem Bild durch die festgelegte Vordergrundfarbe im Farbwahlbereich. Dabei werden auch Kanten im Bild erkannt, so dass andere Bereiche nicht versehentlich umgefärbt werden.

Bedienung | Die Anwendung ist denkbar einfach: Klicken Sie im Bild auf die Farbe, die Sie ersetzen wollen, und ziehen Sie anschließend die Pinselspitze über das Bild, um die Zielfarbe durch die im Farbwahlbereich gesetzte Vordergrundfarbe zu ersetzen.
Beim Beispiel in Abbildung 14.23 wurde lediglich die Pinselspitze vergrößert. Ansonsten wurden die Standardeinstellungen (Modus: Farbe; Grenzen: Benachbart und Toleranz: 30 %) verwendet.

Abbildung 14.23 ▶
Das Farbe-ersetzen-Werkzeug soll hier die Farbe der gelben Unterbekleidung von Shiva durch einen grünen Ton ersetzen.

Werkzeugoptionen | Bei den Werkzeugoptionen des Farbe-ersetzen-Werkzeugs stellen Sie über den Regler Grösse ❷ zunächst die Stärke des Pinsels ein. Mit dem Regler Toleranz ❶ geben Sie an, wie ähnlich sich die Farben sein sollen, die ersetzt werden. Je niedriger der Wert, desto ähnlicher muss die zu ersetzende Farbe sein. Um die Farbe tatsächlich zu ersetzen, stellen Sie unter Modus ❺ Farbe ein. Neben der Möglichkeit, die Farbe zu ersetzen, finden Sie hier auch die Optionen Sättigung, Luminanz und Farbton.

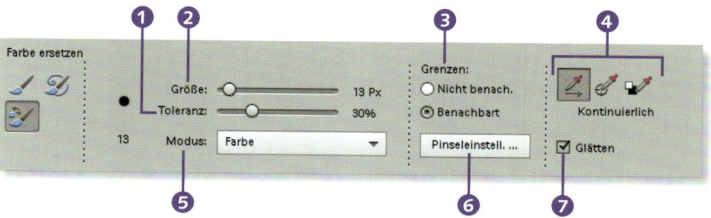

Abbildung 14.24 ▶
Die Optionen des Farbe-ersetzen-Werkzeugs

Unter dem Punkt Grenzen ❸ wählen Sie zwischen den Optionen Nicht benachbart und Benachbart:

▶ Mit NICHT BENACHBART wird die aufgenommene Farbe in allen Bereichen des Bildes ersetzt, über die der Mauszeiger fährt.
▶ Die Option BENACHBART ersetzt nur die Farben, die unmittelbar neben der Farbe unter dem Mauszeiger liegen.

Die Abbildung 14.25 demonstriert den Unterschied zwischen BENACHBART und NICHT BENACHBART in der Werkzeugoption GRENZEN. Beim oberen Bild wurde der Wert BENACHBART verwendet, wodurch nur die Farben ersetzt wurden, die neben den Farben unterhalb des Mauszeigers – dem Hotspot – liegen. Der andersfarbige Bereich, im oberen Beispiel rund um den gelben Lendenschurz (hier der schwarze Schatten), verhindert, dass auch das restliche Gelb mit umgefärbt wird, obwohl der Pinsel darüber ❽ steht. Wollen Sie, dass alle Bereiche einer bestimmten Farbe unterhalb des Pinsels mit einer anderen Farbe ersetzt werden, so setzen Sie die Option von GRENZEN auf NICHT BENACHBART, wie im unteren Bild ❾ geschehen. Im Beispiel wird hier nun auch alles Gelb in Grün umgefärbt, wenn sich der Pinsel darüber befindet.

Über die Schaltfläche PINSELEINSTELLUNGEN ❻ können Sie einzelne Einstellungen des Pinsels wie HÄRTE, MALABSTAND, RUNDUNGEN usw. anpassen.

Mit den drei Schaltflächen ❹ können Sie auswählen, wie die Aufnahme der Farbe beim Ersetzen vor sich gehen soll. Mit der ersten Schaltfläche KONTINUIERLICH (Standardeinstellung) wird dauerhaft beim Zeichnen am Hotspot die Farbe aufgenommen und durch die eingestellte Vordergrundfarbe ersetzt. Verweilen Sie länger auf einer anderen Farbe und bewegen Sie den Mauscursor, wird diese Farbe durch die eingestellte Vordergrundfarbe ersetzt. Bei der Schaltfläche EINMAL wird nur einmalig die zuerst am Hotspot ausgewählte Farbe verwendet und durch die Vordergrundfarbe ersetzt. Beide Optionen (KONTINUIERLICH und EINMAL) gelten wohlgemerkt bei einem Malvorgang bis Sie die Maustaste wieder loslassen. Die dritte Schaltfläche HINTERGRUNDFARBFELD hingegen ersetzt beim Malen die eingestellte Hintergrundfarbe durch die eingestellte Vordergrundfarbe.

Mit der letzten Option, GLÄTTEN ❼, können Sie dafür sorgen, dass der zu korrigierende Bereich glatte Kanten erhält.

▲ **Abbildung 14.25**
Oben wurde BENACHBART, unten NICHT BENACHBART gewählt.

14.2.4 Der Buntstift

Die Erläuterungen zum Pinsel-Werkzeug gelten größtenteils auch für den Buntstift [N] . Auch bei diesem Werkzeug stehen harte und weiche Werkzeugspitzen zur Verfügung. Im Unterschied zum Pinsel kann der Buntstift aber keine weichen Kanten erzeugen. Wenn Sie also für den Buntstift eine Werkzeugspitze mit weichen

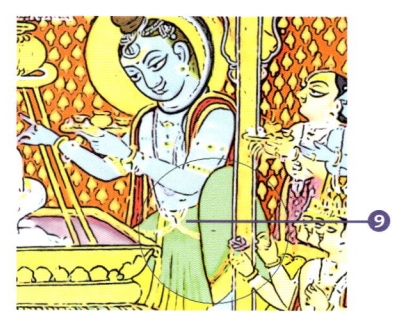

▲ **Abbildung 14.26**
Striche, die mit einem Buntstift mit weichen Kanten, aber ohne weiche Übergänge gezeichnet wurden

Kanten wählen, so wird eine Linie mit unsauberen Kanten erzeugt, ähnlich wie auch mit einem realen Buntstift.

Werkzeugoptionen | Auch die Werkzeugoptionen des Buntstifts entsprechen weitgehend denen des Pinsel-Werkzeugs. Eine Ausnahme bildet die Option AUTOMATISCH LÖSCHEN ❶. Ist diese Option aktiviert, können Sie mit der eingestellten Hintergrundfarbe im Farbwahlbereich der Werkzeugpalette die Vordergrundfarbe übermalen.

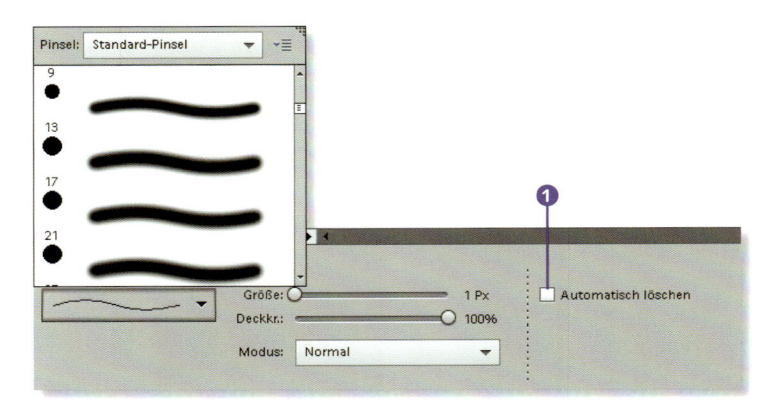

Abbildung 14.27 ▶
Die Werkzeugoptionen des Buntstifts entsprechen größtenteils denen des Pinsels.

Einsatzgebiet | Vorwiegend wird der Buntstift bei Bildern im Bitmap-Modus verwendet, wo lediglich schwarze und weiße Farbe zum Einsatz kommt. Auch wenn Sie bei einer Arbeit unbedingt scharfe und harte Linien benötigen, sollten Sie den Buntstift dem Pinsel-Werkzeug vorziehen, weil beim Pinsel-Werkzeug auch bei den »harten« Werkzeugspitzen die Kanten ein wenig geglättet werden.

14.2.5 Der Radiergummi

Das Gegenstück zum Pinsel-Werkzeug und Buntstift ist natürlich der Radiergummi [E] 🧽, mit dem Sie die aufgetragenen Striche und Pixel entfernen.

Verwendung des Radiergummis | Der Einsatz des Radiergummis erklärt sich eigentlich von selbst: Wählen Sie den Radiergummi aus, stellen Sie die gewünschten Optionen ein, setzen Sie den Cursor auf das Bild, und beginnen Sie mit gedrückter Maustaste zu radieren. Auch beim Radieren können Sie durch Halten der ⇧-Taste gerade Linien löschen, wie dies bereits beim Zeichnen von Linien mit dem Pinsel-Werkzeug in Abschnitt 14.2.1 beschrieben wurde. Beachten Sie allerdings, dass Sie beim Löschen von Pixeln diese unwiderruflich aus dem Bild entfernen.

Werkzeugoptionen | Auch die Werkzeugoptionen entsprechen zum Teil denen des Pinsel-Werkzeugs und des Buntstifts. Einzig bei ART ❷ finden Sie hier mit BUNTSTIFT, PINSEL und QUADRAT etwas Neues: Hier stellen Sie ein, ob sich die Werkzeugspitze beim Radieren wie ein Pinsel-Werkzeug oder wie ein Buntstift verhalten soll. Der Buntstift erzeugt, wie erwähnt, härtere Kanten als das Pinsel-Werkzeug. Die Einstellung QUADRAT stellt eine quadratische Werkzeugspitze ein. Diese benötigen Sie etwa, wenn Sie in einer hohen Zoomstufe pixelgenau radieren müssen. In diesem Modus werden dann die anderen Werkzeugspitzen nicht mehr zur Auswahl angeboten.

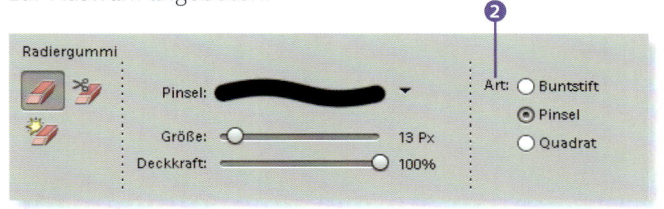

Pixelgenau radieren

Wenn Sie exakt einzelne Pixel mit einer Werkzeuggröße von 1 Pixel radieren wollen, müssen Sie als ART ❷ BUNTSTIFT verwenden. Nur so findet keine Kantenglättung statt, die beim Radieren auf die benachbarten Pixel angewandt würde, wie dies mit dem MODUS PINSEL der Fall ist.

◄ **Abbildung 14.28**
Die Werkzeugoptionen des Radiergummis

14.2.6 Der Hintergrund-Radiergummi

Mit dem Hintergrund-Radiergummi ⒠ werden die Pixel nicht gelöscht, sondern beim Radieren in transparente Pixel umgewandelt. Mit diesem Werkzeug können Sie daher recht problemlos störende Objekte und/oder Pixel vom Hintergrund entfernen. Das Fadenkreuz im Kreis der Pinselspitze wird dabei als Hotspot bezeichnet. Wenn Sie den Hintergrund-Radiergummi im Bild mit gedrückter Maustaste ziehen, werden alle Pixel innerhalb des Kreises mit einem ähnlichen Farbwert wie das Pixel unter dem Hotspot gelöscht. Bei richtiger Anwendung bleiben auch die Kanten des Vordergrundobjekts erhalten, während Sie die Hintergrundpixel löschen.

Werkzeugoptionen | Die Stärke der Pinselspitze stellen Sie mit dem Regler GRÖSSE ❷ (siehe Abbildung 14.29) ein. Mit dem Regler TOLERANZ ❶ geben Sie an, wie ähnlich der Farbwert eines Pixels sein sollte, um vom Hintergrund-Radiergummi berücksichtigt zu werden. Je niedriger der Wert, desto ähnlicher muss die Hotspot-Farbe sein, um gelöscht zu werden. Mit der Schaltfläche PINSELEINSTELLUNGEN ❸ können Sie einzelne Einstellungen des Pinsels wie HÄRTE, MALABSTAND, RUNDUNGEN usw. anpassen.

Unter GRENZEN ❹ wählen Sie BENACHBART, um nur die benachbarten Bereiche zu löschen, die die Hotspot-Farbe enthalten. Mit NICHT BENACHBART werden alle Pixel innerhalb des Kreises gelöscht, die der Hotspot-Farbe ähnlich sind.

Kapitel 14   Mit Farben malen

Abbildung 14.29 ▶
Werkzeugoptionen des Hintergrund-Radiergummis

Abbildung 14.30 ▶
Die Optionen von Grenzen ❹ sollen hier nochmals am gelben Lendenschurz demonstriert werden. Links wurde die Option Benachbart ausgewählt, weshalb die gelbe Farbe rechts, über der sich auch noch der Pinsel befindet ❺, nicht berücksichtigt wurde. Im Bild daneben wurde die Option Nicht benachbart verwendet, und daher wird dort jetzt der gelbe Bereich ❻ entfernt, wo sich der Pinsel über ihr befindet. Mit dem Schachbrettmuster wird in Photoshop Elements die Transparenz verdeutlicht.

Kapitel_14:
OBriansTower.jpg

Tipp
Um möglichst genau zu arbeiten und nicht falsche Bildbereiche zu entfernen, sollten Sie weit in das Bild hineinzoomen und die Werkzeugspitze mit der Tastatur vergrößern ⌐+# oder verkleinern #. Ebenso sollten Sie die Toleranz reduzieren, falls nicht erwünschte Bereiche ebenfalls entfernt werden.

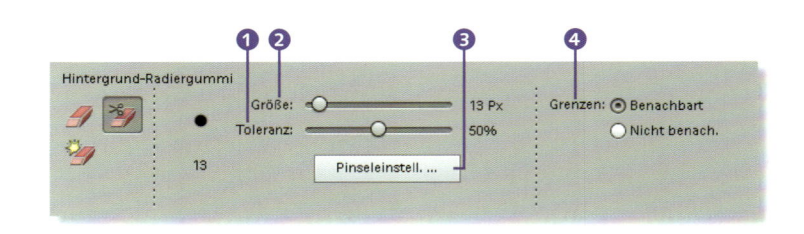

Schritt für Schritt: Hintergrund-Radiergummi verwenden

Manchmal ist auch ein schöner Himmel nicht gewünscht. Damit in einem solchen Fall ein neuer Himmel, beispielsweise aus einem anderen Bild, eingefügt werden kann, muss der Original-Himmel zunächst entfernt werden. Das geht unter anderem mit dem Hintergrund-Radiergummi.

1 Hintergrund-Radiergummi auswählen und Optionen einstellen

Laden Sie das Bild »OBriansTower.jpg« von der Buch-DVD in den Fotoeditor. Wählen Sie den Hintergrund-Radiergummi in der Werkzeugpalette (zum Beispiel mit E) aus. Legen Sie als Nächstes die Optionen für das Werkzeug fest. Im Beispiel habe ich eine größere Werkzeugspitze mit 600 Pixeln verwendet. Die Grenzen habe ich auf Nicht Benachbart gestellt und die Toleranz auf 30 %.

2 Hintergrund löschen

Führen Sie nun den Cursor auf den Bildbereich, den Sie entfernen wollen. Drücken Sie die linke Maustaste, und ziehen Sie die Werkzeugspitze über den zu löschenden Bildbereich. Achten Sie genau darauf, mit dem Hotspot des Werkzeugs ❼ nicht über den Bildbereich hinauszufahren, den Sie löschen wollen.

Am Ende finden Sie einen transparenten Hintergrund (der als Schachbrettmuster angezeigt wird) an der gelöschten Stelle, wo Sie zum Beispiel über eine weitere Ebene einen neuen Himmel einfügen können. Alles über Ebenen erfahren Sie in Teil VIII des Buches. Wie Sie den Himmel austauschen können, beschreibe ich in einem Workshop in Abschnitt 26.4, »Einfache Fotomontagen mit Ebenen«.

◄ **Abbildung 14.31**
Dank des Hotspots werden nur ähnliche Pixel innerhalb der Werkzeugspitze gelöscht, auch wenn die komplette Spitze darüber hinausgeht.

Kapitel_14: Blume.jpg

14.2.7 Der Magische Radiergummi

Der Magische Radiergummi [E] ist eine Mischung aus Zauberstab und Radiergummi. Er findet und löscht alle Pixel eines bestimmten Farbbereichs. Wenn Sie hierbei mit einer Ebene mit fixierter Transparenz (siehe den Abschnitt »Ebenen schützen« auf Seite 598) arbeiten, nehmen die gelöschten Pixel die Hintergrundfarbe aus dem Farbwahlbereich der Werkzeugpalette an. Ansonsten werden die gelöschten Pixel durchsichtig (transparent).

Werkzeugoptionen | Für den Magischen Radiergummi stehen Ihnen mehrere Optionen zur Verfügung. Zunächst können Sie mit der TOLERANZ ❶ (siehe Abbildung 14.32) den zu löschenden Farbbereich festlegen. Es werden jene Bildteile gelöscht, deren Farbwertbereich dem ausgewählten Pixel ähnlich ist. Je niedriger dieser Wert hierbei ist, desto ähnlicher muss der Farbwert des Pixels sein. Mit der DECKKRAFT ❷ legen Sie die Stärke des Radierens fest. Bei 100 % werden beim Radieren der Ebene die Pixel vollkommen transparent und beim Radieren mit fixierter Transparenz durch die Hintergrundfarbe ersetzt. Wenn Sie die DECKKRAFT reduzieren, tritt dieser Effekt nur teilweise ein.

Wenn Sie die Option ALLE EBENEN AUFNEHMEN ❸ aktivieren, so werden alle Farben zum Löschen aus allen sichtbaren Ebenen verwendet. Wenn Sie nur die Farben aus der aktiven Ebene löschen wollen, lassen Sie diese Option deaktiviert.

Wenn Sie die Checkbox AUFEINANDER FOLGEND ❹ ankreuzen, werden nur die Pixel gelöscht, die direkt an das ausgewählte Pixel angrenzen. Deaktivieren Sie diese Option, so werden alle identischen oder ähnlichen Pixel (abhängig von der TOLERANZ) im Bild entfernt. Damit die Kanten des gelöschten Bereichs natürlicher wirken, können Sie die Checkbox GLÄTTEN ❺ aktivieren.

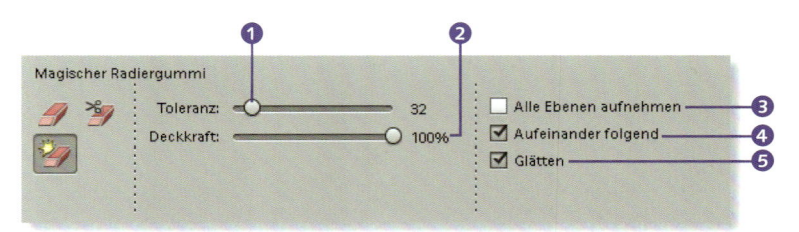

Abbildung 14.32 ▶
Die Werkzeugoptionen des Magischen Radiergummis

Nacharbeit

Auch wenn der Magische Radiergummi sehr gut arbeitet, kommen Sie doch häufig um ein wenig Nacharbeit mit dem Hintergrund-Radiergummi oder dem Radiergummi nicht herum.

Verwendung des Magischen Radiergummis | Die Verwendung des Werkzeugs ist ganz einfach: Nachdem Sie die Optionen des Werkzeugs eingestellt und gegebenenfalls die entsprechende Ebene im Ebenen-Bedienfeld ausgewählt haben, markieren Sie im Bildbereich mit der Maus den Teil, den Sie entfernen wollen, und klicken diesen an. Je nach Einstellung der Werkzeugoptionen werden nun Pixel im Bildbereich gelöscht.

Abbildung 14.33 ▶
Hier wurde der Hintergrund mit dem Magischen Radiergummi entfernt.

Foto: Brigitte Bolliger/pixelio.de

Wann welcher Radiergummi? | Wann Sie den Magischen Radiergummi einsetzen sollten und wann eher den Hintergrund-Radiergummi, hängt vom Motiv ab. Bei einfachen Motiven mit einfarbigen großen Flächen ist der Magische Radiergummi besser geeignet. Für etwas detailliertere Arbeiten bietet sich der

14.2 Die Malwerkzeuge

Hintergrund-Radiergummi an. Um einzelne Pixel zu bearbeiten, ist der normale Radiergummi die beste Wahl.

14.2.8 Das Smartpinsel-Werkzeug

Eine spezielle Art von Pinselwerkzeugen von Photoshop Elements sind die Werkzeuge Smartpinsel-Werkzeug [F] und Detail-Smartpinsel-Werkzeug [F]. Bevorzugt lassen sich diese Werkzeuge für Tonwerteffekte und Farbkorrekturen verwenden, aber auch für kreative Arbeiten eignen sie sich.

Automatische Auswahl und Korrektur | Die Effekte beider Werkzeuge werden über Einstellungsebenen realisiert, wodurch das Originalbild bzw. die Bildebene unangetastet bleibt. Im Prinzip funktionieren diese Werkzeuge wie eine Kombination aus Schnellauswahl-Werkzeug (siehe Abschnitt 23.3, »Das Schnellauswahl-Werkzeug«) und Einstellungsebenen, wo Sie aus einer Palette von vordefinierten Korrekturen und Effekten auswählen können.

Gerade für Einsteiger sind diese Werkzeuge ideale Hilfsmittel, da sie schwierigere Dinge wie Auswahlen, Ebenen und Ebenenmasken im Hintergrund von Photoshop Elements automatisch für Sie erstellen.

Werkzeugoptionen | In der Popup-Palette ❻ können Sie sich eine Liste der vorhandenen Smartpinsel-Wekzeuge anzeigen lassen. Standardmäßig werden hierbei zunächst nur Korrekturen UNIVERSAL aufgelistet, aber die Dropdown-Liste ⓬ zeigt Ihnen nach Themen sortiert auch andere vordefinierte Korrekturen an.

Über GRÖSSE ❽ und die Schaltfläche PINSELEINSTELLUNGEN ❾ stellen Sie den Pinsel ein (siehe Abschnitt 14.3, »Pinsel- und Werkzeugspitzen«).

> **Vielfältig einsetzbar**
>
> Die Smartpinsel-Werkzeuge sind gar nicht so leicht einzuordnen – diese Werkzeuge könnte man ebenso gut in den Kapiteln zur Bildkorrektur (Teil III) besprechen wie bei den Auswahlen (siehe Teil VII) oder Ebenen (siehe Teil VIII). Daran erkennen Sie auch, wie vielfältig Sie das Werkzeug einsetzen können.

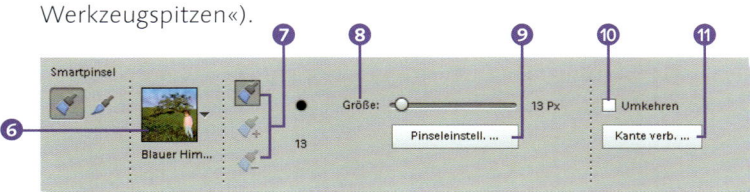

▲ **Abbildung 14.34**
Optionen des Smartpinsel-Werkzeugs

Mit der Checkbox UMKEHREN ❿ kehren Sie die Auswahl um: Was nicht ausgewählt war, ist nun ausgewählt, und was zuvor ausgewählt war, ist nun nicht mehr ausgewählt. Dies entspricht dem Kommando AUSWAHL • AUSWAHL UMKEHREN (oder ⇧+Strg/ cmd+I). Mit der Schaltfläche KANTE VERBESSERN ⓫ können Sie über einen Dialog die Kanten der Auswahl verbessern.

▲ **Abbildung 14.35**
Über das Popup-Menü wählen Sie aus den zahlreichen Vorgaben.

Kapitel 14   Mit Farben malen

Zum Weiterlesen
Mehr zu den Auswahlbefehlen können Sie in Abschnitt 22.3, »Auswahlbefehle im Menü«, und zum Dialog Kante verbessern auf Seite 552 nachlesen.

Die drei kleinen Pinsel ❼ (siehe Abbildung 14.34) sind ebenfalls schnell erklärt. Um eine neue Auswahl für Korrekturen auf dem Bild festzulegen, sollten Sie den Pinsel 🖌 für Neue Auswahl auswählen. Wollen Sie einer bereits vorhandenen Auswahl weitere Bereiche hinzufügen, so aktivieren Sie den Pinsel 🖌 (Der Auswahl hinzufügen). Sollen hingegen Teile einer bereits vorhandenen Auswahl entfernt werden, verwenden Sie den Pinsel 🖌 (Von Auswahl subtrahieren).

Die Smartpinsel im Einsatz | Die Verwendung des Smartpinsel-Werkzeugs ist kinderleicht. Den praktischen Einsatz erläutert der folgende Workshop.

Abbildung 14.36 ▶
Statt strahlend blau war der Himmel an diesem Tag neblig, und somit wirkt der Gesamteindruck des schönen Motivs eher flau und trübe. Mit dem Smartpinsel-Werkzeug wollen wir hier noch einiges herausholen.

Foto: Jürgen Wolf

Kapitel_14: TajMahal.jpg und TajMahal.psd

Schritt für Schritt: Bildkorrektur mit dem Smartpinsel-Werkzeug

Mit dem Smartpinsel-Werkzeug lassen sich Korrekturen einfach auf ein Bild bzw. bestimmte Stellen im Bild auftragen. In den Vorgaben findet sich auch ein Blauer Himmel. Genau das Richtige für diese etwas fahl geratene Aufnahme des eigentlich strahlend blauen Himmels.

1 Korrektur auswählen
Öffnen Sie das Bild »TajMahal.jpg« im Fotoeditor, und wählen Sie das Smartpinsel-Werkzeug [F] 🖌 aus der Werkzeugpalette aus. Verwenden Sie aus der Popup-Palette ❷ Blauer Himmel ❶, und stellen Sie die Grösse des Pinsels ❸ auf 100 Pixel.

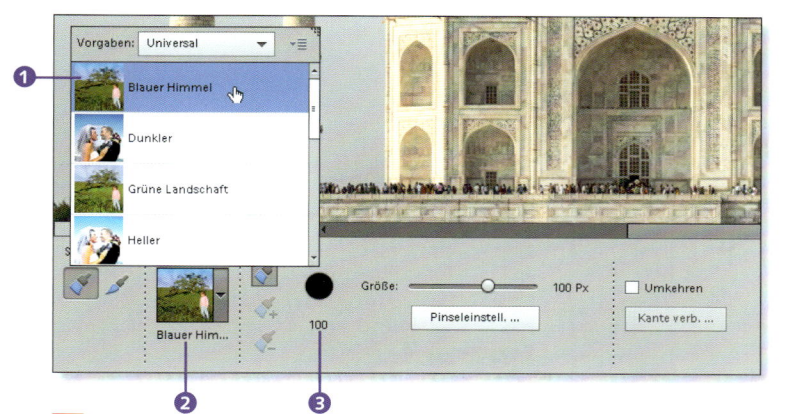

◀ **Abbildung 14.37**
Zunächst soll der Himmel blauer werden.

2 Korrektur ins Bild malen

Malen Sie die Korrektur im Bild auf dem Himmel mit gedrückter linker Maustaste auf. Die Korrektur wird als eigene Einstellungsebene ❻ vorgenommen. Haben Sie zu viel ausgewählt, können Sie dies jederzeit mit dem Pinsel wieder von der Auswahl abziehen; ebenso können Sie weitere Bildbereiche hinzufügen.

Die Pinsel aus den Werkzeugoptionen finden Sie auch im Bild ❹ zur Auswahl wieder. Des Weiteren sehen Sie nun einen Farbpunkt ❺ im Bild. Dieser Farbpunkt dient als Referenz für die Korrektur. Erstellen Sie eine weitere Korrektur, wird ein weiterer Farbpunkt angelegt. Der Himmel sollte jetzt in einem viel freundlicheren Blau erstrahlen.

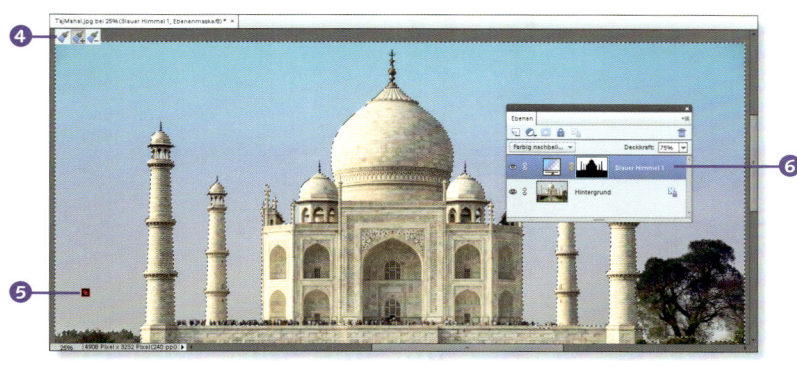

◀ **Abbildung 14.38**
Photoshop Elements erstellt automatisch eine Einstellungsebene, und Sie können sofort losmalen.

3 Weitere Korrekturvorgabe für das Bild vorbereiten

Nun soll noch eine zweite Korrekturvorgabe im Bild verwendet werden. Wählen Sie hierzu zunächst in den Werkzeugoptionen den Pinsel für eine neue Auswahl. Verwenden Sie aus der Gruppe BELEUCHTUNG ❼ die Korrekturvorgabe HELLER ❽.

▲ **Abbildung 14.39**
Machen Sie das Bild heller.

Kapitel 14 Mit Farben malen

4 Weitere Korrektur ins Bild malen

Malen Sie, wie schon beim Himmel, eine weitere Korrektur auf den grünen Garten (ohne das Gebäude) im Bild. Auch hier gilt: Haben Sie zu viel gemalt, so ziehen Sie diesen Bereich mit ![] wieder von der Auswahl ab. Dasselbe gilt für das Hinzufügen von Bildbereichen mit ![]. Nun sollten Sie im Ebenen-Bedienfeld eine weitere Einstellungsebene ❷ vorfinden und im Bild einen zweiten Farbpunkt ❶.

Abbildung 14.40 ▶
Für die beiden Korrekturen BLAUER HIMMEL und HELLER wurde je eine Einstellungsebene angelegt.

5 Ggf. Arbeitsschritt 3 und 4 wiederholen

Natürlich können Sie noch beliebig weitere Korrekturen ins Bild malen und die Arbeitsschritte 3 und 4 bei Bedarf wiederholen. In diesem Beispiel wurde noch das Gebäude mit der Korrekturvorgabe SONNENUNTERGANG ❹ aus der Gruppe NATUR ❺ übermalt. Anschließend wurde die Füllmethode der Ebene auf WEICHES LICHT ❺ gesetzt und die DECKKRAFT ❻ auf 20% reduziert. Jetzt wirkt es, als würde die Sonne das Gebäude im Abendrot reflektieren.

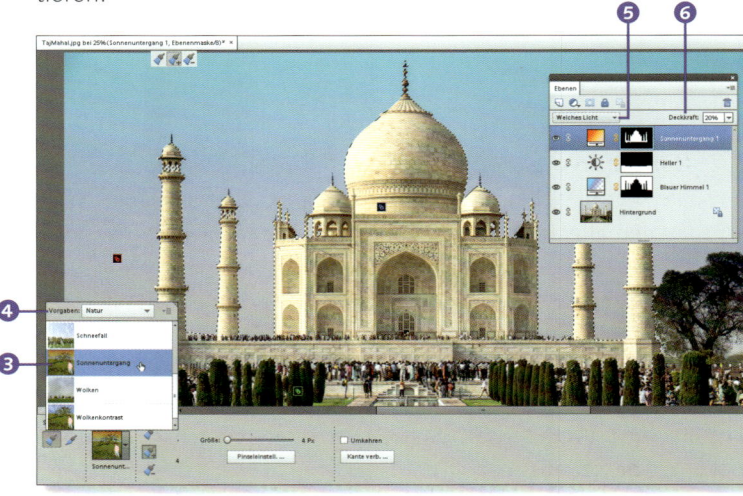

Abbildung 14.41 ▶
Das Gebäude wurde hier mit einem SONNENUNTERGANG-Effekt bemalt.

6 Korrektureinstellungen ändern (1)

Im nächsten Schritt wollen wir nun die Korrektureinstellungen der Einstellungsebene des grünen Vorgartens ändern. Hierzu stehen Ihnen drei Möglichkeiten zur Verfügung:

- Klicken Sie doppelt auf die Ebenenminiatur (nicht Ebenenmaske!) der Einstellungsebene im Ebenen-Bedienfeld.
- Einfacher noch geht es mit einem Doppelklick auf den Farbpunkt (in der Abbildung dieser Grün) oder indem Sie diesen mit der rechten Maustaste anklicken und im Kontextmenü den Punkt KORREKTUREINSTELLUNGEN ÄNDERN auswählen. Hierbei können Sie auch über das Kontextmenü die entsprechende Ebene auswählen, die Sie ändern wollen.
- Ähnlich können Sie eine mit dem Smartpinsel-Werkzeug erstellte Korrektur **löschen**, indem Sie entweder die entsprechende Einstellungsebene im Ebenen-Bedienfeld löschen oder per Rechtsklick den Farbpunkt KORREKTUR LÖSCHEN auswählen.

Farbpunkte nicht sichtbar
Die Farbpunkte sind nur dann sichtbar und anwählbar, wenn Sie eines der Smartpinsel-Werkzeuge aktiviert haben. Von anderen Werkzeugen aus können Sie die Korrektureinstellungen nur über einen Doppelklick auf die Ebenenminiatur ändern.

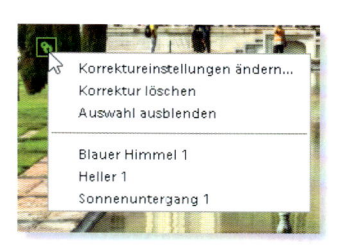

▲ Abbildung 14.42
Korrekturen verwerfen

7 Korrektureinstellungen ändern (2)

Je nachdem, welche Korrektureinstellung Sie ausgewählt haben, erscheint nun das zur Einstellungsebene gehörende Bedienfeld. Im Beispiel wurde die Aufhellung mit dem Dialog HELLIGKEIT/KONTRAST realisiert. Durch die Aufhellung wirkt der Garten zu hell und etwas unwirklich. Reduzieren Sie daher im Dialog die HELLIGKEIT ❼ auf 15. Jetzt sollte das Grün nicht mehr so hell sein.

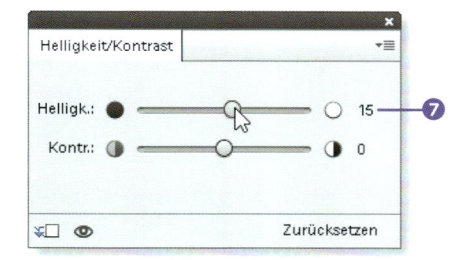

◄ Abbildung 14.43
Die Arbeit des Smartpinsel-Werkzeugs können Sie nachträglich justieren.

8 Korrekturvorgaben ändern

Es sollte hier unbedingt noch erwähnt werden, dass Sie jederzeit eine aufgemalte Korrekturvorgabe nachträglich ändern können. Hierzu müssen Sie lediglich die entsprechende Ebene auswählen ❷ (siehe Abbildung 14.44) und die entsprechende Korrekturvorgabe in einer bestimmten Gruppe wählen. Im Beispiel wurde die nicht ganz ernst gemeinte Vorgabe BLEISTIFTSKIZZE ❶ aus KÜNSTLERISCH verwendet. In der Praxis könnten Sie so zwischen BLAUER HIMMEL und WOLKENKONTRAST beim Himmel wechseln und sehen, was besser aussieht.

Kapitel 14   Mit Farben malen

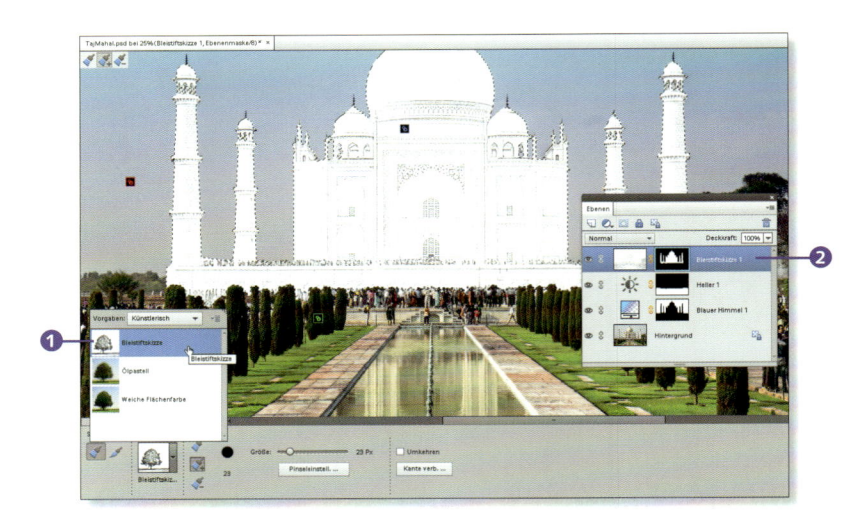

▲ Abbildung 14.44
Auch die Korrekturvorgaben lassen sich jederzeit nachträglich ändern.

9   Ebenen reduzieren
Wenn Sie mit dem Ergebnis schließlich zufrieden sind, können Sie alle Ebenen auf eine reduzieren. Klicken Sie hierzu eine der Ebenen im Ebenen-Bedienfeld mit der rechten Maustaste an, wählen Sie im Kontextmenü AUF HINTERGRUNDEBENE REDUZIEREN aus, und speichern Sie das Bild anschließend ab.

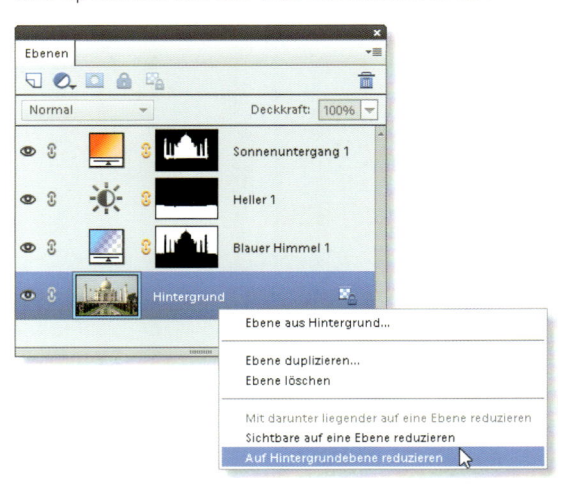

Abbildung 14.45 ▶
Wer will, reduziert die Ebenen nach getaner Arbeit.

10   Analyse
Vergleichen Sie zuletzt die Vorher- und die Nachher-Ansicht miteinander, so sind die Resultate mit dem Werkzeug in der Tat beeindruckend – gerade in Anbetracht des geringen Aufwands.

14.2 Die Malwerkzeuge

Übersicht der verschiedenen Smartpinsel-Werkzeuge | Genau genommen unterscheidet man bei den verschiedenen Vorgaben von Smartpinsel-Werkzeugen zwischen einfachen Effekten und Vorlagen, die über eine Einstellungsebene mit Ebenenmaske realisiert werden. Im Grunde kann es Ihnen aber egal sein, ob Sie einen einfachen Effekt oder einen Effekt mit einer Einstellungsebene verwenden, solange Sie nicht die Korrektureinstellungen der Ebene nachträglich verändern wollen, wie wir das im vorherigen Workshop »Bildkorrektur mit dem Smartpinsel-Werkzeug« in den Arbeitsschritten 6 und 7 gemacht haben. Dies funktioniert nämlich mit den einfachen Effekten nicht.

Universal | Unter UNIVERSAL sind eigentlich nur die Vorlagen enthalten, die häufig verwendet werden. Die einzelnen Vorlagen finden Sie in den folgenden Sektionen natürlich auch wieder in der passenden Kategorie. Leider sind die universellen Vorlagen fest vorgegeben, und eigene Favoriten können Sie nicht hinzufügen. Rechts oben über die kleine Schaltfläche ❸ können Sie die Ansicht der Miniaturvorschau ändern.

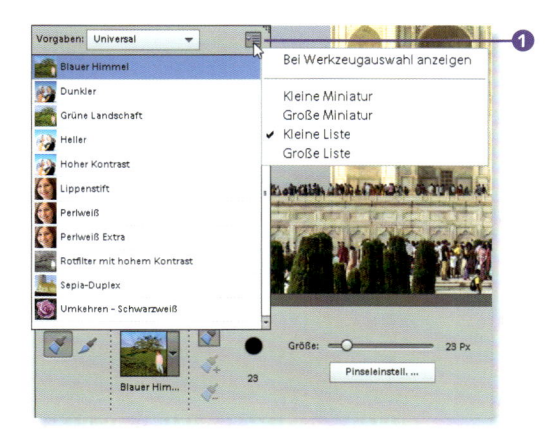

▲ **Abbildung 14.48**
Unter UNIVERSAL werden häufig benötigte Vorlagen zusammengefasst.

▲ **Abbildung 14.46**
Links das Bild im Originalzustand, rechts nach der Überarbeitung mit dem Smartpinsel-Werkzeug

Einstellungsebenen und Ebenenmasken

Mehr zu den Einstellungsebenen finden Sie auf Seite 586. Die Ebenenmasken wiederum behandele ich in Kapitel 28.

Alles einblenden

Wenn Sie ALLES EINBLENDEN unter den Vorlagen auswählen, werden alle vorhandenen Vorlagen aufgelistet.

Einfacher Effekt oder mehr?

Sie erkennen einen gewöhnlichen Effekt oftmals daran, dass ein kleines durchgestrichenes Stiftsymbol ❹ in der Ebene angezeigt wird. Leider scheint das nicht bei allen Effekten der Fall zu sein.

▲ **Abbildung 14.47**
Hier wird ein Effekt verwendet, dessen Korrektureinstellungen nicht mehr veränderbar sind.

389

Künstlerisch | Die drei Vorlagen in KÜNSTLERISCH sind Effekte und können somit nicht über irgendwelche Korrektureinstellungen der Ebene geändert werden. Alle drei sind auch im Effekte-Bedienfeld enthalten, nur dass Sie die Effekte hier gezielt »aufpinseln« können.

▲ **Abbildung 14.49**
Die Vorlagen in KÜNSTLERISCH

Vorlage	Korrekturen	Beschreibung
BLEISTIFTSKIZZE	nein	Der aufgemalte Bereich sieht anschließend aus wie mit einem Bleistift gezeichnet.
ÖLPASTELL	nein	Damit lassen Sie die Farben verlaufen, so dass der Eindruck entsteht, es wäre alles mit Ölfarben gemalt.
WEICHE FLÄCHENFARBE	nein	Hier werden die ausgemalten Bereiche leicht weichgezeichnet.

▲ **Tabelle 14.5**
Beschreibung der in KÜNSTLERISCH enthaltenen Vorlagen

Beleuchtung | Alle fünf Vorlagen unter BELEUCHTUNG werden über die Einstellungsebene HELLIGKEIT/KONTRAST realisiert und können daher auch jederzeit nachträglich korrigiert werden.

▲ **Abbildung 14.50**
Die Vorlagen in BELEUCHTUNG

Vorlage	Korrekturen	Beschreibung
DUNKLER	ja	Reduziert die Helligkeit.
HELLER	ja	Erhöht die Helligkeit.
HOHER KONTRAST	ja	Erhöht den Kontrast.
NIEDRIGER KONTRAST	ja	Reduziert den Kontrast.
SPOTLICHT	ja	Erhöht die Helligkeit im Bild drastisch.

▲ **Tabelle 14.6**
Beschreibung der in BELEUCHTUNG enthaltenen Vorlagen

Farbe | In FARBE finden Sie 15 Vorlagen, um Farben auf das Bild aufzumalen. Dieses Aufmalen wird mithilfe der Einstellungsebene VERLAUFSUMSETZUNG realisiert und kann daher jederzeit nachträglich geändert werden. Anhand der Miniaturabbildungen können Sie gut erkennen, welche Farbe dabei auf das Bild gemalt wird. Daher kann ich hierbei auf eine genauere Beschreibung der einzelnen Vorlagen verzichten.

▲ **Abbildung 14.51**
Unter FARBE lassen sich unterschiedliche Farben aufmalen, die jederzeit über die Einstellungsebene angepasst werden können.

14.2 Die Malwerkzeuge

Fotografisch | Unter FOTOGRAFISCH finden Sie allerlei interessante Vorlagen für beliebte fotografische Effekte vor.

Vorlage	Korrekturen	Beschreibung
ALTES FOTO	nein	Erzeugt ein extrem veraltetes Foto mit Streifen.
BLAUDRUCK	ja	Aufgemaltes im Bild wird blau-weiß eingefärbt.
FERROTYPIE	ja	Erzeugt den Stil einer alten Blechfotografie, wie sie zwischen 1855 und 1930 verwendet wurden.
FILMNEGATIV	nein	Erzeugt ein Fotonegativ aus dem aufgemalten Bereich.
KUPFERPLATTE	ja	Erzeugt den Eindruck, als wäre der aufgemalte Bereich auf eine Kupferplatte gepresst.
NEUTRALER FARBTON, SCHWARZWEISS	ja	Damit malen Sie ein einfaches Schwarzweiß ins Bild.
POLAROID	ja	Die aufgemalten Bereiche bekommen die typischen Farben einer alten Polaroid-Kamera.
RÖNTGENBILD	ja	Der Eindruck eines Röntgen-Bildes entsteht bei dieser Vorlage nicht, eher ein Bild, das auf silbernes Metall gepresst wurde.
SCHUHKARTON-FOTO	ja	Malt ausgewaschene Farben in das Bild, so dass es wie ein älteres Foto aussieht.
SEPIA-DUPLEX	ja	Der aufgemalte Bereich wird in der klassischen Sepia-Verlaufstönung eingefärbt.
VERGILBTES FOTO	ja	Erzeugt einen alten vergilbten Schwarzweißeffekt.

▲ **Tabelle 14.7**
Beschreibung der in FOTOGRAFISCH enthaltenen Vorlagen

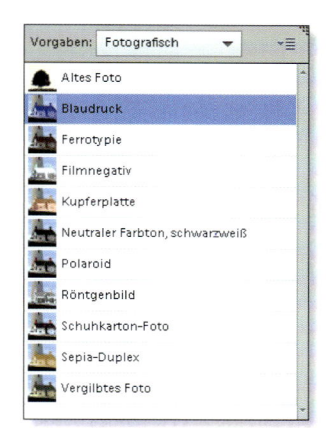

▲ **Abbildung 14.52**
Unter FOTOGRAFISCH finden Sie viele Vorlagen, um den aufgemalten Bereich künstlich altern zu lassen.

Natur | Die Gruppe NATUR enthält einige interessante Lösungen, um fade Naturaufnahmen aufzupeppen.

▲ **Abbildung 14.53**
In NATUR sind viele Vorlagen zum Verbessern von Naturaufnahmen enthalten. Einige dieser Vorlagen lassen sich aber durchaus für andere Zwecke verwenden.

Kapitel 14   Mit Farben malen

Tabelle 14.8 ▶
Beschreibung der in NATUR enthaltenen Vorlagen

Vorlage	Korrekturen	Beschreibung
BLAUER HIMMEL	ja	Fügt dem aufgemalten Bereich eine blaue Verlaufsfüllung hinzu – ideal, um einen flauen Himmel aufzufrischen.
DUNKLER HIMMEL	ja	Verdunkelt hellere Blautöne und erzielt dabei sattere Farben.
GEBLÜMT	ja	Fügt ein Blumenmuster hinzu.
GRÜNE LANDSCHAFT	ja	Verbessert die Sättigung und Helligkeit von grünen Farbtönen.
SCHNEEFALL	ja	Fügt ein Muster hinzu, das einen Schneefall simulieren soll.
SCHNEESTURM	nein	Erzeugt einen Schneesturm.
SONNENUNTERGANG	ja	Damit malen Sie eine Verlaufsfüllung in das Bild, die den Eindruck von Abendsonne erwecken soll.
WOLKEN	ja	Malt ein Muster mit Wolken auf das Bild. Ideal, um einen langweiligen Himmel mit Wolken zu versehen.
WOLKENKONTRAST	ja	Erhöht den Kontrast mithilfe der Tonwertkorrektur. Kann auch für andere Bildbereiche außer Wolken verwendet werden.

Kapitel_14:
Celtic_Cross.jpg

Foto: Jürgen Wolf

▲ **Abbildung 14.54**
Das Bild vorher

▲ **Abbildung 14.55**
Das Bild nachher …

▲ **Abbildung 14.56**
… mit den drei vom Smartpinsel-Werkzeug aufgemalten Vorlagen BLAUER HIMMEL, GRÜNE LANDSCHAFT und DUNKLER.

14.2 Die Malwerkzeuge

Portrait | PORTRAIT listet einige Vorlagen auf, um Verbesserungen auf Porträtfotos aufzumalen.

Vorlage	Korrekturen	Beschreibung
DETAILS	ja	Fügt dem angemalten Bereich mehr Details hinzu, indem der Kontrast erhöht wird.
HAUTTÖNE AUFHELLEN	ja	Damit hellen Sie beispielsweise rötliche Hauttöne auf, indem die Helligkeit erhöht wird.
LIPPENSTIFT	ja	Fügt dem aufgemalten Bereich eine rötliche Farbfläche hinzu.
PERLWEISS	ja	Fügt dem aufgemalten Bereich eine nicht ganz weiße Farbfläche hinzu.
PERLWEISS EXTRA	ja	Fügt dem aufgemalten Bereich eine weiße Farbfläche hinzu – extremes Bleaching.
SPRAYBRÄUNUNG	ja	Damit lässt sich Solariumbräune auf die Haut malen. Hierbei wird ein bräunlicher Fotofilter als Einstellungsebene verwendet.
STRAHLENDE AUGEN	ja	Schafft strahlendere Augen durch eine Tonwertkorrektur des Weißreglers.
WEICHER FOKUS	nein	Malt künstliches Make-up auf, indem die Haut weichgezeichnet wird.

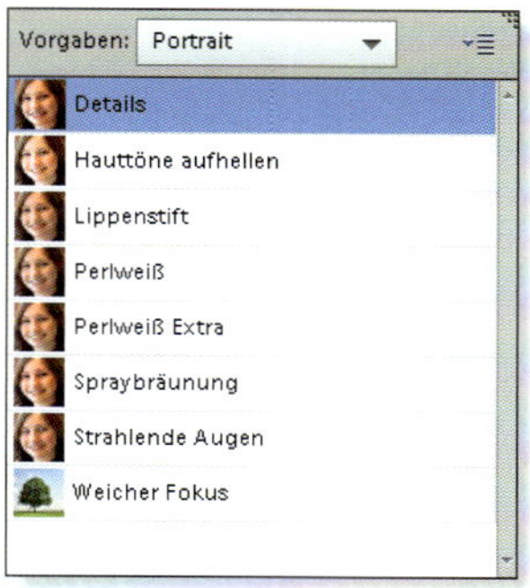

▲ **Abbildung 14.57**
Die Vorlagen in PORTRAIT sind vorwiegend für Verbesserungen von Personenfotos gedacht.

▲ **Tabelle 14.9**
Beschreibung der in PORTRAIT enthaltenden Vorlagen

Schwarzweiss | Unter den Vorlagen SCHWARZWEISS finden Sie verschiedene Varianten von Schwarzweißeffekten, die Sie auf das Bild aufmalen können. Zusätzlich finden Sie hier tolle Schwarzweißfilter, die man sich auch im Effekte-Bedienfeld von Photoshop Elements wünschen würde. Aber es ist ja zum Glück kein Problem, das komplette Bild mit einem dieser Filter anzumalen.

Kapitel 14 Mit Farben malen

Vorlage	Korrekturen	Beschreibung
BLAUFILTER	nein	Beim Umfärben in Schwarzweiß werden die roten und grünen Farben dunkler, und alle Blautöne werden heller.
BUNTE MITTE	nein	Schwächt die Farben ab, so dass der Eindruck eines Schwarzweißbildes entsteht. Trotzdem bleibt die Farbe ganz blass erhalten.
FARBE VERBLASSEN, HORIZONTAL	nein	Verblasst die Farben in horizontaler Richtung.
FARBE VERBLASSEN, VERTIKAL	nein	wie FARBE VERBLASSEN, HORIZONTAL, nur in vertikaler Richtung
GELBFILTER	nein	Hierbei werden bei der Schwarzweißwiedergabe alle roten und grünen Farben heller und alle blauen Farben dunkler.
GRAUSTUFEN	ja	Färbt den angemalten Bereich in wenigen Graustufen ein.
GRÜNFILTER	nein	Dabei werden die roten und blauen Farben dunkler und die grünen Farben heller dargestellt.
INFRAROT	nein	Malt den beliebten Infraroteffekt auf das Bild.
KALTER FARBTON, SCHWARZWEISS	ja	Erzeugt ein kühl wirkendes Schwarzweiß, indem eine blauweiße Verlaufsumsetzung auf das Bild gemalt wird.
ROTFILTER	nein	Die roten Farben werden hierbei heller dargestellt. Grün und Blau werden dunkler.
ROTFILTER MIT HOHEM KONTRAST	nein	wie ROTFILTER, nur wird zusätzlich der Kontrast erhöht

▲ **Abbildung 14.58**
Unter den Vorlagen in der Gruppe SCHWARZWEISS finden Sie viele Schätze für Schwarzweißbilder, die sich auch auf das ganze Bild angewendet gut eignen

▲ **Tabelle 14.10**
Beschreibung der vorhandenen Vorlagen in SCHWARZWEISS (Forts.)

Spezialeffekte und Strukturen | Die Vorlagen unter SPEZIALEFFEKTE und STRUKTUREN eignen sich eher für künstlerische und kreative Zwecke, weshalb ich mir eine genauere Beschreibung hier sparen kann. Die Miniaturvorschauen der einzelnen Vorlagen sprechen für sich selbst.

14.2 Die Malwerkzeuge

◄◄ **Abbildung 14.59**
Viele nette Spielereien finden Sie unter SPEZIALEFFEKTE.

◄ **Abbildung 14.60**
Zum Aufmalen unterschiedlicher Strukturen (Muster) wurden der neuen Elements-Version neue Vorlagen hinzugefügt.

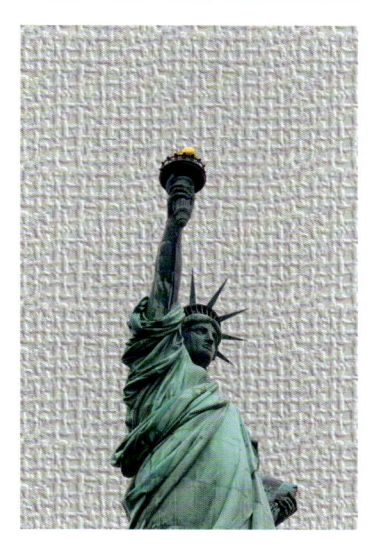

◄◄ **Abbildung 14.61**
Das Bild vorher …

◄ **Abbildung 14.62**
… und das Bild nach dem Aufmalen einiger Strukturen auf den weißen Hintergrund

Kapitel_14:
Freiheitsstatue.jpg

Umkehreffekte und Tönung | Die Vorlagen unter UMKEHREFFEKT enthalten Funktionen, die den Bereich um den angemalten Bereich herum bearbeiten. Am interessantesten dürfte hier UMKEHREN – SCHWARZWEISS sein, womit sich im Handumdrehen ein Color Key erstellten lässt. Wie sich das umsetzen lässt und welche alternativen Möglichkeiten es für diese Technik gibt, erfahren Sie im Abschnitt »Farben teilweise entfernen – Color Key« auf Seite 419.

Last but not least finden Sie unter TÖNUNG noch einige Effekte, um beim Anmalen die Bereiche mit gängigen und beliebten Farben zu tonen.

Abbildung 14.63 ▶
Mit den verschiedenen Umkehreffekten wird der nicht ausgewählte Bereich verändert.

Abbildung 14.64 ▶▶
Partielles Tonen leicht gemacht mit den Vorlagen in TÖNUNG.

14.2.9 Das Detail-Smartpinsel-Werkzeug

Das Detail-Smartpinsel-Werkzeug [F] unterscheidet sich in den Werkzeugoptionen vom einfachen Smartpinsel-Werkzeug auf den ersten Blick nur dadurch, dass Sie hier unter voreingestellten Pinselspitzen ❶ wählen können. Alle übrigen Werkzeugoptionen sind gleich.

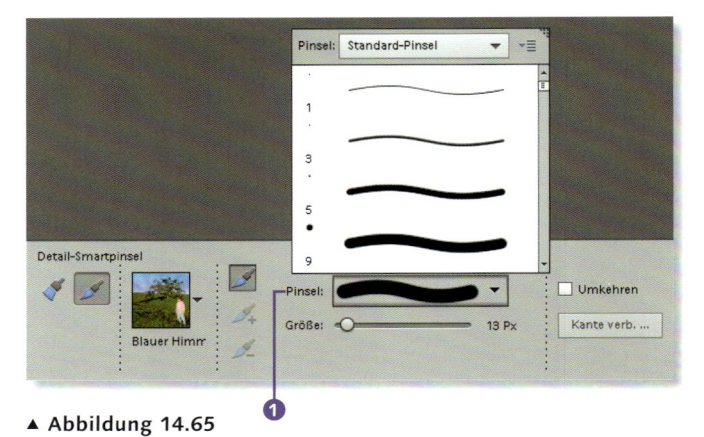

▲ **Abbildung 14.65**
Wählen Sie eine der voreingestellten Pinselspitzen.

Bedienung des Detail-Smartpinsel-Werkzeugs | Erst bei der Verwendung des Detail-Smartpinsel-Werkzeugs wird der Unterschied zum Smartpinsel-Werkzeug deutlich. Während das Smartpinsel-Werkzeug wie das Schnellauswahl-Werkzeug [A] funktioniert, arbeitet das Detail-Smartpinsel-Werkzeug wie das Pinsel-Werkzeug.

Somit ist das Detail-Smartpinsel-Werkzeug eher für Bilder oder Bildbereiche geeignet, die sich zur Korrektur oder Veränderung nicht so einfach wie beim Smartpinsel-Werkzeug mit einer Auswahl erfassen lassen. Auch für detailliertere Nacharbeiten zum Smartpinsel-Werkzeug eignet sich das Werkzeug bestens (daher auch sein Name).

14.3 Pinsel- und Werkzeugspitzen

Die Werkzeugspitzen werden neben den typischen Malwerkzeugen wie Pinsel-Werkzeug, Buntstift oder Radiergummi auch bei Werkzeugen für Illustrationen und Retuschen von Photoshop Elements verwendet. Die Anwendung und Wirkung der Werkzeugspitzen ist bei allen Werkzeugen recht ähnlich.

14.3.1 Werkzeugspitzen auswählen und einstellen über die Werkzeugoptionen

Zum schnellen Auswählen und Einstellen der Werkzeugspitze verfügen die entsprechenden Werkzeuge in den Werkzeugoptionen über ein Dropdown-Menü PINSEL ❸, um andere Kategorien bzw. Varianten von Pinseln auflisten zu lassen. Die PINSEL-Varianten können Sie übrigens auch anzeigen, indem Sie mit aktivem Werkzeug mit der rechten Maustaste ins Bild klicken. Grundsätzlich finden Sie bei fast allen Werkzeugen, die einen Pinsel als Werkzeugspitze haben, darunter gleich die Option GRÖSSE ❹, um den Durchmesser des Pinsels einzustellen.

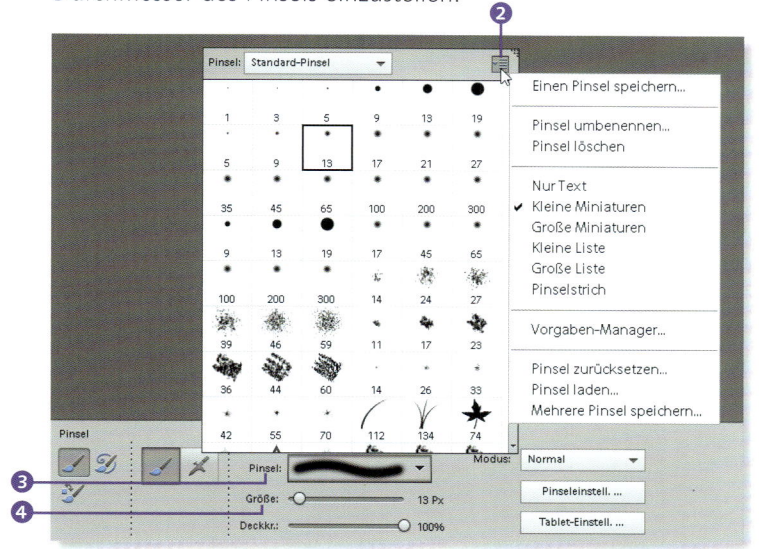

Pinsel-Werkzeug versus Werkzeugspitze »Pinsel«

Vielleicht verwirrt es Sie ein wenig, dass mit »Pinsel« hier immer wieder die Werkzeugspitze gemeint ist und nicht das gleichnamige Werkzeug. Das Werkzeug zum Malen wird im Buch stets als »Pinsel-Werkzeug« bezeichnet, während sich die einfache Bezeichnung »Pinsel« auf eine Werkzeugspitze bezieht (manchmal auch »Pinselspitze«), die auch in Verbindung mit anderen Werkzeugen in Photoshop Elements verwendet wird.

◀ **Abbildung 14.66**
Die Varianten des Pinsel-Werkzeugs werden als KLEINE MINIATUREN angezeigt. Andere Ansichten erreichen Sie über das Seitenmenü ❷.

Malabstand: Gepunktete Linien

Der MALABSTAND legt fest, in welchen Abständen ein Werkzeug Pinselpunkte setzt. Je niedriger dieser Wert ist, desto eher entsteht beim Malen mit der Maus eine durchgezogene Linie. Erhöhen Sie den Wert, können Sie gepunktete Linien zeichnen.

Werkzeugspitzen auswählen und einstellen ohne Pinsel-Varianten | Einige Werkzeuge wie das Schnellauswahl-Werkzeug [A], der Reparatur-Pinsel [J], das Farbe ersetzen-Werkzeug [B] und der Hintergrund-Radiergummi [E] weichen etwas von den anderen Werkzeugen ab. Sie bieten erweiterte Einstellmöglichkeiten für den Pinsel, dafür aber **keine** Liste mit Pinselspitzen. Hier können Sie neben der HÄRTE (ehemals KANTENSCHÄRFE) auch die Form (RUNDUNG), die Neigung (WINKEL) und den Abstand (MALABSTAND) festlegen. Die Dropdown-Liste GRÖSSE ist vor allem für Besitzer von Grafiktabletts interessant – alle anderen können diesen Wert auf AUS setzen.

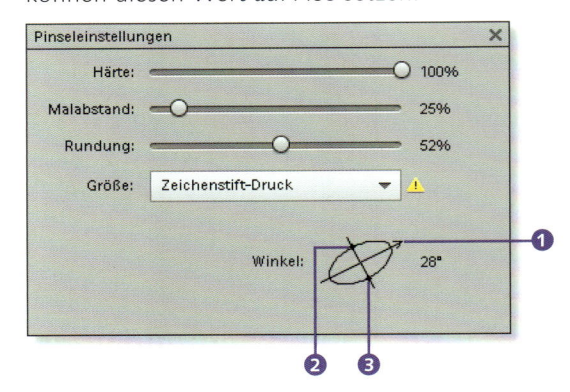

Abbildung 14.67 ▶
Erweiterte Einstellungen für die Pinselspitze des Schnellauswahl-Werkzeugs

Die Werte geben Sie entweder über die Tastatur ein oder verändern sie durch Bewegen des Schiebereglers. WINKEL und RUNDUNG für die Pinselform lassen sich neben der Zahleneingabe per Maus neigen und verformen. An der Pfeilspitze ❶ können Sie den Winkel drehen und an den beiden Punkten ❷ und ❸ seine Rundung verformen.

14.3.2 Darstellung der Werkzeugspitzen am Bildschirm

In der Regel ist die Darstellung der Werkzeugspitzen optimal eingestellt. Wer hier aber eine andere Werkzeugspitze benutzen möchte, der findet im Bereich MALWERKZEUGE die entsprechenden Optionen unter BEARBEITEN/PHOTOSHOP ELEMENTS EDITOR • VOREINSTELLUNGEN • ANZEIGE & CURSOR (oder [Strg]/[cmd]+[K] und dann ANZEIGE & CURSOR). Gelegentlich verwende ich zum Beispiel gerne das Fadenkreuz, weil ich hiermit die Wirkung des Werkzeugs zum Rand hin genauer erkennen kann.

Fadenkreuz auf die Schnelle
Wenn Sie die [Caps Lock]-Taste arretieren, wird bei den Malwerkzeugen immer die Ansicht FADENKREUZ angezeigt.

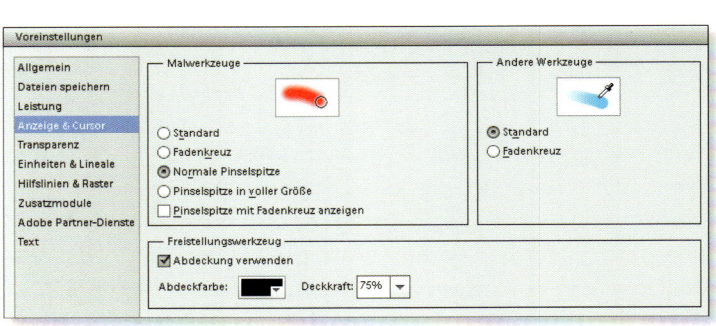

▲ **Abbildung 14.68**
Hier ändern Sie die Darstellung der Pinselspitzen.

14.3.3 Pinselspitzen verwalten

Photoshop Elements bietet von Haus eine ganze Menge an Pinselspitzen an. Sie haben bereits erfahren, dass Sie weitere Pinselspitzen über die Dropdown-Liste PINSEL laden können.

Nicht alle vorhandenen Werkzeugspitzen stehen sofort zur Verwendung in der Liste bereit. Auf diese Weise bleibt die Liste übersichtlich. Sämtliche Werkzeugspitzen werden daher in Bibliotheken organisiert. Die Bibliotheken verwalten Sie über das Seitenmenü oder über den Vorgaben-Manager.

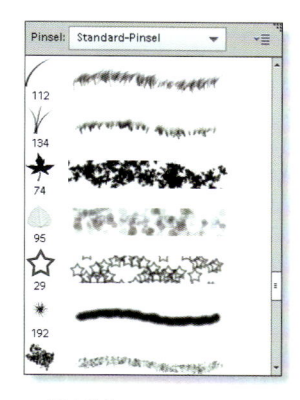

Fremde oder eigene Pinselspitzen laden | Sie können jederzeit weitere Bibliotheken mit Pinselspitzen laden, die nicht offizieller Teil von Photoshop Elements sind. Das Internet bietet kostenlose und kommerzielle Pinsel (englisch *brushes*) in großer Zahl – eine gute Adresse ist zum Beispiel http://www.brusheezy.com/.

Um externe Bibliotheken nachzuladen, finden Sie bei der Auswahl der Pinsel über das erweiterte Menü einen Eintrag PINSEL LADEN 7.

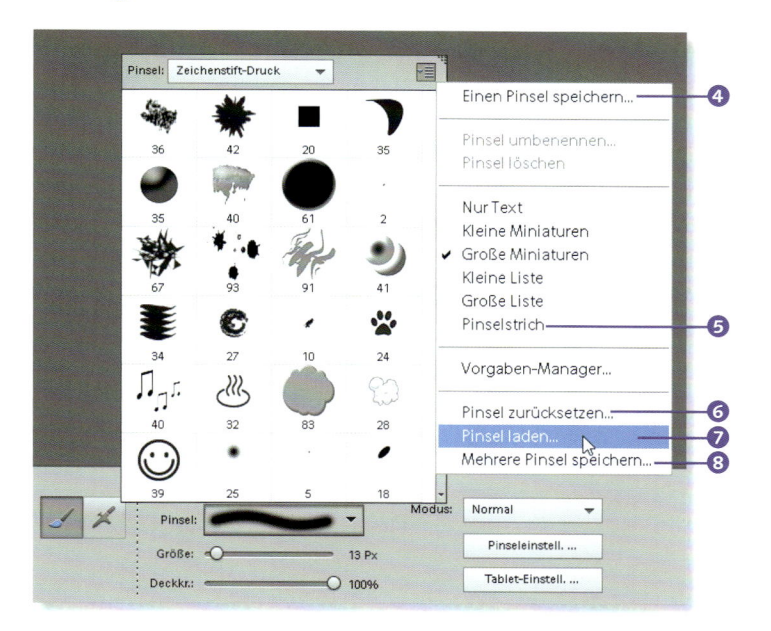

▲ **Abbildung 14.69**
Eine kleine Auswahl vorgefertigter Pinsel. Hier wurde die Ansicht auf PINSELSTRICH 5 geändert.

◄ **Abbildung 14.70**
Weitere Werkzeugspitzen nachladen

Auch für Photoshop
Schön ist auch, dass Sie die Pinselspitzen des großen Photoshop auch beim kleinen Photoshop Elements verwenden können.

Wenn Sie PINSEL LADEN ausgewählt haben, ruft Photoshop Elements standardmäßig den LADEN-Dialog mit dem Ordner des Anwenders auf, in dem die Werkzeugspitzen-Bibliotheken gespeichert werden. Sie können aber auch mithilfe des Dialogs in einem beliebigen Ordner des Systems eine Pinselbibliothek mit der Endung ».abr« (für »Adobe brushes«) laden.

Pinsel zurücksetzen
Im erweiterten Menü finden Sie über dem Eintrag PINSEL LADEN noch den Eintrag PINSEL ZURÜCKSETZEN 6, um die Liste der Pinsel wieder auf den »Werkszustand« zurückzusetzen.

Abbildung 14.71 ▶
Der Dialog zum Laden einer Werkzeugspitzenbibliothek

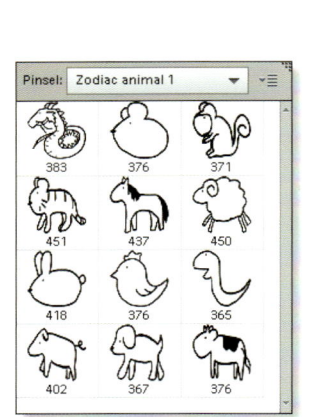

Abbildung 14.72
Hier wurde eine Bibliothek mit tollen Doodles (englisch für Gekritzel) von der Webseite *www.brusheezy.com* geladen.

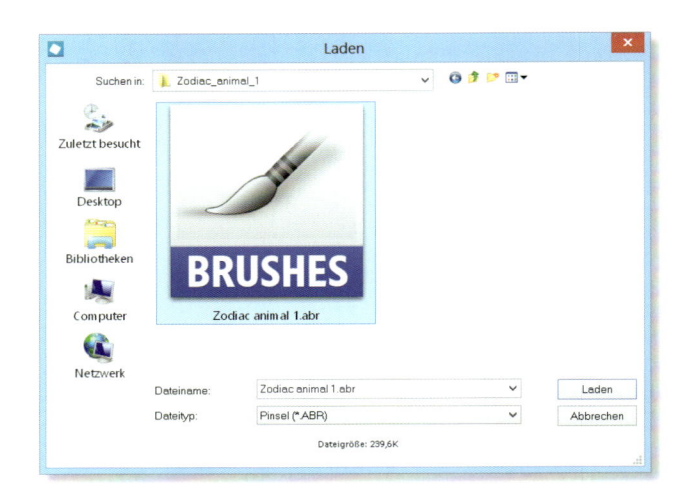

Standardverzeichnisse für die Pinsel | Wenn neue Werkzeugspitzen-Bibliotheken automatisch beim Programmstart von Photoshop Elements über die Dropdown-Liste bei der Auswahl der Pinselspitzen aufgelistet werden sollen, so speichern Sie diese Bibliotheken im Standardverzeichnis.

▶ Bei **Windows** ist das Benutzerverzeichnis zu finden unter
[LAUFWERK]:\USERS\<IHR BENUTZERVERZEICHNIS>\APPDATA\ROAMING\ADOBE\PHOTOSHOP ELEMENTS\12.0\PRESETS\BRUSHES.

▶ Beim **Mac** lautet der Pfad zum Benutzerverzeichnis:
/USERS/<IHR BENUTZERVERZEICHNIS>/LIBRARY/APPLICATION SUPPORT/ADOBE/ADOBE PHOTOSHOP ELEMENTS 12/PRESETS/BRUSHES.

Alternativ können Sie die Pinsel auch im Programmverzeichnis ablegen.

▶ Bei **Windows** lautet dieses:
[LAUFWERK]:\PROGRAMME (x86)\ADOBE\PHOTOSHOP ELEMENTS 12\PRESETS\BRUSHES

▶ Beim **Mac** ist der Pfad:
PROGRAMME/PHOTOSHOP ELEMENTS 12/SUPPORT FILES/PRESETS/BRUSHES.

Pinsel speichern | Ebenfalls über das erweiterte Menü bei der Auswahl der Werkzeugspitze finden Sie die Befehle EINEN PINSEL SPEICHERN ❹ (siehe Abbildung 14.70) und MEHRERE PINSEL SPEICHERN ❽. Mit dem Kommando EINEN PINSEL SPEICHERN legen Sie einen Pinsel unter einem neuen Pinselnamen in der Bibliothek ab. Mit MEHRERE PINSEL SPEICHERN hingegen sichern Sie die aktuelle Liste unter einem neuen Namen. Dies ist dann sinnvoll, wenn Sie die Pinsel der Liste verändert haben und diese Änderungen später wiederverwenden wollen. Speichern Sie diese Änderungen außerdem im Standardverzeichnis für die Pinsel, so stehen Ihnen diese Werkzeugspitzen beim nächsten Programmstart über die Dropdown-Liste PINSEL zur Verfügung.

Pinsel umbenennen oder löschen | Den Pinselnamen können Sie ebenfalls über das erweiterte Menü mit dem Kommando PINSEL UMBENENNEN ändern. Mit dem Menüpunkt PINSEL LÖSCHEN entfernen Sie einen Pinsel aus einer Liste.

Vorgaben-Manager | Mit dem Vorgaben-Manager können Sie die Werkzeugspitzen recht komfortabel verwalten. Den Vorgaben-Manager rufen Sie entweder über das erweiterte Menü auf oder über BEARBEITEN/PHOTOSHOP ELEMENTS EDITOR • VORGABEN-MANAGER mit PINSEL als VORGABE ❶ in der Dropdown-Liste.

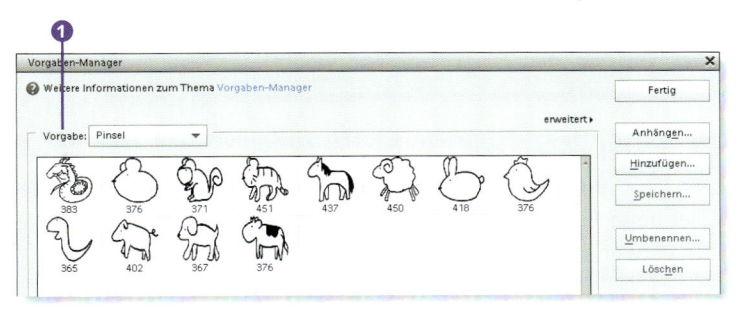

Andere Werkzeugspitzen im Vorgaben-Manager verwalten

Um andere Werkzeugspitzen als die Standardpinsel im Vorgaben-Manager zur Verwaltung aufzulisten, laden Sie die entsprechende Bibliothek (mit der Endung »*.abr«) über LADEN oder über ERWEITERT • PINSEL ERSETZEN im LADEN-Dialog.

◀ **Abbildung 14.73**
Über den VORGABEN-MANAGER können Sie auch die Pinselreihenfolge per Drag & Drop einstellen.

14.3.4 Eigene Pinselspitze aus Bildbereichen erstellen

Mithilfe von Auswahlwerkzeugen können Sie aus bestimmten Teilen des Bildes (oder auch aus dem gesamten Bild) eine Werkzeugspitze definieren. So legen Sie auf einfachem Weg sehr interessante Strukturen als Werkzeugspitzen fest.

Im Folgenden zeige ich Ihnen in zwei Schritt-für-Schritt-Anleitungen, wie Sie eine neue Pinselspitze aus einem Bildbereich und eine Werkzeugspitze als Wasserzeichen zum Bildschutz erstellen können.

Schritt für Schritt: Eine Pinselspitze aus einem Bildbereich erstellen

In diesem Workshop soll aus dem Bild »Schmetterling.jpg« eine Werkzeugspitze erstellt werden, laden Sie es daher in den Fotoeditor. Beachten Sie: Wenn Sie aus einem Bildbereich eine Werkzeugspitze machen wollen, so ist es nicht möglich, Farben aus dem Bildbereich in die Vorlage aufzunehmen. Gemalt wird die Werkzeugspitze immer mit der aktuell eingestellten Vordergrundfarbe im Farbwahlbereich der Werkzeugpalette.

Kapitel_14:
Schmetterling.jpg

Kapitel 14 Mit Farben malen

Abbildung 14.77 ▼
Geben Sie einen Text für Ihr Wasserzeichen ein.

wollen, markieren Sie einfach mit gedrückter linker Maustaste den Text oder einzelne Buchstaben, und verändern Sie die Größe ❷ des Textes. Sind Sie mit dem Text zufrieden, klicken Sie das grüne Häkchen ❸ zur Bestätigung an. Nun verwenden Sie das Verschieben-Werkzeug [V] ⛶, um die Position des Textes ein wenig auszurichten.

2 Schrift gestalten

Dieser Schritt ist optional. Wenn Sie wollen, verzieren Sie die Schrift noch mit anderen Stilen oder Effekten. Wie genau dies funktioniert, erfahren Sie ausführlich in Teil XI des Buches. Im Beispiel habe ich hier eine Textverkrümmung ❺ und einen Schlagschatten ❹ hinzugefügt.

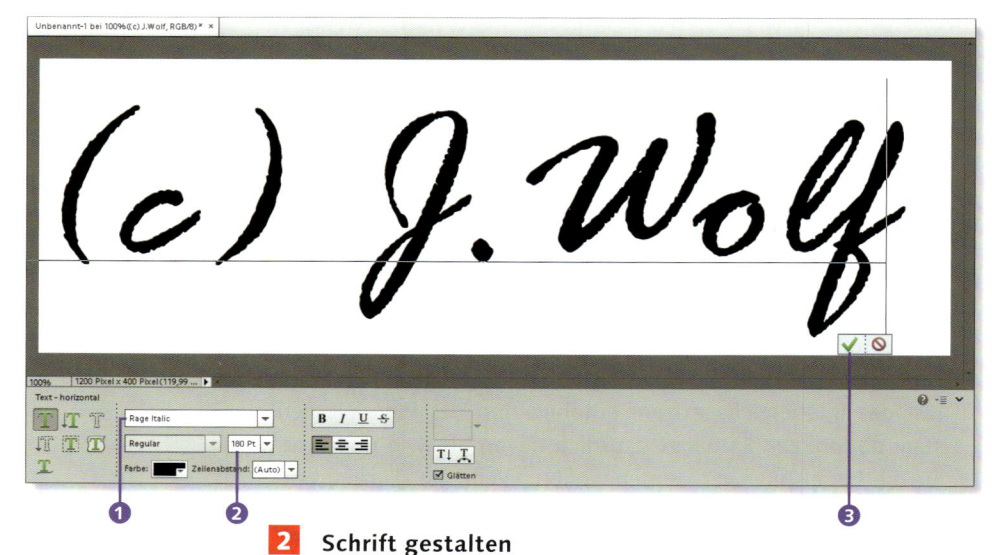

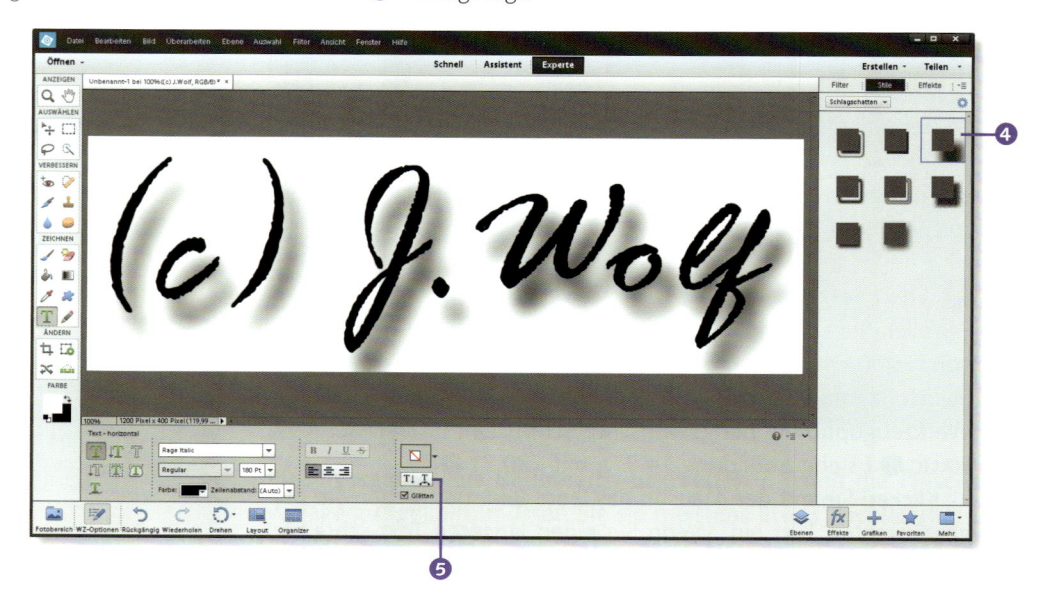

Abbildung 14.78 ▼
Wer es gerne etwas ausgefallener hat, der kann seinen Text auch noch etwas gestalten.

14.3 Pinsel- und Werkzeugspitzen

3 Pinsel definieren

Gehen Sie wieder in das Menü BEARBEITEN • PINSEL DEFINIEREN, und geben Sie für den neuen Pinsel einen Namen ein. Bestätigen Sie Ihre Eingaben mit OK.

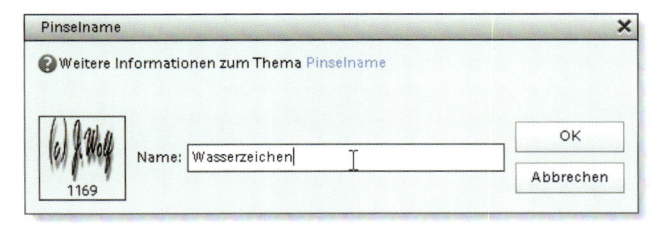

▲ **Abbildung 14.79**
Der Pinsel wird gespeichert.

4 Pinsel verwenden

Laden Sie ein Bild in Photoshop Elements, und verwenden Sie das Pinsel-Werkzeug [B] . Wählen Sie den neuen Pinsel im Dropdown-Menü aus, und stellen Sie die GRÖSSE des Pinsels ein. Reduzieren Sie gegebenenfalls die DECKKRAFT. Mit einem Klick in das Bild bringen Sie nun das neue Wasserzeichen an.

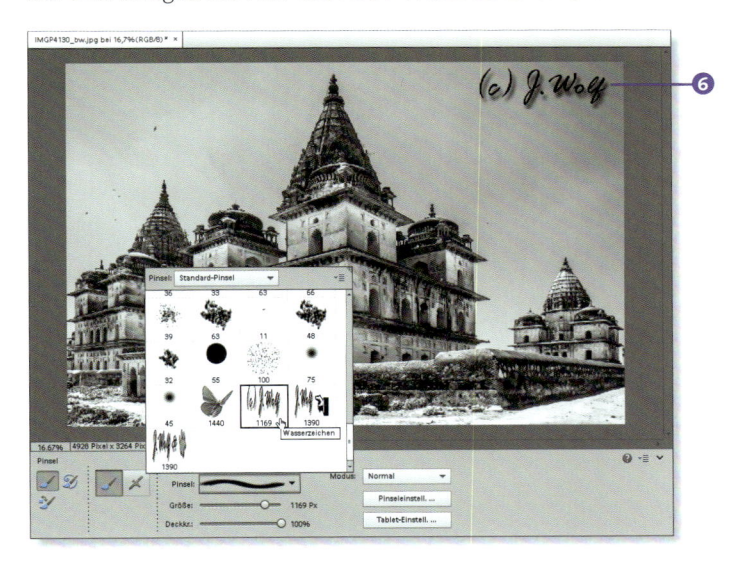

Mehrere Bilder mit Wasserzeichen versehen

Wollen Sie mehrere Dateien schnell mit einem Wasserzeichen versehen, finden Sie über DATEI • MEHRERE DATEIEN VERARBEITEN eine Möglichkeit dazu. Hierbei können Sie den Text, die Position, Schriftart und -größe, die Deckkraft und die Farbe vorgeben. Leider ist es nicht möglich, Ihren selbst erstellten Pinsel dafür zu verwenden.

◀ **Abbildung 14.80**
Rechts oben wurde das Wasserzeichen ❻ mit dem neuen Pinsel eingefügt.

▲ **Abbildung 14.81**
Auch mithilfe von Objekten und Text lassen sich …

▲ **Abbildung 14.82**
… sehr kreative und aufwendige Wasserzeichen erstellen.

Wasserzeichen mit Objekt | Natürlich lassen sich auch ausgefallenere Wasserzeichen erstellen. So können Sie beispielsweise jederzeit diese Schritt-für-Schritt-Anleitung mit der von Seite 401, »Eine Pinselspitze aus einem Bildbereich erstellen«, kombinieren, um beispielsweise auch noch ein Objekt im Wasserzeichen zu integrieren.

Kapitel 14 Mit Farben malen

14.4 Flächen füllen

Um größere Bildflächen mit Farbe zu füllen, stehen Ihnen komfortablere Alternativen zu den Pinsel-Werkzeugen zur Verfügung. Hierbei haben Sie die Wahl, eine Fläche mit einer Farbe, mit Farbverläufen oder mit Mustern zu füllen. Gerade Farbverläufe spielen als Hilfsmittel der Bildgestaltung eine wichtige Rolle.

Solche Flächenfüllungen werden zwar vorwiegend bei Auswahlen und Ebenen eingesetzt, dennoch will ich Ihnen nun schon an dieser Stelle die entsprechenden Werkzeuge vorstellen.

Flächen füllen mit Einstellungsebene

Alternativ zum Füll- und zum Verlaufswerkzeug, mit denen Sie Flächen einfärben, können Sie auch eine Einstellungsebene mit VOLLTONFARBE, VERLAUF oder MUSTER anlegen und verwenden. Mehr zu den Einstellungsebenen erfahren Sie in Abschnitt 10.1.4.

14.4.1 Das Füllwerkzeug

Zum Füllen transparenter oder gefärbter Flächen wie Ebenen oder Auswahlen mit einer neuen Farbe oder einem Muster steht Ihnen das Füllwerkzeug [K] 🪣 zur Verfügung. Am besten funktioniert das Füllwerkzeug bei einfarbigen Flächen ohne ein bestimmtes Muster. Hat das Bild hingegen verschiedenfarbige Konturen, funktioniert das Füllwerkzeug nur bedingt.

Bedienung des Füllwerkzeugs | Die Anwendung ist denkbar einfach: Klicken Sie bei ausgewähltem Füllwerkzeug auf die Bildoberfläche oder in eine ausgewählte Fläche. Der angeklickte Bereich wird sodann standardmäßig mit der aktuellen Vordergrundfarbe des Farbwahlbereichs der Werkzeugpalette gefüllt.

Werkzeugoptionen des Füllwerkzeugs | Wie bereits erwähnt, verwendet das Füllwerkzeug standardmäßig die eingestellte Vordergrundfarbe. Wenn Sie jedoch die Option MUSTER ❶ aktivieren, können Sie die Fläche mit einem Muster füllen, das Sie aus einer Liste im Dropdown-Menü ❷ auswählen können. Dieses Dropdown-Menü wird allerdings nur angezeigt, wenn Sie die Option MUSTER aktiviert haben. Die Auswahl und Verwaltung der Muster funktioniert ebenso wie bei den Pinseln.

Mit der DECKKRAFT regulieren Sie die Transparenz der aufzutragenden Farbe. Die Option TOLERANZ reguliert, dass das Füllwerkzeug nicht einfach nur füllt, sondern auch die Farbwerte von Pixeln berücksichtigt. Der mögliche Wertebereich beträgt 0–255. Je höher Sie diesen Wert setzen, desto mehr Farbwertbereiche werden berücksichtigt und mit der eingestellten Farbe oder dem eingestellten Muster gefüllt. Setzen Sie die TOLERANZ auf den maximalen Wert 255, so wird die komplette Ebene bzw. Auswahl gefüllt.

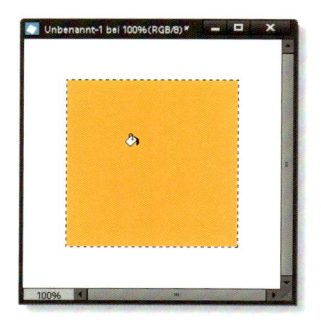

▲ Abbildung 14.83
Das ausgewählte Viereck wurde hier mithilfe des Füllwerkzeugs orange eingefärbt.

Füllmethoden (Modus)

Die Modi der Füllmethoden (MODUS) entsprechen denen der Ebenen-Füllmethoden und werden auch ebenso bezeichnet. Eine genauere Beschreibung der Modi finden Sie in Kapitel 27, »Füllmethoden von Ebenen«.

14.4 Flächen füllen

Unter MODUS stellen Sie die Füllmethode ein, also wie die aufgetragenen Pixel mit den darunterliegenden Pixeln verrechnet werden sollen.

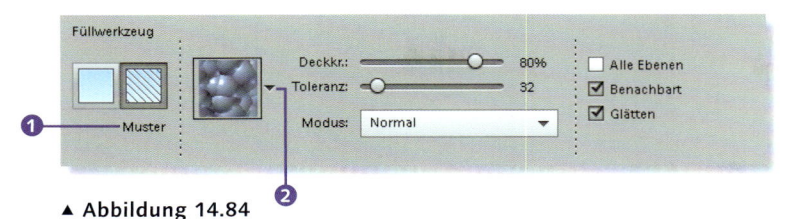

▲ **Abbildung 14.84**
Die Werkzeugoptionen des Füllwerkzeugs

Mit der Option ALLE EBENEN entscheiden Sie, ob diese Farbdaten zum Füllen auf alle sichtbaren Ebenen angewendet werden sollen. Die Option BENACHBART legt fest, ob an der angeklickten Stelle nur die im Bild nebeneinanderliegenden Pixel mit ähnlichem Farbbereich (abhängig von der TOLERANZ) eingefärbt werden. Haben Sie die Option GLÄTTEN aktiviert, werden die Kanten der Farbfüllung geglättet, damit sie natürlicher wirken.

14.4.2 Ebene füllen

Für das Füllen von Flächen müssen Sie nicht zwangsläufig zum Füllwerkzeug oder zu einem sonstigen Pinsel-Werkzeug greifen. Sie können auch eine Füllebene nutzen. Das entsprechende Kommando finden Sie im Menü unter BEARBEITEN • EBENE FÜLLEN. Bei der Verwendung einer Füllebene können Sie auch die Eigenschaften der Füllung ändern und die Maske der Füllebene so bearbeiten, dass der Verlauf nur auf einen Teil des Bildes beschränkt wird.

Die Anwendung ist einfach: Legen Sie zuerst im Fotoeditor die Vordergrund- oder Hintergrundfarbe fest, und wählen Sie dann den Bereich oder bei mehreren Ebenen die Ebene aus, den bzw. die Sie füllen wollen. Gehen Sie nun auf BEARBEITEN • EBENE FÜLLEN, und stellen Sie die gewünschten Optionen ein, ehe Sie den Dialog mit OK bestätigen und das Kommando ausführen.

Mit welchem Inhalt Sie die Fläche füllen, wählen Sie in der Dropdown-Liste FÜLLEN MIT ❶ (siehe Abbildung 14.85) aus. Neben den Vordergrund- und Hintergrundfarben können Sie hierbei auch benutzerdefinierte Farben, Schwarz, Weiß, Grau sowie Muster auswählen. Wenn Sie ein Muster verwenden wollen, wählen Sie es darunter über das Flyout-Menü neben EIGENES MUSTER ❷ aus.

Wenn Sie den Inhalt zum Füllen festgelegt haben, können Sie die Füllmethode einstellen: Mit dem MODUS ❸ geben Sie an, wie die Farbpixel, die Sie verwenden wollen, mit den vorhande-

Pipette zur Farbauswahl
Zur Farbauswahl ist bei diesem Dialog auch die Pipette aktiv. Mit ihr können Sie eine Farbe zum Füllen aus einem Bild oder den Farbfeldern auswählen. Auch den Aufnahmebereich der Pipette können Sie in den Werkzeugoptionen einstellen.

nen Pixeln im Bild gemischt werden. Bei DECKKRAFT ❹ legen Sie die Transparenz der zu verwendenden Farbe fest. Wenn Sie die Option TRANSPARENTE BEREICHE SCHÜTZEN ❺ aktivieren, werden nur die deckenden Pixel gefüllt.

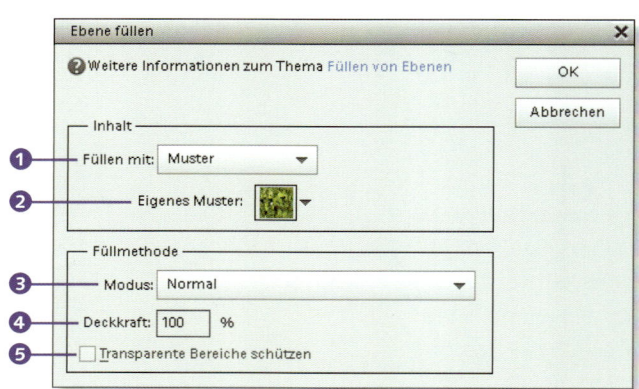

▲ **Abbildung 14.85**
Eine Ebene füllen …

▲ **Abbildung 14.86**
… und was dabei herauskommt

14.4.3 Auswahl füllen

Das Füllen einer Auswahl funktioniert analog zum Füllen von Ebenen. Wenn Sie im Bild eine Auswahl vornehmen, finden Sie im Menü nun den Punkt BEARBEITEN • AUSWAHL FÜLLEN vor. Es wird sogar derselbe Dialog wie beim Füllen von Ebenen angezeigt (dass dieser Dialog allerdings auch wieder mit EBENE FÜLLEN betitelt ist, ist etwas verwirrend).

Zum Nachlesen
Dem Thema »Auswahlen« widmet sich Teil VII des Buches.

14.4.4 Kontur füllen

Wenn Sie im Bild eine Auswahl getroffen haben, finden Sie im Menü auch den Befehl BEARBEITEN • KONTUR FÜLLEN. Mit diesem ziehen Sie eine farbige Kontur bzw. einen Rahmen um eine Auswahl oder den Inhalt einer Ebene.

Unter BREITE geben Sie die Breite der Kontur an, mit FARBE entsprechend deren Farbe. Über POSITION legen Sie fest, ob die Kontur innerhalb, außerhalb oder mittig zur Auswahl- bzw. Ebenenbegrenzung positioniert werden soll. Wie die Farbe mit den vorhandenen Pixeln vermischt wird, bestimmen Sie mit MODUS. Für eine etwas transparente Kontur reduzieren Sie die DECKKRAFT; die Checkbox TRANSPARENTE BEREICHE SCHÜTZEN ist nur vorhanden, wenn die Ebene auch solche Bereiche enthält.

▲ **Abbildung 14.87**
Das Füllen einer Auswahl mit BEARBEITEN • AUSWAHL FÜLLEN

14.4 Flächen füllen

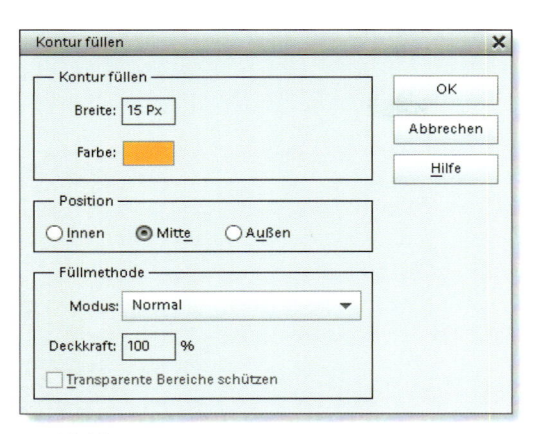

▲ **Abbildung 14.88**
Der Dialog KONTUR FÜLLEN …

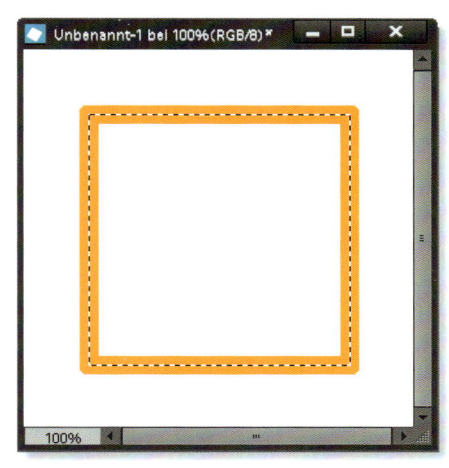

▲ **Abbildung 14.89**
… und was mit einer Auswahl geschieht

14.4.5 Muster erstellen und verwalten

Sie wissen bereits, dass Sie mit dem Füllwerkzeug auch Muster auf ein Bild oder eine Auswahl aufbringen können. Auch hierbei ist es möglich, eigene Muster zu erstellen und in einer Bibliothek zu speichern, um sie später wiederzuverwenden.

Zur Verwaltung von Musterbibliotheken können Sie auch hier wieder den Vorgaben-Manager (BEARBEITEN • VORGABEN-MANAGER) oder das Flyout-Menü verwenden. Außerdem finden Sie unzählige fertige Muster im Internet. Selbstverständlich können Sie auch die Muster vom großen Photoshop verwenden. Die Dateiendung von Mustern lautet »*.pat« (für englisch *pattern* = Muster). Eine gute Webseite mit vielen Mustern (und auch Pinseln, Texturen etc.) finden Sie unter *http://alice-grafixx.de*.

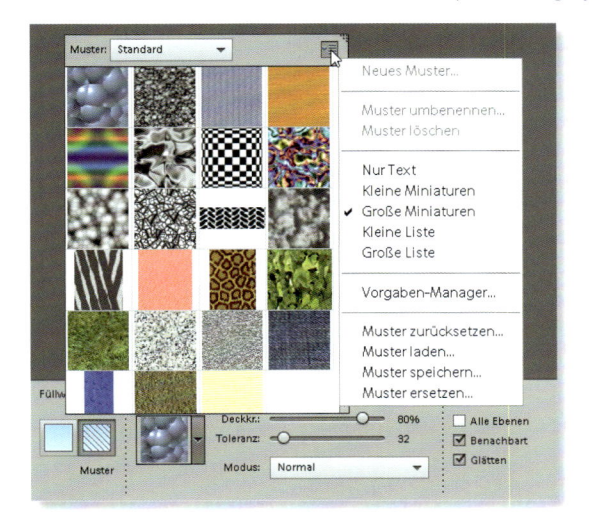

Muster mit dem Musterstempel
Nicht nur das Füllwerkzeug eignet sich zum Auftragen von Mustern – Sie können Muster auch mit dem Musterstempel [S] auftragen.

Standardverzeichnis für die Muster
Wollen Sie, dass neue Musterbibliotheken automatisch beim Programmstart von Photoshop Elements über die Dropdown-Liste bei der Auswahl der Muster aufgelistet werden, müssen Sie darauf achten, dass Sie diese Bibliothek im Standardverzeichnis ablegen. Der Pfad ist dabei derselbe wie bei den Pinseln, nur der letzte Ordner lautet natürlich nicht BRUSHES, sondern PATTERN (siehe Seite 400).

Alternativ legen Sie die Pinsel im Programmverzeichnis ab. Auch hier finden Sie den korrekten Pfad auf Seite 400, und halten Sie im Ordner PRESETS nach dem Ordner PATTERN Ausschau.

◄ **Abbildung 14.90**
Dropdown-Menü mit einer Liste weiterer Muster

Kacheleffekt

Wenn Sie einen Kacheleffekt mit Photoshop Elements erstellen wollen, so sehen Sie sich einmal Filter • Stilisierungsfilter • Kacheleffekt an. Allerdings sind die Mittel auch hier ein wenig beschränkt.

Muster aus Filter

Um Muster ohne großen Aufwand zu erzeugen, eignet sich besonders das Menü Filter • Renderfilter.

Eigenes Muster erstellen | Sie können der Auswahlliste auch eigene Muster hinzufügen. Allerdings sind die Mittel zur Herstellung komplexerer Muster mit Photoshop Elements ein wenig beschränkt. Nur das große Photoshop bietet für diesen Zweck einen zusätzlichen Mustergenerator, der bei Bedarf nachinstalliert werden kann. Mit ihm verläuft das Füllen mit selbst erstellten Mustern nahtlos und ohne Fugen.

Einfachere Muster wie Streifen- oder Schachbrettmuster lassen sich allerdings ohne größeren Aufwand erstellen.

Um ein eigenes Muster zu erstellen, wählen Sie einfach einen geeigneten Bildausschnitt mit dem Auswahlrechteck oder ein komplettes Bild aus (beispielsweise mit [Strg]/[cmd]+[A]). Rufen Sie anschließend im Menü Bearbeiten • Muster aus Auswahl definieren oder Bearbeiten • Muster festlegen auf, je nachdem, was bei Ihnen angezeigt wird. Vergeben Sie zuletzt noch einen Namen für das neue Muster – und fertig.

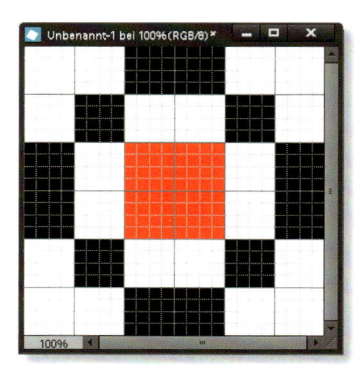

▲ **Abbildung 14.91**
Grundlage für ein einfaches Muster

▲ **Abbildung 14.92**
Das fertige Muster nach der Verwendung mit dem Füllwerkzeug

14.4.6 Das Verlaufswerkzeug

Um einen bestimmten Bereich mit einem Verlauf zu füllen, steht Ihnen das Verlaufswerkzeug [G] ■ zur Verfügung. Verläufe werden in der Praxis recht häufig bei fortgeschrittenen Techniken oder kreativen Arbeiten verwendet.

Horizontaler oder vertikaler Verlauf

Um einen exakten horizontalen oder vertikalen Verlauf zu erstellen, halten Sie die [⇧]-Taste gedrückt, und bewegen Sie mit gedrückter linker Maustaste den Cursor nach oben oder unten (für einen vertikalen Verlauf) bzw. nach rechts oder links (für einen horizontalen Verlauf).

Bedienung des Verlaufswerkzeugs | Um einen bestimmten Bereich mit einem Verlauf zu füllen, klicken Sie beim Anfangspunkt ❶ ins Bild, und ziehen Sie mit gedrückter linker Maustaste eine Linie in die Richtung des gewünschten Verlaufs. Der Verlauf endet an der Position, an der Sie die Maustaste wieder loslassen ❷ (Endpunkt). Die beiden Punkte legen fest, wie der Verlauf aussieht.

14.4 Flächen füllen

Genau genommen entscheiden diese beiden Punkte nur die Richtung des Verlaufs und wie weich dieser gerät. Je länger die gezogene Linie wird, desto weicher wird der Farbverlauf. Der Farbverlauf selbst erstreckt sich immer über die ganze Bildfläche. Um die Ausbreitung des Verlaufs zu beschränken, müssen Sie zuvor eine Auswahl (zum Beispiel mit dem Auswahlrechteck) anlegen.

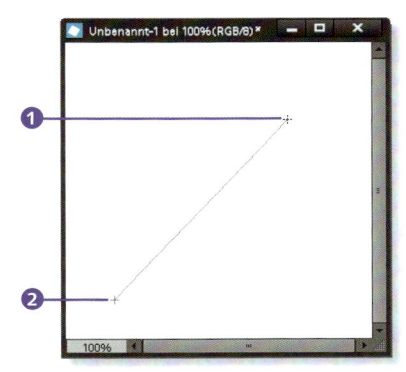

▲ **Abbildung 14.93**
Mit dem Anfangs- und dem Endpunkt legen Sie die Richtung des Verlaufs fest und wie weich dieser gerät.

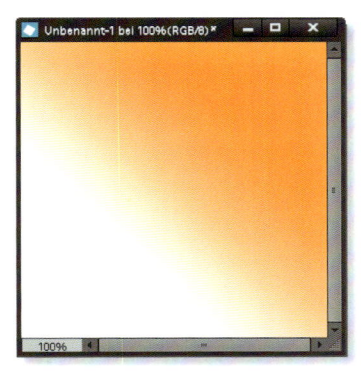

▲ **Abbildung 14.94**
Ein Verlauf über die gesamte Bildfläche

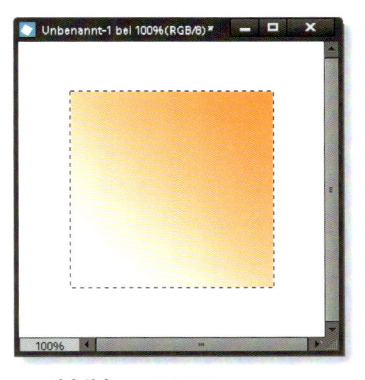

▲ **Abbildung 14.95**
Ein eingeschränkter Verlauf innerhalb einer Auswahl

Werkzeugoptionen | Zunächst wählen Sie in der Auswahlliste für Verläufe ❶ (siehe Abbildung 14.96 auf Seite 412) eine Verlaufsfüllung aus. Standardmäßig wird die von Ihnen eingestellte Vordergrund- und Hintergrundfarbe angezeigt, gefolgt von mehreren fertigen Verläufen. Mit einem Klick auf die kleine Schaltfläche ❾ öffnen Sie das Seitenmenü, wo Sie, ähnlich wie bereits bei den Werkzeugspitzen oder Farbpaletten, weitere Verlaufsbibliotheken verwalten können. Sie können in diesem Menü auch eigene Bibliotheken speichern und laden. Verläufe können Sie natürlich auch mithilfe des Vorgaben-Managers (Bearbeiten • Vorgaben-Manager) verwalten. Über die Schaltfläche Bear(beiten) ❺ können Sie Verläufe nachbearbeiten und eigene Verläufe erstellen.

Mit dem Modus ❷ geben Sie an, wie sich der Verlauf mit den vorhandenen Pixeln im Bild mischen soll. Die Deckkraft ❸ legt die Transparenz des Verlaufs fest. Je niedriger dieser Wert ist, desto besser können Sie erkennen, welche Pixel sich unter dem Verlauf befinden. Mit der Option Umk(ehren) ❻ vertauschen Sie die Reihenfolge der Verlaufsfarben in der Verlaufsfüllung. Wenn Sie einen Verlauf verwenden wollen, der Transparenz enthält, und dies auch darstellen wollen, dann müssen Sie die Option Transp(arenz) ❼ aktivieren. Dither ❽ erstellt eine Füllung (auch »Dither-Muster« genannt) mit weicherer Abstufung und weniger deutlichen Streifen. Dies kann zum Beispiel nötig werden, wenn ein Webbrowser Verläufe nicht richtig darstellen kann.

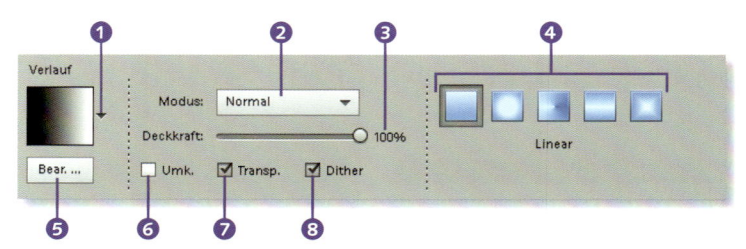

▲ **Abbildung 14.96**
Die Werkzeugoptionen des Verlaufswerkzeugs

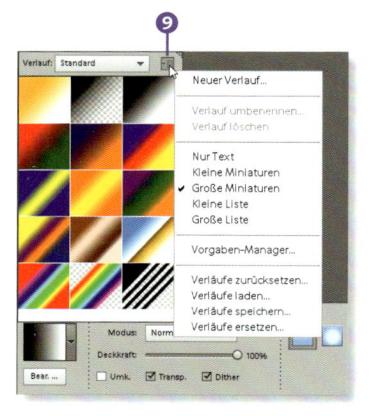

▲ **Abbildung 14.97**
Die Auswahlliste der vorhandenen Verläufe, die Sie über ❾ auflisten können

Füllmethoden (Modus)

Eine ausführliche Beschreibung der Modi finden Sie in Kapitel 27, »Füllmethoden von Ebenen«.

Mit den nächsten fünf Schaltflächen ❹ stellen Sie den Verlaufstyp ein. Folgende Verlaufstypen stehen Ihnen hierbei zur Verfügung:

- **Linear** : Die Farbstufung verläuft in einer geraden Linie vom Anfangs- zum Endpunkt.
- **Kreisförmig** : Hier verläuft die Farbstufung vom Anfangs- bis zum Endpunkt in einem kreisförmigen Muster.
- **Winkel** : Die Farbabstufung verläuft gegen den Uhrzeigersinn um den Anfangspunkt herum.
- **Reflektiert** : Der Übergang erfolgt als symmetrischer linearer Verlauf auf beiden Seiten des Startpunktes.
- **Raute** : Der Übergang verläuft vom Startpunkt aus in einem Rautenmuster nach außen. Den Endpunkt stellt eine Ecke in der Raute dar.

Verläufe laden | Photoshop Elements bietet bereits sehr viele Verläufe an; die diversen Optionen steigern diese Vielfalt noch. Auch aus dem Web (zum Beispiel unter *http://alice-grafixx.de*) können Sie sich vielfältige Verläufe herunterladen und in die Bibliothek integrieren – entweder über den Vorgaben-Manager (BEARBEITEN • VORGABEN-MANAGER) oder über das Seitenmenü, wo Sie den Verlauf auswählen. Auch hier sind wieder die Verläufe, die für das große Photoshop erstellt wurden, mit dem kleinen Photoshop Elements kompatibel. Die Endung für Verläufe lautet ».grd« (*Gradient* = Verlauf).

Eigene Verläufe erstellen | Noch interessanter und reizvoller jedoch ist das Erstellen eigener Verläufe. Im Prinzip stellen Sie keine ganz neuen Verläufe her, sondern verändern nur vorhandene Verläufe und speichern diese unter einem neuen Namen.

14.4 Flächen füllen

Schritt für Schritt: Eigene Verläufe erstellen

Den Dialog zum Bearbeiten von Verläufen starten Sie entweder mit einem Doppelklick auf den Bereich ❿ in den Werkzeugoptionen des Verlaufswerkzeugs, wo Sie die Verläufe auflisten können, oder über die Schaltfläche BEAR(BEITEN) ⓫ daneben.

1 Verlauf auswählen

Suchen Sie sich zunächst einen Verlauf aus, den Sie als Grundlage für den neuen Verlauf verwenden wollen. Der Verlauf, den Sie in der Liste angeklickt haben ⓮, wird im Balken ⓬ angezeigt. Wenn Sie bei den aktuellen Vorgaben nicht fündig werden, können Sie über das grüne Plussymbol ⓯ auf dem Rechner vorhandene Verläufe in die Vorgabe laden.

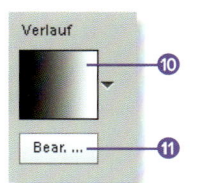

▲ **Abbildung 14.98**
Dialog zum Bearbeiten von Verläufen öffnen

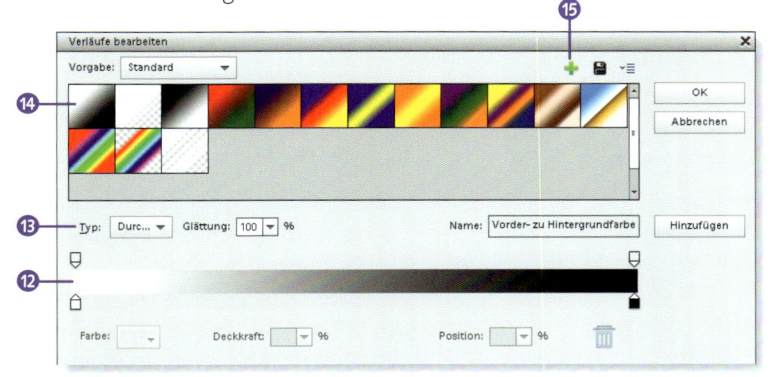

▲ **Abbildung 14.99**
Wählen Sie einen vordefinierten Farbverlauf als Basis für Ihren eigenen Verlauf.

Standardverzeichnis für Verläufe

Sollen neue Verläufe automatisch beim Programmstart von Photoshop Elements über das Seitenmenü bei der Auswahl der Verläufe aufgelistet werden, so müssen Sie diese Bibliothek im Standardverzeichnis ablegen. Wie die Pinsel (siehe Seite 400) liegen auch die Verläufe im Verzeichnis PRESETS und dort im Unterverzeichnis GRADIENTS.

Alternativ legen Sie die Verläufe im Programmverzeichnis (siehe Seite 400) im Unterordner GRADIENTS ab.

2 Neue Farbe hinzufügen

Als TYP ⓭ belassen Sie DURC(HGEHEND), und für sanfte Übergänge sollten Sie die GLÄTTUNG auf 100 % belassen.

Um nun eine neue Farbe, genauer eine **Farbunterbrechung**, hinzuzufügen, klicken Sie im unteren Bereich des Farbbalkens (der Mauszeiger wird hierbei zum Handsymbol ❶; wie auf Abbildung 14.101 zu sehen ist). Gegebenenfalls fügen Sie noch mehrere neue Farbunterbrechungen hinzu. Jetzt finden Sie einen neuen Farbunterbrechungsregler ❷ unterhalb des Balkens.

Doppelklicken Sie diesen Farbunterbrechungsregler, und Sie können über den Farbwähler die Farbe neu definieren. Natürlich können Sie so auch die bereits vorhandenen Farben der Farbunterbrechungsregler ändern. Versehentlich hinzugefügte Farbunterbrechungsregler können Sie über das Mülleimersymbol ❸ wieder entfernen.

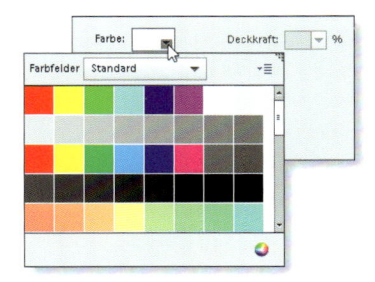

▲ **Abbildung 14.100**
Alternativ können Sie die Farbe auch über die kleine Dropdown-Liste Farbe ändern.

413

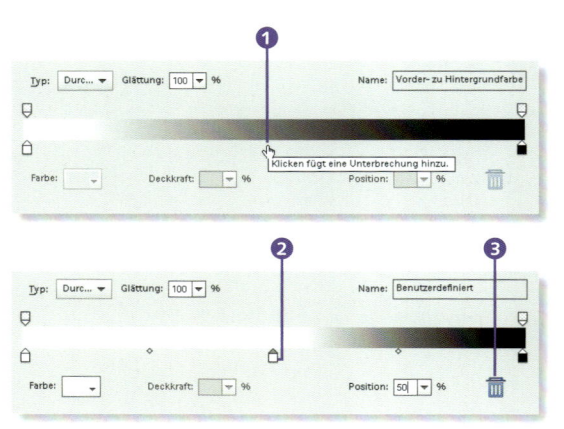

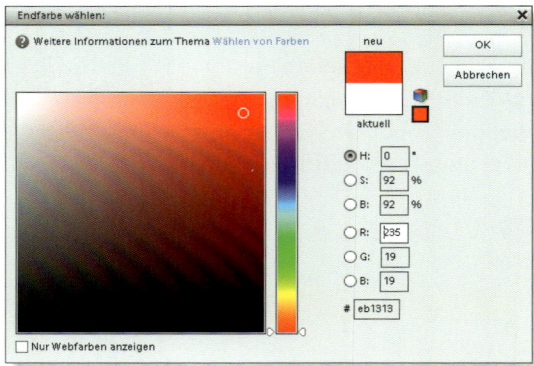

Kapitel 14 Mit Farben malen

▲ **Abbildung 14.101**
Ein Klick auf eine der Farbunterbrechungen öffnet den Farbwähler.

3 Position der Farbe festlegen

Durch das Verstellen des neuen Farbunterbrechungsreglers können Sie außerdem die Position der Farbe ändern. Alternativ geben Sie diesen Wert im Textfeld POSITION ❹ von Hand ein.

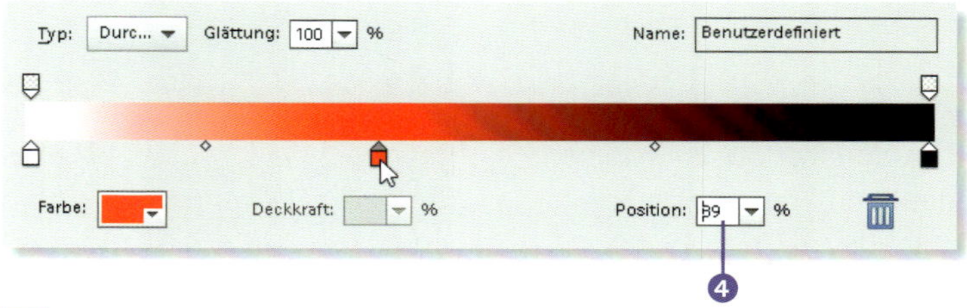

Abbildung 14.102 ▶
Durch das Ziehen der Farbunterbrechungsregler bestimmen Sie die Position der Farben.

4 Verlaufsübergänge verändern

Mit den kleinen Rautensymbolen ❺ ändern Sie die Verlaufsübergänge zwischen zwei Farbunterbrechungsreglern. Sie legen gleichsam fest, wo die Mitte zwischen den beiden Übergängen liegen soll. Auch diesen Wert können Sie entweder über das Ziehen des Rautensymbols oder durch die manuelle Zahleneingabe im Feld POSITION ❻ verändern.

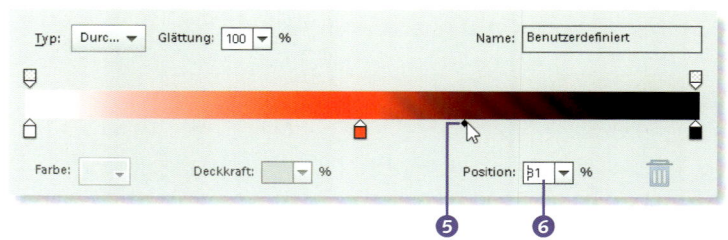

Abbildung 14.103 ▶
Verlaufsübergänge zwischen zwei Farbunterbrechungsreglern ändern

5 Transparenz einstellen

Analog erstellen Sie oberhalb des Balkens durch Anklicken des Bereichs ❼ eine **Deckkraftunterbrechung** für die Transparenz.

Auch hierbei wird ein Regler für die Deckkraftunterbrechung ❽ angelegt. Über DECKKRAFT ❾ stellen Sie den Grad der Transparenz ein. Ebenfalls analog zur Farbunterbrechung finden Sie hier die Rautensymbole, mit deren Hilfe Sie den Mittelpunkt zwischen zwei Deckkraftunterbrechungen festlegen.

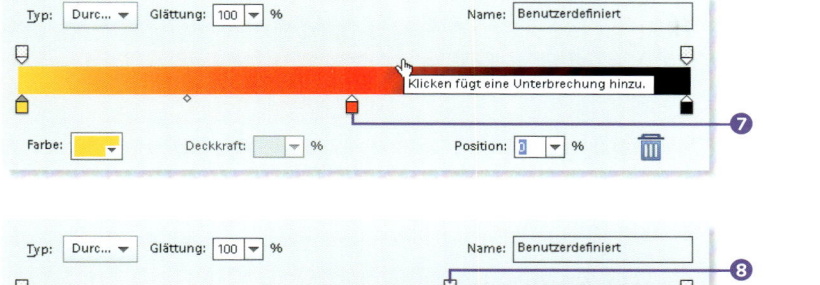

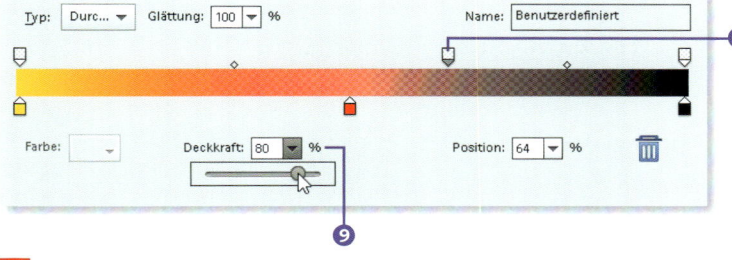

◄ **Abbildung 14.104**
Bereiche des Verlaufs können auch transparent sein.

6 Verlauf speichern

Um den Verlauf zu speichern, sollten Sie zuvor noch einen eindeutigen Namen ⓬ vergeben. Bei einem Klick auf die Schaltfläche HINZUFÜGEN ⓭ erscheint der neue Verlauf in der Vorlagenübersicht ❿. Um die Verläufe dauerhaft zu sichern, empfiehlt es sich, sie über die Schaltfläche mit der Diskette ⓫ in einer eigenen Bibliothek abzulegen.

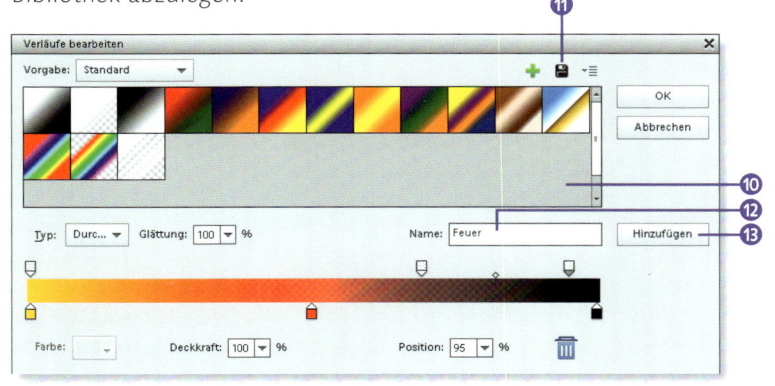

▲ **Abbildung 14.105**
Der neue Verlauf erscheint in der Vorlagenübersicht.

Kapitel 14 Mit Farben malen

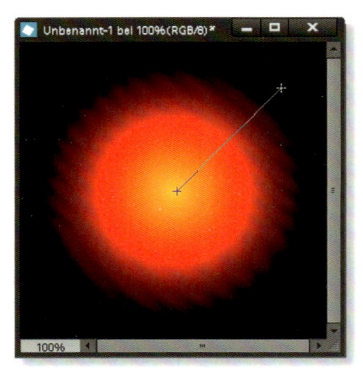

▲ **Abbildung 14.106**
Der neue Farbverlauf im Einsatz mit einem kreisförmigen Verlaufstyp

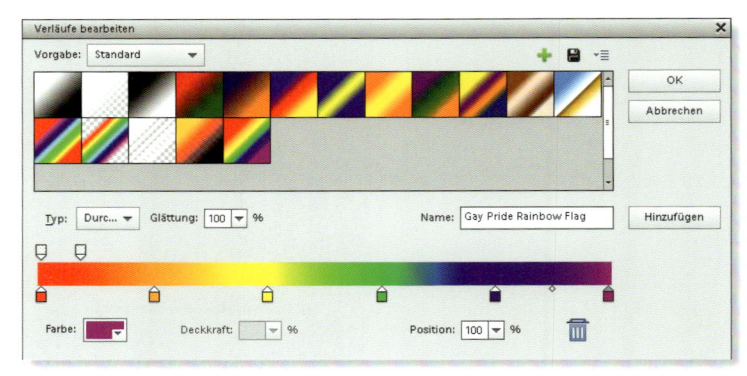

▲ **Abbildung 14.107**
Auf diese Weise lassen sich natürlich auch wesentlich komplexere und farbenfrohere Verläufe erstellen.

▲ **Abbildung 14.108**
Der Farbverlauf im Einsatz

Verläufe mit Störungen (Rauschverläufe) | Interessante Ergebnisse erzielen Sie auch mit dem Typ ❶ Rauschen (auch als **Rauschverlauf** bezeichnet). Mit Kantenunschärfe ❷ stellen Sie die Striche des Verlaufs ein. Je niedriger der Wert, desto weicher werden die Verläufe. Als Farbmodell ❻ wählen Sie RGB oder HSB. Mit der Option Farben beschränken ❺ reduzieren Sie die Sättigung von zu kräftigen Farben. Die Option Transparenz hinzufügen ❹ spricht für sich selbst. Mit der Schaltfläche Zufällig ❸ erzeugen Sie einen neuen Verlauf, der aus zufälligen Werten ermittelt wird.

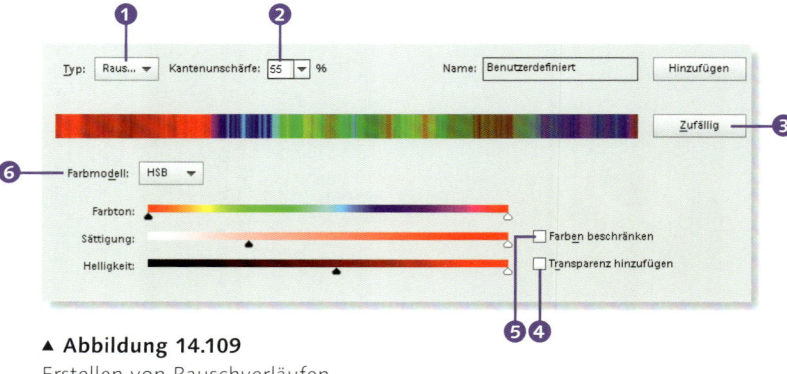

▲ **Abbildung 14.109**
Erstellen von Rauschverläufen

▲ **Abbildung 14.110**
Der Rauschverlauf im Einsatz

416

Schwarzweißbilder

Schwarzweißbilder liegen im Trend – selbstverständlich lernen Sie in diesem Buch alles, was Sie wissen müssen, um schöne Schwarzweißfotos zu erstellen.

15.1 Was bedeutet eigentlich »Schwarzweiß«?

Der Begriff »Schwarzweißbilder« ist eigentlich nicht ganz zutreffend. Da die so bezeichneten Bilder nicht nur schwarz und weiß sind, wäre die Bezeichnung »Graustufenbilder« korrekter – aber im allgemeinen Sprachgebrauch hat sich nun einmal die Bezeichnung »Schwarzweißfotografie« durchgesetzt.

◄ **Abbildung 15.1**
Schwarzweißbilder sind nicht nur schwarz und weiß – sie enthalten in der Regel auch mehrere Grautöne.

Foto: Ingo Jung/www.digital-express-labor.de

Schwarzweißbilder aus der Kamera | Viele Digitalkameras bieten die Möglichkeit an, Bilder gleich im Schwarzweißmodus zu fotografieren, so dass Sie sich die nachträgliche Schwarzweißkonvertierung sparen können. Wenn Sie Aufnahmen gleich im Schwarzweißmodus machen, verschenken Sie jedoch viel Gestaltungsfreiheit, weshalb ich eher davon abraten möchte.

Exkurs: Bilder aus der Kamera

Digitale Bilder werden von den Kamerasensoren zunächst mit einer einzigen Belichtung als Schwarzweißfotos (oder genauer als Graustufenfotos) aufgenommen. Die Farbe entsteht erst, indem jedem Pixel im Chip der Kamera eine winzige Folie aufgedampft wird, was wieder einem Farbauszug der drei Grundfarben Rot, Grün und Blau entspricht. 50 % der Pixel sind hierbei grün, und die anderen 50 % verteilen sich auf die Farben Rot und Blau. Dies entspricht ungefähr den menschlichen Sehgewohnheiten. Die noch fehlenden Informationen werden von der Software in der Kamera berechnet. Genau genommen werden so die Digitalbilder in der Kamera aus drei unterschiedlichen Graustufenbildern erstellt.

Abbildung 15.2 ▶
Links sehen Sie die drei Graustufenbilder mit dem roten, grünen und blauen Kanal und rechts das Endergebnis, das Sie nach dem Fotografieren zu Gesicht bekommen.

15.2 Schwarzweißbilder erstellen

Photoshop Elements bietet einige Möglichkeiten an, Bilder in Schwarzweiß bzw. in Graustufen umzuwandeln. Manche Möglichkeiten eignen sich besser, andere schlechter. Warum dies so ist und wie Sie die Methoden einsetzen, erfahren Sie auf den folgenden Seiten.

Gleichwertiges Gegenstück
Denselben Effekt wie mit der Funktion FARBE ENTFERNEN erzielen Sie, wenn Sie im Dialogfeld FARBTON/SÄTTIGUNG die Option SÄTTIGUNG auf –100 setzen.

Bilder entfärben | Die einfachste und schnellste Methode, ein Farbbild in ein Schwarzweißbild zu konvertieren, bietet der Befehl ÜBERARBEITEN • FARBE ANPASSEN • FARBE ENTFERNEN (Tastenkürzel ⇧+Strg/cmd+U). Bei dieser Funktion bleibt auch die Gesamthelligkeit des Bildes weitgehend konstant. Die Funktion FARBE ENTFERNEN können Sie auch nur auf einen ausgewählten Bildbereich anwenden.

Diese Methode der Bildentfärbung bietet jedoch keine weiteren Einstellmöglichkeiten. Gegenüber dem Graustufenmodus hat sie allerdings den Vorteil, dass die Aufnahme im RGB-Modus vorliegt und somit wieder in ein Farbbild verwandelt werden kann.

15.2 Schwarzweißbilder erstellen

Bild in Graustufenmodus konvertieren | Eine weitere Möglichkeit zur Schwarzweißkonvertierung von Farbbildern ist die Umwandlung des RGB-Modus in Graustufen (BILD • MODUS • GRAUSTUFEN). Nach dieser Umwandlung besteht keine Möglichkeit mehr, dem Bild Farbe hinzufügen, weil mit dem MODUS GRAUSTUFEN alle nötigen Farbinformationen verworfen werden. Auch viele Funktionen lassen sich in diesem Modus nicht mehr verwenden (und sind ausgegraut). Das einzige Argument für die Umwandlung eines Bildes in den Graustufenmodus ist der Speicherplatz. Ein Bild im Graustufenmodus benötigt erheblich weniger Speicherplatz als ein herkömmliches RGB-Bild.

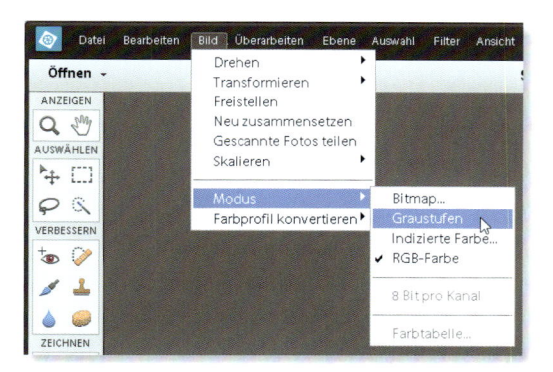

Bildmodi
Weitere Informationen zu den Bildmodi wie dem GRAUSTUFEN- oder dem RGB-Modus finden Sie in Abschnitt 6.3, »Farben – Farbtiefe und Bildmodus«.

◄ **Abbildung 15.3**
Die schlechteste Möglichkeit der Schwarzweißkonvertierung ist das Ändern des RGB-Modus in den Graustufenmodus.

15.2.1 Farben teilweise entfernen – Color Key

Mit dem Dialog oder der Einstellungsebene FARBTON/SÄTTIGUNG können Sie die Farbsättigung eines Bildes teilweise entfernen, indem Sie den Schieberegler SÄTTIGUNG nach links ziehen. Zwar arbeitet der Dialog im Prinzip wie die Funktion FARBE ENTFERNEN, aber Sie haben hierbei zusätzlich die Option, gezielt die Sättigung einzelner Farben zu reduzieren und so einen Color-Key-Effekt im Bild zu erzeugen.

Schritt für Schritt: Ausgewählte Farben erhalten

An dem Bild »Tagpfauenauge.jpg« will ich Ihnen demonstrieren, wie Sie einzelne Farben in einem Bild in Schwarzweiß umwandeln und gleichzeitig andere erhalten. Laden Sie dazu das Bild »Tagpfauenauge.jpg« von der Buch-DVD in den Fotoeditor.

Kapitel_15:
Tagpfauenauge.jpg

1 Einstellungsebene anlegen oder den Dialog aufrufen
Legen Sie zunächst eine Einstellungsebene für FARBTON/SÄTTIGUNG an (siehe den Abschnitt »Flexibel arbeiten mit Einstellungsebenen« auf Seite 304), oder verwenden Sie den entsprechenden Dialog (zum Beispiel über [Strg]/[cmd]+[U]).

▲ **Abbildung 15.4**
In diesem Bild sollen nur die Farben des Schmetterlings erhalten bleiben.

Kapitel 15   Schwarzweißbilder

2   Sättigung selektiver Farben entfernen

Wählen Sie im Dialog FARBTON/SÄTTIGUNG über die Dropdown-Liste ❶ die GRÜNTÖNE aus, und ziehen Sie den Schieberegler für die SÄTTIGUNG ❷ ganz nach links auf den Wert –100.

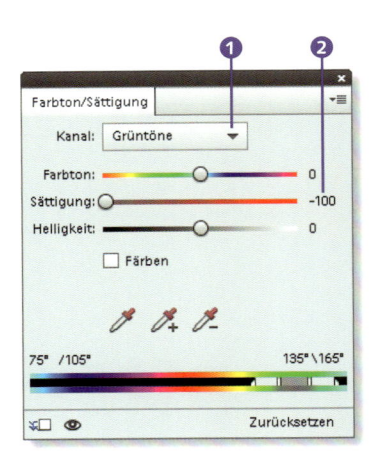

▲ **Abbildung 15.5**
Leider wurden hier nicht alle GRÜNTÖNE entsättigt.

3   Feintuning

Vermutlich werden beim Auswählen eines bestimmten Farbtones nicht gleich alle gewünschten Bereiche entsättigt. Hier greifen Sie gleich manuell ein, indem Sie den Grüntonbereich erweitern. Wählen Sie hierzu im Dialog bzw. in der Einstellungsebene die Pipette mit dem Plussymbol ❸, und klicken Sie damit im Bild auf den grünen Bereich ❹, der noch entsättigt werden soll. Da Sie den Regler SÄTTIGUNG bei den Grüntönen auf –100 gestellt haben, wird der entsprechende Farbereich sofort entsättigt. Wiederholen Sie den Schritt gegebenenfalls öfter, bis Sie mit dem Ergebnis zufrieden sind.

▲ **Abbildung 15.6**
Nachdem der Bereich der GRÜNTÖNE erweitert wurde, sieht das Ergebnis schon etwas besser aus.

15.2 Schwarzweißbilder erstellen

4 **Nach dem Entfernen von Farbe**

Nach dem Entfernen aller grünen Farbtöne sollte das Bild mit Ausnahme des Schmetterlings in Schwarzweiß angezeigt werden. Natürlich funktioniert das Entfernen einzelner Farben nicht immer so harmonisch wie in diesem Beispiel, wo die farblichen Unterschiede der einzelnen Objekte so deutlich sind. Verfahren Sie bei Bedarf analog mit den anderen Farbtönen in der Dropdown-Liste. Wenn Sie eine Einstellungsebene verwendet haben, reduzieren Sie die beiden Ebenen wieder auf eine Hintergrundebene (siehe den Abschnitt »Flexibel arbeiten mit Einstellungsebenen« auf Seite 304).

Color Key mit Smartpinsel-Werkzeug

Den Color-Key-Effekt können Sie auch einfach mit dem Smartpinsel-Werkzeug ✦ F aufpinseln. Das Smartpinsel-Werkzeug habe ich im Abschnitt »Das Smartpinsel-Werkzeug« auf Seite 383 umfassend beschrieben.

▲ **Abbildung 15.7**
Durch ein selektives Entfernen einzelner Farben können Sie den Fokus des Bildes noch mehr betonen.

Color Key mit dem Smartpinsel-Werkzeug | Wenn Ihnen die oben aufgeführte Methode zu umständlich ist, können Sie einzelne, weniger komplexe Bereiche eines Bilder auch einfach mit dem Smartpinsel-Werkzeug F ✦ oder dem Detail-Smartpinsel-Werkzeug F ✦ Schwarzweiß "anmalen". Hierzu brauchen Sie nur bei den Einstellungen unter Vorgaben den Eintrag Umkehr-Effekte ❶ (siehe Abbildung 15.8) zu wählen und dort die Option Umkehren – Schwarzweiss einzustellen. Dann malen Sie den Color-Key-Effekt einfach ins Bild.

Die Werkzeuge bieten aber auch noch weitere Schwarzweißfunktionen ❷ an, die Sie einfach nur noch auf das Bild aufpinseln. Die Verwendung der beiden Werkzeuge habe ich im Abschnitt »Das Smartpinsel-Werkzeug« auf Seite 383 beschrieben. Besonders zu erwähnen wäre hierbei auch, dass sich darunter auch professionellere Filter wie Rotfilter, Grünfilter, Gelbfilter und Blaufilter befinden, mit denen Sie Bilder komplett einfärben können.

Kapitel 15 Schwarzweißbilder

Abbildung 15.8 ▶
Mit UMKEHREN – SCHWARZWEISS lässt sich ein Color Key einfach ins Bild malen.

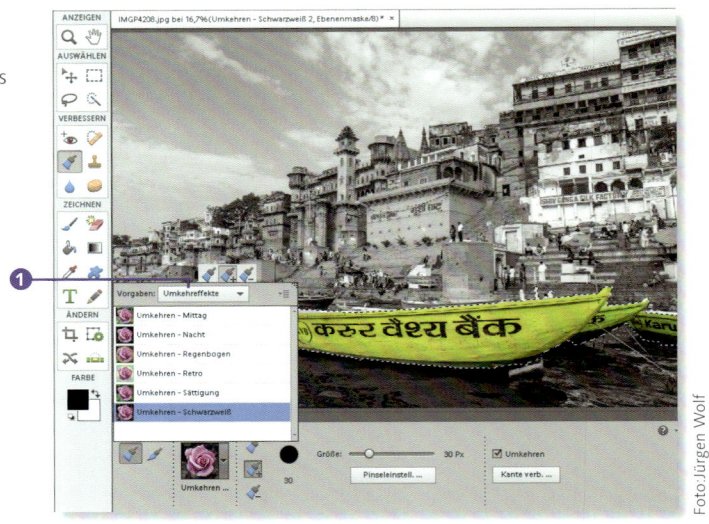

▲ **Abbildung 15.9**
Weitere SCHWARZWEISS-Funktionen des Smartpinsel-Werkzeugs

Kapitel_15: Basar.jpg

Das Smartpinsel-Werkzeug ist allerdings eher für Bildbereiche geeignet, bei denen sich das schwarzweiß „einzufärbende" Objekt farblich deutlich hervorhebt. Für komplexere Sachen sollten Sie eher auf FARBTON/SÄTTIGUNG oder eine Mischung aus beiden Möglichkeiten zugreifen.

15.2.2 In Schwarzweiß konvertieren

Die wohl optimale und vielseitigste Möglichkeit, ein Bild mit Photoshop Elements in ein Schwarzweißbild zu konvertieren, dürfte der Befehl IN SCHWARZWEISS KONVERTIEREN sein. Den Dialog dazu rufen Sie über das Menü ÜBERARBEITEN • IN SCHWARZWEISS KONVERTIEREN oder mit dem Tastenkürzel [Strg]/[cmd]+[Alt]+[B] auf.

Schritt für Schritt: Bilder in Schwarzweiß konvertieren

Laden Sie zuerst das Bild »Basar.jpg« in den Fotoeditor, und öffnen Sie anschließend den Dialog ÜBERARBEITEN • IN SCHWARZWEISS KONVERTIEREN (oder [Strg]/[cmd]+[Alt]+[B]).

1 Stil auswählen

Wählen Sie bei den Stilen ❸ eine Option aus, die etwa dem Inhalt Ihres Bildes entspricht. Finden Sie keinen passenden Eintrag, können Sie die Stile auch durchprobieren und mithilfe der VORHER-NACHHER-Ansicht entscheiden, welcher Schwarzweißstil Ihnen am besten gefällt. Im Beispiel habe ich den Stil SCHÖNE LANDSCHAFT ausgewählt, weil dieser das Bild schön harmonisch erscheinen lässt.

15.2 Schwarzweißbilder erstellen

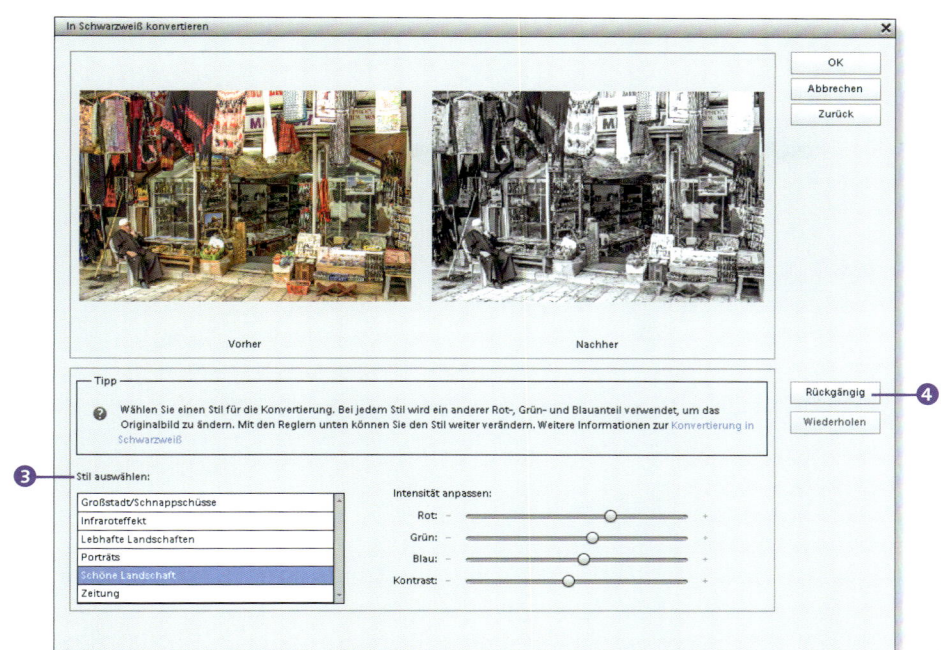

◀ **Abbildung 15.10**
Entscheiden Sie sich zunächst für einen geeigneten Stil.

2 Kanäle bearbeiten

Verändern Sie bei Bedarf die Schieberegler von Rot, Grün und Blau, um die Intensität anzupassen. Auf diese Weise färben Sie natürlich nicht die Bilder ein, sondern fügen nur dem Schwarzweißbild mehr oder weniger Daten aus dem ursprünglichen Kanal hinzu.

▶ Bei Porträts hat es sich bewährt, den Rot-Kanal anzuheben (nach rechts ziehen, um das Gesicht zu betonen).
▶ In Landschaften können Sie immer mehr Grün hinzufügen, um Bildbereiche aufzuhellen. Geben Sie aber acht, dass das Bild dabei nicht zu hell wird.

Wenn eine Einstellung nicht das gewünschte Ergebnis bringt, können Sie jederzeit die Schaltfläche Rückgängig ❹ anklicken. Im Beispiel habe ich keine Änderungen mehr vorgenommen.

3 Kontrast anpassen

Zum Schluss passen Sie bei Bedarf noch den Kontrast über den gleichnamigen Schieberegler an. Im Beispiel habe ich den Kontrast nur geringfügig erhöht, weil das Bild schon recht kontrastreich war. Klicken Sie auf OK, um das Bild zu konvertieren.

Die Unterschiede nach der Schwarzweißkonvertierung (linkes Bild) sind in puncto Kontrastanhebung im Vergleich zu Farbe entfernen (rechtes Bild) eindeutig.

Kapitel 15   Schwarzweißbilder

▲ **Abbildung 15.11**
Die Schwarzweißumwandlung habe ich beim linken Bild mit dem Dialog IN SCHWARZWEISS KONVERTIEREN durchgeführt, beim rechten Bild habe ich FARBE ENTFERNEN verwendet.

Backup erstellen
Erstellen Sie zur Sicherheit eine Kopie der Datei »bwconvert.txt«, um diese bei Bedarf wiederherstellen zu können.

Eigene Vorgaben für die Schwarzweißkonvertierung | Sie können für den Dialog IN SCHWARZWEISS KONVERTIEREN auch eigene Vorgaben definieren. Hierzu finden Sie im Programmverzeichnis von Photoshop Elements (unter Windows: [LAUFWERK]:\PROGRAM FILES (x86)\ADOBE\PHOTOSHOP ELEMENTS 12\REQUIRED bzw. [LAUFWERK]:\PROGRAMME (x86)\ADOBE\PHOTOSHOP ELEMENTS 12\REQUIRED) eine Textdatei namens »bwconvert.txt«, die Sie mit einem beliebigen Texteditor öffnen können. Es sind Administratorrechte hierfür nötig!

Beim Mac müssen Sie hier zunächst zum Ordner /PROGRAMME/ADOBE PHOTOSHOP ELEMENTS 12/SUPPORTED FILES navigieren, über dem Icon ADOBE PHOTOSHOP ELEMENTS EDITOR mit der rechten Maustaste klicken und PAKETINHALT ANZEIGEN auswählen. Jetzt brauchen Sie nur weiter zum Ordner CONTENTS/REQUIRED zu navigieren und finden auch hier die Textdatei »bwconvert.txt« vor.

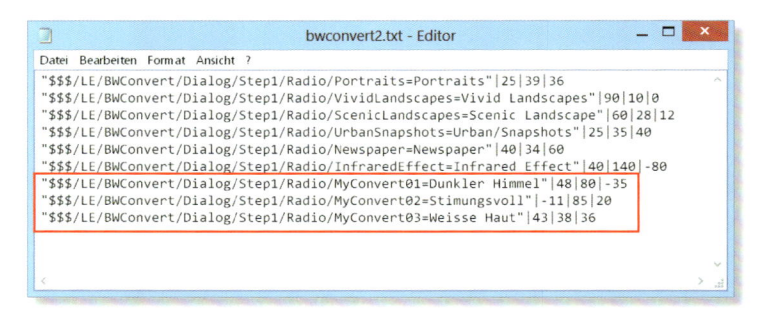

▲ **Abbildung 15.12**
Hier habe ich in der letzten drei Zeilen eine neue benutzerdefinierte Vorgabe mit dem Namen »Dunkler Himmel«, »Stimmungsvoll« und »Weisse Haut« hinzugefügt. Die drei Werte (beispielsweise bei »Dunkler Himmel« mit 48, 80 und −35) stehen für Rot, Grün und Blau des Schiebereglers vom Dialog IN SCHWARZWEISS KONVERTIEREN. Hierbei sind Werte erlaubt von −200 bis 200.

15.2 Schwarzweißbilder erstellen

Hier können Sie am Ende eine neue Zeile mit neuen Vorgaben hinzufügen. Halten Sie dabei die Namenskonventionen der bereits vorhandenen Vorgaben ein. Speichern Sie diese Datei wieder unter demselben Namen und im selben Verzeichnis. Beim nächsten Aufruf von ÜBERARBEITEN • IN SCHWARZWEISS KONVERTIEREN wird die neue benutzerdefinierte Vorgabe bei den Stilen ❶ mit aufgelistet.

15.2.3 Camera Raw

Zu guter Letzt bietet Ihnen Photoshop Elements die Möglichkeit, ein Schwarzweißbild mit dem Dialog CAMERA RAW direkt aus dem Rohbild zu erstellen.

Mehr zum Rohformat (RAW) und zur Arbeit mit diesem Format erfahren Sie in Kapitel 30.

▲ **Abbildung 15.13** ❶
IN SCHWARZWEISS KONVERTIEREN mit neuen benutzerdefinierten Vorgaben

15.2.4 Schwarzweißbilder einfärben

Wenn Sie Schwarzweißbilder einfärben wollen, kommen Sie nicht um die klassischen Malwerkzeuge herum. Wichtig hierbei ist es, dass Sie gegebenenfalls das Bild vorher in den RGB-Modus umwandeln. Auch Farbverläufe lassen sich sehr gut zum Kolorieren verwenden.

In der Praxis werden Sie allerdings beim Kolorieren von Schwarzweißbildern mit vielen Details mehrere Ebenen oder Masken verwenden müssen.

Schritt für Schritt: Ein Schwarzweißbild nachkolorieren

Hier zeige ich Ihnen ein einfaches Beispiel, wie Sie Bildbereiche in einem Schwarzweißbild von Hand kolorieren. Mit dieser Technik lassen sich oft interessante Effekte erzielen.

1 Farbe-ersetzen-Pinsel verwenden

Öffnen Sie das Bild »Tuere.jpg« im Fotoeditor, und wählen Sie das Farbe-ersetzen-Werkzeug ⓑ aus. Verwenden Sie eine ausreichende Pinselgröße ❸ von ca. 200 Pixeln. Stellen Sie die TOLERANZ auf den Wert 20 % ❷ ein. Wählen Sie eine Vordergrundfarbe ❶ zum Malen im Bild aus. Im Beispiel habe ich dazu einen dunklen Grünton verwendet. Färben Sie nun mit dem Farbe-ersetzen-Werkzeug die Tür um. Für die Details sollten Sie näher in das Bild zoomen.

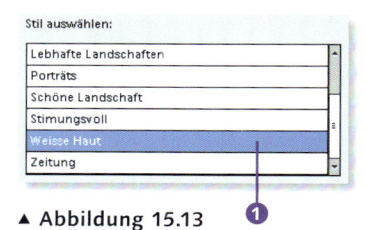

Kapitel_15: Tuere.jpg

Farbe-ersetzen-Pinsel

Das Farbe-ersetzen-Werkzeug beschreibe ich auf Seite 376 genauer.

Abbildung 15.14 ►
Wollten Sie immer schon mal wissen, wie sich Ihre Haustür in einer anderen Farbe machen würde? Mit dem Farbe-ersetzen-Werkzeug können Sie diese virtuell umstreichen.

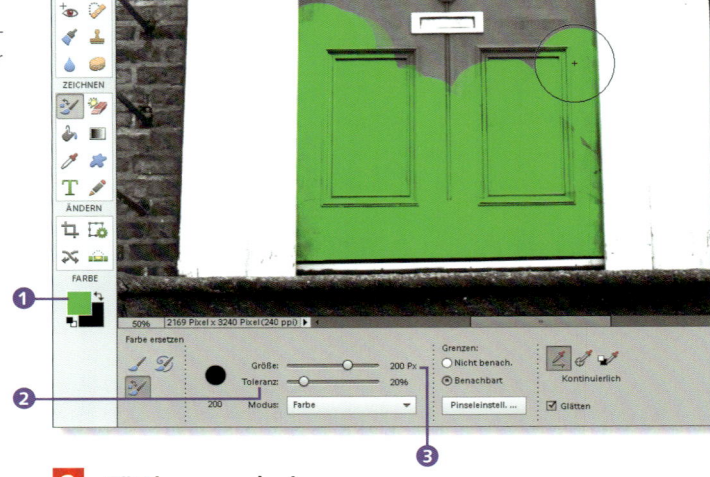

▲ **Abbildung 15.15**
So fügt sich die Kolorierung harmonisch ins Bild ein.

2 Sättigung reduzieren

Manchmal wirkt eine Farbe nach dem Auftragen zu knallig. Legen Sie daher eine Einstellungsebene für FARBTON/SÄTTIGUNG an (siehe den Abschnitt »Flexibel arbeiten mit Einstellungsebenen« auf Seite 304), oder verwenden Sie den Dialog FARBTON/SÄTTIGUNG (zum Beispiel mit [Strg]/[cmd]+[U]). Wählen Sie nun in der Dropdown-Liste ❹ die GRÜNTÖNE aus. Reduzieren Sie hierbei die SÄTTIGUNG ❺ auf –30.

Wenn Sie eine Einstellungsebene verwendet haben, reduzieren Sie diese auf eine Hintergrundebene, oder bestätigen Sie den Dialog mit OK, wenn Sie den gewöhnlichen Dialog FARBTON/SÄTTIGUNG verwendet haben.

3 Nach dem Kolorieren

Auch wenn das Kolorieren nicht ganz exakt durchgeführt wird, fällt die nachträglich aufgetragene Farbe bei normaler Betrachtung kaum als Manipulation auf. Das liegt an unserer Farbwahrnehmung, die eine viel schlechtere Auflösung hat als die Helligkeitswahrnehmung.

Abbildung 15.16 ►
Ausgangsbild (links) und Ergebnis (Mitte und rechts)

15.2.5 Schwarzweiße Bitmaps erzeugen

Um aus einfachen eingescannten Strichzeichnungen brauchbare Bitmaps zu erzeugen, sind einige Arbeitsschritte mehr nötig als nur die Konvertierung des Bildes in den BITMAP-Modus. In der Regel erzeugt man aus einfachen Strichzeichnungen Bitmaps, um die so aufbereitete Schwarzweißvorlage auf einem Laserdrucker mit höchster Auflösung auszugeben oder um Logos zu erstellen.

Bitmaps
Zur Erinnerung: Bitmaps sind Bilder mit 1 Bit Farbtiefe. Ein Pixel kann also entweder nur schwarz oder nur weiß sein.

Schritt für Schritt: Perfekte Bitmaps erzeugen

Häufig ist bei einem eingescannten Bild das Weiß nicht hundertprozentig weiß (jeder RGB-Kanal müsste den Wert 255 haben) und das Schwarz nicht vollkommen schwarz. Das soll in diesem Workshop geändert werden.

Kapitel_15: Portrait.jpg

1 Tonwertkorrektur

Laden Sie zunächst das Beispielbild »Portrait.jpg« von der DVD in den Fotoeditor. Verwenden Sie das Werkzeug zur Tonwertkorrektur mit [Strg]/[cmd]+[L]. Schieben Sie den schwarzen Schieberegler ❻ nach rechts auf den Wert 70, bis die Tiefen intensiv schwarz erscheinen. Den weißen Schieberegler ❼ stellen Sie auf den Wert 200. Das Weiß im Bild wird dabei deutlich reiner. Ziel der TONWERTKORREKTUR ist es, dem Bild möglichst viele Graustufen zu entziehen. Bestätigen Sie den Vorgang mit OK.

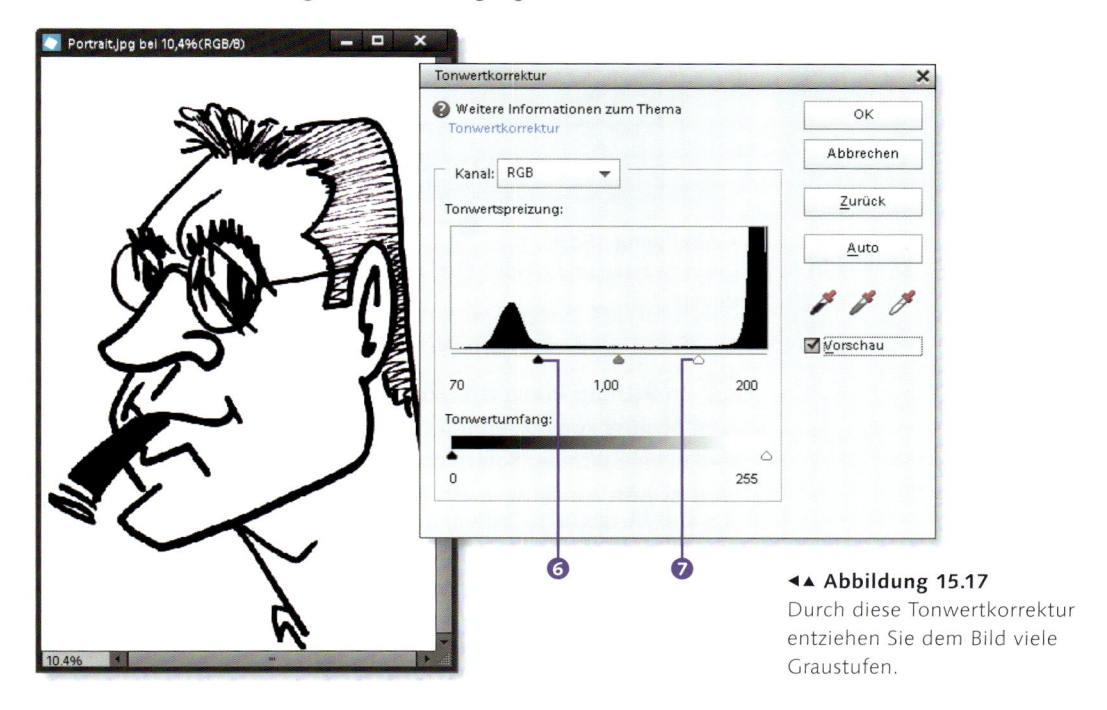

◂▴ **Abbildung 15.17**
Durch diese Tonwertkorrektur entziehen Sie dem Bild viele Graustufen.

Kapitel 16   Farbverfremdung

Sie über Überarbeiten • Farbe anpassen • Farbton/Sättigung anpassen (oder [Strg]/[cmd]+[U]) auf oder legen ihn als Einstellungsebene an.

Um mit dem Dialog Farbton/Sättigung zu arbeiten, aktivieren Sie rechts unten die Option Färben ❶. Nun stellen Sie mit dem Schieberegler Farbton die gewünschte Färbung ein. Die anderen beiden Regler haben auch hier die bereits bekannte Funktionalität. Mit Sättigung steigern oder reduzieren Sie die Farbsättigung. Mit Helligkeit färben Sie das Bild heller oder dunkler.

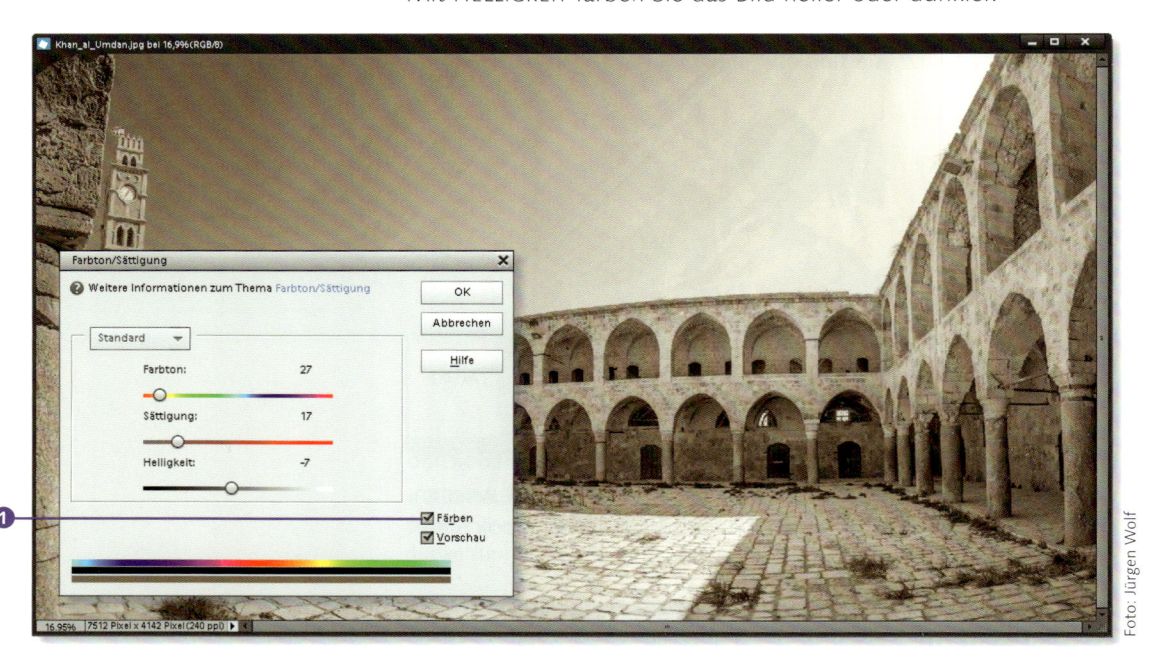

▲ **Abbildung 16.3**
Zum Einfärben von Graustufenbildern müssen Sie auf jeden Fall die Option Färben aktivieren.

Top-Tipp
Wollen Sie die Farbe zum Tonen für das Bild genauer einstellen, können Sie, bevor Sie den Dialog Farbton/Sättigung aufrufen, eine Vordergrundfarbe im Farbwahlbereich einstellen. Diese wird dann, wenn Sie den Dialog aufrufen und die Option Färben ❶ aktivieren, gleich als Farbe zur Tonung verwendet.

16.1.2   Fotofilter einsetzen

Ebenfalls sehr komfortabel zum Tonen von Bildern ist der Dialog Fotofilter, den Sie entweder über das Menü Filter • Anpassungsfilter • Fotofilter aufrufen oder als Einstellungsebene verwenden. Auch dieser Dialog ist einfach zu handhaben: Die gewünschte Farbe zum Tonen wählen Sie entweder mit der Option Filter ❷ aus den vordefinierten Farben über die Dropdown-Liste oder manuell mit dem Farbwähler über der Option Farbe ❸. Wie stark die Tonung aufgetragen werden soll, geben Sie mit Dichte ❹ an. Je höher der Wert, desto stärker wird die Farbtonung. Wol-

16.1 Bilder tonen

len Sie die ursprüngliche Helligkeit erhalten, lassen Sie die Option LUMINANZ ERHALTEN ❺ aktiviert.

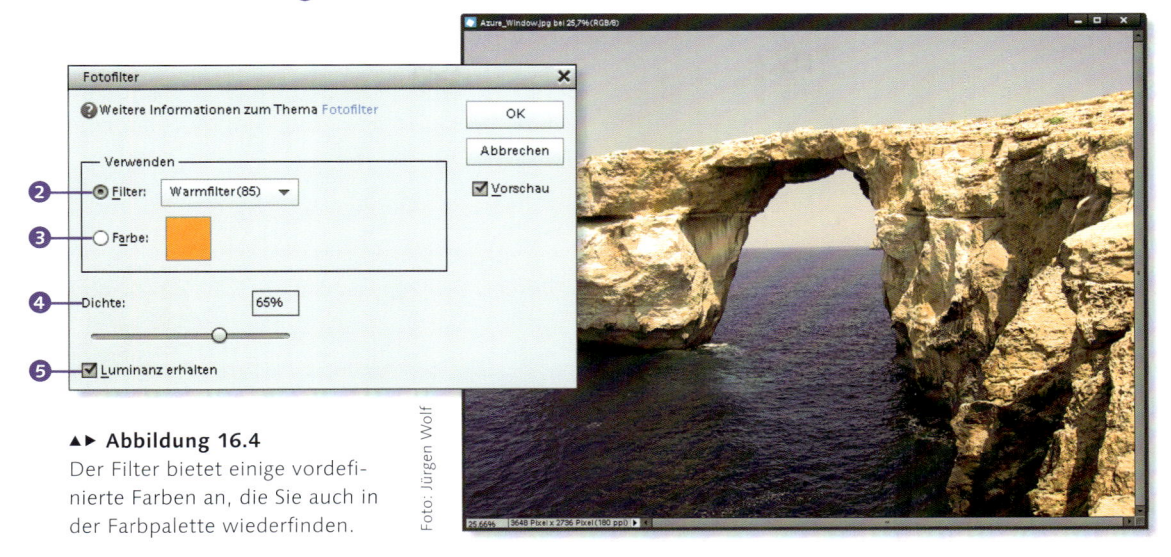

▲▶ Abbildung 16.4
Der Filter bietet einige vordefinierte Farben an, die Sie auch in der Farbpalette wiederfinden.

Neben dem Tonen von Schwarzweißbildern werden die Fotofilter auch gerne eingesetzt, um die Stimmung, Tageszeit oder Temperatur von Bildern zu verändern. Damit kann ein verregneter Tag plötzlich warm wirken oder ein warmes Bild auf einmal kalt.

Einstellungsebenen verwenden

Fast alle Farbverfremdungen sind sowohl über das Menü FILTER • ANPASSUNGSFILTER als auch als Einstellungsebenen einsetzbar. In der Regel würde ich Ihnen zu Einstellungsebenen raten, da Sie mit diesen zusätzlich den MODUS (Füllmethode der Ebene) und die DECKKRAFT einstellen können.

▲ Abbildung 16.5
Viermal das gleiche Bild zur Demonstration mit verschiedenen Fotofiltern und somit verschiedenen Stimmungen. Links oben habe ich WARMFILTER (LBA) verwendet. Rechts daneben kam der KALTFILTER (LBB) zum Einsatz. Links unten habe ich ROT benutzt, und rechts daneben finden Sie das Original.

16.1.3 Tonen über die Tonwertkorrektur

Eine etwas ungewöhnlichere, aber ebenfalls sehr gute Möglichkeit zum Tonen von Bildern ist die Tonwertkorrektur, die Sie über das Menü Überarbeiten • Beleuchtung anpassen • Tonwertkorrektur aufrufen (oder mit der Tastenkombination [Strg]/[cmd]+[L]). Alternativ können Sie auch eine Einstellungsebene Tonwertkorrektur verwenden.

Wählen Sie im Dialog zur Tonwertkorrektur unter Kanal ❶ einen Farbkanal zur Bearbeitung aus (im Beispiel ist es der rote Farbkanal). Nun stellen Sie mit dem mittleren Schieberegler ❷ die gewünschte Farbe ein. Um die Farben zu mischen, wiederholen Sie diesen Vorgang einfach mit einem anderen Farbkanal.

▼ **Abbildung 16.6**
Auch die Tonwertkorrektur ist sehr gut zum Tonen von Bildern geeignet, weil sich hiermit alle Bildbereiche gleichmäßig entsprechend ihrer Helligkeit einfärben lassen.

16.2 Bilder mit Verlaufsfarben tonen

Anstelle von einfachen Farben können Sie auch einen Verlauf zum Tonen nutzen. Hierzu bietet Photoshop Elements den Dialog Verlaufsumsetzung über den Menüpunkt Filter • Anpassungsfilter • Verlaufsumsetzung an. Alternativ legen Sie hierfür eine Einstellungsebene über das Ebenen-Bedienfeld an.

Die Farbe, die sich links im Balken der Verlaufsumsetzung befindet, ersetzt die Tonwerte, die auch links im Histogramm angezeigt werden (also die dunkleren Farben). Die Farben rechts werden folglich durch jene Farben ersetzt, die sich rechts im Histogramm befinden (also die helleren Farben). Der Übergang der

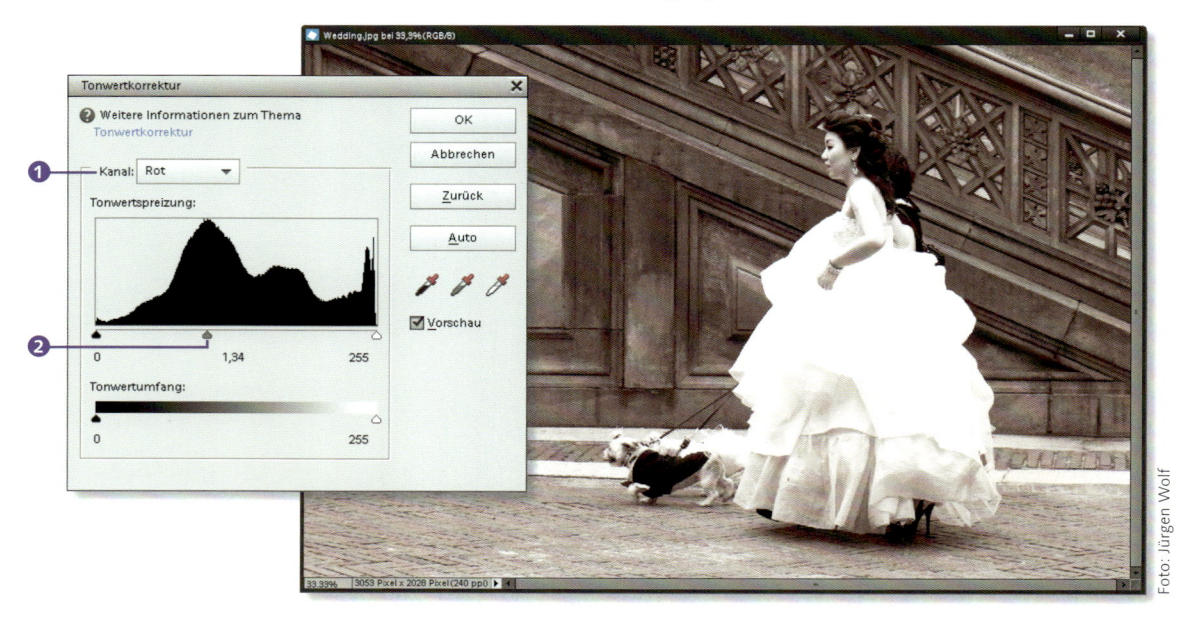

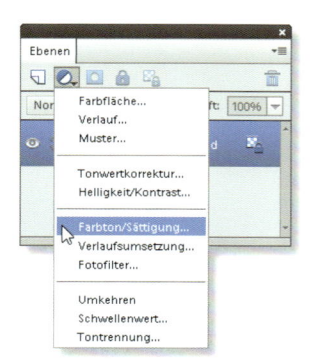

▲ **Abbildung 16.7**
Verlaufsumsetzung als Einstellungsebene

Verlaufsumsetzung wird somit von links nach rechts durch den Verlauf des Histogramms ersetzt.

Mit einem Klick auf das kleine Dreieck ❸ auf der rechten Seite des Balkens öffnen Sie ein Menü, in dem Sie weitere Verläufe auswählen können. Wenn Sie auf den Verlauf klicken, können Sie ihn nachträglich bearbeiten.

Verläufe bearbeiten
Wie Sie Verläufe bearbeiten und nachträglich ändern, habe ich im Abschnitt »Eigene Verläufe erstellen« auf Seite 413 beschrieben.

◄ **Abbildung 16.8**
Der Dialog zur VERLAUFSUMSETZUNG

Mit der Option DITHER fügen Sie ein Störungsmuster in den Verlauf ein. Mit UMKEHREN kehren Sie den Verlauf um und erzeugen so eine Art »Negativ« vom üblichen Verlauf.

◄ **Abbildung 16.9**
Links das Originalbild, in der Mitte eine normale VERLAUFSUMSETZUNG und rechts der Negativeffekt mit der Option UMKEHREN

16.3 Tontrennung

Eine andere Art der Tonung zur künstlerischen Gestaltung ist die Tontrennung als Vorstufe zum Hoch- oder Siebdruck. Die TONTRENNUNG rufen Sie über das Menü FILTER • ANPASSUNGSFILTER • TONTRENNUNG auf. Alternativ steht Ihnen hierzu auch eine Einstellungsebene zur Verfügung.

Eine solche Tontrennung wird durchgeführt, indem die Anzahl der Tonwertstufen bzw. Helligkeitswerte in allen Kanälen des Bildes reduziert wird. Die Anzahl der Stufen geben Sie im entsprechenden Dialog an. Die Anzahl der noch vorhandenen Farben ergibt sich dann aus der Anzahl der Stufen multipliziert mit den

Farbverfremdung mit dem Assistenten
Auch der ASSISTENT bietet ein paar interessante Möglichkeiten an, die Farben von Bildern zu verändern. Tolle Effekte erzielen Sie beispielsweise mit GESÄTTIGTER DIAFILMEFFEKT und dem LOMO-EFFEKT in der Kategorie FOTOEFFEKTE.

drei Kanälen (Rot, Grün, Blau). Im Beispiel wurden zum Beispiel vier Stufen verwendet. In unserem RGB-Bild ergibt dies nach der Tontrennung insgesamt zwölf Farben (4 × 3).

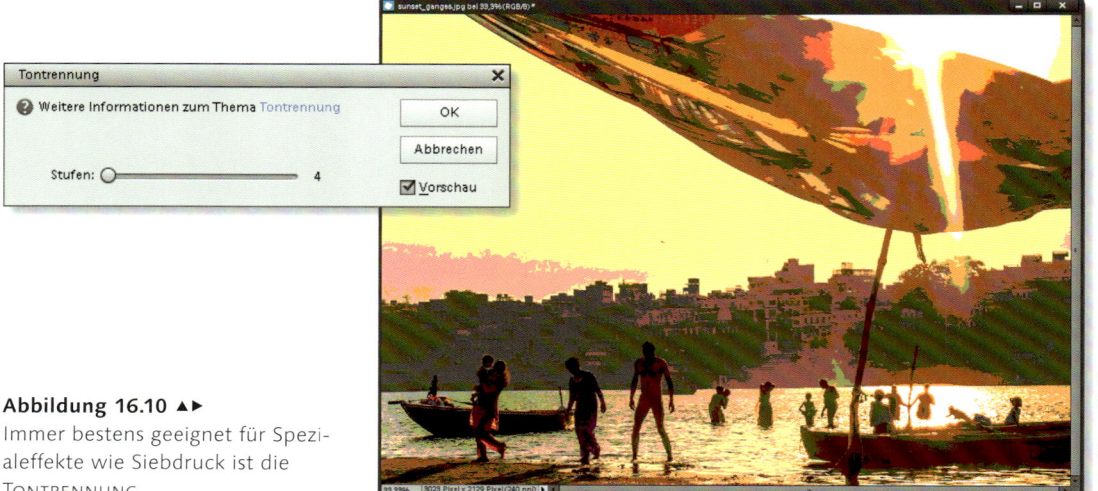

Abbildung 16.10 ▴▸
Immer bestens geeignet für Spezialeffekte wie Siebdruck ist die TONTRENNUNG.

16.4 Umkehren

Mit dem Menüpunkt UMKEHREN erzeugen Sie eine invertierte Bildansicht, die an ein Negativ erinnert. Rufen Sie diese Funktion über das Menü FILTER • ANPASSUNGSFILTER • UMKEHREN (oder [Strg]/[cmd]+[I]) auf, oder legen Sie auch hier wieder eine Einstellungsebene an.

▴ **Abbildung 16.11**
Ein invertiertes Bild

16.5 Farbton verschieben

Über den Dialog Farbton/Sättigung bzw. die gleichnamige Einstellungsebene können Sie die einzelnen Farbtöne über den Farbton-Regler verfremden bzw. manipulieren.

Schritt für Schritt: Farben im Farbumfang verschieben – einen Himmel umfärben

Im folgenden Bild soll eine Farbverschiebung im Himmel erfolgen. Laden Sie das Bild »UthaiThani.jpg« daher von der Buch-DVD in den Fotoeditor.

1 Farbton/Sättigung aufrufen
Legen Sie zunächst eine Einstellungsebene für Farbton/Sättigung an, wie im Abschnitt 10.1.4, »Flexibel arbeiten mit Einstellungsebenen«, auf Seite 304 beschrieben, oder verwenden Sie das Werkzeug für Farbton/Sättigung (Tastenkürzel [Strg]/[cmd]+[U]).

2 Farbton Cyan verschieben
Wählen Sie in der Dropdown-Liste ❶ die Cyantöne aus. Schieben Sie den Regler Farbton ❷ ganz nach rechts auf den Wert +180. Der Himmel sollte nun violett erscheinen. Da die Farbe zu satt ist, ziehen Sie den Regler für die Sättigung ❸ ganz nach links auf −100.

3 Farbton Blau verschieben
Wählen Sie dann die Blautöne ❹ aus. Schieben Sie hier den Regler von Farbton ❺ nach rechts auf den Wert +125. Der Himmel sollte nun rötlich sein. Damit die Farbe leuchtender wird, ziehen Sie den Regler für die Sättigung ❻ nach rechts auf +30.

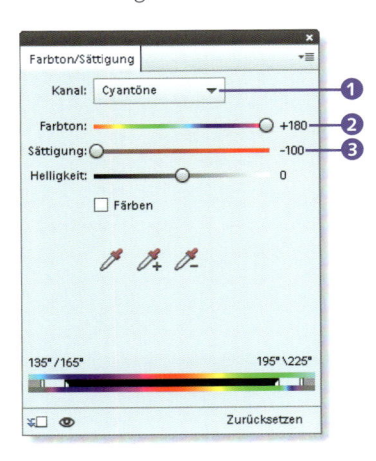

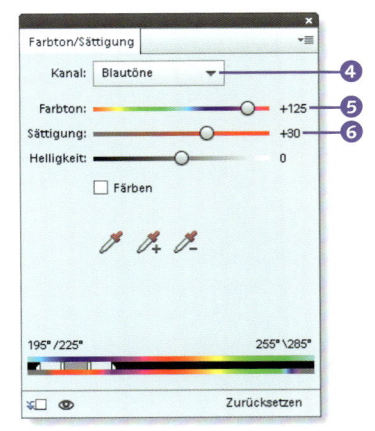

Zum Nachlesen
Der Dialog Farbton/Sättigung bzw. die gleichnamige Einstellungsebene wurde in Abschnitt 12.3, »Farbton und Sättigung anpassen«, beschrieben.

Kapitel_16:
UthaiThani.jpg

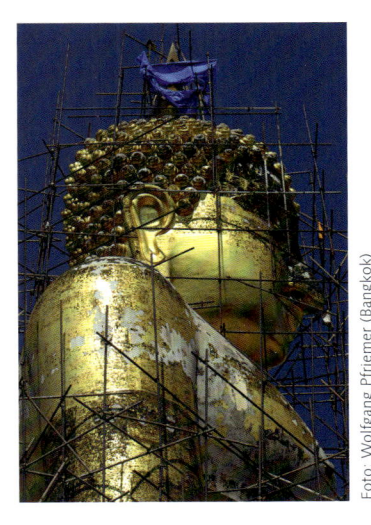

▲ **Abbildung 16.12**
Die Ausgangsdatei

Foto: Wolfgang Pfriemer (Bangkok)

◄◄ **Abbildung 16.13**
Verschieben Sie den Farbton Cyan ...

◄ **Abbildung 16.14**
... und den Farbton Blau.

Kapitel 16 Farbverfremdung

Wenn Sie hierfür (wie im Beispiel) eine Einstellungsebene verwendet haben, müssen Sie nur noch die Ebenen auf die Hintergrundebene reduzieren, beim Dialog klicken Sie auf die Schaltfläche OK.

Auf diese Weise können Sie viele Bildverfremdungen vornehmen und beispielsweise die Augen- oder Haarfarbe einer Person verändern.

Abbildung 16.15 ▶
Eine einfache Bildverfremdung einzelner Farben über FARBTON/ SÄTTIGUNG

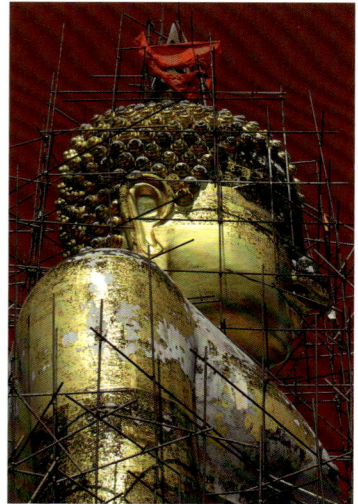

Kapitel_16: Police.jpg

▼ **Abbildung 16.16**
Bei diesem Bild wurde versucht, alle Gelbtöne zu verschieben. Leider wurde hierbei auch das Gesicht der vorderen Peson erfasst, wo sich ebenfalls Gelbtöne befinden.

Einstellungsbereich der Farbton-/Sättigungsregler ändern |
Nicht immer gelingt das Verschieben von Farbtönen so gut wie in unserem Workshop, denn oft werden einfach nicht alle Farbtöne erfasst.

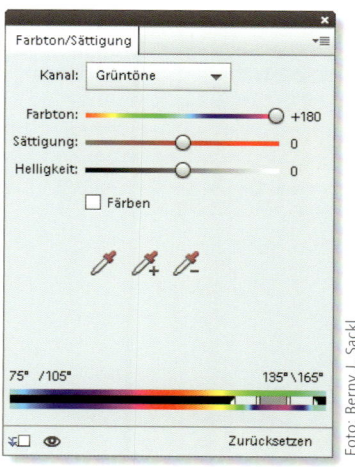

Foto: Berny J. Sackl

438

16.5 Farbton verschieben

Wenn bei einem Bild nicht alle (oder vielleicht auch zu viele) Farbtöne erfasst werden, müssen Sie manuell nachhelfen. Wählen Sie hierzu den Einstellungsbereich der Farbton-/Sättigungsregler unterhalb des Dialogs FARBTON/SÄTTIGUNG. Wichtig ist, dass Sie zuvor einen der Farbkanäle im Dropdown-Menü ausgewählt haben. Der Einstellungsbereich gliedert sich in vier Teile. Über die beiden weißen Dreiecke ❶ stellen Sie die Farbabnahme ohne Auswirkungen auf den Farbbereich ein. Mit den beiden hellgrauen Mittelteilen ❷ können Sie den gesamten Schieberegler verstellen, um einen anderen Farbbereich auszuwählen – ohne Auswirkungen auf die Farbabnahme.

Farbleiste verschieben

Um die komplette Farbleiste des Einstellungsreglers zu verschieben, halten Sie die [Strg]/[cmd]-Taste gedrückt. Dies hat keine Auswirkungen auf das Bild, sondern verschafft Ihnen lediglich einen besseren Überblick, falls die Regler an die Seitenränder oder darüber hinaus »rutschen«.

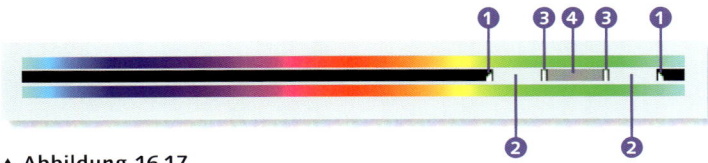

▲ **Abbildung 16.17**
Der Einstellungsregler von FARBTON/SÄTTIGUNG

Mit den vertikalen weißen Leisten ❸ ändern Sie den Bereich der Farbkomponenten. Je größer dieser Bereich ist, desto geringer ist die Farbabnahme. Mit dem dunkelgrauen Mittelteil ❹ können Sie den ganzen Regler verschieben, um einen anderen Farbbereich auszuwählen.

Wenn Sie diese Einstellungsregler so verschieben, dass sie in einen anderen Farbbereich fallen, wird dies mit einem anderen Namen im Dropdown-Menü ❺ angezeigt. Fallen zum Beispiel GRÜNTÖNE beim Verschieben der Regler in den gelben Bereich, so ändert sich der Name in GELBTÖNE 2. Hiermit können Sie bis zu sechs Varianten eines Farbereichs konvertieren.

Breite des Farbbereichs

Standardmäßig hat beim Auswählen eines Farbtons der Farbbereich eine Breite von 30° und nimmt auch an beiden Seiten um 30° ab. Diesen Wert können Sie direkt über den Einstellungsreglern ❻ ablesen.

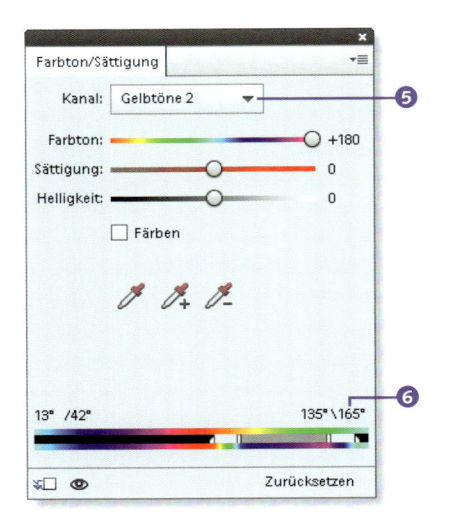

◀ **Abbildung 16.18**
Hier habe ich die Einstellungsregler von GRÜNTÖNE so verschoben, dass diese in den gelben Farbbereich gefallen sind, wodurch sich der Name in GELBTÖNE 2 geändert hat.

Kapitel 16 Farbverfremdung

Schnellzugriff

Um einen Farbbereich zu erweitern, können Sie auch bei ausgewählter Pipette ❶ (ohne Plus- oder Minussymbol) ⇧ gedrückt halten. Analog dazu verkleinern Sie einen Bereich mit der Taste Alt.

Wem das Verschieben mit den Reglern zu komplex ist, der kann den Farbbereich auch mit der Pipette auswählen, die sich ebenfalls in dem Dialog befindet. Wollen Sie dem Farbbereich zum Beispiel weitere Grüntöne hinzufügen, wählen Sie die Pipette mit dem Plussymbol ❸ aus und klicken im Bild auf die verbliebenen Grüntöne, die dem Farbbereich hinzugefügt werden sollen. Sie können jederzeit wieder ins Bild klicken, um verschiedene Grüntöne hinzuzufügen. Dementsprechend ändern sich nun auch die Einstellungsregler. Umgekehrt können Sie natürlich auch bestimmte Farbtöne mit der Pipette und dem Minussymbol ❷ entfernen, wenn Sie mehr als nötig aufgenommen haben.

Abbildung 16.19 ▶

Erst nachdem der Farbbereich mit den Einstellungsreglern (hier mit der Pipette) geändert wurde, wurden auch alle Grüntöne umgefärbt. Hierbei mussten im Farbbereich auch einige Cyantöne aufgenommen werden. Hier muss allerdings noch angemerkt werden, dass es eher selten so gut funktioniert wie in diesem Bild. In diesem Abschnitt ging es letztendlich nur darum, Ihnen den Einstellungsregler ganz unten von Farbton/Sättigung etwas näher zu erklären.

16.6 Farben ersetzen

Wem der Dialog FARBTON/SÄTTIGUNG zum Verfremden oder Ersetzen von Farben nicht ausreicht, der sollte sich den Dialog FARBE ERSETZEN ansehen, der unter ÜBERARBEITEN • FARBE ANPASSEN • FARBE ERSETZEN zu finden ist. Die folgende einfache Schritt-für-Schritt-Anleitung bringt Ihnen diesen Dialog etwas näher.

Schritt für Schritt: Farbe auswechseln

Kapitel_16: hups.jpg

Bei dem folgenden lustigen Bild wollen wir die grüne Farbe durch eine andere Farbe austauschen, ohne dass die Manipulation auffällt.

16.6 Farben ersetzen

◀ **Abbildung 16.20**
Die grüne Farbe soll ausgetauscht werden.

1 Dialog »Farbe ersetzen« aufrufen

Wenn Sie »hups.jpg« in den Fotoeditor geladen haben, rufen Sie den Dialog über Überarbeiten • Farbe anpassen • Farbe ersetzen auf. In der Mitte des Dialogs finden Sie eine schwarze Maskenansicht ❹. Sollte hier das komplette farbige Bild angezeigt werden, befindet sich die Miniaturvorschau im Modus Bild. Schalten Sie den Modus über die Schaltfläche auf Auswahl ❺.

2 Die zu verändernde Farbe auswählen

Aktivieren Sie nun die linke Pipette ❼, und wählen Sie damit im Bild ❻ die Farbe aus, die Sie verändern wollen (hier die grüne Farbe). Es ändert sich sodann die Maskenansicht ❽ im Dialog. Die weißen Stellen in der Maskenansicht stehen für die Pixel, die für eine Farbveränderung ausgewählt sind; die schwarzen Pixel bleiben unangetastet.

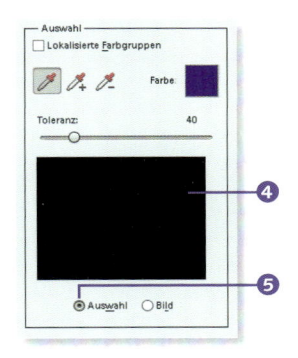

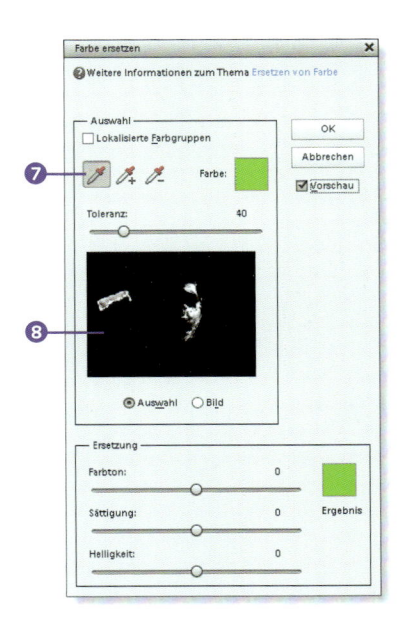

▲ **Abbildung 16.21**
Farbe ersetzen

▲▶ **Abbildung 16.22**
In der Maskenansicht zeigen weiße Bereiche die aufgenommenen Stellen im Bild an.

Kapitel 16 Farbverfremdung

Rückgängig machen

Den letzten Schritt in der Maskenansicht können Sie mit Strg/cmd+Z rückgängig machen. Mit gedrückter Alt-Taste verwandeln Sie die Schaltfläche ABBRECHEN in einen ZURÜCK-Button, mit dem Sie die Maskenansicht komplett zurücksetzen können.

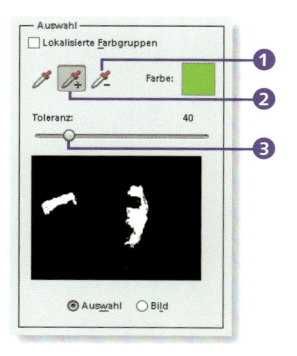

▲ **Abbildung 16.23**
Verfeinern Sie die Auswahl mithilfe der Pipetten und des Toleranzwertes.

Abbildung 16.24 ▶
Nach einem Durchgang mit dem Dialog FARBE ERSETZEN kann sich das Ergebnis schon sehen lassen.

3 Toleranz einstellen

Über den Schieberegler TOLERANZ ❸ stellen Sie die Toleranz zum Auswählen der Pixel ein. Je höher dieser Toleranzwert ist, desto mehr Pixel werden ausgewählt.

Meist ist es deshalb besser, zum Hinzufügen weiterer Farben die Pipette ❷ zu verwenden. Klicken Sie mit der Pipette in das Bild, um weitere Farbbereiche in die Auswahl aufzunehmen.

Haben Sie versehentlich Farben eingefangen, die Sie gar nicht auswählen wollten, so entfernen Sie sie mit der Pipette ganz rechts ❶. Zum Schluss sollten Sie nochmals ein Feintuning mit dem Schieberegler TOLERANZ versuchen.

4 Farbe ersetzen

Wenn Sie die Farbe im Bild wie gewünscht aufgenommen haben, können Sie die Farben ersetzen. Im Beispiel habe ich den Schieberegler FARBTON zur Verfremdung auf den Wert −110 gesetzt. Damit die neue Farbe im Bild jetzt nicht zu knallig und somit unecht wirkt, habe ich die SÄTTIGUNG auf −40 reduziert. Zum Schluss habe ich vorsichtig die TOLERANZ nochmals angepasst, damit die Manipulation nicht auffällt. Bestätigen Sie den Dialog mit OK.

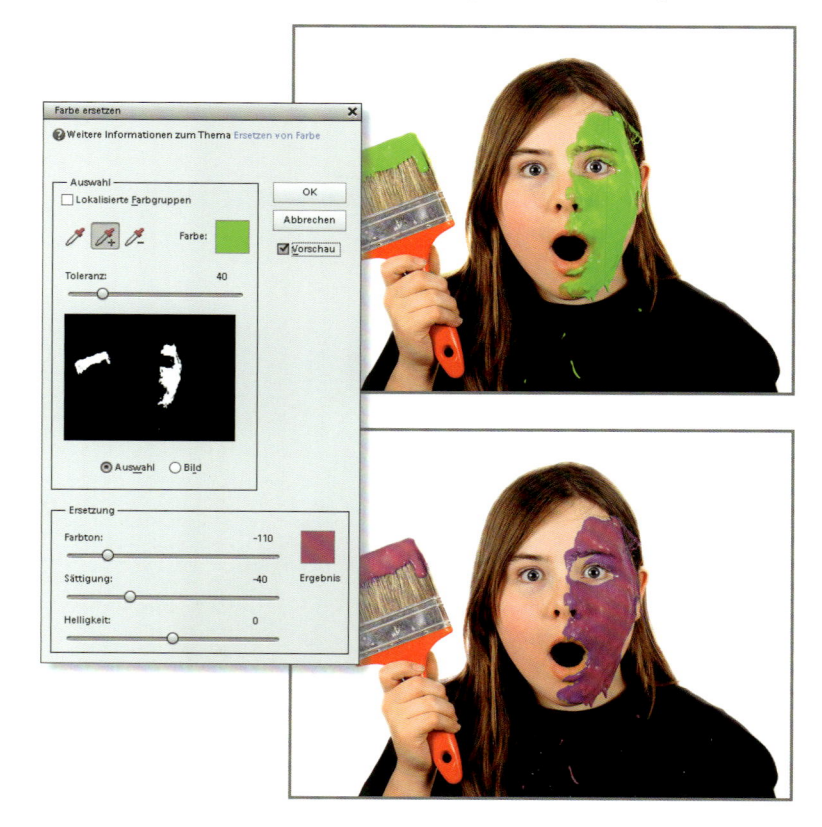

Wenn Sie mit dem Ergebnis noch nicht ganz zufrieden sind, können Sie jederzeit erneut den Dialog FARBE ERSETZEN für die Problembereiche verwenden.

16.7 Photomerge-Stil-Übereinstimmung

Ein interessantes Freestyle-Werkzeug für kreative Zwecke ist die PHOTOMERGE-STIL-ÜBEREINSTIMMUNG. Aufrufen können Sie dieses Werkzeug sowohl aus dem Fotoeditor als auch aus dem Organizer heraus über ÜBERARBEITEN • PHOTOMERGE. Neben der Möglichkeit, ein Bild mit dem Stil eines anderen Bildes anzupassen, eignet sich das Werkzeug auch hervorragend, um Schwarzweißbilder zu erstellen. Um die einzelnen Funktionen des Werkzeugs näher kennenzulernen, folgen Sie dieser Schritt-für-Schritt-Anleitung.

Schritt für Schritt: Photomerge-Stil-Übereinstimmung verwenden

1 Bild öffnen
Öffnen Sie zunächst das Bild, das einen neuen Look bekommen soll. Im Beispiel soll das Bild »indian_women.jpg« von der Buch-DVD verwendet werden.

Kapitel_16:
indian_women.jpg

2 Photomerge-Stil-Übereinstimmung aufrufen
Rufen Sie ÜBERARBEITEN • PHOTOMERGE • PHOTOMERGE-STIL-ÜBEREINSTIMMUNG auf. Jetzt finden Sie das Bild in der Funktion PHOTOMERGE-STIL-ÜBEREINSTIMMUNG auf der rechten Seite ❶ wieder.

▼ **Abbildung 16.25**
Das Bild wurde in PHOTOMERGE-STIL-ÜBEREINSTIMMUNG geladen.

Falls Sie mehrere Bilder geöffnet haben und das gewünschte Bild nicht angezeigt wird, klicken Sie unten auf die Schaltfläche Fotobereich ❷, und wählen Sie das Bild aus, welches mit der Stil-Übereinstimmung auf der Nachher-Seite ❶ verwendet werden soll. Zu den einzelnen Stilen zurück wechseln Sie wieder über die Schaltlfäche Stilbereich ❸.

3 Bild zur Stil-Übereinstimmung auswählen

Mit aktiviertem Stilbereich ❸ wählen Sie aus den vordefinierten Stilbildern ❺ ein Bild aus, das Sie zur Stil-Übereinstimmung für das eben geladene Bild verwenden wollen. Entweder doppelklicken Sie auf das entsprechende Stilbild, oder ziehen Sie es mit gedrückt gehaltener linker Maustaste auf die linke Seite, und lassen Sie es über Stilbild hierher ziehen ❹ fallen. Hierbei können Sie jederzeit ein anderes Bild zur Stil-Übereinstimmung verwenden, wenn Ihnen das Ergebnis nicht zusagt. Sobald Sie ein Bild zur Stil-Übereinstimmung ausgewählt haben, ändert sich auch das Zielbild auf der rechten Seite entsprechend.

Abbildung 16.26 ▼
Wählen Sie das Stilbild aus, mit dem Sie das geladene Bild verändern wollen.

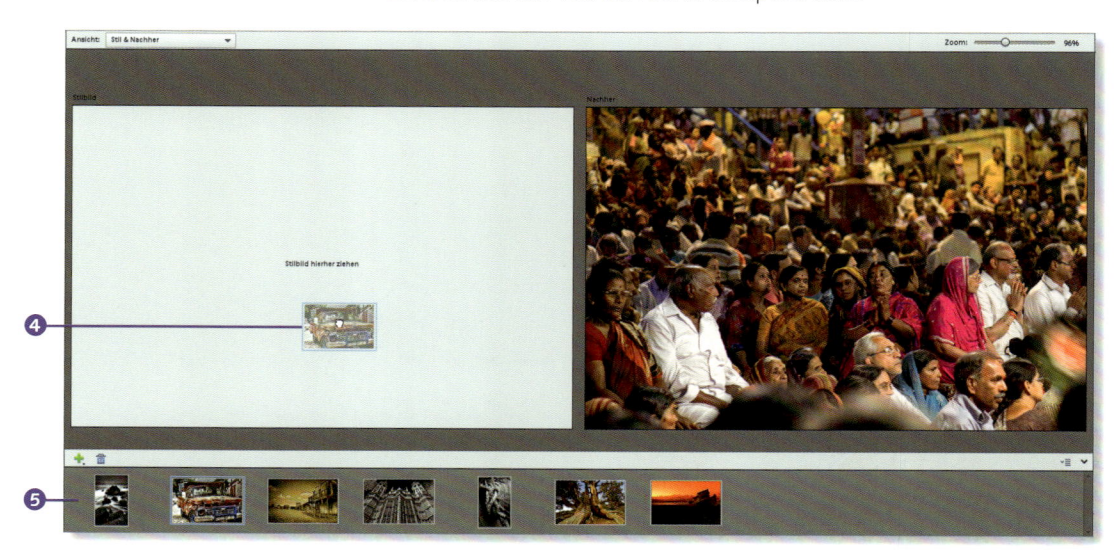

4 Stil-Übereinstimmung anpassen

Wenn Sie ein Bild zur Stil-Übereinstimmung ausgewählt haben, finden Sie auf der rechten Seite einige Einstellungen, um diesen Stil anzupassen. Wie kräftig Sie die Stil-Übereinstimmung vom Quellbild auf das Zielbild anwenden wollen, geben Sie mit dem Regler Intens(ität) ❼ an (was letztendlich die Deckkraft der Ebene darstellt). Die Schärfe des Stils stellen Sie mit dem Regler Klarheit ❽ ein. Ziehen Sie hier den Regler nach links, wird

16.7 Photomerge-Stil-Übereinstimmung

der Stil eher weich angewendet, und ziehen Sie den Regler nach rechts, erscheint der Stil etwas härter, was aber ein Bildrauschen hervorrufen kann. Mit dem dritten Regler, DETAILS ❾, lässt sich der Kontrast des Stils verstärken (Regler nach rechts) oder abschwächen (Regler nach links). Über die Dropdown-Liste ANSICHT ❻ schalten Sie zu einer VORHER-NACHHER-Ansicht um.

▼ **Abbildung 16.27**
Einstellungen der Stil-Übereinstimmung vornehmen und in der VORHER-NACHHER-Ansicht vergleichen

5 Stil radieren oder aufmalen

Mit den beiden Malwerkzeugen Stil-Radiergummi ❿ und Stil-Malwerkzeug ⓫ können Sie jederzeit im Zielbild bei einzelnen Bildbereichen den Stil wegradieren und wieder hinzumalen.

Damit die Kanten mit den Malwerkzeugen nicht so auffallen, können Sie sie mit dem Regler KONTURKANTEN WEICHZEICHNEN ⓭ einstellen. Je weiter Sie den Regler nach rechts ziehen, desto mehr wird die Verwendung des Stil-Radiergummis oder Stil-Malwerkzeugs weichgezeichnet. Die Pinselgröße und die DECKKRAFT stellen Sie über die entsprechenden Schieberegler ⓬ ein. Intern wird hierfür übrigens eine Ebenenmaske verwendet (siehe Kapitel 28).

▼ **Abbildung 16.28**
Mit den Malwerkzeugen können Sie zusätzlich Bildbereiche der Stilübertragung entfernen oder wieder auftragen.

6 Tonwerte übertragen

Wollen Sie die Farben vom Stilbild in das Zielbild übertragen, müssen Sie ein Häkchen vor Tonwerte übertragen ⓮ setzen, womit Sie in der Regel eine Farbverfremdung im Bild erzielen. Sind Sie mit der Stil-Übereinstimmung zufrieden, klicken Sie auf die Schaltfläche Fertig ⓯.

Abbildung 16.29 ▼
Eine Farbverfremdung erreichen Sie, wenn Sie die Tonwerte vom Stilbild übertragen.

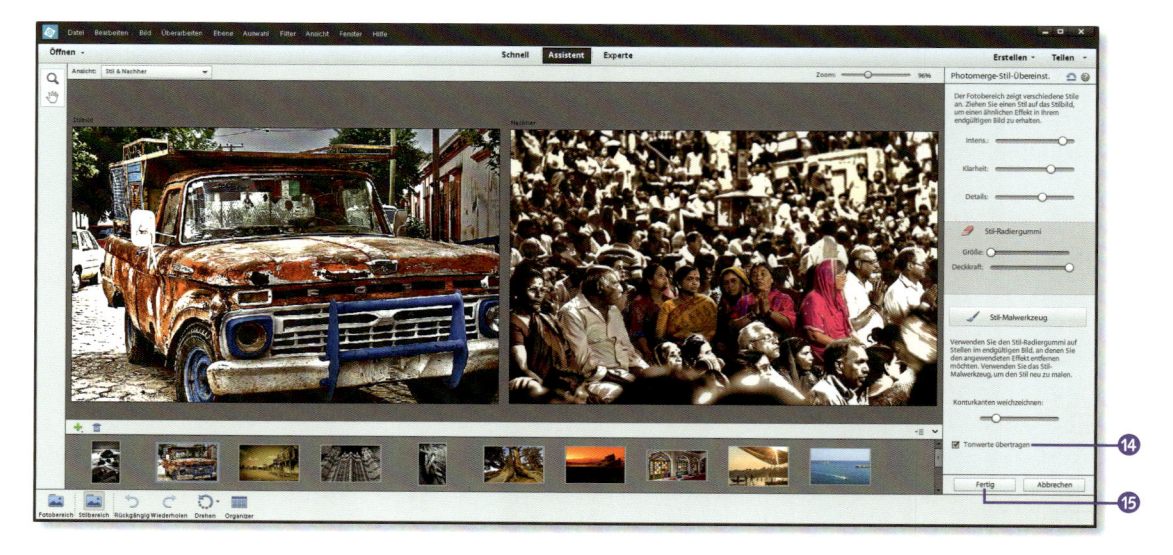

7 Auf eine Ebene reduzieren

Am Ende wird die so erstellte Stil-Übereinstimmung als neue Ebene (gegebenenfalls mit einer Ebenenmaske) über die Originalebene gelegt. Wie Sie mit Ebenen umgehen, erfahren Sie in Teil VIII des Buches. In diesem Fall können Sie im Ebenen-Bedienfeld mit der rechten Maustaste klicken und Auf Hintergrundebene reduzieren auswählen, um ein »fertiges« Bild ohne mehrere Ebenen daraus zu machen.

Abbildung 16.30 ▶
Die Stil-Übereinstimmung wird als neue Ebene (hier mit einer Ebenenmaske) eingefügt.

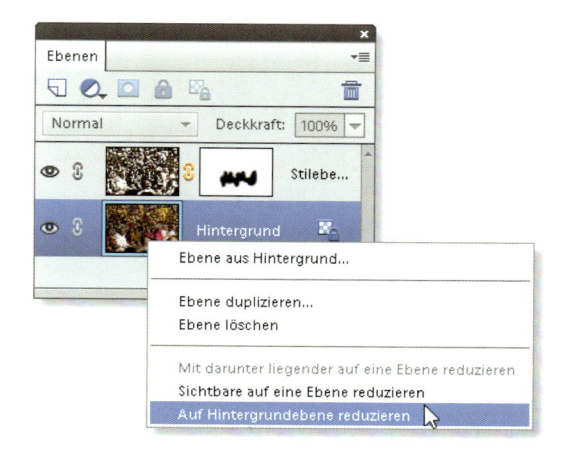

16.7 Photomerge-Stil-Übereinstimmung

8 Bild für Stil-Übereinstimmung laden

Reichen Ihnen die vordefinierten Bilder nicht aus, können Sie über das Plussymbol ❶ im STILBEREICH eigene Stilbilder von der Festplatte oder vom Organizer laden. Dabei können Sie ein beliebiges Foto, eine Grafik oder nur ein Bild mit einem Farbverlauf verwenden. Hierbei lässt sich häufig durch Herumprobieren mit anderen Bildern und den verschiedensten Einstellungen ein ziemlich verblüffender Effekt erzielen. Ebenso können Sie natürlich jederzeit über den Fotobereich ein anderes Bild als Zielbild auswählen. Des Weiteren können Sie natürlich auch Bilder mit mehreren Ebenen mit Stil-Übereinstimmung verwenden.

▼ **Abbildung 16.31**
Hier wurden weitere verschiedene Stilbilder hinzugefügt.

In Abbildung 16.32 finden Sie neben dem Original zwei von unendlich vielen möglichen Beispielen, die mit der PHOTOMERGE-STIL-ÜBEREINSTIMMUNG erstellt wurden.

▲ **Abbildung 16.32**
Einige Beispiele, die mit der Funktion PHOTOMERGE-STIL-ÜBEREINSTIMMUNG erstellt wurden

447

TEIL V
Schärfen und Weichzeichnen

Kapitel 17
Bilder schärfen

Durch Nachschärfen geben Sie vielen Bildern den letzten Schliff. Darüber hinaus können Sie das Nachschärfen auch bei Bildern einsetzen, die skaliert wurden, oder bei Unschärfen, die beim Einscannen entstanden sind.

17.1 Allgemeines zum Thema Schärfen

Bevor wir auf die konkreten Einstellungen zur Schärfeverbesserung in Photoshop Elements 12 eingehen, sollten wir kurz überlegen, wo Unschärfen eigentlich herrühren.

17.1.1 Was ist Schärfe, und wie entsteht sie?

Kameraseitig ist die Schärfe eines Bildes abhängig vom Objektiv, vom Bildsensor und vom Prozessor. Je leistungsfähiger diese Komponenten sind und je besser sie harmonieren, desto bessere Ergebnisse werden Sie erzielen. In der Kamera selbst wird die Schärfe vom Prozessor vor dem Abspeichern des Bildes durch eine Kantenkorrektur und Kontrastanhebung durchgeführt. Zwar kann dieses Nachschärfen bei teureren Digitalkameras abgeschaltet werden, aber bedenken Sie immer, dass ein Nachschärfen am PC nicht dasselbe ist wie das Schärfen der Kamera!

Der Schärfeeindruck beim Betrachten eines Bildes hängt im hohen Maße vom **Kontrast** ab. Je höher die Helligkeitsunterschiede bei feinen Details und Strukturen sind, desto schärfer wirkt das Bild für das Auge. Daher können Sie mit einer einfachen Kontrastanhebung mehr Details ans Licht bringen, die zuvor nicht wahrnehmbar waren.

17.1.2 … und wie macht Photoshop Elements das?

Ein häufiges Missverständnis ist die Vorstellung, dass mit dem Nachschärfen von Bildern Motivdetails hinzugefügt werden. Dies ist nicht der Fall, denn nicht im Bild vorhandene Informationen lassen sich auch durch das Scharfzeichnen nicht herbeizaubern. Insofern ist das nachträgliche Scharfzeichnen am PC nicht mit dem Scharfstellen eines Kameraobjektivs zu vergleichen.

Das Scharfzeichnen von digitalen Fotos ist eine reine Rechenoperation des PCs, bei der benachbarte Pixel miteinander verglichen werden. Wo Pixel mit unterschiedlicher Helligkeit zusammenliegen, erhöht der Schärfefilter den **Kontrast** zwischen den Pixeln – darin liegt sein Geheimnis.

17.2 Fehler beim Schärfen

Kapitel_17: mural_art.jpg

Wenn Sie es mit dem Schärfen übertreiben, kann sich die Qualität des Bildes allerdings auch verschlechtern. Bei überschärften Bildern werden schnell unerwünschte Artefakte mit auffälligem Bildrauschen sichtbar oder ein weißer Saum um die Kontrastgrenzen (*Halo-Effekt*). Dies führt möglicherweise sogar zur falschen Darstellung von Farben, wie auch in den Fotos in Abbildung 17.1 zu sehen ist: Das Bild links oben ist ungeschärft; das Bild rechts oben wurde normal geschärft; das Bild links unten ist überschärft, wodurch unerwünschte Artefakte sichtbar werden; das Bild rechts unten wurde extrem überschärft, was den unerwünschten weißen Saum (Halo) und falsche Farben hervorruft.

Abbildung 17.1 ▼
Verschiedene Schärfestufen im Vergleich

Beim Vergleich dieser Bilder erkennen Sie, dass das nachträgliche Schärfen eine ziemlich anspruchsvolle Arbeit ist. Häufig wird ein Bild überschärft, ohne dass dies gleich auffällt: Die Schärfe lässt sich nämlich erst deutlich beurteilen, wenn die Ansicht des Bildes auf 100 %, 1:1 oder TATSÄCHLICHE PIXEL eingestellt wurde. Stellen Sie daher beim Nachschärfen die Ansicht auf 1:1 oder auf TATSÄCHLICHE PIXEL ein. Glücklicherweise bieten viele Schärfefilter eine 100 %-Vorschau ❶ an.

Wann soll ich überhaupt nachschärfen? | Natürlich gibt es hier keinen ultimativen Königsweg, aber generell kann empfohlen werden, das Schärfen als letzten Arbeitsschritt durchzuführen, weil viele andere Nachbearbeitungen direkt oder indirekt die einzelnen Pixel des Bildes verändern und so die Kanten abgesoftet (weichgezeichnet) werden könnten. Außerdem ergibt es auch wenig Sinn, das Bild erst zu schärfen, um dann beispielsweise Rauschen oder Staub aus einem Bild zu entfernen. Außerdem können Sie am Ende am besten beurteilen, ob das Bild noch eine gewisse Schärfe verträgt.

Vorher-nachher-Vergleich im Buch

Wie bereits erwähnt, sollten Sie ein Nachschärfen immer in der 100 %-Ansicht duchführen. Daher kann es auch sein, das die Vorher-nachher-Vergleiche bei den Abbildungen im Buch nicht so drastisch zu erkennen sind. Ich empfehle Ihnen daher unbedingt, die einzelnen Workshops selbst in der Praxis zu testen.

Alternative: Kontrastanhebung

Es muss allerdings nicht immer nachgeschärft werden. Oft reicht auch »nur« eine Kontrastanhebung aus, wodurch ebenfalls ein verbesserter Schärfeeindruck entsteht. Definitiv nachschärfen sollten Sie allerdings fast immer, wenn Sie ein Bild verkleinern, weil hierbei doch ein gewisser Schärfeverlust entsteht.

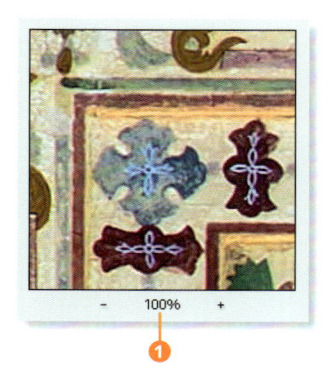

◄ **Abbildung 17.2**
Um die Schärfe am Bildschirm beurteilen zu können, sollten Sie bei der Ansicht der Schärfefilter immer mindestens 100 % verwenden.

17.3 Unscharf maskieren

Der Filter UNSCHARF MASKIEREN (auch häufig USM genannt) ist immer noch die klassische und beliebteste Methode, ein Bild nachzuschärfen. Der Name stammt noch aus analogen Zeiten, als man ein unscharfes Negativ über das Original legte, um den Kontrast zu erhöhen.

Sie rufen den Schärfefilter über das Menü ÜBERARBEITEN • UNSCHARF MASKIEREN auf. Es öffnet sich der Dialog mit drei Faktoren und einem Vorschaubild.

Mit dem ersten Parameter, STÄRKE ❷ (1–500 %), regeln Sie, wie stark der Kontrast zu den benachbarten Pixeln erhöht werden soll, also wie stark nachgeschärft werden soll. In der Praxis

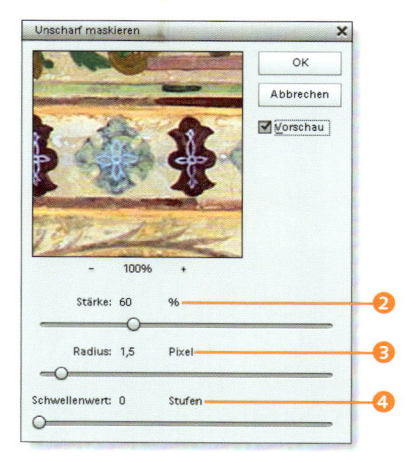

▲ **Abbildung 17.3**
Der Dialog UNSCHARF MASKIEREN und seine Einstellungsmöglichkeiten

dürften Sie mit Werten zwischen 80 % und 200 % akzeptable Ergebnisse erzielen. Wenn Sie höhere Werte verwenden, müssen Sie den Radius ❸ auf einen Wert unter 1 absenken.

Mit dem Radius stellen Sie ein, wie viele Pixel (0,1–250) im Umfeld des zu schärfenden Bereichs bei der Kontrasterhöhung berücksichtigt werden sollen. In der Praxis genügt hier ein Wert von 1–5 Pixeln, höhere Werte machen häufig das Bild kaputt. Mit dem letzten Wert, Schwellenwert ❹ (0–255), geben Sie an, wie viel Helligkeitsunterschied zwischen den Pixeln bestehen muss, damit der Kontrast erhöht wird. Aber Achtung: Je niedriger dieser Wert ist, desto stärker wird geschärft. Erhöhen Sie den Wert, nimmt der Grad der Schärfung ab. Somit werden Bildfehler wie Bildrauschen und Körnungen verringert, die bei zu starkem Schärfen verstärkt werden.

Welche Schärfe wofür? | Die jeweils beste Schärfeeinstellung hängt von verschiedenen Faktoren ab: von der Art des Motivs (Landschaftsaufnahme oder Porträt) ebenso wie vom Zustand des Bildes (sind Körnungen oder Bildrauschen vorhanden, Staub von Scanner usw.?). Auch die Bildauflösung spielt eine entscheidende Rolle: Je niedriger das Bild aufgelöst ist, desto geringer sollten Sie auch den Radius einstellen. Im Folgenden gebe ich Ihnen einige grundsätzliche Anhaltspunkte zur Orientierung. In aller Regel müssen Sie jedoch individuelle Lösungen finden.

17.3.1 Detaillierte Bilder mit guter Schärfe

Bildern mit sehr vielen Details und guter Schärfe geben Sie den letzten Schliff, indem Sie die Stärke etwas erhöhen (100–200), einen kleinen Radius wählen (weniger als 1) und einen mittleren Schwellenwert (1–5). Diese Werte eignen sich auch sehr gut für nachträglich digitalisierte Bilder.

> **Mehrfach schärfen**
>
> In der Praxis hat es sich bewährt, ein Bild mehrfach mit niedrigen Einstellungswerten nachzuschärfen. Hierbei ist das Risiko geringer, ein Bild durch Überschärfen zu verderben.

Kapitel_17: Ornament.jpg

▲ **Abbildung 17.5**
Ein detailreiches Bild mit guter Schärfe

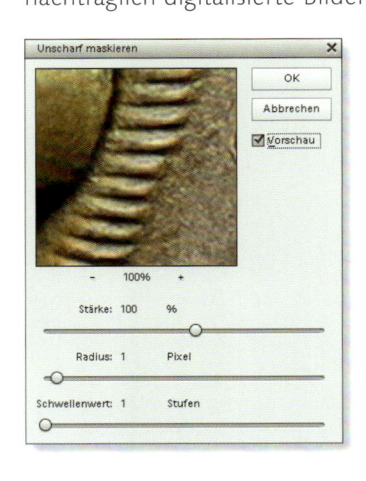

◀ **Abbildung 17.4**
Dem Bild wird mit einer etwas höheren Stärke und geringem Radius der letzte Schliff gegeben.

17.3.2 Bilder mit geringer Schärfe

Bei Bildern mit geringer Schärfe, wie unscharfen Scans, sollten Sie eine höhere STÄRKE (um die 150–200) und einen etwas größeren RADIUS (2–4) verwenden. Abhängig vom Motiv sollten Sie auch einen mittleren SCHWELLENWERT (1–5) wählen, da sich hier schnell das Bild vergröbert.

Kapitel_17:
FlatIronBuilding.jpg

◄ **Abbildung 17.6**
Ein recht unscharfer Scan

◄ **Abbildung 17.7**
Hier wird mit einer höheren STÄRKE und einem höheren RADIUS nachgeholfen. Im Bild treten zwar einige Schärfungsfehler auf, dennoch wirkt das Bild insgesamt besser.

17.3.3 Bilder mit schwachem Kontrast

Bilder mit schwachem Kontrast sind keine »flauen« Bilder, sondern Bilder mit vielen kontrastarmen Flächen. Dazu gehören zum Beispiel Aktfotos oder Porträts, auf denen viel Haut zu sehen ist. Legen Sie bei solchen Bildern ein besonderes Augenmerk auf den SCHWELLENWERT. Meistens werden Sie hier mit Werten bis zu 10 sehr gute Ergebnisse erzielen.

Den RADIUS sollten Sie auch hier nicht zu stark anheben, sondern auf einen Wert von etwa 1–3 einstellen. Auch die STÄRKE belassen Sie auf einem normalen Wert (80–100). Schärfen Sie kontrastarme Bilder zu stark, so werden einzelne, überdeutlich helle Pixel sichtbar. Bei Porträts würde dies dazu führen, dass die Haut stark »gerunzelt« erscheint. Im linken Vorschaubild aus Abbildung 17.8 wurde auf den Schwellenwert verzichtet – hier wirkt die Haut alt und runzlig. Beim rechten Vorschaubild wurde der Schwellenwert um 3 Stufen erhöht – und schon sieht die Haut wieder glatt und jung aus; außerdem wurde das Bild etwas schärfer.

Schwellenwert erhöhen

Es ist häufig nicht sinnvoll, den Schwellenwert zu stark zu erhöhen, weil Sie dann nur wieder die STÄRKE erhöhen müssen, um überhaupt einen Schärfeeffekt zu erkennen. Ein überhöhter Schwellenwert würde nur die zu starken Einstellungen von STÄRKE und RADIUS wieder »ausbügeln«.

Kapitel 17   Bilder schärfen

Abbildung 17.8 ▶
Bei diesen Vorschaubildern des USM-Filters erkennen Sie eindeutig den Effekt des Schwellenwertes.

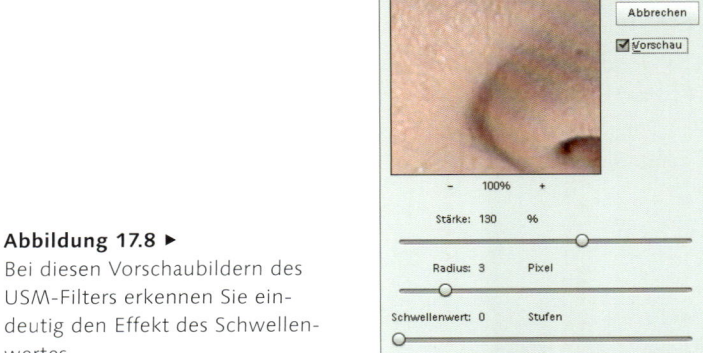

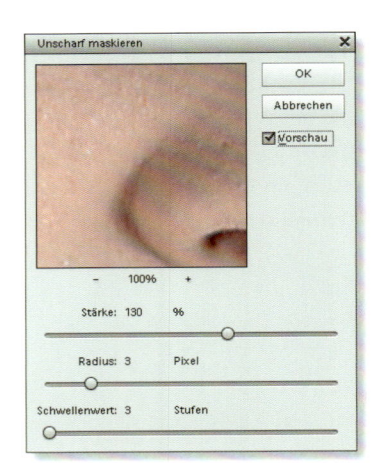

17.4   Schärfe einstellen

Einen weiteren Dialog zum Schärfen von Bildern finden Sie im selben Menü, ÜBERARBEITEN, unter SCHÄRFE EINSTELLEN. Neben den bereits aus Abschnitt 17.3, »Unscharf maskieren«, bekannten Werten wie STÄRKE und RADIUS sehen Sie hier drei weitere Werte, die Sie zum Schärfen verwenden können. Auf den Schwellenwert müssen Sie in diesem Dialog verzichten.

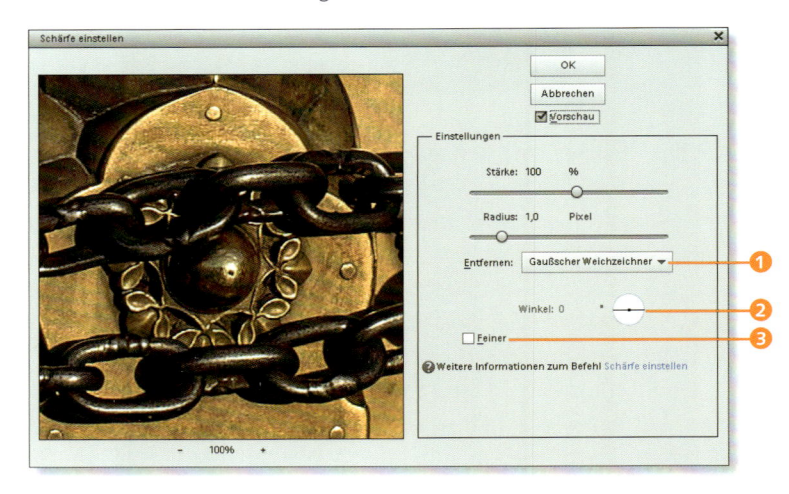

Abbildung 17.9 ▶
Der Dialog SCHÄRFE EINSTELLEN liefert noch mehr Einstellmöglichkeiten als UNSCHARF MASKIEREN. Leider müssen Sie hier auf den Schwellenwert verzichten.

Mit dem nächsten Wert, ENTFERNEN ❶, legen Sie über die Dropdown-Liste den Algorithmus für das Schärfen fest (die interne Berechnung, mit der das Bild bearbeitet werden soll). Zur Auswahl stehen:

▶ GAUSSSCHER WEICHZEICHNER
▶ VERWACKELN
▶ BEWEGUNGSUNSCHÄRFE

456

17.4 Schärfe einstellen

Der GAUSSSCHE WEICHZEICHNER ist dieselbe Methode, die bei UNSCHARF MASKIEREN zum Einsatz kommt. Mit VERWACKELN wird die Struktur mit Kanten und Details etwas feiner nachgeschärft, und mit BEWEGUNGSUNSCHÄRFE reduzieren Sie Unschärfen, die etwa durch Bewegungen der Kamera oder des Motivs während der Aufnahme entstanden sind.

Das Steuerelement WINKEL ❷ wird erst aktiv, wenn Sie bei ENTFERNEN die Methode BEWEGUNGSUNSCHÄRFE ausgewählt haben. Hier legen Sie dann fest, in welcher Richtung Sie die Bewegung der Kamera oder des Motivs ausgleichen wollen. Den gewünschten Wert geben Sie entweder von Hand im Zahlenfeld ein oder indem Sie mit der Maus an den schwarzen Linien des Rädchens drehen. Ein Häkchen vor der letzten Option, FEINER ❸, schadet nie – es aktiviert eine präzisere Scharfzeichnung, die Unschärfen genauer entfernt. Parallel dazu erhöht sich natürlich die Verarbeitungszeit des Schärfens.

Verwacklungen ausgleichen | Sicher haben Sie die Ausführungen zur Methode BEWEGUNGSUNSCHÄRFE bei ENTFERNEN besonders interessiert gelesen. Die Möglichkeit, Verwacklungen auszugleichen, ist tatsächlich in vielen Fällen sehr hilfreich. Gerade wenn das Licht schwächer wird oder die Bewegungen des Motivs schneller sind und Sie kein Stativ dabeihaben, sind Verwacklungen kaum zu vermeiden. So ein Verreißen der Kamera lässt sich mit SCHÄRFE EINSTELLEN recht gut beheben. Aber erwarten Sie von dieser Methode auch keine Wunder – ein gänzlich verwackeltes Bild können Sie damit auch nicht mehr retten.

Kapitel_17:
Verwackelt.jpg

▲ **Abbildung 17.10**
In diesem Beispiel habe ich bei der Methode BEWEGUNGSUNSCHÄRFE die STÄRKE auf 100, den RADIUS auf 15 und den WINKEL auf 10° gesetzt.

▲ **Abbildung 17.11**
Links sehen Sie die Originalfassung und rechts die nachgebesserte Version, die mit der Methode BEWEGUNGSUNSCHÄRFE nachbearbeitet wurde.

Foto: Jürgen Wolf

17.5 Schärfe-Tricks für Profis

Die folgenden Tricks setzen schon einige Kenntnisse beim Umgang mit Ebenen voraus und richten sich daher eher an fortgeschrittene Anwender. Wer sich also lieber zuerst in die Ebenentechnik einarbeiten möchte, schlägt an dieser Stelle in Teil IX des Buches nach. Sie können die folgenden Schritt-für-Schritt-Anleitungen aber auch einfach einmal nachvollziehen: Klicken Sie einfach mit, und lernen Sie am Beispiel, wie die Ebenen Ihnen für das Schärfen von Bildern nützlich sein können.

17.5.1 Schärfen mit Hochpass

Zum Schärfen besonders plastischer Bilder mit vielen Kanten bietet sich der Hochpass-Filter an. Der Vorteil dieser Methode ist, dass durch das Schärfen weniger unerwünschte Artefakte erzeugt werden.

Schritt für Schritt: Schärfen mit Hochpass

Kapitel_17: Chamaeleon.jpg

Eine sehr sanfte und doch effektive Schärfungsmethode bietet der Hochpass-Fiter, der in diesem kurzen Workshop vorgestellt werden soll. Laden Sie dafür das Beispielbild »Chamäleon.jpg« von der Buch-DVD in den Fotoeditor.

1 Ebene duplizieren
Klicken Sie das Bild im Ebenen-Bedienfeld (über FENSTER • EBENEN, falls nicht sichtbar) mit der rechten Maustaste an, und wählen Sie im Kontextmenü EBENE DUPLIZIEREN aus. Daraufhin öffnet sich eine Dialogbox, in der Sie den Namen der neuen Ebene eingeben können. Bestätigen Sie die voreingestellten Angaben mit OK. Nun sollten Sie im Ebenen-Bedienfeld eine zweite Ebene als Kopie der Original-Hintergrundebene sehen.

17.5 Schärfe-Tricks für Profis

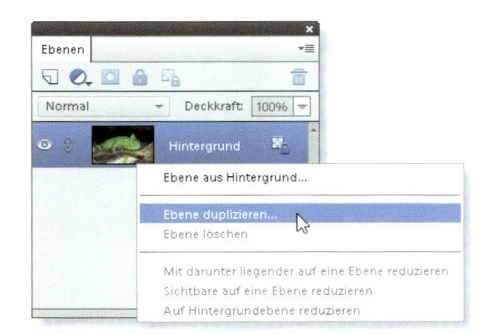

◄ **Abbildung 17.12**
Die Hintergrundebene wird dupliziert.

2 Hochpass-Filter ausführen

Wählen Sie im Ebenen-Bedienfeld die gerade kopierte Ebene ❶ mit einem Mausklick an, um sie zu markieren. Rufen Sie als Nächstes den Hochpass-Filter über das Menü FILTER • SONSTIGE FILTER • HOCHPASS auf. Geben Sie für den RADIUS ❷ des Filters »10« ein, und bestätigen Sie die Eingabe mit OK.

▲ **Abbildung 17.13**
Der Hochpass-Filter erhält die Kantendetails im angegebenen RADIUS, in dem eindeutige Farbübergänge vorhanden sind, und unterdrückt den Rest des Bildes.

3 Farbe entfernen

Entfernen Sie nun noch auf der kopierten Ebene, auf der Sie den Hochpass-Filter angewendet haben, sämtliche Farben. Dazu wählen Sie ÜBERARBEITEN • FARBE ANPASSEN • FARBE ENTFERNEN oder ⇧+Strg/cmd+U.

▲ **Abbildung 17.14**
Blenden Sie die obere Ebene ein und wieder aus, um den Effekt der Füllmethode zu beurteilen.

4   Füllmethode der Ebene ändern

Ändern Sie die Füllmethode ❸ der Ebene entweder auf HARTES LICHT oder WEICHES LICHT. Um den Effekt nun besser zu erkennen, sollten Sie das Bild in die 100 %-Ansicht bringen und das Augensymbol ❹ im Ebenen-Bedienfeld im Wechsel aktivieren und deaktivieren.

5   Ebenen vereinen

Klicken Sie eine der Ebenen im Ebenen-Bedienfeld wieder mit der rechten Maustaste an, und wählen Sie im Kontextmenü AUF HINTERGRUNDEBENE REDUZIEREN. Fertig ist das Hochpass-Schärfen.

▲ **Abbildung 17.15**
Links sehen Sie die Originalfassung des Bildes und rechts das Bild, das mit dem Hochpass-Verfahren geschärft wurde.

17.5.2   Partielle Schärfung

Ebenenmasken
Photoshop Elements bietet seit der neunten Version Ebenenmasken an. Mehr zu den »Ebenenmasken« in Photoshop Elements erfahren Sie in Kapitel 28.

Für Bilder, die nur in Teilen geschärft werden müssen, bietet Photoshop Elements den Scharfzeichner an. Leider ist das Werkzeug nicht immer ideal für diesen Zweck, weil es beim Schärfen verstärkt Artefakte erzeugt. Daher sind auch für die partielle Schärfung Ebenen die erste Wahl – in diesem Fall Ebenenmasken. Den Effekt der partiellen Schärfung könnten Sie noch verstärken, indem Sie eine weichgezeichnete und eine scharfgezeichnete Ebene mit einer Ebenenmaske dazwischen verwenden.

Eine partielle Schärfung eignet sich bei Bildern, bei denen ein weiteres Schärfen zu unschönen Artefakten oder Bildrauschen führen würde. So lassen sich zumindest einzelne Objekte nachschärfen, ohne das komplette Bild zu verschlechtern.

Schritt für Schritt: Einzelne Bildbereiche schärfen

In dem Bild »aarti_ganga.jpg« soll nur die Person im Vordergrund geschärft werden. Der ohnehin schon recht dunkle Hintergrund soll unscharf bleiben, damit die Tiefenwirkung nicht verloren geht und kein unschönes Bildrauschen auftritt.

1   Ebene duplizieren

Nachdem Sie das Bild in den Fotoeditor geladen haben, klicken Sie es im Ebenen-Bedienfeld (über FENSTER • EBENEN, falls nicht sichtbar) mit der rechten Maustaste an, und wählen Sie im Kontextmenü EBENE DUPLIZIEREN aus. Daraufhin öffnet sich eine Dialogbox, in der Sie den Namen der neuen Ebene eingeben können. Belassen Sie die vorgegebenen Angaben, und bestätigen Sie den Dialog mit OK.

Jetzt sollten Sie im Ebenen-Bedienfeld eine zweite Ebene als Kopie der Original-Hintergrundebene sehen.

Kapitel_17: aarti_ganga.jpg

2   Ebene scharfzeichnen

Klicken Sie bei der kopierten Ebene das Augensymbol ❶ an, damit diese Ebene nicht mehr angezeigt wird. Wählen Sie die Hintergrundebene ❷ mit der Maus aus, und rufen Sie ÜBERARBEITEN • UNSCHARF MASKIEREN auf. Schärfen Sie die Ebene mit einer STÄRKE von 100 und einem RADIUS von 3. Bestätigen Sie den Dialog mit OK.

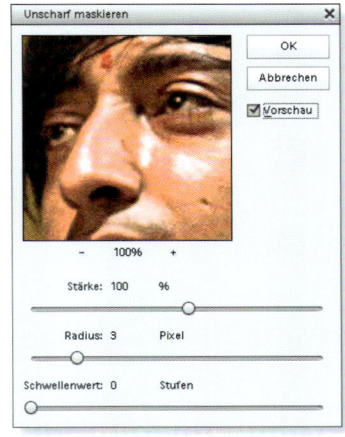

▲ **Abbildung 17.16**
Schärfen Sie die Hintergrundebene.

Klicken Sie wieder auf das Augensymbol ❸ (siehe Abbildung 17.17), damit das Auge und die oberste Ebene wieder angezeigt werden. Die geschärfte Ebene wird nun von der darüberliegenden Kopie des Originals verdeckt.

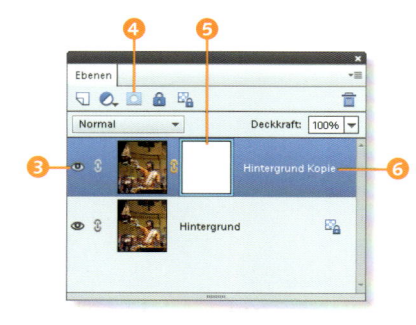

Abbildung 17.17
Hier wurde eine Ebenenmaske angelegt.

3 Ebenenmaske anlegen

Aktivieren Sie erneut die obere (ungeschärfte) Ebene ❻, und legen Sie eine Ebenenmaske an, indem Sie auf das kleine Rechteck mit einem Kreis in der Mitte ❹ klicken. Jetzt finden Sie im Ebenen-Bedienfeld eine weiße Fläche ❺ neben dem Bild vor – die Ebenenmaske.

4 Schärfe aufpinseln

Wählen Sie die Ebenenmaske (also das weiße Feld ❺) im Ebenen-Bedienfeld mit einem Mausklick aus. Stellen Sie Schwarz ❼ als Vordergrundfarbe ein, und wählen Sie das Pinsel-Werkzeug [B] mit einer weichen und ausreichend großen Werkzeugspitze.

Malen Sie mit dem Pinsel-Werkzeug überall dort auf das Bild, wo Sie Bereiche schärfen wollen. Durch die Ebenenmaske und unsere schwarze Vordergrundfarbe wird nun die obere Ebene an diesen Stellen transparent und lässt die Ebene darunter – in unserem Fall also die geschärfte Hintergrundebene – zum Vorschein kommen. Schritt für Schritt werden diese Stellen dadurch scharfgezeichnet, denn die geschärfte Ebene darunter kommt zum Vorschein.

Für detailliertere Bereiche passen Sie die Werkzeugspitze nach Bedarf an und zoomen ins Bild hinein.

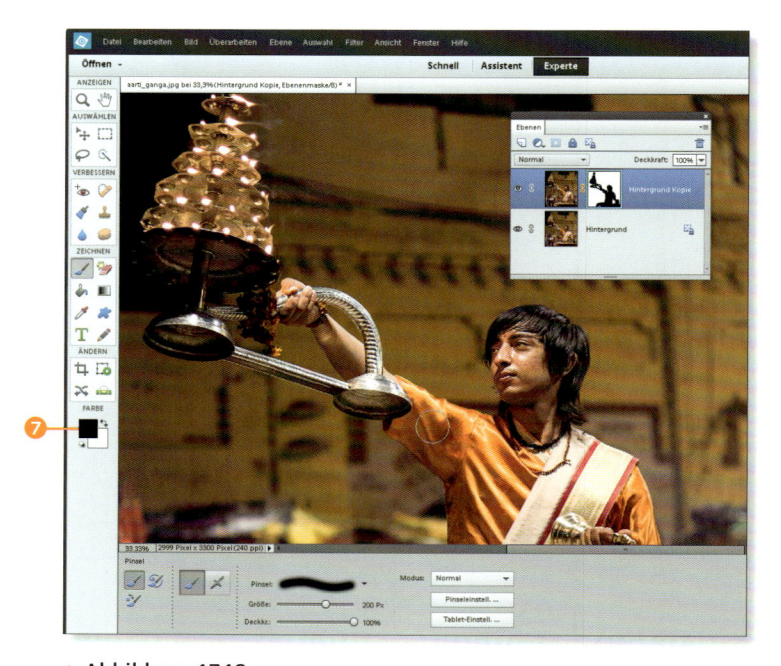

Abbildung 17.18
Mit einer schwarzen Pinselspitze bringen Sie auf der Ebenenmaske die geschärfte Ebene darunter zum Vorschein.

5 Ebenen vereinen

Klicken Sie eine der Ebenen im Ebenen-Bedienfeld mit der rechten Maustaste an, und wählen Sie im Kontextmenü Auf Hintergrundebene reduzieren. Fertig ist die partielle Schärfung.

17.5.3 Tonwertkorrektur

Die einfachste und oftmals übersehene Methode zur Schärfung von Bildern ist die einfache Tonwertkorrektur. Beim folgenden Bild wurde eine einfache Tonwertkorrektur auf den einzelnen Kanälen durchgeführt. Hierbei wurden lediglich die Tiefen und Lichter der Kanäle Rot, Grün und Blau an den Anfang der Histogramm-Berge verschoben. Den Kontrast weiter verstärken können Sie mit den Mitteltönen (mittlerer Schieberegler) oder dem Dialog Helligkeit/Kontrast.

◀ **Abbildung 17.19**
In der rechten Abbildung wurde an der Person eine partielle Schärfung durchgeführt. Hätten Sie hier das gesamte Bild geschärft, wäre beim dunklen Hintergrund ein verstärktes Rauschen aufgetreten.

Schärfen ohne Nachschärfen

Mit der Tonwertkorrektur heben Sie den Kontrast und somit auch den subjektiven Schärfeeindruck an. Der Vorteil dabei ist, dass keine negativen Effekte auftreten können (wie Artefakte, verstärktes Bildrauschen etc.).

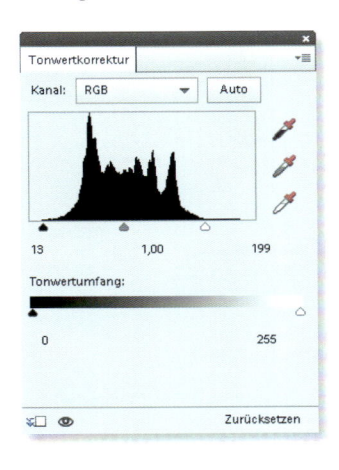

◀ **Abbildung 17.20**
Ein Bild schärfen mit der Tonwertkorrektur

Kapitel 17 Bilder schärfen

Kapitel_17:
Skyline_flau.jpg

▲ Abbildung 17.21
Das linke Bild ist die Originalfassung, welche leider aus einem Hubschrauber mit getönten Scheiben heraus fotografiert wurde. Rechts wurde nur eine einfache TONWERTKORREKTUR durchgeführt. Die Details und die Farben treten viel deutlicher und klarer hervor.

Tipp | Dasselbe können Sie übrigens auch mit ÜBERARBEITEN • FARBE ANPASSEN • FARBKURVEN ANPASSEN erreichen, indem Sie als Stil ❶ KONTRAST ERHÖHEN festlegen. Gegebenenfalls können Sie hierbei noch den Lichter-Schieberegler ❷ ein wenig nach rechts und den Tiefen-Regler ❸ ein wenig nach links ziehen. Dies hängt natürlich immer vom vorhandenen Quellbild ab.

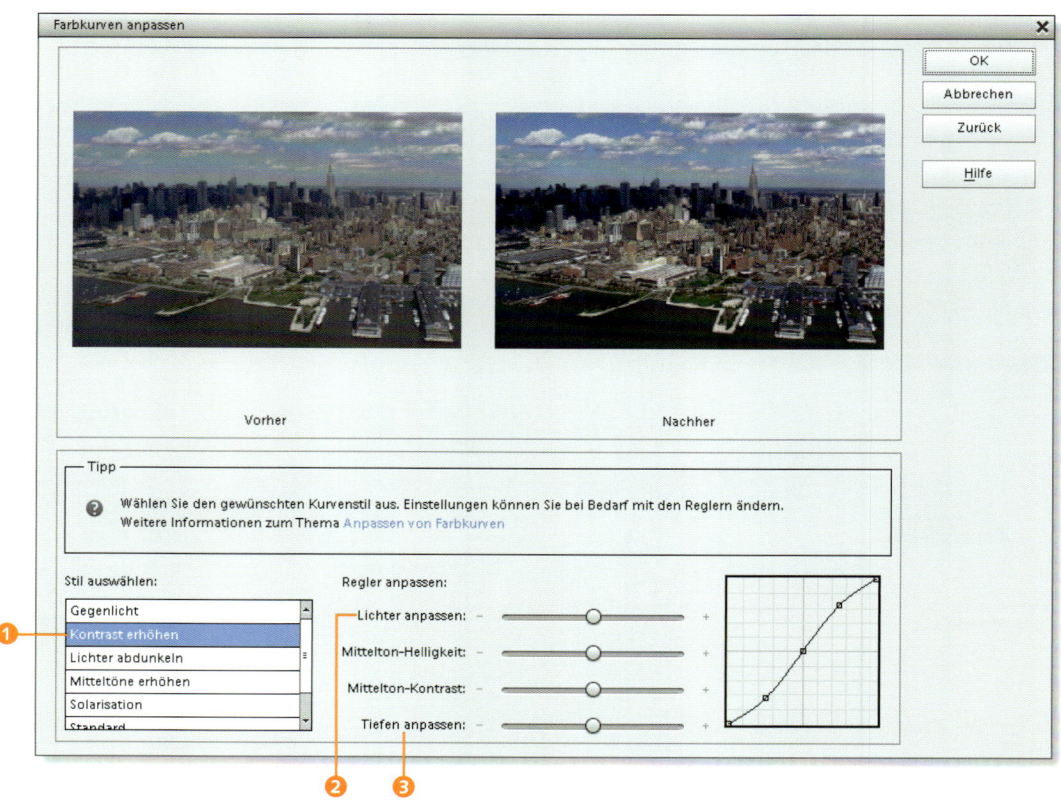

Abbildung 17.22 ▼
Durch die Erhöhung des Kontrasts bekommt das Bild mehr Brillanz und wirkt »schärfer«.

17.6 Der Scharfzeichner

Das Scharfzeichner ®︎ ▲︎ dient vorwiegend dem gezielten Nachschärfen einzelner Bildbereiche. Mit dem Werkzeug können Sie auf den Bildebenen arbeiten, so wie Sie es schon vom Pinsel-Werkzeug her kennen. Sie müssen nur mit gedrückter linker Maustaste die Werkzeugspitze über die Partien des Bildes ziehen, die scharfgezeichnet werden sollen.

Werkzeugoptionen | Die Optionen des Werkzeugs ähneln denen des Pinsel-Werkzeugs. Öffnen Sie das Pinselmenü, indem Sie das Dropdown-Menü von Pinsel anklicken, und wählen Sie die Werkzeugspitze aus. Mit Grösse stellen Sie die Größe der Werkzeugspitze ein. Unter Modus legen Sie fest, wie die aufgetragene Schärfe mit den vorhandenen Pixeln gemischt werden soll. Wie stark geschärft werden soll, bestimmen Sie mit der Option Stärke. Je höher dieser Wert, desto stärker wird geschärft. Der Standardwert von 50 % ist allerdings in den meisten Fällen schon zu stark. Wenn Sie das Häkchen vor Alle Ebenen aufnehmen setzen, so wird das Scharfzeichnen auf alle sichtbaren Ebenen angewendet. Anderenfalls wird nur die aktive Ebene scharfgezeichnet. Um möglichst die Details im Bild beizubehalten, können Sie ein Häkchen vor Details beibehalten setzen, um eine zu starke Pixelung zu minimieren. Natürlich funktioniert das auch nur bis zu einem gewissen Grad.

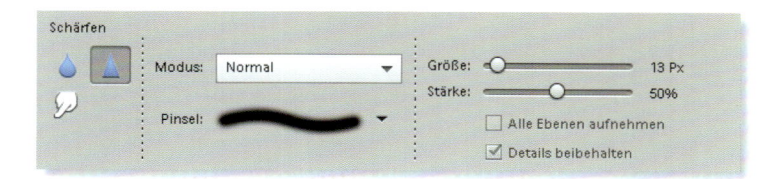

Werkzeug nur bedingt brauchbar

In der Praxis ist vom Einsatz des **Scharfzeichners** im großen Umfang **abzuraten**. Die Gefahr der Überschärfung und Überzeichnung mit diesem Werkzeug ist relativ groß. Verwenden Sie für partielle Schärfungen besser Ebenenmasken (siehe Abschnitt »Partielle Schärfung« auf Seite 460).

◂ **Abbildung 17.23**
Die Optionen des Scharfzeichners

Kapitel 18
Bilder weichzeichnen

Beim Weichzeichnen wird das Bild durch Reduktion der Bildschärfe verändert. Neben den Schärfefiltern gehören die Weichzeichner zu den meistverwendeten Filterarten – und auch hier gibt es mehrere Varianten.

18.1 Automatische Weichzeichner

Im Menü FILTER • WEICHZEICHNUNGSFILTER finden Sie mit DURCHSCHNITT, WEICHZEICHNEN und STARK WEICHZEICHNEN drei Filter, die ganz ohne Dialog und Optionen auskommen. Klicken Sie den gewünschten Filter einfach an, um ihn auf das Bild anzuwenden.

18.2 Gaußscher Weichzeichner

Der wohl populärste Weichzeichner ist der Filter GAUSSSCHER WEICHZEICHNER, den Sie ebenfalls im Menü FILTER • WEICHZEICHNUNGSFILTER finden. Der Name des Filters geht zurück auf Johann Carl Friedrich Gauß und auf die von ihm entdeckte Gaußsche Normalverteilung (eine komplizierte mathematische Berechnung). Der Gaußsche Filter wird gerne verwendet, um bei Bildern eine geringere Schärfentiefe (oder auch »Tiefenschärfe«) zu erzeugen, also weniger Bildteile scharf zu zeigen. Auf diese Weise können Sie den Blick des Betrachters noch stärker auf das Hauptobjekt im Bild lenken.

Schärfentiefe verringern | In der folgenden Anleitung lernen Sie, wie Sie nachträglich bei einem Foto künstlich die Schärfentiefe verringern. Für den Fall, dass Sie dieses Buch chronologisch

Fotografieren mit Schärfentiefe

Um beim Fotografieren die Schärfentiefe zu steuern, müssen Sie wissen, wie weit die Blende geöffnet sein muss, damit das Hauptmotiv scharf gestellt wird und der Hintergrund allmählich verschwimmt. Nicht immer hat man genügend Zeit, die Kamera entsprechend einzustellen. Und so ist die nachträgliche Bearbeitung mit Photoshop Elements eine gute Alternative.

durcharbeiten, weise ich darauf hin, dass in diesem Beispiel mit Ebenen und Ebenenmasken gearbeitet wird, obwohl ich diese Themen erst an späterer Stelle behandele (siehe Kapitel 28).

Schritt für Schritt: Schärfentiefe reduzieren

Kapitel_18: sheikh.jpg

Mit einer Spiegelreflexkamera können Sie die Schärfentiefe direkt bei der Aufnahme regulieren. Kompaktkameras bieten diese Option aber nicht. Deshalb wird hier gezeigt, wie Sie die gewünschte Unschärfe mit Photoshop Elements erzeugen.

1 Ebene duplizieren

Laden Sie das Bild »sheikh.jpg« in den Fotoeditor. Klicken Sie das Bild im Ebenen-Bedienfeld mit der rechten Maustaste an (über Fenster • Ebenen), und wählen Sie Ebene duplizieren aus. Daraufhin öffnet sich eine Dialogbox, in der Sie den Namen der neuen Ebene eingeben können. Bestätigen Sie den Dialog mit den vorgegebenen Angaben mit OK. Sie finden nun im Ebenen-Bedienfeld eine zweite Ebene als Kopie der Original-Hintergrundebene.

2 Ebene weichzeichnen

Wählen Sie die neu kopierte Ebene aus ❶, und öffnen Sie anschließend den Dialog Gaussscher Weichzeichner über Filter • Weichzeichnungsfilter. Stellen Sie den Radius ❷ zum Weichzeichnen über den Schieberegler oder über das Zahleneingabefeld auf den Wert »20«, und bestätigen Sie mit OK.

▲ **Abbildung 18.1**
Die kopierte Ebene wird recht stark weichgezeichnet.

3 Ebenenmaske anlegen

Stellen Sie sicher, dass die obere (weichgezeichnete) Ebene noch aktiviert ist, und legen Sie eine Ebenenmaske an, indem Sie auf das kleine Rechteck mit einem Kreis in der Mitte ❸ klicken. Jetzt

18.2 Gaußscher Weichzeichner

finden Sie im Ebenen-Bedienfeld eine weiße Fläche ❹ neben dem Bild vor – die Ebenenmaske.

❹ Ebene maskieren

Wählen Sie die Ebenenmaske ❹ mit einem Mausklick aus. Stellen Sie mit der Taste ⌈D⌉ Schwarz und Weiß ❺ als Vorder- und Hintergrundfarbe ein. Wählen Sie nun das Pinsel-Werkzeug ⌈B⌉ mit einer weichen und ausreichend großen Werkzeugspitze (im Beispiel wurde eine Größe von 200 Px verwendet). Die exakte Größe hängt natürlich von Ihrem Motiv und von der Bildgröße ab. Fahren Sie mit dem Pinsel um die Statue herum, und das Original-Hintergrundbild darunter kommt zum Vorschein.

Wenn Sie mit dem Pinsel zu weit über den Rand der Statue gemalt haben, so bessern Sie dies aus, indem Sie Weiß als Vordergrundfarbe wählen (zum Beispiel mit ⌈X⌉). Wenn Sie erneut ⌈X⌉ drücken, können Sie mit der schwarzen Farbe fortfahren, bis Sie die komplette Statue in der Ebenenmaske maskiert haben und der Teil des Bildes scharf dargestellt wird.

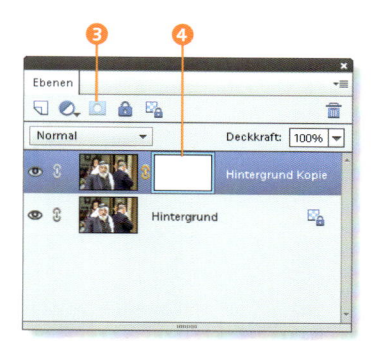

▲ **Abbildung 18.2**
Eine Ebenenmaske wurde angelegt.

Tipp
Zeichnen Sie am besten zuerst die Ränder des Objekts nach. Verwenden Sie dann für den Rest eine größere Pinselspitze.

▲ **Abbildung 18.3**
Über die Ebenenmaske erzeugen Sie eine künstlich reduzierte Schärfentiefe im hinteren Bereich des Bildes.

Kapitel 18 Bilder weichzeichnen

5 Ebenen vereinen

Klicken Sie zuletzt eine der Ebenen im Ebenen-Bedienfeld mit der rechten Maustaste an, und wählen Sie im Kontextmenü Auf Hintergrundebene reduzieren. Fertig ist die künstlich verringerte Schärfentiefe.

▲ Abbildung 18.4
Links das Bild in der Originalfassung, rechts das Bild mit einer künstlich verringerten Schärfentiefe, die die Person im Bild noch deutlicher heraushebt

▲ Abbildung 18.5
Wechseln Sie in den Modus Benutzerdefiniert ❶.

Schärfentiefe per »Feldtiefe« | Einfacher geht es aber mit der Funktion Feldtiefe im Assistent-Modus von Elements. Hierfür müssen Sie lediglich mit dem Schnellauswahl-Werkzeug ❷ das Objekt markieren, welches im Fokus bleiben soll, und können anschließend den Weichzeichner hinzufügen ❸ bzw. den Effekt über den Schieberegler ❹ verstärken. Die Geschichte mit der Ebenenmaske übernimmt hierbei der Assistent für Sie.

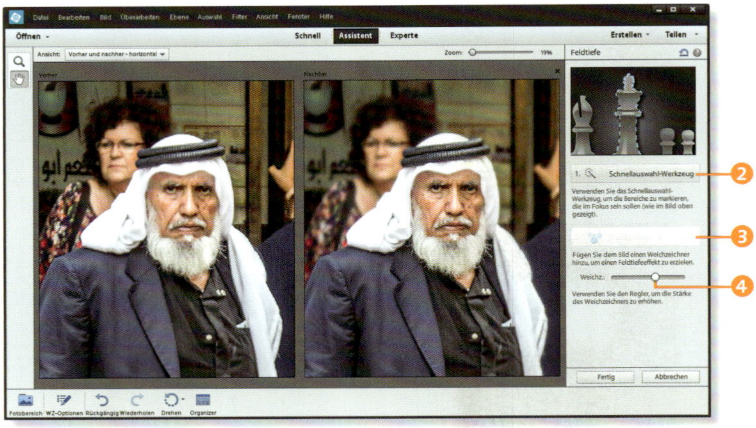

▲ Abbildung 18.6
Der Assistent bietet auch eine eigene Funktion für die Feldtiefe (Schärfentiefe) an. Foto Jürgen Wolf

18.3 Selektiver Weichzeichner

Den SELEKTIVEN WEICHZEICHNER finden Sie im Menü FILTER • WEICHZEICHNUNGSFILTER. Dieser Filter eignet sich vor allem für kreative und künstlerische Bildbearbeitungen.

Mit RADIUS ❺ legen Sie die Größe des Bereichs um jeden Pixel fest, der beim Weichzeichnen berücksichtigt werden soll. Der SCHWELLENWERT ❻ bestimmt, wie stark die Farbtonwerte benachbarter Pixel abweichen müssen, damit diese weichgezeichnet werden. Befindet sich die Farbe benachbarter Pixel unter dem angegebenen Schwellenwert, so werden diese nicht mit weichgezeichnet. Es gilt also: Je geringer der Schwellenwert, desto stärker wird weichgezeichnet.

Wie hoch die QUALITÄT der Weichzeichnung werden soll, legen Sie in der gleichnamigen ❼ Dropdown-Liste fest. Hier haben Sie die Wahl zwischen drei Qualitätsstufen. Je höher die QUALITÄT, desto mehr Rechenzeit wird für die Weichzeichnung verbraucht. Entscheidend für das Resultat des SELEKTIVEN WEICHZEICHNERS ist der verwendete MODUS ❽: Mit NORMAL erzielen Sie eine normale Weichzeichnung gemäß den eingestellten Werten. NUR KANTEN wandelt ein Bild in eine Schwarzweißgrafik um. INEINANDERKOPIEREN ist eine Kombination der Modi NORMAL und NUR KANTEN.

▲ **Abbildung 18.7**
Der SELEKTIVE WEICHZEICHNER

Kapitel_18:
glass_window.jpg

◀ **Abbildung 18.8**
Das Bild links oben ist die Originalfassung. Rechts oben wurde der Modus NORMAL verwendet. Links unten kam der Modus NUR KANTEN zum Einsatz und rechts unten der Modus INEINANDERKOPIEREN.

18.4 Bewegungsunschärfe

Ebenfalls im Menü FILTER • WEICHZEICHNUNGSFILTER finden Sie BEWEGUNGSUNSCHÄRFE. Der Filter eignet sich nicht nur, um Bewegungsunschärfe aus einem Bild zu nehmen, sondern auch, um diese dem Bild bewusst hinzuzufügen. Durch das Verwischen des Hintergrunds entsteht mehr Dynamik in einem Bild. Allerdings muss dieser Effekt immer auch zum Bildmotiv passen.

Kapitel_18: Crossflug.jpg

▲ **Abbildung 18.9**
Das linke Bild ist die Originalfassung. Rechts wurde der Filter BEWEGUNGSUNSCHÄRFE hinzugefügt, wodurch das Bild erheblich mehr Dynamik erhält.

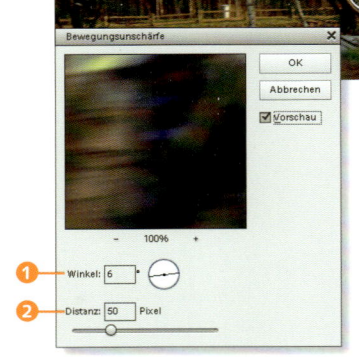

▲ **Abbildung 18.10**
Die Einstellungen für die Bewegungsunschärfe aus Abbildung 18.9

Mitziehen

In der Fotografie entsteht diese Bewegungsunschärfe des Hintergrunds durch das sogenannte »Mitziehen« der Kamera. Dabei wird bei einem sich bewegenden Motiv die Kamera mitgezogen. Der Verwischeffekt entsteht durch eine etwas längere Belichtungszeit in der Kamera. Das Motiv bleibt dadurch scharf, und der Hintergrund erscheint verwischt.

Die Bewegungsschärfe in diesem Bild wurde genauso eingearbeitet wie die geringere Schärfentiefe in der Schritt-für-Schritt-Anleitung »Schärfentiefe reduzieren« (siehe Abschnitt 18.2, »Gaußscher Weichzeichner«); während dort im zweiten Schritt der GAUSSSCHE WEICHZEICHNER auf die Ebene angewendet wurde, kam hier der Filter BEWEGUNGSUNSCHÄRFE zum Einsatz.

Als WINKEL ❶ zum »Mitziehen« wurde »6«° verwendet. Hier sollten Sie immer einen Winkel wählen, der etwa der Flug- oder Bewegungsrichtung des Hauptmotivs entspricht. Mit dem Wert DISTANZ ❷ verwischen Sie den Hintergrund. Je höher dieser Wert ist, desto stärker wird der Hintergrund um den angegebenen Winkel verwischt. Im Beispiel führen »50« PIXEL zu einem guten Ergebnis.

18.5 Radialer Weichzeichner

Der Filter RADIALER WEICHZEICHNER ist auch nur bedingt dazu geeignet, die Schärfe aus dem Bild zu nehmen. Der Filter wird allerdings sehr gerne verwendet, um einem Bild mehr Dynamik

18.5 Radialer Weichzeichner

und Schwung zu verleihen. Genau genommen lassen sich hiermit verschiedene Kameratechniken künstlich erstellen. Sie rufen diesen Filter ebenfalls über das Menü FILTER • WEICHZEICHNUNGSFILTER • RADIALER WEICHZEICHNER auf.

Wie stark der Filter weichzeichnen soll, geben Sie mit der Option STÄRKE an. Je höher der Wert ist, desto stärker ist der Effekt der ausgewählten METHODE. Hierfür steht Ihnen die Option KREISFÖRMIG zur Verfügung, die eine kreisförmige Bewegungsunschärfe eines sich drehenden Objekts simuliert. Die andere Option, STRAHLENFÖRMIG, erzeugt hingegen den Eindruck, als wäre während der Aufnahme an ein Motiv heran- oder aus einem Motiv herausgezoomt worden. Diesen Effekt könnten Sie selbst beim Fotografieren erzeugen, indem Sie etwas länger belichten und beim Fotografieren (mit einer entsprechenden digitalen Spiegelreflexkamera) den Zoom verstellen.

Über den MITTELPUNKT ❶ geben Sie an, wo die Mitte der ausgewählten METHODE ist. Von diesem Punkt aus wird dann der gewählte Effekt ausgeführt. Leider gibt es hierbei keine Vorschaufunktion, so dass Sie ein wenig herumprobieren müssen. Zu guter Letzt können Sie noch die QUALITÄT des auszuführenden Filters einstellen.

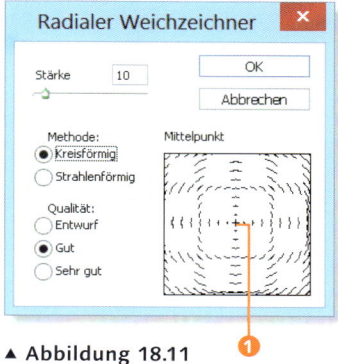

▲ **Abbildung 18.11**
Der Filter RADIALER WEICHZEICHNER

Kapitel_18: Kanu.jpg

▲ **Abbildung 18.12**
Das linke Bild ist die Originalfassung. Im rechten Bild wurde die METHODE KREISFÖRMIG mit einer STÄRKE von 2 verwendet.

Wollen Sie nicht, dass das Hauptmotiv mit RADIALER WEICHZEICHNER verwischt wird, so können Sie hierbei selbstverständlich auch auf den Trick mit der Ebenenmaske zurückgreifen, wie Sie dies bereits in der Schritt-für-Schritt-Anleitung »Schärfentiefe reduzieren« in Abschnitt 18.2, »Gaußscher Weichzeichner«, getan haben. Während Sie dort im zweiten Arbeitsschritt die Ebene mit dem GAUSSSCHEN WEICHZEICHNER bearbeitet haben, verwenden Sie hier aber den RADIALEN WEICHZEICHNER.

Kapitel 18 Bilder weichzeichnen

▲ **Abbildung 18.13**
Beide Bilder verwenden die METHODE STRAHLENFÖRMIG – links mit einer STÄRKE von 10, rechts wurde das Hauptmotiv zuvor mit einer Ebenenmaske maskiert und somit nicht verwischt.

De Zoom-Burst-Effekt wurde neu mit der Version 12 von Photoshop Elements eingeführt.

Ebenfalls sehr komfortabel ist der ZOOM-BURST-EFFEKT den Sie im ASSISTENT-Modus ❶ unter FOTOEFFEKTE finden.

Foto: Clarissa Schwarz

▲ **Abbildung 18.14**
Der Zoom-Burst-Effekt des Assistenten im Einsatz

18.6 Matter machen

Ebenfalls im Menü FILTER • WEICHZEICHNUNGSFILTER finden Sie einen Eintrag mit dem Filter MATTER MACHEN. Dieser Filter versucht dabei, die Kanten im Bild zu erhalten, und eignet sich daher auch sehr gut, um Bildstörungen wie Rauschen und Körnigkeit zu entfernen. Neben der Behebung von Bildstörungen dient dieser Filter in der Praxis aber auch der Hautbearbeitung für Beauty-Retusche, um die Haut zu glätten. Und natürlich kann der Filter auch als das verwendet werden, was Sie aus Namen herauslesen können: um eine glänzende Stelle im Bild matter zu machen.

Mit dem RADIUS geben Sie an, wie groß der Bereich sein soll, auf dem das Weichzeichnen ausgeführt werden soll. Mit dem SCHWELLENWERT stellen Sie ein, wie viel die benachbarten Pixel abweichen müssen, damit sie ebenfalls weichgezeichnet werden. Ein höherer SCHWELLENWERT bedeutet allerdings auch, dass die Kanten im Bild verloren gehen können.

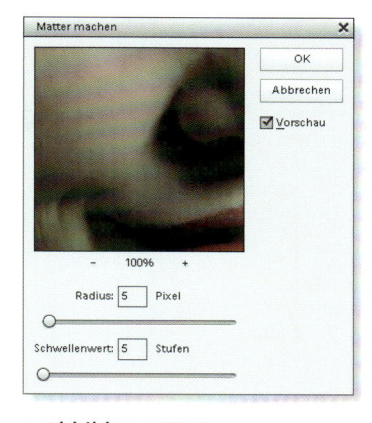

▲ **Abbildung 18.15**
Der Filter MATTER MACHEN

18.7 Der Weichzeichner und der Wischfinger

Unterhalb des Scharfzeichners ⌞R⌟ 💧 finden Sie auch den Weichzeichner ⌞R⌟ 🔺 und den Wischfinger ⌞R⌟ 👆. Wie der Scharfzeichner sollten Sie auch diese Werkzeuge nur notfalls bei kleinen Reparaturen verwenden. Bei stark geschärften Bildern werden Sie mit diesen Werkzeugen höchstens einen hässlichen Farbenbrei erzeugen.

Mit dem Werkzeug können Sie auf den Bildebenen arbeiten, so wie Sie es vom Pinsel-Werkzeug her kennen. Ziehen Sie einfach die Werkzeugspitze mit gedrückter linker Maustaste über die Partien des Bildes, die weichgezeichnet werden sollen.

Die vorhandenen Optionen sind dieselben wie schon beim Scharfzeichner – mit dem Unterschied, dass sie sich auf das Weichzeichnen bzw. Verschmieren beziehen. Der Wischfinger hat eine zusätzliche Checkbox FINGERFARBE. Wenn Sie diese aktivieren, verwenden Sie die eingestellte Vordergrundfarbe im Farbwahlbereich zum Verschmieren. Dabei sollten Sie allerdings die STÄRKE reduzieren, da es sonst wie mit dem Pinsel-Werkzeug gemalt wirkt.

Um partielle Bildbereiche weichzuzeichnen, gehen Sie am besten ebenso vor wie in der Schritt-für-Schritt-Anleitung »Schärfentiefe reduzieren« in Abschnitt 18.2, »Gaußscher Weichzeichner«.

TEIL VI
Freistellen und Ausrichten

Kapitel 19
Freistellen

Sicherlich haben Sie sich schon manchmal gefragt, wie es Fotografen immer gelingt, bei Aufnahmen den richtigen Blickwinkel zu erwischen. Gerade wenn es einmal etwas schneller gehen soll, drückt man eben einfach ab. Die Kunst besteht dann im richtigen Zuschnitt der Bilder oder dem perfekten Freisteller für eine Fotomontage.

19.1 Hintergrund-Radiergummi – Express-Freistellung

Manchmal möchte man ein Hauptmotiv von seinem Hintergrund lösen, um es in einer Fotomontage zu verwenden. Für solche Projekte bietet Ihnen Photoshop Elements einige Möglichkeiten.

Wenn Sie Bildmontagen erstellen möchten, kommen Sie um das Freistellen von Motiven nicht herum. Um ein Bildmotiv von seinen umgebenden Pixeln zu lösen, gibt es in Photoshop Elements mehrere Möglichkeiten – nicht alle Methoden sind gleich gut geeignet. Einen schnellen Weg bietet der Hintergrund-Radiergummi.

Hintergrund-Radiergummi | Den Hintergrund-Radiergummi [E] mit seinen Optionen habe ich bereits in Abschnitt 14.2.6 beschrieben. Er eignet sich besonders zum Freistellen weniger anspruchsvoller Motive mit kontrastarmem Hintergrund, wie zum Beispiel eines Himmels mit wenigen Wolken.

Schritt für Schritt: Freistellen mit dem Hintergrund-Radiergummi

Für einfache Freistell-Jobs wie hier beim Bild »Giants_Causeway.jpg« eignet sich der Hintergrund-Radiergummi hervorragend.

Freistellen mit Auswahlen

Natürlich können Sie Motive auch mithilfe von Auswahlen freistellen. Da den Auswahlen aber ein eigener Buchteil gewidmet ist, lesen Sie bitte in Teil VII nach, wie Sie Auswahlen für das Freistellen von Bildern nutzen.

Kapitel_19: Giants_Causeway.jpg, Himmel.jpg

Kapitel 19 Freistellen

Schachbrettmuster

In den folgenden Workshops werden Sie des Öfteren ein Schachbrettmuster auf dem Bild sehen, wenn Sie ein Bild freistellen. Dieses Schachbrettmuster ist natürlich nicht mehr Teil des Bildes, sondern stellt den transparenten (durchsichtigen) Bereich dar. Wollen Sie hier die Größe der Quadrate oder die Farbe ändern, passen Sie dies über BEARBEITEN/PHOTOSHOP ELEMENTS EDITOR • VOREINSTELLUNGEN • TRANSPARENZ an.

1 Hintergrund entfernen

Öffnen Sie zunächst das Bild »Giants_Causeway.jpg« im Fotoeditor. Wählen Sie den Hintergrund-Radiergummi [E] in der Werkzeugleiste sowie eine ausreichend große Werkzeugspitze (im Beispiel habe ich 300 Pixel eingestellt). Bei den GRENZEN habe ich NICHT BENACH(BART) gewählt, die TOLERANZ habe ich auf 20 % gesetzt. Bei etwas gleichfarbigen Bereichen, wie im Beispiel mit der Jacke der Person, sollten Sie die Toleranz reduzieren (hier auf 10%). Umfahren Sie nun mit der Werkzeugspitze die Felsen. Achten Sie darauf, dass Sie mit dem Hotspot (Mittelpunkt) ❶ der Werkzeugspitze nicht auf die Steine oder die Person geraten.

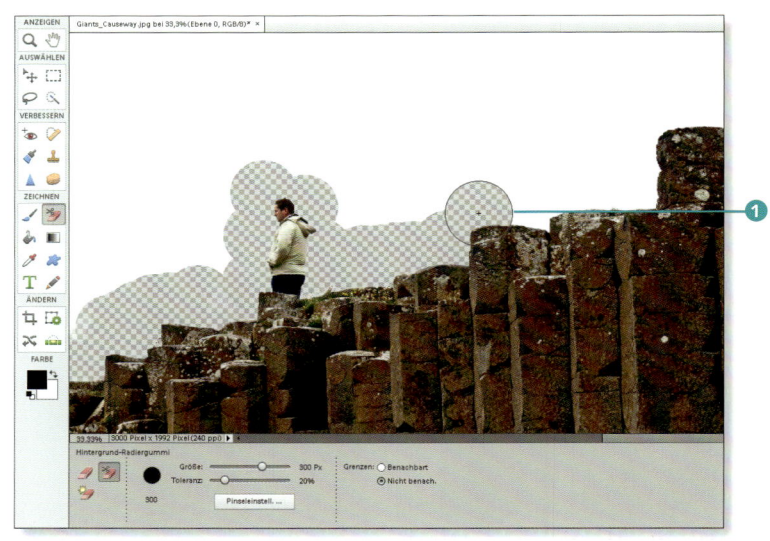

▲ **Abbildung 19.1**
Der Hintergrund-Radiergummi in Aktion

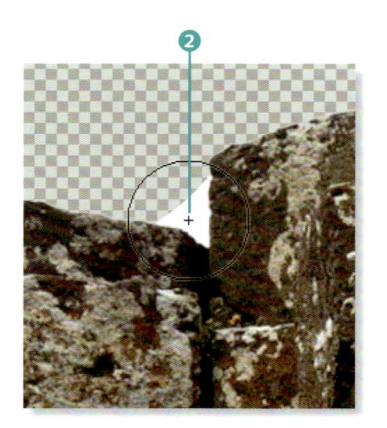

▲ **Abbildung 19.2**
Bei schwierigen Bereichen sollten Sie näher in das Bild hineinzoomen.

2 Details entfernen

Zoomen Sie nun kräftig mit [Strg]/[cmd]+[+] in das Bild hinein, um auch die Details zu entfernen, die noch nicht vom Hintergrund-Radiergummi erfasst wurden. Achten Sie auch hier immer darauf, mit dem Hotspot ❷ nur auf die zu entfernenden Pixel zu klicken.

3 Hintergrund komplett löschen

Wenn Sie die Pixel um den Vordergrund gelöscht haben, entfernen Sie mit dem normalen Radiergummi [E] den Rest des Hintergrunds mit einer großen Werkzeugspitze.

19.1   Hintergrund-Radiergummi – Express-Freistellung

▲ **Abbildung 19.3**
Der Rest des Himmels ist schnell entfernt.

4   In die Zwischenablage kopieren

Den so freigestellten Vordergrund können Sie nun vor einem anderen Hintergrund, etwa einem dramatischeren Himmel, als neue Ebene einfügen. Wählen Sie das komplette Bild mit den freigestellten Basaltsäulen mit [Strg]/[cmd]+[A] aus, und kopieren Sie es dann mit [Strg]/[cmd]+[C] in die Zwischenablage.

5   Bild als neue Ebene einfügen

Öffnen Sie das Bild »Himmel.jpg« von der DVD, und fügen Sie mit [Strg]/[cmd]+[V] das freigestellte Objekt vor dem Himmel ein. Photoshop Elements erstellt dabei automatisch eine neue Ebene. Verwenden Sie das Verschieben-Werkzeug [V] , um die Ebene an die gewünschte Position zu setzen. Im Bild sind nun zwei Ebenen vorhanden, der Himmel und die freigestellte Person mit den Steinen im Vordergrund (siehe Ebenen-Bedienfeld über FENSTER • EBENEN).

   Schneiden Sie den Bildausschnitt bei Bedarf noch mit dem Freistellungswerkzeug [C] zurecht. Häufig ist es nämlich so, dass ein Bild mit dem Himmel nicht die passende Größe wie das einzufügende Bild hat. Umgekehrt macht es dann keinen Sinn, weil man sonst ein Bild hochskalieren müsste, was nicht schön aussieht.

Passende Bilder auswählen

Hier muss natürlich noch erwähnt werden, dass die Größe der Bilder auch eine Rolle spielt, wenn dieser Workshop auch mit anderen Bildern funktionieren soll. Auf jeden Fall sollte der Himmel immer mindestens die (Pixel-)Größe vom freigestellten Bild haben. Im Notfall können Sie das freigestellte Bild auch kleiner skalieren (siehe Kapitel 20, »Bildgröße und Auflösung ändern«).

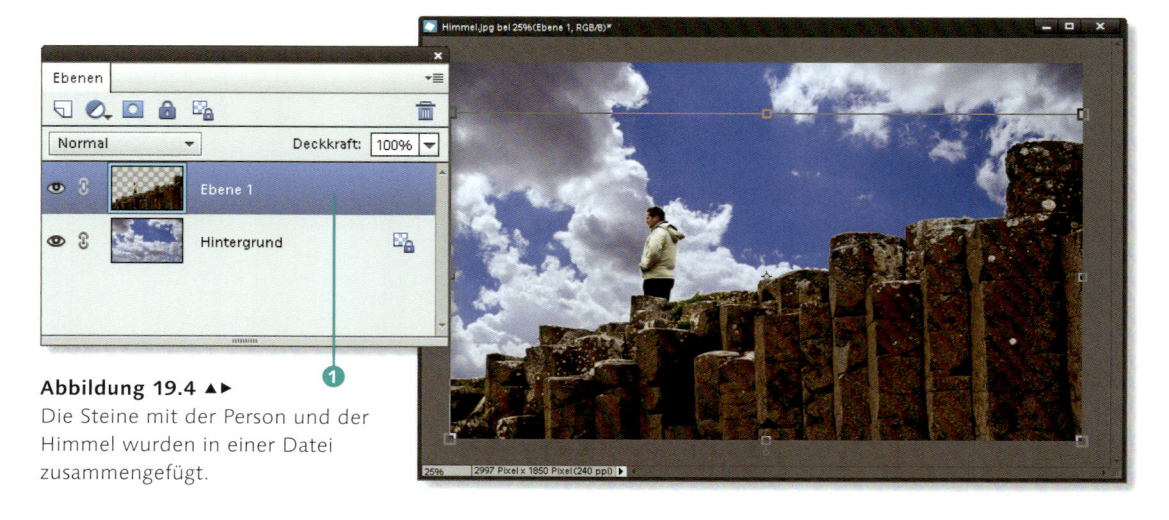

Abbildung 19.4 ▲▶
Die Steine mit der Person und der Himmel wurden in einer Datei zusammengefügt.

6 Lichter abdunkeln

Damit der dunkle Vordergrund nicht so in den Himmel »hineingeklebt« wirkt, sollten Sie die Lichter aufhellen. Aktivieren Sie die Ebene mit den Steinen und der Person ❶ im Ebenen-Bedienfeld. Wählen Sie nun im Menü ÜBERARBEITEN den Punkt BELEUCHTUNG ANPASSEN • TIEFEN/LICHTER, und setzen Sie den Wert von TIEFEN AUFHELLEN auf 35 %. Zusätzlich wurden noch extrem hellen Bereiche mit LICHTER ABDUNKELN auf 15 % reduziert. Bestätigen Sie den Dialog dann mit OK.

Abbildung 19.5 ▼
Die Ebene mit den Steinen wird aufgehellt.

Zusätzlich habe ich hier auch noch die Ebene mit dem Himmel im Ebenen-Dialog ausgewählt ❷ und diese über eine Einstellungsebene ❸ Tonwertkorrektur aufgehellt, indem ich den mittleren Regler auf 1,35 ❹ gezogen haben. Die Einstellungsebenen wurde in Abschnitt 10.1.4, »Flexibel arbeiten mit Einstellungsebenen«, behandelt.

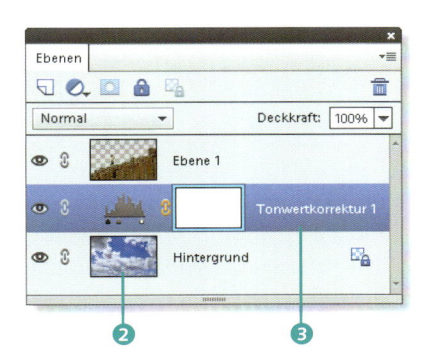

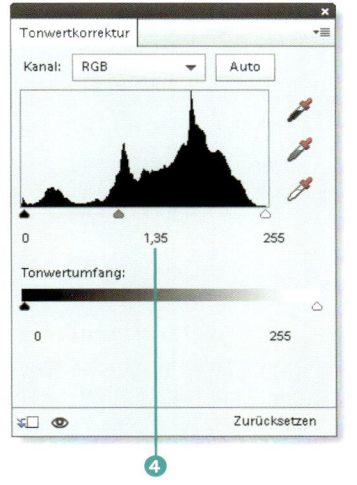

◀ **Abbildung 19.6**
Wir verwenden hier die Tonwertkorrektur zum Aufhellen des Himmels, indem wir den mittleren Regler nach links ziehen.

◀◀ **Abbildung 19.7**
Achten Sie bei der Korrektur darauf, dass die Ebene mit dem Himmel ❷ im Ebenen-Bedienfeld markiert ist.

7 Ebenen zusammenfügen
Nun sollten Sie nur noch im Ebenen-Bedienfeld eine der beiden Ebenen mit der rechten Maustaste anklicken und im Kontextmenü Sichtbare auf eine Ebene reduzieren auswählen.

▼ **Abbildung 19.8**
Links das Bild in der Originalfassung und rechts das vom trüben Himmel befreite Bild mit neuem Hintergrund

Foto: Jürgen Wolf

19.2 Bilder zuschneiden

Mit dem Zuschneiden von Bildern können Sie zunächst die Bildgröße ändern. Darüber hinaus können Sie das Beschneiden für gestalterische Eingriffe nutzen, etwa um störende Hintergrundelemente zu entfernen oder mehr Nähe zu erzeugen. Häufig ge-

Freistellungswerkzeug = freistellen?

Leider wurde das Freistellungswerkzeug etwas unglücklich benannt. Unter »Freistellen« versteht man in der Grafikbearbeitung das Herauslösen eines Bildmotivs aus dem Hintergrund. In der englischen Version heißt das entsprechende Werkzeug »Crop«, daher auch das Tastenkürzel [C]. Ein Werkzeugname wie »Zuschneiden«, wie er auch in anderen Bildbearbeitungsprogrammen verwendet wird, wäre hier sinnvoller gewesen.

Abbildung 19.9 ▼
Über die Werkzeugoptionen des Freistellungswerkzeugs wird die Bildgröße von Hand vorgegeben.

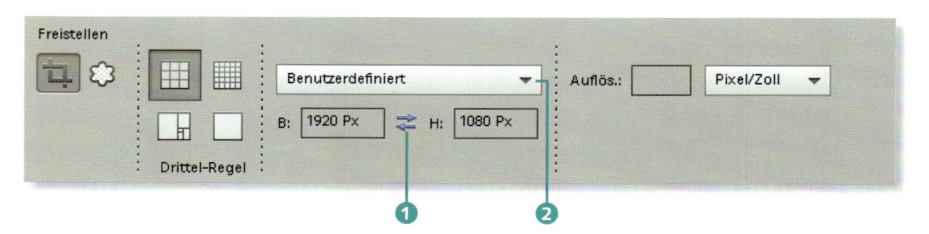

Auflösung neu berechnen

Beachten Sie allerdings: Wenn Sie über Zahlenwerte in den Werkzeugoptionen die Bildgröße und AUFLÖSUNG verändern, wird das Bild auch neu berechnet. Hierbei müssen Sie mit Schärfeverlusten rechnen.

Zum Weiterlesen

Mehr zum Thema »Auflösung« finden Sie in Kapitel 20, »Bildgröße und Auflösung ändern«.

nügt ein kleiner Zuschnitt oder ein geringfügiges Ausrichten eines Bildes, um aus einem guten ein perfektes Motiv zu machen.

Der Bildausschnitt ist also entscheidend daran beteiligt, wie ein Bild wirkt, wie das abgebildete Motiv in den Mittelpunkt gestellt oder aus diesem herausgenommen wird. Auf diese Weise steuern Sie mithilfe des Ausschnitts den Blick des Betrachters. Häufig können Sie mit dem richtigen Beschneiden auch Bilder mit vielen störenden Nebenmotiven noch retten.

19.2.1 Das Freistellungswerkzeug

Das Freistellungswerkzeug [C] 🔲 aus der Werkzeugpalette wird verwendet, um einen rechteckigen Bildbereich auszuwählen und aus der Auswahl ein neues Bild zu erzeugen. Die Bildbereiche außerhalb der Kanten werden dabei entfernt.

Den Bildausschnitt können Sie über zwei Wege festlegen. Zum einen können Sie die Werkzeugoptionen verwenden, um die Zahlenwerte für Breite, Höhe und AUFLÖS(UNG) des gewünschten Ausschnitts einzugeben. Schneller geht das Aufziehen eines Rahmens mit gedrückter linker Maustaste.

19.2.2 Bildausschnitt mit Zahlenwerten definieren

Sollten Sie die **Werte für das Seitenverhältnis von Hand eingeben** wollen, so wird für die Werte von Breite (B) und Höhe (H) die Maßeinheit Pixel (Px) verwendet, sofern Sie nichts anderes eingeben. Für Maßeinheiten wie Zentimeter müssen Sie der Zahl ein »cm« folgen lassen, für Millimeter die Angabe »mm«.

Wenn Sie zwischen Breite und Höhe auf das Symbol zum Vertauschen ❶ klicken, werden die eingegebenen Werte vertauscht. Neben der Bildgröße können Sie auch die AUFLÖS(UNG) ändern. Geben Sie hier keinen Wert ein, bleibt die Auflösung unverändert. Wenn Sie die Werte manuell eingeben, so wird in der Dropdown-Liste ❷ der Werkzeugoptionen der Eintrag BENUTZERDEFINIERT angezeigt.

19.2.3 Bildausschnitte mit der Maus definieren

Die gängigere Methode zum Beschneiden eines Bildes ist die Maus. Stellen Sie einfach den Mauszeiger über das Bild, und ziehen Sie mit gedrückter Maustaste ein Rechteck auf. Größe und Position des Rechtecks können Sie jederzeit nachträglich anpassen.

Über die Dropdown-Liste ❷ geben Sie an, wie beim Zuschneiden das Verhältnis der Höhe und Breite eingehalten werden soll. Folgende Optionen stehen Ihnen hierbei zur Verfügung:

▶ KEINE BESCHRÄNK(UNG): Das Bild kann beliebig in jeder Größe zugeschnitten werden.
▶ FOTOVERHÄLTNIS VERW(ENDEN): Beim Zuschneiden wird das ursprüngliche Seitenverhältnis des Bildes eingehalten. Wenn Sie hierbei zum Beispiel die Höhe verändern, ändert sich die Breite automatisch im entsprechenden Verhältnis.
▶ Voreingestellte Formate: Hier können Sie das Bild in einem vordefiniertem (Foto-)Format, wie zum Beispiel 10 × 15 CM, 13 × 18 CM, 15 × 20 CM oder 20 × 30 CM zuschneiden. Entsprechend dem Format wird auch die Auflösung berechnet.

▲ **Abbildung 19.10**
Seitenverhältnis einstellen

Sehr nützlich beim Zuschneiden eines Bildes ist auch das Informationen-Bedienfeld (FENSTER • INFORMATIONEN), das verschiedene Bildmaße sowie die Größe des Beschnittrechtecks ❸ anzeigt.

Um den ausgewählten Bildbereich endgültig zuzuschneiden, klicken Sie entweder auf das grüne Häkchen unterhalb des Zuschnittrahmens, oder Sie klicken doppelt mit der Maus in die Auswahl (oder Sie bestätigen mit ⏎). Abbrechen können Sie den Zuschnitt mit dem Stoppsymbol oder mit Esc.

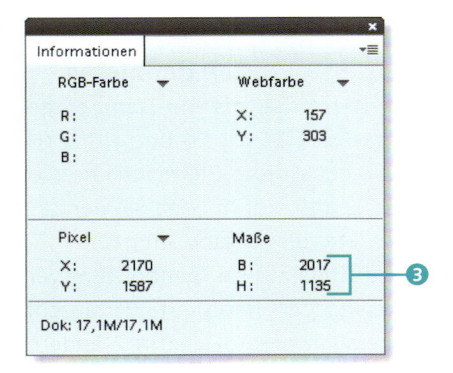

▲ **Abbildung 19.11**
Zuschnitt bestätigen oder abbrechen

◀ **Abbildung 19.12**
Nützlicher Helfer beim Zuschneiden mit dem Freistellungswerkzeug

19.2.4 Raster anzeigen

Besonders wenn Sie ein Bild möglichst optimal zuschneiden möchten, bietet das Freistellungswerkzeug mit den vier Schaltflächen für das RASTER einige sehr hilfreiche Optionen an. Überaus nützlich sind hierbei die Optionen GOLDENER SCHNITT und DRITTEL-REGEL.

Kapitel 19   Freistellen

Anfängerfehler
Das Zentrieren von Motiven im Bild ist ein häufiger Einsteigerfehler. Aber sobald man sich mit Dingen wie *Goldener Schnitt* und *Drittel-Regel* befasst, fotografiert man häufig in einem ganz anderen Blickwinkel.

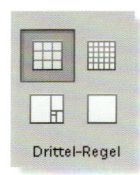

▲ **Abbildung 19.13**
Mit diesen Schaltflächen finden Sie Hilfsmittel zum Zuschneiden der Bilder.

Kapitel_19:
OnTheEdge.jpg

Abbildung 19.14 ▶
Dank der DRITTEL-REGEL wird die kniende Person außerhalb der Mitte des Fotos platziert. Dadurch wirkt das Foto viel harmonischer.

Gerade ausrichten
Natürlich bietet Photoshop Elements ein spezielles Werkzeug an, um ein Bild auszurichten, und zwar das Gerade-ausrichten-Werkzeug [P] . Mehr dazu entnehmen Sie bitte Abschnitt 21.1.

Einsatzzweck | Sicherlich fragen Sie sich jetzt, wozu solche Raster wie GOLDENER SCHNITT und DRITTEL-REGEL überhaupt gut sein sollen. Möglicherweise benötigen viele Ihrer Fotos gar keine solche Hilfe beim Zuschneiden, weil Sie vielleicht bereits intuitiv nach diesen Regeln fotografieren. So zentrieren beispielsweise Anfänger häufig ein Motiv im Bild. Allerdings sind solche zentrierten Motive oft langweilig für den Betrachter (obgleich es hier natürlich auch wieder Ausnahmen gibt). Ich will Ihnen jetzt gar nicht den mathematischen Aspekt des Goldenen Schnitts näher erläutern. Entscheidend ist nur, dass Sie wissen, dass Sie mit dessen Hilfe wesentlich attraktivere und harmonischere Fotos erstellen können. Sehen Sie sich beispielsweise einmal einen Film oder eine Fernsehsendung an, und beachten Sie die Kameraführung. Fast nie wird hierbei das Hauptmotiv total zentriert angezeigt.

Hierzu nun eine Übersicht zu den unterschiedlichen RASTERN:

▶ DRITTEL-REGEL : Bei der DRITTEL-REGEL wird der Zuschnittrahmen in je zwei horizontale und zwei vertikale Linien und somit neun gleiche Teile aufgegliedert. Das Hauptmotiv sollten Sie hierbei an den Schnittpunkten der Linien platzieren und dann zuschneiden.

▶ RASTER : Verwendet ein einfaches Raster aus Quadraten für die Überlagerung des Zuschnittrahmens. Das kann recht hilfreich sein, wenn das Bild zusätzlich über die Eckpunkte ❶ gedreht oder gerade ausgerichtet werden soll. Die vielen Linien des Rasters eignen sich prima, um ein Bild an eventuell vorhandenen Kanten auszurichten.

19.2 Bilder zuschneiden

▲ **Abbildung 19.15**
Das RASTER eignet sich zum Beispiel prima zum Drehen und Ausrichten des Zuschnitts.

▶ GOLDENER SCHNITT : Hiermit wird ein Raster mit den Regeln des Goldenen Schnitts überlagert, an dem Sie das Motiv im Bild ausrichten können. Nach Möglichkeit sollte hier das Hauptmotiv am Mittelpunkt des Goldenen Schnitts ausgerichtet werden. Über die kleine Schaltfläche ❷ neben der Option GOLDENER SCHNITT können Sie die Überlagerung spiegeln.

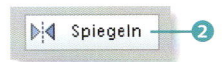

▲ **Abbildung 19.17**
Die Option GOLDENER SCHNITT bietet über die Schaltfläche ❷ die Möglichkeit, die Überlagerung zu spiegeln.

Goldener Schnitt oder Drittel-Regel

Nicht immer lässt sich die Überlagerung mithilfe von GOLDENER SCHNITT ordentlich ausrichten. Abhängig vom Bild können Sie ja dann immer noch auf die DRITTEL-REGEL zurückgreifen.

▲ **Abbildung 19.16**
Die Person wird hier am Mittelpunkt des Goldenen Schnitts ausgerichtet.

▶ Ohne ☐: Damit ziehen Sie einen einfachen leeren Zuschnittrahmen auf.

Abbildung 19.18 ▶
Mit der Option Ohne wird ein leerer Zuschnittrahmen aufgezogen.

Kapitel_19:
camel_driver.jpg

Schritt für Schritt: Bild optimal zuschneiden

Bei dem folgenden Bild wollen wir die Person im Bild noch mehr betonen. Durch einen gezielten Bildausschnitt soll das Gefühl von Nähe verstärkt werden.

1 Freistellungswerkzeug wählen

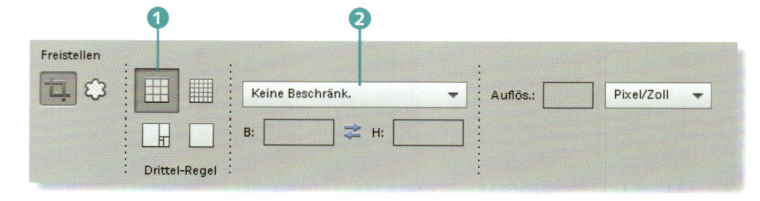

Öffnen Sie das Bild »camel_driver.jpg« im Fotoeditor. Aktivieren Sie in der Werkzeugpalette das Freistellungswerkzeug ⌨C 🔲. Wählen Sie beim Seitenverhältnis die Option Keine Beschränk(ung) ❷ aus, und lassen Sie die Felder für Breite (B), Höhe (H) und Auflös(ung) leer. Als Raster ❶ würde sich hier die Drittel-Regel eignen.

Abbildung 19.19 ▶
Mit diesen Einstellungen können Sie das Bild frei zuschneiden.

Verschieben mit der Tastatur
Wenn Sie die ⌨Alt-Taste gedrückt halten, können Sie die Auswahl auch mit den Pfeiltasten verschieben.

2 Zuschnittrahmen ziehen

Ziehen Sie mit gedrückter linker Maustaste im Bild um den Ausschnitt, den Sie zuschneiden wollen, einen groben Rahmen ab der linken oberen Zuschnittecke ❸, und lassen Sie die Maustaste bei der zukünftigen rechten unteren Ecke ❹ des Zuschnitts wieder los.

19.2 Bilder zuschneiden

◀ **Abbildung 19.20**
An den Griffpunkten lässt sich der Zuschnittrahmen nachträglich anpassen.

Nach dem Loslassen wird ein Auswahlrechteck als Begrenzungsrahmen mit Griffpunkten an den Ecken und Kanten angezeigt. An den Griffpunkten können Sie nun die Auswahl mit gedrückt gehaltener linker Maustaste noch anpassen. Ebenfalls können Sie den Zuschnittbereich mit gedrückter Maustaste innerhalb der Auswahl verschieben. Um das Auswahlrechteck zu drehen, ziehen Sie es außerhalb des Begrenzungsrahmens (der Zeiger wird hier zum gebogenen Pfeil) mit gedrückt gehaltener linker Maustaste in die entsprechende Richtung. Auch ein festes SEITENVERHÄLTNIS können Sie noch nachträglich einstellen.

3 Zuschnitt durchführen

Wenn Sie mit der Auswahl zufrieden sind, führen Sie den Zuschnitt mit ⏎ oder durch einen Klick auf das grüne Häkchen ❺ unterhalb der Auswahl durch.

Durch den neuen Ausschnitt wird die Person im Bild deutlich stärker betont und wirkt auch näher. Der Zuschnitt macht das Bild insgesamt ausdrucksstärker.

Abbildung 19.21 ▶
Links das Bild in der Originalfassung, rechts das Bild nach dem Zuschneiden mit dem Freistellungswerkzeug.

Farbe ändern | Nicht immer ist die schwarze transparente Hintergrundfarbe für das Freistellungswerkzeug ideal zum Freistellen von Bildern geeignet. Glücklicherweise können Sie diese Einstellung über BEARBEITEN/PHOTOSHOP ELEMENTS EDITOR • VOREINSTELLUNGEN • ANZEIGE & CURSOR ändern. Unter FREISTELLUNGSWERKZEUG können Sie hier über das Häkchen ABDECKUNG VERWENDEN ❶ diesen transparenten Hintergrund komplett (de-)aktivieren. Mit ABDECKFARBE ❷ können Sie eine andere Farbe auswählen, und die Transparenz stellen Sie mit DECKKRAFT ❸ ein.

Abbildung 19.22 ▶
Die Anzeige des Bereichs, der entfernt werden soll, lässt sich ebenfalls verändern.

Abbildung 19.23 ▶▶
Bei manchen Bildern ist der schwarze transparente Bereich um den Zuschnitt weniger geeignet. In diesem Beispiel wurde daher eine blaue Farbe ausgewählt.

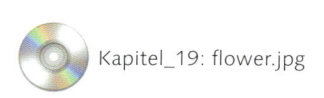

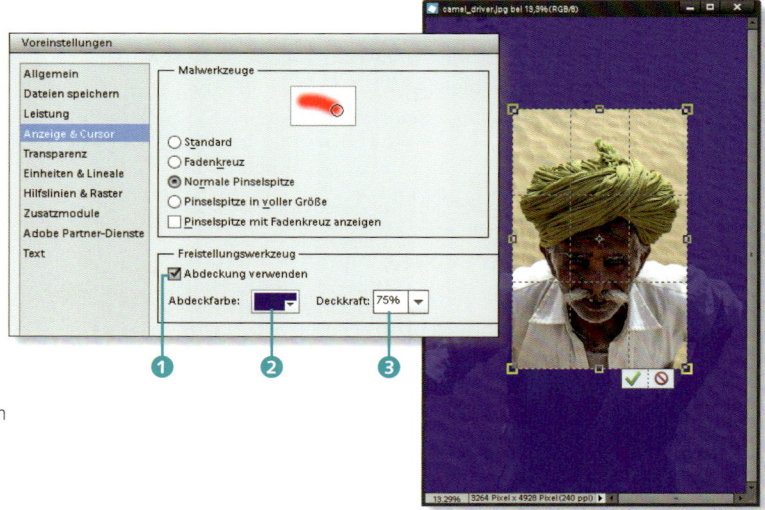

Kapitel_19: flower.jpg

19.2.5 Bilder zuschneiden mit dem Assistent-Modus

Im ASSISTENT-Modus finden Sie in der Kategorie RETUSCHEN die Funktion FOTO FREISTELLEN, die Sie mit einer Beschreibung durch den ganzen Vorgang mit dem Freistellungswerkzeug führt.

◀ **Abbildung 19.24**
Auch der ASSISTENT-Modus bietet eine geführte Funktion zum Freistellen von Bildern.

19.3 Das Ausstecher-Werkzeug

Mit dem Ausstecher-Werkzeug [C] [icon] stechen Sie ein Bild mit einer von Ihnen gewählten Form aus. Hierzu müssen Sie lediglich die Form auf das Foto aufziehen und gegebenenfalls nachträglich verschieben oder skalieren, bis Sie den gewünschten Bereich ausgewählt haben.

Über die Dropdown-Liste AUSSCHNITTFORM ❻ wählen Sie die gewünschte Form zum Ausstechen aus den Miniaturen aus. Aufgelistet werden zunächst nur die Standardformen. Aber über FORMEN ❹ können Sie andere Formen auflisten lassen. Mit der kleine Schaltfläche ❺ rechts oben können Sie die Ansicht der Miniaturvorschau verändern.

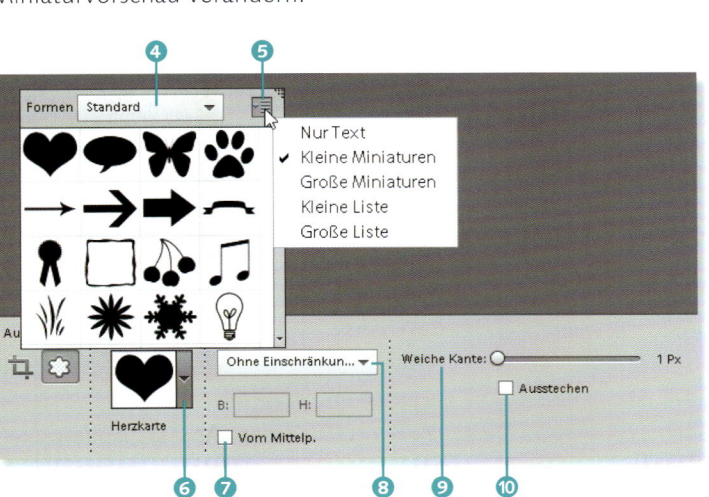

Da Ausstecher-Werkzeug wurde mit der Version 12 von Photoshop Elements sinnvoller in das Freistellungs-Werkzeug gruppiert. Daher hat sich auch der Tastenkürzel, mit dem das Werkzeug aufgerufen wird, von [Q] nach [C] geändert.

◀ **Abbildung 19.25**
Die Optionen des Ausstecher-Werkzeugs

Kapitel 19   Freistellen

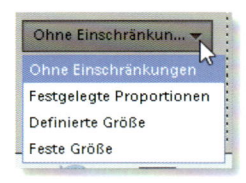

▲ **Abbildung 19.26**
Diverse GEOMETRIE-OPTIONEN helfen beim Aufziehen der Form mit der Maus.

Über die Dropdown-Liste GEOMETRIE-OPTIONEN 8 stellen Sie die folgenden Optionen für das Aufziehen der Form ein:

- OHNE EINSCHRÄNKUNGEN: Sie können die Form in beliebiger Größe und Proportion aufziehen.
- FESTGELEGTE PROPORTIONEN: Hiermit können Sie die Form zwar in beliebiger Größe, aber mit einer festen Proportion (Höhe und Breite) aufziehen.
- DEFINIERTE GRÖSSE: Die Form wird mit der von Photoshop Elements vorgegebenen fixen Größe aufzogen.
- FESTE GRÖSSE: Hier geben Sie über die Textfelder Breite (B) und Höhe (H) die feste Größe ein, die die fertige Form haben soll.

VOM MITTELP(UNKT AUS) 7: Setzen Sie ein Häkchen vor diese Option, wird die Form vom Mittelpunkt aus aufgezogen.

Im Schieberegler WEICHE KANTE 9 können Sie die Kanten des zugeschnittenen Bereichs weichzeichnen. Hierbei ist ein Wert von 0 bis 250 Pixel möglich. Je höher der Wert, desto stärker werden die Kanten des Zuschnitts weichgezeichnet. Wenn Sie die Checkbox AUSSTECHEN 10 aktivieren, wird das Bild nach der Bestätigung über das grüne Häkchen gleich auf die Größe der aufgezogenen Form zugeschnitten.

Kapitel_19: candy.jpg

Foto: Jürgen Wolf

▲ **Abbildung 19.27**
Hier wurde das Aussstecher-Werkzeug mit deaktivierter Option AUSSTECHEN verwendet …

▲ **Abbildung 19.28**
… und hier mit aktivierter Option AUSSTECHEN, wodurch das Bild gleich auf die Größe der Form zugeschnitten wurde.

Kapitel_19: Torbogen.jpg

Die praktische Verwendung des Ausstecher-Werkzeugs ist denkbar einfach und bietet zudem viele Möglichkeiten, wie der folgende Workshop erläutert.

19.3 Das Ausstecher-Werkzeug

Schritt für Schritt: Kreative Bildumrandung erstellen

Das Ausstecher-Werkzeug bietet unzählige Formen, mit denen viele kreative Effekte möglich sind. So lassen sich zum Beispiel ganz einfach Bilderrahmen erstellen.

1   Form zum Ausstechen auswählen

Laden Sie das Bild »Torbogen.jpg« in den Fotoeditor, und wählen Sie das Ausstecher-Werkzeug [C] [✿] aus der Werkzeugpalette aus. Gehen Sie auf die Dropdown-Liste AUSSCHNITTFORM ❷. Über FORMEN ❶ finden Sie jetzt unter AUSSCHNITTFORMEN eine Menge interessanter Formen, die sich bestens für eine Bildumrandung eignen. Natürlich können Sie sich auch nach anderen Formen umsehen; seien Sie kreativ!

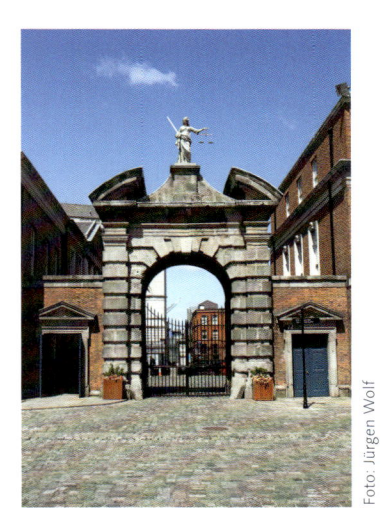

▲ **Abbildung 19.29**
Diesem etwas langweiligen Bild wollen wir eine kreative Umrandung spendieren und so zu mehr Pepp verhelfen.

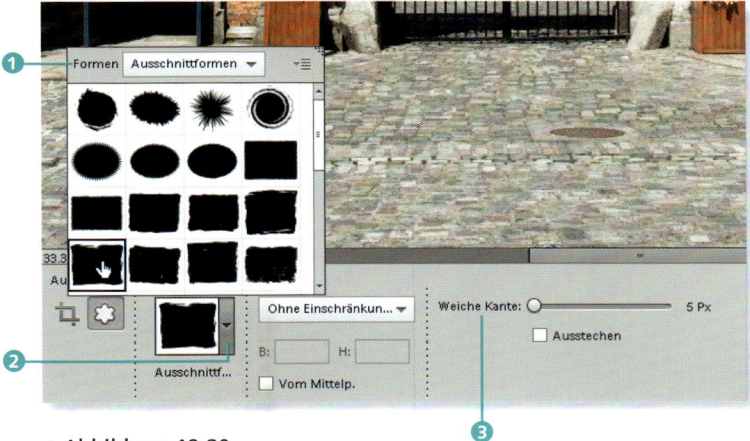

▲ **Abbildung 19.30**
Zunächst sollten Sie eine passende Form für den Zuschnitt wählen.

2   Weitere Werkzeugeinstellungen

Bei den FORMOPTIONEN belassen Sie es bei den Standardeinstellungen. Für WEICHE KANTE ❸ verwenden Sie in diesem Beispiel 5 Px.

3   Bild ausstechen

Ziehen Sie mit gedrückt gehaltener linker Maustaste den Zuschnittrahmen über den gewünschten Bereich, den Sie anschließend ausstechen wollen. Wenn Sie die Maustaste losgelassen haben, können Sie über die je vier Griffpunkte an den Seiten und Ecken die Größe des Zuschnitts nachträglich einstellen. Natürlich können Sie auch jederzeit die Position mit gedrückt gehaltener Maustaste im mittleren Bereich des Bildes verändern.

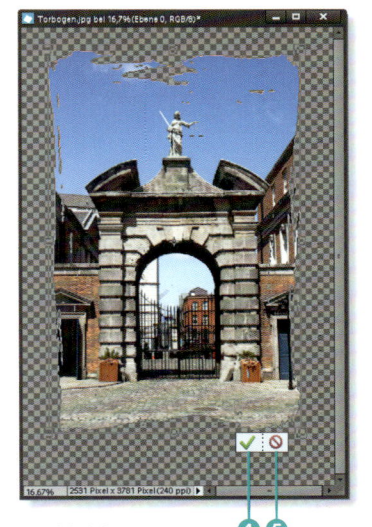

▲ **Abbildung 19.31**
Unser aufgezogener Zuschnittrahmen mit dem Ausstecher-Werkzeug

Kapitel 19 Freistellen

Bestätigen Sie den Freistellungsvorgang, indem Sie entweder auf das grüne Häkchen ④ (siehe Abbildung 19.31 auf Seite 493) klicken oder ⏎ betätigen. Abbrechen hingegen können Sie den Vorgang über das Stoppsymbol ⑤ oder die Taste Esc .

4 Ausgestochene Form weiter gestalten

Zum Weiterlesen
Mehr zu den Ebenenstilen und -effekten, wie sie im Beispiel mit dem Schlagschatten verwendet wurden, erfahren Sie in Kapitel 36, »Ebenenstile und -effekte«.

Jetzt können Sie natürlich noch weiterhin kreativ bleiben und der ausgestochenen Form über FENSTER • EFFEKTE beispielsweise einen Schlagschatten spendieren. Sie finden verschiedene Schlagschatten bei STILE ①, wo Sie in der Dropdown-Liste ② SCHLAGSCHATTEN auswählen müssen. Den Schlagschatten können Sie ganz einfach hinzufügen/ändern, indem Sie doppelt auf der entsprechenden Miniaturvorschau ③ klicken.

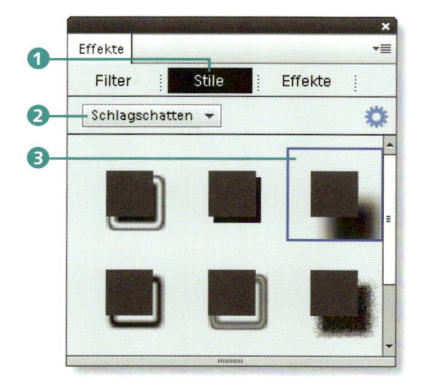

▲ **Abbildung 19.32**
Einen einfachen Schlagschatten hinzufügen …

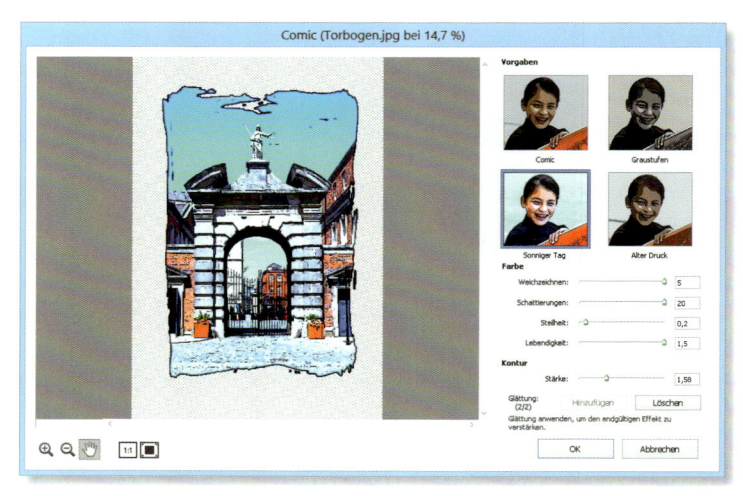

▲ **Abbildung 19.33**
… oder einfach einen Comic-Effekt verwenden, welchen Sie über FILTER • ZEICHENFILTER • COMIC finden

5 Auf Hintergrundebene reduzieren

Vielleicht wollen sie jetzt noch das Bild möglichst genau um die ausgestochende Form mit dem Freistellungswerkzeug [C] zurechtschneiden. Am Ende verwenden Sie entweder diese freigestellte Ebene für weitere Kreationen, wie beispielsweise eine Fotocollage, oder Sie reduzieren die Datei über EBENE • AUF HINTERGRUNDEBENE REDUZIEREN zu einem fertigen Bild und speichern dieses in einem Format Ihrer Wahl. Das Thema der Ebenen wird in Teil VIII dieses Buches im Detail behandelt.

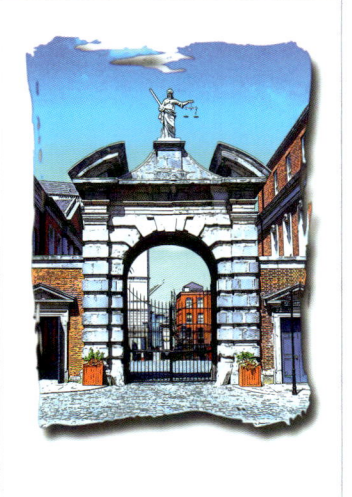

◄ **Abbildung 19.34**
Das Endergebnis links mit einem sehr interessanten Rahmen. Beim Bild auf der rechten Seite wurde zusätzlich noch der Comic-Filter verwendet.

19.4 Hintergründe strecken – das Neu-zusammensetzen-Werkzeug

Das Neu-zusammensetzen-Werkzeug [W] aus der Werkzeugpalette kann dazu verwendet werden, die Größe eines Bildes zu ändern, ohne dass ausgewählte Informationen des Motivs verloren gehen. Zunächst hat es den Anschein, als sei dies nur ein Werkzeug zum Skalieren von Bildern. Aber dieses Werkzeug kann weitaus mehr, als es auf den ersten Blick erkennen lässt.

Skalieren ohne Verzerrung | Anders als beim gewöhnlichen Skalieren, wo alles im Bild verzerrt wird, wenn Sie die Größe ändern, können Sie mit dem Neu-zusammensetzen-Werkzeug bestimmte Bereiche im Bild markieren, um diese ausgewählten Bereiche beim Ändern der Größe zu erhalten. Außerdem haben Sie mit dem Werkzeug die Möglichkeit, bestimmte Bereiche im Bild zu entfernen. Anhand dieser Beschreibung dürfte Ihnen jetzt auch klar sein, warum man bei diesem Werkzeug von »neu zusammensetzen« spricht.

▼ **Abbildung 19.35**
Auf der linken Seite sehen Sie das Originalbild. Das mittlere Bild wurde ganz gewöhnlich skaliert, wodurch die geometrischen Formen auch zusammengestaucht wurden. Das Gleiche wurde mit dem rechten Bild gemacht, nur wurden die geometrischen Formen dieses Mal mit dem Neu-zusammensetzen-Werkzeug geschützt, bevor das Bild skaliert wurde.

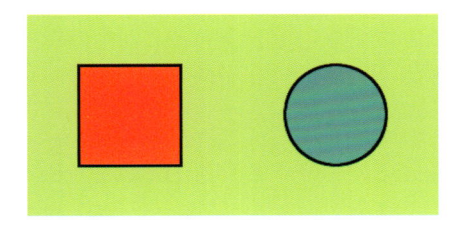

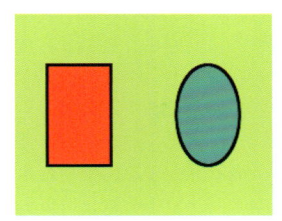

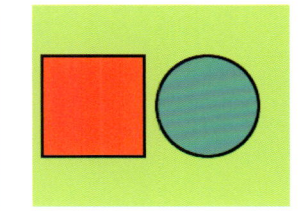

Schutzbereiche markieren | Mit dem Pinsel mit Plussymbol ❶ markieren Sie im Bild den Bereich, den Sie beim anschließenden Verändern der Bildgröße schützen wollen. Photoshop Elements versucht dann, diesen Bereich im Bild nicht zu verzerren. Im Bild wird dieser markierte Bereich mit einer transparenten grünen Farbe aufgepinselt. Wollen Sie wieder etwas vom aufgepinselten geschützten Bereich im Bild entfernen, verwenden Sie den Radiergummi mit dem Plussymbol ❹ daneben.

Bildbereiche, die Sie beim Verändern der Bildgröße komplett entfernen wollen, markieren Sie mit dem Pinsel mit dem Minussymbol ❷. Diese Bildbereiche werden im Bild mit einer transparenten roten Farbe angezeigt. Auch hier finden Sie daneben einen Radiergummi mit einem Minussymbol ❸, mit dem Sie zu viel aufgepinselte Bereiche wieder wegradieren können, damit sie im Bild erhalten bleiben.

Rückgängig machen
Sie können jederzeit einen aufgepinselten oder wegradierten Bereich mit ⌃Strg/⌘cmd+Z rückgängig machen.

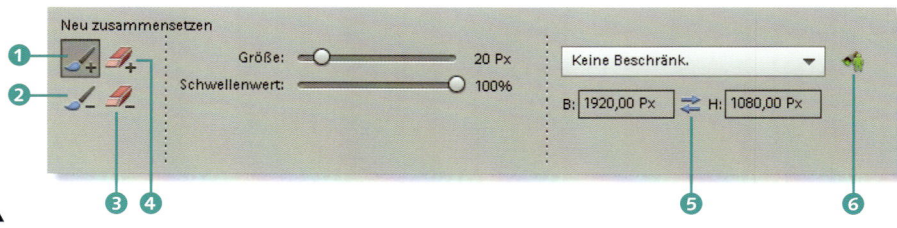

Abbildung 19.36 ▲
Optionen des Neu-zusammensetzen-Werkzeugs

Werkzeugspitze einstellen | Mit Größe stellen Sie Größe der Werkzeugspitze der eben erwähnten Pinsel und des Radiergummis ein. Mit dem Schieberegler Schwellenwert, stellen Sie den Schwellenwert für die Neuzusammensetzung zur Verzerrungsminimierung ein. Standardmäßig ist hier ein Wert von 100 % vorgegeben. Ein Wert von 0 % entspräche einer gewöhnlichen Skalierung über Bild • Skalieren • Skalieren.

Wie schon beim normalen Freistellungswerkzeug können Sie hier ebenfalls über eine Dropdown-Liste das Seitenverhältnis einstellen. Standardmäßig ist auch hier Keine Beschränkung vorgegeben. Alternativ können Sie auch hier noch das Fotoverhältnis des Bildes beibehalten oder aus voreingestellten Formaten auswählen. Natürlich können Sie die Werte für Breite und Höhe genauso manuell als Zahlenwert (Maßeinheit Pixel) eingeben. Klicken Sie auf das Doppelpfeilsymbol ❺ zwischen Breite und Höhe, werden die beiden angegebenen Werte miteinander vertauscht.

Personen automatisch schützen | Interessant für Fotos, auf denen Personen abgebildet sind, ist der Pinsel Hauttöne hervorheben ❻. Photoshop Elements versucht hierbei, automatisch im Bild

19.4 Hintergründe strecken – das Neu-zusammensetzen-Werkzeug

alle möglichen Hautfarben zu schützen (grün einzufärben), die es findet. Diese Automatik funktioniert allerdings nur dann zuverlässig, wenn sich im Bild sonst kaum hauttonartige Farben befinden.

Schritt für Schritt: Bild neu zusammensetzen

Bei dem folgenden Bild wollen wir die Breite des Bildes verringern, ohne dass dabei die angelnden Personen im Bild verzerrt werden. Der nicht besetzte Stuhl in der Mitte soll außerdem aus dem Bild entfernt werden.

Kapitel_19: fishing.jpg

1 Neu-zusammensetzen-Werkzeug wählen

Laden Sie das Bild »fishing.jpg« in den Fotoeditor. Wählen Sie in der Werkzeugpalette das Neu-zusammensetzen-Werkzeug [W] aus. Stellen Sie beim Seitenverhältnis die Option KEINE BESCHRÄNKUNG ein. Wählen Sie eine passende GRÖSSE für den Pinsel. Im Beispiel habe ich hier 100 Pixel eingestellt.

2 Bereich zum Erhalten auswählen

Wählen Sie den Pinsel mit dem Plussymbol ❼, um einen bestimmten Bereich im Bild zu schützen. Malen Sie mit dem Pinsel im Bild die Personen aus, so dass sie mit einer transparenten grünen Farbe eingefärbt sind. Zu viel Eingefärbtes können Sie jederzeit wieder mit dem Radiergummi mit dem Plussymbol entfernen. Für ein genaues Arbeiten ist ein regelmäßiges Ein- und Auszoomen unumgänglich. Ebenso werden Sie die GRÖSSE der Werkzeugspitze öfter anpassen müssen. Berücksichtigen Sie hierbei auch die Schatten der Personen.

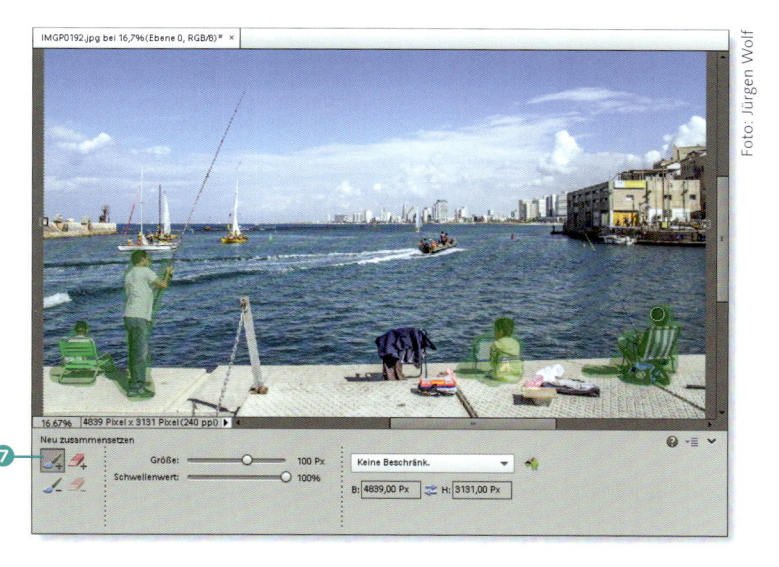

◀ **Abbildung 19.37**
Die Personen wurden in diesem Bild als »geschützt« markiert.

3 Bereich zum Entfernen auswählen

Verwenden Sie den Pinsel mit dem Minussymbol ❶, um die Bereiche im Bild zu markieren, die später bei der Veränderung der Größe entfernt werden sollen. Stellen Sie hier wieder eine passende GRÖSSE für den Pinsel ein, und malen Sie den leeren Stuhl in der Mitte mit transparenter roter Farbe an. Alernativ können Sie hiermit auch eine Person entfernen. Zu viel ausgemalte Bereiche können Sie mit dem Radiergummi mit dem Minussymbol wieder entfernen.

▲ **Abbildung 19.38**
Der Stuhl (in Rot) soll anschließend nicht mehr auf dem Bild sein.

4 Bild neu zusammensetzen

Jetzt können Sie an den Griffen der vier Ecken und Seiten die Größe des Bildes verändern und es neu zusammensetzen. Im Beispiel habe ich den Griff auf der linken Seite ❷ in die Mitte gezogen. Hierbei erkennen Sie jetzt schon sehr gut, dass sich die geschützten Bereiche im Bild nicht ändern und dass der Bereich, den Sie zum Entfernen markiert haben, verschwunden ist.

Sind Sie mit dem Ergebnis zufrieden, brauchen Sie nur noch das grüne Häkchen ❸ oder ⏎ zu betätigen, oder Sie brechen mit dem roten Stoppsymbol ❹ oder Esc ab.

19.4 Hintergründe strecken – das Neu-zusammensetzen-Werkzeug

▲ Abbildung 19.39
Das Bild wird in der Größe reduziert und neu zusammengesetzt.

5 Bild zuschneiden

Da das Neu-zusammensetzen-Werkzeug leider keine direkte Option zum Freistellen besitzt, wählen Sie das Freistellungswerkzeug ⌈C⌉ 🔲, und schneiden Sie das Bild aus, so dass der transparente Bereich auf der linken Seite entfernt wird. Wollen Sie außerdem das Fotoverhältnis beibehalten, müssen Sie beim Freistellungswerkzeug die entsprechende Option auswähen (wie wir es hier getan haben).

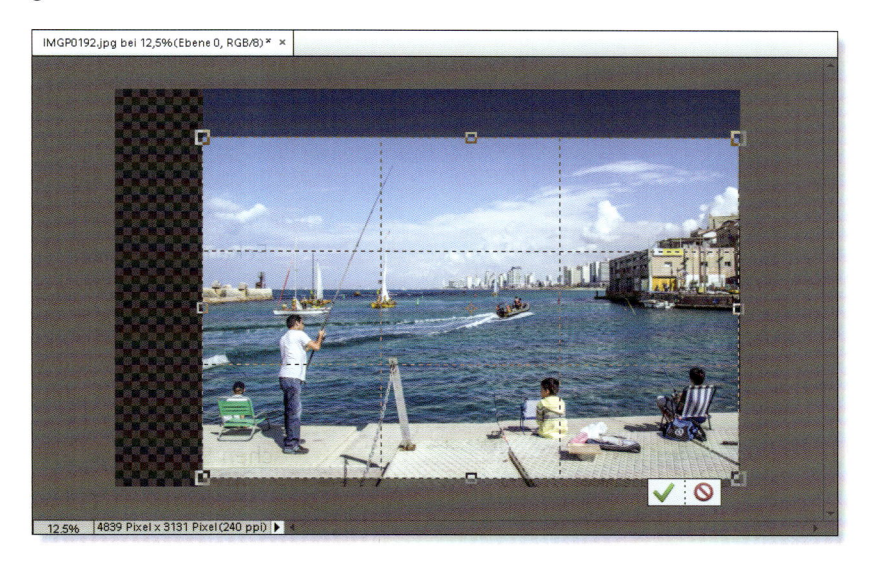

◄ Abbildung 19.40
Bild zuschneiden

499

Kapitel 19 Freistellen

6 Auf Hintergrundebene reduzieren

Zum Schluss müssen Sie nur noch die Ebene mit der rechten Maustaste anklicken und im Kontextmenü Auf Hintergrundebene reduzieren auswählen. Unschöne Artefakte, die durch die Größenveränderung entstanden sind, entfernen Sie beispielsweise mit dem Kopierstempel S und dem Bereichsreparatur-Pinsel J . Mehr zu diesen Werkzeugen erfahren Sie in den Abschnitten 33.1 und 33.3.

Abbildung 19.41 ▼
Links sehen Sie das Originalbild. Das rechte Bild wurde mit dem Neu-zusammensetzen-Werkzeug verkleinert.

Neu zusammensetzen mit dem Assistent-Modus | Da die Arbeit mit dem Neu-zusammensetzen-Werkzeug recht komplex ist, finden Sie diesen Vorgang auch im Assistent-Modus über das Aufgabenbedienfeld unter der Kategorie Retuschen mit Neu zusammensetzen wieder.

Kapitel 20
Bildgröße und Auflösung ändern

Wie Bildgröße und Auflösung zusammenhängen, haben Sie bereits in Abschnitt 5.1 erfahren. Wichtig wird dieses Wissen vor allem dann, wenn Sie die Größe eines Bildes verändern wollen – zum Beispiel für einen Ausdruck oder wenn Sie bestimmte Vorgaben von einem Fotodienstleister bekommen.

20.1 Der Bildgröße-Dialog

Wollen Sie das gesamte Bild vergrößern oder verkleinern, so finden Sie das passende Werkzeug im Menü BILD • SKALIEREN unter BILDGRÖSSE (alternativ mit der Tastenkombination [Strg]/[cmd]+[Alt]+[I]).

Bildgröße und Auflösung sind mit dem Dialog BILDGRÖSSE zwar schnell geändert, wenn Sie aber nicht genau wissen, was Sie hier tun, wirkt sich diese Änderung schnell negativ auf die Bildqualität aus.

20.1.1 Pixelmaße ändern

Um ein Bild neu zu berechnen oder, genauer, seine PIXELMASSE ❶ zu ändern (*Resampling*), aktivieren Sie die Checkbox BILD NEU BERECHNEN MIT ❺ und wählen gegebenenfalls eine entsprechende Interpolationsmethode ❻ aus.

Über die Zahlenfelder von BREITE und HÖHE bei PIXELMASSE können Sie die Pixelgröße ändern. Als Maßeinheit verwenden Sie hierbei PIXEL oder PROZENT. Das Kettensymbol ❼ dahinter bedeutet, dass Sie die Proportionen (Seitenverhältnis) des Bildes nicht verändern können. Sollten Sie Breite und Höhe unabhängig voneinander ändern wollen, etwa um das Bild zu strecken, müssen Sie die Checkbox PROPORTIONEN BEIBEHALTEN ❹ deaktivieren.

> **Bild neu berechnen**
>
> Wenn die Pixelmaße verändert werden, wirkt sich die Neuberechnung nicht nur auf die Anzeigegröße aus, sondern auch auf die Druckausgabe und Bildqualität. Wird die Anzahl der Pixel im Bild reduziert (*Downscaling*), so werden zugleich Informationen aus dem Bild entfernt. Analog werden beim Vergrößern eines Bildes (*Upscaling*) neue Pixel hinzugefügt. Diese neuen Pixel werden aus den Farbwerten der benachbarten Pixel errechnet. Hierbei verliert das Bild an Schärfe. Grundsätzlich gilt, dass eine Skalierung von 30 % die Qualität eines Bildes drastisch verschlechtert.

Für das Interpolationsverfahren ❻ zum Neuberechnen eines Bildes stehen Ihnen folgende Möglichkeiten zur Verfügung:

- Pixelwiederholung (harte Kanten beibehalten): Dieses Verfahren verzichtet auf jede Art der Kantenglättung. Es ist daher weniger präzise und eignet sich eher für Illustrationen mit ungeglätteten Kanten. Außerdem können beim Verzerren oder Skalieren Zacken entstehen, weshalb die Methode **für Fotos ungeeignet** ist.
- Bilinear: Dieses Verfahren erzeugt Bilder mittlerer Qualität, findet aber kaum noch Verwendung.
- Bikubisch (Glatter/Schärfer): Das Verfahren Bikubisch ist der aktuelle Standard und bietet **die beste Möglichkeit** für die Neuberechnung. Noch bessere Qualitäten erzielen Sie mit den Verfahren Bikubisch glatter (optimal bei Vergrösserung) beim Vergrößern (Upscaling) von Bildern und mit Bikubisch schärfer (optimal bei Verkleinerungen) bei Verkleinerungen (Downscaling). Sollte das Bild beim Verkleinern mit Bikubisch schärfer überscharf geraten, probieren Sie die Option Bikubisch (optimal für einen glatten Verlauf) aus.

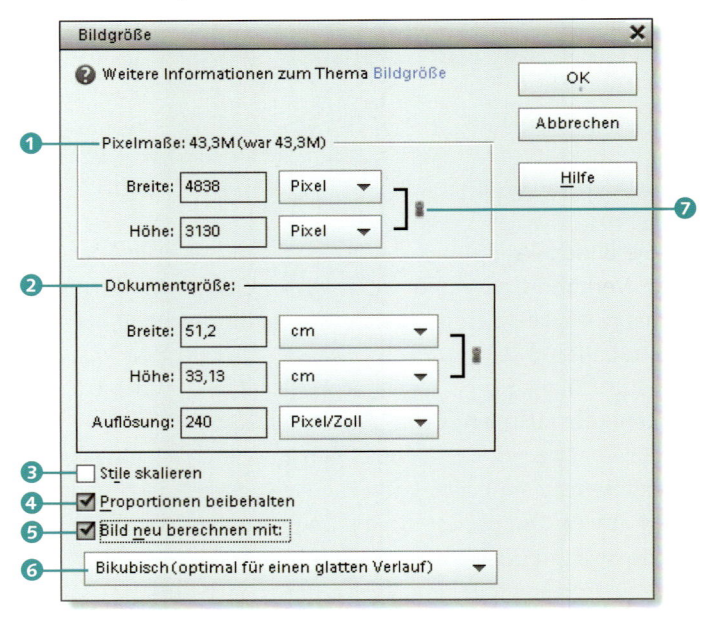

Abbildung 20.1 ▶
Der Dialog Bildgrösse

20.1.2 Dokumentgröße ändern

Wenn es um das Drucken geht, ist nicht die Pixelgröße im Bild entscheidend, sondern die Bildgröße und Auflösung in Zentimetern. Sofern Sie die Auflösung des Bildes ändern wollen, müssen Sie die Werte Breite, Höhe und Auflösung unter Dokumentgrösse ❷ ändern. Aus Abschnitt 5.1, »Abbildungsgröße und Bildausschnitt«, wissen Sie ja mittlerweile, dass die Auflösung nichts mit der Darstellung auf dem Monitor zu tun hat und somit keinen Einfluss auf das Bild hat. Auch hier können Sie die Proportionen des Bildes ungleichmäßig verzerren, wenn Sie die Option PROPORTIONEN BEIBEHALTEN ❹ deaktivieren. Als Maßeinheiten für die BREITE und HÖHE werden hierzulande gewöhnlich Zentimeter (CM) und für die AUFLÖSUNG PIXEL/ZOLL (dasselbe wie Pixel/Inch) verwendet.

Mit der Option STILE SKALIEREN ❸ sorgen Sie bei Bildern mit mehreren Ebenen, die zum Beispiel Ebenenstile wie Schlagschatten verwenden, dafür, dass auch diese Effekte mitwachsen oder -schrumpfen.

Warnung | Zum Schluss muss ich noch eine kleine Warnung hinzufügen. Egal, ob Sie die Bildausgabegröße, die Bildgröße oder die Auflösung ändern oder welche Interpolationsmethode Sie verwenden: Beim Skalieren eines Bildes gehen immer Informationen verloren.

Wie Sie bereits wissen, lassen sich einmal verlorene Informationen nicht wiederherstellen. Daher sollten Sie **ein Bild immer nur einmal skalieren**. Wenn Sie mit dem Ergebnis nicht zufrieden sind, machen Sie den Vorgang rückgängig, und fangen Sie von vorne an.

Schritt für Schritt: Bilder strecken

Wenn Sie Bilder skalieren, muss dies nicht unbedingt im proportionalen Verhältnis geschehen. Ein beliebter Effekt ist das ungleichmäßige Skalieren von Breite und Höhe. Damit lassen Sie zum Beispiel Personen oder Gegenstände auf dem Bild schmaler (oder natürlich auch breiter) aussehen, lassen den Horizont weiter wirken oder simulieren eine Weitwinkelaufnahme.

1 Bildanalyse
Das Bild »Entrance.jpg« wirkt recht eng, weil das Bild etwas unproportioniert zugeschnitten werden musste, da auf beiden Seiten viele Personen im Weg standen, was man im Bild eben nicht (immer) haben will. Bei einer solchen Aufnahme wünscht man sich natürlich einen viel weiteren Winkel. Diesen Eindruck können Sie dem Bild nachträglich verpassen, indem Sie die Breite des Bildes strecken. Öffnen Sie das Bild im Fotoeditor.

Dünner machen

Gerne werden auch Personen künstlich schlanker gemacht. Hierfür hat Photoshop Elements sogar zwei eigene Aktionen spendiert, welche Sie über FENSTER • AKTIONEN unter dem Ordner DÜNNER MACHEN finden. Mehr zu den Aktionen erfahren Sie in Anhang C, »Zusatzmodule, Aktionen und Plug-ins«.

Kapitel_20: Entrance.jpg

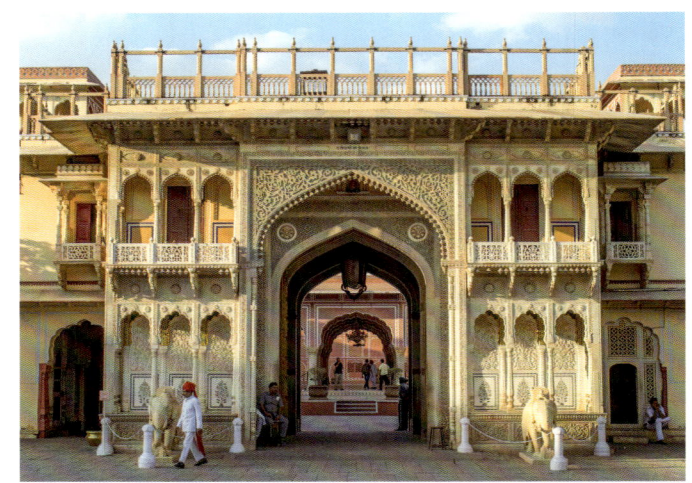

Abbildung 20.2 ▶
Das Bild wirkt durch einen notwendigen Zuschnitt sehr schmal.

Tipp

Wollen Sie ein Bild vergrößern oder verkleinern und dabei einzelne selektive Bereiche im Bild schützen, können Sie auch das Neu-zusammensetzen-Werkzeug W dazu verwenden. Mehr zu diesem Werkzeug habe ich in Abschnitt 19.4, »Hintergründe strecken – das Neu-zusammensetzen-Werkzeug«, geschrieben.

---

2   Bild strecken

Öffnen Sie das Dialogfenster über den Menüpunkt BILD • SKALIEREN • BILDGRÖSSE oder Strg/cmd+Alt+I. Aktivieren Sie zunächst die Checkbox BILD NEU BERECHNEN MIT ❸, und verwenden Sie für die Interpolation BIKUBISCH GLATTER (OPTIMAL BEI VERGRÖSSERUNGEN) ❹, da Sie ja die Bildausgabe vergrößern wollen. Entfernen Sie das Häkchen von PROPORTIONEN BEIBEHALTEN ❷, damit Sie HÖHE und BREITE unabhängig voneinander verändern können. Schalten Sie die Maßeinheit für BREITE und HÖHE bei PIXELMASSE von PIXEL auf PROZENT ❶ um. Vergrößern Sie nun die BREITE auf 105 % bis 110 %, und bestätigen Sie den Dialog mit OK. Gegebenenfalls verringern Sie außerdem die HÖHE auf 95 %.

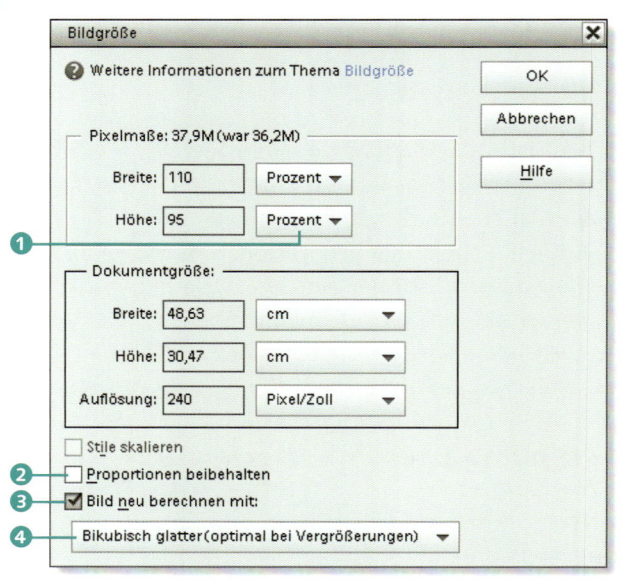

Abbildung 20.3 ▶
Deaktivieren Sie die Option PROPORTIONEN BEIBEHALTEN.

3 Vorher-nachher-Vergleich

Wenn Sie jetzt das VORHER-Bild mit dem NACHHER-Bild vergleichen, entsteht beim gestreckten Bild in der Tat der Eindruck, als wäre es aus einem anderen Winkel aufgenommen worden. Sie sollten hierbei allerdings immer etwas Fingerspitzengefühl bei den Werten für HÖHE und BREITE beweisen, damit das Ganze nicht wie gestaucht wirkt. Bei jedem Bild werden Sie außerdem für solche Zwecke andere Werte eingeben müssen. Bei einem Porträt können Sie beispielsweise die Person im Bild durch Strecken in die Höhe schlanker wirken lassen. Nach dem Strecken ist es außerdem meist empfehlenswert, das Bild nachzuschärfen (ÜBERARBEITEN • UNSCHARF MASKIEREN).

▲ **Abbildung 20.4**
Links sehen Sie das Bild in der Originalfassung und rechts in der gestreckten Version.

20.2 Bildfläche erweitern

Wollen Sie die Bildfläche an einer Seite oder an allen vier Seiten des Bildes vergrößern, finden Sie im Menü unter BILD • SKALIEREN • ARBEITSFLÄCHE (alternativ mit der Tastenkombination `Strg`/`cmd`+`Alt`+`C`) einen entsprechenden Dialog. Die so vergrößerte Arbeitsfläche wird dann mit der aktuell ausgewählten Hintergrundfarbe erweitert. Wenn das Bild mehrere Ebenen hat, wird nur die aktuelle Ebene mit der ausgewählten Hintergrundfarbe erweitert. Bei allen anderen Ebenen sind diese Bereiche transparent.

Die Optionen des Dialogs | Innerhalb des oberen Bereichs ❶ finden Sie die Angaben zur aktuellen Größe des Bildes. Darunter im Bereich NEUE GRÖSSE ❷ können Sie in den Zahlenfeldern BREITE und HÖHE die Bildfläche vergrößern. Wenn Sie hierbei die

Einsatzweck

Auf diese Weise lässt sich beispielsweise auf einfache Art ein Rahmen um ein Bild ergänzen, oder Sie schaffen Platz für neue Bildelemente in Montagen.

Kapitel 20 Bildgröße und Auflösung ändern

◂▸ Abbildung 20.10
Hier erfolgte ein quadratischer Zuschnitt, indem 600 Pixel von der rechten Seite abgeschnitten wurden. Anhand der Pfeilrichtung von POSITION erkennen Sie schnell, ob die Arbeitsfläche mit den Angaben vergrößert oder verkleinert wird.

20.3 Skalieren von Elementen

Neben der Möglichkeit, die Pixelmaße von Bildern über den Dialog BILDGRÖSSE zu skalieren, gibt es eine weitere fortgeschrittene Funktion über den Menüpunkt BILD • SKALIEREN • SKALIEREN. Mit dieser Funktion und den dazugehörigen Optionen in den Werkzeugoptionen skalieren Sie Ebenen, Auswahlen oder Formen.

Schritt für Schritt: Eine Auswahl skalieren

Kapitel_20: RoterPlatz.jpg

Die folgende Anleitung soll Ihnen ein Gefühl für das Skalieren mit der gleichnamigen Funktion vermitteln. Im Bild »RoterPlatz.jpg« kommt die Sankt Basil-Kathedrale in der Mitte des Bildes etwas arg klein rüber. Diese wollen wir jetzt ein wenig digital vergrößern und hervorheben.

Abbildung 20.11 ▸
Die Kathedrale in der Bildmitte soll mehr hervorgehoben werden.

20.3 Skalieren von Elementen

1 Element zum Skalieren auswählen

Öffnen Sie das Bild »RoterPlatz.jpg« im Fotoeditor. Wählen Sie in der Werkzeugpalette das Auswahlrechteck [M] [⬚], und ziehen Sie eine rechteckige Auswahl um die Kathedrale. Wenn die Position der Auswahl nicht ganz passt, verschieben Sie sie mit gehaltener Maustaste.

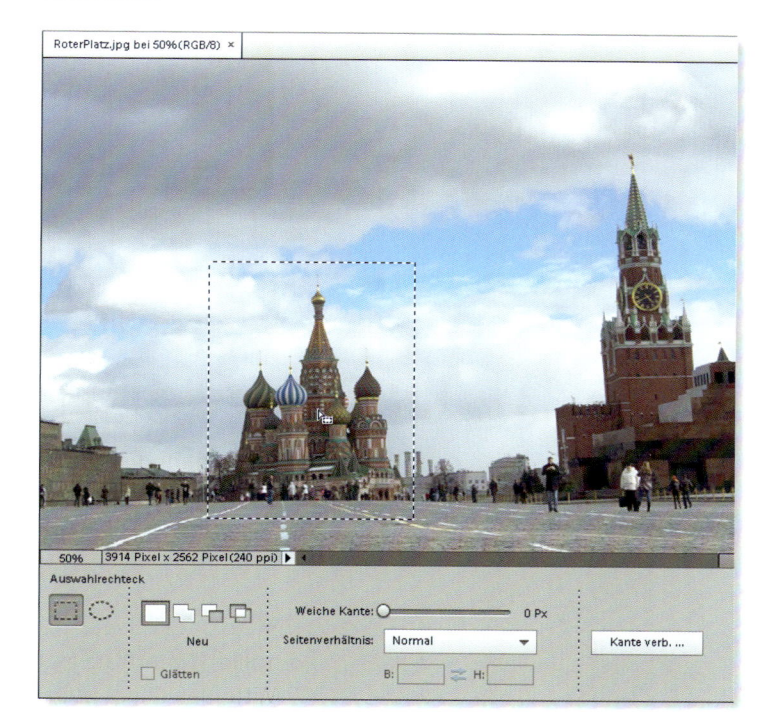

◄ **Abbildung 20.12**
Erstellen Sie eine rechteckige Auswahl.

2 Auswahl skalieren

Wählen Sie im Menü den Punkt BILD • SKALIEREN • SKALIEREN. Nun haben Sie zwei Möglichkeiten, die Auswahl zu skalieren:

▶ Ziehen Sie die Griffpunkte an den Ecken ❶ mit gedrückter linker Maustaste. Um dabei das Seitenverhältnis zu erhalten, aktivieren Sie die Checkbox PROPORTIONEN BEIBEHALTEN ❺, oder halten Sie beim Ziehen die [⇧]-Taste gedrückt.

▶ Die alternative Vorgehensweise habe ich im Beispiel gewählt: Geben Sie in den Werkzeugoptionen einen Prozentwert für die Breite (B) und/oder die Höhe (H) ein. Wählen Sie zunächst für die Lage des Referenzpunktes ❹ die Mitte aus. Auf diese Weise wird der Mittelpunkt des zu skalierenden Elements in der Mitte der Auswahl erhalten. Aktivieren Sie PROPORTIONEN BEIBEHALTEN ❺, und geben Sie den Wert »130 %« entweder bei B oder bei H ein. Der andere Wert wird automatisch an das Seitenverhältnis angepasst.

Kapitel 20 Bildgröße und Auflösung ändern

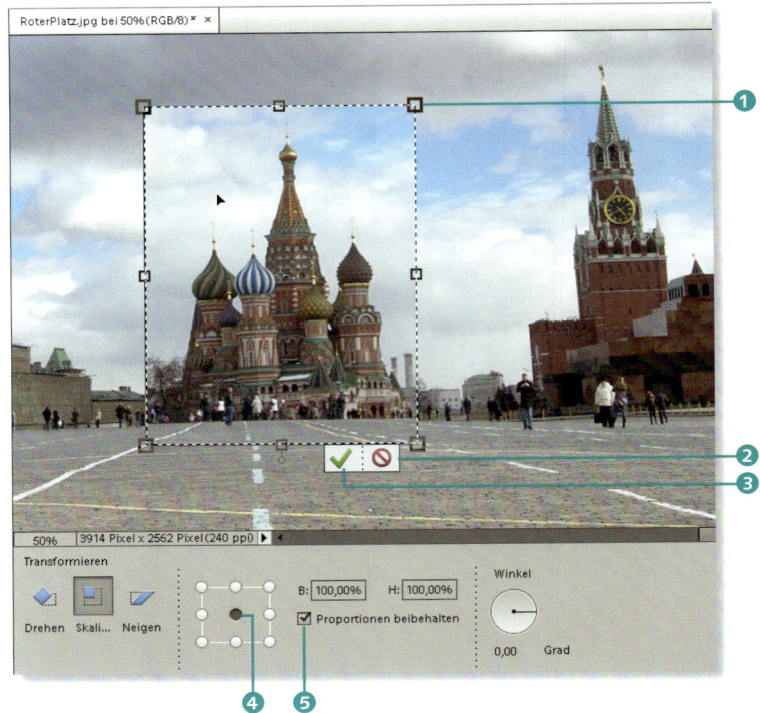

Abbildung 20.13 ▶
Nehmen Sie die Einstellungen in den Werkzeugoptionen des Werkzeugs vor.

Zusätzlich sollten Sie jetzt noch den größer skalierten Bereich mit gedrückt gehaltener linker Maustaste nach oben ziehen, damit der größer skalierter Bereich wieder in einer Linie mit der Straße am Ende des Bildes ist.

Führen Sie nun die Transformation mit ⏎ durch oder indem Sie auf das grüne Häkchen ❸ drücken oder im Begrenzungsrahmen doppelklicken. Haben Sie es sich noch einmal anders überlegt, so brechen Sie den Vorgang entweder über das Stoppsymbol ❷ oder mit Esc ab.

3 Harte Kanten heilen

Heben Sie die Auswahl mit Strg/cmd+D auf. Jetzt finden Sie hier unschöne harte Kanten um den größer skalierten Bildbereich. Diese Kanten rücken Sie jetzt mit dem Bereichsreparatur-Pinsel ✏ J zu Leibe. Stellen Sie sich hierbei einen Pinsel mit passender Größe ❼ ein. Hier wurden 75 Pixel verwendet. Als Typ zum Heilen wurde hier Inhaltsbasiert ❻ ausgewählt. Malen Sie jetzt um die harten Kanten mit den Pinseln, und beobachten Sie, wie diese Kanten so nach und nach durch mehrfaches Übermalen verschwinden. Das erfordert ein wenig Geduld und Geschick, und Sie sollten natürlich nicht in die Kathedrale reinmalen. Der Umgang mit Bereichsreparatur-Pinsel wird in Abschnitt 33.3.2, »Der Bereichsreparatur-Pinsel«, umfassender beschrieben.

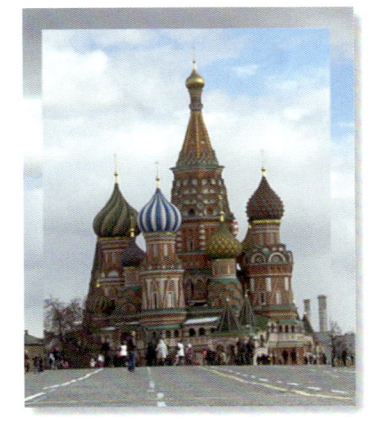

▲ **Abbildung 20.14**
Durch das Skalieren der Auswahl treten harte Kanten hervor.

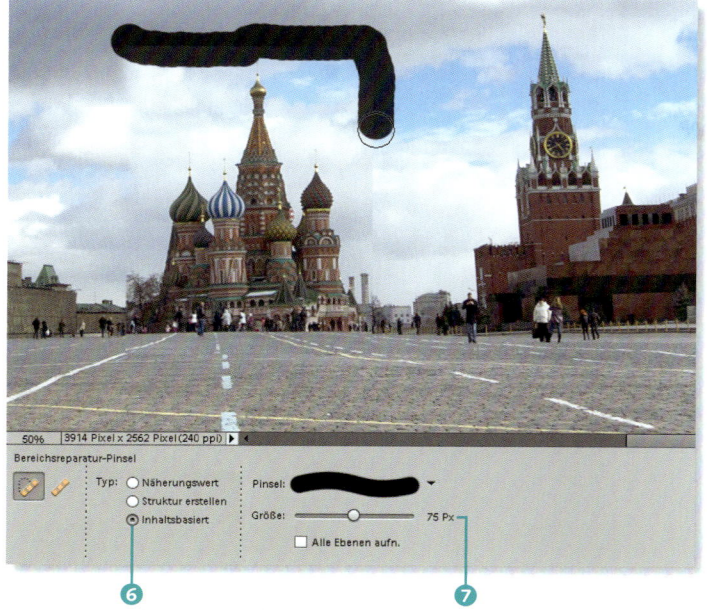

Abbildung 20.15
Die Kontur wird bearbeitet.

Die so erstellte Vergrößerung ist vielleicht noch nicht die hohe Kunst der Bildbearbeitung, dennoch ist diese Art der Skalierung von Auswahlen sehr gut geeignet, um einzelne Bildelemente hervorzuheben.

Abbildung 20.16
Das linke Bild ist die Originalfassung. Die Version rechts zeigt den vergrößerten Bildbereich.

Sie können auch kreativer sein, wie Sie in Abbildung 20.17 sehen können – nach dem Motto »NSA is watching you«. Hierfür habe ich allerdings die Auswahlen aus Arbeitsschritt 1 in die Zwischenablage kopiert und dann erst wie in Arbeitsschritt 2 auf einer neuen Ebene skaliert. Den Umgang mit Ebenen behandele ich in Teil VIII des Buches.

Kapitel 20 Bildgröße und Auflösung ändern

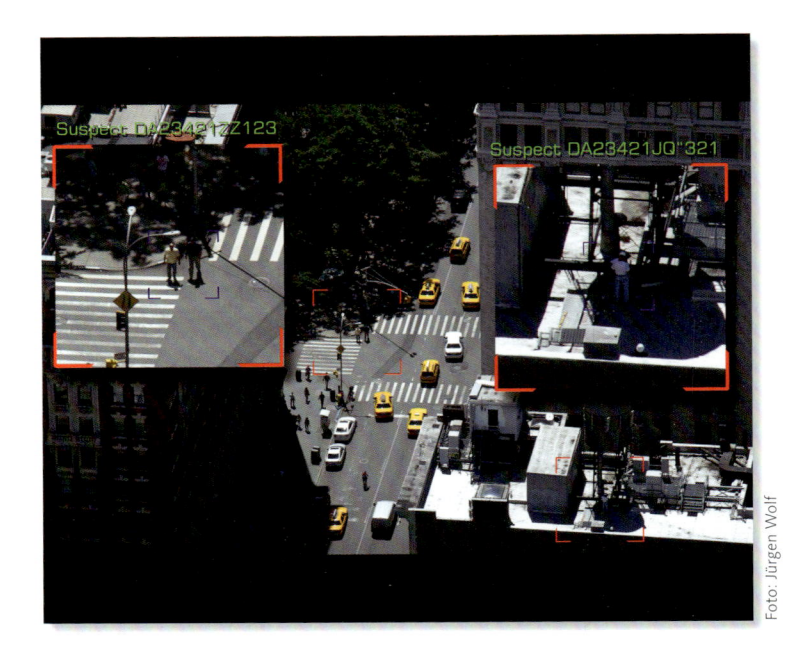

Abbildung 20.17 ▶
Auch so etwas ist durch geschicktes Skalieren (und Ebenen-Technik) möglich.

Die Funktion zum Skalieren hat durchaus noch mehr zu bieten und hätte meiner Meinung nach auch einen Platz in der Werkzeugpalette verdient. Standardmäßig ist beim Aufrufen des Werkzeugs die kleine Schaltfläche SKALIERUNG ❷ aktiviert. Neben der Möglichkeit der Skalierung können Sie hier durch Anwählen der entsprechenden Schaltflächen das Bild drehen ❶ oder neigen ❸.

Abbildung 20.18 ▶
Die Funktion zur Skalierung bietet über die Werkzeugoptionen weitere Funktionen zum DREHEN und NEIGEN von Bildern.

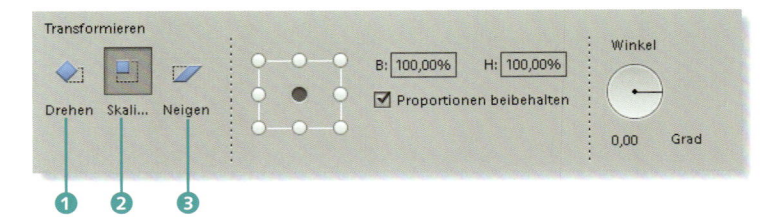

512

Kapitel 21
Bilder ausrichten

Natürlich bietet Photoshop Elements auch Funktionen an, um Bilder neu auszurichten, die Perspektive zu korrigieren oder Bilder zu kombinieren. Denn nicht immer kann man die Kamera im richtigen Moment auslösen oder einen geeigneten Aufnahmestandpunkt wählen.

21.1 Bilder gerade ausrichten

Mit dem Gerade-ausrichten-Werkzeug [P] können Sie Bilder vertikal oder horizontal begradigen oder neu ausrichten. Das Werkzeug lässt sich relativ einfach verwenden: Suchen Sie im Bild eine Linie aus, die gerade sein soll. Klicken Sie nun auf den Anfang ❶ der Linie, und ziehen Sie den Cursor mit gedrückter linker Maustaste zum Ende der Linie ❷. Die beiden Punkte sind nun auf der Anzeige mit einem grauen Strich verbunden. Wenn Sie die Maustaste loslassen, wird das Bild entlang dieser Linie gedreht, also gerade ausgerichtet.

Senkrecht ausrichten

Um ein Bild in der Senkrechten auszurichten, drehen Sie es zuerst um 90° nach links oder rechts (BILD • DREHEN). Wenden Sie dann das Gerade-ausrichten-Werkzeug auf die Senkrechte (die jetzt vorübergehend eine Waagerechte ist) an. Anschließend drehen Sie das Bild wieder um 90° nach rechts oder links zurück.

Kapitel_21:
wailing_wall.jpg

◀ **Abbildung 21.1**
Die beiden Punkte ❶ und ❷ bestimmen die neue Horizontlinie.

Kapitel 21 Bilder ausrichten

Die Option KANTEN AUTOMATISCH AUSFÜLLEN ❸ wurde mit der Version 12 von Adobe Photoshop Elements neu eingeführt.

Werkzeugoptionen | Das Gerade-ausrichten-Werkzeug bietet nur zwei Optionen: Über ALLE EBENEN DREHEN ❷ wählen Sie zuerst aus, ob Sie im Fall mehrerer Ebenen beim Ausrichten alle mitdrehen wollen. Nur wenn diese Option aktiviert ist (was standardmäßig auch der Fall ist), stehen Ihnen die drei Schaltflächen ❶ zur Verfügung, über die Sie einstellen, wie die Arbeitsfläche beim begradigen angepasst werden soll. Mit der Option KANTEN AUTOMATISCH FÜLLEN ❸ werden die Kanten und Flächen des Bildes, welche bei den Einstellungen von GRÖSSE ANPASSEN oder ORIGINALGRÖSSE entstehen, durch sinnvolle Daten vom Bild statt mit der Hintergrundfarbe aufgefüllt. Nach der Ausführung des Werkzeugs sollten die so aufgefüllten Kanten nicht mehr bemerkt werden. **Tipp:** Dieses inhaltssensitive Auffüllen der Flächen und Kanten funktioniert häufig recht gut. Wenn es beim ersten Mal nicht gleich perfekt klappt, sollten Sie den Vorgang nochmals rückgängig machen, und erneut ausführen.

Folgende Optionen können Sie für die Arbeitsfläche über die drei Schaltflächen auswählen:

▶ GRÖSSE ANPASSEN: Die Bildfläche wird so geändert, dass das gedrehte Bild immer vollständig sichtbar ist. Da Ecken beim Drehen gewöhnlich über den Bildbereich reichen, wird das begradigte Bild auch vergrößert. Ohne die Option KANTEN AUTOMATISCH FÜLLEN wird der vergrößerte Bereich mit der eingestellten Hintergrundfarbe gefüllt, wenn das Bild ein normales Hintergrundbild ist. Handelt es sich um eine Ebene, so wird der vergrößerte Bereich transparent. Mit dieser Option werden keine Pixel beschnitten. Verwenden Sie hingegen die Option KANTEN AUTOMATISCH FÜLLEN, werden diese Flächen und Kanten mit relevanten Daten des Bildes aufgefüllt, so dass dieses Auffüllen im Idealfall nicht auffällt.

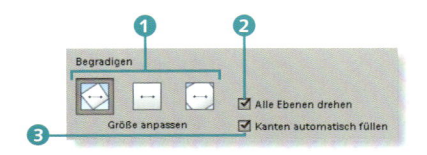

▲ **Abbildung 21.2**
Optionen des Gerade-ausrichten-Werkzeugs

▲ **Abbildung 21.3**
GRÖSSE ANPASSEN mit deaktivierter Option KANTEN AUTOMATISCH FÜLLEN

▲ **Abbildung 21.4**
GRÖSSE ANPASSEN mit aktiver Option KANTEN AUTOMATISCH FÜLLEN

▶ HINTERGRUND ENTFERNEN ⬚: Mit dieser Option wird das Bild passend zugeschnitten, und alle leeren Hintergrundbereiche, die nach dem Ausrichten entstehen, werden entfernt. Dabei werden einige Pixel im Bild beschnitten.

◀ **Abbildung 21.5**
Bild gerade ausgerichtet mit der Option HINTERGRUND ENTFERNEN

▶ ORIGINALGRÖSSE ⬚: Mit der letzten Option behält die Arbeitsfläche die gleiche Größe wie das Originalbild. Einige Bereiche des begradigten Bildes werden hier beschnitten. Ist die Option KANTEN AUTOMATISCH FÜLLEN deaktiviert, werden die frei gewordenen Bereiche bei einem gewöhnlichen Hintergrundbild mit der eingestellten Hintergrundfarbe gefüllt und bei Ebenen transparent dargestellt. Mit der Option KANTEN AUTOMATISCH FÜLLEN hingegen werden diese Flächen und Kanten wieder mit relevanten Daten des Bildes aufgefüllt.

◀ **Abbildung 21.6**
ORIGINALGRÖSSE ausgerichtet mit deaktivierter Option KANTEN AUTOMATISCH FÜLLEN

Kapitel 21 Bilder ausrichten

▲ Abbildung 21.7
ORIGINALGRÖSSE ausgerichtet mit der Option KANTEN AUTOMATISCH FÜLLEN

Kapitel_21: the_spire.jpg

Bilder vertikal ausrichten | Es ist auch möglich, Bilder mit dem Gerade-ausrichten-Werkzeug vertikal auszurichten. Leider bietet Photoshop Elements keine Option, über die man zwischen diesen beiden Möglichkeiten wählen könnte. Standardmäßig wird immer horizontal ausgerichtet. Wollen Sie hingegen ein Bild vertikal ausrichten, müssen Sie zunächst eine vertikale Linie mit gedrückt gehaltener Maustaste an der Stelle ziehen, die vertikal ausgerichtet werden soll. Bevor Sie jetzt die Maustaste loslassen, drücken Sie Strg/cmd. Wenn Sie jetzt die Maustaste loslassen, wird das Bild vertikal ausgerichtet.

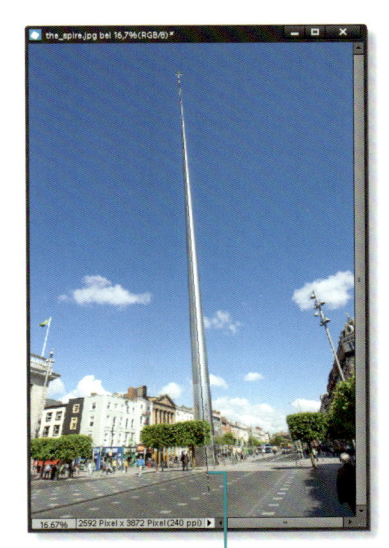

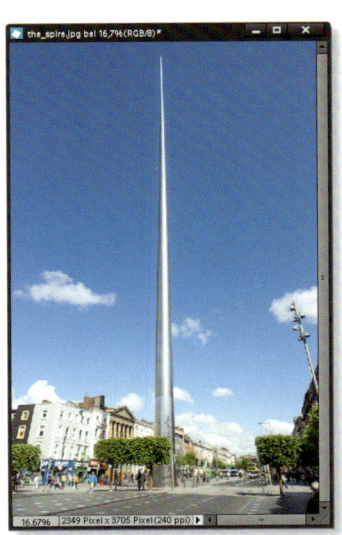

Abbildung 21.8 ▶
Hier wurde zuerst eine vertikale Linie ❶ gezogen. Mit gehaltener Strg/cmd-Taste kann die Maustaste losgelassen werden, …

Abbildung 21.9 ▶▶
… und das Bild wird dann vertikal ausgerichtet.

21.1.1 Automatisch gerade ausrichten

Neben der Möglichkeit, Bilder mit dem Werkzeug gerade auszurichten, bietet Photoshop Elements zwei automatische Funktionen zu diesem Zweck. Soll das Bild gedreht werden, während die umgebenden Arbeitsflächen erhalten bleiben, wählen Sie den Menüpunkt BILD • DREHEN • BILD GERADE AUSRICHTEN aus.

Soll das Bild automatisch begradigt und passend zugeschnitten werden, so entscheiden Sie sich stattdessen für BILD • DREHEN • BILD GERADE AUSRICHTEN UND FREISTELLEN.

21.1.2 Weitere Möglichkeiten zum geraden Ausrichten

Auch mit dem Freistellungswerkzeug [C] 🔲 können Sie ein Bild gerade ausrichten. Ziehen Sie zunächst wieder den Rahmen auf. Anschließend gehen Sie mit dem Mauszeiger in den abgedunkelten Bereich außerhalb der Auswahl. In der Nähe einer Ecke verwandelt sich der Mauszeiger in einen gebogenen Doppelpfeil ❷. Nun können Sie mit gedrückter linker Maustaste den Rahmen drehen.

> **Automatik versus manuell**
>
> In der Praxis werden Sie wohl meistens selbst entscheiden wollen, anhand welcher Linie Sie das Bild gerade ausrichten. Die Automatik versagt zudem bei Bildern, deren Hintergrund nicht automatisch zu ermitteln ist. Dennoch ist es interessant, auszutesten, wie Photoshop Elements die Korrektur automatisch vornimmt.

▲ **Abbildung 21.10**
Bild ausrichten mit dem Freistellungswerkzeug

Ähnlich funktioniert das Ausrichten auch mit der Funktion BILD • SKALIEREN • SKALIEREN (siehe Abschnitt 20.3), wenn Sie in den Werkzeugoptionen statt der Skalierung eine Drehung angeben. Bei dieser Methode wird die Hintergrundebene automatisch in eine normale Ebene umgewandelt.

21.2 Perspektive korrigieren

Früher musste man bei analogen Kameras mit teuren Spezialausrüstungen die Perspektive steuern. Im digitalen Zeitalter ist dies nicht mehr nötig. Selbst Profis bearbeiten ihre Bilder am PC nach und nutzen Werkzeuge, wie Sie sie auch in Photoshop Elements wiederfinden.

21.2.1 Kameraverzerrung korrigieren

Unter FILTER • KAMERAVERZERRUNG KORRIGIEREN erreichen Sie einen Dialog für die Korrektur typischer Verzerrungsprobleme. Mit diesem Dialog beheben Sie typische Bildfehler wie kissen- und tonnenförmige Verzerrungen, Vignettierungen oder perspektivische Verzerrungen.

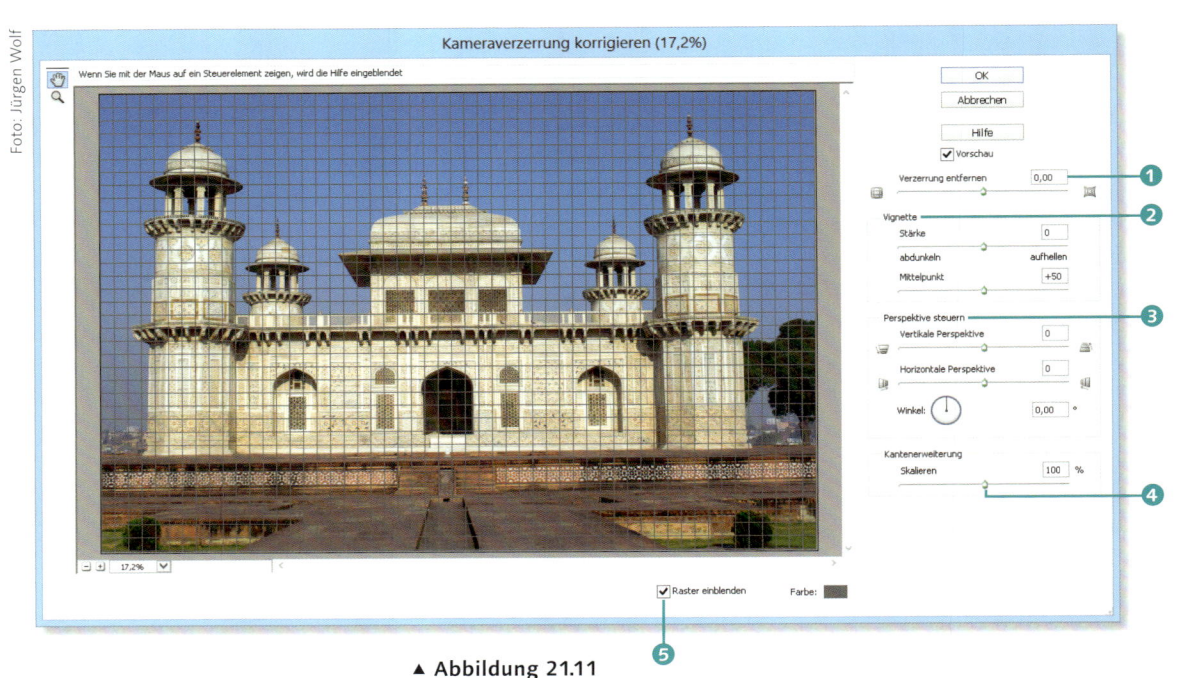

▲ **Abbildung 21.11**
Der Dialog KAMERAVERZERRUNG KORRIGIEREN

Kissen- und tonnenförmige Verzerrungen entfernen | Über den Schieberegler oder das Zahleneingabefeld VERZERRUNG ENTFERNEN ❶ korrigieren Sie waagerechte und senkrechte Linien, die zur Bildmitte hin oder von der Bildmitte weg gekrümmt sind. Solche kissen- oder tonnenförmigen Verzerrungen treten besonders bei Zoomobjektiven auf. Häufig fallen solche Verzerrungen gar nicht auf, weil Bildmotive wie Tier- oder Naturaufnahmen selten gerade Linien enthalten. Bei Aufnahmen von Gebäuden stören solche Ausbeulungen allerdings sehr.

Vignettierung entfernen/hinzufügen | Über VIGNETTE ❷ korrigieren Sie Bilder mit abgedunkelten Rändern. Solche Ränder entstehen durch Objektivfehler und falsche Blendeneinstellungen. Allerdings bilden selbst die besten Objektive das Motiv nach außen etwas dunkler ab. Manchmal wählt man auch absichtlich eine »falsche« Blende, etwa um einen unschärferen Hintergrund zu erzielen. Gerade bei Porträtaufnahmen wird man auf solche Stilmittel nicht verzichten wollen.

Perspektive steuern | Unter PERSPEKTIVE STEUERN ❸ berichtigen Sie fehlerhafte Bildperspektiven. Mit dem Schieberegler VERTIKALE PERSPEKTIVE korrigieren Sie Fehler, die durch eine aufwärts oder abwärts geneigte Kamera entstanden sind. Nach der Korrektur sollten die vertikalen Linien im Bild wieder parallel zum Bildrand ausgerichtet sein. Mit HORIZONTALE PERSPEKTIVE richten Sie entsprechend die horizontalen Linien aus. Mit dem Regler WINKEL können Sie das Bild drehen, um weitere Anpassungen der Perspektive vorzunehmen oder um die Kameraneigung auszugleichen.

Kantenerweiterung | Über den Schieberegler SKALIEREN ❹ lässt sich das Bild vergrößern oder verkleinern, ohne dass die Pixelmaße verändert werden. Diese Form der Skalierung entfernt leere Bildbereiche, die zum Beispiel durch die Korrektur einer Kissen- oder Tonnenverzerrung oder eine perspektivische Korrektur entstanden sind. Bei einer Vergrößerung wird das Bild beschnitten und auf die ursprünglichen Pixelmaße interpoliert.

Raster einblenden | Aktivieren Sie die Checkbox RASTER EINBLENDEN ❺ unterhalb des Bildes, so wird ein Raster angezeigt. Die Farbe des Rasters bestimmen Sie mit der Option FARBE über einen Farbwähler. Das Raster ist enorm hilfreich, um beim Korrigieren der Perspektive das Bild an die waagerechten und senkrechten Linien anzugleichen.

Bildansicht steuern | Ebenfalls unterhalb des Bildes können Sie über das Plus- und das Minussymbol in das Bild hinein- oder aus ihm herauszoomen. Alternativ wählen Sie über das kleine Dreieck ❻ vorgegebene Zoomstufen aus oder passen die Bildansicht an die Fenstergröße an.

Vignettierung hinzufügen

Gerne werden Vignettierungen Bildern auch als Stilmittel hinzugefügt (ebenfalls über VIGNETTE ❷).

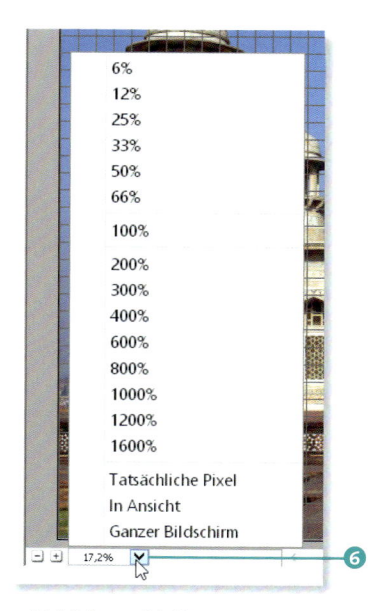

▲ **Abbildung 21.12**
Verwenden von verschiedenen Zoomstufen für die Bildansicht

Tastenkombinationen

Alternativ nutzen Sie zum Zoomen die Tastenkombinationen `Strg`/`cmd`+`+` und `Strg`/`cmd`+`-` und für das Hand-Werkzeug die gehaltene Leertaste.

Kapitel 21 Bilder ausrichten

Werkzeuge | In diesem Dialog finden Sie nur Werkzeuge, die für die Bildansicht benötigt werden. Hierzu zählen das Hand-Werkzeug [H] zum Verschieben eines vergrößerten Bildausschnitts und das Zoom-Werkzeug [Z]. Um aus dem Bild herauszuzoomen, halten Sie [Alt] gedrückt.

Schritt für Schritt: Perspektive korrigieren

Kapitel_21: Tomb_of_Itimad-ud-Daulah.jpg

Gerade bei Architekturaufnahmen von hohen Gebäuden oder Türmen wirken Verzeichnungen oder stürzende Linien störend. Verzeichnungen treten besonders bei Zoomobjektiven häufiger auf. Bei Bildern, die keine markanten Linien aufweisen, fallen Verzeichnungen kaum ins Gewicht. Im Beispiel wurde von unten nach oben fotografiert, wodurch die Linien der Türme nach leicht nach innen verlaufen. Ähnlich ist dies, wenn Sie ein hohes Gebäude von oben fotografieren, nur dass hierbei die stürzenden Linien nach außen verlaufen.

▲ **Abbildung 21.13**
An den äußeren Gebäuden fallen die stürzenden Linien an den Türmen auf.

Von oben fotografiert
Genauso funktioniert dies bei hohen Gebäuden, die Sie von oben fotografiert haben, nur dass Sie hierbei den Wert für VERTIKALE PERSPEKTIVE nach rechts auf einen positiven Wert ziehen müssen.

1 Perspektive ausgleichen
Öffnen Sie das Bild »Tomb_of_Itimad-ud-Daulah.jpg« im Fotoeditor. Starten Sie FILTER • KAMERAVERZERRUNG KORRIGIEREN, und gleichen Sie zuerst die stürzenden Linien über den Regler VERTIKALE PERSPEKTIVE ❶ aus. Setzen Sie den Wert auf »–8«. Ändern Sie gegebenenfalls die Rasterfarbe ❷, falls Ihnen die Linien nicht deutlich genug erscheinen.

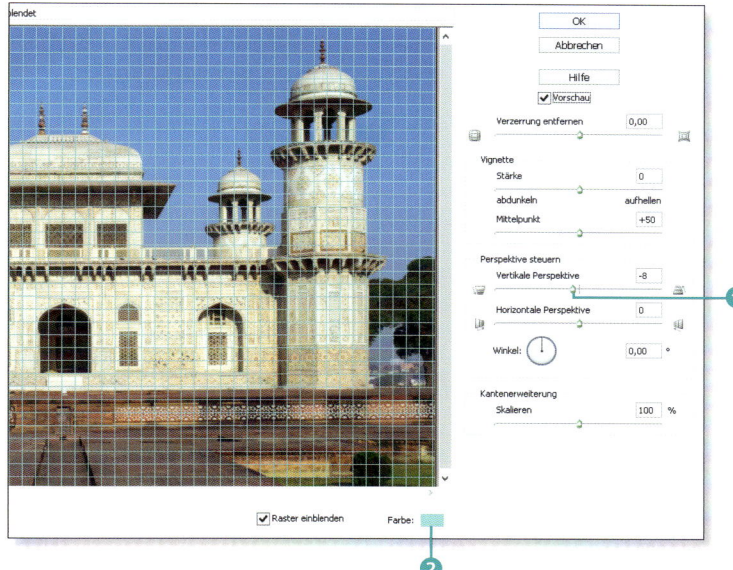

21.2 Perspektive korrigieren

◀ **Abbildung 21.14**
Das Raster hilft bei der Korrektur der senkrechten Linien im Bild.

2 Bild skalieren

Nachdem Sie die Perspektive ein wenig ausgeglichen haben, wird das Bild zunächst unten abgeschnitten. Um diesen Beschnitt wieder rückgängig zu machen, müssen Sie das Bild skalieren. Verschieben Sie daher den Regler SKALIEREN ❸ auf 95 %, und bestätigen Sie den Dialog mit OK.

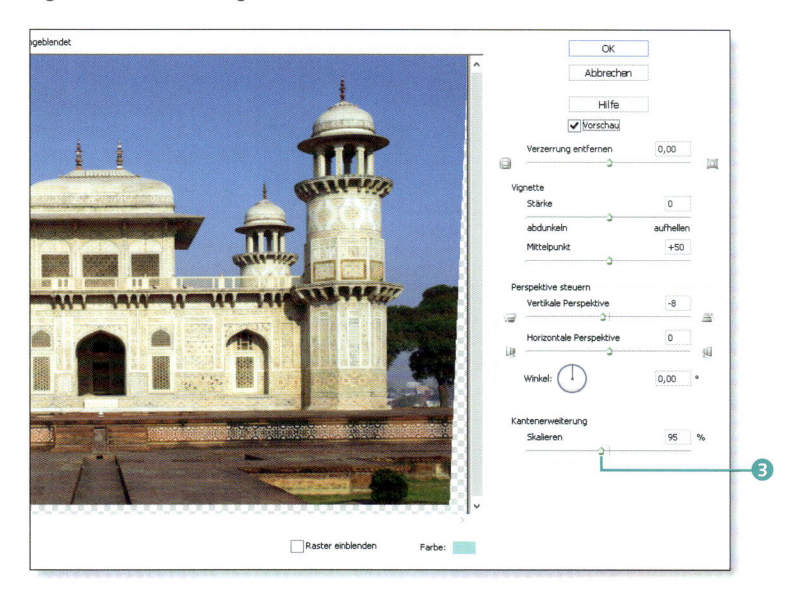

▲ **Abbildung 21.15**
Über die Skalierung holen Sie Bildbereiche zurück, die Photoshop Elements abgeschnitten hat.

Kapitel 21　Bilder ausrichten

3　Bild zuschneiden

Wählen Sie aus der Werkzeugpalette das Freistellungswerkzeug C, und ziehen Sie ein Rechteck um den größtmöglichen rechtwinkligen Ausschnitt ohne transparente Flächen. Bestätigen Sie den Zuschnitt mit ⏎ oder mit dem grünen Häkchen.

Abbildung 21.16 ▶
Schneiden Sie die überflüssigen Bereiche des Bildes einfach weg.

4　Bild schärfen

Da das Bild skaliert wurde, sollten Sie es zuletzt nochmals leicht nachschärfen, um gegebenenfalls verschwundene Bildkanten zurückzuholen. Rufen Sie hierzu ÜBERARBEITEN • UNSCHARF MASKIEREN auf. Wählen Sie einen RADIUS von 1 und eine STÄRKE von 100. Beim SCHWELLENWERT verwenden Sie Stufe 1. Klicken Sie dann auf OK.

Nach der Korrektur der Perspektive sind die äußeren Türme wieder etwas gerader.

▲ **Abbildung 21.17**
Der letzte Feinschliff mit UNSCHARF MASKIEREN

▲ **Abbildung 21.18**
Im Vorher-nachher-Vergleich fällt auf, wie deutlich die Verzerrung des Bildes war.

21.2 Perspektive korrigieren

Schritt für Schritt: Vignettierung beseitigen

Ist die Blende zu weit offen und der Hintergrund recht hell, bilden häufig auch die besten Objektive den Rand leicht dunkel ab. Hier ist es ebenfalls mit dem Filter KAMERAVERZERRUNG KORRIGIEREN einfach, diese Vignettierung zu entfernen. Alternativ fügen Sie über denselben Weg eine Vignettierung hinzu, um den Blick des Betrachters mehr auf die Mitte zu lenken oder dem Bild eine dunklere Atmosphäre zu verleihen.

Kapitel_21: Kremlin.jpg

1 Raster ausblenden
Öffnen Sie das Bild »Kremlin.jpg« im Fotoeditor, und rufen Sie FILTER • KAMERAVERZERRUNG KORRIGIEREN auf. Um die Vignettierung besser erkennen zu können, sollten Sie das Raster ausblenden ❷. Die Vignettierung an den Ecken ❶ ist in diesem Bild deutlich zu sehen.

2 Vignettierung entfernen
Die Ecken entfernen Sie über den Schieberegler STÄRKE ❸ im Rahmen VIGNETTE, indem Sie diesen nach rechts ziehen. Würden Sie den Regler nach links ziehen, würden die Ecken (noch) mehr abdunkelt. Im Beispiel habe ich den Regler auf »+64« gestellt, um die Vignettierung zu beseitigen. Bestätigen Sie den Dialog mit OK.

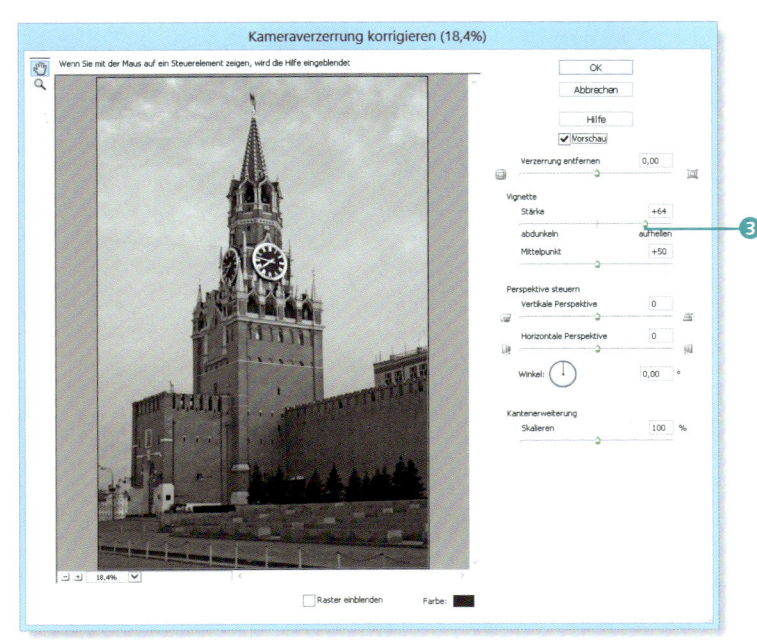

▲ **Abbildung 21.19**
An den Rändern ist das Bild viel zu dunkel. Zur Verdeutlichung habe ich das Bild auch noch schwarzweiß gemacht.

◀ **Abbildung 21.20**
Die Vignettierung wurde entfernt.

21.2.2 Bild durch Verzerren korrigieren

Eine Korrektur der Perspektive können Sie nicht nur mit dem Dialog KAMERAVERZERRUNG KORRIGIEREN vornehmen. Photoshop Elements bietet Ihnen im Menü BILD • TRANSFORMIEREN weitere Funktionen an, die teilweise sogar komfortabler sind, weil Sie hier mit der Maus arbeiten können.

Schritt für Schritt: Perspektive durch Verzerren anpassen

Kapitel_21: Pater_Noster.jpg

Öffnen Sie das Bild »Pater_Noster.jpg« im Fotoeditor. Zur besseren Beurteilung der Perspektivverzerrung sollten Sie das Raster über ANSICHT • RASTER einblenden.

1 Bildansicht anpassen

Passen Sie nun die Bildansicht für die folgende Bearbeitung an. Sie benötigen ausreichend Platz, um anschließend die Verzerrung der Perspektive durchführen zu können. Im Beispiel habe ich das Bild auf eine Zoomstufe von 16,7 % gestellt, und das Dokumentfenster habe ich an den Seiten etwas mehr in die Höhe und Breite gezogen, so dass anschließend genügend Platz für die Transformation zur Verfügung stand.

Abbildung 21.21 ▼
Zoomen Sie aus dem Bild heraus.

2 Perspektive verzerren

Rufen Sie BILD • TRANSFORMIEREN • VERZERREN auf. Beachten Sie hierbei mit einem Blick im Ebenen-Bedienfeld, dass aus dem Hintergrund eine Ebene gemacht wurde. Klicken Sie auf den Anfasser oben links ❶, und ziehen Sie ihn weiter nach links, bis die senkrechte Kante der Säule auf der linken Seite parallel zum Raster ist. Ziehen Sie analog den Anfasser rechts oben ❸ nach rechts, bis die senkrechte Kante der Gebetstafel auf der rechten Seite parallel zum Raster ist. Hierdurch hat sich die linke Kante wieder ein wenig verschoben, so dass Sie sie über den entsprechenden Anfasser ❶ noch einmal anpassen müssen.

Wiederholen Sie diesen Vorgang so oft, bis beide senkrechten Kanten an der Säule und der rechten Gebetstafel parallel zum Raster sind. Durch diese Maßnahmen wurde das Bild ein wenig gestaucht. Gleichen Sie dies aus, indem Sie den mittleren oberen Anfasser ❷ etwas nach oben ziehen. Bestätigen Sie dann den Vorgang mit ⏎ oder mit dem grünen Häkchen ❹.

Hintergrundebene versus Ebene
Mehr zu den verschiedenen Ebenen erfahren Sie in Abschnitt 24.3, »Typen von Ebenen«.

▼ **Abbildung 21.22**
Orientieren Sie sich beim Verzerren am eingeblendeten Raster.

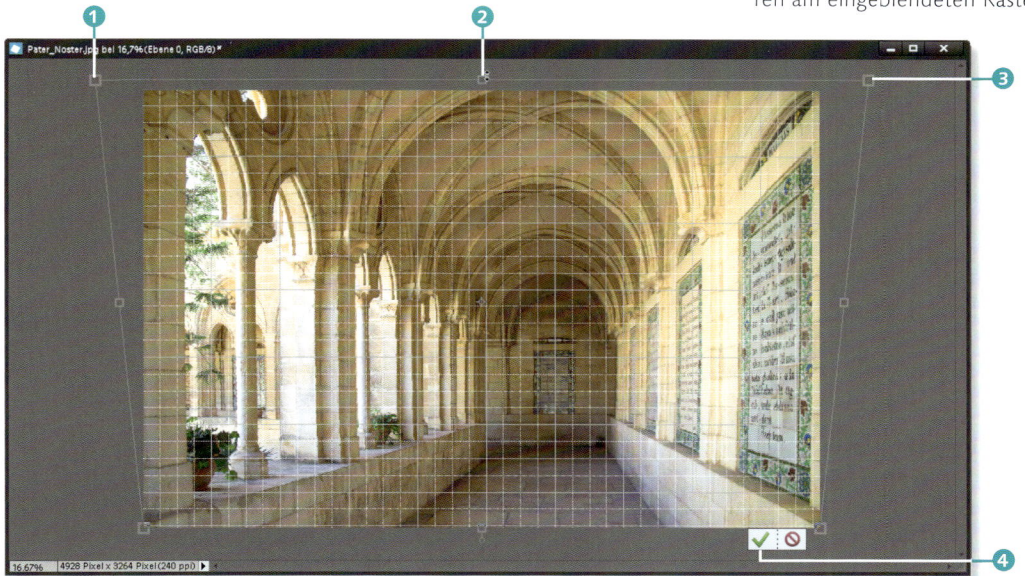

Durch die Transformation wurde aus der Hintergrundebene eine Ebene gemacht, welche Sie wieder mit EBENE • AUF HINTERGRUNDEBENE REDUZIEREN zu einer solchen machen müssen.

3   Bild schärfen
Durch das Verzerren verlieren die Kanten häufig an Schärfe, was Sie mit ÜBERARBEITEN • UNSCHARF MASKIEREN ausgleichen können. Bei einem RADIUS von 1 und einer STÄRKE von 100 % sollte das Bild wieder schärfer werden.

Das Ergebnis mit der VERZERREN-Funktion kann sich sehen lassen. Zum Anpassen der Perspektive ist diese Funktion komfortabler als der Weg über den Dialog KAMERAVERZERRUNG KORRIGIEREN.

▲ **Abbildung 21.23**
UNSCHARF MASKIEREN

▲ **Abbildung 21.24**
Links das Bild in der Originalfassung, rechts die Version, in der ich die Perspektive mit VERZERREN korrigiert habe

21.3 Photomerge – Panoramen & Co.

Mit der Funktion PHOTOMERGE fügen Sie mehrere Dateien zu einer zusammen. War Photomerge früher nur auf Panoramabilder spezialisiert, so bietet es inzwischen weitere interessante Möglichkeiten, etwa die Erstellung eines »perfekten« Gruppenbildes aus mehreren »teilperfekten« Aufnahmen oder die Kombination verschiedener Gesichter.

21.3.1 Panoramabilder erstellen

Die wohl beliebteste Funktion von Photomerge dürfte das Erstellen von Panoramabildern sein. Wenn das Fotomaterial für ein Panorama gut ist, ist auch das Endergebnis überraschend gut.

Genau genommen verwendet Photomerge eines der Bilder als Quellbild und fügt daran die anderen Ebenen sauber an. An den überlappenden Stellen fügt Photoshop Elements eine Ebenenmaske hinzu, um einen optimalen Übergang zwischen den Ebenen zu erzeugen.

Nachträgliche Bearbeitung
Da Elements auch Ebenenmasken kennt, könnten Sie die verschiedenen Bereiche des Panoramas theoretisch auch noch nach der PHOTOMERGE-Funktion bearbeiten (was in der Praxis allerdings selten der Fall ist).

Fotoaufnahmen für Photomerge | Für ein gutes Panoramabild brauchen Sie zunächst die geeigneten Fotos als Grundlage. Beachten Sie daher bei Aufnahmen, die Sie mit Photomerge verarbeiten wollen, folgende Punkte:

▶ **Verwenden Sie die gleiche Brennweite:** Bei Aufnahmen für Panoramafotos gilt immer: Finger weg vom Zoom!
▶ **Schalten Sie die Belichtungsautomatik aus:** Deaktivieren Sie die Belichtungsautomatik der Kamera. Zwar gleicht Photomerge unterschiedliche Belichtungen aus; wenn die Unterschiede aber zu stark sind, hat Photomerge Probleme mit der Ausrichtung.

21.3 Photomerge – Panoramen & Co.

- **Verwenden Sie ein Stativ:** Photomerge gleicht zwar leichte Drehungen aus, dies führt beim Zusammenfügen aber leicht zu Fehlern.
- **Lassen Sie die Bilder überlappen:** Lassen Sie die einzelnen Bilder um 25–40 % überlappen. Je geringer Sie die Überlappung lassen, desto schwieriger wird das Überblenden mit Photomerge.
- **Verwenden Sie keine Verzerrungslinse:** Verwenden Sie für die Aufnahmen keine Objektive, die das Motiv stark verzerren (zum Beispiel Fischaugenobjektiv).
- **Vermeiden Sie bewegte Objekte:** Schnelle, bewegte Objekte sollten nicht mit auf Bilder kommen, die Sie für Panoramen verwenden wollen. Auch windige Tage und schnell ziehende Wolken werden leicht zu einem Problem.

◀ **Abbildung 21.25**
Diese Bilder wurden freihändig als Panorama aufgenommen.

Fotos: Jürgen Wolf

Schritt für Schritt: Ein Panorama erstellen

Die Montage mehrerer Bilder zu einem Panorama ist mit Photomerge denkbar einfach. Rufen Sie zunächst den Dialog über Überarbeiten • Photomerge • Photomerge-Panorama auf.

Kapitel_21/Panorama1:
Pano01.jpg – Pano17.jpg

1 Dateien auswählen

Unter Verwenden ❷ stellen Sie ein, welche Dateien Sie zum Zusammenfügen verwenden wollen. Wählen Sie Dateien, und klicken Sie anschließend auf Durchsuchen ❸. Über den sich öffnenden Dialog zur Dateiauswahl bestimmen Sie nun die Bilder, die Sie zu einem Panorama zusammenfügen möchten. Haben Sie ein Bild zu viel ausgewählt, löschen Sie es mit Entfernen ❹ wieder aus der Liste. Sofern Sie Bilder in Photoshop Elements

Kapitel 21 Bilder ausrichten

Arbeitsspeicher voll
Wollen Sie das Panorama1 von der Buch-DVD ausführen, kann dies abhängig von der Leistung ihres Rechners ein wenig länger dauern. Wenn ihr Rechner schon etwas betagter ist, finden Sie auf der Buch-DVD in Ordner KAPITEL_21/ PANORAMA2 noch ein zweites Beispiel mit weniger Bildern.

geöffnet haben, ist auch die Schaltfläche GEÖFFNETE DATEIEN HINZUFÜGEN ❺ aktiv. Unterhalb der Auswahl können Sie neben der Standardeinstellung BILDER INEINANDER ÜBERGEHEN LASSEN ❻ oder auch automatische Korrekturen zu den einzelnen Bildern vornehmen lassen, wie Vignettierungen oder geometrische Verzerrungen beheben.

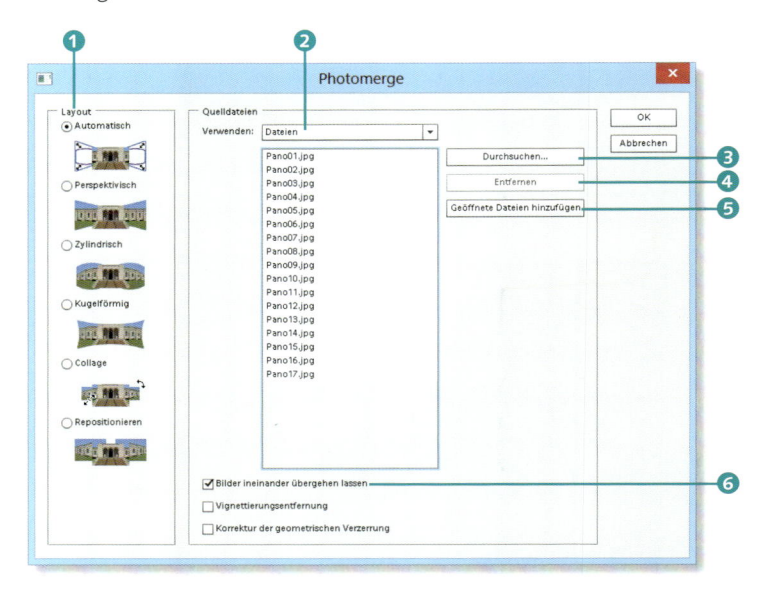

Abbildung 21.26 ▶
Bilder für das Panorama hinzufügen

2 Layout festlegen
Wie die Bilder montiert werden, legen Sie mit LAYOUT ❶ fest. In diesem Beispiel reicht die oberste Option AUTOMATISCH aus.

3 Panorama erstellen
Klicken Sie nun auf OK, und es wird eine ziemlich aufwendige Rechenoperation gestartet, die je nach Rechenleistung ein wenig Zeit in Anspruch nimmt.

4 Bild zuschneiden
Schließlich müssen Sie das Bild nur noch passend zuschneiden. Hierfür bietet Ihnen Elements über einen Dialog an, die leeren Kanten und Flächen des Panoramas automatisch auszufüllen, was Sie mit JA bestätigen oder mit NEIN ablehnen können. Die Software versucht hierbei, bildrelevante Daten dafür zu verwenden, damit das Auffüllen nicht auffällt. Da in diesem Beispiel die einzelnen Bilder freihändig aufgenommen wurden, führt dieses automatische Ausfüllen nur zu einem bescheidenen Ergebnis, weshalb hier der Zuschnitt mit dem Freistellungswerkzeug [C] durchgeführt wurde.

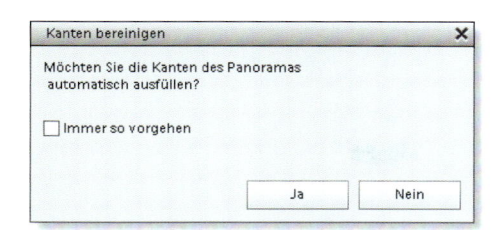

◀ **Abbildung 21.27**
Dieser Dialog bietet Ihnen an, die Kanten des Panoramas bestmöglich für Sie mit bildrelevante Daten aufzufüllen.

▲ **Abbildung 21.28**
Hier sehen Sie das fertige Panorama, welches am Ende noch ein wenig in der Optik nachbearbeitet wurde (aufgehellt und die Farben etwas verbessert).

Kapitel_21/Panorama3:
Pano1.jpg – Pano14.jpg

Layouts | Meistens klappt die Panoramaerstellung mit der Option AUTOMATISCH recht gut. Dennoch sollten Sie auch die anderen Optionen kennen, falls Sie mit AUTOMATISCH einmal nicht ans Ziel kommen. Bei allen Beispielen wurde auf den automatischen Zuschnitt der Kanten verzichtet, damit Sie die einzelnen Optionen hier deutlicher erkennen können:

▶ PERSPEKTIVISCH: Hierbei wird versucht, ein möglichst einheitliches Panorama zu erstellen, indem eines der Bilder (gewöhnlich das mittlere) als Referenzbild verwendet wird. Die übrigen Bilder werden anhand dieses Bildes positioniert, gedreht oder gedehnt, so dass bei der fertigen Komposition der überlappende Inhalt über mehrere Ebenen übereinstimmt.

◀ **Abbildung 21.29**
Bei der perspektivischen Montage kann es zu starken Verzerrungen kommen. Im vorliegenden Beispiel ist dieses Layout überhaupt nicht geeignet.

▶ ZYLINDRISCH: Dieses Layout arbeitet weniger mit Verzerrungen, so dass hier tendenziell weniger Verzeichnungen auftreten als beim perspektivischen Layout. Auch hier wird ein Referenzbild (gewöhnlich das mittlere) verwendet, an dem die anderen Bilder wie an einem auseinandergeklappten Zylinder angeordnet werden. Das Layout ist besonders für die Erstellung von breiten Panoramabildern geeignet.

Abbildung 21.30 ▶
Mit der Option ZYLINDRISCH werden die Bilder nicht so stark verzerrt.

- KUGELFÖRMIG: Hiermit werden die einzelnen Bilder so ausgerichtet, dass man mit diesem Panorama quasi die Innenseite einer Kugel auskleiden könnte.

Abbildung 21.31 ▶
Hier wurden die einzelnen Bilder so angeordnet, dass man damit die Innenseite einer Kugel auskleiden könnte.

- COLLAGE: Hiermit werden die einzelnen Ebenen aneinander ausgerichtet. Überlappende Inhalte werden zueinander transformiert (gedreht oder skaliert) und anhand einer Quellebene angeordnet.

Abbildung 21.32 ▶
Das Panorama mit der Option COLLAGE

▸ REPOSITIONIEREN: Mit diesem Layout werden nur die überlappenden Bereiche angepasst, ohne Änderung der Perspektive (genauer Quellebene).

◂ **Abbildung 21.33**
Hier wurden die Bilder nur repositioniert.

Wenn PHOTOMERGE-PANORAMA fertig ist, werden die einzelnen Bilder in einer Datei mit mehreren Ebenen und Ebenenmasken (siehe Teil VIII) angelegt.

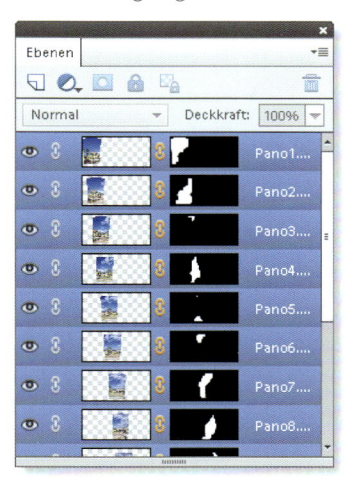

◂ **Abbildung 21.34**
Photomerge arbeitet mit mehreren Ebenen und Masken, um die überlappenden Bildbereiche zu montieren.

21.3.2 Photomerge-Gesichter

Mit der Funktion PHOTOMERGE-GESICHTER kombinieren Sie Elemente aus verschiedenen Gesichtern zu einem neuen Gesicht.

Schritt für Schritt: Photomerge-Gesichter – ein neuer Mund

Mit Photomerge-Gesichter lassen sich großartige Spaßbilder erstellen. In diesem Beispiel sollen der Mund und die Augen ausgetauscht werden. Es lassen sich aber auch ernsthaftere Einsatzmöglichkeiten vorstellen, beispielsweise um zwei Gruppenaufnahmen zu einer zu kombinieren, in der alle Personen die Augen geöffnet haben.

Kapitel_21: Gesicht1.jpg, Gesicht2.jpg

Kapitel 21 Bilder ausrichten

Abbildung 21.35
Bilder im Fotobereich markieren

1 Bilder öffnen

Öffnen Sie die Bilder »Gesicht1.jpg« und »Gesicht2.jpg« von der Buch-DVD. Schließen Sie alle anderen Bilder. Klicken Sie die beiden Bilder nacheinander im Fotobereich mit gehaltener Strg/cmd-Taste an, so dass beide markiert sind. Wählen Sie ÜBERARBEITEN • PHOTOMERGE • PHOTOMERGE-GESICHTER.

2 Basisbild festlegen

Wählen Sie die Porträtaufnahme des jungen Mannes, der die Zunge rausstreckt, als Basisbild aus, und ziehen Sie sie aus dem FOTOBEREICH ❷ mit gedrückt gehaltener linker Maustaste in den Rahmen ENDERGEBNIS ❶. Das Bild auf der linken Seite im Rahmen QUELLE ist das Quellbild, das in das Zielbild ENDERGEBNIS montiert werden soll.

Abbildung 21.36
QUELLE und ENDERGEBNIS festlegen

3 Fotos ausrichten

Aktivieren Sie das Ausrichtungswerkzeug ❻, und wählen Sie in beiden Bildern die drei Ausrichtungspunkte. Hierzu müssen Sie nur die drei Punkte im Quell- und Zielbild an dieselbe Position bringen. Punkt eins wurde **in beiden Bildern** über das bildlinke ❸, Punkt zwei jeweils über das bildrechte Auge ❹ und Punkt drei jeweils über den Mund ❺ gesetzt.

In welcher Reihenfolge Sie die Punkte setzen, bleibt Ihnen überlassen. Wichtig ist nur, dass Sie die korrespondierenden

Punkte in den beiden Bildern an derselben Position setzen: Zum Beispiel bestimmen Sie die gewünschten Punkte zunächst im Quellbild, wechseln dann ins Zielbild und setzen dort die korrespondierenden Punkte. Alternativ legen Sie die Punkte einfach abwechselnd im Quell- und im Zielbild fest.

Betätigen Sie nun die Schaltfläche FOTOS AUSRICHTEN ❼, und das Quellbild wird am Zielbild ausgerichtet.

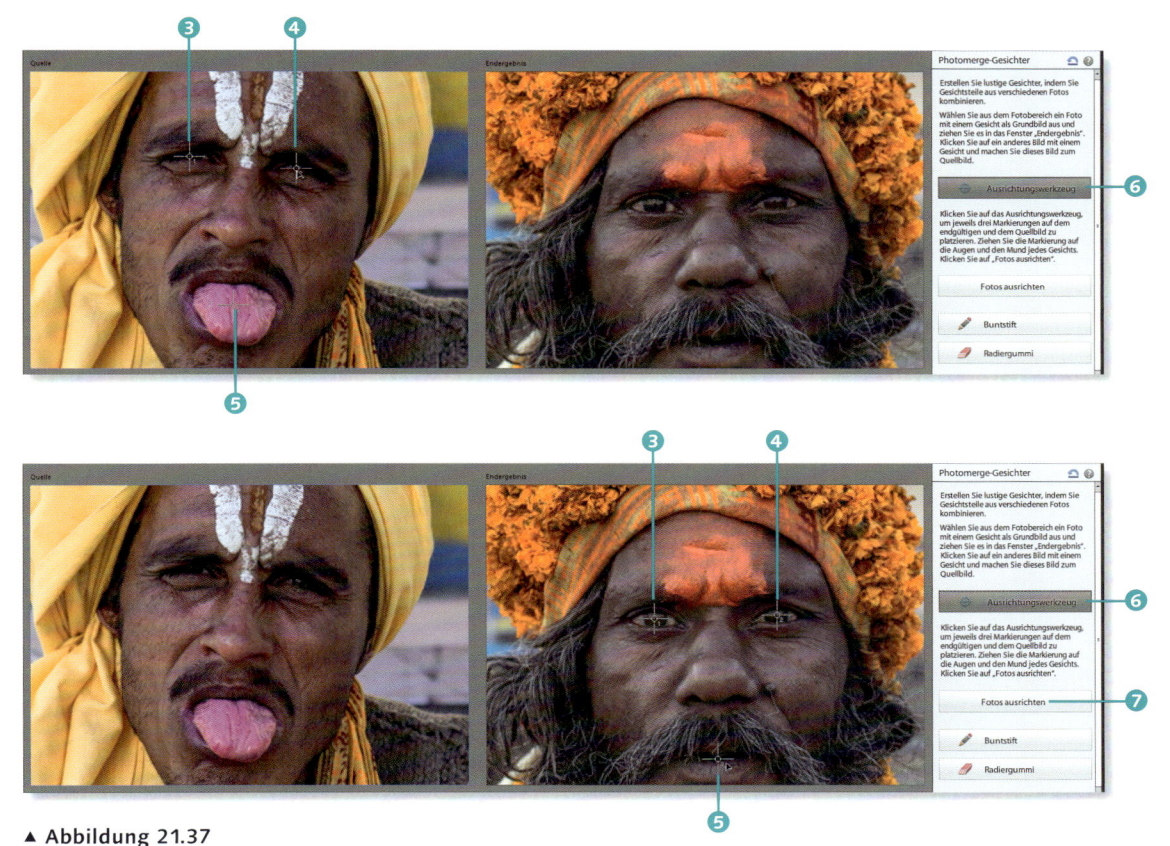

▲ **Abbildung 21.37**
Legen Sie nacheinander in beiden Bildern die Ausrichtungspunkte fest.

4 Gesichtsbereiche übernehmen

Verwenden Sie nun den Buntstift ❿, und malen Sie im Quellbild ❽ die Bereiche an, die Sie in das Zielbild montieren wollen. Die Größe der Werkzeugspitze stellen Sie mit GRÖSSE ein. So können Sie dem Endbild noch weitere Inhalte hinzufügen oder gegebenenfalls mit dem Radiergummi ⓫ wieder entfernen. Als Option für die Anzeige können Sie STRICHE ANZEIGEN auswählen, um die Buntstiftstriche im Quellbild anzuzeigen. Mit REGIONEN ANZEIGEN werden die auswählten Regionen im Endbild angezeigt.

Kapitel 21   Bilder ausrichten

▲ **Abbildung 21.38**
Markieren Sie im Quellbild die Bereiche, die in das Zielbild übertragen werden sollen.

5   Gesicht fertigstellen

Wenn die Montage abgeschlossen ist, klicken Sie auf FERTIG, um das Photomerge-Gesicht fertigzustellen. Mit BILD ZURÜCKSETZEN ❾ können Sie nochmals von vorn anfangen; mit ABBRECHEN beenden Sie PHOTOMERGE-GESICHTER.

▲ **Abbildung 21.39**
Links sehen Sie die Person mit dem neuen Mund und neuen Augen und rechts das Original.

Natürlich spricht hierbei auch nichts gegen ein Spaßbild aus einer Mischung zwischen verschiedenen Tieren oder einem Menschen und einem Tier. Werden Sie einfach selbst kreativ.

◄ **Abbildung 21.40**
Auch solche Spaßbilder sind mit PHOTOMERGE-GESICHTER möglich.

Foto: Jürgen Wolf

21.3.3 Photomerge-Gruppenbild

Ähnlich wie PHOTOMERGE-GESICHTER funktioniert die Funktion PHOTOMERGE-GRUPPENBILD. Mit dieser Funktion erstellen Sie aus mehreren vom Motiv her nicht ganz optimalen Gruppenfotos ein perfektes Bild. Häufig kommt es vor, dass einzelne Personen auf einem Gruppenfoto die Augen geschlossen haben, gerade nicht lächeln oder sonst irgendetwas machen, was man auf dem Bild nicht sehen will. Wenn Sie hier eine ganze Serie von Fotos gemacht haben, können Sie aus mehreren Fotos das jeweils beste von jeder Person für eine Montage verwenden.

Schritt für Schritt: Gruppenbilder optimieren

In den folgenden beiden Bildern springen Mädchen in die Luft – auf einem Bild springen zwei Mädchen und auf dem anderen Bild eines. Geplant war allerdings ein Foto, wo alle Mädchen gleichzeitig in der Luft sind. Mit PHOTOMERGE-GRUPPENBILD ist dieser Mangel leicht zu beheben.

▲ **Abbildung 21.41**
Eine Person springt immer falsch.
Fotos: Jürgen Wolf

1 **Photomerge-Gruppenbild aufrufen**
Wählen Sie zunächst die Fotos, die Sie mit PHOTOMERGE-GRUPPENBILD bearbeiten wollen, im Organizer aus, oder öffnen Sie diese Fotos im Fotoeditor. Rufen Sie ÜBERARBEITEN • PHOTOMERGE • PHOTOMERGE-GRUPPENBILD auf, woraufhin der PHOTOMERGE-GRUPPENBILD-Assistent startet.

Kapitel_21: Gruppe01.jpg, Gruppe02.jpg

2 **Endergebnis auswählen**
Wählen Sie aus dem Fotobereich ❸ das beste Gruppenfoto aus, und ziehen Sie es in das Fenster ENDERGEBNIS ❷. Das Foto für das Fenster QUELLE ❶ legen Sie durch einfaches Anklicken des entsprechenden Bildes im Fotobereich fest. Damit Sie die Bilder

zwischen Quelle und Endergebnis aus dem Fotobereich nicht verwechseln, sind sie mit einem farbigen Rahmen codiert.

Abbildung 21.42 ▶
Wählen Sie als Endergebnis immer das beste Bild.

3   »Gute« Bereiche markieren

Wählen Sie nun den Buntstift ❺ aus, und malen Sie im Bereich Quelle ❹ den Bereich aus, den Sie gerne im Bereich Endergebnis sehen würden. Über den Regler Grösse können Sie die Pinselgröße einstellen.

▼ **Abbildung 21.43**
Markieren Sie die Bereiche in der Quelle, die Sie ins Endergebnis übertragen möchten.

4   Gegebenenfalls weitere Fotos auswählen

Sobald Sie die Maustaste loslassen, erscheint der markierte Bereich von Quelle im Bereich Endergebnis. Haben Sie in der Quelle zu viel ausgewählt, können Sie jederzeit Inhalte mit dem Radiergummi ❻ entfernen.

Um dem Endergebnis weitere Personen aus anderen Bildern hinzuzufügen, klicken Sie einfach im Fotobereich das entsprechende Bild an, so dass es im Bereich Quelle erscheint. Gehen Sie dann analog zu Schritt 3 vor. Klicken Sie auf die Schaltfläche Fertig ❼, wenn Sie mit dem Gruppenbild im Endergebnis zufrieden sind.

21.3 Photomerge – Panoramen & Co.

▲ **Abbildung 21.44**
Mit FERTIG ❼ bestätigen Sie den Dialog.

▲ **Abbildung 21.45**
Aus zwei nicht ganz perfekten Bildern wurde ein perfektes: Im Endbild sind alle Personen in der Luft. Das Ergebnis ist im Beispiel recht gut geworden, obwohl ich beide Bilder mit unterschiedlichen Zoomstufen fotografiert habe.

Striche und Regionen anzeigen | PHOTOMERGE-GRUPPENBILD bietet einige weitere Optionen: Mit der Checkbox STRICHE ANZEIGEN lassen Sie die Striche, die Sie mit dem Buntstift gemalt haben, im Quellbild anzeigen. Wenn Sie die Checkbox REGIONEN ANZEIGEN aktivieren, werden die ausgewählten Regionen im ENDERGEBNIS dargestellt.

Unter ERWEITERTE OPTIONEN finden Sie das Ausrichtungswerkzeug wieder, das wir bereits im vorherigen Abschnitt in Verbindung mit der Funktion PHOTOMERGE-GESICHTER verwendet haben. Mit seiner Hilfe richten Sie das Bild anhand von drei Markierungen im Quell- und Endbild aus (unter ERWEITERTE OPTIONEN finden Sie noch den Punkt PIXEL ÜBERBLENDEN für denselben Zweck).

Automatische Ausrichtung

PHOTOMERGE-GRUPPENBILD verwendet eine automatische Ausrichtung, die in der Regel recht zuverlässig funktioniert. Daher sollten Sie eine manuelle Ausrichtung nur durchführen, wenn das Ergebnis mit der Automatik nicht gelungen ist.

21.3.4 Photomerge-Szenenbereinigung

Die Funktion SZENENBEREINIGUNG funktioniert ganz ähnlich wie die Funktion GRUPPENBILD. Sie erreichen sie über ÜBERARBEITEN • PHOTOMERGE • PHOTOMERGE-SZENENBEREINIGUNG. Mit ihr entfernen Sie zum Beispiel Touristen, die ins Bild geraten sind, oder fügen umgekehrt Personen einer Aufnahme hinzu. Um gute Ergebnisse zu erhalten, benötigen Sie Bilder von derselben Szene (versteht sich), die möglichst im gleichen Winkel aufgenommen wurden.

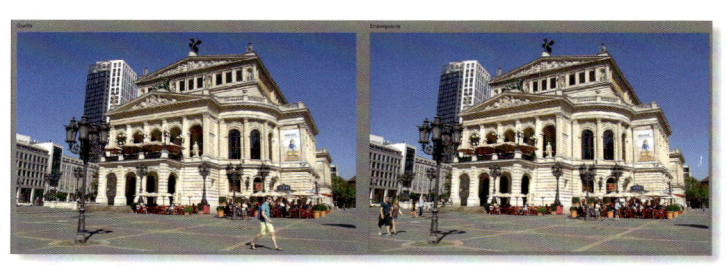

Kapitel_21: Szene1.jpg, Szene2.jpg

Abbildung 21.46 ▸
Ein einfaches Beispiel für die Szenenbereinigung: Die Personen, die durch das Bild laufen, sollen aus beiden Bildern entfernt werden.

Um ein unerwünschtes Objekt aus einem Bild zu entfernen, zeichnen Sie den zu bereinigenden Bereich im Endbild mit dem Buntstift ein.

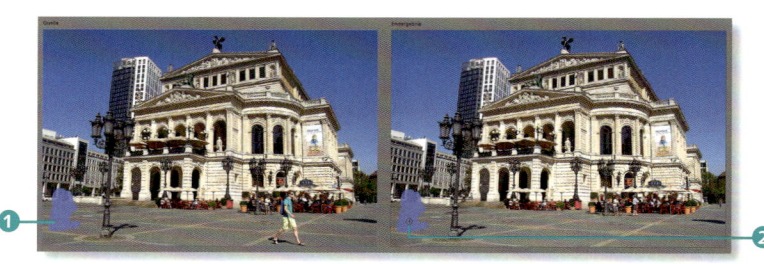

Abbildung 21.47 ▸
Hier habe ich im ENDERGEBNIS ❷ die Stelle eingezeichnet, die durch den Bereich aus der QUELLE ❶ ersetzt werden soll.

Abbildung 21.48 ▸
Das Ergebnis nach der Szenenbereinigung: Niemand mehr auf dem Foto!

Der umgekehrte Vorgang funktioniert analog. Wollen Sie dem Endbild einen Bildbereich vom Quellbild hinzufügen, so brauchen Sie diesen Bereich nur im Quellbild mit dem Buntstift anzumalen.

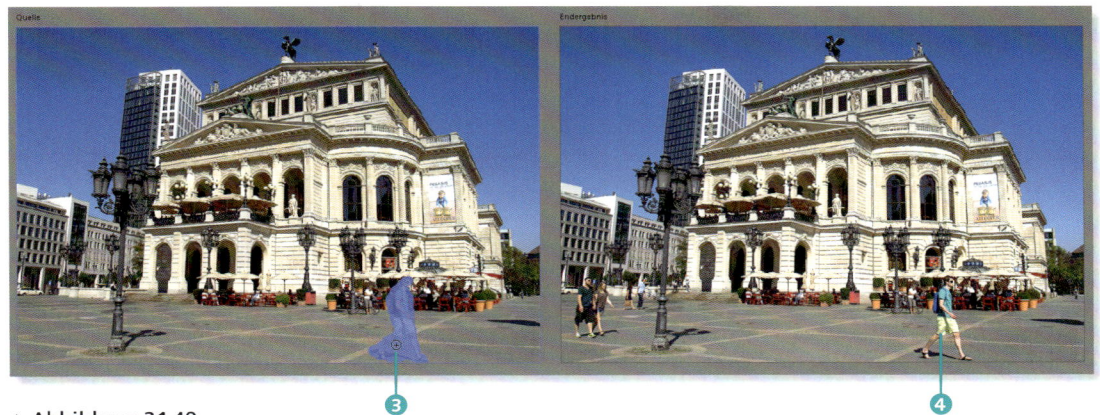

▲ **Abbildung 21.49**
Malen Sie hingegen ein Objekt in Quelle ❸ mit dem Buntstift aus, so wird es dem Endergebnis ❹ hinzugefügt. Hier wurde dem Bild eine weitere Person hinzugefügt.

Photomerge-Belichtung | Die Funktion Photomerge-Belichtung behandele ich in Abschnitt 31.5, weil ich in Teil IX des Buches auch die damit verbundene DRI-Technik beschreibe.

TEIL VII
Auswahlen

Kapitel 22
Einfache Auswahlen erstellen

Auswahlen kommen vorwiegend zum Einsatz, wenn Sie nur einzelne Bildbereiche und nicht das komplette Bild oder ganze Ebenen bearbeiten wollen. Natürlich sind Auswahlen auch bestens zum Freistellen von komplizierten Motiven geeignet.

22.1 Auswahlwerkzeuge im Überblick

Da sich nicht jedes Auswahlwerkzeug für jedes Motiv eignet, bietet Photoshop Elements mehrere solcher Werkzeuge an:

- Auswahlrechteck: Wird für quadratische oder rechteckige Auswahlen verwendet.
- Auswahlellipse: Wird für runde und ovale Auswahlbegrenzungen eingesetzt.
- Lasso: Hiermit erstellen Sie frei gezeichnete Auswahlen.
- Polygon-Lasso: Erstellt Auswahlen, die sich aus mehreren geraden Kanten zusammensetzen.
- Magnetisches Lasso: Wird für Auswahlen benutzt, die sich automatisch an Kanten von Bildbereichen ausrichten, um die Sie das Lasso ziehen.
- Zauberstab: Wählt mit einem einzigen Mausklick bestimmte Pixel im Bild aus, die eine ähnliche Farbe enthalten.
- Schnellauswahl-Werkzeug: Erstellt eine schnelle Auswahl anhand von Farben und Strukturen.
- Auswahlpinsel: Wird zur Kennzeichnung eines Bereichs verwendet, der ausgewählt oder nicht ausgewählt werden soll (Maskenmodus).

Funktionsprinzip von Auswahlen | Das Funktionsprinzip von Auswahlen ist im Grunde immer gleich, egal, welchen Befehl

Kapitel 22   Einfache Auswahlen erstellen

Auswahl nicht sichtbar

Wenn die Ameisenlinien bei einer Auswahl nicht sichtbar sind, haben Sie sie vielleicht aus Versehen über ANSICHT • AUSWAHL oder [Strg]/[cmd]+[H] abgeschaltet. Über dieses Menü und diese Tastenkombination aktivieren oder deaktivieren Sie die Sichtbarkeit der Auswahlmarkierung.

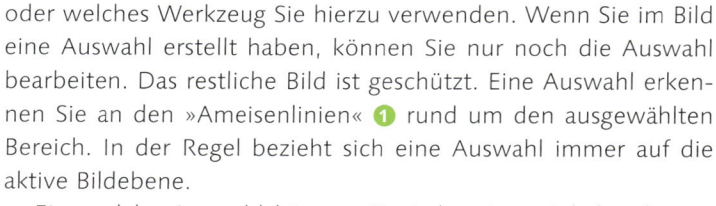

oder welches Werkzeug Sie hierzu verwenden. Wenn Sie im Bild eine Auswahl erstellt haben, können Sie nur noch die Auswahl bearbeiten. Das restliche Bild ist geschützt. Eine Auswahl erkennen Sie an den »Ameisenlinien« ❶ rund um den ausgewählten Bereich. In der Regel bezieht sich eine Auswahl immer auf die aktive Bildebene.

Eine solche Auswahl können Sie jederzeit gezielt bearbeiten oder korrigieren. Natürlich können Sie eine Auswahl auch in die Zwischenablage kopieren und als neue Datei einfügen, in ein anderes Bild verschieben oder als Montage auf eine eigene Ebene legen.

Kapitel_22: Flower.jpg

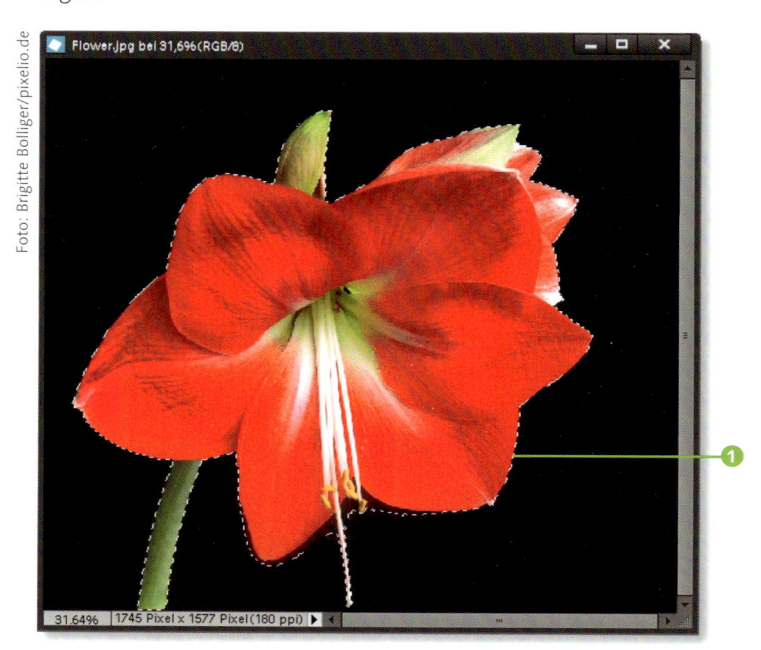

Abbildung 22.1 ▶
Die Blume wurde hier als Auswahl vom Hintergrund isoliert.

22.2 Auswahlrechteck und -ellipse

Besonders leicht zu bedienen sind die geometrischen Auswahlwerkzeuge wie das Auswahlrechteck [M] [▢] und die Auswahlellipse [M] [◯]. Wie Sie den Namen der beiden Auswahlwerkzeuge schon entnehmen können, wählen Sie hiermit quadratische oder rechteckige bzw. runde oder elliptische Bereiche aus.

Es liegt auf der Hand, dass eine geometrische Auswahl eher seltener dazu verwendet wird, ein bestimmtes Bildelement für die Weiterbearbeitung auszuwählen, auch wenn dies in der Praxis natürlich möglich ist. Das Auswahlwerkzeug dient eher als unermüdlicher Helfer für viele andere nützliche Dinge:

22.2 Auswahlrechteck und -ellipse

- **Rahmen erstellen:** Für kreative Zwecke und für die verschiedensten Bildkompositionen erstellen Sie mit den Werkzeugen runde, ovale und eckige Rahmen.
- **Auswahl mit Text und Farbe füllen:** Auch wird das Werkzeug gerne benutzt, um eine Auswahl mit Farbe zu füllen und/oder um Text darauf zu platzieren.
- **Bilder zuschneiden:** Das Zuschneiden von Bildern ist mit den beiden Auswahlwerkzeugen ebenfalls möglich. Wählen Sie einfach den gewünschten rechteckigen, runden oder ovalen Bereich aus, und schneiden Sie ihn mit BILD • FREISTELLEN zu. Der Vorteil ist dabei, dass das Bild nicht neu berechnet werden muss.

22.2.1 Werkzeugoptionen

Mit den ersten vier Icons ❷ legen Sie fest, was mit den Auswahlen passieren soll. Hierbei können Sie die Auswahlbereiche ersetzen, addieren, subtrahieren oder Schnittmengen bilden. Mehr dazu erfahren Sie in Abschnitt 22.4, »Auswahlen kombinieren«. Wenn Sie GLÄTTEN ❹ aktivieren, wird die Auswahlkante geglättet. Diese Option steht nur bei der Auswahlellipse zur Verfügung.

Wollen Sie die Auswahlbegrenzung weichzeichnen, damit sie mit dem Bereich außerhalb der Kante verschmilzt, geben Sie einen Wert beim Schieberegler WEICHE KANTE ❸ an. Damit können Sie außerdem beim Auswahlrechteck abgerundete Ecken erzeugen.

▼ **Abbildung 22.2**
Die Werkzeugoptionen des Auswahlrechtecks und der Auswahlellipse

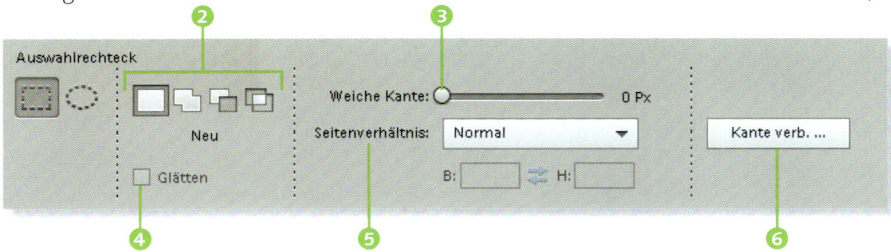

Bei SEITENVERHÄLTNIS ❺ können Sie aus den folgenden drei Optionen auswählen:

- NORMAL: Mit diesem Modus ziehen Sie die Auswahl frei im Bild auf. Dieser Wert ist die Standardeinstellung.
- FESTES SEITENVERHÄLTNIS: Wollen Sie eine Auswahl mit bestimmten Proportionen aufziehen, verwenden Sie diesen Modus und geben das Seitenverhältnis in den Zahlenfeldern für Breite (B) und Höhe (H) ein. Geben Sie zum Beispiel bei beiden Feldern »1« ein, so wird beim Auswahlrechteck ein Quadrat und bei der Auswahlellipse ein runder Kreis aufgezogen.

Tipp

Um die Position der Auswahlbegrenzung zu ändern, *während* Sie mit dem Werkzeug eine Auswahl mit gedrückt gehaltener linker Maustaste aufziehen, brauchen Sie nur die Leertaste gedrückt zu halten und die Auswahl mit der Maus an die gewünschte Position zu ziehen. Lassen Sie dann die Leertaste, aber nicht die Maustaste wieder los, können Sie die Auswahl weiter aufziehen. Bitte verwechseln Sie diesen Vorgang nicht mit dem Verschieben einer bereits fertiggestellten Auswahl.

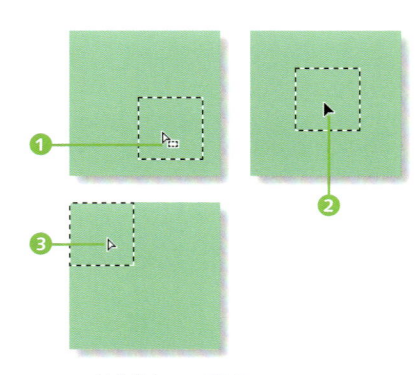

▲ **Abbildung 22.3**
Drei unterschiedliche Symbole am Mauszeiger einer quadratischen Auswahl

Kein Beispiel?
Zu den geometrischen Auswahlen gibt es zunächst kein Beispiel, weil ich Ihnen anhand dieser Werkzeuge die Optionen und Auswahlbefehle in Abschnitt 22.3 näherbringen will.

▶ FESTE GRÖSSE: Wollen Sie hingegen eine feste Größe in Pixeln (Px) oder Zentimetern (cm) verwenden, so legen Sie dies mit diesem Modus fest. Die Angaben dazu geben Sie in den Zahlenfeldern B und H ein.

Mit der Schaltfläche KANTE VERB(ESSERN) ❻ rufen Sie einen umfangreichen Dialog auf, der Ihnen beim Verbessern und verfeinern Ihrer Auswahl behilflich ist. Mehr zu diesem Dialog erfahren Sie im Abschnitt 22.5.3, »Kante verbessern«, auf Seite 552.

22.2.2 Die Werkzeuge im Einsatz

Auch die Bedienung der geometrischen Auswahlwerkzeuge ist schnell erklärt: Aktivieren Sie zunächst das entsprechende Werkzeug. Wollen Sie einen rechteckigen Bereich auswählen, verwenden Sie das Auswahlrechteck M. Für eine runde oder ovale Auswahl nehmen Sie die Auswahlellipse M. Legen Sie dann die Optionen fest, und bewegen Sie die Maus in das Bild. Ziehen Sie mit gedrückter linker Maustaste über den Bereich, den Sie auswählen wollen. Wenn Sie die Maustaste loslassen, wird die Auswahl mit »Ameisenlinien« angezeigt.

Halten Sie während des Ziehens der Auswahl ⇧ gedrückt, können Sie die Auswahl, abhängig vom gewählten geometrischen Werkzeug, auf ein **Quadrat** oder einen **Kreis** einschränken. Eine Auswahl können Sie auch **verschieben**, indem Sie innerhalb der gezogenen Auswahl die Maustaste gedrückt halten. Die Auswahl können Sie wieder **aufheben**, indem Sie innerhalb des Dokumentfensters an einer beliebigen Stelle mit der linken Maustaste klicken oder Esc (oder Strg/cmd+D) drücken.

Symbole am Mauszeiger | Bei der Arbeit mit Auswahlen zeigen Ihnen auch die wechselnden Symbole am Mauszeiger an, was Sie tun können. Das erste Symbol ❶ bedeutet, dass Sie sich innerhalb einer Auswahl befinden. Beim zweiten Symbol ❷ wird die Auswahl mit gedrückt gehaltener linker Maustaste verschoben, und beim letzten Symbol ❸ befindet sich mindestens eine Auswahlkante an der Bildkante. Dabei rastet die Auswahlkante automatisch an der Bildkante ein. Wollen Sie dieses »Einrasten« vermeiden, halten Sie Strg/cmd gedrückt.

Wollen Sie eine Auswahl exakt von einem Mittelpunkt aus aufziehen, an dem sich aktuell der Cursor befindet, so halten Sie Alt während des Aufziehens gedrückt. Wollen Sie von diesem Mittelpunkt aus ein Quadrat oder einen Kreis erstellen, drücken Sie die Tasten Alt+⇧.

22.3 Auswahlbefehle im Menü

Vorhaben	Tasten
Werkzeug aufrufen	`M`
ein Quadrat oder einen Kreis aufziehen	`⇧` beim Ziehen gedrückt halten
eine Auswahl vom aktuellen (Mittel-)Punkt aufziehen	`Alt` beim Ziehen gedrückt halten
ein Quadrat oder einen Kreis vom aktuellen (Mittel-)Punkt aufziehen	`Alt`+`⇧` beim Ziehen gedrückt halten
Auswahl verschieben	linke Maustaste innerhalb der Auswahl gedrückt halten
Auswahl noch während des Aufziehens verschieben	linke Maustaste während des Aufziehens gedrückt halten und die Leertaste drücken
Auswahl aufheben	Mausklick in einen beliebigen Bereich des Dokumentfensters oder Drücken der Taste `Esc`, nachdem eine Auswahl aufgezogen wurde
aufgezogene Auswahl in Pfeilrichtung bewegen	Pfeiltasten

◄ **Tabelle 22.1**
Tastenbefehle für Auswahlrechteck und Auswahlellipse

22.3 Auswahlbefehle im Menü

Ganz essenziell für Ihre Arbeit mit den Auswahlwerkzeugen ist auch die genaue Kenntnis der speziellen Optionen und Auswahlbefehle. Um Ihnen die verschiedenen Optionen und Befehle zu den Auswahlen näherzubringen, greife ich auf die geometrischen Auswahlwerkzeuge Auswahlrechteck ▢ und Auswahlellipse ◯ zurück. Die Funktionalität dieser Werkzeuge können Sie ohne Weiteres auf die übrigen Auswahlwerkzeuge übertragen.

Eine Übersicht zu den allgemeinen Auswahlbefehlen finden Sie im Menü Auswahl. Der einzige Auswahlbefehl, der hier vielleicht etwas näher erläutert werden sollte, ist AUSWAHL • AUSWAHL UMKEHREN ❹ (`⇧`+`Strg`/`cmd`+`I`). Damit ist es möglich, eine erstellte Auswahl zu vertauschen (zu *invertieren*). So können Sie zum Beispiel jederzeit ganz einfach das Motiv im Bild auswählen und bearbeiten und anschließend die Auswahl umkehren, um alles andere außerhalb des Motivs zu bearbeiten.

Im linken Bild in Abbildung 22.5 wurde ein einfaches Quadrat ❺ zur Bearbeitung ausgewählt. Beim rechten Bild wurde dieselbe Auswahl mit BILD • AUSWAHL UMKEHREN umgekehrt. Somit ist hier die eigentliche Auswahl jetzt alles außerhalb ❻ des Quadrats.

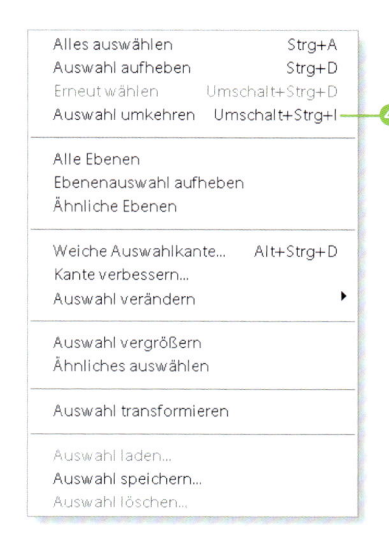

▲ **Abbildung 22.4**
Das Menü AUSWAHL mit sehr vielen Befehlen zum Steuern von Auswahlen

Kapitel 22 Einfache Auswahlen erstellen

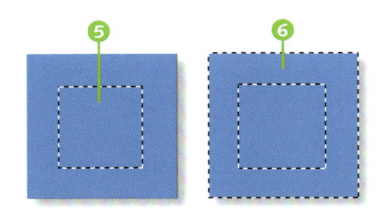

▲ **Abbildung 22.5**
Auswahl umkehren

Die wichtigsten Auswahlbefehle liegen als Tastenbefehle für den schnelleren Zugriff vor.

Vorhaben	Windows	Mac
das komplette Bild auswählen	`Strg`+`A`	`cmd`+`A`
bestehende Auswahl aufheben	`Strg`+`D`	`cmd`+`D`
zuletzt aufgehobene Auswahl wiederherstellen (erneut auswählen)	`⇧`+`Strg`+`D`	`⇧`+`cmd`+`D`
Auswahl umkehren (invertieren)	`⇧`+`Strg`+`I`	`⇧`+`cmd`+`I`
Ausgewählten Bildbereich löschen. Bei einem normalen Hintergrundbild erhält der gelöschte Bereich die eingestellte Hintergrundfarbe. Auch dies ist also eine indirekte Möglichkeit, eine Auswahl mit der Hintergrundfarbe zu füllen. Bei normalen Ebenen ist dieser gelöschte Bereich transparent.	`Entf`	`←`
ausgewählten Bildbereich mit Vordergrundfarbe füllen	`Alt`+`Entf`	`Alt`+`←`
weiche Auswahlkante hinzufügen	`Strg`+`Alt`+`D`	`cmd`+`Alt`+`D`
Auswahllinie (Ameisenlinien) ein- oder ausblenden	`Strg`+`H`	`cmd`+`H`

Tabelle 22.2 ▶
Die wichtigsten Tastenbefehle für Auswahlen im Überblick

22.4 Auswahlen kombinieren

Bei vielen Auswahlwerkzeugen können Sie festlegen, wie sich eine weitere Auswahl zu einem vorhandenen Auswahlbereich verhalten soll. Somit können Sie verschiedene Auswahlbereiche und verschiedene Auswahlwerkzeuge miteinander kombinieren.

Neue Auswahl | Die Standardeinstellung ist mit der ersten Schaltfläche immer NEU ❶ (für »Neue Auswahl«). Ist diese Schaltfläche aktiviert, wird, sobald Sie das Auswahlwerkzeug ein zweites Mal ansetzen, die vorher erstellte Auswahl gelöscht und durch die neue ersetzt.

▲ **Abbildung 22.6**
Mit den vier Schaltflächen können Sie Auswahlbereiche unterschiedlich kombinieren.

22.4 Auswahlen kombinieren

Der Auswahl hinzufügen | Mit der Option HINZUFÜGEN ❷ legen Sie mehrere Auswahlen im Bild an, ohne dass vorhandene Auswahlen verschwinden. Dabei können Sie die Auswahlbereiche getrennt oder auch überlappend aufziehen.

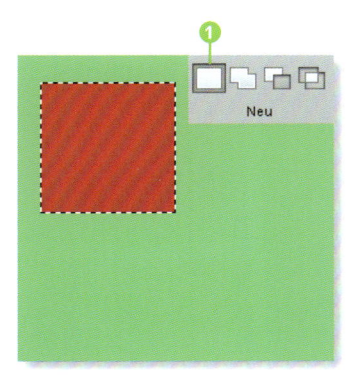

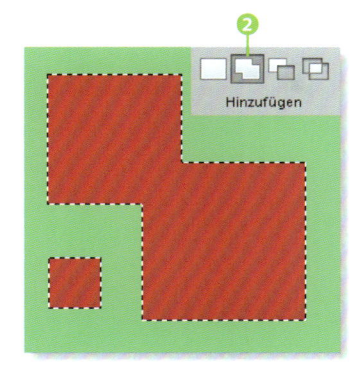

◀◀ **Abbildung 22.7**
Mit NEU wird bei jedem Werkzeugeinsatz eine neue Auswahl erzeugt. Zur besseren Übersicht wurde die Auswahl in den Abbildungen mit dem Füllwerkzeug K eingefärbt.

◀ **Abbildung 22.8**
Mit HINZUFÜGEN bilden mehrere Auswahlen eine Einheit.

Von Auswahl subtrahieren | Mit der nächsten Schaltfläche, SUBTRAHIEREN ❸, entfernen Sie bei der zweiten Auswahl einen Bereich von der ersten Auswahl. Die neue Auswahl wird hierbei aus der alten Auswahl entfernt.

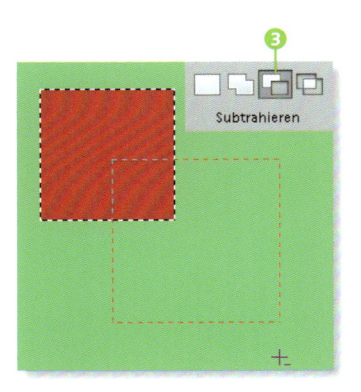

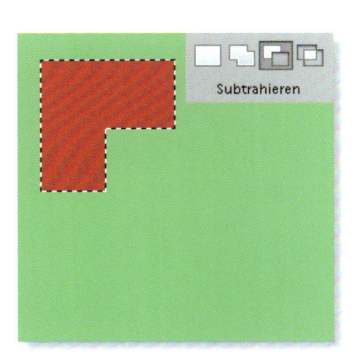

◀ **Abbildung 22.9**
Mit SUBTRAHIEREN wird die neue Auswahl von der vorhandenen Auswahl abgezogen.

Schnittmenge mit Auswahl bilden | Mit der Option SCHNITTMENGE ❹ bilden überlappende Auswahlen eine Schnittmenge.

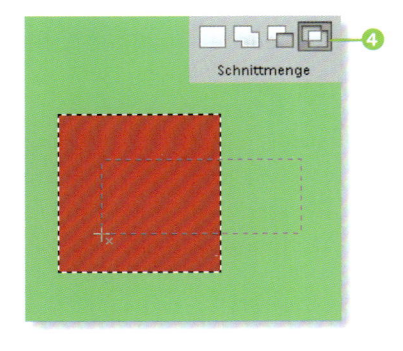

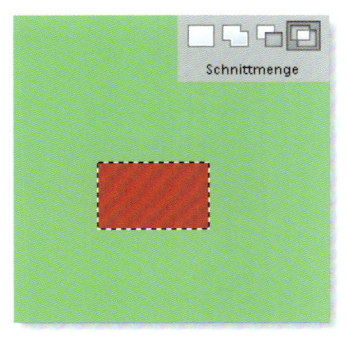

◀ **Abbildung 22.10**
Mit der Option SCHNITTMENGE bleiben nur übereinanderliegende Auswahlbereiche erhalten.

Mauszeiger-Symbole

Wenn Sie sich nicht sicher sind, welche Auswahloption gerade aktiv ist, helfen Ihnen die kleinen Symbole am Auswahl-Cursor weiter. Ein kleines Plussymbol verweist auf die Einstellung HINZUFÜGEN, ein Minussymbol steht für SUBTRAHIEREN und ein kleines »x« für SCHNITTMENGE.

Tastenbefehle für Auswahloptionen | Sie können die verschiedenen Auswahlkombinationen nicht nur mit den Schaltflächen aktivieren, sondern alternativ auch mit Tastenbefehlen.

Vorhaben	Tasten
Eine neue Auswahl erstellen (und gegebenenfalls eine vorhandene aufheben)	Auswahlwerkzeug normal verwenden
der Auswahl hinzufügen	⇧ und Auswahlwerkzeug
von Auswahl abziehen	Alt und Auswahlwerkzeug
Schnittmenge bilden	⇧+Alt und Auswahlwerkzeug

▲ **Tabelle 22.3**
Tastenbefehle zum Verändern der Auswahlkombinationen

22.5 Auswahlen nachbearbeiten

Haben Sie einmal eine Auswahl erstellt, können Sie sie noch weiter nachbearbeiten – zum Beispiel, um sie weiter zu verfeinern. Dazu stehen Ihnen, abhängig vom verwendeten Auswahlwerkzeug, unterschiedliche Möglichkeiten zur Verfügung.

22.5.1 Weiche Kante

Standardmäßig verlaufen die Kanten zwischen der Auswahl und dem restlichen Bildbereich hart und scharf. Viele Auswahlwerkzeuge bieten einen Schieberegler WEICHE KANTE an, über den Sie einen Pixelwert eingeben können, um eine weich verlaufende Kante zu erzeugen.

▲ **Abbildung 22.11**
Option WEICHE KANTE

▲ **Abbildung 22.12**
Im Quadrat oben wurde eine harte Kante mit 0 Pixeln verwendet. Unten wurde eine WEICHE KANTE von 10 Pixeln vergeben.

In Abbildung 22.13 sehen Sie ein Beispiel. Dort habe ich eine ellipsenförmige Auswahl mit weicher Kante (hier 100 Pixel) um das Bild gezogen, die Auswahl mit AUSWAHL • AUSWAHL UMKEHREN umgekehrt und mit (Backspace) den Rand gelöscht, welcher dann automatisch mit der eingestellten Hintergrundfarbe (hier Weiß) gefüllt wird.

22.5 Auswahlen nachbearbeiten

Foto: Jürgen Wolf

Kapitel_22: Nirmal.jpg

▲ **Abbildung 22.13**
So wirkt sich eine weiche Kante auf Bilder aus.

Nachträglich anwenden | Sie können jederzeit nachträglich eine weiche Auswahlkante über AUSWAHL • WEICHE AUSWAHL-KANTE oder [Alt]+[Strg]+[D] bzw. [Alt]+[cmd]+[F] (beim Mac) anwenden. Es öffnet sich dann ein Dialog, in dem Sie über eine Pixelanzahl angeben, wie weich die Kanten verlaufen sollen. So können Sie weiche Auswahlkanten auch bei Auswahlwerkzeugen anwenden, die keine weichen Kanten über die Werkzeugoptionen unterstützen, zum Beispiel beim Zauberstab [A].

▲ **Abbildung 22.14**
Mit diesem Dialog bekommt eine Auswahl eine weiche Auswahlkante.

Kanten sichtbar machen | Bei einer Auswahllinie erkennt man manchmal nicht gleich, ob die Auswahl eine weiche Kante hat oder nicht. Um den eigentlichen Auswahlbereich mitsamt der ursprünglichen harten und der neu hinzugekommenen weichen Kante anzuzeigen, müssen Sie nur das Verschieben-Werkzeug aufrufen [V] und zusätzlich die Begrenzungsrahmen in den Werkzeugoptionen aktivieren.

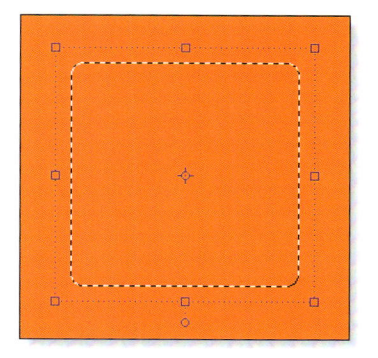

▲ **Abbildung 22.15**
Der harte und der weiche Auswahlbereich werden sichtbar.

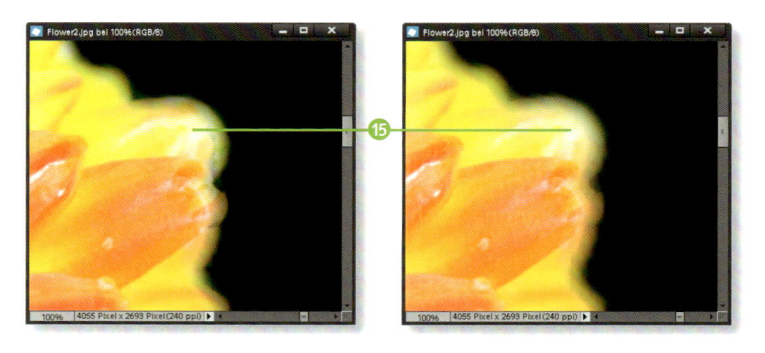

▲ **Abbildung 22.20**
In der linken Abbildung wurde die Option FARBEN DEKONTAMINIEREN nicht und in der rechten Abbildung mit 100% STÄRKE verwendet. Dabei können Sie sehr schön sehen, wie der Wassertropfen ⑮ in der linken Abbildung durch diese Aktion in der rechten Abbildung mit der umgebenen Farbe »dekontaminiert« wurde und somit auch weicher wirkt. In diesem Fall also nicht so nützlich.

▲ **Abbildung 22.21**
Hierzu auch noch ein positives Beispiel der Option FARBEN DEKONTAMINIEREN. Im linken Bild sehen Sie eine starke Vergrößerung einer Auswahl mit weißer Auswahlmaske als Hintergrund. Die harten dunklen Kanten wurden im rechten Bild durch die Dekontaminierung mit einer Stärke von 100 % fast komplett beseitigt.

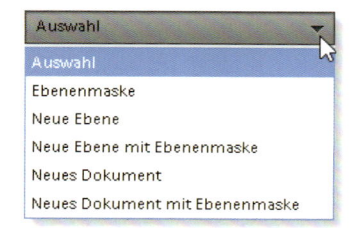

▲ **Abbildung 22.22**
Was wollen Sie mit Ihrer Auswahl machen?

Die Auswahl ans Bild übergeben | Mit AUSGABE AN ⑬ finden Sie noch verschiedene sehr nützlich Optionen, wie Sie die Auswahl nach der Bestätigung des Dialogs ausgeben wollen. Hierbei haben Sie die Möglichkeit, die Auswahl mit EBENENMASKE, als NEUE EBENE, NEUE EBENE MIT EBENENMASKE, NEUES DOKUMENT oder NEUES DOKUMENT MIT EBENENMASKE zu öffnen.

Wollen Sie den Dialog KANTEN VERBESSERN künftig immer mit den zuletzt gemachten Einstellungen öffnen, brauchen Sie nur ein Häkchen vor EINSTELLUNGEN SPEICHERN ⑭ zu setzen.

22.5 Auswahlen nachbearbeiten

▲ **Abbildung 22.23**
Mein persönlicher Favorit ist, den nicht ausgewählten Bereich mit Schwarz oder Weiß auszublenden.

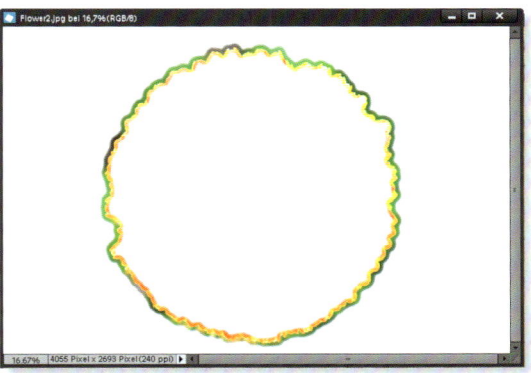

▲ **Abbildung 22.24**
Hier wurde die Option RADIUS ANZEIGEN aktiviert, wodurch die KANTENERKENNUNG angezeigt wird. Der RADIUS wurde auf 100 Pixel gesetzt.

22.5.4 Auswahl verändern

Vier weitere Werkzeuge finden Sie über das Menü AUSWAHL • AUSWAHL VERÄNDERN. Mit ihnen können Sie, unabhängig vom verwendeten Auswahlwerkzeug, die Auswahlen nachträglich verändern.

Umrandung | Mit UMRANDUNG erstellen Sie eine weiche und geglättete Auswahlbegrenzung. Wenn Sie die neue Auswahlbegrenzung hinzugefügt haben, sind nur noch die Pixel zwischen den beiden Auswahlbegrenzungen ausgewählt. Sie erstellen damit einen Rahmen mit einer bestimmten Breite.

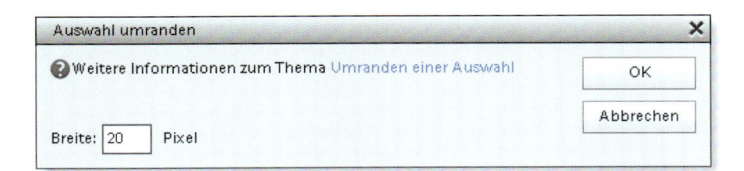

◄ **Abbildung 22.25**
Stärke des Rahmens um die aktuelle Auswahl festlegen

Abrunden | Mit ABRUNDEN wird im Umfeld jedes Pixels nach anderen Pixeln gesucht, die im selben Farbbereich liegen. Die gefundenen Pixel werden dann der Auswahl hinzugefügt. Natürlich lässt sich hiermit auch eine rechteckige oder quadratische Auswahl mit abgerundeten Ecken versehen. Interessanter erscheint diese Funktion aber in Verbindung mit dem Zauberstab, wenn innerhalb der Auswahl einzelne Pixel immer noch nicht ausgewählt wurden.

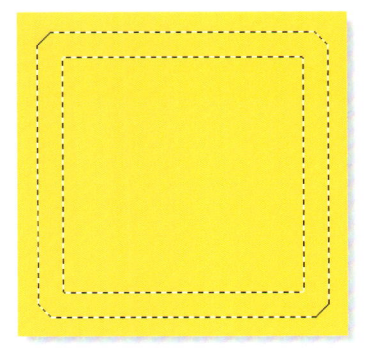

Erweitern und Verkleinern | Mit den Befehlen ERWEITERN und VERKLEINERN vergrößern bzw. verkleinern Sie die Größe der Auswahl um einen bestimmten Pixelwert.

▲ **Abbildung 22.26**
Aus dem ursprünglich auswählten quadratischen Bereich wurde eine Umrandung gemacht.

Kapitel 22 Einfache Auswahlen erstellen

Bitmap-Modus
Die beiden Funktionen Auswahl vergrössern und Ähnliches auswählen können nicht mit Bildern im Bitmap-Modus verwendet werden.

22.5.5 »Auswahl vergrößern« und »Ähnliches auswählen«

Der Befehl Auswahl vergrössern hat nichts mit dem zuvor beschriebenen Befehl Erweitern zu tun. Mit Auswahl vergrössern erweitern Sie eine Auswahl auf ähnliche Farbbereiche. Wenn Sie zum Beispiel mit dem Zauberstab eine Auswahl erstellt haben und jetzt den Befehl Auswahl • Auswahl vergrössern aufrufen, werden alle benachbarten Pixel in die Auswahl aufgenommen, die in der Werkzeugoption Toleranz des Zauberstabs angegeben sind.

Ähnlich funktioniert auch der Befehl Auswahl • Ähnliches auswählen, nur dass hiermit nicht nur die benachbarten Pixel berücksichtigt werden, sondern alle Pixel im gesamten Bild, die im Toleranz-Bereich liegen. Um die Auswahl Stück für Stück zu erweitern, rufen Sie den Befehl mehrmals auf.

22.5.6 Auswahl transformieren

Wollen Sie eine aktive Auswahl in der Größe anpassen oder die Perspektive ändern (beispielsweise skalieren, drehen, verzerren), dann können Sie hierzu den Menübefehl Auswahl • Auswahl transformieren aufrufen. Wenn Sie dieses Werkzeug aktiviert haben, erscheinen um die Auswahl ein Transformationsrahmen ❶ und unterhalb die passenden Werkzeugoptionen. Die Auswahl können Sie mithilfe des Transformationsrahmens oder über die manuelle Eingabe der Werkzeugoptionen ändern.

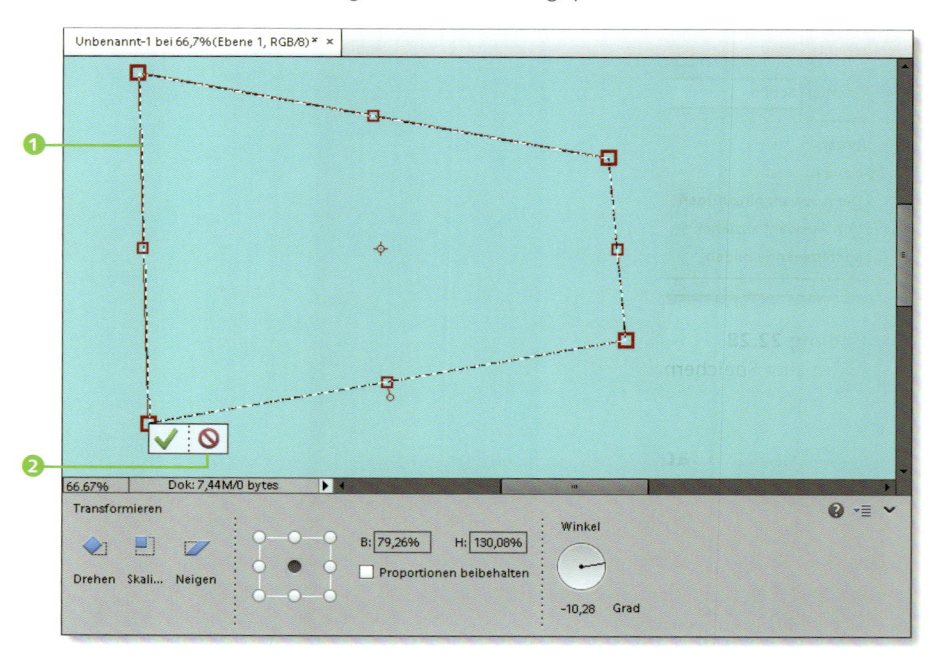

Abbildung 22.27 ▼
Hier wird gerade eine rechteckige Auswahl transformiert.

Die Transformation müssen Sie anschließend mit dem grünen Häkchen (oder ⏎) bestätigen oder mit dem Stoppsymbol (oder Esc) abbrechen ❷.

22.6 Auswahlen verwalten

Sie haben mühevoll eine Auswahl erstellt und würden nun gerne mit einem anderen Auswahlwerkzeug ausprobieren, ob es noch genauer geht? Vielleicht brauchen Sie diese Auswahl auch später noch einmal? Zum Glück bietet Photoshop Elements für solche Fälle die Möglichkeit, eine Auswahl zu speichern und wieder zu laden.

22.6.1 Auswahl speichern

Um eine Auswahl zu speichern, rufen Sie AUSWAHL • AUSWAHL SPEICHERN auf, woraufhin sich ein Dialog öffnet. In der Dropdown-Liste AUSWAHL ❸ wird der Name der gerade benutzten Auswahldatei angezeigt.

Mit NEU speichern Sie eine neue Datei. Den Namen der Datei geben Sie im Texteingabefeld NAME ein. Mit OK wird die Auswahl in einem Alphakanal gesichert. Es ist durchaus möglich, mehrere Auswahlen zu speichern.

Zum Weiterlesen

Die Transformation einer Auswahl soll an dieser Stelle nicht im Detail beschrieben werden, weil dafür mit Abschnitt 26.1, »Ebenen verschieben und transformieren«, bereits ein umfangreicher Abschnitt existiert. Nur eben mit dem Unterschied, dass dort der komplette Inhalt einer Ebene und bei den Auswahlen eben nur der Auswahlrahmen transformiert werden.

Datenformat für das Sichern von Auswahlen

Wenn Sie eine Auswahl speichern und zu einem anderen Zeitpunkt wieder laden wollen, sollten Sie die Datei in einem Format speichern, das auch Auswahlen mitspeichern kann. Hierfür kommen das TIFF- und das PSD-Format in Frage. Bei gewöhnlichen JPEGs bleibt die Auswahl beim Speichern nur so lange erhalten, bis Sie das Bild schließen.

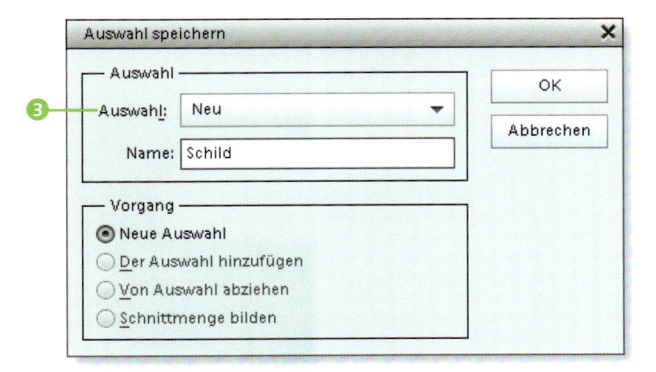

▲ **Abbildung 22.28**
Der Dialog zum Speichern einer Auswahl

22.6.2 Auswahl laden

Laden können Sie Auswahlen jederzeit über das Menü AUSWAHL • AUSWAHL LADEN. In der Dropdown-Liste AUSWAHL ❹ (siehe Abbildung 22.29) klicken Sie den Namen der gespeicherten Auswahl an. Mit der Checkbox UMKEHREN ❺ invertieren Sie die Auswahl gleich beim Laden.

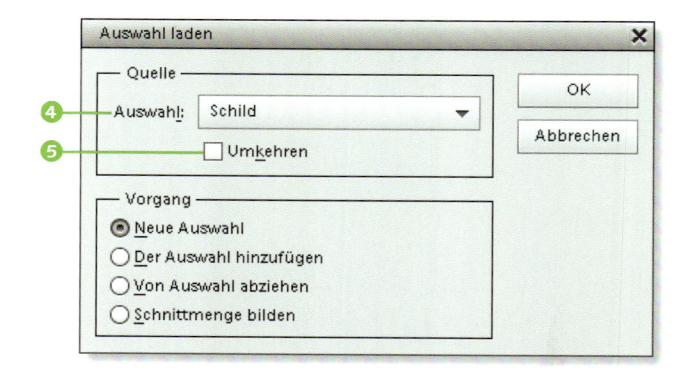

Abbildung 22.29 ▶
Der Dialog zum Laden einer Auswahl

22.6.3 Auswahl löschen

Die Option AUSWAHL • AUSWAHL LÖSCHEN spricht für sich: Damit entfernen Sie eine Auswahl, die Sie über die Dropdown-Liste auswählen, wieder.

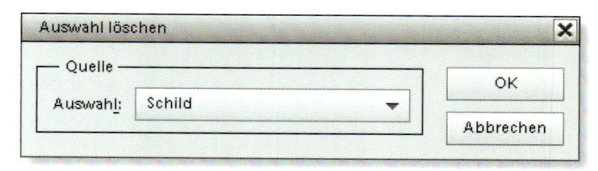

▲ **Abbildung 22.30**
Der Dialog zum Löschen einer gespeicherten Auswahl

22.7 Wichtige Arbeitstechniken

Kapitel_22: Figuren.jpg

Bevor wir uns der Erstellung etwas komplexerer Auswahlen widmen, finden Sie hier noch einige grundlegende und unverzichtbare Arbeitstechniken, die bei allen Arten von Auswahlen nützlich sind.

22.7.1 Auswahllinie verschieben

Wollen Sie nur die Auswahllinie (Ameisenlinie) ohne den Inhalt verschieben, so haben Sie die folgenden zwei Möglichkeiten (eine für die Tastatur und eine für die Maus):

▶ Um die Auswahllinie Pixel für Pixel zu verschieben, eignen sich die Pfeiltasten der **Tastatur** sehr gut. Jeder Tastendruck verschiebt dabei die Auswahllinien um einen Pixel in die Richtung des jeweils gedrückten Pfeils. Wenn Sie zusätzlich ⇧ gedrückt halten, wird die Auswahl um 10 statt um 1 Pixel verschoben.

▶ Wenn Sie die Auswahllinie mit der **Maus** verschieben wollen, verwenden Sie das Auswahlrechteck-Werkzeug und verschieben innerhalb des ausgewählten Bereichs mit gedrückt gehaltener Maustaste die Auswahllinie an einen anderen Bereich.

Auswahl aufheben
Wollen Sie eine Auswahl aufheben, können Sie dies entweder mit Esc, Strg/cmd+D oder AUSWAHL • AUSWAHL AUFHEBEN durchführen. Haben Sie aus Versehen eine Auswahl aufgehoben, lassen Sie sie mit Strg/cmd+⇧+D wieder anzeigen.

22.7 Wichtige Arbeitstechniken

Foto: Jürgen Wolf

Exakter verschieben
Um das Verschieben mit der Maus auf die Waagerechte, Senkrechte oder im 45°-Winkel einzuschränken, halten Sie während der Bewegung mit dem Mauszeiger die Taste ⇧ gedrückt.

◄ **Abbildung 22.31**
Die verschobene Auswahllinie (hier mittels Auswahlrechteck-Werkzeug)

22.7.2 Auswahlinhalt verschieben

Auch zum Verschieben des kompletten Inhalts der Auswahl verwenden Sie entweder die Maus oder die Tastatur:

▶ Wechseln Sie zum Verschieben-Werkzeug V, und betätigen Sie die Pfeiltasten auf der **Tastatur**, um den ausgewählten Inhalt in die entsprechende Richtung zu verschieben. Standardmäßig wird pro Tastendruck um je einen Pixel in die entsprechende Richtung verschoben. Mit gehaltener ⇧-Taste erhöhen Sie diesen Wert auf 10 Pixel.

▶ Bei der Arbeit mit der **Maus** drücken Sie innerhalb der Auswahl Strg/cmd und verschieben den Auswahlinhalt mit gedrückt gehaltener linker Maustaste. Alternativ können Sie aber auch hier zum Verschieben-Werkzeug wechseln, um ebenfalls den Auswahlinhalt mit gedrückt gehaltener Maustaste zu verschieben. Auch hier bewegen Sie mit gehaltener ⇧-Taste den Auswahlinhalt exakt in die Senkrechte, Waagerechte und im 45°-Winkel.

Inhaltssensitives Verschieben
Wollen Sie den Inhalt einer Auswahl verschieben, ohne ein Loch als Hintergrundfarbe oder eine Transparenz zu hinterlassen, dann können Sie das neue Inhaltssensitives Verschieben-Werkzeug ✂ dafür verwenden. Das Werkzeug versucht das Loch des verschobenen Bereichs automatisch mit dem umliegenden Bildbereich zu füllen. Das Werkzeug wird in Kapitel 33.5 umfassender beschrieben.

◄ **Abbildung 22.32**
Wenn Sie den Inhalt einer Auswahl verschieben, entsteht ein Loch im Bild. Je nachdem, ob Sie mit einer Ebene oder mit einem Hintergrundbild arbeiten, ist der Hintergrund des Loches entweder transparent oder entspricht (wie hier) der eingestellten Hintergrundfarbe (hier: Rot).

22.7.3 Auswahlinhalt löschen

Den ausgewählten Inhalt entfernen Sie schnell mit ⌈Entf⌉, ⌈←⌉ oder mit dem Befehl BEARBEITEN • LÖSCHEN. Wie das entstehende Loch aussieht, hängt davon ab, ob Sie auf einer Ebene oder einer Hintergrundebene gearbeitet haben. Wie auch schon beim Verschieben erscheint das Loch transparent, wenn eine Ebene verwendet wurde, oder in der eingestellten Hintergrundfarbe, wenn ein Hintergrundbild verwendet wurde.

▲ **Abbildung 22.33**
Hier wurde die Auswahl einer Hintergrundebene gelöscht. Der gelöschte Bereich wird mit der eingestellten Hintergrundfarbe gefüllt (hier Rot).

▲ **Abbildung 22.34**
In dieser Abbildung wurde die Auswahl einer normalen Ebene gelöscht, wodurch der entfernte Bereich transparent wird.

22.7.4 Auswahl duplizieren

Um den Inhalt einer Auswahl zu duplizieren, halten Sie die ⌈Alt⌉-Taste darüber gedrückt, und verschieben Sie das so erstellte Duplikat mit gehaltener Maustaste. Auch hier funktioniert der Trick mit der gehaltenen ⌈⇧⌉-Taste, um die Bewegung des Verschiebens auf die Senkrechte, Waagerechte oder den 45°-Winkel zu beschränken.

Abbildung 22.35 ▶
Eine verschobene Kopie der Auswahl, die keine Ebene ist und die Sie jederzeit noch verschieben oder löschen können, solange die schwebende Auswahl nicht aufgehoben wurde.

Beachten Sie außerdem, dass bei dieser Methode, eine Auswahl zu duplizieren, keine eigene Ebene angelegt wird, wie dies beim gewöhnlichen Copy & Paste der Fall wäre. Solange Sie die schwebende, duplizierte Auswahl nicht aufheben (zum Beispiel mit `Strg`/`cmd`+`D`), können Sie sie jederzeit noch verschieben oder löschen.

22.7.5 Auf neuer Ebene weiterarbeiten

Wenn Sie einen Auswahlinhalt auf eine neue Ebene bringen wollen, um dort mit ihr weiterzuarbeiten, haben Sie zwei Möglichkeiten: Entweder duplizieren Sie die Auswahl, dann liegt der ausgewählte Bereich deckungsgleich auf einer neuen Ebene. Oder Sie schneiden die Auswahl aus und fügen ihren Inhalt auf einer neuen Ebene ein.

Auswahl auf Ebene | Um eine Kopie der aktuellen Auswahl auf einer neuen Ebene einzufügen, haben Sie zwei Möglichkeiten. Beachten Sie, dass sich hierbei in Ihrem Bild zunächst nichts ändert. Die neue Ebene bzw. das Motiv der neuen Ebene liegt deckungsgleich über der Hintergrundebene.

▶ Verwenden Sie den Befehl EBENE • NEU • EBENE DURCH KOPIE oder die Tastenkombination `Strg`/`cmd`+`J`.

▶ Kopieren Sie die Auswahl mit BEARBEITEN • KOPIEREN oder `Strg`/`cmd`+`C`, und fügen Sie sie mit BEARBEITEN • EINFÜGEN oder `Strg`/`cmd`+`V` in eine neue Ebene ein.

Inhalt einer Auswahl auf eine neue Ebene | Wollen Sie hingegen den Inhalt der Auswahl ausschneiden und in eine neue Ebene einfügen, um so das Motiv und seinen Hintergrund unabhängig voneinander zu bearbeiten, gehen Sie folgendermaßen vor:

▶ Verwenden Sie den Befehl EBENE • NEU • EBENE DURCH AUSSCHNEIDEN oder `Strg`/`cmd`+`⇧`+`J`.

▶ Schneiden Sie die Auswahl mit BEARBEITEN • AUSSCHNEIDEN oder `Strg`/`cmd`+`X` aus, und fügen Sie sie mit BEARBEITEN • EINFÜGEN oder `Strg`/`cmd`+`V` in eine neue Ebene ein.

◀◀ **Abbildung 22.36**
Die Auswahl wurde als neue Ebene eingefügt.

◀ **Abbildung 22.37**
Wenn Sie den Inhalt einer Auswahl ausschneiden und in eine neue Ebene einfügen, entsteht wieder das Loch im Hintergrundbild.

Bedienung | Die Verwendung des Lassos ist recht intuitiv: Stellen Sie zunächst die gewünschten Werkzeugoptionen ein. Wenn Sie mit der Maus auf das Bild gehen, verwandelt sich der Mauszeiger in ein Lasso-Symbol. Klicken Sie jetzt auf die Position im Bild, wo die Auswahl beginnen soll. Halten Sie die linke Maustaste gedrückt, und umfahren Sie mit dem Mauszeiger das gewünschte Objekt. Hierbei können Sie sich jederzeit an der Auswahllinie (»Ameisenlinie«) orientieren, die beim Zeichnen angezeigt wird. An der Stelle, wo Sie die Maustaste loslassen, werden Startpunkt und Endpunkt mit einer geraden Linie verbunden.

Haben Sie die Maustaste aus Versehen losgelassen, können Sie die Auswahl auch nachträglich noch erweitern, indem Sie in den Werkzeugoptionen HINZUFÜGEN auswählen.

Es versteht sich von selbst, dass Sie bei der Auswahl mit dem Lasso ein gutes Händchen für die Maus haben müssen, um eine saubere Auswahl zu ziehen. Außerdem erleichtert das Hineinzoomen in das Bild die Arbeit mit dem Lasso erheblich.

Auch bei diesem Werkzeug können Sie über die Werkzeugoptionen nachträglich Bereiche der erstellten Auswahl hinzufügen, von ihr abziehen oder eine Schnittmenge bilden. Alternativ und schneller funktionieren hier die folgenden Tasten:

- ⇧, um eine vorhandene Auswahl zu vergrößern
- Alt, um etwas von der Auswahl abzuziehen
- Alt+⇧, um eine Schnittmenge zu bilden

Darstellung des Mauszeigers
Der Mauszeiger als Lasso-Darstellung ist Ihnen vielleicht ein wenig zu ungenau. Ändern Sie dann seine Form, indem Sie über BEARBEITEN/PHOTOSHOP ELEMENTS EDITOR • VOREINSTELLUNGEN • ANZEIGE & CURSOR im Rahmen ANDERE WERKZEUGE die Option FADENKREUZ statt STANDARD auswählen.

23.1.2 Das Magnetische Lasso

Das Magnetische Lasso [L] ist so etwas wie ein erweitertes normales Lasso mit Funktionen des Zauberstabs. Im Gegensatz zum normalen Lasso richtet sich das Magnetische Lasso beim Zeichnen einer Auswahlbegrenzung automatisch an den Kanten der Bildbereiche aus, über die es gezogen wird.

Kapitel_23: Schloss.jpg

Abbildung 23.3 ▶
Ein ideales Bild für das Magnetische Lasso: ein helles Motiv mit dunklem Hintergrund

Daher eignet sich das Magnetische Lasso besonders für schnelle Auswahlen mit möglichst präzisen Auswahlbegrenzungen von Objekten mit komplexen Kanten, die sich von der Umgebung abheben (dunkle Bereiche auf hellem Hintergrund oder umgekehrt).

Werkzeugoptionen | Im Magnetischen Lasso finden Sie neben den bereits bekannten Optionen, die ich auf in Abschnitt 23.1.1 beschrieben habe, vier weitere Schieberegler ❶ und eine Option für Grafiktabletts ❷.

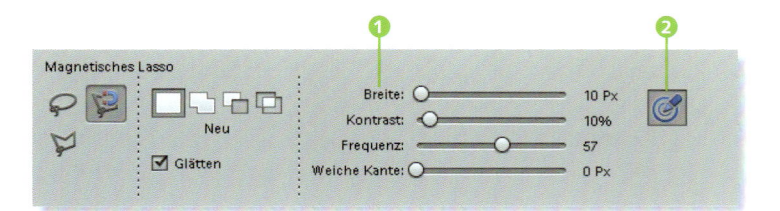

◀ **Abbildung 23.4**
Dank vieler Optionen ist das Magnetische Lasso sehr flexibel einsetzbar.

- BREITE: Hier legen Sie den Bereich der Kantenerkennung fest. Damit erkennt das Werkzeug beim Ziehen einer Auswahl nur die Kanten, die sich innerhalb der angegebenen Breite des Zeigers befinden. Hierbei können Sie einen Pixelwert zwischen 1 und 256 eingeben. Bei Bildern, in denen sich das auszuwählende Objekt deutlich vom Rest des Bildes abhebt, können Sie einen höheren Wert angeben. Ein höherer Wert hat den Vorteil, dass Sie mit der Maus nicht so knapp am Objekt herumfahren müssen, damit die gewünschte Kante ausgewählt wird.
- KONTRAST: Hiermit legen Sie die Empfindlichkeit des Magnetischen Lassos fest. Bei einem höheren Wert werden nur die Kanten erkannt, die sich deutlich von der Umgebung abheben. Mit einem niedrigeren Wert werden kontrastärmere Kanten erkannt, worunter allerdings auch die Genauigkeit der Auswahl leiden kann. Mögliche Werte reichen hier von 1 % bis 100 %.
- FREQUENZ: Je höher dieser Wert ist, desto mehr und desto schneller werden Befestigungspunkte (auch als *Ankerpunkte* bezeichnet) gesetzt. Bei geradlinigen Motiven muss die Frequenz nicht so hoch sein wie bei unebenen und kurvigen Motiven. Hierbei können Sie einen Wert zwischen 0 und 100 festlegen.

Die Option ZEICHENSTIFTBREITE ❷ ist nur für Besitzer von Grafiktabletts sinnvoll. Ist diese Option aktiviert und verwenden Sie ein Tablett, wirkt sich ein kräftigerer Druck mit dem Stift auf das Tablett auf die BREITE aus.

Kantenerkennung anzeigen

Wollen Sie den Zeiger des Magnetischen Lassos nicht als übliches Lasso-Symbol anzeigen lassen, brauchen Sie nur die ⇧-Taste zu drücken. Dadurch wird die Werkzeugspitze als Kreis mit der vorgegebenen BREITE (Kantenerkennung) angezeigt, was eine viel bessere Kontrolle ermöglicht.

Wichtige Tastenkürzel

Zwar finden Sie in der Tabelle 23.1 auf Seite 567 einen Überblick zu den Tastenkürzeln in Verbindung mit dem Magnetischen-Lasso-Werkzeug, aber die häufigsten und wichtigsten Kürzel dürften wohl sein: ⌫ oder Entf zum Löschen des jeweils letzten Ankerpunkts, + oder – zum Herein- oder Herauszoomen und die Leertaste, um die Bildansicht zu verschieben.

Bedienung | Die Handhabung des Magnetischen Lassos ist im Grunde ebenso einfach wie die des gewöhnlichen Lassos. Allerdings sollten Sie beim Magnetischen Lasso immer zuerst einen Blick auf die soeben beschriebenen Werkzeugoptionen werfen.

Um mit dem Magnetischen Lasso eine Auswahl aufzuziehen, gehen Sie zunächst mit dem Mauszeiger zum Startpunkt der Auswahl. Um die Auswahl zu starten, klicken Sie einmal, und ziehen Sie dann den Mauszeiger langsam nah (abhängig von der BREITE) an der Kante entlang (ohne die Maustaste gedrückt zu halten), bis Sie wieder am Ausgangspunkt ankommen. Um die Auswahl zu schließen, haben Sie vier Möglichkeiten:

- Klicken Sie mit dem Mauszeiger genau auf den Startpunkt.
- Doppelklicken Sie an einer beliebigen Stelle. Photoshop Elements schließt die Auswahl automatisch und versucht, selbsttätig die Kanten auf dem Weg von der letzten Mausposition bis zum Startpunkt zu finden.
- Anstelle eines Doppelklicks genügt auch ein Klick mit gehaltener Strg/cmd-Taste.
- Als vierte Möglichkeit steht Ihnen ein Druck auf ⏎ zur Verfügung.

Nachkorrektur | Die verschiedenen Befestigungspunkte (bzw. Ankerpunkte) werden bei der Auswahllinie als kleine Quadrate angezeigt. Das zuletzt hinzugefügte Quadrat ist dabei immer gefüllt. Wie viele Ankerpunkte sich auf einer Auswahl befinden, hängt zunächst von der eingestellten Frequenz ab und davon, wie und wo Sie selbst geklickt haben. Diese Ankerpunkte sind wichtig, wenn Sie die Auswahl nachkorrigieren oder verbessern müssen.

- Den letzten Ankerpunkt können Sie jeweils durch Drücken von ⌫ oder Entf löschen.
- Verläuft eine Linie in die falsche Richtung und haben Sie noch keinen Ankerpunkt gesetzt, gehen Sie einfach mit dem Mauszeiger zum letzten Ankerpunkt zurück.
- Arbeitet das Werkzeug nicht genau genug, hilft nur noch das Verringern der BREITE und die Erhöhung der FREQUENZ.
- Um noch einmal von vorn zu beginnen und alle Ankerpunkte bzw. Auswahlen zu entfernen, drücken Sie Esc.

Das Ergebnis der Freistellung mit dem Magnetischen Lasso kann sich sehen lassen.

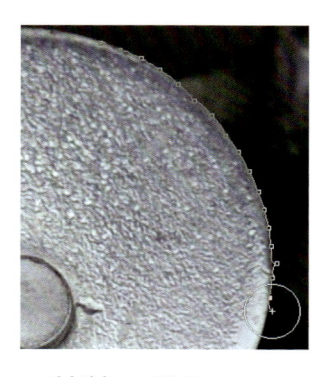

▲ **Abbildung 23.5**
Die Ankerpunkte bei der Verwendung des Magnetischen Lassos. Außerdem wurde die ⇧-Taste arretiert, um anstelle des Lasso-Symbols die Breite des Erkennungsabstands anzuzeigen.

23.1 Die Lasso-Werkzeuge

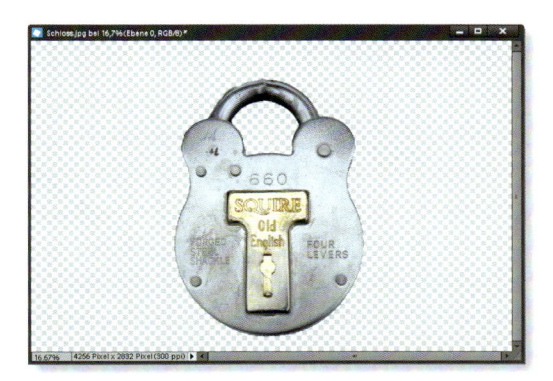

▲ **Abbildung 23.6**
Hier habe ich mit dem Kopierstempel ![] etwas getrickst (genauer hinzugemalt), um das Schloss komplett am oberen Ring zu »schließen«.

▲ **Abbildung 23.7**
Hier habe ich das freigestellte Schloss in einen anderen Hintergrund eingefügt.

Nützliche Tastenkürzel | Ein weiteres besonderes Feature ist die Möglichkeit, Werkzeugoptionen auch während der Verwendung des Auswahlwerkzeugs zu verändern. Besonders wichtig erscheinen mir hierbei die Zoomfunktion und die Möglichkeit, die Breite des Erkennungsabstands anzuzeigen.

▼ **Tabelle 23.1**
Nützliche Tastenbefehle für das Magnetische Lasso

Vorhaben	Windows	Mac
Magnetisches Lasso aufrufen	[L]	[L]
ins Bild hineinzoomen	[+]	[+]
aus dem Bild herauszoomen	[-]	[-]
Bildansicht verschieben mit Hand-Werkzeug verschieben	Leertaste gedrückt halten	Leertaste gedrückt halten
Breite verringern	[#]	–
Breite erhöhen	[⇧]+[#]	–
Frequenz verringern	[Ü]	–
Kantenkontrast erhöhen	[?]	–
kurzzeitiger Wechsel vom Magnetischen Lasso zum normalen Lasso	[Alt] und Maustaste gedrückt halten	[Alt] und Maustaste gedrückt halten
kurzzeitiger Wechsel vom Magnetischen Lasso zum Polygon-Lasso	[Alt] gedrückt halten und mit Klicks Liniensegmente anlegen	[Alt] gedrückt halten und mit Klicks Liniensegmente anlegen
Breite des Erkennungsabstands anzeigen	[⇧]-Taste arretieren	[⇧]-Taste arretieren
Vorgang abbrechen	[Esc]	[Esc]
Auswahl schließen	Doppelklicken oder [Strg] + Klick	Doppelklicken oder [cmd] + Klick

567

23.1.3 Das Polygon-Lasso

Das Polygon-Lasso ⌧ 🔲 ist das ideale Auswahlwerkzeug, wenn die Auswahl aus mehreren geraden Linien und unterschiedlichen Winkeln besteht.

Das Bild in Abbildung 23.8 zeigt Ihnen nur eine schematische Darstellung: Die weißen Punkte sind Richtungsänderungen. Diese Punkte müssen Sie anklicken, um die alte Linie mit der neuen Linie zu verankern und um wieder eine andere Richtung einschlagen zu können.

Werkzeugoptionen | Die Werkzeugoptionen des Polygon-Lassos bieten gegenüber den anderen Lassos nichts Neues. Alle Optionen habe ich bereits in Abschnitt 23.1.1 beschrieben.

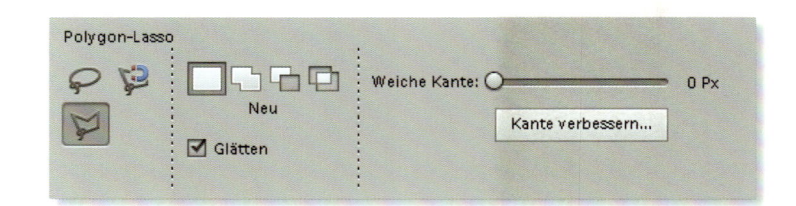

◄ **Abbildung 23.8**
Ein denkbares Objekt für das Polygon-Lasso

Abbildung 23.9 ►
Polygon-Lasso-Optionen – die Schaltfläche KANTE VERBESSERN ist erst aktiviert, wenn Sie den Auswahlbereich geschlossen haben.

Bedienung | Gehen Sie mit der Maus ins Bild, und klicken Sie auf die gewünschte Anfangsposition des ersten geraden Segments, um den ersten Befestigungspunkt zu erstellen. Klicken Sie jetzt erneut an das Ende des geraden Segments, wodurch eine Linie vom Anfangspunkt zum Endpunkt gezogen wird. Klicken Sie so weiter, um weitere Segmente zu erstellen. Den jeweils letzten Befestigungspunkt können Sie mit ⌧Entf⌧/⌧←⌧ löschen.

Um den **Auswahlbereich** zu **schließen**, reicht es aus, wenn Sie wieder am Startpunkt angekommen sind. Alternativ doppelklicken Sie oder drücken die ⌧Strg⌧/⌧cmd⌧-Taste und klicken, um den Auswahlbereich endgültig zu schließen.

▼ **Tabelle 23.2**
Wichtige Tastenbefehle für das Polygon-Lasso

Vorhaben	Windows	Mac
Polygon-Lasso auswählen	⌧L⌧	⌧L⌧
Liniensegmente im 45°-Winkel ziehen	⌧⇧⌧	⌧⇧⌧
letzten Befestigungspunkt löschen	⌧Entf⌧	⌧←⌧
Vorgang abbrechen	⌧Esc⌧	⌧Esc⌧
kurzzeitiger Wechsel vom Polygon- zum normalen Lasso	⌧Alt⌧ gedrückt halten	⌧Alt⌧ gedrückt halten
Auswahlbereich schließen	Doppelklick und ⌧Strg⌧+Klick	Doppelklick und ⌧cmd⌧+Klick

23.2 Der Zauberstab

Der Zauberstab [A] ist der Auswahlspezialist für Bildbereiche mit unregelmäßigen Formen. Er wählt seine Motive anhand ähnlicher Farben aus.

◀ **Abbildung 23.10**
Ein ideales Bild für den Zauberstab: Die Blumen grenzen sich deutlich von der Umgebung ab.

Foto: Berny J. Sackl

Werkzeugoptionen | Neben den bereits bekannten Werkzeugoptionen aus Abschnitt 23.1.1 finden Sie hier den Schieberegler Toleranz ❶, den Sie bereits im Zusammenhang mit dem Füllwerkzeug kennengelernt haben. Dieser Parameter ist immer relevant, wenn Farbe im Spiel ist. Mit der Toleranz legen Sie fest, wie sensibel das Werkzeug auf Farbunterschiede reagieren soll. Je niedriger dieser Wert ist, desto weniger unterschiedliche Farben werden berücksichtigt. Je höher der Wert ist, desto mehr Farbabweichungen werden bei der Auswahl berücksichtigt.

Hinweis

Auch der eingestellte Aufnahmebereich bei der Pipette [I] hat einen entscheidenden Einfluss darauf, was alles mit einem Zauberstab-Klick aufgenommen wird. Wechseln Sie daher gegebenenfalls zur Pipette [I], und passen Sie den Aufnahmebereich an. Mehr dazu erfahren Sie im Abschnitt »Fehlerquelle Aufnahmebereich« auf Seite 371.

▲ **Abbildung 23.11**
Die Werkzeugoptionen für den Zauberstab

Mit der Option Benachbart ❸ wird die Auswahl des Zauberstabs gravierend verändert. Diese Option ist standardmäßig aktiviert und bewirkt, dass nur die Farben ausgewählt werden, die im benachbarten Bereich liegen. Deaktivieren Sie diese Option, so

Kapitel_23: Flowers_on_a_river_in_Vietnam.jpg, Flowers_on_a_river_in_Vietnam_frei.psd

werden alle Pixel im Bild auswählt, die im entsprechenden Farbbereich (abhängig von TOLERANZ) liegen.

Durch Aktivieren der Option ALLE EBENEN AUFNEHMEN ❷ beziehen Sie die Farben aus allen Ebenen ein. Ist die Option deaktiviert, werden nur die Farben der aktiven Ebene ausgewählt.

Schritt für Schritt: Den Zauberstab verwenden

Zwar ist die Bedienung des Zauberstabs zunächst recht einfach, aber bei komplexen Bildern erfordert sie doch ein wenig Fingerspitzengefühl, Erfahrung, Zeit und Geduld.

1 Bereich auswählen

Öffnen Sie das Bild »Flowers_on_a_river_in_Vietnam.jpg« im Fotoeditor. Der Blumenstrauß soll freigestellt werden und einen anderen Hintergrund bekommen.

Wählen Sie den Zauberstab [A] , und stellen Sie bei den Werkzeugoptionen die Option HINZUFÜGEN ❶ ein. Bei der TOLERANZ ❷ verwenden Sie einen Wert von 20, die Optionen BENACHBART ❸ und GLÄTTEN ❹ bleiben aktiviert. Klicken Sie nun mit dem Mauszeiger auf einen Bereich im Hintergrund des Bildes. Warum in den Hintergrund? Weil es hier einfacher ist, zunächst den Hintergrund auszuwählen, und diese Auswahl dann zu invertieren, als direkt den Blumenstrauß auszuwählen.

Abbildung 23.12 ▶
So sieht die Auswahl nach dem ersten Klick in etwa aus.

2 Weitere Bereiche auswählen

Wiederholen Sie diesen Vorgang mehrmals mit Bereichen im Hintergrund, die noch nicht ausgewählt wurden. Solange Sie die Option HINZUFÜGEN verwenden, wird die neue Auswahl der vorhandenen hinzugefügt. Ebenfalls sehr wichtig ist die Option BENACHBART.

Sie müssen übrigens nicht Pixel für Pixel mit dem Zauberstab auswählen – gröbere Bereiche können Sie auch mit dem Auswahlpinsel [A] der aktuellen Auswahl hinzufügen.

Hinweis zum Workshop

In diesem Workshop wird vorwiegend der Zauberstab demonstriert. Es soll aber nicht der Eindruck entstehen, dass der Zauberstab ein Allzweckmittel ist für Bilder wie das im Beispiel verwendete. In der Praxis werden Sie eher selten mit nur einem Werkzeug auskommen, sondern zwischen mehreren Auswahlwerkzeugen hin und her schalten.

◄ **Abbildung 23.13**
Fügen Sie der Auswahl Klick für Klick weitere Bereiche hinzu.

3 Schnellmasken-Modus verwenden

Leider gibt es in Photoshop Elements keinen echten Schnellmasken-Modus, bei dem eine temporäre Maske angelegt wird. Bei komplizierten, unregelmäßigen und unklaren Konturen wäre dieser Modus sehr nützlich, weil damit die Auswahl deutlicher sichtbar wird. Invertieren Sie deshalb zunächst die Auswahl mittels [Strg]/[cmd]+[⇧]+[I], damit wir gleich direkt auf den Blumen als Auswahl arbeiten können, und klicken Sie dann auf die Schaltfläche KANTE VERBESSERN in den Werkzeugoptionen.

Wählen Sie im Dialog bei ANZEIGEN ❷ (siehe Abbildung 23.14 auf Seite 572) eine für das Bild geeignete Ansicht aus. Im Beispiel würde sich AUF WEISS oder AUF SCHWARZ sehr gut eignen. Nun ist die Auswahl schon deutlich sichtbarer. Wenn Sie näher ins Bild hineinzoomen, können Sie sehen, wo im Bildbereich Teile vom Blumenstrauß noch nicht ausgewählt sind ❸. Nebenbei können Sie mit Hilfe des Dialogs KANTE VERBESSERN auch gleich die Kanten über die verschiedenen Regler verbessern bzw. mit dem Radius-verbessern-Werkzeug ❶ [E] aufmalen.

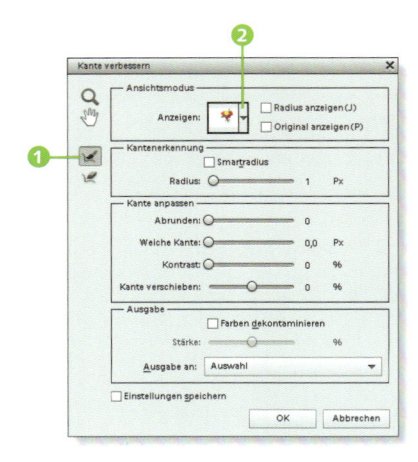

▲ **Abbildung 23.14**
Im Dialog KANTE VERBESSERN können Sie die Darstellung der Auswahl verändern und die Auswahl so besser beurteilen.

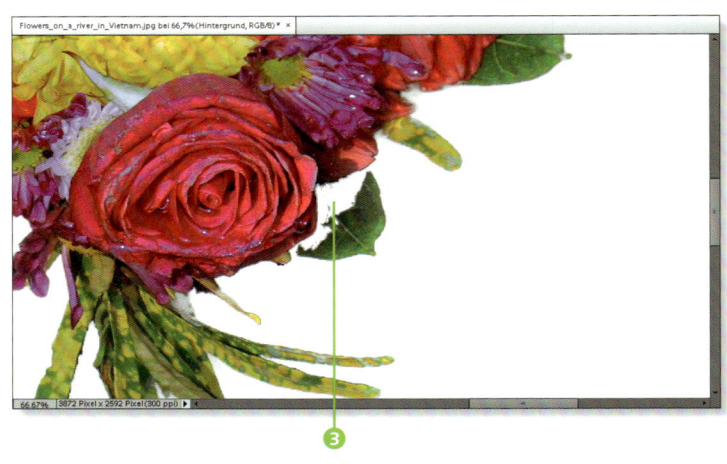

Brechen Sie den Dialog ab und kehren Sie zum Zauberstab zurück. Die Auswahl des Blumenstraußes soll nun verfeinert werden.

4   Details von der Auswahl abziehen

Reduzieren Sie jetzt die TOLERANZ des Zauberstabs auf 5, und wählen Sie die Option HINZUFÜGEN. Klicken Sie mehrmals in den Bereich ❹ des Blumenstraußes, den Sie der Auswahl hinzufügen wollen. Wenn zu viel hinzugefügt wurde, machen Sie den Vorgang mit [Strg]/[cmd]+[Z] wieder rückgängig. Reduzieren Sie gegebenenfalls wieder die TOLERANZ bis auf 1, und zoomen Sie weiter in das Bild hinein.

Gegebenenfalls erreichen Sie mit dem Schnellauswahl-Werkzeug [🖌] [A] ein besseres und schnelleres Ergebnis (natürlich auch mit der Option HINZUFÜGEN). Hierbei müssen Sie einfach selbst etwas experimentieren.

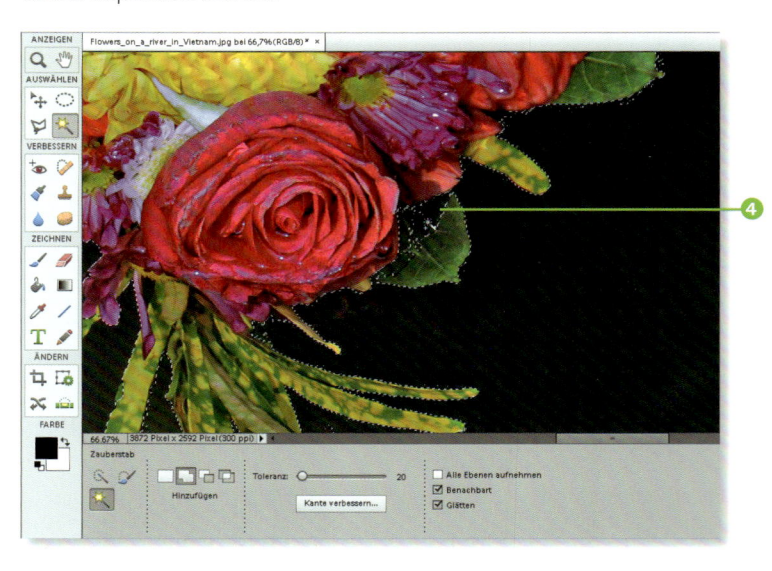

Abbildung 23.15 ▶
Für eine detailliertere Nacharbeit der Auswahl mit dem Zauberstab sollten Sie auf jeden Fall weiter in das Bild hineinzoomen.

5 Ab Arbeitsschritt 3 wiederholen

Wiederholen Sie bei Bedarf den Vorgang ab dem 3. Arbeitsschritt, und überprüfen Sie die Auswahl wieder mit der Überlagerungsfarbe. Entfernen Sie weitere Bereiche von der Auswahl, oder fügen Sie weitere hinzu. Über die Schaltfläche KANTE VERBESSERN in den Werkzeugoptionen des Zauberstabes können Sie zum Schluss noch ein wenig die Details verbessern.

6 Neues Dokument aus Auswahl

Sind Sie mit der Auswahl zufrieden, kopieren Sie anschließend die Auswahl mit [Strg]/[cmd]+[C] in die Zwischenablage. Mittels DATEI • NEU • BILD AUS ZWISCHENABLAGE erhalten Sie nun den Blumenstrauß freigestellt als neues Bild.

> **Mit Ebenenmasken freistellen**
> Alternativ könnten Sie diese Auswahl auch über EBENENMASKE • AUSWAHL AUSBLENDEN freistellen. Wie das geht, erfahren Sie im Abschnitt »Auswahlen und Ebenenmasken« auf Seite 654.

▲ **Abbildung 23.16**
Den fertig freigestellten Blumenstrauß können Sie nun in anderen Bildern verwenden.

▲ **Abbildung 23.17**
Hier wurden die Blumen als Illustration für eine Willkommenskarte verwendet.

23.3 Das Schnellauswahl-Werkzeug

Das Schnellauswahl-Werkzeug [A] sucht sich seine Auswahl anhand von Farben und Strukturen eines ausgewählten Bildbereichs. Im Gegensatz zum Zauberstab, der mit dem Schnellauswahl-Werkzeug vergleichbar ist, übermalen Sie mit diesem Werkzeug das Motiv zum Auswählen wie mit einem gewöhnlichen Pinsel-Werkzeug. Beim Zauberstab klicken Sie ja, und beim Lasso umzeichnen Sie den Rand. Glücklicherweise müssen Sie beim Übermalen nicht so exakt vorgehen, da das Schnellauswahl-Werkzeug die Begrenzungen automatisch erstellt.

Kapitel 23 Komplexe Auswahlen erstellen

Werkzeugoptionen | Auch hier finden Sie die Ihnen bereits bekannten Schaltflächen Neu, Hinzufügen und Subtrahieren ❶. Die Option Schnittmenge fehlt hier und macht bei diesem Werkzeug auch keinen Sinn.

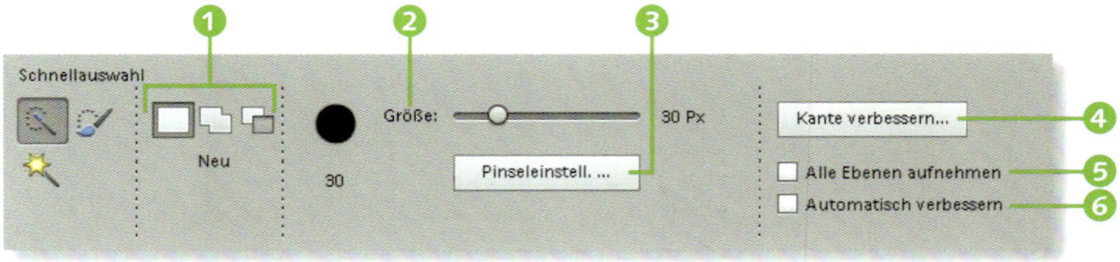

Abbildung 23.18 ▶
Die Werkzeugoptionen des Schnellauswahl-Werkzeugs.

Entscheidend für die Wirkung
Was beim Zauberstab die Toleranz ist, ist für das Schnellauswahl-Werkzeug die Einstellung von Grösse und Härte.

Über Grösse ❷ stellen Sie den Durchmesser ein. Mit der Schaltfläche Pinseleinstell(ungen) ❸ stellen Sie den Pinsel wie bei einem normalen Malwerkzeug ein (siehe Abschnitt 14.3, »Pinsel- und Werkzeugspitzen«). Wichtig für den Pinsel des Schnellauswahl-Werkzeugs sind allerdings vorwiegend die Grösse und die Härte der Werkzeugspitze. Die anderen Werte wie Malabstand, Winkel und Rundung sind für das Schnellauswahl-Werkzeug im Grunde irrelevant. Den Durchmesser des Pinsels verkleinern oder vergrößern Sie mit ⌗ bzw. mit ⇧+⌗.

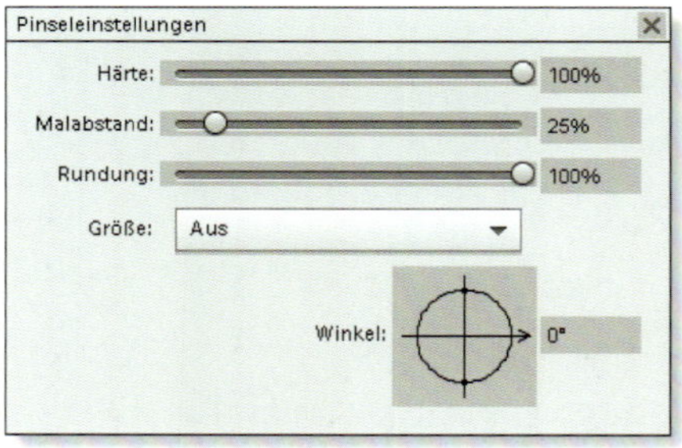

Abbildung 23.19 ▶
Die Pinseleinstellungen für das Schnellauswahl-Werkzeug.

Wenn sich die Auswahl auf alle vorhandenen Ebenen auswirken soll, aktivieren Sie die Option Alle Ebenen aufnehmen ❺. Mit Automatisch verbessern ❻ veranlassen Sie eine Weichzeichnung der Auswahl. Noch präziser steuern Sie die Auswahl über die Schaltfläche Kante verbessern ❹. Den sich daraufhin öffnenden Dialog habe ich bereits auf in Abschnitt 22.5.3 beschrieben.

Kapitel_23: Elephant.jpg, Hintergrund.jpg, Elephant+Hintergrund.psd, Elephant+Hintergrund2.psd

Bedienung | Die Bedienung ist ebenfalls relativ einfach: Gehen Sie mit dem Mauszeiger auf das Motiv, das Sie auswählen wollen, und malen Sie es mit gedrückt gehaltener linker Maustaste aus. Sobald Sie zu malen beginnen, springt die Option von Neu auf Hinzufügen um. Selbstverständlich können Sie den Bereich auch jederzeit nur durch Anklicken erweitern oder reduzieren.

23.4 **Der Auswahlpinsel**

▲ **Abbildung 23.20**
Das Schnellauswahl-Werkzeug im Einsatz. Das Werkzeug eignet sich nicht nur für einfache Formen, sondern auch zur Auswahl komplexerer Formen. Dank intuitiver und automatischer Bedienung erzielen Sie hiermit in kürzester Zeit recht gute Ergebnisse. Links sehen Sie die Auswahl mit der üblichen Auswahllinie, und rechts habe ich zur Verdeutlichung eine Überlagerungsfarbe mithilfe des Dialogs KANTE VERBESSERN verwendet.

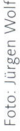

▲ **Abbildung 23.21**
Hier habe ich den zuvor ausgewählten Elefant mit Reiter in die Zwischenablage kopiert (BEARBEITEN • KOPIEREN) und an einem anderen und attraktiveren Ort (Hintergrund) eingefügt (BEARBEITEN • EINFÜGEN). Links wurde er in New Delhi ausgesetzt und rechts in der Karibik. Auf beiden Bildern wurde der Elefant mit Reiter kleiner skaliert.

23.4 Der Auswahlpinsel

Der Auswahlpinsel [A] befindet sich im selben »Fach« wie das Schnellauswahl-Werkzeug und arbeitet im Grunde auch wie dieses. Auch hier müssen Sie lediglich Ihre Auswahl »aufpinseln« –

Kapitel_23: Red.jpg

575

Kapitel 23 Komplexe Auswahlen erstellen

Ideal für Nacharbeiten
Der Auswahlpinsel macht eine gute Figur bei der Nacharbeit einer Auswahl. Wenn beispielsweise bei einer Auswahl viele ganz kleine Bereiche nicht erfasst wurden, können Sie diese einfach mit diesem Werkzeug durch Aufmalen hinzufügen (oder entfernen).

mit dem Unterschied, dass beim Auswahlpinsel die Kanten nicht automatisch aufgespürt werden. Eine mit dem Auswahlpinsel aufgemalte Auswahl entspricht also exakt dem Pinselstrich.

Abbildung 23.22 ▶
Ein klassisches Beispiel für den Auswahlpinsel. Hier wurde zuvor mit dem Schnellauswahl-Werkzeug die Dame ausgewählt, aber viele Dinge, wie beispielsweise die Hand, wurden nicht sauber erfasst. Hier kann uns der Auswahlpinsel weiterhelfen.

Pinselgröße ändern
Die GRÖSSE der Pinselspitze können Sie hierbei auch mit den Tasten ⌗ und ⇧+⌗ verringern bzw. erhöhen.

Die Werkzeugoptionen | Die Standardeinstellung ❶ des Werkzeugs ist die Option HINZUFÜGEN. Wenn Sie die Auswahl reduzieren wollen, finden Sie daneben die Schaltfläche SUBTRAHIEREN. Im Dropdown-Menü ❸ wählen Sie eine der vordefinierten Pinselspitzen aus. Mit GRÖSSE ❹ stellen Sie ein, wie groß die Pinselspitze sein soll.

Wie hart die Kanten der Auswahl werden, geben Sie mit KANTENSCHÄRFE ❺ an (entspricht in etwa der Option Kanten glätten anderer Auswahlwerkzeuge). Je deutlicher der Wert unter 100 % liegt, desto weicher werden die Übergänge zwischen ausgewählten oder maskierten und nicht ausgewählten oder maskierten Bereichen.

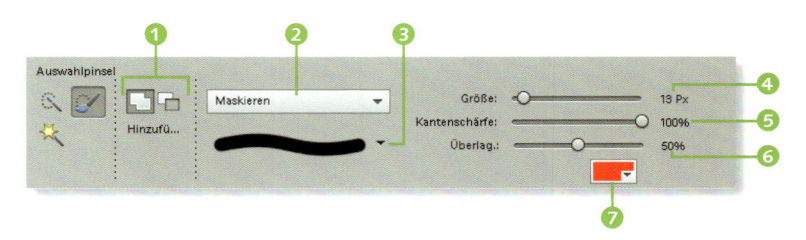

Abbildung 23.23 ▶
Die Werkzeugoptionen des Auswahlpinsels

576

23.4 Der Auswahlpinsel

Mit der Dropdown-Liste ❷ stellen Sie den Modus ein und lassen diesen entweder auf Auswahl stehen, um wie gewohnt einen Auswahlbereich mit den Ameisenlinien zu erzeugen, oder Sie stellen mit dem anderen Wert Maskieren die Auswahl auf einen Maskenbereich um. Der maskierte Bereich wird in einer Überlagerungsfarbe angezeigt, die Sie über eine zusätzliche Werkzeugoption ❼ einstellen können.

Um Sie jetzt nicht zu verwirren: Der maskierte Bereich ist normalerweise der Bereich, der *nicht* ausgewählt werden soll. Sie können diesen Modus jederzeit verwenden, um die Auswahl zu verkleinern, und so zwischen den Modi Auswahl und Maskieren hin- und herschalten. Wenn Sie den Maskierungsmodus verwenden, finden Sie auch eine Option Überlag(erung) ❻, mit der Sie angeben, wie stark die Überlagerungsfarbe sein soll.

Auswahl- und Maskierungsmodus

In der Praxis wird der Auswahlmodus verwendet, um die Auswahl zu vergrößern, und der Maskenmodus, um die Auswahl zu verkleinern. In beiden Modi können Sie mit gehaltener [Alt]-Taste Bereiche aus der Auswahl oder Maskierung entfernen.

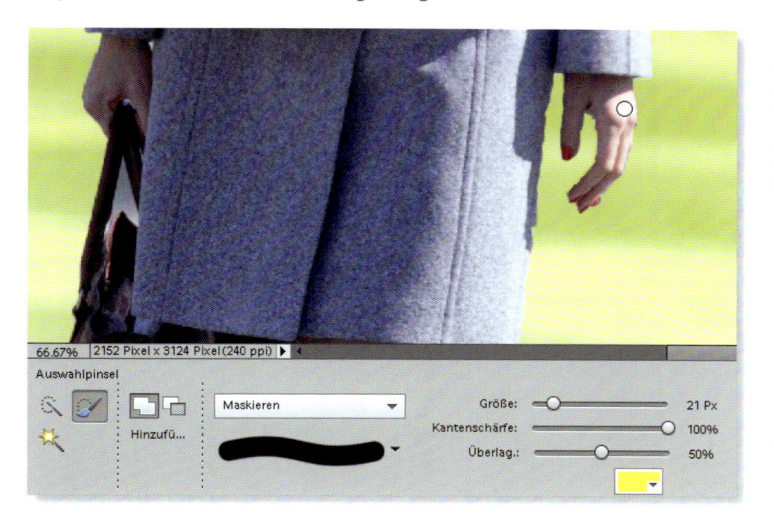

▲ **Abbildung 23.24**
Im Modus Maskieren werden die Bereiche, die farbig dargestellt werden, nicht ausgewählt. Hier wurden die Details nachbearbeitet, welche zuvor mit dem Schnellauswahl-Werkzeug nicht erfasst wurden, und anschließend freigestellt.

TEIL VIII
Ebenen

Kapitel 24
Ebenen in Photoshop Elements

In vielen Kapiteln habe ich Sie auf diesen Buchteil verwiesen, und Sie können sich daher sicherlich denken, dass das Thema Ebenen sehr wichtig ist. In der Tat sind die Ebenen so etwas wie die Kreuzungen einer stark befahrenen Straße: Erst mit den Ebenen können Sie richtig flexibel und kreativ arbeiten. Ohne Ebenen wäre Ihr Grafik- und Bildbearbeitungsprogramm nur halb so vielseitig.

24.1 Das Ebenen-Prinzip

Zunächst einmal hat jedes Bild, das Sie bearbeiten, mindestens eine Ebene. Stellen Sie sich eine Ebene als eine Folie oder Glasscheibe vor, auf der etwas gezeichnet wird. Auf diese Ebene können Sie jederzeit weitere Ebenen legen. Durch die Transparenz der Ebenen (abgesehen von der Hintergrundebene) können Sie die darunterliegenden Ebenen ebenfalls sichtbar machen. Dies ist allerdings abhängig von der Deckkraft und Füllmethode der Ebenen. Auch die Reihenfolge der einzelnen Ebenen lässt sich jederzeit verändern und ist ausschlaggebend für das Gesamtbild.

Kapitel_24:
Manipulation.psd

Speichern mehrerer Ebenen
Um bei der Arbeit mit mehreren Ebenen die einzelnen Teilbilder beim Speichern zu erhalten, müssen Sie ein Dateiformat verwenden, das Ebenen unterstützt. Bei Photoshop Elements sind dies die Formate PSD und TIFF. Speichern Sie ein Dokument mit mehreren Ebenen zum Beispiel im JPEG-Format, so werden die sichtbaren Ebenen automatisch auf eine (Hintergrund-)Ebene reduziert.

◀ **Abbildung 24.1**
Es fällt in diesem Bild kaum auf, dass hier zwei Ebenen verwendet wurden.

Für die Bearbeitung von Bildern mit Ebenen wird das Ebenen-Bedienfeld verwendet. Wird dieses Bedienfeld nicht angezeigt, können Sie es jederzeit über das Menü Fenster • Ebenen öffnen.

Das Prinzip und der Aufbau von Ebenen sind immer recht ähnlich. Sie verwenden zunächst ein Hintergrundbild ❷. Auf dieses Hintergrundbild, das im Grunde auch nur eine Ebene ist, legen Sie jetzt weitere Ebenen, wie zum Beispiel freigestellte und transparente Bildmotive ❶.

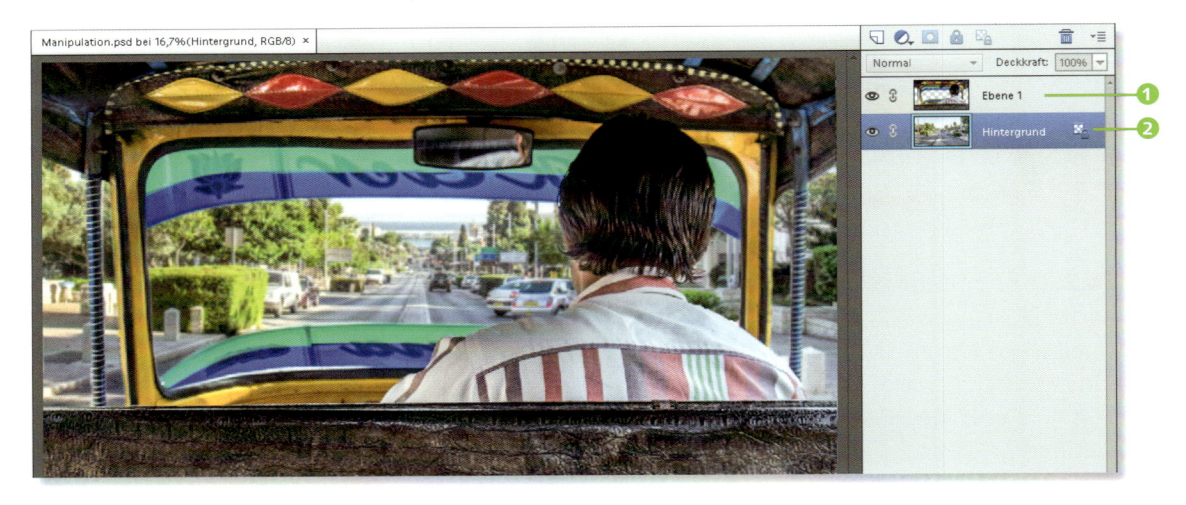

▲ **Abbildung 24.2**
Das Bild aus mit seinen Ebenen im Ebenen-Bedienfeld. Die ursprüngliche Aussicht des Fahrers wurde wegradiert und dann das Bild als Ebene über ein Bild (eine weitere Ebene, hier Hintergrund) mit einer Straße gelegt.

24.2 Transparenz und Deckkraft

Wenn Sie mit Ebenen gestalten, ist eine Eigenschaft besonders wichtig: die Transparenz der Ebene, also ihre Durchsichtigkeit.

24.2.1 Ebenentransparenz

Schachbrettmuster ändern
Das Schachbrettmuster und seine Farbe können Sie über Bearbeiten/Photoshop Elements Editor • Voreinstellungen • Transparenz ändern.

Sicherlich ist Ihnen schon des Öfteren bei Bildern oder im Ebenen-Bedienfeld bei der Miniatur das grau-weiße **Schachbrettmuster** aufgefallen. Dieses Muster symbolisiert die Ebenentransparenz – oder, einfacher, den durchsichtigen Teil einer Ebene. Befände sich unterhalb der Ebene eine weitere Ebene, so würde der Inhalt der unteren Ebene überdeckt von der oberen Ebene angezeigt.

24.2 Transparenz und Deckkraft

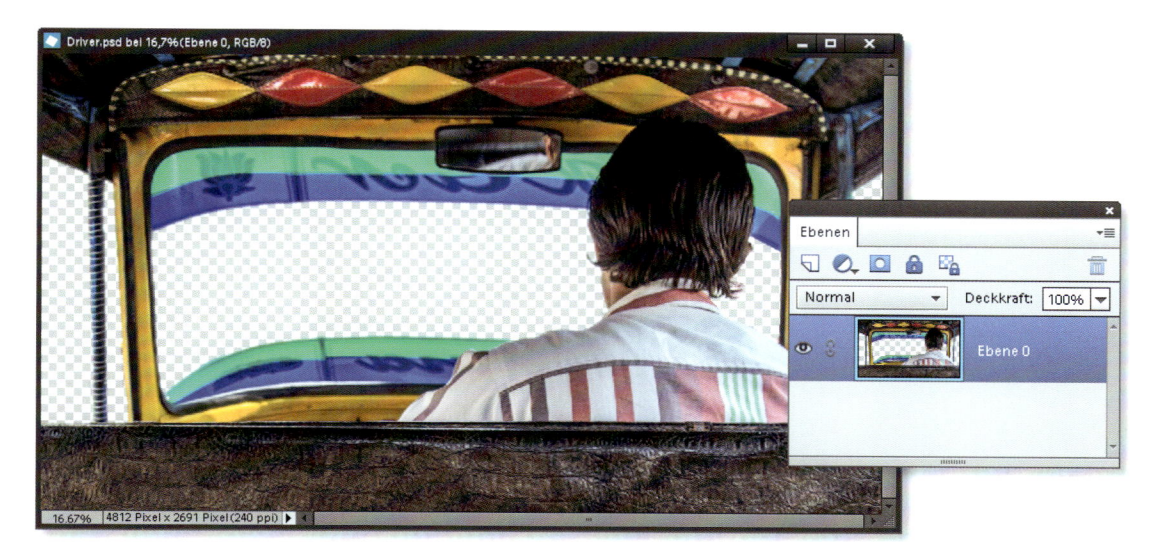

24.2.2 Ebenendeckkraft

Auch die DECKKRAFT ❸ von Ebenen lässt sich über einen Schieberegler reduzieren. Damit lassen Sie zum Beispiel Ebenen unter anderen Ebenen durchscheinen. Bei der untersten Ebene scheint so, sofern es keine Hintergrundebene ist, das grau-weiße Schachbrettmuster durch. Mit der DECKKRAFT steuern Sie die Transparenz der gesamten Ebene.

◀ **Abbildung 24.3**
Transparente Flächen des Bildes werden mit einem Schachbrettmuster angezeigt.

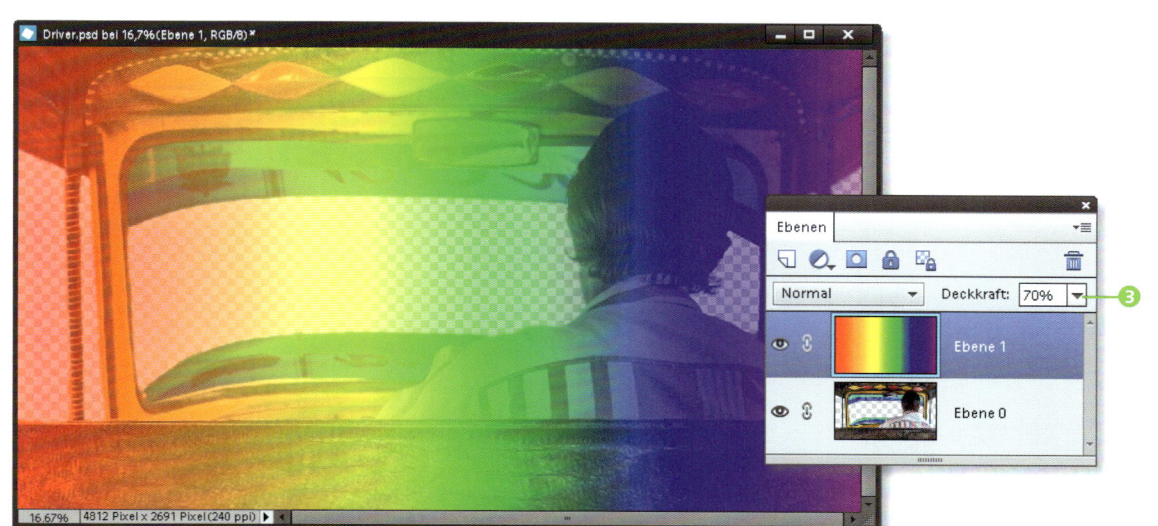

◀ **Abbildung 24.4**
Wäre hier die DECKKRAFT der regenbogenfarbenen Ebene nicht auf 70 % reduziert worden, würde der Fahrer dahinter von ihr überdeckt und folglich nicht angezeigt werden. Auch das Schachbrettmuster der darunterliegenden Ebene, die Transparenz, ist hier noch zu erkennen.

24.3 Typen von Ebenen

Sie wissen bereits, dass alle Bilder in Photoshop Elements aus mindestens einer Ebene bestehen. Dabei wird zwischen verschiedenen Typen von Ebenen unterschieden, die sich teilweise in ihrer Verwendung und Bearbeitung unterscheiden.

Kapitel_24: Entrance.jpg

24.3.1 Hintergrundebenen

Jedes Foto, das Sie in Photoshop Elements öffnen, und jede leere Datei, die Sie neu anlegen (abgesehen von einem transparenten Hintergrundinhalt), liegen als Bild in einer Hintergrundebene vor. Dies zeigt auch schon der Name »Hintergrund« ❶ im Ebenen-Bedienfeld an.

Jedes Bild kann dabei nur eine Hintergrundebene haben. Außerdem unterscheidet sich eine Hintergrundebene von anderen Ebenen durch folgende Eigenschaften:

► Hintergrundebenen können im Ebenenstapel nicht verschoben werden und liegen immer ganz unten im Stapel.
► Hintergrundebenen können nicht transparent sein, weil sie keinen Alphakanal besitzen. Wenn Sie eine Hintergrundebene radieren oder Teile davon ausschneiden, erscheint immer die eingestellte Hintergrundfarbe aus dem Farbwahlbereich an diesen Stellen.
► Die DECKKRAFT einer Hintergrundebene kann nicht reduziert werden.

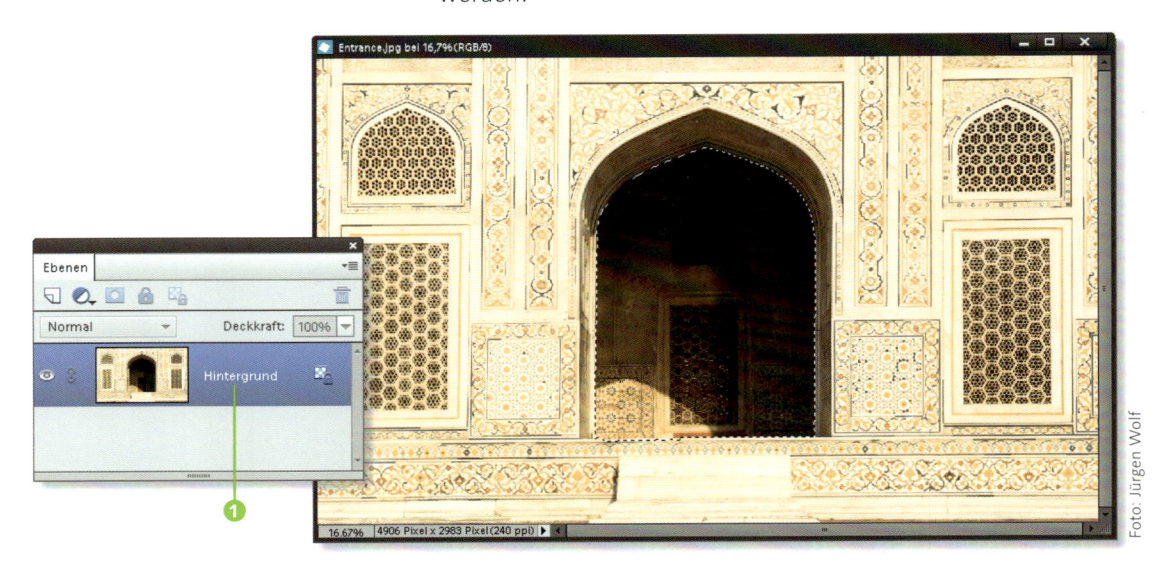

▲ **Abbildung 24.5**
Der Eingang wurde ausgewählt …

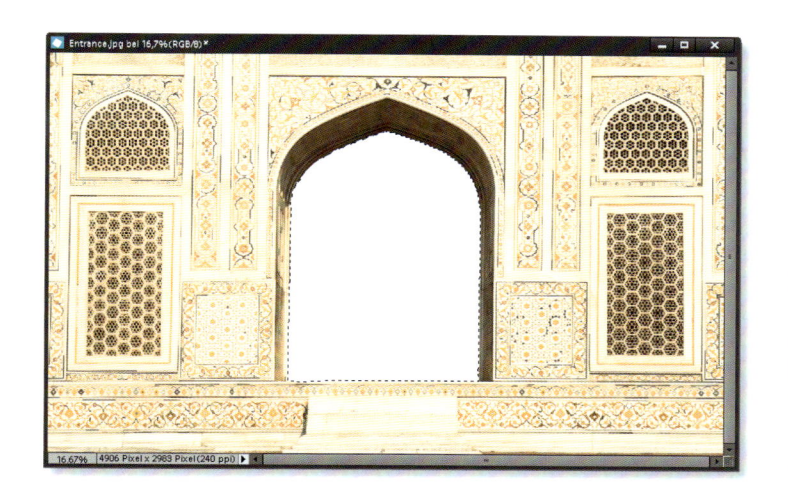

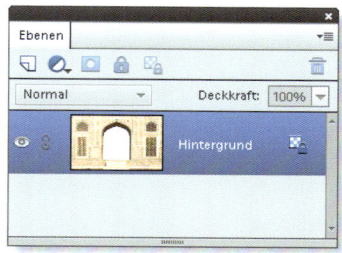

◀▼ Abbildung 24.6
... und mit `Entf`/`←` gelöscht. Dadurch wurde der Hintergrund mit der aktuell eingestellten Hintergrundfarbe (hier Weiß) gefüllt.

Hintergrundebene in Bildebene umwandeln | Es ist relativ einfach, aus einer Hintergrundebene eine Bildebene zu machen. Hierzu brauchen Sie nur die Hintergrundebene im Ebenen-Bedienfeld mit der rechten Maustaste anzuklicken und im Kontextmenü EBENE AUS HINTERGRUND auszuwählen. Alternativ finden Sie das Kommando über den Menüpunkt EBENE • NEU • EBENE AUS HINTERGRUND. Daraufhin öffnet sich ein neuer Dialog, in dem Sie NAME, MODUS und DECKKRAFT der neu zu erstellenden Ebene eingeben können.

Schneller umwandeln
Noch einfacher und schneller geht es, wenn Sie die Hintergrundebene im Ebenen-Bedienfeld doppelklicken.

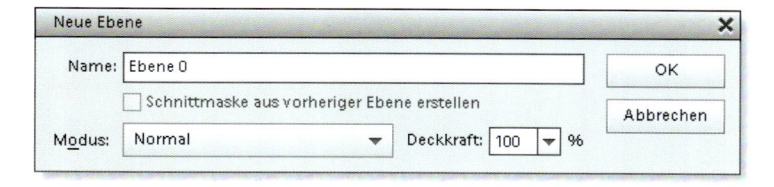

◀ Abbildung 24.7
Neue Ebene aus Hintergrund erzeugen

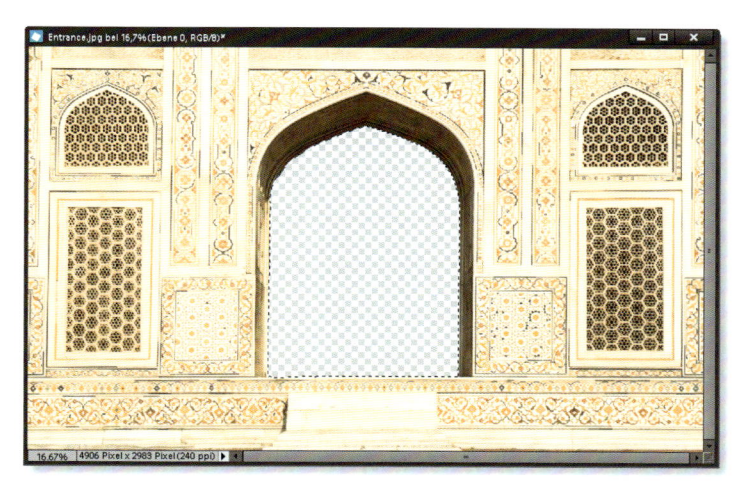

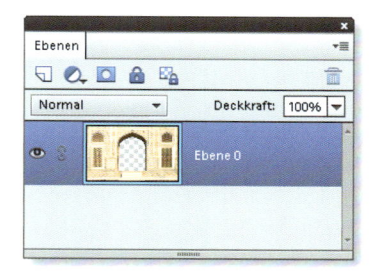

◀▼ Abbildung 24.8
Wurde aus einer Hintergrundebene eine Bildebene gemacht und der ausgewählte Bereich mit `Entf`/`←` gelöscht, wird dieser Bereich jetzt transparent.

Bildebene in Hintergrundebene umwandeln | Um umgekehrt eine Bildebene wieder in eine Hintergrundebene umzuwandeln, wählen Sie im Menü EBENE • NEU • HINTERGRUND AUS EBENE. Grundsätzlich funktioniert dies auch über das Ebenen-Bedienfeld mit einem Rechtsklick auf die unterste Ebene und Auswahl der Option AUF HINTERGRUNDEBENE REDUZIEREN im Kontextmenü – allerdings nur dann, wenn das Bedienfeld nur eine einzige Ebene enthält. Befinden sich mehrere Ebenen im Bedienfeld, werden mit diesem Befehl alle Ebenen zu einer Hintergrundebene zusammengefügt.

24.3.2 Bildebenen

Wenn von Ebenen die Rede ist, sind meistens die »normalen« Bildebenen gemeint, die in der Praxis auch am häufigsten zum Einsatz kommen. Dieser Ebenentyp enthält von Haus aus einen Alphakanal und somit auch Transparenz.

24.3.3 Einstellungsebenen

Zum Weiterlesen
Die Einstellungsebenen habe ich bereits im Abschnitt »Flexibel arbeiten mit Einstellungsebenen« auf Seite 304 umfassend beschrieben.

Mehr als einmal haben Sie bereits Einstellungsebenen in diesem Buch verwendet. Die Einstellungsebenen ❶ sind unverzichtbar für die Bildkorrektur. Mit ihrer Hilfe können Sie verschiedene Korrekturen durchprobieren, ohne das Originalbild zu ändern.

Abbildung 24.9 ▶
Photoshop Elements bietet eine Vielzahl an Einstellungsebenen an.

Vektoren und Pixel
Schlagen Sie im Abschnitt »Vektorgrafik – die mathematische Grafik« auf Seite 144 nach, um mehr über den Unterschied zwischen Pixeln und Vektoren zu erfahren.

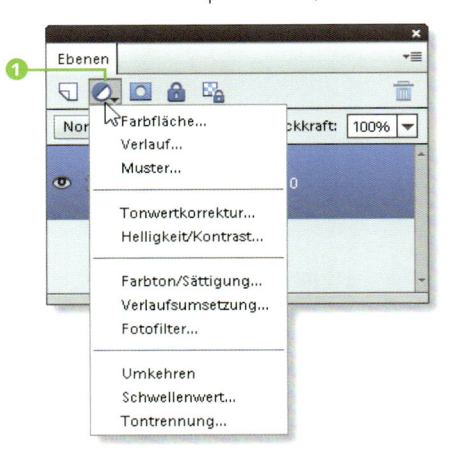

24.3.4 Textebenen

Eine Textebene erkennen Sie am großen »T« ❷ im Ebenen-Bedienfeld. Sobald Sie eines der Textwerkzeuge aus der Werkzeugpalette auswählen und in das Bild klicken, legt Photoshop Elements automatisch eine solche Ebene an. Text besteht bei Photoshop Elements aus Vektoren und nicht aus Pixeln. Der Vorteil liegt auf der Hand: Durch die mathematisch definierte Form des Textes lässt sich die Schrift verlustfrei skalieren. Lassen Sie sich also nicht abschrecken, wenn bei näherem Hereinzoomen der Text etwas »pixeliger« wirkt. Sobald Sie den Text ausdrucken, stimmt die Schärfe wieder.

▲ Abbildung 24.10
Die Textebene erkennen Sie am großen »T« in der Ebenenminiatur.

24.3.5 Formebenen
Formebenen legen Sie mit den Formwerkzeugen an:
- Eigene-Form-Werkzeug
- Rechteck-Werkzeug
- Abgerundetes-Rechteck-Werkzeug
- Ellipse-Werkzeug
- Polygon-Werkzeug
- Stern-Werkzeug
- Linienzeichner

Formebenen sind wie die Textebenen Ebenen mit mathematischen Vektorinformationen und somit stufenlos und verlustfrei skalierbar. In der Praxis werden Formebenen für einfache Logos oder für Schaltflächen auf Webseiten verwendet. Formebenen lassen sich mit Farben, Mustern oder Verläufen füllen.

Zum Weiterlesen
Mehr über die Formwerkzeuge können Sie in Abschnitt 38.1, »Die Formwerkzeuge im Überblick«, nachlesen.

▲ Abbildung 24.11
Formebenen bestehen aus Vektorinformationen. Hier wurden gleich mehrere solcher Formen verwendet.

Kapitel 25
Das Ebenen-Bedienfeld

Bevor Sie intensiv mit Ebenentechniken arbeiten können, müssen Sie auf jeden Fall die Befehle und Steuerungsmöglichkeiten der Ebenen kennen.

25.1 Überblick über das Ebenen-Bedienfeld

Zwar stehen Ihnen hier auch mit dem Menü EBENE sämtliche Befehle zur Verfügung, aber weitaus komfortabler und schneller für das Arbeiten mit der Ebene ist das Ebenen-Bedienfeld – es ist gleichsam die Hauptsteuerzentrale. Sollten Sie das Ebenen-Bedienfeld geschlossen haben, öffnen Sie es über FENSTER • EBENEN, oder klicken Sie unten rechts im Fotoeditor auf den Button EBENEN 1.

Kapitel_25: Ebenen.psd

▲ **Abbildung 25.1**
Das Ebenen-Bedienfeld ein- und ausblenden

Jede Ebene wird im Ebenen-Bedienfeld in einer eigenen Zeile mit einer Miniaturvorschau, dem Namen und gegebenenfalls zusätzlichen Ebeneneigenschaften dargestellt. Zu jeder einzelnen Ebene werden auch die DECKKRAFT und die Füllmethode angezeigt.

Auch funktionsmäßig ist das Ebenen-Bedienfeld stark besetzt. Mit einem Rechtsklick auf eine Ebene öffnet sich ein Kontextmenü mit vielen Ebenenbefehlen. Am oberen Rand finden Sie zudem die wichtigsten Befehle, die Sie auch über das Menü

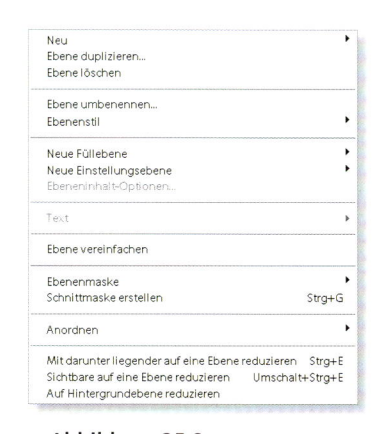

▲ **Abbildung 25.2**
Alle Befehle zu den Ebenen finden Sie im Menü EBENE. Schneller steuern Sie die Ebenen über das Ebenen-Bedienfeld.

Ebene oder mit einem Rechtsklick erreichen, als Schaltflächen vor.

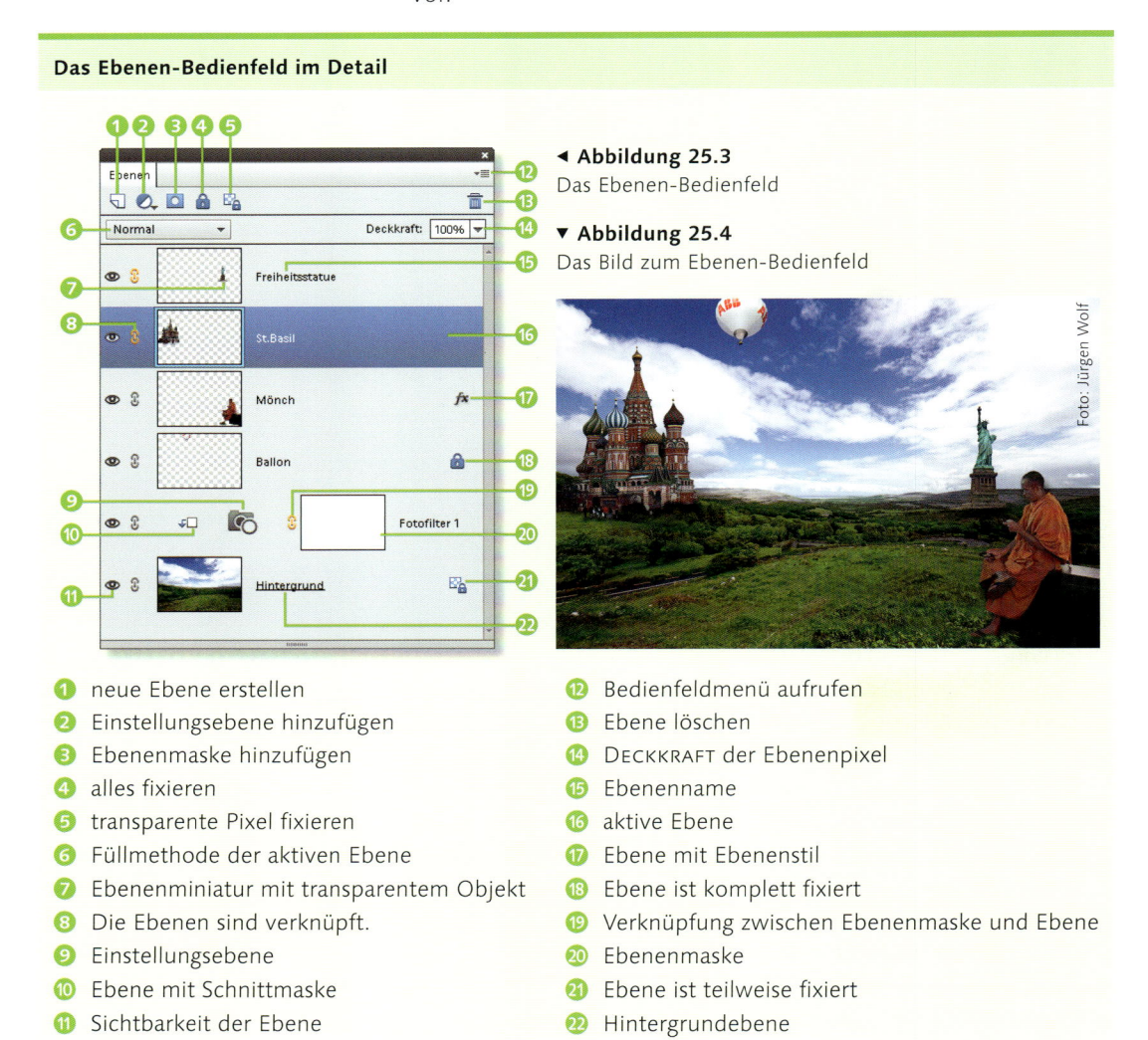

Das Ebenen-Bedienfeld im Detail

◀ **Abbildung 25.3**
Das Ebenen-Bedienfeld

▼ **Abbildung 25.4**
Das Bild zum Ebenen-Bedienfeld

❶ neue Ebene erstellen
❷ Einstellungsebene hinzufügen
❸ Ebenenmaske hinzufügen
❹ alles fixieren
❺ transparente Pixel fixieren
❻ Füllmethode der aktiven Ebene
❼ Ebenenminiatur mit transparentem Objekt
❽ Die Ebenen sind verknüpft.
❾ Einstellungsebene
❿ Ebene mit Schnittmaske
⓫ Sichtbarkeit der Ebene
⓬ Bedienfeldmenü aufrufen
⓭ Ebene löschen
⓮ DECKKRAFT der Ebenenpixel
⓯ Ebenenname
⓰ aktive Ebene
⓱ Ebene mit Ebenenstil
⓲ Ebene ist komplett fixiert
⓳ Verknüpfung zwischen Ebenenmaske und Ebene
⓴ Ebenenmaske
㉑ Ebene ist teilweise fixiert
㉒ Hintergrundebene

Auf den folgenden Seiten finden Sie einen Überblick zum Ebenen-Bedienfeld.

25.2 Ebenen auswählen

Sobald Sie mit mehr als einer Ebene arbeiten, ist es wichtig, vor dem Ausführen einer Funktion oder der Arbeit mit einem Werkzeug die gewünschte Ebene auszuwählen.

25.2 Ebenen auswählen

25.2.1 Aktuell bearbeitete Ebene

Bei Bildern mit vielen Ebenen wird es schnell unübersichtlich; daher müssen Sie immer wissen, welche Ebene im Augenblick aktiv ist. Dies ist besonders wichtig bei der Bearbeitung von Ebenen, weil sich die Arbeiten meistens auf diese aktive Ebene auswirken. Im Ebenen-Bedienfeld erkennen Sie an der blauen Markierung ❷, welche Ebene bearbeitet wird. Auch die Bildtitelleiste ❶ gibt Auskunft, welche Ebene im Augenblick aktiv ist.

▲ **Abbildung 25.5**
Das Ebenen-Bedienfeld und der Bildtitel geben Auskunft darüber, welche Ebene im Augenblick bearbeitet wird.

25.2.2 Ebene auswählen

Um eine Ebene auszuwählen, gibt es mehrere Möglichkeiten:

- Die wohl gängigste Methode dürfte das Auswählen der entsprechenden Ebene im Ebenen-Bedienfeld per Mausklick sein.
- Mit den Tastenkombinationen [Alt]+[+] und [Alt]+[-] wechseln Sie eine Ebene höher bzw. tiefer. Mit den Tastenkombinationen [Alt]+[.] und [Alt]+[,] springen Sie direkt die oberste bzw. unterste Ebene an.
- Sie können auch eine Ebene mit dem Verschieben-Werkzeug [V] direkt im Bild auswählen, wenn die Werkzeugoption EBENE AUTOMATISCH WÄHLEN ❸ aktiviert ist. Wenn hierbei die Werkzeugoption BEGRENZUNGSRAHMEN EINBL(ENDEN) ❹ aktiv ist, wird beim Auswählen (Anklicken mit der Maus) einer Ebene der Begrenzungsrahmen eingeblendet. Und ist die

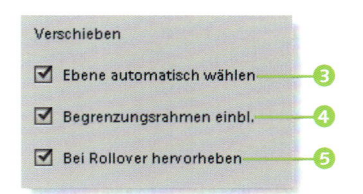

▲ **Abbildung 25.6**
Einige Werkzeugoptionen des Verschieben-Werkzeugs, die Ihnen beim Auswählen von Ebenen helfen

dritte Option Bei Rollover hervorheben ❺ aktiviert, wird ein blauer Rahmen um die Ebene angezeigt, wenn Sie mit dem Mauscursor über der Ebene stehen. Standardmäßig sind alle drei Werkzeugoptionen aktiviert.

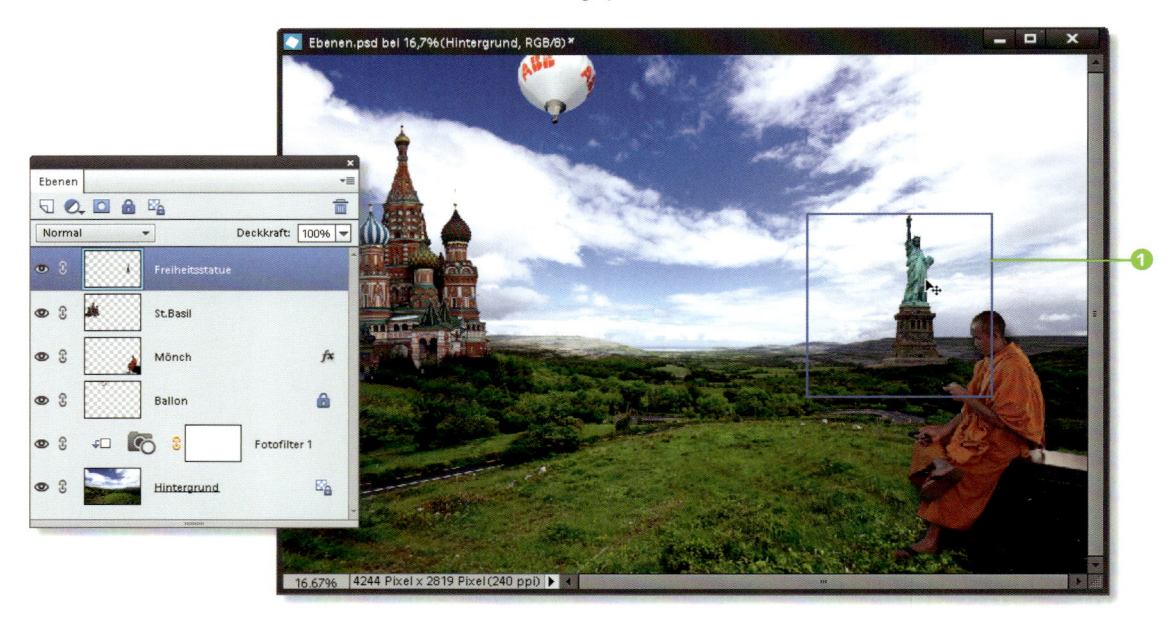

▲ **Abbildung 25.7**
Hier wird die Ebene »Freiheitsstatue« mit dem Verschieben-Werkzeug angewählt. Den blauen Rahmen ❶ sehen Sie, wenn Sie mit dem Mauszeiger über der Ebene stehen (Option Bei Rollover hervorheben), …

Abbildung 25.8 ▶
… und hier wurde die Ebene »Freiheitstatue« jetzt mit dem Verschieben-Werkzeug angeklickt und ist somit ausgewählt (auch im Ebenendialog) (Option Begrenzungsrahmen einblenden).

25.2.3 Auswahlen aus Ebenenpixeln erstellen

Manchmal ist es nötig, aus einer Ebene eine Auswahl zu erstellen. Auch hierfür bietet das Ebenen-Bedienfeld eine einfache Möglichkeit: Wenn Sie in einer Ebene alle deckenden Pixel auswählen wollen, klicken Sie einfach mit gehaltener ⌈Strg⌉/⌈cmd⌉-Taste auf die Ebenenminiatur des Ebenen-Bedienfeldes. Der Mauszeiger wird hierbei zu einer Hand mit leerem Quadrat ❷. Mit einem einzigen Klick werden jetzt alle deckenden Pixel ausgewählt.

Um weitere Pixel von anderen Ebenen können Sie die Auswahl ausweiten, indem Sie [Strg]/[cmd]+[⇧] gedrückt halten. Im Quadrat des Mauszeigers finden Sie dann passend dazu ein Plussymbol. Klicken Sie jetzt erneut auf eine weitere transparente Ebenenminiatur, so wird die Auswahl damit erweitert.

Analog verkleinern Sie den Auswahlbereich mit der gehaltenen Tastenkombination [Strg]/[cmd]+[Alt] auf einer Ebenenminiatur. Auch hierbei ändert sich der Inhalt des Quadrats im Mauszeiger in ein Minussymbol.

▲ **Abbildung 25.9**
Einfach und effektiv werden mit einem Klick alle deckenden Pixel (sichtbaren Bildteile) einer Ebene ausgewählt.

25.2.4 Mehrere Ebenen auswählen

Manchmal ist es notwendig, mehrere Ebenen auf einmal zu bearbeiten. Damit ist es möglich, verschiedene Arbeitsschritte, wie zum Beispiel ein Verschieben, Transformieren, Ausrichten oder diverse Effekte auf mehreren Ebenen gleichzeitig durchzuführen. Hierzu bieten sich folgende Optionen an:

▶ Über das Menü Auswahl • Alle Ebenen aktivieren Sie alle Ebenen im Ebenen-Bedienfeld auf einmal. Das Gegenstück zum gleichzeitigen Deaktivieren aller Ebenen ist Auswahl • Ebenenauswahl aufheben.

Pixeloperationen

Beachten Sie allerdings, dass sich Pixeloperationen wie Malen, Retusche und Bildkorrekturen immer nur auf eine aktive Ebene anwenden lassen. Versuchen Sie dennoch, mit dem Pinsel zu malen, quittiert Photoshop Elements dies mit einem Warnhinweis und bricht Ihre Aktion ab.

- Mit AUSWAHL • ÄHNLICHE EBENEN wählen Sie Ebenen eines bestimmten Typs (siehe Abschnitt 24.3) aus. Wollen Sie zum Beispiel alle Textebenen auswählen, so markieren Sie mindestens eine Textebene, und rufen Sie AUSWAHL • ÄHNLICHE EBENEN auf.
- Natürlich funktioniert hierbei auch die Auswahl mit der gedrückt gehaltenen [Strg]/[cmd]-Taste im Ebenen-Bedienfeld, wenn Sie beliebige Ebenen auswählen wollen. Um aufeinanderfolgende Ebenen zu aktivieren, können Sie beim Auswählen auch [⇧] gedrückt halten. Klicken Sie zum Beispiel bei gedrückter [⇧]-Taste die erste und die letzte Ebene an, haben Sie automatisch auch sämtliche Ebenen dazwischen ausgewählt.

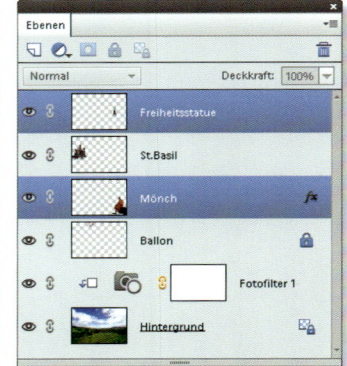

Abbildung 25.10 ▶
Aufeinanderfolgende Ebenen werden mit gehaltener [⇧]-Taste ausgewählt.

Abbildung 25.11 ▶▶
Beliebige Ebenen wählen Sie mit gehaltener [Strg]/[cmd]-Taste aus.

25.2.5 Sichtbarkeit der Ebenen

Ob eine Ebene sichtbar ist oder nicht, erkennen Sie im Ebenen-Bedienfeld am Augensymbol ganz links in der entsprechenden Ebene. Ist das Symbol durchgestrichen ❷, so ist die Ebene nicht sichtbar. Durch Anklicken des Augensymbols blenden Sie die Ebene ein und aus.

Wenn Sie aus der Ebenenkomposition ein Bild in einem bestimmten Dateiformat erstellen wollen, sollten Sie wissen, dass nur die Ebenen verwendet werden, die sichtbar sind. Das Gleiche gilt auch für das Drucken: Ausgeblendete Ebenen werden dabei nicht beachtet.

▲ **Abbildung 25.12**
Mit einem Klick auf das Augensymbol ❶ blenden Sie Ebenen aus und ein.

Mehrere Ebenen ausblenden | Um mehrere Ebenen auf einmal auszublenden, müssen Sie nicht jedes Augensymbol einzeln anklicken, sondern haben noch folgende Möglichkeiten:
- Fahren Sie mit gedrückter linker Maustaste die Reihe der Augensymbole entlang. Dies gilt sowohl für das Ein- als auch für das Ausblenden.

▶ Klicken Sie mit der rechten Maustaste auf ein Augensymbol, und wählen Sie im Kontextmenü die entsprechende Option aus. Gewöhnlich werden Sie sich hierbei für ALLE ÜBRIGEN EBENEN EIN-/AUSBLENDEN entscheiden, um alle Ebenen bis auf die aktuelle ein- bzw. auszublenden. Schneller geht dies, wenn Sie mit gehaltener [Alt]-Taste das Augensymbol einer Ebene anklicken. Dabei werden ebenfalls alle übrigen Ebenen ein- oder ausgeblendet.

◂ **Abbildung 25.13**
In einem Arbeitsschritt alle Ebenen bis auf eine aus- oder einblenden

25.3 Ebenen anlegen und löschen

Auch um eine neue Ebene anzulegen, stehen Ihnen mehrere Möglichkeiten zur Verfügung:

▶ Die einfachste Methode ist, auf das entsprechende Icon im Ebenen-Bedienfeld zu klicken. Die neue Ebene wird hierbei oberhalb der aktiven Ebene erstellt und ist transparent. Halten Sie außerdem beim Anklicken des Icons [Alt] gedrückt, wird noch ein Dialog angezeigt, in dem Sie NAME, MODUS und DECKKRAFT der Ebene eingeben können.
▶ Dasselbe (inklusive Dialogfenster) erreichen Sie auch mit der Tastenkombination [Strg]/[cmd]+[⇧]+[N] oder über den Menüeintrag EBENE • NEU • EBENE.
▶ Wollen Sie die neue Ebene unterhalb der aktiven Ebene anlegen, brauchen Sie nur [Strg]/[cmd] gedrückt zu halten, während Sie das Icon im Ebenen-Bedienfeld anklicken. Dies funktioniert natürlich auch mit einem zusätzlichen Dialogfenster, wenn Sie [Strg]/[cmd]+[Alt] gedrückt halten.

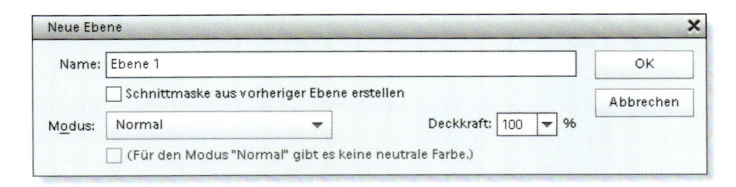

◂ **Abbildung 25.14**
Der Dialog zum Erstellen einer neuen Ebene

25.3.1 Neue Ebene durch Duplizieren

Oft benötigen Sie eine Ebene als Kopie, etwa um mit Filtern oder anderen Effekten zu experimentieren, ohne gleich die Originalebene zu ändern. Folgende Möglichkeiten stehen Ihnen zur Verfügung, um neue Bildinhalte durch Duplizieren zu erzeugen:

▶ Ziehen Sie die Ebene, die Sie duplizieren wollen, im Ebenen-Bedienfeld mit gedrückt gehaltener linker Maustaste auf das Icon , mit dem Sie normalerweise eine neue Ebene anlegen würden, und lassen Sie die Ebene darauf fallen. Nach dem

Bild dupliziert, aber nichts passiert

Abgesehen von der Arbeit mit dem Verschieben-Werkzeug ist es normal, wenn das Duplizieren einer Ebene keine Auswirkung auf das Gesamtbild hat (sofern Sie keine Füllmethode bei der Ausgangsebene verwendet haben). Schließlich wird das Duplikat immer an derselben Stelle eingefügt wie die Ausgangsebene.

▲ **Abbildung 25.15**
Bei diesem Beispiel wurde von der Ebene »Freiheitsstatue« ein Ebenenduplikat »Freiheitsstatue Kopie« erstellt, um einen Bildeffekt mit den Ebenenfüllmethoden ❶ zu nutzen.

Loslassen der Maustaste erhalten Sie ein Duplikat der Ausgangsebene mit dem Zusatz »Kopie« im Namen.

▶ Klicken Sie mit der rechten Maustaste auf die Ebene, und wählen Sie im Kontextmenü den Punkt EBENE DUPLIZIEREN aus. Dieselbe Option finden Sie auch im Menü unter EBENE • EBENE DUPLIZIEREN. Es erscheint ein Dialogfenster, in dem Sie den Namen und die Zieldatei für das Duplikat angeben können. Als Zieldatei können Sie entweder die aktuelle oder eine neue Datei auswählen.

▶ Noch schneller können Sie eine Kopie der im Ebenen-Bedienfeld aktiven Ebene anlegen, indem Sie die Tastenkombination [Strg]/[cmd]+[J] drücken. Diesen Befehl erreichen Sie auch über das Menü unter EBENE • NEU • EBENE DURCH KOPIE.

▶ Alternativ können Sie auch das Verschieben-Werkzeug [V] verwenden, um ein Duplikat anzufertigen, indem Sie [Alt] gedrückt halten und die aktive Ebene im Bild mit der Maus oder den Pfeiltasten bewegen.

▲ **Abbildung 25.16**
Dialogfenster von EBENE DUPLIZIEREN

25.3.2 Neue Ebene durch Einkopieren

Eine neue Ebene wird ebenfalls angelegt, wenn Sie eine Ebene per Drag & Drop von einem Bild in ein anderes ziehen oder über [Strg]/[cmd]+[C] kopieren und per [Strg]/[cmd]+[V] einfügen. Hierzu stehen Ihnen zwei Möglichkeiten zur Verfügung:

▶ **Per Drag & Drop:** Um eine Ebene in ein anderes Bild zu kopieren, müssen Sie zunächst einmal beide Bilder öffnen. Dann ist es am einfachsten, wenn Sie den Mauszeiger im Ebenen-Bedienfeld auf die Ebene bewegen ❸, die Sie in das andere Bild kopieren wollen. Halten Sie nun die linke Maustaste gedrückt, und ziehen Sie die Ebene aus dem Ebenen-Bedienfeld heraus auf das Bild ❷, in das Sie die Ebene kopieren wollen. Lassen Sie die Ebene dort fallen (Maustaste loslassen).

Kapitel_25: Moewe.psd, Ebenen_mit_Moewen.psd

Kopieren mit dem Verschieben-Werkzeug

Neue Inhalte könnten Sie auch mit dem Verschieben-Werkzeug [V] von einem Dokumentfenster in ein anderes ziehen. Bei komplexen Bildkompositionen erwischt man hierbei allerdings schnell das falsche Objekt.

▲ **Abbildung 25.17**
Mit einfachem Drag & Drop lässt sich jederzeit eine Ebene in ein anderes Bild kopieren.

▶ **Kopieren und Einfügen:** Natürlich funktioniert auch hier das klassische Kopieren einer Ebene in die Zwischenablage mit BEARBEITEN • KOPIEREN oder mit dem Tastenkürzel [Strg]/[cmd]+[C] sowie das Einfügen ins andere Bild über BEARBEITEN • EINFÜGEN oder [Strg]/[cmd]+[V]. Der Vorteil dieser Methode ist auch, dass Sie hierbei nicht von Photoshop Elements abhängig sind und jede beliebige Grafik, die Sie zum Beispiel mit dem Webbrowser oder einer anderen Grafikanwendung in die Zwischenablage kopiert haben, als neue Ebene einfügen können.

Bilder nebeneinander
Um die Bilder, so wie hier, nebeneinanderstellen zu können, aktivieren Sie in den VOREINSTELLUNGEN des Fotoeditors unter ALLGMEIN die Option FLOATING-DOKUMENTE IM EXPERTENMODUS ZULASSEN oder stellen Sie die Fenster mit FENSTER • BILDER • NEBENEINANDER nebeneinander.

25.3.3 Ebenen löschen

Mit der Zeit sammeln sich im Ebenen-Bedienfeld die Ebenen, die Sie für Experimente dupliziert haben. Außerdem blähen zu viele unnötige Ebenen die Dateigröße und natürlich auch die Rechenzeit enorm auf. Schwachbrüstige Rechner haben dann schon so ihre Probleme, wenn zusätzlich umfangreiche Operationen durchgeführt werden sollen. Um nicht mehr benötigte Ebenen aus dem Bedienfeld zu löschen, nutzen Sie eine der folgenden Möglichkeiten:

▶ Ziehen Sie die Ebene(n) mit gedrückt gehaltener linker Maustaste in den Papierkorb oben im Ebenen-Bedienfeld.
▶ Markieren Sie die Ebene(n), und klicken Sie auf das Papierkorb-Icon oben im Ebenen-Bedienfeld.
▶ Markieren Sie die Ebene(n), führen Sie einen Rechtsklick auf die entsprechende Ebene im Ebenen-Bedienfeld aus, und wählen Sie im Kontextmenü EBENE LÖSCHEN aus.

▶ Markieren Sie die Ebene(n), und wählen Sie im Menü Ebene • Ebene löschen aus.
▶ Markieren Sie die Ebene(n), und wählen Sie im erweiterten Bedienfeldmenü Ebene löschen aus.

Wie Sie sehen, funktioniert das Löschen immer auch für mehrere Ebenen gleichzeitig. Sehr hilfreich ist auch die Möglichkeit, alle ausgeblendeten Ebenen über das Bedienfeldmenü ❶ und den Eintrag Ausgeblendete Ebenen löschen zu entfernen.

Abbildung 25.18 ▶
Das Bedienfeldmenü bietet ebenfalls viele Möglichkeiten, überflüssige Ebenen zu entfernen.

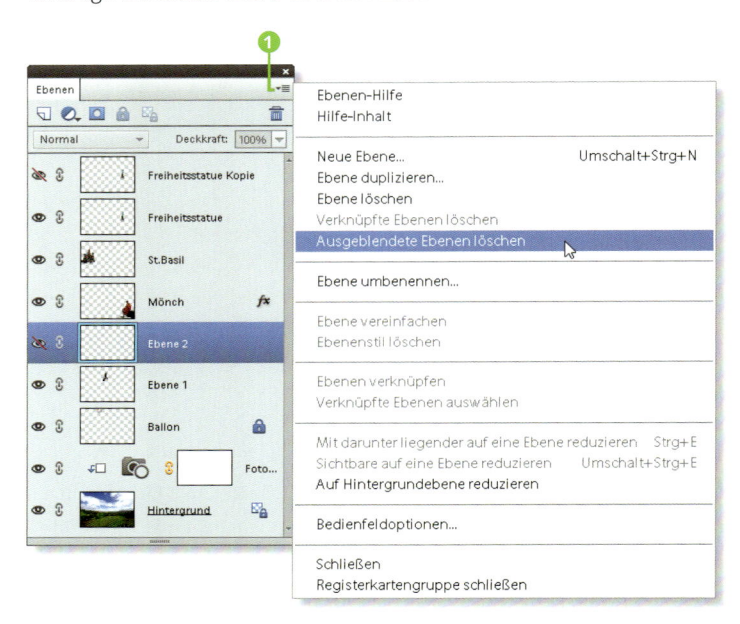

▲ Abbildung 25.19
Zwei Möglichkeiten, eine Ebene zu schützen

25.3.4 Ebenen schützen
Um Ebenen vor ungewollten Veränderungen zu schützen, stehen Ihnen zwei Möglichkeiten zur Verfügung:
▶ Alle Pixel fixieren ❷: Das Schlosssymbol schützt eine Ebene vor jeglicher Art von Veränderung.
▶ Transparente Pixel fixieren ❸: Wenn Sie das Schloss-Icon mit dem Schachbrett bei einer Ebene anklicken, werden alle transparenten Pixel dieser Ebene vor Übermalen oder Befüllen geschützt.

25.4 Ebenen verwalten

Mit den Verwaltungsmöglichkeiten im Ebenen-Bedienfeld behalten Sie auch bei der Arbeit mit mehreren Ebenen immer den Überblick.

25.4 Ebenen verwalten

25.4.1 Ebenen benennen

Wenn Sie eine neue Ebene über EBENE • NEU • EBENE oder [Strg]/[cmd]+[⇧]+[N] erstellen oder eine Ebene duplizieren, können Sie beim Anlegen bzw. Kopieren der Ebene einen Namen vergeben. Nutzen Sie auf jeden Fall die Möglichkeit, individuelle Namen zu vergeben, damit Sie nicht irgendwann den Überblick verlieren. Nicht immer hilft Ihnen die Miniaturvorschau, um den Überblick über Ihre Ebenen zu bewahren.

Leider wird das Dialogfeld zur Namensvergabe nicht angezeigt, wenn Sie das NEU-Icon 🗋 im Ebenen-Bedienfeld anklicken. Wollen Sie trotzdem den Namensvergabe-Dialog über das NEU-Icon sehen, halten Sie während des Anklickens [Alt] gedrückt.

Automatische Namensvergabe
Wenn Sie nicht direkt beim Anlegen einen Namen vergeben, werden neue Ebenen einfach durchnummeriert (»Ebene 1«, »Ebene 2« usw.). Ähnlich ist dies mit duplizierten Ebenen, nur noch mit dem Zusatz »Kopie« (zum Beispiel »Ebene 3 Kopie«, »Ebene 3 Kopie 2« usw.). Diese automatisch vergebenen Bezeichnungen sind nicht sehr förderlich für ein effektives Arbeiten mit vielen Ebenen, da man schnell den Überblick verliert.

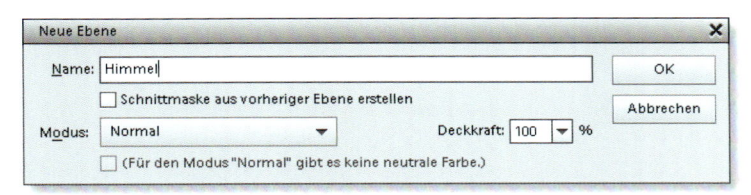

▲ **Abbildung 25.20**
Der Dialog zum Erzeugen einer neuen Ebene ermöglicht Ihnen das Benennen der Ebene.

Nachträglich benennen | Wenn Sie einen Ebenennamen nachträglich verändern wollen, doppelklicken Sie entweder auf den Text des Ebenentitels und ändern den Namen, oder Sie doppelklicken die Ebene insgesamt und geben den neuen Namen in dem sich öffnenden Dialog ein. Alternativ funktioniert dies auch per Rechtsklick auf eine Ebene mit dem Befehl EBENE UMBENENNEN im Kontextmenü.

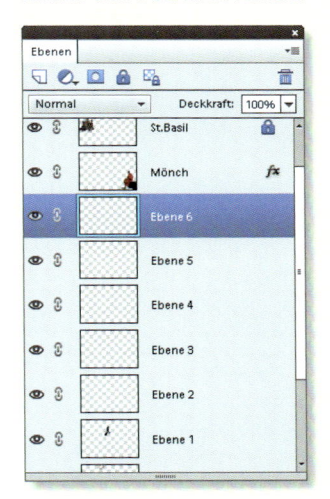

▲ **Abbildung 25.21**
Sind die Ebenen nicht richtig benannt, werden Sie sich schon bald nicht mehr in Ihrer Datei zurechtfinden.

▲ **Abbildung 25.22**
Direkte Namensänderung im Ebenen-Bedienfeld

25.4.2 Ebenen verknüpfen

Um Ebenen miteinander zu verknüpfen, müssen Sie eine Ebene markieren ❷, welche Sie verknüpfen wollen, und bei einer anderen Ebene, die Sie mit dieser Ebene verknüpfen wollen, auf das Kettensymbol ❶ klicken. Eine Ebene mit einer Verknüpfung erkennen Sie an den gelben Kettensymbolen ❸ und ❹, wenn eine der Ebenen ausgewählt ist. So können Sie natürlich jederzeit weitere Ebenen miteinander verknüpfen.

Mit einer solchen Verknüpfung lassen sich die gleichen Arbeiten (zum Beispiel transformieren, drehen) durchführen, die Sie auch mit mehreren gleichzeitig markierten Ebenen ausführen könnten. Die verknüpften Ebenen verhalten sich quasi, als wären sie nur eine Ebene.

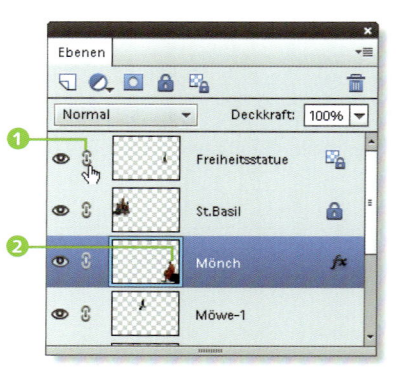

▲ **Abbildung 25.23**
Hier wurde die Ebene »Mönch« markiert ❷. Um diese jetzt mit der Ebene »Freiheitsstatue« zu verknüpfen, brauchen Sie nur das Kettensymbol ❶ von »Freiheitsstatue« anzuklicken, …

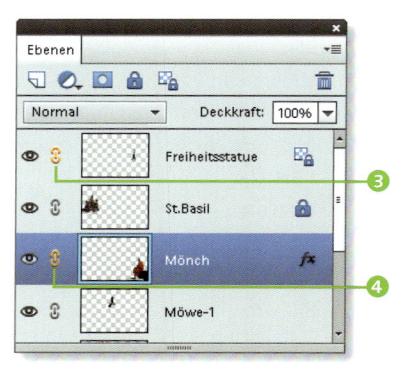

▲ **Abbildung 25.24**
… und die Kettensymbole ❸ und ❹ werden jetzt in gelber Farbe angezeigt, wenn eine der verknüpften Ebenen ausgewählt wurde.

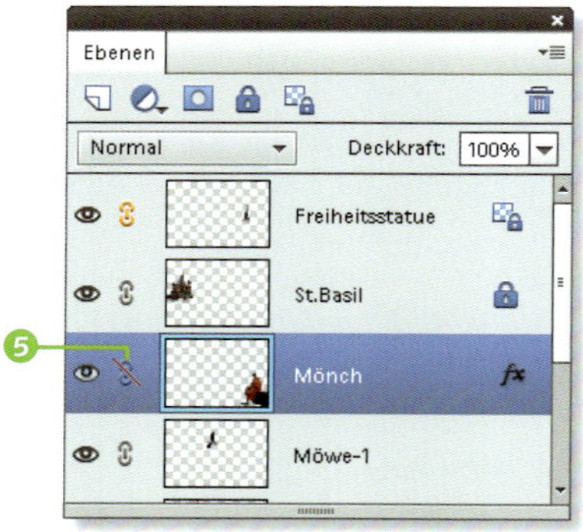

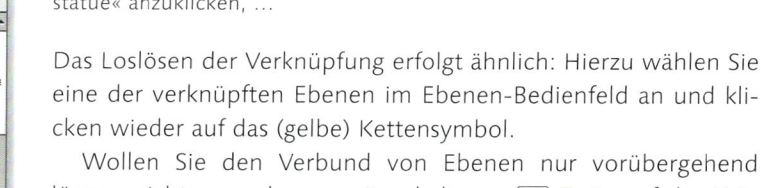

Das Loslösen der Verknüpfung erfolgt ähnlich: Hierzu wählen Sie eine der verknüpften Ebenen im Ebenen-Bedienfeld an und klicken wieder auf das (gelbe) Kettensymbol.

Wollen Sie den Verbund von Ebenen nur vorübergehend lösen, reicht es auch aus, mit gehaltener ⇧-Taste auf das Kettensymbol der entsprechenden Ebene im Ebenen-Bedienfeld zu klicken. Das Kettensymbol wird dann durchgestrichen ❺. Rückgängig machen Sie dies durch erneutes Anklicken des Symbols bei gehaltener ⇧-Taste.

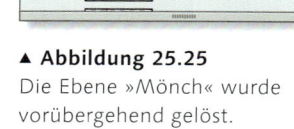

▲ **Abbildung 25.25**
Die Ebene »Mönch« wurde vorübergehend gelöst.

25.4.3 Ebenen anordnen

Besonders wichtig bei der Bearbeitung von Ebenen ist die Reihenfolge im Ebenen-Bedienfeld. Sie entscheidet wesentlich mit, was letztendlich im Gesamtbild angezeigt wird und welche Bildteile von anderen Bildteilen überdeckt werden.

Zum Anordnen der Ebenen nutzen Sie entweder die Maus, das Menü EBENE • ANORDNEN oder die Tastatur:

▶ **Drag & Drop:** Die wohl einfachste und schnellste Möglichkeit, die Reihenfolge der Ebenen zu verändern, bietet das klassi-

Anordnen mit dem Verschieben-Werkzeug
Beim Verschieben-Werkzeug ⊕ V finden Sie ebenfalls ein Dropdown-Menü ANORDNEN mit denselben Befehlen wie im Untermenü EBENE • ANORDNEN.

sche Drag & Drop. Hierzu fassen Sie einfach eine Ebene mit gedrückt gehaltener linker Maustaste und ziehen sie in die gewünschte Zeile im Ebenen-Bedienfeld. Dies funktioniert auch mit mehreren markierten Ebenen gleichzeitig.

▶ **Tastatur-Befehle und Menü:** Neben Drag & Drop stehen Ihnen zum Verschieben auch Menü- und Tastaturbefehle zur Verfügung. Um die markierte(n) Ebene(n) im Ebenen-Bedienfeld eine Zeile nach oben oder nach unten zu schieben, verwenden Sie die Befehle EBENE • ANORDNEN • SCHRITTWEISE VORWÄRTS ([Strg]/[cmd]+[.]) und EBENE • ANORDNEN • SCHRITTWEISE RÜCKWÄRTS ([Strg]/[cmd]+[,]).

▶ Mit den Befehlen EBENE • ANORDNEN • NACH VORNE BRINGEN ([⇧]+[Strg]/[cmd]+[.]) und EBENE • ANORDNEN • NACH HINTEN STELLEN ([⇧]+[Strg]/[cmd]+[,]) verschieben Sie die Ebene(n) ganz nach oben (als aktive) bzw. ganz nach unten (als unterste) Ebene. Mit EBENE • ANORDNEN • UMKEHREN kehren Sie die Reihenfolge aller aktuell markierten Ebenen um.

25.4.4 Miniaturansicht ändern

Wollen Sie die Darstellung der Miniaturvorschau im Ebenen-Bedienfeld ändern, so wählen Sie im Bedienfeldmenü den Punkt BEDIENFELDOPTIONEN. Die dargestellten Icons entsprechen exakt der neuen Miniaturgröße, die Sie mit der Option OHNE auch komplett abschalten können.

Noch schneller können Sie die Miniaturansicht ändern, indem Sie mit der rechten Maustaste in einem freien Bereich ❼ des Ebenen-Bedienfeldes klicken. Über das Kontextmenü ändern Sie dann die Größe der Miniaturansicht.

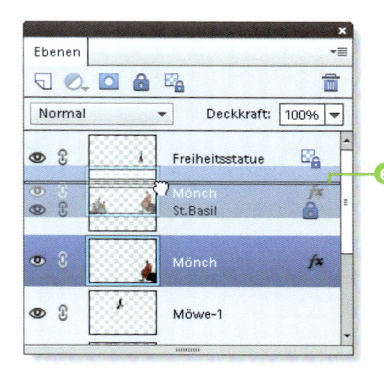

▲ **Abbildung 25.26**
Hier wird beispielsweise die Ebene »Mönch« unter die Ebene »Freiheitsstatue« gezogen, was Sie an der horizontalen Linie ❻ erkennen.

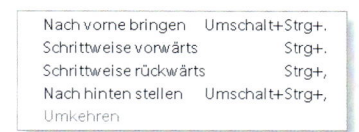

▲ **Abbildung 25.27**
Die Befehle im Menü EBENE • ANORDNEN und ihre Tastenkürzel

▲ **Abbildung 25.28**
Miniaturgröße über die EBENEN-BEDIENFELDOPTIONEN ändern

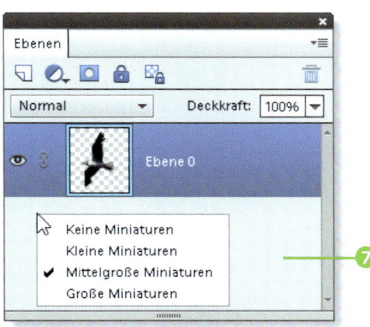

▲ **Abbildung 25.29**
Die Miniaturansicht können Sie auch direkt im Ebenen-Bedienfeld ändern.

25.4.5 Ebenen reduzieren

Je mehr Ebenen ein Bild enthält, desto umfangreicher und unübersichtlicher wird die Datei. In solchen Fällen ist es möglich, Ebenen **zusammenzufügen**. Genauer spricht man hierbei vom **Reduzieren**. Um Ebenen zu reduzieren, haben Sie wie immer mehrere Möglichkeiten.

Auf Hintergrundebene reduzieren | Den Befehl AUF HINTERGRUNDEBENE REDUZIEREN erreichen Sie entweder über das Menü EBENE oder über das Kontextmenü, das bei einem rechten Mausklick auf einer Ebene im Ebenen-Bedienfeld angezeigt wird, oder über das Bedienfeldmenü des Ebenen-Bedienfeldes. Mit diesem Kommando fügen Sie alle vorhandenen und sichtbaren Ebenen im Ebenen-Bedienfeld zu einer einzigen (Hintergrund-)Ebene zusammen. Bei nicht sichtbaren Ebenen fragt Photoshop Elements, ob Sie sie zuvor löschen wollen, was Sie mit OK bestätigen müssen, wenn Sie alle Ebenen vereinen wollen.

Stempeln | Das Stempeln ist dem Befehl AUF HINTERGRUNDEBENE REDUZIEREN recht ähnlich, wird aber von Photoshop Elements nirgendwo aufgelistet und auch nicht dokumentiert. Aufrufen können Sie diese Operation daher auch nur über den Tastenbefehl ⇧+Alt+Strg/cmd+E.

Mit dieser Funktion werden alle **sichtbaren** Ebenen im Ebenen-Bedienfeld auf eine Ebene reduziert. Im Gegensatz zum Befehl AUF HINTERGRUNDEBENE REDUZIEREN handelt es sich hierbei aber um eine neue und zusätzliche Ebene im Stapel. Die anderen Ausgangsebenen bleiben davon unberührt.

Auf eine Ebene reduziert kopieren | Den Befehl AUF EINE EBENE REDUZIERT KOPIEREN rufen Sie entweder über das Menü BEARBEITEN oder mit der Tastenkombination Strg/cmd+⇧+C auf. Dabei wird alles, was ausgewählt und sichtbar ist, in die Zwischenablage kopiert. Am schnellsten wählen Sie alles Sichtbare mit Strg/cmd+A aus. Beachten Sie, dass hierbei nicht die einzelnen Ebenen kopiert, sondern alle sichtbaren Ebenen zu einer einzigen (Hintergrund-)Ebene zusammengefügt und dann in die Zwischenablage gelegt werden.

Über BEARBEITEN • EINFÜGEN oder Strg/cmd+V fügen Sie diese eine Ebene in ein beliebiges Bild als weitere Ebene ein oder erstellen über DATEI • NEU • BILD AUS ZWISCHENABLAGE daraus ein neues Dokument. Die **Zwischenablage** beschränkt sich allerdings nicht allein auf Photoshop Elements. Das in die Zwischenablage

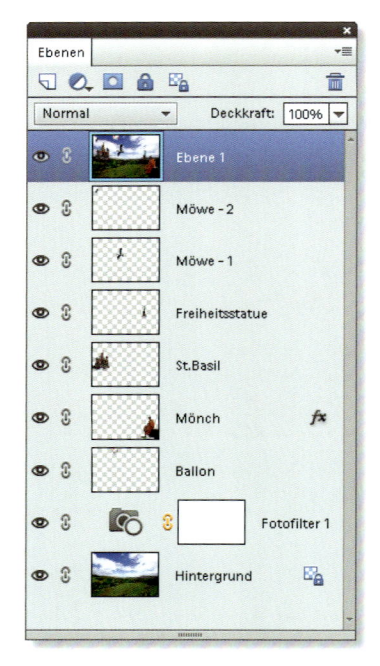

▲ **Abbildung 25.30**
Die oberste Ebene ist eine »gestempelte« Ebene. Sie wird wie eine normale Ebene behandelt.

kopierte Bild können Sie auch in anderen Programmen wie dem großen Photoshop oder in GIMP (als neues Bild) einfügen.

Sichtbare auf eine Ebene reduzieren | Auch diesen Befehl erreichen Sie entweder über das Menü Ebene, über das Kontextmenü der Ebene oder über das Bedienfeldmenü des Ebenen-Bedienfeldes. Schneller führen Sie den Befehl mit [Strg]/[cmd]+[⇧]+[E] aus. Mit diesem Befehl werden nur die sichtbaren Ebenen reduziert. Sichtbare Ebenen erkennen Sie am Augensymbol im Ebenen-Bedienfeld.

Um nur bestimmte Ebenen im Ebenen-Bedienfeld auf eine Ebene zu reduzieren, können Sie sie alternativ auch mit gehaltener [Strg]/[cmd]-Taste markieren und den Befehl Auf eine Ebene reduzieren oder [Strg]/[cmd]+[E] ausführen. Befindet sich in Ihrer Auswahl eine Ebene, deren Augensymbol deaktiviert wurde, wird diese verworfen.

Verknüpfte Ebenen auf eine Ebene reduzieren | Wenn die aktive Ebene im Ebenen-Bedienfeld eine verknüpfte Ebene ist, können Sie diese Ebenen über das Menü Ebene, das Kontextmenü der Ebene oder das Bedienfeldmenü mit dem Befehl Verknüpfte auf eine Ebene reduzieren auf eine Ebene reduzieren. Alternativ steht Ihnen auch hierfür die Tastenkombination [Strg]/[cmd]+[E] zur Verfügung.

Mit darunterliegender auf eine Ebene reduzieren | Der Befehl Mit darunterliegender auf eine Ebene reduzieren ist auf demselben Weg erreichbar wie der Befehl Sichtbare auf eine Ebene reduzieren und steht Ihnen zur Verfügung, wenn Sie eine Ebene im Ebenen-Bedienfeld markiert haben. Damit fügen Sie die aktuell markierte Ebene mit der darunterliegenden Ebene zusammen. Alternativ verwenden Sie auch hier die Tastenkombination [Strg]/[cmd]+[E].

25.4.6 Bilder mit Ebenen speichern

Am Ende der Ebenenkomposition (oder auch zwischendurch) werden Sie die Arbeit sichern wollen. Hierzu haben Sie wieder zwei Möglichkeiten.

Bild mit Ebenen sichern | Wenn Sie die komplette Ebenenkomposition mitsamt den Ebenen sichern wollen (was Sie ganz zu Beginn auch immer tun sollten), dann sind Sie auf zwei Datenformate beschränkt: zum einen das PSD-Format, das auch Photoshop verwendet, und zum anderen das TIFF-Format. Der Nachteil ist natürlich, dass solche Dateien sehr groß sein können und somit für die Weitergabe weniger geeignet sind. Dennoch ist es unerlässlich, die Komposition zu sichern, ehe Sie daraus eine einzige Bilddatei mit einer Hintergrundebene erstellen.

Bild ohne Ebenen sichern | Ganz klar: Für die Weitergabe sind 100-Megabyte-Bilder kaum geeignet. Dennoch empfiehlt es sich, eine Ebenenkomposition immer zuerst mitsamt allen Ebenen in einem geeigneten Format zu sichern, um gegebenenfalls später für Korrekturen oder Verbesserungen wieder Zugriff darauf zu haben.

Dateiformate, die keine Ebenen unterstützen, erkennen Sie im Dialog SPEICHERN UNTER am gelben Warndreieck mit dem Ausrufezeichen ❶ vor der ausgegrauten EBENEN-Checkbox. Bevor ein Bild mit Ebenen in einem Bildformat gespeichert wird, das keine Ebenen unterstützt, wird zuvor automatisch AUF HINTERGRUNDEBENE REDUZIEREN ausgeführt, ehe das Bild als eine (Hintergrund-)Ebene gespeichert wird. Alternativ speichern Sie einfach eine Kopie; dann bleibt Ihnen die (noch ungespeicherte) Originaldatei mit den Ebenen erhalten.

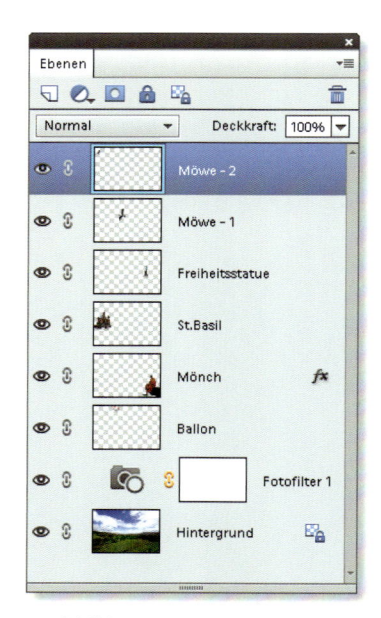

▲ **Abbildung 25.31**
Diese Komposition benötigt im PSD-Format 73 und im TIFF-Format sogar 75 Megabyte Speicher bzw. 60 Megabyte als TIFF mit LZW-Komprimierung.

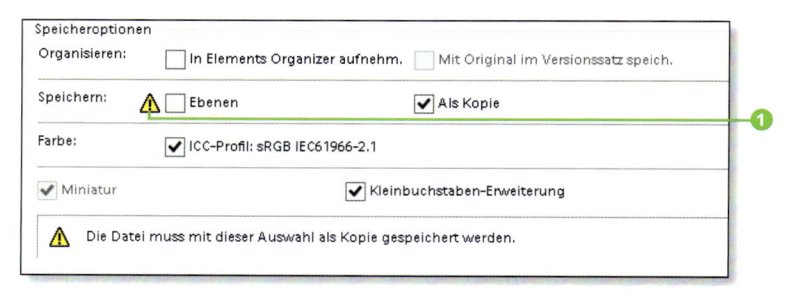

▲ **Abbildung 25.32**
Das gelbe Warndreieck zeigt an, dass das Dokument mehrere Ebenen enthält, das Dateiformat aber keine Ebenen unterstützt und beim Speichern alle Ebenen auf eine reduziert werden.

Kapitel 26
Mit Ebenen arbeiten

Nachdem Sie nun mit der Verwaltung von Ebenen etwas vertrauter sind, wollen wir uns in diesem Kapitel dem praktischen Umgang mit Ebenen widmen.

26.1 Ebenen verschieben und transformieren

Selten passen neue Ebenen, die Sie einfügen oder erstellen, auf Anhieb mit den anderen Ebenen zusammen. Häufig kommen Sie nicht um ein Anpassen von Größe, Position und Perspektive herum.

Kapitel_26: Uhr.tif

26.1.1 Ebeneninhalte verschieben

Zum Verschieben von Ebeneninhalten muss immer die entsprechende Ebene aktiv und das Verschieben-Werkzeug [V] ausgewählt sein. Ist dies gegeben, können Sie die Ebene mit gedrückt gehaltener linker Maustaste auswählen und verschieben. Mit gedrückt gehaltener [⇧]-Taste beschränken Sie das Verschieben mit der Maus auf 45°-Schritte.

Alternativ verwenden Sie zum Verschieben die Pfeiltasten der Tastatur. Ein Tastendruck verschiebt dabei die Ebene um 1 Pixel in Pfeilrichtung. Mit gedrückt gehaltener [⇧]-Taste wird die Ebene hingegen um 10 Pixel pro Tastendruck verschoben. Um das Verschieben mit den Pfeiltasten anwenden zu können, müssen Sie natürlich zuvor die Ebene mit der Maus und dem Verschieben-Werkzeug anfassen.

26.1.2 Frei transformieren

Um eine Ebene zu transformieren, rufen Sie BILD • TRANSFORMIEREN • FREI TRANSFORMIEREN auf oder nutzen das Tastenkürzel `Strg`/`cmd`+`T`. Über das freie Transformieren haben Sie mithilfe der Werkzeugoptionen gleich Zugriff auf alle gebräuchlichen Transformier-Arten wie Drehen, Skalieren und Neigen.

Um eine Ebene frei zu transformieren, müssen Sie sie zuvor aktivieren. Am besten wählen Sie die Ebene über das Ebenen-Bedienfeld aus. Beachten Sie hierbei auch, wenn Sie eine Hintergrundebene transformieren, dass diese ohne Nachfrage in eine normale Ebene umgewandelt wird. Wichtig ist auch, dass eine Ebene zum Transformieren nicht voll fixiert sein darf.

Transformationsrahmen | Wenn Sie FREI TRANSFORMIEREN aufgerufen haben, erscheinen im Dokumentfenster um den Ebeneninhalt der Transformationsrahmen (oder auch Begrenzungsrahmen) ❷ und die passenden Werkzeugoptionen. Die Ebene können Sie jetzt entweder mithilfe des Transformationsrahmens und der Maus oder über die Werkzeugoptionen ändern. Um eine Transformation zu bestätigen, klicken Sie entweder das grüne Häkchen ❸ oder drücken `↵`. Abbrechen können Sie das Transformieren mit dem Stoppsymbol ❹ oder mit `Esc`.

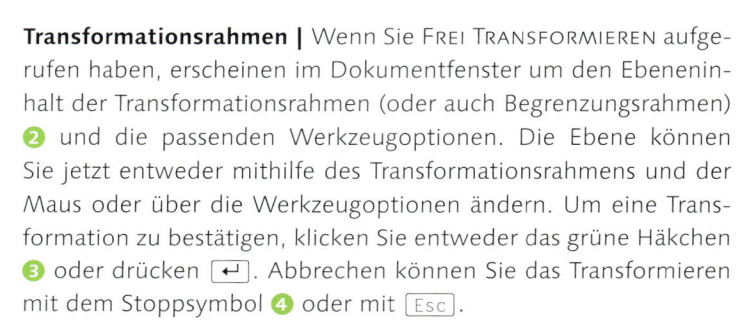

▲ **Abbildung 26.1**
Ebenen, die mit dem Schlosssymbol ❶ vollständig fixiert sind, können nicht transformiert werden.

Abbildung 26.2 ▶
Transformationsrahmen und Werkzeugoptionen beim freien Transformieren

26.1 Ebenen verschieben und transformieren

Wollen Sie mehrere Ebenen im Dokument gleichzeitig transformieren, müssen Sie sie zuvor mit dem Kettensymbol ❺ im Ebenen-Bedienfeld verknüpfen. Ist allerdings mindestens eine der Ebenen vollständig fixiert, ist auch hier keine Transformation möglich.

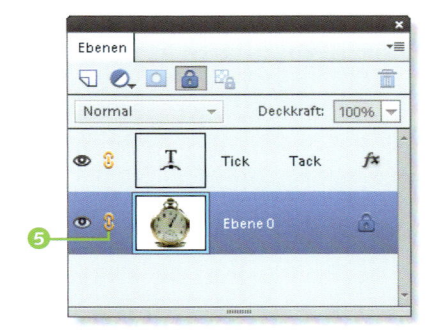

▲ **Abbildung 26.3**
Beide Ebenen wurden miteinander verknüpft, um diese gemeinsam zu transformieren.

▲ **Abbildung 26.4**
Wenn aber mindestens eine der verknüpften Ebenen vollständig fixiert ist, ist keine Transformation möglich.

Wenn Sie Ebenen mit unterschiedlicher Pixelgröße übereinanderlegen, wird eventuell im Fall einer Verknüpfung dieser Ebenen der Transformationsrahmen (bzw. Begrenzungsrahmen) erweitert, der die verknüpften Ebenen umfasst.

▲ **Abbildung 26.5**
Hier wurde die Ebene mit der Freiheitsstatue zum Transformieren ausgewählt.

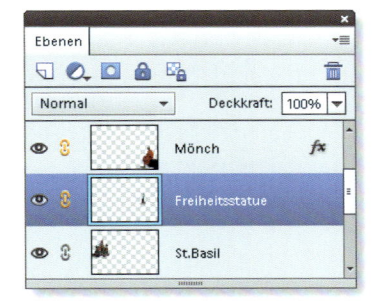

▲ **Abbildung 26.6**
Jetzt wurden die Ebenen »Freiheitsstatue« und »Mönch« miteinander verknüpft, …

▲ **Abbildung 26.7**
…wodurch der Begrenzungsrahmen um beide Ebenen gezogen wird. Die Transformation bezieht sich dadurch auf beide Ebenen gleichzeitig.

Transformationsrahmen mit Inhalt verschieben | Sie können den Transformationsrahmen (bzw. Begrenzungsrahmen) mitsamt Inhalt jederzeit an eine andere Position verschieben. Bewegen Sie hierzu einfach den Mauszeiger in den Transformationsrahmen, und ziehen Sie den Rahmen mit gedrückt gehaltener linker Maustaste an die gewünschte Position im Bild.

Ebene skalieren | Um die Breite und Höhe der Ebene zu verändern, ziehen Sie an den kleinen Quadraten in den Ecken ❶ des Transformationsrahmens. Standardmäßig werden hierbei die Proportionen von Höhe und Breite eingehalten. Dies können Sie allerdings deaktivieren, indem Sie in den Werkzeugoptionen das Häkchen vor Proportionen beibehalten ❺ entfernen. Alternativ skalieren Sie Breite und Höhe in den Werkzeugoptionen in den Zahlenfeldern B und H ❸ durch die Eingabe der Zahlenwerte. Wollen Sie hingegen nur die Proportionen der Ebene skalieren, ziehen Sie einfach an den mittigen Quadraten ❷ des Transformationsrahmens.

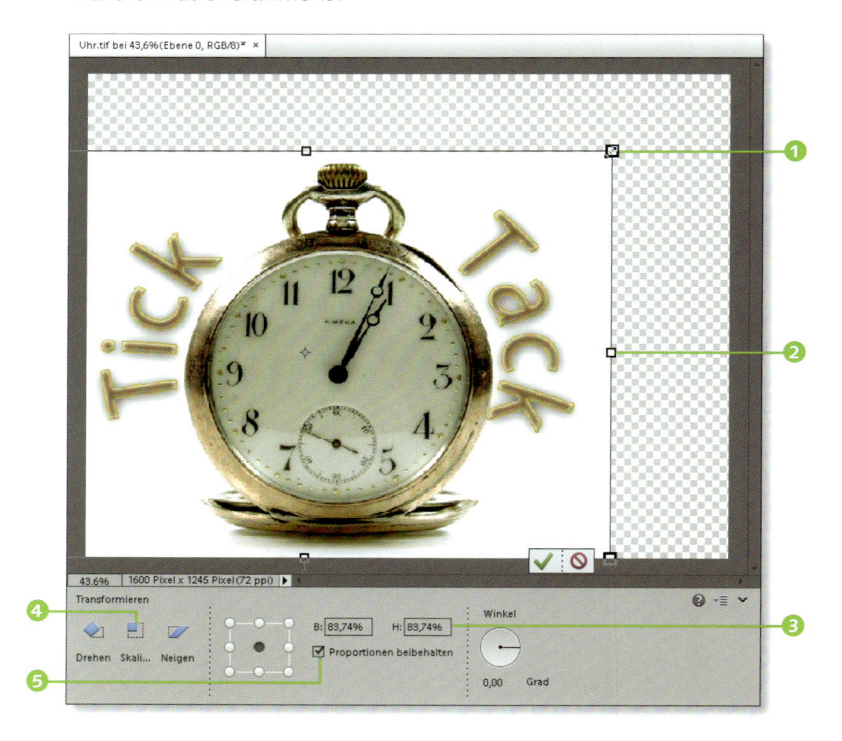

Abbildung 26.8 ▶
Eckpunkte zum Skalieren

Auch der Befehl Bild • Skalieren • Skalieren führt zum selben Ziel, nur dass hier in den Werkzeugoptionen automatisch das Skalieren-Symbol ❹ aktiviert ist, das Sie ja auch in den Werkzeugoptionen von Frei transformieren einschalten können.

Ebenen drehen | Wollen Sie mit dem Befehl Frei transformieren das Bild drehen, müssen Sie sich etwas außerhalb des

26.1 Ebenen verschieben und transformieren

Transformationsrahmens nähern, bis aus dem Mauszeiger ein gebogener Pfeil mit zwei Spitzen 6 wird. Alternativ steht Ihnen unterhalb des unteren Quadrats des Transformationsrahmens ein Kreissymbol 7 zur Verfügung. Wenn Sie mit dem Mauszeiger darüberfahren, wird der Zeiger zu einem Symbol mit kreisförmig angeordneten Pfeilen. Auch hier können Sie mit gedrückter linker Maustaste die Ebene(n) drehen, oder Sie geben den Winkel in den Werkzeugoptionen im entsprechenden Zahlenfeld 10 ein.

Auch den **Drehmittelpunkt** können Sie in den Werkzeugoptionen durch Anklicken festlegen. Der kleine Kreis, der hier nicht weiß gefüllt ist 9, ist der Referenzpunkt. Standardmäßig ist dies immer die Mitte des Bildes; im Beispiel in Abbildung 26.9 befindet sich der Drehmittelpunkt jedoch in der rechten unteren Ecke.

Über das DREHEN-Symbol 8 in den Werkzeugoptionen schränken Sie die Operation von FREI TRANSFORMIEREN auf das Drehen ein.

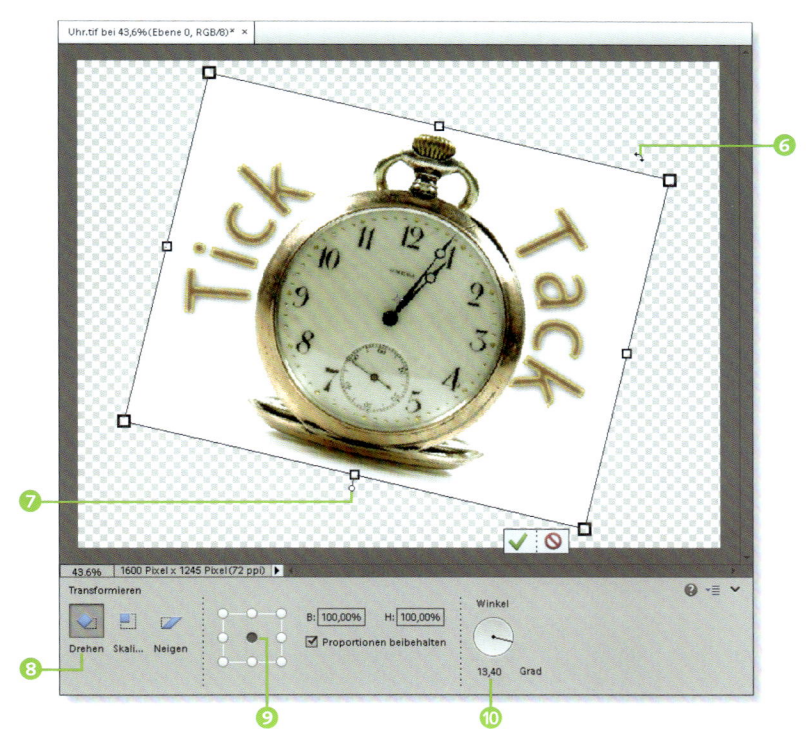

◄ **Abbildung 26.9**
Ebenen drehen

Ebene neigen | Um eine Ebene zu neigen, halten Sie entweder für den Befehl FREI TRANSFORMIEREN die Tasten [Strg]/[cmd]+[⇧] gedrückt und ziehen mit der Maus an den Seitengriffen des Transformationsrahmens, oder Sie aktivieren das NEIGEN-Icon 11 (siehe Abbildung 26.10) in den Werkzeugoptionen. Dasselbe erreichen Sie auch über BILD • TRANSFORMATION • NEIGEN.

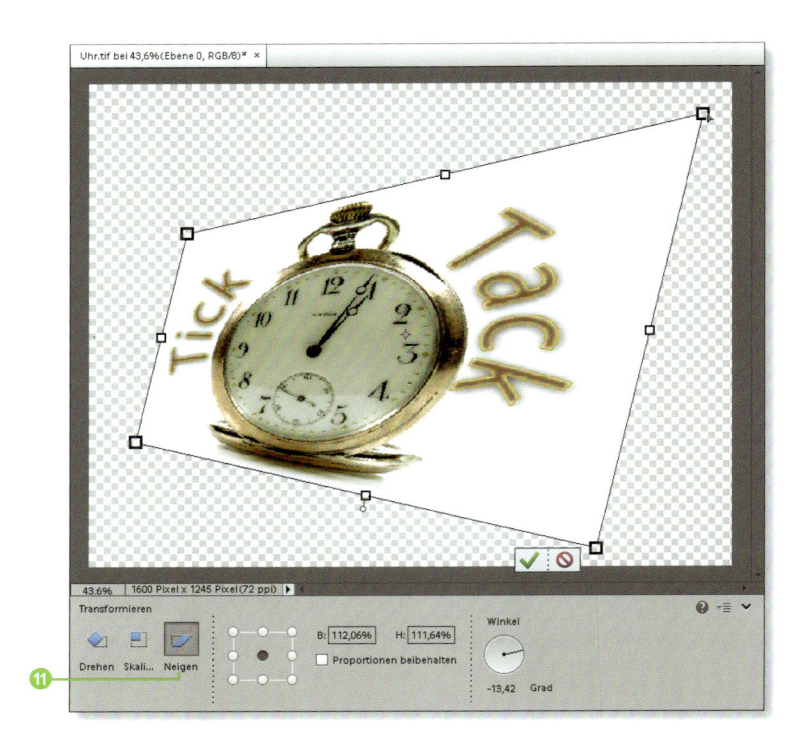

Abbildung 26.10 ▶
Ebenen neigen

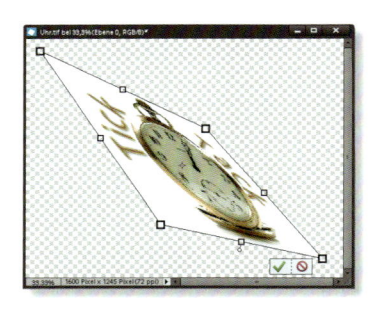

▲ **Abbildung 26.11**
Ebene frei verzerren

▲ **Abbildung 26.12**
Relativ zum Mittelpunkt verzerren

26.1.3 Ebenen verzerren

Insgesamt gibt es drei verschiedene Möglichkeiten, eine Ebene zu verzerren. Für alle drei Möglichkeiten benötigen Sie einen Transformationsrahmen, den Sie entweder über den Befehl FREI TRANSFORMIEREN (Strg/cmd+T) oder durch Aktivieren des Verschieben-Werkzeugs V erzeugen.

Frei verzerren | Zum freien Verzerren halten Sie einfach die Strg/cmd-Taste gedrückt und ziehen dann mit der Maus einen beliebigen Griff des Transformationsrahmens in die gewünschte Richtung. Alternativ erreichen Sie das freie Verzerren auch über BILD • TRANSFORMIEREN • VERZERREN.

Relatives Verzerren zum Mittelpunkt | Auch die Funktion zum Verzerren relativ zum Mittelpunkt ist in Photoshop Elements nirgendwo explizit aufgelistet. Verwenden können Sie diese Funktion nur durch Halten der Tastenkombination Strg/cmd+Alt. Mit den Griffen drehen Sie dann das Bildobjekt um den eingestellten Mittelpunkt. Die Bildobjekte werden dabei wie bei einer dreidimensionalen Drehung um den Mittelpunkt gedreht. Mithilfe der Werkzeugoptionen, die Sie mit FREI TRANSFORMIEREN oder Strg/cmd+T aufrufen, können Sie den Drehmittelpunkt ändern, der standardmäßig in der Mitte liegt.

Perspektivisches Verzerren | Die perspektivische Verzerrung wird gerne für verzerrte Architekturfotos verwendet, wie Sie bereits im Abschnitt »Bild durch Verzerren korrigieren« auf Seite 524 gesehen haben. Sie rufen diese Art der Verzerrung über die Tastenkombination [Strg]/[cmd]+[Alt]+[⇧] auf oder alternativ über das Menü BILD • TRANSFORMIEREN • PERSPEKTIVISCH VERZERREN. Jetzt können Sie das Bild über die Griffe am Transformationsrahmen verzerren.

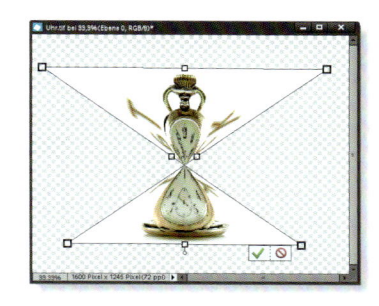

▲ **Abbildung 26.13**
Auch solche Spielereien sind mit dem perspektivischen Verzerren möglich.

26.2 Ebenen ausrichten und verteilen

Mehrere Ebenen lassen sich bei Bedarf mithilfe des Verschieben-Werkzeugs ❶ mühelos verteilen oder sauber aneinander ausrichten. Hierzu finden Sie unter AUSRICHTEN ❶ und VERTEILEN ❷ die entsprechenden Befehle.

▼ **Abbildung 26.14**
Befehle zum AUSRICHTEN und VERTEILEN in den Werkzeugoptionen des Verschieben-Werkzeugs

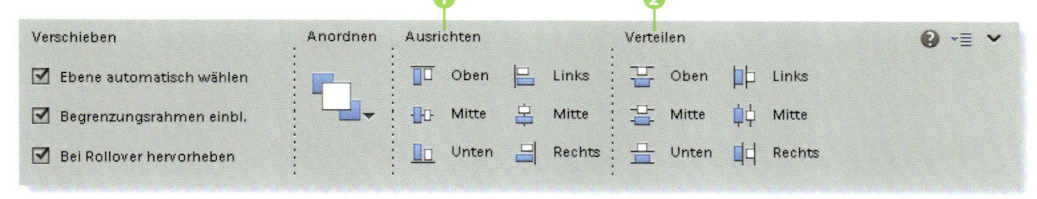

26.2.1 Mehrere Ebenen untereinander ausrichten

Wollen Sie mehrere Ebenen aneinander ausrichten, so müssen mindestens zwei Ebenen markiert oder miteinander verknüpft sein. Außerdem dürfen die Ebenen nicht fixiert sein. Folgende Möglichkeiten stehen Ihnen unter dem Punkt AUSRICHTEN zur Verfügung:

- OBEN: Richtet alle ausgewählten Ebenen an der höchsten Kante aller ausgewählten Ebenen oder an der obersten Auswahlbegrenzung aus.
- MITTE (vertikal): Richtet alle ausgewählten Ebenen an der vertikalen Mitte aller ausgewählten Ebenen oder an der vertikalen Mitte einer Auswahlbegrenzung aus.
- UNTEN: Damit werden alle ausgewählten Ebenen an der untersten Kante aller ausgewählten Ebenen oder an der untersten Auswahlbegrenzung ausgerichtet.
- LINKS: Richtet alle ausgewählten Ebenen an der linken Kante aller ausgewählten Ebenen oder an der linken Kante einer Auswahlbegrenzung aus.
- MITTE (horizontal): Damit werden alle ausgewählten Ebenen an der horizontalen Mitte aller ausgewählten Ebenen oder an der horizontalen mittleren Auswahlbegrenzung ausgerichtet.

▶ Rechts: Richtet alle ausgewählten Ebenen an der rechten Kante aller ausgewählten Ebenen oder an der rechten Kante einer Auswahlbegrenzung aus.

26.2.2 Ebenen verteilen

Was für das Ausrichten von Ebenen gilt, gilt auch für das Verteilen von Ebenen. Die entsprechenden Befehle werden gleich neben Ausrichten mit Verteilen aufgelistet. Folgende Möglichkeiten stehen Ihnen hierbei zur Verfügung:

▶ Oben: Alle ausgewählten Ebenen werden ausgehend von der höchsten Kante der ausgewählten Ebenen verteilt.
▶ Mitte (vertikal): Verteilt die ausgewählten Ebenen ausgehend von der vertikalen Ebenenmitte.
▶ Unten: Alle ausgewählten Ebenen werden ausgehend von der untersten Kante der ausgewählten Ebenen verteilt.
▶ Links: Die ausgewählten Ebenen werden ausgehend von der Kante, die am weitesten links ist, verteilt.
▶ Mitte (horizontal): Alle ausgewählten Ebenen werden ausgehend von der horizontalen Mitte jeder Ebene verteilt.
▶ Rechts: Hiermit werden die ausgewählten Ebenen ausgehend von der Kante, die am weitesten rechts ist, verteilt.

Schritt für Schritt: Ebenen ausrichten und verteilen

Kapitel_26: Strand.tif

Um Sie mit den verschiedenen Befehlen vertraut zu machen, zeigt diese Schritt-für-Schritt-Anleitung, wie Sie mehrere Ebenen ausrichten und verteilen.

In Abbildung 26.15 finden Sie drei durchsichtige Tafeln, die auf drei unterschiedlichen Ebenen liegen. Diese Tafeln sollen jetzt sauber ausgerichtet und verteilt werden.

Abbildung 26.15 ▶
Dieser Unordnung wollen wir zu Leibe rücken, um ein Gefühl dafür zu bekommen, wie Sie einzelne Ebenen ordentlich ausrichten.

26.2 Ebenen ausrichten und verteilen

1 Ebenen auswählen

Zunächst wählen Sie die Ebenen aus, die Sie ausrichten und verteilen wollen. Öffnen Sie hierzu das Ebenen-Bedienfeld (FENSTER • EBENEN), und markieren Sie die entsprechenden Ebenen im Bedienfeld. Im Beispiel sind dies die Ebenen »Tafel01«, »Tafel02« und »Tafel03«. Um nicht immer auf dem Ebenen-Bedienfeld nachschauen zu müssen, ob alle Ebenen ausgewählt sind, habe ich alle drei Ebenen im Dialog markiert und über das Kettensymbol ❶ gleich verknüpft.

2 Verschieben-Werkzeug aufrufen

Rufen Sie als Nächstes das Verschieben-Werkzeug [V] auf. Im Bild wird jetzt um die drei ausgewählten Ebenen ein Rahmen angezeigt ❷, den Sie bereits als Transformationsrahmen bzw. Begrenzungsrahmen kennengelernt haben. In der Tat könnten Sie hiermit auch gleich alle möglichen Transformationen durchführen. Wir benötigen diesen Rahmen hier allerdings zum Ausrichten und Verteilen der Ebenen.

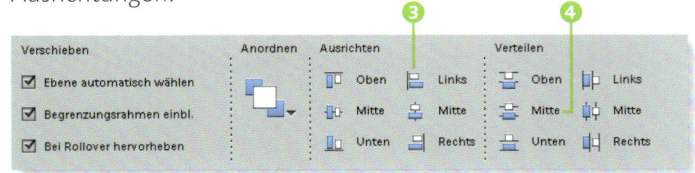

◀ **Abbildung 26.16**
Die Verknüpfung verhindert ein versehentliches Deaktivieren einer der drei Ebenen.

◀ **Abbildung 26.17**
Photoshop Elements zieht einen Transformationsrahmen um die drei Ebenen.

3 Ebenen ausrichten

Legen Sie unter AUSRICHTEN fest, an welcher Kante die Ebenen ausgerichtet werden sollen. Im Beispiel habe ich mich für LINKS ❸ entschieden um alle Tafeln an der linken Kante der Begrenzungsebne auszurichten. Um ein Gefühl für das Ausrichten zu bekommen, experimentieren Sie ruhig mit den verschiedenen Ausrichtungen.

◀ **Abbildung 26.18**
Linke Kanten ausrichten

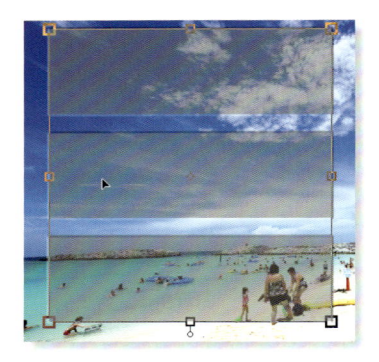

Abbildung 26.19
Auch die Position der verknüpften Ebenen können Sie leicht anpassen.

Zum Weiterlesen
Auf das Textwerkzeug gehe ich noch explizit in Teil XI, »Mit Text und Formen arbeiten«, ein.

Abbildung 26.20 ▶
Text eingeben

Abbildung 26.21
Wählen Sie die neue Textebene und die Ebene »Tafel01« aus.

4 Ebenen verteilen
Im nächsten Schritt sollen die Ebenen gleichmäßig im Rahmen aufgeteilt werden. Wählen Sie hierzu bei VERTEILEN den Eintrag MITTE (vertikal) ❹ aus. Jetzt sind die Ebenen auch sauber aufgeteilt.

5 Ebenen positionieren
Da nun alle Ebenen in Reih und Glied sind, können Sie den ganzen Schwung innerhalb des Ebenenrahmens mit gedrückt gehaltener linker Maustaste an die gewünschte Position verschieben.

6 Text einfügen
Zuletzt will ich Ihnen noch schnell zeigen, wie Sie einen Text innerhalb dieser Tafeln einfügen und mittig ausrichten. Entfernen Sie zunächst die Verknüpfung der drei Ebenen. Wählen Sie das Textwerkzeug T T, und stellen Sie in den Werkzeugoptionen eine ausreichend große Schrift ein. Im Beispiel habe ich die Schriftart ARIAL mit 96 PT verwendet. Als Schriftfarbe wird die ausgewählte Vordergrundfarbe verwendet, hier Weiß.

Wählen Sie im Ebenen-Bedienfeld die Tafel bzw. Ebene aus, auf die Sie den Text setzen wollen. Klicken Sie auf dem Bild in diese Tafel, und geben Sie den gewünschten Text ein.

7 Ebenen auswählen
Photoshop Elements hat automatisch über der ersten Tafel eine neue (Text-)Ebene angelegt. Um nun Tafel und Text aneinander auszurichten, wählen Sie die beiden Ebenen ❶ im Ebenen-Bedienfeld aus.

26.2 Ebenen ausrichten und verteilen

8 Ebenen ausrichten

Aktivieren Sie wieder das Verschieben-Werkzeug ⊕ V. In den Werkzeugoptionen wählen Sie unter AUSRICHTEN zunächst MITTE (vertikal) ❷ und anschließend MITTE ❸ (horizontal) aus. Jetzt sollte der Text zentriert in der Tafel stehen. Auf die gleiche Weise können Sie jetzt den anderen Tafeln Text hinzufügen.

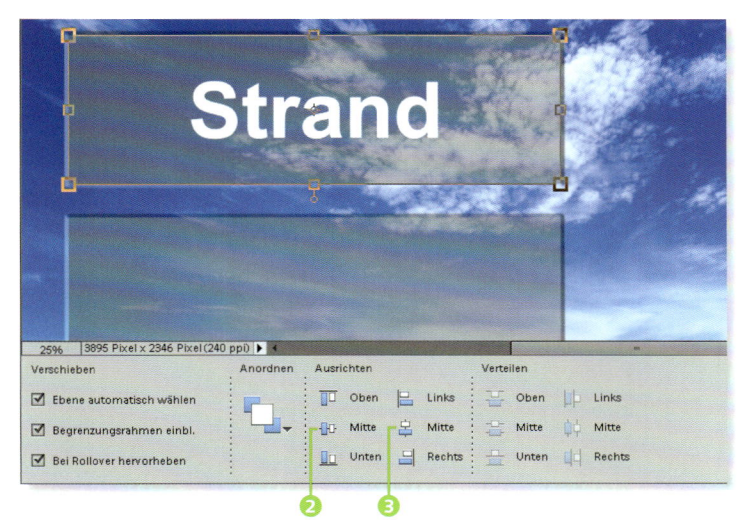

◀ **Abbildung 26.22**
Text und Tafel werden mittig zueinander ausgerichtet.

9 Weitere Texte und Ebenen

Sie sehen also, dass es recht einfach ist, Ebenen mithilfe des Verschieben-Werkzeugs und dessen Optionen auszurichten. Zwar wäre dies auch mit dem Raster (ANSICHT • RASTER) möglich, aber das ist doch ein ziemliche »Frickelei«.

▲ **Abbildung 26.23**
Das Endergebnis kann sich sehen lassen: eine schön gestaltete Sprachtrainingskarte in deutscher, englischer und spanischer Sprache.

26.3 Schnittmasken

Mit dem Einsatz von Schnittmasken können Sie den Inhalt einer Ebene zum Maskieren einer darüberliegenden Ebene verwenden. Dies ist hilfreich, wenn Sie mehr als zwei Ebenen benutzen und sich eine Ebene nur auf die direkt darunterliegende Ebene beziehen soll. Ich möchte Ihnen an einem einfachen Beispiel zeigen, wie sich eine Schnittmaske auswirkt. In Abbildung 26.24 wurden alle Ebenen durch eine Farbverschiebung »umgefärbt«.

Kapitel_26: Schnittmaske.tif

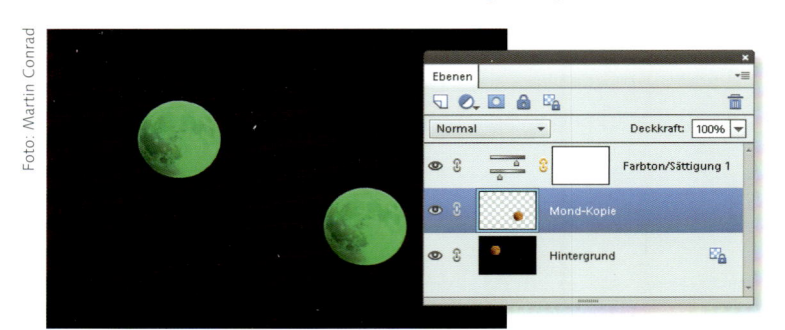

Abbildung 26.24 ▸
Alle Ebenen wurden hier mit einer FARBTON/SÄTTIGUNG-Einstellungsebene umgefärbt.

Aus der Einstellungsebene FARBTON/SÄTTIGUNG soll jetzt eine Schnittmaske erstellt werden, damit sie sich nur noch auf die darunterliegende Ebene bezieht. Eine Schnittmaske im Ebenen-Bedienfeld erkennen Sie daran, dass die Miniaturvorschau und der Name der Ebene leicht eingerückt sind. Der Name der Grundebene in der Maske ist zudem unterstrichen. Alle über dieser Grundebene liegenden Ebenen werden mit einem Schnittmasken-Symbol ❶ angezeigt.

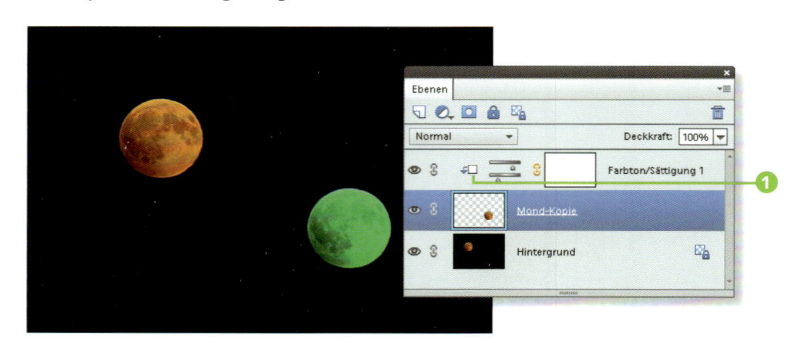

Abbildung 26.25 ▸
Mithilfe einer Schnittmaske wirkt sich die Einstellungsebene nicht mehr auf alle Ebenen aus, sondern nur noch auf die darunterliegende Ebene, was in diesem Fall der freigestellte Mond von »Mond-Kopie« ist.

26.3.1 Schnittmasken erzeugen

Folgende Möglichkeiten haben Sie, eine Schnittmaske zu erzeugen:
▸ Der einfachste und schnellste Weg führt über das Ebenen-Bedienfeld. Setzen Sie hierzu den Mauszeiger genau zwischen zwei Ebenen, halten Sie [Alt] gedrückt, und betätigen Sie die

linke Maustaste. Der Mauszeiger ändert sich in einen Doppelkreis mit Pfeil ❷. Auf demselben Weg lösen Sie eine vorhandene Schnittmaske wieder auf.

▶ Den gleichen Effekt erzielen Sie auch über das Menü oder mit einer Tastenkombination. Aktivieren Sie die Ebenen, die Sie zur Schnittmaske machen wollen, und wählen Sie im Menü den Punkt EBENE • SCHNITTMASKE ERSTELLEN, oder nutzen Sie die Tastenkombination [Strg]/[cmd]+[G]. Lösen können Sie die Schnittmaske wieder mit EBENE • SCHNITTMASKE ZURÜCKWANDELN oder ebenfalls mit [Strg]/[cmd]+[G].

▶ Wenn Sie eine Ebene über EBENE • NEU • EBENE oder [Strg]/[cmd]+[⇧]+[N] anlegen, können Sie gleich beim Anlegen im entsprechenden Dialog ein Häkchen vor SCHNITTMASKE AUS VORHERIGER EBENE ERSTELLEN ❸ setzen.

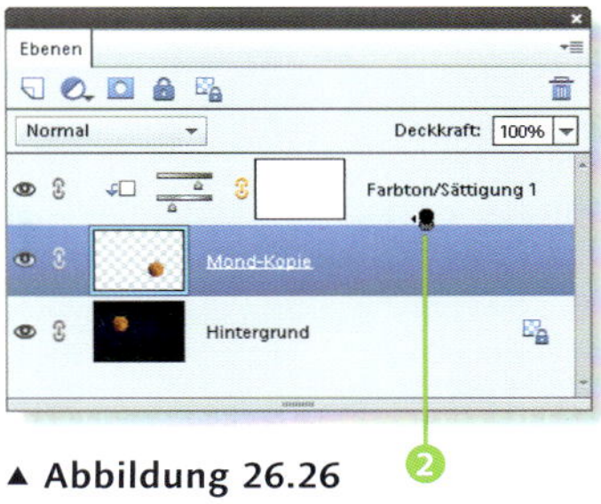

▲ **Abbildung 26.26**
Das Symbol des Mauszeigers zeigt an, dass Sie eine Schnittmaske erzeugen oder (hier) wieder lösen können.

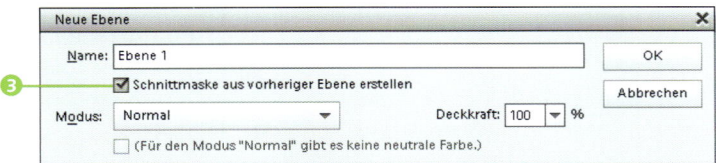

◀ **Abbildung 26.27**
Auch im Dialog NEUE EBENE können Sie diese Ebene gleich als Schnittmaske zur vorherigen Ebene anlegen.

26.3.2 Anwendungsgebiet

In der Praxis werden diese Schnittmasken zum Retuschieren, bei Einstellungsebenen oder bei der Arbeit mit Texten verwendet. So ist es zum Beispiel auch möglich, in einer Schnittmaske mehrere Ebenen zu verwenden. Allerdings müssen diese Ebenen immer in aufeinanderfolgender Reihenfolge vorliegen.

Ein gutes Beispiel für eine kreative Textgestaltung zeigt Abbildung 26.28. Damit die Ebene mit der Deutschland-Flagge nicht das komplette Bild überlagert, sondern nur für die darunterliegende Textebene zur Textgestaltung verwendet wird, wurde einfach eine Schnittmaske daraus erstellt.

Kapitel_26:
Deutschland.tif

◀▲ **Abbildung 26.28**
Kreativer Umgang mit Text und Bild dank Schnittmaske

26.4 Einfache Fotomontagen mit Ebenen

Ein wichtiges Anwendungsgebiet von Ebenen sind Fotomontagen. Diese setzen natürlich voraus, dass Sie den grundlegenden Umgang mit den Werkzeugen von Photoshop Elements und natürlich auch den Auswahlen bereits beherrschen. Folgende Tipps will ich Ihnen außerdem zu einer gelungeneren Fotomontage geben:

- **Bilderwahl**: Das Wichtigste für eine gute Montage ist natürlich eine geeignete Bilderwahl. Gerade wenn Sie ein Objekt in ein anderes Bild montieren wollen, sollten Sie ein Objekt wählen, das sich leichter freistellen und wieder einfügen lässt.
- **Lichtverhältnisse**: Das ist meistens das Schwierigste bei der Montage eines Objekts. Selten herrschen bei beiden Bildern dieselben Lichtverhältnisse. Sind einmontierte Objekte im Vergleich zum Zielbild zu hell oder zu dunkel, wird die Fotomontage schwieriger, weil Sie mit anderen Werkzeugen, wie etwa der Tonwertkorrektur, Helligkeit und Kontrast usw., nacharbeiten müssen. Nicht immer lässt sich daher jedes Objekt sauber und unauffällig in ein anderes Zielbild montieren.
- **Planung**: Ganz wichtig ist eine sorgfältige Planung. Zwar können Sie auch mal einfach so hinarbeiten, aber trotzdem sollten Sie einige Dinge wie Schatten, harte oder weiche Übergänge usw. vorher überdenken.
- **Genügend Zeit**: Eine gelungene Fotomontage braucht Zeit. Je mehr Zeit Sie sich nehmen, desto sauberer wird die Arbeit sein. Aufwendigere Montagen lassen sich nun einmal nicht in ein paar Minuten zusammenstellen.

Schritt für Schritt: Objekt in ein anderes Bild einmontieren

Kapitel_26: people.jpg, India_Gate.jpg, people+India_Gate.psd

Der Klassiker der Fotomontage ist natürlich, Bildobjekte in andere Bilder zu montieren, ohne dass dies dem Betrachter auffällt. Das Prinzip ist relativ einfach: Man stellt ein Objekt aus einem Bild frei und fügt es als neue Ebene in (oder auf) einem anderen Bild ein. Jetzt feilt man so lange an dem hinzugefügten Objekt, bis die Montage kaum oder gar nicht mehr auffällt. In diesem Workshop wollen wir die Personen aus dem Bild »people.jpg« in das Bild »India_Gate.jpg« einmontieren.

26.4 Einfache Fotomontagen mit Ebenen

◄◄ **Abbildung 26.29**
Die Personen hier sollen …

◄ **Abbildung 26.30**
… in dieses Bild einmontiert werden – eine klassische Guck-mal-wo-ich-war-Montage eben.

1 Objekt auswählen

Laden Sie das Bild »people.jpg« in den Fotoeditor. Erstellen Sie mit einem Auswahlwerkzeug eine Auswahl um die beiden Personen. Im Beispiel habe ich hierfür das Schnellauswahl-Werkzeug [A] [🔍] verwendet. Über die Werkzeugoptionen HINZUFÜGEN ❶ und SUBTRAHIEREN ❷ und das Anpassen der Pinselgröße ❸ habe ich die Auswahl nach und nach verfeinert. Über die Option KANTE VERBESSERN ❹ habe ich dann das letzte Feintuning für die Auswahl durchgeführt. Je genauer Sie hier arbeiten, desto besser wird das Endergebnis.

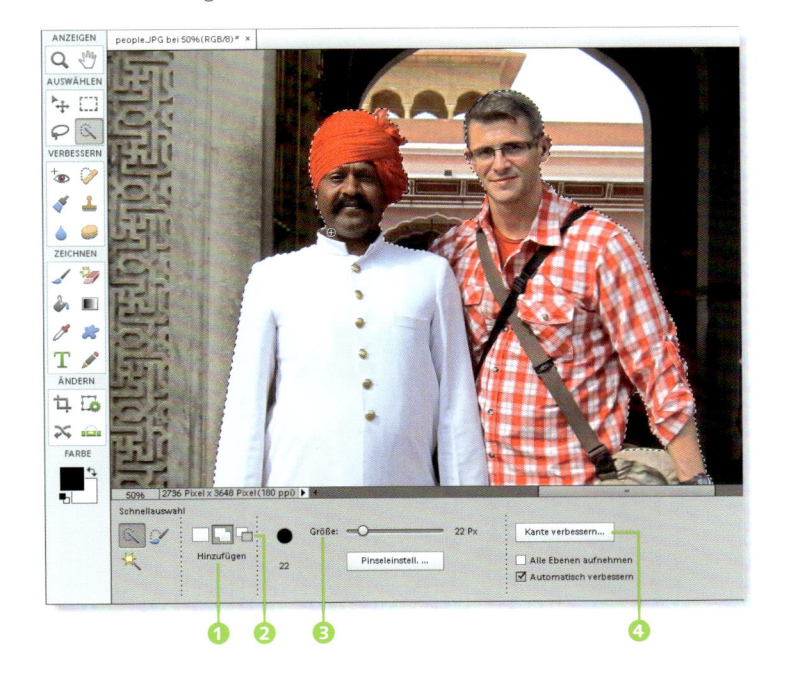

Tipp

Wenn das Objekt, das Sie freistellen wollen, einen deutlichen Schatten wirft, können Sie diesen auch auswählen. Damit ersparen Sie sich später die Arbeit, manuell einen Schatten erstellen zu müssen. Im Beispiel wäre es durchaus möglich gewesen, die beiden Personen mitsamt ihrem Schatten auszuwählen. Aus Übungszwecken wurde darauf verzichtet, um Ihnen anschließend zu demonstrieren, wie Sie einen eigenen Schatten erstellen können.

◄ **Abbildung 26.31**
Die Personen wurden ausgewählt.

619

▲ Abbildung 26.32
Die beiden Personen sind freigestellt.

2 Objekt freistellen

Jetzt kopieren Sie entweder die Auswahl oder stellen sie gleich frei. Hier habe ich mich für Letzteres entschieden. Zunächst habe ich aus der Hintergrundebene über EBENE • NEU • EBENE AUS HINTERGRUND eine Ebene gemacht, weil wir hier die Transparenz benötigen. Die Auswahl habe ich dann mit AUSWAHL • AUSWAHL UMKEHREN ([Strg]/[cmd]+[⇧]+[I]) umgekehrt. Jetzt ist der Bereich um die beiden Personen ausgewählt, den Sie mit [Entf]/[←] löschen können, wodurch nun nur noch das ungleiche Paar vorhanden ist, umgeben vom transparenten Bereich. Die Auswahl können Sie jetzt mit AUSWAHL • AUSWAHL AUFHEBEN oder [Strg]/[cmd]+[D] wieder entfernen. Gegebenenfalls schneiden Sie das Bild mit den freigestellten Personen mit dem Freistellungswerkzeug 🔲 noch zu und speichern es als PSD- oder TIFF-Datei ab.

3 Objekt in das Zielbild kopieren

Als nächsten Schritt sollten Sie die freigestellten Personen mit transparentem Hintergrund in das Zielbild kopieren. Öffnen Sie daher das Bild »India_Gate.jpg« im Fotoeditor. Aktivieren Sie das Bild mit den Personen, ziehen Sie die Ebene aus dem Ebenen-Bedienfeld ❶ in das Zielbild ❷, und lassen Sie sie dort fallen. Jetzt sollten die Personen schon einmal vor dem Torbogen stehen (wenn auch noch etwas unbeholfen).

Abbildung 26.33 ▼
Kopieren Sie das Objekt per Drag & Drop als neue Ebene in das Zielbild.

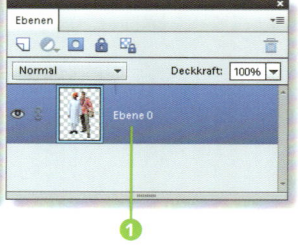

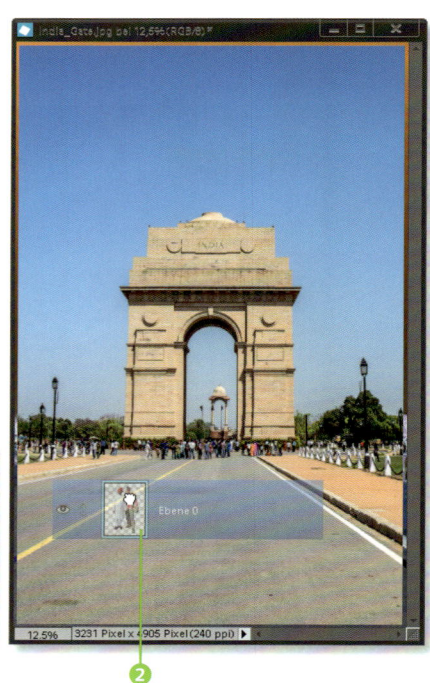

26.4 Einfache Fotomontagen mit Ebenen

Natürlich können Sie auch andere Wege gehen, um ein Objekt von einem Bild als neue Ebene in ein anderes zu kopieren. Darauf bin ich im Abschnitt »Neue Ebene durch Einkopieren« auf Seite 596 eingegangen. Wichtig für diese Vorgehensweise ist, dass Sie die Bilder nicht in Reitern, sondern in einzelnen Fenstern geöffnet haben, oder die beiden Bilder über den Befehl FENSTER • BILDER • NEBENEINANDER entsprechend anordnen.

4 Objektgröße anpassen

Im seltensten Fall dürfte jetzt die Größe des Objekts im Zielbild optimal passen. Im einfachsten Fall können Sie das Verschieben-Werkzeug ⊕ V verwenden und an den Ecken ❸ die Größe des eingefügten Objekts anpassen (skalieren). In Abschnitt 20.3, »Skalieren von Elementen«, bin ich bereits auf das Thema eingegangen. Im Beispiel habe ich das Objekt deutlich vergrößert.

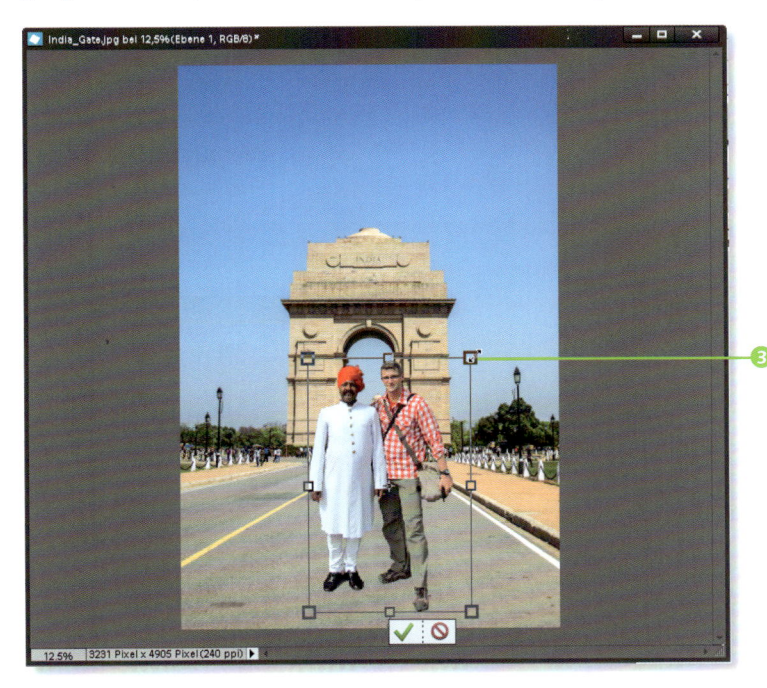

◄ **Abbildung 26.34**
Im Beispiel habe ich die beiden Personen noch skaliert, damit sie in das Bild passen.

Personen hängen in der Luft
Wenn Sie die Personen beispielsweise in hohes Gras setzen würden, dann würden diese doch ziemlich in der Luft hängen. In solch einem Fall müssen Sie dann beim freigestellten Objekt an den Beinen arbeiten. Sie müssen hierbei die Beine mit einem weichen Radiergummi und einer reduzierten Deckkraft weg- bzw. anradieren, bis der Eindruck entsteht, die Beine verschwänden im Gras. Gleiches gilt natürlich auch, wenn sich andere Objekte vor dem einmontierten Objekt befinden. Hier müssen Sie immer am einmontierten Objekt nacharbeiten.

5 Montage vertuschen

An dieser Stelle kommt ein Punkt, der hier etwas verallgemeinert ist, weil er immer vom eingefügten Objekt und vom Zielbild abhängt. Ein allgemeines Rezept für diesen Arbeitsschritt gibt es nicht. Ab hier können Sie alle bereits kennengelernten Mittel und Werkzeuge verwenden, um die Montage zu vertuschen. Dabei kann es sich um mehrere Punkte handeln, wie beispielsweise das Anpassen der Lichtverhältnisse mit der TONWERTKORREKTUR oder dem TIEFEN/LICHTER-Dialog. Wollen Sie nur einzelne Bereiche aufhellen oder abdunkeln, können Sie auch zum Abwedler oder Nachbelichter greifen.

Auch Werkzeuge wie Weichzeichner, Scharfzeichner und Wischfinger eignen sich für die partielle Vertuschung von zu harten oder (eher selten) zu weichen Kanten. And last but not least dürfen Sie hier auch den Radiergummi nicht vergessen. Wirkt das Objekt oder der Hintergrund insgesamt zu hart, können Sie auch mit dem GAUSSSCHEN WEICHZEICHNER etwas die Überschärfe aus dem Bild nehmen.

6 Schatten erstellen

Viele Montagen wirken häufig nicht natürlich, weil hierbei keinerlei Schatten verwendet werden. Dabei ist es meist kein großer Aufwand, einen Schatten zu erstellen. Duplizieren Sie daher die Ebene mit den Personen beispielsweise mit EBENE • EBENE DUPLIZIEREN. Aktivieren Sie diese Ebenenkopie ❷ im Ebenen-Bedienfeld, und rufen Sie ÜBERARBEITEN • FARBE ANPASSEN • FARBTON/SÄTTIGUNG auf. Ziehen Sie den Regler für HELLIGKEIT ❶ ganz nach links, so dass die Ebene komplett schwarz ist, und bestätigen Sie den Dialog mit OK.

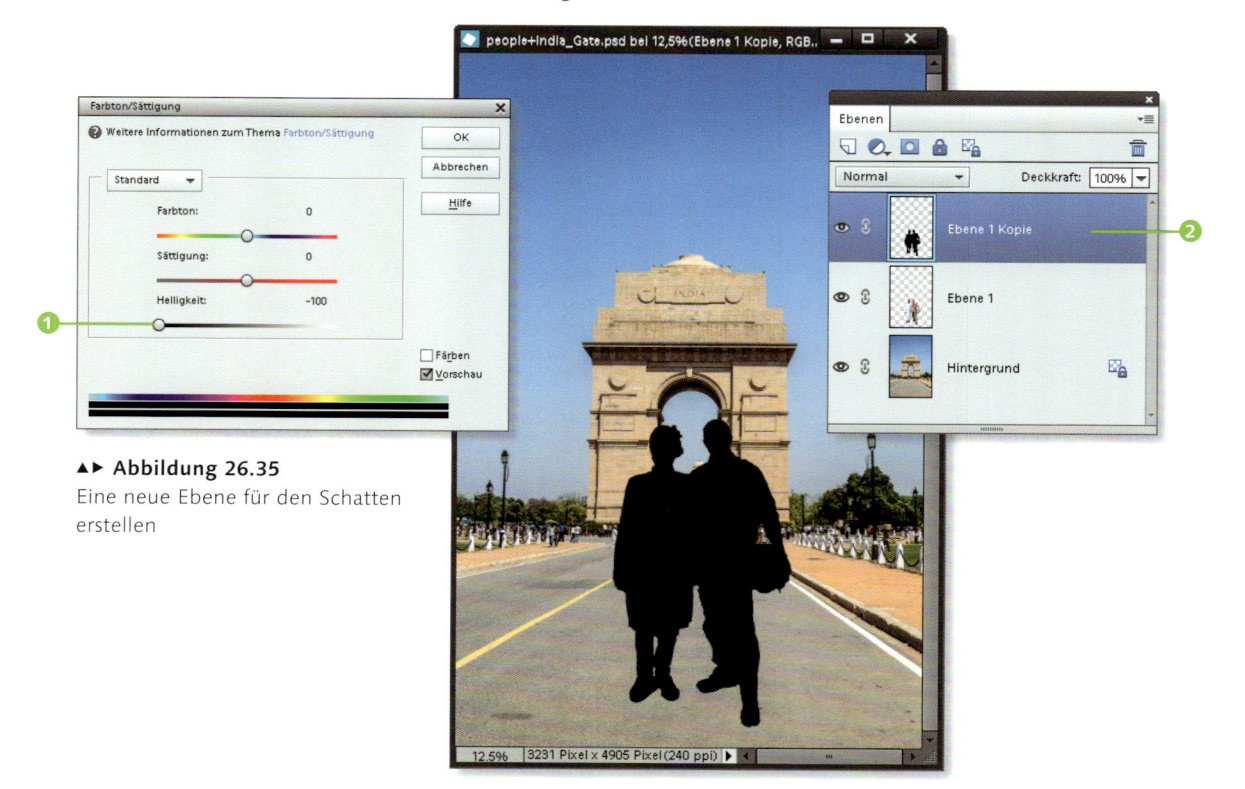

▲▶ Abbildung 26.35
Eine neue Ebene für den Schatten erstellen

26.4 Einfache Fotomontagen mit Ebenen

7 **Schatten drehen, positionieren und/oder transformieren**
Jetzt müssen Sie den Schatten in die richtige Position bringen. Hierbei sollten Sie in der Umgebung des Bildes nachsehen (wenn möglich), von wo die Sonne oder das Licht den Schatten wirft. Im Beispiel sind die Personen sehr schön beleuchtet und haben keine Schatten, daher kann hier davon ausgegangen werden, dass die Sonne von vorne gekommen ist. Natürlich muss das auch mit dem Hintergrund übereinstimmen. Der Torbogen im Hintergrund wirft auch keinen Schatten nach vorne. Daher gehe ich davon aus, dass die Sonne von links oben (vom Bild aus) auf unsere beiden Personen scheint.

Somit sollten Sie die Ebene mit den Schatten mit BILD • TRANSFORMIEREN • FREI TRANSFORMIEREN oder [Strg]/[cmd]+[T] in die richtige Position drehen, transformieren und skalieren. Damit die Schatten nicht so hart wirken, sollten Sie zusätzlich die DECKKRAFT ❸ auf 35–50 % reduzieren. Platzieren Sie anschließend noch die Ebene mit den Schatten ❹ hinter der Ebene mit den freigestellten Personen.

Unschöne Stellen oder unecht wirkende Schatten bei den Beinen der Personen können Sie gegebenenfalls auch mit dem Radiergummi einfach wegradieren oder natürlich auch mit dem Pinsel-Werkzeug hinzumalen.

Sonne von hinten
Soll der Schatten nach vorne fallen, so ist es auch nicht wesentlich komplexer. Hierfür würde es sich dann anbieten, die Ebene mit BILD • DREHEN • EBENE UM 180° DREHEN zu drehen und dann mit BILD • DREHEN • EBENE HORIZONTAL SPIEGELN zu spiegeln. Anschließend können Sie wieder mit dem Verschieben-Werkzeug so lange den Schatten transformieren, bis Sie mit dem Ergebnis zufrieden sind.

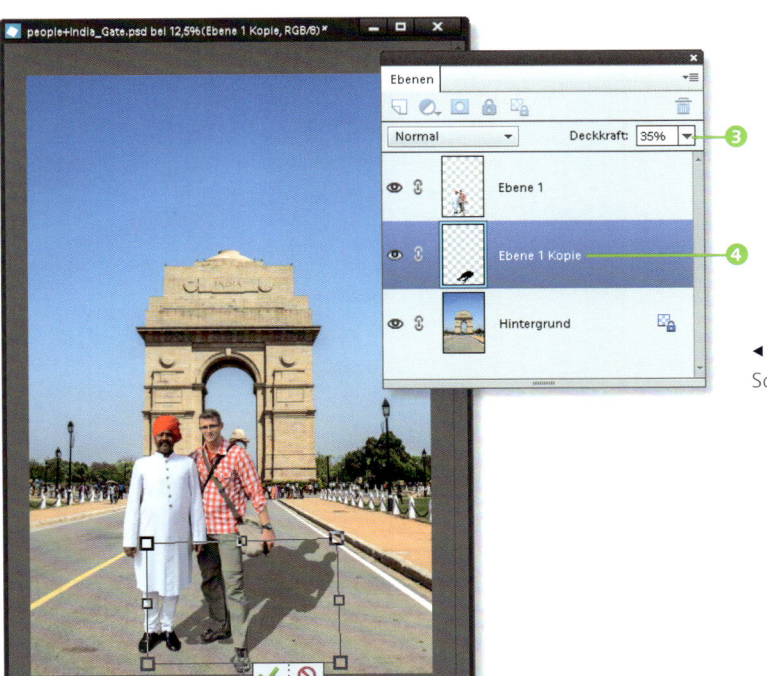

◀ **Abbildung 26.36**
Schatten gedreht und positioniert

Tipp: Mehr Schatten

Gegebenenfalls können Sie nochmals die Ebene mit den Schatten kopieren und kleiner skalieren, um noch einen kleineren, härteren Schatten direkt am Ende der Beine einzumontieren. Auch hier hilft es dann noch, mit der DECKKRAFT der Ebene zu experimentieren. Auch das Thema lässt sich hier einfach nicht so verallgemeinern und hängt natürlich wiederum vom verwendeten Objekt ab und davon, wo das Bild einmontiert wird.

8 Schatten weichzeichnen

Zum Schluss können Sie den Schatten über FILTER • WEICHZEICHNUNGSFILTER • GAUSSSCHER WEICHZEICHNER soften. Im Beispiel habe ich hierfür einen RADIUS von 5 Pixeln ❶ verwendet. Wie stark Sie weichzeichnen, ist natürlich auch hier wieder eine Gefühlssache und hängt von der Umgebung und dem Licht ab.

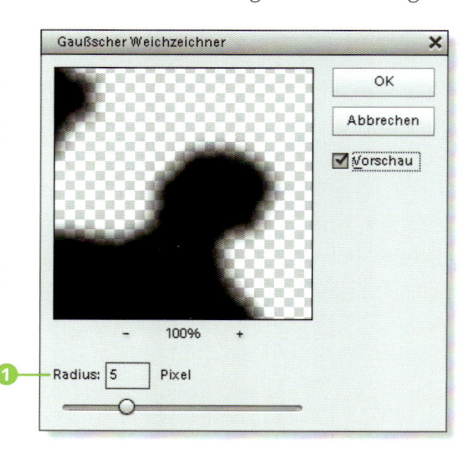

Abbildung 26.37 ▶
Zu harte Schatten weichzeichnen

9 Ebenen zusammenfügen

Bevor Sie im Ebenen-Bedienfeld die Ebenen zu einer Ebene zusammenfügen, sollten Sie die Ebenenkomposition als PSD-Datei speichern, falls Sie später noch Änderungen daran vornehmen wollen.

Abbildung 26.38 ▶
Das Endergebnis einer einfachen Fotomontage

Abbildung 26.39 ▶▶
Natürlich können Sie noch mehr daraus machen. Hier wurde einer der neuen Effekte im SCHNELL-Modus auf das Bild angewendet und ein Text eingefügt.

26.4 Einfache Fotomontagen mit Ebenen

Schritt für Schritt: Himmel austauschen

Ebenfalls eine beliebte Frage lautet, wie man einen flauen oder überstrahlten Himmel austauschen kann. Auch dies ist mithilfe von Ebenen kein großer Aufwand. Vorausgesetzt natürlich auch hier wieder, Sie sind mit den Werkzeugen von Photoshop Elements bereits vertraut. Des Weiteren setzt es natürlich auch voraus, dass die Pixelgröße der beiden Bilder recht ähnlich ist. Sicherlich könnten Sie nachträglich den Himmel oder das Vordergrundbild skalieren. Trotzdem ist es natürlich nicht zweckdienlich, wenn eines der Bilder sehr viel größer oder kleiner als das andere ist.

Kapitel_26: Jerusalem.jpg, Himmel.jpg

◀ **Abbildung 26.40**
Bei diesem Bild soll der langweilige und flaue Himmel getauscht werden.

1 Himmel entfernen

Laden Sie das Bild »Jerusalem.jpg« in den Fotoeditor. Machen Sie aus der Hintergrundebene eine normale Ebene über EBENE • NEU • EBENE AUS HINTERGRUND (für die Transparenz). Verwenden Sie jetzt ein Auswahlwerkzeug wie den Zauberstab, und wählen Sie den grauen Himmel zum Entfernen mit ⏎Entf⏎/⏎←⏎ aus, oder benutzen Sie gleich den Magischen Radiergummi, um den Himmel zu entfernen. Je genauer Sie hierbei arbeiten, desto besser wird das Endergebnis.

◀ **Abbildung 26.41**
Der flaue Himmel wurde entfernt.

625

2 Himmel ins Zielbild kopieren

Öffnen Sie das Bild »Himmel.jpg«, und ziehen Sie die Hintergrundebene ❷ aus dem Ebenen-Bedienfeld mit gedrückt gehaltener linker Maustaste über das Bild »Jerusalem.jpg« ❶, und lassen Sie den Himmel dort fallen.

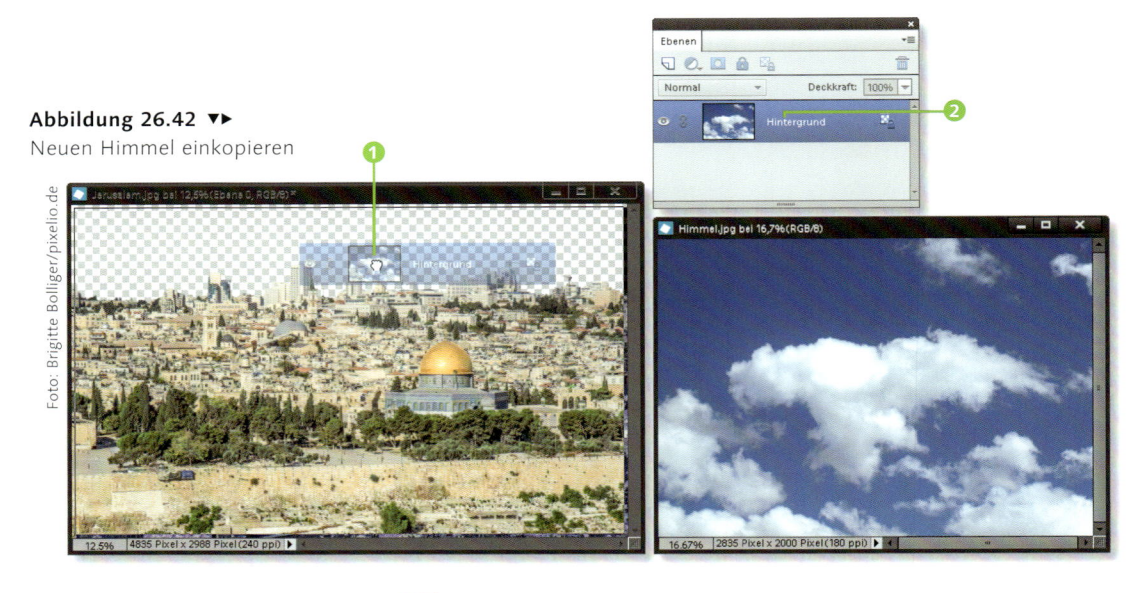

Abbildung 26.42
Neuen Himmel einkopieren

3 Ebenen anordnen

Zum Schluss brauchen Sie nur noch im Ebenen-Bedienfeld die Ebene mit dem Himmel ❹ unter die Ebene ❸ mit dem entfernten Bereich zu schieben, und das Bild hat einen neuen Himmel bekommen. Gegebenenfalls können und müssen Sie auch noch die Position des Himmels mit dem Verschieben-Werkzeug anpassen.

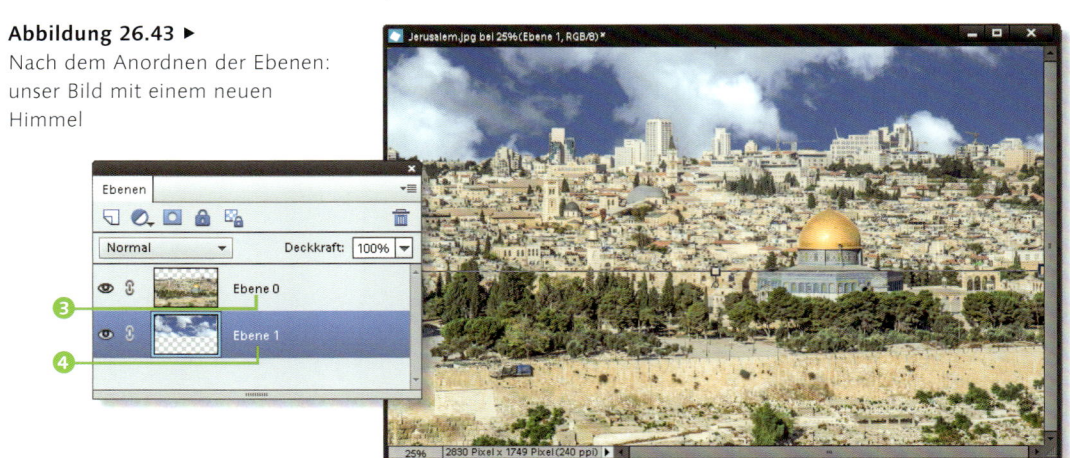

Abbildung 26.43
Nach dem Anordnen der Ebenen: unser Bild mit einem neuen Himmel

4 Lichtverhältnisse anpassen

Selten stimmen die Lichtverhältnisse des einmontierten Himmels mit dem restlichen Bild überein. Hierbei können Sie die Lichtverhältnisse mit der Tonwertkorrektur oder dem Tiefen/Lichter-Dialog angleichen.

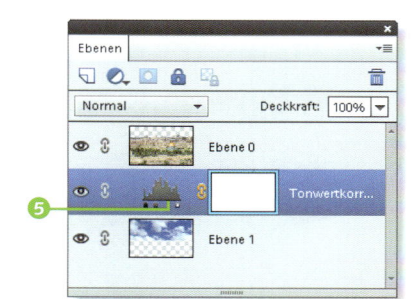

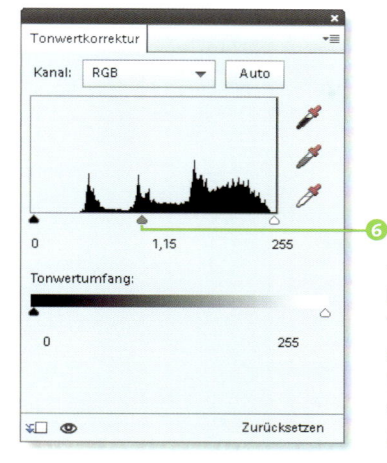

◀ **Abbildung 26.44**
Der Himmel bekommt noch eine Tonwertkorrektur als Einstellungsebene ❺. Hier wird der mittlere Regler ❻ nach rechts gezogen, womit der Himmel ein wenig heller wirkt.

5 Auf Hintergrundebene reduzieren

Am Ende brauchen Sie nur noch die Ebenen über Ebene • Auf Hintergrundebene reduzieren zu einer Hintergrundebene zu vereinen und das Bild unter einem anderen Namen abzuspeichern.

◀ **Abbildung 26.45**
Das Endergebnis mit einem neuen Himmel

Kapitel 27
Füllmethoden von Ebenen

Bisher haben Sie sich bei der Verwendung von Ebenen ganz auf die richtige Reihenfolge und auf die Ebenenmasken verlassen. Alles, was über einer Ebene liegt, verdeckt einen Teil der unteren Ebene. Zwar konnten Sie mit der Deckkraft diesen verdeckten Teil durchscheinen lassen, aber hierbei erlauben die sogenannten Füllmethoden auch unterschiedliche Pixelverrechnungsmethoden.

Wenn Sie die Füllmethode ändern, bezieht sich diese Änderung direkt auf das Verhältnis zweier übereinanderliegender Ebenen – und indirekt auch auf andere übereinandergeschichtete Pixel der Ebenen. In der Praxis wirkt sich eine Veränderung der Füllmethode der oberen Ebene auf die darunterliegende Ebene aus.

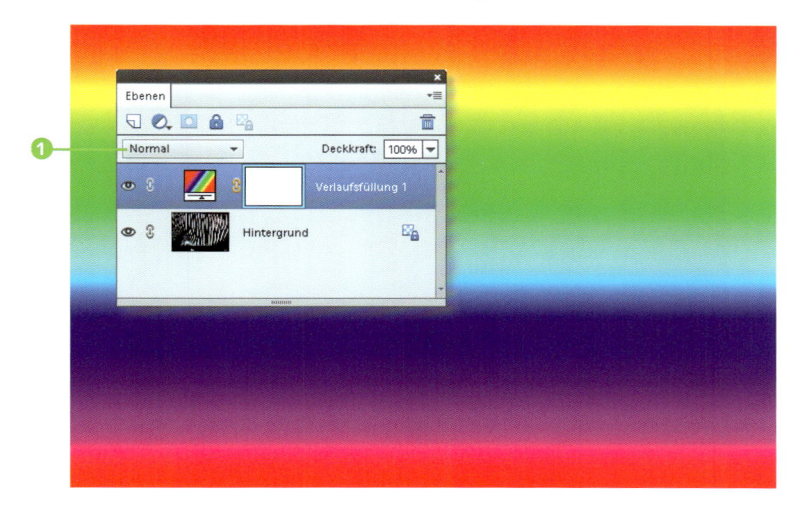

▲ **Abbildung 27.1**
Wenn zwei Ebenen mit der Füllmethode Normal ❶ übereinanderliegen, wird immer die untere Ebene von der oberen Ebene verdeckt.

▲ **Abbildung 27.2**
Übersicht aller Füllmethoden aus dem Ebenen-Bedienfeld

Kapitel 27   Füllmethoden von Ebenen

Kapitel_27: Zebra.tif

Abbildung 27.3 ▶
Eine Änderung der Füllmethode auf MULTIPLIZIEREN erzeugt einen sehr interessanten Effekt.

Das Mischen von Pixeln ist nicht nur den Ebenen vorbehalten. Auch beim Auftragen von Farbpixeln bieten viele Mal- und Retuschewerkzeuge die hier erwähnten Füllmethoden an – nur dass hier mit **Modus** für die gleichen Berechnungen ein anderer Begriff verwendet wird. Genaueres erfahren Sie in Abschnitt 27.2, »Füllmethoden für Mal- und Retusche-Werkzeuge«.

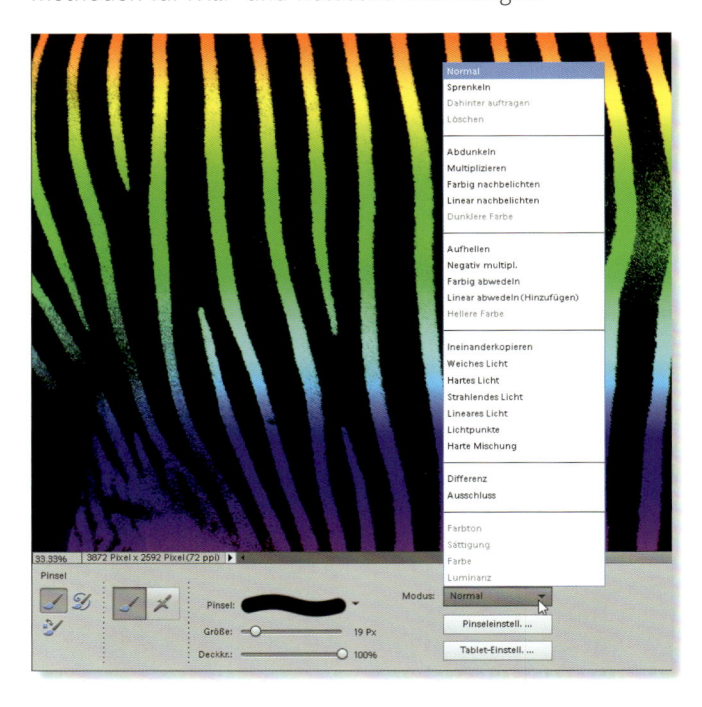

Abbildung 27.4 ▶
Viele Mal- und Retuschewerkzeuge bieten ebenfalls eine Pixelmischung beim Auftragen von Farbpixeln an.

Ob Sie nun die Füllmethoden im Ebenen-Bedienfeld nutzen oder ob Sie Werkzeuge verwenden – alle arbeiten mit denselben Algorithmen. Bei dieser Berechnung werden immer die darunterliegenden Pixel als Ausgangsfarbe verwendet. Die darüberliegenden Pixel sind die Füllfarbe. Beide zusammen werden zu einer Ergebnisfarbe gemischt.

27.1 Füllmethoden im Überblick

Im Folgenden will ich Ihnen zeigen, was bei einer Pixelberechnung einer bestimmten Ebene passiert. Jede Füllmethode veranschauliche ich, basierend auf dem folgenden Ausgangsbild, mit einem Demonstrationsbild.

Kapitel_27: Moscow.tif

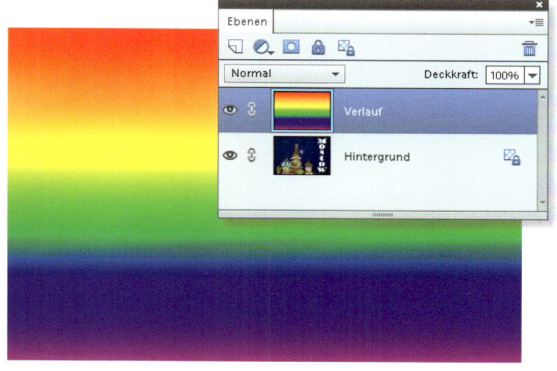

▲ **Abbildung 27.5**
Anhand dieser zwei Ebenen sollen die Wirkungen von Füllmethoden demonstriert werden.

Normal | Die Füllmethode Normal ist die Standardeinstellung, wie Sie sie auch bisher in diesem Buch verwendet haben. Bei dieser Methode findet zwischen den übereinanderliegenden Pixeln keine Berechnung statt. In der Regel verdecken hierbei die Pixel der darüberliegenden Ebene die Pixel der darunterliegenden Ebene komplett. Eine Ausnahme gibt es: Wenn Sie die Deckkraft der oberen Ebene reduzieren, scheint auch die untere Ebene durch.

▲ **Abbildung 27.6**
Füllmethode Normal (100 % Deckkraft)

▲ **Abbildung 27.7**
Füllmethode Normal (50 % Deckkraft)

Sprenkeln | Die Methode Sprenkeln funktioniert nur dann, wenn die Ebene, auf die sie angewendet wird, Transparenz enthält. Bei Ebenen, die keine Transparenz enthalten, wirkt diese Füllmethode wie Normal. Je geringer hierbei die Deckkraft ist, desto stärker werden Pixel von der unteren Ebene eingestreut. Um den Effekt auch bei einer Ebene anzuwenden, die keine direkte Transparenz enthält, können Sie auch die Deckkraft dieser

Ebene reduzieren. Sehr gut ist dieser Modus auch in Verbindung mit einem Malwerkzeug mit großer Werkzeugspitze geeignet (zum Beispiel dem Pinsel-Werkzeug ⬚B).

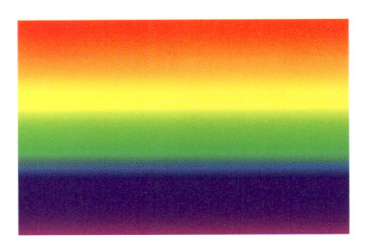

▲ **Abbildung 27.8**
Füllmethode Sprenkeln (100 % Deckkraft)

▲ **Abbildung 27.9**
Füllmethode Sprenkeln (50 % Deckkraft)

Abdunkeln | Beim Effekt Abdunkeln wählen Sie die dunklere Farbe von der unteren Ebene (Ausgangsfarbe) und der oberen Ebene (Füllfarbe) als Ergebnisfarbe aus. Pixel, die heller als die Füllfarbe sind, werden ersetzt, und Pixel, die dunkler als die Füllfarbe sind, bleiben erhalten. Haben beide Ebenen denselben Inhalt, zeigt diese Füllmethode keine Wirkung.

Multiplizieren | Der Effekt von Multiplizieren ist ähnlich wie der von Abdunkeln, mit dem Unterschied, dass sich beim Multiplizieren das Ergebnis auch dann ändert, wenn beide Ebenen denselben Inhalt haben. Außerdem dunkelt Multiplizieren stärker und gleichmäßiger ab als Abdunkeln. Die Wirkung der Abdunkelung lässt sich außerdem über die Deckkraft der oberen Ebene einstellen. Der Name der Funktion rührt daher, dass hier eine Pixel-Multiplikation stattfindet. Pixel in der oberen Ebene, die schwarz sind, ergeben als Ergebnisfarbe immer Schwarz. Beim Multiplizieren mit Weiß findet keine Änderung statt.

▲ **Abbildung 27.10**
Füllmethode Abdunkeln

▲ **Abbildung 27.11**
Füllmethode Multiplizieren

Farbig nachbelichten | Mit der Methode Farbig nachbelichten verstärken Sie anhand der Sättigungs- und Helligkeitsinformationen der oberen Ebene (der Füllfarbe) den Kontrast der Ausgangsfarbe (untere Ebene), wodurch das Ergebnis dunkler wirkt. Das Resultat erhält so strahlendere Farben und härtere Kontraste. Eine Füllung mit Weiß hat keine Auswirkung.

Linear nachbelichten | LINEAR NACHBELICHTEN funktioniert ähnlich wie FARBIG NACHBELICHTEN, nur dass hier der Kontrast der unteren Ebene nicht so stark erhöht wird. Diese Füllmethode reduziert vorwiegend die Helligkeit, wodurch das Ergebnis weniger strahlend wirkt als bei der Methode FARBIG NACHBELICHTEN.

▲ **Abbildung 27.12**
Füllmethode FARBIG NACHBELICHTEN

▲ **Abbildung 27.13**
Füllmethode LINEAR NACHBELICHTEN

Dunklere Farbe | Bei der Methode DUNKLERE FARBE werden die Farben der oberen und der unteren Ebene verglichen, und die Farbe mit dem niedrigeren Wert wird angezeigt. In diesem Fall ist das Endergebnis keine Mischung aus Füll- und Ausgangsfarbe, sondern die jeweils dunklere Farbe einer der Ebenen.

Aufhellen | Die Methode AUFHELLEN bewirkt genau das Gegenteil der Methode ABDUNKELN. Die Helligkeit der oberen Ebene bestimmt, wie stark das Bild aufgehellt wird – je heller die Farbe, desto stärker die Aufhellung.

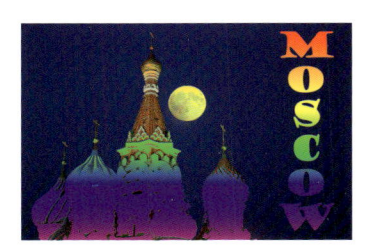

▲ **Abbildung 27.14**
Füllmethode DUNKLERE FARBE

▲ **Abbildung 27.15**
Füllmethode AUFHELLEN

Negativ multiplizieren | Mit NEGATIV MULTIPLIZIEREN werden die umgekehrten Werte der oberen und unteren Ebene multipliziert. In früheren Versionen hieß dieser Befehl daher auch UMGEKEHRT MULTIPLIZIEREN. Das Ergebnis ist immer eine hellere Farbe. Den

Effekt kann man mit einem Ausbleichen vergleichen. Beim negativen Multiplizieren mit Weiß entsteht Weiß, beim Multiplizieren mit Schwarz bleibt die Farbe unverändert.

Farbig abwedeln | Die Füllmethode Farbig abwedeln arbeitet ähnlich wie die Nachbelichter. Bei Farbig abwedeln wird der Kontrast der Ausgangsfarbe (untere Ebene) abgeschwächt. Je heller hierbei die Pixel in der oberen Ebene (Füllfarbe) sind, desto stärker wird der Kontrast abgeschwächt. Ein Füllen mit Schwarz hat keinen Effekt.

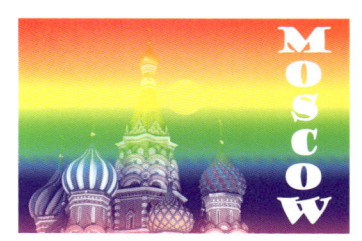

▲ Abbildung 27.16
Füllmethode Negativ multiplizieren

▲ Abbildung 27.17
Füllmethode Farbig abwedeln

Linear abwedeln (Hinzuf.) | Die Füllmethode Linear abwedeln (Hinzuf.) hat im Prinzip dieselbe Wirkung wie Farbig abwedeln, nur dass das Endergebnis insgesamt heller ist. Je heller hierbei die aufgetragenen Pixel der oberen Ebene sind, desto stärker wird die Helligkeit der unteren Pixel erhöht.

Hellere Farbe | Die Füllmethode Hellere Farbe ist das Gegenstück zur Methode Dunklere Farbe, wo die Farbwerte der Füll- und Ausgangsfarbe miteinander verglichen werden. Im Fall der Methode Hellere Farbe wird jetzt allerdings die Farbe mit dem höheren Wert angezeigt. Auch hier ist das Endergebnis keine Mischung aus Füll- und Ausgangsfarbe, sondern die jeweils hellere Farbe einer der Ebenen.

▲ Abbildung 27.18
Füllmethode Linear abwedeln (Hinzuf.)

▲ Abbildung 27.19
Füllmethode Hellere Farbe

27.1 Füllmethoden im Überblick

Ineinanderkopieren | Die Füllmethode INEINANDERKOPIEREN ist eine Mischung aus MULTIPLIZIEREN und NEGATIV MULTIPLIZIEREN. Farben überlagern die vorhandenen Pixel, wobei Grundfarben der Lichter und Tiefen allerdings erhalten bleiben. Die Ausgangsfarbe wird mit der Füllfarbe gemischt, um die Lichter und Tiefen in der Originalfarbe wiederzugeben.

Weiches Licht | Mit der Methode WEICHES LICHT werden die Farben abhängig von der Füllfarbe abgedunkelt oder aufgehellt. Die Wirkung entspricht in etwa einem Lichtstrahler mit diffusem Licht. Ist die Füllfarbe der oberen Ebene heller als 50 %iges Grau, wird das Bild heller; ist sie dunkler, wird auch das Bild dunkler. Reines Schwarz und Weiß in der Füllfarbe erzeugen sehr deutliche hellere und dunklere Bereiche – aber trotzdem kein reines Schwarz oder Weiß.

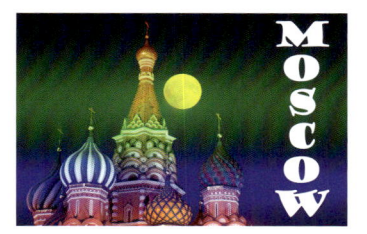

◄◄ **Abbildung 27.20**
Füllmethode INEINANDERKOPIEREN

◄ **Abbildung 27.21**
Füllmethode WEICHES LICHT

Hartes Licht | Die Füllmethode HARTES LICHT entspricht der zuvor beschriebenen Methode WEICHES LICHT, nur dass die Wirkung der diffusen Lichtquelle noch stärker ist. Diese verstärkte Wirkung wird durch eine Multiplikation oder negative Multiplikation der Farben (abhängig von den Füllfarben) erzielt.

Strahlendes Licht | Diese Methode belichtet die Farben nach, wedelt sie ab und erhöht oder reduziert je nach Füllfarbe den Kontrast. Ist die Füllfarbe der oberen Ebene heller als 50 %iges Grau, wird das Bild durch die Reduzierung des Kontrasts heller; anderenfalls wird der Kontrast erhöht, und das Ergebnis ist dunkler.

◄◄ **Abbildung 27.22**
Füllmethode HARTES LICHT

◄ **Abbildung 27.23**
Füllmethode STRAHLENDES LICHT

Lineares Licht | Die Methode LINEARES LICHT wirkt ähnlich wie STRAHLENDES LICHT und belichtet Farben nach oder wedelt diese ab. Statt auf den Kontrast zielt diese Methode jedoch auf die Helligkeit ab. Ist die Füllfarbe der oberen Ebene heller als 50 %iges Grau, wird das Bild durch die Erhöhung der Helligkeit heller; anderenfalls wird die Helligkeit reduziert, und das Ergebnis ist insgesamt dunkler.

Lichtpunkte | Abhängig von der Füllfarbe der oberen Ebene werden mit der Methode LICHTPUNKTE die Farben ersetzt. Ist die Füllfarbe heller als 50 %iges Grau, werden alle Pixel ersetzt, die dunkler als die Füllfarbe sind. Pixel, die heller als die Füllfarbe sind, bleiben erhalten. Ist die Füllfarbe hingegen dunkler als 50 %iges Grau, werden alle Pixel ersetzt, die heller als die Füllfarbe sind. Pixel, die dunkler sind als die Füllfarbe, werden nicht verändert.

Abbildung 27.24 ▶
Füllmethode LINEARES LICHT

Abbildung 27.25 ▶▶
Füllmethode LICHTPUNKTE

Harte Mischung | Die Methode HARTE MISCHUNG reduziert die Farben abhängig von den Grundfarben und den Füllfarben auf Weiß, Schwarz, Rot, Grün, Blau, Gelb, Cyan und Magenta. Das Endergebnis erinnert an das GIF-Format mit maximal acht Farben.

Differenz | Die Methode DIFFERENZ subtrahiert die Farbe (Ausgangs- und Füllfarbe) mit dem niedrigeren Helligkeitswert von den Farben mit dem höheren Helligkeitswert. Ein Füllen mit Weiß kehrt den Farbwert der darunterliegenden Ebene um. Eine schwarze Füllfarbe hat keine Auswirkungen.

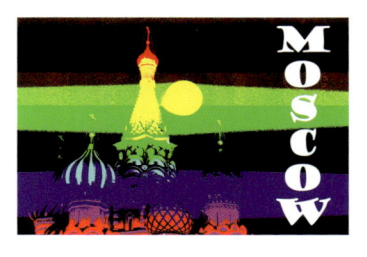

Abbildung 27.26 ▶
Füllmethode HARTE MISCHUNG

Abbildung 27.27 ▶▶
Füllmethode DIFFERENZ

Ausschluss | Der Modus AUSSCHLUSS entspricht dem zuvor beschriebenen Modus DIFFERENZ, ist aber etwas weicher und kontrastärmer.

Farbton | Der Modus FARBTON erzeugt eine Ergebnisfarbe aus der Luminanz und der Sättigung der unteren Ebene (Ausgangsfarbe) und dem Farbton der oberen Ebene (Füllfarbe).

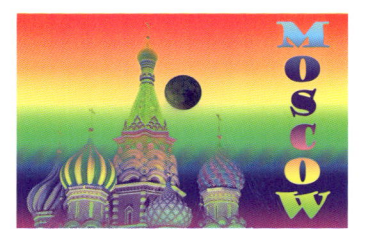

◄◄ **Abbildung 27.28**
Füllmethode AUSSCHLUSS

◄ **Abbildung 27.29**
Füllmethode FARBTON

Sättigung | Mit der Methode SÄTTIGUNG erzeugen Sie eine Ergebnisfarbe mit der Luminanz und dem Farbton der unteren Ebene (Ausgangsfarbe) und der Sättigung der oberen Ebene (Füllebene).

◄ **Abbildung 27.30**
Füllmethode SÄTTIGUNG

Farbe | FARBE erzeugt eine Ergebnisfarbe mit der Luminanz der unteren Ebene (Ausgangsfarbe) und Farbton und Sättigung der oberen Ebene (Füllfarbe).

Luminanz | LUMINANZ erzeugt eine Ergebnisfarbe mit dem Farbton und der Sättigung der unteren Ebene (Ausgangsfarbe) und der Luminanz der oberen Ebene (Füllfarbe). Im Grunde ist dieser Modus eine Umkehrung des Modus FARBE.

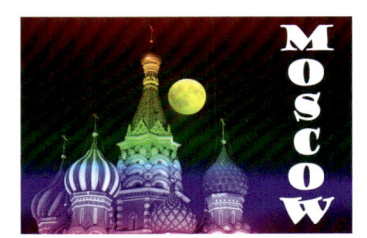

▲ **Abbildung 27.31**
Füllmethode FARBE

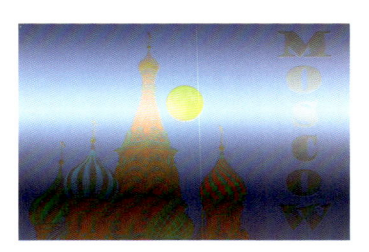

▲ **Abbildung 27.32**
Füllmethode LUMINANZ

Kapitel 27 Füllmethoden von Ebenen

27.2 Füllmethoden für Mal- und Retusche-Werkzeuge

Die verschiedenen Modi der Werkzeuge arbeiten nach demselben Prinzip wie die oben erläuterten Ebenen-Füllmethoden, nur dass Sie für die Anwendung der Werkzeugmodi lediglich eine Ebene benötigen. Die Modi für die Malwerkzeuge wirken sich direkt auf die aktive Ebene aus. Bei einigen Mal- und Retusche-Werkzeugen finden Sie mit DAHINTER AUFTRAGEN und LÖSCHEN zwei zusätzliche Modi, die hier ebenfalls erläutert werden sollen.

Kapitel_27:
Maria_Tomb.tif

Dahinter auftragen | Den Modus DAHINTER AUFTRAGEN finden Sie beim Pinsel-Werkzeug, Buntstift, Füllwerkzeug, Verlaufswerkzeug, Kopierstempel und Musterstempel.

Mit diesem Modus wird nur in den transparenten Bereichen des Bildes eine Farbe aufgetragen. Das entspricht dem Effekt, als würden Sie auf der Rückseite einer Klarsichtfolie etwas malen. Natürlich bedeutet dies auch, dass dieser Modus nur dann funktioniert, wenn die Ebene einen transparenten Bereich besitzt (somit darf sie auch keine Hintergrundebene sein) und im Ebenen-Bedienfeld die Option TRANSPARENTE PIXEL FIXIEREN deaktiviert ist.

▲ **Abbildung 27.33**
Malen mit dem Pinsel-Werkzeug an den Kanten des transparenten Durchgangs im Modus NORMAL ...

▲ **Abbildung 27.34**
... und dasselbe nochmals, nur jetzt im Modus DAHINTER AUFTRAGEN. Die Kanten des Eingangs wurden nicht übermalt, obwohl der Pinsel darüber hinausging. Es wird in diesem Modus nur der transparente Hintergrund berücksichtigt.

▲ **Abbildung 27.35**
Der Modus DAHINTER AUFTRAGEN funktioniert natürlich auch mit den anderen Malwerkzeugen (beispielsweise mit dem Verlaufswerkzeug) – aber leider nicht mit den Smart-Pinseln.

Löschen | Den Modus LÖSCHEN finden Sie beim Pinsel-Werkzeug, Buntstift und dem Füllwerkzeug.

Mit diesem Modus wird jedes Pixel bearbeitet und transparent gemacht. Natürlich steht dieser Modus nur dann zur Verfügung, wenn die Ebene keine Hintergrundebene ist und die Option TRANSPARENTE PIXEL FIXIEREN deaktiviert ist. Im Grunde können Sie diesem Modus mit dem Radiergummi beim Pinsel-Werkzeug und Buntstift vergleichen, nur dass Sie hierbei die zusätzlichen Funktionen AIRBRUSH und WEITERE PINSELOPTIONEN zu Verfügung haben. Beim Füllwerkzeug ist dieser Modus mit dem Magischen Radiergummi vergleichbar.

27.3 Füllmethoden in der Praxis

Abgesehen von kreativen Möglichkeiten, bieten die Füllmethoden auch einige interessante Mittel zur Bildkorrektur und -verbesserung.

27.3.1 Bilder über Füllmethode aufhellen oder abdunkeln

Ein wichtiges Einsatzgebiet von Füllmethoden liegt in der Korrektur von zu hellen oder zu dunklen Bildern. Damit können Sie Ihre Bilder auf die Schnelle verbessern, ohne in die Pixel des Bildes eingreifen zu müssen – ähnlich wie bei Einstellungsebenen arbeiten Sie hier nichtdestruktiv.

Kapitel_27: StPatrick.jpg

Schritt für Schritt: Dunkle Bilder per Füllmethode aufhellen

In dieser Schritt-für-Schritt-Anleitung erfahren Sie, wie Sie Bilder mithilfe von Füllmethoden aufhellen oder abdunkeln.

1 Allgemeine Korrekturen vornehmen

Bevor Sie ein Bild mit Ebenen verbessern oder korrigieren, sollten Sie zunächst alle anderen Korrekturen wie Farbkorrekturen usw. durchgeführt haben, weil sich diese Fehler sonst nur noch verstärken. Das folgende Bild »StPatrick.jpg« ist leider in den Schatten ein wenig zu dunkel geworden, laden Sie es daher in den Fotoeditor.

Abbildung 27.36 ▶
Die Schatten sind zu dunkel.

2 Bildebene duplizieren
Erstellen Sie ein Duplikat der Hintergrundebene über [Strg]/[cmd]+[J].

3 Füllmethode und Deckkraft einstellen
Stellen Sie nun die Füllmethode für die obere Ebene ein. Da dieses Bild zu dunkel wirkt, habe ich NEGATIV MULTIPLIZIEREN ❶ ausgewählt. Da mit dieser Methode das Bild besonders im Himmelbereich oben rechts fast schon zu stark aufgehellt wird, habe ich die DECKKRAFT ❷ auf 75 % verringert. Mithilfe der DECKKRAFT können Sie somit den Effekt der Füllmethode feinjustieren.

▲ **Abbildung 27.37**
Hintergrundebene duplizieren

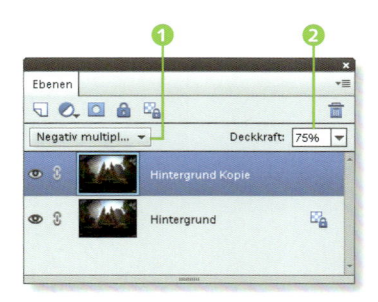

▲ **Abbildung 27.38**
Allein durch die Füllmethode der obersten Ebene wird das Bild heller.

Helle Bilder abdunkeln | Auch zu helle oder zu flaue Bilder können über Füllmethoden verbessert werden. Sie gehen dafür genauso vor wie in der vorangegangenen Schritt-für-Schritt-Anleitung, wählen allerdings die Füllmethode MULTIPLIZIEREN.

27.3.2 Weiße oder schwarze Hintergründe ohne Freistellen beseitigen

Wollen Sie mehrere Bilder mit weißen oder schwarzen Hintergründen übereinanderlegen, ohne gleich die Bilder aufwendig freizustellen, können Sie den Ebenenmodus ABDUNKELN oder MULTIPLIZIEREN für weiße und AUFHELLEN oder NEGATIV MULTIPLIZIEREN für schwarze Hintergründe verwenden.

Korrektur einschränken

Beachten Sie aber: Die Bilder werden auf diese Weise immer nur im gesamten aufgehellt. Wollen Sie die Korrektur auf bestimmte Bildbereiche einschränken, können Sie Masken einsetzen. Wie das geht, erfahren Sie in Kapitel 28, »Ebenenmasken«.

Kapitel_27: Rosen.tif

◄ **Abbildung 27.39**
Hier habe ich zwei Ebenen mit Rosen überlappend übereinandergelegt, wodurch die obere Ebene die untere teilweise verdeckt.

◄ **Abbildung 27.40**
Dasselbe Bild nochmals, nur habe ich die obere Ebene mit dem Modus AUFHELLEN ❸ versehen, und die schwarzen Kanten sind verschwunden. Dieser Trick funktioniert allerdings nur mit weißer und schwarzer Farbe.

Kapitel 28
Ebenenmasken

Neben den Auswahlen sind Ebenenmasken die beste Möglichkeit, alle Arten von Manipulationen, Fotocollagen und Bildmontagen zu erstellen. Besser noch als bei den Auswahlen können Sie mithilfe der Ebenenmasken einzelne Bildbereiche ein- und ausblenden, ohne die Bilder zu verändern.

28.1 Anwendungsgebiete von Ebenenmasken

Das Prinzip der Ebenenmasken ist es, einen Teil einer Ebene zu verdecken – genauer zu maskieren – und einen Teil davon sichtbar zu lassen. Das Maskieren von Ebenen darf also gerne als eines der besten Features betrachtet werden, die Photoshop Elements anzubieten hat. Hierzu ein Überblick zu einigen Anwendungsgebieten von Ebenenmasken:

- Anders als bei Auswahlen mit weichen Kanten sind Ebenenmasken flexibler und genauer steuerbar. Damit lassen sich beispielsweise sehr schöne sanfte Übergänge zwischen bearbeiteten und nicht bearbeiteten Bildbereichen erstellen.
- Da sich einzelne Bildobjekte mithilfe von Ebenenmasken wesentlich genauer und komfortabler als zum Beispiel mit Auswahlen maskieren lassen, können Sie mit Ebenenmasken auch wesentlich einfacher diese Bildobjekte freistellen.
- Mit Ebenenmasken können Sie Bildbereiche kurzzeitig ausblenden – eine prima Alternative zum Radiergummi oder zu einem Auswahlwerkzeug, wo Sie die Auswahl mit Entf oder BEARBEITEN • LÖSCHEN entfernen müssen.
- Blenden Sie Bildbereiche mit Ebenenmasken aus, können Sie sie jederzeit wiederherstellen. Während beispielsweise mit dem Radierer oder bei einer Auswahl mit BEARBEITEN • LÖ-

Kapitel 28 Ebenenmasken

SCHEN das Löschen endgültig ist und die Bildpixel unwiderruflich verloren sind, werden die Pixel bei den Ebenenmasken nicht einmal angefasst und können jederzeit wieder eingeblendet werden.

▶ Bei der Bildmontage können Sie sehr genau und viel effektiver arbeiten. Jederzeit können Sie einzelne Pixel ein- und wieder ausblenden. Sie malen damit die Bildmontage quasi mit dem Pinsel auf und können dasselbe auch wieder rückgängig machen.

▶ Neben den Montagen eignen sich Ebenenmasken auch prima, um Bilder ohne großen Aufwand mit interessanten Effekten zu versehen. Einige Beispiele dazu werden Sie in diesem Kapitel kennenlernen.

Kapitel_28: Collage01.tif, cable_car.tif

Abbildung 28.1 ▶
Mithilfe von Ebenenmasken lassen sich solche sanften Übergänge zwischen mehreren Ebenen mit einem Handgriff realisieren.

▲ **Abbildung 28.2**
Eine Gondel auf dem Weg nach oben in der Wüste …

▲ **Abbildung 28.3**
… oder in den Bergen voll mit Schnee? Mit den Ebenenmasken können Sie jederzeit hin- und herschalten und natürlich (und vor allem) nachträglich wieder ändern.

28.2 Funktionsprinzip von Ebenenmasken

Wenn Sie eine Ebenenmaske einer Ebene hinzufügen, besitzt diese Maske die gleiche Größe und Pixeldichte wie die dazugehörende Ebene. Mit solchen Ebenenmasken können Sie Ausschnitte (auch die komplette Ebene) der dazugehörenden Ebene ausblenden oder andere verdeckte Bereiche hinter der Ebene anzeigen. Im Unterschied zu Werkzeugen, wie beispielsweise dem Radiergummi, werden bei einer Ebenenmaske die Bereiche nur ausgeblendet und nicht gelöscht. Bilderbereiche, die Sie mit der Ebenenmaske entfernt haben, lassen sich jederzeit wiederherstellen.

Kapitel_28: 13Uhr.tif

Voraussetzung für Ebenenmasken

Um eine Ebenenmaske einer Ebene hinzuzufügen, darf diese Ebene weder eine Hintergrund- oder Textebene sein noch eine Ebene, bei der die Option ALLES FIXIEREN aktiv ist.

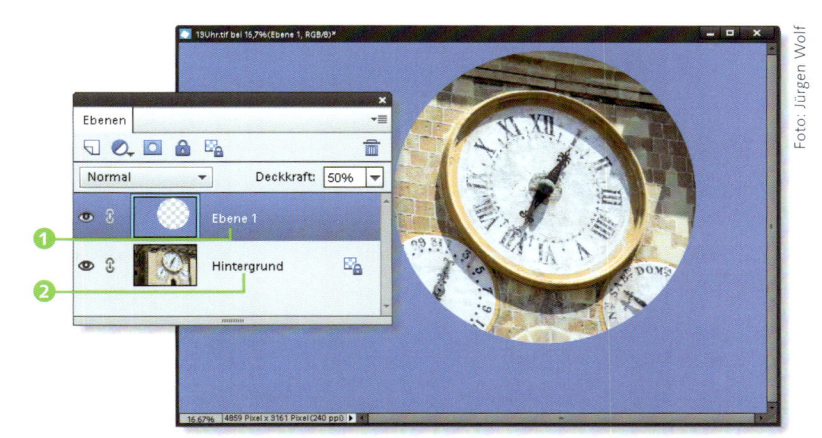

◄ **Abbildung 28.4**
Hier habe ich mit dem Radiergummi (und einer runden Pinselspitze) Teile der blauen Ebene ❶ wegradiert, so dass die Uhr der Ebene darunter ❷ zum Vorschein kam.

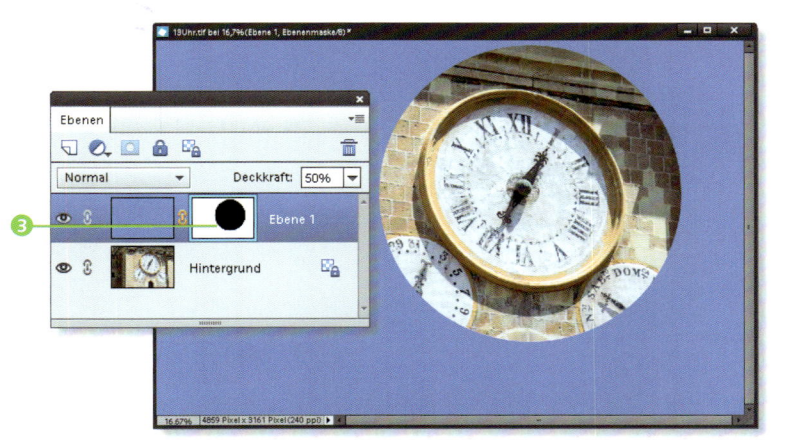

◄ **Abbildung 28.5**
Hier habe ich nochmals dasselbe gemacht, nur habe ich eine Ebenenmaske ❸ für die blaue Ebene verwendet. Die Form habe ich mit dem Pinsel-Werkzeug (und derselben Pinselspitze) und schwarzer Farbe aufgepinselt.

Das Endergebnis ist bei beiden Bildern dasselbe. Mit dem Radiergummi bearbeiten Sie aber direkt die einzelnen Pixel der Ebene. Mit der Ebenenmaske hingegen bleiben die Pixel unangetastet, und Sie können die maskierten Pixel jederzeit wieder einblenden.

Wie dies funktioniert, erfahren Sie in den folgenden Abschnitten noch genauer.

Ebenenmasken verständlicher | Ebenenmasken zu verstehen, ist im Grunde nicht schwer. Sie können sich dies vorstellen, als würden Sie mit der Schere eine bestimmte Form aus einem Papier herausschneiden, beispielsweise ein Herz. Nach dem Ausschneiden nehmen Sie diesen Rahmen in einer Herzform und legen ihn über ein Foto, das vor Ihnen liegt. Das Foto wird jetzt von der Herzform eingerahmt. Alles im Herz bleibt sichtbar, und alles außen herum ist überdeckt. Nehmen Sie die Herzform wieder vom Foto weg, können Sie das Bild wieder komplett betrachten.

Anstatt also das Foto komplett in eine Herzform zu schneiden und somit kaputtzumachen, wurde hier nur eine Maske daraufgelegt. Andersherum können Sie natürlich die ausgeschnittene Herzform selbst ebenfalls über das Foto legen, so dass nur noch alles um diese Herzform zu erkennen ist. Solche Schablonen (Masken) auf ein Foto zu legen, entspricht den Ebenenmasken. Das Foto selbst zu beschneiden, entspricht der Verwendung des Radiergummis.

28.2.1 Graustufenmaske und Alphakanal

Ebenenmasken selbst werden als Graustufenmasken, die auf einem Alphakanal basieren, realisiert, wo Sie jedem einzelnen Pixel der Maske einen Graustufenwert zuordnen. Jedem Pixel können Sie einen Wert von 0 für Schwarz bis 255 für Weiß zuweisen. Ein schwarzes Pixel ist ein komplett transparentes Pixel, und ein weißes Pixel beeinflusst die Ebene überhaupt nicht.

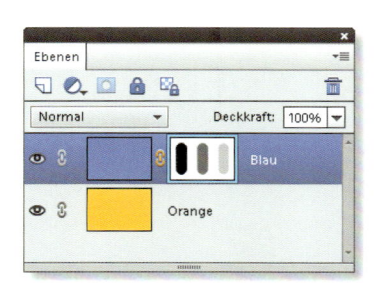

Abbildung 28.6 ▲▶
Auf dieser Ebenenmaske habe ich drei Striche mit dem Pinsel-Werkzeug aufgemalt.

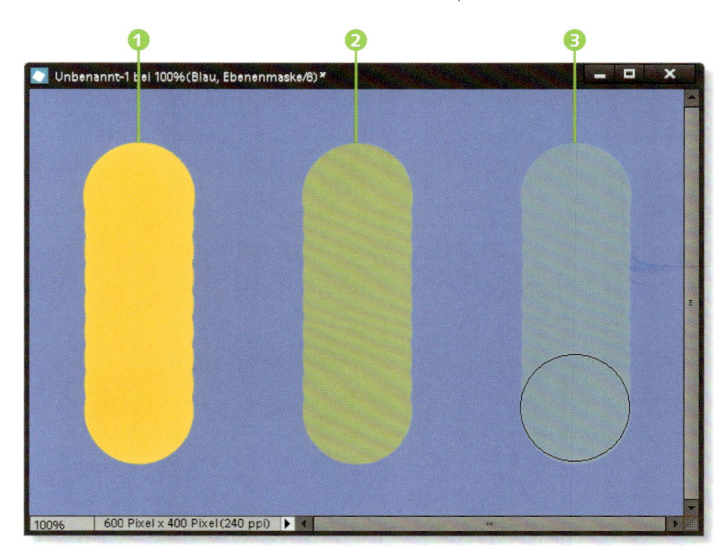

Im Beispiel in Abbildung 28.6 habe ich beim ersten Strich links ❶ schwarze Farbe mit dem Wert 0 (Rot, Grün und Blau sind 0) verwendet. Für den mittleren Strich ❷ betrug der Graustufenwert 127 (Rot, Grün und Blau sind 127) und beim letzten Strich ❸ 200 (Rot, Grün und Blau sind 200). Je heller die Graustufenfarbe ist, desto geringer scheint die orange Farbe der unteren Ebene durch. Wo die Maske weiß geblieben ist, sieht man gar nichts mehr von der unteren Ebene.

28.2.2 Maskieren und demaskieren

Das Prinzip ist also recht einfach: Bemalen Sie die Ebenenmaske mit **schwarzer Farbe**, wird dieser Bereich der Ebene komplett ausgeblendet, wodurch der darunterliegende Teil durchscheint. Man spricht dabei von einem **maskierten** Bereich. Alle anderen Stellen, an denen die Ebenenmaske **weiß** und somit das Bild der aktuellen Ebene sichtbar ist, werden als **unmaskierter** Bereich bezeichnet. Und weil Ebenenmasken mit Graustufen realisiert sind, können Sie auch andere **Grautöne** (1 bis 254) verwenden, so dass je nach Intensität des Grautons weniger oder mehr **durchscheint**. Dadurch lassen sich beispielsweise Bilderkompositionen mit fließenden Übergängen erstellen.

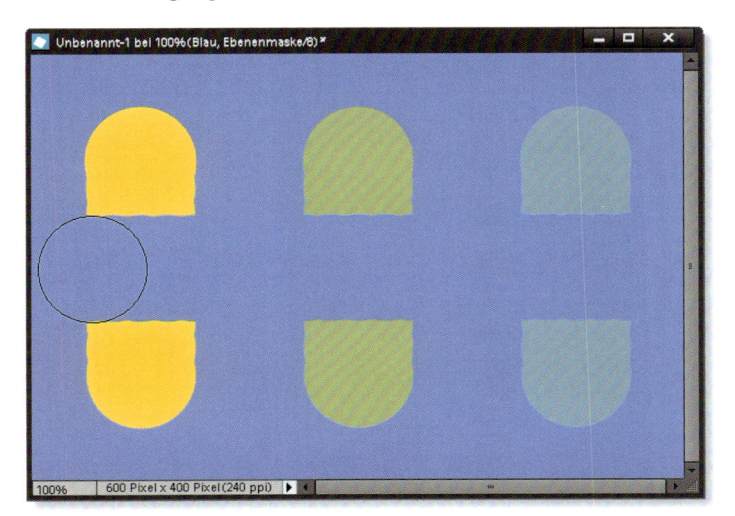

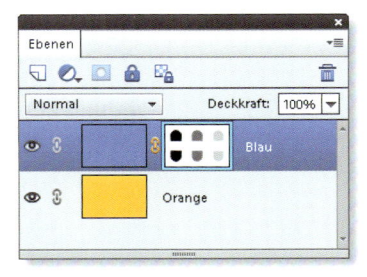

Demaskieren

Wenn Sie einen bereits maskierten Bereich wieder mit weißer Farbe einfärben, ist er wieder demaskiert – sprich, der Bildbereich der aktuellen Ebene ist wieder sichtbar! Sie können also jederzeit den maskierten und unmaskierten Bildbereich nachbearbeiten und müssen nie direkt auf die Pixel der Ebene zugreifen.

◀▲ **Abbildung 28.7**
Ausgehend von wurde hier mit einem Pinsel mit weißer Farbe über den maskierten Bereich gemalt, wodurch in diesem Bereich die Ebene mit der Ebenenmaske wieder sichtbar wird.

28.2.3 Ebenenmaske bearbeiten

Die Ebenenmasken lassen sich mit fast allen gängigen Funktionen von Photoshop Elements bearbeiten. Sie können fast alle bekannten Befehle, Werkzeuge oder Filter darauf anwenden. In der Praxis werden Sie wohl am häufigsten das Pinsel-Werkzeug [B] zum Ein- und Ausblenden von Bildbereichen benutzen. Auch das Verlaufswerkzeug [G] und das Füllwerkzeug [K] eignen sich prima dafür. Ebenso werden die Werkzeuge oder Filter zum Weichzeichnen und Schärfen oder zur Erhöhung des Kontrasts gerne in Verbindung mit Ebenenmasken eingesetzt. Hier können Sie auch einfach nur noch kreativ sein.

Maske aktivieren | Voraussetzung dafür, dass Sie die Ebenenmaske und nicht die Ebene bearbeiten, ist, dass Sie die Maske der Ebenen aktiviert haben. Hierfür müssen Sie natürlich zunächst die richtige Bildebene ausgewählt haben und dann die Maskenminiatur ❸ anklicken. Ob die Ebenenmaske tatsächlich aktiv ist, können Sie an den folgenden drei Merkmalen feststellen:

▶ Um die Miniaturvorschau der Ebenenmaske finden Sie einen hellblauen Rahmen ❹.
▶ In der Bildtitelleiste können Sie ebenfalls ablesen, dass die Ebenenmaske ❷ aktiv ist (EBENENMASKE/8).
▶ Die Farbfelder ❶ in der Werkzeugpalette wechseln sofort zu Schwarz (bzw. den unterschiedlichen Graustufen) und Weiß, unabhängig davon, welche Farben dort zuvor ausgewählt waren.

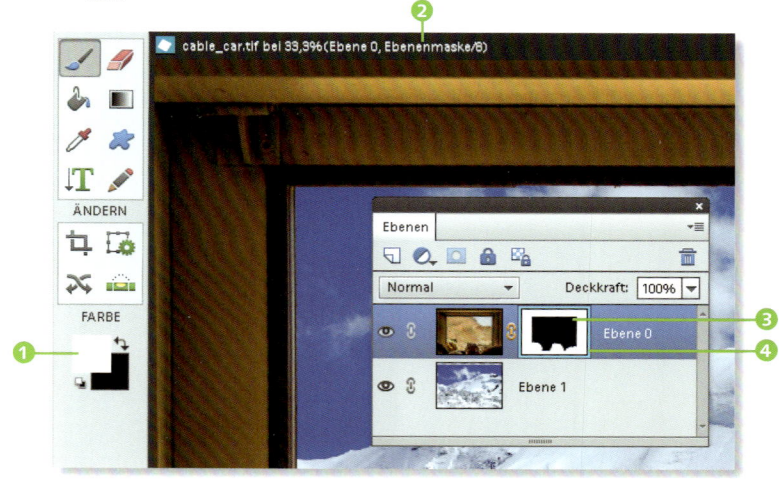

▲ **Abbildung 28.8**
Die Merkmale einer aktiven Ebenenmaske

▲ **Abbildung 28.9**
Befehle für die Ebenenmaske über das Untermenü EBENE • EBENENMASKE

28.3 Befehle und Funktionen

Zum Verwenden von Ebenenmasken bietet Photoshop Elements viele Befehle und Funktionen an. Einige sind über das Untermenü EBENE • EBENENMASKE erreichbar. Weitere wichtige Kommandos erreichen sich per rechten Mausklick direkt auf der Ebenenmaske im Ebenen-Bedienfeld ❺ über das Kontextmenü.

28.3 Befehle und Funktionen

▲ **Abbildung 28.10**
Weitere Befehle lassen sich auch über das Kontextmenü im Ebenen-Bedienfeld auf einer Ebenenmaske aufrufen.

28.3.1 Eine neue Ebenenmaske anlegen

Um eine neue Ebenenmaske einer Ebene hinzuzufügen, gibt es vier verschiedene Möglichkeiten, wovon zwei sofort und die anderen zwei nur in Verbindung mit Auswahlen zur Verfügung stehen. Aller vier Möglichkeiten lassen sich über das Menü EBENE • EBENENMASKE oder über die kleine Schaltfläche 6 im Ebenen-Bedienfeld verwenden. Hier stelle ich zunächst die zwei direkten Möglichkeiten und ihre Auswirkung auf die Ebene vor. Die beiden Varianten, die nur in Verbindung mit Auswahlen zur Verfügung stehen, zeige ich im Abschnitt »Auswahlen und Ebenenmasken« auf Seite 654.

Kapitel_28:
take_a_break.tif

Nichts maskiert (weiße Maske) | Mit EBENE • EBENENMASKE • NICHTS MASKIERT oder einfach durch Anklicken der Schaltfläche EBENENMASKE HINZUFÜGEN 6 im Ebenen-Bedienfeld werden Sie zunächst keine Veränderungen an der aktiven Ebene feststellen. Mit einem Blick im Ebenen-Bedienfeld erkennen Sie hier aber eine weiße Ebenenmaske 7.

Um diese Ebenenmaske anschließend zu maskieren, malen Sie einfach mit schwarzer Farbe auf ihr. Damit werden Bildbereiche hinter der aktiven Ebene sichtbar. Wichtig ist, dass Sie hier auch wirklich die Ebenenmaske im Ebenendialog aktiviert haben (zu erkennen am blauen Rahmen 8).

Mit unterschiedlichen Grautonwerten (1 bis 254) können Sie auch Transparenz in unterschiedlichen Stärken verwenden. Wollen Sie den Bereich wieder komplett demaskieren, brauchen Sie lediglich mit weißer Farbe auf der Ebenenmaske zu malen.

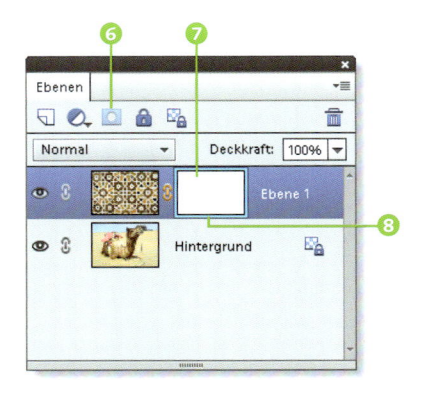

▲ **Abbildung 28.11**
Eine Ebenenmaske wurde mit NICHTS MASKIERT angelegt.

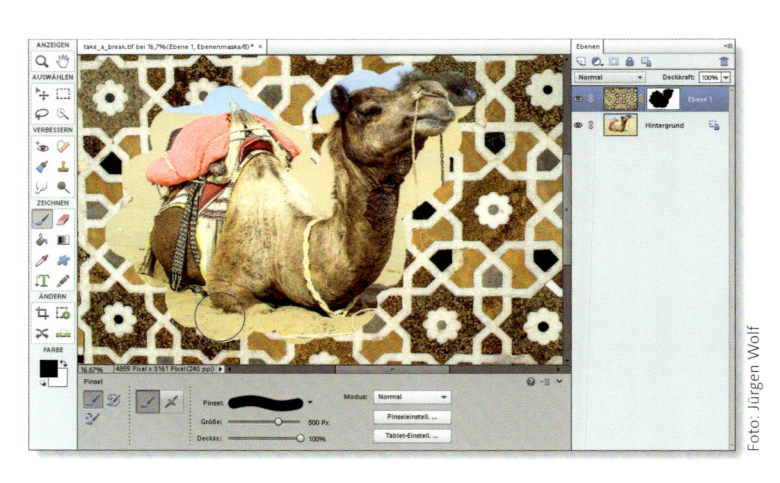

Abbildung 28.12 ▶
Durch das Aufmalen mit dem Pinsel-Werkzeug und schwarzer Farbe auf der Ebenenmaske wird das Bild hinter der Ebene mit dem Muster angezeigt bzw. freigemalt.

Alles maskiert (schwarze Maske) | Mit dem Befehl EBENE • EBENENMASKE • ALLES MASKIERT erzielen Sie genau das Gegenteil von NICHTS MASKIERT. Das Gleiche erreichen Sie auch, wenn Sie die Schaltfläche ❶ im Ebenen-Bedienfeld mit gehaltener [Alt]-Taste anklicken. Die aktive Ebene verschwindet komplett, weil sie vollständig maskiert und somit transparent ist. Mit einem Blick auf das Ebenen-Bedienfeld erkennen Sie auch den Grund: Sie haben hier zunächst eine komplett schwarze Ebenenmaske ❷.

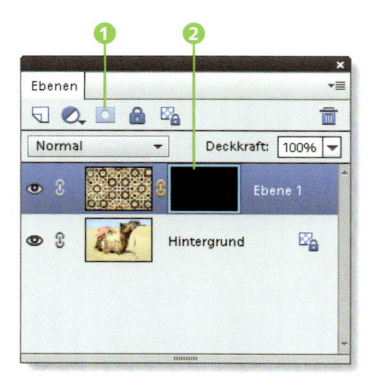

Um wieder etwas von der aktiven Ebene zu sehen, müssen Sie auf der Ebenenmaske etwas mit weißer Farbe auftragen. Wie immer müssen Sie auch hier darauf achten, dass die Ebenenmaske aktiviert ❸ wurde (siehe blauen Rahmen). Auch hier können Sie mit verschiedenen Grautonwerten (254 bis 1) die Stärke der Transparenz bestimmen. Wollen Sie Bereiche oder die komplette Ebene wieder maskieren, übermalen Sie einfach die Stellen mit schwarzer Farbe.

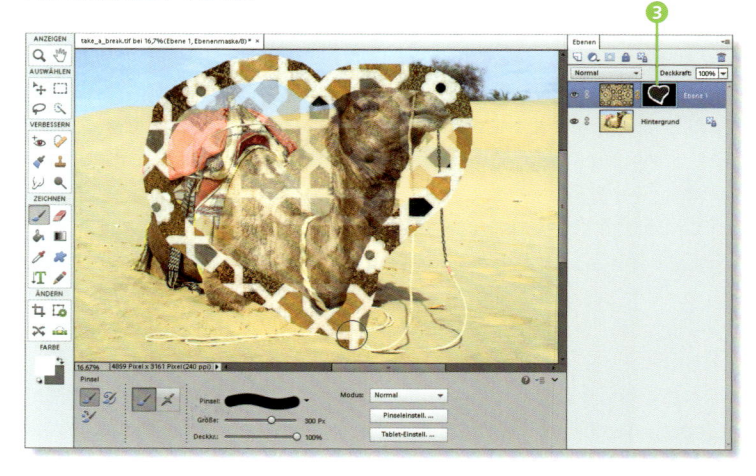

▲ **Abbildung 28.13**
Die Ebenenmaske wurde mit ALLES MASKIERT hinzugefügt.

Abbildung 28.14 ▶
Das Herz wurde mit weißer Farbe auf der Ebenenmaske gemalt, wodurch das Bild darunter an den Stellen mit den aufgemalten Bereichen der oberen Ebene mit dem Muster verdeckt wird. Der transparente Bereich im inneren Teil des Herzens wurde mit einer grauen Farbe aufgemalt.

28.3.2 Ebenenmaske anwenden

Um die Ebenenmaske auf die aktive Ebene anzuwenden, also endgültig in das Bild einzurechnen, führen Sie den Befehl EBENE • EBENENMASKE • ANWENDEN aus. Besitzt die aktive Ebene keine Ebenenmaske, ist dieser Befehl ausgegraut. Alternativ klicken Sie mit der rechten Maustaste auf der Ebenenmaske im Ebenen-Bedienfeld und wählen im Kontextmenü den Befehl EBENENMASKE ANWENDEN aus. Beachten Sie aber, dass Sie mit der Anwendung dieses Befehls die Flexibilität, die Ebenenmasken Ihnen bieten, zunichtemachen. Wenden Sie ihn deshalb nur an, wenn Sie mit der Bearbeitung der Maske fertig sind.

Wenn Sie diesen Befehl aufrufen, wird auch die Transparenz, die sich eventuell durch die Ebenenmaske ergeben hat, auf den Alphakanal der aktiven Ebene übertragen.

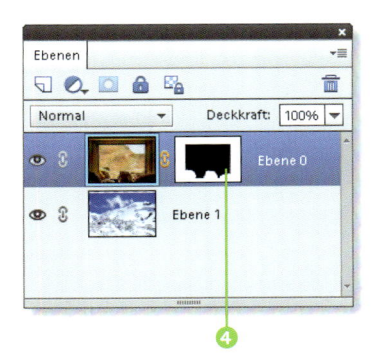

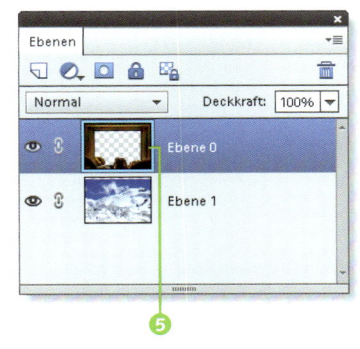

◄ **Abbildung 28.15**
In der linken Miniaturvorschau des Ebenen-Bedienfeldes sehen Sie noch die Ebenenmaske ❹. In der rechten Vorschau ❺ wurde diese Ebenenmaske nach dem Aufruf EBENENMASKE ANWENDEN gelöscht und die Transparenz auf den Alphakanal der Ebene übertragen.

28.3.3 Ebenenmaske löschen

Wollen Sie die Ebenenmaske nicht auf die Ebene anwenden, sondern entfernen, erreichen Sie dies über den Befehl EBENE • EBENENMASKE • LÖSCHEN. Ist dieser Befehl ausgegraut, besitzt die aktive Ebene keine Ebenenmaske. Ebenfalls löschen können Sie die Ebenenmaske über das Ebenen-Bedienfeld, indem Sie mit der rechten Maustaste darauf klicken und im Kontextmenü den Befehl EBENENMASKE LÖSCHEN auswählen.

Schneller löschen

Alternativ lassen Sie zum Löschen die Miniaturvorschau der Ebenenmaske mit gedrückt gehaltener linker Maustaste auf das Mülltonnensymbol im Ebenen-Bedienfeld fallen. Dabei werden Sie aber nochmals gefragt, ob Sie den Vorgang durchführen oder abbrechen wollen oder die Ebenenmaske auf die Ebene anwenden wollen.

28.3.4 Darstellungsmodi von Ebenenmasken

Um mit Ebenenmasken besser arbeiten zu können, stehen unterschiedliche Darstellungsmodi der Masken zur Verfügung. Gerade bei weichen Übergängen oder nur teilweise transparenten Bildbereichen sind die Graustufenansicht und die Maskierungsfolie eine unverzichtbare Hilfe. Vor allem bei Linien um eine Auswahl können Sie ja nicht erkennen, ob diese weich oder hart angelegt wurde. Zusätzlich darf natürlich eine Möglichkeit nicht fehlen, jederzeit die Ebenenmaske zu deaktivieren und wieder zu aktivieren.

Graustufenansicht | Klicken Sie die Miniaturvorschau der Ebenenmaske im Ebenen-Bedienfeld mit gehaltener [Alt]-Taste an, können Sie die Graustufenansicht der Maske sichtbar machen – sprich, es wird nur noch die reine Ebenenmaske im Bildfenster angezeigt. Mit erneutem Anklicken bei gehaltener [Alt]-Taste aktivieren Sie wieder die normale Ansicht. Auch wenn Sie eine andere Ebene auswählen, wird die Graustufenansicht automatisch deaktiviert.

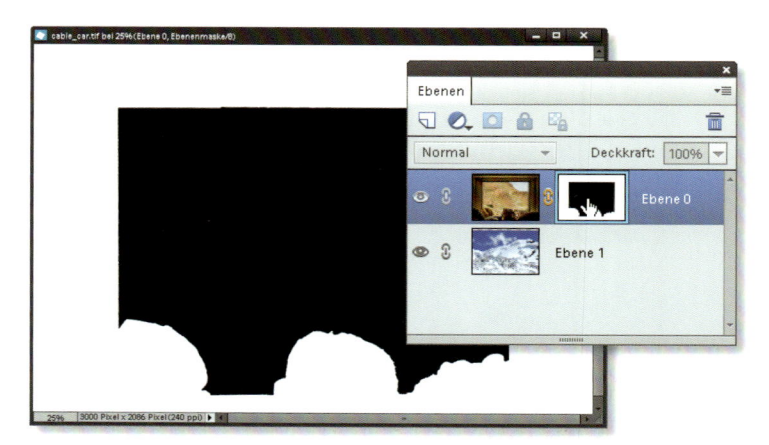

Abbildung 28.16 ▶
Ideal für detaillierteres Arbeiten ist die reine Ansicht der Ebenenmaske. Natürlich können Sie die Ebenenmaske in dieser Ansicht nach wie vor bearbeiten.

Maskierungsfolie | Die Maskierungsfolie können Sie verwenden, wenn Sie die Miniaturvorschau der Ebenenmaske mit den gehaltenen Tasten [⇧]+[Alt] anklicken. Die Maskierungsfolie zeigt den maskierten Bildbereich in einer transparenten Farbe (Standard ist Rot) an. Natürlich lässt sich auch hiermit die Ebenenmaske weiter bearbeiten. Deaktivieren können Sie die Maskierungsfolie wieder, indem Sie die Miniaturvorschau der Ebenenmaske erneut mit gehaltenen Tasten [⇧]+[Alt] anklicken oder indem Sie eine andere Ebene auswählen.

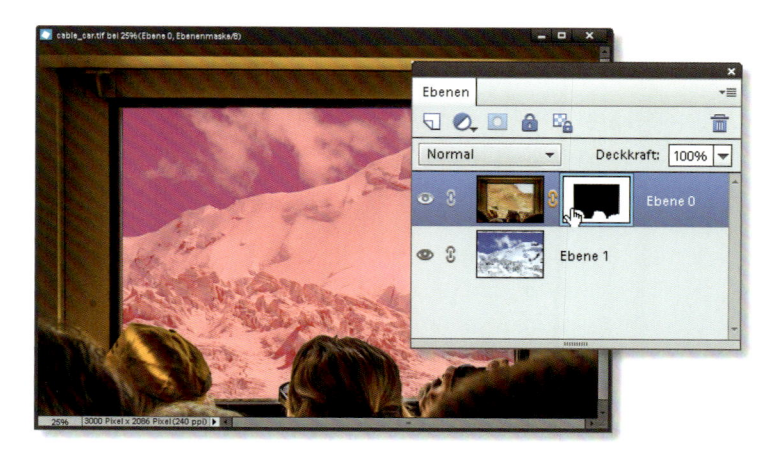

Abbildung 28.17 ▶
Mit der Maskierungsfolie wird die Ebenenmaske in einer transparenten Farbe (standardmäßig in Rot) angezeigt.

Die Farbe und Deckkraft der Maskierungsfolie können Sie natürlich auch ändern. Hierzu müssen Sie lediglich auf der Ebenenmaske im Ebenen-Bedienfeld mit der rechten Maustaste klicken und im Kontextmenü MASKENOPTIONEN auswählen. Im sich öffnenden Dialog stellen Sie jetzt die FARBE ❶ und die DECKKRAFT ❷ der Maskierungsfolie ein.

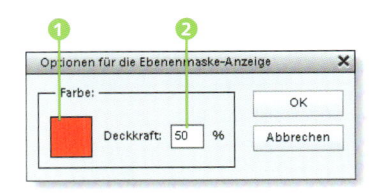

▲ **Abbildung 28.18**
Die Optionen für die Maskierungsfolie einstellen

Maske ausblenden | Ein extrem wichtiges Feature zur Darstellung von Ebenenmasken fehlt noch, und zwar die Möglichkeit, die Ebenenmaske zu aktivieren und zu deaktivieren, so dass Sie zwischendurch die Ebene ohne Ebenenmaske bearbeiten können. Die Funktion rufen Sie entweder über das Menü EBENE • EBENENMASKE • DEAKTIVIEREN zum Deaktivieren auf oder, wenn Sie mit der rechten Maustaste auf der Ebenenmaske im Ebenen-Bedienfeld klicken, über den Kontextmenübefehl EBENENMASKE DEAKTIVIEREN. In der Miniaturvorschau der Ebenenmaske erkennen Sie eine deaktivierte Ebenenmaske daran, dass die Maske ❸ durchgestrichen wurde.

Wenn die Ebenenmaske deaktiviert ist, können Sie sie ebenfalls wieder über das Menü EBENE • EBENENMASKE • AKTIVIEREN oder über den Kontextmenübefehl EBENENMASKE AKTIVIEREN, den Sie über die Miniaturvorschau der Ebenenmaske via Rechtsklick erreichen, einschalten. Natürlich sind die Funktionen ausgegraut, wenn keine Ebenenmaske vorhanden ist.

Schneller können Sie die Ebenenmaske deaktivieren und wieder aktivieren, indem Sie mit gehaltener ⇧-Taste in der Miniaturvorschau der Ebenenmaske klicken.

Maskierungsfolie ein- und Maske ausblenden

Wenn Sie bei aktiver Maskierungsfolie die Maske im Ebenen-Bedienfeld mit gehaltener ⇧-Taste ausblenden, bleiben die Bildbereiche, die maskiert wurden, weiterhin sichtbar (sind aber nicht mehr durchsichtig). Das ist etwa nützlich, wenn Sie die Maske nochmals an komplexeren Stellen genauer unter die Lupe nehmen möchten.

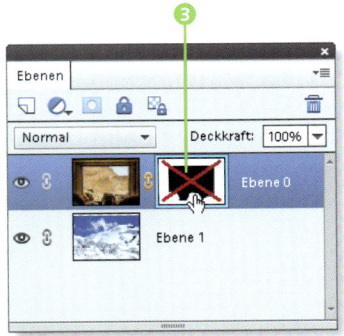

◄ **Abbildung 28.19**
Am roten X ❸ der Ebenenmaske erkennen Sie, dass diese deaktiviert wurde, weshalb hier die eigentliche Ebene ohne die transparenten Bereiche angezeigt wird.

Verknüpfung über das Menü
Alternativ können Sie die Verknüpfung auch über das Menü EBENE • EBENENMASKE aufheben und wiederherstellen, wenn Sie die Ebene mit der Maske im Ebenen-Bedienfeld aktiviert haben.

28.3.5 Verbindung von Ebene und Ebenenmaske

Die Ebene und die Maske sind normalerweise fest miteinander verknüpft. Das erkennen Sie am Kettensymbol ❶ zwischen der Ebene und der Maske. Durch diese Verknüpfung können Sie sicher sein, dass, wenn Sie die Ebene verschieben, auch die Ebenenmaske mit verschoben wird. Auch beim Transformieren der Ebene wird die Maske dadurch mit transformiert. Wollen Sie diese Verknüpfung aufheben, klicken Sie auf das Kettensymbol zwischen der Ebene und der Maske. Jetzt können Sie die Ebene und die Maske unabhängig voneinander verschieben und transformieren. Klicken Sie erneut zwischen den jetzt leeren Bereich ❷ der Ebene und der Maske, wird die Verknüpfung wieder aktiviert.

Abbildung 28.20 ▶
Über das Kettensymbol zwischen der Ebene und der Maske …

Abbildung 28.21 ▶▶
… können Sie die Verknüpfung (de-)aktivieren.

28.3.6 Auswahlen und Ebenenmasken

Wie Sie eine Auswahl als Grundlage für eine Ebenenmaske verwenden können, erklären die folgenden Abschnitte.

Auswahl einblenden | Über EBENE • EBENENMASKE • AUSWAHL EINBLENDEN wird die aktuelle Auswahl der Ebene eingeblendet (nicht maskiert; deckend) und der nicht ausgewählte Bereich ausgeblendet (maskiert, transparent). Der Befehl ist ausgegraut, wenn es keine Auswahl gibt. Denselben Befehl erreichen Sie auch wieder über die Schaltfläche ❸ im Ebenen-Bedienfeld, wenn Sie diese anklicken und eine Auswahl vorhanden ist.

Kapitel_28: blue_sky.tif, Siege_Bell_War_Memorial.tif

Abbildung 28.22 ▶
Hier wurde auf der oberen Ebene zunächst alles bis auf den Himmel ausgewählt. Danach wurde der Befehl EBENE • EBENENMASKE • AUSWAHL EINBLENDEN gewählt. Dadurch wird der etwas spannendere Himmel mit den Wolken in der Ebene darunter eingeblendet.

28.3 Befehle und Funktionen

Natürlich können Sie nachträglich jederzeit wieder Bildbereiche der Ebene mit weißer Farbe aufmalen oder mit schwarzer Farbe wieder entfernen. Selbstverständlich sind auch wieder transparente Bereiche über die Grautonwerte 1 bis 254 möglich. In der Miniaturvorschau wird die Ebenenmaske in Form der Auswahl angezeigt ❹.

Auswahl ausblenden | Der Befehl EBENE • EBENENMASKE • AUSWAHL AUSBLENDEN ist das Gegenstück zum Befehl AUSWAHL EINBLENDEN. Damit werden praktisch die ausgewählten Bildbereiche ausgeblendet (maskiert; transparent) und die nicht ausgewählten Bereiche eingeblendet (nicht maskiert; deckend). Gibt es keine Auswahl, ist der Befehl ausgegraut. Denselben Befehl erreichen Sie auch über die entsprechende Schaltfläche ❺ im Ebenen-Bedienfeld. Hierbei müssen Sie beim Anklicken die Tasten [Strg]/[cmd]+[Alt] gedrückt halten. Ansonsten gilt dasselbe wie schon beim Befehl AUSWAHL EINBLENDEN. Auch in der Miniaturvorschau ❻ erkennen Sie in der Ebenenmaske die Form der Auswahl, nur eben im Gegensatz zum Befehl AUSWAHL EINBLENDEN in einer invertierten Version.

Alphakanal der Ebene

Dass Photoshop Elements jetzt Ebenenmasken beherrscht, ist sehr erfreulich. Nun wünscht man sich eigentlich nur noch eine weitere Funktion, um den Alphakanal einer Ebene zu maskieren oder nicht zu maskieren. Aber das können Sie ja noch mithilfe von Auswahlwerkzeugen wie dem Zauberstab und der Befehle AUSWAHL EINBLENDEN und AUSWAHL AUSBLENDEN selbst übernehmen.

◂◂ **Abbildung 28.23**
Von dem Kriegsdenkmal ist nicht mal eine mickrige Hälfte zu sehen, …

◂ **Abbildung 28.24**
… also habe ich den Ausschnitt mit dem Kriegsdenkmal ausgewählt und dann diesen Bereich mit AUSWAHL AUSBLENDEN ausgeblendet. Anschließend habe ich eine weitere Ebene darunter eingefügt, mit einem Bild, auf dem ich das Kriegsdenkmal komplett hinter dem Durchgang fotografiert habe. Und voilà, jetzt haben Sie schon einen interessanteren Bildausschnitt. Hier sind Ebenenmasken besonders effektiv, weil Sie jederzeit an kniffligen Stellen einzelne Bildbereiche hinzumalen und wegmalen können.

Kapitel 28   Ebenenmasken

Kapitel_28: Dot.tif

Zusätzlich bietet Photoshop Elements Funktionen an, mit deren Hilfe bei Auswahlen, die Sie auf einer Ebene mit Ebenenmaske erstellt haben, die vorhandene Maske berücksichtigt wird. Die einzelnen Funktionen lassen sich allerdings nur im Kontextmenü – nach einem rechten Mausklick auf der Ebenenmaske im Ebenen-Bedienfeld – aufrufen.

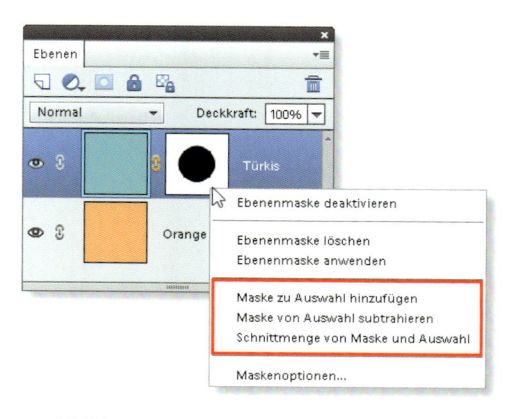

▲ **Abbildung 28.25**
Spezielle Auswahlbefehle für Ebenenmasken

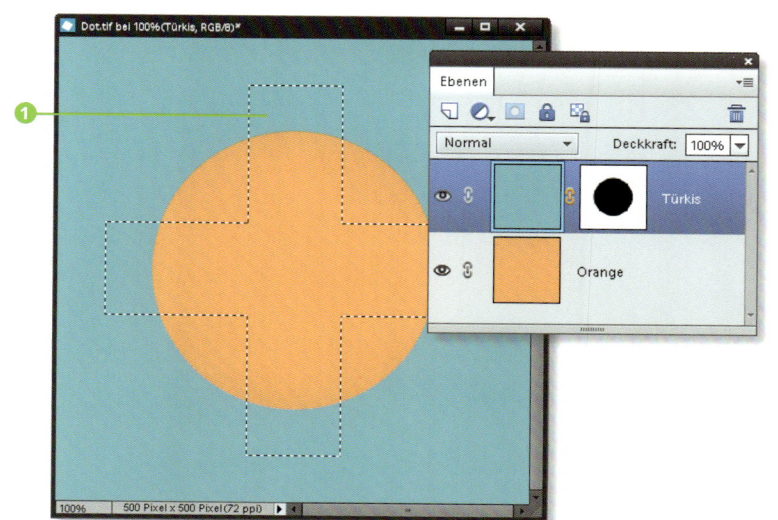

Abbildung 28.26 ▶
Hier habe ich auf der blauen Ebene mit der Ebenenmaske eine kreuzförmige Auswahl ❶ angelegt, auf die anschließend die Befehle Maske zu Auswahl hinzufügen, Maske von Auswahl subtrahieren und Schnittmenge von Maske und Auswahl ausgeführt werden können.

Maske zu Auswahl hinzufügen | Mit dem Kommando Maske zu Auswahl hinzufügen wird die Ebenenmaske der aktiven Ebene in eine Auswahl umgewandelt und gegebenenfalls einer bereits vorhandenen Auswahl hinzugefügt. Weiße Bereiche der Ebenenmaske werden ausgewählt und schwarze Bereiche nicht. Graue Bereiche erhalten eine weiche Auswahlkante. Die Ebenenmaske selbst wird durch dieses Kommando nicht geändert.

28.3 Befehle und Funktionen

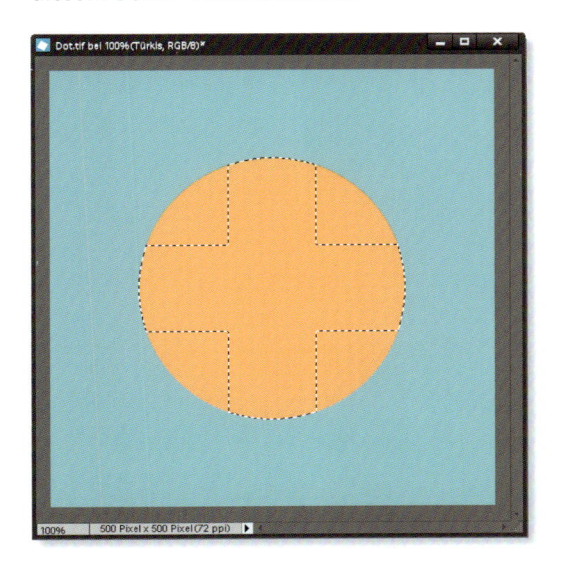

◀ **Abbildung 28.27**
Nach dem Aufruf von MASKE ZU AUSWAHL HINZUFÜGEN

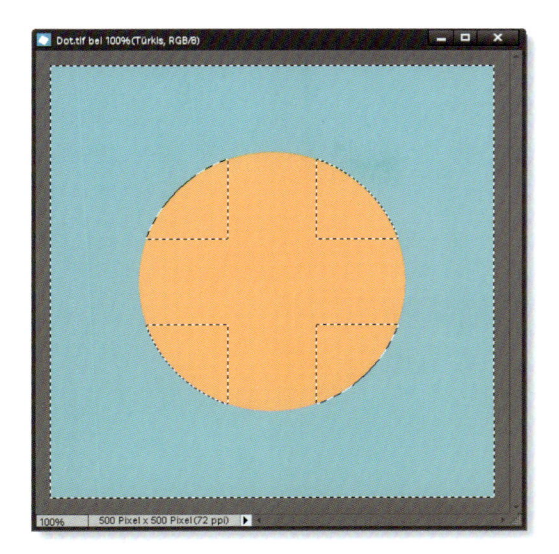

Maske von Auswahl subtrahieren | Der Befehl MASKE VON AUSWAHL SUBTRAHIEREN ist ähnlich wie schon der Befehl MASKE ZU AUSWAHL HINZUFÜGEN. Auch hiermit wandeln Sie die Ebenenmaske der aktiven Ebene in eine Auswahl um. Weiße Bereiche der Maske werden ausgewählt und schwarze nicht. Graue Bereiche erhalten eine weiche Auswahlkante. Allerdings besteht im Gegensatz zur Funktion MASKE ZU AUSWAHL HINZUFÜGEN der Unterschied, dass eine eventuell schon vorhandene Auswahl im Bild davon abgezogen wird. Gerade dies kann allerdings sehr verwirrend sein, weil dann die schwarzen Bildbereiche der Ebenenmaske ausgewählt werden. Die Ebenenmaske selbst wird mit diesem Befehl nicht verändert.

◀ **Abbildung 28.28**
Die Auswahl nach dem Befehl MASKE VON AUSWAHL SUBTRAHIEREN

Schnittmenge von Maske und Auswahl | Der letzte Auswahlbefehl für Ebenenmasken ist SCHNITTMENGE VON MASKE UND AUSWAHL. Auch hier gilt alles, was ich bereits bei den anderen beiden Befehlen zuvor beschrieben habe. Nur besteht bei diesem Befehl der Unterschied, dass bei einer bereits vorhandenen Auswahl im Bild eine Schnittmenge der neuen Auswahl für diese Maske gebildet wird.

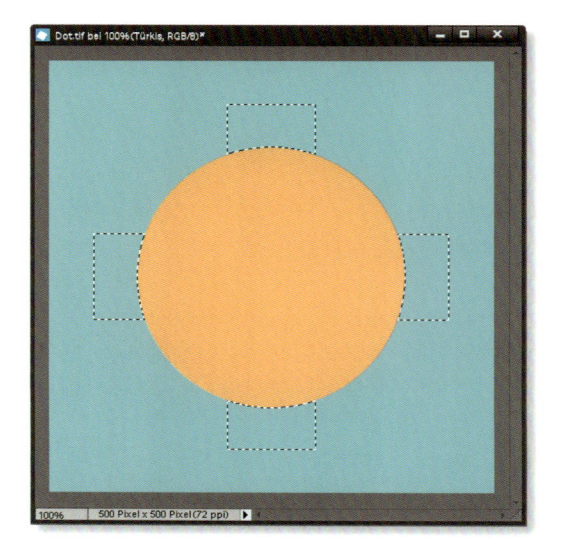

Abbildung 28.29 ▶
Die Auswahl nach dem Aufruf von SCHNITTMENGE VON MASKE UND AUSWAHL

Kapitel 29
Fotocollagen und -montagen

Jetzt haben Sie viele Funktionen und Befehle zu den Ebenenmasken kennengelernt. Aber in der Theorie hört sich vieles immer komplizierter an, als es ist. In diesem Abschnitt werde ich Ihnen einige gängige und kreative Praxisbeispiele dazu zeigen.

29.1 Bildelemente verschiedener Bilder kombinieren

Ein beliebter Effekt und ideal für die Einführung der Ebenenmasken ist das Erstellen von digitalen Doppelgängern oder das Entfernen unerwünschter Personen bzw. Objekte aus dem Bild.

29.1.1 Bilder kombinieren – Szenen bereinigen

Die Erzeugung von digitalen Doppelgängern ist dabei meist ein eher leichteres Unterfangen, weil gewöhnlich hierfür die Szene inszeniert werden kann. Wollen Sie auf einer Aufnahme ein Objekt oder eine Person entfernen, wird es schon etwas schwieriger. Sie benötigen dafür mehrere Aufnahmen desselben Motivs, die Sie anschließend in Ebenen übereinanderlegen und maskieren.

Schritt für Schritt: Szene bereinigen

Um dieses Beispiel zu realisieren, müssen Sie einige Vorbereitungen treffen. Sie sollten eine Kamera an einem festen Standpunkt anbringen (am besten mithilfe eines Stativs). Von diesem Standpunkt aus machen Sie jetzt mehrere Fotos. Wichtig ist, dass Sie die Kameraposition niemals ändern. Es ist außerdem empfehlenswert, die Belichtungsautomatik der Kamera abzuschalten,

Szenenbereinigung manuell?

Wer sich hier jetzt an die PHOTOMERGE-SZENENBEREINIGUNG erinnert fühlt, der liegt gar nicht so falsch. Im Grunde machen Sie bei der Szenenbereinigung nichts anderes, nur bekommen Sie dabei nicht mit, was sich hinter den Kulissen abspielt. Außerdem tut man sich bei manchen Beispielen mit der manuellen Bereinigung etwas leichter. Aber probieren Sie es selber mit diesem Beispiel aus.

Kapitel 29 Fotocollagen und -montagen

Kapitel_29: Ordner: Szenenbereingung (szene1.jpg-szene6.jpg, bereinigt.jpg)

oder – sofern möglich – komplett auf Automatikeinstellungen zu verzichten und manuell zu fotografieren.

Ziel ist es, alle Personen, die durch das Bild laufen, zu entfernen und am Ende eine Aufnahme zu bekommen, in der nur noch die von uns gewünschten Personen zu sehen sind.

Abbildung 29.1 ▶
Hier wurde sechsmal von derselben Position aus eine Straßenszene vom immer gut besuchten Römer in Frankfurt aufgenommen.

1 Bilder öffnen und in Ebene kopieren

Öffnen Sie das Bild »szene5.jpg« und das Bild »szene1.jpg« im Fotoeditor. Aktivieren Sie das Bild »szene1.jpg«, und wählen Sie das komplette Bild mit Auswahl • Alles auswählen oder ⌃Strg/⌃cmd+A aus. Kopieren Sie die Auswahl mit Bearbeiten • Kopieren oder ⌃Strg/⌃cmd+C in die Zwischenablage. Aktivieren Sie das Bild »szene5.jpg«, und fügen Sie das erste Bild mittels Bearbeiten • Einfügen oder ⌃Strg/⌃cmd+V wieder ein. Jetzt sollten Sie im Ebenen-Bedienfeld die beiden Bilder pixelgenau übereinanderliegend vorfinden.

Abbildung 29.2 ▶
Zwei Bilder liegen pixelgenau übereinander.

Fotos: Jürgen Wolf

660

2 Ebenenmaske hinzufügen

Aktivieren Sie im Ebenen-Bedienfeld die obere Ebene, und klicken Sie auf die kleine Schaltfläche EBENENMASKE HINZUFÜGEN ❶, so dass Sie eine weiße Ebenenmaske ❷ der aktiven Ebene hinzugefügt haben.

3 Unerwünschte Bildobjekte maskieren

Wählen Sie das Pinsel-Werkzeug mit einer passenden GRÖSSE der Pinselspitze. Im Beispiel habe ich diese GRÖSSE auf 100 Pixel gestellt ❹. Die Größe der Pinselspitze werden Sie natürlich je nach Situation anpassen müssen. Als Vordergrundfarbe ❸ müssen Sie, falls nicht bereits eingestellt, Schwarz verwenden. Aktivieren Sie jetzt die Ebenenmaske ❻, und malen Sie mit dem schwarzen Pinsel um die unerwünschten Personen die Stellen weg, wo sich unterhalb der Ebene keine Personen befinden, so dass die Personen nach und nach verschwinden ❼ bzw. weggemalt werden. Denken Sie außerdem daran, dass Sie jederzeit zuviel Weggemaltes wieder mit weißer Pinselfarbe hinzumalen können.

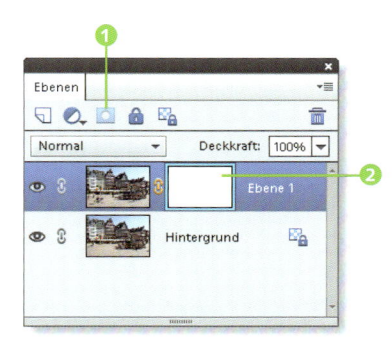

▲ **Abbildung 29.3**
Ebenenmaske für die obere Ebene anlegen

Tipp
Wissen Sie nicht mehr genau, wo sich keine Personen in der unteren Ebene befinden, können Sie die DECKKRAFT ❺ der Ebene kurzfristig reduzieren.

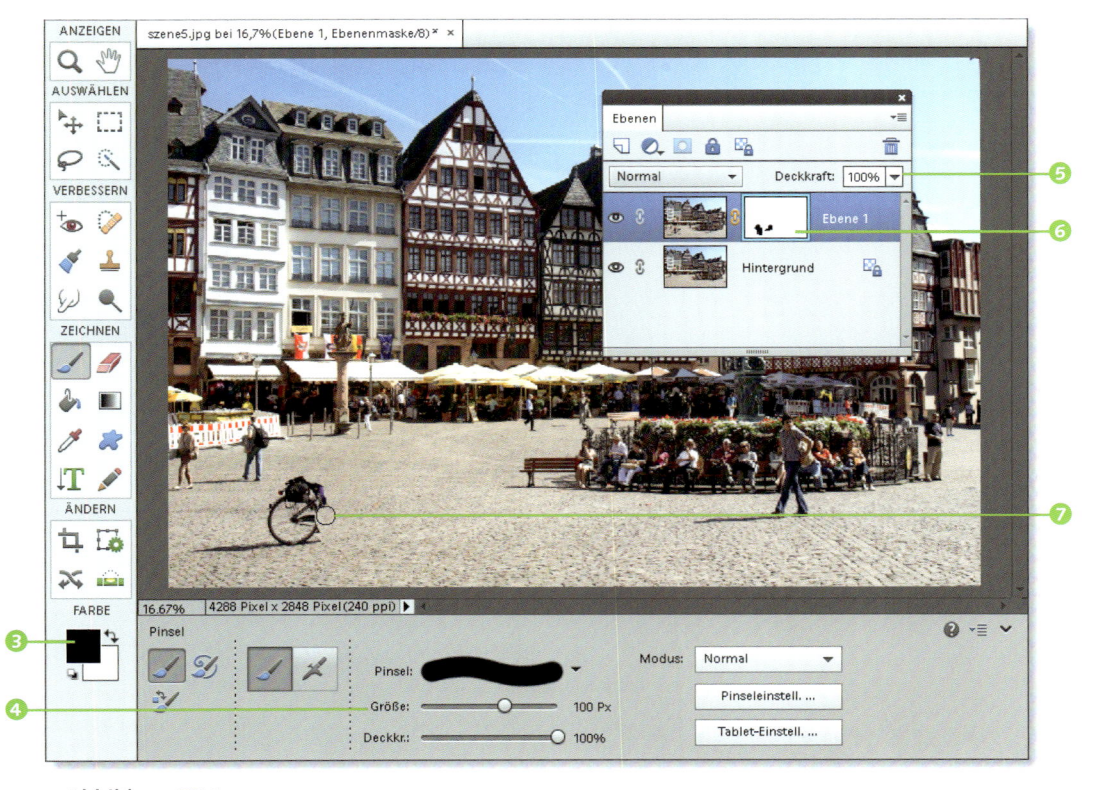

▲ **Abbildung 29.4**
Durch das Maskieren scheinen die menschenlosen Stellen der unteren Ebene durch.

Kapitel 29 Fotocollagen und -montagen

4 Ebenen zusammenfügen

Markieren Sie die Ebene mit der Ebenenmaske mit der rechten Maustaste, und wählen Sie im Kontextmenü MIT DARUNTER LIEGENDER AUF EINE EBENE REDUZIEREN, oder, schneller, drücken Sie [Strg]/[cmd]+[E]. Jetzt haben Sie im Ebenen-Bedienfeld eine einzelne Ebene mit weniger Personen im Bild.

5 Schritte 1 bis 4 wiederholen

Wollen Sie weitere Personen aus dem Bild entfernen, brauchen Sie nur die Arbeitsschritte 1 bis 4 zu wiederholen und die Bilder »szene2.jpg« bis »szene4.jpg« zu verwenden. Hierbei müssen Sie nach dem Einfügen der neuen Ebene im Arbeitsschritt 1 die Reihenfolge der Ebenen per Drag & Drop im Ebenendialog tauschen, damit die zu bearbeitende Ebene immer oben liegt.

Tipp

Es ist nicht immer leicht, bei der Szenenbereinigung das richtig Bild für das Übereinanderlegen zu finden. Hier müssen Sie einfach selbst experimentieren und beispielsweise die Deckkraft reduzieren oder das Augensymbol kurz aus-/einblenden, um nachzusehen, ob sich das Bild zum Bereinigen der Szene eignet. Hierbei kann es durchaus sein, dass Sie nochmals auf ein bereits zuvor verwendetes Bild zurückgreifen sollten.

▲ **Abbildung 29.5**
Das Endergebnis der Szenenbereinigung aus sechs einzelnen Bildern. Ein so leerer Platz wäre ohne eine Szenenbereinigung zu dieser Tageszeit undenkbar gewesen.

Kapitel_29: Franzi1.jpg, Franzi2.jpg, Franzi3.jpg

29.1.2 Digitalen Doppelgänger erzeugen

Alles was Sie eben im Workshop zur manuellen Bereinigung einer Szene gesehen haben, können Sie natürlich auch anwenden, wenn Sie einen digitalen Doppelgänger erzeugen wollen. Nur dass Sie hierbei natürlich beim Überlagern darauf achten müssen, dass sich in der unteren Ebene die Person befindet, welche Sie zur darüberliegenden Ebene mithilfe der Ebenenmaske hinzumalen wollen.

▲ **Abbildung 29.6**
Durch das Maskieren scheint die zweite Person in der unteren Ebene durch.

▲ **Abbildung 29.7**
Das Endergebnis mit drei Bildern und zwei digitalen Doppelgängern sowie einem Original.

29.2 Kreative Effekte mit Formen und Texten

Bisher haben wir uns auf die Bearbeitung von Pixelbildern beschränkt. Sie können Masken aber auch mit Photoshop Elements Form- und Textwerkzeugen einsetzen. So entstehen schöne Grußkarten und Bildeffekte jenseits der klassischen Bildbearbeitung.

29.2.1 Formen ausstanzen

Sehr beliebt ist immer wieder der Effekt, aus einem Bild eine Form auszustanzen oder umgekehrt, ein Bild in eine bestimmte Form zu bringen. In Photoshop Elements können Sie das ganz leicht mithilfe der Formwerkzeuge und Ebenenmasken erreichen.

Schritt für Schritt: Ebenenmaske und Ebeneninhalt getrennt voneinander bewegen

In diesem kurzen Workshop erfahren Sie, wie Sie die weiße Ebenenmaske unabhängig von der dazugehörenden Ebene verschieben. Außerdem wird hier auch gleich gezeigt, wie Sie eine Maske mithilfe des Eigene-Form-Werkzeugs ⭐ Ⓤ erstellen.

Kapitel_28: Seerose.jpg, Seerose.psd

1 **Bild laden und Hintergrund erstellen**
Laden Sie das Bild »Seerose.jpg« in den Fotoeditor. Machen Sie aus dieser Hintergrundebene auch gleich eine Ebene, und zwar über EBENE • NEU • EBENE AUS HINTERGRUND. Erstellen Sie jetzt eine neue leere Ebene über die entsprechende Schaltfläche ❶ im Ebenen-Bedienfeld. Füllen Sie diese Ebene mit einem Farbverlauf oder Muster Ihrer Wahl. Im Beispiel habe ich diese Ebene mit

Kreativ sein
Im Beispiel beschränken wir uns natürlich auf die grundlegende Technik, die Ebenenmaske unabhängig von der Ebene zu verschieben. Das Prinzip lässt sich allerdings sehr kreativ und vielseitig einsetzen.

Kapitel 29   Fotocollagen und -montagen

dem Verlaufswerkzeug ▢ G mit einem Verlauf gefüllt. Schieben Sie diese Ebene mit gedrückt gehaltener linker Maustaste im Ebenen-Bedienfeld unter die Ebene mit dem Bild ❷, so dass die Ebene nun vom Bild überdeckt wird.

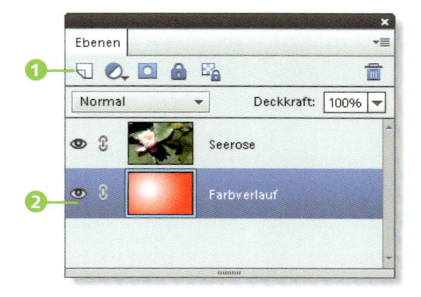

Abbildung 29.8 ▲▶
Das Bild überdeckt eine mit einem Verlauf gefüllte Ebene.

2   Ebenenmaske hinzufügen

Wählen Sie die obere Ebene mit dem Bild, und fügen Sie eine voll maskierte Ebenenmaske hinzu, indem Sie im Ebenen-Bedienfeld die Schaltfläche ❸ mit gehaltener Alt-Taste anklicken. Durch die schwarze Ebenenmaske ❹ wurde das Bild jetzt komplett ausgeblendet, so dass im Bildfenster nur noch die darunterliegende Ebene mit dem Farbverlauf zu sehen ist.

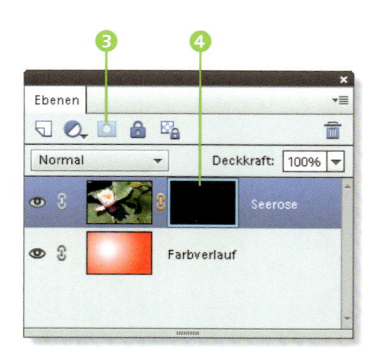

Abbildung 29.9 ▲▶
Eine voll maskierte Ebenenmaske für die Ebene mit dem Bild anlegen

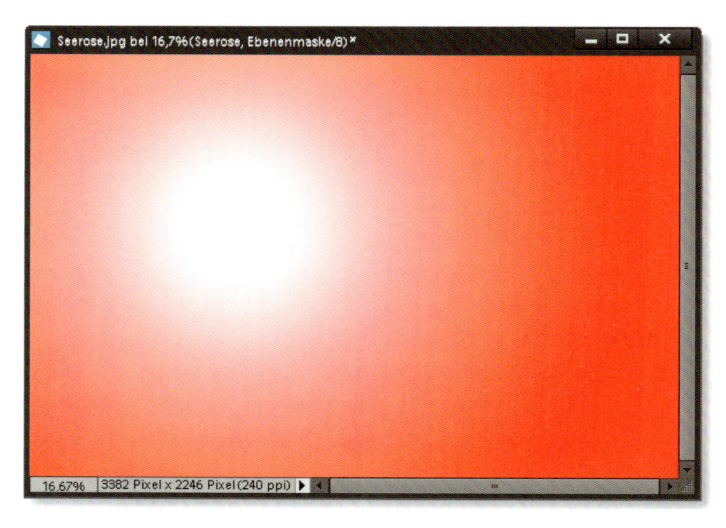

3 Herzform erstellen

Malen Sie jetzt entweder mit den Malwerkzeugen, wie beispielsweise dem Pinsel-Werkzeug ⓑ, mit weißer Farbe ein Guckloch auf die schwarze Ebenenmaske, oder stempeln Sie eine spezielle Form darauf. Im Beispiel habe ich hierzu das Eigene-Form-Werkzeug ⓤ mit einem Herz ❺ als Form ausgewählt.

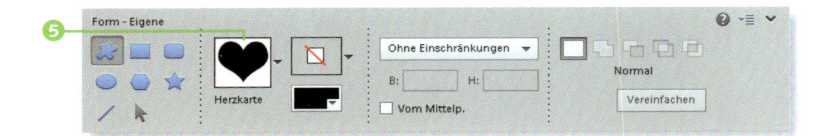

◀ **Abbildung 29.10**
Einstellungen für das Eigene-Form-Werkzeug

Mit gedrückt gehaltener linker Maustaste ziehen Sie die gewünschte Form im Bildfenster auf. Im Ebenen-Bedienfeld finden Sie diese Form als neue Ebene ❻ vor.

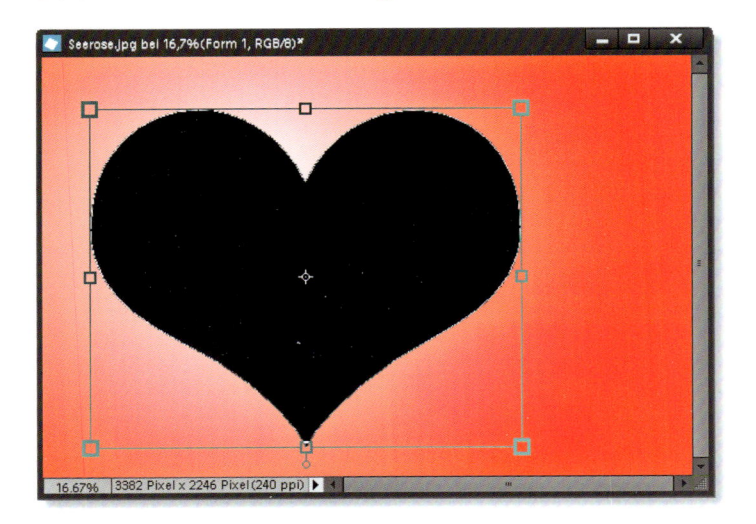

◀▲ **Abbildung 29.11**
Eine Herzform, mit dem Eigene-Form-Werkzeug erstellt

4 Herz auswählen

Klicken Sie diese Formebene mit der rechten Maustaste an, und rufen Sie EBENE VEREINFACHEN im Kontextmenü auf. Wählen Sie den Zauberstab, und klicken Sie mit dem Werkzeug auf das Herz ❼ der Ebene mit der Herzform, so dass dieses ausgewählt ist.

Deaktivieren Sie das Augensymbol ❽ der Ebene mit der Herzform, und aktivieren Sie anschließend die Ebene mit der schwarzen Ebenenmaske ❾. Stellen Sie hierbei sicher, dass Sie auch die Ebenenmaske ausgewählt haben. Dies können Sie am blauen Rahmen ❿ um die Ebenenmaske erkennen.

Kapitel 29 Fotocollagen und -montagen

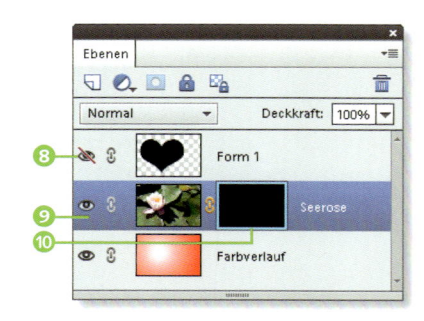

Abbildung 29.12
Die Herzform steht als Auswahl zur Verfügung.

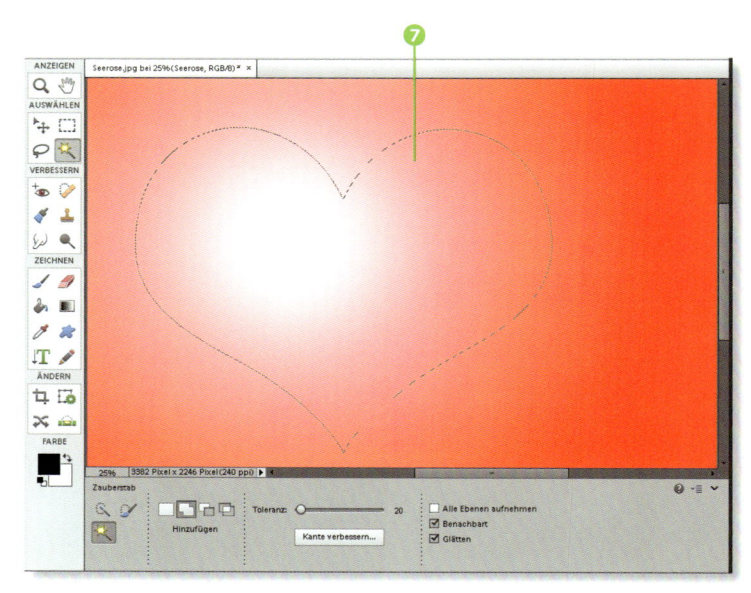

5 Auswahl der Ebenenmaske hinzufügen

Verwenden Sie das Füllwerkzeug ⚫ K, und wählen Sie Weiß als Vordergrundfarbe. Füllen Sie damit die immer noch ausgewählte Herzform. Jetzt sollten Sie einen Bildausschnitt von Ihrem Foto mit dieser Herzform vor sich haben. In der Ebenenmaske sollten Sie ebenfalls diese Herzform ⑪ erkennen. Entfernen Sie die Auswahl mit Auswahl • Auswahl aufheben oder Strg/cmd+D.

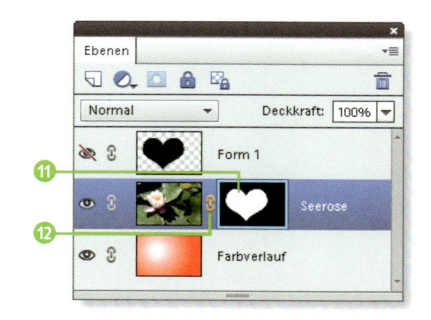

Abbildung 29.13
Jetzt haben Sie eine Ebenenmaske mit Herzform erstellt.

6 Maskenverknüpfung lösen

Wollen Sie diese Herzform verschieben, drehen oder skalieren, müssen Sie die Verknüpfung der Ebenenmaske aufheben, weil sich sonst alle diese Aktionen auf die Ebene **und** die Ebenen-

29.2 Kreative Effekte mit Formen und Texten

maske auswirken. Klicken Sie hierzu auf das kleine Kettensymbol ⑫ zwischen der Ebene und der Ebenenmaske. Wenn Sie jetzt die Ebenenmaske auswählen und beispielsweise das Verschieben-Werkzeug verwenden, können Sie die Position und Größe der Ebenenmaske unabhängig von der Ebene verändern. Im Beispiel habe ich die Position des Gucklochs etwas verschoben, so dass ein anderer Ausschnitt des Fotos sichtbar wurde.

Tipp

Ähnlich wie bei diesem Beispiel können Sie natürlich auch mit anderen Formen, beispielsweise aus dem Bedienfeld GRAFIKEN [F7], umgehen: Fügen Sie einfach die Form ein, skalieren Sie sie, vereinfachen Sie die Ebene, wählen Sie sie aus, und fügen Sie dann eine entsprechende Maske hinzu.

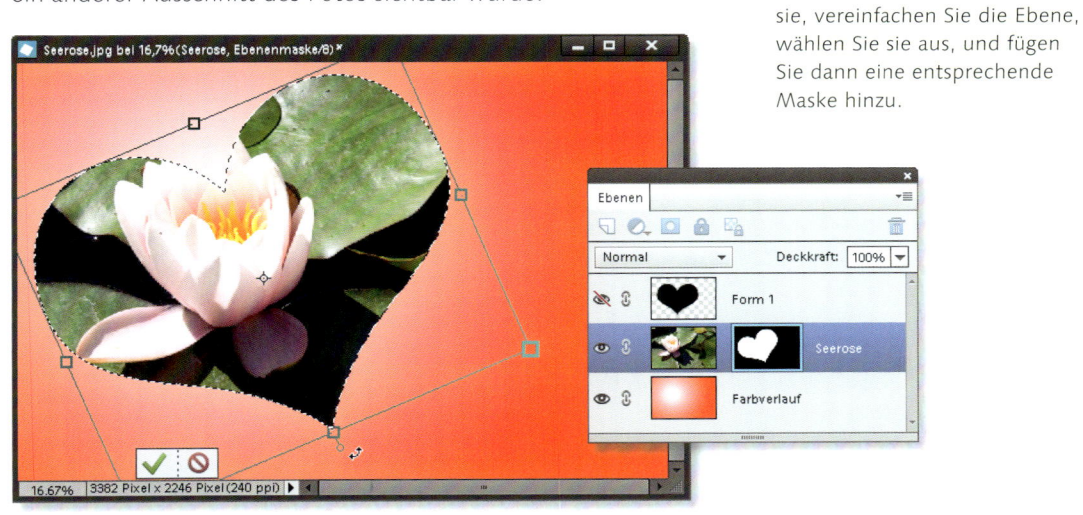

▲ **Abbildung 29.14**
Die Ebenenmaske habe ich unabhängig von der dazugehörenden Ebene verschoben.

Sind Sie mit dem Ergebnis zufrieden, können Sie alle Ebenen auf eine Hintergrundebene reduzieren. In Abbildung 29.15 sehen Sie das Beispiel aus dem Workshop mit der Herzform, das mit Text und weiteren Stilmitteln versehen wurde.

◀ **Abbildung 29.15**
Eine einfache Grußkarte

29.2.2 Grafikvorlagen einbinden

Dass Sie auch alle Werkzeuge, Funktionen und sogar Filter auf die Ebenenmasken anwenden können, macht diese noch vielseitiger. Häufig ist einem die Vielfältigkeit von Ebenenmasken gar nicht bewusst.

Schritt für Schritt: Individuelle Bildhintergründe mit Ebenenmasken

Kapitel_29: selfshot.jpg

Hier folgt ein Workshop als Anregung, wie Sie beispielsweise Rahmen oder kreative Hintergründe mithilfe von Ebenenmasken und den mitgelieferten Grafikvorlagen erstellen können.

1 Bild laden und Hintergrund erstellen

Laden Sie das Bild »selfshot.jpg« in den Fotoeditor. Machen Sie aus dieser Hintergrundebene auch gleich eine Ebene über Ebene • Neu • Ebene aus Hintergrund.

▲ **Abbildung 29.16**
Photoshop Elements bietet mit unzähligen Vorlagen die Qual der Wahl.

Nun könnten Sie eine neue leere Ebene erstellen und diese Ebene mit einem Farbverlauf oder Muster Ihrer Wahl füllen. In diesem Beispiel bin ich allerdings anders vorgegangen: Anstatt manuell eine neue Ebene zu erstellen, habe ich einen der Hintergründe verwendet, die Photoshop Elements im Bedienfeldbereich Grafiken ❷ (Fenster • Grafiken bzw. F7) bereithält.

Wählen Sie in der Dropdown-Liste Nach Art ❸ aus und daneben Hintergründe ❶. Jetzt wird eine ganze Liste der vorhandenen Hintergründe angezeigt. Wenn Sie einen verwenden wollen, doppelklicken Sie einfach darauf ❹, und dieser Hintergrund wird automatisch unter ❺ das Foto »selfshot.jpg« im Ebenen-Bedien-

29.2 Kreative Effekte mit Formen und Texten

feld gelegt. Sie können jederzeit durch erneutes Doppelklicken einen anderen Hintergrund auswählen.

2 Ebenenmaske hinzufügen

Erstellen Sie eine Auswahl auf dem Bild, die das Hauptmotiv irgendwie einrahmt. Achten Sie dabei darauf, dass die Ebene mit dem Bild im Ebenen-Bedienfeld selektiert ist. Im Beispiel habe ich hierzu mit dem Schnellauswahl-Werkzeug A die beiden Personen ausgewählt. Natürlich spricht auch nichts dagegen, wenn Sie einfach eine Umrandung mit dem Auswahlrechteck-Werkzeug M oder Auswahlellipsen-Werkzeug M erzeugen.

Erstellen Sie jetzt eine Ebenenmaske über das Menü EBENE • EBENENMASKE • AUSWAHL EINBLENDEN. Nun sollten Sie um das Motiv den zuvor erstellten oder ausgewählten Hintergrund sehen.

Kreativ sein

Neben der Möglichkeit, Hintergründe im Bedienfeld GRAFIKEN F7 zu verwenden, finden Sie hier auch Formen, Rahmen und Grafiken, die sich ebenfalls alle hierzu nutzen lassen. Wie bereits erwähnt, wird die Vielseitigkeit von Photoshop Elements oftmals einfach übersehen. Achten Sie darauf, dass Sie Grafiken, Rahmen usw., die rechts oben eine blaue Ecke haben, einmalig aus dem Internet herunterladen müssen. Dafür ist eine Internetverbindung notwendig. Das Herunterladen einzelner Grafiken ist natürlich kostenlos, und wenn Sie eine Grafik erst einmal heruntergeladen haben, wird diese auch auf dem Rechner gespeichert.

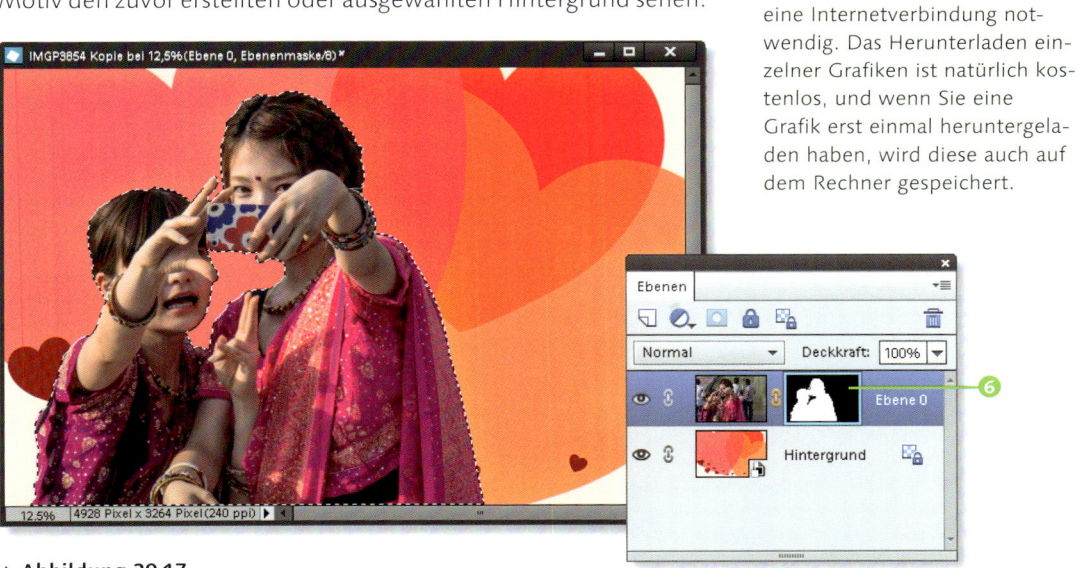

▲ **Abbildung 29.17**
Im Handumdrehen ein neuer Hintergrund mithilfe von Ebenenmasken

3 Ebenenmaske mit Filter bearbeiten

Jetzt brauchen Sie nur noch die Ebenenmaske im Ebenen-Bedienfeld 6 auszuwählen und können Ihrer Kreativität freien Lauf lassen. Sie können hierzu beispielsweise einfach über FILTER • FILTERGALERIE die einzelnen Vorschauen verwenden und auf diese Ebenenmaske anwenden. Natürlich können Sie hier auch weiterhin mit den Werkzeugen oder anderen Befehlen operieren. Denken Sie daran, dass Sie jederzeit den Hintergrund wieder ändern können. Auch mit verschiedenen Ebenenmodi, Duplizieren von Ebenen und Ändern der DECKKRAFT lässt sich hierbei noch vieles ausprobieren.

Kapitel 29 Fotocollagen und -montagen

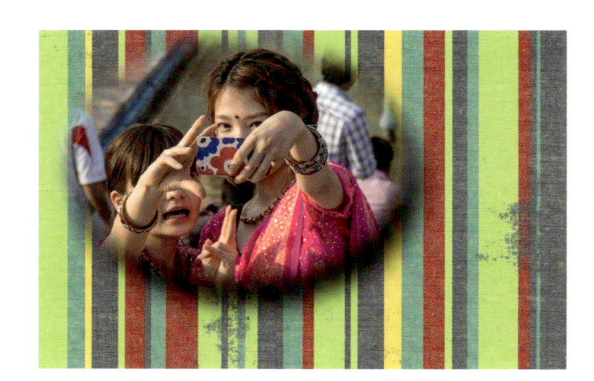

▲ **Abbildung 29.18**
Zwei einfache Beispiele, die mithilfe von Ebenenmasken, Hintergründen von Photoshop Elements und Effekten innerhalb einer Minute erstellt wurden: Links wurde die Auswahl mit dem Werkzeug Auswahlellipse und rechts mit dem Auswahlrechteck erstellt.

Kapitel_29: Gandhi.jpg

29.2.3 Text-Bild-Kombinationen

Ebenfalls ein beliebter Effekt und mit Ebenenmasken sehr einfach zu erstellen sind sogenannte Bild-Schrift-Montagen.

Schritt für Schritt: Text aus Bild erstellen

In diesem Workshop fügen Sie in einen Text, also in die Buchstaben selbst, ein Bild ein.

1 Bild mit Text versehen

Öffnen Sie das Bild »Gandhi.jpg« im Fotoeditor, und aktivieren Sie das Horizontale Textwerkzeug T T. Stellen Sie die Schrift und den Schriftgrad ❷ ein. Im Beispiel habe ich ARIAL BLACK mit einer GRÖSSE ❸ von 280 PT verwendet. Stellen Sie außerdem eine gut sichtbare Farbe ❶ ein.

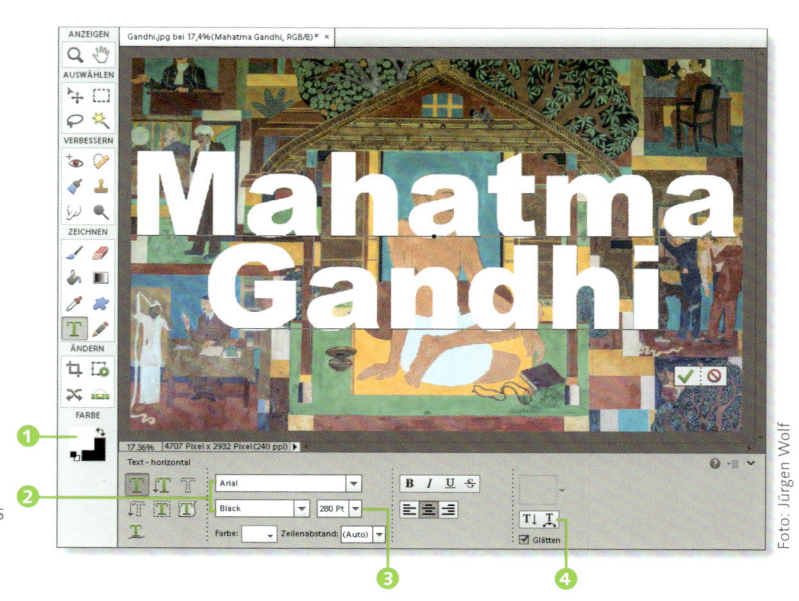

Abbildung 29.19 ▶
Tippen Sie den Text direkt auf das Bild.

670

Ziehen Sie mit gedrückt gehaltener linker Maustaste einen Rahmen für den Text auf, und geben Sie diesen ein. Optional gestalten Sie den Text auch noch über die Schaltfläche VERKRÜMMTEN TEXT ERSTELLEN ④ etwas, wie hier im Beispiel. Auf den Dialog gehe ich im Abschnitt »Text verkrümmen« auf Seite 843 ein.

Zum Nachlesen
Die Textwerkzeuge und ihre Verwendung beschreibe ich in Teil XI, »Mit Text und Formen arbeiten«.

2 Ebene vereinfachen

Wenn Sie den Text fertig formatiert haben, klicken Sie die Textebene ⑤ mit der rechten Maustaste an, und wählen Sie im Kontextmenü EBENE VEREINFACHEN aus. Jetzt erscheint der Text auf einem transparenten Hintergrund.

◀ **Abbildung 29.20**
Textebene in eine einfache Ebene umwandeln

3 Auswahl aus Text erstellen

Wählen Sie den Zauberstab, und deaktivieren Sie bei den Optionen das Häkchen vor BENACHBART ⑥. Aktivieren Sie die Ebene ⑦ mit dem Text, und klicken Sie mit dem Werkzeug auf den Text im Dokumentfenster, so dass dieser komplett ausgewählt ist.

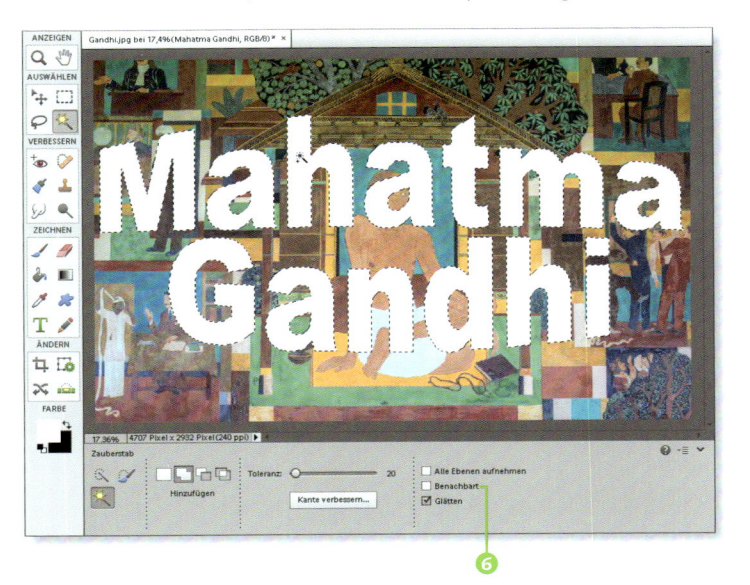

◀ **Abbildung 29.21**
Mit nur einem einzigen Klick wurde der Text ausgewählt.

4 Ebenenmaske erstellen

Deaktivieren Sie die Sichtbarkeit der Textebene über das Augensymbol ❷. Jetzt sollte nur noch die Auswahl des Textes auf dem Bild zu sehen sein. Wählen Sie im Ebenen-Bedienfeld ❸ das Bild aus, auf das die Bild-Text-Montage mit einer Ebenenmaske angewendet werden soll. Sollte diese Ebene noch eine Hintergrundebene sein, müssen Sie daraus zunächst eine einfache Ebene machen, indem Sie auf diese Hintergrundebene beispielsweise doppelklicken oder im Menü Ebene • Neu • Ebene aus Hintergrund auswählen. Jetzt fügen Sie die Ebenenmaske durch Anklicken der entsprechenden Schaltfläche ❶ im Ebenen-Bedienfeld hinzu.

▲ **Abbildung 29.22**
Die Ebenenmaske zum Text wurde hinzugefügt.

Als Ergebnis erhalten Sie das in Abbildung 29.23 links angezeigte Bild, wo noch ein weißer Hintergrund hinzugefügt wurde. Natürlich lassen sich hiermit noch wesentlich kreativere Beispiele erstellen, wie Sie in der rechten Abbildung sehen, wo ich einfach eine duplizierte Ebene des Bildes daruntergestellt und in ein Schwarzweißbild konvertiert habe.

▲ **Abbildung 29.23**
Kreativsein erlaubt! Mit wenig Aufwand lässt sich mit dem Text aus dem Bild vieles weiterentwickeln.

29.3 Schwarzweiß und Farbe in Kombination

Ein toller Effekt, der sich ebenfalls nur mit Ebenenmasken realisieren lässt, ist der Übergang von Farbe in Schwarzweiß.

Schritt für Schritt: Bild halb in Farbe und halb in Schwarzweiß

Schwarzweißbilder üben eine große Faszination aus. Aber nicht immer muss es nur reines Schwarzweiß sein – wie wäre es einmal mit einem sanften Übergang im Bild vom farbigen Bildteil zum schwarzweißen Bildteil?

1 Bild öffnen und Ebene duplizieren
Laden Sie das Bild »Tomb.jpg« in den Fotoeditor, und duplizieren Sie die Ebene über das Menü EBENE • EBENE DUPLIZIEREN. Im Ebenen-Bedienfeld sollten Sie jetzt zweimal dasselbe Bild pixelgenau übereinanderliegen haben.

2 Bild in Schwarzweiß umwandeln
Wählen Sie die obere der beiden Ebenen aus, und wandeln Sie sie mit ÜBERARBEITEN • IN SCHWARZWEISS KONVERTIEREN oder [Strg]/[cmd]+[Alt]+[B] in ein Schwarzweißbild um. Im Beispiel habe ich den Stil INFRAROTEFFEKT ❹ ausgewählt und mit OK bestätigt.

Kapitel_29: Tomb.jpg

▲ Abbildung 29.24
Ebene duplizieren

▼ Abbildung 29.25
Die obere Ebene wird in Schwarzweiß konvertiert.

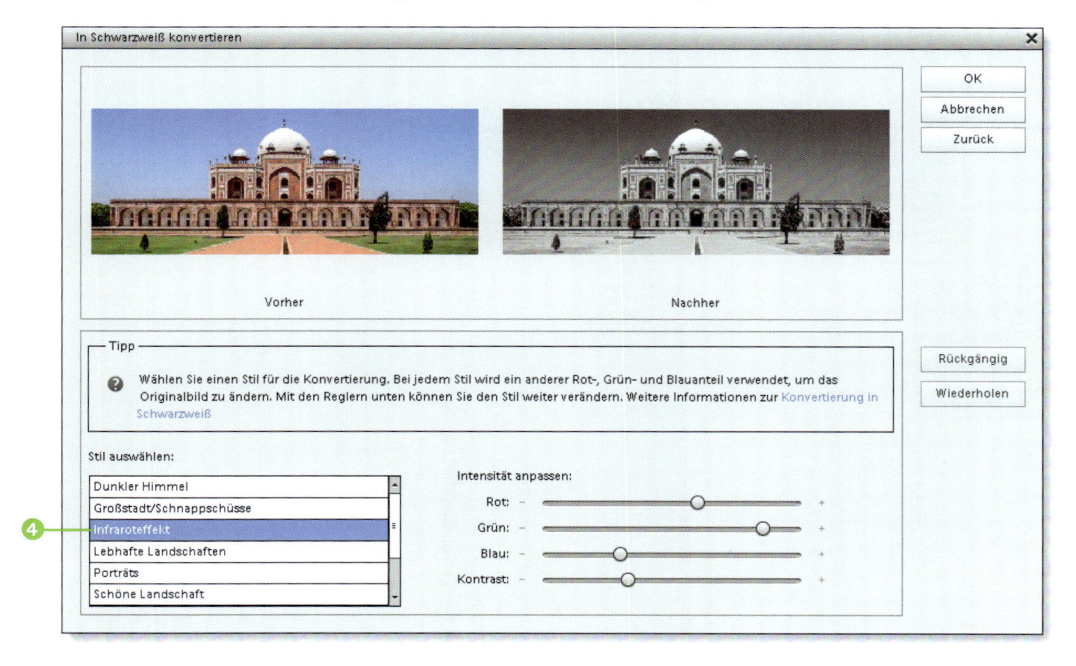

3 Ebenenmaske hinzufügen

Stellen Sie sicher, dass immer noch die obere der beiden Ebenen ausgewählt ist, und klicken Sie auf die Schaltfläche EBENENMASKE HINZUFÜGEN ❶ im Ebenen-Bedienfeld.

Abbildung 29.26 ▶
Ebenenmaske der Ebene mit dem Schwarzweißbild hinzufügen

4 Ebenenmaske mit Verlauf füllen

Aktivieren Sie die Ebenenmaske ❷ im Ebenen-Bedienfeld, und wählen Sie das Verlaufswerkzeug [G] aus.

Verwenden Sie als Verlauf ❹ SCHWARZ, WEISS oder VORDER- ZU HINTERGRUNDFARBE. Als Form würde ich LINEAR ❺ empfehlen. Gehen Sie mit dem Werkzeug zum Bildfenster, ziehen Sie mit gedrückt gehaltener linker Maustaste eine Linie ❸, und lassen Sie die Maustaste los. Je kürzer die Linie, desto kürzer ist der Übergang zwischen Farbe zu Schwarzweiß, und je länger die Linie, desto länger und weicher wird auch der Übergang.

▼ **Abbildung 29.27**
Mit dem Verlaufswerkzeug erzeugen Sie einen Übergang zwischen Schwarzweiß- und Farbbild.

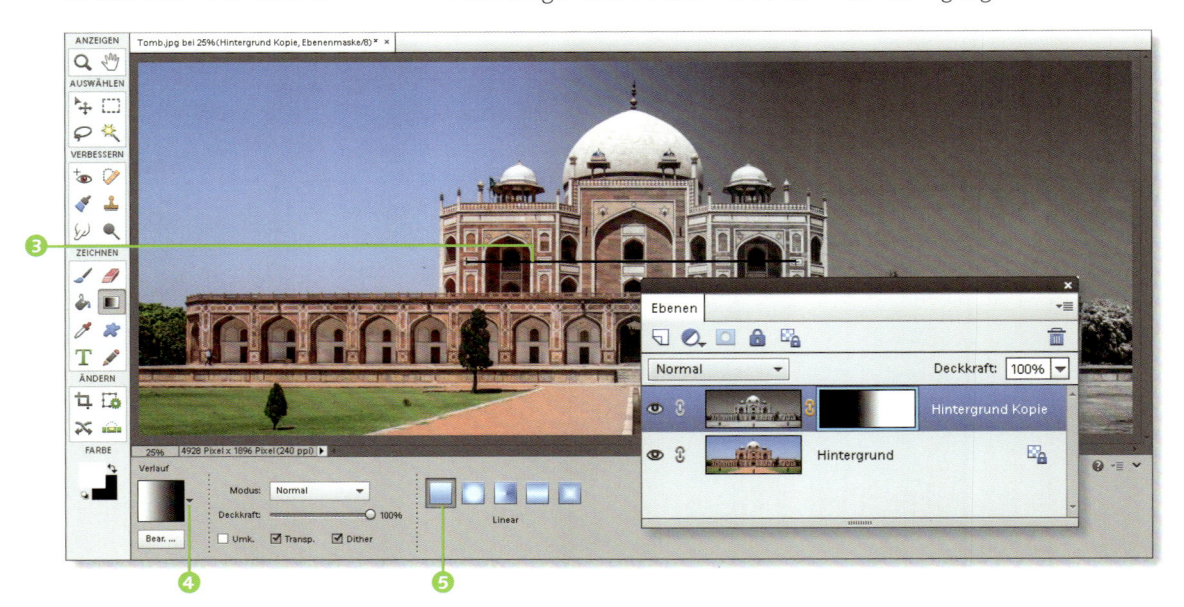

Nachdem Sie die Ebenen zusammengefügt haben, könnte das Ergebnis wie in Abbildung 29.28 oder Abbildung 29.29 aussehen.

◄ Abbildung 29.28
Das Ergebnis nach dem Workshop

◄ Abbildung 29.29
Hier habe ich beim Verlaufswerkzeug die Option KREISFÖRMIG ausgewählt.

29.4 Bilder kombinieren – mit sanften Übergängen

Natürlich müssen Sie für Ihre Collagen nicht immer mit Effekten wie der Schwarzweißumwandlung arbeiten. Auch mit einfachen Übergängen lassen sich interessante Ergebnisse erzielen. Interessant ist, dass Sie auch Bilder aus mehreren Dateien kombinieren können. Wie das geht, zeigt der folgende Workshop.

Schritt für Schritt: Bildkomposition mit dem Verlaufswerkzeug

Neben der Möglichkeit, komplexe Collagen mit Ebenenkopien zu erstellen, lässt sich dies auch mit zwei übereinanderliegenden Fotos bewerkstelligen.

Kapitel_29: Valetta01.jpg, Valetta02.jpg, Valetta_Collage.psd

▼ Abbildung 29.30
Beide Bilder sollen zu einem weichen Übergang verschmelzen.

675

Kapitel 29 Fotocollagen und -montagen

Hinweis
Am besten funktioniert dieser Workshop, wenn beide Bilder dieselben Pixelmaße besitzen. Gegebenenfalls passen Sie einfach die Pixelmaße der Bilder an (siehe Abschnitt 20.1, »Der Bildgröße-Dialog«).

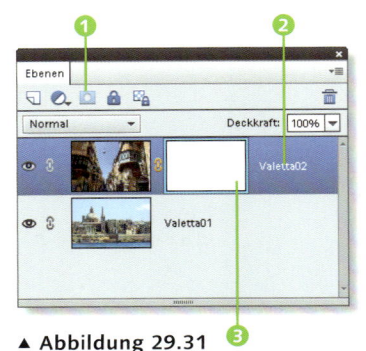

1 Bilder öffnen und übereinanderlegen
Öffnen Sie die Bilder »Valetta01.jpg« und »Valetta02.jpg« in den Fotoeditor. Aktivieren Sie das Bild »Valetta02.jpg«, und wählen Sie das komplette Bild mit AUSWAHL • ALLES AUSWÄHLEN oder [Strg]/[cmd]+[A] aus. Kopieren Sie die Auswahl mit BEARBEITEN • KOPIEREN oder [Strg]/[cmd]+[C] in die Zwischenablage. Aktivieren Sie das Bild »Valetta01.jpg«, und fügen Sie das Bild »Valetta02.jpg« mittels BEARBEITEN • EINFÜGEN oder [Strg]/[cmd]+[V] ein. Jetzt sollten Sie im Ebenen-Bedienfeld die beiden Bilder pixelgenau übereinanderliegend vorfinden.

2 Ebenenmaske hinzufügen
Wählen Sie die obere ❷ der beiden Ebenen im Ebenen-Bedienfeld aus, und fügen Sie über die Schaltfläche ❶ eine neue Ebenenmaske hinzu.

3 Ebenenmaske mit Verlauf füllen
Aktivieren Sie gegebenenfalls die Ebenenmaske ❸ im Ebenen-Bedienfeld, und wählen Sie das Verlaufswerkzeug [G] aus.
   Verwenden Sie als Verlauf ❺ SCHWARZ, WEISS oder VORDER- ZU HINTERGRUNDFARBE. Als Form würde ich LINEAR ❻ empfehlen, Sie können aber gerne mit anderen Formen experimentieren. Gehen Sie jetzt mit dem Werkzeug zum Bildfenster, ziehen Sie mit gedrückt gehaltener linker Maustaste eine Linie ❹ auf die Ebenenmaske, und lassen Sie die Maustaste los.

▲ **Abbildung 29.31**
Ebenenmaske der oberen Ebene hinzufügen

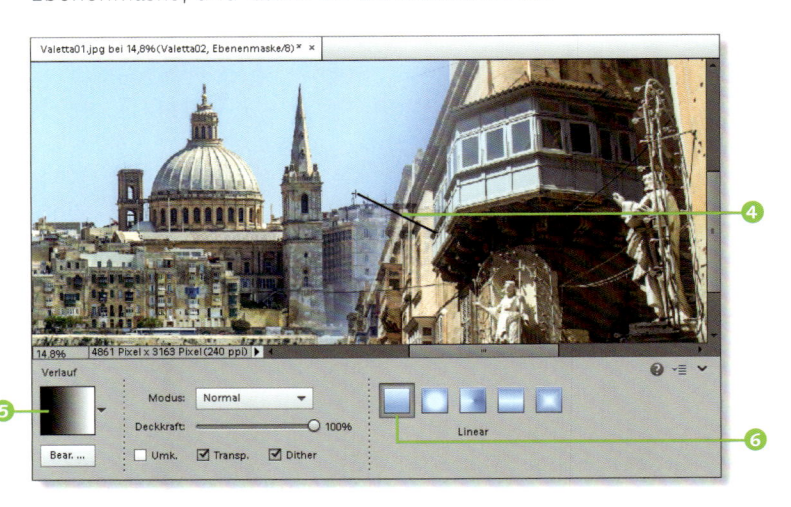

Abbildung 29.32 ▶
Das Verlaufswerkzeug im Einsatz, um einen sanften Übergang beider Bilder zu schaffen

Je kürzer die Linie, desto kürzer ist der Übergang zwischen den Bildern, und je länger die Linie, desto länger und weicher wird auch der Übergang. Am Ende brauchen Sie nur noch die Ebenen zusammenzufügen.

29.4 Bilder kombinieren – mit sanften Übergängen

4 Feintuning

Wenn Sie den sanften Übergang mit dem Verlaufswerkzeug gemacht haben, werden Sie selten auf Anhieb das perfekte Ergebnis vor sich haben. Hierbei sind mehrere Anläufe nötig.

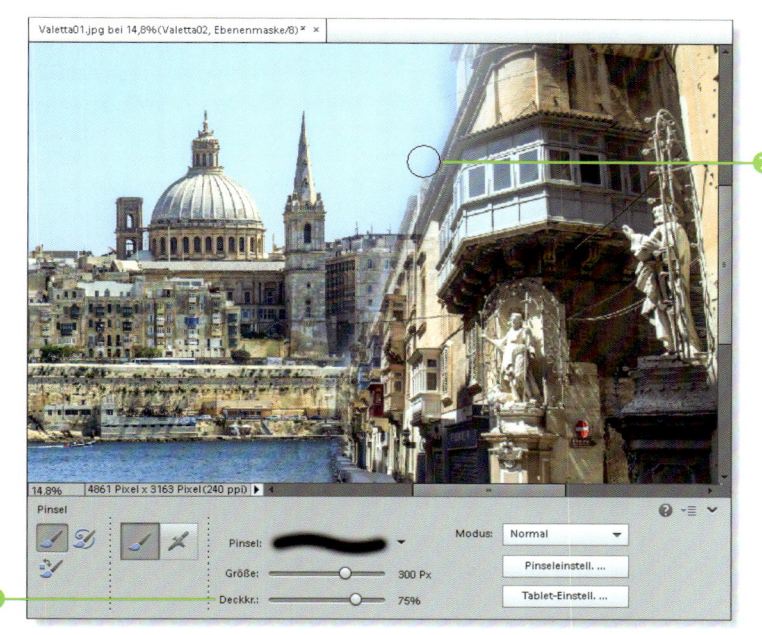

◀ **Abbildung 29.33**
Man kann es nicht oft genug wiederholen: Feintuning ist bei Ebenenmasken jederzeit mit dem Pinsel-Werkzeug möglich. Mit schwarzer Farbe entfernen Sie Bereiche aus der Ebenenmaske und mit Weiß fügen Sie wieder welche hinzu.

◀ **Abbildung 29.34**
Dank Ebenenmasken und ein bisschen Übung sind solche Bildkompositionen mit Photoshop Elements kein Problem mehr.

Wenn es dann mal einigermaßen passt, haben Sie immer noch die Möglichkeit, mit einem schwarzen Pinsel einzelne Bereiche zu entfernen und mit dem weißen Pinsel ❼ wieder welche hinzuzufügen. Hierbei lohnt es sich auch, die DECKKRAFT ❽ des Pinsel-Werkzeugs zu reduzieren und eine weiche Pinselspitze zu verwenden. Die Ebenenmaske muss natürlich wie immer zuvor aktiviert werden.

29.5 Einfache Fotocollagen ohne Ebenenmasken

Aufgrund vieler Anfragen, wie man schnell und einfach eine Fotocollage erstellt, habe ich diesen Abschnitt gerne in das Buch aufgenommen. Bei den Vorgehensweisen, die viele Leser eingeschlagen hatten, musste ich auch feststellen, dass es oft viel komplizierter gemacht wurde, als es eigentlich sein müsste. Photoshop Elements bietet hier von Haus aus tolle Mittel, bei denen Sie noch nicht einmal mit den Ebenenmasken hantieren müssen. Daher folgt hierzu ein einfacher Workshop zur Anregung. Einzelne Arbeitsschritte können Sie natürlich jederzeit auslassen oder abändern.

Schritt für Schritt: Eine einfache Fotocollage

Kapitel_29: Malta1.jpg, Malta2.jpg, Malta3.jpg, Malta4.jpg, Malta5.jpg

Öffnen Sie zunächst die Bilder, aus denen Sie eine Fotocollage erstellen wollen, in den Fotoeditor. Falls Sie gerade keine eigenen Beispiele zur Hand haben, nehmen Sie die Dateien »Malta1.jpg« bis »Malta5.jpg« von der Buch-DVD.

1 Bilder öffnen und Rahmen hinzufügen

Um dem ersten Bild einen Rahmen hinzuzufügen, wählen Sie das Aufgabenbedienfeld GRAFIKEN aus (FENSTER • GRAFIKEN bzw. F7). Wählen Sie hier in der zweiten Dropdown-Liste RAHMEN ❷ aus, es werden alle vorhandenen Rahmen aufgelistet. Dem Bild verpassen Sie einen Rahmen, indem Sie beispielsweise eine der Miniaturvorschauen der Rahmen in der Liste doppelt anklicken.

Internetverbindung

Achten Sie darauf, dass Sie Grafiken, Rahmen usw., die rechts oben eine blaue Ecke haben, einmalig aus dem Internet herunterladen müssen. Dafür ist eine Internetverbindung notwendig. Das Herunterladen einzelner Grafiken ist natürlich kostenlos, und wenn Sie eine Grafik erst einmal heruntergeladen haben, wird diese auch auf dem Rechner gespeichert.

Photoshop Elements versucht jetzt automatisch, den Rahmen um das Bild anzupassen. Sie können hierbei natürlich nachträglich die Größe des Bildes im Rahmen mit dem Schieberegler ❶ ändern.

Die Rahmen können Sie jederzeit wechseln, indem Sie einen anderen Rahmen in der Liste doppelt anklicken oder per Drag & Drop auf das Bild fallen lassen. Auch diesen Rahmen können Sie, wenn ausgewählt, nachträglich in Höhe und Breite noch anpassen.

Versehen Sie auch alle anderen Bilder mit einem Rahmen. Natürlich spricht nichts dagegen, dass Sie selbst kreativ werden und einen eigenen Rahmen für die Bilder erstellen (Beispiele siehe Abschnitt 40.7). Gegebenenfalls müssen Sie die einzelnen Bilder, bei denen Sie eben einen Rahmen hinzugefügt haben, noch mit EBENE • EBENE VEREINFACHEN zusammenführen.

29.5 Einfache Fotocollagen ohne Ebenenmasken

◀ **Abbildung 29.35**
Rahmen und Bild passen Sie über einen Schieberegler einander an.

◀ **Abbildung 29.36**
Viele kreative Rahmen sind nur einen Mausklick im Bedienfeld GRAFIKEN entfernt.

Fotos: Jürgen Wolf

2   Hintergrundbild erstellen

Im nächsten Schritt benötigen Sie ein Hintergrundbild, auf dem Sie die einzelnen Fotos anschließend einfügen. Hierzu können Sie entweder ein weiteres Foto verwenden oder ein neues Bild anlegen und den Hintergrund selbst gestalten, oder Sie nutzen einen der vorhandenen HINTERGRÜNDE ❸ (Abbildung 29.37) aus dem Bedienfeld GRAFIKEN, wie es in diesem Beispiel gemacht werden soll.

Legen Sie eine neue, ausreichend große Datei an, wo unsere Bilder anschließend auch Platz haben. Im Beispiel habe ich hierfür ein Bild mit 8.000 × 6.000 Pixeln erstellt und zum Bild passend den Sandstrand mit Muscheln und Schneckenschalen aus den vorhandenen Hintergründen ausgewählt, indem ich auf dem gewünschten Hintergrund doppelgeklickt habe. Gefällt Ihnen der Hintergrund nicht, tauschen Sie ihn einfach durch einen anderen Hintergrund aus, wie eben beschrieben.

679

Kapitel 29   Fotocollagen und -montagen

▲ **Abbildung 29.37**
Dies ist das Hintergrundbild für unsere Fotocollage. Auch hier bietet Photoshop Elements viele vordefinierte Hintergründe im Bedienfeld GRAFIKEN an.

3   Bilder einfügen

Wählen Sie nacheinander die einzelnen Bilder für die Collage mit AUSWAHL • ALLES AUSWÄHLEN aus, und kopieren Sie das jeweilige Bild mittels BEARBEITEN • KOPIEREN in die Zwischenablage. Fügen Sie dann das jeweilige Bild mit BEARBEITEN • EINFÜGEN auf dem Hintergrundbild ein.

Abbildung 29.38 ▲▶
Die einzelnen Bilder wurden auf dem Hintergrund eingefügt.

4 Bilder ausrichten

Im seltensten Fall werden die einzelnen Bilder in der optimalen Größe und Position vorliegen. Wählen Sie daher das Verschieben-Werkzeug aus, und verschieben, drehen oder skalieren Sie die Bilder auf dieser Hintergrundebene, bis Sie damit zufrieden sind. Es sieht häufig besser aus, wenn die Bilder nicht alle die gleiche Größe und Ausrichtung aufweisen.

5 Ebenenstile verwenden

Über das Bedienfeld EFFEKTE ❶ (FENSTER • EFFEKTE) lassen sich einige interessante STILE ❷, wie zum Beispiel ein SCHLAGSCHATTEN für die einzelnen Bilder, einrichten. Mit einem Doppelklick auf das FX-Symbol ❸ im Ebenen-Bedienfeld können Sie die meisten dieser Effekte jederzeit noch nachträglich etwas anpassen.

Zum Weiterlesen
Die Ebenenstile und -effekte behandele ich in Kapitel 36.

▲ **Abbildung 29.39**
Hier wird dem Bilderrahmen ein SCHLAGSCHATTEN hinzugefügt.

6 Collage weitergestalten

Sind Sie noch nicht zufrieden, gestalten Sie die Fotocollage weiter. Möglichkeiten dazu gibt es viele. Fügen Sie beispielsweise Grafiken ❹ (Abbildung 29.40) vom Bedienfeld GRAFIKEN hinzu. Auch Texte finden Sie über dieses Aufgabenbedienfeld. Natürlich können Sie auch das Textwerkzeug dazu verwenden. Reicht Ihnen das immer noch nicht aus, können Sie auch hier die Ebenenmasken für einen weichen Übergang benutzen.

Kapitel 29 Fotocollagen und -montagen

▲ **Abbildung 29.40**
Stufenlos skalierbare Grafiken (oder Texte) zur Gestaltung der Fotocollage finden Sie ebenfalls im Bedienfeld GRAFIKEN.

7 Speichern und auf eine Ebene reduzieren
Bevor Sie alle Ebenen über EBENE • AUF HINTERGRUNDEBENE REDUZIEREN, sollten Sie die komplette Fotocollage zuvor im PSD-Format speichern, um gegebenenfalls später noch Änderungen daran vornehmen zu können.

8 Bild skalieren und speichern
Am Ende sollten Sie das Bild über BILD • SKALIEREN • BILDGRÖSSE SKALIEREN auf ein vernünftiges Maß reduzieren, ehe Sie es in einem passenden Dateiformat (beispielsweise JPEG) speichern. Wie Sie Bilder für das Web in welcher Größe und Auflösung weitergeben, beschreibe ich in Kapitel 39, »Bilder für das Internet«.

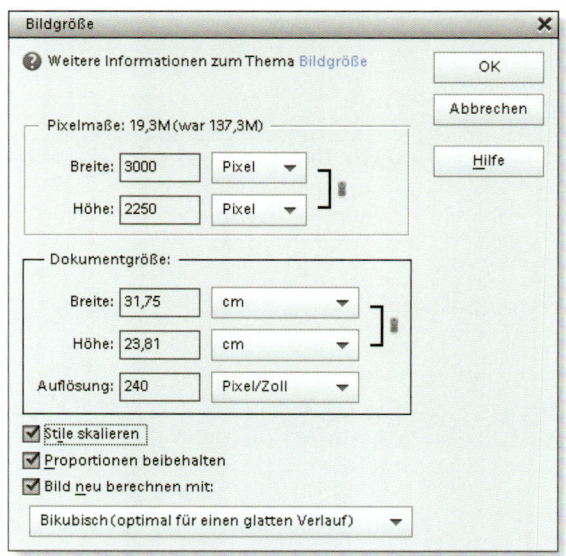

Abbildung 29.41 ▶
Fertig ist eine einfache Fotocollage (die fertige Datei auf der Buch-DVD heißt »Malta_Collage.psd«).

Abbildung 29.42 ▶
Bild auf ein vernünftiges Maß skalieren

682

29.5 Einfache Fotocollagen ohne Ebenenmasken

Auf den folgenden Abbildungen sehen Sie noch einige Anregungen von Fotocollagen, die recht ähnlich, wie eben schon beim Workshop gesehen, erstellt wurden.

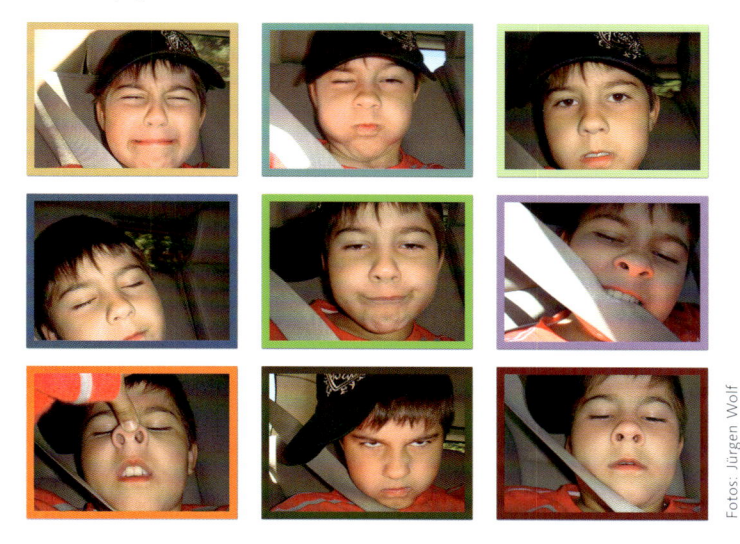

Langeweile.psd, salat.psd
In den Dateien »Langeweile.zip« und »Salat.zip« finden Sie jeweils die Einzelbilder, aus denen die Collagen erstellt wurde. Entpacken Sie die zip-Dateien per Doppelklick, um auf sie zugreifen zu können.

Fotos: Jürgen Wolf

▲ **Abbildung 29.43**
Hier habe ich mehrere Bilder gleichmäßig angeordnet. Zunächst habe ich ausgehend vom Bild links oben die Arbeitsfläche über Bild • Skalieren • Arbeitsfläche vergrößert, damit jeweils 3 × 3 Bilder auf die Fläche passen. Anschließend habe ich die einzelnen Bilder, die ich zuvor mit einem Rahmen versehen hatte, mithilfe von Hilfslinien sauber eingefügt und ausgerichtet.

Fotos: Brigitte Bolliger/pixelio.de

◄ **Abbildung 29.44**
Hier habe ich einen einfachen blauen Hintergrund angelegt, auf dem ich die die einzelnen Bilder in Form von einem T angeordnet habe. Zusätzlich habe ich einzelne Buchstaben mit dem Textwerkzeug hinzugefügt, so dass alle Buchstaben zusammen das Wort »Salat« ergeben. Zum Schluss habe ich das Ganze noch mit einem dezenten Schlagschatten versehen.

TEIL IX
RAW und (H)DRI

Kapitel 30
RAW – das digitale Negativ

Adobe liefert Ihnen mit Camera Raw ein kostenloses Plug-in, das Ihnen im Umgang mit Fotos weitere Optionen und Möglichkeiten bietet. Bevor ich das Plug-in im Folgenden beschreibe, möchte ich zuvor erklären, wozu das RAW-Format überhaupt gut ist und welche Voraussetzungen erforderlich sind, um dieses Format zu verwenden.

30.1 Das RAW-Format

Wollen Sie sich nicht auf die Automatik der Kamera verlassen und das beste Ergebnis aus Ihren Bildern herausholen, so sollten Sie das RAW-Format verwenden. Gerade bei schwierigeren Aufnahmen mit ungünstigen Lichtverhältnissen wie Gegenlicht oder Dunkelheit ist das Ergebnis der Nacharbeit im RAW-Format erheblich besser als mit den üblichen JPEG- oder TIFF-Dateiformaten. In der professionellen Fotografie ist das RAW-Format längst Standard.

Das RAW- oder Roh-Format (englisch *raw* = roh) ist ein modellabhängiges Dateiformat von Digitalkameras. Bei diesem Format handelt es sich um die Daten, die der Kamerasensor während der Belichtung aufzeichnet und die fast ohne weitere Komprimierung (anders als zum Beispiel JPEG oder TIFF) und Bearbeitung auf das Speichermedium geschrieben werden. Meistens haben Sie mit diesem Format auch eine höhere Bit-Tiefe (16 statt 8 Bit pro Kanal). Man könnte sagen, dass jedes Pixel des Chips der Kamera seine Daten unverfälscht an die RAW-Datei weitergibt.

Sollte also Ihre Digitalkamera ein solches RAW-Dateiformat zum Speichern der Aufnahme anbieten, so sollten Sie es auf jeden Fall nutzen.

RAW-Format für alle?

Leider bieten nicht alle digitalen Kameras an, die Aufnahmen im RAW-Format zu speichern. Die digitalen Spiegelreflex- und viele Bridge-Kameras unterstützen in aller Regel die Speicherung im RAW-Format. Bei den Kompaktkameras sieht dies häufig schlechter aus. Hier bieten meist nur die etwas teureren Modelle RAW-Unterstützung an. Achten Sie daher schon vor dem Kauf darauf, und sparen Sie hier nicht am falschen Ende.

Kein RAW-Format?

Auch wenn Ihre Kamera kein RAW-Format anbietet, sollten Sie diesen Abschnitt trotzdem durchlesen und mit den RAW-Bildern auf der Buch-DVD ein wenig experimentieren. Sie werden sehen, es lohnt sich. Außerdem können im Raw-Dialog auch JPEGs bearbeitet werden, wie Sie in Abschnitt 30.3.14 noch erfahren werden.

Speichern im RAW-Format

Das Speichern im RAW-Format geschieht nicht automatisch, sondern muss an der Kamera eingestellt werden. Wie und wo Sie dies tun, ist von Kamera zu Kamera unterschiedlich. Ziehen Sie hierzu gegebenenfalls das Handbuch der Kamera zu Rate.

Was macht eigentlich die Kamera? | Sicherlich stellen Sie sich jetzt die Frage, weshalb Sie das RAW-Format bevorzugen sollten.

Ich gehe davon aus, dass Sie sich schon etwas intensiver mit Ihrer Kamera befasst haben, als nur den Auslöser zu drücken. Bevor Sie ein Bild machen, können Sie viele Einstellungen anpassen, zum Beispiel Weißabgleich, Farbraum oder Schärfe. Andererseits entscheidet die Kameraautomatik über diese Einstellungen. Wenn Sie jetzt den Auslöser betätigen, berechnet die Kamera anhand dieser Einstellungen, wie das Bild anschließend in das JPEG-Format umgerechnet werden soll.

Wurde zum Beispiel für die Farbtemperatur »Tageslicht« als Einstellung verwendet, und stellen Sie anschließend fest, dass vielleicht doch eine andere Farbtemperatur besser gewesen wäre, so können Sie dies bei einem JPEG bei der Korrektur nicht mehr so stark und ohne Qualitätseinbußen beeinflussen, wie dies beim RAW-Format möglich wäre.

All diese Daten werden beim Speichern des RAW-Formats vom Chip nicht bearbeitet und beachtet. Die einzigen Einstellungen, die der Chip beim RAW-Format speichert, sind die Verschlusszeit, die Lichtempfindlichkeit (ISO) und die Blende, mit der Sie fotografiert haben.

30.1.1 Vorteile von RAW gegenüber JPEG

Standardmäßig speichern die meisten Kameras die Bilder im JPEG-Format. Sie haben jetzt bereits erfahren, dass das RAW-Format ein digitales Negativ ist, an dem noch keine Entwicklungsarbeiten vorgenommen wurden, wodurch Sie natürlich auch in der Regel etwas mehr Nacharbeit durchführen müssen. Was aber sind die Hauptvorteile von RAW gegenüber JPEG, und warum sollten Sie den Mehraufwand an Nacharbeit mit dem digitalen Negativ nicht scheuen?

▶ **Bessere Anpassung der Belichtung:** Dies ist ein gewaltiger Vorteil des RAW-Formats. Ist das Bild zu hell oder zu dunkel geraten, stehen Ihnen im RAW-Format mehr Informationen zur Verfügung als im JPEG-Format, um die Belichtung anzupassen. Viele Kameras zeichnen zum Beispiel im RAW-Modus die Helligkeitsinformationen für Rot, Grün und Blau mit 12 Bit pro Kanal auf. JPEG hingegen speichert diese Informationen nur mit 8 Bit pro Kanal. Somit stehen dem RAW-Format 4.096 (2^{12}) Helligkeitsstufen zur Verfügung, während das JPEG-Format dieselben Informationen in 256 (2^8) Helligkeitsstufen packen muss.

▶ **Keine Kompression:** Beim RAW-Format wird auf jede Art von Kompression verzichtet. Bei der JPEG-Kompression werden zwar auch nur die Informationen verworfen, die Sie im Bild auf den ersten Blick nicht sehen können, aber sobald Sie bei der Nachbearbeitung zum Beispiel die Schatten aufhellen wollen, machen sich die bei der Kompression entfernten Informationen bemerkbar. Da das RAW-Format erheblich mehr Informationen enthält als das JPEG-Format, benötigt es häufig auch den vier- bis fünffachen Speicherplatz.

30.1.2 Weitere Vorteile des RAW-Formats

Das Speichern von Rohdaten bietet sowohl für den ambitionierten Profi als auch für den Hobbyfotografen eine Menge interessanter Vorteile:

- Beim Fotografieren müssen Sie die Parameter der Kamera nicht so streng beachten, weil Sie sie nachträglich mit Photoshop Elements ändern können. Dies dürfte besonders Einsteiger freuen, die ihre ersten Erfahrungen mit einer digitalen Spiegelreflexkamera machen.
- Sie haben gegebenenfalls Zugriff auf Werte, die Sie in der Kamera (abhängig vom Modell) zuvor nicht ändern konnten.
- Mit der Zeit und mit zunehmender Erfahrung werden Sie eine viel bessere Bildqualität aus den Rohdaten herausholen, als dies mit dem üblichen JPEG-Format möglich wäre.
- Sie ersparen sich viel Zeit und Handarbeit, weil die meisten üblichen Korrekturen schon mit dem RAW-Dialog von Photoshop Elements durchgeführt werden.
- Sie erhalten mehr Bildinformationen (16 statt 8 Bit je Kanal), weil die Rohdaten alles enthalten, was der Chip aufgenommen hat.

30.1.3 Nachteile des RAW-Formats

Natürlich gibt es auch einige Nachteile bei der Verwendung des RAW-Formats. Allerdings ist es wohl eher Ansichtssache, ob man die folgenden Punkte für gravierende Nachteile hält:

- Das RAW-Format benötigt, da es mehr Informationen enthält, erheblich mehr Speicherplatz. Zwar ist der genaue Wert abhängig vom Hersteller, aber häufig ist dies vier- bis fünfmal mehr Speicherplatz, als das JPEG-Format benötigt. Das bedeutet natürlich auch, dass weniger Fotos auf die Speicherkarte der Kamera passen. Auch beim Archivieren der Rohdaten auf der Festplatte benötigen Sie mehr Speicher.
- Aufgrund des erhöhten Bedarfs an Speicherplatz braucht die Kamera länger, um das RAW-Bild auf die Speicherkarte zu schreiben. Auch die Rechenzeit der Kamera erhöht sich, da der Bildprozessor häufig auf das JPEG-Format hin optimiert wurde.

- Ein weiteres Problem ist, dass viele Hersteller ihr eigenes Süppchen kochen. Die Bezeichnung »RAW« ist nämlich nur ein Sammelbegriff für unterschiedliche, herstellerabhängige Formate.

30.1.4 Verschiedene RAW-Formate

RAW ist, wie gesagt, kein universelles Format wie JPEG, sondern ein allgemeiner Sammelbegriff für die Kamera-Rohdaten. Diese Kamera-Rohdaten wiederum liegen von Hersteller zu Hersteller mit unterschiedlichen Dateierweiterungen vor (siehe Tabelle 30.1). Die einzelnen RAW-Formate sind nicht miteinander kompatibel.

Thumbnail-Vorschau
Im Organizer können Sie die Bilder im RAW-Format als Vorschaubilder anzeigen lassen. Für den Windows-Explorer unter Windows 7 und 8 müssen Sie einen entsprechenden Codec über Windows Update bzw. *http://www.microsoft.com/* nachinstallieren. Sollte Ihre Kamera nicht unterstützt werden, können Sie sich auch die folgenden (kommerziellen) Codecs auf der Webseite *http://www.fastpictureviewer.com/codecs/* ansehen. Mac OS X kann von Haus aus mit RAW als Thumbnail-Vorschau umgehen.

Dateierweiterung	Hersteller
3FR	Hasselblad
CRW, CR2	Canon
DCR, DCS	Kodak
ERF	Epson
KDC, DCR, DCS	Kodak Easyshare
MEF	Mamiya
MRW, MDC	Minolta
NEF, NRW	Nikon
ORF	Olympus
PEF	Pentax
RAF	Fuji
RAW	Contax
RAW, RW2	Panasonic
RAW, RWL	Leica
SRF, SR2, ARW	Sony
X3F	Sigma

Tabelle 30.1 ▶
Herstellerabhängige Dateierweiterung (ohne Garantie auf Vollständigkeit)

DNG-Format | Adobe hat sich in der Zwischenzeit bemüht, mit dem offenen, nicht proprietären Format DNG (»digitales Negativ«) einen RAW-Standard zu etablieren. Ob sich dieses Format durchsetzt, muss sich noch herausstellen, aber immer mehr Kamerahersteller bieten inzwischen zusätzlich zum herstellerabhängigen RAW-Format das DNG-Format an. Sollte Ihre Kamera DNG noch nicht unterstützen, so ist es dennoch mittlerweile möglich, verschiedene RAW-Formate verlustfrei mit dem DNG-Konverter in das DNG-Format umzuwandeln. Dieser Konverter ist bereits in Photoshop Elements integriert. Mehr Informationen dazu finden Sie im Web unter *www.adobe.com/de/products/dng*.

30.2 RAW-Dateien importieren

Auch bei den RAW-Dateien funktioniert das Importieren mit oder ohne den Organizer, wie ich dies in Abschnitt 7.4, »Import von Kamera oder Kartenleser«, mit dem Foto-Downloader bereits näher beschrieben habe. Importierte RAW-Dateien werden in der Bilderdatenbank des Organizers in einer Vorschau angezeigt.

Sollte der Import der RAW-Dateien nicht gelingen, so kann es sein, dass Photoshop Elements – oder genauer das Camera-Raw-Plug-in – den RAW-Typ Ihrer Kamera nicht unterstützt. Da Adobe die Unterstützung von RAW-Formaten verschiedener Hersteller stetig ausbaut, können Sie auf der Webseite *www.adobe.com/downloads* nachsehen, ob es nicht schon ein aktuelleres Plug-in gibt. Die Versionsnummer von Camera Raw fragen Sie über das Menü unter HILFE/PHOTOSHOP ELEMENTS EDITOR • ÜBER ZUSATZMODUL • CAMERA RAW ab. Zur Drucklegung des Buches war die Version 8.2.0.94 aktuell.

RAW und JPEG im Organizer trennen

Wen es stört, dass im Organizer die normalen Bilder im JPEG-Format mit den RAW-Formaten vermischt werden, der sollte sich die Schritt-für-Schritt-Anleitung auf Seite 204 ansehen. Dort habe ich gezeigt, wie Sie ein Smart-Album erzeugen, das nur die RAW-Dateien anzeigt.

Neuere Version erhältlich?

Ob es schon eine neuere Version vom RAW-Plug-in oder Updates für Elements 12 im Allgemeinen gibt, können Sie über HILFE • AKTUALISIERUNGEN testen und gegebenenfalls gleich automatisch installieren. Eine manuelle Installation ist in der Regel nicht mehr nötig.

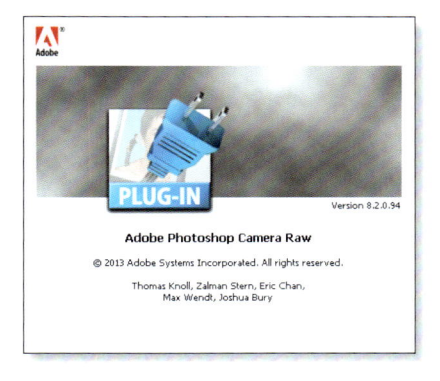

▲ **Abbildung 30.1**
Versionsnummer des Plug-ins ermitteln

30.3 Das Camera-Raw-Plug-in

Beim ersten Start des Camera-Raw-Plug-ins könnte der Eindruck entstehen, es handle sich eher schon um eine eigenständige Anwendung.

Adobe Lightroom

Wem das RAW-Plug-in von Photoshop Elements nicht umfangreich genug erscheint oder wer das eine oder andere vermisst, der findet beim RAW-Experten Adobe Lightroom noch viel mehr Optionen, zum Beispiel Gradationskurven, HSL/Graustufen, Teiltonung, Objektivkorrekturen und Retuschierwerkzeug.

Kapitel 30   RAW – das digitale Negativ

Dunkle Bilder?
Wundern Sie sich nicht, wenn das Bild im RAW-Dialogfeld eher blass oder gar dunkel wirkt. Bedenken Sie immer, dass es sich um ein von der Kamera unbehandeltes Rohformat handelt, bei dem Sie mit Camera Raw selbst die Kontrolle übernehmen.

Im rechten Bereich ❺ finden Sie die eigentlichen Funktionen zur Bearbeitung der RAW-Datei (Anpassung von WEISSABGLEICH, BELICHTUNG, KONTRAST etc.). Die horizontale Leiste ❷ über dem Vorschaubild zeigt einige häufig verwendete Werkzeuge, die Sie zum Teil schon vom Fotoeditor her kennen.

Unterhalb der Vorschau ❸ sehen Sie Informationen zum Bild ❹, wie die Ansichtsgröße und den Dateinamen. In der Titelleiste ❶ finden Sie außerdem den Namen der Kamera, von der das Bild importiert wurde.

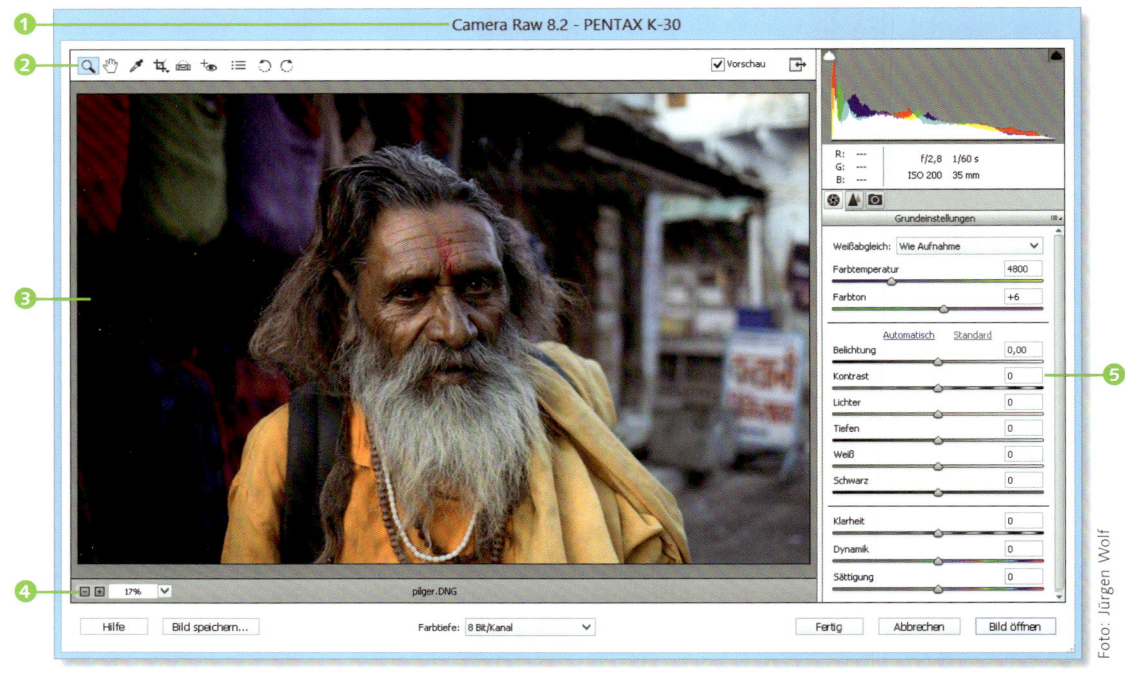

Kapitel_30: pilger.DNG

▲ **Abbildung 30.2**
Das Camera-Raw-Dialogfeld

30.3.1   Bilder in Camera Raw öffnen
Um ein Bild im RAW-Format zu öffnen, gibt es mehrere Wege.

Der Befehl IN CAMERA RAW ÖFFNEN ist neu in Photoshop Elements 12 hinzugekommen. Zuvor wurden RAW-Dateien mit dem Fotoeditor über DATEI • ÖFFNEN in Camera Raw laden, was nach wie vor auch funktioniert, wenn es sich bei der Datei um ein gültiges RAW-Format handelt, welches Adobe Camera Raw lesen kann.

RAW-Datei öffnen über den Fotoeditor | Wenn Sie den Fotoeditor geöffnet haben, laden Sie die RAW-Datei mit [Strg]/[cmd]+[Alt]+[O] oder DATEI • IN CAMERA RAW ÖFFNEN. Das RAW-Bild wird dann mit dem Camera-Raw-Plug-in geöffnet.

Noch schneller geht es per Drag & Drop vom Windows-Explorer oder Mac-Finder aus. Hierbei lassen Sie einfach die gewünschte RAW-Datei mit gedrückter linker Maustaste aus dem Windows-Explorer in den Fotoeditor fallen.

30.3 Das Camera-Raw-Plug-in

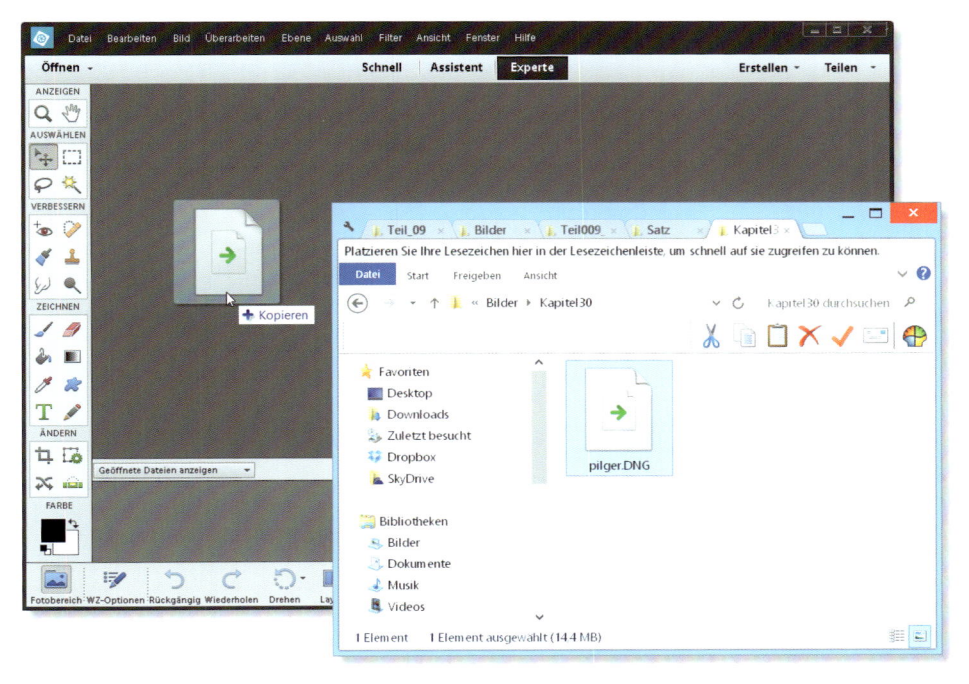

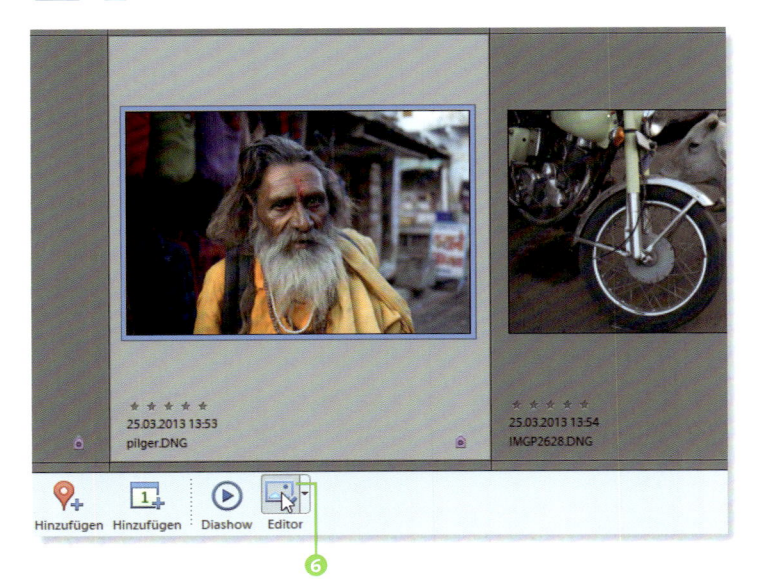

▲ **Abbildung 30.3**
RAW-Datei per Drag & Drop öffnen

RAW-Datei öffnen über Organizer | Das Öffnen eines RAW-Bildes vom Organizer aus funktioniert genauso, als ob Sie ein Bild mit dem Fotoeditor bearbeiten wollen. Wählen Sie einfach das entsprechende RAW-Bild aus, drücken Sie die rechte Maustaste, und klicken Sie im Kontextmenü auf MIT PHOTOSHOP ELEMENTS EDITOR BEARBEITEN. Dasselbe erreichen Sie über die kleine Schaltfläche EDITOR ❻ oder mit der Tastenkombination ⌈Strg⌉/⌈cmd⌉+⌈I⌉.

◄ **Abbildung 30.4**
Das Öffnen von Bildern im RAW-Format aus dem Organizer funktioniert genauso wie das Öffnen gewöhnlicher Bilder.

Standardanwendung für RAW

Gewöhnlich stellt sich Photoshop Elements selbst als Standardanwendung in den Vordergrund, um RAW-Dateien zu bearbeiten. Wenn Sie allerdings eine Software installieren, mit der sich RAW-Dateien bearbeiten lassen, kann es sein, dass sich dieses Programm als neue Standardsoftware in den Vordergrund drängt.

 Ähnlich können Sie dieses ÖFFNEN MIT beim Mac einstellen. Auch hier brauchen Sie nur die Datei mit der rechten Maustaste anzuklicken und im Kontextmenü INFORMATIONEN auszuwählen. Dort finden Sie dann die Option ÖFFNEN MIT, die Sie gegebenenfalls anpassen.

RAW-Datei öffnen über Explorer und Finder | Natürlich können Sie ein RAW-Bild auch öffnen, ohne zuvor den Fotoeditor oder den Organizer zu starten. Klicken Sie einfach doppelt auf das Icon des RAW-Bildes, und die Datei wird mit dem Camera-Raw-Plug-in geöffnet.

Voraussetzung ist natürlich, dass Photoshop Elements die Standardanwendung zum Öffnen von RAW-Dateien ist. Ist dies noch nicht der Fall, klicken Sie das Icon mit der rechten Maustaste an, und wählen Sie im Kontextmenü bei ÖFFNEN MIT den Fotoeditor aus.

Um RAW-Bilder künftig immer mit Photoshop Elements öffnen zu lassen, klicken Sie eine RAW-Datei im entsprechenden RAW-Format mit der rechten Maustaste an, und wählen Sie unter Windows im Kontextmenü EIGENSCHAFTEN. Über den folgenden Dialog finden Sie im Reiter ALLGEMEIN bei ÖFFNEN MIT die Schaltfläche ÄNDERN ❶, um Photoshop Elements als Standardanwendung auszuwählen.

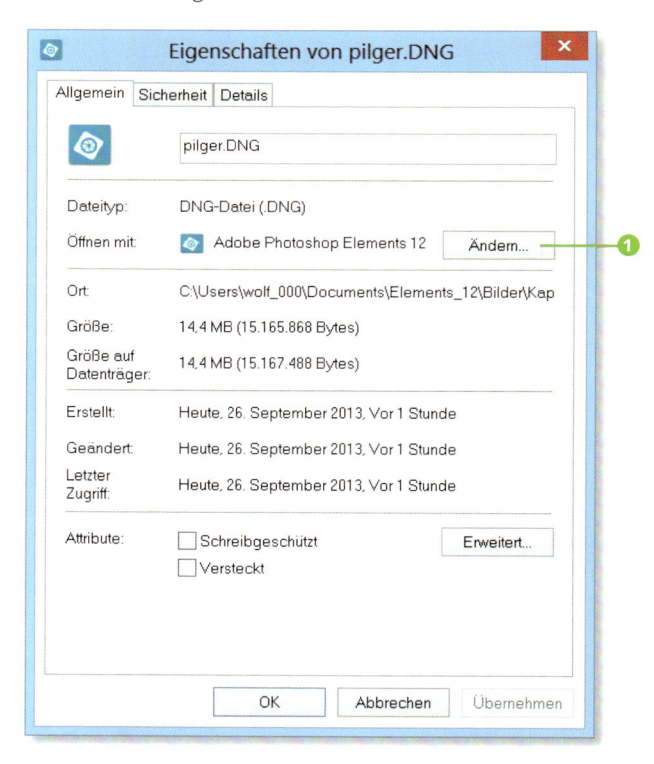

Abbildung 30.5 ▶
Photoshop Elements soll die Standardanwendung für unsere RAW-Bilder sein.

30.3.2 Werkzeuge für die Ansicht

In der oberen Leiste des Camera-Raw-Plug-ins über dem Bild finden Sie einige Werkzeuge, um die Ansicht der Vorschau anzupassen.

30.3 Das Camera-Raw-Plug-in

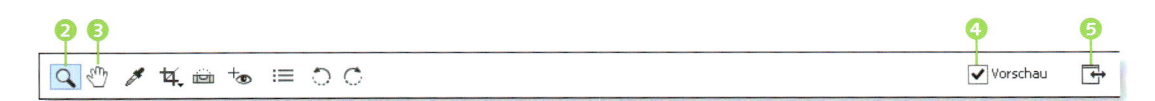

▲ Abbildung 30.6
Die Werkzeugleiste von Camera Raw

Mit dem Zoom-Werkzeug [Z] ❷ stellen Sie den Zoomfaktor für die Vorschau auf den nächsthöheren Wert, wenn Sie auf das Bild klicken. Um wieder herauszuzoomen, drücken Sie [Alt], während Sie in das Bild klicken. Wollen Sie das Vorschaubild in Originalgröße (100 %) anzeigen, klicken Sie doppelt auf das Icon des Zoom-Werkzeugs.

Wenn der Zoomfaktor zu groß geworden ist und Sie das Vorschaufenster verschieben wollen, dann steht Ihnen auch hier das Hand-Werkzeug [H] ❸ zur Verfügung. Mit gedrückter Leertaste können Sie das Hand-Werkzeug aus jedem Werkzeug heraus verwenden. Wenn Sie doppelt auf das Icon des Hand-Werkzeugs klicken, wird das Vorschaubild an das Fenster angepasst.

Um die Veränderungen im Vorschaubild zu verfolgen, muss die Live-Vorschau unter VORSCHAU ❹ [P] (für **P**review, englisch für Vorschau) aktiviert sein. Mit dem Icon daneben ❺ aktivieren Sie den Vollbildmodus; ein erneutes Anklicken schaltet das Fenster wieder in den normalen Bildmodus um. Schneller noch geht dies mit dem Tastenkürzel [F] (für **F**ullscreen, englisch für Vollbild).

Die Zoomstufe der Vorschau können Sie auch links unterhalb des Vorschaubildes mit dem kleinen Plus- und Minussymbol oder mit dem kleinen Dreieck anpassen.

Zoomen mit der Tastatur
Schneller herein- und herauszoomen können Sie mit der Tastatur über [Strg]/[cmd]+[+] bzw. [Strg]/[cmd]+[-].

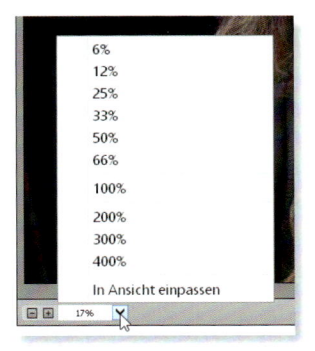

▲ Abbildung 30.7
Anpassen der Zoomstufe des Vorschaubildes

30.3.3 Das Histogramm

Um auch bei der Korrektur im RAW-Modus das Bild unter Kontrolle zu haben, gibt es auch im Camera-Raw-Dialog ein Histogramm. Hierbei werden alle drei Farbkanäle (Rot, Grün und Blau) gleichzeitig mit der entsprechenden Farbe angezeigt.

Sehr nützlich sind auch die kleinen Dreiecke ❻ [U] (für **U**nderexposed, englisch für Unterbelichtung) und ❼ [O] (für **O**verexposed, englisch für Überbelichtung) oberhalb des Histogramms. Wenn Sie sie anklicken, schalten Sie eine Farbumfang-Warnung ein. Im Vorschaubild werden diese Bereiche dann farbig hervorgehoben, wenn ein Zeichnungsverlust droht. Alle zu dunklen Stellen (Tiefen) im Bild werden mit dem linken kleinen Dreieck aktiviert und im Bild mit blauer Farbe hervorgehoben. Die zu hellen Bereiche im Bild werden mit dem rechten kleinen Dreieck aktiviert und im Bild in roter Farbe hervorgehoben.

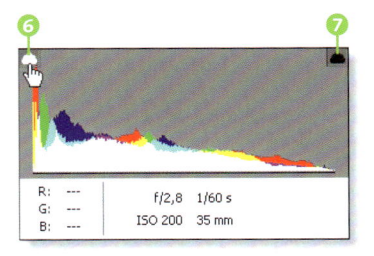

▲ Abbildung 30.8
Das Histogramm des Camera-Raw-Dialogs. Leuchtet eines dieser Dreiecke farbig, droht ein Tonwertverlust im entsprechenden Bereich.

695

Histogramm
Das Histogramm habe ich in Abschnitt 11.1 näher beschrieben.

▲ Abbildung 30.9
Die blauen und roten Stellen sind bei der Korrektur am empfindlichsten für einen Datenverlust.

▲ Abbildung 30.10
Weitere Daten wie RGB-Werte oder Kameraeinstellungen finden Sie unterhalb des Histogramms.

Wenn Sie das Zoom-Werkzeug [Z], das Hand-Werkzeug [H] oder das Weißabgleich-Werkzeug [I] über das Vorschaubild bewegen, werden außerdem die RGB-Werte unterhalb des Histogramms angezeigt. Daneben finden Sie die Kameraeinstellungen wie die Blende, Belichtung, ISO-Einstellung und Brennweite.

30.3.4 Dateiausgabe-Option (Farbtiefe)
Unterhalb des Vorschaubildes wird die Farbtiefe des Bildes angezeigt. Genauer gesagt, handelt es sich hierbei um die Dateiausgabe-Option, mit der Sie angeben, mit welcher Farbtiefe die Datei in Photoshop Elements geöffnet und bearbeitet werden soll.

Es ist auch möglich, das Bild mit 16 Bit je Kanal an den Fotoeditor weiterzugeben. Allerdings steht Ihnen dann nur noch eine beschränkte Auswahl an Funktionen für die Weiterarbeit im Fotoeditor zur Verfügung.

▲ Abbildung 30.11
Mit welcher Farbtiefe soll die Datei geöffnet werden?

30.3.5 Verwenden von bisherigen Bildeinstellungen
Wenn Sie mit Camera Raw eine ganze Serie von Bildern bearbeiten müssen, die unter ähnlichen Bedingungen erstellt wurden, ist es sinnvoll, auf bereits erstellte Einstellungen zurückzugreifen, um nicht jedes Mal sämtliche Optionen neu durchzuarbeiten. Des Weiteren haben Sie den Vorteil, dass die Bilder bei Verwendung gleicher Einstellungen einen einheitlichen Look erhalten. Um auf frühere Einstellungen zurückzugreifen, finden Sie an der rechten äußeren Seite ein kleines Seitenmenü.

Stapelverarbeitung
Wie Sie Ihre Einstellungen auf mehrere Bilder hintereinander – in einer Stapelverarbeitung – anwenden, erfahren Sie in diesem Kapitel im Workshop »Mehrere RAW-Bilder auf einmal konvertieren (Stapelverarbeitung)« auf Seite 715.

30.3 Das Camera-Raw-Plug-in

◀ **Abbildung 30.12**
Hier können Sie frühere Einstellungen verwalten.

Die Einstellung, vor der sich das Häkchen befindet, ist die im Augenblick aktive Einstellung. Die verschiedenen Optionen haben folgende Bedeutungen:

- BILDEINSTELLUNGEN: Damit setzen Sie bereits durchgeführte Änderungen am Bild wieder zurück.
- CAMERA RAW-STANDARDS: Der Camera-Raw-Standard wirkt sich standardmäßig auf alle Bilder aus, weshalb Sie hier auch eigene Einstellungen als Standard festlegen können, die Sie immer beim Öffnen eines Bildes verwenden wollen. Um eine neue Einstellung als Standardeinstellung zu verwenden (also als Camera-Raw-Standard), wählen Sie den Punkt NEUE CAMERA RAW-STANDARDS SPEICHERN im selben Menü aus. Um den ursprünglichen Camera-Raw-Standard wiederherzustellen, verwenden Sie CAMERA RAW-STANDARDS ZURÜCKSETZEN.
- VORHERIGE KONVERTIERUNG: Mit der Option VORHERIGE KONVERTIERUNG rufen Sie die zuletzt getroffene Einstellung erneut auf, unabhängig davon, ob diese gespeichert wurde oder nicht.
- BENUTZERDEFINIERTE EINSTELLUNGEN: Diese Einstellung wird aktiv, sobald Sie einen der Werte bei den Korrekturen verändern. Er zeigt also lediglich an, dass Sie die Standards verändert haben.

30.3.6 Camera-Raw-Voreinstellungen

Wenn Sie eine RAW-Datei bearbeiten, werden die Änderungen niemals auf das Original angewendet. Die RAW-Datei wird niemals überschrieben, es wird immer mit einer Kopie gearbeitet. Wenn Sie zum Beispiel eine RAW-Datei bearbeitet haben und diese Datei erneut öffnen, bleiben die ursprünglichen Einstellungen erhalten, die Sie an der RAW-Datei vorgenommen haben. Diese Voreinstellungen werden in einem gesonderten Dokument gesichert.

Über den Dialog CAMERA RAW-VOREINSTELLUNGEN geben Sie den Ort und die Art der Speicherung an. Diesen Dialog können Sie auch mit dem Icon ≣ oder mit [Strg]/[cmd]+[K] öffnen.

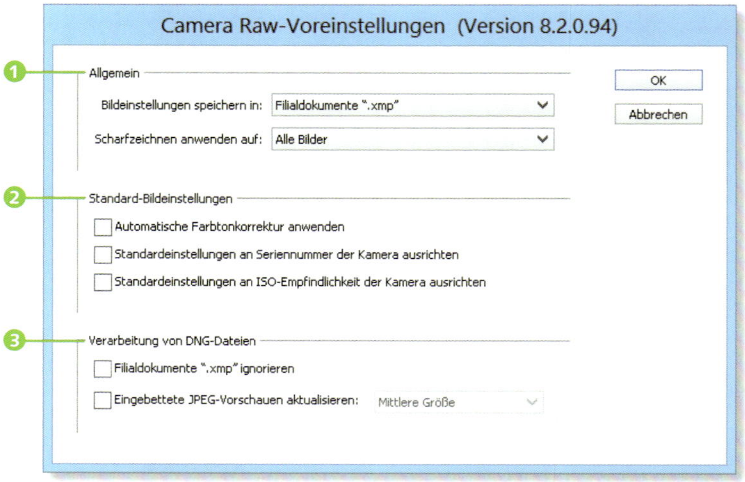

Abbildung 30.13 ▶
Hier legen Sie fest, wo und wie die durchgeführten Änderungen der Rohdaten gespeichert werden.

Filialdokument

Beim DNG-Format werden die Änderungsinformationen, genauer das Filialdokument, direkt in der Datei eingebettet, weshalb Sie hier auch die Option FILIALDOKUMENTE ".XMP" IGNORIEREN auswählen können.

Neu in Camera Raw 7

Gegenüber der Vorgängerversion vom Camera Raw 6 wurden einige Regler neu arrangiert und anders benannt bzw. komplett entfernt und ein besseres Pendant dafür hinzugefügt. Viele Regler haben außerdem einen erheblich verbesserten Algorithmus bekommen, womit Sie die Rohdaten noch feiner verarbeiten und so wesentlich bessere Ergebnisse erzielen können. Neu ist auch, dass die Regler jetzt in der Mittelposition stehen, was die Verwendung enorm erleichtert.

Im Rahmen ALLGEMEIN ❶ wählen Sie aus, ob Sie die Einstellungen in einem **Filialdokument** (mit der Endung »*.xmp«) speichern wollen, das sich im selben Verzeichnis wie das RAW-Bild befindet, oder in der **Camera-Raw-Datenbank**, die in Ihrem Benutzerverzeichnis liegt, zum Beispiel unter [LAUFWERK:] \[IHR BENUTZERVERZEICHNIS]\AppData\Roaming\Adobe\CameraRaw, am Mac unter[[IHR BENUTZERVERZEICHNIS]/LIBRARY/PREFERENCES.

Im Rahmen STANDARD-BILDEINSTELLUNGEN ❷ geben Sie an, welche Korrekturen standardmäßig auf ein RAW-Bild angewendet werden sollen. Bei VERARBEITUNG VON DNG-DATEIEN ❸ legen Sie fest, wie bei solchen Dateien vorgegangen werden soll.

30.3.7 Grundeinstellungen – Bildkorrekturen

Nachdem Sie sich ein wenig mit der Benutzeroberfläche und den Steuerelementen von Camera Raw vertraut gemacht haben, können Sie nun damit beginnen, ein RAW-Bild Ihren Bedürfnissen anzupassen. Die wichtigsten Einstellungen finden Sie hierbei über den Reiter GRUNDEINSTELLUNGEN. Abgesehen von der Dropdown-Liste WEISSABGLEICH können Sie alle Werte mit dem Schieberegler oder alternativ als Zahleneingabe im Eingabefeld verändern.

Aufgeteilt sind diese GRUNDEINSTELLUNGEN in die Bereiche WEISSABGLEICH ❹, Tonwertanpassung ❺ und Farbsättigung ❻. Es empfiehlt sich, diese Reihenfolge – wie schon bei der üblichen Bildkorrektur – beim Überarbeiten einzuhalten. Natürlich ist das nicht immer möglich, was beispielsweise der Fall ist, wenn ein Bild viel zu dunkel geraten ist. Hier müssen zuvor die Tonwerte angepasst werden, um für einen Weißabgleich überhaupt etwas erkennen zu können.

30.3 Das Camera-Raw-Plug-in

Prozess-Version umstellen | Wenn Sie eine RAW-Datei öffnen, die Sie vorher schon einmal in einer Vorgängerversion von Camera Raw geöffnet und bearbeitet haben, wird rechts unten im Bild ein Ausrufezeichen ❼ angezeigt, und es werden auch noch die alten Regler aus der Vorgängerversion von Camera Raw angezeigt. Um jetzt das Foto auf die aktuelle Prozessversion von 2012 umzustellen, brauchen Sie lediglich das Ausrufezeichen ❼ anzuklicken, und anschließend stehen die neuen Regler auch für dieses Foto zur Verfügung.

Weißabgleich von der Kamera verwenden

Bei einigen Kameras kann Camera Raw die Weißabgleicheinstellung der Kamera lesen. Daher finden Sie die entsprechende Weißabgleicheinstellung unter der Option WIE AUFNAHME wieder. Wenn die Weißabgleicheinstellung der Kamera nicht gelesen werden kann, hat die Option WIE AUFNAHME denselben Effekt wie AUTOMATISCH.

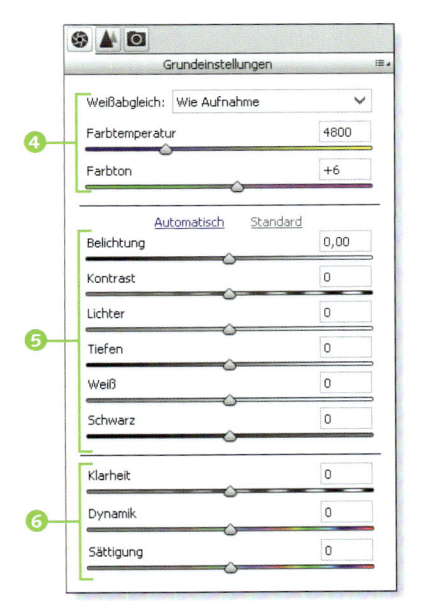

◄◄ **Abbildung 30.14**
Über den Reiter GRUNDEINSTELLUNGEN finden Sie fast alle wichtigen Einstellungen für Ihre RAW-Bilder.

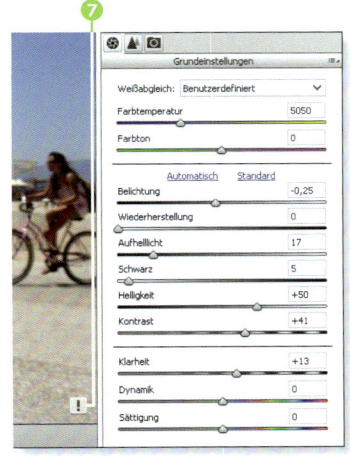

◄ **Abbildung 30.15**
Das Bild wurde mit einer Vorgängerversion von Camera Raw bearbeitet, weshalb Sie hier noch die Regler der Vorgängerversion sehen.

Ebenfalls die Prozessversion auf 2012 umstellen oder ermitteln, mit welcher Prozessversion das Foto in einer Vorgängerversion bearbeitet wurde (oder gar auf eine alte Prozessversion zurückstellen), können Sie über den Reiter KAMERAKALIBRIERUNG ❽ mit der Dropdown-Liste PROZESS ❾, indem Sie den entsprechenden Eintrag auswählen.

Weißabgleich | Mit dem Weißabgleich stellen Sie die Farbtemperatur des Bildes ein. Ein falsch eingestellter Weißabgleich der Kamera kann zu einem **Farbstich im Bild** führen. Camera Raw bietet Ihnen drei Steuerelemente, um einen Farbstich zu korrigieren oder die Stimmung des Bildes zu verändern.

In der Dropdown-Liste WEISSABGLEICH stellen Sie in den GRUNDEINSTELLUNGEN die Farbbalance des Bildes bei den Lichtverhältnissen ein, unter denen das Bild aufgenommen wurde. In manchen Fällen lässt sich über die Dropdown-Liste mit den vor-

▲ **Abbildung 30.16**
Alternativ können Sie die aktuelle Prozessversion auch über das Dropdown-Menü PROZESS ändern.

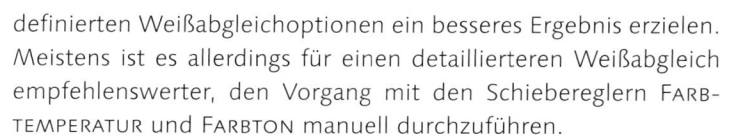

definierten Weißabgleichoptionen ein besseres Ergebnis erzielen. Meistens ist es allerdings für einen detaillierteren Weißabgleich empfehlenswerter, den Vorgang mit den Schiebereglern FARBTEMPERATUR und FARBTON manuell durchzuführen.

Mit dem Schieberegler FARBTEMPERATUR passen Sie den Weißabgleich anhand einer eigenen Farbtemperatur an. Die Farbtemperatur wird hierbei in Kelvin (K) gemessen. Je höher der Wert ist, desto blauer wird die Lichtfarbe; je geringer er ist, desto rötlicher wird das Licht.

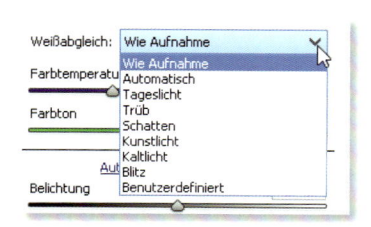

Um hier keine Missverständnisse aufkommen zu lassen: Der Schieberegler FARBTEMPERATUR regelt nicht direkt die Lichttemperatur, sondern gibt an, welche Lichtart in einem Bild als neutral dargestellt werden soll. Daher wird hier das Bild umso rötlicher bzw. wärmer, je weiter Sie den Wert erhöhen, und umso blauer bzw. kälter, je weiter Sie den Wert reduzieren.

Wer hier eigene Farbtemperaturen festlegen will, der sollte sich zumindest ein wenig mit Temperaturen verschiedener Lichtquellen und Beleuchtungssituationen auskennen. In Tabelle 30.2 finden Sie eine Liste mit den Farbtemperaturen gängiger Lichtquellen.

▲ Abbildung 30.17
Über die Dropdown-Liste WEISSABGLEICH lassen sich vordefinierte Optionen verwenden.

Weißabgleich-Werkzeug

Um den Weißabgleich schnell zu korrigieren, können Sie auch das Weißabgleich-Werkzeug [I] aus der Werkzeugleiste von Camera Raw verwenden. Klicken Sie mit dem Werkzeug im Vorschaubild einen Bereich an, der neutral grau oder weiß sein sollte. Dadurch werden die Regler FARBTEMPERATUR und FARBTON (und somit der Weißabgleich) automatisch angepasst.

Temperatur	Lichtquelle
1.500 K–1.950 K	Kerzenlicht
2.600 K	Glühlampe (40 W)
2.800 K	Glühlampe (100 W)
3.000 K	Leuchtstoffröhre (Warmweiß)
3.200 K	Halogenstrahler
3.400 K	Sonne vor dem Untergang
4.000 K	Leuchtstoffröhre (Kaltweiß)
5.500 K	Blitzlicht
5.600 K	Tageslicht
7.000 K	bedeckter Himmel
8.000 K–11.000 K	blauer Himmel

▲ Tabelle 30.2
Temperaturen für gängige Lichtquellen. Alle Angaben sind ungefähre Richtwerte.

Kapitel_30: Stahl.dng

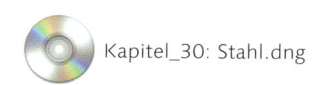

In Abbildung 30.18 sehen Sie dreimal dasselbe Bild mit jeweils unterschiedlichen Farbtemperaturen. Im ersten Bild wurden 3.900 K verwendet. Dieses Bild wirkt, als wäre es zur Mittagszeit aufgenommen. Beim nächsten Bild wurde die Farbtemperatur auf 4.500 K erhöht, und es entsteht der Eindruck, dass das Bild morgens aufgenommen wurde. Im letzten Bild wurden 6.200 K verwendet, was dem Bild eine abendliche Stimmung verleiht.

▼ **Abbildung 30.18**
Diese Bilder zeigen, dass der Weißabgleich stark zur Stimmung des Bildes beträgt.

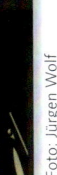

Mit dem zweiten Schieberegler, FARBTON, können Sie den Weißabgleich noch ein wenig optimieren, um einen grünen oder magentafarbenen Farbstich gegebenenfalls auszugleichen. Schieben Sie den Regler nach links, so erhöhen Sie den Grünanteil und reduzieren gleichzeitig den Magenta-Anteil. Verschieben Sie den Regler nach rechts, so wird der Magenta-Anteil erhöht und der Grünanteil reduziert.

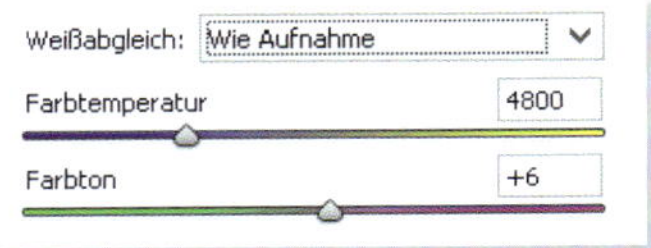

▲ **Abbildung 30.19**
Schieberegler zur Anpassung des Weißabgleichs

Tonwertanpassung | Mit den nächsten sechs Schiebereglern passen Sie die Tonwerte des Bildes an. Wenn Sie hierbei den unterstrichenen Text AUTOMATISCH ❶ anklicken, können Sie diese Einstellungen von Camera Raw auch automatisch durchführen lassen. Meistens ist das Resultat dabei aber weniger gut als bei der manuellen Anpassung über die Schieberegler. Testen können Sie die Automatik trotzdem, um zu sehen, was die Automatik mit den Tonwerten machen würde. Rückgängig machen Sie die Automatik wieder durch einen Klick auf den unterstrichenen Text STANDARD ❷ daneben.

▶ BELICHTUNG: Mit diesem Regler ändern Sie die Mitteltöne bzw. Mittelwerte des Bildes. Damit legen Sie fest, wie hell oder wie dunkel die Lichter und Tiefen des Bildes sind, Sie passen also die Helligkeit oder Dunkelheit des Bildes an. Schieben Sie den Regler nach links, um das Bild abzudunkeln, und nach rechts, um es aufzuhellen. Eine interessante Option beim Ziehen des Reglers ist das Einblenden aktuell veränderter Bereiche, in denen die Lichter beschnitten werden. Halten Sie für diese Anzeige [Alt] gedrückt, während Sie am Regler ziehen. Ebenso kann es sinnvoll sein, eine mögliche Lichter- bzw. Tiefenbeschneidung mit [O] bzw. [U] optisch anzeigen zu lassen.

▶ KONTRAST: Mit diesem Regler erhöhen Sie den Kontrast des Bildes. Damit werden die dunklen Bildbereiche im Bild noch dunkler und die hellen Bildbereiche heller.

▲ **Abbildung 30.20**
Schieberegler zur Anpassung der Tonwerte

Belichtung und Blendenstufen

Die Schrittgröße der Werte von BELICHTUNG entspricht den realen Blendeneinstellungen. Eine Änderung von zum Beispiel +2,00 entspricht einer Vergrößerung der Blende um zwei Blendenstufen.

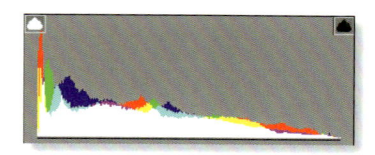

Abbildung 30.21
Wer das Histogramm versteht, tut sich erheblich leichter mit der Tonwertanpassung.

Weiß/Schwarz
Primäres Ziel der Regler WEISS und SCHWARZ soll es natürlich sein, die Tonwerte des Histogramms in vollen Umfang auszunutzen. Auch hier haben Sie beim Ziehen der beiden Regler die Option, mit gehaltener Alt-Taste die veränderten Bildbereiche einzublenden.

Schwarz-/Weißpunktregler
Das Anpassen der Optionen WEISS bzw. SCHWARZ entspricht dem Weiß- bzw. Schwarzpunktregler bei der Tonwertkorrektur im Fotoeditor.

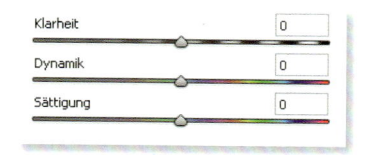

Abbildung 30.22
Schieberegler, die sich auf die Sättigung der Farben auswirken

▶ LICHTER: Mit diesem Regler beeinflussen Sie die hellen Bildbereiche, die Lichter, im Bild. Sie werden heller, wenn Sie den Regler nach rechts ziehen. Ziehen Sie hingegen den Regler nach links, werden die Lichter dunkler. Betroffen sind hierbei also die Bereiche im rechten Drittel des Histogramms. Die Hauptaufgabe dieses Reglers ist es normalerweise, aus überstrahlten und grellen Lichtern wieder Details herauszuholen (= Regler nach links ziehen). Die dunklen Bildbereiche (bzw. Schatten) bleiben mit diesem Regler unangetastet.

▶ TIEFEN: Dieser Regler ist das Gegenstück von LICHTER und beeinflusst nur die dunklen Bildbereiche (Schatten) im Bild. Ziehen Sie den Regler nach links, werden die Tiefen noch dunkler, ziehen Sie nach rechts, werden die Tiefen aufgehellt. Hier sind also die Bereiche im linken Drittel des Histogramms betroffen. Dieser Regler wird vorwiegend eingesetzt, wenn Sie unterbelichtete Bereiche im Bild haben, um hier die Details aus den Tiefen (bzw. Schatten) wiederherzustellen. Die hellen Bildbereich lässt dieser Regler unangetastet.

▶ WEISS: Damit werden die Weißtöne im Bild mit dem Ziel behandelt, einen (neuen) Weißpunkt zu setzen. Ziehen Sie den Regler nach rechts, wird das Bild heller, ziehen Sie den Regler hingegen nach links, wird es dunkler und blasser. Um hierbei optisch zu überprüfen, wann die Pixel zu reinem Weiß beschnitten werden (wenn beispielsweise der Regler zu weit nach rechts verschoben wird), sollten Sie die Warnung zur Lichterbeschneidung mit O (bzw. über das rechte obere Dreieck im Histogramm) einschalten. Diese Pixel werden im Bild mit roter Farbe angezeigt.

▶ SCHWARZ: Hiermit werden die Schwarztöne im Bild geändert, womit wir unseren (neuen) Schwarzpunkt setzen. Ziehen Sie diesen Regler nach links, wird das Schwarz kräftiger und dunkler (das Bild insgesamt kontrastreicher), ziehen Sie den Regler nach rechts, wird das Bild heller. Auch hier empfiehlt es sich, die Warnung zur Tiefenbeschneidung mit U (bzw. über das linke obere Dreieck im Histogramm) zu aktivieren. Ziegen Sie den Regler zu weit nach links, wird Die Tiefenbeschneidung im Bild mit blauer Farbe dargestellt.

Farbsättigung | Beim Fotoeditor sind Sie beim Anpassen der Farbsättigung auf die Sättigung beschränkt. Im Rohformat stehen Ihnen gleich drei Regler zur Verfügung, um die Farben im Bild zu verbessern.

- **Klarheit:** Mit dieser Option verbessern Sie die Klarheit der Bildkonturen und stellen so die Bildschärfe wieder her, die bei der Tonwertanpassung teilweise verloren geht. Genau genommen erhöhen Sie hiermit den Kontrast in den Mitteltönen. Um die Bildschärfe auch gut beurteilen zu können, sollten Sie die Ansicht des Vorschaubildes unbedingt auf 100 % einstellen. In der neuen Version wurde dieser Regler ebenfalls stark verbessert, und selbst ein zu hoher Wert verursacht keinen Lichtkranz (auch Halo genannt) mehr an den Kanten.
- **Dynamik:** Diese Option wirkt sich ähnlich wie Sättigung aus, allerdings nicht auf alle Bildfarben gleich, sondern nur auf Farben mit einer etwas geringeren Sättigung. Damit vermeiden Sie zum Beispiel bei Porträts die Übersättigung der Hautfarbe. Auch alte und ausgeblichene Farben lassen sich mit dieser Option simulieren.
- **Sättigung:** Mit dieser Option erhöhen (nach rechts ziehen) oder reduzieren (nach links ziehen) Sie die allgemeine Farbsättigung. Ziehen Sie den Regler komplett nach links, erhalten Sie ein Schwarzweißbild.

30.3.8 Schärfen und Rauschreduzierung

Über den zweiten Reiter, Details, passen Sie die **Bildschärfe** an und reduzieren das **Bildrauschen**, was gerade bei kompakten Digitalkameras sehr wichtig ist (die Ausprägung dieser Fehler hängt auch von der Sensorgröße ab). Im unteren Teil erhalten Sie auch gleich einen Hinweis, wenn das Bild nicht mindestens in Originalgröße (100 %) angezeigt wird. Diese Größe benötigen Sie, um die Auswirkungen der Anpassungen auf das Bild zu beurteilen.

Schärfen | Mit den Reglern unter Schärfen passen Sie die Bildkanten an. Die Variante der Schärfenanpassung entspricht in etwa dem Photoshop-Elements-Filter Unscharf maskieren.

Wenn Sie vorhaben, das Bild nachträglich noch umfangreich in Photoshop Elements zu bearbeiten, sollten Sie das Schärfen in Camera Raw deaktivieren und diese Korrektur später in Photoshop Elements nach allen Bearbeitungen und Größenanpassungen durchführen, zum Beispiel mit Unscharf maskieren. Falls Sie keine größeren Korrekturen mehr mit dem Fotoeditor vorhaben, sollten Sie alle Ihre RAW-Bilder etwas nachschärfen – allein schon, weil jedes Bild, das mit einer Digitalkamera aufgenommen wird, immer eine gewisse Unschärfe aufweist.

- **Betrag:** Dieser Wert entspricht etwa dem Wert Stärke von Unscharf maskieren. Damit werden die Kanten geschärft, indem bei der Anpassung des angegebenen Wertes der Kon-

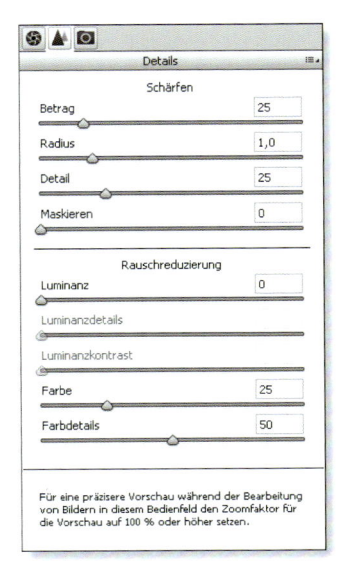

▲ **Abbildung 30.23**
Mehrere Optionen zum Schärfen und zur Rauschunterdrückung

Sinnvolle Werte

Welche Werte Sie zum Schärfen verwenden, hängt natürlich zunächst einmal vom konkreten Anwendungsfall ab. Gute Ergebnisse erzielen Sie auf jeden Fall mit den voreingestellten Werten (BETRAG = 25, RADIUS = 1,0, DETAIL = 25 und MASKIEREN = 0). Reicht Ihnen die Schärfe noch nicht aus, erhöhen Sie den Regler BETRAG. Die besten Ergebnisse erreichen Sie mit einem Wert von 25 bis 100. Je höher Sie hierbei den Wert schieben, desto mehr unschöne Details, wie beispielsweise chromatische Aberrationen, Farb- und Luminanzrauschen können zum Vorschein kommen.

Ursachen für das Bildrauschen

Die häufigsten Ursachen für das Bildrauschen sind zu hoch eingestellte ISO-Empfindlichkeiten oder weniger hochwertige Kompaktkameras.

trast zu den benachbarten Pixeln erhöht wird. Mit einem Wert von 0 deaktivieren Sie das Schärfen. Ansonsten führt in der Praxis meistens ein niedriger Wert zu einem reineren Bild.

- RADIUS: Dieser Wert hat dieselbe Wirkung wie der gleichnamige Wert von UNSCHARF MASKIEREN. Er gibt an, wie viele Pixel im Umfeld des zu schärfenden Bereichs in der Kontrasterhöhung berücksichtigt werden sollen. Ein zu hoher Wert wirkt unnatürlich und macht das Bild häufig kaputt.
- DETAIL: Hiermit bestimmen Sie, wie viele Hochfrequenzdaten im Bild nachgeschärft werden sollen und wie stark Sie die Kanten hervorheben möchten. Hohe Werte verstärken die gesamte Bildstruktur, niedrigere Werte eher versteckte Konturen.
- MASKIEREN: Damit steuern Sie eine Maske um die Kanten. Das Bild wird gleichmäßig geschärft, wenn der Wert auf 0 steht. Je höher Sie den Wert einstellen, desto mehr wird neben den kräftigeren Kanten geschärft.

Rauschreduzierung | Zur Reduzierung von Bildrauschen finden Sie auf der Registerkarte DETAILS mehrere Schieberegler. Beim Bildrauschen unterscheidet man zwischen **Luminanzrauschen** (auch »Graustufenrauschen« genannt), das das Bild körnig wirken lässt, und **Chromrauschen** (Farbrauschen), das sich in farbigen Artefakten im Bild äußert. Um hier die Auswirkungen beurteilen zu können, sollten Sie die Vorschau-Ansicht auf mindestens 100 % stellen. In der Praxis würde ich hier sogar 200–300 % empfehlen, um gerade die Auswirkungen des LUMINANZ-Reglers besser erkennen zu können.

- LUMINANZ: Mit Verschieben des Schiebereglers nach rechts reduzieren Sie das Graustufenrauschen. Erst ab einem Wert größer als 0 können Sie auch Luminanzdetails und Luminanzkontrast anpassen.
  - LUMINANZDETAILS: Erhöhen Sie diesen Wert, werden bei verrauschten Bildern mehr Details erhalten, aber das Rauschen dann weniger stark reduziert. Ein niedriger Wert hingegen glättet das Rauschen besser aber die Details gehen dabei verloren. Der Regler entspricht in etwa dem Schwellenwert beim Schärfen eines Bildes, nur eben für das Luminanzrauschen.
  - LUMINANZKONTRAST: Hier können Sie den Kontrast des Ergebnisses erhalten, wenn Sie den Wert höher stellen. Ein zu hoher Wert kann natürlich auch hier wieder bedeuten, dass nicht erwünschte Effekte auftreten. Ein niedriger Wert hingegen macht das Ergebnis kontrastärmer.

▶ FARBE: Das Chrom- oder Farbrauschen reduzieren Sie mit diesem Schieberegler. Der Regler FARBDETAILS wird erst eingeblendet wenn dieser Wert größer als 0 ist.

▶ FARBDETAILS: Dieser Regler entspricht in etwa wieder dem Schwellenwert für Farbe. Je höher Sie diesen Wert einstellen, desto mehr werden die Farbkanten im Bild geschützt, aber es können unerwünschte Farbflecken entstehen. Bei niedrigerem Wert werden diese Flecken zwar entfernt, aber die Details können verloren gehen.

30.3.9 Kamerakalibrierung

Camera Raw verwendet für jedes unterstützte Kameramodell ein Profil zur Verarbeitung von RAW-Bildern. Solche Profile werden mit unterschiedlichen Licht- und Weißabgleichsbedingungen erstellt. Wenn Sie den Weißabgleich in der Kamera einstellen, verwendet Camera Raw dieses Profil, um die Farbinformationen zu extrapolieren. Im Grunde werden Sie diesen Wert ohnehin nie verändern, aber der Vollständigkeit halber möchte ich ihn doch kurz erläutern.

Wollen Sie nicht die neutralen Farben Ihrer Kamera verwenden, so finden Sie auf der Registerkarte KAMERAKALIBRIERUNG von Camera Raw bereitgestellte Profile. Hier können Sie auch gleich feststellen, ob Camera Raw ein eigenes Profil verwendet oder das in der Datei eingebettete Profil. Abhängig von der Kamera und den zur Verfügung stehenden Profilen werden unter NAME gegebenenfalls nur die Option ADOBE STANDARD (immer vorhanden) und die Option EINGEBETTET aufgelistet, mit der das in der Datei eingebettete Profil verwendet wird. Abhängig vom Kamerahersteller finden Sie eventuell andere eingebettete Profile wieder.

30.3.10 Werkzeuge zur Retusche und Reparatur

Neben den allgemeinen Korrekturen finden Sie in Camera Raw nützliche und häufig verwendete Werkzeuge, etwa zum Ausrichten und Beschneiden von Bildern.

Wenn Sie den Bildausschnitt etwas reduzieren wollen, um zum Beispiel mehr Nähe zu erzeugen, hilft Ihnen das Freistellungswerkzeug [C] ❶. Ist dann das Bild noch schief, können Sie das Gerade-ausrichten-Werkzeug [A] ❷ anwenden. Mit dem Rote-Augen-Korrektur-Werkzeug [E] ❸ korrigieren Sie rote Augen im RAW-Format. Das Werkzeug funktioniert wie das Pendant in

Prozessversion umstellen

Ebenfalls ändern können Sie hier über die Dropdown-Liste PROZESS die aktuelle Prozessversion, wie bereits auf Seite 699 erwähnt wurde. Ich empfehle Ihnen hier auf jeden Fall auf die aktuelle Prozessversion von 2012 zurückzugreifen, weil der Algorithmus und die neuen Regler hier doch erheblich verbessert wurden.

◀ **Abbildung 30.24**
Verwenden von verschiedenen Kameraprofilen

◀ **Abbildung 30.25**
Die Werkzeuge von Camera Raw

Freistellen und Ausrichten

Das Thema »Freistellen und Ausrichten« ist ebenfalls ein wichtiger Arbeitsschritt bei der Bildbearbeitung, weshalb Sie dazu mehr in Teil VI erfahren.

Photoshop Elements. Auch das Drehen um 90° gegen den Uhrzeigersinn ⌊L⌋ ❹ und im Uhrzeigersinn ⌊R⌋ ❺ finden Sie in der Werkzeugpalette wieder.

Freistellen und Ausrichten | Wenn Sie ein Bild freistellen und/oder ausrichten, wird ein grauer Rahmen um die Bildvorschau gelegt. Mit den Anfassern an den Ecken und Seiten können Sie noch Feineinstellungen daran vornehmen. Die Korrektur wird erst beim Öffnen des Bildes im Fotoeditor durchgeführt. Wollen Sie die Freistellungen wieder entfernen, führen Sie einfach einen Rechtsklick im Vorschaubild in Camera Raw aus, und wählen Sie im Kontextmenü FREISTELLUNG LÖSCHEN ❷, oder drücken Sie einfach die Taste ⌊Esc⌋.

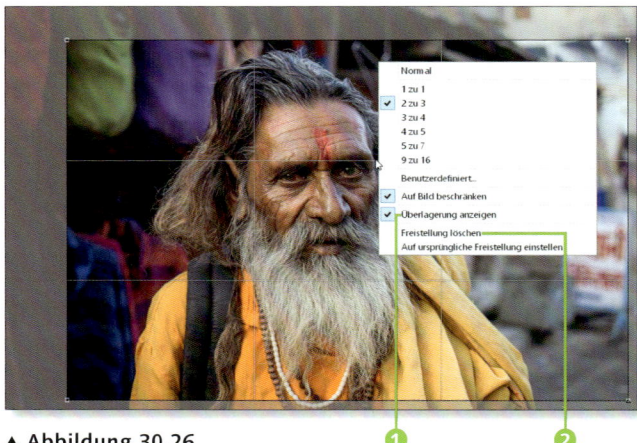

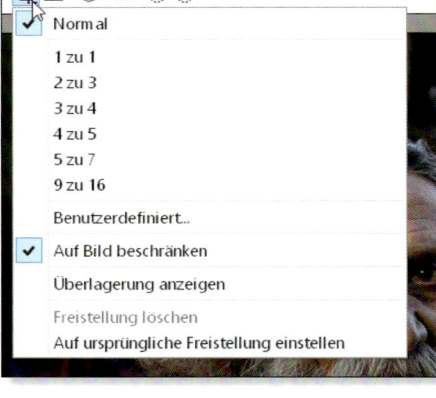

▲ **Abbildung 30.26**
Eine Freistellung kann in Camera Raw vorbereitet werden. Über einen Rechtsklick im Vorschaubild finden Sie weitere Befehle für die Freistellung, wie beispielsweise eine Überlagerung ❶.

▲ **Abbildung 30.27**
Die Befehle zum Freistellen können Sie auch einblenden, wenn Sie die linke Maustaste etwas länger auf dem Freistellungswerkzeug gedrückt lassen.

30.3.11 Bild speichern oder im Fotoeditor öffnen

Abbildung 30.28 ▼
Möglichkeiten, den Camera-Raw-Dialog abzuschließen

Wenn Sie mit den Korrekturen der RAW-Datei mit Camera Raw fertig sind, stehen Ihnen mehrere Möglichkeiten zur Verfügung, um Ihre Arbeiten abzuschließen.

»Bild speichern« als DNG-Datei | Über die Schaltfläche BILD SPEICHERN rufen Sie einen Speichern-Dialog auf, in dem Sie die RAW-Datei nach dem Entwickeln in 48 Bit Farbtiefe (16 Bit je Kanal)

30.3 Das Camera-Raw-Plug-in

mit einem neuen Dateinamen und gegebenenfalls auch in einem anderen Verzeichnis im Adobe-eigenen RAW-Dateiformat DNG speichern können, um das Bild in voller Qualität zu bewahren.

▼ **Abbildung 30.29**
SPEICHEROPTIONEN für das Sichern einer RAW-Datei im Adobe-eigenen DNG-Format

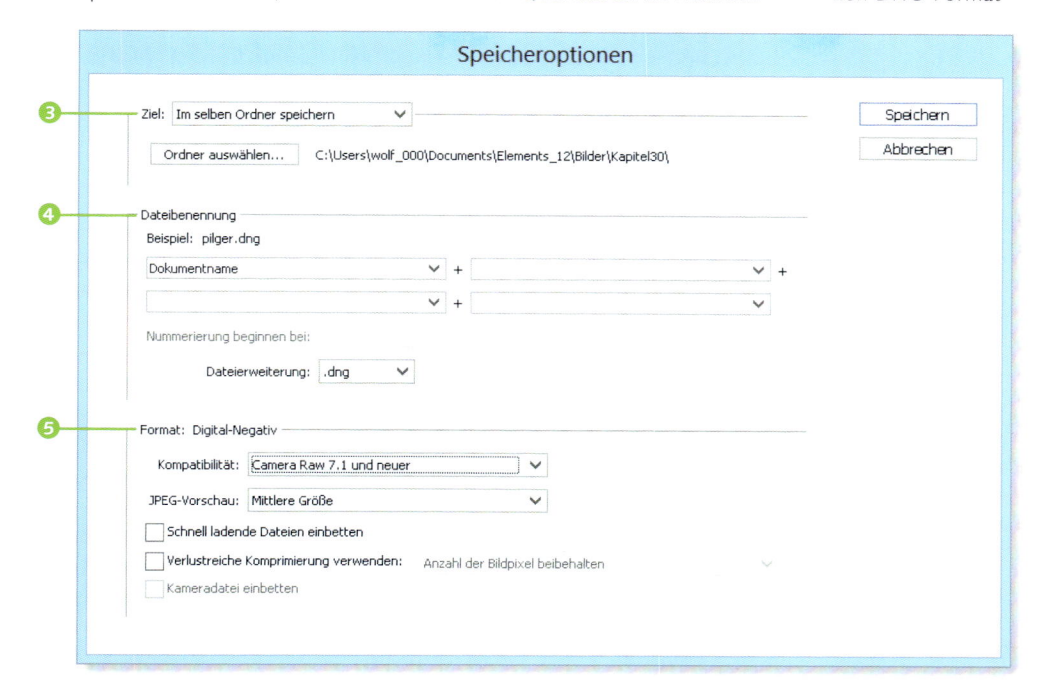

Wo Sie die RAW-Datei speichern, geben Sie mit den Optionen im Bereich ZIEL ❸ an; den Namen der Datei legen Sie im Rahmen DATEIBENENNUNG ❹ fest. Als DATEIERWEITERUNG können Sie nur die Groß- oder Kleinschreibung von »DNG« auswählen (die Angaben zum Ziel und Dateinamen werden vermutlich niemandem mehr Kopfzerbrechen bereiten).

Innerhalb des Rahmens FORMAT: DIGITAL-NEGATIV ❺ können Sie die KOMPATIBILITÄT der DNG-Datei einstellen, falls Sie wollen, dass dieselben Einstellungen auch mit einer älteren Camera-Raw-Version gelten. Hierbei haben Sie mit BENUTZERDEFINIERT auch eine Möglichkeit, bei der Kompatibilität selbst Hand anzulegen. Wenn Sie BENUTZERDEFINIERT auswählen, erscheint ein weiterer Dialog (siehe Abbildung 30.30), in dem Sie über eine Dropdown-Liste die DNG-Version manuell einstellen können. Wollen Sie, dass das digitale Negativ beim Speichern nicht komprimiert wird, müssen Sie das Häkchen vor NICHT KOMPRIMIERT setzen. Ist diese Option aktiviert, wird eine verlustlose Komprimierung verwendet, was sinnvoll ist, wenn Sie Speicherplatz sparen wollen. Die Option LINEAR (MOSAIKFREI) speichert das Bild in einem interpolierten (mosaikfreien) Format. Das Bild kann dann auch in ande-

Original überschreiben
Sie müssen sich keine Sorgen machen, dass Sie aus Versehen eine Original-RAW-Datei überschreiben. Dies ist mit Camera Raw nicht möglich.

Speichern ohne Dialog
Wenn Sie [Alt] gedrückt halten, verschwinden bei der Schaltfläche BILD SPEICHERN die drei Punkte am Ende. Dies bedeutet, dass ohne einen weiteren Dialog sofort gespeichert wird. Gespeichert werden dann die zuletzt gesetzten Werte und Optionen des jeweiligen Dialogs. Keine Sorge – eine Original-RAW-Datei wird niemals überschrieben. Wenn nicht anders vorgegeben, wird einfach beim Dateinamen eine Nummer hinzugefügt und ggf. hochgezählt.

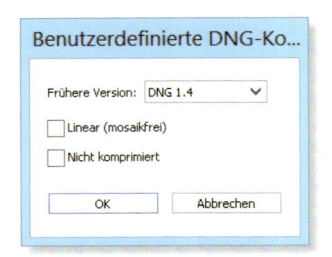

Abbildung 30.30
Benutzerdefinierte
DNG-Kompatibilität

Kopie öffnen
Wenn Sie [Alt] gedrückt halten, wird aus der Schaltfläche BILD ÖFFNEN die Schaltfläche KOPIE ÖFFNEN. Wenn Sie diese Schaltfläche verwenden, wird das Bild geöffnet, ohne dass die Metadaten aktualisiert werden. Mit BILD ÖFFNEN werden dagegen die Metadaten des RAW-Bildes gespeichert, so dass Sie beim nächsten Öffnen des RAW-Bildes mit Camera Raw dieselben Einstellungen vorfinden, mit denen Sie das Bild zuletzt bearbeitet haben. Mit KOPIE ÖFFNEN wird das Bild beim erneuten Öffnen mit den Standardeinstellungen des Camera-Raw-Standards geöffnet.

ren Programmen geöffnet werden, die nicht über ein Profil der Digitalkamera verfügen, mit der das Bild aufgenommen wurde. In der Regel können Sie diese Option deaktiviert lassen.

Mit der Option KAMERADATEI EINBETTEN wird die Original-RAW-Datei in die DNG-Datei eingebettet. Damit steigt zwar der Dateiumfang, aber so können Sie später jederzeit die Originaldatei wiederherstellen. Wollen Sie für andere Anwendungen ein Vorschaubild generieren, um auch in diesen Anwendungen sehen zu können, um welches Bild es sich handelt, so integrieren Sie eine solche Vorschau mit der Option JPEG-VORSCHAU.

Bild im Fotoeditor öffnen | Der häufigste Vorgang, wenn Sie mit den Einstellungen in Camera Raw fertig sind, dürfte das Öffnen des Bildes im Fotoeditor sein. Hierzu klicken Sie einfach auf die entsprechende Schaltfläche BILD ÖFFNEN. Der Camera-Raw-Dialog wird dann geschlossen und das Bild im Fotoeditor geöffnet.

Bild als JPEG oder ähnlich speichern | Um ein Bild letztendlich tatsächlich in ein gängiges Format wie JPEG oder TIFF zur Weitergabe zu speichern, müssen Sie es über die Schaltfläche BILD ÖFFNEN im Fotoeditor öffnen. Aus Camera Raw heraus ist es nicht möglich, Bilder in ein typisches Format zur Weitergabe zu speichern. Wurde die RAW-Datei im Fotoeditor geöffnet, handelt es sich immer noch um eine RAW-Datei. Diese können Sie jetzt mit dem üblichen Befehl DATEI • SPEICHERN UNTER oder [Strg]/[cmd]+[⇧]+[S] in ein gängiges Format, wie beispielsweise JPEG oder TIFF speichern. Wie Sie Bilder speichern, habe ich bereits in Abschnitt 1.5 näher beschrieben, und auf die einzelnen Dateiformate bin ich in Abschnitt 6.5 eingegangen.

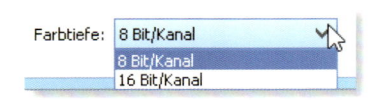

Abbildung 30.31
Sie können Bilder mit 8 bzw. 16 Bit-Farbtiefe im Fotoeditor öffnen. Sie müssen aber wissen, dass mit 16 Bit-Farbtiefe kaum Funktionen im Fotoeditor verwendet werden können.

Bit-Tiefe beachten | Dabei entscheidet die Bit-Tiefe, die Sie in Camera Raw eingestellt haben, mit welchen Funktionen Sie im Fotoeditor weiterarbeiten oder in welchem Format Sie das Bild nach der Bearbeitung speichern können.

Wenn Sie hier 8 Bit Farbtiefe pro Kanal verwenden, können Sie wie gewohnt mit dem Bild weiterarbeiten. Sollten Sie aber 16 Bit Farbtiefe pro Kanal benutzt haben, stehen Ihnen nicht mehr alle Funktionen von Photoshop Elements zur Verfügung, denn viele dieser Funktionen unterstützen keine 16 Bit pro Kanal. Auch wenn Sie ein Bild mit 16 Bit pro Kanal abspeichern wollen, stehen Ihnen nicht alle Dateiformate zur Verfügung, sondern nur die, die eben 16 Bit unterstützen. Hier böten sich zum Beispiel hochwertige Formate wie TIFF, PNG oder JPEG2000 an.

◀ **Abbildung 30.32**
Falls Sie unsicher sind, ob Sie das Bild mit 8 Bit oder mit 16 Bit pro Farbkanal geöffnet haben, hilft ein schneller Blick in die Titelleiste ❶ (hier (RGB/16)) oder unterhalb des Dokumentfensters über DOKUMENTPROFIL ❷.

»Fertig« und »Abbrechen« | Mit der Schaltfläche FERTIG schließen Sie den Camera-Raw-Dialog und speichern die vorgenommenen Einstellungen – ohne den Fotoeditor zu öffnen. Beim nächsten Öffnen des RAW-Bildes stehen Ihnen diese Einstellungen gleich wieder zur Verfügung. Die Schaltfläche ABBRECHEN hingegen beendet den Camera-Raw-Dialog, ohne dass irgendwelche Einstellungen gespeichert werden.

Zurücksetzen
Halten Sie [Alt] gedrückt, so wird aus der Schaltfläche ABBRECHEN die Schaltfläche ZURÜCKSETZEN. Mit einem Klick auf diesen Button verwerfen Sie sämtliche Einstellungen.

30.3.12 Bildbearbeitung mit Camera Raw

Zugegeben, das Kapitel war bisher ein wenig theoretisch angelegt. Dies war allerdings unerlässlich, wenn Sie wirklich die einzelnen Optionen von Camera Raw verstehen und den vollen Umfang des RAW-Formats verwenden wollen.

Der folgende Workshop beschreibt nun den üblichen Vorgang, ein RAW-Bild zu bearbeiten und im Fotoeditor zur Weiterarbeit zu öffnen. Natürlich gilt auch, dass es hierfür kein allgemeines Rezept gibt. Neben dem Motiv, dem gegebenen Licht und den somit noch vorhandenen Informationen ist auch eine gewisse Erfahrung (vor allem im Umgang mit dem Histogramm) nötig, um mit Camera Raw bessere Ergebnisse zu erzielen als ohne das RAW-Format. Daher gilt auch hier: Übung macht den Meister.

Persönlicher Geschmack
Beachten Sie bitte, dass bei der Verarbeitung von RAW-Dateien auch ein wenig der persönliche Geschmack mitwirkt. Der eine liebt es heller, der andere dunkler, oder er mag vielleicht mehr Farbe und der andere den Kontrast. In diesen Fragen können Sie Ihrer Kreativität (fast) freien Lauf lassen.

Schritt für Schritt: Bildbearbeitung mit Camera Raw durchführen

Mit den folgenden Schritten will ich Ihnen demonstrieren, wie die typischen Bearbeitungsvorgänge bei einer RAW-Datei mit Camera Raw ablaufen könnten.

Kapitel_30:
aarti_ceremony.DNG

Kapitel 30   RAW – das digitale Negativ

Abbildung 30.33 ▶
RAW-Bilder wirken oft dunkel oder gar trübe. Bedenken Sie immer, dass diese Bilder nicht von der Kamera »schöngerechnet« wurden. Der Vorteil von dunklen Bildern ist allerdings, dass sich hier im RAW-Modus noch vieles herausholen lässt. Bei überbelichteten Bildern, auch im RAW-Modus, sieht dies schon schlechter aus.

Abbildung 30.34 ▼
Durch ein Aufhellen der BELICHTUNG ❸ kann man das Bild jetzt besser für die Farbtemperatur beurteilen.

1   Belichtung anpassen

Öffnen Sie das Bild »aarti_ceremony« mit Camera Raw. Normalerweise würden Sie jetzt als ersten Schritt die Farbtemperatur einstellen. Aber in diesem Beispiel ist das Bild zunächst noch etwas zu dunkel, um einen Farbabgleich beurteilen zu können. Schalten Sie am besten gleich von Anfang an die optische Überprüfung der Tiefenbeschneidung über das linke obere Dreieck ❶ im Histogramm (bzw. mit U) und die Lichtbeschneidung über das rechte obere Dreieck ❷ (bzw. mit O) ein.

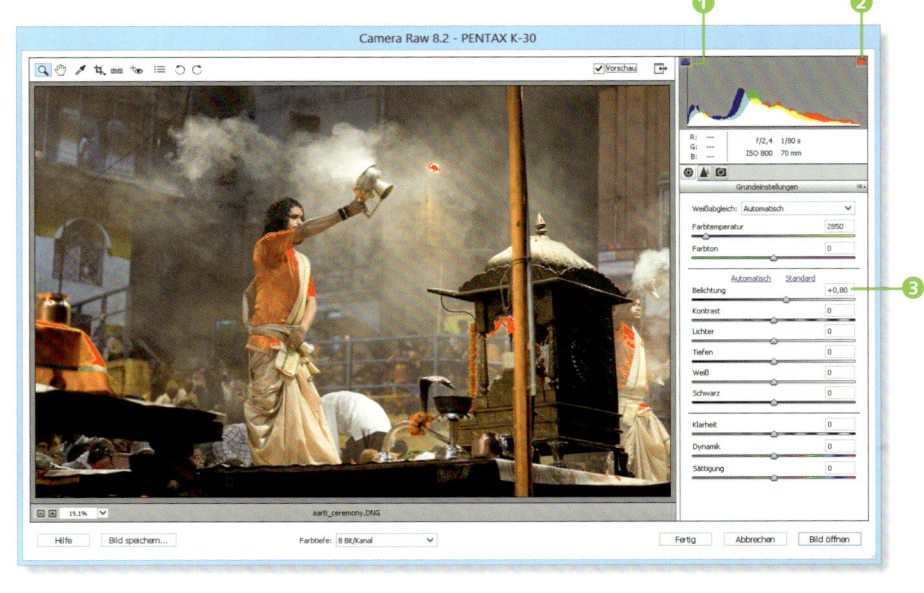

Ziehen Sie jetzt den Regler BELICHTUNG ❸ nach rechts, um das Bild insgesamt aufzuhellen. Im Beispiel wurde die BELICHTUNG auf »+0,80« erhöht. Behalten Sie hierbei stets die Lichtbeschneidungen in der Vorschau im Auge, welche in roter Farbe angezeigt wird und die Sie, wie die Tiefenbeschneidung in blauer Farbe, immer möglichst gering halten bzw. vermeiden sollten. Hier im Beispiel kommt es an einigen Stellen bereits zur Lichterbeschneidung. Das werden wir gleich korrigieren.

2 Farbtemperatur anpassen
Beim Betrachten der Farbtemperatur wirkt das Bild mit der Voreinstellung von 2850° für meinen Geschmack etwas kühl. Setzen Sie daher den Weißpunkt über den Schieberegler FARBTEMPERATUR ❹ auf »3200« °Kelvin. Den Wert von FARBTON ❺ habe ich leicht auf »+20« erhöht. Jetzt wirkt die Umgebung wärmer, und das Bild ist insgesamt etwas stimmiger. Allerdings ist dies natürlich auch eine Frage des persönlichen Geschmacks.

▲ **Abbildung 30.35**
Farbtemperatur erhöhen

3 Weiß- und Schwarzpunkt einstellen
Achten Sie darauf, dass nach wie vor die optische Überprüfung für die Tiefen- und Lichtbeschneidung aktiviert ist. Der Regler WEISS ❼ wurde auf »–25« reduziert, um den Weißpunkt zu setzen. Im Beispiel hätten wir da durchaus auch auf »–100« gehen können, weil immer noch Lichtbeschneidungen in roter Farbe ❻ in der Vorschau angezeigt werden. Aber Sie sollten sich vor Augen halten, dass es durchaus auch gewollt sein kann, dass pures Weiß oder pures Schwarz im Bild verwendet werden. Außerdem wollen wir dann ja noch die LICHTER und TIEFEN bearbeiten.

Der Regler SCHWARZ ❽ für den Schwarzpunkt wurde auf +25 erhöht und gesetzt. Diesen Regler hätten Sie allerdings auch bei 0 belassen können.

Nur alle Kanäle
In manchen Fällen würde man sich eine Tonwertkorrektur für die einzelnen Kanäle Rot, Grün und Blau wünschen, wie das bei Camera Raw mit dem großen Photoshop CC möglich ist.

▼ **Abbildung 30.36**
Jetzt haben wir den Weiß- bzw. Schwarzpunkt gesetzt, also das hellste Weiß und das dunkelste Schwarz.

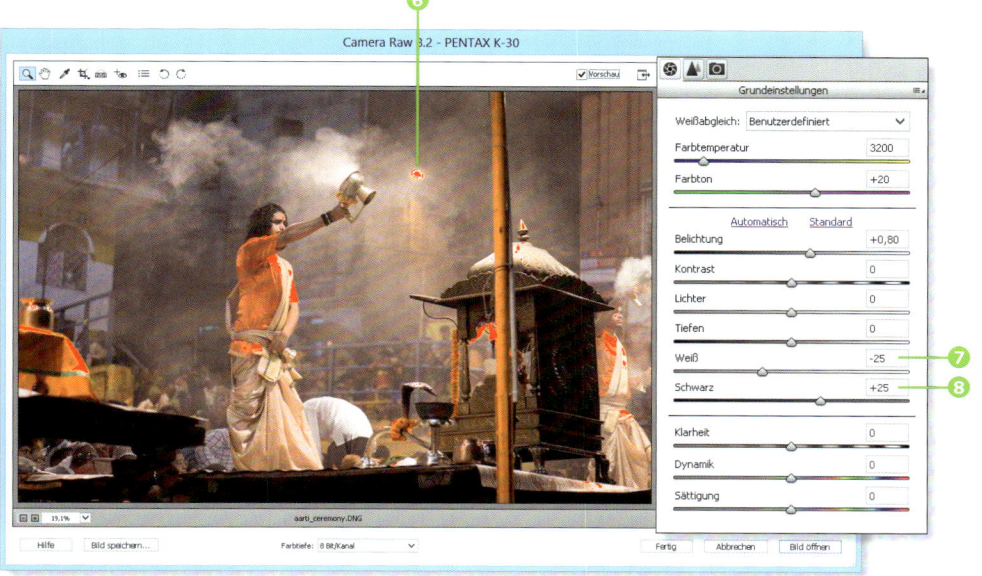

Abbildung 30.41 ▶
Bild freistellen

Abbildung 30.42 ▼
Das Bild links ist die unbearbeitete RAW-Fassung. Das Bild rechts ist die Version nach der RAW-Behandlung mit Camera Raw. Das Bild ist jetzt bereit für die weitere Bearbeitung im Fotoeditor von Photoshop Elements.

10 Bild im Fotoeditor öffnen

Wenn Sie mit der Camera-Raw-Bearbeitung fertig sind, öffnen Sie das Bild zur weiteren Bearbeitung im Fotoeditor. Klicken Sie hierzu auf die Schaltfläche BILD ÖFFNEN im Camera-Raw-Dialog.

11 Bild speichern

Auch wenn es vielleicht klar sein sollte: Das Bild, das Sie im Fotoeditor geöffnet haben, ist immer noch im DNG-Format und muss natürlich noch in ein gängiges Bildformat gespeichert werden. Hierbei hängt es natürlich davon ab, was Sie mit dem Bild vorhaben. In der Praxis empfiehlt sich meist eine Speicherung im JPEG-Format. Die Beschreibung der wichtigsten Dateiformate finden Sie in Abschnitt 6.5, »Wichtige Dateiformate für Bilder«.

30.3.13 Stapelverarbeitung von RAW-Bildern

Wer mit RAW fotografiert, hat in der Regel sehr viele Bilder zu bearbeiten. Dafür gibt es die Camera-Raw-Standardeinstellung, mit der Sie mehrere RAW-Dateien in einem Rutsch (Stapelverarbeitung) konvertieren können. Dies ist zum Beispiel sinnvoll bei einer Serie von Bildern, die alle mit einer ähnlichen Voraussetzung (Belichtung etc.) fotografiert wurden, wie dies beispielsweise bei Bildern für ein Panorama der Fall ist.

30.3 Das Camera-Raw-Plug-in

Schritt für Schritt: Mehrere RAW-Bilder auf einmal konvertieren (Stapelverarbeitung)

In diesem Workshop sollen RAW-Aufnahmen für ein Panorama in einem Rutsch bearbeitet werden. Da sie sich alle ähneln, können die Einstellungen eines Bildes hier auf die übrigen Bilder übertragen werden.

Kapitel_30:
Ordner PANORAMA

1 Dateien kopieren
Kopieren Sie zunächst den Ordner PANORAMA von der Buch-DVD auf die Festplatte Ihres Rechners. Wechseln Sie in das Verzeichnis, in das Sie den Ordner kopiert haben.

2 RAW-Einstellung festlegen
Öffnen Sie zunächst eines der Bilder aus dem Ordner PANORAMA, und führen Sie eine übliche RAW-Korrektur durch, bis Ihnen das Bild optimal eingestellt erscheint.

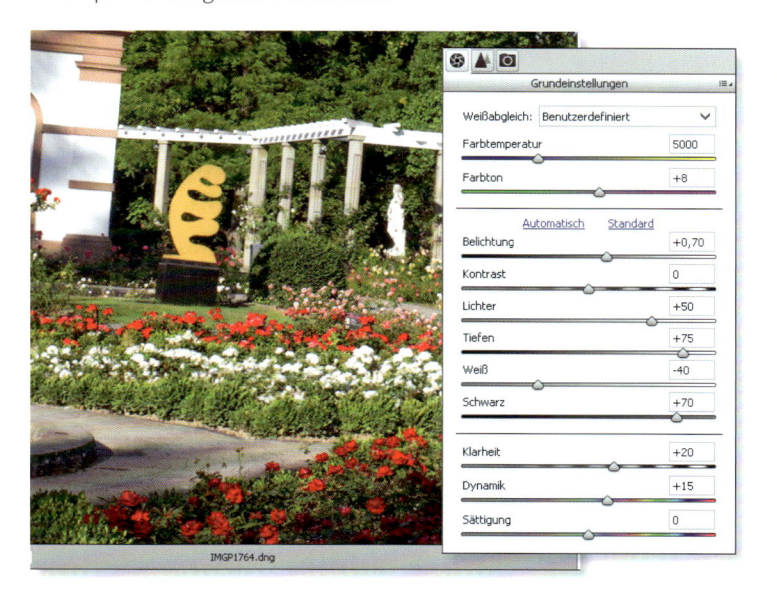

◄ **Abbildung 30.43**
Ich entscheide mich für die Einstellungen aus dieser Abbildung.

3 Einstellungen speichern
Klicken Sie auf das kleine Symbol ❶ zum Ändern der Einstellungen, und wählen Sie im sich öffnenden Seitenmenü den Punkt NEUE CAMERA RAW-STANDARDS SPEICHERN aus. Diese Aktion wirkt sich nur auf den Punkt CAMERA RAW-STANDARDS aus. Die RAW-Bilder selber werden nach wie vor mit den üblichen Bildeinstellungen geöffnet.

Sie brauchen sich übrigens keine Sorgen zu machen, dass Sie hiermit die eigentlichen Standards komplett überschreiben. Diese können Sie jederzeit wieder mit CAMERA RAW-STANDARDS ZURÜCKSETZEN wiederherstellen.

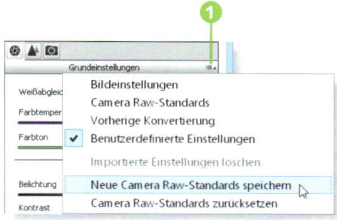

▲ **Abbildung 30.44**
Hier können Sie Voreinstellungen, mit denen ein neu geöffnetes Bild angepasst werden soll, sichern und wieder aufrufen.

4 Camera Raw beenden

Über die Schaltfläche ABBRECHEN beenden Sie anschließend den Camera-Raw-Dialog.

5 Formatkonvertierung

Öffnen Sie, falls noch nicht geschehen, den Fotoeditor, und wählen Sie den Punkt DATEI • MEHRERE DATEIEN VERARBEITEN aus. Es öffnet sich ein Dialog, in dem Sie über die Schaltfläche DURCHSUCHEN von QUELLE ❶ den Pfad zum Ordner PANORAMA auf Ihrer Festlatte angeben (nicht auf der Buch-DVD!). Mit ZIEL ❷ bestimmen Sie, wo anschließend die konvertierten Dateien gespeichert werden. Im Bereich DATEIBENENNUNG ❸ können Sie Namen für die konvertierten Dateien vergeben. Wenn Sie wollen, legen Sie innerhalb des Bereichs BILDGRÖSSE ❹ auch die Ausgabegröße und die Pixelgröße fest. Unter DATEITYP ❺ stellen Sie ein, in welchem Dateiformat die RAW-Dateien gespeichert werden sollen. Setzen Sie das Häkchen vor DATEIEN KONVERTIEREN IN, und verwenden Sie JPEG MITTLERE QUALITÄT.

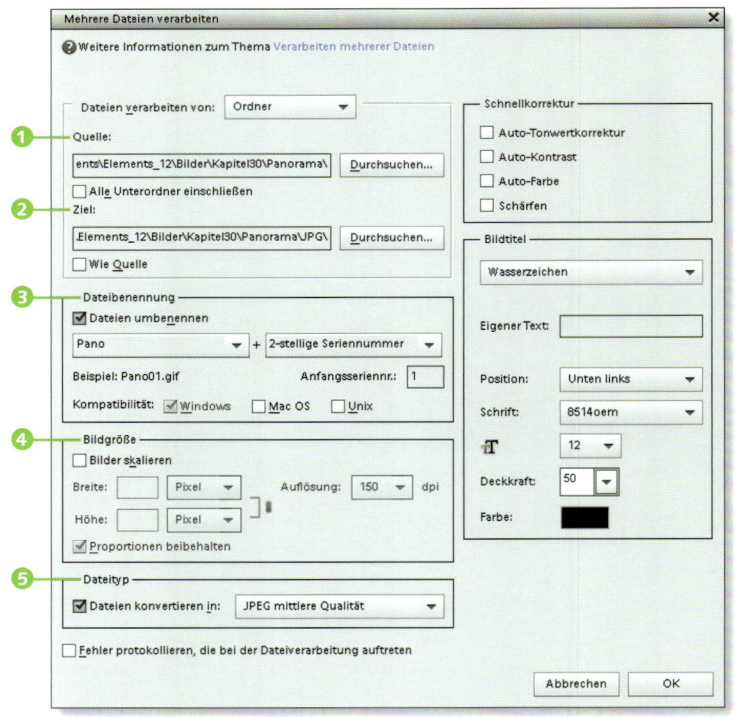

Abbildung 30.45 ▶
Stapelverarbeitung im Fotoeditor

6 Dateien verarbeiten

Klicken Sie jetzt auf OK, und Photoshop Elements konvertiert alle im Zielordner befindlichen RAW-Dateien anhand der zuvor festgelegten RAW-Einstellungen, ohne dass Sie sich um etwas kümmern müssen. Die konvertierten RAW-Bilder werden im angegebenen Zielordner (im Beispiel als JPEG-Bilder) abgespeichert. Natürlich bleiben auch hierbei wieder die Original-RAW-Dateien unangetastet.

RAW-Bearbeitung mehrerer Bilder | Der letzte Workshop in diesem Kapitel zeigt Ihnen, wie Sie mit Camera Raw bei mehreren Dateien gleichzeitig die Einstellungen ändern.

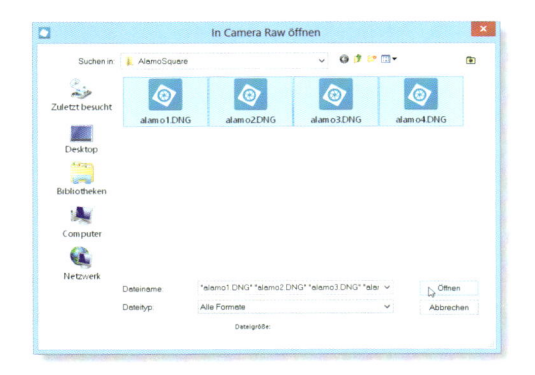

◀ **Abbildung 30.46**
Hier wurden unsere RAW-Bilder mithilfe von ÜBERARBEITEN • PHOTOMERGE • PHOTOMERGE-PANORAMA zu einem Panorama zusammengesetzt.

Schritt für Schritt: Mehrere RAW-Dateien auf einmal mit Camera Raw bearbeiten

Es gibt noch eine zweite Möglichkeit, mehrere RAW-Bilder auf einmal in Camera Raw zu bearbeiten. Diesen Weg habe ich Ihnen bei der Einführung zum Camera-Raw-Dialog noch vorenthalten. Sollten Sie keine RAW-Bilder zur Verfügung haben, so verwenden Sie einfach die Bilder aus dem Ordner ALAMOSQUARE von der Buch-DVD.

Kapitel_30: Ordner ALAMOSQUARE

1 Dateien laden

Rufen Sie den Dialog zum Öffnen von RAW-Dateien mit `Strg`/`cmd`+`Alt`+`O` oder DATEI • IN CAMERA RAW ÖFFNEN auf. Wählen Sie das Verzeichnis, in dem sich die RAW-Dateien befinden (hier beispielsweise ALAMOSQUARE). Markieren Sie die Bilder, die Sie mit Camera Raw öffnen wollen, und klicken Sie dann auf die Schaltfläche ÖFFNEN.

◀ **Abbildung 30.47**
Bilder, die mit Camera Raw bearbeitet werden sollen, werden hier markiert.

Kapitel 30 RAW – das digitale Negativ

2 Bilder in Camera Raw auswählen

Jetzt zeigt sich der Camera-Raw-Dialog mit einem neuen Steuerelement, das alle im Organizer ausgewählten Bilder in der linken Seitenleiste ❷ darstellt. Um alle Bilder auf einmal zu bearbeiten, klicken Sie auf die Schaltfläche ALLES AUSWÄHLEN ❶. Wollen Sie nicht alle, sondern nur einzelne RAW-Bilder bearbeiten, so wählen Sie diese wie gewohnt mit gehaltener [Strg]/[cmd]-Taste aus.

Abbildung 30.48 ▼
Wählen Sie alle Bilder aus, damit sich die Einstellungen auf alle geöffneten Dateien auswirken.

Fotos: Jürgen Wolf

3 RAW-Einstellungen durchführen

Wenn Sie jetzt die RAW-Einstellungen über die Schieberegler wie WEISSABGLEICH, TONWERTANPASSUNG und SÄTTIGUNG anpassen, wirken sich diese Einstellungen auf alle Bilder aus. Beachten Sie dabei Folgendes: Falls Sie ein RAW-Bild freistellen oder ausrichten wollen und alle Bilder ausgewählt sind, wirkt sich diese Operation auch auf alle Bilder aus. Wollen Sie einzelne Bilder mit den RAW-Einstellungen feinjustieren, brauchen Sie nur das jeweilige Bild oder die Bilder auszuwählen. Die zuvor getroffenen Einstellungen bleiben erhalten.

Bilder, die verändert wurden, erkennen Sie am kleinen Symbol eines Schiebereglers ❻ rechts unten in den Vorschaubildern. Bilder, die freigestellt oder ausgerichtet wurden, haben links unten ein entsprechendes Symbol ❺. Außerdem finden Sie in der Werkzeugleiste ein Mülleimersymbol ❸, mit dem Sie misslungene Bilder zum Löschen markieren können, was in der Bildervorschau auf der linken Seite mit einem roten X ❹ angezeigt wird.

Bilder löschen

Beachten Sie: Wenn Sie bei einem markierten Bild das Mülleimersymbol ❸ in der Werkzeugleiste anklicken, so wird dieses Bild in den Papierkorb Ihres Betriebssystems geschoben. Erst beim nächsten Leeren des Papierkorbs wird die Datei (fast) unwiderruflich gelöscht.

30.3 Das Camera-Raw-Plug-in

Abbildung 30.49
Zahlreiche Icons und Werkzeuge helfen Ihnen dabei, den Überblick zu bewahren.

4 Bild(er) öffnen oder speichern

Wollen Sie alle Bilder auf einmal über die Schaltfläche BILD(ER) SPEICHERN als DNG-Datei speichern oder mit der Schaltfläche BILD(ER) ÖFFNEN im Fotoeditor öffnen, müssen Sie wieder alle Bilder in der Seitenleiste über die Schaltfläche ALLES AUSWÄHLEN selektieren. Anderenfalls werden nur die Bilder gespeichert bzw. geöffnet, die aktuell ausgewählt sind.

Abbildung 30.50
In Camera Raw bearbeitete Bilder, in den Fotoeditor geladen

Kapitel 30   RAW – das digitale Negativ

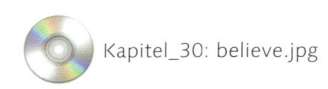

Kapitel_30: believe.jpg

Behandelte Pixel
An dieser Stelle folgt noch der Hinweis, dass Sie natürlich wissen müssen, dass es sich bei JPEG- bzw- TIFF-Bildern um Pixel handelt, die bereits von der Kamera bearbeitet wurden. Daten im Rohformat sind stets von der Kamera unbehandelte Pixel.

30.3.14 JPEG-Bilder mit Camera Raw bearbeiten

Für viele Anwender ist der Workflow und die Korrektur der Bilder mit dem Camera-Raw-Plug-in sehr angenehm und effektiv, so dass man sich wünschen würde, auch herkömmliche Bilder im JPEG-Format (oder auch anderen Formaten wie TIFF und PSD) mit Camera Raw bearbeiten zu können. Die gute Nachricht ist, dass dies ebenfalls ohne Einschränkungen möglich ist.

Mit dem tollen Algorithmus von Camera Raw, bei dem man nicht mehr so leicht etwas kaputtmachen kann, ist die Möglichkeit, JPEG-Bilder mit Camera Raw nachzubearbeiten, ein kleiner Geheimtipp. Hierzu müssen Sie lediglich im Dialog, den Sie mit [Strg]/[cmd]+[Alt]+[O] oder Datei • In Camera Raw Öffnen aufrufen, JPEG-Bilder statt RAW-Bilder öffnen.

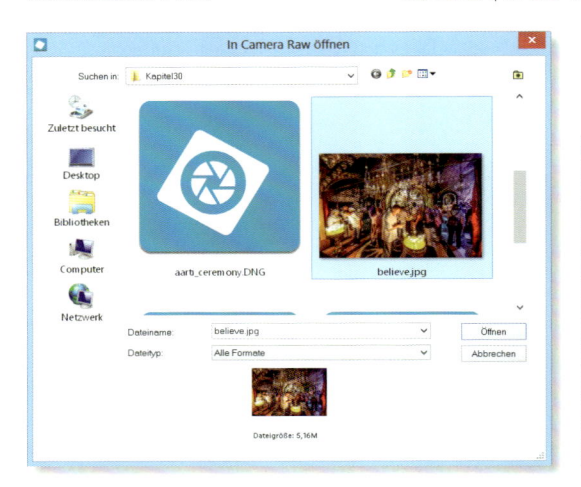

▲ **Abbildung 30.51**
Einfach ein JPEG-Bild im Dialog In Camera Raw Öffnen auswählen, …

▲ **Abbildung 30.52**
… und das JPEG-Bild kann mit Camera Raw nachbearbeitet werden.

Kapitel 31
DRI-Technik

In diesem Kapitel lernen Sie eine Technik kennen, mit der Sie mehrere gleiche Bilder, allerdings mit unterschiedlichen Belichtungszeiten, zu einem einzigen Bild mit einer deutlich besseren Dynamik zusammenfügen können. Damit werden über- und unterbelichtete Bereiche im Endergebnis vermieden.

31.1 Was ist DRI?

Die Abkürzung DRI steht für »Dynamic Range Increase«. Bei dieser Technik werden von ein und demselben Motiv mehrere Bilder mit unterschiedlichen Belichtungszeiten aufeinandergelegt. Aus jeder Ebene wird hierbei der problematische Bereich (meistens der überstrahlte bzw. überbelichtete Bereich) entfernt, bis zuletzt ein ausgeglichen belichtetes Bild mit einem wesentlich besseren Dynamikumfang übrig bleibt. Aktuell werden derzeit mit **Exposure Blending** und **HDR** zwei Methoden verwendet. Der Begriff »DRI« kann also durchaus für beide Methoden benutzt werden.

Exposure Blending | Mit Ebenen und Masken werden für das Exposure Blending Bilder mit verschiedenen Belichtungszeiten übereinandergelegt, um die Bilder miteinander zu kombinieren. Dabei wird darauf geachtet, dass über- und unterbelichtete Bildbereiche aus dem Bild entfernt werden, so dass das Bild am Ende mehr Details erhält. Für das Exposure Blending können Sie jedes Bildbearbeitungsprogramm verwenden, das mit Ebenen und Transparenz umgehen kann.

HDR(I) | Neben der DRI-Technik gibt es auch die Technik mit der Abkürzung HDRI für »High Dynamic Range Image«. Um hier niemanden zu verwirren: Die Bezeichnung »HDRI-Bild« ist eigentlich

HDR nicht mit Photoshop Elements

Dass Photoshop Elements kein echtes HDR beherrscht, liegt auch daran, dass nur 8 Bit pro Farbkanal unterstützt werden. Echtes HDR bleibt somit dem großen Photoshop vorbehalten.

Nur Exposure Blending ...

Ich will hier gar nichts schönreden: Da Photoshop Elements keine HDR-Funktionalität anbietet, ist die hier vorgestellte (manuelle) Exposure-Blending-Technik die einzige Variante, eine DRI-Technik mit Photoshop Elements zu verwenden. Dennoch ist dieses Kapitel nützlich, weil die echte HDR-Technik ähnlich funktioniert.

nicht ganz korrekt, weil das I in der Abkürzung bereits für »Bild« (englisch »image«) steht. In der Praxis spricht man daher eher von »HDR-Bildern«.

Der Unterschied zwischen der HDRI-Technik und der gleich vorgestellten DRI-Technik liegt darin, dass echte HDR-Bilder nicht im LDR-Format (kurz für »Low Dynamic Range«) mit 8 Bit pro Farbkanal vorliegen, sondern eben im HDR-Format mit 16 oder idealerweise 32 Bit pro Farbkanal. Echte HDR-Bilder können aus diesem Grund nicht in einem beliebigen Dateiformat gespeichert werden – anders als DRI-Bilder. Für echte HDR-Bilder können Sie zum Beispiel kein JPEG mit 8 Bit pro Farbkanal verwenden, sondern müssen auf TIFF in der 32-Bit-Variante zurückgreifen.

Ein weiteres Manko der echten HDR-Bilder ist, dass sie eigentlich mit normalen Monitoren (und natürlich auch bei einem Papierausdruck) zurzeit noch nicht richtig dargestellt werden können. Durchschnittliche Monitore (LDR-Medium) können einen solch hohen Kontrastumfang gar nicht darstellen und reduzieren diese HDR-Bilder letztendlich doch nur wieder auf LDR-Bilder.

31.2 Tonemapping – HDR-Bilder simulieren

Um das automatische Konvertieren von HDR- in LDR-Bilder nicht vom Ausgabegerät abhängig zu machen, gibt es eine weitere Technik namens **Tonemapping** (Dynamikkompression), mit der Sie den Kontrastumfang eines Bildes kontrolliert reduzieren.

Auch wenn Sie auf dem Bildschirm nur LDR-Fotos betrachten können – die Ergebnisse mit dieser Technik sind beachtlich.

Schritt für Schritt: HDR bzw. Tonemapping simulieren

Kapitel_31: Cathedral_of_Christ_the_Saviour.jpg

Zwar kann Elements kein HDR, aber mithilfe des verbesserten Camera-Raw-Plug-ins und der Möglichkeit, auch JPEGs damit öffnen zu können, können Sie HDR oder (hier besser) ein Tonemapping simulieren, indem Sie bestimmte Regler ganz nach außen ziehen.

1 Bild öffnen

Öffnen Sie die Datei „Cathedral_of_Christ_the_Saviour.jpg" in Camera Raw. Wie Sie JPEG-Dateien in Camera Raw öffnen können, haben Sie bereits in Abschnitt 30.3.14, »JPEG-Bilder mit Camera Raw bearbeiten«, gesehen.

31.2 Tonemapping – HDR-Bilder simulieren

2   Einstellungen festlegen

Die Einstellungen sind im Grunde schnell festgelegt. Ziehen Sie den Regler SCHWARZ ganz nach rechts auf »+100«, den Regler WEISS ganz nach links auf »–100«, den Regler TIEFEN auf »+100« und den Regler LICHTER auf »–100« ❶.

Am Histogramm erkennen Sie, dass es jetzt ziemlich Glockenförmig geworden ist, was ja häufig ein gewünschter Effekt bei perfekten Bildern ist. Jetzt verbessern Sie noch den Kontrast der Mitteltöne, indem Sie den Regler von KLARHEIT ❷ ganz nach rechts auf »+100« ziehen. Fertig ist ein simuliertes Tonemapping, welches Sie jetzt mit BILD ÖFFNEN ❹ in den Fotoeditor laden können.

HDR in Schwarzweiß

Auch als Schwarzweißbild macht dieser Effekt eine gute Figur, indem Sie den Regler von SÄTTIGUNG ❸ auf »–100« ziehen.

▼ **Abbildung 31.1**
HDR bzw. Tonemapping simulieren

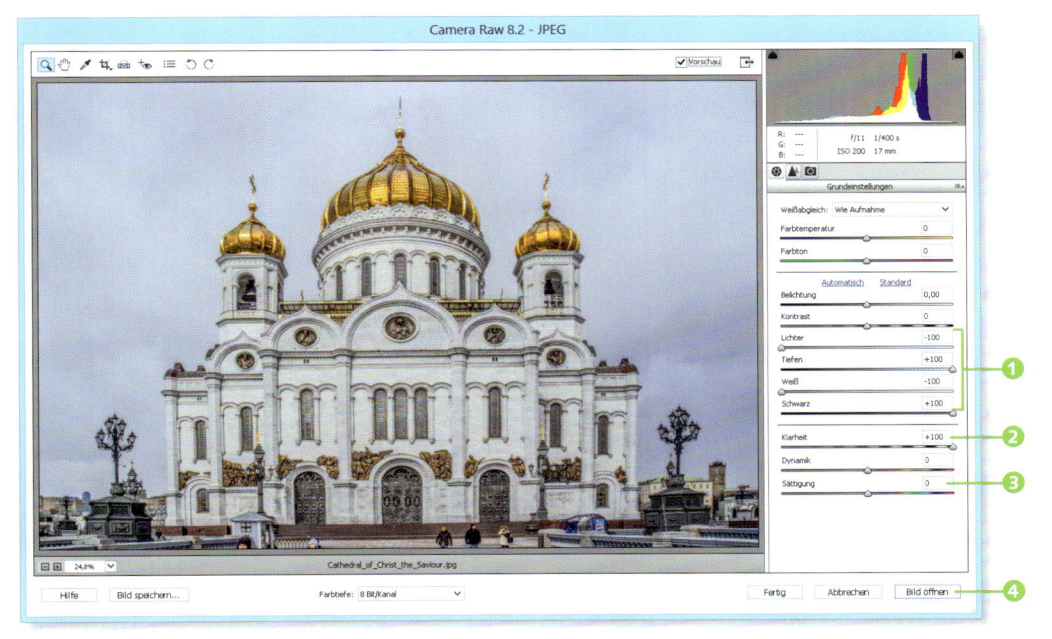

▲ **Abbildung 31.2**
Links sehen Sie das Ausgangsbild, und rechts wurde das Tonemapping mit Camera Raw simuliert.

31.3 Aufnahmetipps für DRI-Bilder

Bevor ich Sie mit der DRI-Technik vertraut mache, möchte ich noch kurz beschreiben, wie Sie Bilder für die DRI-Technik erstellen.

Kamera | Die wichtigste Bedingung ist zunächst, dass Ihre **Kamera** eine manuelle Einstellung der Belichtungszeit unterstützt. Wie die Kamera diese längere Belichtung durchführt, hängt vom Hersteller der Kamera ab. Im einfachsten Fall reicht es aus, den Auslöser der Kamera so lange gedrückt zu halten, wie Sie vorhaben, ein Motiv zu belichten (auch als »Bulb-Funktion« bekannt). Bessere Kameras bieten hierbei schon an, die Belichtungszeit manuell einzustellen oder eine ganze Belichtungsreihe zu erstellen.

Kabel-Fernauslöser
Ein (Kabel-)Fernauslöser erleichtert Ihnen die Arbeit, und Sie müssen nicht dauerhaft den Finger auf dem Auslöser halten.

Standort | Des Weiteren benötigen Sie für die Belichtungsaufnahmen einen **festen Standpunkt** – hier eignet sich am besten ein Stativ. Egal, was Sie als Stativ verwenden, die Kameraposition sollte sich während der Belichtungsreihe nicht mehr ändern, weil dies die anschließende Montage erheblich erschwert.

Anzahl der Bilder | Wie viele Bilder Sie erstellen, hängt vom Motiv, vom vorhandenen Licht und natürlich auch von der persönlichen Erfahrung ab. In der Praxis werden meist zwischen drei und sechs Bilder erstellt. Die Belichtungsdauer hängt ebenfalls vom Motiv, von der Kameraeinstellung und natürlich vom Umgebungslicht (Tageszeit) ab. Ich erstelle für solche Zwecke immer mehrere Aufnahmen mit gängigen Belichtungszeiten, wie beispielsweise 1/60, 1/16, ¼ und 1 Sekunde (bei Nachtaufnahmen natürlich länger). Lieber mache ich einige Aufnahmen zu viel, als Arbeit und Zeit umsonst zu investieren.

ISO-Wert
Wenn Sie die Belichtungszeit verkürzen wollen/müssen, können Sie auch den ISO-Wert in der Kamera erhöhen. Allerdings bewirkt ein erhöhter ISO-Wert meistens auch ein verstärktes Bildrauschen. Gerade bei Kompaktkameras fällt das Bildrauschen bei höheren ISO-Werten deutlich auf.

Kameraeinstellungen | Auch bei den Kameraeinstellungen lässt sich relativ schwer sagen, mit welcher Einstellung Sie die besten Ergebnisse erzielen. In der Praxis empfiehlt es sich zum Beispiel, eine **höhere Blendenzahl** zu verwenden, um eine bessere Schärfentiefe zu erzielen. Allerdings bedeutet eine höhere Blendenzahl wiederum, dass Sie länger belichten müssen, weil dabei ja weniger Licht auf den Sensor fällt. Wenn Sie die Werte aber erst einmal eingestellt haben, sollten Sie sie während der Aufnahmen mit verschiedenen Belichtungszeiten nicht mehr verändern. Hier ist es auch ratsam, nach dem ersten Scharfstellen den Autofokus zu deaktivieren, damit auch von Aufnahme zu Aufnahme immer dieselben Bedingungen herrschen.

31.3 Aufnahmetipps für DRI-Bilder

DRI mit nur einer Aufnahme | Wenn Sie Bilder im RAW-Format fotografieren, können Sie die DRI-Technik Exposure Blending auch mit nur einer Aufnahme durchführen. Hierzu müssen Sie lediglich mehrmals dasselbe Bild mit Camera Raw öffnen und mit unterschiedlichen Belichtungsstufen (über den Regler BELICHTUNG) in verschiedenen Bilddateien speichern. Am Ende haben Sie vom selben Bild mehrere Versionen mit unterschiedlichen Helligkeits- und Belichtungsstufen, die Sie dann im Fotoeditor mit Ebenenmasken überblenden können.

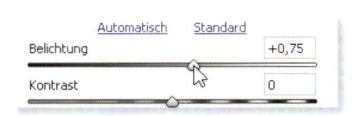

▲ **Abbildung 31.3**
Über Camera Raw und den Regler BELICHTUNG können Sie die DRI-Technik auch mit nur einer Aufnahme umsetzen.

Spezialfall: Nachtaufnahmen | Nachtaufnahmen sind in der Fotografie schon eine Disziplin für sich. Wohlgemerkt, ich spreche hier nicht von Bildern, die mit Blitzlichteinsatz oder Dauerlichtquellen aufgenommen wurden, sondern von Aufnahmen, die mit einer langen Belichtungszeit erstellt wurden.

Wer sich schon einmal an der Langzeitbelichtung versucht hat, der musste wohl ernüchtert feststellen, dass bei zu langer Belichtung die Lichter im Bild total überstrahlt sind, während bei zu kurzer Belichtung kaum Zeichnungen zu erkennen sind. Dieses Problem haben Sie übrigens nicht, wenn Sie Nachtaufnahmen machen, bei denen ein gleichmäßiges Licht vorhanden ist. Hier erreichen Sie häufig mit einer Belichtungszeit von 10 bis 30 Sekunden überzeugende Ergebnisse, die kaum nachbearbeitet werden müssen. Befinden sich allerdings im Bild sehr helle und sehr dunkle Bereiche, ist die DRI-Technik (in unserem Fall: Exposure Blending) ideal, um das Problem zu beheben.

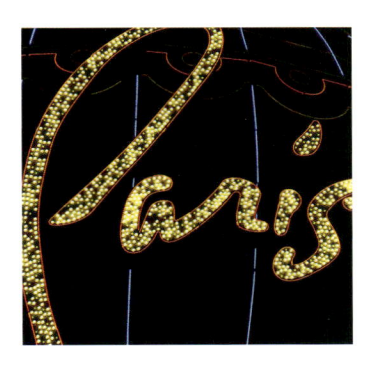

Kapitel_31: Paris1.jpg–Paris5.jpg
Die Einzelbilder finden Sie in der Datei »Paris.zip«.

▼ **Abbildung 31.4**
Gerade bei extrem schlechten Lichtbedingungen (wie Nachtaufnahmen) und einer Belichtungsreihe mit unter- und überbelichteten Bildern sind DRI-Techniken, wie hier mit dem Exposure Blending, eine tolle Sache.

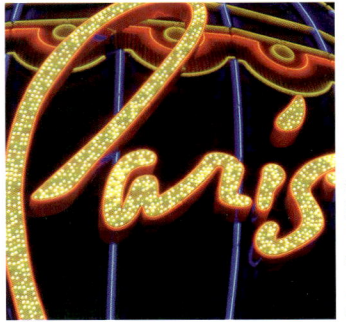

Fotos: Jürgen Wolf

Das linke Foto in Abbildung 31.4 wurde mit einer relativ langen Belichtungszeit erstellt, wodurch die Lichter vollkommen überstrahlt sind und man die einzelnen Glühbirnen nicht mehr sehen kann. Die gleichen Lichter im mittleren Bild wurden erheblich kürzer belichtet, allerdings erkennt man in diesem Bild – abgesehen von den Lichtern und auch Glühbirnen – keine Details mehr. Im Bild rechts wurden mithilfe des Exposure Blendings die über- und unterbelichteten Bildbereiche entfernt, wodurch mehr Details auf dem Bild zu sehen sind. Natürlich wurde dieses Endergebnis mit mehr als nur den beiden Bildern erstellt (genau genommen mit fünf Bildern, die Sie auf der Buch-DVD wiederfinden).

31.4 DRI in der Praxis

Um die Technik hinter DRI zu verstehen, zeigt hier eine Schritt-für-Schritt-Anleitung die manuelle DRI-Bearbeitung.

Schritt für Schritt: Manuelle DRI-Montage

Kapitel_31: Ordner Casino (Casino1.jpg–Casino5.jpg)

Die manuelle DRI-Montage ist zwar recht aufwendig, liefert aber vor allem bei Nachtaufnahmen meist bessere Ergebnisse als die automatischen Funktionen von Photoshop Elements, die in Abschnitt 31.5, »Automatische DRI-Funktion – Photomerge-Belichtung«, vorgestellt wird.

1 Bilder öffnen

Öffnen Sie zuerst alle JPG-Bilder (»Casino1.jpg«, »Casino2.jpg«, »Casino3.jpg«, »Casino4.jpg« und »Casino5.jpg«) in Photoshop Elements, und stellen Sie für eine bessere Übersicht die Fensteransicht mit Fenster • Bilder • Nebeneinander um, so dass Sie alle Bilder gleichzeitig sehen.

▼ **Abbildung 31.5**
Diese fünf Aufnahmen sollen zu einer einzigen zusammengefasst werden.

Fotos: Jürgen Wolf

31.4 DRI in der Praxis

2 Bilder in Ebenen kopieren

Wählen Sie das Verschieben-Werkzeug ⊕ V aus. Klicken Sie in das Bild »Casino2.jpg«, halten Sie ⇧ und die linke Maustaste gedrückt, und ziehen Sie das Bild auf »Casino1.jpg«. Wiederholen Sie diesen Schritt mit den Bildern »Casino3.jpg«, »Casino4.jpg« und »Casino5.jpg«, so dass sich jetzt im Bild »Casino1.jpg« fünf Ebenen (siehe Ebenen-Bedienfeld in Abbildung 31.6) befinden.

Schließen Sie die Dokumentfenster von »Casino2.jpg«, »Casino3.jpg«, »Casino4.jpg« und »Casino5.jpg«. Besonders wichtig in diesem Fall ist auch die Reihenfolge im Ebenen-Bedienfeld: Das Bild mit der längsten Belichtungszeit muss ganz oben stehen, die kürzeren Belichtungszeiten in absteigender Reihenfolge darunter; ganz unten befindet sich also das Bild mit der kürzesten Belichtungszeit.

▼ **Abbildung 31.6**
So sollten Datei und Ebenen-Bedienfeld jetzt aufgebaut sein.

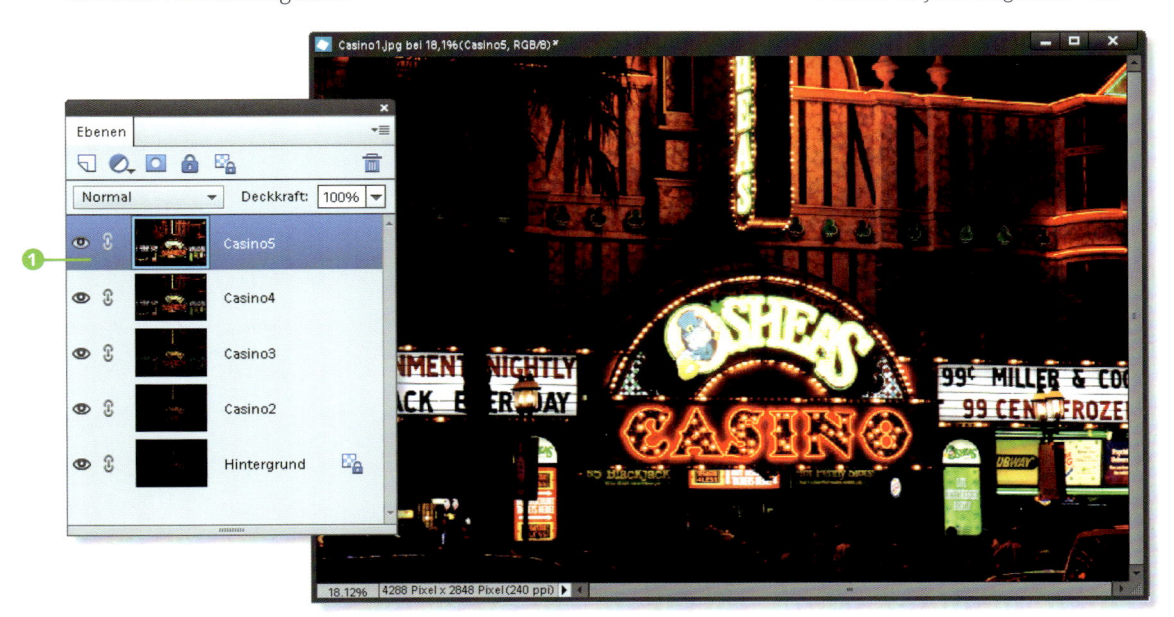

3 Problematische Bereiche auswählen

Wählen Sie im Ebenen-Bedienfeld die oberste Ebene ❶ mit der längsten Belichtungszeit. Aktivieren Sie als Werkzeug den Zauberstab ✨ W. Entscheidend für die DRI-Montage ist der Wert TOLERANZ ❷ (Abbildung 31.7) in den Werkzeugoptionen des Zauberstabs. Dieser Wert (0 bis 255) hängt natürlich auch vom Motiv ab. Im Beispiel habe ich für die oberste Ebene einen Toleranzwert von 180 für den berücksichtigten Farbbereich festgelegt.

Deaktivieren Sie außerdem die Optionen BENACHBART und ALLE EBENEN AUFNEHMEN. Die Option GLÄTTEN hingegen lassen Sie aktiv. Zoomen Sie gegebenenfalls etwas näher in das Bild hinein, und wählen Sie mit dem Zauberstab den hellsten Punkt im Bild aus, wodurch die hellsten Bereiche inklusive der TOLERANZ ausgewählt werden.

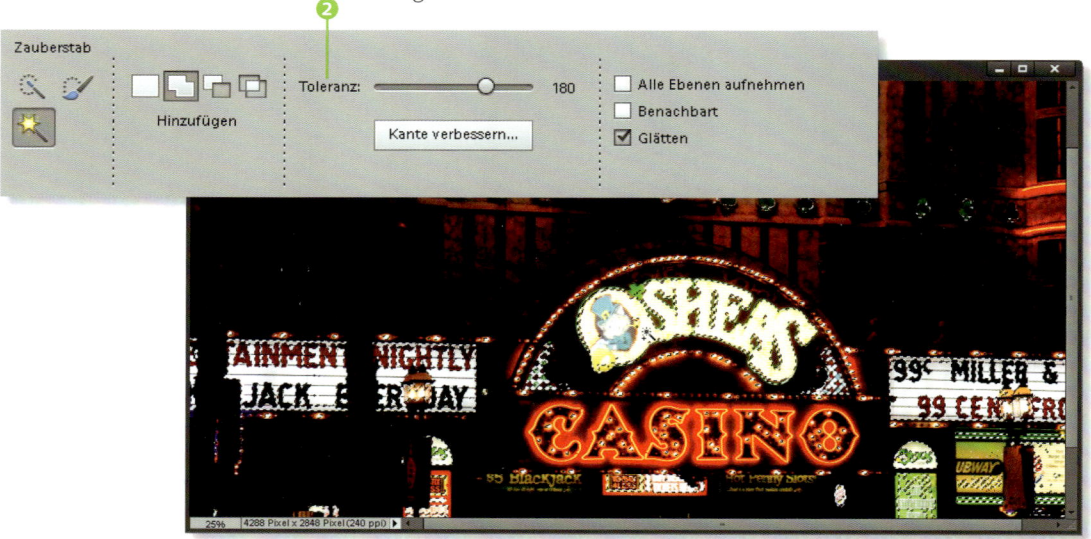

Abbildung 31.7 ▲
Die hellsten und extrem überstrahlten Bildbereiche sind ausgewählt.

4 Weiche Auswahlkante
Um harte Kanten zu vermeiden, soll die Auswahlkante noch weichgezeichnet werden. Wählen Sie hierzu AUSWAHL • WEICHE AUSWAHLKANTE oder [Alt]+[Strg]/[cmd]+[D], und verwenden Sie einen RADIUS von »5« Pixeln. Natürlich hängt auch dieser Wert der WEICHEN AUSWAHLKANTE – wie schon die TOLERANZ – vom Bildmotiv ab.

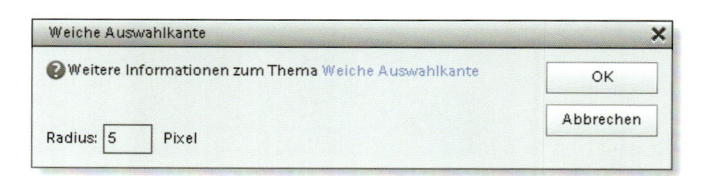

Abbildung 31.8 ▶
Damit die Übergänge weich auslaufen, stellen Sie eine WEICHE AUSWAHLKANTE ein.

5 Auswahl ausblenden mit Ebenenmaske
Mit dem Befehl EBENE • EBENENMASKE • AUSWAHL AUSBLENDEN können Sie diesen überstrahlten Bereich mithilfe einer Ebenenmaske ausblenden. Im Ebenen-Bedienfeld finden Sie jetzt zu dieser Ebene eine Ebenenmaske ❹, über die die hellsten (überstrahlten) Bereiche der aktiven Ebene ausgeblendet wurden. Wenn Sie die Sichtbarkeit der anderen darunterliegenden Ebenen über das Augensymbol deaktivieren, sehen Sie den ausgeblendeten Bereich in Transparenz ❸ im Bild. Da Sie außerdem Ebenenmasken verwenden, können Sie diesen Bereich ja nach wie vor nacharbeiten.

▲ Abbildung 31.9
Hier habe ich die zu hellen und grell überstrahlten Bildbereiche der obersten Ebene mithilfe einer Ebenenmaske ausgeblendet.

6 Arbeitsschritte 3 bis 5 wiederholen

Wiederholen Sie die Arbeitsschritte 3 bis 5 mit zwei weiteren darunterliegenden Ebenen (hier »Casino4«, »Casino3« und »Casino2«). Wichtig: Reduzieren Sie diesmal aber jeweils die TOLERANZ für den Zauberstab in der Werkzeugleiste. Da die weniger lang belichteten Bilder nicht mehr so extrem überstrahlte Lichter enthalten, wählen Sie mit der reduzierten TOLERANZ in den darunterliegenden Ebenen nur die zu hellen Bildbereiche aus und entfernen diese. Zusätzlich erhalten Sie so einen harmonischeren Lichtübergang von einer zur anderen Ebene. Daher gilt hierbei auch: Je mehr Fotos mit unterschiedlichen Belichtungszeiten Sie erstellt haben, desto besser kann das Endergebnis aussehen.

Im Beispiel habe ich für die Ebene »Casino4« eine TOLERANZ von 120, bei »Casino3« eine TOLERANZ von 80 und für die Ebene »Casino2« eine TOLERANZ von 60 verwendet.

7 Feintuning der Ebenenmasken

Wo wir schon Ebenenmasken für die DRI-Technik verwenden, können Sie so jetzt jederzeit ausgeblendete Bereiche mit dem Pinsel-Werkzeug und weißer Farbe auf der Ebenenmaske wieder hinzufügen, wie ich es im Beispiel mit dem weißen Reklameschild ❶ (Abbildung 31.10 auf Seite 730) gemacht habe. Hier habe ich außerdem die Graustufenansicht der Ebenenmaske aktiviert. Die Ebenenmasken habe ich ausführlich in Kapitel 28 beschrieben, wohin Sie bei Bedarf auch zurückblättern können.

Kapitel 31   DRI-Technik

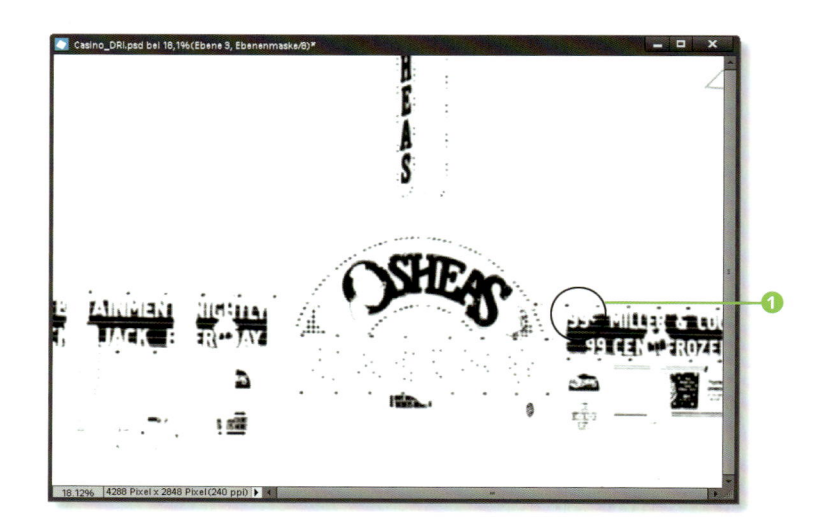

Abbildung 31.10 ▶
Das Nacharbeiten einzelner Bildbereiche ist dank der Ebenenmasken kein Problem.

8 Auf Hintergrundebene reduzieren

Wenn Sie mit dem Ergebnis zufrieden sind, brauchen Sie nur noch über EBENE • AUF HINTERGRUNDEBENE REDUZIEREN alles zu einer Einheit zu reduzieren.

Abbildung 31.11 ▶
Das Ergebnis nach der DRI-Montage

Abschließend lässt sich feststellen, dass die angegebenen Werte nur für das Beispiel geeignet sind. Bei Ihrer eigenen DRI-Montage werden Sie also nicht um das Austesten verschiedener Werte herumkommen. Besonders wichtig sind dabei der TOLERANZ-Wert des Zauberstabs und die WEICHE AUSWAHLKANTE. Je öfter Sie aber DRI-Montagen selbst erstellen, desto schneller werden Sie ein Gefühl für die richtigen Einstellungen bekommen. Auch der geübte Umgang mit den Ebenenmasken ist für eine manuelle DRI-Montage unerlässlich.

31.5 Automatische DRI-Funktion – Photomerge-Belichtung

Mit der Funktion PHOTOMERGE-BELICHTUNG erstellen Sie aus einer Belichtungsreihe mit gleichen Motiven ein gut belichtetes Foto. Im Grunde handelt es sich also um dasselbe Prinzip, wie ich es im Abschnitt zuvor mit der DRI-Technik beschrieben habe – nur eben als komfortable Automatik.

▲ **Abbildung 31.12**
Zum Vergleich sehen Sie auf der linken Seite die manuelle DRI-Montage aus dem Workshop zuvor, während die DRI-Montage auf der rechten Seite von PHOTOMERGE-BELICHTUNG erstellt wurde.

Bei dem Casino-Beispiel mit der Nachtaufnahme erzielen Sie dank der Ebenenmasken und der Nacharbeit, die damit möglich ist, ein besseres Ergebnis als mit PHOTOMERGE-BELICHTUNG von Elements. Dies gilt allerdings nicht für alle Beispiele. Gerade bei Aufnahmen mit etwas mehr Licht, wie ich es im gleich folgenden Workshop zeige, werden Sie mit der manuellen DRI-Technik nicht sehr weit kommen und kaum ein brauchbares Ergebnis erzielen. Daher ist es immer gut, beide Wege (manuell und PHOTOMERGE-BELICHTUNG) auszuprobieren.

Schritt für Schritt: Automatische DRI-Montage

In diesem Workshop soll die Funktion PHOTOMERGE-BELICHTUNG zum Einsatz kommen und ihre Stärken beweisen.

1 Bilder öffnen
Öffnen Sie zunächst die Bilder »Oper1.jpg«, »Oper2.jpg«, »Oper3.jpg«, »Oper4.jpg«, »Oper5.jpg«, »Oper6.jpg« und »Oper7.jpg« in Photoshop Elements.

Kapitel_31: Ordner OPER (Oper1.jpg–Oper7.jpg)

Kapitel 31 DRI-Technik

Abbildung 31.13 ▶
Diese sieben Aufnahmen einer Belichtungsreihe sollen zu einem guten Foto zusammengesetzt werden.

▼ **Abbildung 31.14**
Photomerge-Belichtung

2 Photomerge-Belichtung aufrufen

Schließen Sie alle anderen eventuell noch geöffneten Bilder, und wählen Sie im Fotobereich alle Bilder der Belichtungsreihe mit gedrückt gehaltener Strg/cmd-Taste aus, so dass diese markiert sind. Rufen Sie Überarbeiten • Photomerge • Photomerge-Belichtung auf.

3 Bilder auswählen

Alle angehakten Bilder im Fotobereich ❷ werden jetzt für die Belichtungsreihe verwendet und als fertiges Bild unter Endergebnis ❶ angezeigt. Entfernen Sie ein Häkchen vor einem Bild im Fotobereich, wird dieses im Endergebnis nicht mehr berücksichtigt. So können Sie sehr komfortabel testen, ob das Ergebnis der Belichtungsreihe mit oder ohne ein bestimmtes Bild besser aussieht oder nicht.

4 Selektives Überblenden
Auf der rechten Seite wählen Sie unter dem Reiter AUTOMATISCH ❸ aus, ob Sie die Bilder EINFACH oder SELEKTIV ❹ überblenden wollen. Beim einfachen Überblenden verwenden Sie nur die Automatik, während Sie beim selektiven Überblenden das Ergebnis noch etwas genauer einstellen können. Daher sollten Sie die Option SELEKTIV auswählen. Jetzt haben Sie drei weitere Regler vor sich, mit denen Sie das Endergebnis noch präziser justieren können.

5 Lichterdetails anpassen
Mit dem Regler LICHTER schwächen Sie die Lichterdetails mehr ab oder heben sie hervor. Wohlgemerkt ist hier nicht die Rede von Lichtern, wie Sie dies von der Tonwertkorrektur her kennen. Je weiter Sie den Regler nach rechts ziehen, desto mehr Details werden bei den Lichtern angezeigt. Je weiter Sie den Regler nach links ziehen, desto heller strahlen die Lichter. In diesem Fall habe ich den Wert auf +50 gestellt.

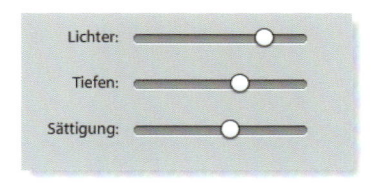

▲ **Abbildung 31.15**
Feinjustieren der Überblendung

6 Tiefen und Sättigung einstellen
Mit dem Regler TIEFEN können Sie ebendiese verdunkeln oder aufhellen. Im Beispiel habe ich den Wert auf +20 abgedunkelt. Der Regler SÄTTIGUNG ändert die Intensität der Farbe und des Farbtons. Im Beispiel habe ich die SÄTTIGUNG leicht um +10 erhöht. Sind Sie mit dem Ergebnis zufrieden, betätigen Sie die Schaltfläche FERTIG, und das Ergebnisbild wird erstellt.

◀ **Abbildung 31.16**
Hier das fertige Bild, das aus der PHOTOMERGE-BELICHTUNG generiert wurde, mit allen Vorzügen aus den sieben Bildern der »guten« Bildbereiche in einem Bild vereint

Kapitel 31   DRI-Technik

Erwähnt werden sollte hier auch die Möglichkeit, die Belichtungsreihe manuell ❶ durchzuführen, indem Sie die belichteten Bereiche mit einem Auswahlwerkzeug aufpinseln. Das manuelle Werkzeug bietet auch eine Möglichkeit an, die DECKKRAFT ❷ einzustellen, um die Pinselstriche nicht zu stark im Endfoto zu sehen. Und wenn das Bild nicht richtig ausgerichtet ist, beheben Sie dies mit dem Ausrichtungswerkzeug (siehe Seite 531, »Photomerge-Gesichter – ein neuer Mund«).

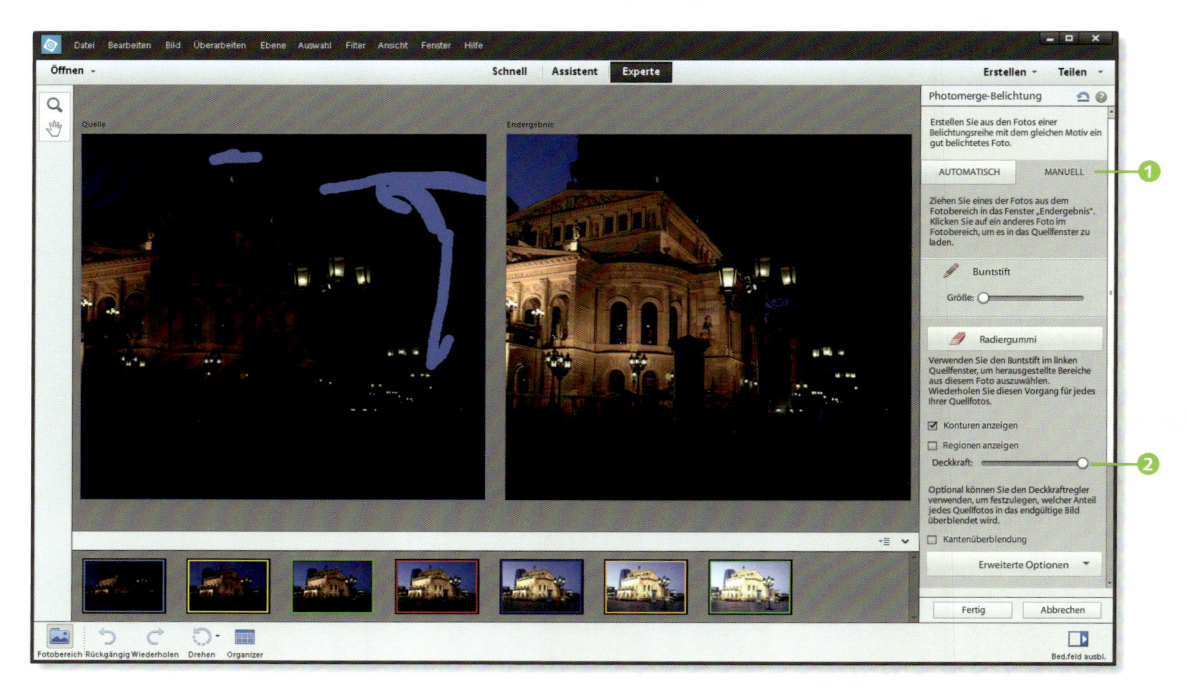

▲ **Abbildung 31.17**
Auch manuell lässt sich ein Bild aus einer Belichtungsreihe erstellen

TEIL X
Reparieren und Retuschieren

Kapitel 32
Bildstörungen

Bei der Retusche handelt es sich um das Entfernen von Bildstörungen wie Rauschen, Kratzer, Staub oder unerwünschte Bilddetails. Für solche Detailarbeiten bietet Photoshop Elements interessante Filter und Werkzeuge.

32.1 Hinweise zur Retusche

Da man Bilder auf dem Monitor selten mit 100%iger Auflösung betrachtet, fallen viele Störungen zunächst gar nicht auf. Erst bei näherer Betrachtung bemerkt man dann Störungen wie Bildrauschen, Staub oder starke Kompressionsspuren, die beim Abspeichern von Bildern im JPEG-Format auftreten. Leider ist es nicht immer möglich, solche Störungen komplett zu beheben, aber eine Verbesserung lässt sich häufig allemal erzielen.

[Bildrauschen]
Beim Rauschen treten im Bild dort, wo die Fläche eigentlich einfarbig sein sollte (etwa beim Himmel), Helligkeitsunterschiede oder Farbmuster auf. Wenn ein Bild verrauscht ist, leidet häufig auch seine Schärfe.

Foto: Jürgen Wolf

Foto: Jürgen Wolf

◄◄ **Abbildung 32.1**
Bei dieser Nachtaufnahme des Empire State Buildings fällt das Bildrauschen erst bei genauerer Betrachtung des dunklem Nachthimmels auf.

◄ **Abbildung 32.2**
Die quadratischen Artefakte sind durch eine zu starke JPEG-Kompression entstanden.

Bevor wir in die Praxis einsteigen, möchte ich noch ein paar wichtige Hinweise geben, die Sie vor dem Retuschieren unbedingt beachten sollten:

▶ **Übliche Bildkorrekturen abschließen**
Bevor Sie mit der Retusche anfangen, sollten Sie alle üblichen Bildkorrekturen wie Tonwertkorrektur, Helligkeit und Kontrast, Farbstiche entfernen usw. abgeschlossen haben. Ein eventuell nötiges Nachschärfen verlegen Sie natürlich erst ans Ende der Korrektur.

▶ **Duplikate verwenden**
Wichtig: Verwenden Sie für die Retusche grundsätzlich ein Duplikat, damit Sie das Original bei einer misslungenen Retusche wieder zur Hand haben.

32.2 Bildrauschen entfernen

Um Bildrauschen oder Körnigkeit entgegenzuwirken, bietet Photoshop Elements einige wirksame Filter an, die ich im Folgenden vorstellen möchte.

32.2.1 Rauschen entfernen – die Automatik

Zur Behebung leichter Schäden können Sie im Menü die Option FILTER • RAUSCHFILTER • RAUSCHEN ENTFERNEN verwenden. Diesen Filter können Sie allerdings nicht steuern. Er versucht, Kanten und Bildbereiche zu ermitteln, wo deutliche Farbveränderungen auftreten. Bis auf die Kanten wird diese Auswahl dann durch Weichzeichnen entrauscht, so dass die Details erhalten bleiben.

32.2.2 Staub und Kratzer

Mit Vorsicht anwenden
Bei Bildern mit sehr detaillierten Motiven ist der Filter STAUB UND KRATZER weniger geeignet, da der Schärfeverlust häufig zu groß ist.

Mehr Steuerungsmöglichkeiten bietet Ihnen der Filter unter FILTER • RAUSCHFILTER • STAUB UND KRATZER. Er reduziert optische Störungen aufgrund stark unähnlicher benachbarter Pixel. Die beiden Parameter RADIUS ❶ und SCHWELLENWERT ❷ kennen Sie ja bereits von den Scharf- und Weichzeichnen-Filtern (siehe Teil V):

▶ Mit RADIUS bestimmen Sie hier, wie groß der Bereich ist, in dem der Filter nach unähnlichen Pixeln suchen soll. Natürlich bedeutet ein höherer RADIUS auch eine stärkere Unschärfe für das Bild. Obwohl Sie hier theoretisch ziemlich hohe Werte verwenden können, werden Sie in der Praxis eher mit niedrigeren Werten arbeiten.

▶ Mit dem SCHWELLENWERT geben Sie vor, wie weit die Helligkeits- und Farbwerte voneinander abweichen müssen, damit der Filter auf sie angewendet wird.

32.2 Bildrauschen entfernen

◀ **Abbildung 32.3**
Bei diesem eingescannten Bild lag Staub auf dem Scanner, ...

◀ **Abbildung 32.4**
... der bei einem Radius von 2 Pixeln bereits fast komplett verschwunden ist (wenn auch das Bild an Schärfe verloren hat).

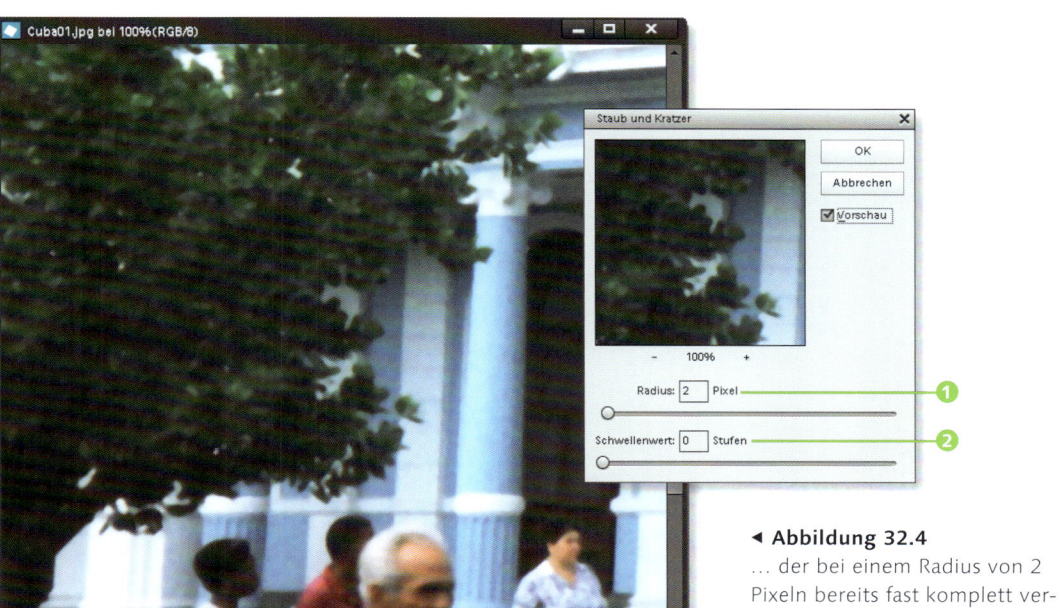

32.2.3 Rauschen reduzieren

Den wohl besten Filter mit den meisten Einstellungsmöglichkeiten finden Sie im Menü unter Filter • Rauschfilter • Rauschen reduzieren. Dieser Filter verringert Luminanzrauschen und Farb-

Kapitel 32 Bildstörungen

Tipp: Rauschreduzierung mit Camera Raw
Ebenfalls perfekt zur Reduzierung von Bildrauschen ist das Plug-in Camera Raw geeignet. Dass Sie mit Camera Raw nicht nur Rohdateien verarbeiten können, haben Sie im Abschnitt 30.3.14, »JPEG-Bilder mit Camera Raw bearbeiten«, auf Seite 720 erfahren. Die Regler zur Rauschreduzierung von Camera Raw wurden im Abschnitt »Rauschreduzierung« auf Seite 704 beschrieben.

störungen. Solche Bildstörungen treten zum Beispiel auf, wenn Sie zu wenig Licht beim Fotografieren haben. Auch JPEG-Artefakte, die beim Speichern in niedriger JPEG-Qualität erzeugt werden, lassen sich hiermit reduzieren.

Mit dem Regler STÄRKE ❶ regeln Sie den Grad des Luminanzrauschens. Um feine Bilddetails und Kanten zu erhalten, nutzen Sie den Regler DETAILS ERHALTEN ❷. Je höher hierbei der Wert ist, desto mehr Details bleiben erhalten. Allerdings reduziert ein höherer Wert auch die Wirkung der Rauschunterdrückung von STÄRKE. Um eine chromatische Rauschunterdrückung auszugleichen, verwenden Sie den Regler FARBRAUSCHEN REDUZIEREN ❸. Die Option JPEG-STÖRUNG ENTFERNEN ❹ sollten Sie aktivieren, wenn das Bild quadratische JPEG-Artefakte enthält, die bei einer zu starken JPEG-Kompression typischerweise entstehen.

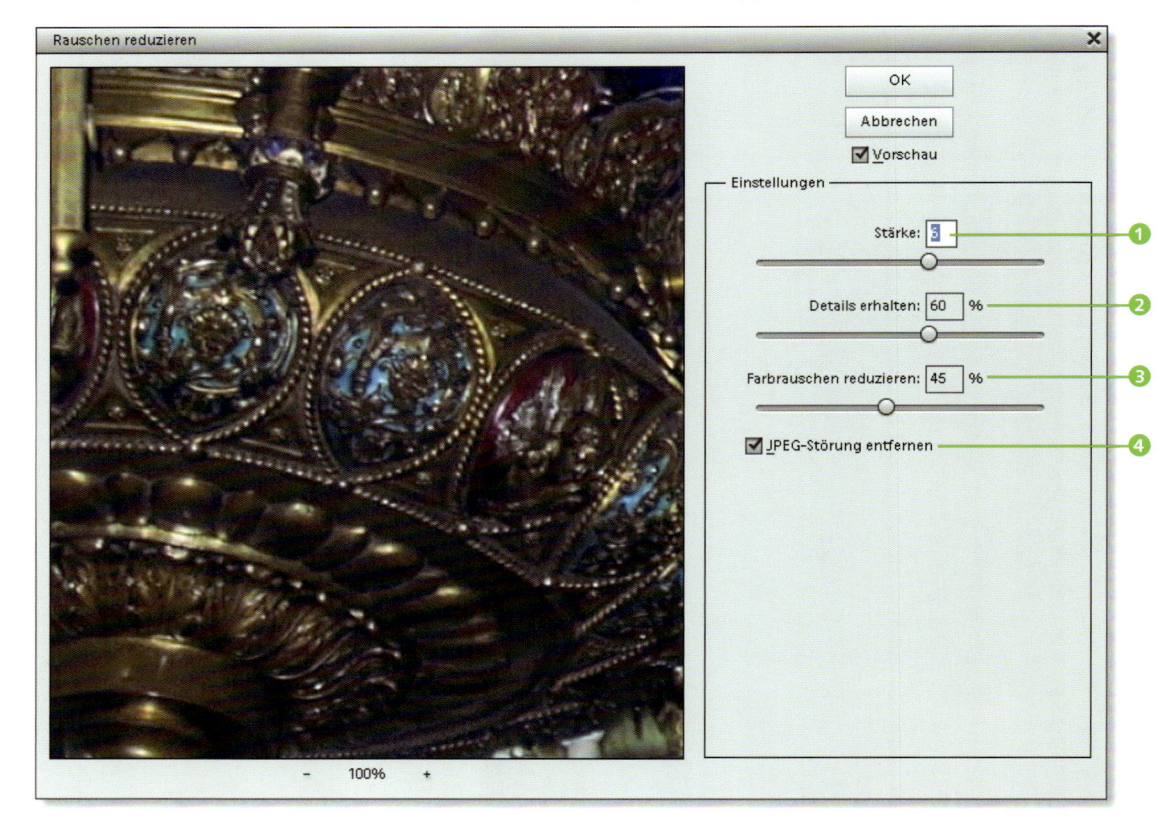

▲ **Abbildung 32.5**
Der Dialog RAUSCHEN REDUZIEREN dürfte wohl, neben dem Plug-in Camera Raw, die beste Wahl sein, um Bildstörungen wie Luminanzrauschen, chromatisches Rauschen und JPEG-Artefakte zu reduzieren.

32.2.4 Helligkeit interpolieren

Mit FILTER • RAUSCHFILTER • HELLIGKEIT INTERPOLIEREN reduzieren Sie Bildstörungen in einer Ebene durch das Anpassen der Helligkeitswerte benachbarter Pixel. Dabei sucht der Filter nach Pixeln mit einer ähnlichen Helligkeit. Pixel, die sich von benachbarten Pixeln stark unterscheiden, werden verworfen und durch ein anderes Pixel mit einem durchschnittlichen Helligkeitswert der untersuchten Pixel ersetzt.

Mit RADIUS bestimmen Sie, wie groß der Bereich ist, in dem der Filter nach Pixeln mit ähnlichen Helligkeitswerten suchen soll. Ein höherer RADIUS bedeutet auch hier eine stärkere Unschärfe für das Bild, so dass hier ebenfalls nur niedrige Werte zu brauchbaren Ergebnissen führen.

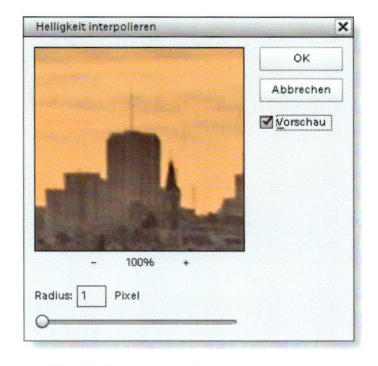

▲ **Abbildung 32.6**
Der Filter HELLIGKEIT INTERPOLIEREN hat sich schon in vielen Fällen beim Entfernen von Bildrauschen bewährt.

32.2.5 Matter machen

Der Filter MATTER MACHEN, den Sie über das Menü FILTER • WEICHZEICHNUNGSFILTER aufrufen, gehört eigentlich zu den Weichzeichnenfiltern, lässt sich aber auch bestens dazu verwenden, Rauschen und Körnigkeit im Bild zu reduzieren. Im Gegensatz zu vielen anderen Filtern bleiben bei diesem die Kanten erhalten. Mit dem Regler RADIUS stellen Sie den Bereich ein, der weichgezeichnet werden soll, und mit dem SCHWELLENWERT, wie viel sich der Farbtonwert des benachbarten Pixels unterscheiden darf, damit dieser ebenfalls weichgezeichnet wird. Pixel unterhalb dieses Schwellenwertes werden nicht weichgezeichnet.

32.3 Bildrauschen hinzufügen

Neben der Möglichkeit, Störungen zu entfernen, gibt es natürlich auch die Option, Störungen gezielt hinzuzufügen – über FILTER • RAUSCHFILTER • RAUSCHEN HINZUFÜGEN. Damit erzeugen Sie einen Effekt, wie er sonst entsteht, wenn Sie Bilder mit einem hochempfindlichen Film aufnehmen (das sogenannte »Filmkorn«). Natürlich eignet sich dieser Filter auch für kreative Zwecke, zum Beispiel um bei einem retuschierten Bild die Manipulationen zu vertuschen.

Mit dem Wert STÄRKE stellen Sie ein, wie stark das Bildrauschen werden soll. Die Art der Verteilung bestimmen Sie über die Radioschaltflächen GLEICHMÄSSIG (für eine feinere Verteilung) und GAUSSSCHE NORMALVERTEILUNG (für ein gesprenkeltes Aussehen). Mit MONOCHROM wird der Filter nur auf die vorhandenen Tonwerte im Bild angewendet. Die Farben bleiben hierbei unverändert.

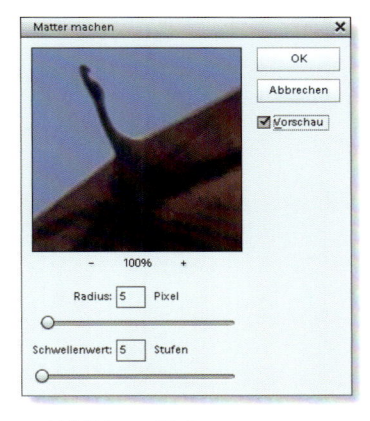

▲ **Abbildung 32.7**
Der Filter MATTER MACHEN ist eigentlich ein Weichzeichnenfilter, aber da bei diesem Filter die Kanten erhalten bleiben, eignet er sich auch bestens, um Bildstörungen wie Rauschen oder Körnigkeit zu beheben.

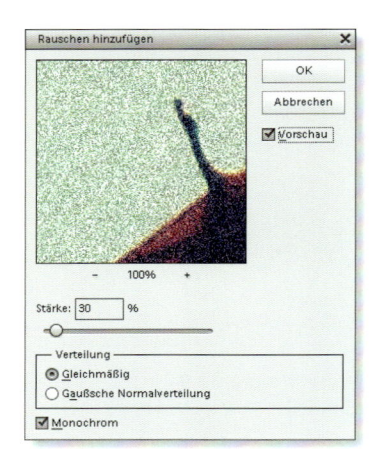

▲ **Abbildung 32.9**
Auch das Hinzufügen von Bildstörungen ist problemlos möglich.

▲ **Abbildung 32.8**
Ein einfaches Kreativbeispiel, wozu Bildstörungen auch gut sein können

Kapitel 33
Retuschewerkzeuge

Wenn es um die gezielte Bearbeitung einzelner Bildbereiche geht, kommen Sie mit den im vorangegangenen Kapitel vorgestellten Funktionen nicht weiter. Photoshop Elements bietet aber viele weitere Werkzeuge, die für individuelle Bildretuschen bestens geeignet sind.

33.1 Der Kopierstempel – Objekte klonen und entfernen

Mit dem Kopierstempel malen Sie aufgenommene Bildbereiche an eine andere Stelle im Bild oder sogar in ein anderes geöffnetes Dokumentfenster. In der Praxis wird dieses Werkzeug meistens verwendet, um Objekte zu duplizieren, Fehler in einem Bild zu entfernen oder Objekte in einem Foto zu überdecken.

Kapitel_33: Death_Sea.jpg

▲ **Abbildung 33.1**
Das Bild vor der Retusche

▲ **Abbildung 33.2**
Das Bild nach der Retusche: Die Personen auf dem Bild wurden mit dem Kopierstempel weggestempelt.

Übung macht den Meister

Der Umgang mit den Retuschewerkzeugen muss geübt werden. Sie werden feststellen, dass es nicht immer so einfach ist, in einem Bild bestimmte Dinge zu entfernen oder an anderer Stelle hinzuzufügen, ohne dass es auffällt. Daher sollten Sie auf jeden Fall diese Workshops im Buch erst einmal durchgehen, bevor Sie sich an eigene Projekte machen.

In Photoshop Elements finden Sie diesen Stempel gleich in zweifacher Ausführung: als Kopierstempel 🗆 ⓢ und als Musterstempel 🗆 ⓢ. Während der Kopierstempel recht häufig zum Einsatz kommt, werden Sie den Musterstempel eher seltener benötigen (für mehr Infos siehe Abschnitt 33.2).

Werkzeugoptionen | Wie gewohnt können Sie auch beim Kopierstempel zunächst die Werkzeugspitze aus einer Liste vordefinierter Pinsel auswählen. Wenn Sie auf den Pfeil neben der Pinseldarstellung klicken ❶, sehen Sie eine Auswahl mit Pinselminiaturen. Noch mehr Pinselspitzen finden Sie über das Popup-Menü Pinsel. Über Grösse ❷ legen Sie die Pinselgröße in Pixeln fest, indem Sie entweder den Popup-Regler ziehen oder einen numerischen Wert im Textfeld eingeben.

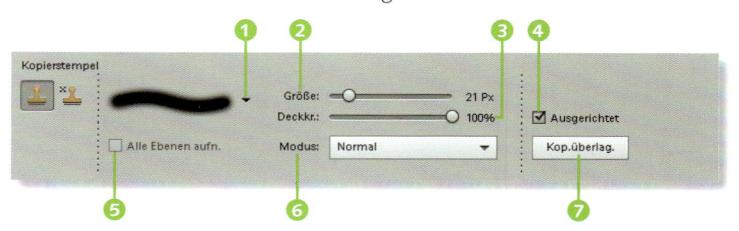

Abbildung 33.3 ▶
Die Werkzeugoptionen des Kopierstempels

Wie stark die aufgetragenen Farben zu sehen sind, legen Sie mit Deckkr(aft) ❸ fest. Je niedriger der Wert, desto deutlicher sind die Pixel unter der aufgetragenen Farbe erkennbar. Mit Modus ❻ bestimmen Sie, wie die aufgetragenen Pixel an die vorhandenen Pixel angepasst werden. Hier gilt dasselbe wie für die Füllmethoden von Ebenen (siehe Kapitel 27, »Füllmethoden von Ebenen«). Mit dem (Standard-)Modus Normal werden die neuen Pixel über die vorhandenen gelegt. Die nächste Option, Ausgerichtet ❹, hebt sich von den Standard-Werkzeugoptionen ab:

▶ Ist diese Option **aktiviert**, so enthält bei mehrmaligem Stempeln nur der erste Stempeldruck den Original-Aufnahmepunkt. Für jeden weiteren Stempeldruck verschiebt sich der Aufnahmepunkt entsprechend. Dies ist zum Beispiel sinnvoll, um unerwünschte Motive aus dem Bild zu entfernen.

▶ Ist diese Option hingegen **deaktiviert**, wird der Aufnahmebereich bei jedem erneuten Ansetzen des Stempels vom Original-Anfangspunkt ausgehend aufgestempelt. Der Aufnahmepunkt »wandert« also nicht mit, wie es bei der aktivierten Option der Fall ist. Auf diese Weise lassen sich zum Beispiel mehrere Kopien im selben oder in einem anderen Bild einfügen.

Wollen Sie die Pixel aus allen sichtbaren Ebenen aufnehmen, dann sollten Sie die Option Alle Ebenen aufn(ehmen) ❺ akti-

33.1 Der Kopierstempel – Objekte klonen und entfernen

vieren. Soll nur die aktive Ebene berücksichtigt werden, lassen Sie diese Option deaktiviert.

Ganz hinten finden Sie eine weitere Option: eine Schaltfläche ❼, mit der Sie eine Kopieüberlagerung anzeigen lassen können. Diese Option hat keinen Einfluss auf die Wirkung des Werkzeugs, sondern nur auf die Anzeige. Damit sehen Sie, wenn Sie die Option ÜBERLAGERUNG ANZEIGEN ❽ aktivieren, ein teiltransparentes Bild des zu klonenden Bereichs. Wie stark der transparente Bildbereich eingeblendet werden soll, geben Sie mit DECKKRAFT an. Mit BESCHRÄNKT reduzieren Sie die Überlagerung auf die aktuelle Position des Pinsels. Mit AUTOMATISCH AUSBLENDEN wird der transparente Bildbereich immer während des Stempelns ausgeblendet. ÜBERLAGERUNG UMKEHREN zeigt den transparenten Bereich in Form eines digitalen Negativs an, was der Sichtbarkeit meistens zugutekommt.

Tipp

Die transparente Kopieüberlagerung können Sie auch ohne die Option ÜBERLAGERUNG ANZEIGEN ❽ verwenden, indem Sie [Alt]+[⇧] gedrückt halten. Wenn Sie die Tasten wieder loslassen, verschwindet auch die transparente Überlagerung wieder.

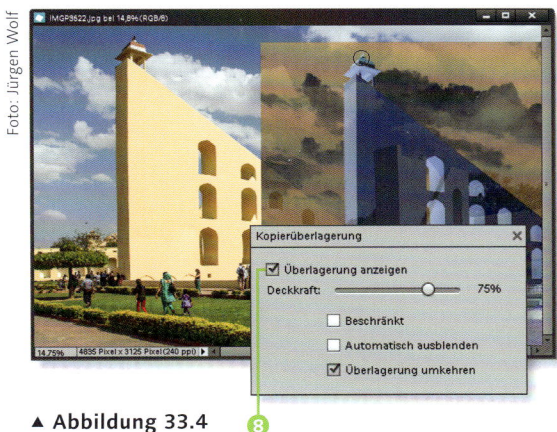

Foto: Jürgen Wolf

▲ **Abbildung 33.4** ❽
Die zu stempelnde Position wird als transparente Überlagerung angezeigt.

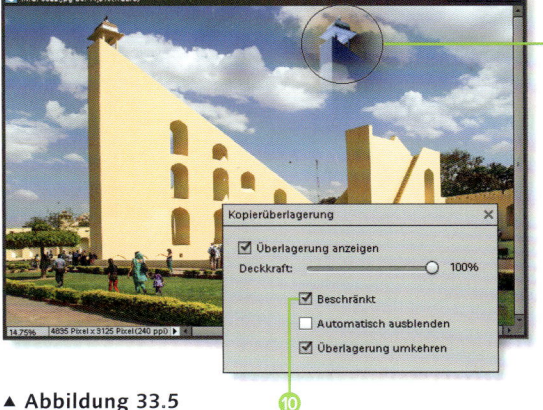

▲ **Abbildung 33.5** ❿
Ebenfalls sehr nützlich ist die Option BESCHRÄNKT ❿, mit der die transparente Überlagerung nur an der Position ❾ des Pinsels angezeigt wird.

Bedienung | Die Bedienung des Kopierstempels ist recht einfach: Aktivieren Sie den Kopierstempel, und stellen Sie die Werkzeugoptionen ein. Wählen Sie nun im Bild die Pixel zur Reparatur oder zum Klonen aus, indem Sie [Alt] gedrückt halten und gleichzeitig mit der linken Maustaste auf die entsprechende Bildpartie klicken. Klicken Sie nun (ohne [Alt]) auf die reparaturbedürftige Stelle im Bild, womit Sie den soeben aufgenommenen Bereich an diese Stelle kopieren. Dieser Vorgang wird als »Stempeln« bezeichnet.

Den Ursprungsbereich zum Klonen bzw. Retuschieren drücken Sie nun entweder mit mehreren Klicks dem Bild auf oder malen ihn mit gehaltener linker Maustaste auf. Bei größeren Bereichen

Stempeln mit Ebenen

Führen Sie das Stempeln oder Klonen am besten auf einer eigenen, transparenten Ebene durch. So können Sie den geklonten Bereich noch nachträglich anpassen oder Korrekturen vornehmen (zum Beispiel Kanten und Übergänge mit einem weichen Radiergummi bearbeiten).

745

ist Aufmalen besser geeignet und bei kleineren Bereichen eher das Aufdrücken (oder auch »Auftupfen«). Bei sehr detaillierten Bildern müssen Sie öfter einen neuen Bildbereich aufnehmen.

Schritt für Schritt: Bildmotiv klonen

Kapitel_33:
Taj_Panorama.jpg

Im folgenden Beispiel sollen die Türme geklont werden, damit Sie ein Gefühl für den Kopierstempel bekommen. Laden Sie daher das Bild »Taj_Panorama.jpg« von der Buch-DVD in den Fotoeditor.

1 Kopierstempel aktivieren und einstellen

Aktivieren Sie den Kopierstempel ⟨S⟩, und wählen Sie eine beliebige Werkzeugspitze aus. Am besten sind hierzu weiche Pinsel geeignet. Stellen Sie die Größe der Pinselspitze auf 200 Pixel. Alle anderen Optionen können Sie belassen. Die Option Ausgerichtet sollte ebenfalls aktiviert sein.

2 Transparente Ebene anlegen

Erstellen Sie eine neue transparente Ebene über das kleine Icon ❶ im Ebenen-Bedienfeld. Normalerweise ist für das Klonen keine neue Ebene nötig, aber in diesem Fall können Sie mit der Ebene das geklonte Motiv besser angleichen, zum Beispiel gegebenenfalls nachträgliche Änderungen an den geklonten Türmen vornehmen.

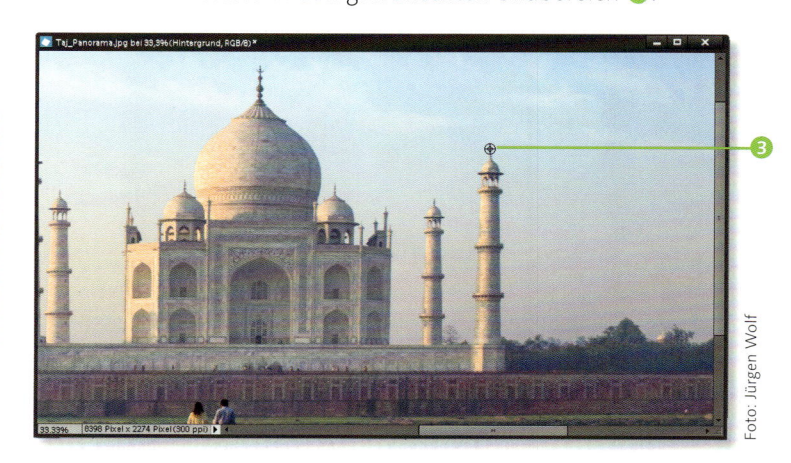

▲ **Abbildung 33.6**
Legen Sie eine neue Ebene an.

3 Pixel aufnehmen

Um nun die Türme zu stempeln bzw. zu klonen, wählen Sie die Position in der Hintergrundebene ❷ aus, die Sie reproduzieren möchten. Halten Sie hierbei ⟨Alt⟩ gedrückt, und klicken Sie mit der linken Maustaste in den gewünschten Bildbereich ❸.

Abbildung 33.7 ▲▶
Nehmen Sie Pixel der Türme auf.

Foto: Jürgen Wolf

33.1 Der Kopierstempel – Objekte klonen und entfernen

Damit Sie beim Klonen anschließend nicht das Gebäude übermalen, sollten Sie die transparenten Überlagerungen mit der Option ÜBERLAGERUNG ANZEIGEN **5** einblenden und die DECKKRAFT **6** auf 50 % reduzieren. Hier wurde außerdem noch die Option BESCHRÄNKT **7** deaktiviert. Aktivieren Sie die transparente Ebene **4**, und fahren Sie mit dem Mauszeiger nach rechts, bis sich die transparente Überlagerung nicht mehr mit dem Original überschneidet.

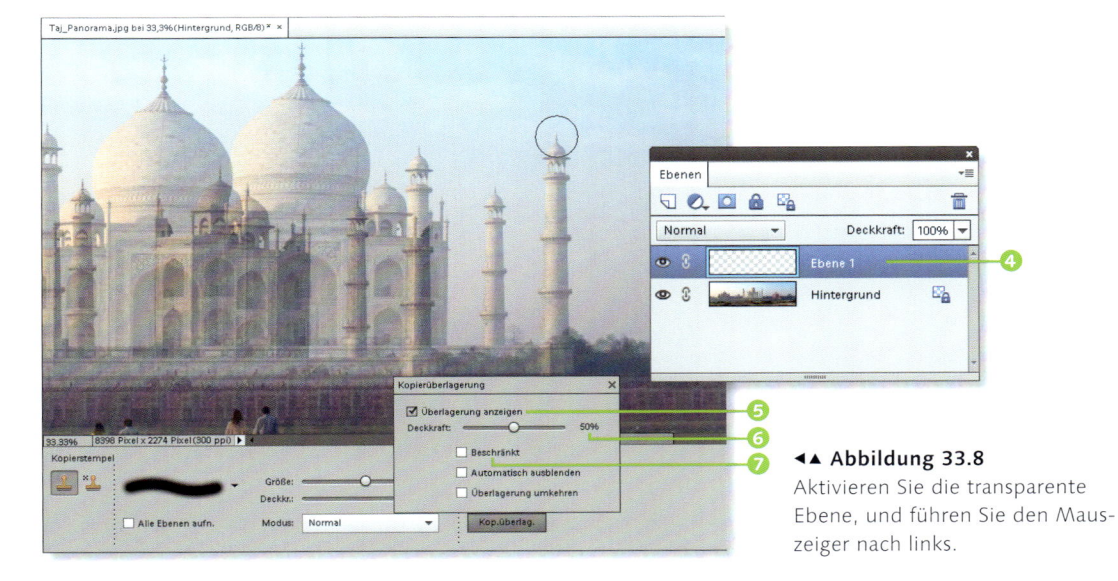

◂▴ **Abbildung 33.8**
Aktivieren Sie die transparente Ebene, und führen Sie den Mauszeiger nach links.

4 Pixel klonen

Malen Sie mit gedrückt gehaltener linker Maustaste den Turm in der transparenten Überlagerung aus. Zur Kontrolle finden Sie auch ein kleines Kreuz **8** am Originalmotiv, das die von der Pinselspitze **9** aktuell geklonte Position anzeigt.

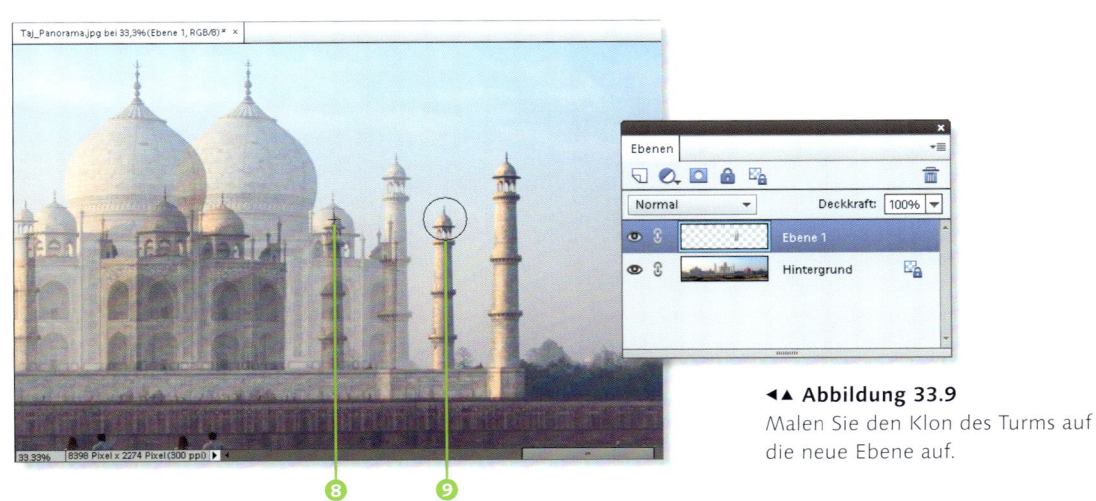

◂▴ **Abbildung 33.9**
Malen Sie den Klon des Turms auf die neue Ebene auf.

5 Geklonten Bereich nacharbeiten

Nicht immer lässt sich der geklonte Bereich so einfach aufpinseln. Oft stimmen beispielsweise die Lichtverhältnisse des geklonten Bereichs nicht mit dem Original überein, oder es wurden unerwünschte Bereiche mitgeklont. Das ist auch der Grund, warum ich hier eine neue Ebene verwendet habe. Hierauf können Sie jederzeit das geklonte Motiv nacharbeiten. Reduzieren Sie zum Schluss die Ebenen auf eine einzige.

▼ **Abbildung 33.10**
Hier der Taj Mahal im neuen Design mit den neu hinzugeklonten Türmen. Ein Vorher-Bild kann ich mir hierzu, glaube ich, sparen.

Kapitel_33: rubbish.jpg

Schritt für Schritt: Unerwünschte Bildteile mit dem Kopierstempel entfernen

Dass sich der Kopierstempel nicht nur zum Klonen, sondern auch für die professionelle Retusche verwenden lässt, habe ich bereits erwähnt. Diese Schritt-für-Schritt-Anleitung zeigt Ihnen, wie Sie mit dem Kopierstempel retuschieren.

1 Duplizieren Sie das Bild

Öffnen Sie das Bild »rubbish.jpg«, legen Sie ein Duplikat über DATEI • DUPLIZIEREN an, und schließen Sie das Original wieder. Bei diesem Beispiel ist es fast zu aufwendig, auf einer neuen transparenten Ebenen den Müll wegzustempeln, wie Sie dies im Workshop zuvor gemacht haben.

2 Kopierstempel wählen

Wählen Sie den Kopierstempel [icon] [S], und verwenden Sie eine weiche Pinselspitze. Stellen Sie die GRÖSSE ❶ der Pinselspitze auf circa 250 Pixel ein. Alle anderen Optionen belassen Sie wieder. Die Option AUSGERICHTET ❷ sollte aktiviert sein. Für die Überlagerung verwenden wir diesmal die Option BESCHRÄNKT ❹, womit die Überlagerung nur auf den aktuellen Pinsel beschränkt ist und man am besten erkennen kann, womit der neue Bereich übermalt wird, bevor man mit der Maus klickt.

▲ **Abbildung 33.11**
Bei diesem Foto soll der Müll weggestempelt werden.

Foto: Jürgen Wolf

33.1 Der Kopierstempel – Objekte klonen und entfernen

3 Pixel aufnehmen

Im Folgenden soll der Müll rund um die Person im Bild weggestempelt werden. Wählen Sie hierzu mit gedrückt gehaltener [Alt]-Taste per Mausklick einen geeigneten Bildbereich ❸ aus, mit dem Sie den Müll ersetzen wollen. Ich empfehle Ihnen, einen etwa gleichen Bereich zu wählen, der in unmittelbarer Nähe (darüber oder darunter) liegt. In der Praxis hängt das natürlich vom Bild ab.

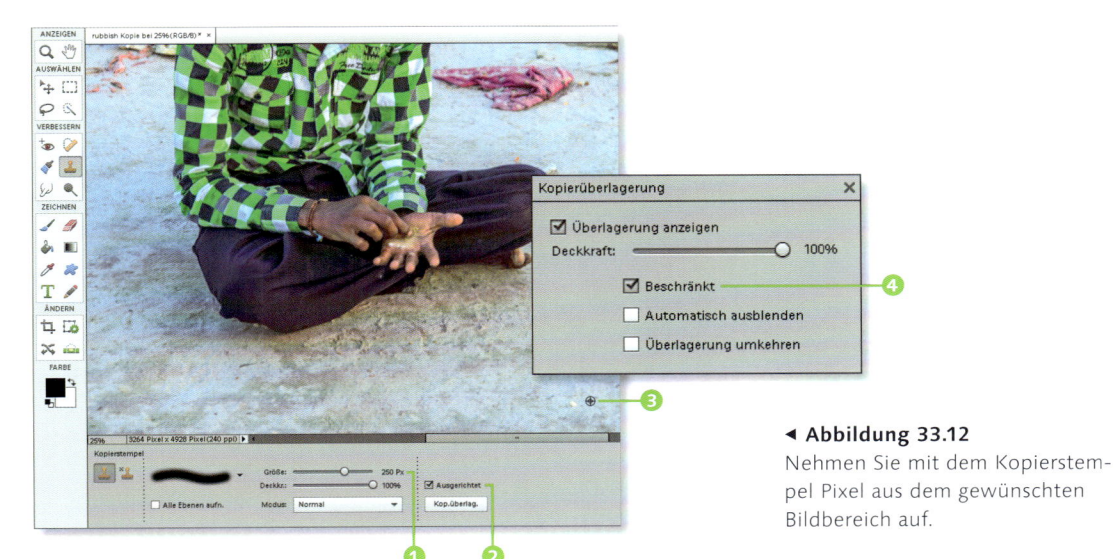

◂ **Abbildung 33.12**
Nehmen Sie mit dem Kopierstempel Pixel aus dem gewünschten Bildbereich auf.

4 Müll wegstempeln

Zoomen Sie jetzt gegebenenfalls mit [Strg]/[cmd]+[+] näher an den Müll heran. Stempeln Sie entweder mit einzelnen linken Mausklicks oder durch Ziehen mit der Maus bei gedrückt gehaltener linker Maustaste den Müll um die Person weg.

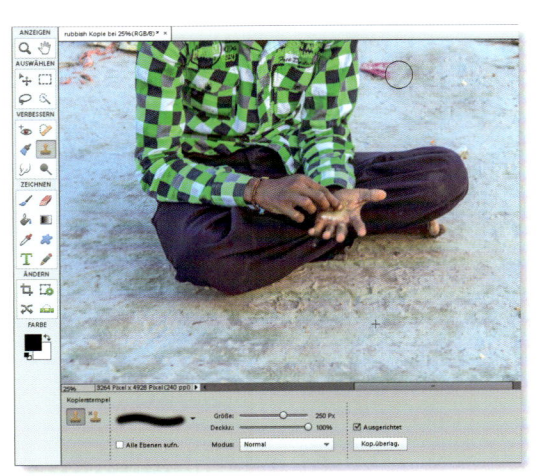

◂ **Abbildung 33.13**
Stempeln Sie den Müll weg.

749

5 Arbeitsschritte 3 und 4 wiederholen

Die Arbeitsschritte 3 und 4 führen Sie jetzt mit anderen Bereichen durch. An vielen Stellen dürfte die Retusche etwas schwieriger sein als in anderen Bereichen. Voraussetzung für eine gute Retusche ist hierbei stets eine gute Auswahl. Häufig werden Sie für detaillierte Bereiche mehrmals eine neue Auswahl treffen müssen. Gerade detailreiche Bereiche um die Person herum erfordern viel Fingerspitzengefühl. Hierbei ist dann häufig eine harte und etwas kleinere Werkzeugspitze sinnvoll. Auch ein ständiges Ein- und Auszoomen mit [Strg]/[cmd]+[+] bzw. [Strg]/[cmd]+[-] ist unerlässlich für eine saubere Retusche. Am Ende habe ich beispielsweise eine Pinselspitze mit 5 Pixeln verwendet. Auch ein vorübergehendes Abschalten der Werkzeugoption AUSGERICHTET kann recht nützlich sein.

▲ Abbildung 33.14
Links das Bild im Originalzustand und rechts nach Wegstempeln des Mülls

Kapitel_33: Kirschen.jpg, Erdbeeren.jpg

Über Bildgrenzen hinaus | Das Klonen von Bildmotiven ist nicht nur auf Ebenen beschränkt, sondern ist auch über die Bildgrenzen hinaus möglich. So können Sie in gewohnter Weise einen bestimmten Pixelbereich in einem Dokumentfenster aufnehmen und ihn in einem anderen Dokumentfenster wieder reproduzieren.

33.1 Der Kopierstempel – Objekte klonen und entfernen

▲ Abbildung 33.15
Stempeln funktioniert auch über die Dateigrenze hinaus. Hier werden beispielsweise die Erdbeeren vom rechten Bild über die Kirschen vom linken Bild geklont.

Sinnvoll eingesetzt, lassen sich mit dem Kopierstempel interessante Fotomontagen erstellen. Der Gleitschirmflieger in Abbildung 33.17 wurde zunächst in eine neue transparente Ebene hineingestempelt. Anschließend wurde der nun unpassende Hintergrund wegradiert bzw. mit dem Zauberstab ausgewählt und entfernt. Nun war der Gleitschirmflieger bereit zur Montage in eine andere Landschaft.

Kapitel_33: Nevada.jpg, flying.jpg

▲ Abbildung 33.17
Der Gleitschirmflieger wurde hier in eine andere Landschaft montiert.

▲ Abbildung 33.16
Das ursprüngliche Bild ohne den Gleitschirmflieger

33.2 Musterstempel

Der Musterstempel 🎨 S trägt keinen zuvor ausgewählten Bildbereich auf ein Bild auf, sondern ein voreingestelltes Muster. Dieses Muster wählen Sie über die Werkzeugoptionen aus, die, abgesehen von der Auswahl des Musters und der Option IMPRESSIONISTISCH, exakt dem übergeordneten Kopierstempel 🖌 entsprechen und somit keiner weiteren Erläuterung bedürfen.

▲ Abbildung 33.18
Dieser Hintergrund wurde mit dem Musterstempel »aufgemalt«. Da es sich hierbei um einen Kindergeburtstag handelt, passen die knalligen Farben ganz gut dazu. Ansonsten ist der Musterstempel eher für kreative Arbeiten geeignet.

▲ Abbildung 33.19
Dieser Bilderrahmen wurde ebenfalls mit dem Musterstempel aufgemalt.

33.3 Reparatur-Pinsel und Bereichsreparatur-Pinsel

Reparatur-Pinsel oder Kopierstempel?

In der Praxis erzielen Sie die besten Ergebnisse, wenn Sie den Reparatur-Pinsel und den Kopierstempel abwechselnd verwenden. Einige Bildbereiche lassen sich besser mit dem einen, andere besser mit dem anderen Werkzeug retuschieren.

Anders als die Stempel im Abschnitt zuvor tragen der Bereichsreparatur-Pinsel 🖉 J und der Reparatur-Pinsel 🖉 J keine zuvor ausgewählten Pixel an anderer Stelle auf, sondern sie vermischen Pixel. Zwar funktionieren diese Werkzeuge ähnlich wie die Stempel, aber die Wirkung der Reparatur-Pinsel ist weniger drastisch. Diese Werkzeuge eignen sich daher besonders für schwierige Stellen im Bild mit vielen Details oder differenzierten Lichtern und Schatten. Auch für die Retusche von Gesichtern sind die Reparatur-Pinsel besser geeignet als der Stempel, weil sich hiermit einfach sanftere Übergänge »aufmalen« lassen.

33.3.1 Der Reparatur-Pinsel

Zunächst wollen wir einen Blick auf den Reparatur-Pinsel werfen, da er Ihnen von den beiden Werkzeugen das mit den genaueren Einstellmöglichkeiten ist.

33.3 Reparatur-Pinsel und Bereichsreparatur-Pinsel

Werkzeugoptionen | Über GRÖSSE ❶ stellen Sie den Pinseldurchmesser ein. Über die Schaltfläche PINSELEINSTELLUNGEN ❹ können Sie die Pinselspitze mit weiteren Optionen wie HÄRTE, MALABSTAND, WINKEL und RUNDUNG einstellen. Wie beim Stempel gibt es auch hier die Option AUSGERICHTET ❺. Aktivieren Sie sie, werden Pixel dauerhaft aufgenommen, und der Aufnahmepunkt geht auch beim Loslassen der Maustaste nicht verloren. Ist diese Option deaktiviert, werden bei jedem erneuten Ansetzen des Werkzeugs wieder die am Aufnahmepunkt aufgenommenen Pixel verwendet.

Unter QUELLE ❷ legen Sie fest, ob Sie zur Reparatur einen aufgenommenen Bereich (AUFGENOMMEN) aus dem Bild oder ein MUSTER verwenden wollen. Im letzteren Fall wird das Popup-Menü daneben mit der Musterauswahl aktiviert.

Mit dem MODUS ❸ legen Sie fest, wie die Quelle und das Muster an die vorhandenen Pixel angeglichen werden sollen – dabei haben Sie allerdings weniger Möglichkeiten als beim Stempel. Auch ein neuer Modus, ERSETZEN, ist hier aufgelistet. Diesen Modus sollten Sie verwenden, wenn das Bild Störungen oder Körnungen (Filmkorn) enthält. Benutzen Sie diesen Modus auch, wenn Sie Störungen und Strukturen an den Kanten des Malstrichs erhalten möchten.

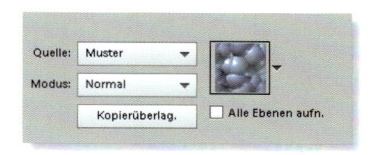

Zum Weiterlesen

Was es mit den Werten der Pinselspitze auf sich hat, habe ich bereits in Abschnitt 14.3, »Pinsel- und Werkzeugspitzen«, beschrieben.

▲ **Abbildung 33.20**
Auch ein Muster lässt sich mit dem Reparatur-Pinsel auftragen.

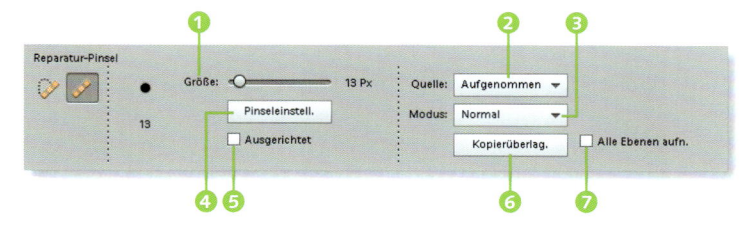

◄ **Abbildung 33.21**
Die Werkzeugoptionen des Reparatur-Pinsels

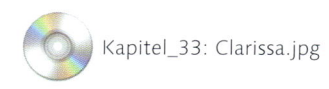

Auch hier finden Sie, wie beim Stempel, ganz hinten noch die Schaltfläche KOPIERÜBERLAG(ERUNG) ❻, mit der Sie die Überlagerung anzeigen lassen können (siehe hierzu im Detail Abschnitt 33.1 unter »Werkzeugoptionen« auf Seite 744).

Wollen Sie die Pixel aus allen sichtbaren Ebenen aufnehmen, so aktivieren Sie die Option ALLE EBENEN AUFN(EHMEN) ❼. Soll nur die aktive Ebene berücksichtigt werden, lassen Sie diese Option deaktiviert.

Kapitel_33: Clarissa.jpg

Bedienung | Der Reparatur-Pinsel wird ähnlich wie der Stempel verwendet. Wählen Sie den Reparatur-Pinsel aus, und stellen Sie die Werkzeugoptionen ein. Nehmen Sie mit einem linken Mausklick und gleichzeitig gehaltener [Alt]-Taste den Bereich im Bild auf, mit dem Sie die fehlerhafte Stelle ausbessern wollen. Bewegen Sie anschließend den Mauszeiger an die Position, die Sie weg-

Abbildung 33.22 ▼
Im linken Bild wird der Aufnahmebereich ausgewählt. Im mittleren Bild wird mit dem Reparatur-Pinsel retuschiert. Erst wenn Sie die Maustaste loslassen, vermischt sich der neu aufgetragene mit dem darunterliegenden Bereich, wie das rechte Bild zeigt.

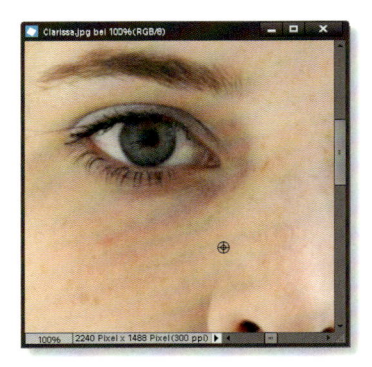

retuschieren wollen, und malen Sie diese Stelle mit Klicken oder Darüberfahren mit gedrückt gehaltener linker Maustaste aus. Ob Sie besser »tupfen« oder »malen«, hängt auch von der Größe des zu retuschierenden Bereichs ab.

Beim Aufmalen mit gedrückt gehaltener Maustaste hat es zunächst den Anschein, als würden Sie den Kopierstempel verwenden. Sobald Sie allerdings die Maustaste loslassen, vermischt sich dieser »aufgemalte« Bereich mit den darunterliegenden Pixeln.

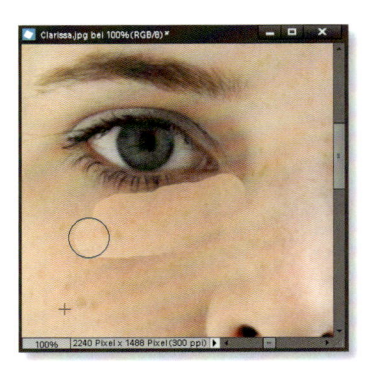

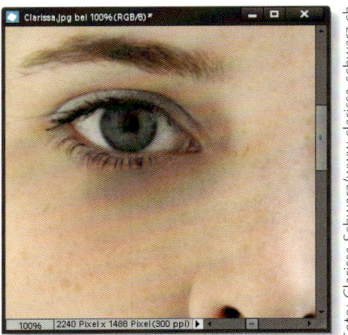

Schritt für Schritt: Unerwünschte Objekte mit dem Reparatur-Pinsel aus dem Bild entfernen

Kapitel_33: Hualapai.jpg

In Abbildung 33.23 sehen Sie eine alte Hualapai-Hütte (ein Indianerstamm am Colorado River). Was in diesem Bild allerdings stört, sind das Schild vor der Hütte und der Weg rechts unten im Bild. Beide Elemente wollen wir nun eliminieren.

Abbildung 33.23 ▶
Das Schild und der Weg stören das Gesamtbild.

33.3 Reparatur-Pinsel und Bereichsreparatur-Pinsel

1 Reparatur-Pinsel auswählen und einstellen

Nachdem Sie das Bild in den Fotoeditor geladen haben, wählen Sie zunächst den Reparatur-Pinsel [J] aus und stellen den Pinsel ein. Im Beispiel habe ich für den Pinsel eine GRÖSSE von 60 Pixeln mit einer HÄRTE von 100 % verwendet. Alle anderen Werte können Sie belassen. Die Option AUSGERICHTET sollte deaktiviert sein.

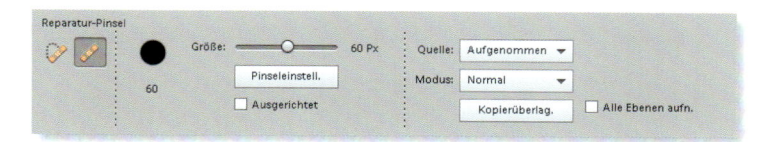

▲ **Abbildung 33.24**
Die Einstellungen für den Reparatur-Pinsel

2 Schild wegretuschieren

Nun soll das Schild wegretuschiert werden. Wählen Sie zunächst einen passenden Bereich knapp neben dem Schild aus, und klicken Sie mit der linken Maustaste und gleichzeitig gehaltener [Alt]-Taste auf diesen Bereich. Entweder tupfen oder ziehen Sie mit gedrückt gehaltener Maustaste das Schild weg. Im Beispiel habe ich die Bereiche an den Schildbeinen mit einem einzigen Pinselstrich weggemalt. Das Schild selbst habe ich dann mit mehreren neuen Bereichen weggetupft. Sind Sie mit dem Ergebnis nicht zufrieden, können Sie den Vorgang jederzeit wieder mit [Strg]/[cmd]+[Z] rückgängig machen. Häufig will es beim ersten Mal nicht so klappen, wie man es sich vorstellt. Hier sind ebenfalls wieder viel Fingerspitzengefühl, Übung und ausreichend Zeit erforderlich.

Licht und Schatten

Das A und O einer erfolgreichen und möglichst unauffälligen Retusche mit dem Reparatur-Pinsel ist, wie schon beim Kopierstempel, der ideale Aufnahmebereich. Beachten Sie beim Retuschieren auch immer Licht und Schatten im Bild: Helle Pixel können nicht einfach mit dunklen Pixeln retuschiert werden.

◄ **Abbildung 33.25**
Tupfen oder malen Sie das Schild mit einzelnen Mausklicks weg.

3 Retusche verfeinern

Falls die Reparatur einzelner Bereiche nicht ganz gelungen sein sollte, schafft vielleicht ein anderer Aufnahmebereich Abhilfe. Bei Bereichen mit weicheren Kanten sollten Sie außerdem für die Pinselspitze eine 75 %ige Härte einstellen. Auch die Größe der Pinselspitze müssen Sie hierbei regelmäßig anpassen. Beachten Sie auch, dass Sie beim Retuschieren stark in ein Bild hineinzoomen und Details erkennen, die der Betrachter des Bildes im Normalfall kaum wahrnimmt.

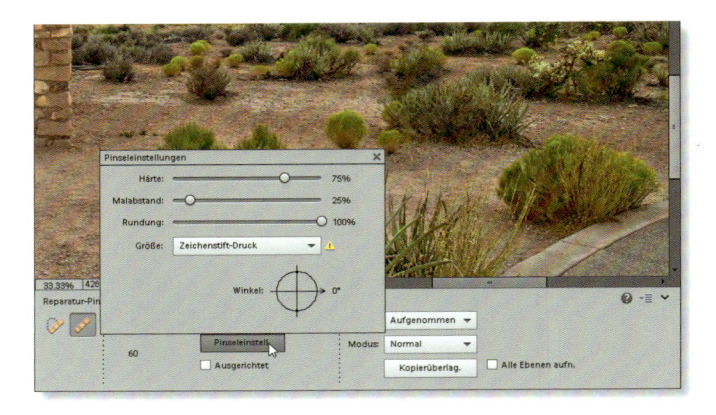

Abbildung 33.26 ▶
Bei normaler Betrachtung fällt die Retusche des Schildes kaum auf.

4 Weg wegretuschieren bzw. -stempeln

Ähnlich wie das Schild können Sie auch den Weg rechts unten auf dem Bild retuschieren. Nicht immer ist es allerdings so einfach wie in diesem Beispiel. Manchmal ist sehr viel Kleinarbeit nötig. Bei einigen Bereichen können Sie auch den Kopierstempel [S] einsetzen. Unschöne Übergänge, die wiederum beim Wegstempeln entstanden sind, lassen sich wieder mit dem Reparatur-Pinsel [J] retuschieren. Ein Mix aus beiden Werkzeugen führt in der Regel zum besten Ergebnis.

Abbildung 33.27 ▶
Das Endergebnis nach vielen kleineren und größeren Stempelvorgängen und Bereichsreparaturen

33.3 Reparatur-Pinsel und Bereichsreparatur-Pinsel

Schritt für Schritt: Hautunreinheiten auf Porträts korrigieren

Ein unverzichtbares Thema der Bildbearbeitung ist das Korrigieren von Porträts. Da die Bearbeitung von Porträts so beliebt ist, finden Sie verschiedene Beispiele dazu, die Sie durchaus auch an nur einer Person vornehmen können.

Kapitel_33: Dressman.jpg

1 Reparatur-Pinsel auswählen und einstellen
Laden Sie zunächst das Bild »Dressman.jpg« von der Buch-DVD in den Fotoeditor. Wählen Sie den Reparatur-Pinsel [J] aus, und stellen Sie die Pinselspitze ein. Im Beispiel habe ich für den Pinsel eine GRÖSSE von 50 Pixeln verwendet. Alle anderen Werte können Sie, wie voreingestellt, belassen. Nur die Option AUSGERICHTET habe ich deaktiviert.

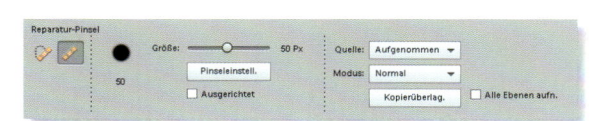

◄ **Abbildung 33.28**
Die Einstellungen für den Reparatur-Pinsel

2 Anfangspunkt auswählen
Zoomen Sie etwas weiter in das Bild hinein, und wählen Sie einen sauberen Hautbereich aus, indem Sie die Stelle bei gedrückter [Alt]-Taste anklicken ❶. Diesen Bereich wollen wir anschließend für die Korrektur von Hautunreinheiten (Hautirritationen, Pickeln, Muttermalen etc.) verwenden.

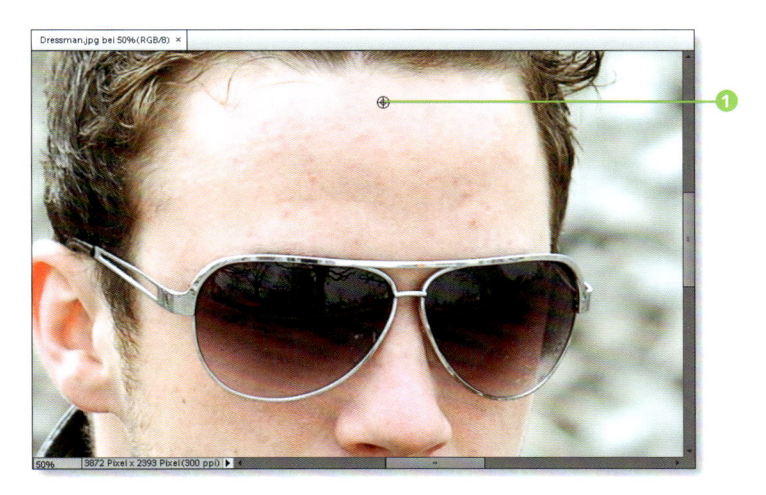

◄ **Abbildung 33.29**
Wählen Sie einen sauberen Hautbereich aus.

3 Hautunreinheiten entfernen
Gehen Sie mit dem Mauszeiger an die Positionen im Bild, an denen Sie Hautunreinheiten, Irritationen, Muttermale, Pickel usw. entfernen wollen. Klicken (tupfen) Sie diese Stellen (zum Beispiel

757

❶) einfach mit der linken Maustaste weg. Bei Bedarf wählen Sie einen anderen Anfangspunkt aus.

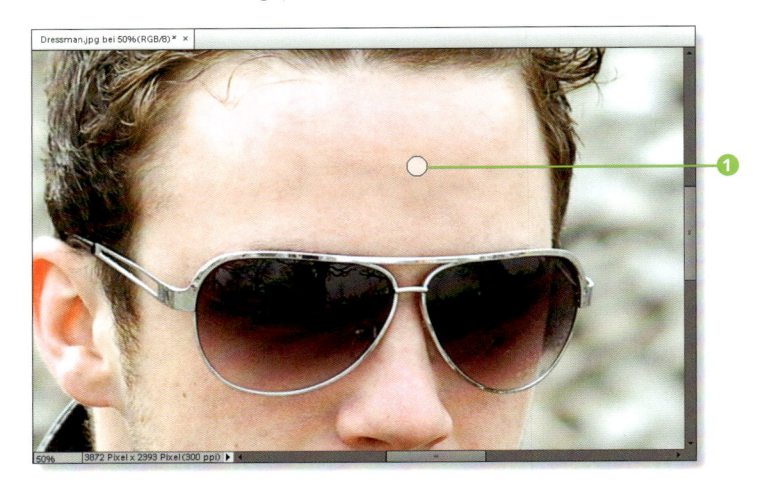

Abbildung 33.30 ▶
Tupfen Sie unreine Stellen auf der Haut weg.

Bei der Beseitigung von Hautunreinheiten sollten Sie es allerdings nicht übertreiben, damit das Resultat noch natürlich wirkt. Was Sie entfernen, bleibt letztlich Ihnen überlassen und hängt natürlich auch maßgeblich vom Foto selbst ab. Ob Sie zum Beispiel Muttermale oder Sommersprossen auf dem Bild belassen wollen, entscheiden Sie selbst.

Abbildung 33.31 ▶
Das Porträt nach dem ersten Retusche-Vorgang, der sämtliche Hautunreinheiten entfernt hat – links das Original, rechts das überarbeitete Bild

33.3.2 Der Bereichsreparatur-Pinsel

Der Bereichsreparatur-Pinsel [J] funktioniert ähnlich wie der Reparatur-Pinsel, nur müssen Sie hier den Aufnahmepunkt nicht selbst festlegen. Dies erledigt das Werkzeug automatisch.

33.3 Reparatur-Pinsel und Bereichsreparatur-Pinsel

Gegenüber dem Reparatur-Pinsel ermöglicht der Bereichsreparatur-Pinsel ein schnelleres Arbeiten – allerdings auf Kosten einer geringeren Kontrolle über das Werkzeug. Bei Bildern, die nicht allzu viele Details besitzen, ist dieses halbautomatische Werkzeug jedoch bestens geeignet.

Werkzeugoptionen | Zunächst wählen Sie bei den Optionen eine vordefinierte Pinselspitze ❸ aus und stellen deren GRÖSSE ❹ ein. Mit den Radioschaltflächen neben TYP ❷ haben Sie Einfluss darauf, welche Pixel bei der Reparatur herangezogen werden sollen:

- Verwenden Sie NÄHERUNGSWERT, so werden die Pixel um die Kanten des Auswahlbereichs herum für die Korrektur innerhalb des Auswahlbereichs verwendet.
- Mit STRUKTUR ERSTELLEN hingegen werden alle Pixel innerhalb des Auswahlbereichs verwendet, um eine Struktur für die Bereichskorrekturen zu erstellen.
- Die Option INHALTSBASIERT überprüft die umliegenden Pixel, um eine Auswahl möglichst nahtlos zu füllen, ohne dabei die wichtigen Details wie Licht oder Schatten zu ignorieren. Im Abschnitt »Inhaltsbasierte Retusche« auf Seite 759 zeigen ein paar Beispiele, was die neue Option leistet.

Sollen Bildänderungen auf alle Bildebenen angewendet werden, so aktivieren Sie die Option ALLE EBENEN AUFN(EHMEN) ❺.

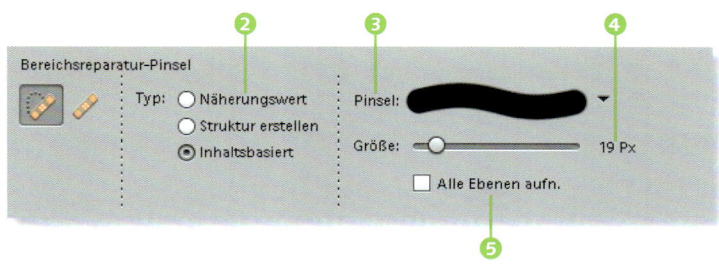

◀ **Abbildung 33.32**
Werkzeugoptionen des Bereichsreparatur-Pinsels

33.3.3 Inhaltsbasierte Retusche
Eine interessante Option für den Bereichsreparatur-Pinsel finden Sie mit INHALTSBASIERT ❻.

Kapitel_33: Kabel.jpg, Temple_Bar.jpg, Painting.jpg, watchdog.jpg, father_and_son.jpg

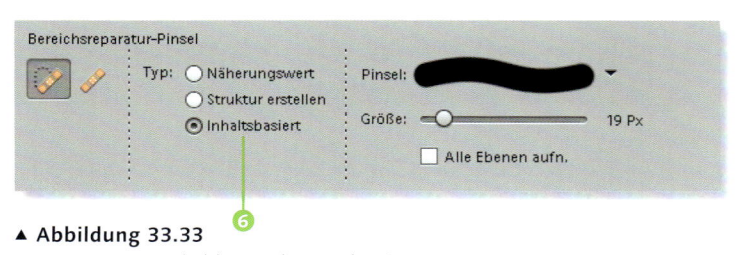

▲ **Abbildung 33.33**
Interessante Möglichkeiten bietet die Option INHALTSBASIERT.

Kapitel 33   Retuschewerkzeuge

Vor- und Nacharbeiten

Oft ist das Ergebnis am Anfang noch nicht perfekt. Allerdings erledigt die Option INHALTSBASIERT häufig einen Löwenanteil der Arbeit, störende Objekte zu entfernen, und es sollte anschließend kein Problem mehr sein, den Rest manuell nachzubearbeiten. Manchmal reicht es auch aus, mehrmals mit der Option INHALTSBASIERT über den Bereich zu malen.

Die Möglichkeit, störende Objekte einfach so aus dem Bild zu malen, hört sich natürlich sehr vielversprechend an. Allerdings sollten Sie von dieser neuen Option keine Zaubereien erwarten. Ihr erfolgreiches Verwenden hängt natürlich immer davon ab, was und wo etwas weggemalt werden soll. Die besten Erfolgsaussichten haben Sie, wenn die Umgebung möglichst einheitlich ist und der wegzumalende Bereich deutlich kleiner ist als der noch vorhandene Bereich im Bild. Hierzu einige gelungene und misslungene Beispiele aus der Praxis, die ich absichtlich nicht mehr nachbearbeitet habe.

Abbildung 33.34 ▶
Links sehen Sie das unbehandelte Bild. Im rechten Bild wurden die Kabel, die über das Bild verliefen, mit dem Bereichsreparatur-Pinsel und der Option INHALTSBASIERT mit einem Strich fast perfekt entfernt.

▲ **Abbildung 33.35**
In diesem Beispiel habe ich versucht, die fahrenden Motorroller im linken Bild mit dem Bereichsreparatur-Pinsel und der Option INHALTSBASIERT wegzumalen. Das Ergebnis im rechten Bild sieht nicht sehr gelungen aus. Hier scheitert das Werkzeug aufgrund zu vieler Details in diesem Bereich. Allerdings lässt sich hier natürlich noch nachträglich einiges machen.

33.3 Reparatur-Pinsel und Bereichsreparatur-Pinsel

▲ Abbildung 33.36
Links sehen Sie im Bild eine Person. Im rechten Bild wurde diese Person schon recht gut bei der ersten Anwendung des Bereichsreparatur-Pinsels und der Option INHALTSBASIERT entfernt. Zwar ist hier noch ein wenig Nacharbeit nötig, aber da die Umgebung eine einfache Struktur aufweist, leistet das Werkzeug recht gute Arbeit.

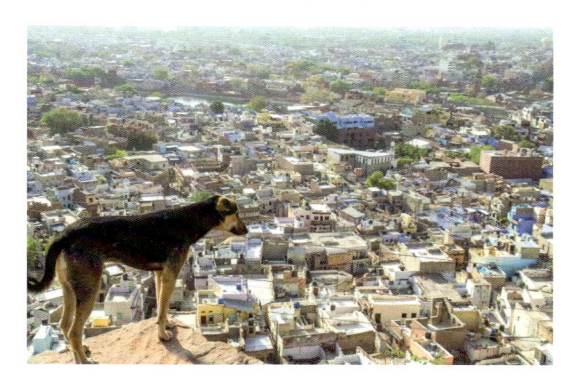

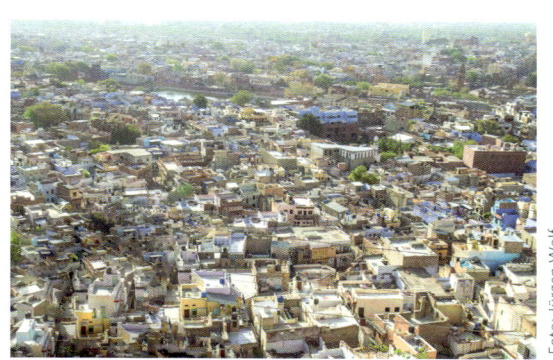

▲ Abbildung 33.37
Im linken Bild sehen Sie das Original, aus dem der Hund auf der Plattform vorne links mit dem Bereichsreparatur-Pinsel und der Option INHALTSBASIERT entfernt werden sollte. Das rechte Bild zeigt das Endergebnis. Das Werkzeug arbeitet hier beeindruckend gut dafür, dass hier recht viele verschiedene Gebäudestrukturen vorhanden sind und füllt den Bereich mit ähnlichen Häusern auf.

▲ Abbildung 33.38
Im linken Bild sehen Sie das Original. Das Werkzeug hat den Stromkasten links bereits beim ersten Versuch gut entfernt (rechtes Bild). Einige Nacharbeiten sind zwar noch nötig, aber das Endergebnis ist besser, als ich es erwartet hatte.

Kapitel 33 Retuschewerkzeuge

Tipp

Die besten Ergebnisse mit der Option INHALTSBASIERT erzielen Sie, wenn Sie möglichst genau das zu entfernende Objekt in einem Zug ausmalen. Sie sollten nur ganz leicht über das Objekt hinausmalen. Wenn es beim ersten Mal nicht klappt, hilft es, den Vorgang mit [Strg]/[cmd]+[Z] rückgängig zu machen und es nochmals zu probieren.

Nicht immer geht es jedoch darum, ganze Bereiche aus einem Bild zu entfernen. Viel häufiger werden Sie die Reparatur-Pinsel für kleinere Retuschen und Bildoptimierungen einsetzen. Wie Sie beispielsweise Hautunreinheiten mit dem Reparatur-Pinsel entfernen, haben Sie ja bereits auf Seite 757 gelesen. Der Bereichsreparatur-Pinsel bietet hier aber weitere Möglichkeiten, die ich Ihnen im nächsten Abschnitt, zusammen mit einigen weiteren Tipps zur Porträtretusche, vorstellen möchte.

33.4 Porträtretusche

Die Retusche von Porträts ist ein wichtiges Thema in der Bildbearbeitung. Vom kleineren kosmetischen Eingriff bis hin zu digitaler plastischer Chirurgie ist hier fast alles möglich. Dieser Abschnitt soll Ihnen einen kleinen Einblick verschaffen.

Schritt für Schritt: Falten entfernen und Person verjüngen

Kapitel_33: Portrait.jpg, Portrait_ohne_Falten.jpg, Portrait_mehr_Haare.jpg

In diesem Beispiel wollen wir die Retusche mal auf die Spitze treiben und sehen, wie wir eine ältere Person virtuell verjüngen können. Im Fokus steht hierbei natürlich das Entfernen von Falten. Bitte nehmen Sie diesen Workshop nicht allzu ernst und eher als Anregung für diverse Retuschearbeiten.

1   Stirnfalten entfernen

Öffnen Sie das Bild »Portrait.jpg« im Fotoeditor. Wählen Sie den Bereichsreparatur-Pinsel [J].

Abbildung 33.39 ▶
Malen Sie die Falten auf der Stirn weg.

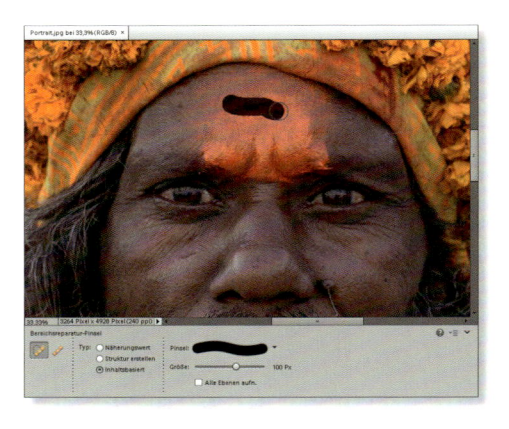

Stellen Sie eine harte, ausreichend große Werkzeugspitze ein. Im Beispiel habe ich 100 Pixel verwendet. Der TYP sollte hier NÄHErungswert oder Inhaltsbasiert sein. Gegebenenfalls probieren Sie bei Misslingen mit einer der beiden Optionen einfach die jeweils andere aus. Tupfen oder malen Sie jetzt mit dem Werkzeug die Falten auf der Stirn weg. Einen Aufnahmebereich benötigen Sie bei diesem Werkzeug nicht.

2 Fältchen um die Augen entfernen
Machen Sie dasselbe mit den Fältchen an den Augen. Sollten Sie hier mit dem Bereichsreparatur-Pinsel und den Optionen Näherungswert oder Inhaltsbasiert an die Grenzen stoßen, weil das Werkzeug nicht nur »Haut« findet und aufmalt, können Sie stattdessen auch den Reparatur-Pinsel verwenden. Der Vorteil am Reparatur-Pinsel ist, dass Sie sich den »sauberen« Hautbereich selbst aussuchen können.

◀ **Abbildung 33.40**
Entfernen Sie Schritt für Schritt die Fältchen um die Augen.

Die Retusche ist zwar nun im Vergleich zum Ursprungsbild schon etwas ausgeprägter, die Natürlichkeit der Aufnahme bleibt aber gerade noch so erhalten.

◀ **Abbildung 33.41**
In dieser Porträtretusche wurden einige Falten ohne Botox entfernt. Das linke Bild zeigt den Zustand vor der Retusche, das rechte zeigt den Zustand danach. Ob es die Werbung wohl auch so macht?!

3 Haare bzw. Bart färben

Den grauen Haaren bzw. hier dem grauen Bart können Sie den Garaus machen, indem Sie zunächst über die Schaltfläche ❶ im Ebenen-Dialog eine neue transparente Ebene erzeugen und den Modus ❷ auf Weiches Licht stellen. Jetzt können Sie mit einer dunklen Farbe (hier wurde Schwarz verwendet) und dem Pinsel-Werkzeug [B] ✒ die Haare färben. Im Beispiel wurde eine Pinselspitze mit 250 Pixeln und eine Deckkraft von 75 % verwendet. Passen Sie auf, dass Sie nicht aus den Haaren bzw. Bart hinausmalen.

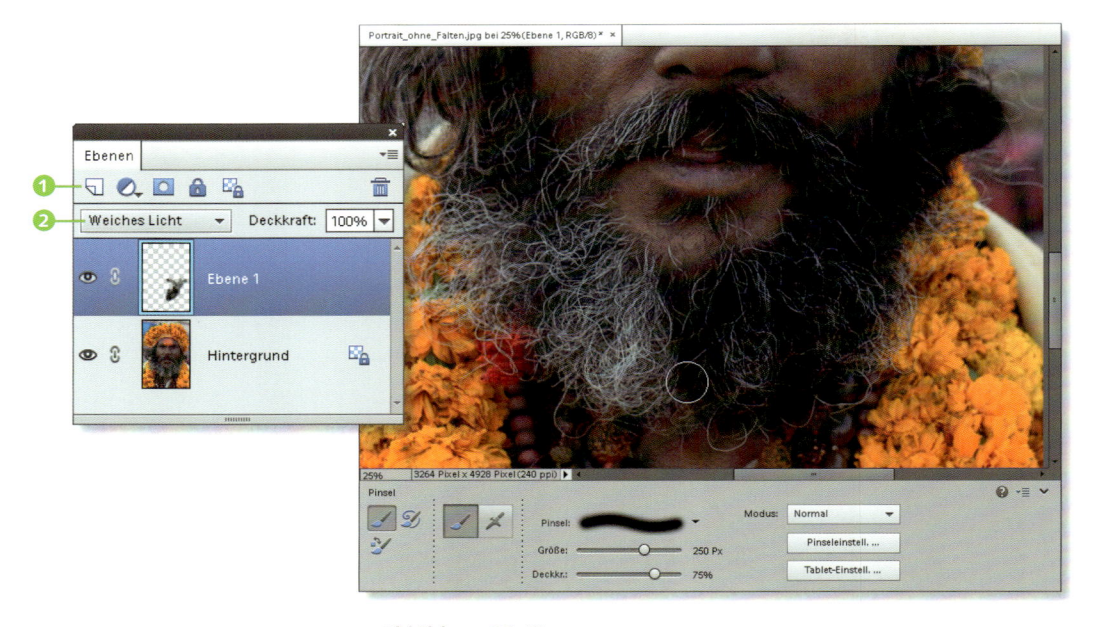

▲ Abbildung 33.42
Haare und Bart färben, ganz ohne Chemie

Tipp
Neue Haare hinzufügen können Sie auch mit dem Inhaltssensitiven Verschieben-Werkzeug ✂ im Modus Erweitert. Hierbei müssen Sie einfach ein paar Haare auswählen und dann in die gewünschte Richtung zum Erweitern ziehen. Das Inhaltssensitive Verschieben-Werkzeug wird in Abschnitt 33.5, »Inhaltssensitives Verschieben-Werkzeug«, umfassend behandelt.

4 Haare hinzufügen

Zum Schluss können Sie dem Bart noch mehr Haare hinzufügen. Wählen Sie hierzu einfach mit dem Kopierstempel 🖌 [S] einen Bartbereich mit gehaltener [Alt]-Taste aus, und tupfen bzw. malen Sie neue Barthaare hinzu. Zusätzlich wurde in diesem Beispiel auch noch der Reparatur-Pinsel ✒ [J] verwendet, um die Barthaare an den etwas harten hinzugeklonten Übergängen am Ende etwas weichere Stellen hinzuzutupfen bzw. zu malen. Damit es anschließend nicht mehr so auffällt, wurden andere Bereiche wiederum mit dem Bereichsreparatur-Pinsel ✒ [J] retuschiert.

33.4 Porträtretusche

◄ **Abbildung 33.43**
Haare ohne Verpflanzung hinzugefügt

◄ **Abbildung 33.44**
Zugegeben, die Verjüngung ist nicht unbedingt perfekt, aber ich denke, dass Sie hierbei die eine oder andere Anregung gefunden haben für ernste oder lustige Retuschen.

Schritt für Schritt: Retusche rund um die Augen

Im folgenden Workshop wollen wir die Augen mehr strahlen lassen, so dass die Aufmerksamkeit mehr auf die Augen des Motivs gerichtet wird. Dies beinhaltet unter anderem das Verbessern von dunklen Augenrändern und ein Aufhellen des Augenweiß. Auch für intensivere Farben brauchen Sie nicht unbedingt Kontaktlinsen zu verwenden, wie dieser Workshop zeigen wird. Verwenden Sie für diesen Workshop die Datei »Beauty.jpg« von der Buch-DVD.

Kapitel_33: Beauty.jpg

765

Kapitel 33   Retuschewerkzeuge

Augenränder wegstempeln

Es ist übrigens durchaus auch möglich, Augenränder mit dem Bereichsreparatur-Pinsel oder dem Reparatur-Pinsel »wegzumalen«. Allerdings geht hierbei schnell die Natürlichkeit verloren. Auf der anderen Seite können Sie, wie ich in diesem Workshop zeige, mit dieser Technik auch andere Stellen wie Hautrötungen usw. abmildern, ohne gleich eine unnatürlich wirkende »Porzellanhaut« zu generieren.

1   Dunkle Augenränder retuschieren

Nach Öffnen des Bildes wählen Sie das Pinsel-Werkzeug ✏ B aus, und verwenden Sie bei den Werkzeugeinstellungen eine weiche Spitze. Im Beispiel habe ich eine GRÖSSE von 100 Pixeln benutzt. Stellen Sie im Farbwahlbereich Weiß als Vordergrundfarbe ein. Alternativ können Sie auch mit der Pipette 💧 eine Hautfarbe statt einer weißen Farbe als Vordergrundfarbe auswählen. Dann wirkt der Effekt nicht so stark. In diesem Beispiel hat die junge Frau kaum Augenränder, aber uns geht es hier ja auch darum, den Fokus auf strahlende Augen zu richten. Erzeugen Sie nun im Ebenen-Bedienfeld über das entsprechende Icon ❶ eine neue transparente Ebene, und malen Sie darauf mit dem Pinsel-Werkzeug die dunklen Augenränder aus.

Abbildung 33.45 ▶
Malen Sie mit einem weichen Pinsel die dunklen Augenränder aus.

2   Füllmethoden und Deckkraft ändern

Ändern Sie im Ebenen-Bedienfeld die Füllmethode ❷ der transparenten Ebene, auf der Sie die dunklen Augenränder übermalt haben, auf WEICHES LICHT. Reduzieren Sie die DECKKRAFT ❸ auf 50 %. Wenn Sie mit dem Ergebnis zufrieden sind, können Sie die Ebenen auf eine Ebene reduzieren.

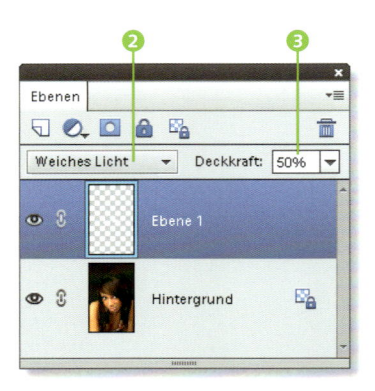

Abbildung 33.46 ▲▶
Wählen Sie die Füllmethode WEICHES LICHT, und reduzieren Sie die DECKKRAFT.

3 Augenweiß aufhellen

Zoomen Sie tiefer in das Bild, um das Augenweiß besser beurteilen zu können. Wählen Sie jetzt den Abwedler 🔍 [O]. Verwenden Sie eine passende weiche Pinselspitze mit einer passenden Größe (hier 25 Pixel). Die Belichtung wurde auf 50 % belassen, und als Bereich wurden die Mitteltöne verwendet. Hellen Sie jetzt im Augenweiß (bei beiden Augen) die roten Äderchen auf, indem Sie diese mit dem Werkzeug wegmalen ❹.

◀ **Abbildung 33.47**
Rote Äderchen aufhellen, wodurch dass Augenweiß noch weißer wird

4 Iris und Pupille auswählen

Um die Iris und Pupille eines Auges auszuwählen, würde sich die Auswahlellipse ⬭ [M] anbieten. Im Beispiel habe ich mich aber für den Auswahlpinsel 🖌 [A] entschieden. Hierfür habe ich mir einen weichen Auswahlpinsel mit 100 Pixeln ausgewählt, der zufällig genau die Größe von Iris und Pupille hat. Damit können Sie quasi im wahrsten Sinne des Wortes die Auswahl aufpinseln. Entfernen können Sie die zuviel ausgewählten Bereiche jederzeit, wenn Sie die Option Subtrahieren ❺ verwenden.

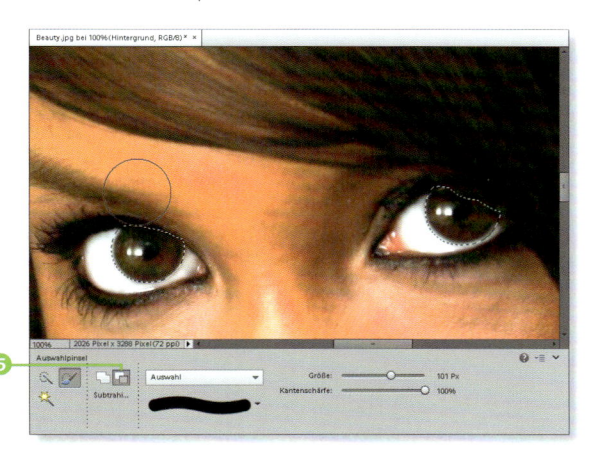

◀ **Abbildung 33.48**
Auswahl von Pupille und Iris mit dem Auswahlpinsel aufmalen

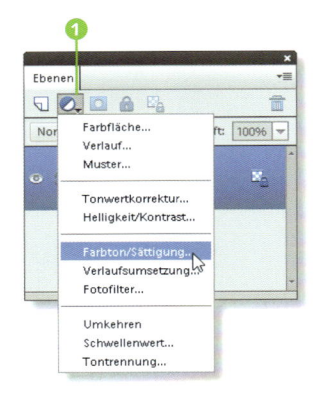

▲ **Abbildung 33.49**
Eine neue Einstellungsebene für FARBTON/SÄTTIGUNG hinzufügen

Tipp: Zähne bleichen
Auf die gleiche Weise können Sie bei Bedarf auch die Zähne bleichen.

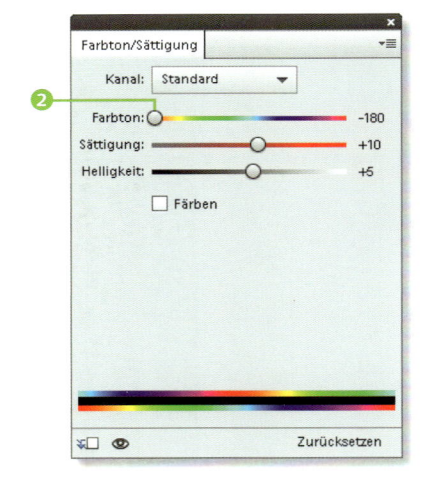

5 Einstellungsebene hinzufügen
Fügen Sie eine neue Einstellungsebene mit FARBTON/SÄTTIGUNG über das entsprechende Icon ❶ des Ebenendialogs hinzu.

6 Augenfarbe ändern
Ändern Sie die Augenfarbe, indem Sie den Regler FARBTON ❷ verschieben. Im Beispiel wurden die Augen auf Blau umgefärbt und der Regler auf -180 gestellt. Die SÄTTIGUNG wurde ebenfalls mit +10 erhöht, und auch die HELLIGKEIT wurde leicht angehoben. Wenn der Übergang jetzt durch die Auswahl etwas zu hart erscheint, dann macht dies nicht viel aus. Ein Blick auf den Ebenendialog zeigt uns, dass Elements für uns gleich eine Ebenenmaske angelegt hat, und wenn Sie das Kapitel dazu (siehe Kapitel 28, »Ebenenmasken«) aufmerksam durchgelesen haben, werden Sie die Vorteile davon kennen und schätzen.

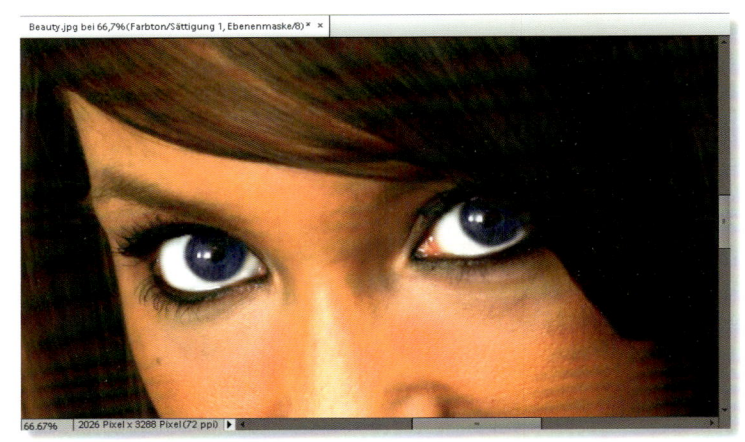

▲ **Abbildung 33.50**
Ändern Sie den Farbton der Augen.

7 Harte Übergänge nachbearbeiten
Sind die Übergänge zwischen der Iris und Pupille und dem Augenweiß zu hart, können Sie jederzeit mit dem Pinsel-Werkzeug und einer weichen Pinselspitze mit schwarzer Farbe auf der Ebenenmaske Pixel entfernen und mit weißer Farbe hinzufügen. Achten Sie hierbei darauf, dass Sie die Ebenenmaske ❹ auch aktiviert haben (zu erkennen am blauen Rahmen im Ebenen-Bedienfeld). Durch die neue Farbe wirken die Details in den Augen etwas zu hart, weshalb hier noch die Füllmethode der Ebene auf FARBE ❸ gesetzt wurde.

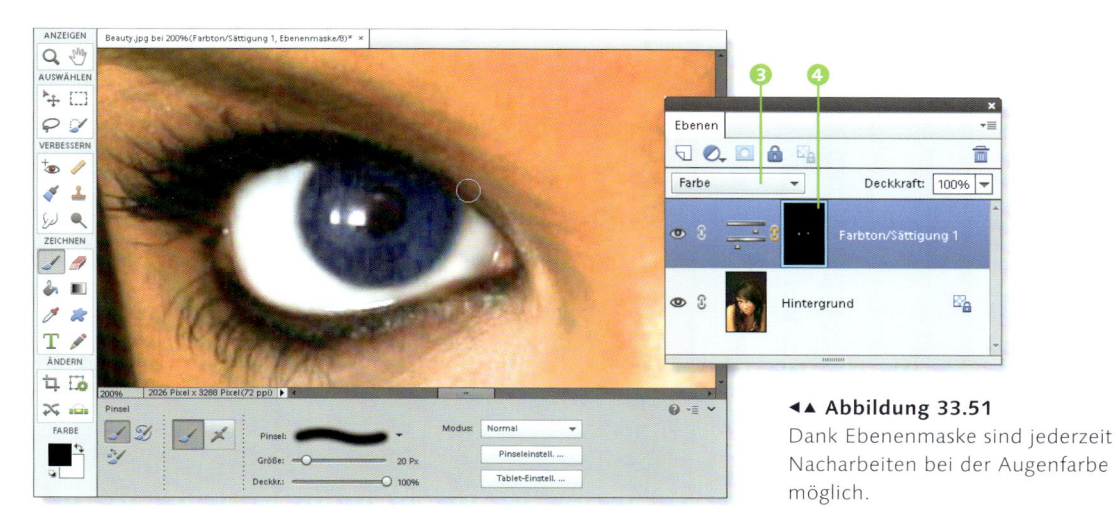

▸▲ Abbildung 33.51
Dank Ebenenmaske sind jederzeit
Nacharbeiten bei der Augenfarbe
möglich.

▲ Abbildung 33.52
Links sehen Sie das Porträt im Originalzustand, und rechts wurden die Retuschen rund um den Augenbereich gemacht, wodurch diese jetzt vielmehr in den Fokus des Bildes rücken.

Schritt für Schritt: Digitales Make-up auftragen

Einen letzten und besonders beliebten Porträt-Workshop habe ich noch für Sie – das Bearbeiten der Haut (ein nachträgliches Make-up, wenn Sie so wollen), das nicht zu verwechseln ist mit der Korrektur von Hautunreinheiten. Verwenden Sie hierzu die Datei »Anja.jpg« von der Buch-DVD, und laden Sie sie in den Fotoeditor.

Kapitel_33:
Anja.jpg, Anja.psd

769

Tipp: Make-up-Farbe ändern
Sie können jederzeit nachträglich die Make-up-Farbe über diese Einstellungsebene mit dem Dialog KORREKTUR ändern.

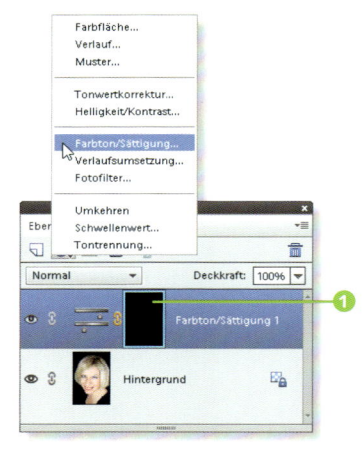

▲ Abbildung 33.53
Einstellungsebene FARBTON/SÄTTIGUNG anlegen

1 Einstellungsebene »Farbton/Sättigung« anlegen

Legen Sie über das Ebenen-Bedienfeld eine neue Einstellungsebene FARBTON/SÄTTIGUNG an. Verwenden Sie dann das Füllwerkzeug, und stellen Sie eine schwarze Vordergrundfarbe ein. Wählen Sie anschließend im Ebenen-Bedienfeld die (noch weiße) Ebenenmaske ❶ von FARBTON/SÄTTIGUNG aus, und füllen Sie diese Ebene mit dem Füllwerkzeug mit schwarzer Farbe aus (wie in Abbildung 33.53 bereits zu sehen), indem Sie mit dem Füllwerkzeug auf das Bild gehen und die linke Maustaste klicken.

2 Farbton ändern

Ändern Sie nun den FARBTON ❷ der Einstellungsebene auf einen beliebigen Wert. Da wir die Ebenenmaske schwarz eingefärbt haben, ändert sich hier zunächst auf dem Bild selbst noch nichts. Über die Regler SÄTTIGUNG und HELLIGKEIT können Sie nachträglich regulieren, wie kräftig die Farbe wirken soll. Wenn Sie die HELLIGKEIT reduzieren, können Sie einen gängigen Erdfarbton erstellen.

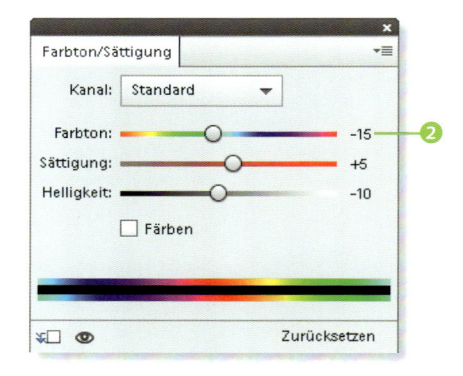

▲ Abbildung 33.54
Farbton der Einstellungsebene ändern

3 Augen-Make-up aufmalen

Aktivieren Sie die schwarze Ebenenmaske ❹ im Ebenen-Bedienfeld (zu erkennen am blauen Rahmen), und wählen Sie das Pinsel-Werkzeug aus. Verwenden Sie eine weiche Pinselspitze mit einer GRÖSSE von 70 Pixeln. Reduzieren Sie die DECKKRAFT auf 80 %. Stellen Sie außerdem eine weiße Vordergrundfarbe ❺ ein. Malen Sie jetzt mit dem Pinsel-Werkzeug über den Augen ein Make-up auf ❸. Zum Vorschein kommt die Farbe der Einstellungsebene.

33.4 Porträtretusche

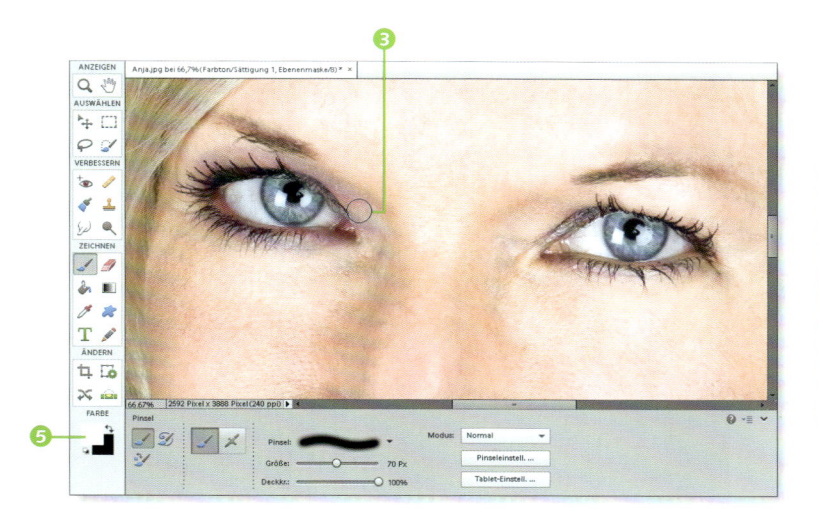

◀▲ **Abbildung 33.55**
Augen-Make-up aufpinseln

4   **Augen-Make-up anpassen**

Über den Regler FARBTON (FENSTER • KORREKTUREN) der Einstellungsebene können Sie die Farbe des Augen-Make-ups nachträglich ändern. Damit das Make-up außerdem nicht so kräftig aufgetragen wirkt, zeichnen Sie auf Wunsch die Einstellungsebene noch mit FILTER • WEICHZEICHNUNGSFILTER • GAUSSSCHER WEICHZEICHNER 6 weich. Sind Sie zufrieden, können Sie die Datei auf eine Ebene reduzieren.

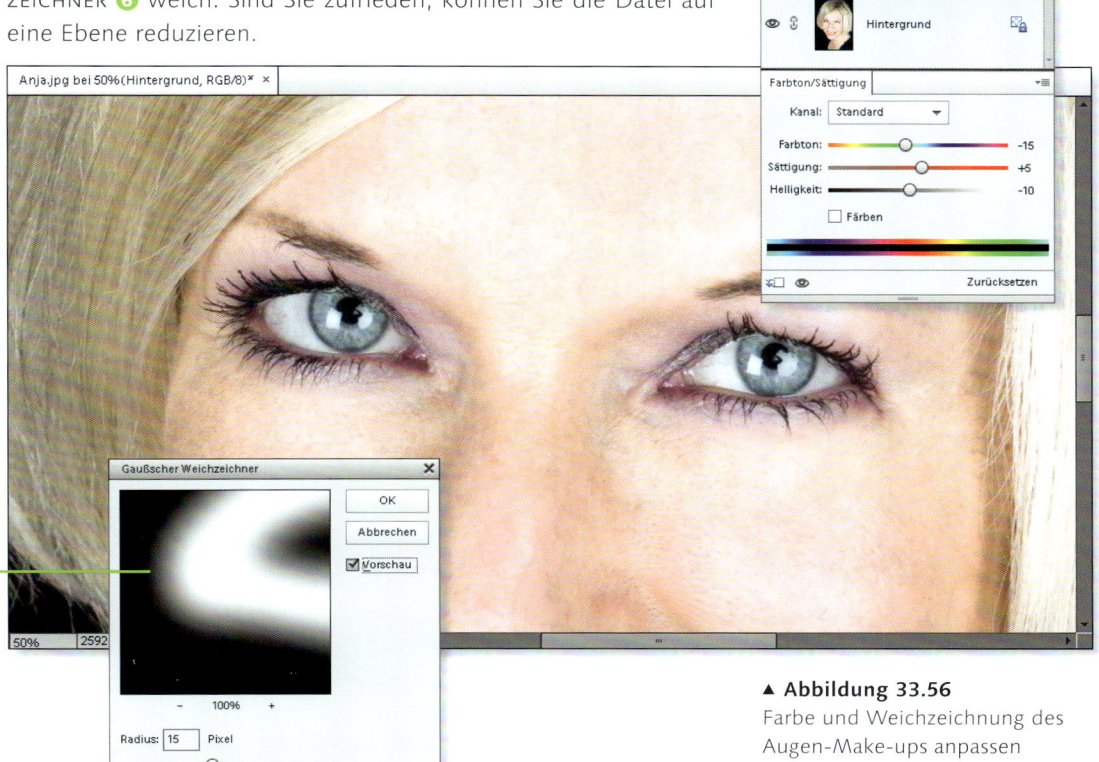

▲ **Abbildung 33.56**
Farbe und Weichzeichnung des Augen-Make-ups anpassen

Kapitel 33   Retuschewerkzeuge

▲ Abbildung 33.57
Neue Ebene für die Beauty-Retusche

5   Neue graue Ebene anlegen

Legen Sie über das Ebenen-Bedienfeld mit der entsprechenden Schaltfläche ❶ eine neue Ebene an, und füllen Sie diese Ebene mit dem Füllwerkzeug mit einer neutralen grauen Farbe (Rot, Grün und Blau haben hierbei denselben Wert, im Beispiel habe ich den Wert 127 verwendet), die Sie zuvor noch als aktive Vordergrundfarbe einstellen müssen. Stellen Sie jetzt den Modus der Ebene auf Ineinanderkopieren ❷.

6   Gesichtsform betonen

Jetzt haben Sie die Grundlagen und können die Schatten und Lichter der Gesichtsform betonen. Verwenden Sie das Pinsel-Werkzeug mit einer weichen Pinselspitze. Die Grösse können Sie zunächst auf 200 Pixel stellen, sollten sie aber immer an den gegebenen Bereichen entsprechend anpassen. Reduzieren Sie die Deckkr(aft) auf 10 %. Wählen Sie die graue Ebene im Ebenen-Bedienfeld aus. Mit einer schwarzen Vordergrundfarbe malen Sie jetzt die Schatten ins Bild. Hierbei verwenden Sie gewöhnlich die Gesichtsbereiche, die Sie betonen wollen (beispielsweise Wangen, Mund, Augen). Mit weißer Vordergrundfarbe malen Sie die Lichter in das Bild. In der Beauty-Retusche sind das gewöhnlich die Bereiche, die Sie absoften (oder zur Porzellanhaut machen) wollen.

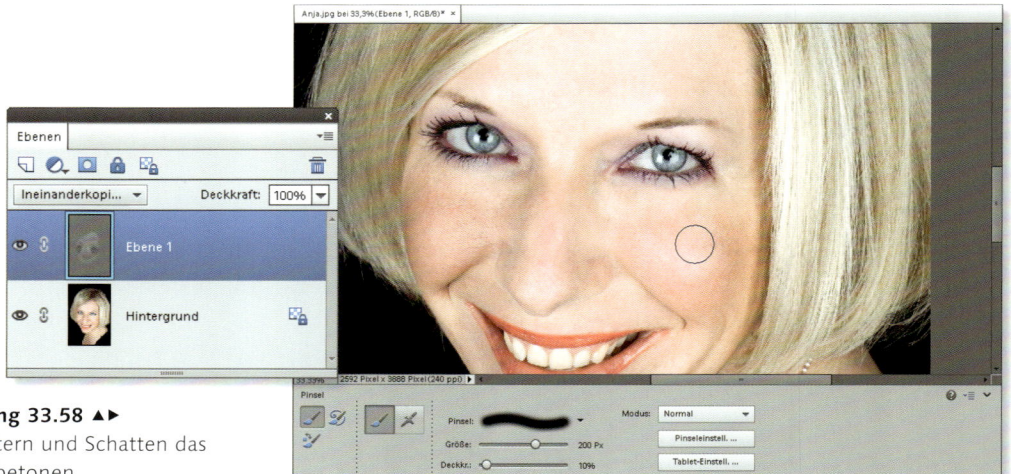

Abbildung 33.58 ▲▶
Mit Lichtern und Schatten das Gesicht betonen

7   Make-up analysieren

Um die Gesichtsbetonung etwas genauer zu betrachten, können Sie jederzeit das Augensymbol des Hintergrundbildes ❸ im Ebenen-Bedienfeld durchstreichen. Im Beispiel sehen Sie außerdem, dass Sie nicht so exakt arbeiten müssen. Wenn Sie mit dem Ergebnis zufrieden sind, machen Sie die Ebenen wieder sichtbar und fügen sie zu einer Ebene zusammen.

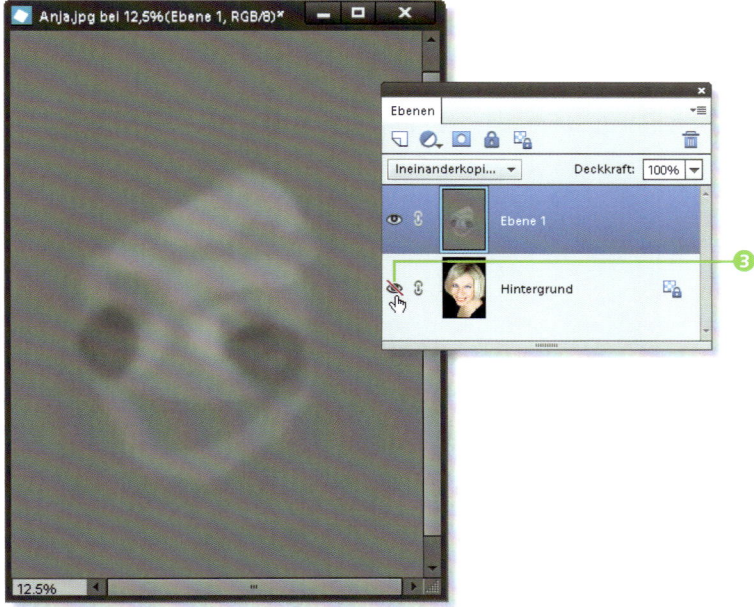

◄ **Abbildung 33.59**
Unser Make-up ohne das Hintergrundbild

Den Effekt des Make-ups können Sie verstärken, indem Sie beispielsweise die graue Ebene duplizieren und WEICHES LICHT als Ebenenmodus einstellen. Ebenso können Sie mit der DECKKRAFT der Ebene(n), aber auch des Pinsel-Werkzeugs experimentieren.

▼ **Abbildung 33.60**
Der Vorher-nachher-Vergleich: Links wurde die Haut noch nicht behandelt, rechts wurde ihr ein neues virtuelles, dezentes Make-up verliehen. Auch das Gesicht wurde hierbei besser betont.

Foto: Marcus Kamp/www.marcuskamp.com

33.5 Inhaltssensitives Verschieben-Werkzeug

Das Inhaltssensitive Verschieben-Werkzeug ⊠ Ⓠ ist eine Mischung aus dem Lasso-Werkzeug ⌒ und der Option INHALTSBASIERT des Bereichsreparatur-Pinsels. Das Werkzeug erlaubt es Ihnen, den Inhalt einer Auswahl im Bild zu verschieben. Der Bildbereich hinter der verschobenen Auswahl wird mit den passenden umliegenden Bildinformationen (inhaltsbasierend) aufgefüllt, so, dass die Manipulation kaum auffallen sollte bzw. nur noch wenige Nacharbeiten mit anderen Retuschewerkzeugen, wie beispielsweise dem Kopierstempel ⊥ oder dem Bereichsreparatur-Pinsel, nötig sind. Genau genommen handelt es sich hierbei um ein Auswahl- und Retuschewerkzeug in einem.

Das Inhaltssensitive Verschieben-Werkzeug ⊠ wurde neu in der Version 12 von Photoshop Elements eingeführt. Das Tastenkürzel Ⓠ für das Werkzeug war in den Vorgängerversionen noch für den Ausstecher Ⓞ vorbehalten. Da der Ausstecher jetzt mit dem Freistellen-Werkzeug ⊥ gruppiert wurde, wurde dem Ausstecher jetzt das Tastenkürzel Ⓒ zugewiesen.

Werkzeugoptionen | Mit den ersten vier Icons ❶ legen Sie fest, was mit Auswahlen geschehen soll. Neben dem Anlegen einer neuen Auswahl können Sie auch hier Auswahlbereiche erweitern (HINZUFÜGEN), entfernen (SUBTRAHIEREN) oder eine SCHNITTMENGE bilden. Mehr dazu haben Sie bereits in Abschnitt 22.4, »Auswahlen kombinieren«, erfahren.

Mit dem MODUS ❸ stellen Sie ein, wie Sie das Werkzeug verwenden wollen. Hierbei stehen Ihnen zwei Möglichkeiten zur Verfügung:

▶ VERSCHIEBEN: Mit dieser Option verschieben Sie die Auswahl innerhalb des Bildes an eine andere Position. Je mehr der Hintergrund der zu verschiebenden Auswahl mit der neuen Position übereinstimmt, desto besser wird das Ergebnis sein.

▶ ERWEITERN: Damit können Sie die zu verschiebende Auswahl erweitern. Sinnvoll angewendet, können Sie damit ausgewählte Bereiche wie Gebäude, Bäume usw. erweitern (erhöhen).

Der REGLER REPARATURVORGANG LÄUFT ❷ ist kein Regler, um einen Effekt zu verstärken oder zu verringern, sondern damit können Sie einen anderen Algorithmus auswählen, wie der »leere« aufzufüllende Bereich und die Kante der verschobenen Auswahl inhaltsbasierend aufgefüllt bzw. repariert werden sollen. Wenn die Reparatur nicht das gewünschte Ergebnis gebracht hat, können Sie verschiedene Einstellungen des Reglers probieren, bis Sie mit dem Ergebnis zufrieden sind.

Hat ihr Bilddokument mehrere Ebenen und sollen die Pixel aus allen sichtbaren Ebenen beachtet werden, müssen Sie die Option ALLE EBENEN AUFN(EHMEN) ❹ aktivieren. Wenn nur die aktive Ebene berücksichtigt werden soll, lassen Sie diese Option deaktiviert.

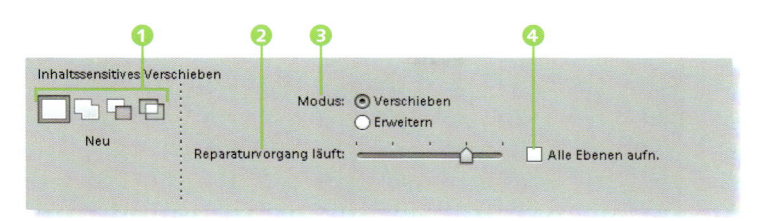

▲ **Abbildung 33.61**
Die Werkzeugoptionen des Inhaltssensitiven Verschieben-Werkzeugs

Bedienung | Die Bedienung des Inhaltssensitiven Verschieben-Werkzeugs ist relativ einfach. Nachdem Sie das Werkzeug aktiviert haben, wählen Sie zunächst aus, ob Sie eine neue Auswahl (Standardeinstellung Neu) erstellen wollen oder etwas zu einer vorhandenen Auswahl Hinzufügen, von ihr Subtrahieren oder eine Schnittmenge bilden wollen. Wählen Sie dann über Modus ❶ aus, ob Sie eine Auswahl auf dem Bild Verschieben oder Erweitern wollen.

Erstellen Sie dann mit gedrückt gehaltener Maustaste eine Auswahl um das Objekt, welches Sie verschieben oder erweitern wollen (in der Annahme, dass Sie eine neue Auswahl erstellen). Sobald Sie die Maustaste loslassen, wird die Auswahl geschlossen und ist bereit zum Verschieben. Setzen Sie den Mauscursor innerhalb die Auswahl, verschieben Sie diese mit gedrückt gehaltener Maustaste, und lassen Sie die Auswahl an der gewünschten Position fallen.

Der alte Bereich der zuvor erstellten Auswahl wird jetzt automatisch mit Bildinformationen um diesen Bereich gefüllt. Auch die Kanten der aktuell verschobenen Auswahl werden gemäß dem neuen Hintergrund automatisch »repariert«. Wenn das inhaltssensitive Füllen bzw. die Reparatur nicht das gewünschte Ergebnis gebracht haben, können Sie den Regler Reparaturvorgang läuft etwas verschieben, und die Arbeiten werden mit einem neuen Algorithmus durchgeführt.

Vorhandene Auswahl verwenden
Es ist jederzeit möglich, eine bereits vorhandene Auswahl mit dem Inhaltssensitiven Verschieben-Werkzeug zu verwenden, die mit einem anderen Auswahlwerkzeug (siehe Abschnitt 22.1, »Auswahlwerkzeuge im Überblick«) erzeugt wurde. Mit dem Wechsel zum Inhaltssensitiven Verschieben-Werkzeug können Sie entweder sofort die Auswahl verschieben oder erweitern (abhängig vom gewählten Modus) oder die Auswahl weiter bearbeiten mit den Auswahloptionen Hinzufügen, Subtrahieren oder Schnittmenge.

Schritt für Schritt: Bildmotiv verschieben

In der folgenden Abbildung soll die Person ganz außen etwas näher zu den anderen beiden Personen im Bild verschoben werden. Laden Sie daher das Bild »far_away.jpg« von der Buch-DVD in den Fotoeditor.

Kapitel_33: far_away.jpg

Abbildung 33.62 ▶
Die Person auf der linken Seite soll mitsamt Hund näher zu den anderen beiden Personen gerückt werden.

Lasso-Werkzeug
Die Funktionen, eine Auswahl mit dem Inhaltssensitiven Verschieben-Werkzeug zu erstellen, entsprechen denen des Lasso-Werkzeugs, welches in Abschnitt 23.1.1, »Das einfache Lasso«, beschrieben wird.

1 Bildmotiv auswählen

Aktivieren Sie das Werkzeug Inhaltssensitives Verschieben. Im Beispiel soll eine neue Auswahl erstellt werden, weshalb auch das entsprechende Icon NEU ❷ ausgewählt ist (bleibt). Als MODUS soll hier VERSCHIEBEN ❸ verwendet werden. Ziehen Sie mit gedrückt gehaltener Maustaste eine Auswahl um die Person mit dem Hund ❶. Wenn Sie die Maustaste loslassen, wird die Auswahl geschlossen. Sind Sie mit der Auswahl nicht zufrieden, können Sie jederzeit über die Option HINZUFÜGEN weitere Bereiche hinzufügen oder mit SUBTRAHIEREN entfernen.

Abbildung 33.63 ▶
Die Auswahl für das zu verschiebende Motiv wird erstellt.

2 Bildmotiv verschieben

Wenn Sie mit der Auswahl zufrieden sind, können Sie diese mit gedrückt gehaltener Maustaste verschieben und an die Stelle im Bild ziehen, an der Sie das Bildmotiv haben wollen. Je mehr der Hintergrund des zu verschiebenden Bildmotivs mit der neuen Position übereinstimmt, desto besser ist das Ergebnis. Lassen Sie die Auswahl an der Position fallen, an der Sie das Bildmotiv platzieren wollen, indem Sie die Maustaste loslassen.

33.5 Inhaltssensitives Verschieben-Werkzeug

◀ **Abbildung 33.64**
Ausgewähltes Bildmotiv an die gewünschte Position ziehen und fallen lassen.

3 Reparaturvorgang ändern

Wenn Sie die Maustaste losgelassen haben, wird der alte Bereich der jetzt verschobenen Auswahl mit umliegenden Bildinformationen aufgefüllt. Auch die Kanten des verschobenen Bereichs werden repariert. Haben das Auffüllen und die Reparatur nicht das gewünschte Ergebnis gebracht, können Sie den Regler REPARATURVORGANG LÄUFT ❹ verschieben, und es wird ein anderer Algorithmus dafür verwendet. Probieren Sie hier ruhig mehrere Einstellungen aus, um ein Gefühl für diesen Regler zu bekommen. Solange die Auswahllinie um das Bildmotiv besteht, können Sie den Regler immer wieder ändern. Wenn Sie mit dem Ergebnis zufrieden sind, können Sie die Auswahl aufheben, indem Sie mit der linken Maustaste außerhalb des ausgewählten Bereichs klicken.

◀ **Abbildung 33.65**
Verschiedene Reparaturvorgänge ausprobieren

4 Nachträgliche Retuschearbeiten

Am Ende können Sie unschöne Kanten oder harte Übergänge mit den üblichen Retuschewerkzeugen wie dem Kopierstempel 🖉 ⎣S⎦, dem Bereichsreparatur-Pinsel 🖉 ⎣J⎦ und/oder dem Reparatur-Pinsel 🖉 ⎣J⎦ vornehmen.

Kapitel 33   Retuschewerkzeuge

▲ **Abbildung 33.66**
Das Bild vor…

▲ **Abbildung 33.67**
…und das Bild nach dem Verschieben mit dem Inhaltssensitiven Verschieben-Werkzeug

Kapitel_33:
Felsendom.jpg

Schritt für Schritt: Bildmotiv erweitern

Neben dem Verschieben bietet das Inhaltssensitive Verschieben-Werkzeug noch die Option, eine Auswahl zu erweitern. Zur Demonstration öffnen Sie bitte das Bild »Felsendom.jpg« von der Buch-DVD, an dem der Modus ERWEITERN kurz beschrieben werden soll.

1   Auswahl zum Erweitern erstellen

Aktivieren Sie das Werkzeug Inhaltssensitives Verschieben. Verwenden Sie bei MODUS die Option ERWEITERN ❶. Ziehen Sie anschließend mit gedrückt gehaltener Maustaste eine Auswahl um den Bereich, den Sie erweitern wollen. Im Beispiel wurde die goldene Kuppel und ein wenig vom blauen Bereich darunter ausgewählt.

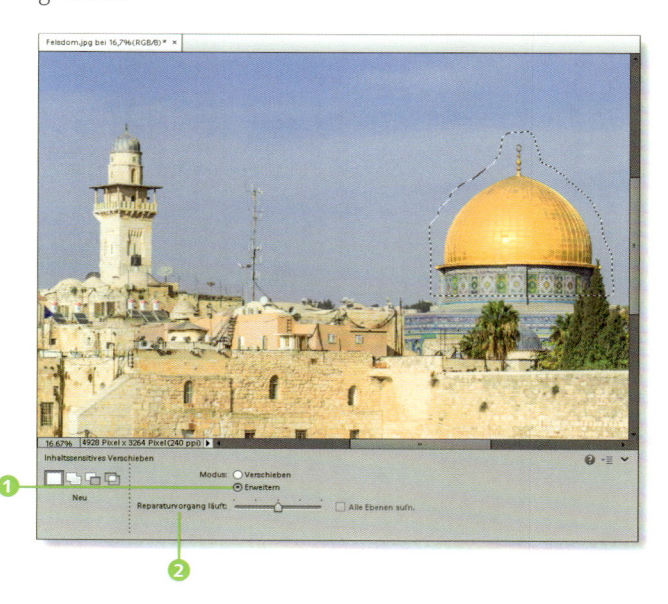

Abbildung 33.68 ▶
Bereich zum Erweitern auswählen

778

2 Auswahl durch Verschieben erweitern

Verschieben Sie jetzt mit gedrückt gehaltener Maustaste die Auswahl in die Richtung, in die diese erweitert werden soll. Im Beispiel soll der »Turm« etwas höher gesetzt werden, weshalb die Auswahl nach oben geschoben wurde. Im Beispiel wirkt das jetzt, als würden Sie die Auswahl einfach oben draufsetzen. Je genauer Sie die Auswahl draufsetzen, desto besser wird auch hier wieder das Ergebnis. Wenn Sie die Maustaste loslassen, wird die Erweiterung der Auswahl inhaltssensitiv bearbeitet. Auch hier können Sie, wenn der umliegende Bildbereich nicht ordentlich repariert wurde, über den Regler REPARATURVORGANG LÄUFT ❷ einen anderen Algorithmus verwenden, um erneut eine Reparatur des erweiterten Bildbereichs durchzuführen.

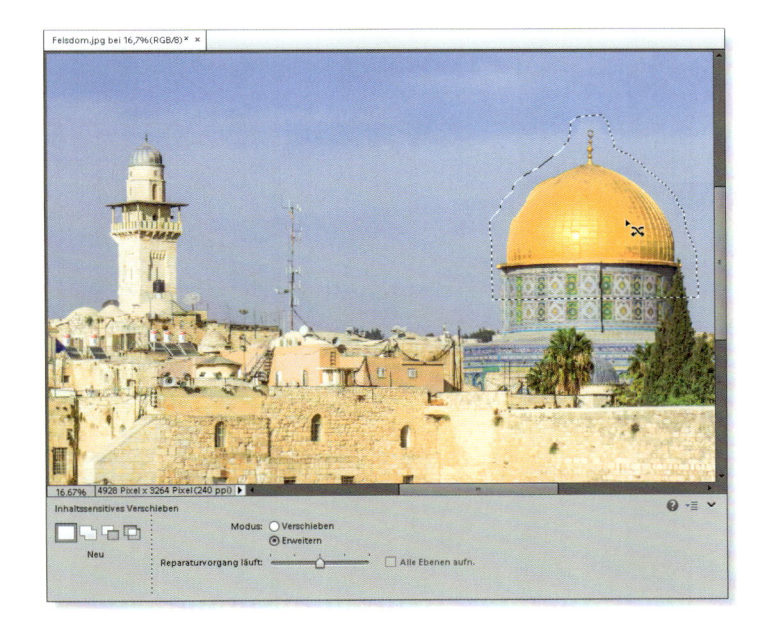

◀ **Abbildung 33.69**
Ausgewählter Bildbereich wird erweitert.

3 Auswahl durch Verschieben duplizieren

Mit dem Modus ERWEITERN ergibt sich noch eine zweite Möglichkeit, mit der Sie einen ausgewählten Bildbereich erweitern und auch gleich den Inhalt automatisch passend in den neuen Bereich einfügen können. Im Beispiel wurde der Turm auf der linken Seite ❸ ausgewählt, in die Mitte gezogen und fallen gelassen ❹. Durch den Modus ERWEITERN ❺ wird das Bild um diesen Turm erweitert (der Turm wird quasi dupliziert), und der Bereich außen um den verschobenen Turm herum wird automatisch repariert. Auch hier können Sie mit dem Regler REPARATURVORGANG LÄUFT ❻ nachträglich noch andere Reparatur-Algorithmen ausprobieren.

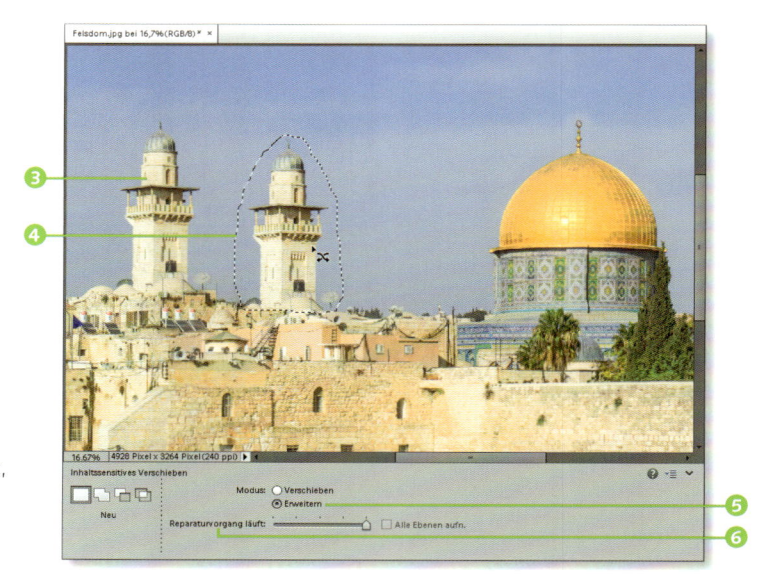

Abbildung 33.70 ▶
Hier wurde der Turm ausgewählt, verschoben und dupliziert, das heißt, das Bild wurde um einen weiteren Turm »erweitert«.

4 Nachträgliche Retuschearbeiten

Am Ende können Sie auch hier unschöne Kanten oder harte Übergänge mit den üblichen Retuschewerkzeugen wie dem Kopierstempel [S], dem Bereichsreparatur-Pinsel [J] und/oder dem Reparatur-Pinsel [J] vornehmen.

▲ **Abbildung 33.71**
Das Bild vor der Erweiterung ...

▲ **Abbildung 33.72**
...und nach der Erweiterung mit dem Inhaltssensitiven Verschieben-Werkzeug

Kapitel_33: playing.jpg, Clown.jpg, Jump.jpg

Beispiele zum Inhaltssensitiven Verschieben-Werkzeug | Die besten Ergebnisse mit dem Inhaltssensitiven Verschieben-Werkzeug erzielen Sie immer, wenn der Hintergrund der zu verschiebenden Auswahl der Position recht ähnlich ist, wohin die Auswahl verschoben wird. Ganz ohne Nacharbeiten wird es in der echten Praxis von digitalen Bildern wohl eher selten gehen. Hierzu noch ein paar Beispiele aus der Praxis, wo nicht mehr nachbearbeitet wurde.

33.5 Inhaltssensitives Verschieben-Werkzeug

▲ Abbildung 33.73
In diesem Bild wurden alle Register des Inhaltssensitiven Verschieben-Werkzeugs gezogen. Links sehen Sie das Original und rechts das bearbeitete Bild. Die drei Jungs wurden ganz nach außen verschoben. Auch der Drachen wurde etwas weiter nach unten und nach rechts gezogen. Zum Schluss wurde noch das Boot mit dem Modus ERWEITERT etwas verlängert. Das Ergebnis kann sich ohne Nacharbeit schon sehen lassen.

▲ Abbildung 33.74
Die Perücke aus dem linken Bild wurde durch ein mehrmaliges Verschieben mit der Option ERWEITERN auf das ganze Bild ausgeweitet. Somit ist das Werkzeug durchaus dafür geeignet, Haare zu erweitern.

▲ Abbildung 33.75
Der Junge im Originalbild auf der linken Seite wurde im rechten Bild weiter nach links verschoben. Das Auffüllen des leeren Bereichs ist hier noch relativ gut gelungen, aber bei der verschobenen Auswahl ist hier doch deutlich der hellere Hintergrund zu erkennen, und somit ist unbedingt eine Nacharbeit nötig.

33.6 Verflüssigen-Filter

Kapitel_33: GuckstDu.jpg

Wenn Sie bei einem Bild Bereiche verkrümmen, verzerren, verschieben, vergrößern oder verkleinern wollen, dann sollten Sie sich den Filter VERFLÜSSIGEN ansehen. Sie finden ihn im Menü FILTER • VERZERRUNGSFILTER • VERFLÜSSIGEN. Sanft eingesetzt, können Sie so einer Person mit neutralem Gesichtsausdruck ein Lächeln aufsetzen. Dieser Filter eignet sich aber auch gut für allerhand spaßige Effekte.

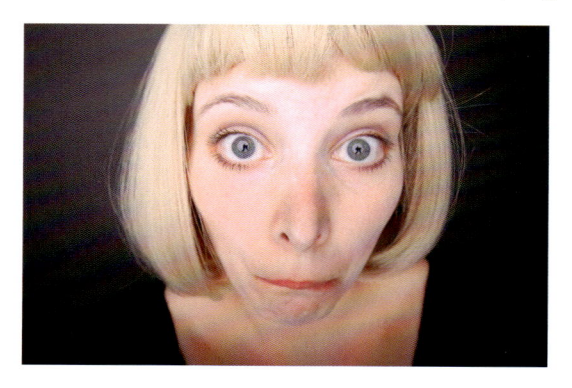

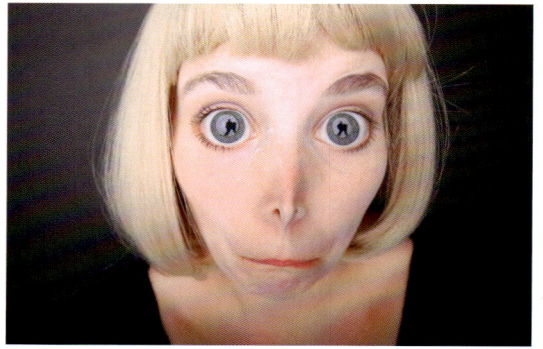

Foto: Clarissa Schwarz, www.clarissa-schwarz.ch

▲ **Abbildung 33.76**
Was guckst du? Für den einen ist der VERFLÜSSIGEN-Filter eine Spielerei, andere verwenden ihn, um Motive im Bild zu modellieren. Im rechten Bild wurden Augen und Augenbrauen vergrößert, Nase und Mund dagegen verkleinert.

Beauty-Retusche
Dezent eingesetzt, eignet sich dieses Werkzeug durchaus auch für eine Porträtretusche, um beispielsweise die Nase optisch zu verbessern oder gar eine Person »schlanker« zu machen.

Die einzelnen Funktionen in der linken Icon-Leiste des VERFLÜSSIGEN-Filters beschreibe ich im Folgenden kurz:

▶ **Verkrümmungswerkzeug** [W] – verschiebt die Pixel durch Ziehen mit gedrückt gehaltener linker Maustaste in eine Richtung.

▶ **Turbulenz-Werkzeug** [T] – verwirbelt die Pixel, so dass Effekte wie Feuer, Wolken oder Wellen entstehen.

▶ **Strudel-Werkzeug (im Uhrzeigersinn)** [C] – dreht die Pixel unter dem Pinsel im Uhrzeigersinn, wenn Sie ins Bild klicken oder den Mauszeiger über das Bild ziehen.

▶ **Strudel-Werkzeug (gegen Uhrzeigersinn)** [L] – dreht die Pixel unter dem Pinsel gegen den Uhrzeigersinn, wenn Sie ins Bild klicken oder den Mauszeiger über das Bild ziehen.

▶ **Zusammenziehen-Werkzeug** [P] – verkleinert Objekte unter dem Pinsel durch Anklicken.

▶ **Aufblasen-Werkzeug** [B] – vergrößert Motive unter dem Pinsel durch Anklicken.

▶ **Pixel-verschieben-Werkzeug** 🔲 ⌊S⌋ – verschiebt die Pixel senkrecht zur Malrichtung nach links. Eine Rechtsverschiebung erreichen Sie mit gedrückter ⌊Alt⌋-Taste.

▶ **Spiegelungswerkzeug** 🔲 ⌊M⌋ – kopiert die Pixel in den Malbereich. Beim Ziehen des Cursors wird der Bereich senkrecht zur Richtung des Pinsels (links oder unterhalb vom Pinsel) gespiegelt. Mit gehaltener ⌊Alt⌋-Taste spiegeln Sie den entgegengesetzten Bereich (etwa um eine Wasserspiegelung zu zeichnen).

▶ **Rekonstruktionswerkzeug** 🔲 ⌊E⌋ –macht Änderungen rückgängig.

◀ **Abbildung 33.77**
Der VERFLÜSSIGEN-Filter im Einsatz einer neuen Hollywood-Diät

Auf der rechten Seite des VERFLÜSSIGEN-Filters verändern Sie die PINSELGRÖSSE (1 bis 600) und den PINSELDRUCK (1 bis 100) des Pinsels. Jeder höher dieser Druck ist, desto stärker wirken sich die Werkzeuge auf die Veränderungen aus. Wenn Sie ein Grafiktablett verwenden, legen Sie den Druck über den STIFTDRUCK fest.

▼ **Abbildung 33.78**
Links das Bild vor der Diät und auf der rechten Seite das Bild nach der 2-Minuten-Diät mit dem Verflüssigen-Filter. Der Speck um die Hüften ist geschrumpft, ohne dass die Manipulation groß auffällt.

Foto: D. Bär

Kapitel 34
Eingescannte Bilder nachbearbeiten

Lagern Sie vielleicht auch noch kartonweise analoge Fotos auf dem Dachboden oder im Keller? Vielleicht ist es an der Zeit, diese Bilder endlich zu digitalisieren? Mit Photoshop Elements haben Sie alles, was Sie dazu brauchen. In diesem Kapitel möchte ich Ihnen zeigen, wie Sie die Bilder einscannen und wie Sie aus den Scans anschließend das Beste herausholen.

34.1 Bilder einscannen

Da Photoshop Elements kein eigenes Programm zum Scannen mitliefert, müssen Sie zunächst das Scan-Programm installiert haben, das Ihrem Scanner beigelegt wurde. Photoshop Elements stellt hierbei nur eine Verbindung zum Scanner über die TWAIN-Schnittstelle her, die wiederum das Scan-Programm aufruft. Beim Scannen unter Windows ohne eine Scanner-Software können Sie auch die WIA-Schnittstelle von Windows zum Scannen verwenden. Mehr dazu habe ich bereits in Abschnitt 7.5, »Import vom Scanner«, erläutert.

Verbindung zum Scanner
Dass eine Verbindung zu einem vorhandenen Scanner bestehen muss, versteht sich wohl.

Auflösung für das Scannen | Das Thema »Auflösung« wurde bereits in Abschnitt 6.2, »Bildgröße und Auflösung«, behandelt. Trotzdem soll hier nochmals kurz darauf eingegangen werden, weil diesbezüglich oft Verwirrung herrscht.

Zunächst müssen Sie entscheiden, wofür Sie die eingescannten Bilder verwenden wollen. Wenn Sie die Bilder nur auf dem Bildschirm anzeigen wollen, genügt eine niedrigere Auflösung von 72 bis 96 dpi. Alles, was darüber hinausgeht, kann vom Monitor ohnehin nicht mehr angezeigt werden. Allerdings schaden mehr Pixel auch nicht; sie führen lediglich zu einem höheren Datenvolumen.

Sofern Sie allerdings vorhaben, das Bild zu drucken, müssen Sie auch die Auflösung zum Scannen erhöhen. Hierbei ist es entscheidend, ob Sie das Bild im Verhältnis 1:1 oder vergrößert drucken wollen. In der Praxis ist eine Auflösung von **300 dpi** für Bilder im Format 10 × 15 cm fast immer zum Drucken geeignet. Soll das Bild vergrößert ausgedruckt werden, müssen Sie die Auflösung ebenfalls erhöhen. Für einen Tintenstrahlposterdruck mit 150 dpi sollten Sie das Bild schon mit 600 dpi einscannen.

Schritt für Schritt: Bild einscannen und ausrichten

Hinweis
Dieser Arbeitsschritt unterscheidet sich von Software zu Software ein wenig – das Prinzip ist aber immer dasselbe.

Um ein Bild einzuscannen, müssen Sie zunächst über Photoshop Elements das Scan-Programm aufrufen. Das mit dem Scanner gelieferte Programm wird von Hersteller zu Hersteller ein wenig unterschiedlich aussehen. Sie starten das Programm über den Menüpunkt DATEI • IMPORTIEREN.

Abbildung 34.1 ▶
Starten Sie das gewünschte Scan-Programm.

▼ Abbildung 34.2
Die Einstellungen vor dem Scannen (in der Abbildung wird die WIA-Schnittstelle zum Scannen verwendet)

1 Bildvorschau und Qualität einstellen

Klicken Sie zunächst auf VORSCHAU ❷, um das Bild mithilfe eines Rahmens ❶ schon vorab richtig freizustellen. Abhängig vom geplanten Einsatz des Bildes müssen Sie nun die Auflösung festlegen und bestimmen, ob das Bild in Farbe, Graustufen oder Schwarzweiß eingescannt werden soll. Im Beispiel habe ich die AUFLÖSUNG 300 dpi ❹ und ein FARBBILD ❺ verwendet. Wo Sie diesen Wert einstellen, hängt von der Software ab, die auf Ihrem Rechner installiert ist. Klicken Sie anschließend auf SCANNEN ❸.

34.2 Bildqualität des Scans verbessern

2 Nach dem Scannen

Nach dem Scan-Vorgang sollte das Bild in einem neuen Dokumentfenster in Photoshop Elements geöffnet sein.

▲ **Abbildung 34.3**
Das gescannte Bild öffnet sich in einem neuen Dokumentfenster.

3 Bild drehen, ausrichten und zuschneiden

Im Beispiel müssen Sie das Bild erst mit BILD • DREHEN • 90° NACH LINKS in die richtige Richtung drehen. Sollte das Bild schief eingescannt sein, richten Sie es mit dem Gerade-ausrichten-Werkzeug [P] aus. Zum Schluss musste hier noch mit dem Freistellungswerkzeug [C] der weiße Rand oben und rechts weggeschnitten werden.

▲ **Abbildung 34.4**
Das fertig gedrehte und zugeschnittene Bild

34.2 Bildqualität des Scans verbessern

Häufig sind eingescannte Bilder flau, farblos und etwas unscharf. Im folgenden Workshop wollen wir diese Schwächen beseitigen. Als Beispiel verwenden wir das zuvor eingescannte Bild, das Sie wiederum auf der Buch-DVD finden.

Kapitel_34: Cuba.tif

Schritt für Schritt: Scanner-Schwächen ausgleichen

Photoshop Elements bietet Ihnen alle Möglichkeiten, Ihre Scans zu optimieren. Sollten Sie keinen eigenen Scan zur Hand haben, können Sie auch die Datei »Cuba.tif« von der Buch-DVD verwenden.

1 Tonwertkorrektur

Einstellungsebene
Natürlich können Sie auch die Einstellungsebene TONWERTKORREKTUR verwenden.

Laden Sie das Bild »Cuba.tif« in den Fotoeditor. Wenn Sie die TONWERTKORREKTUR über ÜBERARBEITEN • BELEUCHTUNG ANPASSEN oder [Strg]/[cmd]+[L] öffnen, erkennen Sie am Histogramm gleich, warum das Bild so flau wirkt: Es hat keinerlei Höhen oder Tiefen. Daher wollen wir im Folgenden Kanal für Kanal korrigieren. Wählen Sie zunächst den roten Kanal ❶ aus, und ziehen Sie den schwarzen Anfasser ❷ nach rechts an den Anfang der Histogramm-Hügellandschaft. Den weißen Anfasser ❸ schieben Sie analog nach links an den Anfang der Hügellandschaft. Stellen Sie den blauen und den grünen Kanal ❶ ebenso ein.

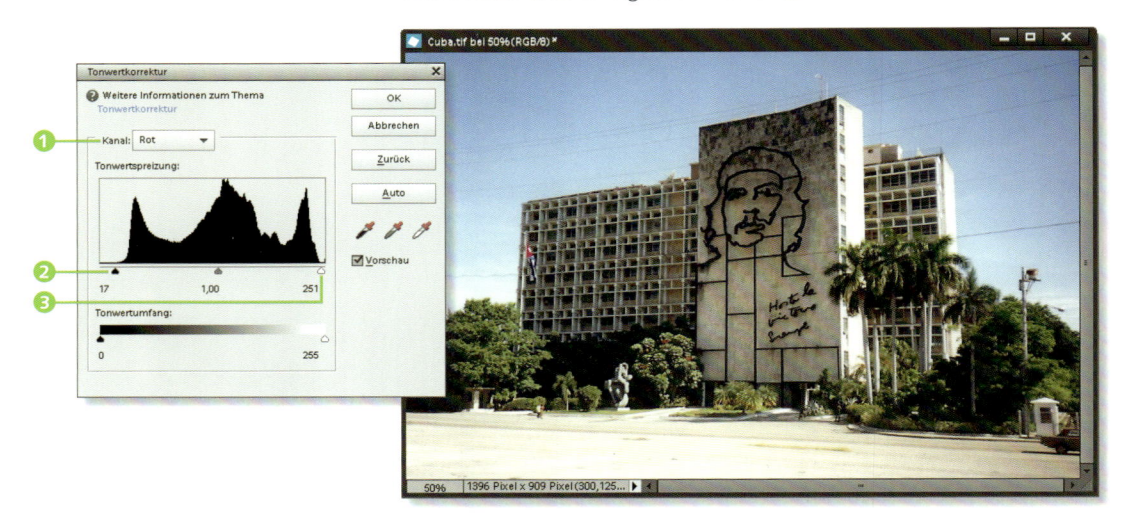

▲ **Abbildung 34.5**
Positionieren Sie die Anfasser, wie im Dialog gezeigt.

2 Bildrauschen entfernen

Viele Scanner lesen das Bild mit einem relativ starken Rauschen ein. Das Bildrauschen wird natürlich durch das Schärfen zuvor noch ein wenig verstärkt. Mit FILTER • RAUSCHFILTER • RAUSCHEN REDUZIEREN rücken wir diesem Problem zu Leibe. Hier müssen Sie selbst ein wenig herumprobieren. Im Beispiel habe ich für STÄRKE einen Wert von »6« verwendet, für DETAILS ERHALTEN den Wert »60« % und für FARBSTÖRUNG REDUZIEREN den Wert »45« %.

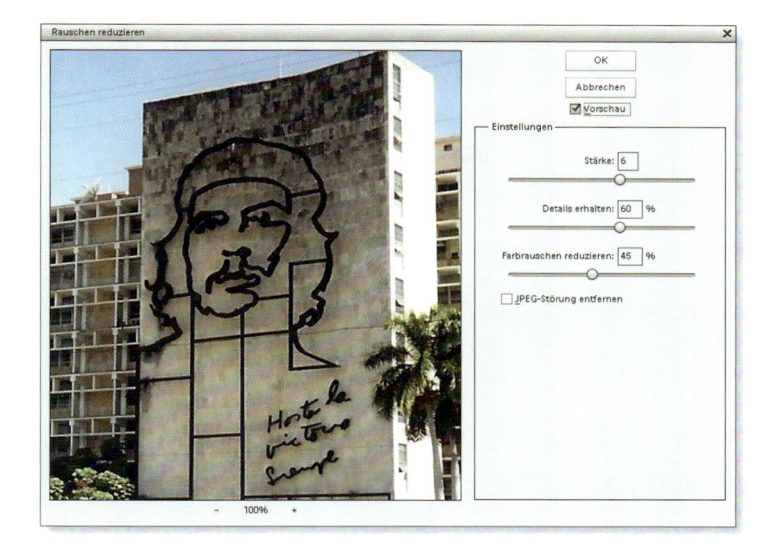

◂ **Abbildung 34.6**
Die Einstellungen im Rauschfilter

3 Staub entfernen

Zwar haben Sie den Staub bereits zuvor mit dem Filter RAUSCHEN REDUZIEREN teilweise entfernt, aber größere Flecken, die zum Beispiel auf dem Foto oder auf dem Scanner waren, sind gegen diesen Filter immun. Verwenden Sie den Bereichsreparatur-Pinsel ⌘ J mit einer weichen, kleinen Werkzeugspitze, um den Staub und unerwünschte Flecken wegzutupfen. Bei schwierigeren und größeren Flächen müssen Sie möglicherweise den Reparatur-Pinsel ⌘ J in einem zuvor ausgewählten Bereich verwenden.

◂ **Abbildung 34.7**
Entfernen Sie Flecken und Staub mit dem Bereichsreparatur-Pinsel.

4 Mitteltöne verbessern

Sehr wichtig für die Kontrastwirkung sind auch die Mitteltöne, weshalb wir auch diese ein wenig verbessern wollen. Wählen Sie hierzu ÜBERARBEITEN • BELEUCHTUNG ANPASSEN • TIEFEN/LICHTER, und schieben Sie nur den Regler für Mittelton-Kontrast ❶ auf +15 %. Zusätzlich habe ich hier noch die Tiefen um 5 % aufgehellt. Bestätigen Sie den Dialog dann wieder mit OK.

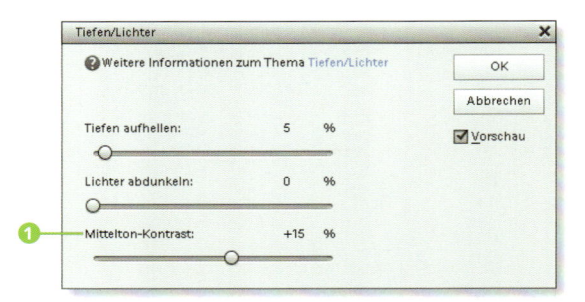

Abbildung 34.8 ▶
Einstellungen im Dialog Tiefen/Lichter

5 Bild schärfen

Gescannte Bilder weisen häufig nicht nur einen Grauschleier auf, sondern lassen oft auch eine gewisse Schärfe vermissen. Auch hier wollen wir mit Überarbeiten • Unscharf maskieren nachhelfen. Verwenden Sie eine Stärke von 75 % und einen Radius von 1,0. Bestätigen Sie den Dialog dann mit OK.

▲ **Abbildung 34.9**
Einstellungen für die Schärfe

Moiré-Effekt beseitigen

Handelsübliche Scanner-Software, die dem Scanner oft beigelegt ist, bietet in der Regel eine Option an, um den sogenannten Moiré-Effekt zu unterdrücken. Er entsteht, wenn feine Muster oder Linien in einem verschobenen Winkel übereinanderliegen. Dadurch entstehen dann Muster, die eigentlich in keinem der übereinanderliegenden Raster so vorher vorhanden waren. Ansonsten könnte es vielleicht helfen, wenn Sie das Bild mit einer doppelten Auflösung einscannen (beispielsweise 600 dpi). Anschließend können Sie den Filter Helligkeit interpolieren ganz leicht darauf anwenden. Verkleinern Sie das Bild auf die richtige Auflösung (300 dpi oder 150 dpi), und schärfen Sie am Ende eventuell noch mit Unscharf maskieren etwas nach.

6 Analyse

Beim direkten Vergleich der Vorher-nachher-Abbildungen fällt der Unterschied relativ deutlich auf. Allerdings hängt ein solches Ergebnis auch vom Scanner ab. Da ich aber davon ausgehe, dass der Großteil der Leserschaft einen Otto-Normalverbraucher-Scanner und kein High-End-Gerät verwendet, dürfte dieser Workshop für die meisten relevant sein.

▲ **Abbildung 34.10**
Links das Bild nach dem Einscannen und rechts nach der Überarbeitung: Das Endergebnis weist deutlich frischere Farben, mehr Schärfe und einen viel besseren Kontrast auf.

34.3 Scans aufteilen

Sollten Sie wirklich vorhaben, Ihren Bilderbestand zu digitalisieren, so brauchen Sie nicht Bild für Bild einzuscannen. Schneller geht es, wenn Sie mehrere Bilder auf den Scanner legen und sie anschließend zuschneiden (lassen). Häufig ist es gar nicht anders möglich, mehrere Bilder auf einmal zu scannen – etwa wenn Bilder fest in einem Album kleben. Photoshop Elements bietet Ihnen für solche Fälle eine gute Automatik an, die recht zuverlässig arbeitet.

Kapitel_34: moreScans.jpg

◄ **Abbildung 34.11**
Einige alte Fotos wurden hier aus einem Familienalbum eingescannt.

Scans aufteilen | Drehen Sie gegebenenfalls zunächst den Scan in die richtige Richtung. Anschließend genügt ein Aufruf von BILD • GESCANNTE FOTOS TEILEN, und Photoshop zerlegt die Fotos selbstständig in vier neue Dateien.

Abbildung 34.12 ▶
Der Scan wurde in vier einzelne Fotos geteilt.

Freistellen und speichern | Im Beispiel wurden alle vier Bilder ordentlich zugeschnitten. Nur ein älteres Bild mit ausgefranstem Rahmen, wie er früher verwendet wurde, können Sie noch nachträglich mit dem Freistellungswerkzeug 🔲 C zuschneiden. Speichern Sie die Bilder anschließend ab.

Abbildung 34.13 ▶
Ein einzelnes Foto vor dem Zuschneiden

TEIL XI
Mit Text und Formen arbeiten

Kapitel 35
Grundlagen zur Texterstellung

Die Hauptaufgabe von Photoshop Elements ist sicherlich die Bildbearbeitung und die Verbesserung Ihrer Digitalfotos. Das Programm kann aber noch viel mehr: Die Textwerkzeuge bieten Ihnen zahlreiche Möglichkeiten zur Verzierung Ihrer Bilder mit individuellen Texten.

35.1 Text eingeben

Um einen Text zu erstellen oder zu bearbeiten, können Sie das Horizontale Textwerkzeug T T oder das Vertikale Textwerkzeug IT T aus der Werkzeugpalette verwenden. Jeder Text, den Sie hiermit eingeben, wird auf einer neuen Textebene platziert. Hierbei haben Sie die Möglichkeit, einen einzeiligen Text (auch als **Punkttext** bezeichnet) oder einen mehrzeiligen **Absatztext** zu erstellen.

Zum Weiterlesen

Mehr zu den Ebenen bzw. in diesem Fall Textebenen habe ich bereits im Abschnitt »Textebenen« auf Seite 586 beschrieben.

35.1.1 Einzeiliger Text (Punkttext)

Um einen einzeiligen Punkttext zu erstellen, wählen Sie einfach das Horizontale Textwerkzeug T T in der Werkzeugpalette aus. Gehen Sie dann mit dem Mauszeiger auf das Bild, wodurch der Mauszeiger zu einem Symbol ❶ wird, das anzeigt, dass Sie hier einen Text eingeben können. Dieses Symbol wird auch **Einfügemarke** genannt.

Natürlich funktioniert Selbiges auch mit dem Vertikalen Textwerkzeug IT T, allerdings verläuft hierbei die einzeilige Textrichtung von oben nach unten.

Kapitel 35 Grundlagen zur Texterstellung

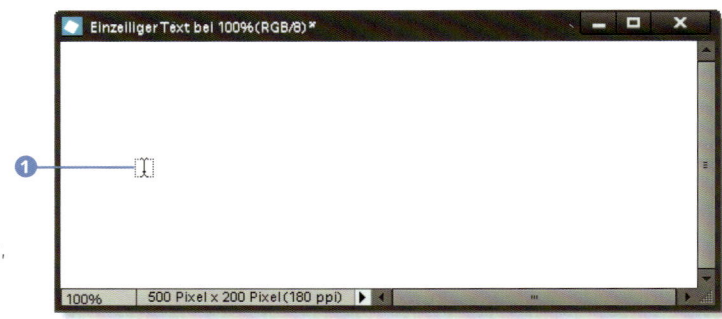

Abbildung 35.1 ▶
Die Einfügemarke ❶ symbolisiert, dass Sie hier einen Text eingeben können.

`Enter` **versus** `↵`

Beachten Sie bitte, dass hier `Enter` auf dem Ziffernblock Ihrer Tastatur nicht dieselbe Funktion wie `↵` hat. Beim Textwerkzeug bestätigen Sie mit `Enter` die Texteingabe und fügen mit `↵` einen Zeilenumbruch ein. Bei Notebooks ohne `Enter`-Taste erreichen Sie selbiges auch mit `Strg`/`cmd`+`↵`.

Text eingeben | Wenn Sie jetzt in das Bild klicken, erscheint ein blinkender Textcursor, den Sie sicher von der Textverarbeitung her kennen. Jetzt können Sie mit der Tastatur einen Text eingeben. Der Text bleibt so lange in der Zeile, bis Sie mit `↵` einen manuellen Zeilenumbruch durchführen. In der Praxis sollten Sie allerdings einen mehrzeiligen Text mit einem Absatztext erstellen.

Unterhalb des Textes in Abbildung 35.2 finden Sie eine Grundlinie ❷, die sich für ein genaues Positionieren auf einer Linie eignet. Der Text selbst wird in der eingestellten Vordergrundfarbe geschrieben. Die Schrift legen Sie in den Werkzeugoptionen fest. Die Textebene ❸ mit dem Icon »T« wird automatisch angelegt.

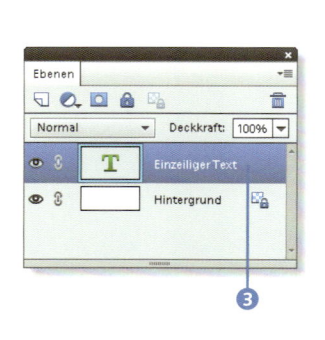

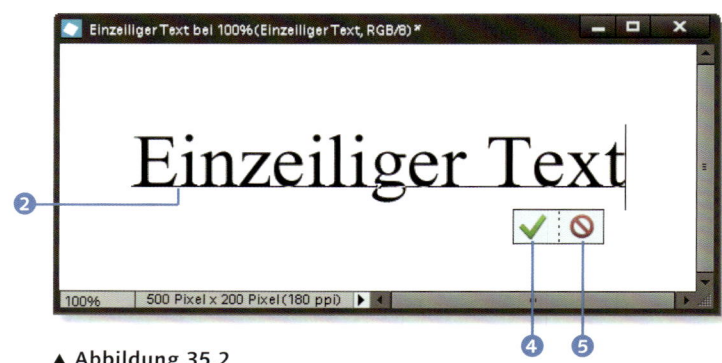

▲ **Abbildung 35.2**
Ein Text und das dazugehörige Ebenen-Bedienfeld

Absatztext: Eingabe bestätigen
Das hier Beschriebene zur Bestätigung oder zum Abbruch der Eingabe gilt auch für den mehrzeiligen Absatztext.

Eingabe bestätigen oder abbrechen | Sind Sie mit der Texteingabe fertig, müssen Sie diese nur noch bestätigen. Dafür nutzen Sie entweder das grüne Häkchen ❹ unter dem Text, die `↵`-Taste im Ziffernblock oder, falls Sie keinen Ziffernblock haben, die Tastenkombination `Strg`/`cmd`+`↵`. Auch gilt die Eingabe als bestätigt, wenn Sie das Werkzeug wechseln. Die Eingabe abbrechen hingegen können Sie mit dem Stoppsymbol ❺ oder mit `Esc`. Wenn Sie die Texteingabe abbrechen, wird automatisch auch die dazugehörende Textebene gelöscht.

35.1.2 Mehrzeiliger Text (Absatztext)

Bei umfangreicheren Texten bewirken Sie entweder mit ⏎ einen Zeilenumbruch, oder Sie verwenden einen Absatztext. Der Vorteil eines solchen Absatztextes ist, dass Sie vor dem Eingeben des Textes festlegen können, welcher Bereich als Textfeld dienen soll.

Aktivieren Sie hierzu wieder das Horizontale (oder Vertikale) Textwerkzeug, und gehen Sie mit dem Mauszeiger in das Bild. Klicken Sie jetzt die linke Maustaste, halten Sie sie gedrückt, und ziehen Sie einen Rahmen in diagonaler Richtung auf. Wenn Sie die Maustaste loslassen, finden Sie links oben wieder den blinkenden Textcursor und können mit der Eingabe des Textes über die Tastatur beginnen. Die Texteingabe selbst bestätigen Sie wieder genauso, wie ich es bereits zuvor zum Punkttext beschrieben habe. Der Zeilenumbruch wird automatisch am Rand des Rahmens durchgeführt. Alternativ können Sie natürlich auch wieder manuell einen Zeilenumbruch mit ⏎ einfügen.

Copy & Paste

Natürlich können Sie auch, wie bei einem Texteditor üblich, einen Text, den Sie von einer anderen Anwendung in die Zwischenablage kopiert haben, in den Absatztext einfügen. Damit dies funktioniert, muss aber der Textcursor blinken, womit das Textwerkzeug seine Bereitschaft zur Eingabe signalisiert.

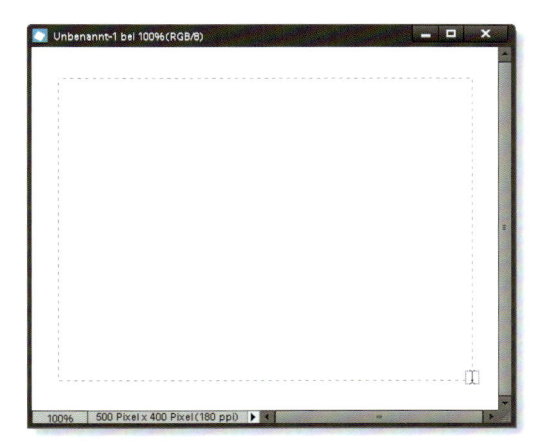

▲ **Abbildung 35.3**
Mit dem Aufziehen des Rahmens legen Sie die Größe des Absatztextes fest.

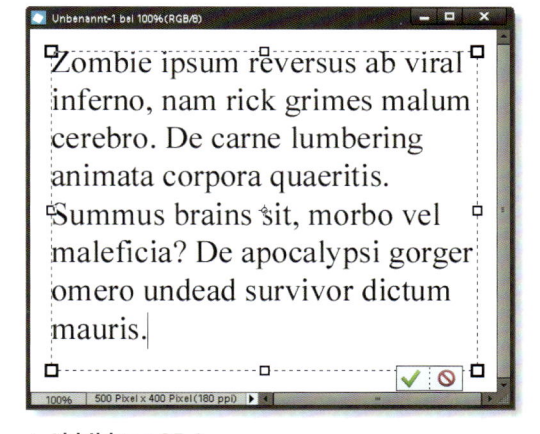

▲ **Abbildung 35.4**
Über die kleinen Symbole an den Seiten und Ecken können Sie den Rahmen nachträglich in der Größe verändern.

Größe des Textrahmens einstellen | Wollen Sie einen exakt quadratischen Absatztext aufziehen, halten Sie während des Aufziehens des Rahmens die ⇧-Taste gedrückt. Möchten Sie hingegen einen Absatztext pixelgenau anlegen, halten Sie die Alt-Taste gedrückt, und klicken Sie mit aktivem Textwerkzeug in das Bild. Daraufhin wird ein Zahleneingabefeld geöffnet, in dem Sie die exakte Breite und Höhe des Absatztextes in Pixel eingeben können.

Sofern Sie mehr Text eingeben, als in den aufgezogenen Rahmen für den Absatztext passt, wird das Symbol zum Verändern

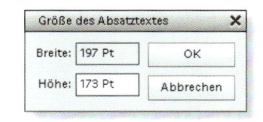

▲ **Abbildung 35.5**
Die Größe des Absatzrahmens können Sie auch exakt eingeben.

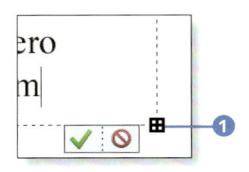

Abbildung 35.6
Es wurde mehr Text eingegeben, als im Rahmen des Absatztextes angezeigt werden kann.

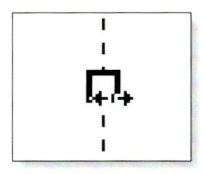

Abbildung 35.7
Wird dieser Doppelpfeil angezeigt, können Sie die Größe des Rahmens verändern.

der Größe rechts unten als Plussymbol ❶ angezeigt. Dieses macht darauf aufmerksam, dass hier noch mehr Text vorhanden ist, der aber nicht angezeigt werden kann.

Größe des Textrahmens verändern | Um den Rahmen des Absatztextes nachträglich zu ändern, klicken Sie einfach in der richtigen Textebene den Text mit dem Textwerkzeug an, und schon wird der Rahmen wieder angezeigt. Über die Symbole an den Ecken und Seiten des Textbegrenzungsrahmens können Sie den Text jetzt mit gedrückter linker Maustaste vergrößern oder verkleinern. Der Zeiger wird, wenn er exakt auf einem Symbole steht, zu einem doppelten Pfeil. Halten Sie während des Ziehens ⇧ gedrückt, werden die ursprünglichen Proportionen bei der Größenänderung eingehalten. Beachten Sie außerdem, dass bei einer Änderung der Rahmengröße auch der Zeilenumbruch erneuert wird.

Textrahmen drehen | Um den Textrahmen mit dem Textwerkzeug zu drehen, platzieren Sie den Mauszeiger knapp außerhalb des Rahmens, bis der Mauszeiger zu einem gebogenen Doppelpfeil ❷ wird. Jetzt können Sie mit gedrückt gehaltener linker Maustaste den Textrahmen drehen. Drücken Sie während des Drehens zusätzlich die ⇧-Taste, beschränken Sie die Drehung auf 15°-Schritte.

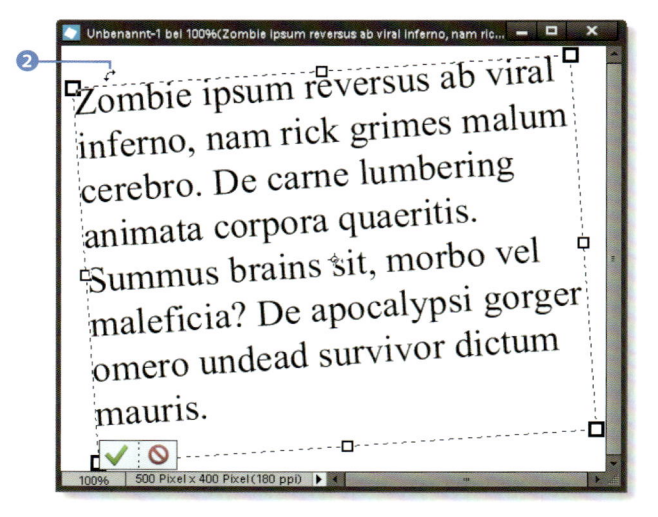

Abbildung 35.8 ▶
Der Textrahmen lässt sich mit dem Textwerkzeug auch drehen.

Textrahmen verschieben | Wollen Sie den Textrahmen mit dem Textwerkzeug verschieben, müssen Sie ebenfalls erst die entsprechende Textebene anklicken, damit der Textrahmen angezeigt wird. Gehen Sie mit dem Mauszeiger außerhalb des Rahmens,

35.1 Text eingeben

bis der Mauscursor wie das Verschieben-Werkzeug ❸ aussieht. Jetzt verschieben Sie mit gedrückt gehaltener linker Maustaste den Rahmen. Alternativ können Sie den Text auch verschieben, wenn Sie sich mit dem Mauszeiger innerhalb des Textrahmens befinden und die ⌈Strg⌉/⌈cmd⌉-Taste gedrückt halten.

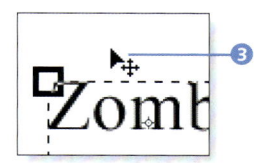

Abbildung 35.9
Das Symbol zeigt an, dass der Textrahmen verschoben werden kann.

Textebene transformieren | Natürlich funktioniert auch hier eine komplette Ebenentransformation mit ⌈Strg⌉/⌈cmd⌉+⌈T⌉ oder über den Menüpfad BILD • TRANSFORMIEREN • FREI TRANSFORMIEREN, um beispielsweise eine Textebene zu neigen. Dasselbe erreichen Sie aber ebenfalls mit dem Verschieben-Werkzeug ⌈V⌉. Diese Transformation lässt sich auch auf einen Punkttext anwenden.

Allerdings sollten Sie immer bedenken, dass eine Ebenentransformation auch die Gefahr birgt, dass der Text verzerrt wird und Zeilenumbrüche nicht erneuert werden. Daher empfehle ich Ihnen, immer erst alle Möglichkeiten des Textwerkzeugs auszuschöpfen, bevor Sie auf die Ebenentransformation zurückgreifen.

Zum Nachlesen
Das Thema »Transformation von Ebenen« habe ich in Abschnitt 26.1, »Ebenen verschieben und transformieren«, näher behandelt.

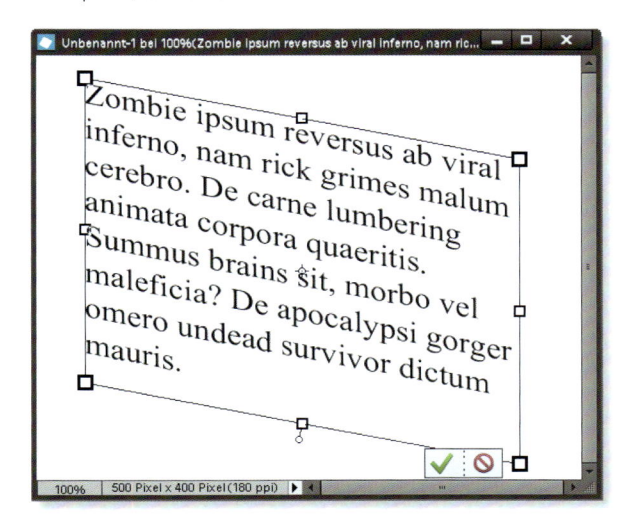

◀ **Abbildung 35.10**
Der Text wurde mit einer Ebenentransformation geneigt.

Textwerkzeug oder Verschieben-Werkzeug | Eine Besonderheit bei der Verwendung der Textwerkzeuge muss noch erwähnt werden: Wenn Sie eine Eingabe mit dem Textwerkzeug über das grüne Häkchen bestätigt haben, wird automatisch das Verschieben-Werkzeug ⌈V⌉ aktiviert. Dies ist der logische nächste Schritt, um die Textebene sauber zu positionieren. Dass Sie das Verschieben-Werkzeug verwenden, erkennen Sie daran, dass der Begrenzungsrahmen aus einer durchgehenden Linie ❹ besteht. Beim Textwerkzeug besteht der Begrenzungsrahmen aus einer gestrichelten Linie ❺.

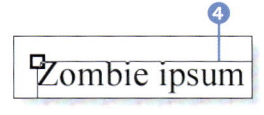

▲ **Abbildung 35.11**
Das Verschieben-Werkzeug wird gerade verwendet.

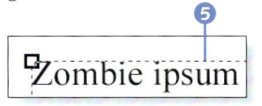

▲ **Abbildung 35.12**
Das Textwerkzeug wird gerade verwendet.

35.2 Text editieren

Den Text können Sie jederzeit nachträglich editieren, indem Sie die Textebene aktivieren und mit dem Textwerkzeug innerhalb des Textes klicken. Hierbei sollte gleich wieder der blinkende Textcursor erscheinen, mit dem Sie Text wie bei einem gewöhnlichen Texteditor einfügen oder löschen können.

35.2.1 Text gestalten

Egal ob Sie einen Punkttext oder einen Absatztext verwenden wollen, in den Werkzeugoptionen der Textwerkzeuge können Sie die wichtigsten Formatierungen für die Schrift einstellen. Die Schrift können Sie vor der Texteingabe oder auch nachträglich formatieren. Egal, welches Textwerkzeug Sie verwenden, alle haben dieselben Optionen.

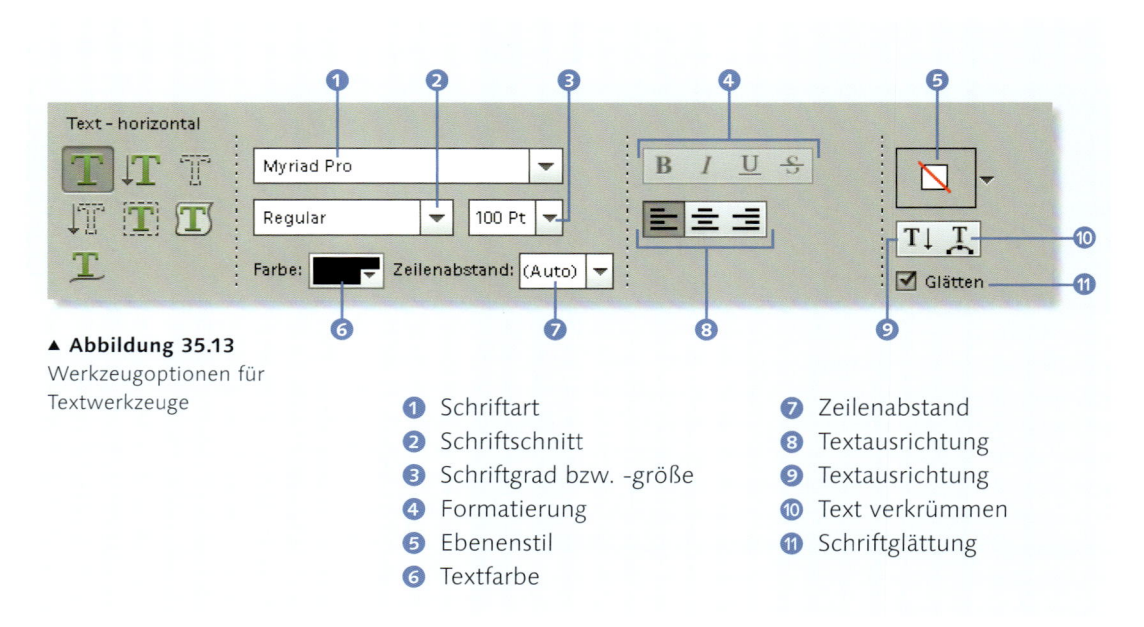

▲ **Abbildung 35.13**
Werkzeugoptionen für Textwerkzeuge

❶ Schriftart
❷ Schriftschnitt
❸ Schriftgrad bzw. -größe
❹ Formatierung
❺ Ebenenstil
❻ Textfarbe
❼ Zeilenabstand
❽ Textausrichtung
❾ Textausrichtung
❿ Text verkrümmen
⓫ Schriftglättung

Schriftart auswählen | Im ersten Dropdown-Feld ❶ wählen Sie die Schriftart aus. Aufgelistet werden nur die Schriftarten, die auf dem Rechner installiert sind, und die unterscheiden sich von Rechner zu Rechner. Neben der Scrollleiste können Sie zum Navigieren durch die Schriften das Mausrad oder die Tasten ↑ und ↓ verwenden sowie den Anfangsbuchstaben oder den ganzen Namen der Schriftart eintippen. Vor der aktiven Schriftart ist ein Häkchen gesetzt.

35.2 Text editieren

Schriftschnitt einstellen | Bei der Auswahl der Schrift können Sie den Schriftschnitt ❷ unabhängig von der Schriftart ❶ festlegen. Der Schriftschnitt ist eine weitere Variante einer Schriftart, wie beispielsweise »Standard«, »Fett« oder »Kursiv«. Die Anzahl der vorhandenen Schriftschnitte kann bei jeder Schrift unterschiedlich sein.

Fehlt ein gewünschter Schriftschnitt für eine bestimmte Schriftart, können Sie über die ersten beiden Schaltflächen unter ❹ die Faux-Versionen von Kursiv- oder Fettschnitt verwenden. Eine Faux-Schrift ist eine vom Computer generierte Version einer Schrift.

Schriftgrad | Wie groß die Schrift geschrieben werden soll, stellen Sie mit dem Schriftgrad ❸ ein. Der Wert bezieht sich immer auf die Höhe der Großbuchstaben und ist standardmäßig auf Punkt (Pt) eingestellt, die typische Größe für Schriften in der Typografie. Über das Menü Bearbeiten/Photoshop Elements Editor • Voreinstellungen • Einheiten & Lineale verändern Sie bei Bedarf die Maßeinheit für den Text. Neben der Maßeinheit Punkt stehen Ihnen Pixel und Millimeter zur Verfügung. Die Einheit Pixel ist beispielsweise bestens geeignet, wenn Sie etwas für das Web gestalten, weil in diesem Bereich alles in Pixel angegeben wird.

▲ **Abbildung 35.14**
Neben dem Namen der Schriftart finden Sie hier auch eine Schriftenvorschau.

Faux-Schrift verwenden

Faux-Schriften sollten Sie nur dann verwenden, wenn eine bestimmte Schriftart keine weiteren Stile zur Verfügung stellt.

Schriftgröße ist relativ …

Beachten Sie, dass die Größenangabe der Schrift oft nur eine grobe Orientierung darstellt. Häufig unterscheiden sich trotz gleicher Schriftgrade und Schriftschnitte die Wirkung und Laufweite von Schriftarten erheblich voneinander.

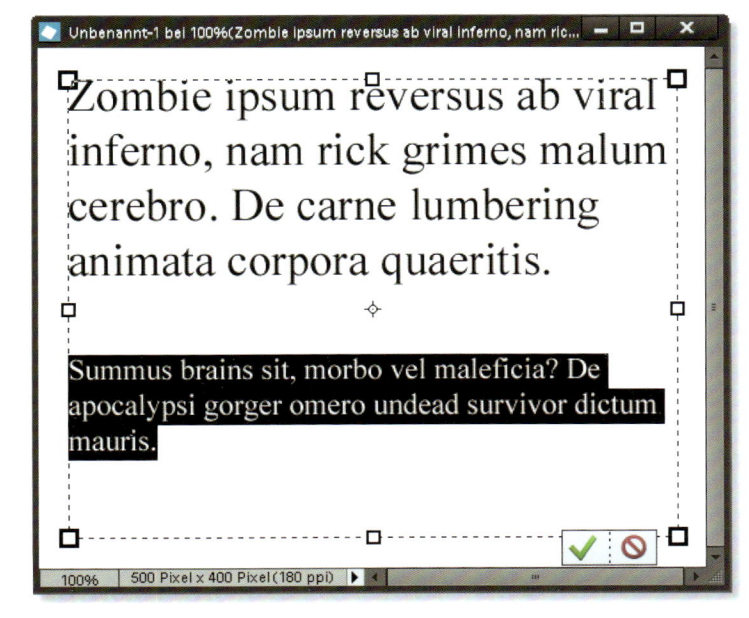

▲ **Abbildung 35.15**
Unterschiedliche Schriftgrößen vergeben

Mehr Schriften
Unabhängig von Photoshop Elements können Sie jederzeit weitere Schriften aus dem Web nachinstallieren. Es gibt unzählige Seiten, die zum Teil kostenlose Schriftarten zur Verfügung stellen. Mein Geheimtipp hierzu ist die Seite *http://www.myfont.de/*.

Es gibt zusätzlich einige Tastenkombinationen, mit denen Sie den Schriftgrad eines ausgewählten Textes vergrößern oder verkleinern können. Mit [Strg]/[cmd]+[⇧]+[A] verkleinern Sie den ausgewählten Text um zwei Schriftgrade (abhängig von der eingestellten Maßeinheit), und mit [Strg]/[cmd]+[⇧]+[W] vergrößern Sie ihn um zwei Schriftgrade. Verwenden Sie zu diesen Tastenkombinationen zusätzlich [Alt], verringern bzw. erhöhen Sie den Text gleich um je 10 Schriftgrade.

Um innerhalb eines Textes einzelne Wörter oder Buchstaben in einer anderen Schriftgröße zu setzen, markieren Sie die entsprechenden Textteile mit dem Textwerkzeug, und ändern Sie dann in den Werkzeugoptionen die Schriftgröße.

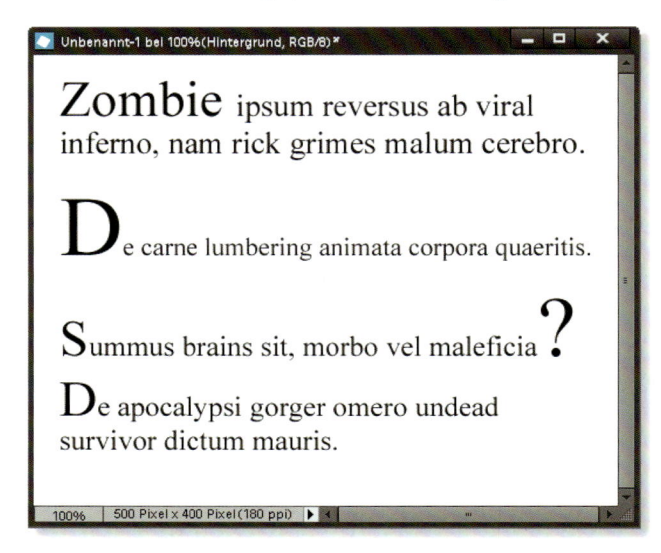

Abbildung 35.16 ▶
Verschiedene Schriftgrößen lassen sich auch auf einzelne Wörter oder einzelne Zeichen anwenden.

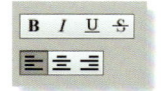

▲ **Abbildung 35.17**
Formatieren und ausrichten

Tipp: Blocksatz ausrichten
Vielleicht vermissen Sie eine Schaltfläche, um Ihren Text im Blocksatz auszurichten. Dies erreichen Sie jedoch mit der Tastenkombination [Strg]/[cmd]+[⇧]+[F], wenn die Textebene aktiviert ist.

Schriftschnitt II | Mit den vier folgenden Schaltflächen ❹ können Sie weitere Formatierungen an der Schrift vornehmen. Neben den beiden erwähnten Faux-Schriftschnitten finden Sie hier auch Schaltflächen, mit denen Sie den Text unter- oder durchstreichen.

Text ausrichten | Die unter ❽ aufgelisteten Icons kennen Sie sicherlich auch aus verschiedenen Textverarbeitungsprogrammen. Es stehen Ihnen eine linksbündige, eine zentrierte und eine rechtsbündige Ausrichtung des Textes zur Verfügung. Alternativ richten Sie den Text, wenn er aktiviert ist, mit den Tastenkombinationen [Strg]/[cmd]+[⇧]+[L] links, mit [Strg]/[cmd]+[⇧]+[R] rechts und mit [Strg]/[cmd]+[⇧]+[C] zentriert aus.

Zeilenabstand einstellen | Den Zeilenabstand vergrößern oder verkleinern Sie entweder über den Schieberegler, der sich auf dem Symbol ❼ befindet, oder über das Popup-Menü. Standardmäßig ist hier Auto voreingestellt.

Textfarbe auswählen | Auch die Textfarbe ❻ können Sie vor oder nach der Texteingabe ändern. Das Farbmenü in den Werkzeugoptionen listet die Farbfelder (siehe den Abschnitt »Das Farbfelder-Bedienfeld« auf Seite 366) auf, aus denen Sie eine Farbe auswählen können. Alternativ stellen Sie über den Farbwähler eine benutzerdefinierte Farbe für die Schrift ein, indem Sie auf die Farbe in den Werkzeugoptionen doppelklicken.

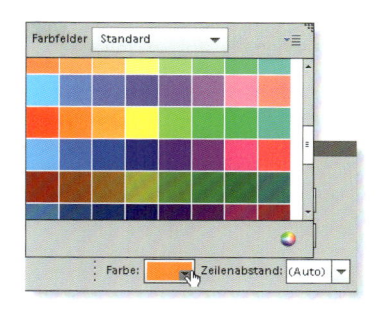

◄ **Abbildung 35.18**
Die Farbe für den Text auswählen. Mit der kleinen Schaltfläche können Sie eine eigene Farbe mit dem Farbwähler einstellen.

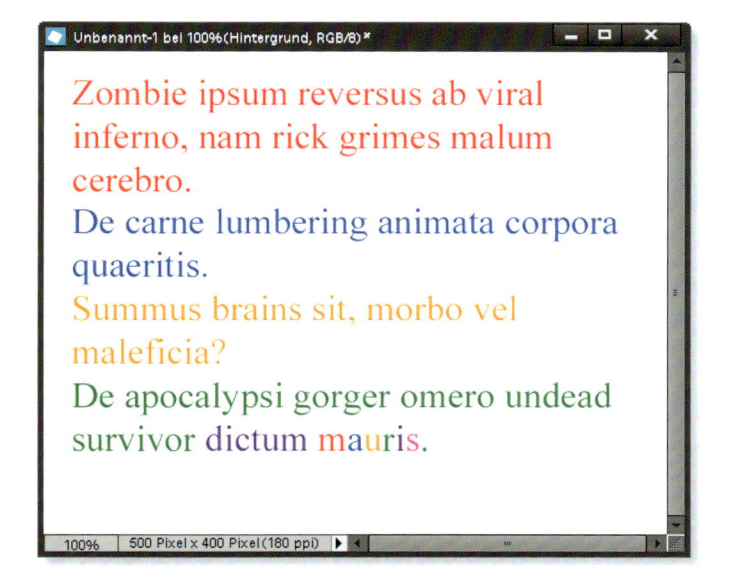

◄ **Abbildung 35.19**
Natürlich lässt sich die Farbe auch wieder auf die einzelnen Wörter oder gar Zeichen anwenden.

Schrift glätten | Über die Checkbox Glätten ⓫ aktivieren und deaktivieren Sie die Glättung von Schriften. Ist ein Häkchen gesetzt, so ist die Schriftglättung aktiv, was der Standardeinstellung entspricht. Die Glättung der Schrift können Sie auch über das Menü Ebene • Text ein- und ausschalten; die Textebene muss natürlich zuvor aktiviert worden sein. Das Gleiche erreichen Sie über einen rechten Mausklick auf den Text innerhalb des Bildes oder auf die Textebene im Ebenen-Bedienfeld.

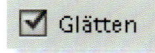

▲ **Abbildung 35.20**
Schriftglättung aktivieren

Vielleicht stellt sich Ihnen zunächst die Frage, wozu Sie einen Text überhaupt glätten sollten. Die Notwendigkeit dafür ergibt sich dadurch, wie im Computer ein Text bzw. ein Zeichen aufgebaut ist. Ganz nah betrachtet erkennen Sie »Treppchen« an den Buchstaben, da ein Pixel nicht rund, sondern rechteckig ist. Mithilfe der Glättung (Fachbegriff **Anti-Aliasing**) wird diese harte Treppenbildung vermieden. Der einzelne Buchstabe wird an den Kanten weichgezeichnet.

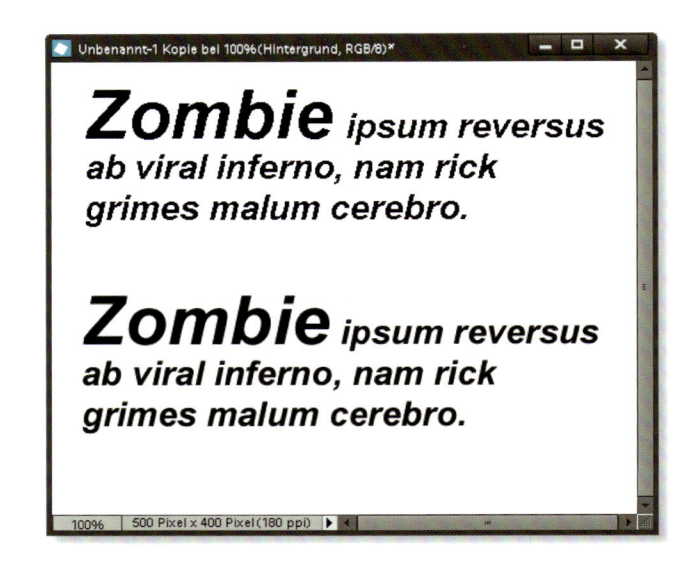

Abbildung 35.21 ▶
Beim Text im oberen Teil wurde das Glätten deaktiviert. Der Text darunter ist geglättet.

Verkrümmten Text erstellen | Über die VERKRÜMMEN-Schaltfläche ❿ verzerren Sie den Text in vielfältige Formen. Die Verkrümmung wird auf alle Zeichen einer Textebene angewandt. Auf einzelne Zeichen oder Wörter lässt sich diese Aktion jedoch nicht beschränken. Auch können Sie Texte mit dem Attribut FAUX FETT nicht verkrümmen.

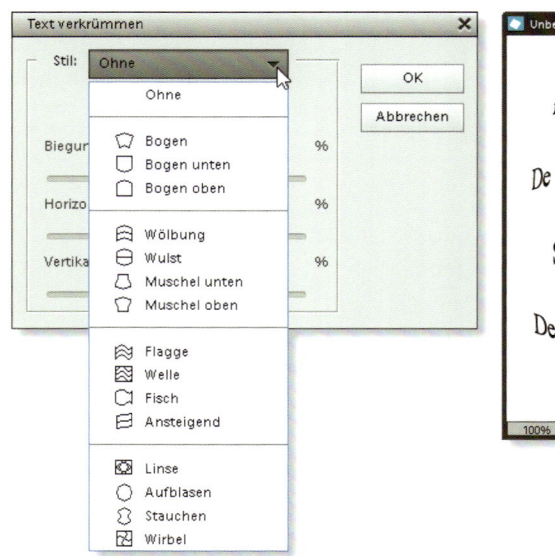

▲ **Abbildung 35.22**
Verschiedene Möglichkeiten, den Text zu verzerren. Alle Stile lassen sich zusätzlich mit den Schiebereglern BIEGUNG, HORIZONTALE VERZERRUNG und VERTIKALE VERZERRUNG anpassen.

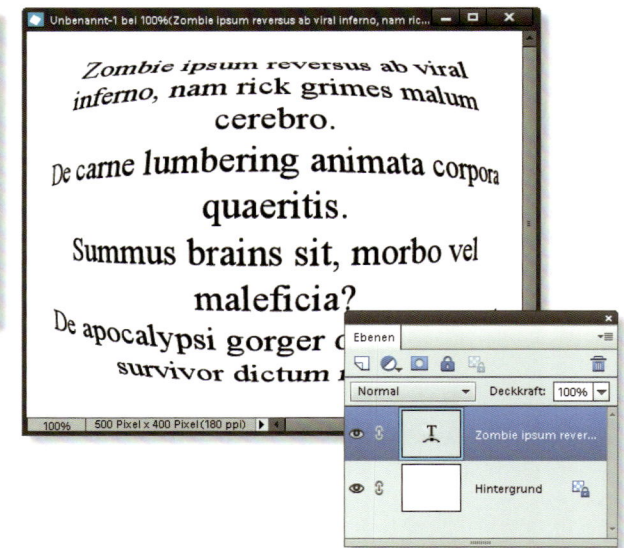

▲ **Abbildung 35.23**
Der Text wurde mit dem LINSE-Stil verzerrt. Die Verkrümmung kann jederzeit geändert oder wieder entfernt werden. Im Ebenendialog wird außerdem für einen verkrümmten Text ein entsprechendes Symbol angezeigt.

35.2 Text editieren

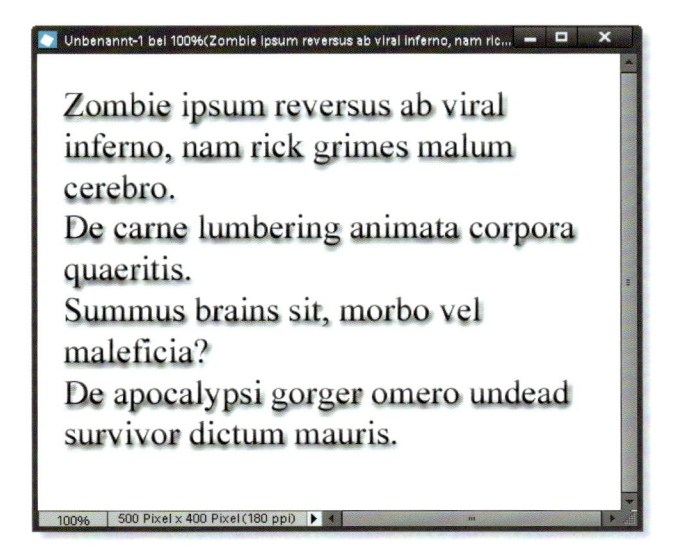

Textausrichtung ändern | Mit der Schaltfläche ❾ wechseln Sie die Textausrichtung von horizontal nach vertikal und umgekehrt. Auch hier lässt sich nur die Textausrichtung der kompletten Textebene und nicht von einzelnen Zeichen ändern.

◄ **Abbildung 35.24**
Vertikale Textausrichtung

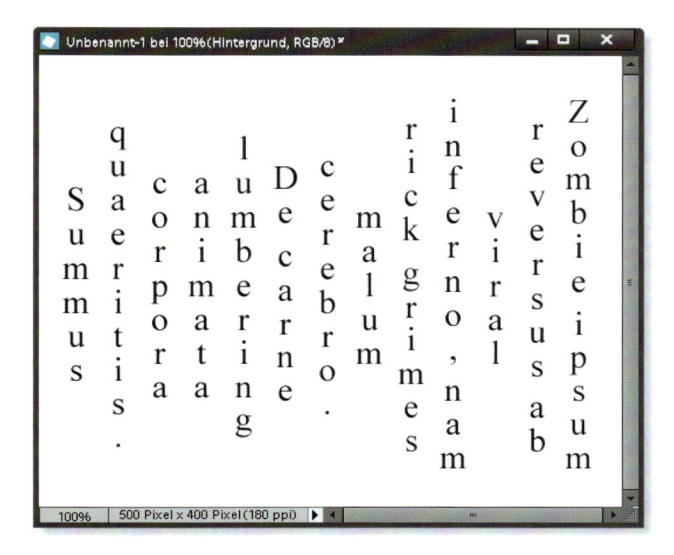

Ebenenstil hinzufügen | Hier können Sie dem Text einen Ebenenstil ❺ hinzufügen. Diese Stile sind nicht nur auf Textebenen beschränkt, sondern sie finden sich auch im Bedienfeld EFFEKTE wieder. Interessant für den Text sind Stile wie abgeflachte Kanten oder Schatten.

Zum Weiterlesen

Die Ebenenstile beschreibe ich gesondert in Kapitel 36, »Ebenenstile und -effekte«.

◄ **Abbildung 35.25**
Hier wurde ein einfacher Reliefstil auf den Text angewandt.

35.2.2 Vertikales Textwerkzeug

Das Vertikale Textwerkzeug [IT] [T] entspricht im Grunde dem Horizontalen Textwerkzeug [T] und bietet dieselben Optionen, nur dass hiermit der Text gleich vertikal ausgerichtet geschrieben wird. Eigentlich ist dieses Werkzeug überflüssig, weil Sie dasselbe mit dem Horizontalen Textwerkzeug [T] und der Schaltfläche TEXTAUSRICHTUNG ÄNDERN erreichen.

Was man sich jetzt vielleicht noch wünschen würde, wäre eine Option, mit der sich die Textebene um 90° nach links oder rechts drehen lässt. Bis dahin müssen wir eben selbst Hand anlegen und die entsprechende Textebene über die Menüpunkte BILD • DREHEN • EBENE 90° NACH LINKS und BILD • DREHEN • EBENE 90° NACH RECHTS in die gewünschte Richtung drehen. Alternativ können Sie hierzu auch das Verschieben-Werkzeug [+] [V] verwenden und an den Ecken ❹ mit gehaltener [⇧]-Taste die Textebene in 15°-Schritten drehen.

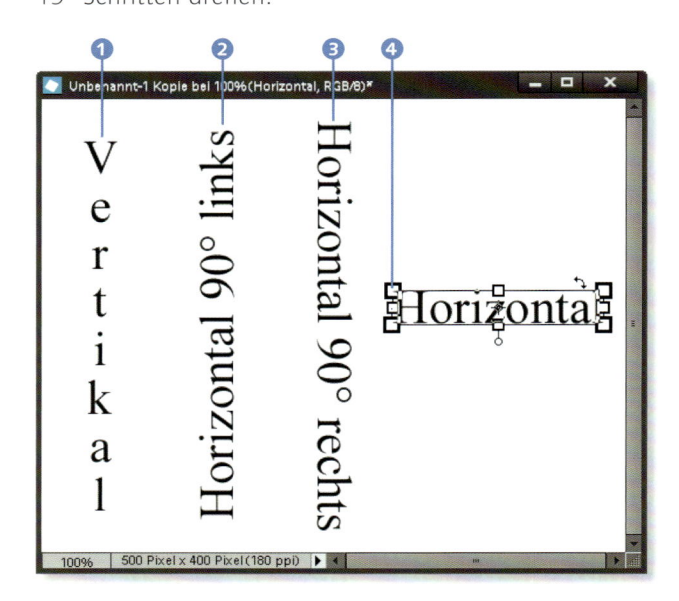

▲ **Abbildung 35.26**
Mit dieser Schaltfläche ändern Sie die Textrichtung von horizontal zu vertikal bzw. umgekehrt.

Abbildung 35.27 ▶
Den vertikalen Text ❶ schreiben Sie mit [IT] und den horizontalen Text ❷ mit [T]. Für einen um 90° gedrehten horizontalen Text ❸ müssen Sie allerdings den Umweg über den Menüpunkt BILD • DREHEN • EBENE 90° NACH LINKS/RECHTS gehen.

35.2.3 Teile eines Textes bearbeiten

Im vorigen Abschnitt zu den Optionen der Textwerkzeuge haben Sie gelesen, dass Sie mit einigen Einstellungen den kompletten Text und mit anderen Optionen wiederum einzelne Textinhalte markieren und verändern können.

Einzelne Zeichen ändern | Wenn Sie einzelne Zeichen ändern wollen, müssen Sie diese, wie in der Textverarbeitung üblich, markieren. Hierzu aktivieren Sie im Bild den Textrahmen, so dass der blinkende Textcursor zu sehen ist. Jetzt können Sie die gewünschten Zeichen mit gedrückt gehaltener linker Maustaste markieren und so den Text über die Werkzeugoptionen ändern.

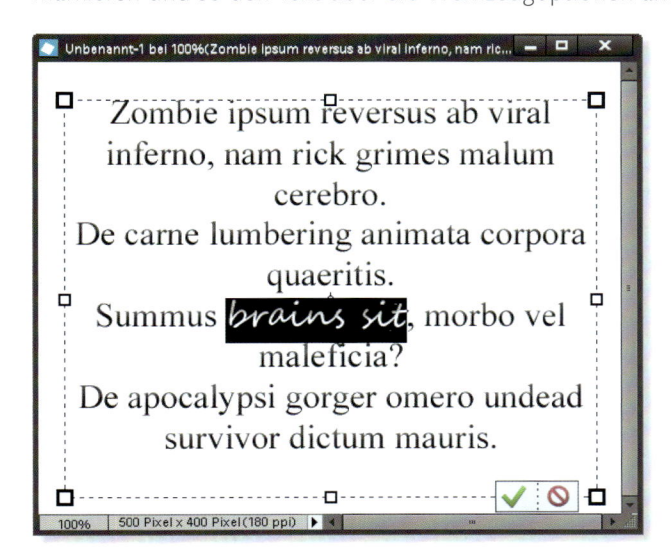

◀ **Abbildung 35.28**
Die Zeichen des markierten Textes können jetzt unabhängig von den anderen Zeichen verändert werden. Ausgenommen hiervon sind jedoch die Ebenenstile, das Verkrümmen von Text und das Ändern der Textausrichtung. Diese Optionen wirken sich immer auf die komplette Ebene aus.

Kompletten Text verändern | Um den kompletten Text zu verändern, doppelklicken Sie im Ebenen-Bedienfeld auf die Ebenenminiatur mit dem »T«. Dadurch wird automatisch der komplette Text dieser Ebene ausgewählt und kann bearbeitet werden.

Menü »Bearbeiten«
Befinden Sie sich im Editiermodus mit dem Textwerkzeug, stehen Ihnen die Befehle Ausschneiden, Kopieren, Einfügen, Löschen auch im Menü Bearbeiten zur Verfügung und beziehen sich hierbei auf den Text und nicht mehr auf das Bild.

Kopieren, Ausschneiden, Einfügen und Löschen | Wenn Sie einen Text editieren und mit der rechten Maustaste anklicken, erscheint ein Kontextmenü, wo Sie einen markierten Text in die Zwischenablage Kopieren, Ausschneiden oder von dort Einfügen können. Natürlich funktioniert die Zwischenablage systemweit. Haben Sie beispielsweise einen Text aus dem Webbrowser in die Zwischenablage kopiert, können Sie diesen Text in Photoshop Elements wieder einfügen. Alternativ stehen Ihnen diese Befehle auch als Tastenkürzel `Strg`/`cmd`+`C` für Kopieren, `Strg`/`cmd`+`X` für Ausschneiden und `Strg`/`cmd`+`V` für das Einfügen zur Verfügung. Auch Löschen können Sie einen markierten Text über das Kontextmenü. Schneller sind Sie allerdings mit `Entf`/`←`. Wollen Sie den kompletten Text markieren, verwenden Sie im Kontextmenü Alles auswählen (oder `Strg`/`cmd`+`A`).

35.2.4 Textebene in eine Ebene umwandeln

Viele Filter lassen sich nicht auf Textebenen im normalen Zustand anwenden. Auch Ebenenstile werden bei einigen Filtern nicht beachtet. Um dieses Problem zu beheben, müssen Sie die Text-

▲ **Abbildung 35.29**
Mit einem rechten Mausklick stehen Ihnen beim Editieren weitere Befehle zur Verfügung.

Zum Weiterlesen

Auch wenn Sie Text mit den normalen Pinsel- und Retusche-Werkzeugen bearbeiten wollen, muss er zu einer normalen Ebene vereinfacht werden. Ein Beispiel dazu finden Sie im Workshop »Text in ein Foto montieren« auf Seite 821.

ebene in eine »normale« Ebene umwandeln. Am einfachsten geht dies, indem Sie die Ebene im Ebenen-Bedienfeld mit der rechten Maustaste anklicken und im Kontextmenü EBENE VEREINFACHEN auswählen. Dasselbe Kommando finden Sie auch im Menü EBENE.

Alternativ schlägt Photoshop Elements diese Konvertierung auch mit einer Dialogbox vor, wenn Sie einen Filter verwenden, der nicht auf eine Textebene anwendbar ist. Beachten Sie allerdings, dass Sie, wenn Sie eine Textebene erst einmal in eine gewöhnliche Ebene konvertiert haben, den Text nicht mehr mit dem Textwerkzeug bearbeiten können. Hier ist es sinnvoll, zuvor noch eine Kopie der Textebene zu erstellen und diese dann über das Augensymbol auszublenden.

Abbildung 35.30 ▶
So lautet der Hinweis, dass aus der Textebene eine normale Ebene gemacht werden muss, um einen Filter anzuwenden.

Kapitel 36
Ebenenstile und -effekte

Oftmals können Sie mit vorgefertigten Ebenenstilen mit einem Mausklick den Text grafisch aufwerten und einen richtigen Blickfang daraus machen, beispielsweise wenn Sie Schriftzüge für Logos erstellen. Hier sollte aber nicht der Eindruck entstehen, dass Ebenenstile nur auf Textebenen anwendbar sind. Ebenenstile lassen sich unter bestimmten Voraussetzungen auch auf jede beliebige Ebene anwenden.

36.1 Wie werden Ebenenstile angewendet?

Die wichtigste Voraussetzung, um Ebenenstile einer Bild- oder Textebene zuzuweisen, ist, dass die Ebene neben deckenden auch transparente Pixel enthält. Gerade der transparente Bereich wird für die Berechnungen der Ebenenstile verwendet.

Bei Textebenen müssen Sie sich hierüber keine Gedanken machen, weil diese die Voraussetzung der teilweisen Transparenz immer erfüllen. Bei Bildobjekten hingegen müssen Sie selbst für Transparenz sorgen. Die Hintergrundebene kommt dafür nicht in Frage. Diese muss in eine reguläre Ebene umgewandelt werden, und die Transparenz müssen Sie erzeugen.

Zum Weiterlesen
Mehr zum Thema »Transparenz« finden Sie im Abschnitt »Ebenentransparenz« auf Seite 582.

◄ **Abbildung 36.1**
Weil dieses Bild keine Transparenz enthält, wird der Effekt nicht angezeigt. Dass diese Ebene aber einen Ebeneneffekt enthält, erkennen Sie am FX-Symbol ❶ im Ebenen-Bedienfeld.

Abbildung 36.2 ▶
Erst wenn das Objekt freigestellt und der Hintergrund transparent ist, wird der ausgewählte Effekt bzw. werden die Effekte, in diesem Fall eine ABGEFLACHTE KANTE und ein SCHLAGSCHATTEN, sichtbar.

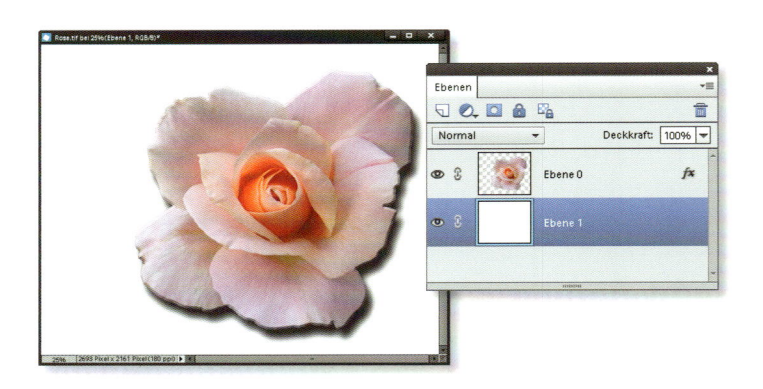

36.2 Vordefinierte Ebenenstile

Es stehen Ihnen zwei Möglichkeiten zur Verfügung, einer Ebene einen Effekt zuzuweisen.

Ebenenstil über das Textwerkzeug | Eine Möglichkeit haben Sie bereits bei der Beschreibung der Werkzeugoptionen der Textwerkzeuge kurz kennengelernt. Sie müssen lediglich den Text eingeben, die Textebene aktivieren und in den Werkzeugoptionen über das Popup-Menü ❸ in der Auswahlliste einen Ebenenstil auswählen, indem Sie das entsprechende Icon ❷ anklicken. Alternativ können Sie über das Dropdown-Menü STILE ❶ weitere Gruppen von Ebeneneffekten und -stilen auswählen und verwenden. Allerdings hat dieser Weg mit dem Textwerkzeug den Nachteil, dass er auf Textebenen beschränkt ist.

▲ **Abbildung 36.3**
Sie können Ebenenstile und -effekte über die Werkzeugoptionen des Textwerkzeugs einstellen.

36.2 Vordefinierte Ebenenstile

Ebenenstile über das Effekte-Bedienfeld | Der zweite Weg steht für alle Arten von Ebenen mit Transparenz zur Verfügung und führt über das Effekte-Bedienfeld, das Sie über FENSTER • EFFEKTE bzw. F6 aufrufen.

Wählen Sie hierbei die Ebene aus, auf die Sie einen Ebenenstil anwenden möchten. Klicken Sie anschließend im Effekte-Bedienfeld STILE ❹, und wählen Sie einen Stil aus, indem Sie darauf doppelklicken oder ihn mit der rechten Maustaste anklicken und im Kontextmenü AUF DOKUMENT ANWENDEN auswählen. Alternativ ziehen Sie einen Stil mit gedrückter linker Maustaste auf die Ebene und lassen ihn fallen. Über das Dropdown-Listenfeld ❺ können Sie weitere Gruppen von Ebenenstilen auflisten und gegebenenfalls verwenden.

▲ **Abbildung 36.4**
Ebenenstile lassen sich über das Effekte-Bedienfeld auf alle Arten von transparenten Ebenen anwenden.

Ebenenstil entfernen | Wenn Ihnen ein Ebenenstil nicht gefällt, können Sie ihn unmittelbar nach dem Zuweisen mit Strg/cmd+Z wieder entfernen. Liegt das Hinzufügen eines Ebenenstils schon einige Arbeitsschritte zurück, löschen Sie ihn mit einem rechten Mausklick auf die Ebene mit dem Ebenenstil oder, nach einem rechten Mausklick auf das FX-Symbol, über das Kontextmenü mit EBENENSTIL LÖSCHEN. Dasselbe Kommando finden Sie bei aktivierter Ebene im Menü unter EBENE • EBENENSTIL.

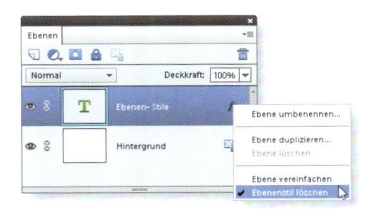

▲ **Abbildung 36.5**
Per Rechtsklick auf das FX-Symbol erreichen Sie das Kontextmenü.

36.3 Eigene Effekte – Ebenenstile anpassen

Wenn Sie für eine Ebene eine Stileinstellung gewählt haben, können Sie diese nachträglich bearbeiten und ändern. Um die Effekte zu modifizieren, doppelklicken Sie einfach im Ebenen-Bedienfeld auf das FX-Symbol, woraufhin sich ein Dialogfeld öffnet, mit dem Sie die Stileinstellungen und -attribute ändern können.

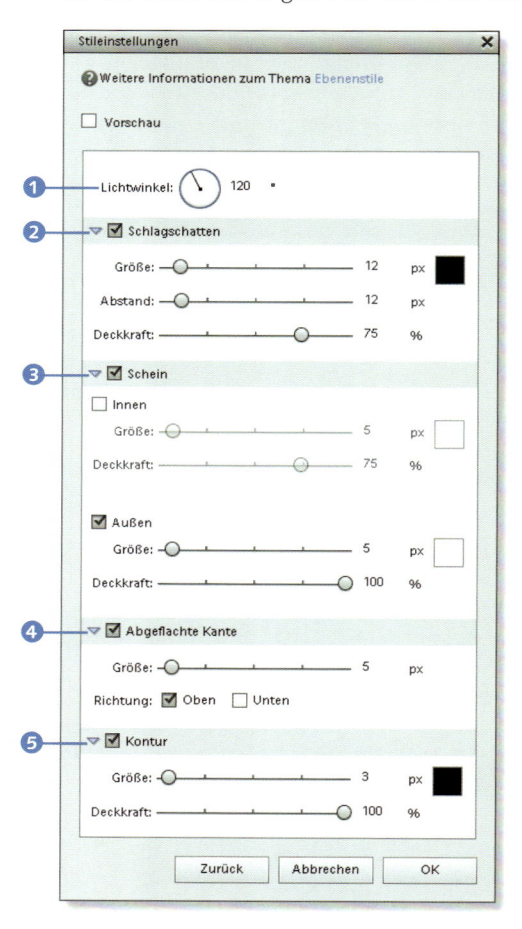

Abbildung 36.6 ▶
Das Dialogfeld, in dem Sie den aktuell verwendeten Ebenenstil ändern.

Folgende Stileinstellungen können Sie im Dialogfeld anpassen:

1 LICHTWINKEL: Mit diesem Regler stellen Sie den LICHTWINKEL ein, der auf die Ebene angewendet wird.

2 SCHLAGSCHATTEN: Die Schieberegler bestimmen die GRÖSSE, den ABSTAND und die DECKKRAFT des Schlagschattens.

3 SCHEIN: Hier regulieren Sie die GRÖSSE und DECKKRAFT des Scheins, der von der Außen- oder Innenkante des Ebeneninhalts ausstrahlt.

36.3 Eigene Effekte – Ebenenstile anpassen

4 **Abgeflachte Kante:** Hier stellen Sie die Größe und Richtung der abgeflachten Kante entlang der Innenkante des Ebeneninhalts ein.

5 **Kontur:** Hiermit legen Sie die Größe (Stärke) und Deckkraft des Strichs fest.

Schritt für Schritt: Ebeneneffekt verändern

Um einen eigenen Ebenenstil einsetzen zu können, müssen Sie zunächst einen vordefinierten Stil einfügen. Dieser lässt sich dann in einem zweiten Schritt anpassen. In der folgenden Datei »good_and_evil.tif« soll eine Textebene eingefügt werden. Mit dieser Textebene werden wir anschließend mit den Ebenenstile etwas herumspielen, damit Sie ein Gefühl dafür bekommen.

Kapitel_36:
good_and_evil.tif

1 Textebene hinzufügen

Öffnen Sie die Datei »good_and_evil.tif« von der Buch-DVD. Aktivieren Sie das Horizontale Textwerkzeug, und stellen Sie die gewüschte Schriftart, die Schriftgröße und die Textfarbe ein. Im Beispiel wurde Arial (Black) mit der Größe von 120 Pt in roter Farbe ausgewählt. Als Text wurde hier schlicht und einfach »Good & Evil« ins Bild geschrieben und eine neue Textebene angelegt. Anschließend wurden erst das »&«, dann das Wort »Evil« ausgewählt und in Weiß bzw. Gelb umgefärbt. Zum Schluss habe ich den Text noch etwas mit dem Verschieben-Werkzeug gedreht.

◄ **Abbildung 36.7**
Hier wurde dem Bild eine Textebene hinzugefügt.

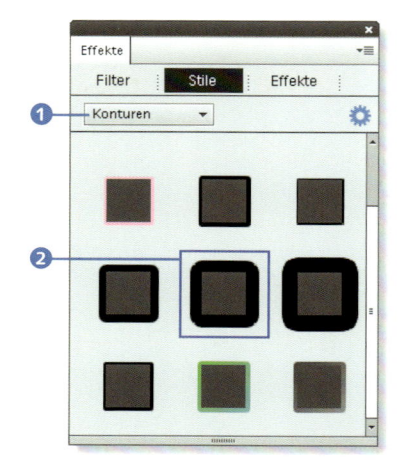

2 Ebenenstil hinzufügen

Nachdem Sie den Text geschrieben haben, fügen Sie einen beliebigen Ebenenstil hinzu. Im Beispiel habe ich eine Kontur ❷ aus der Gruppe KONTUREN ❶ verwendet.

Abbildung 36.8
Der Text bekommt noch eine Kontur.

Füllmethoden ändern

Interessante Effekte erzielen Sie zusätzlich, indem Sie die Füllmethode der Textebene ändern. Die Füllmethode INEINANDERKOPIEREN beispielsweise blendet den Text zum Teil komplett aus, so dass nur noch der Effekt erhalten bleibt.

3 Ebenenstil zurücksetzen

Klicken Sie im Ebenen-Bedienfeld das FX-Symbol ❸ doppelt, und der Dialog für die STILEINSTELLUNGEN wird geöffnet. Bei diesem Ebenenstil wurde nur das Attribut KONTUR ❹ verwendet. Wenn Sie hier das Häkchen vor KONTUR entfernen, haben Sie alle Stile der Ebene entfernt, und der Text besitzt keinerlei Effekte mehr. (Natürlich müssen Sie den Ebenenstil nicht unbedingt komplett zurücksetzen. Sie könnten den verwendeten Stil auch einfach entsprechend Ihren Wünschen modifizieren.)

Abbildung 36.9
Ebenenstile lassen sich natürlich auch wieder entfernen.

4 Ebenenstil modifizieren

Jetzt, da der Dialog keinerlei Einstellungen mehr enthält, können Sie nach Herzenslust experimentieren. Entscheiden Sie zunächst,

36.3 Eigene Effekte – Ebenenstile anpassen

was Sie machen möchten. Wollen Sie beispielsweise einen SCHLAGSCHATTEN ❼ hinzufügen, setzen Sie dort ein Häkchen, und schon stehen Ihnen alle Optionen zur Verfügung, um GRÖSSE, ABSTAND und die DECKKRAFT des Schattens einzustellen. Das Ergebnis der Veränderungen können Sie in der Textebene verfolgen, wenn im Dialog ein Häkchen vor VORSCHAU ❺ gesetzt ist. Den Winkel des Schattens stellen Sie über LICHTWINKEL ❻ ein.

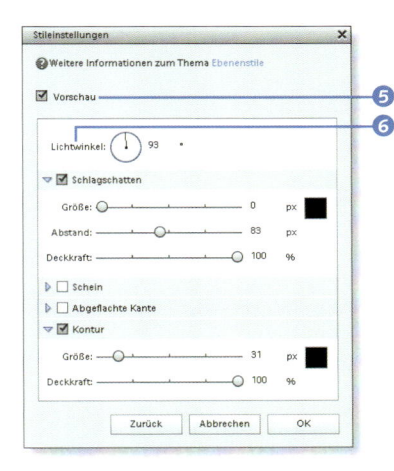

◂▴ **Abbildung 36.10**
Auch eine nachträgliche Veränderung ist möglich.

5 Ebenenstile kombinieren

Sie sind nicht auf einen Stil beschränkt, sondern können alle Möglichkeiten des Dialogs ausschöpfen. Hierzu setzen Sie ein Häkchen vor den gewünschten Stil und verändern die Werte. Im Beispiel wurden zusätzlich eine ABGEFLACHTE KANTE ❽ hinzugefügt und die Werte nach Belieben angepasst. Farben wählen Sie aus, indem Sie auf das entsprechende Feld ❾ im Dialog doppelklicken, woraufhin ein Farbwähler erscheint. Sind Sie mit dem Ergebnis zufrieden, bestätigen Sie den Dialog mit OK.

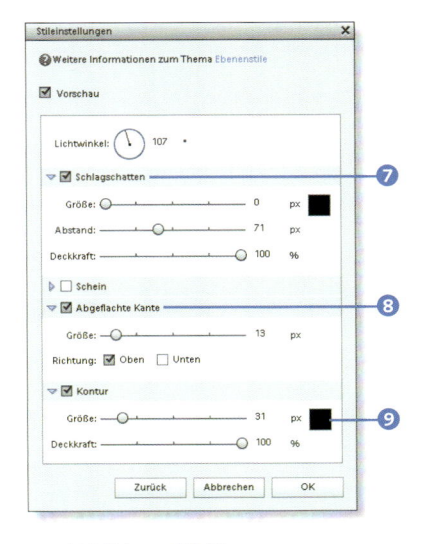

◂▴ **Abbildung 36.11**
Das Endergebnis, nachdem der Text auch noch etwas verkrümmt wurde

▲ **Abbildung 36.12**
Durch die Kombination verschiedener Stile können Sie interessante Effekte erzeugen.

Kapitel 37
Kreative Textgestaltung

Nachdem Sie in diesem Teil schon sehr viel zum Thema Text und Typografie mit Photoshop Elements erfahren haben, möchte ich Ihnen in diesem Kapitel noch ein paar praktische Beispiele als Anregung mitgeben.

37.1 Text-Bild-Effekte

Ein beliebter Typografie-Effekt ist es, aus einem Bild eine Schrift zu erstellen und diese Schrift in einem anderen Bild zu verwenden. Dies erreichen Sie zum Beispiel über das Textmaskierungswerkzeug und Copy & Paste.

37.1.1 Das Textmaskierungswerkzeug

Das Horizontale und das Vertikale Textmaskierungswerkzeug werden verwendet, um eine Auswahl zu erstellen, die die Form eines Textes hat. Hiermit lassen sich interessante Texteffekte erstellen, indem Sie den Text vom Hintergrund befreien und in ein neues Bild einfügen. Eine so erstellte Textmaskierung können Sie wie eine gewöhnliche Auswahl behandeln. Haben Sie allerdings einmal eine Auswahl aus der Textmaskierung erstellt, können Sie nicht mehr auf die Werkzeugoptionen der Textwerkzeuge zurückgreifen.

Sie können den ausgewählten Text jetzt kopieren, ausschneiden oder den Hintergrund entfernen und den Text als neue Ebene in anderen Bildern verwenden. – Sie können mit dem Text einfach alles machen, was Sie eben mit einer Auswahl auch machen können.

Hinweis

Beachten Sie, dass im Gegensatz zu den regulären Textwerkzeugen keine eigene Ebene für den maskierten Text angelegt wird. Die Textauswahlbegrenzung wird im Bild auf der aktiven Ebene angewendet und angezeigt.

Kapitel_37: Meer.jpg

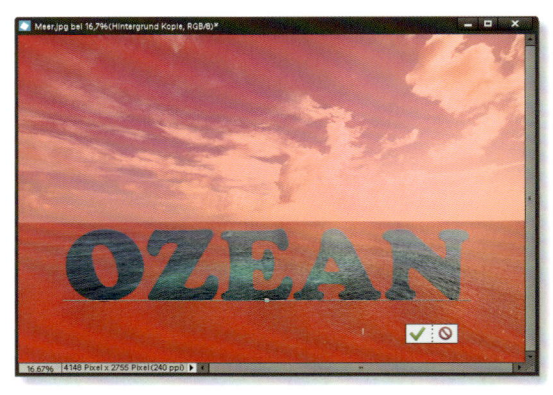

▲ **Abbildung 37.1**
Während der Eingabe eines Textes mit den Textmaskierungswerkzeugen wird der nicht ausgewählte Bereich wie mit einer roten Folie überdeckt (Quickmask) angezeigt.

▲ **Abbildung 37.2**
Sobald Sie die Eingabe bestätigen, erscheinen die Auswahllinien um den Text. Jetzt können Sie den Text bzw. die Form des Textes nicht mehr verändern.

Abbildung 37.3 ▶
Das Endergebnis mit einem Schlagschatten …

Abbildung 37.4 ▶
… oder eine kreative Spielerei innerhalb des Bildes

37.1.2 Texte und Schnittmasken

Noch einfacher und genauer geht es aber mit einer Schnittmaske. Der Vorteil daran ist, dass Sie jederzeit nachträglich den Text oder gar das Bild, in dem der Text angezeigt wird, ändern können. Mit dem Textmaskierungswerkzeug erstellen Sie hingegen eine endgültige Auswahl, die nicht mehr veränderbar ist.

37.1 Text-Bild-Effekte

Schritt für Schritt: Schrift mit einem Bild füllen

Die Schnittmasken haben Sie bereits in Abschnitt 26.3 kennengelernt. In diesem Workshop sehen Sie, welche Effekte sich mit Texten und Schnittmasken erzeugen lassen.

Kapitel_37: Malediven01.jpg, Malediven02.jpg, Malediven.psd

1 Text eingeben

Öffnen Sie das Bild »Malediven01.jpg«. Verwenden Sie das Horizontale Textwerkzeug T / T. Stellen Sie eine für das Bild geeignete Schriftgröße (hier 520 Punkt) sowie eine etwas dickere Schrift ein. Im Beispiel habe ich die Schrift IMPACT verwendet. ARIAL BOLD wäre eine gute Alternative. Schreiben Sie jetzt den Text Ihrer Wahl in das Bild. Wenn Sie den Text geschrieben haben, können Sie die Textebene jederzeit noch mit dem Verschieben-Werkzeug / V strecken, damit der Text die obere Hälfte des Bildes mehr ausfüllt.

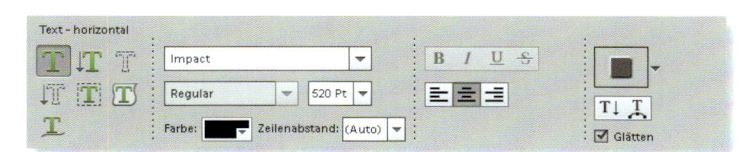

◀ **Abbildung 37.5**
Optionen des Textwerkzeugs einstellen

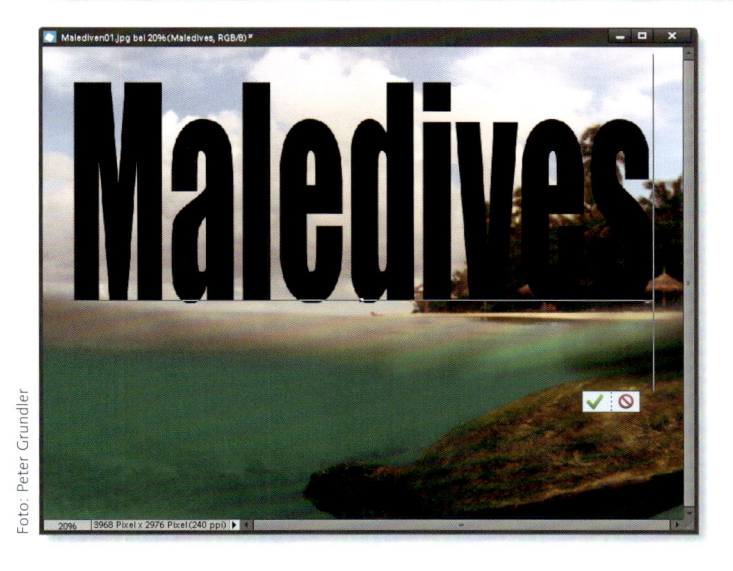

◀ **Abbildung 37.6**
Geben Sie einen Text ein.

2 Bildebene hinzufügen

Öffnen Sie das Bild »Malediven02.jpg«. Markieren Sie das komplette Bild mit [Strg]/[cmd]+[A], und kopieren Sie es mit [Strg]/[cmd]+[C] in die Zwischenablage. Aktivieren Sie wieder das Bild »Malediven01.jpg«, und fügen Sie dort das Bild aus der Zwischenablage mit [Strg]/[cmd]+[V] als neue Ebene ein, so dass sich jetzt drei Ebenen im Ebenen-Bedienfeld befinden.

Abbildung 37.7
So sollte Ihre Datei nun aufgebaut sein.

3   Ebenen gruppieren und verschieben

Gehen Sie im Ebenen-Bedienfeld mit dem Mauszeiger zwischen die Textebene und die eben eingefügte Ebene, und halten Sie die [Alt]-Taste gedrückt, so dass das Symbol mit den zwei überlagerten Kreisen ❶ angezeigt wird. Klicken Sie dann die linke Maustaste. Jetzt erscheint der Bildinhalt von »Malediven02.jpg« nur dort, wo die Schrift ist. Aktivieren Sie die oberste Ebene, und halten Sie [Strg]/[cmd] gedrückt. Wenn Sie jetzt mit dem Mauszeiger im Bild auf den Text gehen, können Sie die Ebene von »Malediven02.jpg« so verschieben, bis Ihnen der Ausschnitt, der durch die Schrift sichtbar wird, gefällt.

Abbildung 37.8
Durch die Gruppierung der Ebenen wird der Text mit der oberen Ebene gefüllt.

4   Ebenenstil hinzufügen

Aktivieren Sie die Textebene und das Horizontale Textwerkzeug T, und fügen Sie über die Werkzeugoptionen bei STIL einen Ebenenstil nach Wahl hinzu. Alternativ weisen Sie einen Ebenenstil über das Effekte-Bedienfeld zu.

Gegebenenfalls modifizieren Sie den Ebenenstil anschließend noch über einen Doppelklick auf das FX-Symbol im Ebenen-Bedienfeld. Auch den Text können Sie nach wie vor mit den Werkzeugoptionen des Textwerkzeugs ändern. Wenn Sie zufrieden sind, können Sie alle sichtbaren Ebenen mit [Strg]/[cmd]+[⇧]+[E] auf eine Ebene reduzieren.

◄ **Abbildung 37.9**
Die fertige Datei

37.1.3 Fotomontagen mit Text

Ebenfalls sehr beliebt ist es, einen Text so in ein Foto zu montieren, als sei er ein fester Bestandteil des Motivs.

Schritt für Schritt: Text in ein Foto montieren

Text muss nicht immer nur als deutlich erkennbarer »Fremdkörper« auf einBild gelegt werden. Stattdessen können Sie ihn auch so ins Bild integrieren, als sei der Text Teil der Aufnahme.

Kapitel_37: Orcha.jpg

1 Text setzen
Öffnen Sie das Bild »Orcha.jpg« von der Buch-DVD. Verwenden Sie das Horizontale Textwerkzeug [T] [T]. Stellen Sie eine für das Bild geeignete Schriftgröße (hier 550 Pt) sowie eine geeignete Schrift ein. Im Beispiel habe ich die engere Schrift IMPACT verwendet. Als Farbe habe ich Weiß gewählt. Schreiben Sie nun den Text Ihrer Wahl in das Bild.

Kapitel 37 Kreative Textgestaltung

▲ **Abbildung 37.10**
Der Text liegt nun in einer eigenen Ebene über dem Foto.

2 Text strecken

Im Beispiel soll der Text noch etwas mehr in den Himmel gestreckt werden. Aktivieren Sie die Textebene, und ziehen Sie mit dem Verschieben-Werkzeug (V) den oberen Anfasser ❶ nach oben und den unteren Anfasser ❷ nach unten, bis der Text oben fast am Bildende und unten gerade auf der Kante zwischen Himmel und Gebäude liegt.

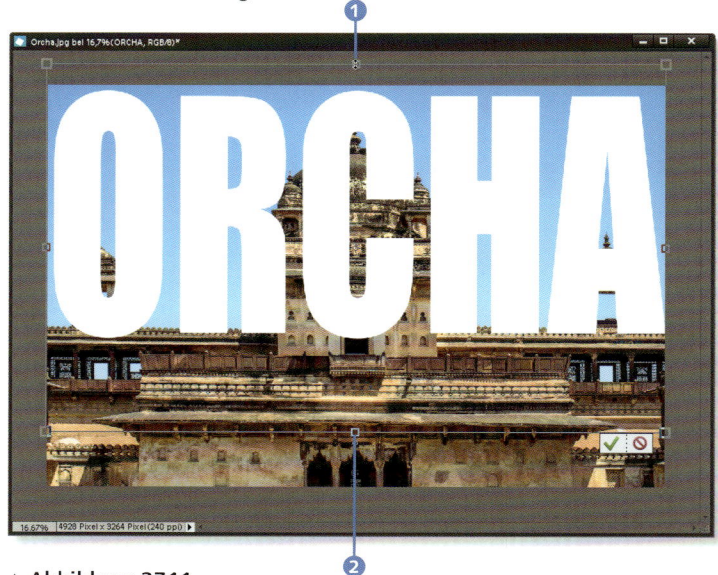

▲ **Abbildung 37.11**
Text noch etwas strecken

3 Ebenenstil hinzufügen

Aktivieren Sie die Textebene im Ebenen-Bedienfeld, und wählen Sie einen Ebenenstil aus. Den Ebenenstil weisen Sie entweder über die Werkzeugoptionen des Textwerkzeugs oder über das Effekte-Bedienfeld zu. Über einen Doppelklick auf das kleine FX-Symbol können Sie die Stileinstellungen nachträglich ändern.

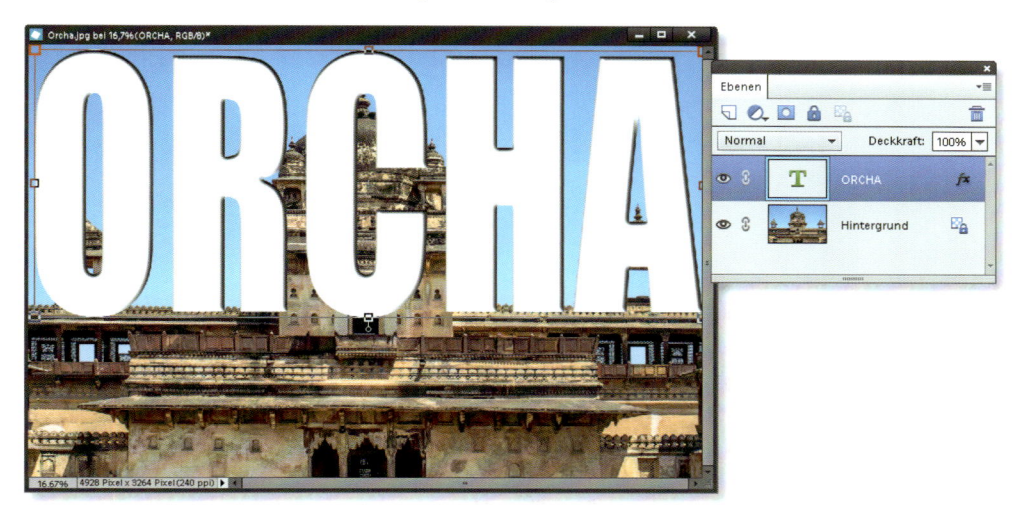

▲ Abbildung 37.12
Durch den Ebenenstil wirkt die Schrift plastischer.

4 Textebene in normale Ebene umwandeln

Wenn Sie die Formatierung des Textes abgeschlossen haben, müssen Sie die Textebene in eine normale Ebene konvertieren, um den nächsten Schritt durchführen zu können. Klicken Sie hierzu die Textebene mit der rechten Maustaste an, und wählen Sie im Kontextmenü EBENE VEREINFACHEN aus.

5 Textteile wegradieren

Aktivieren Sie die Ebene mit dem Text. Fügen Sie der Ebene mit dem Text über die entsprechende Schaltfläche ❸ eine Ebenenmaske hinzu. Wählen Sie das Pinsel-Werkzeug ⟨E⟩ aus der Werkzeugpalette, und malen Sie den Text mit einer schwarzen Vordergrundfarbe dort weg, wo Sie möchten, dass das Motiv in den Vordergrund und der Text in den Hintergrund gestellt wird. Die Größe der Werkzeugspitze werden Sie hierbei der Situation anpassen müssen. Auch ein etwas weiteres Hineinzoomen mit ⟨Strg⟩/⟨cmd⟩+⟨+⟩ hilft, um möglichst exakt zu malen. Vorübergehend können Sie auch die DECKKRAFT ❹ der Ebene mit dem Text

Weiche Übergänge

Wenn die Kanten zu hart werden, sollten Sie entweder eine weiche Pinselspitze verwenden oder mit dem Werkzeug Weichzeichner ⟨R⟩ die Stellen weichzeichnen.

reduzieren, um zu erkennen, was oder ob sich etwas hinter den Buchstaben befindet. Zuviel entfernte Bereiche können Sie jederzeit wieder mit weißer Farbe auf die Ebenenmaske aufmalen.

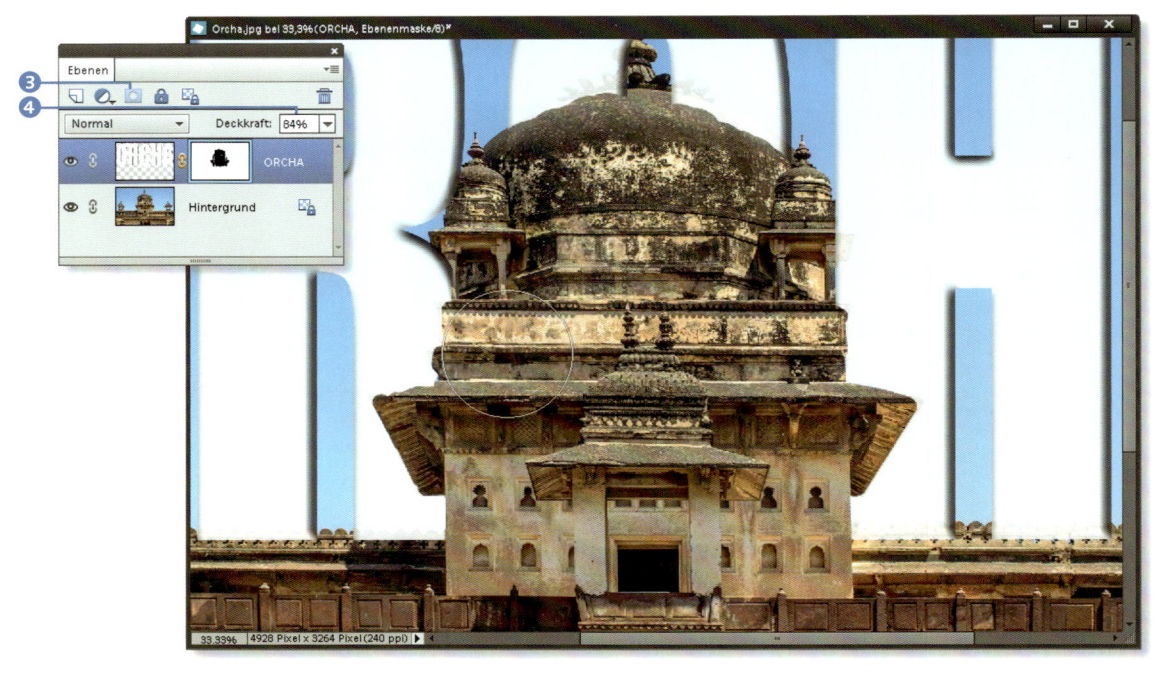

Abbildung 37.13 ▲
Entfernen Sie die Schrift, damit die Montage realistisch wirkt.

6 Ebenen zusammenfügen

Schließlich müssen Sie nur noch alle Ebenen beispielsweise mit `Strg`/`cmd`+`⇧`+`E` auf eine reduzieren und das Bild abspeichern.

▲ Abbildung 37.14
Selbst mit so einfachen Mitteln wie dem Textwerkzeug und der Ebenenmaske lassen sich schon ganz ansehnliche Ergebnisse erzielen.

▲ Abbildung 37.15
Ein weiteres Beispiel mit einem Text, welcher in das Bild einmontiert wurde

37.2 Text auf Formen bringen

Um einen Text auf eine bestimmte Auswahl oder Form zu schreiben, können Sie die Werkzeuge Text-auf-Auswahl-Werkzeug [T] [T], Text-auf-Form-Werkzeug [T] [T] und Text-auf-eigenem-Pfad-Werkzeug [T] [T] verwenden. Mit jedem dieser Werkzeuge wird der Text auf einer neuen Textebene platziert.

◀ **Abbildung 37.16**
Mithilfe der neuen Textwerkzeuge ist es ein Kinderspiel, Text um eine Blume zu platzieren. Hier wurde die Blume mit dem Text-auf-Auswahl-Werkzeug ausgewählt und dann der Text geschrieben.

37.2.1 Das Text-auf-Auswahl-Werkzeug

Um einen Text mit dem Text-auf-Auswahl-Werkzeug [T] [T] auf eine Auswahl zu setzen, benötigen Sie natürlich zunächst eine Auswahl. Hierzu stehen Ihnen zwei mögliche Wege zur Verfügung:

▶ Sie erstellen mit dem Text-auf-Auswahl-Werkzeug [T] eine Auswahl. Im Grunde handelt es sich dabei zunächst um nichts anderes als das Prinzip des Schnellauswahl-Werkzeugs [🔍] [A], mit dem die Auswahl erstellt wird, an deren Außenkante Sie dann den Text schreiben können.
▶ Die zweite Möglichkeit ist, eine bereits vorhandene Auswahl zu verwenden. Dabei haben Sie den Vorteil, bei der Erstellung der Auswahl auf die Funktionen im Auswahl-Menü von Photoshop Elements zugreifen zu können. Das ist nämlich mit dem Text-auf-Auswahl-Werkzeug nicht möglich.

Der Text lässt sich mit einigen kleinen Tricks übrigens auch an der Innenkante einer Auswahl schreiben.

Abbildung 37.17 ▶
Auch solche »Innentexte« sind mit dem neuen Werkzeug schnell erstellt.

Zum Weiterlesen
Die Optionen zur Gestaltung des Textes habe ich bereits im Abschnitt »Text gestalten« auf Seite 800 umfassend beschrieben.

Werkzeugoptionen | Zunächst finden Sie die beiden Schaltflächen ADDIEREN ❶ und SUBTRAHIEREN ❷. Befindet sich im Bild noch keine Auswahl, wird diese ebenfalls mit der Option ADDIEREN ❶ erstellt. Die beiden Optionen habe ich bereits in Abschnitt 22.4, »Auswahlen kombinieren«, beschrieben.

Wie auch bei den einfachen Textwerkzeugen können Sie die Schriftart, den Schriftstil, die Schriftgröße und die Schriftfarbe für den Text einstellen. Keine Sorge: Sobald Sie anfangen, den Text zu schreiben, stehen Ihnen auch sämtliche Werkzeugoptionen zur Verfügung, die Sie beispielsweise vom Horizontalen Textwerkzeug [T] her kennen.

Mit dem Schieberegler VERSATZ ❸ können Sie die Auswahl verkleinern (nach links ziehen) oder vergrößern (nach rechts ziehen), allerdings nur in einem ganz geringen Maße. Wenn Ihnen das nicht ausreicht, erstellen Sie Ihre Auswahl mit einem der Auswahlwerkzeuge – beispielsweise dem Schnellauswahl-Werkzeug – und passen sie dann mit den vielen Funktionen im Menü AUSWAHL an, beispielsweise AUSWAHL • AUSWAHL VERÄNDERN • ERWEITERN oder AUSWAHL • AUSWAHL VERÄNDERN • VERKLEINERN. Leider stehen Ihnen die Funktionen im Menü AUSWAHL nicht mehr zur Verfügung, wenn Sie mit dem Text-auf-Auswahl-Werkzeug eine Auswahl erstellen.

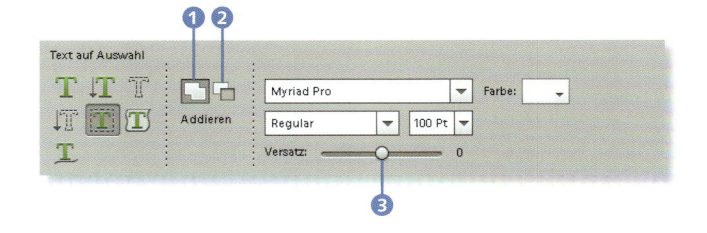

Abbildung 37.18 ▶
Die Werkzeugoptionen des Text-auf-Auswahl-Werkzeugs

Verwendung des Werkzeugs | Da dieses Werkzeug auf zwei Arten verwendet werden kann, will ich Ihnen diese beiden Möglichkeiten jeweils kurz anhand eines einfachen Beispiels demonstrieren.

37.2 Text auf Formen bringen

Schritt für Schritt: Text auf eine Auswahl schreiben

In dieser Anleitung wird die Auswahl mit dem Text-auf-Auswahl-Werkzeug erstellt. Beachten Sie, dass Sie mit dieser Möglichkeit nicht die Befehle aus dem Menü AUSWAHL verwenden können.

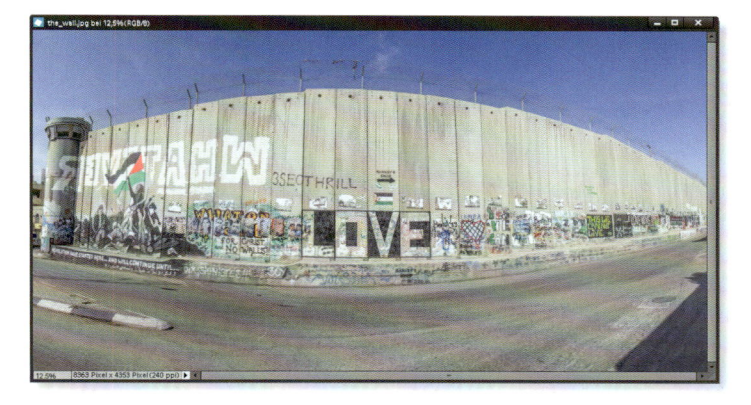

Kapitel_37: the_wall.jpg

◀ **Abbildung 37.19**
Um diese Mauer wollen wir mithilfe des Text-auf-Auswahl-Werkzeugs 🔲 außen herum einen Text schreiben.

1 Auswahl erstellen

Öffnen Sie das Bild »the_wall.jpg«. Wählen Sie das Text-auf-Auswahl-Werkzeug 🔲 T aus. Jetzt verwandelt sich der Mauscursor ❹, wenn Sie damit über das Bild gehen, in eine Form, wie Sie sie vom Schnellauswahl-Werkzeug her kennen, dessen Funktion Sie letztendlich gerade anwenden. Wählen Sie damit die Wand aus.

Werkzeugspitze einstellen

Leider wurde bei dem Werkzeug wohl vergessen, eine Option hinzuzufügen, um die Größe der Werkzeugspitze einzustellen. Da es sich hierbei allerdings im Grunde zunächst nur um das Schnellauswahl-Werkzeug handelt, können Sie auch beim Text-auf-Auswahl-Werkzeug die Werkzeugspitze mit der Taste # verkleinern oder mit ⇧+# vergrößern.

◀ **Abbildung 37.20**
Mit dem Text-auf-Auswahl-Werkzeug wurde eine Auswahl erstellt.

Hierbei muss natürlich die Option ADDIEREN ❺ aktiv sein. Wenn Sie etwas von der Auswahl entfernen wollen, aktivieren Sie die Option SUBTRAHIEREN ❻ und entfernen die ausgewählten Stellen im Bild. Wenn Sie die Auswahl über den Regler VERSATZ ❼ ver-

Kapitel 37 Kreative Textgestaltung

kleinern oder vergrößern wollen, dann haben Sie jetzt noch Gelegenheit dazu. Das ist nützlich, wenn Sie den Text geringfügig unter- oder oberhalb des ausgewählten Objekts schreiben wollen.

Sind Sie mit der Auswahl zufrieden, klicken Sie auf das grüne Häkchen (oder betätigen Sie ⏎). Mit dem roten Stoppsymbol (oder Esc) können Sie den Vorgang abbrechen.

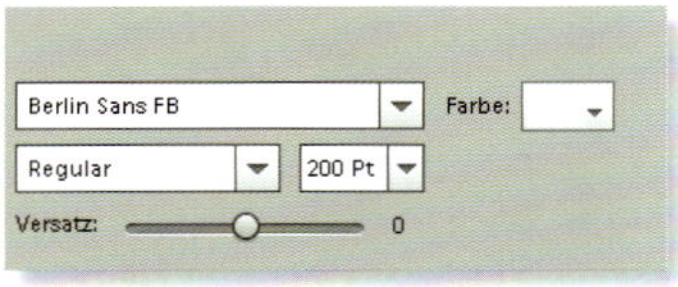

▲ **Abbildung 37.21**
Schrift für den Text einstellen

2 Schrift einstellen

Als Nächstes stellen Sie in den Werkzeugoptionen die Schriftart und andere Schriftoptionen ein. Im Beispiel habe ich mich für BERLIN SANS FB mit 200 PT in weißer Farbe entschieden. Allerdings können Sie anschließend jederzeit die Schrift nachträglich ändern, wie hier geschehen.

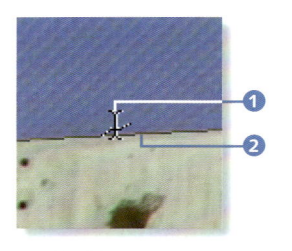

3 Text schreiben

Aus der Auswahl ist eine durchgehende Pfadlinie ❷ geworden. Gehen Sie mit dem Mauscursor auf diese Linie, wird der Cursor zu einer speziellen Einfügemarke ❶. Mit einem Mausklick an dieser Einfügemarke erscheint ein blinkender Textcursor, und Sie können jetzt anfangen, den Text mit der Tastatur einzutippen. Wenn Sie jetzt einen Blick auf die Werkzeugoptionen werfen, finden Sie auch wieder alle Optionen vor, um den Text zu gestalten, wie ich dies im Abschnitt »Text gestalten« auf Seite 800 umfassend erläutert habe. Genau genommen wird hier zum Horizontalen Textwerkzeug T gewechselt.

▲ **Abbildung 37.22**
Die Einfügemarke (hier stark vergrößert) zeigt an, dass Sie hier einen Text eingeben können.

Abbildung 37.23 ▶
Der Text wird um die Auswahl geschrieben.

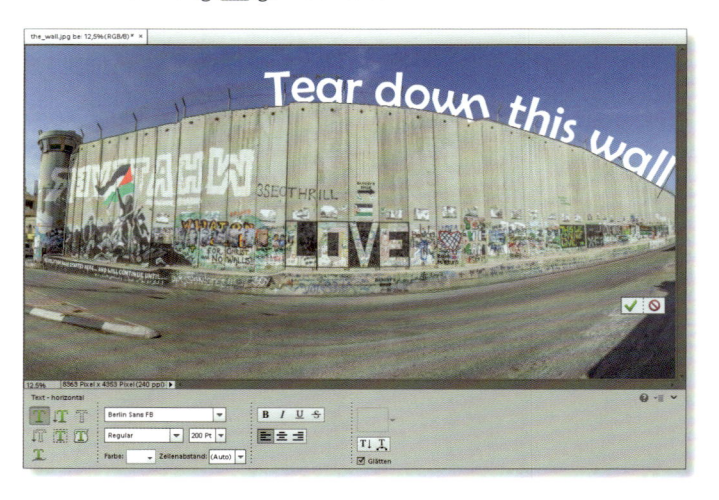

▲ **Abbildung 37.24**
Auch der Text auf Auswahl wird auf eine eigene Ebene gelegt.

4 Optional: Text nachträglich editieren

Auch wenn Sie die Eingabe mit dem grünen Häkchen bestätigt haben, können Sie jederzeit wieder mit dem Text-auf-Auswahl-Werkzeug T weiteren Text schreiben oder den Text editieren.

37.2 Text auf Formen bringen

Achten Sie darauf, dass der Mauscursor die Form der Einfügemarke ❶ hat. Erst dann können Sie auf oder hinter den Text klicken, um weiter zu schreiben. Oder Sie wechseln zum Horizontalen Textwerkzeug [T], um damit den Text nachträglich zu editieren.

❺ Text verschieben

In den wenigsten Fällen wird der Text perfekt um die Auswahl liegen und kann natürlich nachträglich auch auf der Auswahl verschoben werden. Zum nachträglichen Verschieben müssen Sie mit dem Textwerkzeug (beispielsweise mit [T]) in den Editiermodus gehen (ein blinkender Eingabe-Cursor ist zu sehen). Daraufhin können Sie ein kleines X ❹ erkennen, das als Anfangsmarkierung dient, und einen kleinen Kreis, der als Endmarkierung für den Text um die Auswahl fungiert. Gehen Sie auf das kleine X und halten Sie die [Strg]/[cmd]-Taste gedrückt, können Sie am Cursor einen Pfeil-mit-Eingabesymbol-Cursor ❸ erkennen, mit dem Sie jetzt mit gedrückt gehaltener linker Maustaste (+[Strg]/[cmd]) den Text um die Auswahl herum verschieben können.

❻ Weiteren Text hinzufügen

Wie Sie einen Text innerhalb der Auswahl verschieben können, will ich Ihnen am selben Beispiel nochmals zeigen. Wählen Sie die bereits vorhandene Textebene im Ebenendialog aus. Verwenden Sie jetzt wieder das Text-auf-Auswahl-Werkzeug [T], und fahren Sie mit dem Mauscursor unterhalb der Mauer entlang, bis der Cursor wieder zu einer Einfügemarke wie in Arbeitsschritt 3 wird. Klicken Sie jetzt mit der Maus, und geben Sie Ihren Text ein. Für den neu hinzugefügten Text wird eine neue Ebene ❺ angelegt.

Mehrere Textebenen

Achten Sie bitte darauf, wenn Sie den Text nachträglich editieren wollen, dass Sie hierzu auch auf den Text klicken. Klicken Sie stattdessen in einen freien Bereich, so dass die Einfügemarke sichtbar wird, wird der Text auf eine neue Textebene geschrieben. Was ja durchaus gewollt sein kann! Es können also durchaus mehrere Textebenen auf eine Auswahl gebracht werden.

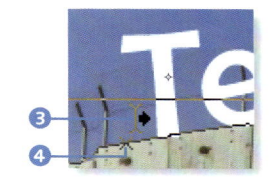

▲ **Abbildung 37.25**
Der Text kann jederzeit nachträglich verschoben werden.

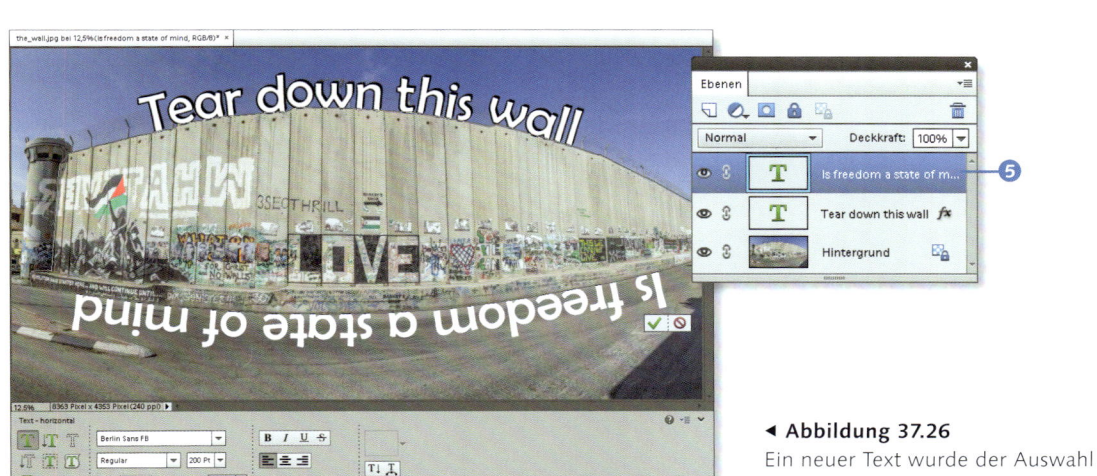

◄ **Abbildung 37.26**
Ein neuer Text wurde der Auswahl hinzugefügt.

Kapitel 37 Kreative Textgestaltung

7   Text nach innen verschieben

Im Grunde müssen Sie jetzt nur wie in Arbeitsschritt 4 vorgehen, wo Sie den Text verschoben haben. Nur dass Sie jetzt den Text statt auf der Linie einfach mit gehaltener `Strg`/`cmd`-Taste und gedrückt gehaltener linker Maustaste nach innen verschieben. Ein wenig verwirrend kann es werden, wenn sich die Anfangsmarkierung (das kleine X) und die Endmarkierung (der kleine Kreis) überlappen, weil hier dann kein Text angezeigt wird. Im Grunde wird nämlich beim Wechseln der Seite der Text von der ursprünglichen Anfangsmarkierung zur ursprünglichen Endmarkierung platziert. Hierbei müssen Sie die Markierungen gegebenenfalls wieder mit gehaltener `Strg`/`cmd`-Taste verschieben.

Abbildung 37.27 ▶
Der Text wurde in die Auswahl gezogen.

Nochmals detaillierter | Das Text-auf-Auswahl-Werkzeug ist für sich ein sehr gelungenes Werkzeug. Nur kann es etwas schwierig sein, die kleinen Symbole zu erkennen, oder auch schwierig werden, wenn man die Seiten wechseln will. Daher will ich Ihnen das Ganze nochmals kurz anhand einer einfachen Auswahl zeigen.

▲ **Abbildung 37.28**
Hier wurde ein Text auf eine rechteckige Auswahl geschrieben. Das kleine Kreissymbol ❶ überdeckt hier das kleine X-Symbol, was eben einfach bedeutet, dass der Anfangs- und der Endpunkt an derselben Stelle liegen.

▲ **Abbildung 37.29**
Jetzt wurde mehr Text eingegeben, als dargestellt werden kann. Sie können dies am kleinen Plussymbol ❷ im Kreissymbol erkennen.

37.2 Text auf Formen bringen

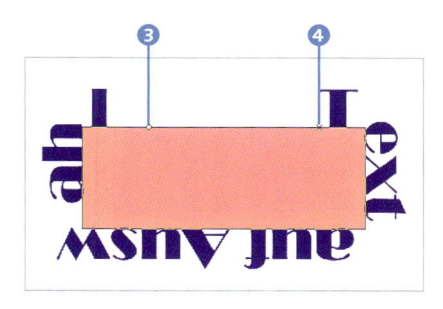

▲ **Abbildung 37.30**
Jetzt wurden die Markierungen mit gehaltener [Strg]/[cmd]-Taste verschoben. Die Anfangsmarkierung wird mit dem kleinen X ❹ symbolisiert und die Endmarkierung mit dem kleinen Kreissymbol ❸.

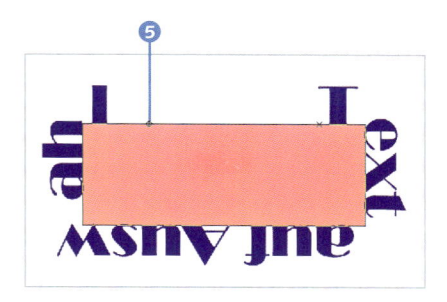

▲ **Abbildung 37.31**
Dass hier bei der Endmarkierung wieder ein Plussymbol ❺ angezeigt wird, liegt daran, dass wieder über den Bereich hinaus geschrieben wurde.

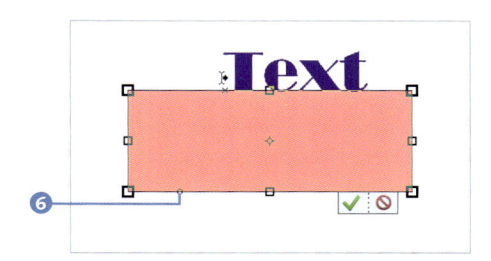

▲ **Abbildung 37.32**
Die Anfangs- und die Endmarkierung sind auch wichtig, wenn Sie den Text von der Auswahl nach innen bzw. wieder nach außen verlegen wollen. Hierbei wird die Endmarkierung ❻ ...

▲ **Abbildung 37.33**
... zur neuen Anfangsmarkierung ❼, und die ursprüngliche Anfangsmarkierung wird dann zur neuen Endmarkierung ❽.

Schritt für Schritt: Text auf eine vorhandene Auswahl schreiben

Angelehnt an die Schritt-für-Schritt-Anleitung zuvor, zeige ich Ihnen in dieser Anleitung eine Möglichkeit, Text auf eine bereits vorhandene Auswahl zu bringen. Als Beispiel dient eine einfaches rechteckiges Gebäude.

Kapitel_37: Gebaeude.jpg

1 Auswahl erstellen
Nachdem Sie das Bild »Gebaeude.jpg« im Fotoeditor geladen haben, erstellen Sie zunächst mit einem beliebigen Auswahlwerkzeug eine Auswahl. Im Beispiel habe ich beispielsweise mit dem Schnellauswahl-Werkzeug [🔍] [A] das Gebäude ausgewählt.

Zum Weiterlesen
Die Auswahlwerkzeuge haben Sie ja bereits in Kapitel 22 kennengelernt. Eine Übersicht der verschiedenen Werkzeuge finden Sie ab Abschnitt 22.1.

2 Auswahl ändern
Der Vorteil an dieser Methode, zunächst die Auswahl mit den Auswahlwerkzeugen zu erstellen, liegt darin, dass Sie jederzeit auf die Befehle im Menü AUSWAHL zurückgreifen können. Zugege-

ben, dies ist auch mit dem Text-auf-Auswahl-Werkzeug 🆃 möglich, wenn Sie hiermit zu einem der Auswahlwerkzeuge wechseln, aber das ist eben etwas umständlicher.

3 Text-auf-Auswahl-Werkzeug verwenden

Nachdem Sie die Auswahl erstellt haben, wechseln Sie zum Text-auf-Auswahl-Werkzeug 🆃 ⊤; achten Sie dabei darauf, dass die Option ADDIEREN ❸ aktiv ist. Klicken Sie mit dem Mauscursor einmal irgendow innerhalb der Auswahl ❶. Sie erhalten die gewohnte Bestätigungsauswahl ❷ für das Text-auf-Auswahl-Werkzeug, die Sie aus Arbeitsschritt 1 der vorherigen Schritt-für-Schritt-Anleitung »Text auf eine Auswahl schreiben« kennen. Von jetzt an folgen Sie der Schritt-für-Schritt-Anleitung aus dem vorherigen Workshop ab Schritt 827.

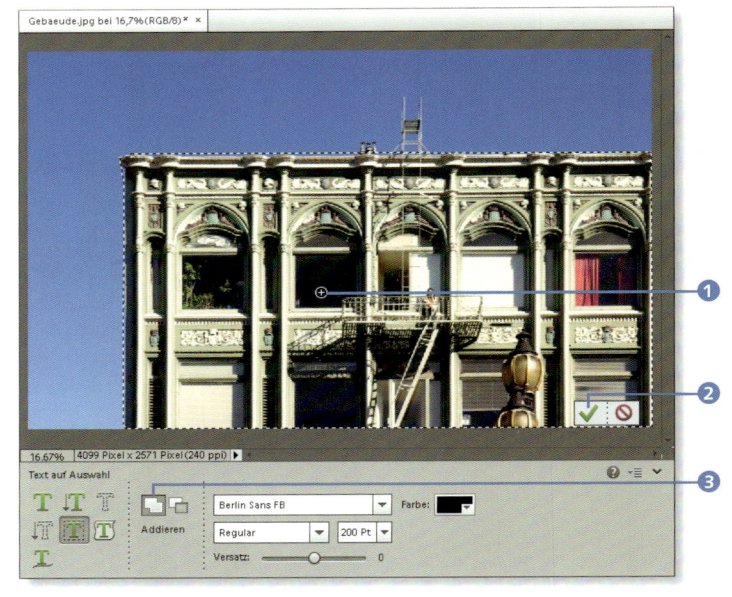

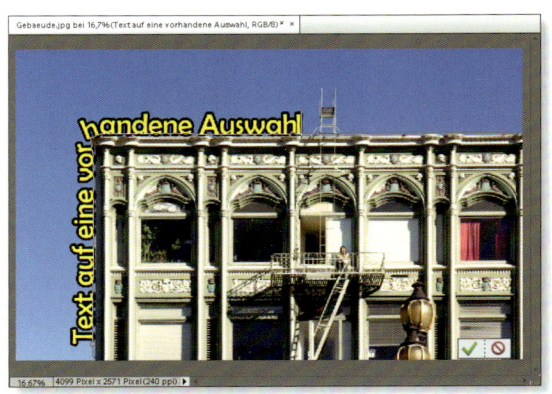

Abbildung 37.34 ▶
Die Auswahl mit unserem Text-auf-Auswahl-Werkzeug bestätigen …

Abbildung 37.35 ▶
… und Text auf die vorhandene Auswahl schreiben

37.2.2 Text-auf-Form-Werkzeug

Um den Text in eine bestimmte Form zu bringen, können Sie ihn mit dem Text-auf-Form-Werkzeug 🆃 🆃 auf eine von vielen vordefinierten Formen schreiben. Sie können dabei auf zwei verschiedene Arten vorgehen:

- Benutzen Sie eine der vorhandenen Formen, die das Text-auf-Form-Werkzeug anbietet. Damit können Sie den Text **um** die Form herum schreiben. Beachten Sie, dass hierbei keine Formebene, sondern eine Textebene erstellt wird.
- Erstellen Sie eine Form mit einem der vielen Formwerkzeuge, wie beispielsweise dem Eigene-Form-Werkzeug 🔲 U, und wechseln Sie dann zum Text-auf-Form-Werkzeug 🆃, um den Text auf bzw. in dieser Form zu schreiben.

Werkzeugoptionen | Mit den Schaltflächen ❶ wählen Sie zunächst die Form aus, die Sie aufziehen und auf der sie dann den Text schreiben wollen. Zur Auswahl stehen Rechteck, Abgerundetes Rechteck, Ellipse, Polygon, Herz, Sprechblase und Schmetterling.

Mit den nächsten Optionen ❷ stellen Sie wieder die Schriftart, den Schriftschnitt, die Schriftgröße und die Schriftfarbe ❸ für den Text ein, den Sie auf die Form schreiben werden. Wenn Sie anfangen, den Text zu schreiben, stehen Ihnen auch hier sämtliche Werkzeugoptionen zur Verfügung, die Sie beispielsweise vom Horizontalen Textwerkzeug 🆃 her kennen.

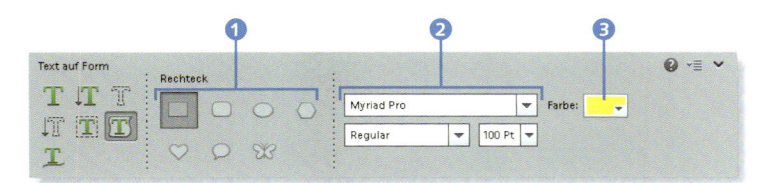

Zum Weiterlesen

Die Formwerkzeuge lernen Sie in Kapitel 39, »Formen zeichnen mit den Formwerkzeugen«, genauer kennen.

◄ **Abbildung 37.36**
Die Werkzeugoptionen des Text-auf-Form-Werkzeugs 🆃

Verwendung des Werkzeugs | Da dieses Werkzeug ebenfalls auf zwei Arten verwendet werden kann, will ich Ihnen diese auch hier wieder mit zwei sehr einfachen Schritt-für-Schritt-Anleitungen demonstrieren.

Schritt für Schritt: Text auf eine Form schreiben

Das Text-auf-Form-Werkzeug bietet einige vordefinierte Formen, die sich für wichtige Standards, wie das Schreiben von Text in einer Kreisform, gut nutzen lassen.

1 Form auswählen

Aktivieren Sie das Text-auf-Form-Werkzeug 🔳 T. Wählen Sie dann eine Form ❶ aus, um die Sie schreiben wollen. Im Beispiel habe ich mich für die ELLIPSE entschieden. Wollen Sie einen Kreis erstellen, halten Sie einfach während des Aufziehens sowohl die Maustaste als auch die ⇧-Taste gedrückt. Wollen Sie hingegen die Form mittig aufziehen, halten Sie nur die Alt-Taste gedrückt. ⇧ und Alt zusammen während des Aufziehens der Form ist natürlich auch möglich. Mit ← können Sie die Form wieder entfernen.

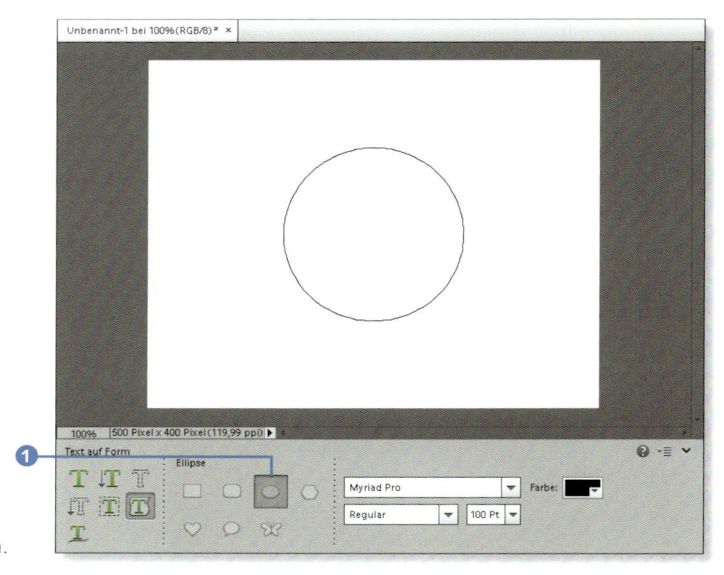

Abbildung 37.37 ▶
Eine Kreisform wurde aufgezogen.

2 Schrift einstellen

Als Nächstes stellen Sie in den Werkzeugoptionen die Schriftart und andere Schriftoptionen ein. Im Beispiel habe ich TIMES NEW ROMAN mit 60 PT in schwarzer Farbe verwendet. Allerdings können Sie die Schrift auch nachträglich ändern.

3 Text schreiben

Gehen Sie jetzt mit dem Mauscursor auf die Linie dieser Form, so dass der Cursor zu einer speziellen Einfügemarke ❷ wird. Mit einem Mausklick an dieser Einfügemarke erscheint ein blinkender Textcursor, und Sie können jetzt anfangen, den Text mit der Tastatur einzutippen. Hierbei wird auch gleich eine neue Textebene ❸ erzeugt. Wenn Sie jetzt einen Blick auf die Werkzeugoptionen werfen, finden Sie auch hier wieder alle Optionen vor, den Text zu gestalten, wie ich sie im Abschnitt »Text gestalten« auf Seite 800 umfassend erläutert habe.

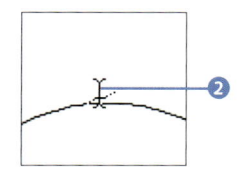

▲ **Abbildung 37.38**
Die Einfügemarke symbolisiert, dass Sie hier einen Text eingeben können.

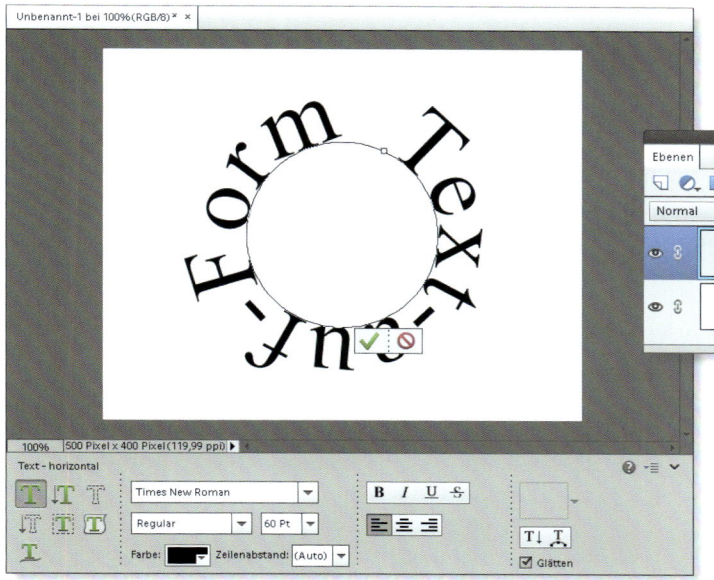

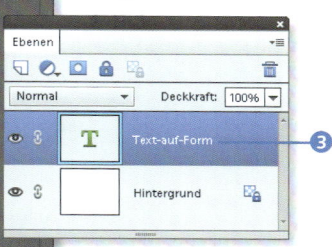

37.2 Text auf Formen bringen

◀▼ **Abbildung 37.39**
Der Text wird auf einer neuen Textebene auf die Form geschrieben.

Nach der Bestätigung der Eingabe mit dem grünen Häkchen, können Sie mit dem Text-auf-Form-Werkzeug weiteren Text schreiben oder den vorhandenen Text editieren. Natürlich muss auch hierzu wieder der Mauscursor die Form der Einfügemarke ❷ haben. Sie können aber auch zum Horizontalen Textwerkzeug wechseln und damit den Text nachträglich editieren.
Auch hier symbolisiert ein leerer Kreis ❹ den Anfang des Textes. Haben Sie mehr Text eingegeben, als auf die Form passt, wird zusätzlich ein Plussymbol ❺ innerhalb des Kreises angezeigt.

Als kleine Anregung für kreisrunden Text soll das Beispiel in den folgenden beiden Abbildungen dienen. Der Text wurde auf eine kreisrunde Form geschrieben und anschließend für etwas mehr Plastizität noch mit Ebenenstilen bearbeitet.

Text innen oder außen schreiben

Natürlich können Sie auch hier den Text auf der Form jederzeit von außen nach innen oder von innen nach außen verschieben. Auch die Position des Textes lässt sich nachträglich verschieben. Beides funktioniert genauso, wie dies in der Schritt-für-Schritt-Anleitung »Text auf eine Auswahl schreiben« auf Seite 827 beschrieben wurde.

Kapitel_37:
kleiner_Planet1.jpg,
kleinerPlanet2.jpg

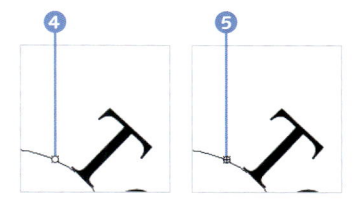

▲ **Abbildung 37.40**
Ein leerer Kreis ❹ zeigt den Anfang des Textes um die Form an, und ein Plussymbol ❺ weist darauf hin, dass mehr Text eingegeben wurde, als auf die Form passt.

▲ **Abbildung 37.41**
Das fertige Bild mit einem kreisrunden Text und ein weiteres Beispiel daneben

Kapitel 37 Kreative Textgestaltung

Schritt für Schritt: Text auf eine vorhandene Form schreiben

Zum Weiterlesen

Die verschiedenen Formwerkzeuge und ihre Verwendung habe ich in Kapitel 39, »Formen zeichnen mit den Formwerkzeugen«, umfassend behandelt.

Die zweite Möglichkeit, einen Text auf eine Form zu bringen, ist die, zunächst eine Form mit einem der Formwerkzeuge zu erstellen und dann das Text-auf-Form-Werkzeug [T] zu verwenden.

1 Form aufziehen

Benutzen Sie zunächst ein beliebiges Formwerkzeug, um eine Form aufzuziehen. Im Beispiel habe ich mich für das Eigene-Form-Werkzeug [U] in der Werkzeugpalette entschieden. Als Form habe ich einen Halbkreis ❶ erstellt. Als Vordergrundfarbe ❷ der Form habe ich Weiß verwendet. Die Farbe ist hier allerdings nicht so wichtig, weil die Form anschließend wieder gelöscht wird. Wenn Sie die Form mit gedrückt gehaltener Maustaste aufgezogen haben, finden Sie eine Formebene ❸ im Ebenen-Bedienfeld vor. Der Vorteil der Formebene ist klar: Sie können diese Ebene jederzeit nachträglich beispielsweise mit dem Verschieben-Werkzeug [V] drehen, skalieren, verzerren usw. Im Beispiel habe ich die Formebene mit dem Halbkreis noch über BILD • DREHEN • EBENE UM 180° DREHEN gedreht, damit der Halbkreis nach oben gerichtet ist.

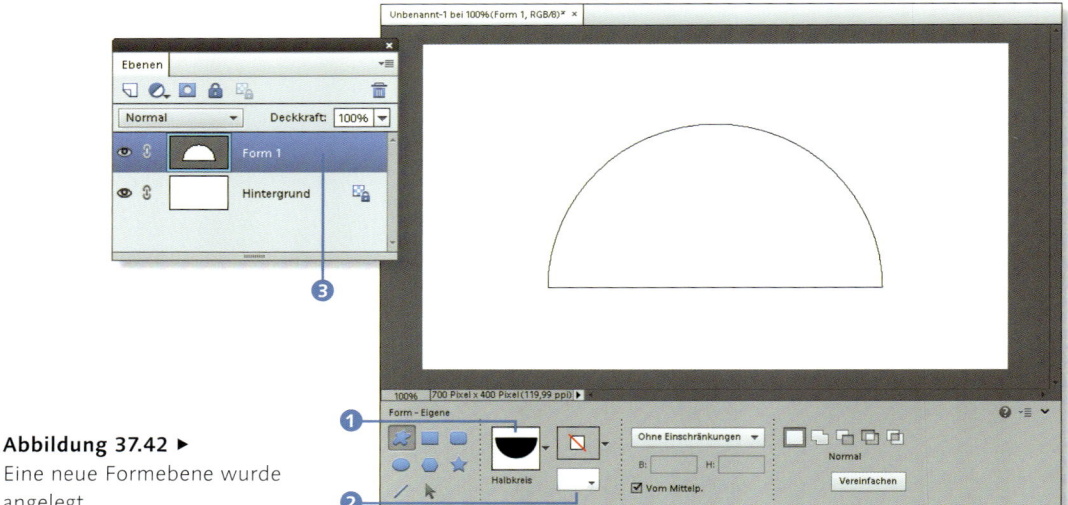

Abbildung 37.42 ▶
Eine neue Formebene wurde angelegt.

2 Text-auf-Form-Werkzeug verwenden

Wechseln Sie jetzt zum Text-auf-Form-Werkzeug [T] [T], und aktivieren Sie die Formebene ❸ im Ebenen-Bedienfeld. Stellen Sie dann wieder wie gewohnt Ihre gewünschte Schrift ein (die Sie natürlich nachträglich auch noch anpassen können). Gehen Sie mit dem Mauscursor auf die Form, bis der Cursor wieder zu einer

37.2 Text auf Formen bringen

Einfügemarke ❹ wird. Mit einem Mausklick erscheint wieder der blinkende Textcursor, der anzeigt, dass Sie jetzt den gewünschten Text um die Form schreiben können.

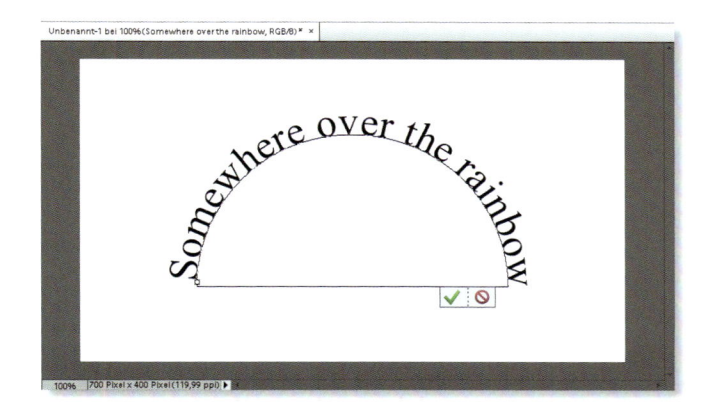

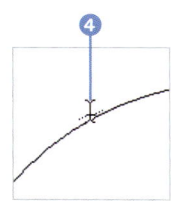

▲ **Abbildung 37.43**
Sie müssen die Formebene aktivieren, um den Text mit dem Text-auf-Form-Werkzeug eingeben zu können.

◄ **Abbildung 37.44**
Text um die Form schreiben

3 Formebene löschen

Jetzt brauchen Sie nur noch die Formebene mit der rechten Maustaste anzuklicken und sie über das Kontextmenü mit dem Befehl EBENE LÖSCHEN zu entfernen. Übrig bleibt nur noch die Textebene, deren Text sich aber nach wie vor auf der Form befindet und der natürlich immer noch editierbar ist.

Der in Abbildung 37.46 noch sichtbare Pfad auf der Textebene dient quasi nur als Hilfslinie und wird weder ausgedruckt noch bleibt er im gespeicherten Bild sichtbar.

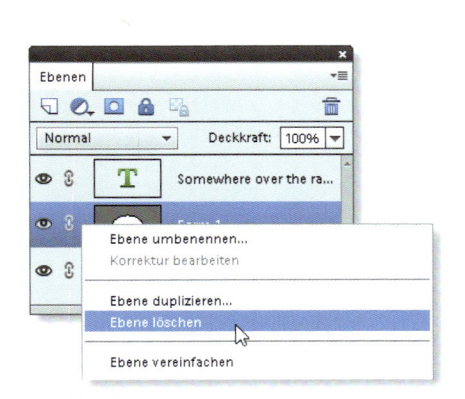

▲ **Abbildung 37.45**
Entfernen Sie die Formebene, …

▲ **Abbildung 37.46**
… und übrig bleibt der auf die Form geschriebene und immer noch editierbare Text. Hier wurde außerdem noch der Halbkreis mit einem kreisförmigen Regenbogenverlauf gefüllt.

Innerhalb oder außerhalb der Form | Leider können Sie nicht direkt beeinflussen, ob der Text außerhalb oder innerhalb der Form

Zum Weiterlesen

Das Text-auf-Auswahl-Werkzeug [T] [T] habe ich im gleichnamigen Abschnitt auf Seite 825 umfassend beschrieben.

geschrieben wird. Mit ein paar Tricks ist es dennoch möglich. Hierzu legen Sie einfach eine neue Form mit einer Formebene an (beispielsweise mit dem Eigene-Form-Werkzeug [Symbol]). Die Formebene wandeln Sie dann über EBENE • EBENE VEREINFACHEN in eine gewöhnliche Ebene um. Dann wählen Sie die Form mit einem Auswahlwerkzeug aus, wenn Sie außerhalb der Form schreiben möchten, oder invertieren sie, wenn Sie den Text innerhalb der Form eintippen wollen. Und zu guter Letzt können Sie – Sie werden es schon ahnen – mit dem Text-auf-Auswahl-Werkzeug [T] schreiben.

37.2.3 Das Text-auf-eigenem-Pfad-Werkzeug

Das letzte Werkzeug, um Text auf eine Form zu bringen, finden Sie mit dem Text-auf-eigenem-Pfad-Werkzeug [T] [T]. Damit schreiben Sie, wie Sie es aus dem Namen schon herauslesen, einen Text auf einen von Ihnen gezeichneten Pfad. Sollten Ihnen die vordefinierten Formen des Text-auf-Form-Werkzeugs [T] also nicht genügen, sind Sie hier genau richtig.

Werkzeugoptionen | Die erste Schaltfläche, ZEICHNEN ❶, ist zunächst immer aktiv, wenn Sie zum Werkzeug wechseln und sich noch kein Pfad auf dem Bild befindet. Damit zeichnen Sie einen Pfad auf das Bild. Mit der Schaltfläche VERÄNDERN ❷ daneben können Sie einen bereits erstellten Pfad nachträglich bearbeiten.

Mit den nächsten vier Optionen ❸ stellen Sie wieder die Schriftart, den Schriftstil, die Schriftgröße und die Schriftfarbe für den Text ein, der auf den Pfad geschrieben werden soll. Wenn Sie anfangen, den Text zu schreiben, stehen Ihnen wie gewohnt wieder sämtliche Werkzeugoptionen zur Verfügung, die Sie zum Beispiel vom Horizontalen Textwerkzeug [T] her kennen.

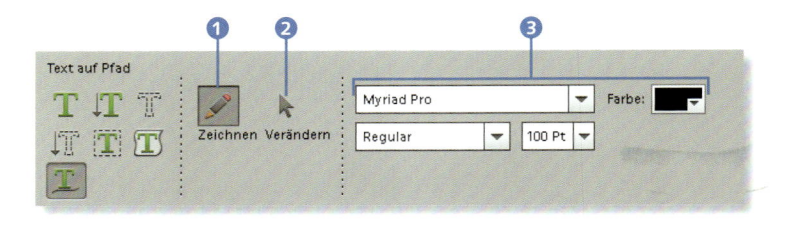

Abbildung 37.47 ▶
Werkzeugoptionen für das Text-auf-eigenem-Pfad-Werkzeug [T]

Werkzeug verwenden | Das Text-auf-eigenem-Pfad-Werkzeug [T] zu verwenden, scheint auf den ersten Blick etwas umständlich, ist aber letztendlich auch recht einfach, wenn man weiß, wie es funktioniert. Trotzdem würde man sich eine Möglichkeit wünschen, beispielsweise einfach mal eine gerade Linie oder mehrere Knotenpunkte manuell zu setzen (wie es das Polygon-Lasso [Symbol]

37.2 Text auf Formen bringen

auch macht und kann), um anschließend die Feinarbeiten mit der Option VERÄNDERN zu machen. Das wäre sehr hilfreich und nützlich, wenn man einen Pfad auf ein bestimmtes Objekt zeichnet, wohin man später den Text hinschreiben will. Somit bleibt Ihnen eben zunächst nichts anderes übrig, als freihändig den Pfad zu zeichnen.

Schritt für Schritt: Text auf Pfad schreiben

Mit dem Text-auf-eigenem-Pfad-Werkzeug können Sie ganz individuelle Pfade zeichnen, an denen sich dann später der Text orientieren soll. Der Einfachheit halber verwenden wir hier nur einen leeren weißen Hintergrund. Aber selbstverständlich können Sie das Text-auf-eigenem-Pfad-Werkzeug auch auf ein Bild anwenden.

1 Pfad zeichnen

Wählen Sie das Text-auf-eigenem-Pfad-Werkzeug aus. Zeichnen Sie mit gedrückt gehaltener Maustaste einen Pfad auf das Bild. Eine Freihandlinie wird allerdings oft nicht so richtig gerade. Ein wesentlich besseres Ergebnis erzielen Sie, wenn Sie die Linie mit einem Zeichentablett zeichnen.

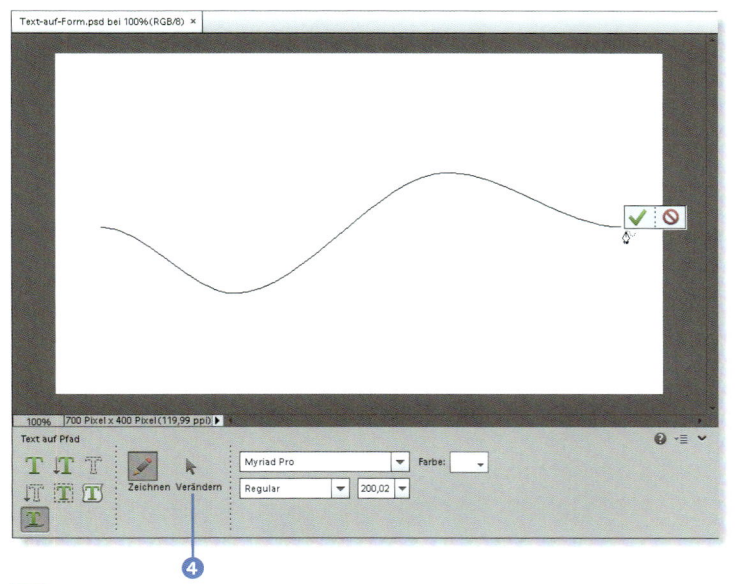

Tipp: Sauberer und gerade Linie
Wollen Sie eine gerade Linie zeichnen (und nachträglich Pfadpunkte und saubere Kurven hinzufügen), können Sie auch das Raster mit einer passenden Größe einblenden und das Ausrichten daran aktivieren. Das Raster wurde in Abschnitt 5.8.3, »Raster verwenden und einstellen«, umfassend behandelt.

◄ **Abbildung 37.48**
Einen Pfad in das Bild zeichnen

2 Pfad anpassen

Wollen Sie den Pfad anpassen, klicken Sie die Schaltfläche VERÄNDERN ❹ an. In der Pfadlinie erkennen Sie jetzt die einzelnen

Kapitel 37 Kreative Textgestaltung

▲ **Abbildung 37.49**
Mit gehaltener [Alt]-Taste hingegen entfernen Sie vorhandene Pfadpunkte.

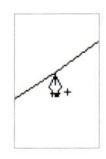

▲ **Abbildung 37.50**
Neue Pfadpunkte fügen Sie mit gehaltener [⇧]-Taste hinzu.

(leider sehr kleinen) Pfadpunkte. Mithilfe der gedrückten linken Maustaste auf den Punkten können Sie diese jetzt verschieben ❶.

Klicken Sie auf einer Linie mit gehaltener [⇧]-Taste, erscheint in der Werkzeugspitze ein Plussymbol, und Sie können einen weiteren Pfadpunkt hinzufügen. Halten Sie hingegen die [Alt]-Taste gedrückt, während Sie auf einen Pfadpunkt klicken, erscheint ein Minussymbol in der Werkzeugspitze, so dass Sie einen Pfadpunkt entfernen können. Gehen Sie mit dem Mauszeiger auf die Linie zwischen den Pfadpunkten, können Sie diese mit gedrückt gehaltener linker Maustaste in die gewünschte Richtung verbiegen. Bestätigen Sie den Pfad mit dem grünen Häkchen ❷, oder brechen Sie mit dem roten Stoppschild ❸ ab.

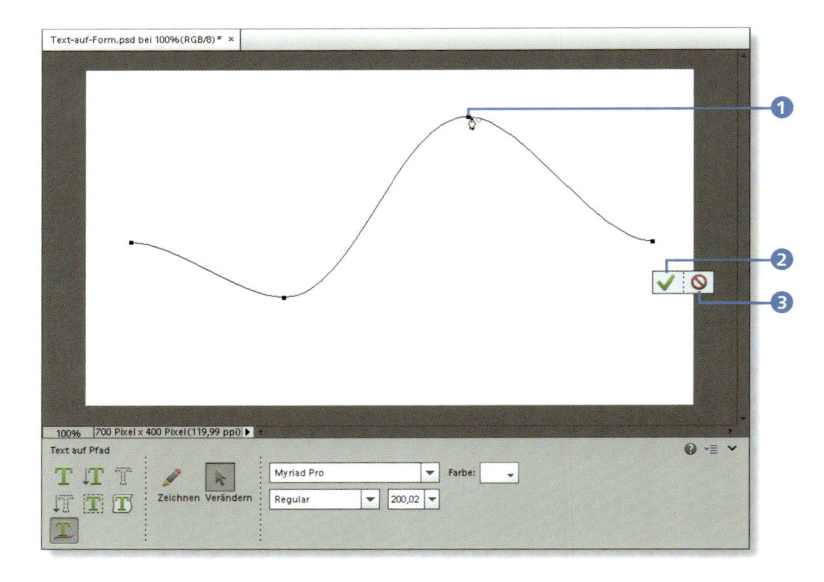

▲ **Abbildung 37.51**
Pfadpunkte können jederzeit geändert werden.

3   Schrift einstellen

Als Nächstes stellen Sie in den Werkzeugoptionen die Schriftoptionen wie Schriftart usw. ein. Hier habe ich mich für MONOTYPE CORSIVA in 30 PT in schwarzer Farbe entschieden. Allerdings können Sie (wie immer) die Schrift auch nachträglich ändern.

4   Text eingeben

▲ **Abbildung 37.52**
Die Einfügemarke zeigt an, dass Sie dort einen Text eingeben können.

Gehen Sie mit dem Mauscursor auf die Pfadlinie, und Sie finden wieder die bekannte Einfügemarke vor. Klicken Sie jetzt mit der linken Maustaste, können Sie Ihren Text eingeben.

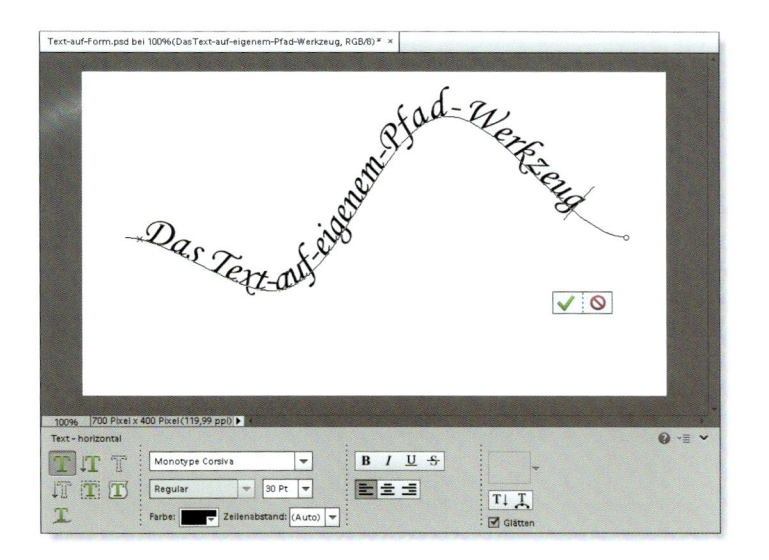

37.2 Text auf Formen bringen

Neue Textebene

Und natürlich auch hier: Wenn Sie den Text nachträglich editieren wollen, dürfen Sie nicht vergessen, auf den Text zu klicken. Klicken Sie stattdessen in einen freien Bereich, so dass die Einfügemarke sichtbar wird, wird der Text auf eine neue Textebene geschrieben. Was ja durchaus gewollt sein kann! Es können also durchaus mehrere Textebenen auf einen Pfad gebracht werden.

◄ **Abbildung 37.53**
Der Text wird auf den Pfad geschrieben.

5 Pfad nachbearbeiten

Die Pfadpunkte können Sie jederzeit nachträglich verändern, hinzufügen oder entfernen. Auch der Text bleibt immer noch editierbar. Des Weiteren können Sie jederzeit weitere Textebenen auf dem Pfad anlegen, wenn Sie auf einen freien Bereich der Linie klicken.

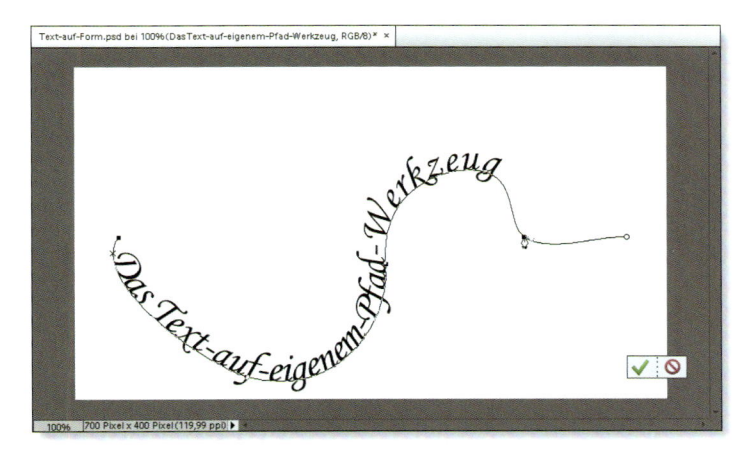

◄ **Abbildung 37.54**
Text und Pfadpunkte können weiterhin bearbeitet werden.

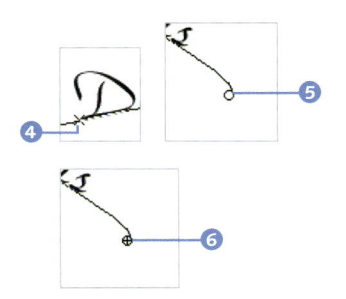

Pfadlinie verbiegen | Die Nacharbeit der Linien kann sich manches Mal etwas umständlich anfühlen. Es dauert ein wenig, bis man ein Gefühl dafür bekommt. Einen Pfad können Sie verbiegen, wenn Sie zwischen zwei Punkten auf der Linie die Maustaste gedrückt halten und die Position der Linie verschieben. Beim Text-auf-Pfad-Werkzeug müssen Sie hierfür natürlich die Option Verändern aktiviert haben.

▲ **Abbildung 37.55**
Der Anfang des Textes bei einem Pfad wird mit einem kleinen X ❹ angezeigt. Das Ende ist hier ein geschlossener Kreis ❺. Finden Sie im Kreis noch ein Kreuz ❻ vor, wurde mehr Text auf den Pfad geschrieben, als Platz ist.

Kapitel 37   Kreative Textgestaltung

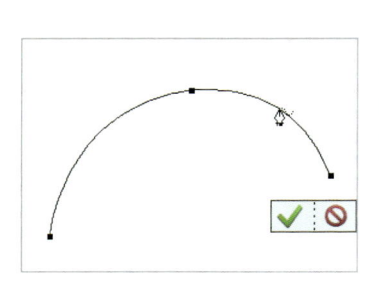

▲ **Abbildung 37.56**
Eine Linie lässt sich ganz einfach mit der Option VERÄNDERN und gedrückt gehaltener linker Maustaste …

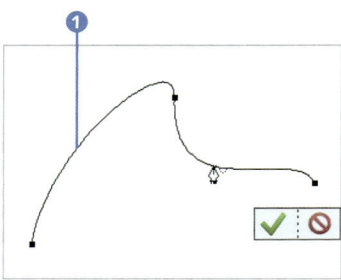

▲ **Abbildung 37.57**
… verbiegen. Allerdings, wie Sie in der Abbildung erkennen können, hat dieses Verbiegen auch Auswirkungen auf den Bogen der nächstliegenden Linie ❶. Wollen Sie dies vermeiden, …

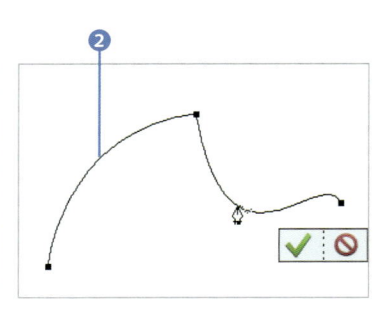

▲ **Abbildung 37.58**
… müssen Sie nur während des Verbiegens die [Alt]-Taste gedrückt halten, wie Sie es jetzt in der Abbildung an derselben Linie ❷ erkennen können. Jetzt wurde nur die Linie zwischen den beiden Endpunkten verbogen.

Keine echten Pfade
Natürlich muss hier nochmals deutlich betont werden, falls Sie bereits Erfahrung mit Pfaden gemacht haben, dass Photoshop Elements nicht Pfade im eigentlichen Sinne unterstützt. Erwarten Sie also keine Griffpunkte für die Kurven oder Ähnliches.

Linie verlängern und Pfad schließen | Es ist außerdem nicht möglich, den ersten oder letzten Punkt zu verschieben. Versucht man es trotzdem, verlängert man den Pfad von diesem Punkt an und fügt mindestens einen weiteren Punkt hinzu; zudem hat man einen neuen Anfangs- oder Endpunkt.

Des Weiteren ist es auch möglich, den Pfad zu schließen. Hierzu müssen Sie lediglich mit dem Text-auf-Pfad-Werkzeug vom letzten oder ersten Punkt mit gedrückt gehaltener linker Maustaste zum ersten oder letzten Punkt die Linie weiterzeichnen. Allerdings wird hier leider auch kein spezielles Symbol angezeigt, das verdeutlicht, dass man den Pfad schließt.

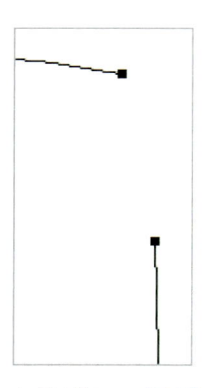

▲ **Abbildung 37.59**
Hier sehen Sie eine vergrößerte Ansicht vom Anfangs- und Endpunkt eines Pfades. Hier wurde natürlich wieder die Option VERÄNDERN aktiviert.

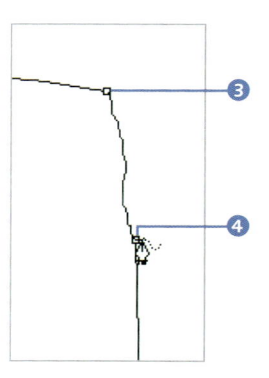

▲ **Abbildung 37.60**
Jetzt wurde mit gedrückt gehaltener linker Maustaste vom einen Punkt ❸ zum anderen Punkt ❹ eine Linie gezeichnet, …

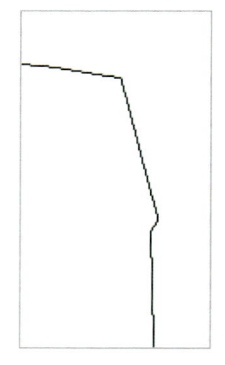

▲ **Abbildung 37.61**
… und somit wurde der Pfad geschlossen. Es gibt leider keine Möglichkeit mehr, diesen geschlossenen Pfad wieder zu öffnen.

37.2 Text auf Formen bringen

Es sollte außerdem nicht unerwähnt bleiben, dass Sie auch hier zunächst eine Form mit einem der Formwerkzeuge aufziehen können, um anschließend die einzelnen Pfadpunkte des Formwerkzeugs mit dem Text-auf-eigenem-Pfad-Werkzeug und der Option VERÄNDERN zu verändern, hinzuzufügen oder zu entfernen und dann mit dem Werkzeug auch gleich etwas auf diesen Pfad zu schreiben.

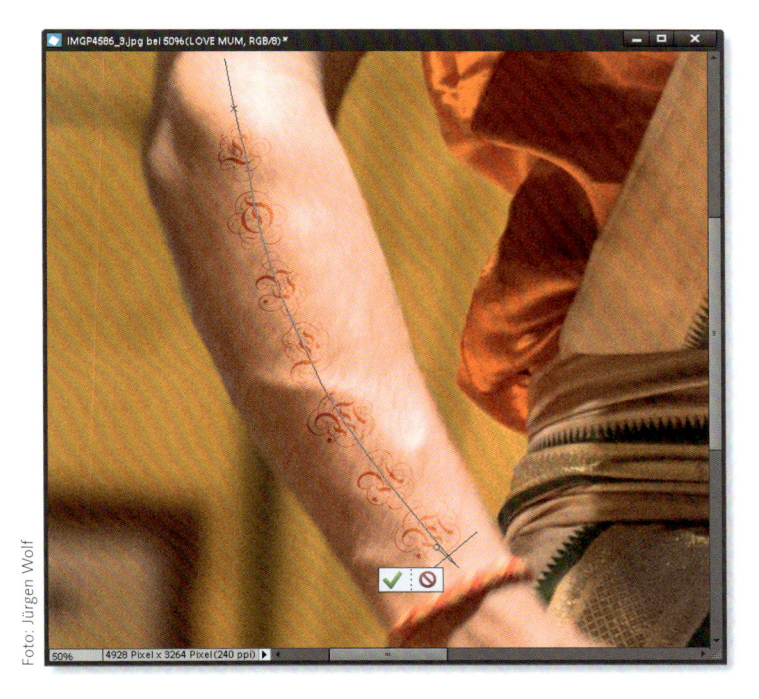

Kapitel_37: Brrrrruum.tif

Text innen oder außen schreiben
Auch hier können Sie den Text auf dem Pfad jederzeit von innen nach außen oder umgekehrt verschieben. Auch die Position des Textes lässt sich nachträglich verändern. In der Schritt-für-Schritt-Anleitung »Text auf eine Auswahl schreiben« auf Seite 827 wurde in den Arbeitsschritten 4 und 5 beschrieben, wie es geht.

◄ **Abbildung 37.62**
Richtig angewendet, kann man mit dem Text-auf-eigenem-Pfad-Werkzeug auch Text an den Stellen anbringen, wo sich recht schwer eine Auswahl mit dem Text-auf-Auswahl-Werkzeug anbringen lässt. Hier zum Beispiel ein Tattoo auf dem Arm.

37.2.4 Text verkrümmen

Einfache Krümmungen können Sie mit dem Textwerkzeug in den Werkzeugoptionen über die VERKRÜMMEN-Schaltfläche erstellen (siehe Abschnitt »Text gestalten« auf Seite 800), allerdings mit dem Nachteil, dass Sie auf die vorgegebenen Stile ❷ (siehe Abbildung 37.64) beschränkt sind. Alternativ rufen Sie den Dialog über den Menüpunkt EBENE • TEXT • TEXT VERKRÜMMEN oder mit einem rechten Mausklick auf der Textebene über das Kontextmenü auf.

Um den Dialog TEXT VERKRÜMMEN auf einen Text anzuwenden, muss der Text bereits geschrieben und die Textebene im Ebenen-Bedienfeld aktiv sein. Das Tolle an dem Werkzeug ist auch, dass Sie den Dialog jederzeit erneut aufrufen können, um weitere Krümmungen des Textes vorzunehmen oder die Krümmung zu modifizieren. Klicken Sie dazu einfach mit aktiviertem Textwerkzeug in den Text und anschließend auf die VERKRÜMMEN-Schalt-

Kapitel 37 Kreative Textgestaltung

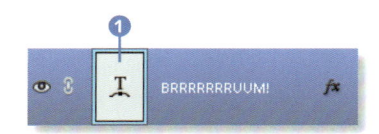

▲ **Abbildung 37.63**
Das Symbol eines verkrümmten Textes im Ebenen-Bedienfeld

fläche in den Werkzeugoptionen. Wollen Sie die Verkrümmung wieder entfernen, wählen Sie im Dialogfenster den STIL ❷ OHNE aus.

Im Ebenen-Bedienfeld wird eine Ebene mit verkrümmtem Text auch mit einem entsprechenden Symbol ❶ angezeigt.

Abbildung 37.64 ▲▶
Für einfache Teilkreise, Wellen oder Wölbungen reicht die VERKRÜMMEN-Schaltfläche des Textwerkzeugs aus.

844

Kapitel 38
Formen zeichnen mit den Formwerkzeugen

Formen sind relativ vielseitig einsetzbar. sie sind ideal für Dinge wie Logos, Schaltflächen, Webseitenelemente, aber auch für kreative Zwecke, wie zum Beispiel einen Bilderrahmen oder um einfach nur eine coole Notiz auf einem Bild anzubringen.

38.1 Die Formwerkzeuge im Überblick

Die Formen der Formwerkzeuge werden in Photoshop Elements über Vektorgrafiken realisiert. Das bedeutet, dass beim Aufziehen der Formen und beim nachträglichen Skalieren keinerlei Schärfeverluste zu erwarten sind, wie dies bei Pixelgrafiken der Fall ist. Außerdem können Sie jederzeit die Farbe ändern oder die Ebenenstile darauf anwenden.

Wenn Sie eine Form mit den Formwerkzeugen erstellen, werden diese auf einer speziellen Formebene ❶ erstellt.

Vektorgrafik
Mehr über Vektorgrafiken können Sie dem Abschnitt »Vektorgrafik – die mathematische Grafik« auf Seite 144 entnehmen.

◀ **Abbildung 38.1**
Mehrere vordefinierte Formebenen im Einsatz

Formen gibt es in Hülle und Fülle. Für jeden Zweck ist etwas dabei. Zunächst wären die klassischen Formen für die geometrischen Dinge wie Rechtecke, Ellipsen oder Polygone zu nennen, dann hilfreiche Formen für Linien oder Pfeile und außerdem eine umfangreiche Sammlung von vorgefertigten Formen.

Werkzeugoptionen | An dieser Stelle sollen die Werkzeugoptionen beschrieben werden, die alle Formwerkzeuge besitzen. Jedes Formwerkzeug hat hingegen noch eigene spezielle, zum Werkzeug passende Optionen, die ich bei den Beschreibungen der einzelnen Werkzeuge kurz erläutern werde.

Über die Dropdown-Liste mit der Farbe ❶ können Sie die Farbe für die Form auswählen. Mithilfe von Ebenenstilen ❷ können Sie den Formen auch Effekte, wie beispielsweise einen Schlagschatten oder Konturen zuweisen. Mehr über die Ebenenstile entnehmen Sie bei Bedarf Abschnitt 36.2, »Vordefinierte Ebenenstile«.

Über die Formoptionen können Sie einstellen, ob eine Form auf eine neue Ebene gezeichnet werden soll oder wie sich die Form mit einer bereits vorhandenen Form überlappen soll. Aus folgenden fünf Optionen können Sie dabei wählen:

❸ NORMAL: Bewirkt genau das, was es sagt: Erstellt für jede neue Form, die Sie aufziehen, eine neue Formebene.

❹ ADDIEREN: Fügt die neue Form über der aktuellen Form auf derselben Ebene hinzu und vereinigt beide Formen, falls diese überlappen. Voraussetzung für diese Option ist natürlich, dass bereits eine Formebene existiert.

❺ SUBTRAHIEREN: Hiermit der wird Bereich entfernt, an dem sich die Formen überlappen.

❻ SCHNITTLINIE: Damit werden nur die Bereiche angezeigt, an denen sich die Formen überlappen. Die übrigen Bereiche werden entfernt.

❼ AUSSCHLIESSEN: Entfernt nur die überlappenden Bereiche von der vorhandenen und der neuen Form.

Zu guter Letzt können Sie noch mit der Schaltfläche VEREINFACHEN ❽ aus einer vektorbasierten Formebene eine gewöhnliche Pixelebene erstellen.

Tipp
Mit einem Doppelklick auf das Miniaturbild der Formebene im Ebenen-Bedienfeld können Sie ebenfalls die Füllfarbe der Form verändern.

Abbildung 38.2 ▶
Diese Optionen stehen für alle Formwerkzeuge zur Verfügung.

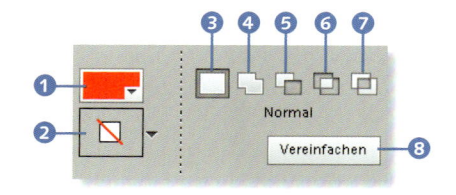

38.1 Die Formwerkzeuge im Überblick

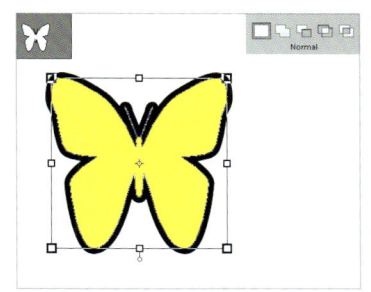

▲ Abbildung 38.3
Die Option NORMAL wurde gewählt.

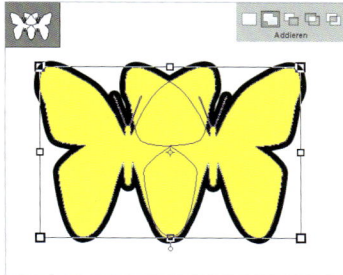

▲ Abbildung 38.4
Mit der Option ADDIEREN habe ich einen neuen Schmetterling hinzugefügt.

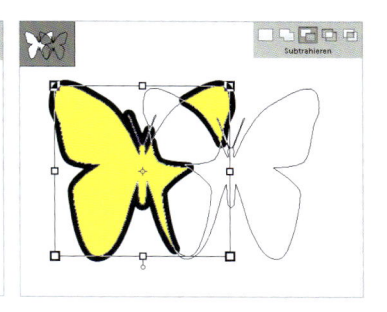

▲ Abbildung 38.5
Derselbe Schmetterling nochmals, nur habe ich jetzt die Formoption SUBTRAHIEREN ausgewählt.

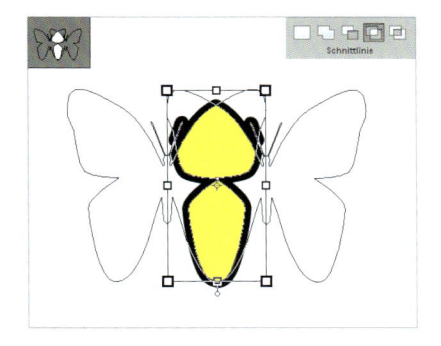

▲ Abbildung 38.6
Und unser Schmetterling nochmals, nur dieses Mal mit der Option SCHNITTLINIE

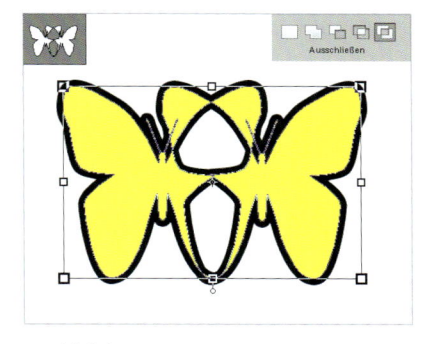

▲ Abbildung 38.7
Und zu guter Letzt der neue Schmetterling mit der Option AUSSCHLIESSEN

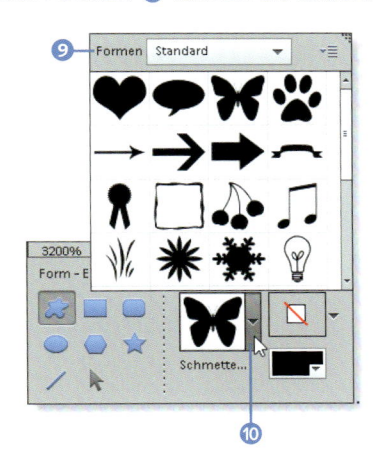

Eigene-Form-Werkzeug | Wenn Sie auf der Suche nach einer speziellen Form sind, bietet Ihnen das Eigene-Form-Werkzeug U viele vorgefertigte Formen an. Über die Dropdown-Liste ❿ wählen Sie die gewünschte Form aus. Aufgelistet werden zunächst nur die Standardformen. Aber über die kleine Dropdown-Liste FORMEN ❾ können Sie andere Formen auflisten lassen.

◀ Abbildung 38.8
Enorm viele Formen stehen für das Eigene-Form-Werkzeug zur Verfügung.

847

Kapitel 38 Formen zeichnen mit den Formwerkzeugen

Über die Formoptionen ⑪ stellen Sie die Optionen für das Aufziehen der Form ein. Die einzelnen Formoptionen lassen sich über die Dropdown-Liste öffnen und haben folgende Wirkungen:

- OHNE EINSCHRÄNKUNGEN: Sie können die Form in beliebiger Größe und Proportion aufziehen.
- FESTGELEGTE PROPORTIONEN: Hiermit können Sie die Form zwar in beliebiger Größe, aber nur mit einer festen Proportion (Höhe und Breite) aufziehen.
- DEFINIERTE GRÖSSE: Die Form wird mit der von Photoshop Elements vorgegebenen fixen Größe aufgezogen.
- FESTE GRÖSSE: Hier geben Sie über die Textfelder Breite (B) und Höhe (H) feste Maße für die DEFINIERTE GRÖSSE der fertigen Form ein.

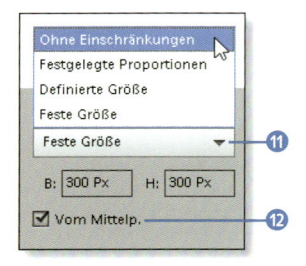

▲ **Abbildung 38.9**
Eigene-Form-Optionen

Setzen Sie ein Häkchen vor die Option VOM MITTELP(UNKT AUS) ⑫, wird die Form vom Mittelpunkt aus aufgezogen.

Abbildung 38.10 ▶
Einige Formen, die mit dem Eigene-Form-Werkzeug aufgezogen wurden

Rechteck-Werkzeug | Mithilfe des Rechteck-Werkzeugs 🔲 [U] können Sie mit gedrückt gehaltener linker Maustaste eine rechteckige Form aufziehen. Zu den bereits beschriebenen Optionen stehen Ihnen auch hier einige spezielle Optionen zur Verfügung, die Sie über das Dropdown-Menü ❶ aufrufen. Folgende Bedeutungen haben diese Optionen:

- OHNE EINSCHRÄNKUNGEN: Die Form kann beliebig in die Breite und Höhe aufgezogen werden.
- QUADRATISCH: Die Form kann zwar in beliebiger Größe aufgezogen werden, beschränkt sich allerdings auf ein Quadrat.
- FESTE GRÖSSE: Zeichnet ein Rechteck in exakt den Maßen auf, die Sie in den Textfeldern für Breite (B) und Höhe (H) angegeben haben.

38.1 Die Formwerkzeuge im Überblick

▶ PROPORTIONAL: Zieht ein Rechteck in beliebiger Größe mit fest vorgegebenen Proportionen auf, die Sie in den Textfeldern für Breite (B) und Höhe (H) vorgeben.

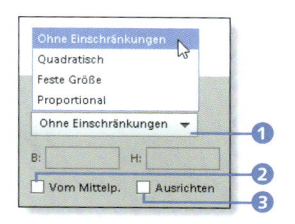

Setzen Sie ein Häkchen vor die Option VOM MITTELP(UNKT AUS) ❷, wird die Position, an der Sie anfangen zu zeichnen, als Mittelpunkt für die Form verwendet. Standardmäßig wird eine Form eigentlich von der linken oberen Ecke aufgezogen.

Mithilfe der Option AUSRICHTEN ❸ werden die Kanten der Form an den Pixelbegrenzungen ausgerichtet.

▲ **Abbildung 38.11**
Spezielle Optionen für das Rechteck-Werkzeug

◀ **Abbildung 38.12**
Rechteckige Formen ziehen Sie mit dem Rechteck-Werkzeug auf.

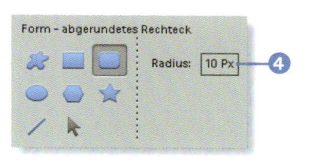

Abgerundetes-Rechteck-Werkzeug | Das Abgerundete-Rechteck-Werkzeug [U] entspricht im Grunde dem Rechteck-Werkzeug, nur – wer hätte das gedacht – dass hier zusätzlich eine Option RADIUS ❹ vorhanden ist, mit der Sie über ein Textfeld den Radius für die abgerundeten Ecken eingeben können.

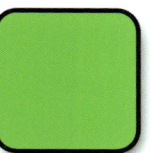

▲ **Abbildung 38.13**
Option für den RADIUS der abgerundeten Ecken

◀ **Abbildung 38.14**
Für rechteckige Formen mit runden Ecken steht Ihnen das Abgerundete-Rechteck-Werkzeug zur Verfügung.

Ellipse-Werkzeug | Dem Aufziehen einer Ellipse oder eines Kreises dient das Ellipse-Werkzeug [U]. Die Optionen des Werkzeugs sind fast identisch mit denen des Rechteck-Werkzeugs, allerdings finden Sie statt der Option QUADRAT hier eine Option KREIS, um damit das Zeichnen auf eine Kreisform zu beschränken.

▲ **Abbildung 38.15**
Die Ellipse-Optionen

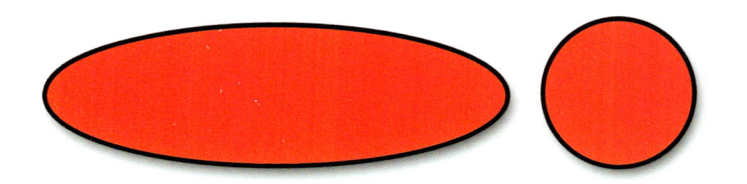

◀ **Abbildung 38.16**
Zum Zeichnen von Ellipsen- und Kreisformen eignet sich das Ellipsen-Werkzeug.

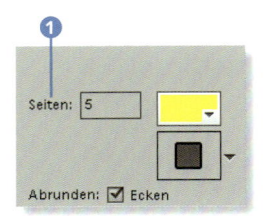

Kapitel 38 Formen zeichnen mit den Formwerkzeugen

▲ **Abbildung 38.17**
Werkzeugoptionen für das Polygon-Werkzeug

Polygon-Werkzeug | Mit dem Polygon-Werkzeug ⬢ [U] können Sie einfache Formen mit unterschiedlichen Ecken zeichnen. Dabei sind Dinge wie Dreiecke oder Vielecke ohne großen Aufwand möglich.

Über die Option SEITEN ❶ geben Sie die Anzahl der Ecken bei einem Vieleck an (hier ist ein Wert zwischen 3 und 100 möglich). Setzen Sie einen Haken vor ABRUNDEN, werden die Ecken des Polygons abgerundet.

Abbildung 38.18 ▶
Einige mit dem Polygon-Werkzeug aufgezogene Formen

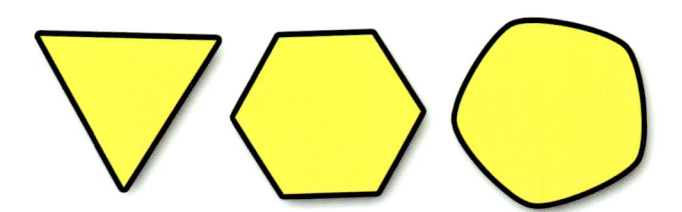

Stern-Werkzeug | Mit dem Stern-Werkzeug ★ [U] können Sie Sterne zeichnen. Über die Option SEITEN ❷ geben Sie die Anzahl der Spitzen an (hier ist ein Wert zwischen 3 und 100 möglich). Weitere Optionen sind:

▶ EINZUG ❸: Damit geben Sie an, wie »tief« die Seiten des Sterns aufgezogen werden. Je höher dieser Wert, desto länger werden die Spitzen des Sterns.
▶ ABRUNDEN ❹:
  ▶ EINZÜGE: Anstelle scharfer Einzüge werden runde Einzüge verwendet.
  ▶ ECKEN: Anstelle scharfer Ecken werden abgerundete Ecken verwendet.

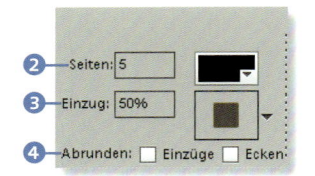

▲ **Abbildung 38.19**
Werkzeugoptionen für das Stern-Werkzeug

Abbildung 38.20 ▶
Einige mit dem Stern-Werkzeug aufgezogene Formen

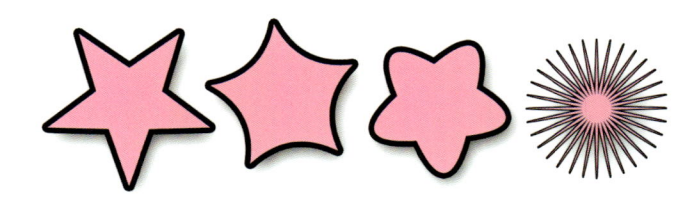

Linienzeichner | Mit dem Linienzeichner ╱ [U] können Sie Linien mit und ohne Pfeilspitzen auf ein Bild zeichnen. Über das Textfeld B(REITE) ❻ legen Sie die Linienstärke in Pixeln fest. Über die Dropdown-Liste PFEILSPITZE ❺ finden Sie dann folgende weitere Optionen für die Pfeilspitzen (falls verwendet):

38.2 Formen auswählen, verschieben und transformieren

- AM BEGINN, AM ENDE oder AN BEIDEN ENDEN: Hier legen Sie fest, ob am Anfang und/oder Ende der Linie eine Pfeilspitze aufgezeichnet werden soll.
- B (Breite) und L (Länge): Damit bestimmen Sie die Proportionen der Pfeilspitzen. Beachten Sie, dass diese Werte von der Linienstärke abhängen.
- K (Rundung): Damit legen Sie fest, wie die Pfeilspitze hinten beim Übergang zur Linie aussieht. Sie können Werte zwischen −50 % und +50 % eingeben. Bei 0 % ist der Übergang genau senkrecht.

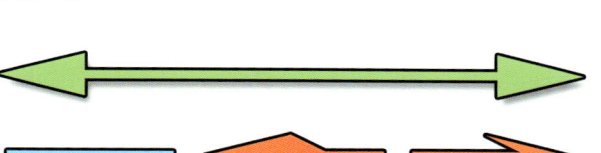

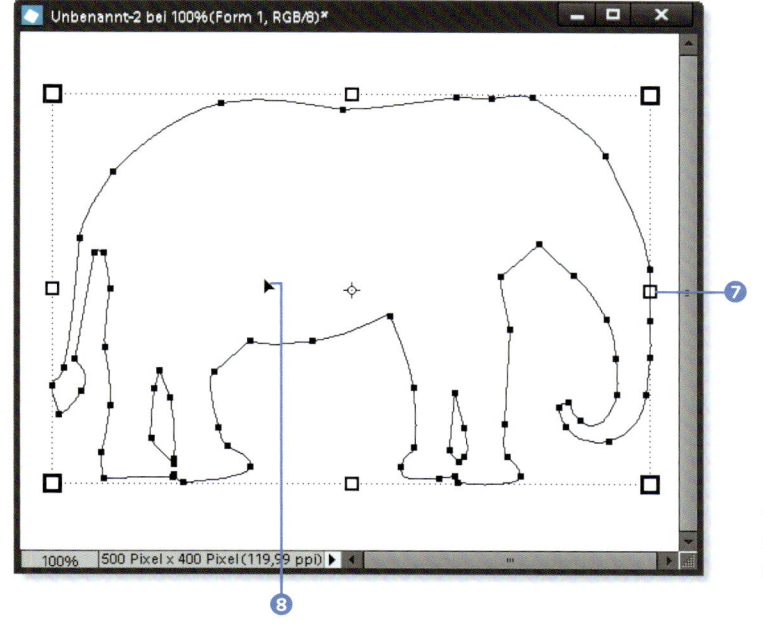

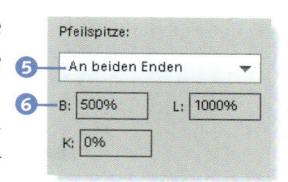

◀ **Abbildung 38.21**
Werkzeugoptionen für Pfeilspitzen

◀ **Abbildung 38.22**
Einige Formen, die mit dem Linienzeichner aufgezogen wurden: Die Pfeilspitzen beim grünen Pfeil wurden mit 0 % Rundung (K) erzeugt. Der rechte rote Pfeil hingegen wurde mit 50 % und der linke rote Pfeil mit −50 % Rundung erstellt.

38.2 Formen auswählen, verschieben und transformieren

Um eine Form auszuwählen, zu verschieben, zu drehen oder zu transformieren, verwenden Sie das Formauswahl-Werkzeug ⌐ U. Das Werkzeug können Sie übrigens auch bei allen Formwerkzeugen über das Symbol ganz links in den Werkzeugoptionen aufrufen.

◀ **Abbildung 38.23**
Die Form wurde mit dem Formauswahl-Werkzeug erfasst.

Kapitel 38   Formen zeichnen mit den Formwerkzeugen

Verschieben-Werkzeug
Auswählen, Verschieben, Drehen oder Transformieren von Formen ist auch mit dem Verschieben-Werkzeug ⊕ [V] möglich. Auch das Transformieren einer Form lässt sich über BILD • FORM TRANSFORMIEREN und einen der Befehle durchführen.

Um damit eine Form auszuwählen, klicken Sie sie einfach an. Halten Sie innerhalb der Begrenzungsrahmen ❽ die linke Maustaste gedrückt, um die Form zu verschieben. Über die Griffpunkte ❼ lässt sich die Form skalieren, und wenn Sie die Form etwas außerhalb der Griffpunkte anfassen, können Sie sie drehen.

Das Formauswahl-Werkzeug hat ebenfalls einige Optionen. So können Sie mit BEGRENZUNGSRAHMEN EINBLENDEN ⓫ diesen um die Form (de-)aktivieren. Falls Sie mehrere Formen auf einer Ebene aufgezogen haben, können Sie über die nächsten vier Schaltflächen ❾ nachträglich ändern, wie sich eine ausgewählte Form verhalten soll, wenn sie sich mit einer anderen Form auf derselben Ebene überlappt. Die vier Schaltflächen sind allerdings nur aktiv, wenn Sie eine Form ausgewählt haben und die Pfadpunkte sichtbar sind. Die einzelnen Optionen haben dieselbe Bedeutung wie diejenigen, die ich bereits auf Seite 548 näher erläutert habe.

Die Schaltfläche KOMBINIEREN ❿ steht nur dann zur Verfügung, wenn sich auf derselben Ebene mindestens zwei Formen befinden; mit einem Klick darauf würden Sie diese Formen zu einer einzigen Form kombinieren.

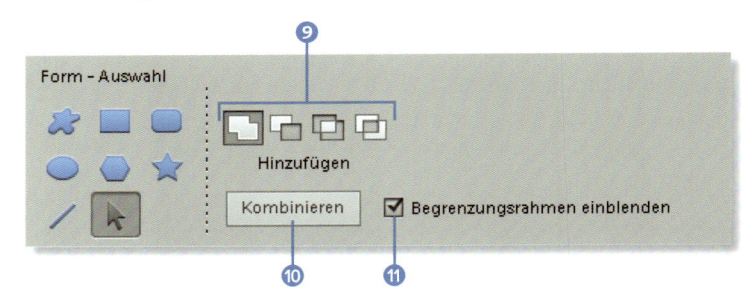

Abbildung 38.24 ▶
Optionen für das Formauswahl-Werkzeug

Kapitel_38: Affenbande1.jpg, Affenbande1.psd

Schritt für Schritt: Bilder sprechen lassen – Sprechblasen & Co.

Im folgenden Workshop wollen wir einem einfachen Bild einige einfache Formen hinzufügen und einen kleinen Comicstrip daraus machen.

1   Rechteckige Form aufziehen
Öffnen Sie das Bild »Affenbande1.jpg«. Für den Beschriftungsrahmen wählen Sie zuerst das Rechteck-Werkzeug ❷ ▢ [U] aus der Werkzeugpalette aus. Die Standard-Werkzeugeinstellungen reichen aus. Als Farbe ❸ sollten Sie Weiß wählen. Ziehen Sie links oben eine rechteckige Form auf, wie in Abbildung 38.25 zu sehen ist ❶. Die Größe können Sie jederzeit nachträglich mit dem Formauswahl-Werkzeug ▸ [U] anpassen.

38.2 Formen auswählen, verschieben und transformieren

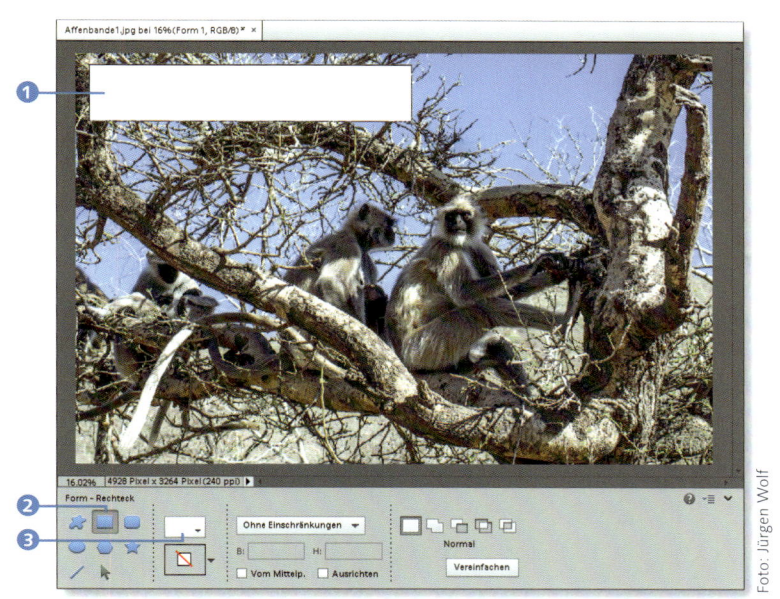

◄ **Abbildung 38.25**
Ziehen Sie eine rechteckige Form für die Beschriftung auf.

2 Ebenenstil hinzufügen

Da wir ja eine Art Comic erstellen wollen, wirkt so ein weißer Beschriftungsrahmen recht trist. Fügen Sie daher einfach zunächst über das Dropdown-Menü ❻ einen Schlagschatten hinzu. Den passenden Ebenenstil ❺ können Sie über die Dropdown-Liste Stile ❹ und den Eintrag Schlagschatten auswählen.

3 Ebenenstil anpassen

Doppelklicken Sie das FX-Symbol ❿ im Ebenen-Bedienfeld, woraufhin sich die Dialogbox Stileinstellungen öffnet. Hier passen Sie den Stil der Ebenen an.

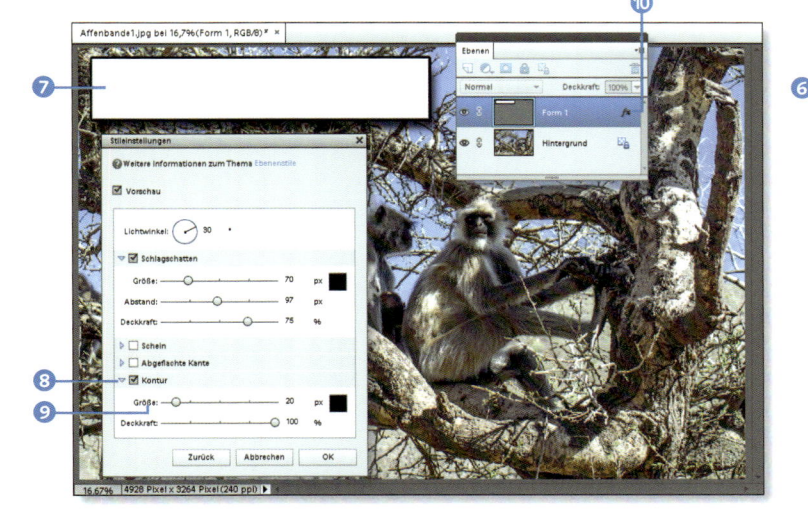

▲ **Abbildung 38.26**
Hier wird ein Schlagschatten mit Weicher Kante der rechteckigen Form hinzugefügt.

◄ **Abbildung 38.27**
Ebenenstil der Form nachträglich anpassen

853

Kapitel 38 Formen zeichnen mit den Formwerkzeugen

In unserem Beispiel setzen Sie ein Häkchen vor KONTUR ❽ und schieben den Regler von GRÖSSE ❾ auf den Wert 20. Das Ergebnis können Sie live an Ihrer Form ❼ sehen. Bestätigen Sie den Dialog mit OK.

4 Text hinzufügen
Wählen Sie das Textwerkzeug 🇹 ⟨T⟩, um dem weißen Formrahmen einen Text hinzuzufügen. Als Schriftart habe ich hier COMIC SANS MS gewählt; für die Schriftgröße habe ich 72 PT und für die Schriftfarbe Schwarz verwendet.

Abbildung 38.28 ▶
Jetzt ist es raus: Wir befinden uns in Indien ;)

Kein Qualitätsverlust
Da Formen ja reine mathematische Vektorgrafiken sind, brauchen Sie keinerlei Qualitätsverlust zu befürchten, wenn Sie diese Formen nachträglich skalieren.

5 Form anpassen
Im nächsten Schritt aktivieren Sie das Formauswahl-Werkzeug ▶ ⟨U⟩. Wählen Sie zunächst die Formebene ❷ im Ebenen-Bedienfeld aus. Klicken Sie mit dem Formauswahl-Werkzeug auf die Form im Bild, und richten Sie die Größe des Rahmens bezogen auf den Text anhand der Griffpunkte ❶ an den je vier Ecken und Seiten aus. Mit gedrückter linker Maustaste im inneren Bereich der Form können Sie diese auch verschieben.

Abbildung 38.29 ▶
Richten Sie die Form an dem Text aus.

854

38.2 Formen auswählen, verschieben und transformieren

6 Formebene vereinfachen

Wenn Sie mit der Form zufrieden sind, sollten Sie sicherstellen, dass die Formebene im Ebenen-Bedienfeld aktiviert ist und nochmals das Rechteck-Werkzeug ⌘ U auswählen. Klicken Sie in den Werkzeugoptionen auf die Schaltfläche VEREINFACHEN ❸, um die Formebene in eine Pixelebene zu verwandeln.

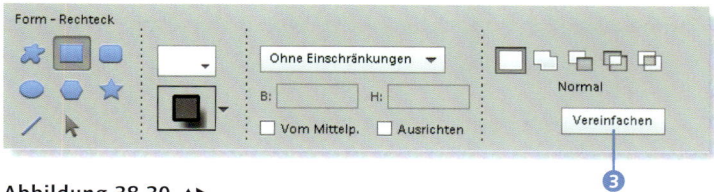

Abbildung 38.30 ▲▶
Klicken Sie auf VEREINFACHEN ❸, wird aus der Formebene eine gewöhnliche Ebene ❹.

7 Kreativ werden

Jetzt ist es für Sie an der Zeit, kreativ zu werden. Im Beispiel habe ich die weiße Fläche der ehemaligen Form, die ja jetzt eine gewöhnliche Ebene ❹ ist, mit dem Schnellauswahl-Werkzeug ⌘ A ausgewählt und mit dem Verlaufswerkzeug ⌘ G einen gelborangen Verlauf ❺ aufgezeichnet.

Zum Nachlesen
Das Verlaufswerkzeug ⌘ habe ich im Abschnitt »Das Verlaufswerkzeug« auf Seite 410 umfassend beschrieben.

◀ **Abbildung 38.31**
Zeit für ein bisschen Kreativität!

8 Weitere Kreativ-Tipps

Um das Beispiel noch etwas »spaßiger« wirken zu lassen, habe ich eine Sprechblase mit dem Eigene-Form-Werkzeug ⌘ hinzugefügt und ebenfalls beschriftet. Sie können auf das Bild den Comic-Effekt über FILTER • ZEICHENFILTER • COMIC anwenden. Auch mit

855

Kapitel 38 Formen zeichnen mit den Formwerkzeugen

dem Filter COMIC-ROMAN lässt sich ein schönes Ergebnis erzielen. Interessant sind auch die neuen Effekte im SCHNELL-Modus. Für eine Rasterungseffekt können Sie die Ebene mit dem Bild duplizieren und auf diese Kopie den Rasterungseffekt mit FILTER • ZEICHENFILTER • RASTERUNGSEFFEKT anwenden. Dann den MODUS der kopierten Ebene auf INEINANDERKOPIEREN stellen und die DECKKRAFT auf 30 % reduzieren. Am Ende müssen Sie beide Ebenen auf eine Hintergrundebene reduzieren. Über FENSTER • GRAFIKEN können Sie einen Rahmen hinzufügen, der zum Comic passt.

Ganz am Ende sollten Sie die Ebenen dann mit EBENE • AUF HINTERGRUNDEBENE REDUZIEREN zu einem Guss formen und das Bild speichern.

Dasselbe habe ich nochmals mit den Bildern »Affenbande2.jpg«, »Affenbande3.jpg« und »Affenbande4.jpg« gemacht und dann alle einzelnen Bilder auf einen neuen, leeren weißen Hintergrund (Größe DIN A4) kopiert, skaliert und entsprechend angeordnet, und fertig ist ein kleiner Comicstrip.

Kapitel_38: Comicstrip.jpg, Comicstrip2.jpg, Comicstrip.pdf, Comicstrip2.pdf

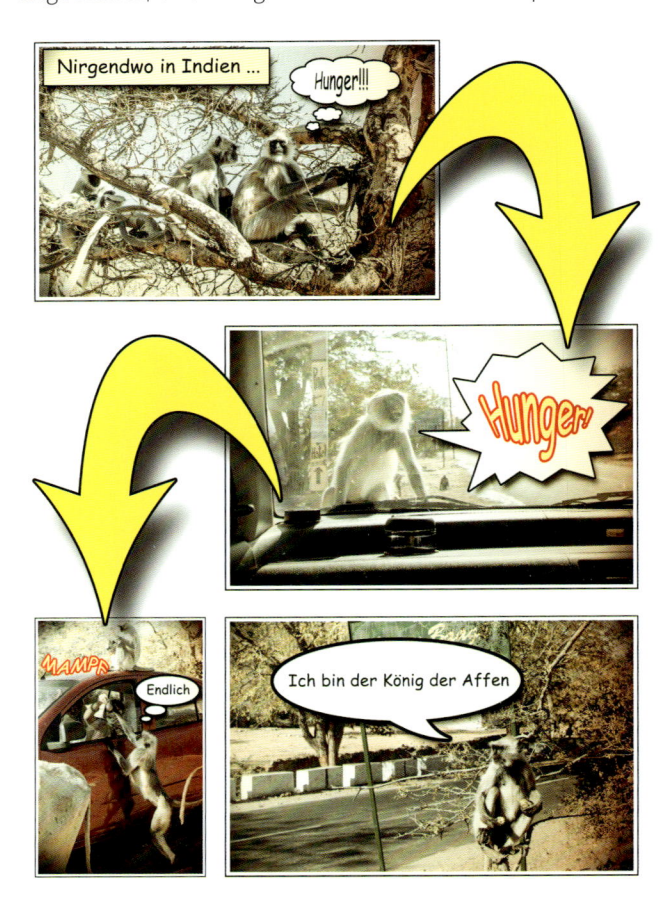

Abbildung 38.32 ▶
Ein einfacher Comicstrip. Das Beispiel soll zeigen, dass sich die Formen für viele Zwecke verwenden lassen, beispielsweise um ein Bild aufzupeppen.

38.3 Pfad-Werkzeug (light) für Elements

In gewisser Weise ist es über einen kleinen Umweg möglich, die einzelnen Pfadpunkte aller Formen, die Sie mit den verschiedenen Formwerkzeugen aufziehen, zu verschieben, neue Punkte hinzuzufügen und vorhandene Pfadpunkte zu entfernen. Wie das geht, soll der folgende kleine Workshop zeigen.

Schritt für Schritt: Pfadpunkte von Formen verändern

In diesem Workshop wird eine einfache Form verändert. Es sollte aber nicht unerwähnt bleiben, dass dies auch mit komplexeren Formen, wie beispielsweise dem Herz, funktioniert.

1 Form aufziehen
Ziehen Sie zunächst die Form Ihrer Wahl auf. Im Beispiel habe ich mit dem Rechteck-Werkzeug [U] eine einfache rechteckige Form erstellt.

2 Pfadpunkt verschieben
Wählen Sie das Text-auf-eigenem-Pfad-Werkzeug [T] aus. Bei den Werkzeugoptionen verwenden Sie die Option VERÄNDERN ❷. Jetzt sollten Sie in der aufgezogenen Form die Pfadpunkte sehen. Mit gedrückt gehaltener linker Maustaste können Sie nun einen einzelnen Pfadpunkt ❶ verschieben.

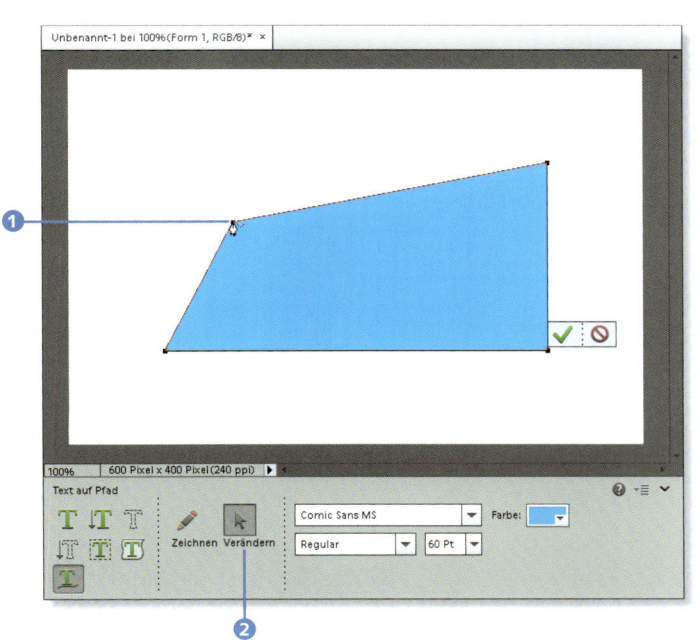

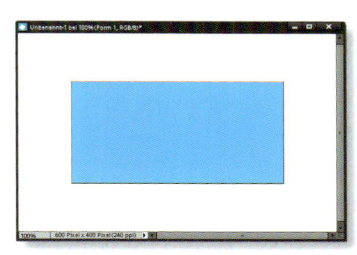

◄ **Abbildung 38.33**
Eine einfache rechteckige Form

◄ **Abbildung 38.34**
Pfadpunkte verschieben

Kapitel 38 Formen zeichnen mit den Formwerkzeugen

3 Neuen Pfadpunkt hinzufügen

Halten Sie die ⌘-Taste im Bild gedrückt, erkennen Sie am Pfad-Werkzeug-Symbol ein kleines Plussymbol ❶. Klicken Sie damit auf einen freien Bereich der Pfadlinie, um einen neuen Pfadpunkt hinzuzufügen, den Sie wieder wie gehabt mit gedrückt gehaltener linker Maustaste verschieben können.

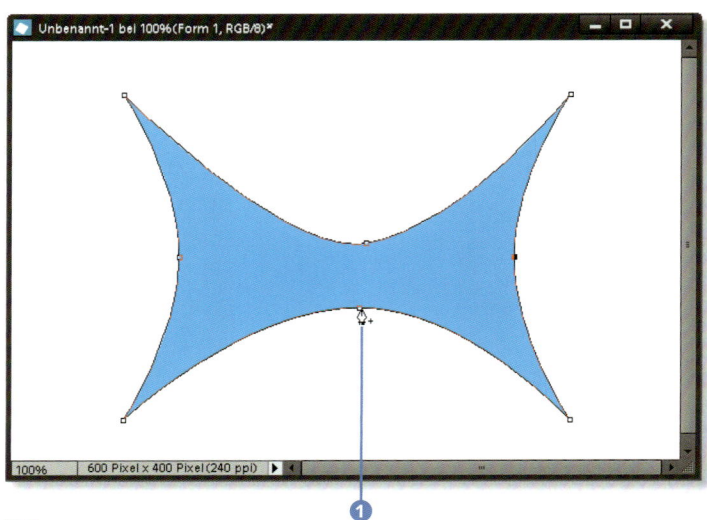

Abbildung 38.35 ▶
Einen neuen Pfadpunkt hinzufügen

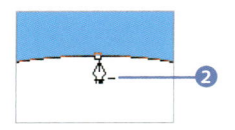

▲ **Abbildung 38.36**
Pfadpunkt entfernen mit gehaltener Alt-Taste

4 Pfad entfernen

Wenn Sie hingegen mit gehaltener Alt-Taste auf einen Pfadpunkt klicken – zu erkennen am Minussymbol ❷ des Pfad-Werkzeug-Symbols –, können Sie den Pfadpunkt entfernen. Dadurch werden die beiden benachbarten Pfadpunkte miteinander verbunden.

Wenn Sie mit dem Nachbearbeiten der Pfadpunkte fertig sind, klicken Sie auf das grüne Häkchen.

TEIL XII
Präsentieren und Teilen

Kapitel 39
Bilder für das Internet

Verschiedene Gründe sprechen dafür, Bilder eigens für das Internet anzupassen – allen voran die Reduzierung der Datenmengen, die über das Netz gehen. Diesen und weitere Gründe möchte ich im Folgenden erläutern.

39.1 Kleine Dateigrößen und maximale Bildqualität

Sie haben eine Webseite und möchten Ihre Bilder präsentieren? In diesem Fall wäre es wenig sinnvoll, wenn Sie die Bilder mit 4.000 × 3.000 Pixeln unkomprimiert mit einer Dateigröße von 3 bis 4 Megabyte hochladen und anzeigen. Eine hohe Auflösung bringt für die Bildschirmanzeige recht wenig, weil die meisten Monitore ohnehin eine geringere Pixelauflösung haben. Standardwerte von Monitoren sind zum Beispiel 1.024 × 768 oder 1.280 × 800 Pixel. Somit werden die Bilder zumeist schon vom Webbrowser (herunter-)skaliert angezeigt.

Das nächste Ärgernis ist das Datenaufkommen, das bei diesem Bild circa 2 Megabyte oder mehr beträgt. Der Internetnutzer muss also einige Zeit warten, bis das Bild komplett geladen ist. Wie lange genau, hängt natürlich auch von der verfügbaren Internetgeschwindigkeit ab. Bei einer langsamen Verbindung drückt der Betrachter dann schon einmal genervt den ABBRECHEN-Button des Webbrowsers, noch ehe das Bild erscheint.

Sofern Sie für Ihre Webseite den Dienst eines Webhosts beanspruchen, steht Ihnen häufig kein unbegrenztes Datenaufkommen (auch als **Traffic** bezeichnet) zur Verfügung. Bei sehr vielen Zugriffen auf die Bilder summiert sich so schnell ein enormes

Kapitel_39: balcony.jpg

Kapitel 39 Bilder für das Internet

Datenvolumen, und Sie erhalten eine unerfreuliche Nachzahlungsforderung von Ihrem Host.

▲ **Abbildung 39.1**
Die Titelleiste des Webbrowsers zeigt schon an, dass dieses Bild um 21 % skaliert ❶ wurde, um es überhaupt vollständig darstellen zu können.

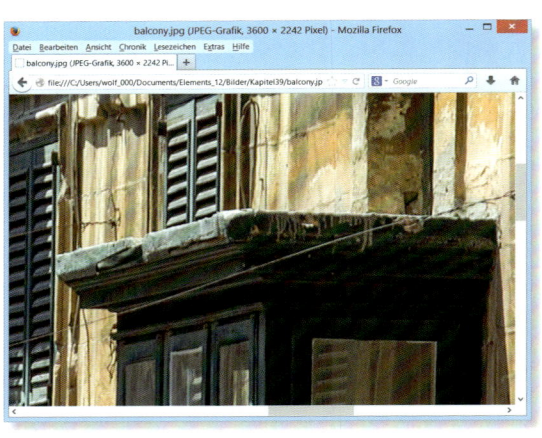

▲ **Abbildung 39.2**
Hätte der Webbrowser das Bild nicht skaliert, so bekäme der Betrachter nur einen Bildausschnitt zu sehen.

39.2 Bildgröße anpassen

Der erste Schritt sollte immer das Anpassen der Bildgröße sein. Wählen Sie hierzu den Menüpunkt BILD • SKALIEREN • BILDGRÖSSE aus, oder betätigen Sie die Tastenkombination [Alt]+[Strg]/[cmd]+[I].

Zum Weiterlesen
Das Thema Skalieren habe ich bereits in Abschnitt 6.2, »Bildgröße und Auflösung«, behandelt.

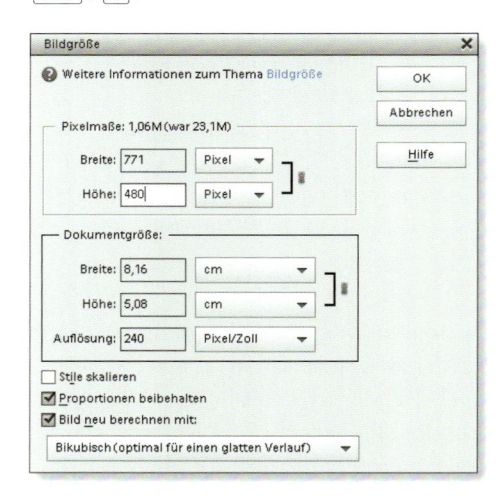

Abbildung 39.3 ▶
Anpassen der Auflösung und der Pixelmaße

Da Sie das Bild für das Internet verwenden, können Sie zunächst die Pixelmaße ändern. Hier müssen Sie abwägen, in welcher

Größe das Bild dargestellt werden soll. Bei einem E-Mail-Anhang müssen Sie sich keine allzu großen Gedanken machen. Soll das Bild aber auf einer Webseite angezeigt werden, so müssen Sie die durchschnittlichen Auflösungen von Bildschirmen berücksichtigen. Andererseits ist es auch nicht unbedingt sinnvoll, das Bild exakt in der Bildschirmauflösung anzuzeigen, da kaum jemand den Webbrowser in der Vollbildansicht geöffnet hält. Die tatsächliche Größe ergibt sich somit aus der Darstellungsgröße des sichtbaren Bereichs im Webbrowser. Eine allgemeingültige Empfehlung ist hier leider nicht möglich.

Eine gängige und weitläufige Bildschirmauflösung ist immer noch 1.024 × 768 Pixel. Allerdings hängt dies wiederum von der Art der Publikation ab, wo Sie das Bild unterbringen wollen. Niemand will gerne in einem Bild scrollen. Bei Bildern in Popup-Fenstern ist beispielsweise eine Bildgröße von 800 × 600 Pixeln recht geläufig. Bei Publikationen in einem Blog würde ich gar nur eine Höhe von 480 Pixeln oder noch kleiner empfehlen. Bei einem 4:3-Foto wären dies dann 640 × 480 Pixel. Hier kann man das Bild immer noch mit einer größeren Auflösung verlinken, welche angezeigt wird, sobald man es anklickt. Bilder von Facebook-Popups verwenden derzeit eine maximale Bildbreite von 960 Pixeln.

Auch das Thema Auflösung wird im Folgenden noch einmal zur Sprache kommen (siehe hierzu ausführlich Abschnitt 6.2). In der Regel genügen 72 oder 96 dpi für die Darstellung auf dem Bildschirm.

Bild nachschärfen | Wenn Sie das Bild verkleinert haben, sollte in der Regel der letzte Schritt ein Nachschärfen des Bildes sein, weil das Bild beim Verkleinern immer etwas an Schärfe verliert. Hierbei sollten Sie stets ÜBERARBEITEN • UNSCHARF MASKIEREN verwenden und keine automatischen Funktionen.

Arbeitsschritt Skalieren

Beachten Sie, dass beim Skalieren auch Bilddaten beschädigt werden. Daher sollten Sie ein Foto nur ein einziges Mal skalieren. Jeder weitere Skalierungsvorgang würde das Bild zu stark beeinträchtigen. Auch beim Workflow der Bildbearbeitung sollten Sie das Skalieren erst durchführen, wenn alle anderen größeren Arbeiten am Bild abgeschlossen sind.

Wollen Sie außerdem eine Schrift wie einen Grußtext oder einen Copyright-Vermerk ins Bild einfügen, so sollten Sie dies nach dem Skalieren tun, da die Schrift sonst schnell zu klein und zu pixelig wird.

39.3 Bilder für das Web speichern

Um Bilder für das Web zu speichern, kommen eigentlich nur die komprimierten Formate JPEG, PNG oder GIF in Frage. In der Praxis kommt vorwiegend JPEG zum Einsatz.

Über DATEI • SPEICHERN UNTER oder mit ⇧+Strg/cmd+S rufen Sie den Dialog SPEICHERN UNTER auf, über den Sie den Dateinamen, den Speicherort und insbesondere das Datenformat festlegen. Wählen Sie hier das JPEG-, PNG- oder GIF-Format. Wenn Sie auf SPEICHERN klicken, können Sie die JPEG-OPTIO-

Zum Weiterlesen

Zu den gängigen Datenformaten siehe ausführlich Abschnitt 6.5, »Wichtige Dateiformate für Bilder«.

nen einstellen. Die Auswirkungen der getroffenen Einstellungen erkennen Sie am besten, wenn Sie tiefer in das Bild hineinzoomen (auf 100 % bzw. 1:1).

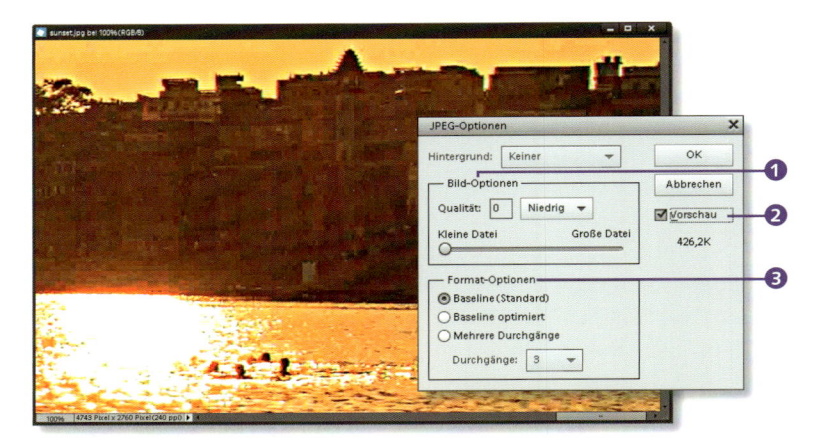

Abbildung 39.4 ▶
Eine solch starke Komprimierung für JPEG-Bilder ist nicht empfehlenswert und wird hier nur zur Demonstration verwendet.

Bei den JPEG-Optionen können Sie unter Bild-Optionen ❶ die Kompression entweder über den Schieberegler, das Zahlenfeld oder das Dropdown-Menü bestimmen. Alle drei Werte erfüllen dieselbe Funktion. Je niedriger Sie die Qualität einstellen, desto mehr verringert sich die Dateigröße, die ebenfalls unter dem Häkchen von Vorschau ❷ angezeigt wird. Allerdings treten bei allzu starker Kompression unerwünschte Artefakte im Bild auf. Für eine passable Qualität sollten Sie den Wert 8 (bzw. Hoch) bei Qualität niemals unterschreiten.

Unterhalb der Bild-Optionen können Sie die Format-Optionen ❸ einstellen. Die einzelnen Optionen haben jeweils die folgenden Effekte:

- Baseline (Standard): Dies ist die Standardeinstellung. Sie erzeugt eine größere Datei als Baseline optimiert.
- Baseline optimiert: Im Gegensatz zu Baseline (Standard) wird eine zusätzliche Glättung eingesetzt, so dass das Bild weichgezeichnet wird. Der Vorteil, der durch diese Glättung entsteht, ist eine weiter reduzierte Dateigröße.
- Mehrere Durchgänge: Mit dieser Option verringern Sie die Dateigröße gegenüber den Baseline-Versionen nochmals ein wenig. Während des Ladevorgangs auf Webseiten erscheint das Bild hierbei zunächst in einer schlechteren Qualität. Mit zunehmender Ladezeit erscheint auch das Bild in einer immer besseren Darstellungsqualität. Mit Durchgänge geben Sie die Zwischenschritte bis zum vollständigen Laden des Bildes an. Je höher die Zahl der Zwischenschritte, desto stärker wird die Datei reduziert.

39.4 Für das Web speichern – die All-in-one-Lösung

Wer es gerne komfortabler und schneller hat, dem bietet Photoshop Elements eine interessante Komplettlösung an. Diese Lösung rufen Sie über DATEI • FÜR WEB SPEICHERN oder mit der Tastenkombination [Alt]+[⇧]+[Strg]/[cmd]+[S] auf.

Kapitel_39: taxi.jpg

Schritt für Schritt: Bilder für das Web speichern

Wenn Sie Bilder, also Fotos, für das Web speichern, bietet sich das JPEG-Format an. In diesem Workshop erfahren Sie, welche Einstellungen Sie für eine optimale Bildqualität bei vertretbarer Dateigröße vornehmen sollten.

1 Farbraum anpassen

Wenn Sie das Bild öffnen (wenn Sie kein anderes Bild zur Hand haben, nehmen Sie unser Beispiel »taxi.jpg« von der Buch-DVD), stellen Sie zunächst sicher, dass dieses Bild nicht im Adobe-RGB-Farbraum vorliegt. Viele Webbrowser können diesen Farbraum nämlich nicht richtig darstellen. Um das Farbprofil zu überprüfen und gegebenenfalls zu konvertieren, gehen Sie im Menü auf BILD • FARBPROFIL KONVERTIEREN • IN sRGB-PROFIL KONVERTIEREN. Ist dieses Kommando ausgegraut, so liegt das Bild bereits im richtigen Farbmodus vor.

◄ **Abbildung 39.5**
Unser Bild, das wir zur Speicherung für das Web vorbereiten

Foto: Jürgen Wolf

Warnmeldung: Speicherüberlastung

Wenn Sie den Dialog FÜR WEB SPEICHERN aufrufen, bekommen Sie abhängig von der Bildgröße eine Warnmeldung, dass dieses Modul nicht für diese Größe von Bildern konzipiert wurde. Der Dialog ist wohl ein Relikt aus alten Zeiten, und Sie können diesen ignorieren und fortfahren.

2 Dialog öffnen

Wählen Sie DATEI • FÜR WEB SPEICHERN, oder drücken Sie [Alt]+[⇧]+[Strg]/[cmd]+[S]. Jetzt sehen Sie das Bild in zwei Ansichten. Links befindet sich das Originalbild, rechts wird der Nachher-Zustand angezeigt, den Sie noch nachträglich optimieren können. Alle Optimierungen, die Sie durchführen, wirken sich auf die Vorschau im rechten Bild aus, so dass Sie jederzeit die optimierte Version mit dem Original vergleichen können.

Über das Zoom-Werkzeug ❷ [Z] können Sie weiter in das Bild hineinzoomen und dieses mit dem Hand-Werkzeug ❶ [H] zum gewünschten Bereich schieben. Der aktuelle Zoomfaktor wird unten links in der Dropdown-Liste ❹ angezeigt, wo Sie ihn gegebenenfalls auch ändern können. Die aktuelle Größe der Datei ❸ sehen Sie jeweils unterhalb der Bildvorschau. Leider ist die Größenangabe recht verwirrend, weil hier nur angegeben wird, wie viel Speicher das Bild im Arbeitsspeicher benötigt. Hier würde man lieber die Dateigröße wissen wollen. Leider lässt sich das nicht ändern.

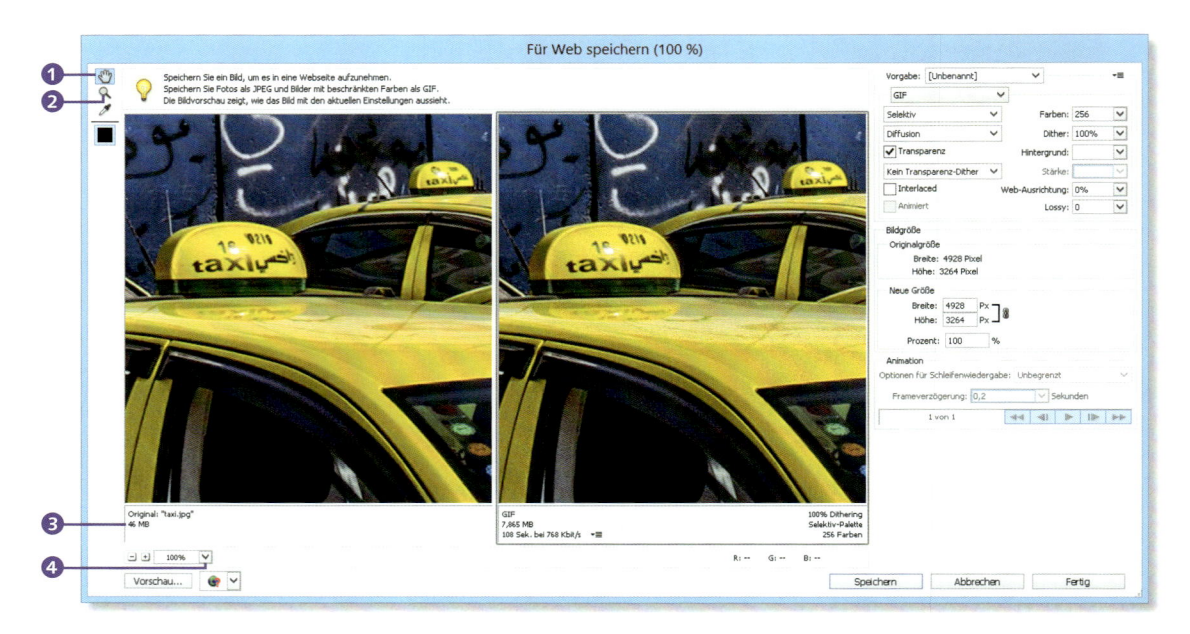

▲ **Abbildung 39.6**
Die Vorher-nachher-Ansicht im Dialog FÜR WEB SPEICHERN

Bildgröße vorher anpassen

Im Beispiel wurde die Bildgröße vor der Bildqualität und dem Format eingestellt, weil sich sonst der Dialog bei größeren Bildern über Speicherprobleme beschwert und keine Vorschau generieren will. Es wäre schön, wenn der eigentlich recht nützliche und komfortable Dialog FÜR DAS WEB SPEICHERN mal der Zeit angepasst würde.

3   Bildgröße anpassen

Stellen Sie die Bildgröße für die Anzeige am Bildschirm ein. Im Beispiel habe ich eine BREITE ❺ von 800 Pixeln gewählt. Da die Kette ❻ geschlossen (für Proportionen erhalten) ist, wird automatisch die HÖHE entsprechend angepasst. Alternativ skalieren Sie das Bild prozentual ❼. Die Vorschau wird automatisch aktualisiert.

Der Wert unterhalb der Nachher-Vorschau gibt an, wie viele Sekunden zum Laden des Bildes bei einer Übertragungsgeschwindigkeit von 56,5 Kbit/s benötigt werden. Dieser Wert ist

39.4 Für das Web speichern – die All-in-one-Lösung

ein wenig überholt, da er noch von der Geschwindigkeit eines analogen Modems ausgeht. Über das kleine Dropdown-Menü ❽ können Sie andere Geschwindigkeiten auswählen.

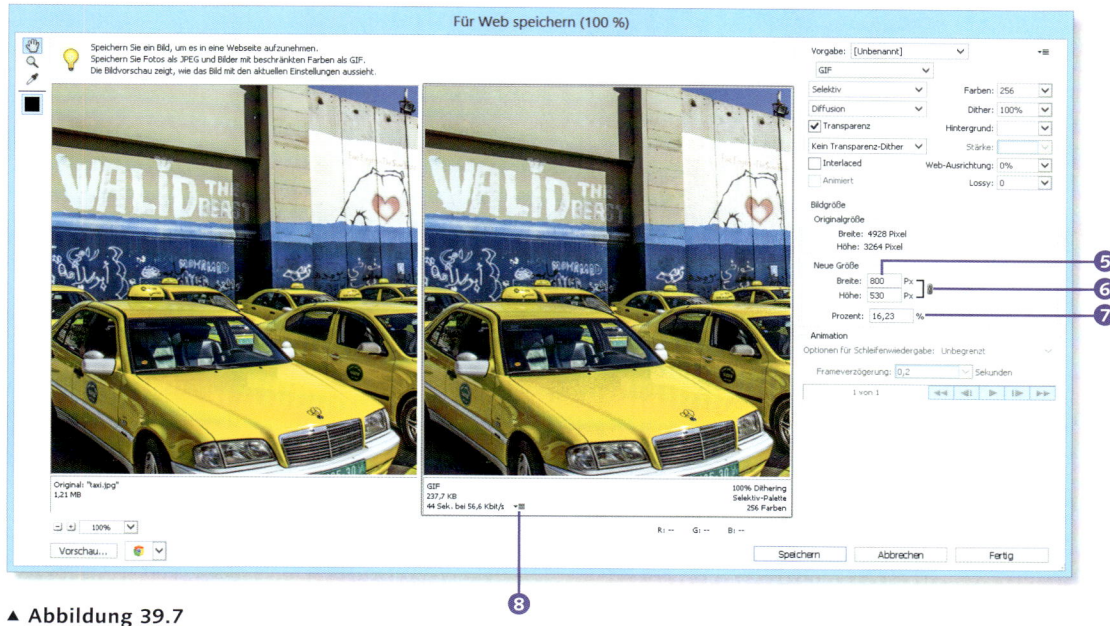

▲ **Abbildung 39.7**
Bildgröße anpassen

4 Bildqualität und Format einstellen

Im nächsten Schritt können Sie das Datenformat und die Qualität einstellen. Sollen Fotos im Web präsentiert werden, empfiehlt es sich, das Datenformat von GIF auf JPEG ❾ zu stellen. Alternativ wählen Sie GIF oder PNG – ebenfalls gängige Dateiformate für das Web.

Die Einstellung der Qualität müssen Sie selbst abschätzen. Zoomen Sie hierzu am besten auf 100 % in das Bild hinein, und vergleichen Sie die Versionen. Reduzieren Sie dabei die Qualität so lange, wie keine gravierenden Verschlechterungen zu erkennen sind. Im Beispiel habe ich den Schieberegler von Qualität ❿ bis auf den Wert 75 gezogen, ohne merkliche Artefakte zu erzeugen. Artefakte könnten Sie hierbei auch mit der Option Weichzeichnen ⓫ ausbügeln. Die anderen Werte können Sie belassen, wie sie sind.

Zuletzt bestätigen Sie mit Speichern, und es öffnet sich der Dialog Speichern unter, in dem Sie den Dateinamen und das Verzeichnis zum Speichern festlegen. Im Beispiel wurde das Bild von 5,74 Megabyte auf internettaugliche 210 Kilobyte reduziert.

Vorschau

Unterhalb des Dialogs finden Sie die Dropdown-Liste Vorschau ⓬, wo Sie unter anderem einen Webbrowser einrichten können, in dem Sie das Nachher-Ergebnis in einer Vorschau anzeigen lassen. Den Browser müssen Sie hier noch extra über Liste bearbeiten auswählen.

867

Kapitel 39   Bilder für das Internet

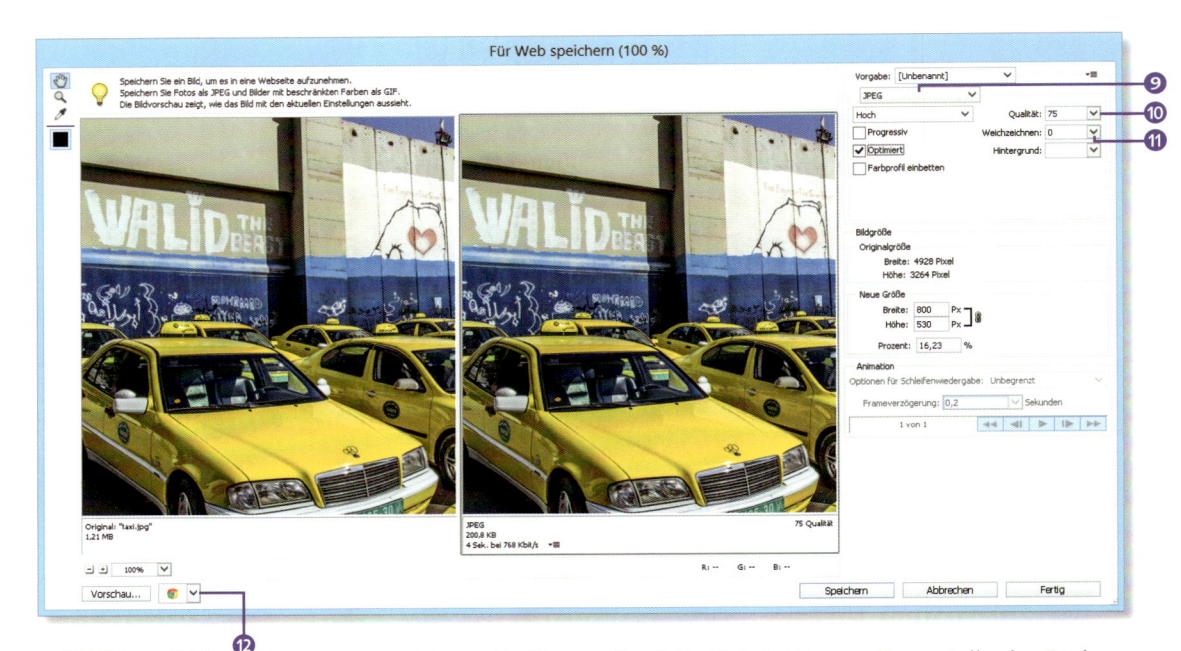

▲ **Abbildung 39.8**
Einstellen von Format und Bildqualität

Manuelle Alternative | Natürlich können Sie anstelle des Dialogs FÜR WEB SPEICHERN auch den manuellen Weg über BILD • SKALIEREN • BILDGRÖSSE und dann DATEI • SPEICHERN UNTER verwenden, welcher ein mindestens genauso gutes Ergebnis bringt, aber halt einen Mausklick mehr benötigt.

Mehrere Dateien verarbeiten | Wer mehrere Dateien oder einen ganzen Ordner verarbeiten muss, für den bietet sich die Stapelverarbeitung über DATEI • MEHRERE DATEIEN VERARBEITEN an. Neben der Bildgröße und dem Dateiformat können Sie hiermit auch gleich die Dateien umbenennen und/oder mit einem Wasserzeichen versehen. Der Dialog wurde in Abschnitt 1.5.3, »Stapelverarbeitung«, etwas umfassender beschrieben und auch in Abschnitt 30.3.13, »Stapelverarbeitung von RAW-Bildern«, in der Praxis verwendet.

39.5   Animierte Bilder

Kapitel_39: torjaeger-kanone.jpg, torjaeger-kanone.psd, torjaeger-kanone.gif

Es ist auch möglich, mit Photoshop Elements animierte Bilder im GIF-Format zu erzeugen. Solche Bilder werden zum Beispiel gerne für Werbebanner oder Logos verwendet. Animierte Bildfolgen können Sie relativ einfach über Ebenen erstellen. Jede Ebene wird dabei als ein **Frame** bezeichnet. Natürlich müssen Sie beim Stapeln der Ebenen auf die richtige Reihenfolge achten. Die unterste Ebene ist immer der erste Frame im animierten GIF. Dann

39.5 Animierte Bilder

wird aufsteigend, Ebene für Ebene (Frame für Frame), von unten nach oben verwendet, bis hin zur obersten Ebene, die dann auch den letzten Frame für das animierte GIF darstellt. Der Fotoeditor kompiliert dann auf Wunsch die Ebenen zu einer animierten GIF-Datei.

Schritt für Schritt: Eine GIF-Animation erstellen

Bevor Sie eine Animation aus mehreren einzelnen Ebenen erstellen, sollten Sie sich überlegen, was Sie genau tun wollen und wie Sie am besten vorgehen. In diesem Workshop führe ich Ihnen die Erstellung einer einfachen GIF-Animation vor. Hierzu muss erwähnt werden, dass es sich hier nur um eine von unendlich vielen Möglichkeiten handelt, wie Sie die einzelnen Frames für ein animiertes GIF erstellen können. Theoretisch können Sie auch eine einfache Diashow erstellen, indem Sie Bild für Bild als Ebenen aufeinanderstapeln.

1 Bildgröße anpassen

Legen Sie zunächst die Größe der Animation fest. Hierzu müssen Sie zunächst das Bild, mit dem Sie arbeiten wollen, entsprechend skalieren. Im Beispiel habe ich das Ausgangsbild »torjaeger-kanone.jpg« über BILD • SKALIEREN • BILDGRÖSSE auf 500×236 PIXEL skaliert.

◀ **Abbildung 39.9**
Legen Sie die Bildgröße der Animation fest.

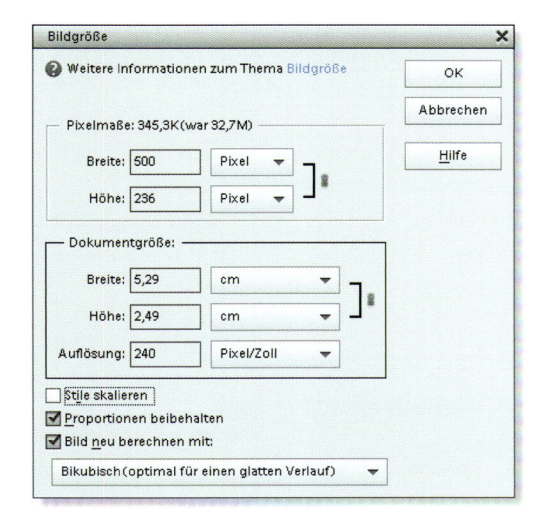

2 Grafik hinzufügen

Aus unserer Kanone wollen wir jetzt einen Fußball in die Ferne schießen. Hierzu benötigen wir eine transparente Grafik. Um es uns einfacher zu machen, bedienen wir uns der mitgelieferten

Grafiken von Photoshop Elements. Das Bedienfeld GRAFIKEN können Sie beispielsweise über FENSTER • GRAFIKEN öffnen. Wählen Sie im Dropdown-Menü ❶ NACH ART und daneben GRAFIKEN ❷ aus. Aus den Grafiken habe ich hier einen Fußball ❸ per Drag & Drop auf das Bild gezogen und fallen gelassen. Dort wurde der Ball vor der Kanone platziert und etwas skaliert, damit der Eindruck entsteht, der Ball würde gerade von der Kanone abgefeuert.

Abbildung 39.10 ▶
Fügen Sie dem Bild eine Grafik hinzu.

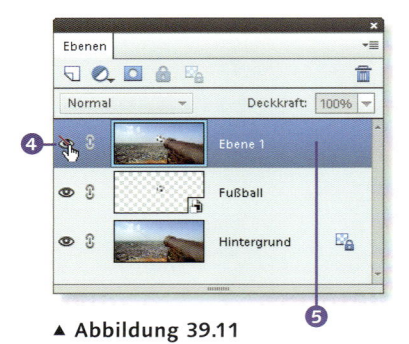

3 Ebene hinzustempeln

Da wir noch weitere Ebenen mit dem Fußball und der Kanone erstellen wollen, und uns das Leben jetzt nicht durch umständliches Duplizieren neuer Ebenen und erneutes Einfügen des Balls unnötig schwer machen wollen, erstellen wir einfach mit der Tastenkombination ⇧+Alt+Strg/cmd+E eine Kopie der sichtbaren Ebenen. Damit haben Sie eine neue Ebene ❺ im Ebenendialog mit Ball und Kanone gestempelt. Blenden Sie diese neu erstellte Ebene über das Augensymbol ❹ aus, da wir noch weitere Ebenen hinzufügen wollen.

◀ **Abbildung 39.11**
Neue Ebene ins Bild stempeln

4 Ball verschieben und kleiner skalieren

Markieren Sie wieder die Ebene mit dem Fußball ❻ im Ebenendialog, verschieben Sie den Fußball mit dem Verschieben-Werkzeug V etwas von der Kanone weg nach vorne, und skalieren Sie den Ball etwas kleiner, so dass der Eindruck entsteht, der sei Ball etwas weiter weg als in der erstellten Ebene zuvor.

Abbildung 39.12 ▶
Fußball in die »Ferne« verschieben und kleiner skalieren

5 Arbeitsschritt 3 wiederholen

Wiederholen Sie jetzt wieder den Arbeitsschritt 3, indem Sie die sichtbaren Ebenen mit der Kanone und der neuen Position des Balls mit ⇧+Alt+Strg/cmd+E stempeln. Beachten Sie hierbei, dass die jeweils neu gestempelte Ebene (hier Ebene 2) ganz nach oben kommen muss, da es ja in unserer Szene das nächste Bild ist. Im Beispiel wurde daher die neue gestempelte Ebene ❼ per Drag & Drop im Ebenendialog ganz nach oben ❽ gebracht und das Augensymbol ❾ wieder entfernt. Im Beispiel wurden so 17 weitere Ebenen hinzugefügt, in denen sich der Ball immer weiter von der Kanone entfernt.

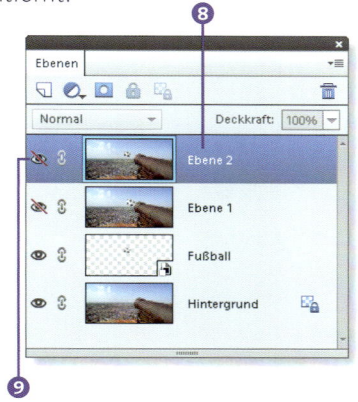

◄ **Abbildung 39.13**
Neue Szene immer ganz oben im Ebenendialog platzieren

6 Text einfügen

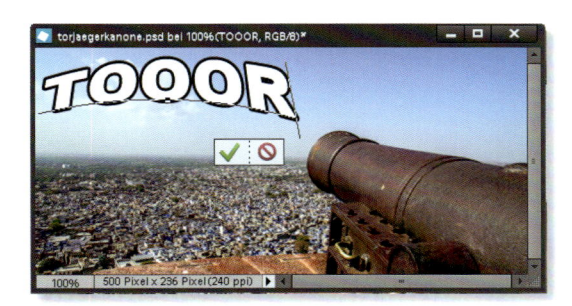

Duplizieren Sie eine Ebene ohne »Ball« (hier die unterste Ebene (Hintergrund)), und schieben Sie die Kopie im Ebenen-Bedienfeld ❿ ganz nach oben. Verwenden Sie nun das Textwerkzeug T T, und fügen Sie einen Text Ihrer Wahl in die oberste Ebene ein. Stellen Sie die Formatierung und einen Ebenenstil (im Beispiel habe ich eine Kontur verwendet) über die Werkzeugoptionen vom Textwerkzeug ein. Im Beispiel wurde der Text noch gekrümmt.

◄◄ **Abbildung 39.14**
Fügen Sie den Text ein.

7 Ebene mit dem Text stempeln

Stempeln Sie jetzt wieder die sichtbaren Ebenen (hier den Text mit der Kanone) mit der Tastenkombination ⇧+Alt+Strg/

Kapitel 39   Bilder für das Internet

Zum Nachlesen
Mehr zum Textwerkzeug erfahren Sie in Teil XI, und Details zu den Ebenenstilen lesen Sie in Kapitel 36.

cmd+E. Im Grunde können Sie jetzt mit dem Text genauso verfahren, wie Sie dies zuvor schon mit dem Ball gemacht haben. Einfach die oberste gestempelte Ebene ausblenden, den Text ändern (beispielsweise verkrümmen), erneut das Sichtbare mit ⇧+Alt+Strg/cmd+E stempeln und wieder ganz nach oben ziehen. Im Beispiel wurde der Text durch die Verkrümmung animiert, indem weitere Ebenen ins Bild gestempelt wurden mit einer unterschiedlichen Einstellung beim Text verkrümmen-Dialog (siehe Abschnitt 37.2.4, »Text verkrümmen«). Im Beispiel wurde die Biegung immer um 10–15 % reduziert.

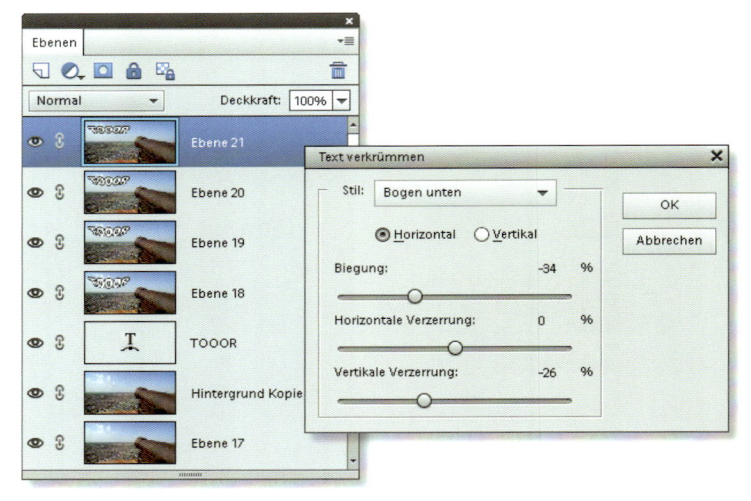

Abbildung 39.15 ▶
Hier sehen Sie noch weitere vier Ebenen mit Text, wo der Text unterschiedlich verkrümmt wurde.

Abbildung 39.16 ▲
Nicht mehr benötigte Ebenen löschen

8   Textebene und Grafik entfernen
Haben Sie alle gewünschten Frames erstellt, können Sie die Textebene und die Ebene mit der Grafik (hier Fußball) markieren, mit der rechten Maustaste anklicken und löschen.

9   Animiertes GIF erzeugen
Wählen Sie über Datei • Für Web speichern oder mit Alt+⇧+Strg/cmd+S den entsprechenden Dialog. Stellen Sie als Dateiformat ❶ GIF ein. Setzen Sie außerdem ein Häkchen vor Animiert ❷, so dass der zuvor ausgegraute Animationsrahmen ❸ aktiviert wird. Wählen Sie bei Optionen für Schleifenwiedergabe den Wert Unbegrenzt ❹, wenn Sie Ihre GIF-Animation in einer Endlosschleife abspielen wollen – anderenfalls wählen Sie Einfach.

Wie schnell die Animation abläuft, legen Sie mit Frameverzögerung ❺ fest. Je niedriger dieser Wert ist, desto schneller wird die Animation abgespielt. Darunter finden Sie eine Art Storyboard, wo Sie Bild für Bild durchgehen und einzeln bearbeiten

39.5 Animierte Bilder

können. Natürlich ist diese Bearbeitung nur noch auf Bildqualität und -größe beschränkt.

Über VORSCHAU ❻ können Sie einen Webbrowser auswählen (muss einmalig eingerichtet werden), in dem Sie Ihre GIF-Animation in einer Vorschau betrachten können.

◄ **Abbildung 39.17**
Bereiten Sie die GIF-Datei für die Vorschau vor.

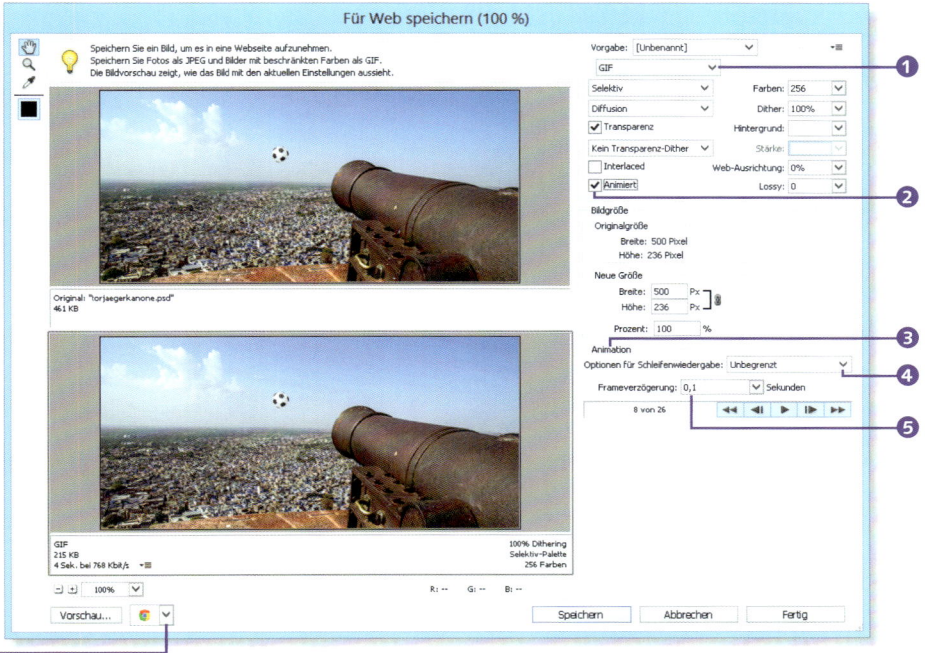

🔟 Animation abspeichern

Sind Sie mit dem Ergebnis zufrieden, speichern Sie die GIF-Animation mit einem Klick auf den SPEICHERN-Button ab. Es öffnet sich ein Dialog, in dem Sie den Dateinamen und den Speicherort festlegen. Nun können Sie die GIF-Animation auf Ihrer Webseite verwenden oder im Webbrowser betrachten. Sie finden das animierte Bild auch auf der Buch-DVD wieder.

◄ **Abbildung 39.18**
Die GIF-Animation im Webbrowser

Kapitel_39:
torjaegerkanone.gif

Speichern der einzelnen Frames (Ebenen)

Beachten Sie, dass Sie nachträglich das gespeicherte Bild im GIF-Format mit Photoshop Elements nicht mehr bearbeiten können. Da Elements die einzelnen Frames nicht mehr Ebene für Ebene komplett als Einzelbild speichert und Optimierungen daran vornimmt (genauer, die Ebenen kombiniert), empfehle ich Ihnen, die Animation zuvor als TIFF- oder PSD-Datei zu sichern, falls Sie später Änderungen daran vornehmen wollen.

39.6 Private Webgalerie erstellen

Wenn Sie Ihre Bilder einem breiten Publikum zugänglich machen wollen, können Sie mit Photoshop Elements eine Online-Galerie, die sogenannte Private Webgalerie, erstellen. Hierbei sind keinerlei Kenntnisse zur Erstellung von Webseiten nötig. Sie benötigen einzig und allein ein Adobe-Revel-Konto, worauf bereits umfassend in Abschnitt 9.3, »Mobile Alben erstellen und verwalten«, eingegangen wurde.

Online-Album und Adobe Revel

Die ursprüngliche Funktion ONLINE-ALBUM ist in der Version 12 von Photoshop Elements nicht mehr vorhanden, sondern wurde durch die PRIVATE WEBGALERIE ersetzt. Gleiches gilt auch für PHOTOSHOP SHOWCASE, das in der Version 12 durch Adobe Revel ersetzt wurde.

Schritt für Schritt: Eine eigene private Webgalerie erstellen

Der Workshop setzt voraus, dass Sie bereits mit Ihrem Adobe-Revel-Konto verbunden sind. Wie Sie sich damit verbinden, wurde bereits in Abschnitt 9.3.1 beschrieben. Sie können Bilder entweder mit dem Fotoeditor oder mit dem Organizer hochladen. Beide Oberfächen bieten diese Möglichkeit über das Dropdown-Menü TEILEN an. Vom Fotoeditor aus können Sie nur die Bilder hochladen, die darin geöffnet sind. Mit dem Organizer hingegen können Sie einzelne Bilder, Alben (oder eine Auswahl daraus) oder theoretisch den ganzen Katalog hochladen. Der Workshop beschreibt den Weg mit dem Organizer.

1 Bilder für Webgalerie auswählen

Zuerst müssen Sie sich entscheiden, was Sie hochladen wollen. Die Möglichkeiten sind hierbei unbegrenzt. Wenn Sie keine Auswahl treffen, werden immer alle im Medienbrowser sichtbaren Bilder hochgeladen. Zur Sicherheit erfolgt daher immer eine Nachfrage, ob Sie das wirklich wollen. Beim Fotoeditor ergibt sich diese Überlegung von selbst, weil dort nur die Bilder hochgeladen werden können, die im Editor geöffnet sind.

Im Beispiel habe ich bei LOKALE ALBEN das Album KHURI ❷ ausgewählt. Innerhalb des Albums habe ich wiederum im Medienbrowser einzelnen Medien mit gehaltener ⌃Strg⌃/⌃cmd⌃-Taste ausgewählt ❹, die ich anschließend in die Webgalerie hochladen will.

Haben Sie Ihre Auswahl getroffen, wählen Sie über die Dropdown-Liste TEILEN ❺ die Schaltfläche PRIVATE WEBGALERIE ❻ aus.

Ganzes Album hochladen

Wollen Sie ein ganzes Album hochladen, können Sie sich diesen Workshop hier sparen und gleich per Drag & Drop das Album von LOKALE ALBEN ❶ nach MOBILE ALBEN ❸ ziehen und fallen lassen. Darauf wurde allerdings ebenfalls bereits umfassend in Abschnitt 9.3.2, »Mobile Alben erstellen«, eingegangen.

39.6 Private Webgalerie erstellen

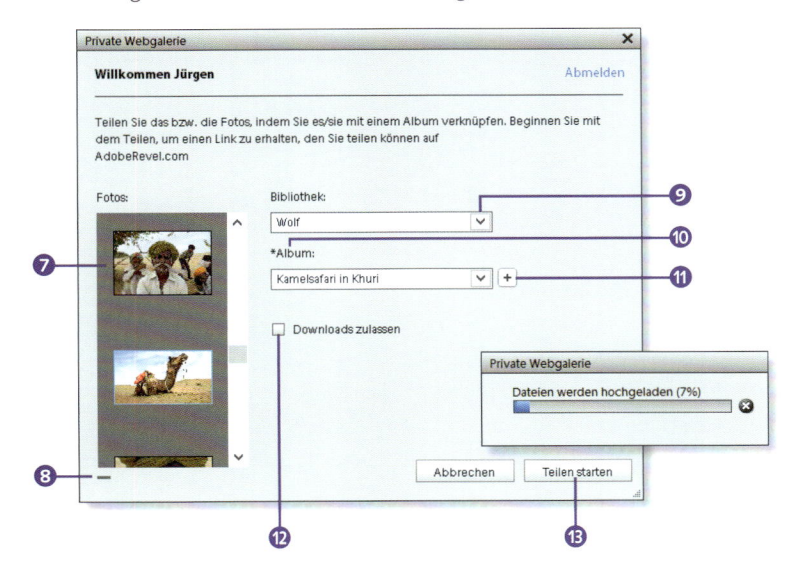

▲ **Abbildung 39.19**
Bilder zum Erstellen einer Webgalerie auswählen

2 Bilder hochladen

Im nächsten Dialog finden Sie auf der linken Seite ❼ einen Überblick zu den ausgewählten Fotos für die Webgalerie. Hier können Sie jederzeit ein Foto markieren und mit dem Minussymbol ❽ entfernen. In der Dropdown-Liste BIBLIOTHEK ❾ wählen Sie die Bibliothek aus, wohin Sie die Bilder hochladen wollen. Selbiges gilt für ALBUM ❿. Wollen Sie die Bilder nicht in ein vorhandenes Album hochladen (oder ist gar kein Album vorhanden), können Sie über das Plussymbol ⓫ ein neues Album anlegen, in das die Bilder hochgeladen und in dem eine Webgalerie erstellt werden soll.

Adobe Revel-Bibliothek
Wie Sie Bibliotheken von Adobe Revel verwalten können, wird in Abschnitt 9.3.5, »Adobe-Revel-Bibliothek(en) verwalten«, beschrieben.

◄ **Abbildung 39.20**
Fotos für die private Webgalerie hochladen

875

Mit DOWNLOAD ZULASSEN ⓬ können Sie einstellen, ob die Bilder der Webgalerie von anderen Personen heruntergeladen werden können. Mit TEILEN STARTEN ⓭ starten Sie den Upload. Ein Fortschrittsbalken dokumentiert den Upload.

3 Weblink weitergeben

Wenn die Bilder hochgeladen wurden, wird ein Weblink angezeigt, den Sie an Freunde und Bekannte weitergeben können. Klicken Sie den Link ⓮ einfach an, wird die Webgalerie in Ihrem Standardbrowser geöffnet und angezeigt. Über LINK EMAILEN ⓯ wird die Webadresse mit der Standard-E-Mail-Anwendung zur Weitergabe geöffnet.

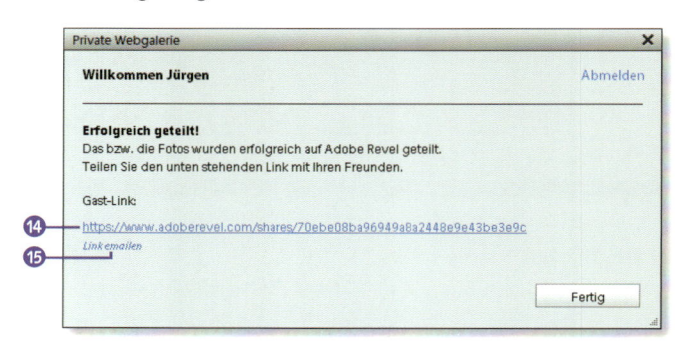

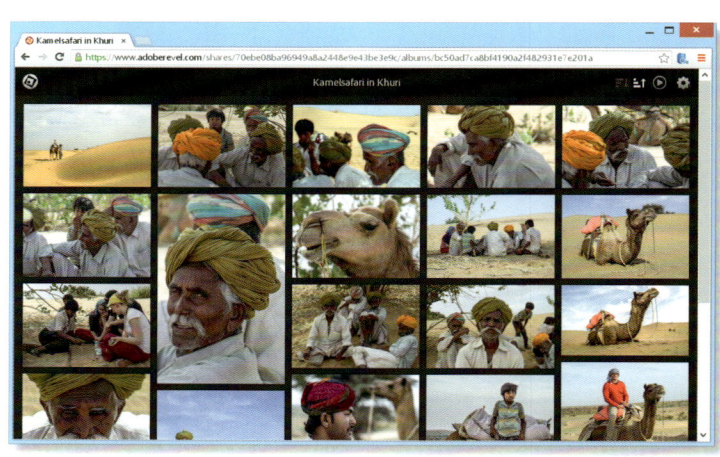

Abbildung 39.21 ▶
Weblink zur privaten Galerie weitergeben

Abbildung 39.22 ▶
Die private Webgalerie im Webbrowser

▲ **Abbildung 39.23**
Aus dem hochgeladenen Fotos wird automatisch ein mobiles Album erstellt.

4 Weitere Bilder hinzufügen

Da jetzt automatisch ein Eintrag bei MOBILE ALBEN hinzugefügt wurde, können Sie jederzeit weitere Bilder, wie eben im Workshop gezeigt, zum vorhandenen Album hinzufügen, oder Sie ziehen einfach einzelnen Bilder per Drag & Drop vom Medienbrowser auf das rote Album. Mehr zum Umgang mit mobilen Alben können Sie in Abschnitt 9.3 nachlesen.

39.6 Private Webgalerie erstellen

Flickr, Facebook, YouTube, Twitter und Vimeo | Natürlich ist auch Elements auf der Höhe der Zeit und bietet somit eine Möglichkeit, Bilder auf Facebook, Twitter oder Flickr und Videos auf YouTube oder Vimeo hochzuladen. Voraussetzung dafür ist selbstverständlich, dass Sie über ein entsprechendes Konto bei den jeweiligen Diensten verfügen (www.facebook.com, www.twitter.com, www.youtube.com, www.vimeo.com oder www.flickr.com). Alle Funktionen rufen Sie ebenfalls über die Dropdown-Liste Teilen mit den entsprechenden Schaltflächen Facebook, Twitter, Vimeo, Flickr und YouTube auf.

Egal, welchen der Dienste Sie verwenden wollen, Sie müssen Photoshop Elements zunächst noch autorisieren, bevor Sie Bilder hochladen dürfen. Hierbei öffnet sich in allen Fällen ein gesonderter Dialog, in dem Sie die Schaltfläche Autorisieren anklicken müssen. Daraufhin sollte sich die Webseite mit dem Log-in zum entsprechenden Dienst öffnen, wo Sie nach dem Einloggen Photoshop Elements erlauben, Bilder hochzuladen. Wenn Sie Photoshop Elements online bei den Diensten autorisiert und das Browserfenster wieder geschlossen haben, brauchen Sie nur noch in einem weiteren Dialogfenster von Photoshop Elements die Schaltfläche Autorisierung abschliessen anzuklicken.

Jetzt können Sie künftig über die Schaltflächen Facebook oder Flickr Ihre Bilder (besser Alben) über den Organizer hochladen. Hochgeladen wird gewöhnlich immer das aktive Album (beim Facebook-Dialog können Sie auch ein anderes Album wählen).

Online-Communitys

Facebook ist eines der größten sozialen Netzwerke, wo sich Millionen von Anwendern austauschen oder alte Bekannte wiederfinden. **Flickr** hingegen ist eher auf digitale Bilder und Videos spezialisiert und dient weniger dem sozialen Austausch. **YouTube** ist die führende Videoplattform, wo Sie Ihre Videos oder Diashows hochladen können, die Sie mit dem Organizer verwalten. **Twitter** ist eine Art Mikroblog zur Verbreitung von Kurznachrichten und wird von vielen Organisationen, Unternehmen, aber auch Privatpersonen als Kommunikationsplattform verwendet. **Vimeo** ist ebenfalls ein Videoportal, wo allerdings ausschließlich Videos hochgeladen werden dürfen, an dessen Produktion die hochladenden Personen auch beteiligt waren.

Das Teilen auf Twitter ist neu in der Version 12 hinzugekommen.

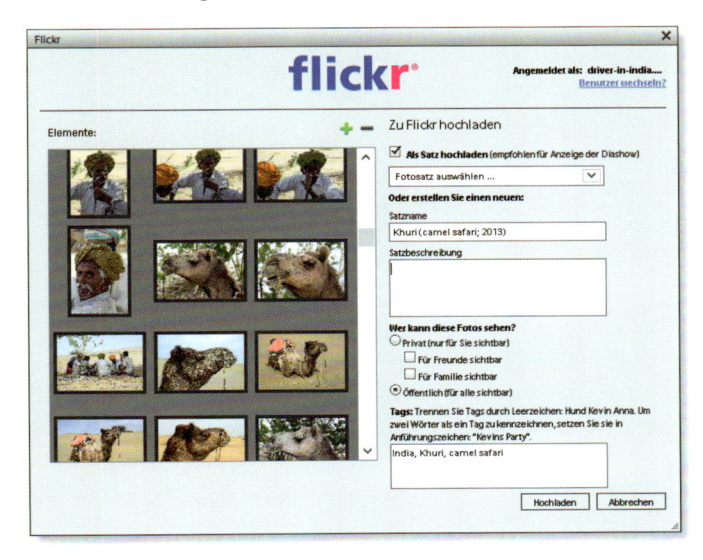

▲ Abbildung 39.25
Upload-Funktion von Photoshop Elements zu Flickr.com

▲ Abbildung 39.24
Mit Facebook, Twitter, YouTube, Vimeo und Flickr werden auch bekanntere Dienste zum Hochladen von Fotos bzw. Videos unterstützt.

Upload zu YouTube und Vimeo

Mit beiden Diensten ist es möglich, Videos aus dem Organizer oder selbst erstellte Diashows auf Ihr YouTube- oder Vimeo-Konto hochzuladen.

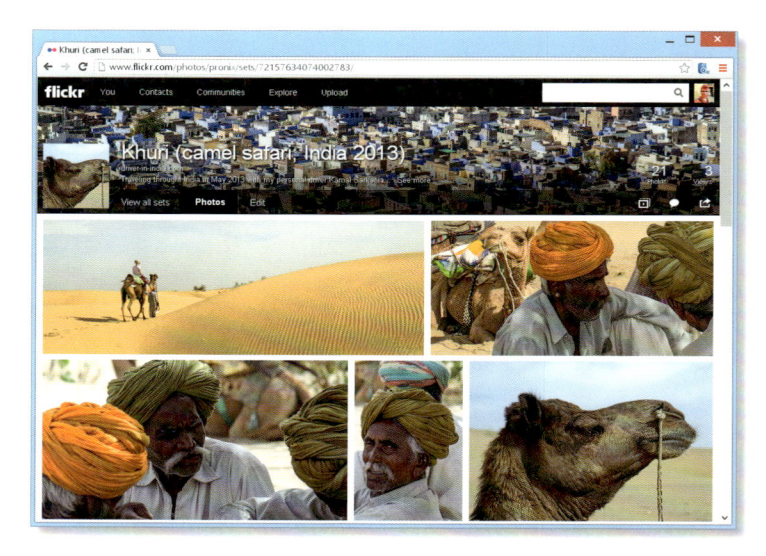

▲ **Abbildung 39.26**
Nach erfolgreichem Upload auf Flickr.com

39.7 Fotos per E-Mail verschicken

Ein interessantes Feature ist das Versenden von Fotos per E-Mail über Photoshop Elements. Auf den ersten Blick erscheint diese Funktion vielleicht etwas überflüssig, doch auf den zweiten Blick ist sie eine feine Sache: Anstatt sich im gigantischen Fotoarchiv mühsam die Bilder herauszusuchen, die Sie versenden wollen, wählen Sie die Bilder ganz komfortabel aus dem Fotoeditor oder von der Vorschau des Organizers aus.

Schritt für Schritt: Fotos per E-Mail versenden

In diesem Workshop erfahren Sie, wie Photoshop Elements Sie beim Versenden Ihrer Fotos per E-Mail unterstützt.

Bei der Mac-Version können Sie nur den auf dem System verwendeten Standard-E-Mail-Client verwenden. Der Adobe E-Mail-Service steht hierbei nicht zur Verfügung. Damit es also auch hier mit dem E-Mail-Versand klappt, muss der ausgewählte E-Mail-Client auf dem System korrekt eingerichtet sein.

Einstellungen ändern

Die Einstellungen können Sie im Organizer über den Menüpunkt BEARBEITEN/ ELEMENTS ORGANIZER • VOREINSTELLUNGEN • TEILEN jederzeit ändern.

1 E-Mail-Versand einrichten

Bevor Sie Fotos per E-Mail aus Photoshop Elements heraus versenden können, müssen Sie diese Funktionalität über den Menüpunkt BEARBEITEN/ ELEMENTS ORGANIZER • VOREINSTELLUNGEN • TEILEN noch einrichten (bei der ersten Verwendung). Bei der Dropdown-Liste E-MAIL-CLIENT ❶ wählen Sie das E-Mail-Programm aus, das Sie bisher verwendet haben. Wird Ihr E-Mail-Programm hier nicht aufgelistet, können Sie auch den ADOBE E-MAIL-SERVICE benutzen. Geben Sie auf jeden Fall unter

E-Mail-Adresse ❷ Ihre gültige Adresse an, sofern Sie den Adobe E-Mail-Service verwenden wollen. Bestätigen Sie die neuen Einstellungen mit OK.

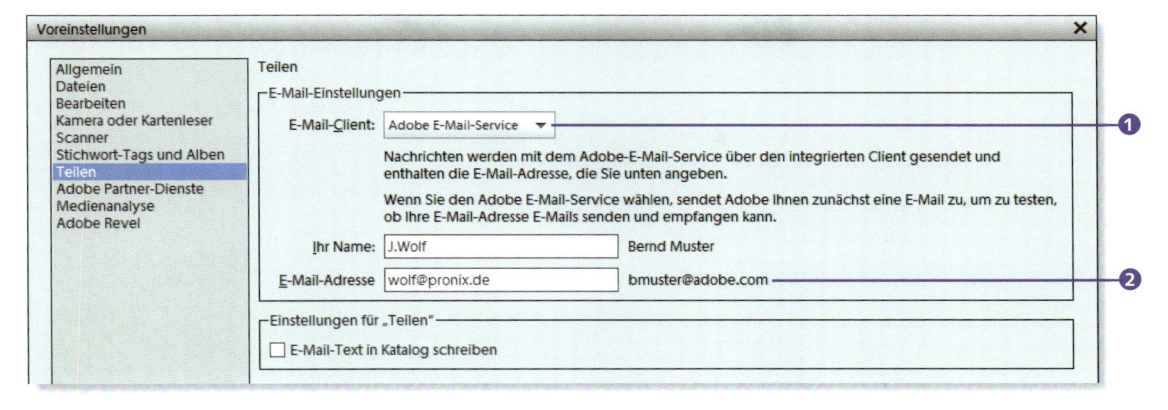

▲ **Abbildung 39.27**
Einstellungen zum Versenden einer E-Mail aus Photoshop Elements

2   Versandart auswählen

Starten Sie den Organizer. Über Teilen ❸ wählen Sie aus, ob Sie Ihre E-Mail als E-Mail-Anhänge ❹ oder als Foto-Mail ❺ verschicken wollen. Foto-Mail steht nur unter Windows zur Verfügung. Beim Mac finden Sie hier nur E-Mail-Anhänge wieder.

Der Unterschied zwischen einer Foto-Mail und einem E-Mail-Anhang besteht darin, dass Sie bei einer Foto-Mail zusätzlich ein Briefpapier und Layout einstellen können. Dies setzt allerdings voraus, dass auch der Empfänger HTML-Mails aktiviert hat. Die Größe und Qualität der Fotos können Sie nur bei E-Mail-Anhänge anpassen.

▲ **Abbildung 39.28**
Weitergabemöglichkeiten für Fotos

3   Fotos auswählen

Wählen Sie auf der linken Seite, in der Organizer-Bildervorschau, die Bilder für den E-Mail-Anhang aus, und ziehen Sie diese in das kleine Vorschaufenster ❻ auf der rechten Seite. Sie können dabei auch mehrere Bilder mit ⌜Strg⌝/⌜cmd⌝ markieren und mit einem Klick auf die Schaltfläche Dem Medienbereich hinzufügen ❿ dem E-Mail-Anhang hinzufügen. Zum Entfernen von Anhängen benutzen Sie wie gewohnt das Mülltonnensymbol ❼.

Unten bei Empfänger auswählen ❾ müssen Sie nur noch den Empfänger auswählen. Beim ersten Start dürfte dieses Feld noch leer sein. Neue Kontaktadressen können Sie über das Kontaktsymbol ❽ eingeben oder importieren (wenn Sie zum Beispiel Outlook verwenden).

▲ Abbildung 39.29
Wählen Sie die Fotos aus. Bei FOTO-MAIL haben Sie keinen Einfluss darauf wie die JPEG-Dateien komprimiert werden.

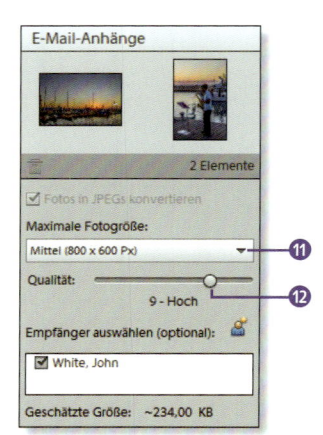

Abbildung 39.30 ▲
Bei E-MAIL-ANHÄNGE hingegen können Sie zusätzlich noch die FOTOGRÖSSE ⓫ und die QUALITÄT ⓬ (Komprimierung) der Anhänge einstellen.

Klicken Sie auf WEITER, wenn Sie fertig sind. Wenn Sie in Schritt 1 den Punkt FOTO-MAIL gewählt haben, können Sie nun noch das Briefpapier und ein Layout auswählen.

4 Adobe E-Mail-Service aktivieren

Bei der Mac-Version wird hier jetzt der Standard-E-Mail-Client, den Sie über ELEMENTS ORGANIZER • VOREINSTELLUNGEN • TEILEN ausgewählt haben, mit den ausgewählten Fotos als Anhang geöffnet.

Sofern Sie den Adobe E-Mail-Service verwenden wollen, müssen Sie im folgenden Fenster Ihre E-Mail-Adresse angeben und die Schaltfläche E-MAIL ERNEUT SENDEN ❶ klicken, um die Gültigkeit der E-Mail-Adresse zu überprüfen. Nun heißt es, eine Weile zu warten, bevor Sie eine E-Mail mit dem Verifizierungscode erhalten, den Sie in der Zeile PRÜFUNG DES ABSENDERS ❷ eintragen. Die E-Mail müssen Sie mit Ihrem Standard-E-Mail-Programm abholen. Diesen Vorgang müssen Sie nur einmal ausführen.

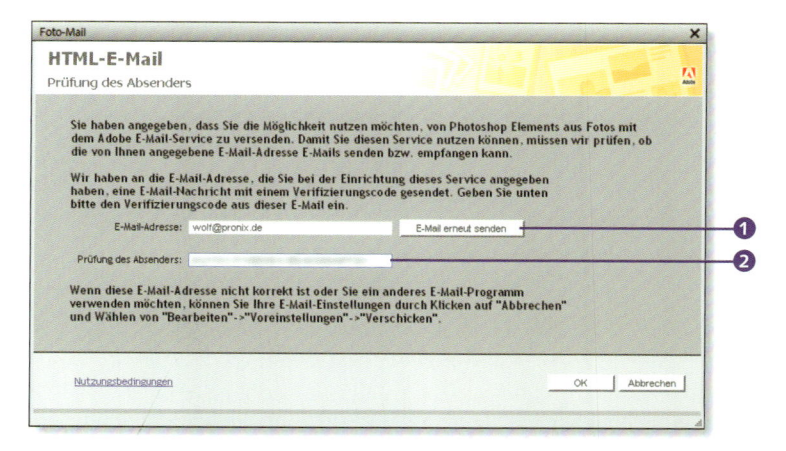

Abbildung 39.31 ▶
Der Dialog zum Aktivieren des Adobe E-Mail-Service

5 E-Mail versenden

Schließlich öffnet sich das von Ihnen voreingestellte E-Mail-Programm. Hier klicken Sie auf SENDEN ❸. Haben Sie den Adobe E-Mail-Service verwendet, erscheint ein kleiner Adobe-eigener E-Mail-Client, der für das Versenden von Fotos im Hausgebrauch völlig ausreicht.

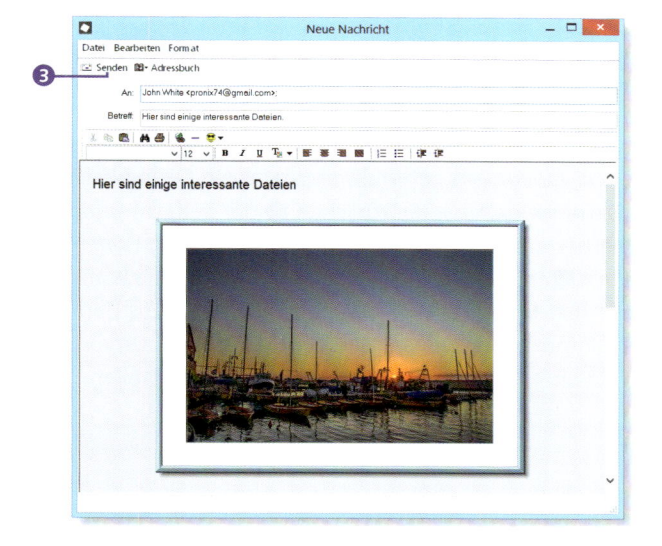

◄ **Abbildung 39.32**
Der E-Mail-Client von Adobe

39.7.1 Bilder als PDF-Diashow versenden

Anstelle einer ganzen Serie von einzelnen Bildern können Sie auf die soeben beschriebene Weise auch mehrere Bilder in einer PDF-Diashow als E-Mail-Anhang versenden. Rufen Sie zu diesem Zweck den Menüpunkt TEILEN • PDF-DIASHOW auf. Ab hier verläuft der Vorgang ebenso wie soeben für die Option E-MAIL-ANHÄNGE beschrieben – nur dass Sie diesmal noch einen Namen für die PDF-Datei eingeben müssen.

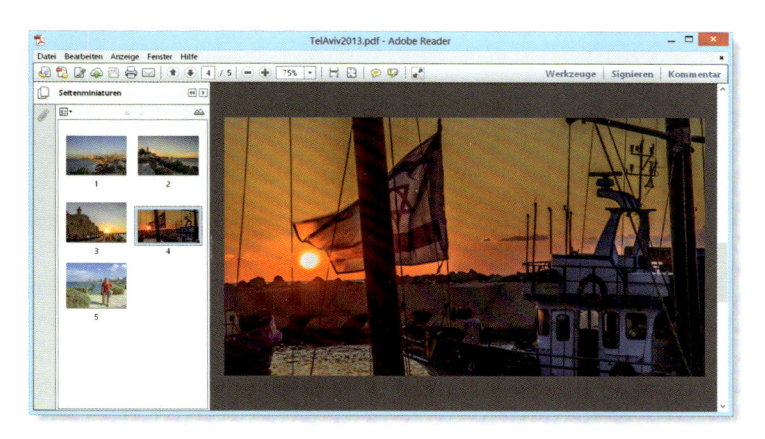

◄ **Abbildung 39.33**
Auch als PDF-Dokument für den Adobe Acrobat Reader können Sie Bilder als Diashow »verpacken« und versenden.

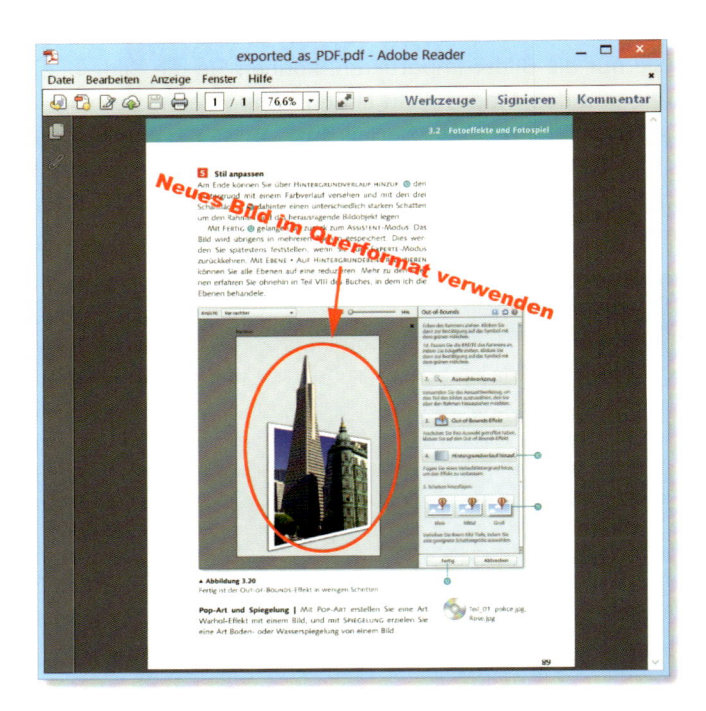

Abbildung 39.37 ▶
Das ist die im letzten Abschnitt importierte PDF-Seite. Dabei wurde eine Anmerkung mit dem Textwerkzeug hinzugefügt und das Ganze als PDF-Dokument exportiert.

NewsML

Mittlerweile gibt es mit NewsML schon wieder ein neues Austauschformat, das möglicherweise künftig IPTC-NAA ablöst.

39.9 Der IPTC-Standard

Der IPTC-Standard (genauer IPTC-NAA) ist ein international anerkannter Standard, der es erlaubt, verschiedene Informationen (vor allem auch Hinweise zu den Bildrechten) direkt in der Bilddatei (zum Beispiel in TIFF- oder JPEG-Dateien) zu speichern. Diese Art der Metadatenspeicherung wurde aber nicht nur für Bilddateien entwickelt, sondern wird auch bei sonstigen Grafiken, Text sowie Audio- und Videodateien verwendet. Sie sollten Ihre Metadaten unbedingt mit diesem Standard speichern, wenn Sie Ihre Bilder online auf einer Foto-Community (beispielsweise *flickr.com*) oder in eine Bilderdatenbank hochladen. Bei Photoshop Elements können Sie diese Informationen zu einem geöffneten Bild im Fotoeditor über das Menü DATEI • DATEIINFORMATIONEN nachlesen oder editieren. Hier finden Sie auch gleich alle anderen Arten von vorhandenen Metadaten wie die Kameradaten, das Aufnahmedatum usw.

Beachten Sie hierbei, dass Sie, wenn Sie diese IPTC-Daten editieren, das Bild anschließend auch speichern müssen, damit diese Textinformationen dauerhaft in der Bilddatei abgelegt werden. Mehr Informationen zum IPTC-NAA-Standard finden Sie bei Wikipedia unter der Adresse *http://de.wikipedia.org/wiki/IPTC-NAA-Standard*.

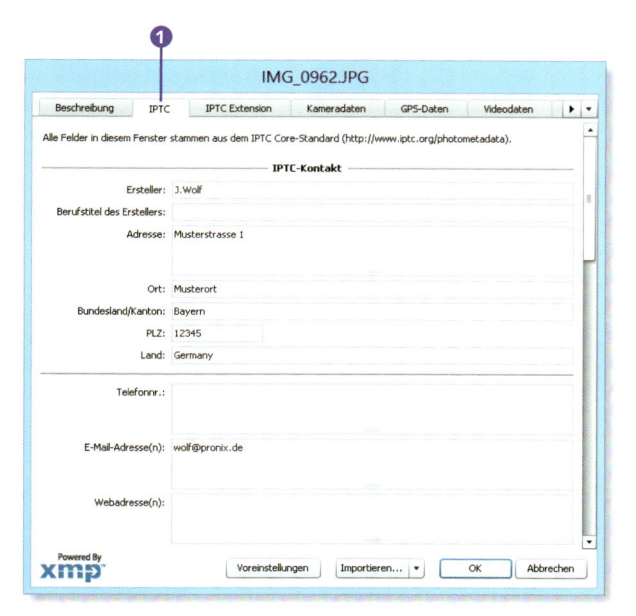

39.9 Der IPTC-Standard

◄ **Abbildung 39.38**
Über den Reiter IPTC ❶ können Sie verschiedene Informationen wie Hinweise zu den Bildrechten, Angaben zum Autor/Fotograf usw. nachlesen oder selbst editieren.

Mehrere Bilder gleichzeitig bearbeiten | Auch über den Organizer lassen sich die IPTC-Daten nachträglich editieren, wenn diese Möglichkeit auch etwas versteckt ist. Hierzu müssen Sie ein Bild markieren ❷ und dann die Schaltfläche TAGS/INFO ❼ aktivieren. Bei INFORMATIONEN ❸ klappen Sie die METADATEN ❹ auf und aktivieren die VOLLSTÄNDIG-Ansicht ❺. Jetzt finden Sie etwas weiter unten die IPTC-Informationen mit einer kleinen Schaltfläche mit drei Punkten ❻. Diese müssen Sie anklicken, um IPTC-Informationen (nachträglich) zu bearbeiten.

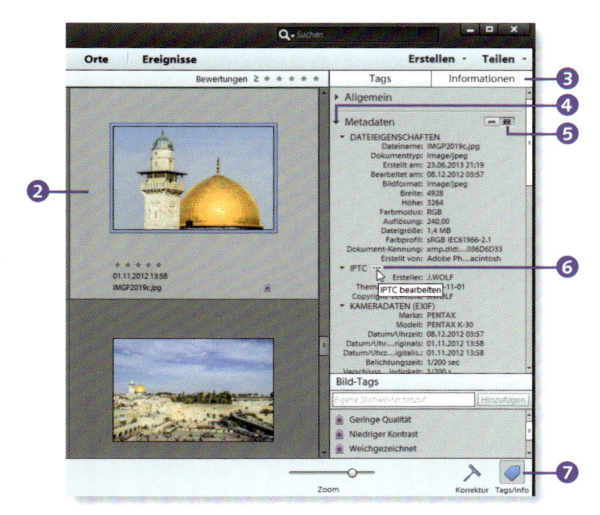

▲ **Abbildung 39.39**
Ziemlich versteckt ist die Möglichkeit, die IPTC-Informationen mit dem Organizer zu bearbeiten.

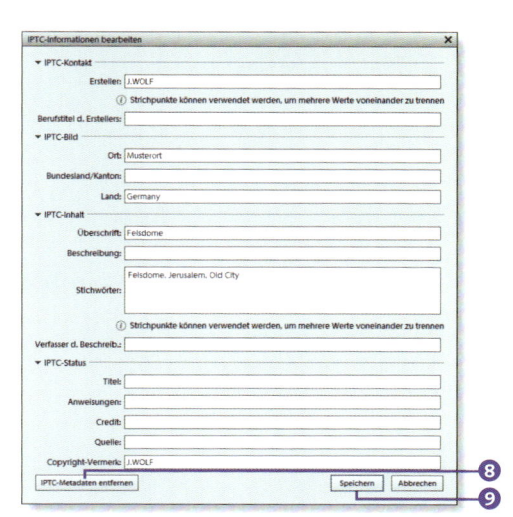

▲ **Abbildung 39.40**
Der Dialog, um die IPTC-Informationen zu editieren oder zu entfernen

Kapitel 39 Bilder für das Internet

Im sich öffnenden Dialog können Sie jetzt die IPCT-Informationen bearbeiten oder über die Schaltfläche IPTC-METADATEN ENTFERNEN ❽ komplett löschen. Mit einem Klick auf die Schaltfläche SPEICHERN ❾ werden die IPCT-Metadaten in der Datei gespeichert.

In der Praxis will man aber häufig nicht nur eine Datei, sondern oft eine ganzen Satz an Dateien auf einmal editieren, oder gar die IPTC-Informationen entfernen. Auch das ist ohne großen Aufwand möglich. Hierzu müssen Sie nur entsprechende Bilder im Medienbrowser markieren, wobei TAGS/INFO ⓭ aktiviert sein muss. Bei INFORMATIONEN ❿ finden Sie jetzt eine Schaltfläche IPTC-INFORMATIONEN BEARBEITEN ⓬ vor. Wenn Sie diese anklicken, werden bei allen ausgewählten Dateien (die Anzahl steht über der Schaltfläche ⓫) im sich öffnenden Dialog die IPTC-Informationen bearbeitet oder über die entsprechende Schaltfläche entfernt.

▼ **Abbildung 39.41**
IPTC-Informationen für mehrerer Bilder gleichzeitig bearbeiten.

Kapitel 40
Fotoabzüge drucken

Bevor Sie ein Bild ausdrucken, sollten Sie seine Auflösung überprüfen. Das Thema Auflösung habe ich zwar bereits in Abschnitt 6.2, »Bildgröße und Auflösung«, ausführlich behandelt, möchte es aber für den Druck noch einmal aufgreifen. Anschließend beschreibe ich die verschiedenen Druckbefehle und -optionen von Photoshop Elements genauer.

40.1 Auflösung überprüfen

Überprüfen Sie vor dem Drucken immer zuerst die Auflösung des Bildes. Gerade bei Daten von der Kamera sind zwar die Abmessungen des Bildes recht hoch, die Auflösung ist aber meistens recht gering. Bilder mit einer Auflösung von 72 dpi oder 96 dpi sind für den Druck eher ungeeignet – wohlgemerkt, hier ist die Rede vom Fotodruck. Die Angabe der Auflösung finden Sie gewöhnlich unterhalb des Dokumentfensters beim Fotoeditor, wenn im Dropdown-Menü ❶ der Eintrag DOKUMENTMASSE aktiviert ist.

◀ **Abbildung 40.1**
Die Informationen zur Auflösung lassen Sie zum Beispiel in der Statusleiste unterhalb des Dokumentfensters anzeigen.

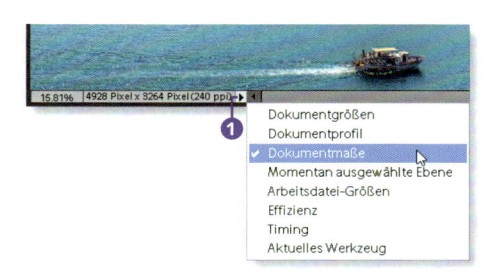

Entscheidend für den Ausdruck ist auch, welche Größe Sie für Ihre Datei verwenden wollen, ob Sie zum Beispiel das Bild in Originalgröße ausdrucken wollen. Gewöhnlich erreichen Sie mit einer Auflösung von **150 dpi** sehr gute Ergebnisse. Bei konventionellen Tintenstrahldruckern, wie sie zumeist im Heimbereich eingesetzt werden, erzielen Sie mit **220 dpi** häufig das beste Resultat. Eine Auflösung von **300 dpi** erbringt bei den meisten Standarddruckern keine besseren Ergebnisse mehr und ist eher für den professionellen Druck geeignet (zum Beispiel dieses Buches).

Auflösung und Bildgröße ändern | Wie Sie Auflösung und Bildgröße ändern, habe ich bereits in Abschnitt 6.2, »Bildgröße und Auflösung«, beschrieben. Den entsprechenden Dialog rufen Sie über BILD • SKALIEREN • BILDGRÖSSE oder mit der Tastenkombination Alt+Strg/cmd+I auf.

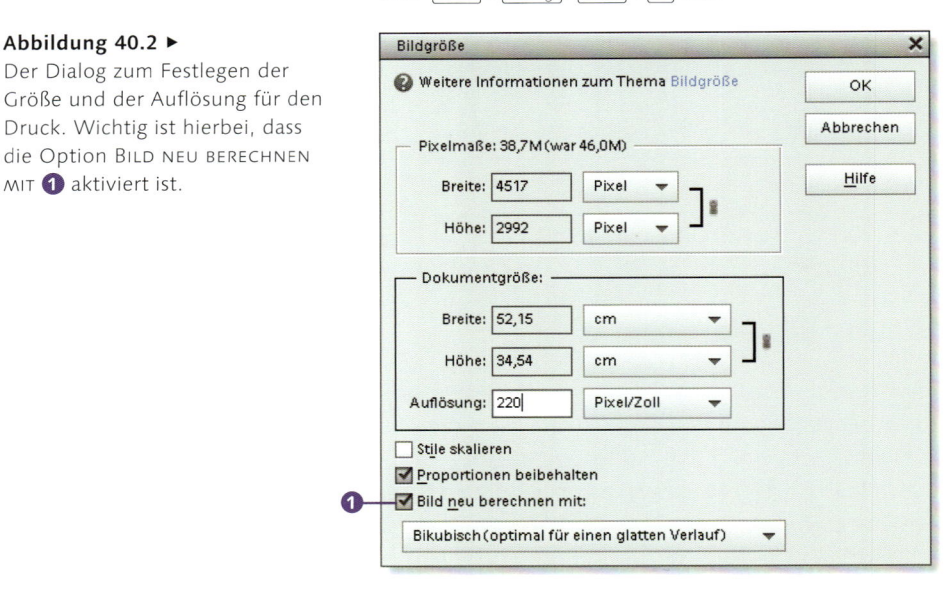

Abbildung 40.2 ▶
Der Dialog zum Festlegen der Größe und der Auflösung für den Druck. Wichtig ist hierbei, dass die Option BILD NEU BERECHNEN MIT ❶ aktiviert ist.

Beachten Sie, dass eine Erhöhung der Auflösung auch Einfluss auf die Qualität des Bildes hat, weil durch eine Vergrößerung Pixel zum Bild hinzugefügt werden, wo vorher keine waren. Auf den ersten Blick fällt dies zwar nicht auf, aber bei besonders harten Kanten und starkem Hineinzoomen erkennen Sie dies etwas besser.

Abbildung 40.3 ▶
Zweimal dasselbe Bild. Das linke Bild wurde mit 72 dpi erstellt. Im Bild rechts wurde die Auflösung auf 600 dpi erhöht. Das Hinzufügen der Pixel geschieht hierbei durch einen Mittelwert aus den vorhandenen Pixeln. In diesem Fall ergibt sich aus weißen und schwarzen Pixeln ein neutrales Grau.

Qualitätsverlust gering halten | Um den Qualitätsverlust beim Erhöhen der Auflösung möglichst gering zu halten, gibt es einen einfachen Trick: Anstatt den Wert der Auflösung in einem Schritt zu erhöhen (etwa von 72 dpi auf 150 dpi), sollten Sie die Auflösung in 10er- oder 15er-Schritten anheben, bis der gewünschte Wert erreicht ist. Außerdem sollten Sie bei der Option BILD NEU BERECHNEN MIT ❷ den Wert BIKUBISCH (OPTIMAL FÜR EINEN GLATTEN VERLAUF) ❸ verwenden. Zugegeben, der Aufwand ist hierbei größer, wird aber durch ein besseres Ergebnis gerechtfertigt.

Zum Nachlesen
Mehr über das Neuberechnen eines Bildes erfahren Sie in Abschnitt 20.1.1, »Pixelmaße ändern«.

40.2 Die Druckbefehle

Alle Befehle zum Drucken rufen Sie im Fotoeditor auf beiden Betriebssystemen (also Windows und Mac) über das Menü DATEI • DRUCKEN oder mit dem Tastenkürzel [Strg]/[cmd]+[P] auf. Aber auch aus dem Organizer heraus ist das Drucken ohne Probleme möglich; dort müssen Sie nur mit einer kleinen Einschränkung leben, die ich im Abschnitt »Drucken aus dem Organizer« auf Seite 895 erläutere.

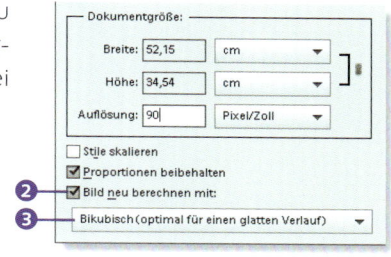

▲ **Abbildung 40.4**
Die schrittweise Erhöhung der Auflösung vermindert Qualitätsverluste.

40.2.1 Drucken aus dem Fotoeditor

Der sich darauf öffnende Dialog enthält alle Kommandos zum Drucken, die Adobe Photoshop Elements anbietet.

Der Dialog bietet vielfältige Möglichkeiten, den Druck zu steuern. Im Folgenden stelle ich die Optionen der Reihe nach vor:

▶ DRUCKER AUSWÄHLEN: Wenn Sie mehrere Drucker auf Ihrem Rechner installiert haben, wählen Sie hier den Drucker aus, den Sie jeweils verwenden möchten. Ansonsten wird der Drucker benutzt, der im System als Standarddrucker eingestellt ist.

▶ DRUCKEREINSTELLUNGEN (nur Windows): Hier ändern Sie reine Druckereinstellungen wie PAPIERTYP, DRUCKQUALITÄT, PAPIERFACH usw. Im Grunde handelt es sich dabei nur um einen ähnlichen Dialog, wie Sie ihn vielleicht auch schon vom Betriebssystem her kennen, wenn Sie die Eigenschaften eines Druckers aufrufen und ändern.

▶ PAPIERFORMAT AUSWÄHLEN: Hier geben Sie die Größe des Papiers an, auf dem gedruckt werden soll. Standardmäßig ist dieser Wert auf A4 eingestellt. Auch die AUSRICHTUNG des Drucks (Hoch- oder Querformat) legen Sie hier fest.

▶ ABZUGSART AUSWÄHLEN (nur Windows): Diese Option dürfte für Sie interessant sein, wenn Sie mehrere Abzüge von einem oder unterschiedlichen Bildern auf eine Seite drucken wollen.

Bei der Mac-Version finden Sie im Menü DATEI noch die Druckerbefehle KONTAKTABZUG II (Tastenkürzel [Alt]+[cmd]+[P]) und BILDPAKET. Die beiden Befehle sind bei der Windows-Version nur im DRUCKEN-Dialog über ABZUGSART AUSWÄHLEN erreichbar. Windows ruft den Organizer auf, um diese Befehle auszuführen.

Kapitel 40   Fotoabzüge drucken

- DRUCKFORMAT AUSWÄHLEN: Hier stellen Sie die Ausgabegröße ein, mit der das Bild auf eine Seite gedruckt werden soll. Die Werte reichen von der Originalgröße über übliche Fotoformate bis hin zu einem benutzerdefinierten Wert. Die entsprechende Ausgabegröße können Sie links in der Druckvorschau betrachten. Wollen Sie die Maßangaben (Zoll oder cm/mm) ändern, rufen Sie unter BEARBEITEN/PHOTOSHOP ELEMENTS • VOREINSTELLUNGEN • EINHEITEN & LINEALE im Dropdown-Menü AUSGABEGRÖSSEN auf.
- ZUSCHNEIDEN: Setzen Sie ein Häkchen vor diese Option, wird das Foto auf das Format zugeschnitten, das Sie unter DRUCKFORMAT AUSWÄHLEN eingestellt haben. Das ist beispielsweise recht nützlich, wenn Sie ein Bild auf ein Fotopapier mit einer vorgegebenen Größe drucken wollen.
- DRUCK: [N] EXEMPLARE: Geben Sie hier an, wie viele Abzüge von dem Bild gedruckt werden sollen.

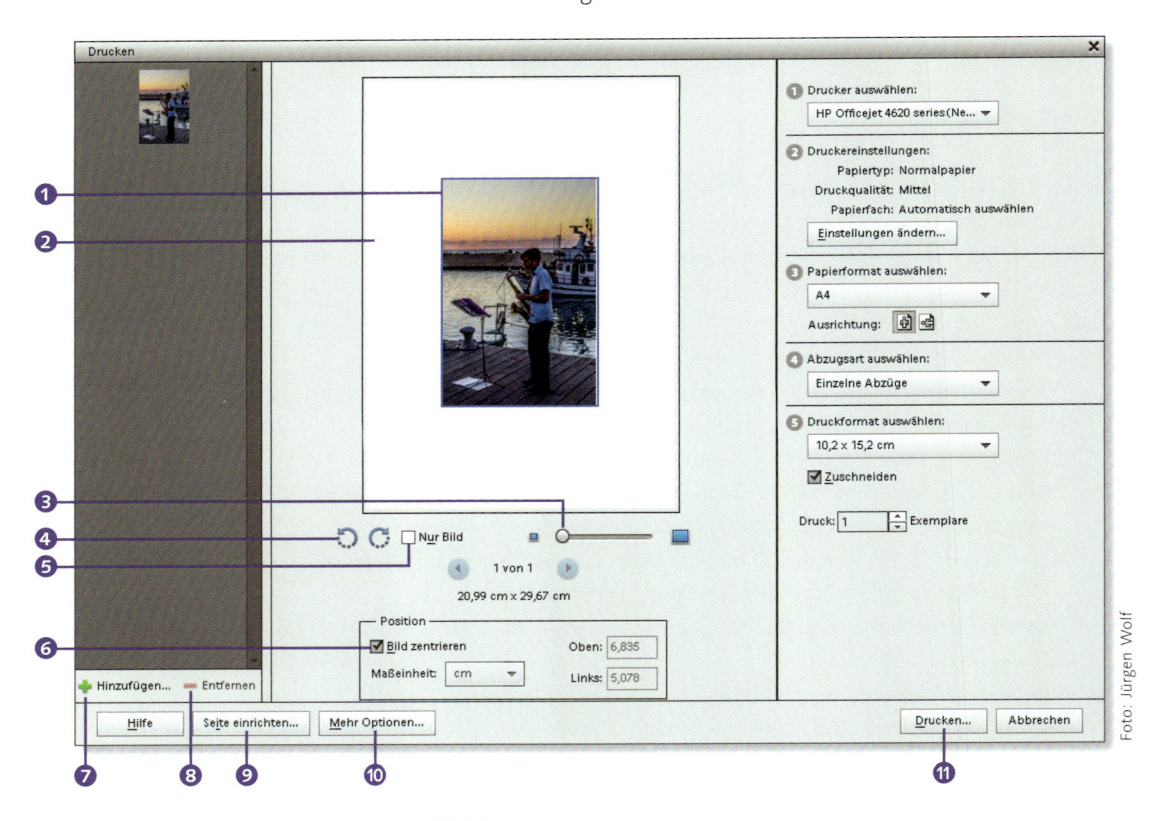

▲ **Abbildung 40.5**
Das Dialogfenster zum DRUCKEN im Fotoeditor unter Windows

40.2 Die Druckbefehle

▲ **Abbildung 40.6**
Das Dialogfenster zum DRUCKEN im Fotoeditor am Mac

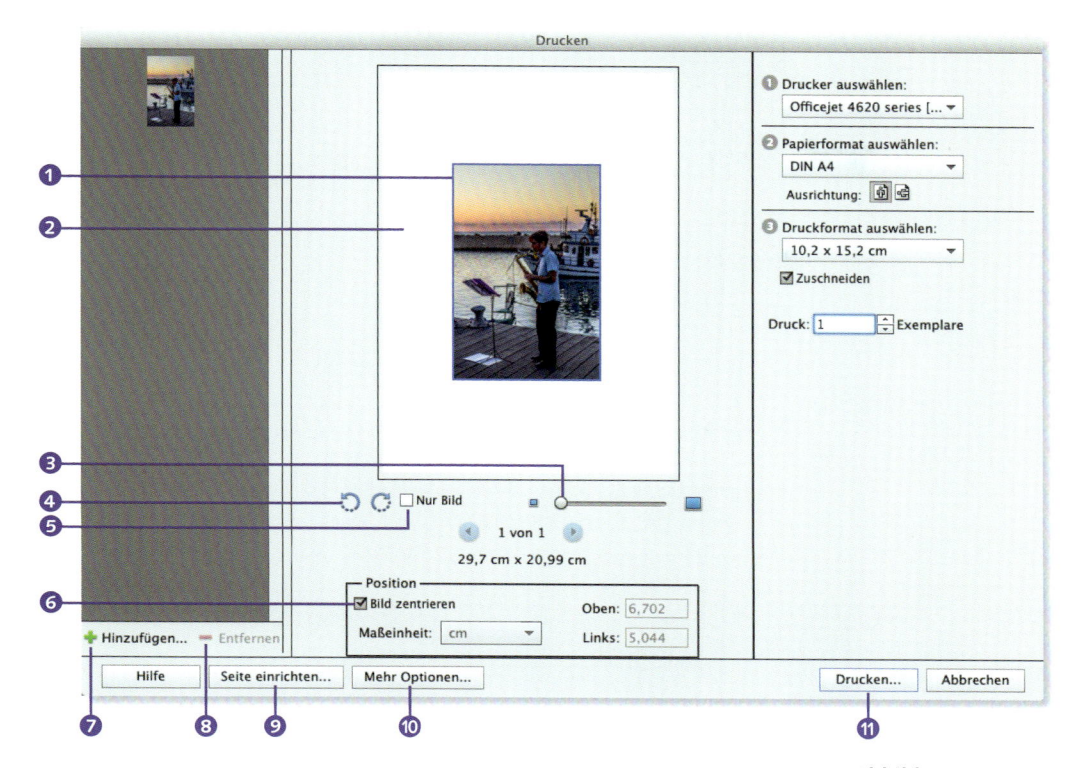

Unterhalb der Druckvorschau ❷ finden Sie Funktionen, um die Bildausrichtung noch um 90° nach links oder rechts zu drehen ❹. Ist die Option NUR BILD ❺ aktiviert, wird beim Drehen nur das Bild auf der Seite gedreht. Ist Sie nicht aktiviert, ändern Sie die Ausrichtung der Seite.

Mit dem Regler daneben ❸ skalieren Sie das Bild. Ist das Häkchen vor BILD ZENTRIEREN ❻ gesetzt, lässt sich die Position des Bildes nicht mehr verschieben. Deaktivieren Sie dieses Häkchen, können Sie die Position mit den beiden Feldern daneben anhand der linken oberen Ecke in der eingestellten MASSEINHEIT ausrichten. Alternativ verschieben Sie das Bild mit gedrückt gehaltener linker Maustaste am blauen Rahmen ❶. Achtung: Wenn Sie mit gedrückt gehaltener Maustaste *auf* dem Bild sind, wird der Mauszeiger zur Hand, und das Bild wird innerhalb des Rahmens verschoben.

Weitere Bilder fügen Sie über das grüne Plussymbol ❼ hinzu oder entfernen sie über das Minussymbol ❽. Über die Schaltfläche SEITE EINRICHTEN ❾ rufen Sie den systemeigenen Dialog des Betriebssystems (siehe Abbildung 40.7) zum Einrichten einer Seite auf. Noch mehr Optionen für den Druck erreichen Sie über die Schaltfläche MEHR OPTIONEN ❿ (siehe Abbildung 40.8). Mit DRUCKEN ⓫ starten Sie den Druckvorgang.

Kapitel 40 Fotoabzüge drucken

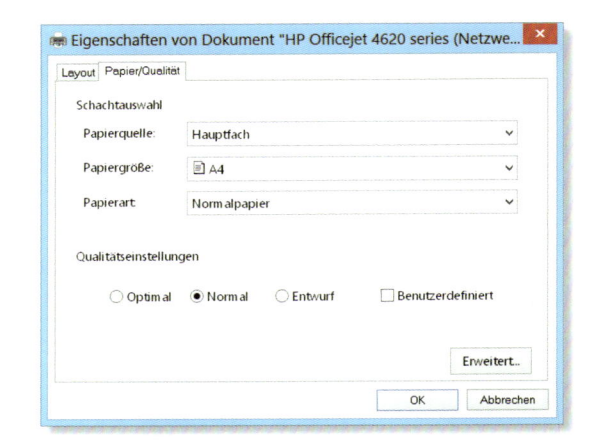

Abbildung 40.7 ▶
Der Windows-eigene Dialog zum Einrichten einer Seite

Mehr Optionen | Wenn Sie im Drucken-Dialog auf die Schaltfläche Mehr Optionen ❿ (siehe Abbildung 40.6) klicken, erreichen Sie einige interessante zusätzliche Einstellmöglichkeiten:

Abbildung 40.8 ▶
Noch mehr Druckoptionen

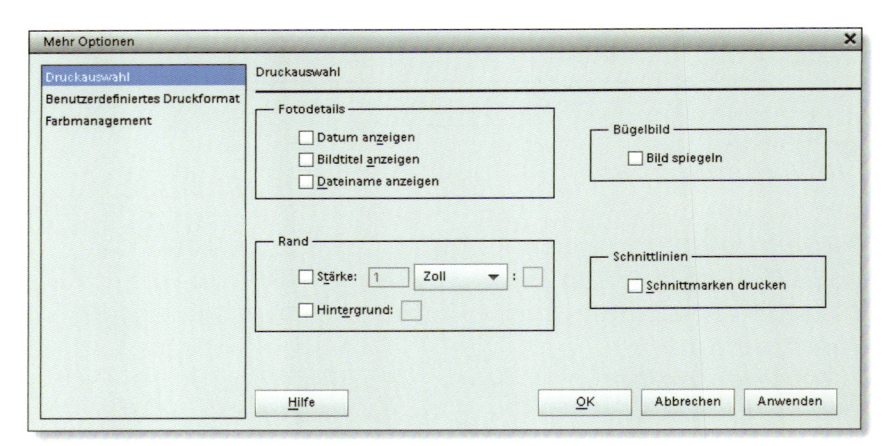

Bildtitel
Den Bildtitel können Sie über die allgemeinen Eigenschaften eines Bildes (siehe Abschnitt 9.12, »Bildinformationen«) eingeben.

▶ Druckauswahl: Hier entscheiden Sie, ob der Dateiname und/oder ein Bildtitel als Überschrift ausgedruckt werden sollen. Auch einen Rand um das Bild können Sie mit einer bestimmten Farbe und Stärke ausgeben. Den restlichen Bereich um den Rahmen herum färben Sie mit Hintergrund ein. Mit Schnittmarken drucken werden Hilfslinien auf alle vier Kanten des Fotos gedruckt, die anzeigen, an welchen Stellen das Foto zugeschnitten werden soll. Mit Bild spiegeln wird das Bild horizontal gespiegelt ausgedruckt. Dies ist beispielsweise sinnvoll, wenn Sie ein T-Shirt bedrucken wollen.

▶ Benutzerdefiniertes Druckformat: Hier können Sie das Bild auf die Papiergröße skalieren, wenn Sie die Checkbox Auf Mediengrösse skalieren aktivieren. Ansonsten können Sie über Höhe und Breite ein benutzerdefiniertes Maß eingeben. Das

Ergebnis können Sie wie gewohnt in der Druckvorschau betrachten, wenn Sie auf die Schaltfläche ANWENDEN klicken.

▶ FARBMANAGEMENT: Mit dem Farbmanagement wird über BILDFARBRAUM das Farbprofil des Bildes angezeigt.

Schritt für Schritt: Bild auf Fotopapier 10 × 15 cm drucken

In Zeiten von digitalen Medien, wo Bilder immer mehr auf heimischen Rechnern oder Tablet-Computern präsentiert werden, findet man immer seltener echte Foto vor. Trotzdem druckt jeder gerne mal das eine oder anderer Erinnerungsfoto oder Meisterstück aus und stellt es eingerahmt auf den Schreibtisch oder hängt es an die Wand. In diesem kleinen Workshop soll gezeigt werden, wie die üblichen Schritte aussehen können, ein digitales Bild auf ein Fotopapier zu drucken. Im Beispiel wird das gängige Format 10 × 15 cm verwendet.

Kapitel_40: RajGhat.jpg

1 Bild für den Druck vorbereiten

Öffnen Sie das Bild Ihrer Wahl im Fotoeditor. Überprüfen Sie die Auflösung des Bildes. Ein gute Einstellung sollte 150 dpi bis 300 dpi bringen (siehe Abschnitt 40.1, »Auflösung überprüfen«). Im nächsten Schritt müssen Sie gegebenenfalls das Freistellen-Werkzeug ⌶ Ⓒ auswählen, um das Bild auf das richtige Format zu schneiden. Wählen Sie daher bei der Freistellungsvorgabe 10 × 15 CM ❶ aus, und schneiden Sie das Bild dann auf Format zu.

◀ Abbildung 40.9
Bild in die richtige Form bringen

Kapitel 40   Fotoabzüge drucken

2   Druckerdialog aufrufen und einstellen

Rufen Sie jetzt den Druckerdialog über das Menü DATEI • DRU-CKEN oder mit dem Tastenkürzel [Strg]/[cmd]+[P] auf. Nachdem Sie den Drucker ❶ ausgewählt haben, sollten Sie bei den DRUCKEREINSTELLUNGEN über die Schaltfläche EINSTELLUNGEN ÄNDERN ❷ den Papiertyp auf Fotopapier stellen und die Druckqualität erhöhen. Beim Mac machen Sie dies über die die Schaltfläche SEITE EINRICHTEN. Als PAPIERFORMAT ❸ wählen Sie 10×15 CM. Ist diese Vorgabe nicht vorhanden, können Sie auch das gleichwertige Gegenstück 4×6 (Zoll) verwenden. Bei der ABZUGSART ❹ lassen Sie EINZELNE ABZÜGE eingestellt, und als DRUCKFORMAT ❺ wählen Sie 10,2×15,2 CM.

▲ **Abbildung 40.10**
Druckeinstellungen beim Mac

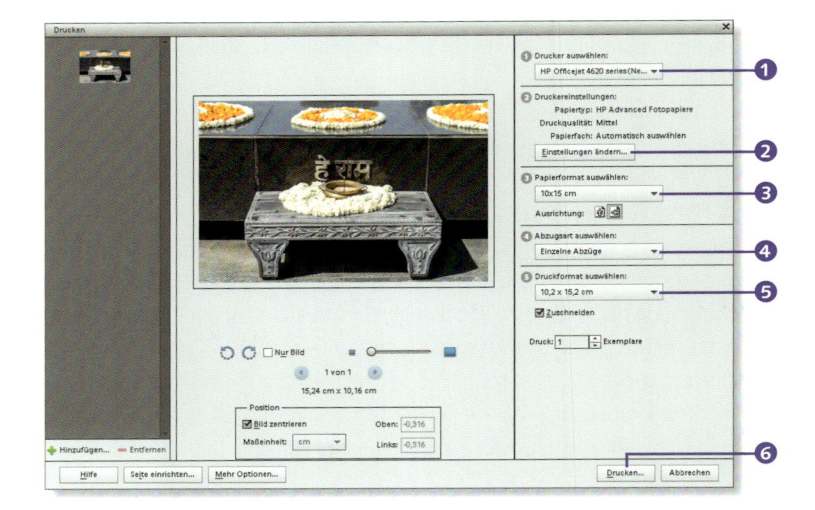

Abbildung 40.11 ▶
Druckeinstellungen unter Windows

3   Papier einlegen und den Fotodruck starten

Legen Sie jetzt das Fotopapier in den Drucker, und starten Sie den Druck über die Schaltfläche DRUCKEN ❻. Je nach Qualitätseinstellungen und Drucker kann dies ein wenig länger dauern als üblich.

Abbildung 40.12 ▶
Das fertig ausgedruckte Foto auf einem 10 x 15 cm-Fotopapier

Randlos drucken | Wollen Sie ohne den weißen Rand drucken, dann müssen Sie dies bei Ihrem Drucker einstellen. Randloses Drucken ist nicht Sache von Photoshop Elements, sondern eine Einstellung Ihres Druckers. Beim Mac finden Sie diese Option meistens schon beim Auswählen des Papierformats. Bei Windows müssen Sie diese Option über die Eigenschaften des Druckers einstellen, auch zu erreichen über die Schaltfläche SEITE EINRICHTEN des Dialogs von Photoshop Elements. Aber seien Sie gewarnt, trotz dieser Einstellung lässt sich nicht jeder Drucker dazu überreden, absolut randlos zu drucken.

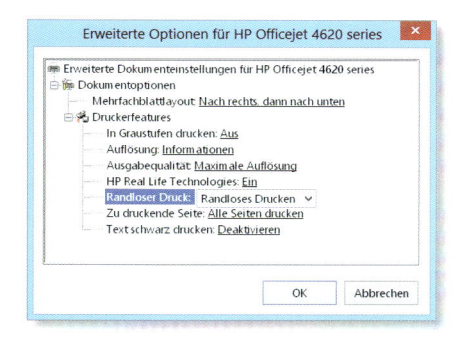

◄ **Abbildung 40.13**
RANDLOSES DRUCKEN ist Sache des Druckers und nicht der Software und muss extra bei den EIGENSCHAFTEN des Druckers eingestellt werden.

40.2.2 Drucken aus dem Organizer

Wenn Sie den Druckbefehl DATEI • DRUCKEN oder [Strg]/[cmd]+[P] aus dem Organizer heraus aufrufen, öffnet sich ein ähnlich umfangreicher Dialog wie im Fotoeditor. Das Einzige, worauf Sie hier verzichten müssen, ist die freie Positionierung über die Option BILD ZENTRIEREN (siehe ❻ in Abbildung 40.5 und 40.6).

▲ **Abbildung 40.14**
Alle Befehle zum Drucken können beim Organizer und beim Fotoeditor auch über ERSTELLEN • FOTOABZÜGE aufgerufen werden.

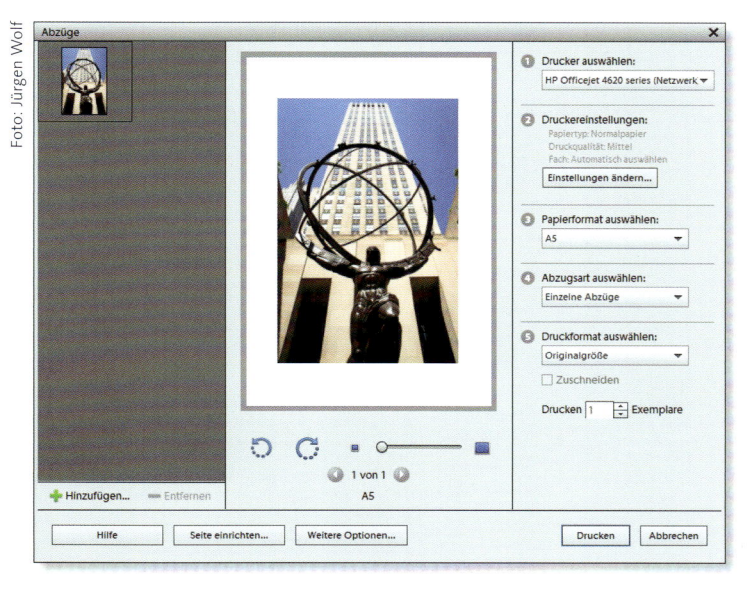

◄ **Abbildung 40.15**
Die Einstellungen für den Druck aus dem Organizer heraus

Kapitel 40 Fotoabzüge drucken

40.2.3 Ein Bild mehrmals auf eine Seite drucken – Bildpaket

Wenn Sie ein Bild mehrmals auf eine Seite drucken wollen, müssen Sie am Mac und unter Windows unterschiedlich vorgehen.

Windows | Um von einem Bild gleich mehrere Abzüge auf einer Seite auszudrucken, verwenden Sie bei ABZUGSART AUSWÄHLEN ❶ die Option BILDPAKET und bestimmen dann bei LAYOUT AUSWÄHLEN ❷ ein entsprechendes Layout. Jetzt müssen Sie nur noch ein Häkchen vor SEITE MIT ERSTEM FOTO FÜLLEN ❸ setzen.

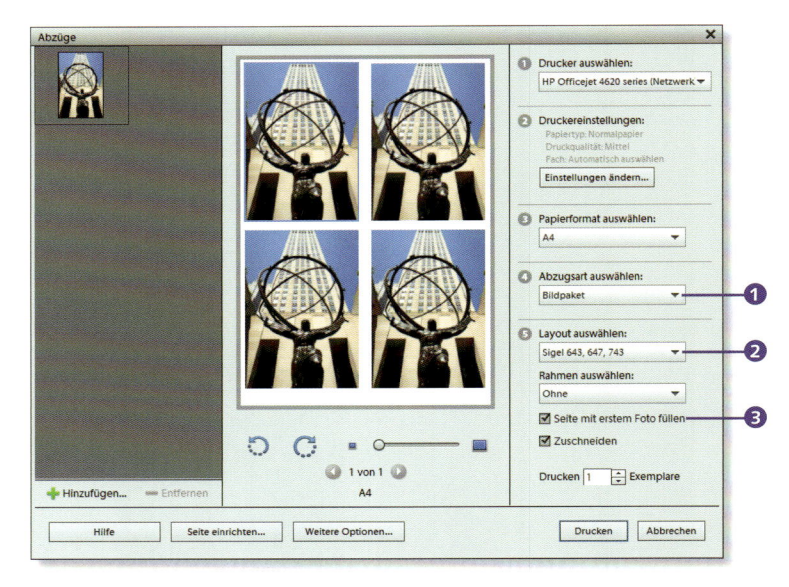

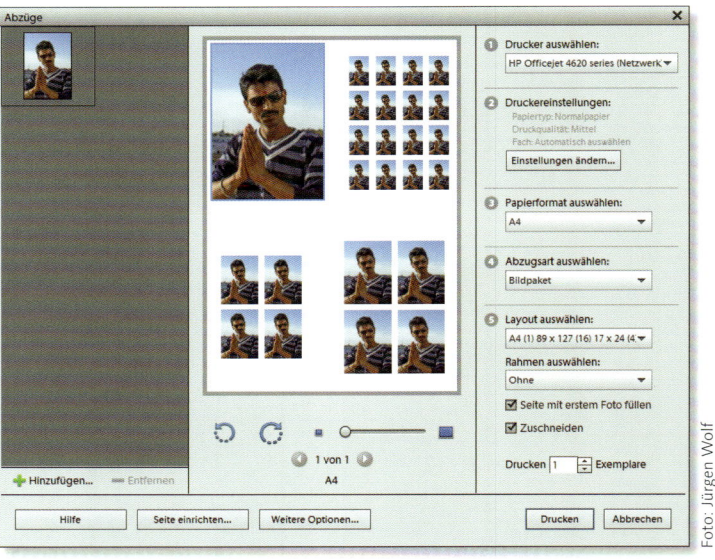

Viele Möglichkeiten
Die Möglichkeiten zum Drucken einzelner oder mehrerer Bilder mit dem DRUCKEN-Dialog des Organizers sind recht vielseitig, dank vieler Vorgaben. Hier können Sie nach Herzenslust experimentieren. Das jeweilige Ergebnis können Sie immer im Vorschaufenster des DRUCKEN-Dialogs betrachten.

Abbildung 40.16 ▶
Natürlich lassen sich auch mehrere Abzüge vom selben Bild auf eine Seite drucken.

Abbildung 40.17 ▶
Passfotos und Miniaturen können Sie mit der Abzugsart BILDPAKET und dem entsprechenden Layout ebenfalls einstellen.

Mac | Wollen Sie beim Mac mehrere Abzüge von einem Bild ausdrucken, rufen Sie aus dem Fotoeditor von Photoshop Elements das Menü DATEI • BILDPAKET auf. Im sich öffnenden Dialog BILDPAKET müssen Sie nur das SEITENFORMAT ❹ einrichten und aus LAYOUT ❺ ein vordefiniertes auswählen. Sollten Sie kein passendes SEITENFORMAT oder LAYOUT vorfinden, dann bietet Ihnen die Schaltfläche LAYOUT BEARBEITEN ❻ eine Möglichkeit, das aktuell ausgewählte Bildpaket-Layout zu bearbeiten.

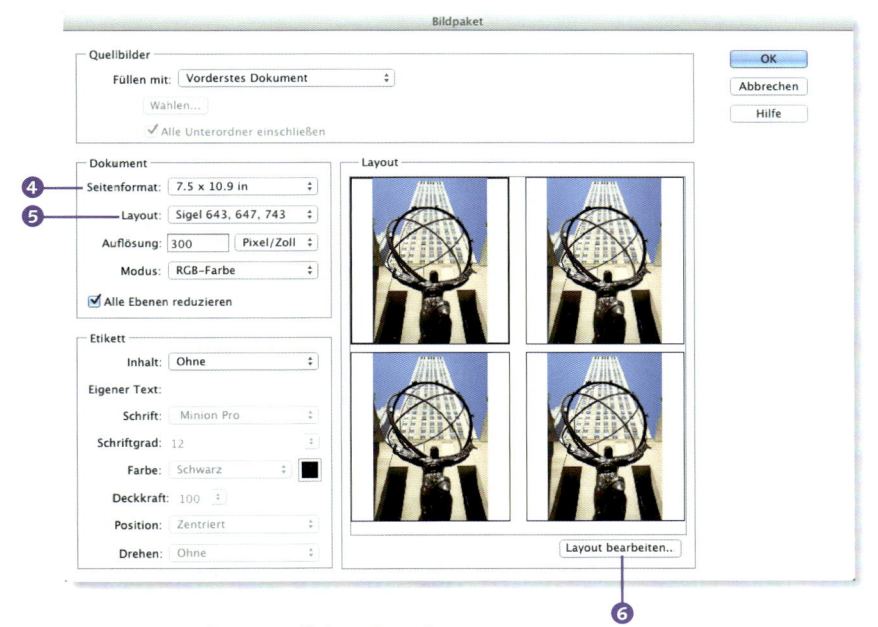

◄ **Abbildung 40.18**
Der Dialog zum Drucken von Bildpaketen beim Mac

40.2.4 Mehrere Bilder drucken

Auch das Drucken mehrerer Bilder funktioniert am Mac und unter Windows etwas unterschiedlich. Worauf Sie achten müssen, erfahren Sie in diesem Abschnitt.

Fotoabzüge
Dieselbe Funktion erreichen Sie auch über das Dropdown-Menü ERSTELLEN unter FOTOABZÜGE • BILDPAKET, sowohl unter Windows als auch auf dem Mac.

Windows | Um mehrere verschiedene Bilder zu drucken, markieren Sie im Medienbrowser des Organizers mehrere Bilder, und starten Sie den DRUCKEN-Dialog über [Strg]+[P]. Weitere Bilder können Sie jederzeit nachträglich über das grüne Plussymbol ❼ hinzufügen, und über das rote Minussymbol ❽ entfernen Sie Bilder.

Wollen Sie mehrere Bilder pro Seite ausdrucken, müssen Sie die Bildgröße wieder für den Druck anpassen. Verwenden Sie dazu bei ABZUGSART AUSWÄHLEN ❾ den Wert BILDPAKET, und wählen Sie anschließend das gewünschte LAYOUT ❿ aus. Das Häkchen vor SEITE MIT ERSTEM FOTO FÜLLEN ⓫ sollte natürlich jetzt deaktiviert sein.

Abbildung 40.19 ▶
Auch mehrere Bilder lassen sich gleichzeitig zum Drucken einrichten.

Mac | Auch am Mac ist es ein Kinderspiel, mehrere unterschiedliche Bilder auf eine Seite zu drucken. Wählen Sie im Menü des Fotoeditors DATEI • BILDPAKET aus. Hier finden Sie unter QUELLBILDER eine Dropdown-Liste FÜLLEN MIT ❶, die standardmäßig auf VORDERSTES DOKUMENT eingestellt ist. Hier wählen Sie entweder mit der Option DATEI mehrere Bilder aus einem Ordner aus, indem Sie in der LAYOUT-Vorschau ❹ auf ein entsprechendes leeres Feld klicken, oder Sie nutzen die Option GEÖFFNETE DATEIEN; dann werden alle im Fotoeditor geöffneten Dateien verwendet. Natürlich müssen Sie auch hier wieder das SEITENFORMAT ❷ und vor allem auch das LAYOUT ❸ auswählen. Erst das LAYOUT bestimmt, welche und wie viele Bilder auf ein Blatt gedruckt werden. Wenn kein passendes Layout vorhanden ist, können Sie sich jederzeit eines über LAYOUT BEARBEITEN ❺ erstellen.

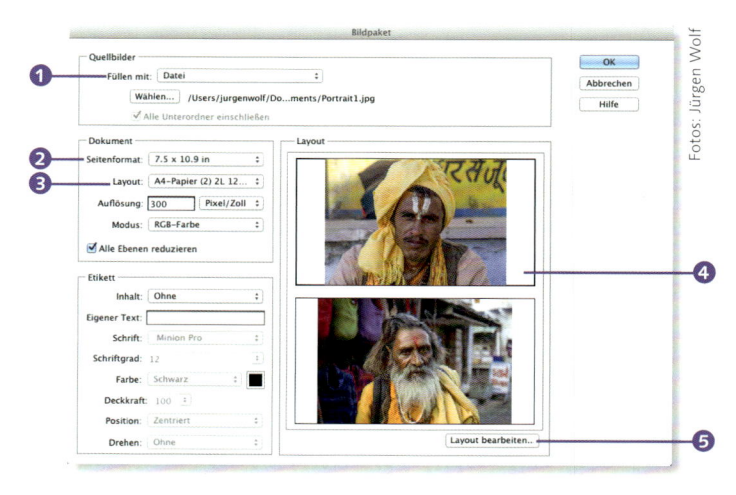

Abbildung 40.20 ▶
Auch mehrere unterschiedliche Bilder sind mit dem Mac kein Problem.

40.2.5 Kontaktabzug

Im Organizer finden Sie bei ABZUGSART AUSWÄHLEN die Option KONTAKTABZUG. Selbige erreichen Sie am Mac im Fotoeditor über DATEI • KONTAKTABZUG II (oder [Alt]+[cmd]+[P]). Ein Kontaktabzug ist ein ganzer Satz von Miniaturansichten von Bildern, die sich beispielsweise in einem Ordner befinden. Einen solchen Abzug können Sie etwa erstellen, wenn Sie Ihre Bilder als Referenz ausdrucken lassen wollen.

Kontaktabzug drucken
Ebenfalls einen Kontaktabzug drucken können Sie über das Aufgabenbedienfeld ERSTELLEN unter FOTOABZÜGE • KONTAKTABZUG DRUCKEN.

40.2.6 Abzüge bestellen

Wollen Sie von Ihren Fotos gleich Abzüge machen lassen und bestellen, finden Sie hierfür eine Möglichkeit über DATEI • ABZÜGE BESTELLEN • BESTELLEN SIE BEIM ONLINEFOTOSERVICE. Wenn Sie den Befehl ausführen, werden sofort, je nachdem, von wo aus Sie den Befehl aufrufen, alle im Fotoeditor geöffneten oder im Medienbrowser des Organizers angezeigten oder markierten Bilder auf dem Fotodienst hochgeladen. Keine Sorge, Sie können den Vorgang jederzeit wieder über das kleine X ❻ beim Upload abrechen oder auch in den noch folgenden Dialogen. Rufen Sie diesen Befehl aus dem Fotoeditor auf, werden alle dort geöffneten Bilder hochgeladen.

Nach dem Upload müssen Sie nur den weiteren Anweisungen auf dem Bildschirm folgen. Zunächst erhalten Sie einen Überblick über die hochgeladenen Bilder, wo Sie die Anzahl und das Format einstellen können (oder eben alles wieder entfernen können).

Im nächsten Dialog erfolgt schon der Überblick zum Warenkorb, gefolgt von der Anmeldung. Wenn Sie bei diesem Dienst noch nicht angemeldet sind, müssen Sie sich zunächst noch registrieren.

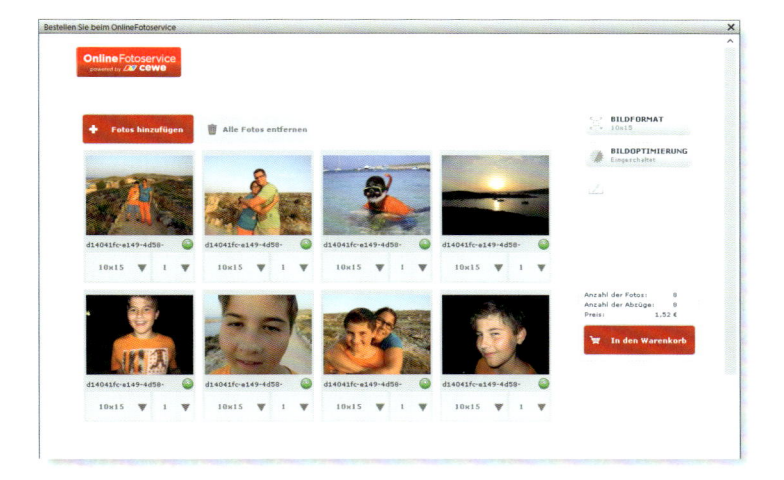

Alternativer Aufruf
Dieselbe Funktion erreichen Sie auch über das Dropdown-Menü ERSTELLEN unter FOTOABZÜGE, sowohl unter Windows als auch auf dem Mac.

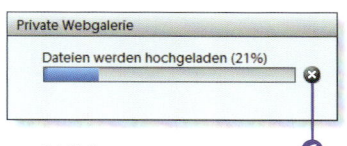

▲ **Abbildung 40.21**
Bilder werden auf den Online-Fotoservice hochgeladen.

◄ **Abbildung 40.22**
Nach dem Upload können Sie Format und Anzahl der Fotos angeben, die Sie als Abzug bestellen wollen.

Einziger Wehrmutstropfen ist im Augenblick noch, dass als Zahlungsart nur eine Kreditkarte verwendet werden kann (die Seite ist aber sehr gut mit SSL verschlüsselt). Wer sich allerdings an einer Zahlung per Kreditkarte nicht stört und wer gerne Bilder entwickeln lässt, der wird diesen Fotodienst nicht mehr missen wollen.

40.3 Visitenkarten erstellen

Zum Thema Drucken gehört unbedingt der Bereich Visitenkarten. Eine Visitenkarte zu erstellen ist im Grunde kein Kunststück. Sie müssen auf die Größe der Visitenkarte achten und darauf, beim Drucken die richtigen »Hebel« zu bedienen. Selbst wenn Sie gar nicht vorhaben, eigene Visitenkarten zu drucken, könnte dieser Workshop interessant für Sie sein, denn ich werden einige Möglichkeiten beim Drucken beschreiben, die ich bislang noch nicht erwähnt habe.

Schritt für Schritt: Visitenkarten erstellen

Visitenkarten können Sie mit Photoshop Elements ganz individuell gestalten. An einige Regeln sollten Sie sich aber dennoch halten.

1 Dokument anlegen

Legen Sie zunächst im Fotoeditor ein neues Dokument mit `Strg`/`cmd`+`N` an. Hierbei sollten Sie die Größenangaben für eine Standard-Visitenkarte verwenden. Wollen Sie für diesen Zweck ein spezielles Druckerpapier benutzen, so passen Sie die Größe entsprechend an. Eine typische Standardgröße wäre 91 mm BREITE und 55 mm HÖHE.

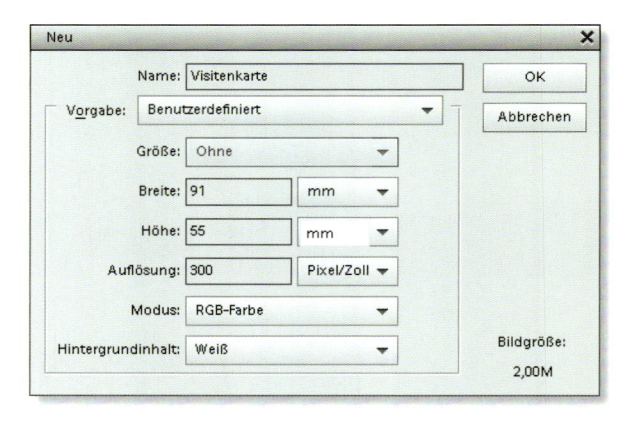

Abbildung 40.23 ▶
Legen Sie ein neues Dokument an.

40.3 Visitenkarten erstellen

2 Text eingeben

Wählen Sie als Nächstes das Textwerkzeug aus. Verwenden Sie als Schriftart ARIAL und eine etwas kleinere Schriftgröße. Im Beispiel habe ich 8 Pt benutzt. Geben Sie nun alle Daten ein, die auf Ihrer Visitenkarte stehen sollen (Name, Adresse, Beruf etc.).

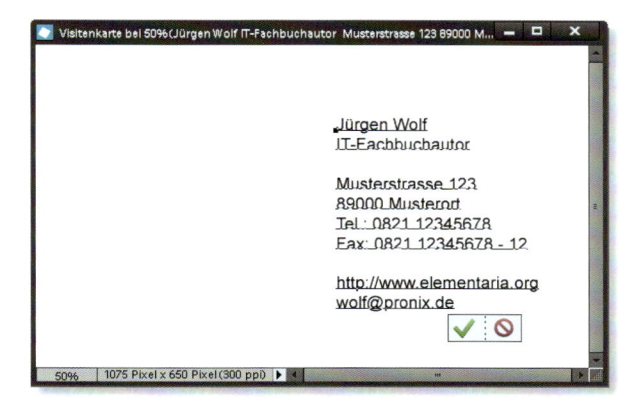

◀ **Abbildung 40.24**
Geben Sie Ihren Text ein.

Zum Nachlesen

Das Textwerkzeug habe ich ausführlich in Teil XI, »Mit Text und Formen arbeiten«, beschrieben.

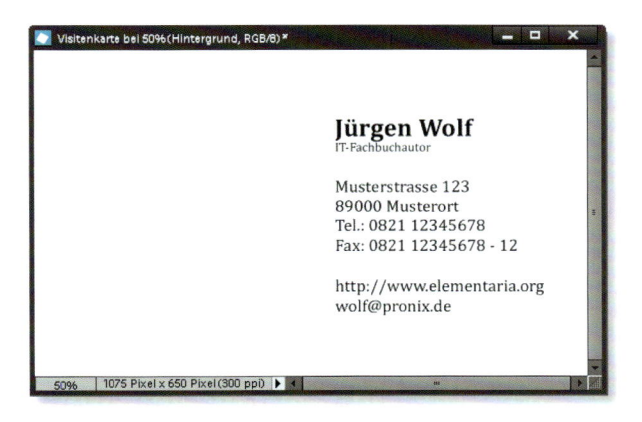

3 Text formatieren

Wenn Sie die Eingaben erledigt haben, formatieren Sie den Text, indem Sie wie bei einem Texteditor einzelne Zeilen markieren und andere Schriftgrößen oder gegebenenfalls auch andere Schriftarten verwenden. Das Formatieren des Textes nach der Eingabe hat den Vorteil, dass Sie den Überblick über den Umfang des Textes behalten.

Im Beispiel habe ich mich für die Schriftart CAMBRIA für den kompletten Text entschieden. Die Schriftgröße des Namens habe ich auf 12 Pt mit fetter Schrift erhöht und die Berufsbezeichnung auf die Schriftgröße 6 Pt reduziert. All diese Einstellungen sind natürlich eine Frage des persönlichen Geschmacks und Stils. Verschieben Sie die Textebene zuletzt noch dorthin, wo Sie sie gerne haben wollen.

◀ **Abbildung 40.25**
Der formatierte Text

Kapitel 40 Fotoabzüge drucken

Kapitel_40: Visitenkarte.tif, Visitenkarte2.tif, Visitenkarte_mit_Ebenen.tif, Visitenkarte2_mit_Ebenen.tif

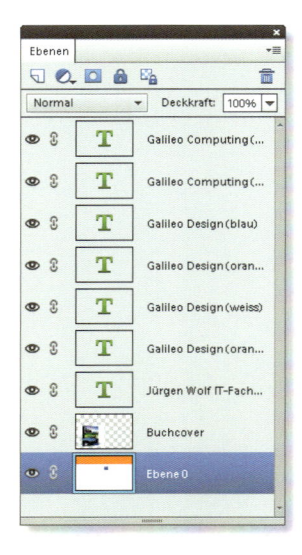

4 Layout erzeugen

Im nächsten Schritt werden Sie das Layout erzeugen. Dabei sind Ihrer Kreativität keine Grenzen gesetzt – erlaubt ist alles, was gefällt. Sie können auch ein Bild einfügen, das Sie gegebenenfalls skalieren müssen. Auch verschiedene Muster, Füllungen oder Verläufe würden sich hier anbieten.

Im Beispiel habe ich die Hintergrundebene aktiviert und neben dem Namen und der Berufsbezeichnung eine rechteckige Auswahl mit blauer Farbe gefüllt. Dasselbe habe ich oberhalb der Karte mit orangener Farbe getan. Anschließend habe ich einen mehrfarbigen Text eingefügt. Auch ein kleines Bild, das Coverbild dieses Buches, habe ich zusätzlich platziert. Es spricht auch nichts dagegen, den Hintergrund insgesamt mit einem Bild zu gestalten und die Deckkraft zu reduzieren.

Abbildung 40.26 ▲▶
Sie können es sich aber auch leichter machen, indem Sie einfach Hintergründe und Grafiken aus dem Bedienfeld GRAFIKEN verwenden.

Abbildung 40.27 ▶
So könnte das Layout für eine individuelle Visitenkarte aussehen.

Tipp für Grafiken

Sind Sie auf der Suche nach Grafiken für die Visitenkarte, sollten Sie sich auch einmal im Bedienfeld GRAFIKEN (FENSTER • GRAFIKEN) umsehen. Photoshop Element bietet hier eine Menge stufenlos skalierbarer Grafiken, wie beispielsweise Zierstreifen, Banner und Logos an, die sich sehr gut für Visitenkarten eignen. Auch Hintergründe finden Sie über dieses Aufgabenbedienfeld.

5 Ebenen vereinen und Bild speichern

Zum Schluss sollten Sie alle Ebenen auf eine reduzieren und das Bild speichern. Sie finden die abgebildeten Visitenkarten natürlich auch wieder auf der Buch-DVD.

Schritt für Schritt: Visitenkarten drucken (Windows)

Nachdem Sie im vorangegangenen Workshop erfahren haben, wie Visitenkarten erstellt werden können, geht es nun um den Ausdruck unter Windows. (Alle Mac-Anwender schlagen bitte auf auf der nächsten Seite nach.)

1 Druckauftrag erstellen

Wählen Sie DATEI • DRUCKEN oder [Strg]+[P]. Verwenden Sie bei ABZUGSART AUSWÄHLEN ❶ den Modus BILDPAKET. Sollten Sie den DRUCKEN-Dialog aus dem Fotoeditor gestartet haben, erfolgen jetzt der Hinweis, dass diese Funktion nur im Organizer von Photoshop Elements zur Verfügung steht, und die Frage, ob Sie diesen gleich starten wollen. Bei LAYOUT AUSWÄHLEN ❷ wählen Sie nun A4-PAPIER (10) VISITENKARTE 55×91. Um gleich einen kompletten Bogen mit Visitenkarten auszudrucken, aktivieren Sie noch die Option SEITE MIT ERSTEM FOTO FÜLLEN ❸. Starten Sie den Druckauftrag mit einem Klick auf DRUCKEN ❹.

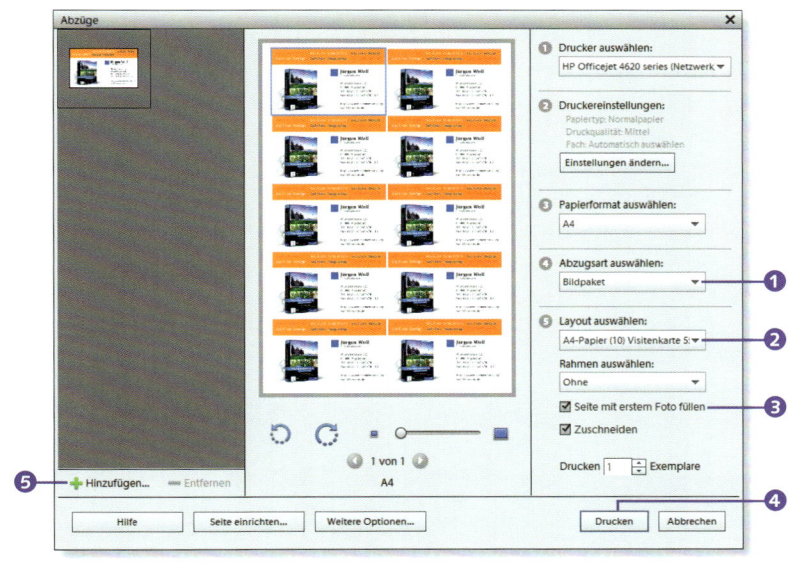

Auf Hintergrundebene reduzieren

Falls Ihre erstellte Visitenkarte auf mehreren Ebenen vorliegt, müssen Sie diese auf eine Hintergrundebene reduzieren, wie im Arbeitsschritt 5 des Workshop »Visitenkarten erstellen« angegeben, damit die Visitenkarten auch gedruckt werden können. Sonst meldet sich der Drucker mit der Fehlermeldung, dass die Datei nicht gedruckt werden kann. Der Drucker kann gewöhnlich nichts mit (PSD-)Dateien mit mehreren Ebenen anfangen.

◀ **Abbildung 40.28**
Einstellungen für den Druckauftrag

2 Drucken verschiedener Visitenkarten

Sie können auch verschiedene Visitenkarten auf einer Seite ausdrucken. Fügen Sie zunächst eine weitere Visitenkarte über das grüne Plussymbol ❺ hinzu. Ein weiteres Muster dazu finden Sie ebenfalls auf der Buch-DVD (»Visitenkarte2.tif«).

Ziehen Sie die Bildsymbole von der linken Seite ❻ einfach in die Druckvorschau in der Mitte ❼ auf eine freie Position. Ein grüner Rahmen zeigt an, wo das Bild landet, wenn Sie die Maustaste loslassen. So können Sie die Bilder beliebig positionieren.

Kapitel 40 Fotoabzüge drucken

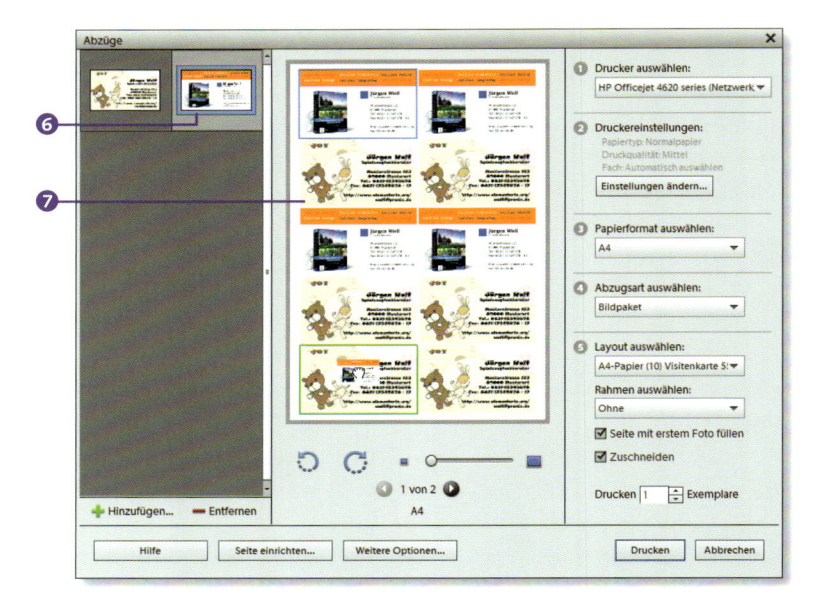

Abbildung 40.29 ▶
So drucken Sie verschiedene Visitenkarten aus.

Layout nicht vorhanden

Sollten Sie das entsprechende LAYOUT zum SEITENFORMAT nicht finden, wählen Sie einfach ein anderes Seitenformat aus, wo das Layout vorhanden ist. Klicken Sie anschließend auf die Schaltfläche LAYOUT BEARBEITEN ⓬, passen Sie hier das Seitenformat an (gewöhnlich 21×29,7 cm für A4), und speichern Sie das neue Layout ab.

Visitenkarten drucken mit dem Mac | Natürlich können Sie auch bei der Mac-Version die Visitenkarten ausdrucken. Wählen Sie hierzu im Menü des Fotoeditors DATEI • BILDPAKET aus und bei der Dropdown-Liste FÜLLEN MIT ❽ die Option DATEI. Im SEITENFORMAT ❾ müssen Sie die Größe des Papiers angeben, auf dem die Visitenkarten gedruckt werden sollen. Wählen Sie beim LAYOUT ❿ A4-PAPIER (10) VISITENKARTE 55×91 aus. Über die leeren Felder der LAYOUT-Vorschau ⓫ fügen Sie durch Anklicken die Visitenkarte(n) ein.

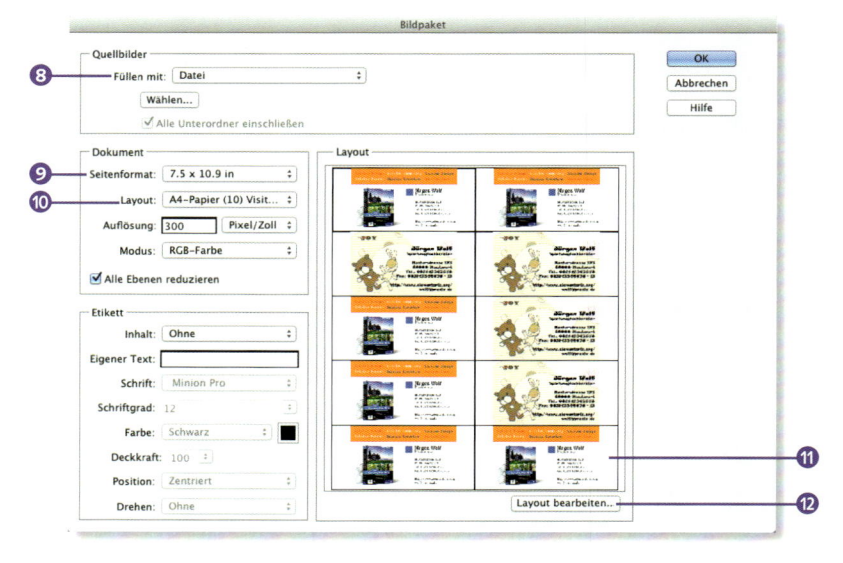

Abbildung 40.30 ▶
Drucken über den BILDPAKET-Dialog beim Mac

904

40.4 CD-/DVD-Etiketten und -Hüllen erstellen

Wenn Sie Ihre Diashows oder Online-Galerien auf CD/DVD brennen, könnten Sie ja eigentlich auch gleich noch die passenden CD-Etiketten und -Hüllen dazu erstellen.

Schritt für Schritt: CD-/DVD-Etiketten erstellen

Diese Schritt-für-Schritt-Anleitung zeigt Ihnen, wie Sie vorgehen, wenn Sie Etiketten für selbst gebrannte CDs und DVDs erstellen möchten.

1 CD-/DVD-Etikett starten
Wählen Sie zuerst ERSTELLEN • CD-/DVD-ETIKETT. Als Erstes folgt ein Dialog, in dem Sie eigentlich nur auswählen können, ob Sie das CD-/DVD-Etikett gleich mit ausgewählten Bildern ❶ füllen wollen. Sind Sie sich noch nicht sicher oder haben Sie keine Bilder ausgewählt, können Sie diese Option auch zunächst noch deaktivieren. Bilder lassen sich jederzeit nachträglich hinzufügen. Klicken Sie auf die Schaltfläche OK.

▲ Abbildung 40.31
Starten Sie ein Etiketten-Projekt.

2 Layout auswählen
Drücken Sie die Schaltfläche LAYOUTS ❹, und wählen Sie aus, wie viele Fotos Sie hinzufügen wollen, indem Sie einfach auf einer der Miniaturen ❷ doppelklicken. In der Vorschau erkennen Sie diese

Bereiche an den grauen Flächen ❸. Sie können diese grauen Flächen jederzeit mit dem Verschieben-Werkzeug nachträglich ändern (verschieben, drehen, skalieren, transformieren). Genauso können Sie einzelne graue Flächen mit dem Verschieben-Werkzeug auswählen und mit [Entf] oder [←] löschen.

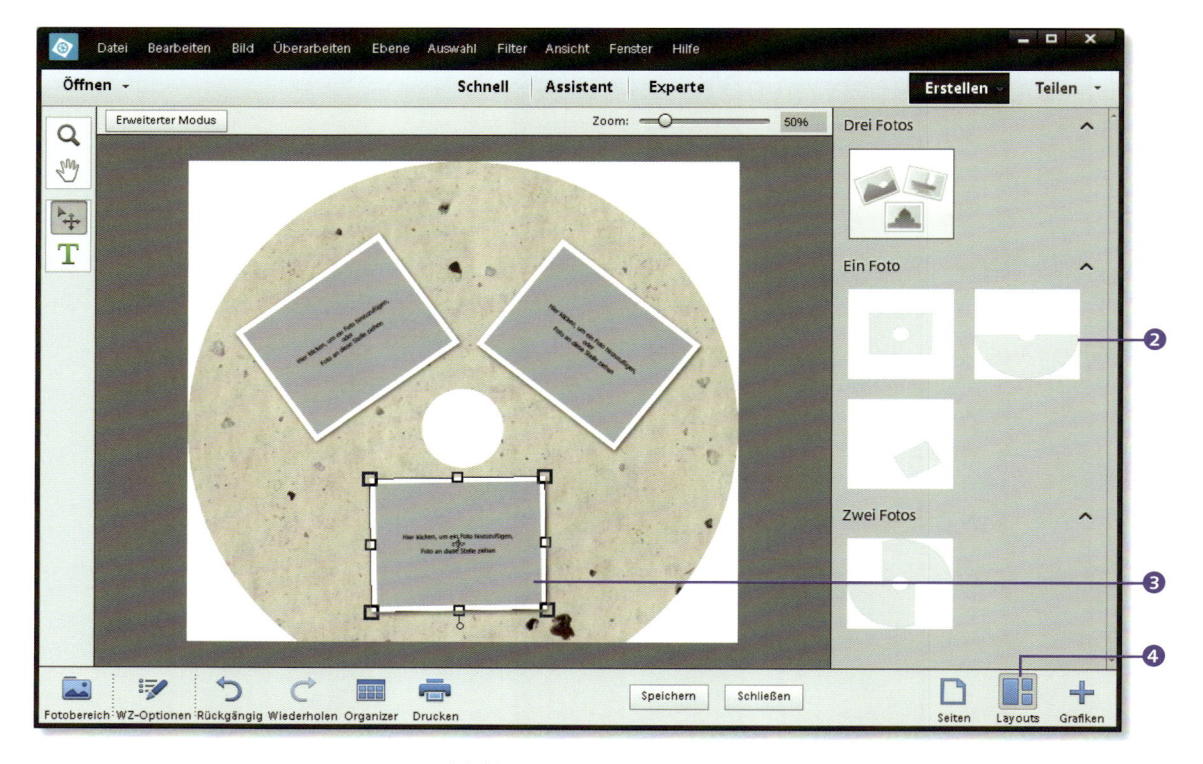

▲ **Abbildung 40.32**
Layout für die Fotos auswählen

Ohne Fotos

Natürlich müssen Sie dem Etikett keine Fotos hinzufügen. Wenn Sie die grauen Flächen mit dem Verschieben-Werkzeug ausgewählt und [Entf] oder [←] gedrückt haben, können Sie den Workshop auch ohne eingefügte Fotos fortsetzen.

3 Fotos hinzufügen

Jetzt haben Sie mehrere Möglichkeiten, die Bilder den grauen Flächen hinzuzufügen. Entweder ziehen Sie das Bild aus dem Fotobereich ❽ und lassen es auf der grauen Fläche fallen. Oder Sie klicken, wenn keine Bilder im FOTOBEREICH geöffnet sind, auf den Text ❼ der grauen Fläche, und es öffnet sich ein Dialog, über den Sie ein Bild zum Einfügen auswählen.

Die Bildergröße können Sie jederzeit im Rahmen anpassen, indem Sie auf das Bild doppelklicken. Daraufhin öffnen sich ein Schieberegler ❺ und ein Rahmen ❻ um das Bild, über die Sie das Bild anpassen können. Den Rahmen selbst können Sie ebenfalls mit dem Verschieben-Werkzeug nachträglich ändern. Wiederholen Sie den Vorgang bei den anderen grauen Flächen.

40.4 CD-/DVD-Etiketten und -Hüllen erstellen

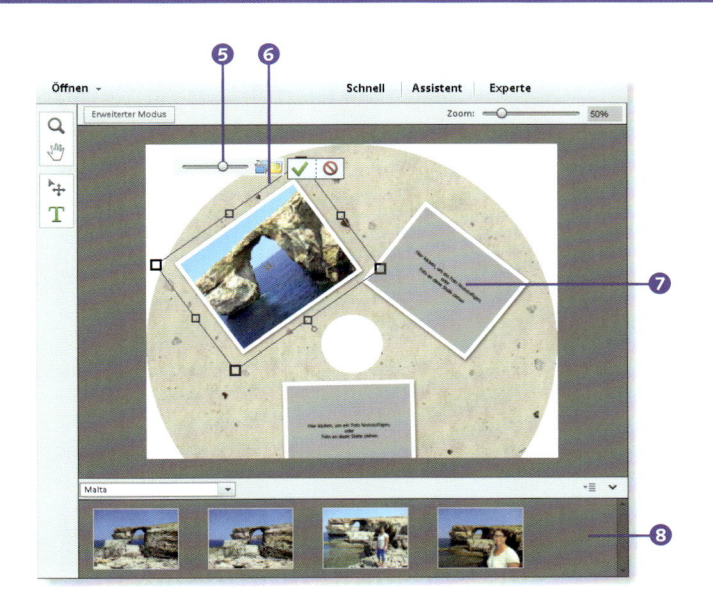

◀ **Abbildung 40.33**
So fügen Sie Bildmaterial hinzu.

Internetverbindung nötig

Es wurde zwar schon häufiger erwähnt, aber bei Grafiken, Hintergründen oder Rahmen, bei denen die rechte Ecke blau markiert ist, benötigen Sie eine Internetverbindung, damit diese Inhalte heruntergeladen werden können. Einmal heruntergeladene Inhalte müssen anschließend nicht mehr heruntergeladen werden und haben daher auch keine blaue Ecke mehr.

4 Etikett gestalten

Im nächsten Schritt wählen Sie die Schaltfläche GRAFIKEN ❾. Hier wählen Sie per Doppelklick oder durch Ziehen und Fallenlassen den Hintergrund der CD/DVD aus. Ebenso können Sie die Rahmen der einzelnen Fotos ändern, indem Sie das Foto auswählen und einen Rahmen doppelklicken. Auch Grafiken lassen sich hinzufügen, wie im Beispiel die Gänseblümchen.

▲ **Abbildung 40.34**
Fügen Sie den Hintergrund, Rahmen und Grafiken hinzu.

5 Text hinzufügen

Wählen Sie jetzt das Textwerkzeug ❷ (siehe Abbildung 40.35) T aus, und fügen Sie Text hinzu. Natürlich können Sie auch hier, wie von diesem Werkzeug gewohnt, den Text jederzeit nach-

Zum Nachlesen

Alles rund um die Textwerkzeuge können Sie in Teil XI, »Mit Text und Formen arbeiten«, nachlesen.

träglich ändern, ihn verkrümmen und Stile hinzufügen. Mit dem Verschieben-Werkzeug [V] können Sie den Text nachträglich drehen und skalieren.

Abbildung 40.35 ▶
Fügen Sie einen Text hinzu.

6 Noch mehr Optionen

Reichen Ihnen die Einstellungsmöglichkeiten nicht aus und benötigen Sie zusätzlich Filter, die Ebenenstile, noch mehr Grafiken, Rahmen oder Hintergründe oder genügen Ihnen die Werkzeuge in diesem Modus nicht, klicken Sie die Schaltfläche ERWEITERTER MODUS ❶ an. Natürlich finden Sie im erweiterten Modus auch das Ebenen-Bedienfeld wieder, um auch auf die einzelnen Ebenen zuzugreifen. Erneutes Anklicken der Schaltfläche ❸ bringt Sie wieder zurück zum einfachen Modus.

Abbildung 40.36 ▼
Wollen Sie selbst noch etwas mehr in die Bearbeitung der Etiketten eingreifen, aktivieren Sie den erweiterten Modus.

7 Entwurf speichern und Datei drucken

Zum Schluss sollten Sie den Entwurf mit der Schaltfläche Speichern ❺ als Fotoprojekt im PSE-Format oder als PDF-Dokument speichern, falls Sie das Bild später weiterbearbeiten wollen, und/oder über die Schaltfläche Drucken ❹, ausdrucken. Wollen Sie aus dem PSE-Format ein gewöhnliches Bildformat machen, finden Sie im PSE-Projektordner eine PSD-Datei mit den Ebenen. Dieses öffnen Sie im Fotoeditor und reduzieren alle Ebenen auf eine Hintergrundebene. Jetzt können Sie das Etikett in ein Bildformat Ihrer Wahl speichern.

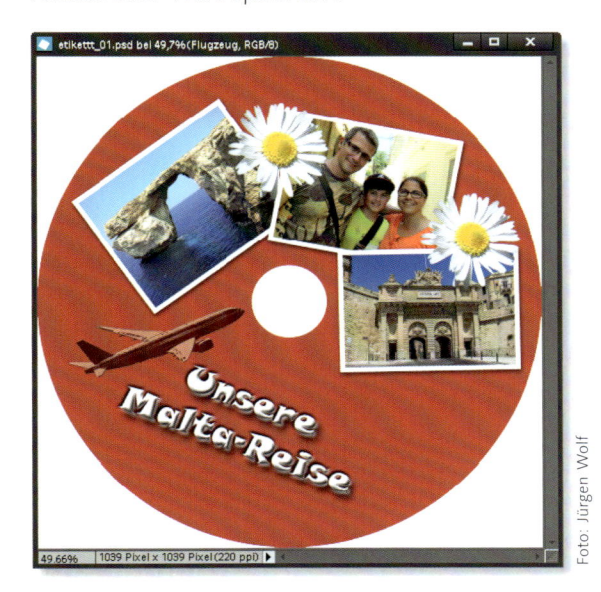

▲ Abbildung 40.37
Das fertige CD-/DVD-Etikett

Smart-Objekt-Miniatur | Wenn Sie beim vorherigen Workshop das Ebenen-Bedienfeld im erweiterten Modus betrachtet haben, dürfte Ihnen in der Hintergrundebene das kleine Symbol ❻, eine Smart-Objekt-Miniatur, aufgefallen sein. Smart-Objekte sind Behälter (Container), die Bilddaten von Raster- oder Vektorbildern (zum Beispiel Photoshop- oder Illustrator-Dateien) enthalten. Mit Smart-Objekten bleibt der Quellinhalt des Bildes mit allen ursprünglichen Eigenschaften erhalten, was ein zerstörungsfreies Bearbeiten dieser Ebene ermöglicht.

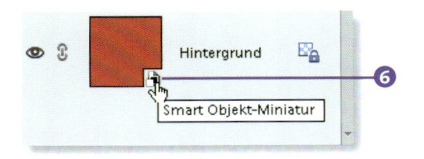

◄ Abbildung 40.38
Eine Smart-Objekt-Miniatur ❻ im Ebenen-Bedienfeld

Drucken, aber wie?!

An der Stelle fehlt leider noch eine entscheidende Funktion, wenn Sie auf Drucken ❹ gehen. Es gibt kein passendes Papierformat in Photoshop Elements für CD-/DVD-Etiketten. Sie können zwar tolle Etiketten mit Elements erstellen, aber zum Drucken benötigen Sie eine weiterer Software. Zwar ist es durchaus möglich, eigene Druckervorlagen zum System hinzuzufügen, aber das hängt zum einen vom Drucker ab, und zum anderen geht das hier zu weit. Ohne Werbung machen zu wollen, an dieser Stelle mein persönlicher Favorit: Ich verwende Etiketten von Avery Zweckform (*http://www.avery-zweckform.com*) und auch deren kostenlose Software dazu. Den mit Elements erstellten Entwurf meines DVD-Etiketts speichere ich dabei in einem gängigen Bildformat (beispielsweise JPEG) und öffne das so erstellte Etikett als Bild in der Software von Avery Zweckform. Dort passe ich es bei einem CD/DVD-Etikett-Projekt in der Grösse an und drucke es aus. Leider ziemlich umständlich, aber mir fällt im Augenblick keine bessere Lösung ein. Hoffen wir, dass Adobe bald nachbessert und entsprechende Vorlagen mitinstalliert.

Eigene Smart-Objekte

Leider ist es nicht möglich, eigene Smart-Objekte mit Photoshop Elements zu erstellen. Auch diese Funktion bleibt dem großen Photoshop CS (ab CS2) bzw. CC vorbehalten.

CD-/DVD-Hüllen erstellen | Einen Workshop zum Erstellen von CD-/DVD-Hüllen spare ich mir an dieser Stelle, da der Vorgang weitgehend identisch ist mit dem Erstellen von CD-/DVD-Etiketten. Die entsprechenden Funktionen finden Sie im Organizer oder im Fotoeditor über Erstellen • CD-Hülle bzw. Erstellen • DVD-Hülle ❶. Bei einem CD- bzw. DVD-Etikett war die Größe noch egal, da diese für beide Medien identisch ist. CD-Hüllen und DVD-Hüllen sind allerdings unterschiedlich groß; folglich gibt es zwei Funktionen, die aber in jeder anderen Hinsicht analog sind.

40.5 Einen Bildband erstellen

Sehr schön ist auch die Funktion zum Erstellen von Bildbänden bzw. Fotobüchern. Hierzu müssen Sie gewöhnlich nur die Bilder und das Layout auswählen – Photoshop Elements erledigt alles Weitere für Sie. Hierbei besteht auch gleich die Möglichkeit, ein echtes Fotobuch bei einem Online-Fotoservice erstellen zu lassen. Natürlich besteht daneben auch nach wie vor die Option, den Bildband lokal am heimischen Rechner zu drucken.

▲ **Abbildung 40.39**
Auch das Erstellen von CD- und DVD-Hüllen finden Sie unter Erstellen.

Kapitel_40: Ordner Bildband: Bildband.pdf, Bildband.pse

Schritt für Schritt: Einen Bildband erstellen

Bevor es losgeht, muss an dieser Stelle angefügt werden, dass das Erstellen eines Bildbands, abhängig von der Anzahl von Bildern und Seiten, sehr rechen- und speicheraufwendig ist. Daher sollten Sie, je nach Leistung Ihres Rechners, nicht zu viele andere Programme im Hintergrund laufen lassen. Gegebenenfalls sollten Sie hierbei auch den Organizer schließen und viel Zeit und Geduld mitbringen.

1 Bildband erstellen
Die Funktion rufen Sie sowohl aus dem Fotoeditor als auch aus dem Organizer über Erstellen • Bildband auf.

2 Größe und Thema auswählen
Als Erstes wählen Sie die Größe ❷ aus, die der Bildband haben soll. Als Nächstes bestimmen Sie die Seitenzahl ❻. Beim Online-Fotoservice müssen Sie mindestens 25 Seiten verwenden. Daher sollten Sie hierfür auch ausreichend Fotos zur Verfügung haben, falls Sie den Bildband gleich bestellen wollen. Bei Themen ❸ wählen Sie das gewünschte Thema für das Fotobuch aus. In der Vorschau ❹ sehen Sie dann, wie das Thema als Fotobuch aussehen könnte. Wollen Sie das Fotobuch gleich mit geöffneten Bil-

▲ **Abbildung 40.40**
Die Option Bildband

Internetverbindung nötig
Auch hier gilt wieder, Themen mit einer blauen rechten Ecke müssen bei der ersten Verwendung einmalig heruntergeladen werden.

40.5 Einen Bildband erstellen

dern füllen, müssen Sie die entsprechende Option ❺ aktivieren. Im Beispiel habe ich diese Option deaktiviert. Mit einem Klick auf die Schaltfläche OK wird das Fotobuch erzeugt.

▼ **Abbildung 40.41**
Wählen Sie die Größe, das Thema und die SEITENZAHL aus.

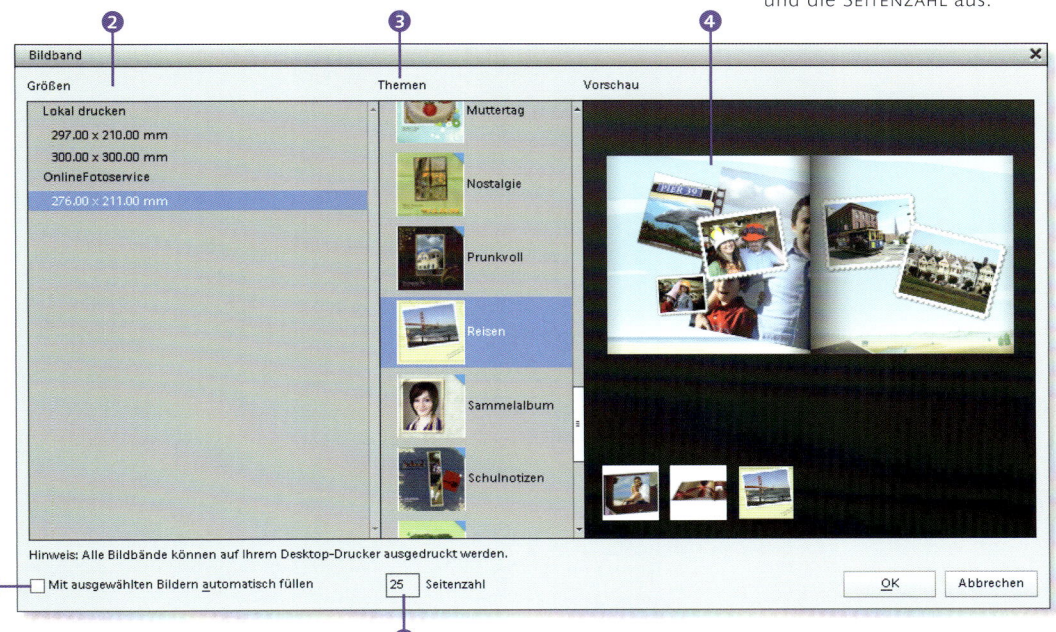

3 Bilder hinzufügen

Bevor Sie sich in den Details verstricken, sollten Sie dem Fotoalbum, genauer den grauen Flächen, Bilder hinzufügen. Durch die einzelnen Seiten blättern Sie entweder oberhalb ❼ (siehe Abbildung 40.42) des Bildbandes oder über SEITEN ⓭, indem Sie die entsprechende Seite auswählen.

Sollten Sie am Ende noch mehr Seiten für das Fotobuch benötigen, fügen Sie sie über das Neue-Seiten-Symbol ❽ hinzu; zu viel erstellte Seiten entfernen Sie über das Mülltonnensymbol ❾ daneben.

Bilder fügen Sie hinzu, indem Sie ein Bild aus dem Fotobereich ⓬ ziehen und auf der grauen Fläche fallen lassen. Sind keine Bilder im Fotobereich geöffnet, können Sie auch auf den Text ⓫ der grauen Fläche klicken, und es öffnet sich ein Dialog, über den Sie ein Bild zum Einfügen auswählen. Die Bildergröße passen Sie im Rahmen an, indem Sie auf das Bild doppelklicken. Daraufhin öffnen sich ein Schieberegler ❿ und ein Rahmen, mit deren Hilfe Sie das Bild im Rahmen anpassen können. Den Rahmen selbst können Sie ebenfalls jederzeit mit dem Verschieben-Werkzeug / [V] nachträglich ändern. Wiederholen Sie den Vorgang bei den anderen grauen Flächen.

Wiederholungen

Die weiteren Schritte entsprechen im Grunde der Schritt-für-Schritt-Anleitung »CD-/DVD-Etiketten erstellen« von Seite 905, nur dass in diesem Fall bereits alles vorbelegt ist (Hintergrund, Layout, Text usw.). Sie können natürlich auch hier wieder alles ändern oder Neues hinzufügen. Da ich die Details bereits in besagtem Abschnitt ausführlich beschrieben habe, gehe ich auf diese Schritte hier nicht mehr so detailliert ein. Blättern Sie gegebenenfalls zum oben genannten Workshop zurück.

Kapitel 40 Fotoabzüge drucken

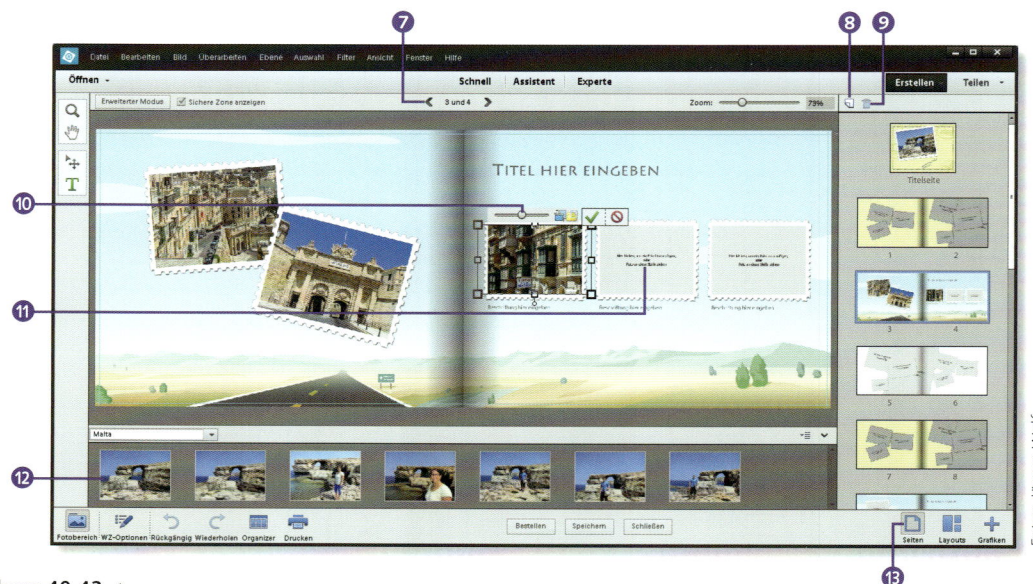

Abbildung 40.42 ▲
Fügen Sie Ihrem Bildband Fotos hinzu.

Abbildung 40.43 ▼
Layout der einzelnen Seiten anpassen

4 Layout ändern

Sind Ihnen auf manchen Seiten zu viele oder zu wenige Bilder, können Sie das Layout über die entsprechende Schaltfläche **14** ändern. Am besten ziehen Sie das gewünschte Layout per Drag & Drop auf die Seite. Bei einem Doppelklick auf ein Layout werden beide angezeigten Doppelseiten mit dem gewählten Layout vorbelegt.

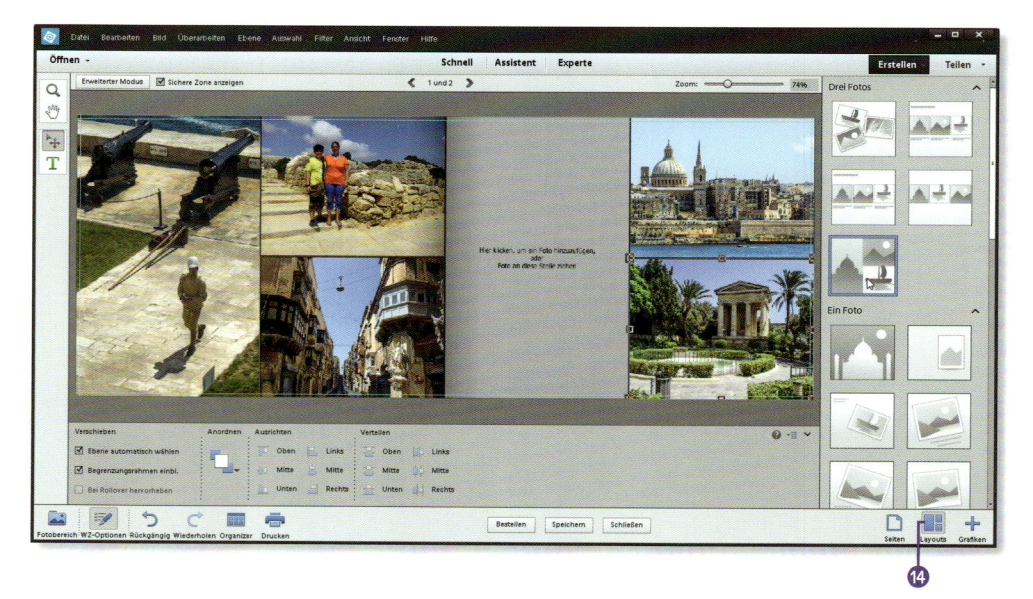

5 Grafik hinzufügen/ändern

Über GRAFIKEN **15** können Sie zur aktuelle Seite einen neuen Hintergrund, für die einzelnen Bilder einen neuen Rahmen und zur

912

Verzierung einige Grafiken per Drag & Drop hinzufügen oder ändern.

▸ **Abbildung 40.44**
Verzieren Sie auf Wunsch die Seiten Ihres Bildbandes noch weiter.

6   Text eingeben/anpassen

Mit dem Textwerkzeug [T] [T] ⑯ können Sie den Bildern jetzt neuen Text hinzufügen oder bereits vorhandenen Text von der Vorlage ändern. Einen bereits vorhandenen Text wählen Sie einfach aus, um ihn zu editieren.

Sichere Zone anzeigen

Die Option SICHERE ZONE ANZEIGEN ⑱ sollten Sie aktiviert lassen, weil hiermit der Druckbereich in einem blauen Rahmen ⑲ angezeigt wird, der auf jeden Fall beim Drucken verwendet wird. Verwenden Sie Grafiken außerhalb dieses Bereichs, könnten diese unter Umständen nicht beim endgültigen Bildband übernommen werden.

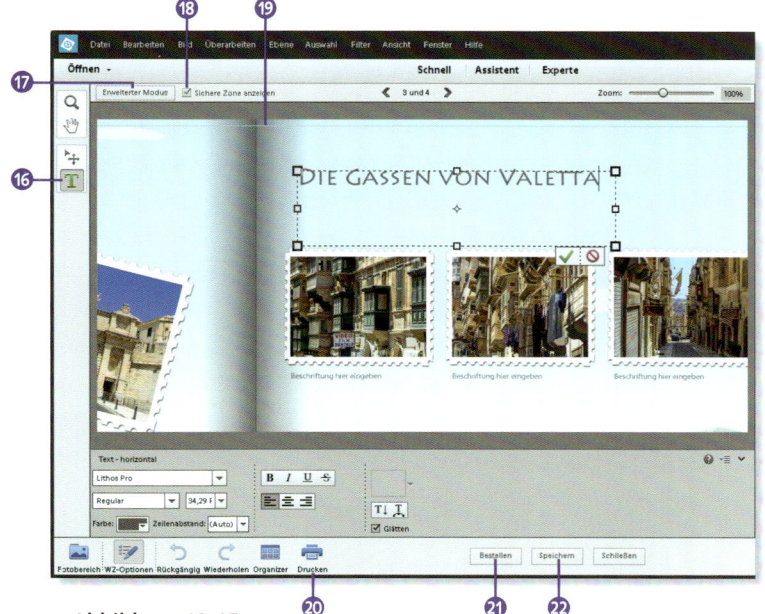

▲ **Abbildung 40.45**
Text für den Bildband anpassen

7 Mehr Optionen

Reichen Ihnen auch hier die Einstellungsmöglichkeiten nicht aus und benötigen Sie zusätzlich Filter, die Ebenenstile, noch mehr Grafiken, Rahmen und Hintergründe oder genügen Ihnen auch die Werkzeuge in diesem Modus nicht, klicken Sie die Schaltfläche ERWEITERTER MODUS **17** an. Natürlich finden Sie im erweiterten Modus auch das Ebenen-Bedienfeld wieder, um auch auf die einzelnen Ebenen zuzugreifen. Erneutes Anklicken der Schaltfläche bringt Sie dann wieder zurück zum einfachen Modus.

8 Bildband drucken

Als Erstes sollten Sie den Bildband über die Schaltfläche SPEICHERN **22** in das Photoshop-Elements-eigene Format PSE sichern. Jetzt können Sie den Bildband entweder direkt über die Schaltfläche DRUCKEN **20** ausdrucken lassen, oder aber Sie exportieren den Bildband über DATEI • BILDBAND EXPORTIEREN als PDF-Dokument, um das Fotoalbum später an eine Druckerei weitergeben zu können. Des Weiteren sind beim Exportieren die Formate JPEG oder TIFF möglich. Haben Sie Anfangs den Online-Fotoservice ausgewählt, finden Sie zusätzlich noch die Schaltfläche BESTELLEN **21** vor, wo Sie den erstellten Bildband bei einem Online-Fotoservice (hier: CEWE) drucken lassen können.

Abbildung 40.46 ▼
Druckeinstellungen für den Bildband

40.5 Einen Bildband erstellen

◄ **Abbildung 40.47**
Oder Sie exportieren den Bildband als PDF, TIFF oder JPEG.

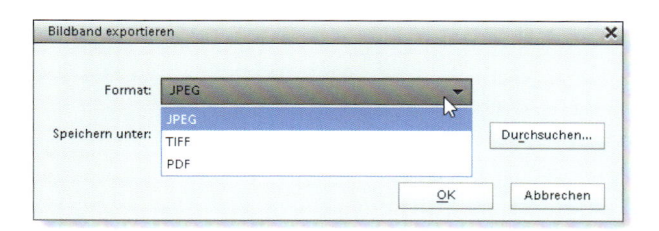

Bildband drucken lassen | Es funktioniert erstaunlich gut, den Bildband über den Online-Fotoservice von CEWE drucken zu lassen und es macht Spaß, das Endergebnis in den Händen zu halten oder zu verschenken. Wenn Sie auf die Schaltfläche Bestellen im Fotoeditor gedrückt haben, kann es einige Zeit (und viel Arbeitsspeicher) in Anspruch nehmen, bis der Bildband für Ihre Bestellung vorbereitet ist und dann die Daten hochgeladen werden. Anschließend müssen Sie lediglich noch den Anweisungen der folgenden Dialoge folgen, die Sie durch die Bestellung Ihres Bildbandes begleiten. Logischerweise ist hierfür auch eine Registrierung notwendig. Aber auch dabei hilft Ihnen ein Dialog von CEWE weiter.

▼ **Abbildung 40.48**
Bestellvorgang eines CEWE-Fotobuches

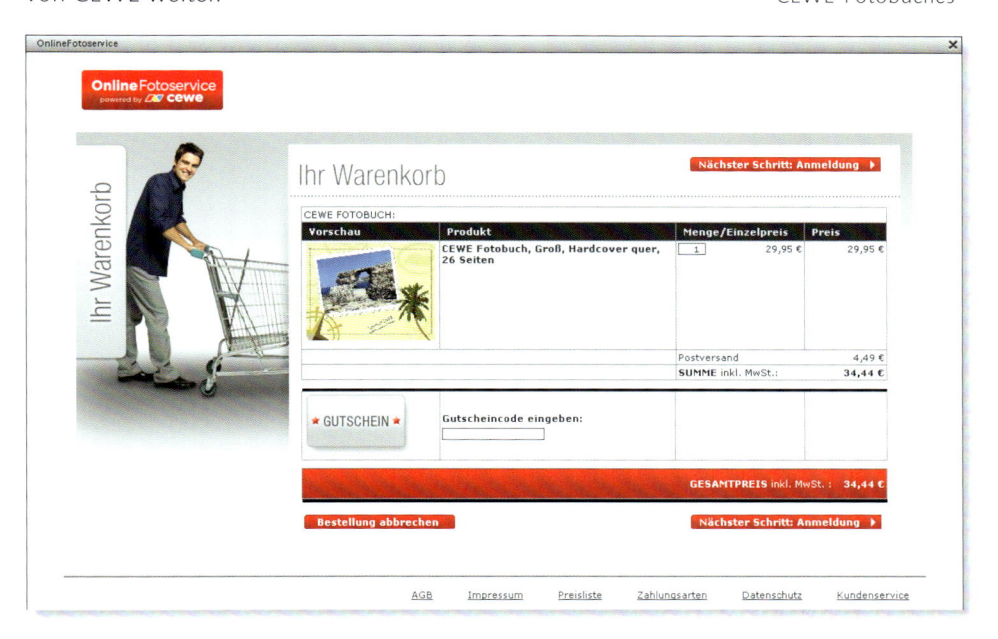

PSE-Dateien als PSD-Datei öffnen | Wenn Sie das PSE-Format, das Photoshop Elements bei vielen Projekten unter Erstellen als Speicherformat verwendet, in ein beliebiges anderes Format (beispielsweise JPEG) speichern wollen, öffnen Sie einfach aus dem gleichnamigen Ordner, der mit der PSE-Datei angelegt wird, die PSD-Datei.

915

Haben Sie zum Beispiel eine Datei »Grusskarte.pse«, finden Sie hierzu im selben Verzeichnis ein Verzeichnis mit dem Namen GRUSSKARTE, in dem sich die Datei »Grusskarte.psd« befindet. Bei einem Bildband finden Sie hierfür mehrere PSD-Dateien (für jede [Doppel-]Seite eine PSD-Datei). Reduzieren Sie die Ebenen im Ebenen-Bedienfeld auf eine Hintergrundebene, können Sie die im PSE-Format abgelegten Dokumente auch als JPEG oder Ähnliches zur Weitergabe speichern.

40.6 Noch mehr Möglichkeiten zur Weitergabe

Es ist schon beachtlich, was Photoshop Elements alles für die Weitergabe und das Erstellen von Bildern anbietet. Auf jede kleine Einzelheit einzugehen, wäre aber wenig sinnvoll. Die einzelnen Themen sind häufig sehr ähnlich, so dass man vieles wiederholen müsste. Dennoch sollen die übrigen Möglichkeiten im Folgenden noch kurz vorgestellt werden.

40.6.1 Post- und Grußkarten erstellen

Kapitel_40: Ordner GRUSSKARTE: Grusskarte.jpg, Grusskarte.pse

Selbst erstellte Grußkarten mit eigenen Fotos wirken einfach viel persönlicher und sind mit der Option GRUSSKARTE auch im Handumdrehen angefertigt. Diese Option erreichen Sie über ERSTELLEN • GRUSSKARTE sowohl vom Organizer als auch vom Fotoeditor aus. Wählen Sie einfach ein Thema und ein Layout aus, fügen Sie das gewünschte Foto (oder die Fotos) ein, und drucken Sie die Karte dann auf einem geeigneten Karton oder Papier aus. Auch hier steht Ihnen ein Online-Service zur Verfügung, bei dem Sie diese Karte drucken lassen können. Um die Karte als PDF, JPEG oder TIFF zu speichern, steht Ihnen auch hier über DATEI • KARTE EXPORTIEREN ein Befehl zur Verfügung.

Abbildung 40.49 ▶
Solche einfachen Grußkarten sind im Handumdrehen erstellt. Gegebenenfalls müssen Sie das Seitenverhältnis für den Druck noch anpassen. Dies können Sie bereits im DRUCKEN-Dialog von Photoshop Elements vornehmen.

40.6 Noch mehr Möglichkeiten zur Weitergabe

40.6.2 Fotokalender erstellen

Mit der FOTOKALENDER-Funktion erstellen Sie aus verschiedenen vorhandenen Vorlagen einen Jahreskalender. Abhängig vom gewählten Layout können Sie zu jedem Monat noch Bilder, Grafiken und Text hinzufügen. Es ist auch möglich, über den erweiterten Modus die einzelnen Kalendertage einzeln zu bearbeiten (um beispielsweise Feiertage, Geburtstage usw. anders zu gestalten oder zu beschriften). Im Organizer wie auch im Fotoeditor finden Sie diese Funktion im Bedienfeld ERSTELLEN unter FOTOKALENDER. Den Kalender können Sie entweder gleich ausdrucken oder über DATEI • KALENDER EXPORTIEREN als PDF, TIFF oder JPEG speichern. Auch ein Online-Fotoservice wird hierfür angeboten.

◄ **Abbildung 40.50**
Auch ein Fotokalender zum Ausdrucken (oder exportieren) lässt sich im Handumdrehen zusammenklicken.

40.6.3 Fotocollage zusammenstellen

Bei der Technik der Fotocollage werden mehrere Bilder oder Bildfragmente kunstvoll zu einem neuen Bild zusammengefügt. Die entsprechende Funktion erreichen Sie bei Photoshop Elements sowohl im Fotoeditor als auch im Organizer im Menü unter ERSTELLEN • FOTOCOLLAGE.

Kapitel_40: Collage.jpg

Abbildung 40.51 ▶
Eine einfache Fotocollage

40.6.4 CD/DVD brennen

Für die Weitergabe von Bildern auf CD/DVD (aber auch Festplatten und USB-Sticks) gibt es mehrere Möglichkeiten, die in diesem Buch bereits an passender Stelle jeweils erwähnt wurden. Trotzdem sollten diese hier kurz nochmals zusammengefasst werden:

- Die schnellste und einfachste Möglichkeit dürfte wohl der Weg über den Organizer mithilfe von Datei • Auf Wechseldatenträger verschieben/kopieren sein (siehe den Abschnitt 9.14.2, »Medien verschieben/kopieren«). Praktisch auch deshalb, weil sich hiermit ebenso ausgewählte Personen, Orte oder Ereignisse weitergeben lassen.
- Dann gibt es noch die Diashow, welche Sie ebenfalls über Erstellen erzeugen können. Die Diashow wird noch gesondert in Abschnitt 40.8, »Präsentation am Bildschirm – Diashow«, beschrieben.

40.7 Bilderrahmen erstellen

Wenn Sie ein Bild präsentieren oder weitergeben möchten, können Sie hierfür auch noch einen schönen Rahmen erstellen. Natürlich bietet Photoshop Elements wieder einige vorgefertigte Lösungen an. Einige sind recht kitschig, andere sehen aber sehr passabel aus. Finden Sie keinen passenden Rahmen unter den Bordmitteln, erstellen Sie einfach selbst einen.

40.7.1 Bilderrahmen von Photoshop Elements verwenden

Zunächst beschreibe ich Effekte und Funktionen zum Erstellen von Bilderrahmen in Photoshop Elements.

Rahmen von Fotoeffekten | Die ersten drei Rahmen finden Sie im Effekte-Bedienfeld (FENSTER • EFFEKTE), wenn Sie die Schaltfläche EFFEKTE ❶ und in der Dropdown-Liste RAHMEN ❷ auswählen. Folgende Rahmen stehen Ihnen hier zur Verfügung:

- SCHLAGSCHATTENRAHMEN: Dieser Rahmen erweitert das Bild um einen Rand mit der eingestellten Hintergrundfarbe. Das Bild wird dabei auf dem Rahmen zentriert und wirft einen Schatten auf das dahinterliegende Blatt.
- TEXTFELD: Es wird ein transparentes Rechteck in das Bild eingefügt, das Sie mit dem Textwerkzeug beschriften können.
- VERTIEFTER RAHMEN: Setzt ein Passepartout in das Bild. Da sich hiermit der Ausschnitt des Bildes nicht festlegen lässt, eignet sich dieser Rahmen eher selten.

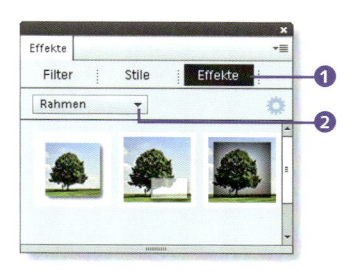

Um den Effekt einem Bild zuzuweisen, genügt es in der Regel, wenn Sie ihn doppelt anklicken.

Kapitel_40: yellow.jpg

▲ **Abbildung 40.52**
Die vorhandenen Rahmen im Bedienfeld EFFEKTE

◄ **Abbildung 40.53**
Hier wurde ein SCHLAGSCHATTENRAHMEN hinzugefügt.

Rahmen mit Ebenenstilen | Selbstverständlich können Sie auch Ebenenstile (STILE) für Rahmen verwenden, wenn Sie die entsprechende Schaltfläche ❸ angeklickt haben. Über die Dropdown-Liste ❹ können Sie sich dann verschiedene Ebenenstile auflisten lassen. Natürlich lassen sich nicht alle aufgelisteten Ebenenstile für einen Rahmen verwenden.

Um einen Ebenenstil als Bilderrahmen zu benutzen, muss die Ebene zunächst als solche vorliegen (und nicht als Hintergrund-

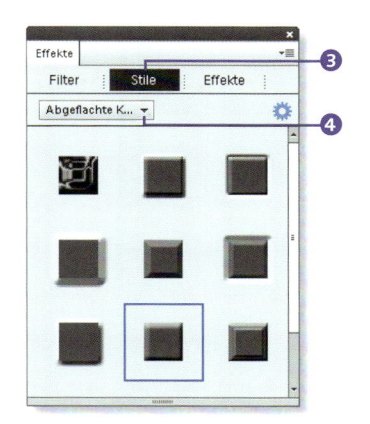

▲ **Abbildung 40.54**
Auch Ebenenstile aus dem Bedienfeld EFFEKTE eignen sich als Bilderrahmen.

Zum Nachlesen
Die Ebenenstile und ihre Anwendung habe ich bereits in Kapitel 36, »Ebenenstile und -effekte«, ausführlich beschrieben. Den Ebenen habe ich mit Teil VIII einen eigenen Buchteil gewidmet.

ebene). Ist dies nicht der Fall, erscheint bei Verwendung eines Ebenenstils ein Dialog, über den Sie die Hintergrundebene in eine Ebene konvertieren können (dieses Thema gehört zu den Grundlagen der Ebenen und wird im Detail in Abschnitt 24.3, »Typen von Ebenen«, beschrieben).

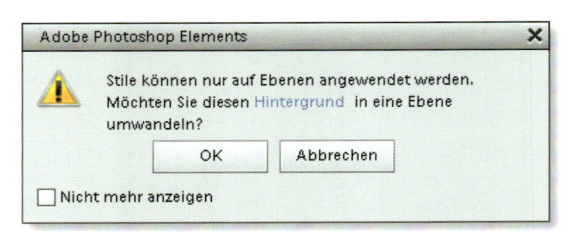

▲ **Abbildung 40.55**
Um einen Ebenenstil als Rahmen auf ein Hintergrundbild anzuwenden, müssen Sie dieses zuvor in eine Ebene umwandeln.

▲ **Abbildung 40.56**
Hier wurde der Rahmen des Porträtfotos mit einem Ebenenstil aus Abgeflachte Kante erstellt, wobei der Stil nachträglich mit einem Doppelklick auf das fx-Symbol im Ebenen-Bedienfeld angepasst wurde. Damit der Ebenenstil im Bild auch zu sehen ist, sollten Sie vorher noch die Arbeitsfläche über Bild • Skalieren • Arbeitsfläche erweitern.

Rahmen vor Bild verwenden
Alternativ können Sie auch zuerst ein neues leeres Bild in einer benutzerdefinierten Größe erzeugen, um erst den Rahmen zu erstellen und dann das Foto in den Rahmen zu ziehen oder per Doppelklick innerhalb des grauen Rahmenbereichs ein Bild auszuwählen.

Rahmen aus dem Bedienfeld »Grafiken« | Eine beeindruckende Auswahl verschiedener Rahmen finden Sie im Bedienfeld Grafiken, das Sie über das Menü Fenster • Grafiken oder die Grafiken-Schaltfläche aufrufen. Wenn Sie im Dropdown-Menü ❶ Nach Art wählen und daneben Rahmen ❷ aktivieren, werden alle vorhandenen Rahmen als Miniaturvorschau angezeigt.

Die Rahmen können Sie auf drei unterschiedliche Arten einem Foto hinzufügen: Klicken Sie entweder in der Miniaturvorschau

40.7 Bilderrahmen erstellen

doppelt auf den gewünschten Rahmen, oder wählen Sie einen Rahmen aus, und klicken Sie über das Bedienfeldmenü auf ANWENDEN (funktioniert auch mit einem rechten Mausklick auf dem Rahmen). Oder Sie ziehen ganz einfach per Drag & Drop einen Rahmen aus der Miniaturvorschau auf das Foto.

Anschließend können Sie die Größe des Bildes über einen Schieberegler ❸ noch nachträglich anpassen. Weitere Funktionalitäten, die Sie nachträglich ausführen können (auch über einen Doppelklick auf den Rahmen im Bild), sind das Drehen des Bildes ❹ oder die Platzierung eines anderen Fotos ❺ innerhalb des Rahmens.

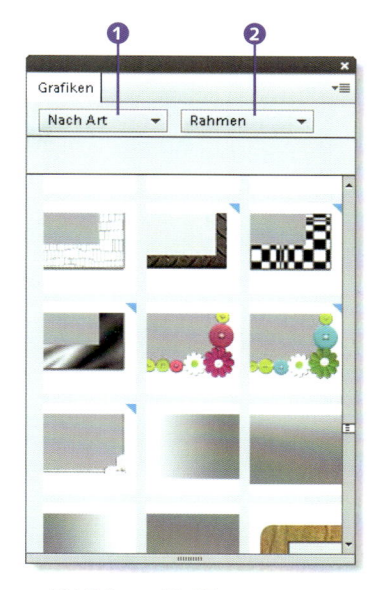

▲ **Abbildung 40.57**
Eine große Anzahl an Rahmen und Vignetten finden Sie im Bedienfeld GRAFIKEN.

◂ **Abbildung 40.58**
Mit der transparenten Leiste passen Sie das Bild nachträglich noch an.

Alternativ stehen Ihnen auch hierbei alle Befehle zur Transformierung des Bildes in den Werkzeugoptionen zur Verfügung. Schneller können Sie das Foto im Rahmen automatisch positionieren oder anpassen, indem Sie mit der rechten Maustaste auf das Bild klicken und im Kontextmenü RAHMEN AN FOTO ANPASSEN auswählen. Leider funktioniert dies nicht mit allen Rahmen perfekt.

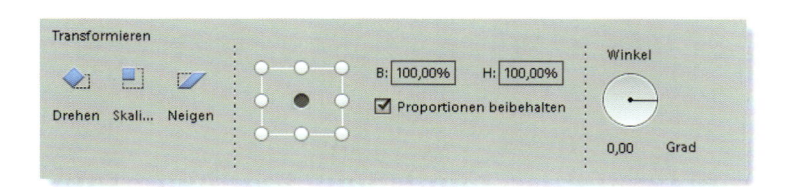

◂ **Abbildung 40.59**
Die Transformierung von Rahmen und Bild funktioniert auch prozentgenau über die Werkzeugoptionen.

Rahmen im Schnell-Modus | Eine Auswahl der beliebtesten Rahmen aus dem Bedienfeld GRAFIKEN finden Sie auch im SCHNELL-Modus ❻, wenn die Schaltfläche RAHMEN ❽ aktiviert wurde, auf der rechten Seite ❼. Diese Rahmen können Sie mit einem einfachen Klick darauf dem geöffneten Bild zuweisen oder wechseln.

Die RAHMEN, STRUKTUREN und EFFEKTE sind neu in der Version 12 von Photoshop Elements hinzugekommen.

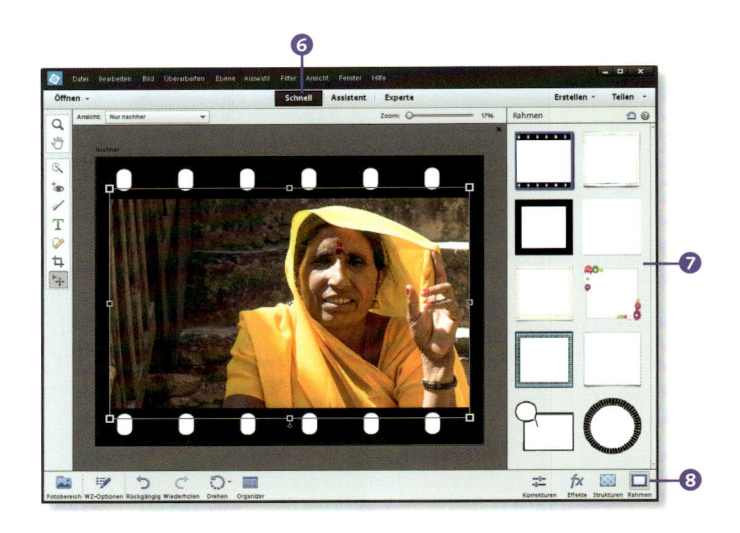

Abbildung 40.60 ▶
10 Rahmen stehen auch im
Schnell-Modus zur Verfügung.

Kapitel_40: Harfe.jpg

Bilderrahmen mit Ausstecher
Auch mit dem Ausstecher-Werkzeug ⬡ C lassen sich kreative Bildrahmen erstellen. Das Werkzeug habe ich umfassend in Abschnitt 19.3, »Das Ausstecher-Werkzeug«, beschrieben.

40.7.2 Eigene Bilderrahmen entwerfen

Um eigene Rahmen zu erstellen, bietet Photoshop Elements viele kreative Möglichkeiten. Die Vielfalt der denkbaren Techniken würde den Rahmen dieses Buches sprengen, daher gehe ich hier nur auf einen besonders beliebten Effekt ein.

Den wohl einfachsten und sehr beliebten Bilderrahmen erstellen Sie mit Bild • Skalieren • Arbeitsfläche.

Arbeitsfläche verändern | Mithilfe des Dialogs Arbeitsfläche lässt sich die Arbeitsfläche des Bildes um die angegebene Breite und Höhe ❶ in die Richtungen erweitern, die mit Position ❸ angegeben werden. Die Checkbox Relativ ❷ sollten Sie deaktivieren, wenn Sie absolute Werte eingeben wollen. Mit der Farbe ❹ der Arbeitsfläche legen Sie die Farbe des künftigen Rahmens fest.

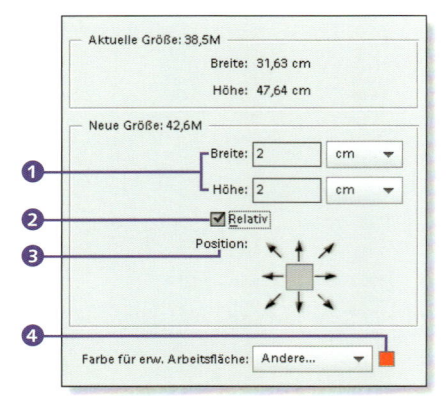

▲ **Abbildung 40.61**
Der Dialog Arbeitsfläche ist bestens für einen Passepartout-Rahmen geeignet.

▲ **Abbildung 40.62**
Bei diesem Rahmen habe ich zuerst die Arbeitsfläche um einen weißen Rahmen erweitert. Anschließend habe ich eine weitere Farbe für die Umrahmung verwendet, passend zur Kleidung der Dame. Zusätzlich habe ich den Effekt Schlagschattenrahmen benutzt.

40.8 Präsentation am Bildschirm – Diashow

Ein weiteres Highlight von Adobe Photoshop Elements ist die Erstellung einer wirklich professionellen Diashow mit Musik. Eine so erzeugte Diashow können Sie auf eine Video-DVD brennen und mit einem handelsüblichen DVD-Player am Fernsehbildschirm abspielen lassen. Natürlich können Sie die Diashow auch einfach nur am heimischen Rechner anzeigen oder per E-Mail versenden.

Mac-Anwender gucken hier zunächst ein wenig in die Röhre, weil die Diashow-Funktion nur den Windows-Anwendern zu Verfügung steht. Allerdings haben die Mac-Anwender meistens mit iPhoto und vor allem iMovie eine mehr als gleichwertige Alternative dafür.

Schritt für Schritt: Diashow erstellen

Die Möglichkeiten der Elements-Diashow sind wirklich beeindruckend. Die wichtigsten lernen Sie in dieser Schritt-für-Schritt-Anleitung kennen.

1 Dateien öffnen

Eine Diashow erstellen Sie entweder über den Organizer oder über den Fotoeditor. Wenn Sie eine Diashow über den Fotoeditor starten wollen, müssen Sie zuvor alle Bilder mit DATEI • ÖFFNEN oder mit [Strg]+[O] in den Fotoeditor laden.

Verwenden Sie hingegen den Organizer, so ist es sinnvoll, wenn Sie die Bilder, die Sie für die Diashow benutzen wollen, bereits zuvor in einem ALBUM oder in PERSONEN, ORTE oder EREIGNISSE organisiert haben.

Bilder, die Sie im Medienbrowser mit gehaltener Taste [Strg]/[cmd] bzw. [⇧] ausgewählt haben (mit blauen Rahmen versehen), werden gleich in der Diashow verwendet. Bilder können aber jederzeit wieder entfernt oder weitere Bilder hinzugefügt werden. Wir starten zunächst einmal, ohne irgendwelche Bilder auszuwählen.

Bilder organisieren

Wie Sie Bilder organisieren können, wurde sehr ausführlich in Teil II des Buches, »Der Organizer«, beschrieben.

2 Dialog für Diashow aufrufen

Egal, ob Sie nun die Diashow über den Fotoeditor oder den Organizer ausführen, in jedem Fall rufen Sie den Dialog über ERSTELLEN und dann mit der Schaltfläche DIASHOW auf.

3 Voreinstellungen vornehmen

Zunächst erscheint ein Dialog, in dem Sie diverse Voreinstellungen treffen können, etwa wie lange ein Bild angezeigt werden soll (STATISCHE DAUER) oder wie die Übergänge durchgeführt werden und wie lange sie dauern sollen. Die meisten Optionen hier erklären sich selbst. Alle Einstellungen können Sie nachträglich noch ändern. Klicken Sie auf OK, wenn Sie alle Voreinstellungen festgelegt haben.

▲ **Abbildung 40.63**
Die Option DIASHOW

Kapitel 40 Fotoabzüge drucken

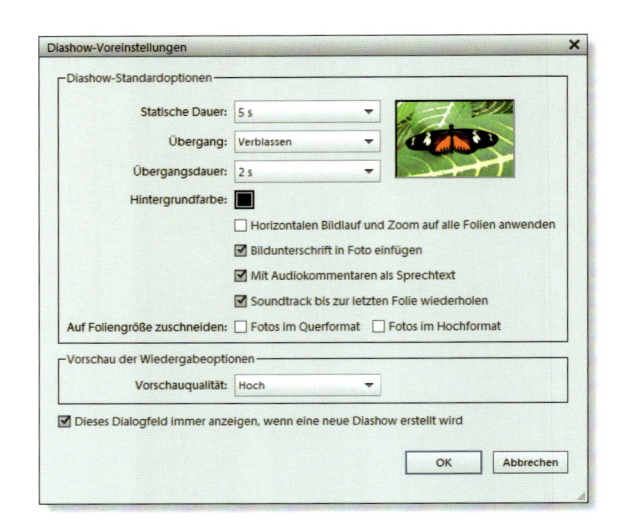

Abbildung 40.64 ▶
Voreinstellungen für die Diashow

4 Bilder in Diashow laden

Bilder der Diashow hinzufügen können Sie ganz einfach über die Dropdown-Liste MEDIEN HINZUFÜGEN. Hier können Sie gleich auswählen, ob Sie Bilder hinzufügen wollen, welche Sie mit dem Organizer verwaltet haben (Alben, Personen, Orte, Ereignisse, Stichwörter) oder Bilder aus einem Ordner wählen wollen. Im Beispiel habe ich Ersteres verwendet, worauf sich dann ein entsprechender Dialog öffnet.

Abbildung 40.65 ▶
Neue Medien für die Diashow können vom Organizer oder aber auch von einem Ordner ausgewählt werden.

Weitere Medien auswählen

Klicken Sie statt auf FERTIG nur auf AUSGEWÄHLTE MEDIEN HINZUFÜGEN ❼, können Sie über den Dialog weitere Bilder der Diashow hinzufügen.

Zur Auswahl steht hierbei zunächst unter EINFACH ❷ die Option ALLE MEDIEN, über die alle Medien in der Vorschau ❶ zur Auswahl stehen. Mit MEDIEN AUS DEM RASTER werden nur die Medien in der Vorschau aufgelistet, welche gerade im Medienbrowser des Organizers angezeigt werden.

Über ERWEITERT ❸ stehen Ihnen mehrere Optionen zur Verfügung. Wenn Sie Ihre Bilder ordentlich verwaltet haben, können Sie hier Bilder nach ALBUM, STICHWORT-TAG, PERSONEN, ORTE oder EREIGNISSE auflisten lassen. Ganz unten finden Sie noch zusätzlich zwei Optionen ❺ zum Ausfiltern von Medien mit Sternenbewertungen und ausgeblendeten Medien.

Ich habe mich hier für ein ALBUM entschieden und in der Dropdown-Liste ❹ das Album VARANASI ausgewählt. Dann habe ich alle Bilder über die entsprechende Schaltfläche ❻ angeklickt und mit FERTIG ❽ den Vorgang bestätigt.

40.8 Präsentation am Bildschirm – Diashow

◄ **Abbildung 40.66**
Der Diashow Medien hinzufügen

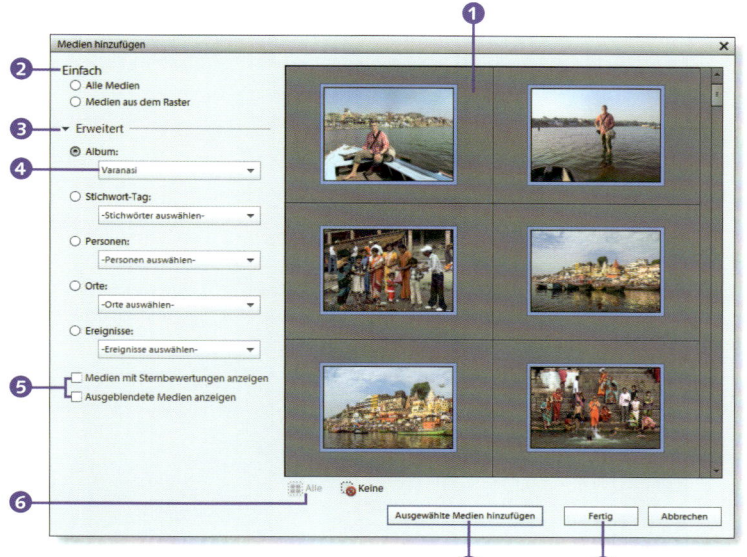

5 Der Diashow-Editor

Nun öffnet sich der Diashow-Editor auf dem Bildschirm mit relativ vielen Funktionen. Wer schon einmal mit einem Videoschnittprogramm gearbeitet hat, dem dürfte ein solcher Editor nicht ganz so fremd und überladen erscheinen. Wenn Sie das Erstellen einer Diashow zum Beispiel aus dem Editor ohne ausgewählte Bilder gestartet haben, so erscheinen die untere Leiste ⑪ und die Vorschau ⑨ grau. Stattdessen finden Sie in der Leiste ⑪ den Text HIER KLICKEN, UM IHRER DIASHOW FOTOS HINZUZUFÜGEN.

Tipp

Auch wenn Sie viele tolle Effekte in die Diashow einbauen können – halten Sie die Darbietung Ihrer Bilder besser ein wenig schlichter. Zu viele Effekte verbrauchen sich und wirken schnell kitschig.

▼ **Abbildung 40.67**
Die Fotos im Diashow-Editor

Kapitel 40 Fotoabzüge drucken

6   Reihenfolge anpassen

Klicken Sie auf SCHNELL NEU ORDNEN ❿ (siehe Abbildung 40.67) zwischen der Vorschau und der Miniaturvorschau, um die Reihenfolge der Bilder bei Bedarf per Drag & Drop anzupassen. Klicken Sie anschließend auf ZURÜCK ⓬ Nun haben Sie wieder den kompletten Diashow-Editor vor sich.

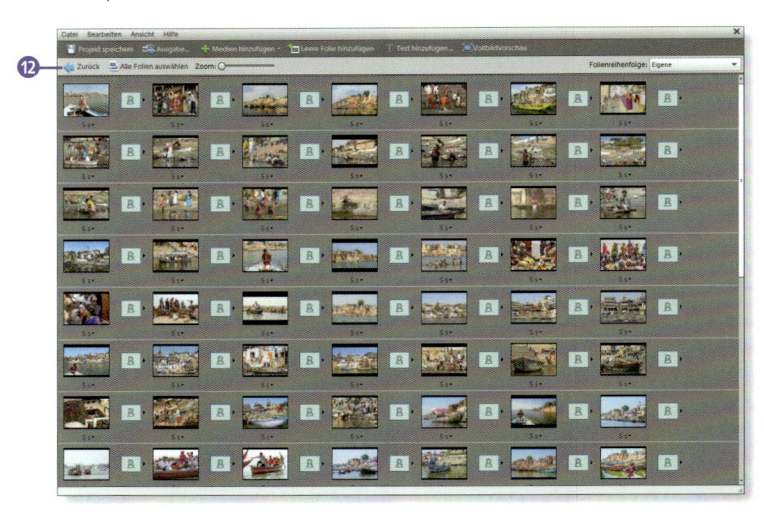

Abbildung 40.68 ▶
Passen Sie die Reihenfolge Ihrer Fotos an.

7   Vorschau abspielen

Um sich schon einmal ein Bild von der Diashow zu machen, können Sie über die Play-Taste ❷ die Vorschau abspielen lassen. Alternativ sehen Sie sich diese Vorschau über die Schaltfläche VOLLBILDVORSCHAU ❶ im Vollbildmodus an.

Abbildung 40.69 ▶
Spielen Sie die Diashow ab.

▲ **Abbildung 40.70**
Verändern Sie die Anzeigedauer ganz nach Belieben.

8   Anzeigedauer bearbeiten

Die Anzeigedauer der einzelnen Bilder können Sie direkt unter der Miniaturvorschau ändern, indem Sie auf die voreingestellte Zeit klicken ❸. Im sich öffnenden Kontextmenü wählen Sie dann eine Zeit aus oder geben eine eigene Zeit ein.

926

40.8 Präsentation am Bildschirm – Diashow

9 Übergänge bearbeiten

Ähnlich wie die Anzeigedauer können Sie auch die einzelnen Übergänge ändern, indem Sie auf den kleinen Pfeil ❹ neben dem Icon in der Leiste unten klicken. Im Kontextmenü wählen Sie dann einen anderen Übergang aus.

Alternativ ändern Sie die Übergänge, indem Sie einen unerwünschten auswählen und im Bedienfeldbereich EIGENSCHAFTEN einen neuen ÜBERGANG ❺ festlegen. Neben der Dauer des Übergangs können Sie hier bei einigen Übergängen zusätzliche Einstellungen anpassen. Sollten Sie den Bedienfeldbereich geschlossen haben, lassen Sie ihn bei Bedarf über ANSICHT • BEDIENFELDBEREICH wieder anzeigen.

▼ **Abbildung 40.71**
Probieren Sie verschiedene Übergänge aus.

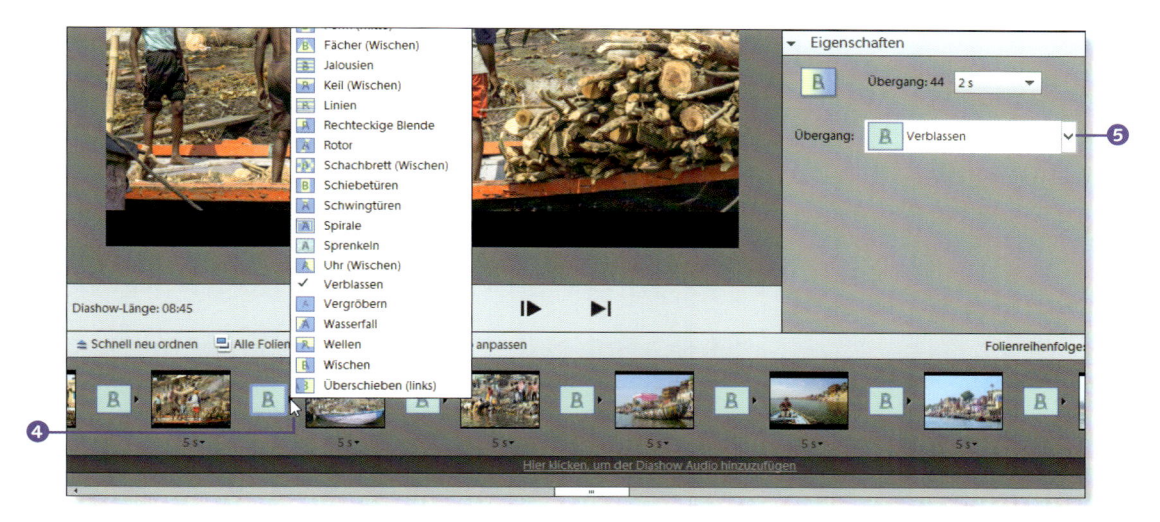

10 Bildlauf anpassen

Wenn Sie ein Bild in der Leiste unten anklicken, können Sie im Bedienfeld die Eigenschaften des Bildlaufs anpassen. Hierzu müssen Sie im Bedienfeld die Checkbox HORIZONTALEN BILDLAUF UND ZOOM AKTIVIEREN ❻ (siehe Abbildung 40.72) ankreuzen. Mit diesem Effekt wirkt das Bild weniger statisch, wenn es von oben nach unten oder von unten nach oben usw. bewegt wird.

Wie der Bildlauf durchgeführt wird, stellen Sie nach Wunsch von Hand ein, indem Sie zunächst auf die Miniaturvorschau ANFANG ❽ klicken und im Vorschaubild den grünen Rahmen anpassen. Anschließend klicken Sie auf die Miniaturvorschau ENDE ❼ mit dem roten Rahmen und stellen den entsprechenden Rahmen im Vorschaubild ein. Damit erfolgt ein Bildlauf vom eingestellten ANFANG bis zum eingestellten ENDE. In der Miniaturvorschau wird dieser Bildlauf mit dem grünen und roten Rahmen angezeigt.

Kapitel 40 Fotoabzüge drucken

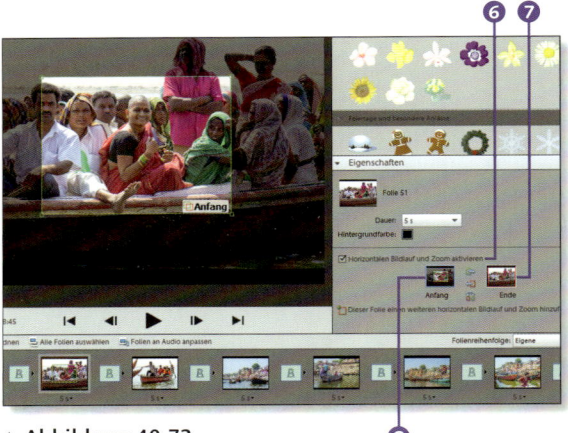

▲ **Abbildung 40.72**
In diesem Dialog können Sie auch den Bildlauf anpassen. Hier sehen Sie mit dem grünen Rahmen den Anfang des Bildlaufs …

▲ **Abbildung 40.73**
… und hier mit dem roten Rahmen das Ende des Bildlaufs.

11 **Folie hinzufügen**
Wenn Sie nun eine Titelfolie einfügen wollen, klicken Sie auf die Schaltfläche LEERE FOLIE HINZUFÜGEN ❾. Im Bedienfeld EIGENSCHAFTEN können Sie hierbei die Farbe der Folie bestimmen und die DAUER ihrer Anzeige. Da die Folie hier als Titelfolie dienen soll, schieben Sie sie mit gedrückt gehaltener linker Maustaste in der Bildleiste an den Anfang.

12 **Text hinzufügen**
Aktivieren Sie die soeben erzeugte Folie, und drücken Sie die Schaltfläche TEXT HINZUFÜGEN ❿. In dem sich öffnenden kleinen Dialogfenster ⓫ geben Sie den Text für die Folienbeschriftung ein und bestätigen mit OK. Es spricht übrigens nichts dagegen, auch Text dem Bild hinzuzufügen.

Abbildung 40.74 ▼
Ein Text macht aus Ihrer Diashow eine gelungene Präsentation.

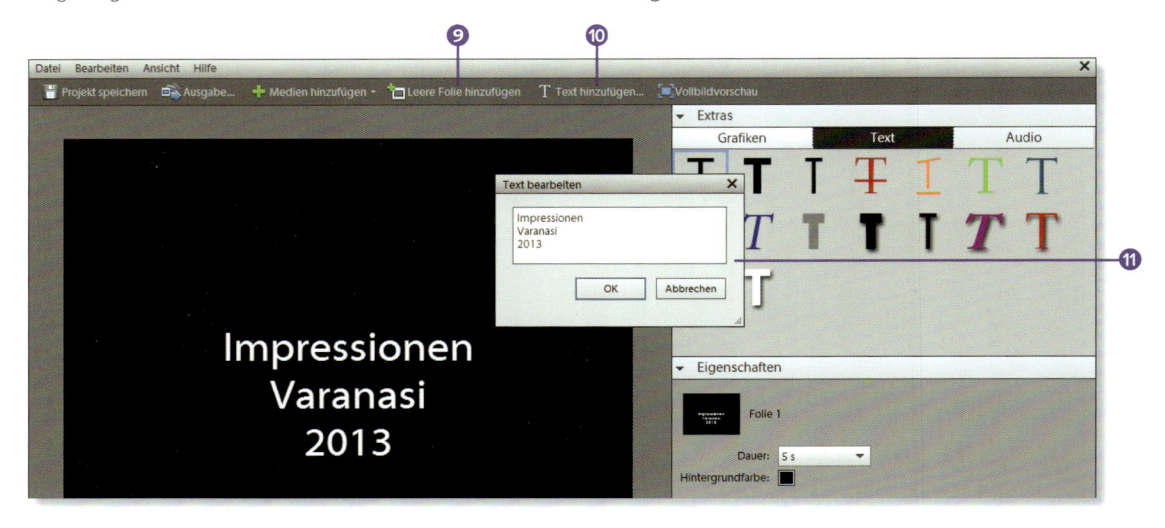

928

13 Text formatieren

Wenn Sie den Text eingegeben haben, können Sie ihn im Vorschaufenster anklicken, um ihn dann im Bedienfeld Eigenschaften zu formatieren. Wenn Sie wollen, ziehen Sie über des Bedienfeld Extras unter dem Reiter Grafiken Objekte auf die Folie, was selbstverständlich auch mit den Fotos möglich ist.

▼ **Abbildung 40.75**
Formatieren Sie den Text.

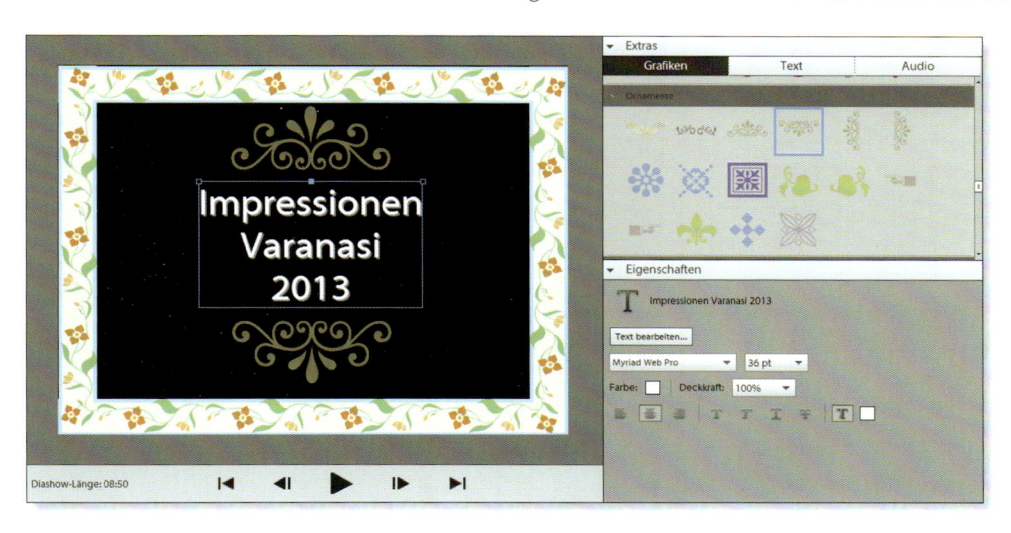

14 Grafiken hinzufügen

Natürlich können Sie über die Extras die im Reiter Grafiken enthaltenen Grafiken auf die einzelnen Bilder der Diashow ziehen, um diese aufzupeppen. Ebenso können Sie den einzelnen Bildern Text und Sprechblasen hinzufügen.

◀ **Abbildung 40.76**
Mit ein paar zusätzlichen Grafiken oder Text lässt sich auch eine langweiligere Diashow aufpeppen.

Copyright beachten

Man kann es nicht oft genug betonen. Lieder haben auch Urheber, und man darf nicht einfach Musik von bekannten Künstlern verwenden und dann alles im Web veröffentlichen. Daher finden Sie auch auf der Buch-DVD zu diesem Beispiel keine Musikunterstützung.

15 Musik hinzufügen

Auf Wunsch gestalten Sie zum Schluss die ganze Diashow noch mit einer Musikuntermalung. Klicken Sie zu diesem Zweck einfach unterhalb der Titelleiste auf Hier klicken, um der Diashow Audio hinzuzufügen, und wählen Sie eine Musikdatei aus.

Kapitel 40   Fotoabzüge drucken

Abbildung 40.77 ▼
Auch für die Musikbelegung im Hintergrund stehen komfortable Funktionen zur Verfügung. Im Beispiel haben wir im Lied die ersten 5 Sekunden entfernt und lassen es 1:55 Minuten spielen.

Über AUDIO TRIMMEN können Sie die Länge des hinzugefügten Liedes auf die Länge der Diashow trimmen. Mit dem linken Regler ❶ bestimmen Sie den ANFANG des Liedes (Sie können quasi mitten in einem Lied anfangen) und mit dem rechten Regler ❷ das ENDE des Liedes. Das Tolle an der Sache ist, dass auch die Übergänge sanft ablaufen, sprich, die Lautstärke am Anfang bzw. Ende steigt bzw. sinkt langsam. Testen Sie es einfach aus, indem Sie die beiden Regler ganz eng zusammenschieben.

Den beiden Reglern entsprechend finden Sie die Musik dann im Musikbalken. Sie können dabei durchaus den Musikbalken ganz kurz halten und dahinter ein anderes Lied einfügen. Ebenso können Sie den Musikbalken ❹ verschieben. Des Weiteren können Sie die Lautstärke ❸ des gespielten Titels anpassen.

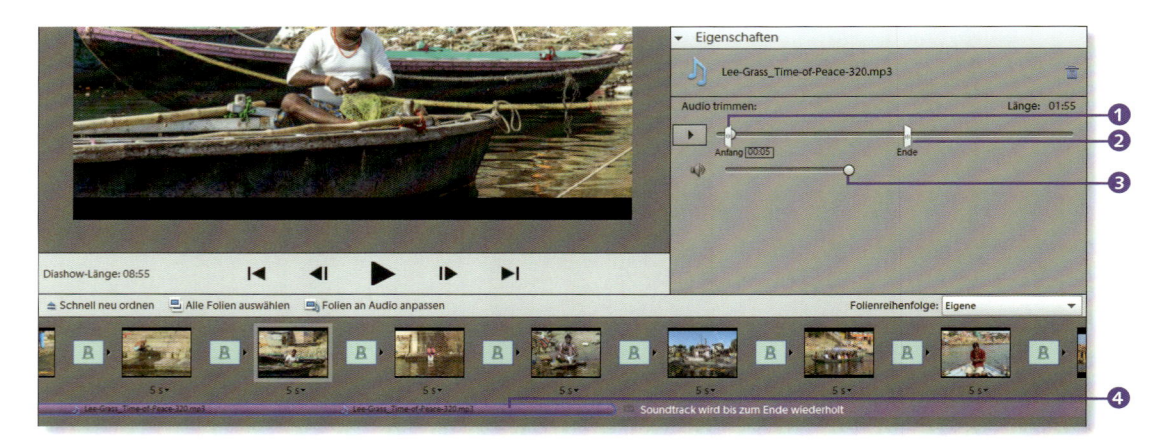

16   Sprachtext hinzufügen

Wenn Sie einen gesprochenen Text einem Bild hinzufügen wollen, klicken Sie auf das Bild oder die Folie und dann im Bedienfeld EXTRAS auf den Reiter AUDIO. Falls Ihr PC über ein Mikrofon verfügt, können Sie an Ort und Stelle einen Audiokommentar zu jedem Bild sprechen. Stimmen Sie hierbei die Länge des Audiokommentars auf die Anzeigedauer des Bildes ab.

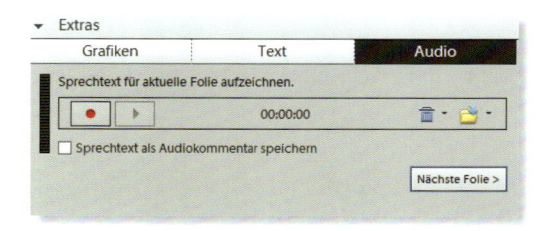

▲ **Abbildung 40.78**
Fügen Sie Ihrer Diashow zuletzt einen Sprachtext hinzu.

40.8 Präsentation am Bildschirm – Diashow

17 Projekt speichern

Nun sollten Sie das Projekt mit ⌈Strg⌉+⌈S⌉ oder über DATEI • DIA-
SHOW-PROJEKT SPEICHERN noch sichern, so dass Sie jederzeit später Änderungen daran vornehmen können.

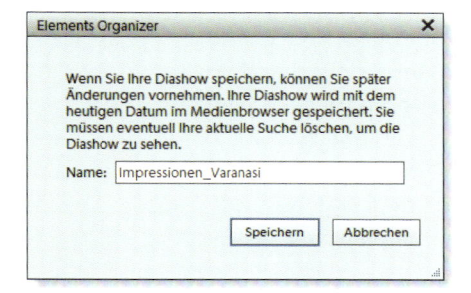

◀ **Abbildung 40.79**
Speichern Sie Ihr Projekt.

Kapitel_40: Impressionen_ohne_Musik.wmv,
Impressionen_ohne_Musik_in_HD.wmv

18 Diashow ausgeben

Abschließend können Sie über DATEI • DIASHOW AUSGEBEN die Diashow auf einem Medium Ihrer Wahl ausgeben. Hierbei wählen Sie den Punkt ALS DATEI SPEICHERN aus, wo Sie entweder eine FILMDATEI (»*.wmv«) oder eine PDF-DATEI erzeugen können. Hier können Sie auch gleich die Foliengröße einstellen. Wollen Sie die Datei per E-Mail versenden, so empfehle ich Ihnen, eine kleine Größe zu wählen. Eine weitere Möglichkeit ist die Option AUF DATENTRÄGER BRENNEN. Hiermit erstellen Sie eine Video-DVD, die sich auf fast jedem handelsüblichen DVD-Player wiedergeben lässt. Wenn Premiere Elements installiert ist, so wird auch die Übergabe der Diashow an das Schnittprogramm angeboten.

Hochladen auf YouTube

Ist die Diashow fertig, können Sie sie jederzeit über TEILEN • YOUTUBE auf Ihr Konto hochladen.

◀ **Abbildung 40.80**
Wählen Sie ein Medium aus, mit dem Sie Ihre Diashow präsentieren möchten.

Tipp: Diashow im Breitbildformat und/oder in HD-Auflösung |
Im letzten Arbeitsschritt des vorangegangenen Workshops können Sie in der Dialogbox DIASHOW-AUSGABE, wenn Sie die Diashow ALS DATEI SPEICHERN ❺ und eine FILMDATEI (.WMV) ❻ daraus erstellen, über die FOLIENGRÖSSE ❽ die Auflösung und Qualität der WMV-Datei einstellen. Leider sind hier nur ältere Monitor- und SD-Einstellungen aufgelistet. In der heutigen Zeit, wo das 16:9-Format und HD langsam zum guten Standard gehören, würde man sich diese Optionen auch von einer Diashow wünschen.

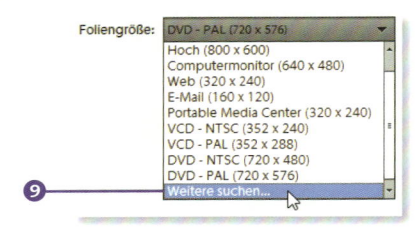

Kapitel 40 Fotoabzüge drucken

▲ **Abbildung 40.81**
Neue FOLIENGRÖSSE suchen

Und tatsächlich bietet Photoshop Elements selbst diese Optionen an. Leider sind sie etwas versteckt und umständlicher erreichbar – aber vorhanden. Wählen Sie hierfür einfach in der Dropdown-Liste FOLIENGRÖSSE ganz unten den Eintrag WEITERE SUCHEN ❾. Das Profil finden Sie im Programmverzeichnis des Organizers unter: C:\PROGRAMME\ADOBE\ELEMENTS 12 ORGANIZER\ASSETS\LOCALE\DE_DE\TV_PROFILES (statt PROGRAMME kann das Verzeichnis bei einem 64-Bit-System auch PROGRAM FILES (X86) lauten).

Abbildung 40.82 ▶
Die Dateien der Begierde, um HD-Diashows zu erstellen

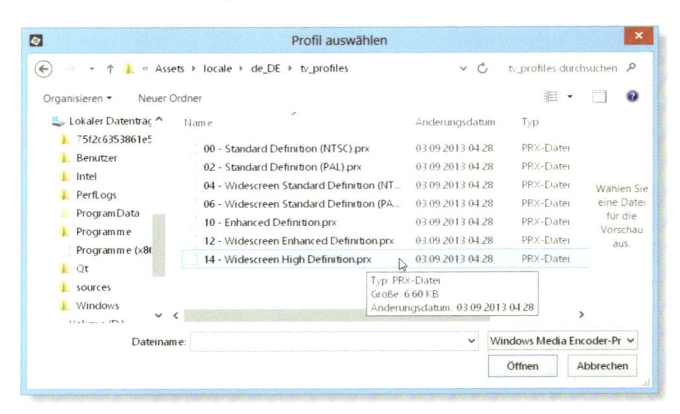

▲ **Abbildung 40.83**
Beschreibung der VIDEODETAILS

Hier finden Sie verschiedene Profile für HD und/oder Widescreen (16:9) mit der Endung ».prx«, wie beispielsweise »14 – Widescreen High Definition.prx« (für 16:9 und HD). HD ist allerdings hier noch auf 1.280×720 beschränkt. Klicken Sie jetzt auf DETAILS ❼ (siehe Abbildung 40.80) im Dialog DIASHOW-AUSGABE, können Sie sich eine Beschreibung zur neu ausgewählten WMV-Einstellung anzeigen lassen.

Abbildung 40.84 ▶
Die Diashow ist auf YouTube hochgeladen (*http://youtu.be/xoCEbUTG9oM*).

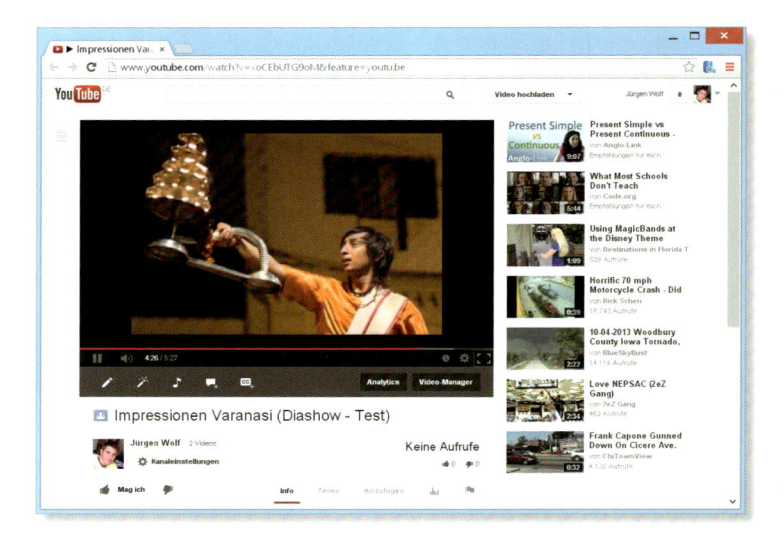

Anhang

Anhang A
Voreinstellungen im Überblick

Der Fotoeditor und der Organizer bieten einige Optionen an, mit denen Sie das Verhalten und einige Einstellungen der Software ändern können. Dieses Kapitel liefert Ihnen einen Überblick dazu.

A.1 Voreinstellungen im Fotoeditor

Über das Untermenü BEARBEITEN • VOREINSTELLUNGEN oder `Strg`+`K` unter Windows bzw. PHOTOSHOP ELEMENTS EDITOR • VOREINSTELLUNGEN oder `cmd`+`K` beim Mac erreichen Sie viele verschiedene Optionen, um Photoshop Elements Ihren eigenen Bedürfnissen anzupassen.

Die Voreinstellungen selbst gliedern sich in neun Bereiche, der erste ist der Bereich ALLGEMEIN, mit dem wir starten wollen. Sie wechseln die Bereiche einfach per Klick in der Liste links.

A.1.1 Allgemein

Im Bereich ALLGEMEIN finden Sie verschiedene gemischte Einstellungen zum Fotoeditor wieder.

Über die Dropdown-Liste FARBAUSWAHL ❸ (siehe Abbildung A.1) können Sie entscheiden, ob Sie als Farbwähler den Dialog von ADOBE (Standardeinstellung) oder den Dialog des entsprechenden Betriebssystems (WINDOWS oder APPLE) verwenden wollen.

In der Dropdown-Liste SCHRITT ZURÜCK/VORWÄRTS ❷ hingegen können Sie die Tastenkombination zum Rückgängigmachen und Wiederholen von Befehlen ändern. Neben der Standardeinstellung `Strg`+`Z`/`cmd`+`Z` bzw. `Strg`+`Y`/`cmd`+`Y` finden

Sie hier zwei weitere Tastenkombinationen für diese Befehle zur Auswahl.

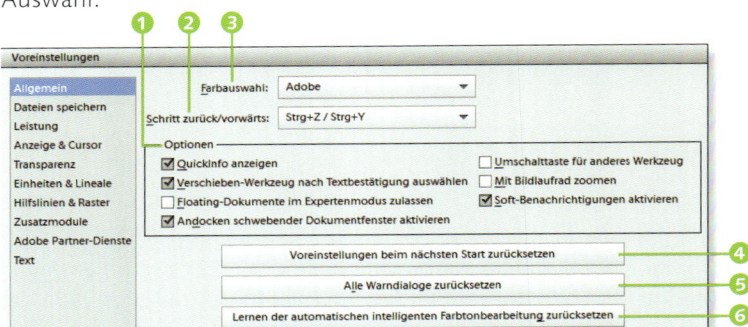

Abbildung A.1
Unter ALLGEMEIN erreichen Sie verschiedene Einstellungen.

Abbildung A.2
QuickInfos können nützliche Informationen enthalten, werden aber von manchen Anwendern als störend empfunden.

Mit den Checkboxen unter OPTIONEN ❶ können Sie diverse Funktionen (de-)aktivieren. Wenn vor einer Checkbox ein Häkchen gesetzt wurde, ist diese Option aktiviert. Kein Häkchen davor bedeutet, dass diese Option nicht aktiv ist. Hier die Beschreibung der einzelnen Optionen:

▶ QUICKINFO ANZEIGEN: Wollen Sie die QuickInfos für einzelne Werkzeuge und Einstellungen einblenden lassen, wenn Sie mit dem Mauscursor darüber stehen bleiben, muss diese Option aktiviert sein, was standardmäßig auch der Fall ist.

▶ VERSCHIEBEN-WERKZEUG NACH TEXTBESTÄTIGUNG AUSWÄHLEN: Wenn diese Option ausgewählt ist, wird gleich nach der Verwendung des Textwerkzeugs das Verschieben-Werkzeug aktiviert, was ja häufig der nächste Schritt ist, wenn Sie Ihren Text eingegeben haben. Standardmäßig ist diese Option aktiviert.

▶ FLOATING-DOKUMENTE IM EXPERTENMODUS ZULASSEN: Ist diese Option aktiviert, können Sie die einzelnen Dokumente im Expertenmodus als frei schwebende Fenster auf dem Bildschirm auch über den Rand des Programms (beispielsweise auf einen zweiten Monitor) hinausziehen. Wollen Sie hingegen immer nur ein Bild innerhalb des Fotoeditors sehen und bearbeiten, dann darf diese Option nicht aktiviert sein. Über ⌜Strg⌝/⌜cmd⌝+⌜↹⌝, die Register der Dokumente oder unten im Fotobereich wechseln Sie dann zwischen den einzelnen Dokumenten.

▶ ANDOCKEN SCHWEBENDER DOKUMENTFENSTER AKTIVIEREN: Damit können Sie schwebende Dokumentfenster durch Ziehen auf andere schwebende Fenster innerhalb des Fensters als Registerkarten gruppieren. Diese Funktion macht natürlich nur Sinn, wenn Sie zuvor FLOATING-DOKUMENTE IM EXPERTEN-

MODUS ZULASSEN aktiviert haben. Diese Einstellung können Sie beim Ziehen von Fenstern mit gehaltener Strg-Taste vorübergehend umkehren.

▶ UMSCHALTTASTE FÜR ANDERES WERKZEUG: Ist diese Option aktiv, müssen Sie die ⇧-Taste gedrückt halten, wenn Sie zu einem Werkzeug in derselben Werkzeuggruppe wechseln wollen. Wenn Sie beispielsweise die einzelnen Radiergummi-Werkzeuge wechseln wollen, genügt nicht mehr das Drücken von E, um ein anderes Radiergummi-Werkzeug zu aktivieren, sondern Sie müssen zusätzlich die ⇧-Taste halten.

▶ MIT BILDLAUFRAD ZOOMEN: Wenn Sie diese Option aktivieren, können Sie mithilfe eines Mausrades, falls vorhanden, in das Bild hinein- oder aus ihm herauszoomen, wenn sich der Mauscursor über dem Bild befindet. Standardmäßig ist diese Option deaktiviert.

▶ SOFT-BENACHRICHTIGUNGEN AKTIVIEREN: Hier können Sie die kleinen Soft-Benachrichtigungen (de-)aktivieren, welche Sie beispielsweise zu sehen bekommen, wenn Sie einen Vorgang rückgängig gemacht haben. Die Option ist standardmäßig aktiviert.

▲ **Abbildung A.3**
Dokumentfenster lassen sich innerhalb von anderen Dokumentfenstern anordnen, wenn die Option ANDOCKEN SCHWEBENDER DOKUMENTFENSTER AKTIVIEREN aktiviert ist.

▲ **Abbildung A.4**
Eine typische Soft-Benachrichtigung

Wollen Sie alle Voreinstellungen auf den Zustand nach der Installation von Photoshop Elements 12 zurücksetzen, können Sie dies mit der Schaltfläche VOREINSTELLUNGEN BEIM NÄCHSTEN START ZURÜCKSETZEN ❹ tun. Diese Aktion greift allerdings erst nach dem nächsten Neustart des Fotoeditors.

Bei manchen Warnmeldungen oder Aufforderungen können Sie eine Checkbox NICHT MEHR ANZEIGEN aktivieren, womit die Warnmeldung künftig nicht mehr angezeigt wird. Beschleicht Sie jetzt allerdings ein ungutes Gefühl dabei, können Sie über die Schaltfläche ALLE WARNDIALOGE ZURÜCKSETZEN ❺ alle Meldungen wieder aktivieren.

Mit der Schaltfläche LERNEN DER AUTOMATISCHEN INTELLIGENTEN FARBTONBEARBEITUNG ZURÜCKSETZEN ❻ setzen Sie die Funktion, welche Sie mit ÜBERARBEITEN • AUTOMATISCHE INTELLIGENTE FARBTONBEARBEITUNG bzw. der Tastenkombination Alt+Strg/cmd+T aufrufen, auf den Standardstatus zurück – der Lernmodus startet quasi wieder von vorne.

Zum Weiterlesen

Die neue Funktion AUTOMATISCHE INTELLIGENTE FARBTONBEARBEITUNG wurde mit der Photoshop Elements Version 12 hinzugefügt und wird im Buch in Abschnitt 11.6, »Automatische intelligente Farbtonbearbeitung«, behandelt.

A.1.2 Dateien speichern

Die Einstellungen im Bereich DATEIEN SPEICHERN betreffen – wer hätte das gedacht – das Speichern von Dateien.

Anhang A   Voreinstellungen im Überblick

Abbildung A.5 ▶
Verschiedene Einstellungen, die das Speichern von Dateien betreffen, bietet der Bereich Dateien speichern.

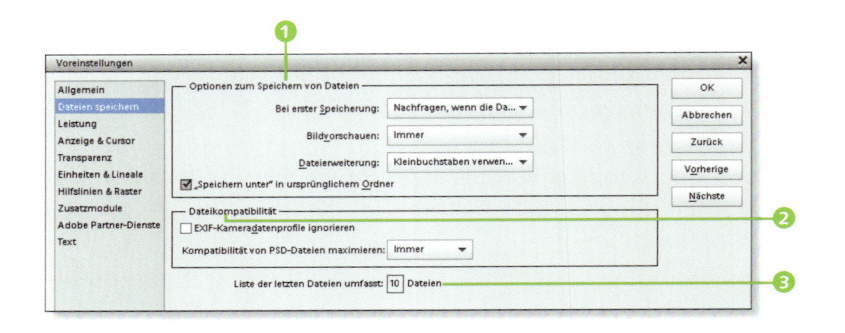

Bei Optionen zum Speichern von Dateien ❶ stehen Ihnen Dropdown-Listen für folgende Einstellungen zur Verfügung:

▶ Bei erster Speicherung: Damit stellen Sie ein, wie die Datei beim ersten Speichern über Datei • Speichern oder ⌜Strg⌝/⌜cmd⌝+⌜S⌝ gesichert werden soll. Standardmäßig ist hier Nachfragen, wenn die Datei die Originaldatei ist eingestellt, womit beim ersten Speichern der Dialog Speichern unter zum Speichern erscheint. Bei allen folgenden Speichervorgängen wird allerdings die jeweils vorherige Version überschrieben. Öffnen Sie hingegen nur eine Kopie, wird sofort die vorherige Version ohne den Dialog Speichern unter überschrieben.
Wollen Sie sowohl bei einer Kopie als auch beim Original, dass immer der Dialog Speicher unter beim ersten Speichern aufgerufen wird, müssen Sie die Option Immer bestätigen auswählen. Mit der letzten Option Aktuelle Datei überschreiben wird niemals der Dialog Speichern unter angezeigt und die Datei sofort überschrieben (was nicht unbedingt zu empfehlen ist).

▶ Bildvorschauen: Hiermit wählen Sie aus, wann und ob Miniaturen und Vorschauen des Bildes mitgespeichert werden sollen. Standardmäßig ist hier Immer eingestellt. Die anderen beiden Optionen, Nie und Beim Speichern wählen, sprechen ebenfalls für sich. Beim **Mac** finden Sie hier weitere Optionen, welche Bildübersichten gespeichert werden sollen (auch diese Angaben sprechen für sich).

▶ Dateierweiterung: Damit legen Sie fest, ob die Dateiendung für das Grafikformat in Großbuchstaben (beispielsweise »bild.JPG«) oder Kleinbuchstaben (beispielsweise »bild.jpg«) gespeichert werden soll. Ich empfehle, es standardmäßig immer auf Kleinbuchstaben zu belassen. Beim Mac lautet diese Option Kleinbuchstaben verwenden und ist als Checkbox implementiert.

▶ »Speichern unter« in ursprünglichen Ordner: Diese Option ist standardmäßig aktiviert und sorgt dafür, dass beim Aufruf von Speichern unter im Dialog der ursprüngliche Ordner als Standardordner verwendet wird.

Die drei folgenden Einstellungen im Rahmen Dateikompatibilität ❷ beziehen sich auf die Kompatibilität beim Speichern von Grafikdateien:

▶ EXIF-Kameradatenprofile ignorieren: Wenn Sie diese Option aktivieren, wird das verwendete Farbprofil der Kamera verworfen und das Bild stattdessen in dem im Fotoeditor verwendeten Farbprofil gespeichert. Standardmäßig ist diese Option deaktiviert.

▶ Kompatibilität von PSD-Dateien maximieren: Mit dieser Einstellung sorgen Sie dafür, dass ein als PSD-Datei gespeichertes Bild mit beispielsweise Ebenen auch mit anderen Anwendungen (oder gar künftigen Photoshop-Elements-Versionen) geöffnet werden kann, indem Sie diese Option auf Immer (Standardeinstellung) stellen. Die anderen beiden Optionen, Nie und Fragen, sprechen wieder für sich. Natürlich benötigen diese Kompatibilitäts-Informationen auch mehr Datenspeicher (ca. 10–15 %).

Ganz unten legen Sie über Liste der letzten Dateien umfasst ❸ die Anzahl der Dateien fest, die im Untermenü Datei • Zuletzt bearbeitete Datei öffnen aufgelistet werden. Maximal können Sie hier den Wert 30 eingeben.

A.1.3 Leistung

Echtes Feintuning, abgestimmt auf die optimale Rechenpower, ermöglicht Ihnen der Bereich Leistung.

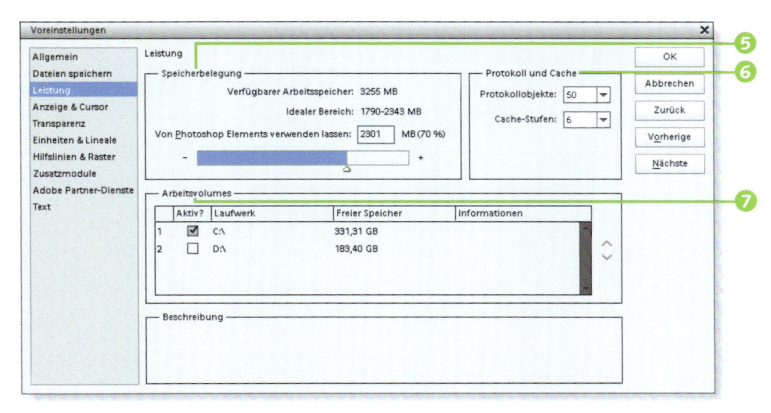

◀ **Abbildung A.6**
Die Einstellungen in Leistung haben Auswirkungen auf das Laufzeitverhalten von Photoshop Elements.

Über die Speicherbelegung ❺ legen Sie fest, wie viel Arbeitsspeicher Photoshop Elements zur Bildbearbeitung erhalten soll.

64-Bit-Unterstützung (Mac)

Mit der Version 12 von Photoshop Elements gibt es jetzt auch endlich eine echte 64-Bit-Unterstützung. Allerdings gilt dies bei dieser Version vorerst nur für den Mac. Mit nativer 64-Bit-Unterstützung kann man mehr Arbeitsspeicher verwenden und bei umfangreichen Projekten wirkt sich dies logischerweise sehr gut auf die Performance aus. Hat Ihr Rechner beispielsweise 8 GB an Arbeitsspeicher, dann können Sie davon ca. 7 GB für Photoshop Elements verwenden. Auf Windows ist man in der aktuellen Version noch auf 32 Bit beschränkt, und daher können hier nach wie vor nicht mehr als 3 GB RAM verwendet werden. Aber es gilt als fast sicher, dass in der nächsten Version auch die Windows-Version native 64 Bit unterstützen wird.

Abbildung A.7 ▶
Die Darstellung einiger Werkzeuge beeinflussen Sie über ANZEIGE & CURSOR.

Externe Festplatten

Verwenden Sie am besten eine Platte, auf der nicht das Betriebssystem installiert ist (das ebenfalls gerne auslagert), und benutzen Sie auf gar keinen Fall externe USB-Festplatten (viel zu langsam).

Bei der digitalen Bildbearbeitung kann man hiervon gar nicht genug haben. In der Praxis hat sich der Standardwert von 70 % bestens bewährt. Beachten Sie, falls Sie noch mehr Speicher vergeben wollen, dass neben anderen Anwendungen auch das Betriebssystem etwas Arbeitsspeicher benötigt.

Reicht der Arbeitsspeicher nicht mehr aus, werden die Daten auf die erheblich langsamere Festplatte ausgelagert. Über ARBEITSVOLUMES ❼ können Sie, falls mehrere Platten vorhanden sind, die Festplatte zum Auslagern über ein Häkchen aktivieren.

Über PROTOKOLL UND CACHE ❻ stellen Sie ein, wie viele Arbeitsschritte Sie rückgängig machen können. Mit PROTOKOLLOBJEKTE legen Sie die Anzahl der Schritte fest, die standardmäßig mit 50 Schritten recht knapp bemessen ist. Ein höherer Wert benötigt allerdings auch wieder mehr Arbeitsspeicher. Maximal ist ein Wert von bis zu 1.000 Schritten möglich. In der Praxis würde ich 100 bis 200 Schritte empfehlen. Diese Änderungen sind allerdings erst nach einem Neustart aktiv.

A.1.4 Anzeige & Cursor

Über ANZEIGE & CURSOR konfigurieren Sie die Darstellung verschiedener Werkzeuge.

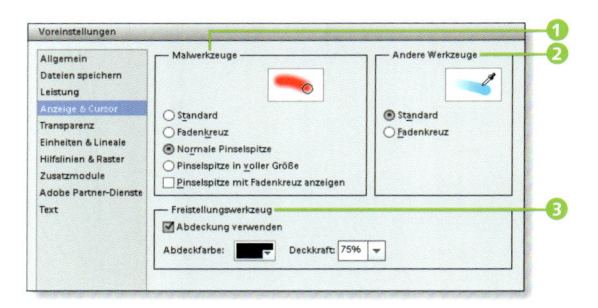

Über MALWERKZEUGE ❶ ändern Sie die Anzeige der verschiedenen Malwerkzeuge. Mit STANDARD werden beim Malen kleine Symbolzeiger verwendet, die dem Werkzeug entsprechen. Mit FADENKREUZ wird nur ein solches angezeigt. Mit NORMALE PINSELSPITZE wird eine um 50 % verkleinerte Pinselspitze und mit PINSELSPITZE IN VOLLER GRÖSSE eine Spitze mit voller Größe angezeigt. Zusätzlich können Sie bei den letzten beiden Optionen in der Mitte ein Fadenkreuz anzeigen lassen, indem Sie die Checkbox PINSELSPITZE MIT FADENKREUZ ANZEIGEN aktivieren.

Bei ANDERE WERKZEUGE ❷ stellen Sie die Darstellung für alle anderen Nicht-Malwerkzeuge ein. Mit STANDARD wird auch hier ein kleiner Symbolzeiger des entsprechenden Werkzeugs verwendet. Alternativ benutzen Sie hier ebenfalls nur ein FADENKREUZ.

Unter FREISTELLUNGSWERKZEUG ❸ legen Sie die Farbe und DECKKRAFT des dunkleren Bereichs fest, der nach der Bestätigung des Werkzeugs entfernt wird. Wenn Sie das Häkchen vor ABDECKUNG VERWENDEN deaktivieren, schalten Sie diesen dunklen Bereich komplett aus.

A.1.5 Transparenz

Über TRANSPARENZ konfigurieren Sie die Größe des quadratischen HINTERGRUNDMUSTERS der Transparenz und die RASTERFARBEN.

◀ **Abbildung A.8**
Die Darstellung der TRANSPARENZ stellen Sie im gleichnamigen Bereich ein.

A.1.6 Einheiten & Lineale

Unter EINHEITEN & LINEALE legen Sie verschiedene Maßeinheiten für Photoshop Elements fest.

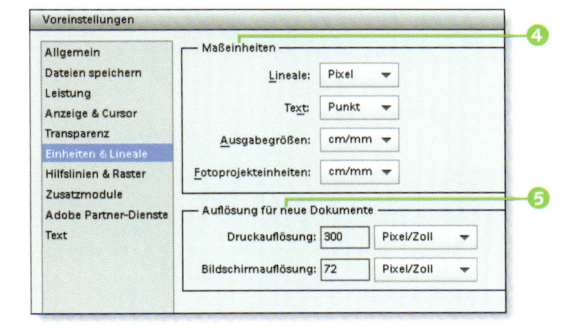

◀ **Abbildung A.9**
Maße und Maßeinheiten können Sie über EINHEITEN & LINEALE voreinstellen.

Folgende Einstellungen finden Sie innerhalb von MASSEINHEITEN ❹:

- LINEALE: Damit bestimmen Sie die Maßeinheit für die Lineale (ANSICHT • LINEALE). Neben dem Standardwert Zentimeter (CM) können Sie hierbei aus PIXEL (ideal für das Web), ZOLL, Millimeter (MM), PUNKT, PICA und PROZENT wählen.
- TEXT: Hier legen Sie die Maßeinheit fest, die für das Textwerkzeug T verwendet werden soll. Neben der Standardeinstellung PUNKT finden Sie hier PIXEL (für das Web) und Millimeter (MM) vor.
- AUSGABEGRÖSSEN: Damit stellen Sie die Maßeinheit für die Ausgabegröße ein. Neben der Standardeinstellung Zentimeter/Millimeter (CM/MM) können Sie hierbei auch ZOLL auswählen.

▶ FOTOPROJEKTEINHEITEN: Hiermit legen Sie die Maßeinheit für Fotoprojekte wie BILDBAND, GRUSSKARTE, FOTOKALENDER, FOTOCOLLAGE usw. aus dem Bedienfeld ERSTELLEN fest.

Im Bereich AUFLÖSUNG FÜR NEUE DOKUMENTE ❺ (siehe Abbildung A.9) bestimmen Sie mit BILDSCHIRMAUFLÖSUNG, welche Monitorauflösung als Grundlage für die Anzeige der Ausgabegröße (beispielsweise beim Zoom-Werkzeug) verwendet werden soll. Gewöhnlich wird als Standardwert 72 dpi (PIXEL/ZOLL) empfohlen, wer aber den genauen Wert kennt, sollte diesen hier eintragen. Mit der DRUCKAUFLÖSUNG bestimmen Sie, wie hoch die Auflösung neuer Dokumente sein soll, die für den Druck bestimmt sind. Der Standardwert lautet 300 dpi.

A.1.7 Hilfslinien & Raster

Über HILFSLINIEN & RASTER stellen Sie genau diese beiden Dinge ein. Bei HILFSLINIEN ❶ können Sie die FARBE und ART der Hilfslinien (ANSICHT • HILFSLINIEN oder ⌈Strg⌉/⌈cmd⌉+⌈L⌉) bestimmen. Dasselbe gilt für das RASTER ❷ (ANSICHT • RASTER), wo Sie die FARBE, die ART, den ABSTAND und die UNTERTEILUNGEN vorgeben können.

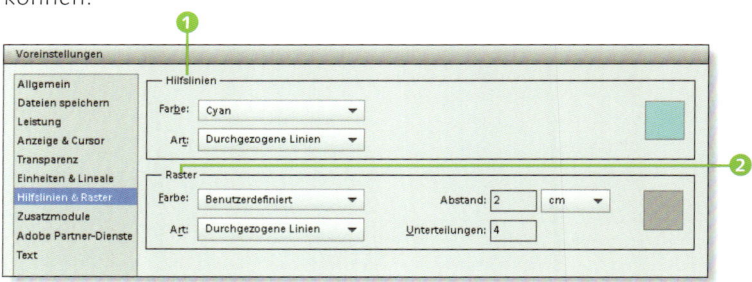

Abbildung A.10 ▶
Unter HILFSLINIEN & RASTER passen Sie die Hilfslinien und Raster Ihren persönlichen Bedürfnissen an.

A.1.8 Zusatzmodule

ZUSATZMODULE sind im Grunde nichts anders als Plug-ins, die Sie im Plug-in-Unterordner von Photoshop Elements installiert haben. Über ZUSÄTZLICHER ZUSATZMODULORDNER haben Sie die Möglichkeit, einen weiteren Ordner mit Plug-ins anzugeben, in dem Photoshop Elements beim Laden nach Plug-ins suchen soll. Hierzu aktivieren Sie die Checkbox und wählen den Ordner, in dem sich die Plug-ins befinden.

A.1.9 Adobe Partner-Dienste

Der Fotoeditor bietet über das Dropdown-Menü TEILEN Dienste wie Adobe Revel, Flickr, Twitter und Facebook an. Wenn das Häkchen vor AUTOMATISCH NACH DIENSTEN SUCHEN ❸ gesetzt ist, werden Sie informiert, sobald ein neuer Dienst zur Verfügung steht. Mit einem Klick auf die Schaltfläche AKTUALISIEREN ❹ können Sie sofort manuell nach neuen Diensten suchen lassen.

Über EINSTELLUNGEN ❺ können Sie mit KONTEN ZURÜCKSETZEN die gespeicherten Kontoinformationen von den vorhandenen Diensten (Adobe Revel, Flickr, Twitter und Facebook) zurücksetzen. Selbiges gilt für die Schaltfläche ONLINEDIENSTDATEN LÖSCHEN für die gespeicherten Onlinedienstdaten.

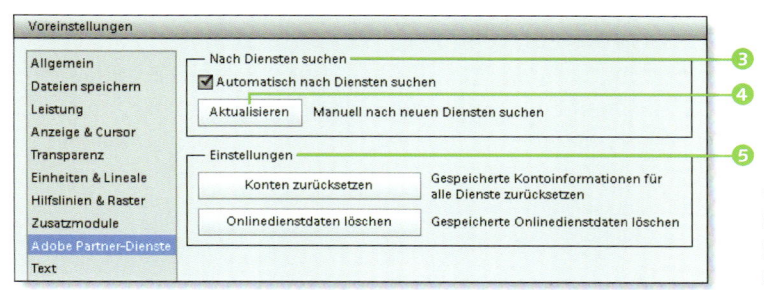

◀ **Abbildung A.11**
Über ADOBE PARTNER-DIENSTE können Sie nach Diensten suchen oder Dienste zurücksetzen.

A.1.10 Text

Über TEXT können Sie folgende TEXTOPTIONEN (de-)aktivieren:

◀ **Abbildung A.12**
Verschiedene Optionen für das Textwerkzeug

- TYPOGRAFISCHE ANFÜHRUNGSZEICHEN VERWENDEN: Ist diese Option aktiviert, werden während der Texteingaben die Zeichen ' und " durch die typografischen Anführungszeichen („' und „") ersetzt.
- ASIATISCHE TEXTOPTIONEN EINBLENDEN: Aktivieren Sie diese Option, werden bei den Werkzeugoptionen ❻ auch Optionen für asiatische Schriftarten angezeigt.
- SCHUTZ FÜR FEHLENDE GLYPHEN AKTIVIEREN: Wenn Sie ein PSD-Dokument öffnen, das Schriftarten verwendet, die nicht auf Ihrem System installiert sind, wird eine Warnmeldung ausgegeben und eine andere Schriftart verwendet. Durch aktiven Glyphenschutz wählt Photoshop Elements automatisch eine Schriftart aus, so dass nach Möglichkeit falsche und unleserliche Zeichen vermieden werden.

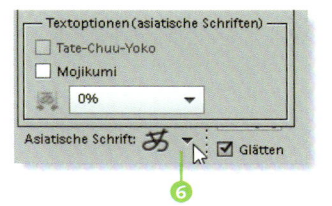

▲ **Abbildung A.13**
Asiatische Textoptionen sind eingeblendet.

Anhang A Voreinstellungen im Überblick

- SCHRIFTNAMEN AUF ENGLISCH ANZEIGEN: Zeigt den Namen nichtlateinischer Schriftarten in lateinischer Schrift an. So ist beispielsweise sichergestellt, dass asiatische Schriftnamen auf Englisch angezeigt werden.
- GRÖSSE DER SCHRIFTVORSCHAU: Über diese Dropdown-Liste stellen Sie die Größe der Schriftvorschau in den Werkzeugoptionen der Textwerkzeuge ein.

A.1.11 Alle Einstellungen zurücksetzen

Haben Sie bei den Einstellungen etwas verändert und wissen jetzt nicht mehr, wie Sie das rückgängig machen können, gibt es nur die Möglichkeit, alle getroffenen Einstellungen wieder zu löschen und somit den Standardzustand wiederherzustellen. Dies geht, indem Sie beim Starten (über den Startbildschirm) des Fotoeditors [Strg]/[cmd]+[⇧]+[Alt] gedrückt halten. Daraufhin erfolgt ein Dialog, den Sie mit JA bestätigen müssen, wenn Sie alle Einstellungen löschen und somit den Standard wiederherstellen wollen.

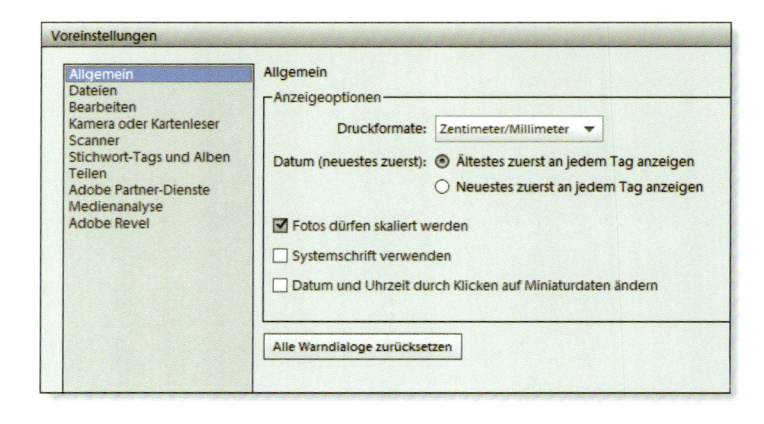

▲ **Abbildung A.14**
Notfalls können Sie die Optionen von Elements wieder zurücksetzen.

A.2 Voreinstellungen im Organizer

Wie auch den Fotoeditor können Sie den Organizer über das Untermenü BEARBEITEN • VOREINSTELLUNGEN oder [Strg]+[K] unter Windows bzw. PHOTOSHOP ELEMENTS 12 ORGANIZER • VOREINSTELLUNGEN oder [cmd]+[K] beim Mac Ihren persönlichen Bedürfnissen anpassen. Auch hier wechseln Sie in die verschiedenen Voreinstellungsbereiche per Klick in der Liste links.

A.2.1 Allgemein

Über ALLGEMEIN ändern Sie die allgemeinen ANZEIGEOPTIONEN:

Abbildung A.15 ▶
Unter ALLGEMEIN stellen Sie unterschiedliche ANZEIGEOPTIONEN des Organizers ein.

- **DRUCKFORMATE**: Damit stellen Sie die Maßeinheit für den DRUCKEN-Dialog (DATEI • DRUCKEN oder Strg+P) auf ZOLL oder ZENTIMETER/MILLIMETER ein. Diese Option steht nur für Windows-Nutzer zur Verfügung.
- **DATUM (NEUESTES ZUERST)**: Hiermit legen Sie fest, wie die Bilder sortiert werden, die am selben Tag fotografiert wurden (nach der Uhrzeit). Die beiden Radio-Buttons sprechen für sich.
- **FOTOS DÜRFEN SKALIERT WERDEN**: Aktivieren Sie diese Option, wenn Fotos auch auf mehr als 100 % ihrer Größe skaliert werden dürfen, um den vorhandenen Platz voll auszunutzen.
- **SYSTEMSCHRIFT VERWENDEN**: Damit verwendet der Organizer die aktuelle Systemschrift anstatt, wie standardmäßig der Fall, die für die Anwendung vorgegebene Schrift. Diese Option wird erst beim nächsten Neustart vom Organizer aktiv und steht nur für Windows-Nutzer zur Verfügung.
- **DATUM UND UHRZEIT DURCH KLICKEN AUF MINIATURDATEN ÄNDERN**: Aktivieren Sie diese Option, können Sie durch das Anklicken des Datums in der Miniaturvorschau des Medienbrowsers das Datum und die Uhrzeit ändern.

Bei manchen Warnmeldungen oder Aufforderungen können Sie eine Checkbox NICHT MEHR ANZEIGEN aktivieren, womit die Warnmeldung künftig nicht mehr angezeigt wird. Beschleicht Sie jetzt allerdings ein ungutes Gefühl dabei, können Sie über die Schaltfläche ALLE WARNDIALOGE ZURÜCKSETZEN alle Meldungen wieder aktivieren.

A.2.2 Dateien

Über DATEIEN erreichen Sie verschiedene Optionen, wie Dateien im Organizer behandelt werden sollen.

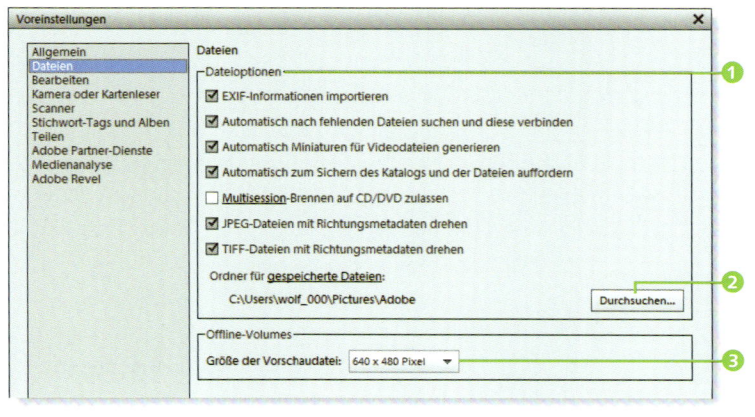

◀ Abbildung A.16
Wie der Organizer mit den Dateien umgehen soll, können Sie unter DATEIEN ändern.

Innerhalb von DATEIOPTIONEN ❶ (siehe Abbildung A.16) finden Sie folgende Einstellungen:

- EXIF-INFORMATIONEN IMPORTIEREN: Hier können Sie die Exif-Informationen aus einer Datei importieren oder nicht, wenn welche vorhanden sind. Wenn Sie diese Option deaktivieren, werden die Exif-Informationen allerdings nicht entfernt, sondern nur blockiert. Standardmäßig ist diese Funktion immer aktiviert.
- AUTOMATISCH NACH FEHLENDEN DATEIEN SUCHEN UND DIESE VERBINDEN: Fehlende Dateien werden im Medienbrowser mit einem Fragezeichen in der Miniaturvorschau versehen. Wählen Sie die fehlende Datei aus, beginnt ein Suchdialog automatisch mit der Suche (Standardeinstellung). Deaktivieren Sie diese Option, können Sie manuell nach der fehlenden Datei suchen.
- AUTOMATISCH MINIATUREN FÜR VIDEODATEIEN GENERIEREN: Sofern der Organizer das Videoformat erkennt, wird bei aktivierter Option (Standardeinstellung) auch eine Miniaturvorschau für Videodateien erstellt.
- AUTOMATISCH ZUM SICHERN DES KATALOGS UND DER DATEIEN AUFFORDERN: Wenn diese Option aktiviert ist (Standardeinstellung), werden Sie nach einer gewissen Anzahl erfasster Fotos aufgefordert, ein Backup der Katalogdatei zu erstellen.
- MULTISESSION-BRENNEN AUF CD/DVD ZULASSEN: Damit aktivieren Sie Multisession-Brennen auf CD oder DVD. So können Sie mehrmals hintereinander Daten auf eine CD oder DVD brennen. Ohne diese Option kann eine CD oder DVD nur einmal gebrannt werden, und der noch nicht verwendete Speicherplatz geht verloren. Standardmäßig ist diese Option, die nur unter Windows zur Verfügung steht, deaktiviert.
- JPEG-DATEIEN MIT RICHTUNGSMETADATEN DREHEN: Wollen Sie, dass die Miniaturen von JPEG-Dateien im Medienbrowser entsprechend den Richtungsmetadaten (falls vorhanden) gedreht werden, sollte diese Option aktiv (Standard) sein. Deaktivieren Sie diese Option, wird die Datei zwar nicht entsprechend den Metadaten gedreht, aber die Miniaturauflösung hat eine höhere Auflösung.
- TIFF-DATEIEN MIT RICHTUNGSMETADATEN DREHEN: Wie der Punkt zuvor, nur bezieht sich diese Option auf TIFF-Dateien.
- ORDNER FÜR GESPEICHERTE DATEIEN: Hier finden Sie den Standardordner, in dem der Organizer seine Projekte und andere Dateien speichert. Klicken Sie auf die Schaltfläche DURCHSUCHEN ❷, wenn Sie den Pfad ändern wollen.

Über OFFLINE-VOLUMES stellen Sie die GRÖSSE DER VORSCHAUDATEI ❸ ein, die der Organizer beim Offline-Speichern für Mediendateien verwenden darf. Standardeinstellung ist 640 × 480 PIXEL.

Beim Mac finden Sie hier zusätzlich eine Option MEDIEN-CACHE, wo Sie ein Verzeichnis angeben können, in dem der Organizer die Vorschauen zwischenspeichert, um schneller darauf zugreifen zu können.

A.2.3 Bearbeiten

Über BEARBEITEN wählen Sie aus, welche weiteren Optionen und Funktionen Ihnen über den Organizer zur Verfügung stehen.

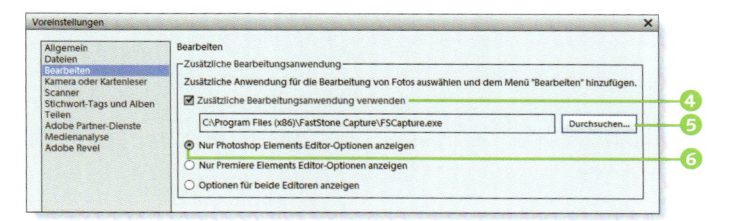

◄ **Abbildung A.17**
Hier werden die Anwendungen aufgelistet, mit denen die Bilder unter anderem über das Menü BEARBEITEN aufgerufen und weiterverarbeitet werden können.

Über ZUSÄTZLICHE BEARBEITUNGSANWENDUNG VERWENDEN ❹ können Sie eine weitere Anwendung zur Bearbeitung von Fotos auswählen. Über die Schaltfläche DURCHSUCHEN ❺ legen Sie die Anwendung fest, die Sie dann im Menü BEARBEITEN oder über die Dropdown-Liste neben EDITOR mit EXTERNER EDITOR aufrufen können, um das ausgewählte Bild im Medienbrowser damit zu bearbeiten.

Darunter finden Sie drei Radioschaltflächen vor, über die Sie auswählen können, ob Sie nur Optionen von Photoshop Elements Editor, Premiere Elements Editor oder von beiden Editoren anzeigen wollen. Standardmäßig werden die Optionen von allen Editoren angezeigt. Die ist allerdings natürlich nur dann sinnvoll, wenn Sie Premiere Elements auf dem Rechner installiert haben.

Die Funktionen von Photoshop und/oder Premiere Elements finden Sie beim Organizer dann unter ERSTELLEN und TEILEN. Wenn Sie nicht im Besitz von Premiere Elements sind, sollten Sie die Option NUR PHOTOSHOP ELEMENTS EDITOR-OPTIONEN ANZEIGEN ❻ aktivieren, weil Sie sonst viele Funktionen im Organizer haben, die keinen Nutzen haben.

▲ **Abbildung A.18**
Im Medienbrowser markierte Bilder können auch mit einer externen Anwendung als Kopie bearbeitet werden. Der Organizer legt dabei automatisch einen Versionssatz an.

Premiere Elements

Premiere Elements ist das filmorientierte Gegenstück zu Photoshop Elements für den Videoschnitt. Häufig gibt es Photoshop Elements und Premiere Elements als Bundle zu kaufen. Premiere Elements kann aber auch extra heruntergeladen werden.

A.2.4 Kamera oder Kartenleser

Über KAMERA ODER KARTENLESER stellen Sie die Ladeoptionen für den Foto-Downloader ein, wenn eine Kamera oder ein Kartenlesegerät mit Fotos angeschlossen wird. Des Weiteren können Sie hier festlegen, was beim Importieren mit den Fotos passieren soll.

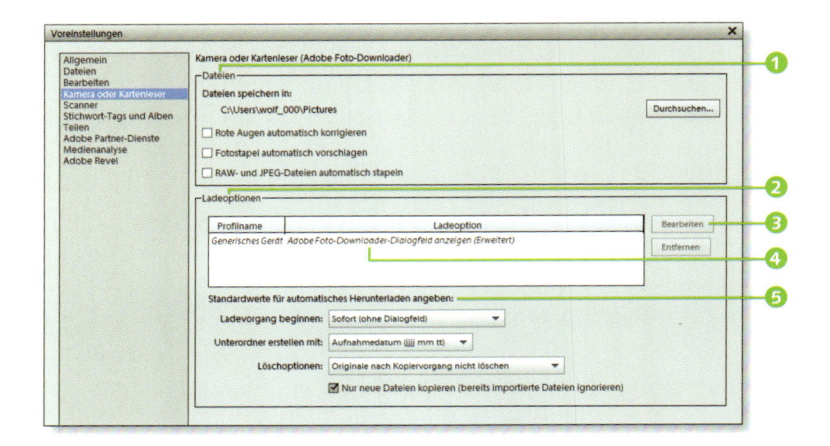

Anhang A Voreinstellungen im Überblick

Abbildung A.19 ▸
VOREINSTELLUNGEN für den Foto-Downloader

Über DATEIEN ❶ konfigurieren Sie, was mit den Dateien beim Import geschehen soll. Alle Optionen und noch einige mehr können Sie allerdings auch nachträglich im FOTO-DOWNLOADER-Dialog ändern. Folgende Voreinstellungen sind hier möglich:

- DATEIEN SPEICHERN IN: Hier finden Sie den Speicherort, an dem der Foto-Downloader die Dateien nach dem Import speichert. Standardmäßig ist dies das Bilderverzeichnis auf dem System, aber über die Schaltfläche DURCHSUCHEN können Sie diesen Pfad auch ändern.
- ROTE AUGEN AUTOMATISCH KORRIGIEREN: Ist diese Option aktiv, wird versucht, rote Augen beim Import automatisch zu beheben. Standardmäßig ist diese Option deaktiviert, und ich empfehle Ihnen auch, sie nicht zu verwenden und die roten Augen mit dem entsprechenden Werkzeug manuell zu beheben.
- FOTOSTAPEL AUTOMATISCH VORSCHLAGEN: Mit aktiver Option veranlassen Sie den Organizer beim Import, Fotostapel automatisch vorzuschlagen. Auch diese Option ist standardmäßig nicht aktiv, und ich empfehle hier ebenfalls, diesen Vorgang anschließend manuell durchzuführen.
- BENUTZERDEFINIERTEN NAMEN DER GRUPPE IN STICHWORT-TAG UMWANDELN: Damit können Sie veranlassen, dass benutzerdefinierte Namen von Bildern (beispielsweise »Blume.jpg«) auch gleich als Stichwort-Tag (»Blume«) verwendet werden dürfen.

Der Rahmen LADEOPTIONEN steht am **Mac** nicht zur Verfügung.

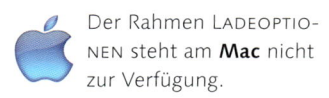

Unterhalb von LADEOPTIONEN ❷ geben Sie dann die entsprechenden Voreinstellungen für den eigentlichen Importvorgang an. In der folgenden Liste können Sie einstellen, wie der Foto-Downloader beim Einstecken einer Kamera oder eines entsprechenden Speichermediums angezeigt wird (STANDARD, ERWEITERT oder gar nicht, indem die Bilder gleich automatisch importiert werden).

Über die Schaltfläche BEARBEITEN ❸ oder einen Doppelklick auf den Eintrag ❹ können Sie die Einstellung ändern.

Für den Fall, dass Sie einen vollständig automatischen Import eingestellt haben, finden Sie hinter STANDARDWERTE FÜR AUTOMATISCHES HERUNTERLADEN ANGEBEN ❺ einige Einstellungen dafür:

- LADEVORGANG BEGINNEN: Hier können Sie eine Verzögerung des Ladevorgangs einstellen, um gegebenenfalls noch reagieren zu können.
- UNTERORDNER ERSTELLEN MIT: Hier geben Sie den Namen für die Unterordner vor, in die die Bilder importiert werden sollen.
- LÖSCHOPTIONEN: Hier stellen Sie ein, ob die Bilder nach dem Import von der Kamera oder dem Speichermedium gelöscht werden sollen oder nicht. Zu dieser Option finden Sie noch eine Checkbox, wo Sie vorgeben können, dass nur neue Dateien kopiert und bereits importierte Dateien ignoriert werden sollen.

A.2.5 Scanner (nur Windows)

Im Bereich SCANNER bestimmen Sie mit den Einstellungen unter IMPORTIEREN ❻, mit welchem SCANNER Sie die Bilder in welcher QUALITÄT und in welchem Format speichern lassen. Sie können unter DATEIEN ❼ den Pfad voreinstellen, unter dem die gescannten Bilder gespeichert werden sollen. Über die Schaltfläche DURCHSUCHEN ❽ lässt sich dieser Pfad ändern. Alle Angaben können Sie allerdings auch noch nachträglich im Dialog FOTOS VON SCANNER LADEN ändern.

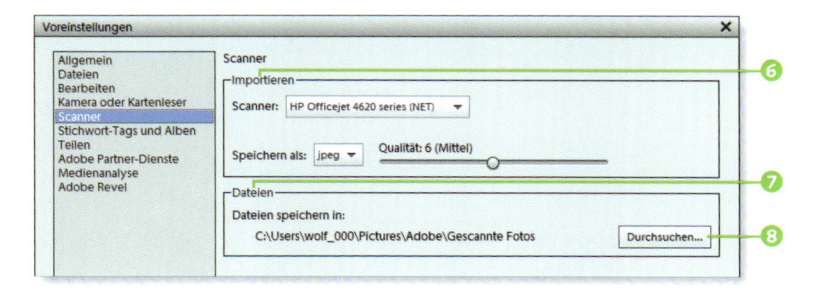

◂ **Abbildung A.20**
VOREINSTELLUNGEN für das Einscannen von Bildern mit einem SCANNER

A.2.6 Stichwort-Tags und Alben

Über STICHWORT-TAGS UND ALBEN bestimmen Sie unter MANUELLE SORTIEROPTION AKTIVIEREN ❶ (siehe Abbildung A.21 auf Seite 950), ob Sie KATEGORIEN, UNTERKATEGORIEN, STICHWORT-TAGS, ALBUMKATEGORIEN und ALBEN jeweils MANUELL sortieren oder automatisch ALPHABETISCH sortieren lassen wollen.

Unter STICHWORT-TAG-ANZEIGE können Sie außerdem festlegen, ob der STICHWORT-TAG-NAME nur mit einem farbigen Etikett

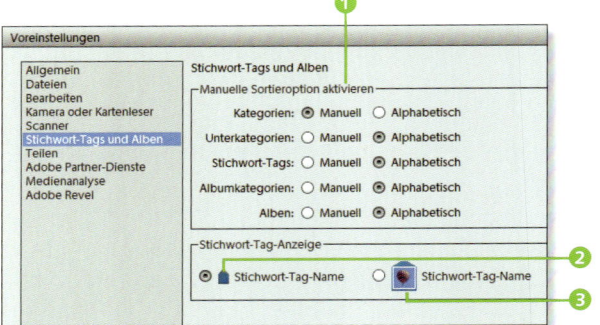

❷ oder auch mit einer Miniaturvorschau ❸ angezeigt werden darf.

Abbildung A.21 ▶
Über Stichwort-Tags und Alben stellen Sie deren Sortieroptionen ein.

🍎 Am **Mac** können Sie den E-Mail-Service von Adobe nicht verwenden, daher gibt es hier nur die Auswahl des E-Mail-Clients.

A.2.7 Teilen

Unter Teilen konfigurieren Sie Ihre E-Mail-Einstellungen ❹ wie den E-Mail-Client, Ihren Namen und Ihre E-Mail-Adresse, mit der Sie Bilder aus dem Organizer heraus versenden können. Wenn Sie den Adobe E-Mail-Service verwenden, müssen Sie zuvor den Service noch bestätigen, damit Adobe sichergehen kann, dass es sich auch tatsächlich um Ihre E-Mail-Adresse handelt. Haken Sie die Option E-Mail-Text in Katalog schreiben ❺ an, wenn Sie wollen, dass Änderungen am Bildtitel in der Foto-E-Mail auch als Bildtitel in den Katalog übernommen werden sollen.

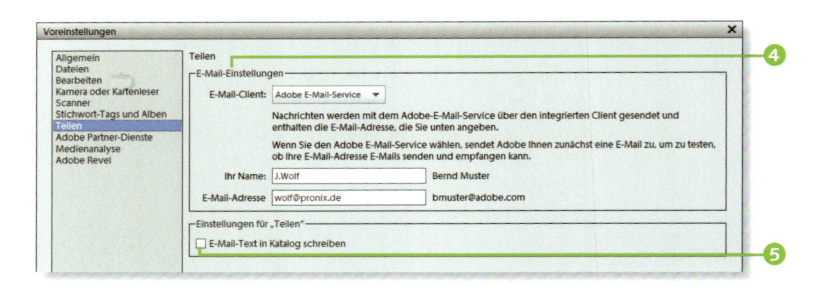

Abbildung A.22 ▶
Das Versenden von Bildern per E-Mail richten Sie unter Teilen ein.

A.2.8 Adobe-Partner-Services

Über Adobe Partner-Services können Sie Bilder und Projekte an Online-Dienstanbieter verschicken. Viele dieser Anbieter (wie Facebook, Flickr etc.) finden Sie im Bedienfeld Teilen. Unter Nach Diensten suchen ❻ geben Sie vor, ob diese Dienste automatisch erneuert werden sollen oder ob nach neuen Diensten gesucht werden soll. Sie können sich auch per E-Mail benachrichtigen lassen, ob es neue Dienste von Adobe oder Drittanbietern gibt.

Da manche Dienste nicht in Deutschland verfügbar sind, können Sie den Standort ❼ ändern und so auf Dienste aus anderen Ländern zugreifen. Unter Einstellungen ❽ können Sie sämtliche

🍎 Am **Mac** ist es leider nicht möglich, den Standort manuell einzustellen.

gespeicherten Kontoinformationen sowohl online als auch offline löschen.

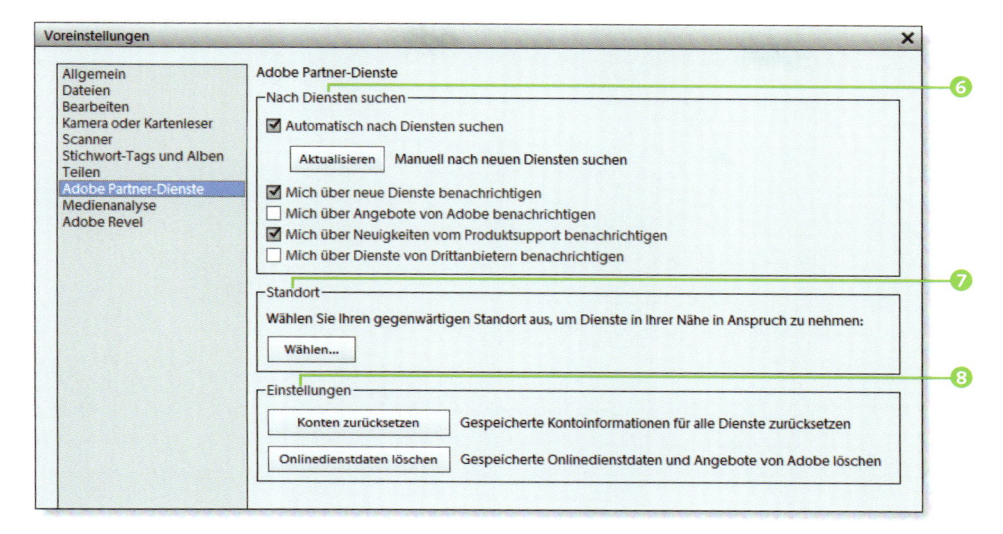

▲ Abbildung A.23
Über ADOBE PARTNER-DIENSTE können Sie verschiedene Dienste einstellen.

A.2.9 Medienanalyse

Da der Organizer automatisch die Medien analysieren kann, finden Sie unter MEDIENANALYSE die Einstellungen dazu. Bei OPTIONEN FÜR PERSONENERKENNUNG ❿ können Sie die automatische Gesichtserkennung, die standardmäßig aktiviert ist, deaktivieren.

Mit den OPTIONEN FÜR VISUELLE SUCHE können Sie mit der Option MEDIEN AUTOMATISCH FÜR VISUELLE SUCHE ANALYSIEREN ⓫ (de-)aktivieren, dass der Organizer das für Sie übernehmen darf. Das hat den Vorteil, dass die Suche, falls Sie die virtuelle Suche des Öfteren verwenden, schneller ausgeführt werden kann.

Unter OPTIONEN FÜR AUTOMATISCHE ANALYSE ⓬ finden Sie dann dazu entsprechende Einstellungen. Standardmäßig ist die automatische Analyse immer aktiv. Da eine automatische Analyse immer den zuletzt importierten Bildbestand analysiert und dies eine ziemliche Zeit in Anspruch nehmen kann, können Sie diese Analyse auch vorübergehend unterbrechen, indem Sie auf das kleine Smart-Symbol-Icon ❾ in der Statusleiste klicken. Wurden die Daten erst einmal automatisch analysiert, werden künftig nur noch die neuen Bilder analysiert. Wollen Sie also die automatische Analyse nach dem ersten Start verwenden, sollten Sie sie vielleicht beim ersten Mal über Nacht laufen lassen. Was analysiert werden soll, filtern Sie über Checkboxen aus.

▲ Abbildung A.24
Hier ❾ können Sie die »Automatische Analyse« aktivieren und wieder deaktivieren.

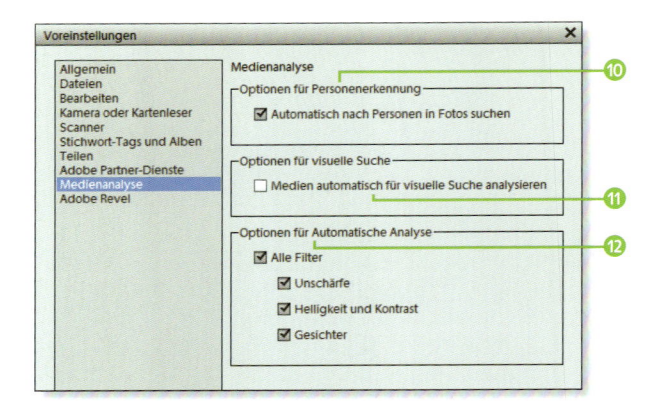

Anhang A Voreinstellungen im Überblick

Abbildung A.25 ▶
Automatische Analysen (de-)aktivieren Sie über MEDIENANALYSE.

Zum Weiterlesen
Umfassend wird auf Adobe Revel in Abschnitt 9.3, »Mobile Alben erstellen und verwalten«, eingegangen.

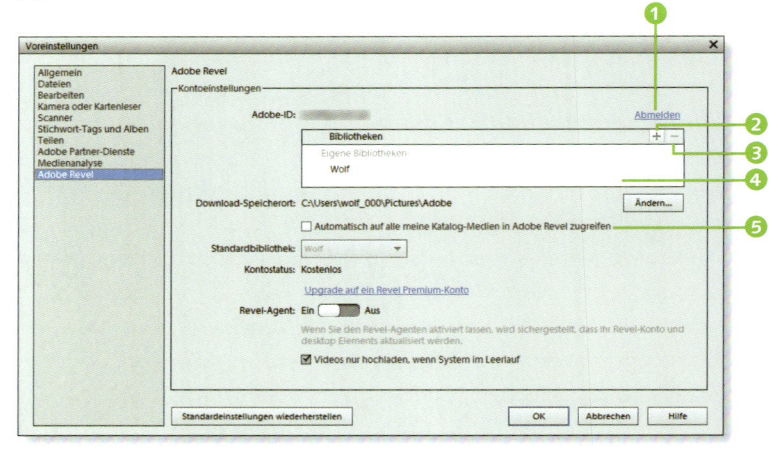

A.2.10 Adobe Revel

Alle Kontoeinstellungen zu Adobe Revel finden Sie hier untergebracht. Hier können Sie sich auch jederzeit AN- bzw. ABMELDEN ❶. Eine Übersicht zu den vorhandenen Bibliotheken finden Sie im Listenfeld ❹ vor, wo Sie jederzeit über das Plussymbol ❷ weitere Bibliotheken hinzufügen und markierte Bibliotheken über das Minussymbol ❸ entfernen können.

Bei DOWNLOAD-SPEICHERORT können Sie über die Schaltfläche ÄNDERN den Speicherort auswählen, an dem die von Revel heruntergeladenen Fotos auf dem lokalen Rechner gespeichert werden. Wollen Sie alle (!) Medien des Katalogs mit Adobe Revel synchronisieren, müssen Sie ein Häkchen vor die entsprechende Option ❺ setzen. Die restlichen Einstellungen sprechen für sich selbst.

Abbildung A.26 ▶
Kontoeinstellungen für ADOBE REVEL nehmen Sie hier vor.

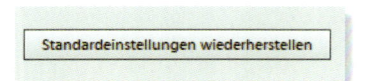

▲ **Abbildung A.27**
Im Notfall lässt sich über diese Schaltfläche alles wieder auf den Ursprungszustand stellen.

A.2.11 Standardeinstellung wiederherstellen

Wollen Sie die Standardeinstellungen des Organizers wiederherstellen, finden Sie hierzu im Dialog VOREINSTELLUNGEN ganz unten die Schaltfläche STANDARDEINSTELLUNGEN WIEDERHERSTELLEN.

A.3 Verzeichnisse für Plug-ins, Pinsel & Co.

An dieser Stelle sollen kurz die verschiedenen Verzeichnisse von Windows und Mac zu den Plug-ins, Pinseln usw. erwähnt werden. Diese sind nötig, wenn Sie Photoshop Elements um diese Dinge erweitern wollen.

Grundlegend müssen Sie hier zwischen dem Benutzerverzeichnis, das hier als <BENUTZER> geschrieben wird, und dem Programmverzeichnis unterscheiden. Das Benutzerverzeichnis ist gewöhnlich das Verzeichnis des angemeldeten Benutzers auf dem System. Das Programmverzeichnis ist das Verzeichnis, in dem die Software installiert ist.

Windows-Benutzerverzeichnis | Das Benutzerverzeichnis unter Windows, in dem Photoshop Elements nach Dingen wie Pinseln, Farbfeldern, Verläufen oder Mustern sucht, lautet:

[LAUFWERK]:\<BENUTZER>\<BENUTZERNAME>\AppData\Roaming\Adobe\Photoshop Elements\12.0\Presets\

Der Ordner AppData ist vermutlich ein ausgeblendeter oder versteckter Ordner und muss erst über Extras • Ordneroptionen im Reiter Ansicht über die entsprechende Option eingeblendet werden.

Windows-Programmverzeichnis | Das Programmverzeichnis unter Windows (32 Bit) zu den Pinseln, Farbfeldern, Verläufen, Mustern usw. lautet gewöhnlich:

[LAUFWERK]:\Programme\Adobe\Photoshop Elements 12\Presets\

Auf einem 64-Bit-System heißt das Verzeichnis für 32-Bit-Programme (was Photoshop Elements 12 dort noch leider ist) häufig Program Files (x86) statt Programme. Daher lautet der Pfad hier gewöhnlich:

[LAUFWERK]:\Programme (x86)\Adobe\Photoshop Elements 12\Presets\

Mac-Benutzerverzeichnis | Das Benutzerverzeichnis auf einem Mac-System für Dinge wie Pinsel, Farbfelder, Muster oder Verläufe lautet:

/Users/<Benutzer>/Library/Application Support/Adobe/Adobe Photoshop Elements 12/Presets/

Vorgaben-Manager

Pinsel, Farbfelder, Verläufe und Muster sollten Sie zwar mit dem Vorgaben-Manager (Bearbeiten • Vorgaben-Manager) verwalten (siehe Seite 401), aber aufgrund vieler Nachfragen, wo auf dem System sich das entsprechende Verzeichnis befindet, habe ich diesen Anhang mit ins Buch genommen.

Mac-Programmverzeichnis | Das Programmverzeichnis auf dem Mac lautet hingegen:

PROGRAMME/PHOTOSHOP ELEMENTS 12/SUPPORT FILES/PRESETS/

Alle zusammen | Egal, auf welchem System und ob es sich jetzt um das Benutzer- oder Programmverzeichnis handelt, alle wichtigen Verzeichnisse, über die Sie Photoshop Elements um weitere Pinsel, Farbfelder, Muster, Verläufe und noch einiges mehr erweitern können, liegen unterhalb des PRESETS-Verzeichnisses. Da die Verzeichnisse allerdings in englischer Sprache gehalten sind, erhalten Sie in Tabelle A.1 kurz einen Überblick zu den gängigen Verzeichnisnamen und deren deutscher Bedeutung.

Verzeichnisname	Endung	Beschreibung
BRUSHES	ABR	Darin werden die Pinsel gespeichert.
COLOR SWATCHES	ACO	Hierbei handelt es sich um den Ordner mit den Farbfeldern.
GRADIENTS	GRD	Darin sind die Farbverläufe enthalten.
PATTERNS	PAT	Verzeichnis für die Muster

Tabelle A.1 ▶
Die gängigen Verzeichnisnamen von Photoshop Elements

Plug-in-Verzeichnis | Zwar bietet Photoshop Elements auch hier eine Möglichkeit an, über BEARBEITEN/PHOTOSHOP ELEMENTS • VOREINSTELLUNGEN • ZUSATZMODULE ein eigenes Plug-in-Verzeichnis einzurichten, aber viele Anwender suchen auch hierfür lieber nach dem Programmverzeichnis.

▶ Dieses finden Sie bei Windows (32 Bit) unter:
[LAUFWERK]:\PROGRAMME\ADOBE\PHOTOSHOP ELEMENTS 12\PLUG-INS

▶ Oder bei einem 64-Bit-Windows finden Sie es unter:
[LAUFWERK]:\PROGRAMME (X86)\ADOBE\PHOTOSHOP ELEMENTS 12\PLUG-INS

▶ Haben Sie ein Plug-in für den Mac, dann finden Sie das Programmverzeichnis dazu unter:
PROGRAMME/PHOTOSHOP ELEMENTS 12/SUPPORT FILES/PLUG-INS

Anhang B
Farbmanagement und Farbprofile

Das »Farbmanagement« ist häufig ein recht ungemütliches und gerne vernachlässigtes Thema. Wenn Sie sich allerdings ernsthaft mit der Bildbearbeitung befassen und nichts dem Zufall überlassen wollen, sollten Sie sich auf jeden Fall damit auseinandersetzen. Natürlich dürfen Sie sich von diesem Kapitel im Anhang des Buches kein Kompendium dazu erwarten. Nach der Lektüre wissen Sie aber mindestens, was es mit dem Farbmanagement und den Farbprofilen auf sich hat und wozu diese gut sind.

B.1 Das Leben ohne Farbmanagement

Wenn Sie zum Beispiel ein Foto mit einer Digitalkamera fotografiert oder mit dem Scanner eingescannt und auf dem Rechner mit Photoshop Elements bearbeitet haben, können Sie sich nicht darauf verlassen, dass das Bild auf einem anderen Monitor oder Drucker mit denselben Farben wiedergegeben wird. So kann es sein, dass Ihr Bild einen Farbstich hat, den Sie auf Ihrem Monitor aber gar nicht erkennen können. Es kann aber auch vorkommen, dass die Farben beim Ausdruck des Bildes weniger oder unnatürlich stark gesättigt sind, obwohl dies auf dem Bildschirm ganz normal ausgehen hat.

In Abbildung B.1 sehen Sie einen solchen Fall (*worst case* = der schlechteste Fall). Das Ursprungsbild ❶ wurde mit einem Scanner eingescannt und wirkt anschließend farblos und trist ❷. Kein Problem, nach der Bearbeitung in Photoshop Elements haben wir dem Bild seine Farbe zurückgegeben ❸. Der anschließende Ausdruck ❹ wirkt allerdings alles andere als farbenfroh und ist deutlich zu hell. Zugegeben, dieses Beispiel ist etwas extrem dargestellt, aber es soll verdeutlichen, was passieren kann, wenn Sie kein Farbmanagement verwenden. Mithilfe des Farbmanagements stellen Sie also sicher, dass ein Bild, das von einem Eingabegerät (Kamera, Scanner) eingelesen oder erstellt wird, genauso

Anhang B   Farbmanagement und Farbprofile

oder möglichst farbgetreu auf dem Ausgabegerät (Drucker, Bildschirm) wiedergegeben wird.

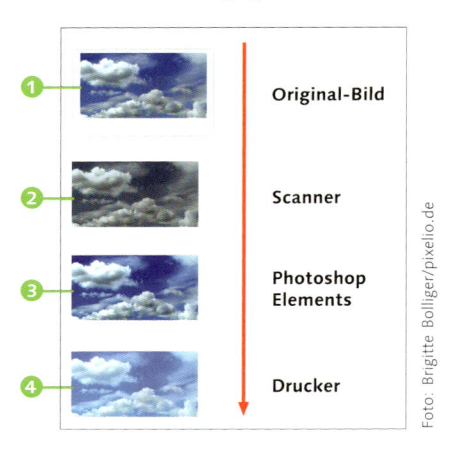

◄ **Abbildung B.1**
Ohne Farbmanagement kann es bei den verschiedenen Ein- und Ausgabegeräten zu unterschiedlichen Farbabbildungen kommen, obwohl immer dasselbe Bild verwendet wurde.

B.2   ICC-Farbprofile – Vermittler zwischen den Geräten

Da bei der digitalen Verarbeitung von Bildern viele verschiedene Geräte zum Einsatz kommen können, bedeutet dies auch, dass viele verschiedene Farbeigenschaften verwendet werden. Daher wird als Vermittler zwischen diesen Geräten und den Bildern ein genormter Datensatz benötigt, der den Farbraum der einzelnen Geräte beschreibt. Ein solcher Datensatz wird als **ICC-Profile** (oder einfach nur **Farbprofil**) bezeichnet.

Abbildung B.2 ►
Einen möglichst einheitlichen Farbraum zwischen den Geräten können Sie nur über ein Farbprofil erstellen. Das Profil beschreibt die Farbcharakteristik zwischen den Geräten. Die Abbildung ist natürlich nur vereinfacht dargestellt, weil nicht jedes Gerät dasselbe Farbprofil verwendet.

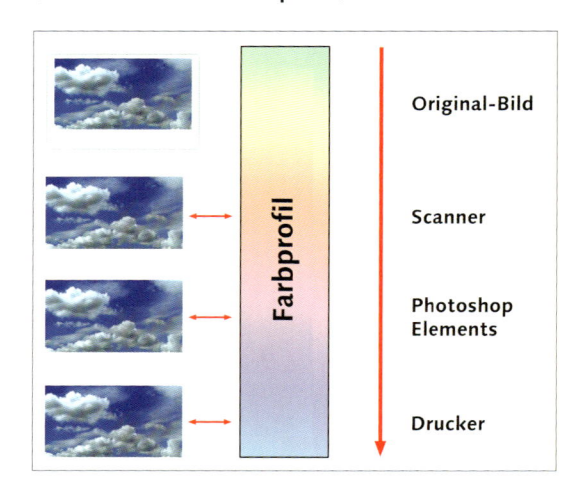

Ein Farbprofil können Sie vereinfacht als eine Farbtabelle (genauer Look-up-Table, kurz LUT) mit einer speziellen Farbcharak-

B.2 ICC-Farbprofile – Vermittler zwischen den Geräten

teristik betrachten, die zur Umwandlung von geräteabhängigen Farbbeschreibungen (Geräteprofilen) zu einem geräteunabhängigen Austausch-Farbraum verwendet wird. Zusätzlich können Sie mithilfe des Farbprofils die Farbdarstellung eines Geräts auf einem anderen Gerät annähernd ähnlich einstellen. Vereinfacht ausgedrückt, können Sie mit dem richtigen Farbprofil erreichen, dass die Farben eines Bildes auf dem Monitor fast identisch auf einem Drucker ausgegeben werden (eine 100 %ige Übereinstimmung gibt es nicht).

Hierbei müssen wir zwischen drei verschiedenen Profiltypen unterscheiden:

- Input-Profil (Eingabeprofil): Das Profil wird für Scanner und Digitalkameras verwendet.
- Work-Profil (auch Arbeitsprofil oder Monitorprofil genannt): Das Profil wird für sämtliche Bildschirme verwendet.
- Output-Profil (Ausgabeprofil): Das Profil wird für Drucker oder Druckerpressen verwendet.

Minimum: sRGB
Wenn Sie sich nicht um das Farbmanagement kümmern, verwaltet das Betriebssystem das Farbprofil der einzelnen Geräte. Sind hierbei keinerlei Farbprofile vorhanden, wird mindestens der sRGB-Farbraum (sRGB = Standard-RGB) verwendet.

Wenn Sie ein Foto auf einem Drucker ausdrucken wollen und das Farbmanagement-System im Bild einen orangefarbenen Pixelwert mit R=255, G=127, B=0 findet, sieht das Farbmanagement-System in der Farbtabelle des ICC-Profils für den Drucker nach, ordnet den Wert 255, 127, 0 zu und sendet diesen Wert für das Pixel an den Drucker. Existiert im ICC-Farbprofil kein solch exakter Farbwert, wird dieser interpoliert. Sprich, findet der Drucker hier nur einen Wert von 255, 131, 0 und war der Wert des Fotos 255, 127, 0, wird aus diesen beiden Werten ein Mittelwert mit 255, 129, 0 gebildet.

Spätestens an dieser Stelle dürfte Ihnen auch klar werden, dass eine möglichst vereinheitlichte Farbdarstellung nur dann funktioniert, wenn die Farbwerte der Geräte bekannt sind. Sie müssen also die Geräte kalibrieren und profilieren (ein Profil erstellen).

Kalibrierung und Profilerstellung von Bildschirmen | Wenn es Ihnen wirklich ernst mit der farbgetreuen Darstellung der Geräte ist, kommen Sie nicht darum herum, sich neue Hardware – ein Kalibrierungswerkzeug (auch Farbmessgerät oder *Kolorimeter* genannt) – anzuschaffen.

Hierzu installieren Sie eine zum Kalibrierungswerkzeug gehörende Software auf dem Rechner und verbinden anschließend das Messgerät mit dem zu kalibrierenden Rechner (meistens über dem USB-Anschluss). Das Kalibrierungsgerät hängen Sie jetzt an den Bildschirm. Während der Kalibrierung zeigt die Kalibrierungssoftware verschiedene einzelne RGB-Farben auf dem Bildschirm

CIE-Lab
Das CIE-Lab-Farbmodell ist ein geräteunabhängiges, aber standardisiertes Farbmodell, das als Richtlinie im Farbmanagement verwendet wird.

Anhang B Farbmanagement und Farbprofile

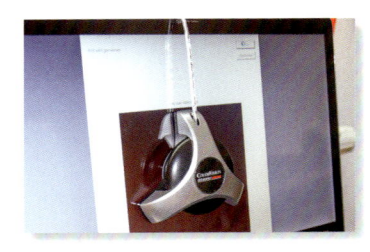

▲ Abbildung B.3
Ein Kolorimeter (hier von Colorvision) misst die Farben des Bildschirms.

> **Regelmäßig kalibrieren**
> Auch die Scanner-Kalibrierung müssen Sie in regelmäßigen Abständen durchführen. Es reicht auch hier nicht aus, einmalig für immer eine Kalibrierung durchzuführen.

an, deren genauer RGB-Wert der Software natürlich bekannt ist. Das Kalibrierungsgerät wiederum liefert den CIE-Lab-Wert der angezeigten RGB-Farbe an die Software zurück. Nach der Kalibrierung kann jeder RGB-Farbe ein CIE-Lab-Wert zugeordnet und somit ein Monitorprofil erstellt werden.

Eine Kalibrierung und erneute Profilierung des Bildschirms sollten Sie in regelmäßigen Abständen durchführen, weil sich die Darstellungsqualität mit der Zeit ändert.

Kalibrierung und Profilerstellung von Scannern | Für die Profilerstellung von Scannern kommt eine kleine Vorlage mit Referenzfarbfeldern zum Einsatz, die als *IT-8-Target* bezeichnet wird. Diese Vorlage ist in verschiedenen Größen erhältlich und muss mithilfe einer speziellen Scan-Software, die die Farbwerte der IT-8-Target-Vorlage kennt, eingescannt werden. Diese Scan-Software misst jetzt den tatsächlichen Wert der Farben nach und vergleicht diesen Wert mit den Referenzfarbwerten auf dem IT-8-Target. Anhand dieser Differenzen zwischen dem tatsächlich gemessenen Wert und dem IT-8-Target erstellt die Scan-Software dann das ICC-Profil für den Scanner.

Kalibrierung und Profilerstellung von Digitalkameras | Es ist auch möglich, eine Digitalkamera zu kalibrieren und ein Profil dafür zu erstellen (zumindest bei den teureren Modellen). Das Prinzip ist im Grunde recht ähnlich wie bei einem Scanner: Sie fotografieren ein spezielles Target mit Farbfeldern ab, laden das Bild mit einer speziellen Software, und die fotografierten Farbwerte werden mit den Referenzfarbwerten verglichen. Aus der Differenz erstellt die Software dann ein ICC-Profil. Eine spezielle Software hierfür finden Sie unter *www.silverfast.com* mit SilverFast DCPro.

> **Drucker kalibrieren mit Scanner**
> Um ein Profil für einen Drucker zu erstellen, müssen Sie nicht unbedingt ein Spektralfotometer kaufen, sondern können mithilfe der Software SilverFast (*www.silverfast.com*) zunächst ein Test-Target ausdrucken und mit einem Scanner wieder einlesen. So verwenden Sie praktisch den Scanner zum Erstellen eines Profils für den Drucker.

Kalibrierung und Profilerstellung von Druckern | Die Kalibrierung und anschließende Profilierung von Druckern ähnelt der Bildschirmkalibrierung. Bei der Druckerkalibrierung drucken Sie mithilfe einer Kalibrierungssoftware eine Testseite (ein sogenanntes Test-Target) mit einzelnen Farbfeldern aus. Diese Testseite ist im Grunde einem IT-8-Target wie bei der Scanner-Kalibrierung recht ähnlich. Mit einem speziellen Kalibrierungsgerät (genauer einem *Spektralfotometer*) wiederum werden die Farben der ausgedruckten Testseite ausgemessen und über den USB-Anschluss an den Rechner mit der Kalibrierungssoftware geschickt. Je mehr Farbfelder hierbei ausgedruckt und gemessen werden, desto exakter wird das ICC-Profil für den Drucker. In der Praxis bedeutet dies natürlich auch, dass eine umfangreiche Druckerkalibrierung erheblich mehr Zeit in Anspruch nimmt als eine Monitor- oder Scanner-Kalibrierung.

Softwarebasierte Kalibrierung | Es gibt natürlich auch die Möglichkeit, eine softwarebasierte Kalibrierung über das Betriebssystem durchzuführen. Allerdings sollten Sie dabei immer bedenken, dass Sie nach Augenmaß kalibrieren. In der Praxis ist das aber häufig immer noch besser, als gar keine Kalibrierung zu verwenden.

Standard-Farbprofil: sRGB | Das häufig anzutreffende Profil mit dem kleinsten Farbraum ist der sRGB-Farbraum. Wird dieses Profil verwendet, dürften Sie am wenigsten Probleme haben, wenn ein Bild auch auf anderen Bildschirmen angezeigt wird. Jeder Monitor verfügt mindestens über den sRGB-Farbraum, und für Bilder, die Sie im **Internet** veröffentlichen, ist sRGB völlig ausreichend. Zwar beherrschen viele Webbrowser mittlerweile auch schon den Umgang mit Farbprofilen, aber Sie sollten doch bedenken, dass sich Otto Normalanwender kaum mit dem Thema Farbprofile im Allgemeinen auseinandersetzen will und somit den Browser auch mit den Standardeinstellungen verwenden wird.

Auch Digitalkameras bieten sRGB häufig neben anderen Profilen mit an. Für den etwas fortgeschrittenen Bereich ist sRGB allerdings zu wenig. Sie sollten immer bedenken, dass die heutigen Fotodrucker erheblich mehr Farben als sRGB darstellen können. Auch die heutigen Monitore sind mit dem sRGB-Farbraum absolut unterfordert.

Warnung
An dieser Stelle möchte ich noch eine Warnung aussprechen: Wenn Sie nicht wirklich wissen, was Sie tun, sollten Sie den sRGB-Farbraum belassen, weil bei falscher Anwendung natürlich auch die Farben danach komplett falsch angezeigt werden.

Das etwas bessere Profil: Adobe RGB (1998) | Dieser Farbraum umfasst erheblich mehr Farben als sRGB und liefert häufig auch viel sattere Farben. Außerdem wird der Farbraum von Adobe als Druckvorstufe empfohlen, weil sich hiermit die Cyan- und Magentafarbtöne (für den CMYK-Druck) viel besser abbilden lassen. Adobe RGB (1998) enthält aber auch den kompletten sRGB-Farbraum. Mittlerweile bieten immer mehr günstigere Monitore diesen Farbraum mit an. Zwar wird dieser noch nicht zu 100 % damit dargestellt, aber die Ergebnisse sind deutlich besser als mit sRGB. Photoshop Elements unterstützt das Profil natürlich von Haus aus.

Adobe RGB (1998) im Web?
Wollen Sie die Bilder im Farbraum Adobe RGB (1998) hingegen im Web veröffentlichen, sollten Sie etwas vorsichtig sein, weil auf dem Großteil der Rechner im Web nun einmal sRGB eingestellt ist. Für die Weitergabe im Web sollten Sie also nach wie vor das sRGB-Farbprofil verwenden.

Das Profil für die Profis: ProPhoto RGB | ProPhoto RGB bietet einen noch größeren Farbraum als Adobe RGB (1998) und wird besonders gerne von Fotografen verwendet. Allerdings sollten Sie bedenken, dass dieses Profil nur mit 16 Bit Farbtiefe pro Kanal arbeitet. Somit fällt ProPhoto RGB für das Web oder JPEG-Foto völlig aus. Eine Reduzierung der Farbtiefe auf 8 Bit hinterlässt ein nicht akzeptables Ergebnis. Photoshop Elements kann außerdem noch gar nicht mit 16 Bit Farbtiefe umgehen. Allerdings ist ProPhoto RGB ein zukunftsweisendes Farbprofil, das sich irgendwann auch in bezahlbarer Hardware verwenden lassen könnte.

Für die Druckvorstufe: ECI-RGB | Der ECI-RGB-Farbraum wird von der ECI (European Color Initiative) als Farbraum für die professionelle Bildbearbeitung empfohlen und deckt zudem alle Druckfarben ab. Ein entsprechendes ICC-Profil für Photoshop Elements (und natürlich andere Bildbearbeitungsprogramme) und für die Einstellung des Monitors können Sie sich von der Webseite *www.eci.org* herunterladen.

B.3 Farbmanagement mit Photoshop Elements

Nachdem Sie jetzt die Grundlagen zu den Farbprofilen kennengelernt haben, werden Sie sich sicherlich fragen, wie sich das Farbmanagement von Photoshop Elements hier einfügt. Zur Beruhigung gleich vorweg: Beim kleinen Photoshop Elements müssen Sie hier keine komplexen Dinge einstellen, und es ist alles so einfach wie möglich gehalten.

B.3.1 Farbmanagement einrichten

Einrichten können Sie das Farbmanagement mit Photoshop Elements im Fotoeditor über den Menübefehl BEARBEITEN • FARBEINSTELLUNGEN oder [Strg]/[cmd]+[⇧]+[K]. Im sich jetzt öffnenden Dialog wählen Sie eine der folgenden Farbmanagementoptionen aus:

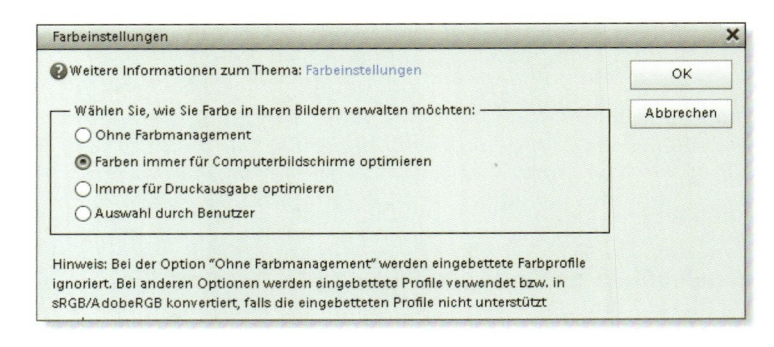

Abbildung B.4 ▶
Der einfach gehaltene Dialog zum Farbmanagement mit Photoshop Elements

- OHNE FARBMANAGEMENT: Öffnen Sie ein Bild mit dieser eingestellten Option, wird das eingebettete Profil entfernt. Während der Bearbeitung im Fotoeditor wird das Monitorprofil als Farbraum verwendet. Beim Speichern wird zwar kein Profil zugeordnet, aber Sie können zumindest im Dialog SPEICHERN UNTER bei FARBE das ICC-Profil des Monitors auswählen.
- FARBEN IMMER FÜR COMPUTERBILDSCHIRME OPTIMIEREN: Hierbei wird sRGB als Arbeitsfarbraum verwendet, wenn Photoshop Elements das eingebettete Profil nicht unterstützt. Ansonsten wird das eingebettete Profil verwendet. sRGB wird auch verwendet, wenn eine Datei beim Öffnen gar kein Farbprofil enthält. Auch im Dialog SPEICHERN UNTER kann dann bei der Option ICC-PROFIL das eingebettete Profil verwendet werden oder, wenn das nicht unterstützt wird, das sRGB-Profil.
- IMMER FÜR DRUCKAUSGABE OPTIMIEREN: Hierbei wird Adobe RGB als Arbeitsfarbraum verwendet. Das eingebettete Profil bleibt erhalten und kann auch im Dialog SPEICHERN UNTER wieder bei der Option ICC-PROFIL zugewiesen werden. Enthält die Datei beim Öffnen gar kein Farbprofil, wird automatisch Adobe RGB zugewiesen.
- AUSWAHL DURCH BENUTZER: Beim Öffnen von Dateien ohne ein Profil können Sie über einen Dialog zwischen kein Farbmanagement, sRGB oder Adobe RGB wählen. Das entsprechende Profil steht Ihnen dann auch im Dialog SPEICHERN UNTER unter dem ICC-PROFIL zum Mitspeichern zur Verfügung. Hat die Datei jedoch ein eingebettetes Profil, wird dieses verwendet, sofern es von Photoshop Elements unterstützt wird.

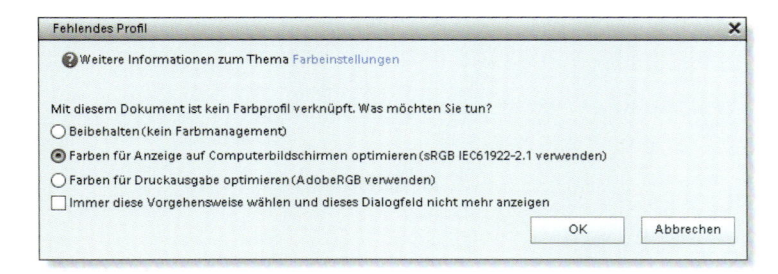

▲ **Abbildung B.5**
Das ICC-Profil des Monitors mitspeichern

▲ **Abbildung B.6**
Der Spezialist für die Computerbildschirme – der sRGB-Farbraum

▲ **Abbildung B.7**
Bestens für die Druckausgabe geeignet ist das Adobe-RGB-Profil.

▲ **Abbildung B.8**
Hier war im Bild bereits ein eingebettetes Profil enthalten.

▲ **Abbildung B.9**
Öffnen Sie ein Bild ohne Farbprofil, können Sie mit der Option AUSWAHL DURCH BENUTZER selbst entscheiden, was Sie damit machen wollen.

B.3.2 Konvertieren des Farbprofils

Wenn Sie ein Bild öffnen, weist Photoshop Elements das Farbprofil auf Grundlage der Einstellung des zuvor beschriebenen Dialogs FARBEINSTELLUNGEN zu. In der Praxis dürften Sie daher eher selten

Anhang B Farbmanagement und Farbprofile

▲ Abbildung B.10
Manuelle Konvertierung des Farbprofils

das Farbprofil verändern wollen. Wenn Sie trotzdem das Farbprofil anpassen möchten – was Sie allerdings nur dann tun sollten, wenn Sie sich im Klaren darüber sind, was Sie tun –, dann finden Sie über das Untermenü BILD • FARBPROFIL KONVERTIEREN die folgenden drei Befehle dazu:

▶ PROFIL ENTFERNEN: Damit entfernen Sie das Profil komplett, so dass die Datei keinem Farbprofil und somit keinem Farbmanagement mehr unterliegt. Im Dialog SPEICHERN UNTER können Sie trotzdem noch optional über ICC-PROFIL im sRGB-Farbraum speichern.

▶ IN sRGB-PROFIL KONVERTIEREN: Damit betten Sie das sRGB-Profil in die Datei ein. Liegt das Bild in einem anderen Profil vor, wird es in das sRGB-Profil konvertiert. Ist bereits ein sRGB-Profil in der Datei eingebettet, dann ist dieser Befehl ausgegraut.

▶ IN ADOBE RGB-PROFIL KONVERTIEREN: Hiermit betten Sie das Adobe-RGB-Profil in die Datei ein. Ist in der Datei ein anderes Profil eingebettet, wird es in das Adobe-RGB-Profil konvertiert. Auch hier gilt: Ist der Befehl ausgegraut, liegt die Datei bereits im Adobe-RGB-Profil vor.

B.3.3 Farbprofil beim Drucken auswählen

Um auch beim Drucken ein ICC-Profil auszuwählen, klicken Sie einfach im DRUCKEN-Dialog (DATEI • DRUCKEN) auf die Schaltfläche MEHR OPTIONEN. Im Dialog gehen Sie in das FARBMANAGEMENT ❶. Wählen Sie bei FARBHANDHABUNG ❷ die Option DURCH PHOTOSHOP ELEMENTS aus. Nun können Sie unter DRUCKERPROFIL ❸ das gewünschte Profil festlegen.

Abbildung B.11 ▶
Auswählen des Profils zum Drucken

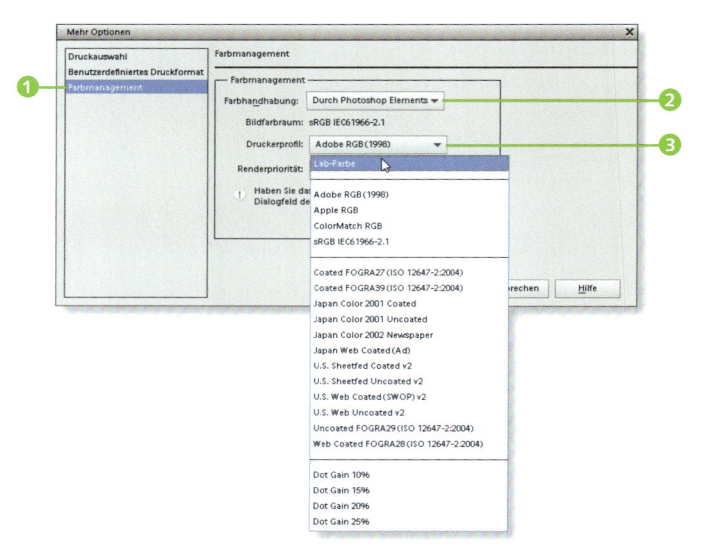

Anhang C
Zusatzmodule, Aktionen und Plug-ins

Sollte Ihnen der Funktionsumfang von Adobe Photoshop Elements nicht ausreichen, können Sie den Fotoeditor um weitere Plug-ins und Aktionen erweitern. Wie und was dabei geht, will ich Ihnen in diesem Anhang kurz beschreiben.

C.1 Plug-ins nachinstallieren

Natürlich ist es auch möglich, Photoshop Elements mit weiteren Zusatzmodul-Filtern nachzurüsten, die entweder von Adobe oder von anderen Softwareentwicklern stammen. In der Regel werden solche Filter im Menü Filter angezeigt, sofern der Entwickler des Moduls keine anderen Vorgaben gemacht hat. Zusatzmodule sind im Grunde weitere Softwareprogramme, die Zusatzfunktionen für Photoshop Elements bieten.

Abhängig vom Hersteller des Zusatzmoduls bieten diese Module entweder eine Installationsroutine an, oder Sie müssen das Modul selbst ins Plug-in-Verzeichnis kopieren. Viele Module sind kommerzieller Natur und häufig nur 30 Tage ausführbar; es gibt aber auch kostenlose Freeware. Es gibt viele Webseiten im Internet, über die Sie Photoshop Elements mit unzähligen Plug-ins nachrüsten können. Wie Sie eine Gradationskurve nachrüsten können, zeigt der folgende Abschnitt.

Gradationskurve nachrüsten (nur Windows) | Die Hauptkritik von Photoshop CS-Anwendern an Photoshop Elements ist meist, dass es im »kleinen Bruder« keine Gradationskurve gibt und man stattdessen auf die Tonwertkorrektur zurückgreifen muss. Die

Photoshop-Module

Gute Nachrichten auch, was Photoshop-Module betrifft: Viele im Web vorhandene Module lassen sich auch im kleinen Photoshop, in Elements, verwenden.

Support

Es versteht sich, dass Sie bei der Verwendung von Zusatzmodulen mögliche Fragen an den Hersteller und nicht an Adobe richten sollten.

Ordner Smartcurve-Plugin

Anhang C Zusatzmodule, Aktionen und Plug-ins

Um es kurz und schmerzlos zu machen: Mac-User sehen in puncto kostenloser Plug-ins meistens in die Röhre. Viele Plug-ins werden gar nicht erst für den Mac entwickelt, und wenn, dann sind sie häufig nicht mehr mit der aktuellen Mac-Version kompatibel.

Sollten Sie dennoch einmal ein Plug-in für Ihre Mac-Version finden, lautet das Verzeichnis zu den Plug-ins am Mac Programme/Adobe Photoshop Elements 12/Support Files/Plug-Ins.

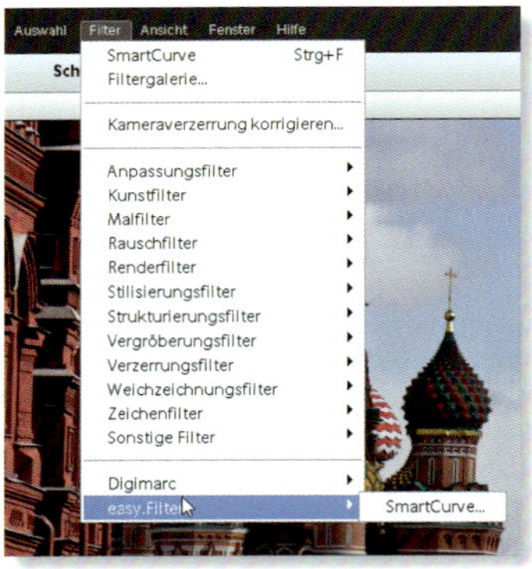

▲ **Abbildung C.1**
Über diesen Dialog erreichen Sie den neuen Filter.

Zum Nachlesen
Die Tonwertkorrektur habe ich in Abschnitt 11.3 beschrieben. Mehr zum Histogramm erfahren Sie in den Abschnitten 11.1 und 11.2.

Gradationskurve ist viel präziser als das Werkzeug Tonwertkorrektur und bietet weit mehr Optionen.

Schritt für Schritt: Modul »Gradationskurve« ohne Installationsroutine installieren

In diesem Workshop erfahren Sie, wie Sie eine solche Gradationskurve von Alois Zingl nachrüsten. Das Beste daran: Das Zusatzmodul unterstützt sogar den Lab-Modus!

1 Installieren
Nutzen Sie die Datei von der Buch-DVD, und entpacken Sie die im ZIP-Paket enthaltenen Dateien in das Plug-in-Verzeichnis von Adobe Photoshop Elements. In meinem Fall ist dies C:\Programme\Adobe\Photoshop Elements 12\Plug-Ins bzw. C:\Programme (x86)\Adobe\Photoshop Elements 12\Plug-Ins. Anstelle eines fixen Verzeichnisses können Sie auch den Menüpunkt Bearbeiten • Voreinstellungen • Zusatzmodule wählen, ein Häkchen vor Zusätzlicher Zusatzmodulordner setzen und den Ordner auswählen, in dem sich das Zusatzmodul befindet.

2 Photoshop Elements neu starten und Filter starten
Um das neue Zusatzmodul zu verwenden, müssen Sie Photoshop Elements, falls es noch aktiv ist, gegebenenfalls neu starten. Anschließend können Sie den neuen Filter über Filter • easy.Filter • SmartCurve aufrufen.

3 Gradationskurve (Grundlagen)
Natürlich lasse ich Sie an dieser Stelle nicht im Regen stehen, sondern gebe im Folgenden noch eine kleine Einführung zur Gradationskurve. Zunächst wählen Sie immer den Farbkanal ❷ aus, auf den sich die folgenden Einstellungen beziehen sollen; dies kennen Sie bereits aus der Tonwertkorrektur. Ein besonderes Feature, das das Plug-in noch wertvoller macht, ist die Möglichkeit, neben RGB auch ein anderes Farbmodell ❸ zu verwenden. Das Hauptinstrument für die Bildkorrektur ist die Kurve ❶, die zunächst noch eine gerade Linie ist. Gefällt Ihnen ein Ergebnis nicht, können Sie jederzeit mit Rücksetzen ❹ die Kurve wieder zurücksetzen. Zur Kontrolle steht Ihnen hierbei auch immer das Histogramm ❺ mit allen Farbkanälen zur Verfügung.

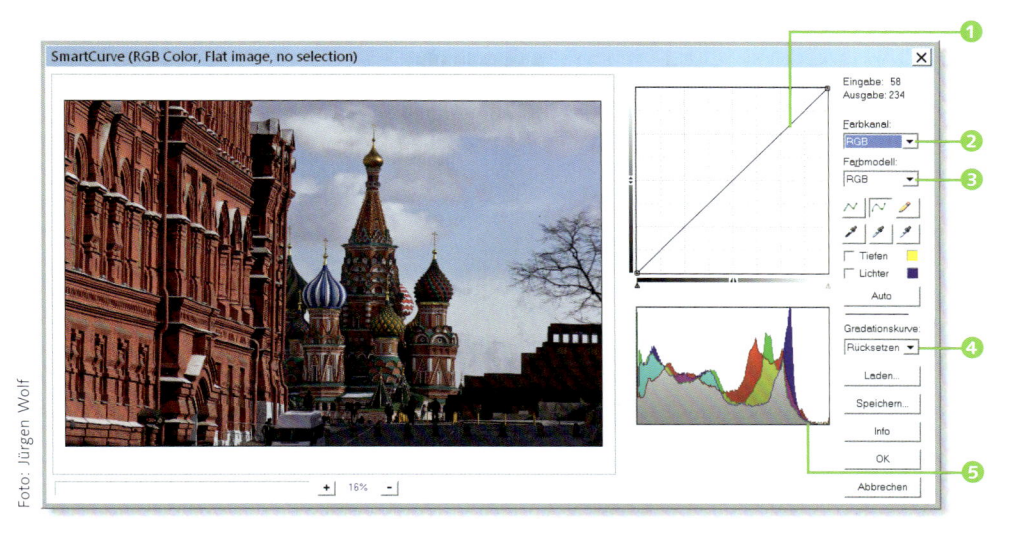

C.1 Plug-ins nachinstallieren

▲ Abbildung C.2
Der SMARTCURVE-Filter im Einsatz

4 Gradationskurve (Beispiele)

Anhand der folgenden Abbildungen möchte ich Ihnen als Beispiele einige gängige Kurveneinstellungen aufzeigen.

Anhang: Kreml.jpg

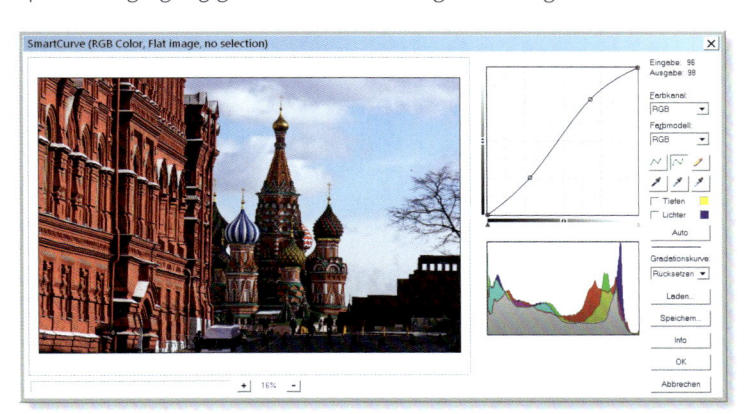

◀ Abbildung C.3
Eine S-Kurve erhöht in der Regel die Kontraste, weil die Höhen und Tiefen im Bild verstärkt werden. Das Bild wirkt weniger flau. Nicht immer muss die S-Kurve so stark wie hier ausgeführt werden.

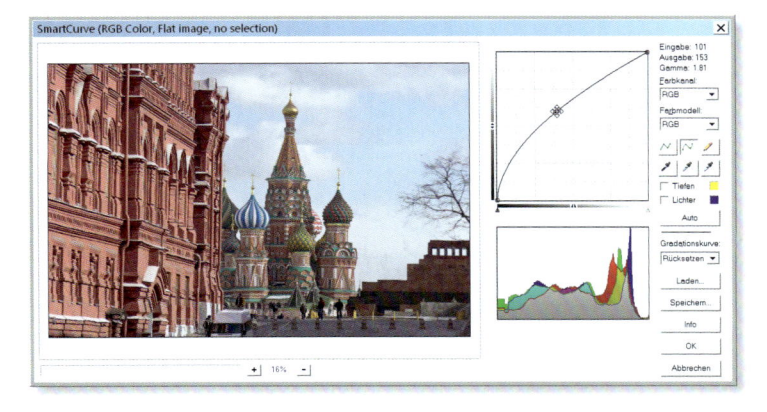

◀ Abbildung C.4
Wenn Sie den Regler in der Mitte nach unten ziehen, dunkeln Sie das Bild ab. Ziehen Sie ihn nach oben, so wird das Bild aufgehellt.

Abbildung C.5 ▶
Wählen Sie einen einzelnen Farbkanal, um einen Farbstich zu beheben. Im Beispiel habe ich die blauen Höhen gesenkt.

Abbildung C.6 ▶
Hier habe ich die Höhen auf Weiß und die Tiefen auf Schwarz verschoben, wodurch die Kontraste noch deutlicher hervortreten.

Abbildung C.7 ▶
Hier habe ich eine Cross-Entwicklung simuliert, indem ich den roten Kanal durch eine starke und den grünen durch eine schwache S-Kurve verändert habe. Den blauen Kanal hingegen habe ich zu einer umgekehrten S-Kurve geformt.

Abbildung C.8 ▶
Hier habe ich die Kurve total gekippt, wodurch die ehemals hellen Tonwerte dunkel und die dunklen Tonwerte hell geworden sind. So entsteht ein digitales Negativ.

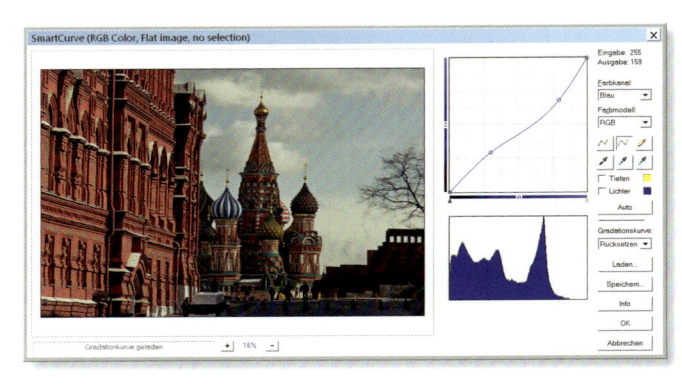

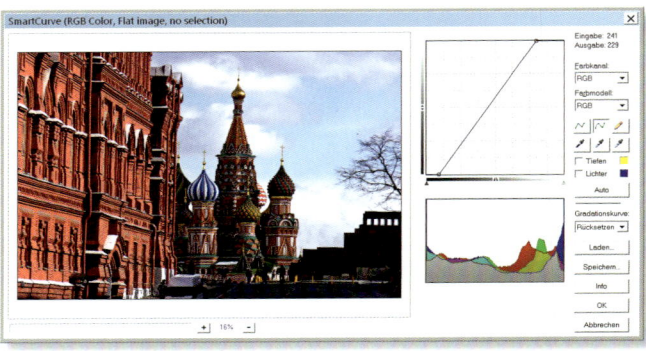

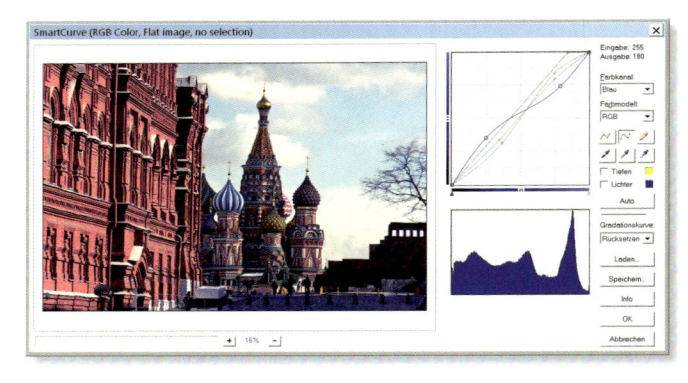

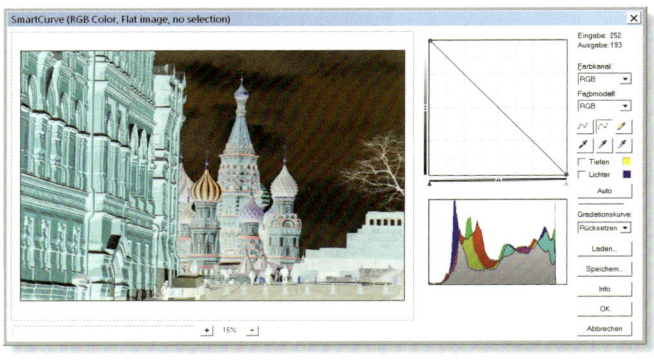

C.2 Aktionen anwenden und nachinstallieren

Die Aktionen können Sie über FENSTER • AKTIONEN aufrufen. Bei den Aktionen handelt es sich ganz einfach um einen vordefinierten Arbeitsablauf verschiedener Befehle, der der Automatisierung von Arbeitsprozessen dient.

Die Verwendung von Aktionen ist einfach. Laden Sie ein Bild in den Fotoeditor, und wählen Sie aus der Liste von Aktionen ❶ eine Aktion aus. Die Aktionen sind hierbei in einer ordnerähnlichen Hierarchie angeordnet. Die ausgewählte Aktion ist blau markiert ❸. Mit einem Klick auf das Play-Symbol ❷ wird die Aktion auf das aktive Bild angewendet.

Probieren geht über …
Da Photoshop Elements von Haus aus viele Aktionen anbietet, empfehle ich Ihnen, damit zu experimentieren. Interessant ist zum Beispiel die Aktion SOFORT-SCHNAPPSCHUSS im Aktionssatz SPEZIALEFFEKTE, mit der Sie eine Art Polaroid-Foto erstellen. Hier wird beim Ausführen der Aktion ein Dialogfeld eingeblendet, in dem Sie eine Einstellung vornehmen und bestätigen müssen. Erst dann wird die Aktion abgeschlossen.

▲ Abbildung C.9
Eine Aktion nach der Ausführung, hier bei der Erstellung eines Polaroid-Fotos (SOFORT-SCHNAPPSCHUSS (300 PPI))

Schritt für Schritt: Aktionen nachinstallieren

Es ist möglich, die Aktionen um viele weitere kostenlose und kommerzielle Aktionen, die es beispielsweise im Internet zum Download gibt, zu erweitern. Hierzu noch einige interessante Weblinks, über die Sie Photoshop Elements um viele tolle Aktionen erweitern können: www.panosfx.com, www.atncentral.com, www.elated.com, http://browse.deviantart.com, www.addictedtodesign.com.

Aktionen: In diesem Ordner finden Sie einige vorgefertigte Aktionen, die Sie genauso wie die Aktion »Sticker and Tapes« nachinstallieren und anwenden können.

Anhang C   Zusatzmodule, Aktionen und Plug-ins

1 Aktionen herunterladen

Suchen Sie sich im Internet eine Aktion aus. Im Beispiel habe ich mich für die Aktion »Sticker and Tapes« von der Webseite *http://panosfx.com/de/free-photoshop-actions/stickers-tapes* entschieden. Die Seite *www.panosfx.com* kann ich schon aus dem Grund empfehlen, weil es hier auch eine deutsche Version der Aktionen gibt UND die Aktionen zwischen dem großen Photoshop CS und Photoshop Elements unterschieden werden. Außerdem können Sie einige Aktionen auf dieser Webseite auch als Icon den EFFEKTEN hinzufügen. Aber darauf gehe ich hier nicht ein. Das wird auf der Webseite beschrieben.

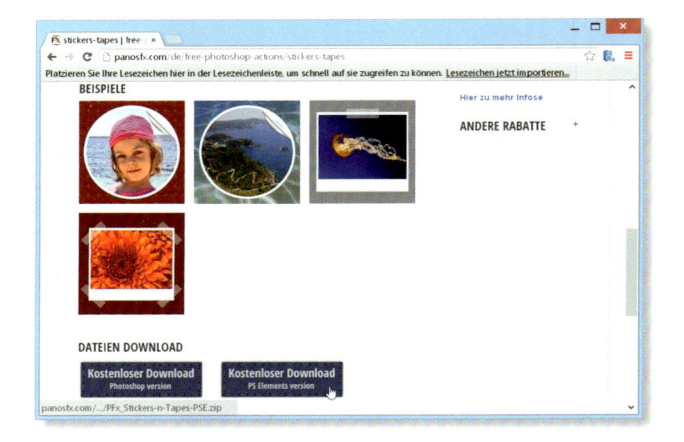

Was geht und was nicht

Leider ist es nicht möglich, eigene Aktionen mit Photoshop Elements zu erstellen. Das Erstellen von eigenen Aktionen ist nur dem großen Photoshop CS vorbehalten. Nicht alle erhältlichen Aktionen, die mit Photoshop CS erstellt wurden, sind unter Photoshop Elements funktionsfähig. Voraussetzung dafür, dass eine Aktion mit Photoshop Elements funktioniert, ist, dass die für die Aktionen benötigten Funktionen auch in Photoshop Elements enthalten sind.

Abbildung C.10 ▶
Gewünschte Aktion herunterladen

Aktionen bleiben erhalten

Die geladenen Aktionen bleiben auch nach einem Neustart des Fotoeditors im Bedienfeld AKTIONEN erhalten. Entfernen können Sie Aktionen, indem Sie die entsprechende Aktion markieren und dann das Mülltonnensymbol ❺ anklicken.

2 Aktionen laden

Ist die Aktion ZIP-komprimiert, müssen Sie diese zunächst entpacken. Merken Sie sich, wo Sie die Aktion entpackt haben, oder legen Sie sich einen eigenen Ordner für heruntergeladene Aktionen an. Klicken Sie auf das kleine Dropdown-Menü ❶ im Bedienfeld AKTIONEN, und wählen Sie dort den Befehl AKTIONEN LADEN ❷ aus. Jetzt öffnet sich der Dialog zum Laden.

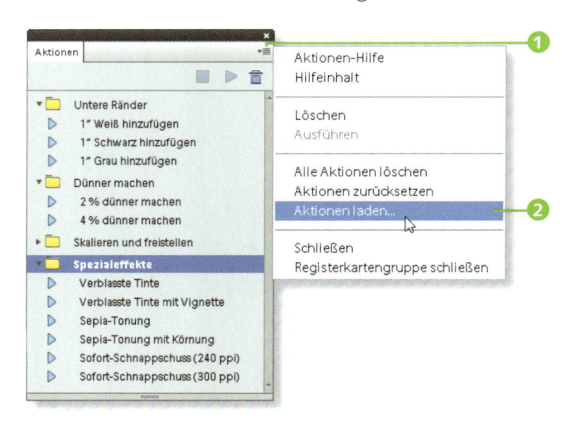

Abbildung C.11 ▶
Den Befehl zum Laden von Aktionen aufrufen

C.2 Aktionen anwenden und nachinstallieren

◀ **Abbildung C.12**
Aktionen auswählen und über die Schaltfläche LADEN ❸ laden

Aktionen haben die Dateiendung *.ATN. Gehen Sie daher jetzt zu dem Verzeichnis, in das Sie die Aktion entpackt haben, und laden Sie von dort die ATN-Datei. Die heruntergeladene Aktion hat außerdem auch gleich zwei Teile, weshalb ich hier den zweiten Teil der Aktion auch noch lade. Am Ende finden Sie im Bedienfeld AKTIONEN die geladenen Aktionen ❻.

❸ Aktionen ausführen

Wollen Sie die Aktionen jetzt auf ein Bild anwenden, brauchen Sie nur ein Bild in den Fotoeditor zu laden und die Aktionen auszuführen. Im Beispiel habe ich zunächst CLEAR TAPE ausgewählt ❻ und über das Play-Symbol ❹ gestartet. Diese Aktion begleitet Sie mit Nachrichtendialogen bis zum Endergebnis und gibt Ihnen noch weitere Tipps.

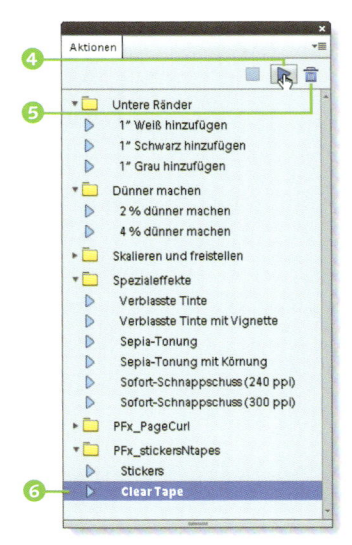

Anhang: Karusell.jpg

▲ **Abbildung C.13**
Die Aktion ausführen

▲ **Abbildung C.14**
Auf dieses Bild wird die Aktion CLEARTAPE angewandt.

Anhang C Zusatzmodule, Aktionen und Plug-ins

▲ Abbildung C.15
Das Ergebnis: Dem Bild wurden hier Tesafilmstreifen hinzugefügt, …

▲ Abbildung C.16
… und hier wurde der erzeugte Tesafilm (genauer die Ebenen) dupliziert, gedreht und jeweils an die Ecken geschoben. Außerdem wurde ein neuer Hintergrund hinzugefügt.

Wie hat er das gemacht? | Bei vielen Aktionen können Sie durchaus auch hinter die Kulissen schauen und sehen, wie diese aufgebaut sind. Hierzu brauchen Sie einfach nur auf den kleinen Pfeil ❶ der Aktion zu klicken, und schon werden die einzelnen Schritte der Aktion aufgeklappt. Davon kann man noch einiges lernen.

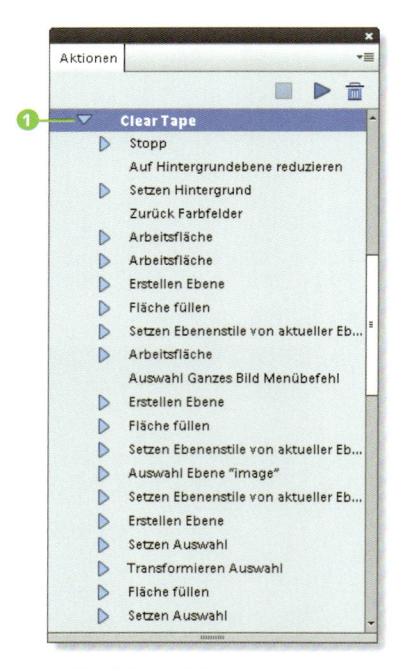

▲ Abbildung C.17
Die einzelnen Schritte einer Aktion lassen sich häufig auch betrachten.

Anhang D
Tastenkürzel im Fotoeditor

Die Arbeit mit Tastenkürzeln erscheint vielen Einsteigern anfangs etwas umständlich. Wenn Sie sie jedoch konsequent nutzen, prägen sich die Tastenkombinationen schnell ein und werden Ihre Arbeit beschleunigen. Alle Tastenkürzel finden Sie auch als PDF-Datei zum Ausdrucken auf der DVD.

Windows- und Mac-Tastatur

Die Windows- und die Mac-Tastatur unterscheiden sich in einigen Details. Welche das sind, können Sie sie den folgenden beiden Abbildungen und der Tabelle entnehmen.

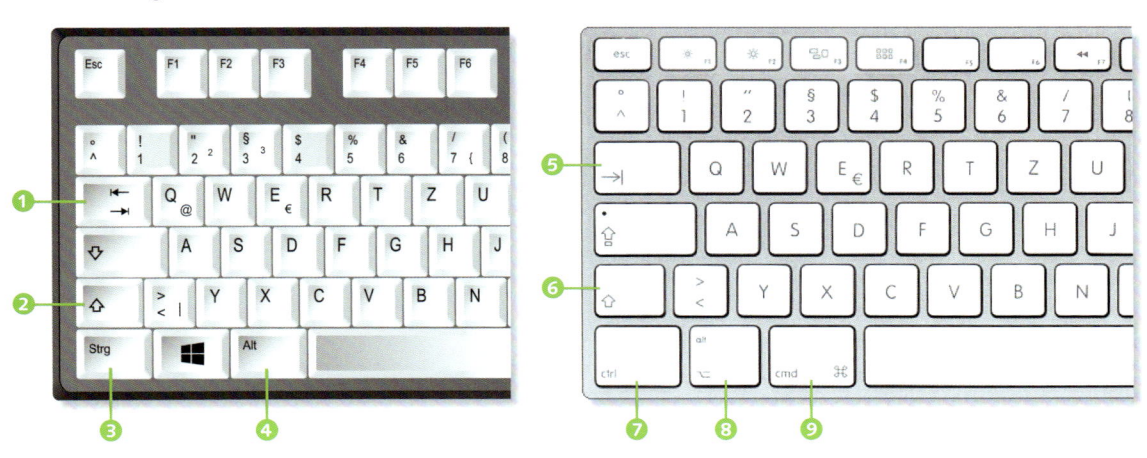

Zusatzmaterial: Tastenkuerzel_Fotoeditor.pdf

▲ **Abbildung D.1**
Teil einer aktuellen Windows-PC-Tastatur

▲ **Abbildung D.2**
Teil einer aktuellen Mac-Tastatur

Anhang D Tastenkürzel im Fotoeditor

Tabelle D.1 ▶
Die entsprechenden Gegenstücke der Tasten zwischen Windows und Mac

Beschreibung	Windows	Mac
Steuerungs- oder Befehlstaste	`Strg` oder `Ctrl` ❸	`cmd` oder `⌘` ❾
Alt-Taste	`Alt` ❹	`Alt` oder `⌥` ❽
Umschalttaste	`⇧` ❷	`⇧` ❻
Tabulator	`⇥` ❶	`⇥` ❺
rechte Maustaste		`ctrl` ❼
entfernen/löschen	`Entf`	`cmd` + `⇧`

Werkzeuge (alphabetisch)

Tabelle D.2 ▶
Alle Werkzeuge des Fotoeditors

Werkzeug	Symbol	Tastenkürzel
Abgerundetes-Rechteck-Werkzeug		`U`
Abwedler		`O`
Ausstecher-Werkzeug		`C`
Auswahlellipse		`M`
Auswahlpinsel		`A`
Auswahlrechteck		`M`
Bereichsreparatur-Pinsel		`J`
Buntstift		`N`
Detail-Smartpinsel-Werkzeug		`F`
Eigene-Form-Werkzeug		`U`
Ellipse-Werkzeug		`U`
Farbe-ersetzen-Werkzeug		`B`
Farbwähler-Werkzeug		`I`
Formauswahl-Werkzeug		`U`
Freistellungswerkzeug		`C`
Füllwerkzeug		`K`

D Tastenkürzel im Fotoeditor

◄ **Tabelle D.2**
Alle Werkzeuge des Fotoeditors (Forts.)

Werkzeug	Symbol	Tastenkürzel
Gerade-ausrichten-Werkzeug		P
Hand-Werkzeug		H
Hintergrund-Radiergummi		E
Horizontales Textmaskierungswerkzeug		T
Horizontales Textwerkzeug		T
Impressionisten-Pinsel		B
Inhaltssensitives Verschieben-Werkzeug		Q
Kopierstempel		S
Lasso		L
Linienzeichner		U
Magischer Radiergummi		E
Magnetisches Lasso		L
Musterstempel		S
Nachbelichter		O
Neu-zusammensetzen-Werkzeug		W
Pinsel-Werkzeug		B
Polygon-Lasso		L
Polygon-Werkzeug		U
Radiergummi		E
Rechteck-Werkzeug		U
Reparatur-Pinsel		J
Rote-Augen-entfernen-Werkzeug		Y
Scharfzeichner		R
Schnellauswahl-Werkzeug		A

973

Anhang D Tastenkürzel im Fotoeditor

Tabelle D.2 ▶
Alle Werkzeuge des Fotoeditors (Forts.)

Werkzeug	Symbol	Tastenkürzel
Schwamm		O
Smartpinsel-Werkzeug		F
Stern-Werkzeug		U
Text-auf-Auswahl-Werkzeug		T
Text-auf-eigenem-Pfad-Werkzeug		T
Text-auf-Form-Werkzeug		T
Verlaufswerkzeug		G
Verschieben-Werkzeug		V
Vertikales Textmaskierungswerkzeug		T
Vertikales Textwerkzeug		T
Weichzeichner		R
Wischfinger		R
Zauberstab		A
Zoom-Werkzeug		Z
zugeordnete ausgeblendete Werkzeuge durchlaufen		Alt + auf Werkzeug klicken

Datei

Tabelle D.3 ▶
Tastenkürzel für den Umgang mit Dateien

Kommando	Windows	Mac
Alle schliessen	Alt + Strg + W	Alt + cmd + W
Beenden	Strg + Q	cmd + Q
Für Web speichern	Alt + ⇧ + Strg + S	Alt + ⇧ + cmd + S
Neu	Strg + N	cmd + N
Öffnen	Strg + O	cmd + O
Öffnen als	Strg + Alt + O	–
Schliessen	Strg + W	cmd + W

Kommando	Windows	Mac
Speichern	`Strg`+`S`	`cmd`+`S`
Speichern unter	`⇧`+`Strg`+`S`	`⇧`+`cmd`+`S`
Menü DATEI	`Alt`+`D`	`Alt`+`D`

◄ **Tabelle D.3**
Tastenkürzel für den Umgang mit Dateien (Forts.)

Drucken

Kommando	Windows	Mac
Drucken	`Strg`+`P`	`cmd`+`P`
Kontaktabzug II	–	`Alt`+`cmd`+`P`

◄ **Tabelle D.4**
Tastenkürzel für schnelleres Drucken

Bearbeiten

Kommando	Windows	Mac
Auf eine Ebene reduziert kopieren	`⇧`+`Strg`+`C`	`⇧`+`cmd`+`C`
Ausschneiden	`Strg`+`X`	`cmd`+`X`
Einfügen	`Strg`+`V`	`cmd`+`V`
Farbeinstellungen	`⇧`+`Strg`+`K`	`⇧`+`cmd`+`K`
In Auswahl einfügen	`⇧`+`Strg`+`V`	`⇧`+`cmd`+`V`
Kopieren	`Strg`+`C`	`cmd`+`C`
Leere Seite hinzufügen	`Alt`+`Strg`+`G`	`Alt`+`cmd`+`G`
Rückgängig	`Strg`+`Z`	`cmd`+`Z`
Seite mit aktuellem Layout hinzufügen	`Alt`+`⇧`+`Strg`+`G`	`Alt`+`⇧`+`cmd`+`G`
Voreinstellungen (Allgemein)	`Strg`+`K`	`cmd`+`K`
Wiederholen	`Strg`+`Y`	`cmd`+`Y`
Zurück zur letzten Version	`⇧`+`Strg`+`A`	`⇧`+`cmd`+`A`
Menü BEARBEITEN	`Alt`+`B`	`Alt`+`B`

◄ **Tabelle D.5**
Tastenkürzel zum Bearbeiten von Dateien

Anhang D Tastenkürzel im Fotoeditor

Bildkorrekturen

Tabelle D.6 ▶
Bildkorrekturen aus dem Menü ÜBERARBEITEN

Kommando	Windows	Mac
Bildgrösse	Alt + Strg + I	Alt + cmd + I
Frei transformieren	Strg + T	cmd + T
Tonwertkorrektur	Strg + L	cmd + L
Automatische intelligente Farbtonbearbeitung	Alt + Strg + T	Alt + cmd + T
Intelligente Auto-Korrektur	Alt + Strg + M	Alt + cmd + M
Auto-Tonwertkorrektur	⇧ + Strg + L	⇧ + cmd + L
Auto-Kontrast	Alt + ⇧ + Strg + L	Alt + ⇧ + cmd + L
Auto-Farbkorrektur	⇧ + Strg + B	⇧ + cmd + B
Rote Augen automatisch korrigieren	Strg + R	cmd + R
Intelligente Korrektur anpassen	⇧ + Strg + M	⇧ + cmd + M
Farbton/Sättigung anpassen	Strg + U	cmd + U
Tonwertkorrektur	Strg + L	cmd + L

Transformieren

Tabelle D.7 ▶
Tastenkürzel für das Transformieren von Ebenen und Auswahlen

Kommando	Strg + T und dann …	
	Windows	**Mac**
Transformieren vom Mittelpunkt aus	… Alt gedrückt halten	… Alt gedrückt halten
Neigen	… Strg + ⇧ gedrückt halten	… cmd + ⇧ gedrückt halten
Verzerren	… Strg gedrückt halten	… cmd gedrückt halten
Verzerren vom Mittelpunkt	… Alt + Strg gedrückt halten	… Alt + cmd gedrückt halten
Perspektive ändern (verzerren)	… Alt + ⇧ + Strg gedrückt halten	… Alt + ⇧ + cmd gedrückt halten

D Tastenkürzel im Fotoeditor

Kommando	⌃Strg+T und dann ...	
	Windows	**Mac**
Transformationen anwenden	... ⏎ drücken	... ⏎ drücken
Transformation abbrechen	... Esc oder Strg+. drücken	... Esc oder cmd+. drücken

◂ **Tabelle D.7**
Tastenkürzel für das Transformieren von Ebenen und Auswahlen (Forts.)

Schwarzweiß

Kommando	Windows	Mac
Farbe entfernen	⇧+Strg+U	⇧+cmd+U
In Schwarzweiss konvertieren	Alt+Strg+B	Alt+cmd+B

◂ **Tabelle D.8**
Schwarzweißbilder erstellen

Auswahlen

Kommando	Windows	Mac
bestehende Auswahl aufheben	Strg+D, Esc	cmd+D, Esc
das komplette Bild auswählen	Strg+A	cmd+A
Weiche Auswahlkante hinzufügen	Strg+Alt+D	cmd+Alt+D
zuletzt aufgehobene Auswahl wiederherstellen (erneut wählen)	⇧+Strg+D	⇧+cmd+D
Auswahl umkehren (invertieren)	⇧+Strg+I	⇧+cmd+I
Auswahllinie ein- und ausblenden	Strg+H	cmd+H
Auswahlrechteck oder Auswahlellipse aufrufen	M	M
aufgezogene Auswahl in die entsprechende Pfeilrichtung bewegen	←, →, ↑, ↓	←, →, ↑, ↓

◂ **Tabelle D.9**
Tastenkürzel für die Arbeit mit Auswahlen

977

Tabelle D.9 ▶
Tastenkürzel für die Arbeit mit Auswahlen (Forts.)

Kommando	Windows	Mac
Ausgewählten Bildbereich löschen. Bei einem normalen Hintergrundbild wird der Bereich mit der Hintergrundfarbe gefüllt.	`Entf`	`←`
ausgewählten Bildbereich mit Vordergrundfarbe füllen	`Alt`+`Entf`	`Alt`+`Entf`
der Auswahl hinzufügen	`⇧` und Auswahlwerkzeug benutzen	`⇧` und Auswahlwerkzeug benutzen
einen Kreis von der Mitte aufziehen	`Alt`+`⇧` + Auswahlellipse	`Alt`+`⇧` + Auswahlellipse
ein Quadrat von der Mitte aufziehen	`Alt`+`⇧` + Auswahlrechteck	`Alt`+`⇧` + Auswahlrechteck
eine Auswahl von der Mitte aufziehen	`Alt`	`Alt`
exakten Kreis aufziehen	`⇧` + Auswahlellipse	`⇧` + Auswahlellipse
exaktes Quadrat aufziehen	`⇧` + Auswahlrechteck	`⇧` + Auswahlrechteck
Schnittmenge mit Auswahl bilden	`⇧`+`Alt` und Auswahlwerkzeug benutzen	`⇧`+`Alt` und Auswahlwerkzeug benutzen
von Auswahl abziehen (subtrahieren)	`Alt` und Auswahlwerkzeug benutzen	`Alt` und Auswahlwerkzeug benutzen
Auswahlinhalt **ausschneiden** und auf derselben Ebene verschieben	Verschieben-Werkzeug und Maus oder Pfeiltasten	Verschieben-Werkzeug und Maus oder Pfeiltasten
Auswahlinhalt **duplizieren** und auf derselben Ebene verschieben	Verschieben-Werkzeug + `Alt` und Maus oder Pfeiltasten	Verschieben-Werkzeug + `Alt` und Maus oder Pfeiltasten
Auswahlinhalt **ausschneiden** und auf einer neuen Ebene einfügen	`⇧`+`Strg`+`J`	`⇧`+`cmd`+`J`

D Tastenkürzel im Fotoeditor

◄ **Tabelle D.9**
Tastenkürzel für die Arbeit mit Auswahlen (Forts.)

Kommando	Windows	Mac
Auswahlinhalt **kopieren** und auf einer neuen Ebene einfügen	`Strg`+`J`	`cmd`+`J`
Zwischenablage in eine Auswahl einfügen	`⇧`+`Strg`+`V`	`⇧`+`cmd`+`V`
Menü AUSWAHL	`Alt`+`A`	`Alt`+`A`

Bildlauf

◄ **Tabelle D.10**
Tastenkürzel zur Steuerung der Ansicht

Kommando	Windows	Mac
Hand-Werkzeug	`H`	`H`
Hand-Werkzeug kurzfristig aufrufen	Leertaste	Leertaste
Bildausschnitt hochschieben	`Bild ↑`	`Bild ↑`
Bildausschnitt langsamer hochschieben	`⇧`+`Bild ↑`	`⇧`+`Bild ↑`
Bildausschnitt nach unten schieben	`Bild ↓`	`Bild ↓`
Bildausschnitt langsamer nach unten schieben	`⇧`+`Bild ↓`	`⇧`+`Bild ↓`
Bildausschnitt nach links schieben	`Strg`+`Bild ↑`	`cmd`+`Bild ↑`
Bildausschnitt nach rechts schieben	`Strg`+`Bild ↓`	`cmd`+`Bild ↓`
wenn keine Auswahl vorhanden ist, den Bildausschnitt ganz langsam in die Pfeilrichtung schieben	`←`, `→`, `↑`, `↓`	`←`, `→`, `↑`, `↓`
Bildausschnitt zur linken oberen Ecke verschieben	`Pos1`	`Home`

Anhang D Tastenkürzel im Fotoeditor

Tabelle D.10 ▶
Tastenkürzel zur Steuerung der Ansicht (Forts.)

Kommando	Windows	Mac
Bildausschnitt zur rechten unteren Ecke verschieben	`Ende`	`Ende`
Navigator-Bedienfeld ein- und ausblenden	`F12`	`F12`

Ebenen

Tabelle D.11 ▶
Tastenkürzel für den Umgang mit Ebenen

Kommando	Windows	Mac
Erstellen		
neue Ebene mit Dialogfeld	`⇧`+`Strg`+`N`	`⇧`+`cmd`+`N`
neue Ebene ohne Dialogfeld	Schaltfläche NEUE EBENE ERSTELLEN anklicken	Schaltfläche NEUE EBENE ERSTELLEN anklicken
neue Ebene mit Dialogfeld	`Alt` + Schaltfläche NEUE EBENE ERSTELLEN anklicken	`Alt` + Schaltfläche NEUE EBENE ERSTELLEN anklicken
neue Ebene ohne Dialogfeld unterhalb der Zielebene	`Strg` + Schaltfläche NEUE EBENE ERSTELLEN anklicken	`cmd` + Schaltfläche NEUE EBENE ERSTELLEN anklicken
Ebene umbenennen	Ebenennamen doppelklicken	Ebenennamen doppelklicken
Ebene umbenennen mit Dialog	`Alt` + Ebene doppelklicken	`Alt` + Ebene doppelklicken
Aktivieren		
Ebene darüber auswählen	`Alt`+`.`	`Alt`+`.`
Ebene darunter auswählen	`Alt`+`,`	`Alt`+`,`
mehrere benachbarte Ebenen auswählen	`⇧` + linke Maustaste	`⇧` + linke Maustaste
mehrere nicht benachbarte Ebenen auswählen	`Strg` + linke Maustaste	`cmd` + linke Maustaste

D Tastenkürzel im Fotoeditor

Kommando	Windows	Mac
Anordnen		
Ebene eine Zeile nach oben schieben	`Strg`+`]`	`cmd`+`]`
Ebene eine Zeile nach unten schieben	`Strg`+`[`	`cmd`+`[`
Ebene ganz nach oben schieben	`⇧`+`Strg`+`]`	`⇧`+`cmd`+`]`
Ebene ganz nach unten schieben	`⇧`+`Strg`+`[`	`⇧`+`cmd`+`[`
Reduzieren (zusammenfügen)		
mit darunterliegender auf eine Ebene reduzieren	`Strg`+`E`	`Strg`+`E`
alle sichtbaren Ebenen auf eine Ebene reduzieren	`⇧`+`Strg`+`E`	`⇧`+`cmd`+`E`
alle sichtbaren Ebenen auf eine neue Ebene »stempeln«	`⇧`+`Alt`+`Strg`+`E`	`⇧`+`Alt`+`cmd`+`E`
Auswahlen		
Ebenentransparenz als Auswahl laden	`Strg` + Miniatur anklicken	`cmd` + Miniatur anklicken
Ebenen ein- und ausblenden		
alle anderen Ebenen ein- oder ausblenden	`Alt` + Augensymbol anklicken	`Alt` + Augensymbol anklicken
Diese Ebene ein- bzw. ausblenden oder Alle übrigen Ebenen ein- bzw. ausblenden	rechter Mausklick auf das Augensymbol	rechter Mausklick auf das Augensymbol
Schnittmasken		
Schnittmaske erstellen/zurückwandeln	`Strg`+`G`	`cmd`+`G`

◀ **Tabelle D.11**
Tastenkürzel für den Umgang mit Ebenen (Forts.)

Tabelle D.11 ▶
Tastenkürzel für den Umgang mit Ebenen (Forts.)

Kommando	Windows	Mac
Sonstiges		
Menü EBENE	`Alt`+`E`	`Alt`+`E`
Ebenen-Bedienfeld ein- und ausblenden	`F11`	`F11`
Ebenenstil bearbeiten	FX-Symbol doppelklicken	FX-Symbol doppelklicken
Ebene durch Kopie	`Strg`+`J`	`cmd`+`J`
Ebene durch Ausschneiden	`Strg`+`⇧`+`G`	`cmd`+`⇧`+`G`

Ebenenmasken

Tabelle D.12 ▶
Tastenkürzel im Umgang mit Ebenenmasken

Kommando	Windows	Mac
neue Ebenenmaske anlegen (nichts maskieren)	Schaltfläche EBENENMASKE HINZUFÜGEN anklicken	Schaltfläche EBENENMASKE HINZUFÜGEN anklicken
neue Ebenenmaske anlegen (alles maskieren)	`Alt` + Schaltfläche EBENENMASKE HINZUFÜGEN anklicken	`Alt` + Schaltfläche EBENENMASKE HINZUFÜGEN anklicken
Ebenenmaske ein- oder ausblenden	`⇧` + Mausklick auf die Miniatur der Ebenenmaske	`⇧` + Mausklick auf die Miniatur der Ebenenmaske
Graustufenansicht ein- oder ausblenden	`Alt` + Mausklick auf die Miniatur der Ebenenmaske	`Alt` + Mausklick auf die Miniatur der Ebenenmaske
Maskierungsfolie ein- oder ausblenden	`⇧`+`Alt` + Mausklick auf die Miniatur der Ebenenmaske	`⇧`+`Alt` + Mausklick auf die Miniatur der Ebenenmaske

Ebenenfüllmethoden

Tabelle D.13 ▶
Die Ebenenfüllmethoden lassen sich nur per Tastatur aufrufen, wenn das Ebenen-Bedienfeld zuvor aus dem Bedienfeldbereich losgelöst wurde.

Füllmethode	Windows und Mac
Normal	`⇧`+`Alt`+`N`
Sprenkeln	`⇧`+`Alt`+`I`
Abdunkeln	`⇧`+`Alt`+`K`

D Tastenkürzel im Fotoeditor

Füllmethode	Windows und Mac
Multiplizieren	⇧ + Alt + M
Farbig nachbelichten	⇧ + Alt + B
Linear nachbelichten	⇧ + Alt + A
Aufhellen	⇧ + Alt + G
Negativ multiplizieren	⇧ + Alt + S
Farbig abwedeln	⇧ + Alt + D
Linear abwedeln	⇧ + Alt + W
Hellere Farbe	–
Ineinanderkopieren	⇧ + Alt + O
Weiches Licht	⇧ + Alt + F
Hartes Licht	⇧ + Alt + H
Strahlendes Licht	⇧ + Alt + V
Lineares Licht	⇧ + Alt + J
Lichtpunkte	⇧ + Alt + Z
Harte Mischung	⇧ + Alt + L
Differenz	⇧ + Alt + E
Ausschluss	⇧ + Alt + X
Farbton	⇧ + Alt + U
Sättigung	⇧ + Alt + T
Farbe	⇧ + Alt + C
Luminanz	⇧ + Alt + Y
Füllmethoden nach unten durchlaufen	⇧ + Alt + +
Füllmethoden nach oben durchlaufen	⇧ + Alt + -

◄ **Tabelle D.13**
Die Ebenenfüllmethoden lassen sich nur per Tastatur aufrufen, wenn das Ebenen-Bedienfeld zuvor aus dem Bedienfeldbereich losgelöst wurde (Forts.).

Fenster (Fotoeditor)

Kommando	Windows	Mac
Ebenen-Bedienfeld	F11	F11
Hilfe von Photoshop Elements aufrufen	F1	⇧ + cmd + ?
Effekte-Bedienfeld	F6	F6

◄ **Tabelle D.14**
Die Bedienfelder ein- und ausblenden. Abhängig von der Einstellung beim Mac müssen Sie vielleicht zusätzlich fn + Alt drücken. Für das Navigator-Bedienfeld wäre dann somit fn + Alt + F12 nötig.

983

Tabelle D.14 ▶
Die Bedienfelder ein- und ausblenden. Abhängig von der Einstellung beim Mac müssen Sie vielleicht zusätzlich `fn`+`Alt` drücken. Für das Navigator-Bedienfeld wäre dann somit `fn`+`Alt`+`F12` nötig (Forts.).

Kommando	Windows	Mac
Histogramm-Bedienfeld	`F9`	`F9`
Informationen-Bedienfeld	`F8`	`F8`
Grafiken-Bedienfeld	`F7`	`F7`
Navigator-Bedienfeld	`F12`	`F12`
Rückgängig-Protokoll	`F10`	`F10`
alle Bedienfelder ein-/ausblenden	`Tab`	`Tab`

Filter

Tabelle D.15 ▶
Filter per Tastatur aufrufen

Kommando	Windows	Mac
letzten Filter erneut anwenden	`Strg`+`F`	`cmd`+`F`
letzten Filter-Dialog erneut anzeigen	`Alt`+`Strg`+`F`	`Alt`+`cmd`+`F`
in Schwarzweiß konvertieren	`Alt`+`Strg`+`B`	`Alt`+`cmd`+`B`
Menü FILTER	`Alt`+`F`	`Alt`+`F`

Farben auswählen

Tabelle D.16 ▶
Tastenkürzel für die Arbeit mit Farben

Kommando	Windows	Mac
Farbwahlbereich		
Standardfarben Schwarz und Weiß für Vorder- und Hintergrund einstellen	`D`	`D`
Vorder- und Hintergrundfarbe tauschen	`X`	`X`
Farbfelder-Bedienfeld		
neues Farbfeld aus der Vordergrundfarbe erstellen und am Ende des Bedienfeldes anfügen	an das Ende (leeren Bereich) des Bedienfeldes klicken	an das Ende (leeren Bereich) des Bedienfeldes klicken
Farbe als Vordergrundfarbe einstellen	Farbfeld anklicken	Farbfeld anklicken

D Tastenkürzel im Fotoeditor

Kommando	Windows	Mac
Farbe als Hintergrundfarbe einstellen	`Strg` + Farbfeld anklicken	`cmd` + Farbfeld anklicken
Farbe aus dem Farbfeld löschen	`Alt` + Farbfeld anklicken	Farbfeld anklicken
Pipette		
Pipette aufrufen	`I`	`I`
Farbe als Vordergrundfarbe setzen	ins Bild klicken	ins Bild klicken
Farbe als Hintergrundfarbe setzen	`Alt` + ins Bild klicken	`Alt` + ins Bild klicken
schnell vom Malwerkzeug zum Pipette-Werkzeug wechseln und Vordergrundfarbe setzen	beliebiges Malwerkzeug + `Alt` + ins Bild klicken	beliebiges Malwerkzeug + `Alt` + ins Bild klicken

◄ **Tabelle D.16**
Tastenkürzel für die Arbeit mit Farben (Forts.)

Malen und Malwerkzeuge

Kommando	Windows	Mac
Punkte durch eine gerade Linie verbinden	`⇧` + Start- und Endpunkte der Linie nacheinander anklicken	`⇧` + Start- und Endpunkte der Linie nacheinander anklicken
waagerechte oder senkrechte Linie erzeugen	`⇧` + malen	`⇧` + malen
Fadenkreuz als Werkzeugspitze	`⇧`	`⇧`
Werkzeug- oder Pinselspitze vergrößern	`⇧` + `#`	`⇧` + `#`
Werkzeug- oder Pinselspitze verkleinern	`#`	`#`
auf Hand-Werkzeug umstellen	Leertaste	Leertaste
auf Pipette umstellen	`Alt`	`Alt`
auf Zoom-Werkzeug umstellen	`Strg` + Leertaste	`cmd` + Leertaste
vorherigen Pinsel	`,`	`,`
nächster Pinsel	`.`	`.`

◄ **Tabelle D.17**
Nützliche Tastenkürzel für das Malen in Photoshop Elements

Tabelle D.17 ▶
Nützliche Tastenkürzel für das Malen in Photoshop Elements (Forts.)

Kommando	Windows	Mac
erster Pinsel	⇧+,	⇧+,
letzter Pinsel	⇧+.	⇧+.

Text

Tabelle D.18 ▶
Tastenkürzel für den Umgang mit Text

Kommando	Windows	Mac
Text zentrieren (oben bzw. vertikal)	⇧+Strg+C	⇧+cmd+C
Text linksbündig (bzw. oben) ausrichten	⇧+Strg+L	⇧+cmd+L
Text rechtsbündig (bzw. unten) ausrichten	⇧+Strg+R	⇧+cmd+R
Absatz im Blocksatz ausrichten	⇧+Strg+F	⇧+cmd+F
Absatz im Blocksatz ausrichten, letzte Zeile linksbündig	⇧+Strg+J	⇧+cmd+J
Schriftgrad des ausgewählten Textes um zwei Schriftgrade reduzieren	⇧+Strg+A	⇧+cmd+A
Schriftgrad des ausgewählten Textes um zwei Schriftgrade erhöhen	⇧+Strg+W	⇧+cmd+W
Schriftgrad des ausgewählten Textes um zehn Schriftgrade reduzieren	Alt+⇧+Strg+A	Alt+⇧+cmd+A
Schriftgrad des ausgewählten Textes um zehn Schriftgrade erhöhen	Alt+⇧+Strg+W	Alt+⇧+cmd+W
Wort, Zeile oder Absatz auswählen	doppelt, dreifach oder vierfach klicken	doppelt, dreifach oder vierfach klicken
fette Schrift ein-/ausschalten (*bold*)	⇧+Strg+B	⇧+cmd+B
Kursive Schrift ein-/ausschalten (*italic*)	⇧+Strg+I	⇧+cmd+I
unterstreichen ein-/ausschalten	⇧+Strg+U	⇧+cmd+U

D Tastenkürzel im Fotoeditor

Zoom

Kommando	Windows	Mac
Zoom-Werkzeug aufrufen	`Z`	`Z`
Zoom-Werkzeug auf Verkleinern umstellen	`Alt`	`Alt`
Bildansicht vergrößern	`Strg`+`+`	`cmd`+`+`
Bildansicht verkleinern	`Strg`+`-`	`cmd`+`-`
Bildansicht auf 100 %	`Alt`+`Strg`+`0`	`Alt`+`cmd`+`0`
Bildansicht auf maximal mögliche Bildschirmgröße	`Strg`+`0`	`cmd`+`0`
Zoom-Werkzeug kurzfristig aus anderen Werkzeugen aufrufen und Bildansicht vergrößern	`Strg` + Leertaste	`cmd` + Leertaste
Zoom-Werkzeug kurzfristig aus anderen Werkzeugen aufrufen und Bildansicht verkleinern	`Alt`+`Strg`+ Leertaste	`Alt`+`cmd`+ Leertaste
Navigator-Bedienfeld	`F12`	`F12`
Menü ANSICHT	`Alt`+`N`	`Alt`+`N`

◀ **Tabelle D.19**
Tastenkürzel für die Steuerung der Ansicht über den Zoom

Weitere nützliche Tastenkombinationen

Kommando	Windows	Mac
geöffnete Dokumente (im Fotobereich) vorwärts durchlaufen und in den Vordergrund stellen	`Strg`+`⇆`	`cmd`+`⇆`
geöffnete Dokumente (im Fotobereich) rückwärts durchlaufen und in den Vordergrund stellen	`⇧`+`Strg`+`⇆`	`⇧`+`cmd`+`⇆`

◀ **Tabelle D.20**
Navigation in Dokumenten

Hilfslinien und Raster

Tabelle D.21 ▶
Hilfslinien und Raster

Kommando	Windows	Mac
Lineal ein-/ausblenden	Strg + ⇧ + R	cmd + ⇧ + R
Raster ein-/ausblenden	Strg + 3	cmd + 3
Hilfslinien ein-/ausblenden	Strg + 2	cmd + 2
Hilfslinie fixieren	Alt + Strg + ,	Alt + cmd + ,

Anhang E
Tastenkürzel im Organizer

Auch der Organizer wartet mit einigen nützlichen Tastenkombinationen auf, die Ihnen – einmal eingeprägt – die Verwaltung Ihrer Bilder erleichtern werden. Alle Tastenkürzel finden Sie auch als PDF-Datei zum Ausdrucken auf der DVD.

Datei

Kommando	Windows	Mac
als neue Datei(en) exportieren	Strg + E	cmd + E
auf Wechseldatenträger kopieren/verschieben (Katalog)	⇧ + Strg + O	⇧ + cmd + O
aus Dateien und Ordnern (Fotos und Videos laden)	⇧ + Strg + G	⇧ + cmd + G
aus Kamera oder Kartenleser (Fotos und Videos laden)	Strg + G	cmd + G
Beenden	Strg + Q	cmd + Q
Duplizieren	⇧ + Strg + D	⇧ + cmd + D
Katalog auf CD, DVD oder Festplatte sichern	Strg + B	cmd + B
Katalog(-manager)	⇧ + Strg + C	⇧ + cmd + C
Umbenennen	⇧ + Strg + N	⇧ + cmd + N
Verschieben	⇧ + Strg + V	⇧ + cmd + V

Zusatzmaterial: Tastenkuerzel_Organizer.pdf

◀ **Tabelle E.1**
Menü DATEI

Anhang E Tastenkürzel im Organizer

Tabelle E.1 ▶
Menü DATEI
(Forts.)

Kommando	Windows	Mac
vom Scanner (Fotos und Videos laden)	Strg + U	–
Metadaten in Datei speichern	Strg + W	cmd + W
Menü DATEI	Alt + D	Alt + D

Fotos bearbeiten

Tabelle E.2 ▶
Menü BEARBEITEN

Kommando	Windows	Mac
Alles auswählen	Strg + A	cmd + A
als Hintergrundbild verwenden	⇧ + Strg + W	–
aus Katalog löschen	Entf	cmd + ←
Auswahl aufheben	⇧ + Strg + A	⇧ + cmd + A
Bildtitel hinzufügen	⇧ + Strg + T	⇧ + cmd + T
Datum und Uhrzeit ändern	Strg + J	cmd + J
Farbeinstellungsdialog öffnen	Alt + Strg + G	Alt + cmd + G
Kopieren	Strg + C	cmd + C
Miniatur aktualisieren	⇧ + Strg + U	⇧ + cmd + U
Miniaturgröße vergrößern	Strg + +	cmd + +
Miniaturgröße verkleinern	Strg + -	cmd + -
Rückgängig	Strg + Z	cmd + Z
Voreinstellungen (Allgemein)	Strg + K	cmd + K
Wiederholen	Strg + Y	cmd + Y
in Editor bearbeiten (vollständige Bearbeitung)	Strg + I	cmd + I
Eigenschaften-Bedienfeld anzeigen	Alt + ↵	Alt + ↵
Menü BEARBEITEN	Alt + B	Alt + B

Bildkorrektur

Tabelle E.3 ▶
Möglichkeiten zur Bildkorrektur im Organizer

Kommando	Windows	Mac
Um 90° nach links drehen	Strg + ←	cmd + ←
Um 90° nach rechts drehen	Strg + →	cmd + →

E Tastenkürzel im Organizer

Navigieren im Medienbrowser

Kommando	Windows und Mac
Bildauswahl nach oben, unten, links, rechts verschieben	↑, ↓, ←, →
mehrere aufeinanderfolgende Bilder auswählen	⇧+↑/↓/←/→
Verschiebt die Ansicht um alle sichtbaren Bilder nach unten, ohne die Auswahl zu ändern.	Bild↓
Verschiebt die Ansicht um alle sichtbaren Bilder nach oben, ohne die Auswahl zu ändern.	Bild↑
Wählt das erste Element in der Ansicht aus und verschiebt auch den Bildlauf an diese Stelle.	Pos1
Wählt das letzte Element in der Ansicht aus und verschiebt auch den Bildlauf an diese Stelle.	Ende
Miniatur der Auswahl in voller Größe anzeigen	↵

◄ **Tabelle E.4**
Den Überblick im Medienbrowser behalten

Fotos anzeigen

Kommando	Windows	Mac
Vollbildansicht	F11	cmd+F11
Vergleichsansicht	F12	cmd+F12
Vollbild- oder Vergleichsansicht beenden	Esc	Esc
Details ein-/ausblenden	Strg+D	cmd+D
Zeitleiste ein-/ausblenden	Strg+L	cmd+L
Fotos im Stapel anzeigen	Alt+Strg+R	Alt+cmd+R
Stapel schließen	Alt+⇧+Strg+R	Alt+⇧+cmd+R
Ansicht aktualisieren	F5	F5

◄ **Tabelle E.5**
Tastenkürzel für die Anzeige im Medienbrowser

Anhang E Tastenkürzel im Organizer

Fotos suchen

Tabelle E.6 ▶
Gezielt nach Medien suchen

Kommando	Windows	Mac
Datumsbereich festlegen	Alt + Strg + F	Alt + cmd + F
Datumsbereich löschen	⇧ + Strg + F	⇧ + cmd + F
Bildtitel oder Anmerkung suchen	⇧ + Strg + J	⇧ + cmd + J
Dateiname suchen	⇧ + Strg + K	⇧ + cmd + K
alle Versionssätze anzeigen	Alt + Strg + V	Alt + cmd + V
alle Stapel anzeigen	Alt + ⇧ + Strg + S	Alt + ⇧ + cmd + S
Elemente mit unbekanntem Datum/Uhrzeit anzeigen	⇧ + Strg + X	⇧ + cmd + X
Elemente ohne Tags suchen	⇧ + Strg + Q	⇧ + cmd + Q
Nicht analysierter Inhalt	⇧ + Strg + Y	⇧ + cmd + Y
Medientyp: Foto	Alt + 1	Alt + 1
Medientyp: Video	Alt + 2	Alt + 2
Medientyp: Audio	Alt + 3	Alt + 3
Medientyp: Projekt	Alt + 4	Alt + 4
Medientyp: PDF	Alt + 5	Alt + 5
Medientyp: Element mit Audiokommentaren	Alt + 6	Alt + 6

Anhang F
Die DVD zum Buch

Die beiliegende DVD ist eng mit dem Buch verzahnt und bietet zusätzliches Arbeitsmaterial sowie weiterführende Informationen und Links. Sie finde folgende Ordner:

- AKTIONEN
- BEISPIELBILDER
- SMARTCURVE-PLUGIN
- TESTVERSION
- VIDEO-LEKTIONEN
- ZUSATZMATERIAL

Aktionen
In diesem Ordner finden Sie einige vorgefertigte Aktionen, die Sie nachinstallieren und anwenden können.

Beispielbilder
In diesem Ordner finden Sie die Bilder, die unter anderem in den Schritt-für-Schritt-Anleitungen verwendet werden, sortiert nach den einzelnen Buch-Kapiteln, in entsprechenden Unterordnern wieder. Um die Bearbeitung der Bilder am eigenen Rechner nachzuverfolgen, müssen Sie einfach die jeweilige Datei von der Buch-DVD in Photoshop Elements öffnen. In der Randspalte des Buches finden Sie jeweils einen Hinweis zur passenden Datei.

Dieses Icon in der Randspalte des Buches nennt die Beispieldatei der Schritt-für-Schritt-Anleitung und den entsprechenden Unterordner auf der Buch-DVD.

Smartcurve-Plugin

Im Ordner Smartcurve-Plugin liegt das gleichnamige Plug-in, das in Anhang C verwendet wird.

Testversion

In diesem Ordner finden Sie eine 30-Tage-Testversion von Adobe Photoshop Elements 12 für Windows und Mac. Kopieren Sie sich einfach den entsprechenden Ordner Windows oder Mac auf Ihre Festplatte, und starten Sie dann von dort aus die Installation.

Video-Lektionen

Auf der Buch-DVD finden Sie folgende Video-Lektionen, die dem Video-Training »Photoshop Elements 12. Die verständliche Video-Anleitung« von Thomas Kuhn (ISBN 978-3-8362-2747-6) entnommen wurden und auf die Inhalte des Buches abgestimmt sind.

Um das Video-Training zu starten, legen Sie bitte die DVD-ROM in das DVD-Laufwerk Ihres Rechners ein. Führen Sie im Ordner Video-Lektionen die Anwendungsdatei »Start.exe« (Windows) bzw. »Start.app« (Mac) mit einem Doppelklick aus. Das Video-Training sollte nun starten. Bitte vergessen Sie nicht, die Lautsprecher zu aktivieren oder gegebenenfalls die Lautstärke zu erhöhen. Sollten Sie Probleme mit der Leistung Ihres Rechners feststellen, können Sie alternativ die Datei »start.html« aufrufen. Sie finden folgende Filme:

Kapitel 1: Photoshop Elements 12 kennenlernen
1.1 Das alles kann Photoshop Elements 12! (11:18 Min.)
1.2 Fotos von anderen Datenträgern (z. B. USB-Stick) importieren (11:34 Min.)
1.3 Fotos im Organizer betrachten und drehen (09:21 Min.)

Kapitel 2: Perfekte Bildoptimierung und Porträtretusche
2.1 Intensiv leuchtende Farben mit Photoshop Elements 12 (11:38 Min.)
2.2 Alte Fotos restaurieren (15:50 Min.)
2.3 Tipps für tolle Porträtfotos (15:40 Min.)

Kapitel 3: Kreative Fotoeffekte und -montagen
3.1 Eine Grußkarte selbst gestalten (07:11 Min.)
3.2 Mit Fotoeffekten wahre Kunstwerke erschaffen (13:04 Min.)
3.3 Kreativ mit dem Ausstecher-Werkzeug arbeiten (10:50 Min.)

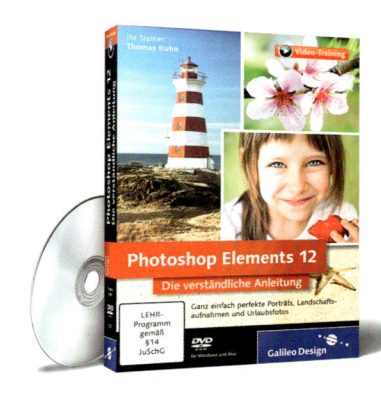

Anhang F   Die DVD zum Buch

Zusatzmaterial

In diesem Ordner habe wir einige Zusatzinfos für Sie versammelt, denn Photoshop Elements bietet noch weitere spannende Funktionen. Die PDFs können Sie sich ausdrucken oder direkt am Bildschirm lesen:

- »Filter.pdf«
  In dieser PDF-Datei finden Sie Informationen zu den Filtern von Photoshop Elements
- »Fotoeffekte.pdf«
  Informieren Sie sich in dieser Datei über die Fotoeffekte im Effekte-Bedienfeld. Zusammen mit den Filtern können Sie die Fotoeffekte für kreative Effekte oder als Baustein in einer Fotocollage nutzen.
- »Tastenkuerzel_Fotoeditor.pdf«
  In dieser PDF-Datei sind alle Tastenkürzel aus Anhang D gelistet. Drucken Sie sie sich aus, um schnell darauf zuzugreifen.
- »Tastenkuerzel_Organizer.pdf«
  Auch die Tastenkürzel des Organizers finden Sie als praktische PDF-Datei.

Index

8 Bit Farbtiefe 153, 366
16 Bit-Farbtiefe 708
72 ppi 150
300 ppi 148

A

Abbildungsgröße 117
Abgerundetes-Rechteck-Werkzeug 587, 849
Abrunden 555
Absolute Auflösung 145
Abwedler 98, 338, 767
  Anwendung 339
  Optionen 338
Abzüge bestellen 899
Adobe E-Mail Service 880
Adobe Partner-Services 950
Adobe Revel 208
  Einstellungen 952
  Mobile Alben 208
  verbinden 209
Adobe RGB (1998) 959
Airbrush-Werkzeug 373
Aktion 963
  anwenden 967
  nachinstallieren 967
Album
  Bilder hinzufügen 202
  Bilder zuordnen 200
  erstellen 199
  erstellen anhand Dateiformat 204
  Foto löschen 202
  importieren 204
  löschen 203
Albumkategorie 199
Alle Medien 181
Alle Pixel fixieren 598
Alphakanal, Ebenenmaske 646
Als neue Datei(en) exportieren 298
Altmodisches Foto 79, 430

Ameisenlinien 544
Animiertes Bild 868
Ankerpunkt 566
Anmerkung suchen 286
Anti-Aliasing 803
Arbeitsbereich
  anpassen 106
  benutzerdefinierter 106
  grundlegender 104
Arbeitsfläche
  Dialog 505
  vergrößern 505
Arbeitsoberfläche
  Assistent-Modus 77
  Experte-Modus 89
  Farbe ändern 132
  Schnell-Modus 53
Arbeitsschritt 309
  rückgängig machen 309
  wiederherstellen 310
Arbeitsspeicher 940
Arbeitsvolumes 940
Assistent 77
  Altmodisches Foto 430
  Beleuchtung und Belichtung 341
  Farbkorrektur 354
  Farbverfremdung 435
  Foto freistellen 490
  Foto neu zusammensetzen 500
Audiokommentar 188, 280
Aufhellen, einzelne Bildpartien 339
Auf Hintergrundebene reduzieren 602
Auflösung 146
  absolute 145
  beim Drucken 887
  beim Scannen 785
  Bildschirm 150
  Fotodruck 149
  für den Druck 146
  Internet 150
  relative 145
  Tintenstrahldrucker 148

Aufnahmedatum ändern 280
Auf Wechseldatenträger kopieren/Verschieben 294
Augen
  austauschen 531
  korrigieren (Tieraugen) 69
  retuschieren 765
  Rote Augen entfernen 68
Augenfarbe ändern 768
Augenränder retuschieren 766
Ausrichten
  am Raster 139
  an Hilfslinien 142
  Ebene 611
  Text 802
Ausstecher-Werkzeug 99
  Foto freistellen 491
Auswahl 543
  abrunden 555
  ähnliches auswählen 556
  als Ebenenmaske 654
  Arbeitstechniken 558
  aufheben 546, 558
  auf neue Ebene 561
  ausblenden 544, 655
  aus Ebenenpixeln erstellen 592
  ausgeben 554
  Befehle 547
  duplizieren 560
  Einrasten vermeiden 546
  erstellen 563
  erweitern 555
  füllen 408, 545
  glätten 552
  hinzufügen 549
  Inhalt löschen 560
  Inhaltssensitives Verschieben 774
  Kantenerkennung 565
  Kanten sichtbar machen 551
  Kante verbessern 552
  kombinieren 548
  Kontrast 565
  laden 557
  löschen 558

997

Index

Auswahl (Forts.)
  Menü 547
  nachbearbeiten 550
  neu 548
  nicht sichtbare 544
  Optionen 547
  Rahmen erstellen 555
  Schnittmenge 549
  skalieren 508
  speichern 557
  subtrahieren 549
  Tastenkürzel 548, 550
  Text 825
  transformieren 556
  umkehren 547
  Umrandung 555
  verändern 555
  vergrößern 556
  verkleinern 555
  verschieben 546, 558
  verwalten 557
  weiche Kante 550
Auswahlbereich 548
Auswahlellipse 97, 544
  Bedienung 546
  Optionen 545
Auswahlinhalt
  löschen 560
  verschieben 559
Auswahllinie verschieben 558
Auswahlpinsel 98, 575
  Optionen 576
Auswahlrechteck 97, 544
  Bedienung 546
  Optionen 545
Auswahlwerkzeug 97, 543
  Anwendungsgebiet 544
Auto-Kontrast 357
Automatische Analyse 234
Automatische Farbkorrektur 354
Automatische intelligente Farbtonbearbeitung 335
Auto-Tonwertkorrektur 334

B

Backup 291
Backup.tly 293
Balance 65

Bedienfeld 104
  Aktionen 111
  andocken 107
  anordnen 107
  aufrufen 110
  ausblenden 106
  Ebenen 111, 589
  Effekte 112
  Farbfelder 112, 366
  Favoriten 112
  Grafiken 112
  Histogramm 113
  Informationen 113, 134, 137
  Korrekturen 307
  loslösen 106
  minimieren 109
  Navigator 113, 123
  Protokoll 114
  Rückgängig-Protokoll 311
  sortieren 107
  Übersicht 111
  zurücksetzen 109
Bedienfeldbereich 104
  skalieren 109
Bedienfelder
  ausblenden 110
  einblenden 110
  schließen 107
  skalieren 109
Begrenzungsrahmen 606
Beleuchtung korrigieren 63, 358
Belichtung
  Bildbereiche aufhellen 358
  Tiefen/Lichter 358
Benutzerdefinierter Arbeitsbereich 106
Bereichsreparatur-Pinsel 98, 758
  Bedienung 762
  inhaltsbasiert 759
  Optionen 759
Beschriften 852
Bewegungsunschärfe
  entfernen 457
  erzeugen 472
Bewertungssterne-Filter 238
Bild
  abdunkeln 323
  abdunkeln (Füllmethode) 640
  animiertes 868
  anlegen 46
  Ansicht verändern 118

Audiokommentar 280
aufhellen 323
aufhellen (Füllmethode) 639
Auflösung bestimmen 146
aus dem Web öffnen 43
ausrichten 513
aus Zwischenablage 45
automatisch gerade ausrichten 517
begradigen 513
bewerten 238
drehen 70, 192, 513
duplizieren 48
Eigenschaften betrachten 280
einscannen und ausrichten 786
Form ausstanzen 663
freistellen 483
für das Web speichern 865
gerade ausrichten 513
Größe ändern 501
im Web 861
in anderes kopieren 596, 618
Informationen betrachten 280
klonen 750
löschen 198
Metadaten betrachten 280
Modus 154
neu berechnen mit 501
neu zusammensetzen 497
öffnen 42
organisieren 163
per E-Mail versenden 878
schärfen 451
schließen 129
schwarzweißes 417
skalieren 508
speichern 47
strecken 503
suchen 282
tonen 431
überbelichtetes 330
unterbelichtetes 330
zu dunkles 323
zu flaues 321
zu helles 323
zuschneiden 483, 488, 545
Bildausschnitt 117
  ändern 484
  verändern 70
Bildband
  erstellen 910

Index

Bildbestand
  sichern 292
Bildebene 586
Bilder kombinieren
  Collagen erstellen 678
  Objekte entfernen 659
  Szene bereinigen 659
Bilderrahmen 76, 493, 506, 507, 678, 918, 920
  entwerfen 922
  mit Muster 752
  weiche Kante 550
Bilderreihenfolge ändern 201
Bilderstapel 84
Bildfläche erweitern 505
Bildgröße
  ändern 483
  Dialog 501, 862, 888
  Dialogfenster 146
  Dokumentgröße ändern 502
  Internet 862
  Pixelmaße ändern 501
Bildhintergrund, Grafiken einbinden 668
Bildkorrektur
  Camera Raw 698
  Einstellungsebene 305
  Grundlagen 303
  Histogramm 313
  Schnellkorrektur 53
  Tonwertkorrektur 319
Bildmodus 153
  ändern 157
  Bitmap 156
  CMYK 157
  Graustufen 156
  Indizierte Farbe 155
  RGB-Farbe 154
Bildmotiv klonen 746
Bildpaket (Mac) 889, 897
Bildpaket (Windows) 896
Bildrand aufhellen 523
Bildrauschen 737
  RAW 703
  Ursache 704
Bildschirmfoto 45
  erstellen 45
Bild-Schrift-Montage 670
Bildschutz 403
Bildstörung entfernen 737
Bild-Tags 231, 281

Bildtitel 280
  suchen 286
Bild tonen
  Farbton/Sättigung 431
  Fotofilter 432
  Tontrennung 435
  Tonwertkorrektur 434
  Verlaufsumsetzung 434
Bildumrandung 493
Bild zuschneiden
  Fotoverhältnis 485
  Freistellungswerkzeug 484
  Raster anzeigen 485
  Seitenverhältnis 485
Bit 153
Bitmap 143, 156
  erzeugen 427
Blauer Himmel 384
Blaustich 325
Blocksatz 802
Brennen 918
Brushes (Verzeichnis) 954
Buchstaben eingeben 795
Buntstift 99, 377
  Einsatzgebiet 378
  Optionen 378
Button 114

C

Camera Raw 687, 691
  16 Bit 696
  Belichtung 701
  Bildansicht 694
  Bildbearbeitung 709
  Bildeinstellungen speichern 696
  Bild im Fotoeditor öffnen 708
  Bildkorrekturen 698
  Bild öffnen 692, 708
  Bild speichern 706
  Bit-Tiefe 708
  Dynamik 703
  Farbsättigung einstellen 702
  Farbtemperatur 700
  Farbtiefe 696
  Fertig-Schaltfläche 709
  Grundeinstellungen 698
  Histogramm 695
  Kamerakalibrierung 705

  Klarheit 703
  Kontrast 701
  Kopie öffnen 708
  Lichter 702
  mehrere Bilder bearbeiten 717
  Prozess 2012 699
  Rauschreduzierung 704
  Sättigung 703
  Schärfen 703
  Schwarz 702
  Schwarzweißbild 713
  Stapelverarbeitung 715, 717
  Tiefen 702
  Tonwertanpassung 701
  Überbelichtung anzeigen 695
  Unterblichtung anzeigen 695
  Versionsnummer 691
  Voreinstellungen 697
  Weiß 702
  Weißabgleich 699
  Werkzeuge 705
CD-/DVD
  brennen 918
  Etikett 905
  Hülle 905, 910
CEWE 914
Checkbox 115
Chromrauschen, RAW 704
CIE-Lab 957
CMYK 157
Collage 678
Color Key 419, 421
Color Swatches (Verzeichnis) 954
Comic 81, 494
Comic-Effekt 855
Copyright-Symbol 403

D

Datei
  duplizieren 48
  fehlende 198
  mehrere verarbeiten 716
  neu anlegen 46
  öffnen 42
  schließen 129
  speichern 47
  Speicherort 124
  umbenennen 280

Index

Dateiformat
  EPS 144
  GIF 160, 868
  JPEG 159
  mit Ebenen 308, 581, 603
  PDF 882
  PNG 160
  PSD 159
  RAW 687
  TIFF 159
Dateigröße 280
  verringern 861
Dateiinformationen, IPTC 884
Dateiname
  anzeigen 180
  suchen 286
Dateipfad anzeigen 280
Datenkompression 157
  verlustbehaftete 158
  verlustfreie 158
Datum ändern 280
Deckkraft 583
Demaskieren 647
Depth of Field 79
Detail-Smartpinsel-Werkzeug 98, 383, 396
  Bedienung 396
Diashow (Windows) 923
  erstellen 923
  Folie hinzufügen 928
  Musik hinzufügen 929
  Text hinzufügen 928
  Übergänge 187
Dither 411
DNG-Format 690
DNG-Konverter 691
Dokumentfenster 43, 124
  Bilder anordnen 131
  in Registerkarten 130
  maximieren 129
  minimieren 128
  schließen 129
  schwebendes 128
Dokumentgröße ändern 502
Doppelgänger erzeugen 662
Doppelpfeil 115
Doppelte Fotos 289
dpi 145
Drehen
  Ebene 608
  gerade ausrichten 517

Drehmittelpunkt 609
Dreieck 850
DRI 721, 725
  Aufnahmetipps 724
  Praxis 726
  Technik 721
Drittel-Regel 486
Dropdown-Liste 115
Drucken 887
  auf Fotopapier 893
  Auflösung 148, 887
  aus dem Fotoeditor 889
  aus dem Organizer 895
  Befehl 889
  Bildgröße anzeigen 119
  Bildgröße-Dialog 888
  Dialogfenster 889
  Druckerbefehle 889
  ein Bild mehrmals 896
  Farbprofil 962
  mehrere Bilder (Mac) 898
  mehrere Bilder (Windows) 897
  mehr Optionen 891
  Passfotos 896
  randlos 895
  Visitenkarten 900
Druckerbefehle 889
Druckgröße anzeigen 119
DVD → CD/DVD
Dynamik 65

E

Ebene 581
  aktive 591
  aktivieren 593
  aktuelle 591
  alle Pixel fixieren 598
  anlegen 595
  anordnen 600
  aus Auswahl 561
  ausblenden 594
  ausgeblendete löschen 598
  ausrichten 611
  ausrichten und verteilen 612
  auswählen 591, 593
  Bedienfeld 589
  benennen 599
  Bildebene 586

  Dateiformat 603
  Deckkraft 583
  drehen 608
  duplizieren 595
  durch Kopie 561
  Ebeneneffekt 813
  einkopieren 596
  Einstellungsebene 586
  erzeugen 595
  Form 587, 845
  füllen 407
  Füllmethode 629
  Hintergrund 584
  Inhalt verschieben 605
  löschen 597
  markieren 593
  mehrere ausblenden 594
  mehrere ausrichten 611
  mehrere auswählen 593
  mehrere verteilen 611
  Miniaturansicht 601
  neigen 609
  reduzieren 602, 603
  Reihenfolge ändern 600
  Schlosssymbol 598
  Schnittmaske 616
  Schnittmaske erstellen 617
  Schnittmaske zurückwandeln 617
  schützen 598
  Sichtbarkeit 594
  skalieren 608
  speichern 581, 603
  stempeln 602
  Text 799
  Textebene 586
  Textebene konvertieren 807
  transformieren 605
  transparente Pixel fixieren 598
  Transparenz 582
  Typen 584
  umbenennen 599
  vereinfachen 808
  verknüpfen 599
  Verknüpfung aufheben 600
  verteilen 612
  verzerren 610
  zusammenfügen 602
Ebenen-Bedienfeld 582
Ebenendeckkraft 583
Ebeneneffekt verändern 813

Index

Ebeneninhalt
  verschieben 605
Ebenenmaske 643
  alles maskiert 650
  Alphakanal 646
  anlegen 649
  anwenden 651
  Anwendungsgebiete 643
  anzeigen 651
  ausblenden 653
  Auswahl ausblenden 655
  Auswahl einblenden 654, 669
  bearbeiten 647
  Darstellungsmodus 651
  demaskieren 647
  Formwerkzeuge 665
  Funktionsprinzip 645
  Graustufenansicht 652
  Graustufenmasken 646
  löschen 651
  maskieren 647
  Maskierungsfolie 652
  nichts maskiert 649
  Rahmen erstellen 663
  Verknüpfung 654
  weiße 649
Ebenenpixel 592
Ebenenreihenfolge ändern 600
Ebenenstil 809
  ändern 811
  anpassen 813
  benutzerdefinierter 812
  Effekte-Bedienfeld 811
  entfernen 811
  hinzufügen 814
  kombinieren 815
  modifizieren 814
  Text 805
  verwenden 809
Ebenentransparenz 582
ECI-RGB 960
Ecke abrunden 849
Effekt 75, 809
  modifizieren 812
  Puzzlespiel 88
  Sepia 391
  Text-Bild-Kombination 817
  vergilbtes Foto 391
  vordefinierter 810
Eigene-Form-Werkzeug 587, 833, 847

Einstellungsebene 304, 586
  mehrere verwenden 307
Ellipse-Werkzeug 587, 849
E-Mail
  Bilder als PDF versenden 881
  Foto versenden 878
E-Mail-Anhang 879
Ereignisse 268, 299
  bearbeiten 270
  betrachten 271
  Bild entfernen 271
  entfernen 270
  erstellen 268
  gruppieren 275
  Kalender verwenden 271
  Smart-Ereignisse 272
Ereignis-Tags 274
Erstellen 183
  Bildband 910
  CD-/DVD-Etikett 905
  CD-/DVD-Hülle 910
  Diashow (Windows) 923
  Fotoabzüge 895
  Fotocollage 917
  Fotokalender 917
  Grußkarte 916
Erweiterte Suche 282
Exif-Kameradaten 281
Exportieren, Fotos 298
Exposure Blending 721
Externer Editor 947

F

Facebook 877
Falten entfernen 762
Farbe
  auswählen 364
  Auswahl füllen 408
  auswechseln 440
  dekontaminieren 553
  einstellen 100, 363
  entfernen 418
  ersetzen 376, 440
  Farbfelder 366
  Fläche füllen 406
  für Hautton anpassen 351
  Hintergrundfarbe 363
  korrigieren 66

  Sättigung 364
  schwarzweiß 418
  speichern 366
  teilweise entfernen 419
  umkehren 436
  verändern 376, 437, 440
  Verlauf erstellen 410, 412, 413
  Vordergrundfarbe 363
  websichere 366
Farbe auswählen
  Farbfelder 366
  Farbfelder-Bedienfeld 366
  Farbwähler 364
  Farbwähler-Werkzeug 370
  HSB-System 364
  RGB-Farbsystem 365
Farbe-ersetzen-Werkzeug 99
  Bedienung 376
  Optionen 376
Farbeinstellungen 960
Färben 432
Farbfeld
  Bedienfeld 366
  Bedienfeldmenü 368
  Farbe auswählen 367
  Farbe hinzufügen 367
  Farbe löschen 367
  laden 369
  speichern 369
  Speicherort 369
  verwalten 368
  Vorgaben-Manager 368
Farbkorrektur 343
  automatische 354
  Farbe auswechseln 440
  Farbe ersetzen 440
  Farbstich entfernen 346
  Farbton anpassen 347
  Farbwert messen 343
  Hautton anpassen 350
  Sättigung anpassen 347
Farbkurve anpassen 336
Farbmanagement 893, 955
  mit Photoshop Elements 960
Farbmischung bestimmen 344
Farbmodell 151
  RGB 151
Farbprofil 955
  erstellen 957
  konvertieren 961
Farbraum im Internet 865

1001

Index

Farbrauschen, RAW 704
Farbstich 319, 325
  entfernen 325, 346
  entfernen (Dialog) 346
  ermitteln 325, 344
Farbtemperatur, Lichtquelle 700
Farbtiefe 153
  8 Bit 153
  16 Bit 153
Farbton anpassen 347
Farbton/Sättigung
  anpassen 432
  Dialog 347
Farbumfang, Farben verschieben 437
Farbverfremdung 431
Farbverlauf 410
  Deckkraftunterbrechung 414
  erstellen 413
  Farbe hinzufügen 413
  Farbunterbrechung 413
  Optionen 411
  speichern 415
  Transparenz einstellen 414
Farbverschiebung 437
Farbwahlbereich 363
Farbwähler 364
  Aufnahmebereich 344
Farbwähler-Werkzeug 99, 370
  Bedienung 370
  Optionen 370
  Tastenkürzel 371
Farbwert messen 343
Faux-Schrift 801
Fehlende Bilder suchen 286
Feldtiefe 79, 470
Fenster
  Dokument 128
  Effekte 811
  schwebendes 127
Feste Grösse 546
Festes Seitenverhältnis 545
Filialdokument 698
Filmbalken 507
Filmkorn hinzufügen 741
Filter
  Hochpass 459
  Kameraverzerrung korrigieren 518
  Verflüssigen 782
  Weichzeichnungsfilter 467

Fläche füllen 406
Flickr 877
Floating-Dokumente 127, 597
Form
  anpassen 854, 857
  ausstanzen 663
  ausstechen 491
  Pfadpunkte verändern 857
  vereinfachen 855
Formauswahl-Werkzeug 851
Formebene 587, 845
  vereinfachen 665, 855
Formwerkzeug 99, 845
  Abgerundetes-Rechteck-Werkzeug 849
  Eigene-Form-Werkzeug 847
  Ellipse-Werkzeug 849
  Formauswahl-Werkzeug 851
  Linienzeichner 850
  Polygon-Werkzeug 850
  Rechteck-Werkzeug 848
  Stern-Werkzeug 850
  Text 833
Foto
  aus Album entfernen 202
  bewerten 238
  dem Album hinzufügen 202
  drehen 192
  fehlendes 198
  kopieren 294
  löschen 198
  Neu zusammensetzen 500
  stapeln 275
  suchen 198, 231, 282
  vergleichen 189
  verschieben 294
  versenden 878
  von der Kamera laden 170
Fotoabzüge
  bestellen 899
  Bildpaket drucken 897
  drucken 887
  Kontaktabzug drucken 899
Fotobereich 103
Fotobuch erstellen 910
Fotocollage 618, 659, 678, 917
Foto-Downloader 169
  RAW 691
  Voreinstellungen 169
Fotoeditor 39
  Arbeitsoberfläche 89

  Arbeitsoberfläche anpassen 106
  Bilder vergleichen 133
  Menüleiste 90
  Schnell-Modus 53, 54
Fotoeffekte 78
Fotofilter 432
Fotokalender 917
Foto-Mail 879
Fotomontage 618, 659
  mit Text 817, 821
Fotos laden
  Datenträger durchsuchen 175
  iPhoto-Alben 176
  mit dem Foto-Downloader 169
  Organizer 165
  Probleme 168
  Unterordner laden 167
  vom Kartenleser 170
  vom PC 165
  vom Scanner 173
  von Kamera 169
Fotospiel 78, 84
Fotostapel 275
  automatisch vorschlagen 278
  beim Importieren 167
  erzeugen 277
  suchen 287
Freistellen 70, 479
  Bild drehen 517
  Hintergrund-Radiergummi 479
  mit dem Hintergrund-Radiergummi 479
Freistellungswerkzeug 99, 484
  Bedienung 484
  Optionen 484
  Raster 485
Frei transformieren 606
Füllmethode 629
  Abdunkeln 632
  Aufhellen 633
  Ausschluss 636
  Bildkorrektur 639
  Differenz 636
  dunkle Bilder aufhellen 639
  Dunklere Farbe 633
  Farbe 637
  Farbig abwedeln 634
  Farbig nachbelichten 632
  Farbton 637
  Harte Mischung 636
  Hartes Licht 635

Index

Hellere Farbe 634
Ineinanderkopieren 635
Lichtpunkte 636
Linear abwedeln (Hinzuf.) 634
Lineares Licht 636
Linear nachbelichten 633
Löschen 639
Luminanz 637
Multiplizieren 630, 632
Negativ multiplizieren 633
Normal 629, 631
Sättigung 637
Sprenkeln 631
Strahlendes Licht 635
Überblick 631
Weiches Licht 635
Füllwerkzeug 99, 406
  Bedienung 406
  Ebene füllen 407
  Muster verwalten 409
  Optionen 406
Für Web speichern 865

G

Gammaregler 323
Gaußscher Weichzeichner 457, 467
Gerade ausrichten 513
  automatisch 517
Gerade-ausrichten-Werkzeug 100, 513
  Optionen 514
  vertikal 516
Gesättigter Diafilm 79
Gescannte Fotos teilen 792
Gesicht erkennen 240
GIF 160
  animiertes 868
GIF-Animation erstellen 869
Goldener Schnitt 486
Google-Maps 253
GPS 253
Gradationskurve 337
  nachrüsten 963
Gradients (Verzeichnis) 954
Grafik
  einbinden 668
  Hintergründe 668

Grafiktablett 371
  Auswahl erstellen 565
Graubalance 343
Grauschleier 317
Graustufen 156
Graustufenbild, Tonwertkorrektur 329
Graustufenmaske 646
Graustufenmodus 419
Grundlegender Arbeitsbereich 104
Grußkarte 667, 916

H

Haare
  färben 764
  hinzufügen 764
Halo-Effekt 452
Hand-Werkzeug 97, 121
  Optionen 121
  Tastenkürzel 122
Haut bräunen 350
Hautton
  anpassen 350, 351
  wärmere Hautfarbe erstellen 351
Hautunreinheiten entfernen 757
HDR 722
HDR(I) 721
  simulieren 722
Helligkeit/Kontrast, Dialog 355
Helligkeit korrigieren 355
Herzform 665
High Dynamic Range Image 721
High-Key 80
Hilfslinie 139
  einblenden 141
  erstellen 140
  Farbe ändern 140
  löschen 141
  positionieren 140
  speichern 141
Himmel
  austauschen 479, 481, 625
  blauer machen 385
  entfernen 380
  umfärben 437
Hintergrund 668

aus Grafik 668
austauschen 480
strecken 495, 504
Hintergrundebene 584
  umwandeln 585
Hintergrundfarbe 100, 363
Hintergrundmusik (Vollbildansicht) 188
Hintergrund-Radiergummi 99, 379
  Bedienung 380
  Optionen 379
  verwenden 380
  zum Freistellen 479
Histogramm 313
  analysieren 315
  ausbalanciertes 318
  Camera Raw 695
  dunkles Bild 316
  durchlöchertes 323
  helles Bild 316
  ideales 318
  kontrastarmes Bild 317
  Tonwert 314
  Tonwertspreizung 313
Hochpass-Filter 458
Horizontales Textwerkzeug 795
Horizont begradigen 513
Hotspot 377, 379
HSB-System 364

I

ICC-Profil 956
  Adobe RGB (1998) 959
  ECI-RGB 960
  ProPhoto RGB 959
  sRGB 957, 959
Importieren
  aus Kamera oder Kartenleser 170
  Dateien und Ordner 165
  Probleme 168
  RAW-Datei 691
  Stichwort-Tags 167
  Unterordner 167
  Vom Scanner 173
Impressionisten-Pinsel 99, 375
In Camera Raw öffnen 44

Index

Inch 145
Indizierte Farbe 155
Informationen-Bedienfeld 134
   Optionen 135
Inhaltssensitives Verschieben-Werkzeug 100, 559, 774
   Bedienung 775
   Werkzeugoptionen 774
In Organizer aufnehmen 47
In Schwarzweiß konvertieren 422
Internet 861
iPhoto-Alben importieren 176
IPTC-Informationen 884
   löschen 886
IT-8-Target 958

J

JPEG 159
   mit Camera Raw öffnen 720
JPEG-Artefakte 740
JPEG-Kompression 737

K

Kacheleffekt 410
Kameraverzerrung
   Kantenerweiterung 519
   korrigieren 518, 523
   Perspektive steuern 519
   Vignette 519
Kante
   anpassen 553
   sichtbar machen 551
   verbessern 546, 552
Kantenerkennung 552
Karte offline 253
Katalog
   konvertieren 196
   löschen 197
   manuell suchen 196
   sichern 291
   verwalten 195
   wiederherstellen 294
Katalogmanager 196
Klonen 746
Kolorieren 425

Kolorimeter 957
Kompression 157
Kontaktabzug 899
Kontaktabzug II 899
Kontaktabzug II (Mac) 889
Kontaktliste 179
Kontrast
   korrigieren 356
   verbessern 321
Kontur füllen 408
Konvertieren
   in Bitmap 428
   Organizer 164
Kopierstempel 98, 743
   ausgerichtet 744
   Bedienung 745
   Optionen 744
   über die Dateigrenze 750
   Unerwünschtes entfernen 748
Korrektur 61
   Helligkeit und Kontrast 355
Korrekturen-Bedienfeld 307

L

Landkarte steuern 255
Lasso 97, 563
   Bedienung 564
   Magnetisches 564
   Optionen 563
   Polygon 568
Leere Datei 46
   Dialog 46
Lichter 313
   abdunkeln 359
Lightroom 691
Lineal 136
   Maßeinheit 137
   Maßeinheit festlegen 941
   Ursprungspunkt ändern 137
Linie, gepunktete 397
Linienzeichner 587, 850
Lokales Album erstellen 199
Lomo-Effekt 81
Low-Key 80
lpcm 145
lpi 145

Luminanzrauschen 739
   RAW 704
Lupe 97, 118

M

Magischer Radiergummi 99, 381
   Bedienung 382
   Optionen 381
Magnetisches Lasso 564
   Bedienung 566
   Nachkorrektur 566
   Optionen 565
   Tastenkürzel 567
Malabstand 397
Malen
   Freihandzeichnung 372
   gerade Linie 372
   horizontale Linie 372
   vertikale Linie 372
Malwerkzeuge 98, 371
Maskieren 647
Maßeinheit 137
   festlegen 941
Matter machen 474
Medien
   kopieren 294
   verschieben 294
Medienbrowser 180
Mehrere Dateien verarbeiten 50
Menü 90
   Ansicht (Fotoeditor) 93
   Ansicht (Organizer) 180
   ausgegrautes 90
   Auswahl (Fotoeditor) 93
   Bearbeiten (Fotoeditor) 91
   Bearbeiten (Organizer) 179
   Bild (Fotoeditor) 92
   Datei (Fotoeditor) 91
   Datei (Organizer) 178
   Ebene (Fotoeditor) 93
   Fenster (Fotoeditor) 93, 110
   Filter (Fotoeditor) 93
   Hilfe (Fotoeditor) 94
   Hilfe (Organizer) 180
   Suchen (Organizer) 180
   Überarbeiten (Fotoeditor) 92
Messen, Winkel und Strecken 137

Index

Metadaten 281
  Album anlegen 204
  anwenden 172
  GPS 253
  in Datei speichern 281
  suchen 285
Miniaturen 169
Miniaturwelt erschaffen 81
Mit Original im Versionssatz speichern 278
Mitteltöne 313
Mittelton-Kontrast 358
Mobile Alben 208
  Bibliothek teilen 220
  Bilder präsentieren 218
  Bilder teilen 218
  erstellen 210
  herunterladen 215
  Revel-Bibliothek verwalten 216
  Upload 213
  Webfreigabe 218
Modus
  Dahinter auftragen 638
  Graustufen 419
Moire-Effekt 790
Montage
  DRI-Bild 726, 731
  Panorama 527
Muster
  aus Filter 410
  erstellen 410
  Füllwerkzeug 406
  verwalten 409
Musterstempel 98, 752
  Muster verwalten 409

N

Nachbelichter 98, 338
  Anwendung 339
  Optionen 338
Nachtaufnahme 725
Navigator-Bedienfeld 113, 123
Neigen, Ebene 609
Neue leere Datei 46
Neues Fenster für … 133
Neutrales Grau, Farbwerte 325
Neu-zusammensetzen-Werkzeug 100, 495

NewsML 884
Nulltreffer 284

O

Objekt
  aus Bilderrahmen ragen lassen 84
  duplizieren 743, 746
  entfernen 743, 748, 754
  klonen 743, 746
Objekt, die in Fotos erscheinen 287
Offline-Datei 166
Öffnen 42
  Dialog 43
  Drag & Drop 44
  In Camera Raw öffnen 44
  mehrere Dateien 42
  RAW-Datei 692
  Tastenkürzel 50
Öffnen als 44
Ordneransicht 222
  auf dem Betriebssystem 223
Ordner überwachen 224
Organisieren, Bild 163
Organizer
  Album erstellen 199
  Album exportieren 203
  Album importieren 203
  Albumkategorie betrachten 201
  Album löschen 203
  Album verwalten 202
  alten Katalog konvertieren 164
  Arbeitsoberfläche 177
  automatische Analyse 234, 236
  Backup erstellen 292
  Bedienfelder 181
  Bildeigenschaften betrachten 280
  Bildinformationen betrachten 280
  Bild in Fotoeditor bearbeiten 192
  Diashow abspielen 187, 189
  Eigene Ordner 222
  Ereignisse 268
  Ereignisse-Modus 268
  erstellen 183

  Erweiterte Suche 282
  fehlende Datei 198
  Foto drehen 192
  Fotokorrekturoptionen 183, 191
  Fotos stapeln 275
  Foto suchen 282
  Gesicht 240
  Katalog 164
  Katalogbestand sichern 292
  lokales Album erstellen 199
  Medienbrowser 180
  mehrere Personen hinzufügen 244
  Menü 178
  Metadaten betrachten 280
  Miniaturen 168
  Miniaturgröße der Bilder 180
  mit Adobe Revel verbinden 209
  mobile Alben erstellen 208
  Oberfläche 177
  Ordneransicht 222
  Ordner überwachen 224
  Orte 208, 253, 299
  Orte-Modus 254
  Personen 240
  Personen-Arbeitsoberfläche 247
  Personen hinzufügen 241, 242
  RAW 691
  scannen 173
  Smart-Tag 234
  Stapel erzeugen 277
  Stapel verwalten 279
  starten 163
  Statusleiste 184
  Stichwort-Tag erzeugen 230
  Stichwort-Tag exportieren 233
  Stichwort-Tag importieren 233
  Stichwort-Tag löschen 233
  Stichwort-Tag verwenden 225
  Teilen 183
  über Fotoeditor aufrufen 164
  Vergleichsansicht 189
  Versionssatz 275
  Versionssatz erzeugen 278
  Versionssatz verwalten 279
  Vollbildansicht 185
  Zeitleiste 184
  Zoom 180
  zum Fotoeditor 192

Index

Orte 208, 253, 299
  betrachten 264
  GPS 253
  hinzufügen 257
  Karten-Ansicht 255
  Kartenansicht offline 253
  Landkarte steuern 255
  löschen 263
  nachträglich verändern 261
  von Landkarte wählen 265
Orte-Tags 266
Orton-Effekt 81
Out-of-Bounds 84

P

Panorama
  erstellen 526, 527
  Layout 529
Patterns (Verzeichnis) 954
PDF-Diashow 881
PDF-Dokument
  exportieren 883
  importieren 882
Personen
  Arbeitsoberfläche 247
  automatisch hinzufügen 244
  finden 248
  Gruppe erstellen 251
  gruppieren 250
  hinzufügen 241, 242
  löschen 249
  Profilbild ändern 250
  umbenennen 249
  Video 243
  Wer ist das? 241
Personen-Browser 247
Personenerkennung 240
Personenfotos verwalten 240
Personen-Modus 247
Personen-Tags 252
Perspektive
  durch Verzerren korrigieren 524
  Kameraverzerrung korrigieren 518
  korrigieren 518, 520, 524
Perspektivisches Verzerren 611
Pfade, Text 838

Pfadlinie verbiegen 841
Pfad-Werkzeug 857
Pfeile zeichnen 850
Pfeilspitzen 850
Photomerge 526
  Belichtung 731
  Gesicht 531
  Gruppenbild 535
  Panorama 526
  Szenenbereinigung 538
Photomerge-Stil-Übereinstimmung 443
Photoshop PDF 883
Pinsel 98
  eigenen erstellen 401
  laden 399
  löschen 401
  speichern 400
  umbenennen 401
  Vorgaben-Manager 401
  Wasserzeichen 403
Pinseldarstellung ändern 398
Pinseleinstellungen 374
Pinselspitze 397
  aus Bildbereich erstellen 401
  Darstellung 398
  einstellen 397
  laden 399
  Schnellauswahl-Werkzeug einstellen 397
  verwalten 399
Pinsel-Werkzeug 372
  Bedienung 372
  Freihandzeichnung 372
  gerade Linie 372
  horizontale Linie 372
  Linien verbinden 372
  Optionen 373
  vertikale Linie 372
Pipette 99
Pixelgrafik 143
Pixelmaße ändern 501
Plug-in 963
  Camera-Raw 691
Plug-in-Verzeichnis 954
PNG 160
Polygon-Lasso 568
  Bedienung 568
  Optionen 568
Polygon-Werkzeug 587, 850

Pop-Art 87
Porträt 757, 762
  Augen bearbeiten 765
  Falten entfernen 762
  Haare färben 764
  Haare hinzufügen 764
  Hautunreinheiten entfernen 757
  Make-up 769
ppi 145
Premiere Elements 947
Private Webgalerie 874
Profilierung 957
Protokoll 114
PSD 159
PSE-Datei 915
Punkttext 795
Puzzlespiel-Effekt 88

Q

QuickInfo 95

R

Radialer Weichzeichner 472
Radiergummi 99, 378
  Bedienung 378
  Optionen 379
Rahmen 76, 505, 507, 920
  Bildteile heraustreten lassen 84
  entwerfen 922
  erstellen 408, 545
  hinzufügen 678
Raster 138
  anpassen 139
  Freistellungswerkzeug 485
Rastergrafik 143
Rastern 144
Rasterungseffekt 856
Rauschen 737
  reduzieren 739
Rauschfilter
  Helligkeit interpolieren 741
  Rauschen entfernen 738
  Rauschen hinzufügen 741

Rauschfilter (Forts.)
  Rauschen reduzieren 739
  Staub und Kratzer 738
RAW 687
  DNG-Format 690
  Formate 690
  importieren 691
  Nachteile 689
  Vorteile 688
RAW-Datei
  importieren 691
  in Album speichern 204
  mehrere bearbeiten 717
  mehrere konvertieren 715
  öffnen 692
Rechteck-Werkzeug 587, 848
Reduzieren
  auf eine Ebene reduziert kopieren 602
  auf Hintergrundebene 602
  mit darunterliegender 603
  sichtbare auf eine Ebene 603
Registerkarte 127, 130
Relative Auflösung 145
Reparatur-Pinsel 98, 752
  Bedienung 753
  Optionen 753
Retusche
  Augen 765
  Bildstörungen entfernen 737
  Hinweise 737
  inhaltsbasierte 759
  Inhaltssensitives Verschieben 774
  Kopierstempel 743
  Porträt 757, 762, 765, 769
Retuschewerkzeuge 98, 743
Revel-Bibliothek 216
RGB-Farbe-Bildmodus 154
Rote Augen
  entfernen 68
  korrigieren 68
Rote-Augen-entfernen-Werkzeug 98
  Tieraugenkorrektur 69
Rückgängig machen 309
  Dialogbox 312
Rückgängig-Protokoll 311
  leeren 312

S

Sanduhr 168
Sanfte Übergänge 673
Sättigung 364
  anpassen 347
  erhöhen 331
Scannen 173, 785
  Auflösung 174, 785
  automatisch zuschneiden 791
  Bildqualität verbessern 787
  Fotos teilen 792
  interpoliert 174
  mehrere Bilder 791
  Modus 175
  Scanner-Schwächen ausgleichen 788
  zuschneiden 791
Scan verbessern 427
Schachbrettmuster 480
Schaltfläche 114
Schärfe einstellen 456
Schärfen 451
  Ansicht einstellen 453
  detailliertes Bild 454
  einzelne Bildbereiche 460
  Fehler 452
  mehrfaches 454
  mit Hochpass 458
  mit Tonwertkorrektur 463
  partielle Schärfung 460
  richtig beurteilen 453
  Schärfe einstellen 456
  schwacher Kontrast 455
  Tricks 458
  unscharfes Bild 455
  unscharf maskieren 453
Schärfentiefe 79, 467
  reduzieren 468
  verringern per Feldtiefe 470
Scharfzeichner 98, 465
  Optionen 465
Schieberegler 115
Schnell 53
Schnellauswahl-Werkzeug 98, 573
  Bedienung 574
  Optionen 574
  Werkzeugspitze einstellen 397

Schnellkorrektur 61
  Ansicht 57
  Balance 65
  Bedienfeld 60
  Belichtung 61
  Bildbereiche korrigieren 73
  Bild drehen 70
  Bild freistellen 70
  Bildteile einfärben 73
  Darstellungsgröße 59
  Farbe 64
  Farbtonung 65
  Intelligente Korrektur 67
  Korrekturen 61
  rote Augen entfernen 68
  rückgängig machen 60
  Sättigung 64
  Temperatur 65
  Tonwertkorrektur 62
  Unschärfe 67
  Werkzeuge 55
Schnellmasken-Modus 571
Schnittmaske 616
  entfernen 616
  erzeugen 616
  Texte 818
Schriftart 800
Schriftglättung 803
Schriftgrad 801
Schriftgröße 801
Schriftschnitt 801
Schwamm 98
Schwamm-Werkzeug 341
  Optionen 341
Schwarzpunkt
  ermitteln 430
  setzen 322
Schwarzpunktregler 322
Schwarzweiß
  ausgewählte Farben erhalten 419
  Farbe entfernen 418
  Graustufenmodus 419
Schwarzweißbild 417
  Camera Raw 713
  einfärben 425
  erstellen 418
  nachkolorieren 425
  Scan verbessern 427
Schwarzweißkonvertierung 422
  eigene Vorgaben 424

Index

Schwellenwert 428, 429
  beim Schärfen 454
  beim Weichzeichnen 471
Screenshot erstellen 45
Selektiver Weichzeichner 471
Sepiatonung 431
Sichtbarkeit, Ebene 594
Skalieren 508
  Arbeitsfläche 505
  Auswahl 508
  Bild für das Web 861
  Bildgröße 501
  Ebene 608
  Element 508
  ohne Verzerrung 495
  unproportional 503
Smart-Ereignisse 272
  Ereignis erstellen 273
Smart-Objekt 909
Smartpinsel-Werkzeug 98, 383
  Bedienung 384
  Beleuchtung 390
  blauer Himmel 384
  Farbe 390
  Fotografisch 391
  Heller 385
  Korrektur anpassen 387
  Korrektur verwerfen 387
  Künstlerisch 390
  Natur 391
  Optionen 383
  Portrait 393
  Schwarzweiß malen 421
  Übersicht 389
  Universal 389
Smart-Tag 234
Soft-Benachrichtigungen 937
Speichern 47
  als Kopie 48
  Datenformate 49
  Ebenen 48
  für das Web 865
  in Elements Organizer aufnehmen 47
  mit Ebenen 308, 603
  mit Original im Versionssatz speichern 48
  Tastenkürzel 50
  Tipps 49
  unkomprimierte 158
  Versionssatz erzeugen 278

Speichern unter 47
  Dialog 47
  für das Web 863
Spektralfotometer 958
Spiegelung 87
Spielzeugwelt 83
Sprechblase einfügen 852
sRGB 957, 959
Stapelverarbeitung 50, 714, 716, 868
Startbildschirm 41
Statusleiste 95, 125
  Information 126
  Organizer 184
Staub und Kratzer 738
Stempeln 743
Sternform 850
Stern-Werkzeug 587, 850
Steuerelement 114
  Checkbox 115
  Doppelpfeil 115
  Dropdown-Liste 115
  Radiobutton 114
  Schaltfläche 114
  Schieberegler 115
Stichwort-Tag 225
  erstellen 230
  exportieren 233
  importieren 233
  Importieren 167
  löschen 233
  neue Kategorie erstellen 229
  Unterkategorie 226
  verwenden 226
Stileinstellungen 812
Strecke ermitteln 137
Strichzeichnung 81
  in Bitmap umwandeln 427
Strukturen 75
Stürzende Linien 520
Suchen
  alle fehlenden Dateien 286
  Bearbeitungsverlauf 286
  Dateiname 286
  Details (Metadaten) 285
  Medientyp 286
  nach doppelten Fotos 289
  nach Fotos 282
  nach visuell ähnlichen Fotos 287
Suchkriterium speichern 290
Szene bereinigen 659

T

Tabelle, Bilder anordnen 131
Tablet-Einstellungen 375
Tags/Info-Schaltfläche 280
Tastenkürzel
  im Fotoeditor 971
  im Organizer 989
  Werkzeug 96
Teilen 184
  Private Webgalerie 874
Teiltreffer 284
Text
  Absatztext 797
  Anti-Aliasing 803
  auf Formen bringen 825
  auf Pfad 838
  aus Bild erstellen 670
  ausrichten 802, 805
  bearbeiten 806
  drehen 806
  Ebene 799
  Ebenenstil 805, 810
  editieren 800
  Eingabe abbrechen 796
  Eingabe bestätigen 796
  eingeben 795, 796
  einzeiliger 795
  Farbe 803
  Faux-Schrift 801
  formatieren 800
  gestalten 800
  glätten 803
  in Ebene konvertieren 807
  in Foto montieren 821
  markieren 806
  mehrzeiliger 797
  mit Bild füllen 819
  Optionen 800
  Punkttext 795
  Rahmen 797
  Schriftart 800
  Schriftgrad einstellen 801
  Schriftgröße 801
  Schriftschnitt 801
  transformieren 799
  und Bild kombinieren 819
  verkrümmen 804, 843
  verschieben 798

Index

Text (Forts.)
  Zeilenabstand 802
  Zeilenumbruch einfügen 796
Text-auf-Auswahl-Werkzeug 825
Text-auf-eigenem-Pfad-Werkzeug 838, 857
Text-auf-Form-Werkzeug 833
Text-Bild-Effekt 817
Text-Bild-Kombination 670
Textebene 586
  konvertieren in Ebene 807
Textmaskierungswerkzeug 817
Textrahmen 797
  ändern 798
  drehen 798
  verschieben 798
Textwerkzeug 99
  Optionen 800
Tiefen 313
  aufhellen 359
Tiefen/Lichter
  Dialog 358
  korrigieren 313
Tiefenschärfe 79
Tieraugen korrigieren 69
TIFF 159
Tilt-Shift 81
Titelleiste 124
tly-Datei 294
Tonemapping 722
  simulieren 722
Tontrennung 435
Tonwertbereich 313
Tonwertkorrektur 319
  automatische 334
  Bild aufhellen oder abdunkeln 323
  Bild tonen 434
  Farbstich entfernen 325
  Graustufenbild 329
  Kanal 319
  Kontrast verbessern 321
  schärfen 463
  Schwarzpunkt setzen 322
  Tonwertspreizungsregler 320
  Tonwertumfang 320
  Tonwertumfang reduzieren 330
  Weißpunkt setzen 322
Tonwert korrigieren 319
Tonwertspreizung 313, 320, 323

Tonwertumfang 331
  reduzieren 330
Tonwertverteilung 313
Transformationsrahmen 606
Transformieren 524
  drehen 609
  Ebene 605
  neigen 609
  Textebene 799
  verzerren 610
Transparente Pixel fixieren 598
Transparenz 582
TWAIN 174
Twitter 877

U

Überbelichtung 330
  ausgleichen 331
Umkehren 436
Umrandung 555
Unerwünschtes entfernen 748, 754
Unschärfe
  beseitigen 451
  erzeugen 468
Unscharf maskieren 453
Unterbelichtung 330
  aufhellen 333

V

Vektorgrafik 144, 845
  EPS 144
Verflüssigen-Filter 782
Vergleichsansicht, Organizer 189
Verlaufsumsetzung 434
Verlaufswerkzeug 410
  Bedienung 410
  Optionen 411
Verschieben 297
Verschieben-Werkzeug 97
  zum Ausrichten von Ebenen 611
  zum Verteilen von Ebenen 612
Versionssatz 275
  erzeugen 278
  suchen 287

Verteilen, Ebene 612
Vertikales Textwerkzeug 795, 806
Verwacklung ausgleichen 457
Verzerren
  Ebene 610
  Perspektive anpassen 524
  perspektivisches 611
Verzerrung korrigieren 518
Verzerrungsfilter, Verflüssigen 782
Vieleck 850
Vignetteneffekt 84
Vignettierung 519, 523
  beseitigen 523
Vimeo 877, 878
Visitenkarte
  drucken (Mac) 904
  drucken (Windows) 903
  erstellen 900
  Standardgröße 900
Visuelle Ähnlichkeit 287
Vollbildansicht 118
  Aktionsmenü 190
  Optionen 188
  Organizer 185
  steuern 186
  Tastenkürzel 190
Volltreffer 284
Vordergrundfarbe 100, 363
Voreinstellungen 935
  Fotoeditor 935
  Organizer 944
Voreinstellungen (Fotoeditor)
  Adobe Partner-Dienste 942
  Allgemein 935
  Anzeige & Cursor 940
  Dateien speichern 937
  Einheiten & Lineale 941
  Hilfslinien & Raster 942
  Leistung 939
  Text 943
  Transparenz 941
  zurücksetzen 944
  Zusatzmodule 942
Voreinstellungen (Organizer)
  Adobe-Partner-Services 950
  Allgemein 944
  Bearbeiten 947
  Dateien 945
  Kamera oder Kartenleser 947

Index

Voreinstellungen (Organizer) (Forts.)
  Scanner 949
  Stichwort-Tags und Alben 949
  Teilen 950
  zurücksetzen 952
Vorgaben-Manager
  Muster 409
  Pinsel 401
Vorgängerversion, Fotos importieren 164
Vorlage, Grafiken 668

W

Warnmeldung reaktivieren 937
Wasserzeichen 403
Websichere Farben 366
Wechseldatenträger 294
Weiche Auswahlkante 551
Weiche Kante 550
  nachträglich anwenden 551
Weichzeichnen 98, 467
  automatisch 467
  Bewegungsunschärfe 472
  Gaußscher Weichzeichner 467
  matter machen 474
  Radialer Weichzeichner 472
  Selektiver Weichzeichner 471
  Weichzeichner 475
Weichzeichner 475
Weichzeichnungsfilter
  Bewegungsunschärfe 472
  Gausssscher Weichzeichner 467
  Matter machen 741
  Radialer Weichzeichner 473
  Selektiver Weichzeichner 471
Weißabgleich 699
  korrigieren 325
Weißabgleich-Werkzeug 700
Weißpunkt ermitteln 430
Weißpunktregler 322
Weißpunkt setzen 322
Weitergabe
  E-Mail-Anhang 879
  Foto-Mail 879
  PDF-Diashow 881

Werkzeug
  Abgerundetes-Rechteck-Werkzeug 587, 849
  Abwedler 338
  ausgeblendetes 95
  Auswahlellipse 544
  Auswahlpinsel 575
  Auswahlrechteck 544
  Bereichsreparatur-Pinsel 758
  Buntstift 377
  Detail-Smartpinsel-Werkzeug 383
  Eigene-Form-Werkzeug 587, 833, 847
  Ellipse-Werkzeug 587, 849
  Farbe-ersetzen-Werkzeug 376
  Farbwähler 370
  Formauswahl-Werkzeug 851
  Freistellungswerkzeug 484
  Füllwerkzeug 406
  Gerade-ausrichten-Werkzeug 513
  Hand 121
  Hintergrund-Radiergummi 379
  Impressionisten-Pinsel 375
  Inhaltsensitives Verschieben 774
  Kopierstempel 743
  Lasso 563
  Linienzeichner 587, 850
  Magischer Radiergummi 381
  Magnetisches Lasso 564
  Musterstempel 752
  Nachbelichter 338
  Neu-zusammensetzen-Werkzeug 495
  Pinsel-Werkzeug 372
  Polygon-Lasso 568
  Polygon-Werkzeug 587, 850
  Radiergummi 378
  Rechteck-Werkzeug 587, 848
  Reparatur-Pinsel 752, 753
  Scharfzeichner 465
  Schnellauswahl-Werkzeug 573
  Schwamm-Werkzeug 341
  Smartpinsel-Werkzeug 383
  Stern-Werkzeug 587, 850
  Tastenkürzel 96, 100, 101, 102
  Text-auf-Auswahl-Werkzeug 825
  Text-auf-eigenem-Pfad-Werkzeug 838, 857

  Text-auf-Form-Werkzeug 833
  Textmaskierungswerkzeug 817
  Textwerkzeug 795
  Verlaufswerkzeug 410
  verstelltes 103
  verwenden 95
  Weichzeichner 475
  Wischfinger 475
  Zauberstab 569
  Zoom 118
  zurücksetzen 103
Werkzeugoptionen 55, 102
Werkzeugpalette 94
  ausblenden 94
  ausgeblendetes Werkzeug 95
  einblenden 94
  QuickInfo 95
  Werkzeugübersicht 97
  Werkzeug verwenden 95
Wert eingeben 114
Werte verstellt 103
WIA 174
Wiederherstellen
  früheren Bildzustand 311
  zuletzt gespeicherte Version 310
Wiederholen 310
Winkel ermitteln 137
Wischfinger 98, 475
WZ-Optionen 102

X

XML 204

Y

YouTube 877, 878

Z

Zauberstab 98, 569
  Bedienung 570
  Benachbart (Option) 569
  Optionen 569

Zauberstab (Forts.)
  Toleranz 569
  verwenden 570
Zeichenfilter
  Comic 855
  Rasterungseffekt 856
Zeichenwerkzeug 98
Zeichnen
  gerade Linie 372

  horizontale Linie 372
  vertikale Linie 372
Zeichnungsverlust 317
Zeilenabstand 802
Zeitleiste 184
Zoll 145
Zoom 118
Zoom-Burst-Effekt 474
Zoomstufe 117

Zoom-Werkzeug 97, 118
  Anwendung 119
  Optionen 118
  Tastenkürzel 120
Zurück zur letzten Version 310
Zusatzmodul 964
  nachinstallieren 963
Zwischenablage 45, 602

Bildgestaltung und Blitzen

Robert Mertens
Kreative Fotopraxis
Bewusst sehen, außergewöhnlich fotografieren

Mangelt es Ihnen an Bildideen, und wünschen Sie sich, »anders« zu foto- grafieren? Das können Sie lernen! Robert Mertens zeigt Ihnen in diesem einzigartigen Buch, wie Sie Ihr kreatives fotografisches Potenzial entwickeln können.

240 S., 2012, 39,90 Euro
ISBN 978-3-8362-1676-0
www.galileodesign.de/2479

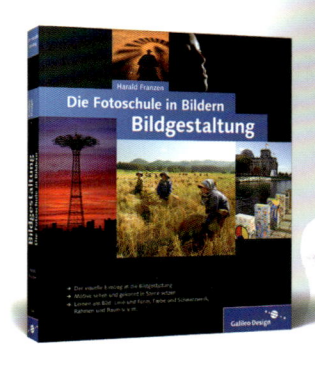

Harald Franzen
Die Fotoschule in Bildern. Bildgestaltung

Der Fotojournalist Harald Franzen zeigt Ihnen, wie Sie mit bewusster Gestaltung das Beste aus den Motiven machen, die sich Ihnen jeden Tag bieten. Sie lernen, wie Sie Motive sehen und mithilfe von Linien, Formen, Licht, Farbe, Zeit u. v. m. inszenieren. Viele inspirierende Fotos, deren Entstehungs- geschichten und Aufnahmedaten sowie erläuternde Skizzen und Vergleichsbilder veranschaulichen Ihnen alle Aspekte der Bildgestaltung – Bild für Bild!

312 S., 2012, 29,90 Euro, ISBN 978-3-8362-1874-0
www.galileodesign.de/3044

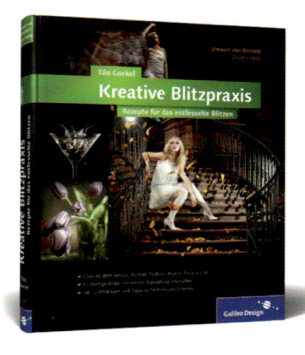

Tilo Gockel
Kreative Blitzpraxis
Rezepte für das entfesselte Blitzen

Große Wirkung mit kleinen Blitzen! Tilo Gockel verrät Ihnen, wie Sie verschiedenste Motive mit Systemblitzen perfekt ausleuchten. Lernen Sie seine Rezepte für beeindruckende Blitzfotos in den Bereichen Porträt, Fashion, Makro, Food, Stilllife und Highspeed kennen. Making-of-Fotos der Blitzaufbauten, detaillierte Lichtskizzen sowie Angaben zu allen Ein- stellungen helfen Ihnen dabei, auch komplexere Setups schnell nachzu- vollziehen. Ein Grundlagenkapitel und der Infoteil im Anhang machen Sie fit für den Umgang mit Blitzen und Lichtformern.

298 S., 2013, 39,90 Euro, ISBN 978-3-8362-1849-5
www.galileodesign.de/3007

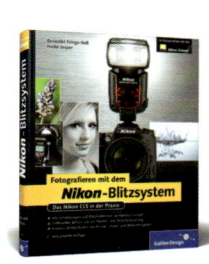

Benedikt Frings-Neß, Heike Jasper
Fotografieren mit dem Nikon-Blitzsystem
Das Nikon CLS in der Praxis

Mit diesem Praxishandbuch gelingt Ihnen der Einstieg in die Blitzlicht- fotografie! Die Autoren erklären Ihnen alle Funktionen CLS-fähiger Systemblitze und wie Sie sie am besten steuern. Zu konkreten Auf- nahmesituationen in der Porträt-, Event- und Makrofotografie finden Sie außerdem zahlreiche Tipps. Ak- tuell zum SB-900 und SB-910.

339 S., 2. Auflage 2012, 39,90 Euro
ISBN 978-3-8362-1937-2
www.galileodesign.de/3156

Fotoschule und Fotorecht

Christian Westphalen
Die große Fotoschule
Digitale Fotopraxis

Alles zur Digitalfotografie
- Fotografie im digitalen Zeitalter
- Kamera
- Objektive
- Schärfe
- Licht
- Belichtung
- Blitzfotografie
- Bildgestaltung
- Farbe
- Schwarzweiß
- Motive
- Video
- Bildbearbeitung

Alles zur Fotografie im digitalen Zeitalter! Vollständig und verständlich präsentiert dieses Schwergewicht unter den Fotoschulen die Themen Kamera- und Objektivtechnik, Bildgestaltung, Licht und Beleuchtung, Blitzfotografie, Scharfstellung, Filmen mit der DSLR, Bildbearbeitung, Fotogenres und vieles mehr.

700 S., 2. Auflage 2013, 39,90 Euro, ISBN 978-3-8362-2384-3
www.galileodesign.de/3367

Dieses Buch bietet gebündeltes Wissen rund um die Digitalfotografie.
PHOTOGRAPHIE

Jacqueline Esen
Der große Fotokurs
Besser fotografieren lernen

Diese Fotoschule ist Ihr umfassender Einstieg in die digitale Fotografie. Jacqueline Esen erklärt Ihnen leicht und verständlich die Grundlagen der Fotografie. Zusätzlich gibt sie Ihnen zahlreiche Praxistipps und Übungsbeispiele an die Hand. So machen Sie im Handumdrehen tolle Bilder!

439 S., 2. Auflage 2013, 19,90 Euro
ISBN 978-3-8362-2030-9
www.galileodesign.de/3293

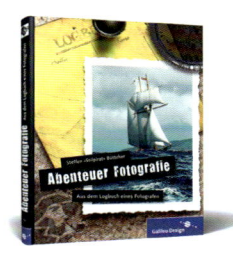

Steffen »Stilpirat« Böttcher
Abenteuer Fotografie.
Aus dem Logbuch eines Fotografen

Sie brennen für die Fotografie? Dann sind Sie hier genau richtig! Steffen »Stilpirat« Böttcher berichtet in diesem Logbuch von seinen Erfahrungen: von der Entdeckung grundlegender Gestaltungsmittel über Photoshop-Experimente bis hin zur Entwicklung der eigenen Bildsprache. Begleiten Sie den Stilpiraten auf einer fotografischen Entdeckungsreise!

209 S., 2012, 19,90 Euro
ISBN 978-3-8362-1821-4
www.galileodesign.de/2960

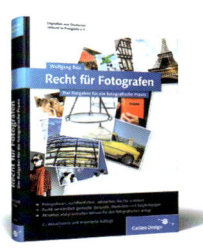

Wolfgang Rau
Recht für Fotografen
Der Ratgeber für die fotografische Praxis

Wolfgang Rau erklärt anhand zahlreicher Beispiele Ihre Rechte und Grenzen beim Fotografieren! Ob es um Fotos von Natur, Architektur oder Menschen geht, um Begriffe wie Urheberrecht, Panoramafreiheit oder das Recht am eigenen Bild, um die Frage, wie Sie Ihre Rechte schützen oder selbst Verträge aufsetzen – alles wird kompetent und verständlich erklärt.

430 S., 2. Auflage 2013, 34,90 Euro
ISBN 978-3-8362-2580-9
www.galileodesign.de/3427

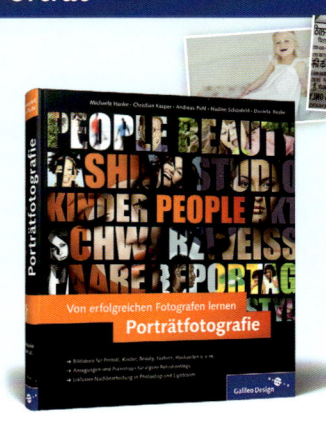

Porträt

Hanke, Kasper, Puhl, Reske, Schönfeld
Von erfolgreichen Fotografen lernen: Porträtfotografie

Sie fotografieren am liebsten Menschen? Sie wissen auch, wie das funktioniert mit Belichtung, Schärfe und Gestaltung... Aber fragen Sie sich manchmal, wie andere Fotografen zu ausdrucksstarken Porträts mit ihrer ganz eigenen Bildsprache kommen? In diesem Buch nehmen Sie fünf Fotografinnen und Fotografen mit »hinter die Kulissen«! Sie berichten praxisnah und persönlich aus ihrem fotografischen Alltag und stellen ihre Lieblingsthemen und spannendsten Fotoprojekte vor. Und ganz nebenbei lernen Sie die Vielfalt der People- und Porträtfotografie sowie unterschiedliche Arbeitsweisen und Bildstile kennen.

319 S., 2013, 39,90 Euro, ISBN 978-3-8362-1935-8
www.galileodesign.de/3143

Aus dem Inhalt
- Studioporträt
- Lifestyle, Beauty, Fashion
- Hochzeiten
- Paare und Kinder
- Schwarzweiß und Akt
- Reportage, Street
- Menschen in aller Welt
- kreative Porträts u. v. m.

Kathy Hennig, Lars Ihring, Michael Papendieck
Die Fotoschule in Bildern. Porträtfotografie

Porträtfotografie – Mit diesem Buch gelingt Ihnen der Einstieg! Sie lernen anhand gelungener Aufnahmen, wie Sie Menschen kreativ und erfolgreich ins rechte Licht setzen. Die Autoren erklären ihre Gestaltungsideen und verraten konkrete Angaben zu Aufnahme- und Lichtsituation. Bild für Bild lernen Sie so alle wichtigen Aspekte dieses Genres kennen.

310 S., 2. Auflage 2013, 29,90 Euro
ISBN 978-3-8362-2581-6
www.galileodesign.de/3428

Cora Banek, Georg Banek
Digitale Fotopraxis. Menschen & Porträt
Inklusive Nachbearbeitung in Photoshop

Erleben Sie die Vielfalt der Porträtfotografie! Cora und Georg Banek zeigen Ihnen, wie Sie Ihren Blick für das Motiv Mensch schärfen und durch gezielte Bildgestaltung wirkungsvolle Aufnahmen erzielen. Lernen Sie, wie Sie eigene Bildprojekte verwirklichen, Ihre Modelle anleiten und die Bildergebnisse in der Nachbearbeitung veredeln.

383 S., 3. Auflage 2010, mit DVD
39,90 Euro, ISBN 978-3-8362-1491-9
www.galileodesign.de/2232

Der Foto-Podcast von Galileo Press

blende 8

Blende 8, unser Video-Podcast zum Thema Fotografie, geht alle 14 Tage auf Sendun Holen Sie sich gratis neue Anregungen für Ihre eigene Fotopraxis mit aktuellen Kameratests, Zubehörratgeber Aufnahmetipps, Interviews mit Fotografen, Shooting-Reportagen...

» www.foto-podcast.d

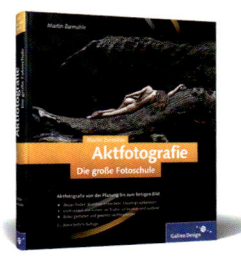

Posing, Akt und Studio

Martin Zurmühle
Aktfotografie
Die große Fotoschule

Dieses Standardwerk macht Sie zum versierten Aktfotografen. Martin Zurmühle zeigt Ihnen, wie Sie eigene Fotoprojekte umsetzen. Sie lernen alle Gestaltungsmöglichkeiten und Posen kennen und erfahren, was Sie für ein kleines Heimstudio benötigen.

Wer sich mit Aktfotografie beschäftigt, kommt an dem Werk nicht vorbei.
brennpunkt – Magazin für Fotografie

379 S., 2. Auflage 2011, 39,90 Euro
ISBN 978-3-8362-1790-3
www.galileodesign.de/2622

Michael Papendieck
Fotografieren im Studio
Das umfassende Handbuch

Hier bekommen Sie einen umfassenden Überblick über die Studiotechnik: Wie richte ich ein Studio ein? Welche Blitzanlagen und Lichtformer gibt es und wie setze ich sie ein? Praxisworkshops zeigen Ihnen, wie Sie u. a. mit den »Klassikern« Low und High Key arbeiten. So setzen Sie gekonnt eigene Bildideen im Studio um!

Aus dem Inhalt: Ein Studio einrichten, Arbeiten im Studio, Licht und Beleuchtung, Blitzlicht und Lichtformer, Dauerlicht im Studio, Workshops: von natürlich bis Glamour, Mobiles Studio – Blitzen on Location

288 S., 2013, 39,90 Euro, ISBN 978-3-8362-1984-6
www.galileodesign.de/3218

Kathy Hennig, Lars Ihring
Das Posing-Buch für Fotografen
Modelle perfekt inszenieren

Kathy Hennig und Lars Ihring zeigen Ihnen, wie Sie Bildideen entwickeln, Make-up und Styling auswählen, mit dem Modell umgehen u. v. m. Mit vielen Erklärungen und Bildanleitungen führen Sie Ihr Modell zielsicher in verschiedenste Posen: von einfachen Standards über Beauty-Posen bis hin zu Posen für Paare und Gruppen. Setzen Sie Ihr Modell perfekt in Szene!

326 S., 2012, 39,90 Euro, ISBN 978-3-8362-1798-9
www.galileodesign.de/2906

Aus dem Inhalt
- Das Modell finden und anleiten
- Visagie und Styling für Fotografen
- Klassische Posen – zeitlos elegant
- Lichter und Schatten modellieren
- Emotionen – Posing und Mimik
- Männer – von hart bis sensibel
- Paare und Gruppen

Naturfotografie

Hans-Peter Schaub
Die große Fotoschule
Naturfotografie
Naturmotive gekonnt in Szene setzen

In diesem Buch erfahren Sie alles, was Sie über die Naturfotografie wissen möchten! Der Naturfotograf Hans-Peter Schaub führt Sie in die heimischen Landstriche und zeigt Ihnen, dass überall um Sie herum Naturmotive zu finden sind – egal, ob Sie bevorzugt Landschaften, Tiere oder Pflanzenmakros fotografieren.

Aus dem Inhalt: Grundlagen der Naturfotografie, Technik und Ausrüstung, Landschaft im optimalen Licht, Insekten und Pflanzen inszenieren, Vögel-, Zoo- und Wildtiere porträtieren, Tierfilme, Zeitrafferaufnahmen und kreative Naturfotos, Bilder bearbeiten und sicher archivieren

397 S., 2. Auflage 2013, 39,90 Euro, ISBN 978-3-8362-1936-5
www.galileodesign.de/3150

Hans-Peter Schaub
Die Fotoschule in Bildern. Landschaftsfotografie

Gehen Sie auf eine Entdeckungsreise: von den Bergen bis ans Meer. Sie sehen hier nicht nur viele beeindruckende Landschaftsbilder, sondern Sie erfahren immer auch deren Entstehungsgeschichte – mit Aufnahmedaten, Lichtsituation und Skizzen bzw. Vergleichsbildern.

Das perfekte Spiel mit der Natur, dem Licht und der Technik vereint dieses knapp 300seitige Praxisbuch.
digitalkamera.de

296 S., 2012, 29,90 Euro
ISBN 978-3-8362-1709-5
www.galileodesign.de/2527

Peter Schickert
Digitale Fotopraxis. Reisefotografie
Das Praxisbuch für das Fotografieren unterwegs

Begleiten Sie Peter Schickert auf mehr als 20 Reisen um die ganze Welt – von den Metropolen bis hin zu einsamen Traumstränden und Wüstenlandschaften. Praxistipps zur Ausrüstung, dem Fotografieren vor Ort und der Bildgestaltung helfen Ihnen, Ihre nächste Reise unter fotografischen Gesichtspunkten erfolgreich durchzuführen.

377 S., 2011, 39,90 Euro
ISBN 978-3-8362-1549-7
www.galileodesign.de/2323

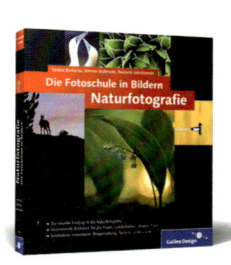

Sandra Bartocha, Werner Bollmann, Radomir Jakubowski
Die Fotoschule in Bildern. Naturfotografie
Das Praxisbuch für Naturmotive

Dieses Buch ist mehr als ein Bildband, es ist pure Fotopraxis: Hier sehen Sie nicht nur viele inspirierende Bilder, sondern Sie erfahren, wie die Fotografen zu dem Ergebnis gelangt sind. So lernen Sie nach und nach alle Aspekte der Naturfotografie kennen – Bild für Bild!

300 S., 2. Auflage 2013, 29,90 Euro
978-3-8362-2458-1
www.galileodesign.de/3391

Natur, Makro, HDR und Panorama

Björn K. Langlotz

Makrofotografie
Die große Fotoschule

Entdecken Sie die Facetten der Makrofotografie! Gehen Sie mit Björn Langlotz auf Streifzüge durch beliebte Motivwelten: Lassen Sie sich von seinen Fotoprojekten u. a. im heimischen Garten, auf Bergwiesen und an Gewässern inspirieren. Tipps für die Fotopraxis gibt es auch rund um Technik, Zubehör und Bildbearbeitung.

340 S., 3. Auflage 2013, 39,90 Euro, ISBN 978-3-8362-2389-8
www.galileodesign.de/3369

Aus dem Inhalt:
- Die richtige Ausrüstung
- Auf den Punkt scharfstellen
- Makromotive finden
- Richtig blitzen im Nahbereich
- Amphibien und Reptilien
- Makropanoramen erstellen
- Schmetterlinge, Libellen und Co.
- Insekten im Flug aufnehmen
- Lichtführung im Ministudio
- Stillleben und Produktfotografie
- Rauschreduzierung, Focus Stacking u. v. m.

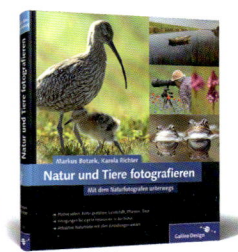

Ein sehr empfehlenswertes Handbuch für Einsteiger wie fortgeschrittene Fotografen.
NaturFoto

Markus Botzek, Karola Richter

Natur und Tiere fotografieren
Mit dem Naturfotografen unterwegs

Begleiten Sie Markus Botzek in diesem Buch bei seinen Foto-Streifzügen durch die Natur! Er zeigt Ihnen die schönsten Orte zum Fotografieren und erklärt, wie Sie zu besseren Bildern von Landschaften, Pflanzen und Tieren kommen – von der gelungenen Bildgestaltung bis hin zur Nachbearbeitung Ihrer Fotos.

332 S., 2012, 39,90 Euro
ISBN 978-3-8362-1803-0
www.galileodesign.de/2628

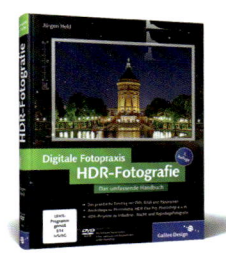

Jürgen Held

Digitale Fotopraxis. HDR-Fotografie
Das umfassende Handbuch

Bringen Sie Licht ins Dunkel! Dieses Buch zeigt Ihnen, wie Sie beeindruckende HDR-Bilder erzeugen – vom Fotografieren der Ausgangsbilder bis zum Tone Mapping. Lernen Sie Schritt für Schritt die wichtigsten Bearbeitungstechniken kennen.

Das komplexe Thema leicht verständlich erklärt. DigitalPHOTO

374 S., 3. Auflage 2011, mit DVD
39,90 Euro, ISBN 978-3-8362-1789-7
www.galileodesign.de/2641

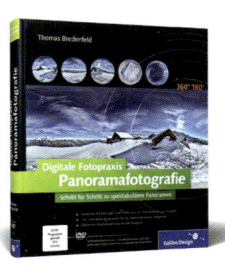

Thomas Bredenfeld

Digitale Fotopraxis. Panoramafotografie
Schritt für Schritt zu spektakulären Panoramen

Willkommen in der Welt der digitalen Panoramafotografie: Erfahren Sie, welche Ausrüstung sinnvoll ist, lernen Sie anhand von anschaulichen Beispielen die richtige Aufnahmetechnik kennen und wie Sie Ihre Vorlagen am Rechner perfekt zusammenfügen. Die beiliegende DVD beinhaltet u. a. Beispielbilder und fünf Stunden Videolektionen zu interaktiven Panoramen.

379 S., 2. Auflage 2012, mit DVD
39,90 Euro, ISBN 978-3-8362-1861-0
www.galileodesign.de/3027

Video-Trainings – Lernen durch Zuschauen

✓ Einfach lernen durch Zuschauen
✓ Komfortable Navigation und Suchfunktion
✓ Die komplette Schulung für PC und Mac

Zahlreiche Videos stehen Ihnen auf unserer Website frei zur Verfügung.

» www.galileo-videotrainings.de

Digitale Fotografie

Matthias Schwaighofer, Alexander Heinrichs

Creative Shooting
Live-Shootings und Fotofinish

- Live am Set – Erleben Sie die Top-Fotografen beim Shooting on location
- Profi-Tipps zu Equipment, Licht-Setup und Kameratechnik – inkl. Set-Skizzen
- Praxisworkshops rund ums Fotofinish mit Photoshop & Co.

Das Shooting-Training mit den Fotoprofis – inspirierend, unterhaltsam, lehrreich, live! Neben fotografischen Grundlagen vermittelt das Training alles, was Sie für kreative Shootings wissen sollten: Ideenfindung, Planung, Location-Suche, Set-Aufbau, Technik, Posing-Tipps, Requisitenbau, RAW-Entwicklung und Fotofinish.

8 Stunden Spielzeit, 49,90 Euro
ISBN 978-3-8362-2679-0
www.galileodesign.de/3500

Pavel Kaplun

Digital fotografiere mit Pavel Kaplun

Fotopraxis live erleben – mit vielen Tipps zu Porträts, Naturfo und HDR-Bildern

12 Stunden Spielzeit, 49,90 Euro
ISBN 978-3-8362-1820-7
www.galileo-videotrainings.de/2

Fotobearbeitung und Montagen

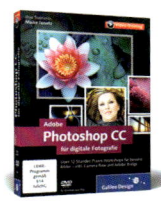

Maike Jarsetz
**Adobe Photoshop CC
für digitale Fotografie**

12 Stunden Spielzeit, 39,90 Euro
ISBN 978-3-8362-2434-5

www.galileodesign.de/3378

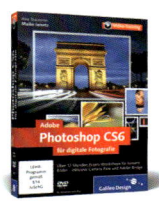

Maike Jarsetz
**Adobe Photoshop CS6
für digitale Fotografie**

12 Stunden Spielzeit, 39,90 Euro
ISBN 978-3-8362-1907-5

www.galileo-videotrainings.de/3086

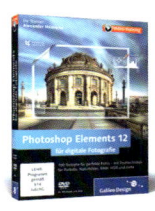

Alexander Heinrichs
**Photoshop Elements 12
für digitale Fotografie**

12 Stunden Spielzeit, 39,90 Euro
ISBN 978-3-8362-2703-2

www.galileo-videotrainings.de/3516

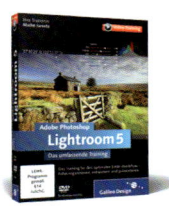

Pavel Kaplun
**Faszinierende Composings
mit Pavel Kaplun**

9 Stunden Spielzeit, 39,90 Euro
ISBN 978-3-8362-1910-5

www.galileo-videotrainings.de/3089

Matthias Schwaighofer
**Kreatives Fotodesign mit
Matthias Schwaighofer**

10 Stunden Spielzeit, 39,90 Euro
ISBN 978-3-8362-1911-2

www.galileo-videotrainings.de/3090

Peter »Brownz« Braunschmid
**Faszinierende Photoshop-
Welten mit Peter Braunschmid**

12 Stunden Spielzeit, 29,90 Euro
ISBN 978-3-8362-2756-8

www.galileo-videotrainings.de/3534

Maike Jarsetz
Adobe Photoshop Lightroom 5

11 Stunden Spielzeit, 39,90 Euro
ISBN 978-3-8362-2439-0

www.galileo-videotrainings.de/3383

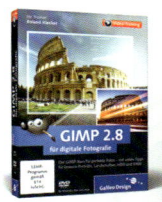

Roland Klecker
**GIMP 2.8
für digitale Fotografie**

12 Stunden Spielzeit, 39,90 Euro
ISBN 978-3-8362-1758-3

www.galileo-videotrainings.de/2855

Weitere Trainings zu Photoshop finden Sie auf unserer Website:
www.galileo-videotrainings.de

Photoshop Elements

Christian Westphalen, Jörg Esser

Photoshop Elements 12
Schritt für Schritt zum perfekten Foto

Sie möchten sofort loslegen und Ihre Fotos gezielt optimieren? Dann bietet Ihnen dieses Workshop-Buch den passenden Einstieg in Photoshop Elements 12! Schritt für Schritt und Bild für Bild lernen Sie die digitale Bildbearbeitung kennen: Sie entwickeln Ihre Raw-Bilder, retuschieren Porträtaufnahmen oder entfernen störende Elemente. Auch anspruchsvollere Aufgaben wie Panoramen und perfekte Schwarzweißfotos meistern Sie mit Hilfe des Buches schnell. Kurzum: Verbessern und veredeln Sie Ihre Bilder auf direktem Weg!

412 S., mit DVD, 29,90 Euro, ISBN 978-3-8362-2653-0, Januar 2014
www.galileodesign.de/3481

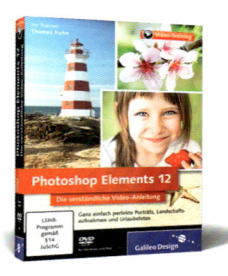

Thomas Kuhn

Photoshop Elements 12
Die verständliche Video-Anleitung

Bildbearbeitung ganz einfach! Lernen Sie, wie Sie Ihre Bilder mit Photoshop Elements zum Strahlen bringen. Thomas Kuhn zeigt Ihnen Schritt für Schritt, wie es geht – vom Fotoimport bis zur Bearbeitung und Präsentation als Diashow oder Webgalerie.

DVD, 2013, 10 Stunden Spielzeit
29,90 Euro, ISBN 978-3-8362-2747-6
www.galileodesign.de/3529

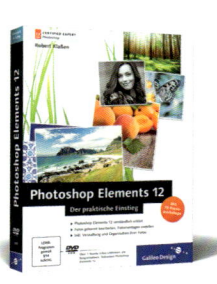

Robert Klaßen

Photoshop Elements 12
Der praktische Einstieg

So macht Bildbearbeitung Spaß! Dieses Praxisbuch zeigt Ihnen, wie Sie Ihren Fotos mit Photoshop Elements 12 den letzten Schliff geben. Farben optimieren, Motive freistellen und neu kombinieren, Porträts verschönern, Fehler entfernen – Schritt für Schritt lernen Sie Ihre Software kennen und setzen das Gelernte in 70 attraktiven Workshops direkt in die Praxis um.

432 S., 2013, mit DVD, 24,90 Euro
ISBN 978-3-8362-2649-3
www.galileodesign.de/3478

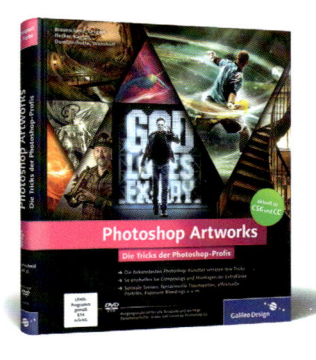

Photoshop

Peter »Brownz« Braunschmid, Jana Gragert, Christian Hecker, Pavel Kaplun, DomQuichotte, Herbert Wannhoff

Photoshop-Artworks
Die Tricks der Photoshop-Profis

Lassen Sie sich von diesem Buch in eine andere Welt entführen! Egal ob Porträtcomposing, Hollywood-Effekt, Traumwelt, düstere »Dark Art«, Exposure Blending oder abstrakte Form – mit dem Know-how der Experten im Rücken erschaffen Sie mit Photoshop verblüffende und beeindruckende Ergebnisse, die den Betrachter in Staunen versetzen.

440 S., mit DVD, 39,90 Euro, ISBN 978-3-8362-2600-4, Dezember 2013
www.galileodesign.de/3442

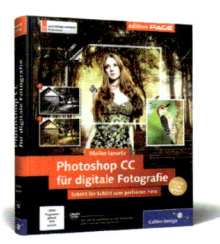

Maike Jarsetz
Photoshop CC für digitale Fotografie
Schritt für Schritt zum perfekten Foto

Photoshop für Fotografen: Maike Jarsetz stellt immer ein konkretes Bild und die damit verbundenen Bearbeitungsfragen in den Vordergrund. Mit den Bildern von der DVD können Sie jeden Workshop nacharbeiten und so ganz praktisch Photoshop von A bis Z erlernen. Auch für Photoshop CS6 geeignet.

502 S., 2013, mit DVD, 39,90 Euro
ISBN 978-3-8362-2590-8
www.galileodesign.de/3435

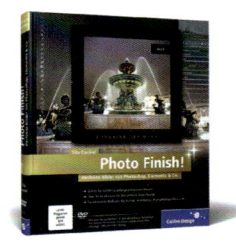

Tilo Gockel
Photo Finish!
Perfekte Bilder mit Photoshop, Elements & Co.

Sie wollen wissen, wie Sie aus Ihren Fotos echte Hingucker machen? Dann werfen Sie einen Blick in Tilo Gockels Trickkiste! In über 30 Workshops zeigt er Ihnen, wie Sie stylische Bildlooks für Porträt, Fashion, Architektur, Produktfotos u. v. m. realisieren. Peppen Sie Ihre Bilder mit Photoshop, Elements & Co. ordentlich auf!

326 S., 2012, mit DVD, 39,90 Euro
ISBN 978-3-8362-1770-5
www.galileodesign.de/2874

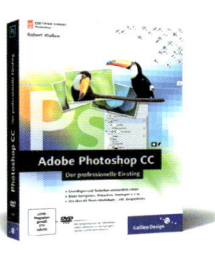

Robert Klaßen
Adobe Photoshop CC
Der professionelle Einstieg

Dieses Buch ist Ihre Eintrittskarte in die Welt von Photoshop CC. Gespickt mit zahlreichen Tipps aus der Praxis lernen Sie alle wichtigen Grundlagen und Photoshop-Techniken kennen. Von der Arbeit mit Ebenen über Bildkorrekturen und Fotomontagen auf Profi-Niveau – der Adobe Certified Expert Robert Klaßen zeigt Ihnen, wie es geht!

461 S., 2013, mit DVD, 24,90 Euro
ISBN 978-3-8362-2462-8
www.galileodesign.de/3392

Der Photoshop-Podcast von Galileo Press
» www.photoshop-profis.de

Seien Sie dabei, wenn die »Photoshop-Profis« von Galileo Press jede Woche neue Techniken, Tricks und Effekte aus der Photoshop-Welt enthüllen ...

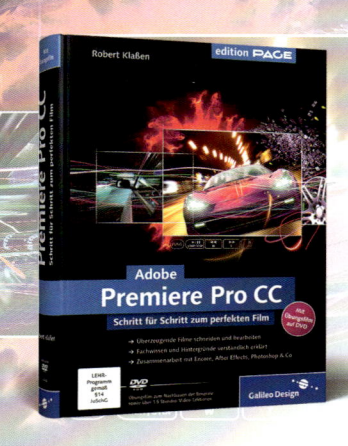

Digitales Video

Robert Klaßen
Adobe Premiere Pro CC
Schritt für Schritt zum perfekten Film

Der Film ist »im Kasten« und nun soll er richtig gut geschnitten werden? In diesem Buch verrät Ihnen der Profi-Videodesigner Robert Klaßen, wie aus Ihrem ungeschnittenen Material mit Premiere Pro CC ein fertiger Film wird – Vor- und Abspann, kreative Übergänge, spannende Effekte und überzeugender Ton inklusive! Die Buch-DVD enthält ausgewählte Video-Lektionen, alle Beispieldateien der Workshops und den fertigen Übungsfilm.

629 S., 2013, mit DVD, 39,90 Euro, ISBN 978-3-8362-2464-2
www.galileodesign.de/3394

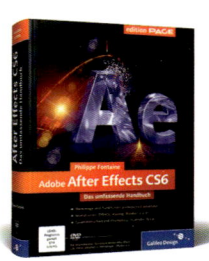

Philippe Fontaine
Adobe After Effects CS6
Das umfassende Handbuch

Keying-Effekte, 3D-Animationen, Rendering, Motion Tracking u. v. m. endlich alle Funktionen präzise und verständlich in einem Band erklärt. Holen Sie alles aus Adobe After Effects CS6 heraus und verblüffen Sie mit kinoreifen visuellen Effekten. Sie sind nur noch wenige Seiten vom atemberaubenden Compositing entfernt…

924 Seiten, 2013, mit DVD, 79,90 Euro
ISBN 978-3-8362-1892-4
www.galileodesign.de/3056

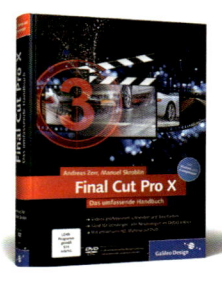

Andreas Zerr, Manuel Skroblin
Final Cut Pro X
Das umfassende Handbuch – inkl. Motion und Compressor

Die Video-Experten Andreas Zerr und Manuel Skroblin zeigen Ihnen, wie Sie mit der neuen Software professionell arbeiten und mit den passenden Übergängen, Spezialeffekten & Co. richtig gute Filme schneiden. Sie verraten jede Menge Profi-Tricks und erklären auch Motion und Compressor. Tipps für Umsteiger für inklusive!

629 S., 2012, mit DVD, 59,90 Euro
ISBN 978-3-8362-1860-3
www.galileodesign.de/3026

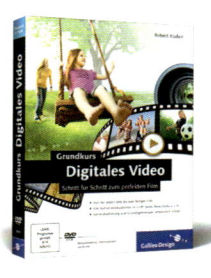

Robert Klaßen
Grundkurs Digitales Video
Schritt für Schritt zum perfekten Film

So machen Sie mit Camcorder & Co. richtig gute Filme! Robert Klaßen führt Sie in die Welt des digitalen Videofilmens ein und begleitet Sie bei Ihren Drehs zu den unterschiedlichsten Aufnahmeorten: Egal ob Urlaubsdoku, festlicher Anlass oder Sport-Event – Aufnahmen mit dem gewissen Etwas sind ab jetzt garantiert! Mit zahlreichen Beispiel-Clips auf DVD.

416 S., 2012, mit DVD, 29,90 Euro
ISBN 978-3-8362-1819-1
www.galileodesign.de/2964

Axel Rogge
Die Videoschnitt-Schule
Für spannende und überzeugende Filme

Axel Rogge, Schnittprofi vom TV-Sender ProSieben, verrät Ihnen, wie Sie unterhaltsamere und spannende Filme schneiden. Sie lernen, worauf Sie beim Dreh achten können, wie Szenen richtig auswählen und welche Videoeffekte, Übergänge und Hintergrundmusik sich am besten eignen. Egal mit welcher Schnittsoftware – so fesseln Sie Ihre Zuschauer!

Empfehlung der Redaktion!
Foto Praxis, Mai 2013

328 S., 4. Auflage 2013, mit DVD
29,90 Euro, ISBN 978-3-8362-2029-3
www.galileodesign.de/3292

Webdesign

Björn Rohles

Grundkurs Gutes Webdesign

Alles, was Sie über Gestaltung im Web wissen sollten

So entstehen moderne und attraktive Websites, die jeder gerne besucht! In diesem Buch erlernen Sie die Gestaltungsgrundlagen für gutes Webdesign – vom Layout über Farben und Schrift bis hin zu Grafiken, Bildern und Icons. So wird aus einer einfachen Website ein echter Hingucker. Inkl. HTML5, CSS3 und Responsive Webdesign.

424 S., 2013, mit DVD, 24,90 Euro
ISBN 978-3-8362-1992-1
www.galileodesign.de/3236

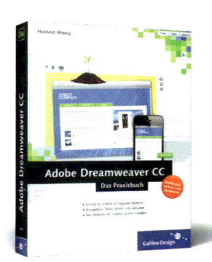

Hussein Morsy

Adobe Dreamweaver CC

Der praktische Einstieg

Sie möchten Ihre eigene Website mit Dreamweaver CC erstellen? Dann starten Sie mit diesem Buch durch: Vorlage anlegen, Seite füllen, Navigation hinzufügen, Website veröffentlichen. Auch zu Formularen, der Ausgabe auf mobilen Geräten, Bloggen u. v. m. Wie schrieb einer unserer Leser? »Ein spannendes, lesens- und lernenswertes Buch, einfach genial für Einsteiger«.

394 S., 2013, 29,90 Euro
ISBN 978-3-8362-2452-9
www.galileodesign.de/3387

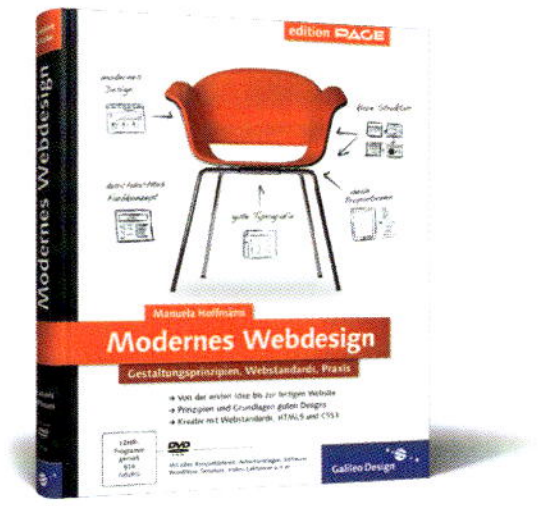

Manuela Hoffmann

Modernes Webdesign

Gestaltungsprinzipien, Webstandards, Praxis

Die Grafikerin und Webdesignerin Manuela Hoffmann (pixelgraphix.de) führt Sie von der Idee über erste Entwürfe bis hin zur technischen Umsetzung: ein Wegweiser für modernes Webdesign, der gleichzeitig Praxis, Anleitung und Inspiration liefert. Inkl. DVD mit Beispielmaterial, Software, WordPress-Template u. v. m.

422 S., 2013, mit DVD, 39,90 Euro
ISBN 978-3-8362-1796-5
www.galileodesign.de/2907

Heiko Stiegert

Modernes Webdesign mit CSS

Schritt für Schritt zur perfekten Website

In ausführlichen Praxisworkshops zeigt Ihnen Heiko Stiegert, wie Sie moderne und professionelle Webdesigns standardkonform mit CSS realisieren. Attraktive Beispiele demonstrieren sowohl die Gestaltung einzelner Seitenelemente als auch das Layout ganzer Websites. Zahlreiche Profi-Tipps und -Tricks zu CSS3 lassen garantiert keine Fragen offen!

Sehr anschaulich! der webdesigner

444 S., 2011, mit DVD, 39,90 Euro
ISBN 978-3-8362-1666-1
www.galileodesign.de/2455

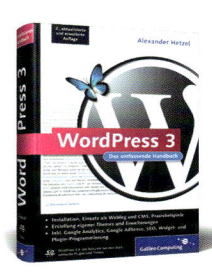

Alexander Hetzel

WordPress 3

Das umfassende Handbuch

Das Buch zeigt Ihnen den richtigen Umgang mit WordPress. Angefangen bei der Installation bis hin zur Anpassung und Konfiguration Ihrer Website oder Ihres Blogs. Dazu zählt auch die Darstellung der komplexen Entwicklung von eigenen Design-Vorlagen und Erweiterungen. Inkl. Einbindung von Social-Media und SEO.

707 S., 2. Auflage 2012, mit CD
29,90 Euro, ISBN 978-3-8362-1943-3
www.galileocomputing.de/3152

In unserem Webshop finden Sie unser aktuelles
Programm mit ausführlichen Informationen,
umfassenden Leseproben, kostenlosen Video-Lektionen –
und dazu die Möglichkeit der Volltextsuche in allen Büchern.

www.galileodesign.de

Galileo Design

Know-how für Kreative.